Nietzsche · KSA 14
Kommentar
zu den Bänden 1–13

Friedrich Nietzsche: Sämtliche Werke
Kritische Studienausgabe in 15 Bänden

KSA 1: Die Geburt der Tragödie
Unzeitgemäße Betrachtungen I–IV
Nachgelassene Schriften 1870–1873
KSA 2: Menschliches, Allzumenschliches I und II
KSA 3: Morgenröte
Idyllen aus Messina
Die fröhliche Wissenschaft
KSA 4: Also sprach Zarathustra
KSA 5: Jenseits von Gut und Böse
Zur Genealogie der Moral
KSA 6: Der Fall Wagner
Götzen-Dämmerung
Der Antichrist · Ecce homo
Dionysos-Dithyramben · Nietzsche contra Wagner
KSA 7: Nachgelassene Fragmente 1869–1874
KSA 8: Nachgelassene Fragmente 1875–1879
KSA 9: Nachgelassene Fragmente 1880–1882
KSA 10: Nachgelassene Fragmente 1882–1884
KSA 11: Nachgelassene Fragmente 1884–1885
KSA 12: Nachgelassene Fragmente 1885–1887
KSA 13: Nachgelassene Fragmente 1887–1889
KSA 14: Einführung in die KSA
Werk- und Siglenverzeichnis
Kommentar zu den Bänden 1–13
KSA 15: Chronik zu Nietzsches Leben
Konkordanz
Verzeichnis sämtlicher Gedichte
Gesamtregister

Friedrich Nietzsche
Kommentar
zu den Bänden 1–13

Kritische Studienausgabe
Herausgegeben von
Giorgio Colli und Mazzino Montinari

Deutscher Taschenbuch Verlag
de Gruyter

Die vorliegende Ausgabe ist text- und seitenidentisch mit Band 14 der ‚Kritischen Studienausgabe' (KSA) in 15 Bänden, die erstmals 1980 als Taschenbuchausgabe erschien, ediert auf der Grundlage der ‚Kritischen Gesamtausgabe', herausgegeben von Giorgio Colli und Mazzino Montinari, erschienen im Verlag de Gruyter, Berlin/New York 1967 ff.
Der Band wurde für die 2. Auflage im Jahre 1988 durchgesehen.

Neuausgabe 1999
Deutscher Taschenbuch Verlag GmbH & Co. KG, München
© 1967–77 und 1988 (2., durchgesehene Auflage)
Walter de Gruyter GmbH & Co. KG, Berlin · New York
Umschlagkonzept: Balk & Brumshagen
Gedruckt auf säurefreiem, chlorfrei gebleichtem Papier
Gesamtherstellung: Druckerei C. H. Beck, Nördlingen
Printed in Germany
dtv Kassettenausgabe: ISBN 3-423-59065-3
de Gruyter Kassettenausgabe: ISBN 3-110-16599-6

Inhalt

Vorwort 7
Editorische Grundsätze der Kritischen Studienausgabe . . . 18
Übersicht der Ausgaben, Erstdrucke und Manuskripte . . . 21
Kommentar zur Kritischen Studienausgabe 37
  Abkürzungen und Zeichen 39
  Kommentar zu Band 1–13 41
Inhaltsverzeichnis 776

Vorwort

Im Jahre 1958 wollten wir, mein Freund und ehemaliger Philosophielehrer Giorgio Colli und ich, eine neue, möglichst vollständige Übersetzung der Schriften Nietzsches (Werk und Nachlaß) ins Italienische für den Turiner Verlag Einaudi zustande bringen. Dabei stießen wir auf die durch Richard Roos in Frankreich[1] und Karl Schlechta in Deutschland[2] 1956 wieder angefachte Diskussion über die Zuverlässigkeit der bisherigen Publikation von Nietzsches letzten Schriften, insbesondere also auf die Frage des sogenannten „philosophischen Hauptprosawerks" (so nannte es Elisabeth Förster-Nietzsche), des „Willens zur Macht".

Wie war die Situation der Nietzsche-Edition vor Schlechtas vieldiskutiertem Versuch? Nachdem Elisabeth Förster-Nietzsche Peter Gasts Ansatz zu einer Nietzsche-Gesamtausgabe (1892–93) sistiert hatte, begründete sie zunächst in Naumburg (1894), später (1897) in Weimar das sogenannte Nietzsche-Archiv; das große Archiv der Klassiker in der Klassiker-Stadt wird sie bei der Wahl der neuen Stätte inspiriert haben. Die sogenannte *Großoktavausgabe* der Werke Nietzsches ist das bedeutendste Ergebnis der gesamten editorischen Tätigkeit des Nietzsche-Archivs: Sie erschien in Leipzig in den Jahren 1894 bis 1926 zunächst bei C. G. Naumann, dann bei Kröner. Sie ist folgendermaßen gegliedert:

Erste Abteilung, Band I–VIII: von Nietzsche selbst herausgegebene Werke, im achten Band jedoch auch: *Der Antichrist, Dionysos-Dithyramben,* Gedichte, Sprüche und Gedichtfragmente aus dem Nachlaß.

---

[1] Richard Roos, *Les derniers écrits de Nietzsche et leur publication,* in: Revue de philosophie, 146 (1956), S. 262–287.

[2] Friedrich Nietzsche, *Werke in drei Bänden,* hg. von Karl Schlechta, München 1954–56; vgl. insbesondere Schlechtas Anhang im dritten Bd., S. 1383–1432 („Philologischer Nachbericht").

Zweite Abteilung, Band IX–XVI: Nachlaß. In Band XV *Ecce homo* und die zwei ersten Bücher des sogenannten „Willens zur Macht", im XVI. Band die Bücher III und IV des „Willens zur Macht" nebst philologischem Kommentar von Otto Weiss. Die Bände XV–XVI erschienen zum ersten Mal 1911, sie sollten den früheren Band XV (1901) ersetzen, der eine kürzere Fassung des „Willens zur Macht" enthielt. In gleicher Weise sollten die endgültigen Bände IX–XII an die Stelle der von Fritz Koegel 1896–97 besorgten früheren Bände IX–XII treten.

Dritte Abteilung, Band XVII–XIX, *Philologica:* Nietzsches philologische Publikationen sowie die Basler Vorlesungen (in Auswahl) enthaltend.

Band XX: Register von Richard Oehler[3].

Die Großoktavausgabe wurde zur Grundlage für *alle* späteren Ausgaben, die *Musarion-Ausgabe* (München 1920–29) eingeschlossen. Letztere unterscheidet sich von der Großoktavausgabe lediglich durch die Veröffentlichung einer Anzahl 1922 noch nicht bekannter Jugendschriften aus den Jahren 1858–1868 im ersten Band, durch eine erneute Kollationierung der philologischen Schriften mit den Manuskripten und schließlich durch die Publikation der noch nicht als solche bekannten „Vorrede", *Über das Pathos der Wahrheit*[4]. Sonst übernimmt die Musarion-Ausgabe ihr gesamtes Material ungeprüft aus der Großoktavausgabe, allerdings in einer anderen, mehr chronologischen Anordnung. Was den eigentlichen philosophischen Nachlaß betrifft, so ist die Musarion-Ausgabe identisch mit der Großoktavausgabe und genauso unvollständig und unzuverlässig wie diese. Ihre Monumentalität steht im umgekehrten Verhältnis zu ihrer wissenschaftlichen Bedeutung.

Die Großoktavausgabe erschien von 1894 an in Leipzig. Die Herausgeber lösten einander ab, indem sie der Reihe nach in Ungnade der Frau Förster-Nietzsche fielen. Dies ist jedoch ein Kapitel für sich — wenn auch nicht das uninteressanteste in der langen Geschichte der Nietzsche-Ausgaben. Die erste Abteilung der

---

[3] Eine Übersicht über die vom Nietzsche-Archiv veranstalteten Gesamtausgaben gibt Richard Oehler in Friedrich Nietzsche, *Werke und Briefe,* historisch-kritische Gesamtausgabe, Werke, 1. Bd., München 1933, S. XXVIII–XXIX.
[4] Aus der Basler nachgelassenen Schrift *Fünf Vorreden zu fünf ungeschriebenen Büchern* von 1872.

Großoktavausgabe weist übrigens trotz der im Laufe der Jahre wechselnden Herausgeber keine schwerwiegenden Textveränderungen auf; lediglich Band VIII erschien in drei voneinander abweichenden Fassungen[5]. Anders steht es mit der zweiten Abteilung, d. h. mit der Veröffentlichung von Nietzsches philosophischem Nachlaß. Dieser erschien in seiner endgültigen Gestalt zwischen 1901 und 1911. Im einzelnen sah diese wichtigste editorische Leistung des Nietzsche-Archivs so aus:

Band IX–X (1903), herausgegeben von Ernst Holzer; diese Bände enthalten nachgelassene Schriften und Fragmente von 1869 bis 1876. Die Anordnung der Fragmente ist meistens chronologisch, eine Tabelle der Manuskripte nebst dem philologischen Nachbericht von Ernst Holzer (einem Schüler von Erwin Rohde) gibt Einsicht in die Chronologie der edierten Texte.

Band XI–XII (1901), herausgegeben von Ernst und August Horneffer; sie enthalten die nachgelassenen Fragmente aus der Zeit von *Menschliches, Allzumenschliches* bis *Also sprach Zarathustra,* also von 1875/76 bis 1886 (Nachträge zum *Zarathustra*). Insofern die Manuskripte, aus denen die Fragmente publiziert sind, jeweils aus einer bestimmten, nicht allzulangen Zeit stammen, wird hier die Chronologie einigermaßen respektiert. Durch die rubrizierende, sich neutral gebende Anordnung unter Stichworten wie Philosophie im Allgemeinen, Metaphysik, Moral, Weib und Kind usw. werden sie jedoch aus ihrem spezielleren, chronologischen und gedanklichen Zusammenhang herausgerissen. Infolgedessen kann man z. B. die Entstehung der gleichzeitigen Werke Nietzsches nicht verfolgen.

Band XIII (1903), herausgegeben von Peter Gast und August Horneffer; er enthält „Unveröffentlichtes aus der Umwerthungszeit", bildet somit eine Art Lager für den philosophischen Ausschuß Nietzsches aus der sogenannten Umwertungszeit, von 1882/83 bis 1888, d. h., er enthält Fragmente, welche nicht in den „Willen zur Macht" aufgenommen wurden, obwohl sie aus eben denselben Manuskripten und Plänen stammen, die für den „Willen zur Macht" benutzt wurden. Die Fragmente sind wiederum nicht chronologisch geordnet (was bei einer Zeitspanne von sechs Jahren

---

[5] 1894, hg. von Fritz Koegel; 1889, hg. von Arthur Seidl; 1906, hg. vom Nietzsche-Archiv (Peter Gast).

gravierend ist), sondern nach systematischen, rubrizierenden Stichworten.

Band XIV (1904), herausgegeben von Peter Gast und Elisabeth Förster-Nietzsche; er ist gleichsam ein erweitertes Lager für den philosophischen Ausschuß aus der Umwertungszeit. Die Entstehungsjahre der Fragmente reichen wiederum von 1882/83 bis 1888. Auch die Fragmente dieses Bandes sind aus denselben Manuskripten und Plänen herausgerissen, die zur Kompilation des „Willens zur Macht" gedient hatten, und nicht chronologisch, sondern nach systematischen, rubrizierenden Stichworten geordnet. Lediglich in der zweiten Hälfte des Bandes finden sich einige chronologisch zusammenhängende Fragmente, und zwar unter der Rubrik „Aus dem Vorreden-Material" (gemeint sind die Vorreden zu den Neuausgaben der Werke Nietzsches in den Jahren 1886 und 1887).

Sowohl Band XIII als auch Band XIV geben am Schluß ein Verzeichnis der Fundstellen der Fragmente in den Handschriften mit Angabe der Manuskriptseite.

Band XV–XVI (1911), herausgegeben von Otto Weiss; sie enthalten — nebst *Ecce homo* — den „Willen zur Macht" in der erweiterten und endgültigen Form, wie er von Peter Gast und Elisabeth Förster-Nietzsche in der Taschenausgabe zuerst publiziert worden war[6]. Otto Weiss fügte dem hinzu: 1. die Pläne, Dispositionen und Entwürfe von 1882 bis 1888. Die Vielfalt dieser Pläne (und es sind längst nicht alle!) ist die beste Widerlegung der Auswahl zugunsten *eines* Plans aus dem Jahr 1887, aufgrund dessen Peter Gast und Elisabeth Förster-Nietzsche ihre Kompilation zusammenstellten. 2. Anmerkungen zum Text, welche — wie Richard Roos bemerkte — einen gewissen Zynismus bei einem sonst philologisch ausgewiesenen Editor, wie Otto Weiss es war, verraten. Sie verzeichnen in der Tat eine Unzahl von Weglassungen, Interpolationen, willkürlichen Teilungen von zusammenhängenden Texten (jedoch nicht alle!). Die Anmerkungen widerlegen hier den Text. Das Verzeichnis der Fundstellen der sogenannten Aphorismen des „Willens zur Macht" in den Manuskripten und eine chronologische Tabelle der Handschriften am Schluß decken un-

---

[6] *Nietzsche's Werke*. Taschen-Ausgabe. Bd. IX. Der Wille zur Macht. 1884/88. Versuch einer Umwerthung aller Werthe. Bd. X. Der Wille zur Macht. 1884/88. (Fortsetzung). Götzen-Dämmerung 1888. Der Antichrist 1888. Dionysos-Dithyramben 1888. Leipzig: C. G. Naumann Verlag 1906.

willkürlich das ganze Ausmaß der Kompilation auf. Dabei vergesse man nicht, daß die Fragmente der Bände XIII und XIV aus eben denselben Manuskripten stammen, aus denen die der Bände XV und XVI entnommen wurden. Die Auswahl der Texte, der für die Nietzsche-Forschung auf Jahrzehnte hin folgenschwere Aufbau eines Nietzsche-Systems im „Willen zur Macht", kommt einzig und allein auf die Rechnung der beiden philosophischen (und philologischen) Nullitäten Heinrich Köselitz (alias Peter Gast) und Elisabeth Förster-Nietzsche[7]. Doch nicht genug damit. Der neue „Wille zur Macht" von 1906/11 sollte den alten Band XV, d.h. den ersten „Willen zur Macht", ersetzen. Herausgegeben von Peter Gast, Ernst und August Horneffer, erschien diese erste Fassung des „Willens zur Macht" im Jahre 1901. Sie enthielt nur 483 Aphorismen gegenüber den 1067 der endgültigen Ausgabe. In dieser jedoch waren 17 von den 483 der ersten Ausgabe verschwunden. Nur fünf wurden von Otto Weiss im Anhang seiner Ausgabe als „zweifelhafte" Texte wiedergegeben, obwohl sie echte Nietzsche-Texte sind. Der ersten Fassung gegenüber war die neue eine Verschlechterung auch darum, weil sie 25 zusammenhängende, oft sehr wichtige Texte auseinandergerissen und dadurch auf 55 vermehrt hatte: z.B. das bedeutsame Fragment über den „europäischen Nihilismus" (von Nietzsche „Lenzer Heide, 10. Juni 1887" datiert)[8]. Dieses und andere Fragmente sind in der Ausgabe von 1901 besser zu lesen als in der kanonisch gewordenen von 1906/11. Es sei schließlich bemerkt, daß Elisabeth Förster-Nietzsche einige Nachlaßfragmente — auch aus Heften der sogenannten Umwertungszeit — nur in ihren biographischen Publikationen bekannt machte.

Daß die nunmehr epochemachende Kompilation „Der Wille zur Macht" als Nietzsches „philosophisches" Hauptwerk wissen-

---

[7] Elisabeth Förster-Nietzsche schrieb in ihrem Nachbericht zu Bd. IX der Taschenausgabe: „Die erste Ausgabe des Willens zur Macht erschien im Jahre 1901; die vorliegende neue Ausgabe ist vollständig neu bearbeitet und zusammengestellt: das erste und dritte Buch von Herrn Peter Gast, das zweite und vierte Buch von der Unterzeichneten."
[8] Vgl. hierüber Mazzino Montinari, *Nietzsches Nachlaß von 1885 bis 1888, oder Textkritik und Wille zur Macht*, Akten des V. Internationalen Germanisten-Kongresses Cambridge 1975, in: Jahrbuch für Internationale Germanistik, Reihe A, Bd. 2, 1, S. 46–47. Vgl. auch den textkritischen Beitrag zum sogenannten „Willen zur Macht" in diesem Band, dem Kommentar zu Band 6 vorangestellt.

schaftlich unhaltbar war, wurde 1906/07 von Ernst und August Horneffer[9] sowie 50 Jahre später von Karl Schlechta nachgewiesen. Auf den merkwürdigen Widerstand der Nietzsche-Anhänger und -Forscher gegen die Sache, um die es eigentlich ging, habe ich an anderem Ort hingewiesen[10]. Hier möchte ich nur noch einmal betonen, daß diese Einsicht — daß nämlich Nietzsche kein Werk unter diesem Titel geschrieben hat noch zuletzt schreiben wollte — eine ausgemachte Tatsache war, als man zu einem neuen Beginn in der Nietzsche-Edition Anfang der dreißiger Jahre im Nietzsche-Archiv selbst schritt, ich meine: als die „Historisch-kritische Gesamtausgabe" (hg. von Hans Joachim Mette und Karl Schlechta, München 1933 ff.) in Angriff genommen wurde. So ließ sich zum Beispiel Walter Otto, Mitglied des wissenschaftlichen Ausschusses der neuen Ausgabe, am 5. Dezember 1934 folgendermaßen vernehmen:

> Eine ungemein wichtige, aber ebenso schwierige Arbeit steht den Herausgebern des Nachlasses der letzten Jahre bevor. Denn was von ihnen gefordert wird, ist nichts Geringeres, als daß sie die Niederschriften aus dem Gedankenbereiche des „Willens zur Macht" zum ersten Male ohne eigenwillige Redaktion genau so vorlegen, wie sie sich in den außerordentlich schwer lesbaren und nun von neuem zu entziffernden Manuskriptheften finden.[11]

Ähnlich hatte sich Hans Joachim Mette geäußert, der 1932 in seinem Vorbericht zur neuen historisch-kritischen Gesamtausgabe folgende Bilanz aus der editorischen Tätigkeit des Nietzsche-Archivs gezogen hatte:

> Das Ergebnis ist ... vom wissenschaftlichen Standpunkt aus betrachtet, nicht ganz befriedigend ... der ... Gedanke, die für Nietzsches Denken wesentliche Form der unverbundenen aphoristischen Niederschrift in den einzelnen Heften zu zerstören und die einzelnen Sätze des Nachlasses nach systematischen Gesichtspunkten zu ordnen, war nicht sehr glücklich, wenn auch zeitweilig gewiß berechtigt: der Beschluß der Stiftung Nietzsche-Archiv, diesem Nachlaß in der Kritischen Gesamtaus-

---

[9] Vgl. August Horneffer, *Nietzsche als Moralist und Schriftsteller*, Jena 1906; Ernst Horneffer, *Nietzsches letztes Schaffen*, Jena 1907.
[10] Vgl. Mazzino Montinari, *Nietzsche zwischen Alfred Bäumler und Georg Lukács*, in: Basis, 9 (1979), S. 194–195.
[11] In: *Bericht über die neunte ordentliche Mitgliederversammlung der Gesellschaft der Freunde des Nietzsche-Archivs*, Weimar 1935, S. 15.

gabe seine ursprüngliche Gestalt wiederzugeben, bedeutet da eine befreiende Tat ...«[12]

Damals lebte Elisabeth Förster-Nietzsche noch; sie ließ denn auch Mettes Äußerungen in der endgültigen Fassung des Vorberichts (1933)[13] bedeutend abschwächen, und zwar so, daß die vorsichtige Kritik an den früheren systematischen Anordnungen völlig verschwand und keine Rede mehr von einer „befreienden Tat" war, sondern lediglich von einem „möglichst ungekürzten Abdruck in der originalen Reihenfolge". Und trotzdem wurde ein Jahr später — und noch immer zu Elisabeth Förster-Nietzsches Lebzeiten — die Forderung von Walter Otto erhoben, jede eigenwillige Redaktion der „Niederschriften aus dem Gedankenbereiche des ‚Willens zur Macht' zum ersten Male" zu beseitigen! Der Kern der Frage war endlich und eindeutig geklärt.

Um so merkwürdiger erschien uns Unbeteiligten Anfang der sechziger Jahre der ganze Streit um die Schlechta-Ausgabe. Uns wollte z. B. nicht einleuchten, daß ein solcher feierlicher Begriff wie das „ungeschriebene Gesetz", nach dem man keine Nietzsche-Ausgabe veranstalten dürfe, wenn man nicht Nietzsche verehrte (so R. Pannwitz)[14], ein schwerwiegender Einwand, geschweige denn eine bessere Lösung gegenüber Schlechtas Versuch sei. Denn wir hatten eine ganz simple Frage vor uns: Nach welchem Text soll unsere Übersetzung gemacht werden? Andererseits konnten wir auch keinen rechten Gebrauch von der Schlechta-Ausgabe machen. Wir hatten zwar in deren ersten zwei Bänden eine meistens getreue Wiedergabe der Erstdrucke Nietzsches vor uns, im dritten Band aber — unter dem Titel „Aus dem Nachlaß der Achtziger Jahre" — hatten wir, obwohl einigermaßen chronologisch geordnet, genau dasselbe Material, das 1906/11 durch die Veröffentlichung des zweiten (und kanonischen) „Willens zur Macht" bekannt wurde. In Florenz hätten wir gewiß einige unbegreifliche Versäumnisse Schlechtas beseitigen können, die ihm — merkwür-

---

[12] Vgl. H. J. Mette, *Der handschriftliche Nachlaß Friedrich Nietzsches*, Leipzig 1932, S. 81–82.
[13] Vgl. H. J. Mette, *Sachlicher Vorbericht zur Gesamtausgabe der Werke Friedrich Nietzsches*, in: Friedrich Nietzsche, *Werke und Briefe* (s. Anm. 3), Bd. 1, S. CXXI–CXXII.
[14] Vgl. Rudolf Pannwitz, *Nietzsche-Philologie?*, in: Merkur, 11 (1957), S. 1073–1087.

dig genug — keiner seiner Opponenten (Löwith, von den Steinen, Pannwitz u. a.) vorgeworfen hatte: Wir hätten mit Hilfe des Apparats von Otto Weiss zum „Willen zur Macht" manche grobe Verstümmelung und Zerstückelung der Fragmente rückgängig machen können; außerdem hätten wir auch den ersten, einbändigen „Willen zur Macht" (1901) zu Rate ziehen und dadurch jene wichtigen Fragmente bergen können, welche sonderbarer Weise aus dem zweiten, endgültigen, doch viel umfangreicheren „Willen zur Macht" von 1906/11 verschwunden waren; endlich hätten wir (im Einklang mit Schlechtas Forderung einer Wiederherstellung der Manuskripte) aufgrund der Manuskriptverzeichnisse in den Bänden XIII und XIV der Großoktavausgabe die für den „Willen zur Macht" benutzten Manuskripte (also die, welche in den Bänden XV und XVI auch verzeichnet waren) ergänzen können. Auf diese Weise hätten wir einen umfangreicheren, nach den Manuskripten einigermaßen chronologisch geordneten Nachlaß aus den achtziger Jahren herstellen können. Trotzdem tauchten neue Schwierigkeiten und Einwände auf: 1. Für eine gute Hälfte des Nachlasses (aus der Zeit der *Geburt der Tragödie* bis ungefähr zu *Also sprach Zarathustra:* 1869–1885) hatten wir — in Florenz — keine andere Lösung, als die Texte so zu übersetzen, wie sie — systematisch und nicht chronologisch und nach Manuskripten geordnet — in den Bänden IX–XII der Großoktavausgabe vorlagen, da wir dazu keine Seitenverzeichnisse der Manuskripte hatten. 2. Die Bände IX–XII der Großoktavausgabe lagen in zwei verschiedenen Fassungen vor: die eine von Fritz Koegel aus den Jahren 1896/97 war durch die spätere von Peter Gast, August und Ernst Horneffer, Ernst Holzer aus den Jahren 1901/03 ersetzt worden, aber manches und Wichtiges in der Koegelschen Fassung fand sich nicht mehr in der späteren und umgekehrt. 3. Uns mußten die Haare zu Berge stehen, wenn wir in der kleineren Nietzsche-Biographie der Förster-Nietzsche (1912–14) zu entscheidenden, im Text zitierten Nietzsche-Stellen immer wieder solche Anmerkungen von Richard Oehler zu lesen bekamen wie: „anscheinend (!) nicht in den Werken gedruckt" oder „aus dem Manuskript zitiert, nicht im Nachlaß gedruckt" oder „anscheinend nicht im Nachlaß veröffentlicht": Waren das alles nicht auch Texte, die wir hätten übersetzen sollen? Tauchte nicht dieselbe Frage auch angesichts der früheren, sogenannten „großen Biographie" der Schwester auf[15], wo man ebenfalls viele Texte lesen konnte, die sonst nicht bekannt waren (allerdings ohne das „gelehrte" Zugeständnis der Anmerkungen)? Oder auch der Taschenausgabe gegenüber, die ja auch Texte bringt, welche nicht in der Großoktavausgabe enthalten sind? 4. Für eine große Anzahl Fragmente, die in sogenannten Mappen lagen, war auch aufgrund der Verzeichnisse in den Bänden XIII–XVI der Großoktavausgabe keine chronologische Anordnung möglich. 5. Wenn wir auch die Manuskriptseiten hatten, auf denen sich die Fragmente befinden, nach welcher Reihenfolge hätten wir die Fragmente auf derselben Seite übersetzen sollen? 6. Was schlummerte noch seit mehr als siebzig Jahren in den Manuskripten, das wir – in Florenz – überhaupt nie hätten kennenlernen können?

Einen zuverlässigen Text hatten wir nur für die Jugendschriften und die Philologica, die in der unvollständig gebliebenen historisch-kritischen Gesamtausgabe (Band I–V, 1933/40) vorliegen, also für die Schriften von 1854 bis Frühjahr/Sommer 1869 (der allerersten Basler Zeit); daraus aber hätten wir verständlicherweise nur einen kleinen Teil für eine italienische Übersetzung benützen können. Der eigentliche philosophische Nachlaß, von den Vorarbeiten zur *Geburt der Tragödie* bis zur letzten Turiner Zeit, war noch nicht wissenschaftlich erschlossen worden. Für zwanzig Jahre von Nietzsches geistigem Schaffen vom Sommer 1869 bis zum 2. Januar 1889 also, lag er uns in höchst unbefriedigender und unvollständiger Gestalt vor.

Wir entschieden uns dafür, die Lage der Nietzsche-Manuskripte an Ort und Stelle zu prüfen. Im April 1961 kam ich nach Weimar. Hier fand ich die Manuskripte Nietzsches im Goethe- und Schiller-Archiv sorgfältig aufbewahrt vor; hier konnte ich – dank des freundschaftlichen Entgegenkommens von Helmut Holtzhauer, dem Generaldirektor der Nationalen Forschungs- und Gedenkstätten der klassischen deutschen Literatur[16], denen das Goethe- und Schiller-Archiv untersteht, und von Karl-Heinz Hahn, dem Direktor des Archivs – in vierzehn Tagen eine erste Bestandsauf-

---

[15] Elisabeth Förster-Nietzsche, *Das Leben Friedrich Nietzsche's,* in 2 Bänden (Bd. 2 in 2 Abteilungen), Leipzig 1895, 1897, 1904.
[16] Dieselbe Unterstützung wird unserem Unternehmen von Holtzhauers Nachfolger, Generaldirektor Prof. Dr. Walter Dietze, nach wie vor gewährt. Ihm sei an dieser Stelle ausdrücklich und freundschaftlich gedankt.

nahme vornehmen, deren Ergebnis lautete: Wir brauchen einen vollkommen neuen Text von Nietzsches Nachlaß. Mein Freund Colli zog daraus die einzig richtige Konsequenz: Wir werden selber den ganzen Nachlaß herausgeben, vielmehr — weil das eine das andere auch bedingt — eine kritische Nietzsche-Gesamtausgabe vorbereiten. Da unser Plan den ursprünglichen Rahmen gesprengt hatte, schien unser Verleger Einaudi an einem so großen Unternehmen nicht mehr interessiert zu sein. Zum Glück gewannen wir kurz darauf einen alten Freund, der nun selber einen kleinen Verlag gegründet hatte: Luciano Foà, Leiter von Adelphi Edizioni in Mailand. Wir mußten aber auch einen deutschen Verleger haben: Doch keiner der deutschen Verlage, denen wir unseren Vorschlag unterbreiteten, schien der etwas gewagten Sache zu trauen. Foà gelang es jedoch im entscheidenden Moment, den großen Pariser Verlag Gallimard für uns zu gewinnen, so daß im September 1962 unsere Arbeit auch finanziell gesichert war. Wir konnten nunmehr mit Zuversicht auf einen deutschen Verleger warten. Die ersten italienischen Bände aufgrund einer neuen philologisch gesicherten deutschen Vorlage erschienen schon 1964. Im selben Jahr machten wir, Giorgio Colli und ich, bei einem internationalen Nietzsche-Gespräch in Paris die Bekanntschaft mit Karl Löwith. Dieser machte im Februar 1965 Heinz Wenzel, den Leiter der geisteswissenschaftlichen Abteilung im Verlag Walter de Gruyter, Berlin, auf unsere Arbeit in Weimar aufmerksam, als Wenzel, der in seinem Verlag eine Nietzsche-Ausgabe veranstalten wollte, ihn um Rat bat. Der *deutsche* Verlag Walter de Gruyter kaufte kurz darauf die Rechte für die Veröffentlichung der neuen kritischen Gesamtausgabe der Werke des *deutschen* Philosophen Friedrich Nietzsche in der Originalsprache dem *französischen* Verlag Gallimard und dem *italienischen* Verlag Adelphi ab. Die deutsche Ausgabe erscheint seit Herbst 1967. Sie wird 33 Bände in 8 Abteilungen umfassen. Bis jetzt sind 19 Bände erschienen[17]. Das wichtigste Ergebnis dieser

---

[17] Friedrich Nietzsche, *Werke*, kritische Gesamtausgabe, hg. von Giorgio Colli und Mazzino Montinari, Berlin 1967ff. Erschienen sind folgende Bände: III/1–4 (*Geburt der Tragödie, Unzeitgemäße Betrachtungen* I–III; Basler nachgelassene Schriften 1870–1873; Nachgelassene Fragmente 1869–1874). IV/1–3 (*Unzeitgemäße Betrachtungen* IV; *Menschliches, Allzumenschliches* I–II; Nachgelassene Fragmente 1875–1879). V/1–2 (*Morgenröthe, Idyllen aus Messina, Die fröhliche Wissenschaft*; Nachgelassene Fragmente 1880–1882). VI/1–3 (*Also sprach Zarathustra; Jenseits von Gut und Böse, Zur Genealogie der Moral; Der Fall Wagner, Götzen-Dämmerung,*

zwölf Jahre ist, daß Nietzsches philosophischer Nachlaß von 1869 bis 1889 (also von den Vorarbeiten zur *Geburt der Tragödie* bis zu Nietzsches geistigem Zusammenbruch) nunmehr vollständig vorliegt: ca. 5000 Seiten gegenüber 3500 in der bisher umfassendsten Ausgabe, der Großoktavausgabe.

Dieser vollständig edierte Nachlaß wird durch die vorliegende Studienausgabe auch einem breiteren Publikum zugänglich gemacht. Dem Andenken meines Freundes sei sie gewidmet.

Mazzino Montinari

Der Antichrist, Ecce homo, Dionysos-Dithyramben, Nietzsche contra Wagner). VII/1-3 (Nachgelassene Fragmente 1882-1885). VIII/1-3 (Nachgelassene Fragmente 1885-1889). Von den Kommentarbänden ist 1969 IV/4 „Nachbericht zu Abteilung IV" erschienen; die übrigen Kommentarbände werden ab 1980 erscheinen; parallel dazu wird die Veröffentlichung der Jugendschriften, der Philologica und der Basler Vorlesungen in Angriff genommen (Abteilungen I und II). Seit 1975 erscheint: Friedrich Nietzsche, *Briefwechsel*, kritische Gesamtausgabe, hg. von Giorgio Colli und Mazzino Montinari. Vorgesehen sind 22 Bände in 4 Abteilungen. Es werden die Briefe von, an und über Nietzsche veröffentlicht. Bis jetzt sind 10 Bände erschienen, welche die Briefe von und an Nietzsche von 1849 bis 1879 enthalten. Ergänzungsbände über „Nietzsches Bibliothek und Lektüre" sind in Vorbereitung.

Editorische Grundsätze der
Kritischen Studienausgabe

Der Text der Kritischen Studienausgabe (KSA) ist identisch mit dem der bisher erschienenen Bände der Kritischen Gesamtausgabe der Werke (KGW). Zur Textkonstitution sowohl in KGW wie auch in KSA gelten folgende Grundsätze: Als Druckvorlage für die von Nietzsche selbst herausgegebenen Werke dienen die Erstdrucke bzw. die von Nietzsche genehmigten Neuausgaben. Von der Vorlage wird nur in seltenen Fällen abgewichen, und zwar bei offensichtlichen Druckfehlern, bei aufgrund der erhaltenen Textzeugen (Korrekturbogen, Druckmanuskripte, Reinschriften und Vorstufen) eindeutig erwiesenen Textverderbnissen. Druckvorlage der nachgelassenen Schriften Nietzsches sind die von ihm fertig hinterlassenen Manuskripte, deren Rechtschreibung und Interpunktion grundsätzlich beibehalten wird. Die nachgelassenen Fragmente werden ohne jede systematische Anordnung, so wie sie in den Handschriften vorliegen, veröffentlicht. Die Handschriften sind in der ihrer Entstehungszeit entsprechenden Folge wiedergegeben. Jede einzelne Seite einer Handschrift wird entweder nach der von Nietzsche selbst vorgenommenen Anordnung der Seiten wiedergegeben oder nach derjenigen Reihenfolge der Seiten, die man mit Sicherheit aus seiner Gewohnheit beim Niederschreiben (z.B. in den Heften von hinten nach vorne zu schreiben) erschließen kann. Beim Fehlen dieser Anhaltspunkte gilt die archivarische Seitennumerierung. Der Grundsatz, daß die Handschriften einzeln veröffentlicht werden, wird zugunsten der zeitlichen Abfolge eingeschränkt, wenn eine Handschrift Schichten aus verschiedenen Zeiten enthält. In diesem Fall werden die einzelnen Schichten getrennt veröffentlicht. Ausgeschlossen wurden Briefentwürfe und -dispositionen, Notizen und Bemerkungen von äußerlichem und zufälligem Inhalt, z.B. Andeutungen finanzieller Fragen, Berechnungen, Notizen über Preise, Reisen, Spazierwege, Besuche und dergleichen. Von den Vorstufen und den Vorarbeiten zu allem, was sich in den von Nietzsche selbst veröffentlichten Werken oder auch im Nachlaß in einer ausgearbeiteten Form überhaupt vorfindet, wurden diejenigen ausgeschlossen, die sich von der späteren Fassung rein formal unterscheiden; sie werden aber im Kommentar ausgewertet. Rechtschreibung und Interpunktion der Handschriften sind möglichst beibehalten.

Die durchgängige Numerierung der Manuskripte bzw. ihrer Schichten stammt von den Herausgebern; sie wird innerhalb eines jeden Bandes für die entsprechenden Gruppen von Nachlaßfragmenten jedesmal neu vorgenommen. Jedes Manuskript, bzw. jede Schicht eines Manuskripts, ist mit einer Zahl versehen, welche der chronologischen Anordnung entspricht; die Fragmente innerhalb eines Manuskripts, bzw. der Schicht eines Manuskripts, sind ebenfalls durchgängig numeriert, so daß sich neben der Zahl zur Bezeichnung des Manuskripts, bzw. der Schicht eines Manuskripts, eine andere Zahl in eckigen Klammern befindet, die auf die jeweils feststellbare Reihenfolge der Fragmente im Manuskript, bzw. in der Schicht eines Manuskripts, hinweist.

Von Nietzsche nur einmal unterstrichene Worte werden gesperrt, zweimal oder mehrmals unterstrichene halbfett gesetzt.

Spitze Klammern ⟨ ⟩ werden nur da angewendet, wo sie die vom Text benötigten Ergänzungen der Herausgeber bezeichnen sollen, deren Wortlaut nicht mit voller Sicherheit zu bestimmen oder deren Schreibweise (überhaupt oder bei Nietzsche) schwankend ist. Andernfalls wird auf Ergänzungen nicht hingewiesen. Eckige Klammern [ ] kennzeichnen im Nachlaßtext Überschriften der Herausgeber.

Im Nachlaßtext wurden außerdem folgende Zeichen verwendet:

[–]   ein unlesbares Wort,
[– –]   zwei unlesbare Worte,
[– – –]   drei oder mehrere unlesbare Worte,
– – –   unvollständiger Satz,
[+]   Lücke im Manuskript.

Im Kommentar der KSA wird eine Auswahl der Varianten aus

dem kritischen Apparat der KGW wiedergegeben, dagegen werden alle Zitatnachweise — soweit bis jetzt vorhanden — übernommen; auf sachlich verwandte Texte wird, wie im Kritischen Apparat der KGW, hingewiesen.

Die KSA ist eine Gesamtausgabe des philosophischen Werks Friedrich Nietzsches ab 1869: Juvenilia, Philologica, Basler Vorlesungen bleiben somit aus dieser Ausgabe ausgeschlossen.

Übersicht der Ausgaben, Erstdrucke und Manuskripte

1. Ausgaben der Werke und Briefe Nietzsches (Siglen)

Verzeichnet werden nur die textgeschichtlich bedeutenden Ausgaben.

GA	Großoktav-Ausgabe (= Fr. Nietzsche, Werke, 19 Bände u. 1 Register-Band, Leipzig 1894 ff., Naumann/Kröner)
GAK	Großoktav-Ausgabe, soweit von F. Koegel ediert (1894–1897)
WM^1	„Der Wille zur Macht" (= GA XV, 1901)
WM^2	„Der Wille zur Macht" (= GA XV und XVI, 1911)
GBr	Gesammelte Briefe (= Fr. Nietzsche, Gesammelte Briefe, 5 Bände, Leipzig und Berlin 1900 ff., Schuster und Löffler bzw. Leipzig 1907 ff., Insel)
MusA	Musarionausgabe (= Fr. Nietzsche, Gesammelte Werke, 23 Bände, München 1920–1929, Musarion)
BAW	Die (insgesamt 5) Werkbände (1854–1869) der unvollständig gebliebenen Ausgabe: Fr. Nietzsche, Werke und Briefe. Historisch-kritische Gesamtausgabe, München 1933 ff., Beck
BAB	Die (insgesamt 4) Briefbände (1850–1877) derselben Ausgabe, 1938 ff.
SA	Schlechta, Werke in drei Bänden (= Fr. Nietzsche, Werke in drei Bänden, hg. von K. Schlechta, München [Hanser] bzw. Darmstadt [Wiss. Buchges.] o. J. [1954 ff.], 3 Bände und 1 Index-Band)
KGW	Kritische Gesamtausgabe Werke (= Nietzsche, Werke. Kritische Gesamtausgabe, hg. von G. Colli und M. Montinari, Berlin 1967 ff., W. de Gruyter, ca. 33 Bände in 8 Abteilungen)

KGB	Kritische Gesamtausgabe Briefwechsel (= Nietzsche, Briefwechsel. Kritische Gesamtausgabe, hg. von G. Colli und M. Montinari, Berlin 1975ff., W. de Gruyter, 22 Bände in 4 Abteilungen)
KSA	Die vorliegende Kritische Studienausgabe
NWZ	Nietzsches Werke des Zusammenbruchs (= Erich F. Podach, Friedrich Nietzsches Werke des Zusammenbruchs, Heidelberg 1961, Wolfgang Rothe Verlag)

2. Die Erstdrucke von Nietzsches Werken

a) Von Nietzsche selbst herausgegebene Werke

SGT	Sokrates und die griechische Tragoedie. Privatdruck. Basel 1871.
GT	Die Geburt der Tragödie aus dem Geiste der Musik. Leipzig: E. W. Fritzsch 1872. Die Geburt der Tragödie aus dem Geiste der Musik. Zweite Auflage. Leipzig: E. W. Fritzsch 1874. [Chemnitz: E. Schmeitzner 1878.] Die Geburt der Tragödie, Oder: Griechenthum und Pessimismus. Neue Ausgabe mit dem Versuch einer Selbstkritik. Leipzig: E. W. Fritzsch 1886.
NJ	Ein Neujahrswort an den Herausgeber der Wochenschrift „Im neuen Reich". Musikalisches Wochenblatt, 17. Januar 1873, S. 38. Leipzig: E. W. Fritzsch 1873.
DS	Unzeitgemässe Betrachtungen. Erstes Stück: David Strauss der Bekenner und der Schriftsteller. Leipzig: E. W. Fritzsch 1873.
MD	Mahnruf an die Deutschen. 1873. Korrekturblatt, nicht erschienen.
HL	Unzeitgemässe Betrachtungen. Zweites Stück: Vom Nutzen und Nachtheil der Historie für das Leben. Leipzig: E. W. Fritzsch 1874.
SE	Unzeitgemässe Betrachtungen. Drittes Stück: Schopenhauer als Erzieher. Schloss-Chemnitz: E. Schmeitzner 1874.
WB	Unzeitgemässe Betrachtungen. Viertes Stück: Richard Wagner in Bayreuth. Schloss-Chemnitz: E. Schmeitzner 1876.

Siglenverzeichnis

[Richard Wagner à Bayreuth traduit par Marie Baumgartner avec l'autorisation de l'auteur. Schloss-Chemnitz: E. Schmeitzner 1877.]

MA — Menschliches, Allzumenschliches. Ein Buch für freie Geister. Chemnitz: E. Schmeitzner 1878.

MA I — Menschliches, Allzumenschliches. Ein Buch für freie Geister. Erster Band. Neue Ausgabe mit einer einführenden Vorrede. Leipzig: E. W. Fritzsch 1886.

VM — Menschliches, Allzumenschliches. Ein Buch für freie Geister. Anhang: Vermischte Meinungen und Sprüche. Chemnitz: E. Schmeitzner 1879.

WS — Der Wanderer und sein Schatten. Chemnitz: E. Schmeitzner 1880.

MA II — Menschliches, Allzumenschliches. Ein Buch für freie Geister. Zweiter Band. Neue Ausgabe mit einer einführenden Vorrede. Leipzig: E. W. Fritzsch 1886. [VM + WS]

M — Morgenröthe. Gedanken über die moralischen Vorurtheile. Chemnitz: E. Schmeitzner 1881.

Morgenröthe. Gedanken über die moralischen Vorurtheile. Neue Ausgabe mit einer einführenden Vorrede. Leipzig: E. W. Fritzsch 1887.

IM — Idyllen aus Messina. Internationale Monatsschrift I, 5 (Mai), S. 269–275. Chemnitz: E. Schmeitzner 1882.

FW — Die fröhliche Wissenschaft. Chemnitz: E. Schmeitzner 1882.

Die fröhliche Wissenschaft („la gaya scienza"). Neue Ausgabe mit einem Anhange: Lieder des Prinzen Vogelfrei. Leipzig: E. W. Fritzsch 1887.

Za I — Also sprach Zarathustra. Ein Buch für Alle und Keinen. Chemnitz: E. Schmeitzner 1883.

Za II — Also sprach Zarathustra. Ein Buch für Alle und Keinen, 2. Chemnitz: E. Schmeitzner 1883.

Za III — Also sprach Zarathustra. Ein Buch für Alle und Keinen, 3. Chemnitz: E. Schmeitzner 1884.

Za IV — Also sprach Zarathustra. Ein Buch für Alle und Keinen, 4. Vierter und letzter Theil. Privatdruck. Leipzig: C. G. Naumann 1885.

Also sprach Zarathustra. Ein Buch für Alle und Keinen. In drei Theilen. Leipzig: E. W. Fritzsch 1887.

JGB — Jenseits von Gut und Böse. Vorspiel einer Philosophie der Zukunft. Leipzig: C. G. Naumann 1886.

GM — Zur Genealogie der Moral. Eine Streitschrift. Leipzig: C. G. Naumann 1887.

WA	Der Fall Wagner. Ein Musikanten-Problem. Leipzig: C. G. Naumann 1888.
GD	Götzen-Dämmerung, oder: Wie man mit dem Hammer philosophirt. Leipzig: C. G. Naumann 1889.
NW	Nietzsche contra Wagner. Aktenstücke eines Psychologen. Leipzig: C. G. Naumann 1889 (nicht ausgegeben, da Nietzsche auf die Veröffentlichung dieser Schrift zuletzt verzichtet hatte).
EH	Ecce homo. Wie man wird, was man ist. Leipzig: C. G. Naumann 1889 (2 Korrekturbogen für druckfertig erklärt, dann nicht erschienen).

b) Von Nietzsche für den Druck fertig hinterlassene Schriften

AC	Der Antichrist. Fluch auf das Christenthum. 1888. Erstdruck: GAK VIII. Leipzig: C. G. Naumann 1895.
EH	Ecce homo. Wie man wird, was man ist. 1888/89. Erstdruck hg. von Raoul Richter. Leipzig: Insel 1908.
DD	Dionysos-Dithyramben. 1888/89. Erstdruck mit Za IV hg. von Peter Gast. Leipzig: C. G. Naumann 1891.

3. Nietzsches Manuskripte (1869—1889)

Nietzsches Manuskripte aus dem Nachlaß werden mit den Signaturen von Hans-Joachim Mette, Sachlicher Vorbericht zur Gesamtausgabe der Werke Friedrich Nietzsches, BAW 1, XXXI–CXXVI, angeführt.

Alle hier verzeichneten Manuskripte sind – ausgenommen „Die Geburt des tragischen Gedankens" – im Goethe- und Schiller-Archiv der Nationalen Forschungs- und Gedenkstätten der klassischen deutschen Literatur zu Weimar aufbewahrt. Auf einzelne Blätter, die sich in Basel (Universitätsbibliothek), Genf (Bibliotheca Bodmeriana), Göttingen (Dr. h.c. Ernst Pfeiffer), London (Stefan Zweigs Erben), Marbach (Schiller-Nationalmuseum) befinden, wird im Kommentar hingewiesen.

a) Druckmanuskripte

D 3	zu SGT und GT, eigenhändig.
D 3a	zu GT 1874 [1878], korrigiertes Exemplar von GT 1872.

D 3b	zu GT 1886, Vorrede: Versuch einer Selbstkritik, eigenhändig.
D 6	zu MD, Schreiber: Heinrich Romundt.
D 7	zu HL, Schreiber: Carl von Gersdorff (Kap. 10 von Nietzsche). Mit Nietzsches Korrekturen.
D 8	zu SE, fragmentarisch, eigenhändig.
D 10	zu WB, Schreiber: Heinrich Köselitz (Peter Gast), mit Nietzsches Korrekturen.
D 10a	zu WB 1–6, eigenhändig (dann von Köselitz abgeschrieben in D 10).
D 11	zu MA, Schreiber: Heinrich Köselitz, von Nietzsche durchkorrigiert.
D 11a	zu MA I, eigenhändiges Druckmanuskript der Vorrede und des Epilogs (Unter Freunden. Ein Nachspiel).
D 12	zu VM, Schreiber: Marie Baumgartner, von Nietzsche korrigiert, einige Aphorismen von ihm selbst geschrieben.
D 12a	zu MA II, Vorrede, eigenhändig.
D 13	zu WS, Schreiber: Heinrich Köselitz, von Nietzsche durchkorrigiert, einige Aphorismen von ihm selbst geschrieben.
D 14a	zu M 1887, Titelblatt und Vorrede, eigenhändig.
D 15	zu IM, eigenhändig.
D 16	zu FW, fragmentarisch, Titelblatt, Zwischentitel: Scherz, List und Rache, sowie Nr. 1–57 dieses Vorspiels von Nietzsches Hand; dann fragmentarische, eigenhändige Vorlage des von einem Schreiber in Naumburg niedergeschriebenen, später verbrannten Druckmanuskriptes.
D 16a	zu FW 1887, Vorrede, 5. Buch, Lieder des Prinzen Vogelfrei, eigenhändig.
D 17	zu Za IV, eigenhändig.
D 18	zu JGB, eigenhändig.
D 20	zu GM, eigenhändig.
D 21	zu GD, eigenhändig.
D 22	zu AC, eigenhändig.
D 23	zu NW, eigenhändig.
D 24	zu DD, eigenhändig.
D 25	zu EH, eigenhändig.

Die Druckmanuskripte zu NJ, DS, M, Za I–III, WA sind nicht erhalten. Über die vorhandenen Korrekturbogen der von Nietzsche selbst herausgegebenen Werke gibt der Kommentar Rechenschaft.

b) Die Manuskripte der Basler nachgelassenen Schriften

Die Signatur wird in Klammern neben der Sigle angeführt.

GMD (U I 1)	Das griechische Musikdrama.
ST (U I 1)	Socrates und die Tragoedie.
DW (U I 2a)	Die dionysische Weltanschauung.
GG	Die Geburt des tragischen Gedankens. (London, Stefan Zweigs Erben)
BA (D 4)	Ueber die Zukunft unserer Bildungsanstalten.
CV (U I 7)	Fünf Vorreden zu fünf ungeschriebenen Büchern.
PHG (D 9) (U I 8)	Die Philosophie im tragischen Zeitalter der Griechen.
WL (U II 2)	Ueber Wahrheit und Lüge im aussermoralischen Sinne.

c) Die Manuskripte der Vorstufen und Reinschriften zum Werk sowie auch der nachgelassenen Fragmente

Reihe P (Hefte vorwiegend philologischen Inhalts — Basler Vorlesungen)

P I 15	Quartheft. 228 Seiten. Vorstufen zu GMD, ST, DW; Aufzeichnungen zu GT, PHG, BA. Fragmente und Dispositionen. Winter 1869/70–Frühjahr 1870. Bd. 7: 3.
P I 16	Quartheft. 234 Seiten. Aufzeichnungen zu GT und BA. Fragmente und Dispositionen. Frühjahr 1871–Anfang 1872. Bd. 7: 14.
P I 20	Quartheft. 238 Seiten. Dispositionen und Fragmente. Sommer 1872–Anfang 1873. Bd. 7: 19.
P II 1	Quartheft. 108 Seiten. Aufzeichnungen zu GMD und ST. Dispositionen und Fragmente. Herbst 1869. Bd. 7: 1.
P II 2	Quartheft. 182 Seiten. Vorstufen zu GT.
P II 3b	Quartheft. 228 Seiten. Vorstufen zu GT.
P II 4	Quartheft. 228 Seiten. Vorstufen zu GT.
P II 12b	Quartheft, Fragment. 60 Seiten. Dispositionen und Fragmente. Winter 1872/3, Ende 1874. Bd. 7: 25.37. Außerdem S. 60 zu MA (1878); S. 37, Frühjahr 1887: Bd. 12: 6.

Reihe U (Hefte philosophischen Inhalts aus der Basler Zeit)

U I 1	Quartheft. 152 Seiten. Reinschrift von GMD und ST. Dispositionen und Fragmente, Ende 1870. Bd. 7: 6.
U I 2b	Großoktavheft. 234 Seiten. Aufzeichnungen zu GT.

	Dispositionen und Fragmente. Ende 1870–April 1871. Bd. 7: 7.
U I 3	Oktavheft. 186 Seiten. Aufzeichnungen zu GT. Dispositionen und Fragmente. September 1870–Januar 1871. Bd. 7: 5.
U I 4	Großoktavheft. 236 Seiten. Aufzeichnungen zu GT, PHG, BA. Dispositionen und Fragmente. 1871 und Sommer 1872–Anfang 1873. Bd. 7: 9.21.
U I 5	Quartheft. 182 Seiten. Aufzeichnungen zu GT, BA, PHG, CV, DS. Dispositionen und Fragmente. Winter 1870/71–Herbst 1872, Frühjahr 1873. Bd. 7: 8.26.
U I 6	Oktavheft. 148 Seiten. Gedichte. Aufzeichnungen zu CV. Dispositionen und Fragmente. Sommer 1871 und Sommer 1875. Bd. 7: 15. Bd. 8: 8.
U I 7	Großoktavheft. 136 Seiten. Reinschrift von CV.
U I 8	Quartheft. 108 Seiten. Reinschrift von PHG.
U II 1	Quartheft. 250 Seiten. Aufzeichnungen zu DS und HL. Dispositionen und Fragmente. Frühjahr–Herbst 1873. Bd. 7: 27.
U II 2	Großoktavheft. 250 Seiten. Reinschrift von WL. Aufzeichnungen zu HL. Dispositionen und Fragmente. Sommer bis Herbst 1873. Bd. 7: 30.
U II 3	Großoktavheft. 250 Seiten. Aufzeichnungen zu HL. Pläne, Dispositionen, Fragmente. Herbst 1873–Winter 1873/74.
U II 4	Quartheft. 60 Seiten. Fragmentarische Reinschrift zu HL.
U II 5	Großoktavheft. 250 Seiten. Aufzeichnungen zu SE, WB, MA. Pläne, Dispositionen, Fragmente. Anfang 1874–Frühjahr 1874. Sommer 1876. Bd. 7: 26. Bd. 8: 17.
U II 6	Quartheft. 236 Seiten. Aufzeichnungen und teilweise Reinschrift zu SE. Pläne, Dispositionen, Fragmente. Frühjahr–Sommer 1874. Bd. 7: 34.
U II 7	Großoktavheft. 186 Seiten. Pläne, Dispositionen, Fragmente. Winter 1872/73. Mai 1874. Zum Teil auch Späteres: zu GT 1886 (Versuch einer Selbstkritik § 5) und zu einem Gedicht (Freund Yorick, Muth!) aus dem Herbst 1884. Bd. 7: 24.37.
U II 8	Quartheft. 240 Seiten. Notizen zu „Wir Philologen". Fragmente zu „Wissenschaft und Weisheit im Kampfe". Aufzeichnungen zu MA. Pläne, Dispositionen, Fragmente. Anfang 1875. Frühjahr-Sommer 1875. Sommer 1875. Bd. 8: 2.3.5.6.
U II 9	Quartheft, Fragment. 72 Seiten. Aufzeichnungen zu WB. Sommer 1875. Bd. 8: 11.

U II 10	Quartheft. 162 Seiten. Aufzeichnungen und teilweise Reinschrift zu WB. Sommer–Ende September 1875. Bd. 8: 12.
U II 11	Quartheft. 236 Seiten. Aufzeichnungen und teilweise Reinschrift zu WB. Nachtrag zu DS. Fragmente. Frühjahr 1876. Bd. 8: 15.
U III 1	Folioheft. 180 Seiten. Auszüge aus *Der Werth des Lebens* von Eugen Dühring und aus *Die Erhaltung der Energie* von B. Stewart. Sommer 1875. Bd. 8: 9.

Reihe M (Manuskripte aus der Zeit 1876–1882)

M I 1	Quartheft. 100 Seiten. Schreiber: Heinrich Köselitz (Peter Gast). Lediglich S. 63–65 von Nietzsches Hand. Von Nietzsche durchkorrigiert. Aufzeichnungen zu MA. September 1876. Bd. 8: 18.
M I 2	Quartheft. 92 Seiten. Aufzeichnungen zu WS. Juli–August 1879. Bd. 8: 43.
M I 3	Quartheft. 94 Seiten. Aufzeichnungen zu WS. Fortsetzung zu M I 2. August 1879. Bd. 8: 45.
M II 1	Quartheft. 196 Seiten. L'Ombra di Venezia; Schreiber: Heinrich Köselitz. Von Nietzsche durchkorrigiert. Aufzeichnungen zu M. Frühjahr 1880. Bd. 9: 3.
M II 2	Quartheft. 182 Seiten. Reinschrift zu M. Winter 1880/81. Band 9: 9.
M III 1	Großoktavheft. 160 Seiten. Aufzeichnungen zu FW. Dispositionen und Fragmente. Frühjahr–Herbst 1881. Band 9: 11.
M III 2	Großoktavheft. 240 Seiten. Dispositionen und Fragmente. Sommer 1882, Sommer 1883. Bd. 9: 21. Bd. 10: 14.
M III 3	Quartheft. 40 Seiten. Aufzeichnungen zu FW. Dispositionen und Fragmente. Frühjahr–Sommer 1882. Winter 1882/83. Bd. 9: 20. Bd. 10: 6.
M III 4	Großoktavheft. 218 Seiten. Aufzeichnungen zu FW und JGB. Pläne, Dispositionen, Fragmente, Exzerpte. Herbst 1881. Frühjahr–Sommer 1883. Bd. 9: 15. Bd. 10: 7.
M III 5	Quartheft. 78 Seiten. Aufzeichnungen zu FW. Herbst 1881. Bd. 9: 14.
M III 6	Quartheft. 276 Seiten. Reinschrift zu FW. Dezember 1881 bis Januar 1882. Frühjahr 1882. Bd. 9: 16.19.
M III 7	Quartheft. 32 Seiten. Exzerpte aus R. W. Emerson *Essays*. Anfang 1882. Bd. 9: 17.

Reihe Z (Hefte aus der Zarathustra-Zeit, 1882–1885)

Z I 1	Quartheft. 58 Seiten. Aufzeichnungen zu VM (S. 1).

Spruchsammlung. Aufzeichnungen zu Za I und JGB. Gedichte. (S. 1: Herbst 1878). Sommer–Herbst 1882 Bd. 10: 3.

Z I 2   Quartheft. 122 Seiten. Spruchsammlung. Aufzeichnungen zu Za I und JGB. Dispositionen und Fragmente. November 1882–Februar 1883. August–September 1885. Herbst 1885. Bd. 10: 5. Bd. 11: 39.43.

Z I 3   Quartheft. 308 Seiten. Spruchsammlung zum Teil aus früheren Werken Nietzsches. Aufzeichnungen zu Za und JGB. Sommer 1883. Bd. 10: 12. Reinschrift zu Za II.

Z I 4   Großoktavheft. 238 Seiten. Aufzeichnungen zu Za. Pläne, Dispositionen und Fragmente. Reinschrift zu Za II. Sommer 1883. Bd. 10: 13.

Z II 1 Großoktavheft. 110 Seiten. Pläne, Dispositionen, Fragmente. Aufzeichnungen zu Za III. Späteres zu EH und NW. Herbst 1883. Oktober 1888. Bd. 10: 16. Bd. 13: 23.

Z II 2 Quartheft. 38 Seiten. Pläne, Dispositionen, Aufzeichnungen zu Za. Reinschrift zu Za III. Herbst 1883. Band 10: 20.

Z II 3 Quartheft. 154 Seiten. Pläne, Dispositionen, Aufzeichnungen zu Za. Reinschrift zu Za III. Späteres. Ende 1883. Anfang 1888. Bd. 10: 22. Bd. 12: 13.

Z II 4 Quartheft. 152 Seiten. Pläne, Dispositionen und Aufzeichnungen zu Za III. Reinschrift zu Za III. Bd. 10: 23.

Z II 5 Großoktavheft. 122 Seiten. Pläne, Dispositionen, Fragmente. Aufzeichnungen zu Za. Gedichtentwürfe. Sommer–Herbst 1884. Bd. 11: 27.28.30.

Z II 6 Quartheft. 90 Seiten. Aufzeichnungen zu Za IV. Gedichte und Gedichtfragmente. Herbst 1884–Anfang 1885. Bd. 11: 28.30.

Z II 7 Quartheft. 92 Seiten. Aufzeichnungen zu Za IV. Gedichte und Gedichtfragmente. Herbst 1884–Anfang 1885. Bd. 11: 28.30.

Z II 8 Quartheft. 90 Seiten. Pläne, Vorstufen und Reinschrift zu Za IV. Winter 1884/85. Bd. 11: 31.

Z II 9 Quartheft. 94 Seiten. Pläne, Vorstufen und Reinschrift zu Za IV. Winter 1884/85. Bd. 11: 32.

Z II 10 Quartheft. 80 Seiten. Pläne, Vorstufen und Reinschrift zu Za IV. Winter 1884/85. Bd. 11: 33.

Reihe W (Hefte aus der sogenannten Umwertungs-Zeit, 1884–1889)

W I 1   Quartheft. 166 Seiten. Aufzeichnungen zu Za. Pläne, Dispositionen, Fragmente, Exzerpte. Frühjahr 1884. Bd. 11: 25.

W I 2	Quartheft. 168 Seiten. Pläne, Dispositionen, Fragmente, Exzerpte. Aufzeichnungen zu Za IV. Sommer–Herbst 1884. Bd. 11: 26.
W I 3	Quartheft. 136 Seiten. Pläne, Dispositionen, Fragmente. Aufzeichnungen zu JGB. Mai–Juli 1885. Anfang 1886. Bd. 11: 35. Bd. 12: 3.
W I 4	Quartheft. 54 Seiten. Pläne, Dispositionen, Fragmente. Aufzeichnungen zu JGB. Juni–Juli 1885. Bd. 11: 36.
W I 5	Quartheft, Fragment. 48 Seiten. Pläne, Dispositionen, Fragmente. Aufzeichnungen zu JGB. August–September 1885. Bd. 11: 41.
W I 6	Quartheft. 80 Seiten. Schreiber: Frau Louise Röder-Wiederhold. Von Nietzsche durchkorrigiert und ergänzt. Fragmente, z.T. Aufzeichnungen zu JGB. Juni–Juli und Herbst 1885. Bd. 11: 37.45.
W I 7	Quartheft. 80 Seiten. Fragmente. Aufzeichnungen zu JGB. August–September 1885. Anfang 1886. Bd. 11: 40. Bd. 12: 3.
W I 8	Quartheft. 290 Seiten. Pläne, Dispositionen, Fragmente. Aufzeichnungen zu JGB und zu den Vorreden 1886/87. Herbst 1885–Herbst 1886. Bd. 12: 2.
W II 1	Quartheft. 142 Seiten. Pläne, Dispositionen, Fragmente. Letztere zum größten Teil von Nietzsche 1–136 durchnumeriert. Herbst 1887: Bd. 12: 9.
W II 2	Quartheft. 142 Seiten. Pläne, Dispositionen, Fragmente. Letztere zum größten Teil von Nietzsche 137–300 durchnumeriert. Herbst 1887. Bd. 12: 10.
W II 3	Folioheft. 200 Seiten. Pläne, Dispositionen, Fragmente, Exzerpte. Der größte Teil der Fragmente auf den ersten 40 Seiten von Nietzsche 301–372 durchnumeriert. November 1887–März 1888. Bd. 13: 11.
W II 4	Quartheft, Fragment. 136 Seiten. Rubrik zu W II 1, W II 2 und W II 3. Plan zu den Aufzeichnungen der genannten Hefte. Späteres (Vorstufen zu WA und GD). Anfang 1888. Herbst 1888. Bd. 13: 12.
W II 5	Folioheft. 190 Seiten. Pläne, Dispositionen, Fragmente. Frühjahr 1888. Bd. 13: 14.
W II 6	Folioheft. 146 Seiten. Pläne, Dispositionen, Fragmente. Aufzeichnungen zu WA, GD, EH. Frühjahr 1888, September, Oktober 1888. Bd. 13: 15.19.23.
W II 7	Quartheft. 164 Seiten. Pläne, Dispositionen, Fragmente. Aufzeichnungen zu WA, GD. Frühjahr–Sommer 1888, Oktober 1888. Bd. 13: 16.23.

W II 8	Quartheft. 154 Seiten. Pläne, Dispositionen, Fragmente. Aufzeichnungen zu GD, AC, EH. Mai–Juni 1888, September–Oktober 1888, Anfang Januar 1889. Bd. 13: 17.22.25.
W II 9	Quartheft. 132 Seiten. Pläne, Dispositionen, Fragmente. Aufzeichnungen zu GD, EH. Mai–Juni, September–Dezember 1888. Bd. 13: 17.19.24.25.
W II 10	Großoktavheft. 212 Seiten. Gedichte und Gedichtfragmente. Vorstufen zu DD, EH, NW. Sommer 1888, Dezember 1888. Bd. 13: 20.25.

Reihe N (Nietzsches Notizbücher, 1870–1888)

N I 1	Duodezheft. 168 Seiten. Notizen aus der Krankenpflegerzeit. August–September 1870. Bd. 7: 4.
N I 2	Oktavheft. 146 Seiten. Verse, Notizen philologischer Art, Gelegenheitsnotizen. September–Oktober 1871. Bd. 7: 17.
N I 3	Oktavheft. 100 Seiten. Gelegenheitsnotizen. Tagebuchartige Eintragungen 28./30. September 1872. Spätere Notizen von Frühjahr 1875, sowie 1878/Juli 1879. Bd. 7: 22. Bd. 8: 4.39.
N I 4	Duodezheft. 110 Seiten. Wenig benutzt. Gelegenheitsnotizen, ein Briefentwurf an R. Wagner, Philologisches, Aufzeichnungen zu den Unzeitgemäßen. Winter–Frühjahr 1875. Bd. 8: 1.
N I 5	Duodezheft. 138 Seiten. Wenig benutzt. Gelegenheitsnotizen und Aufzeichnungen aus dem Sommer 1878. Bd. 8: 31.
N I 6	Notizkalender für das Jahr 1875. Gelegenheitsnotizen, Aufzeichnungen zu WB aus dem Sommer 1875. Bd. 8: 10.
N II 1	Notizkalender für das Jahr 1876. Gelegenheitsnotizen, Aufzeichnungen zu WB, MA, Vorlesungspläne. Bd. 8: 16.
N II 2	Oktavheft. 154 Seiten. Wenige Gelegenheitsnotizen, philosophische Aufzeichnungen meistens zu MA. Frühjahr bis Sommer 1877. Bd. 8: 22.
N II 3	Oktavheft. 86 Seiten. Einige Gelegenheitsnotizen, Briefentwürfe, sonst philosophische Aufzeichnungen, meistens zu MA. Ende 1876–Sommer 1877. Bd. 8: 21.
N II 4	Oktavheft. 54 Seiten. Einige Gelegenheitsnotizen, sonst Aufzeichnungen philosophischen Charakters, z.T. zu VM. Sommer 1878. Bd. 8: 29.
N II 5	Oktavheft. 62 Seiten. Gelegenheitsnotizen, einige Vorstufen zu MA und VM, sonst von N nicht zur Veröffentlichung benutzte Aufzeichnungen, meistens über Richard Wagner. Frühjahr–Sommer 1878. Bd. 8: 27.

N II 6	Duodezheft. 64 Seiten. „Memorabilia", autobiographische Aufzeichnungen aus Frühjahr–Sommer 1878. Bd. 8: 28.
N II 7	Oktavheft. 146 Seiten. Wenige Gelegenheitsnotizen. Einige Vorstufen zu VM, Aufzeichnungen hauptsächlich über Richard Wagner. Sommer 1878. Bd. 8: 30.
N II 8	Notizkalender für das Jahr 1877. Gelegenheitsnotizen: 8.–24. Mai; 21. November und 10. Januar [1878]. Sonst unbenutzt.
N III 1	Oktavheft. 50 Seiten. Wenige Gelegenheitsnotizen. Aufzeichnungen zu VM aus dem Herbst 1878. Bd. 8: 34.
N III 2	Oktavheft. 50 Seiten. Aufzeichnungen zu VM aus dem Herbst 1878. Bd.8: 32.
N III 3	Oktavheft. 46 Seiten. Aufzeichnungen zu VM aus dem November 1878. Bd. 8: 37.
N III 4	Oktavheft. 50 Seiten. Aufzeichnungen zu VM aus dem Herbst 1878. Bd. 8: 33.
N III 5	Oktavheft. 50 Seiten. Aufzeichnungen zu VM aus dem Herbst 1878. Bd. 8: 35.
N IV 1	Oktavheft. 50 Seiten. Aufzeichnungen zu WS aus dem Juli 1879. Bd. 8: 41.
N IV 2	Oktavheft. 50 Seiten. Einige Gelegenheitsnotizen. Aufzeichnungen zu WS aus Juni–Juli 1879. Bd. 8: 40.
N IV 3	Oktavheft. 50 Seiten. Einige Gelegenheitsnotizen. Aufzeichnungen zu WS. Juli–August 1879. Bd. 8: 42.
N IV 4	Oktavheft. 50 Seiten. Aufzeichnungen zu WS und einige Gelegenheitsnotizen. August 1879. Bd. 8: 44.
N IV 5	Oktavheft. 50 Seiten. Einige Gelegenheitsnotizen und zwei Briefdispositionen an Overbeck. Aufzeichnungen zu WS. September–November 1879. Bd. 8: 47.
N V 1	Oktavheft. 286 Seiten. Einige Gelegenheitsnotizen. Aufzeichnungen zu M. Anfang 1880. Bd. 9: 1.
N V 2	Oktavheft. 88 Seiten. Einige Gelegenheitsnotizen. Aufzeichnungen zu M. Frühjahr 1880. Bd. 9: 2.
N V 3	Oktavheft. 116 Seiten. Gelegenheitsnotizen. Aufzeichnungen zu M. Sommer 1880. Bd. 9: 4.
N V 4	Oktavheft. 146 Seiten. Gelegenheitsnotizen. Exzerpte. Aufzeichnungen zu M. Herbst 1880. Bd. 9: 6.
N V 5	Oktavheft. 42 Seiten. Aufzeichnungen zu M, Exzerpte und Gelegenheitsnotizen. Winter 1880/81. Bd. 9: 8.
N V 6	Zwei Lagen Oktavblätter. 112 Seiten. Philolog. Notizen über Thukydides (aus der späten Basler Zeit: 1878/79). Sonst Aufzeichnungen zu M und Exzerpte. Ende 1880. Bd. 9: 7.

N V 7	Oktavheft. 202 Seiten. Gelegenheitsnotizen. Aufzeichnungen zu FW. Herbst 1881. Bd. 9: 12.
N V 8	Oktavheft. 200 Seiten. Gelegenheitsnotizen, Briefentwürfe. Gedichtentwürfe zu IM, FW und zu späteren Gedichten. Vorstufen zu Za I und zu der Spruchsammlung in Z I 2. Benutzt von Frühjahr 1882 bis Februar 1883. Bd. 10: 4.
N V 9	Oktavheft. 202 Seiten. Nur zu einem kleinen Teil für FW benutzt. Gedichte und Gedichtentwürfe. Vorstufen zu den Spruchsammlungen in Z I 1 und Z I 2. Vorstufen zu Za I. Briefentwürfe. Gelegenheitsnotizen. Benutzt von Sommer 1882 bis Februar 1883. Bd. 10: 1. 2. 4.
N VI 1	Oktavheft. 202 Seiten. Gelegenheitsnotizen, Briefentwürfe, Gedichte, Vorstufen zu der Spruchsammlung in Z I 2 und zu Za I. Benutzt von Juli 1882 bis Februar 1883. Bd. 10: 1. 4.
N VI 2	Oktavheft. 166 Seiten. Aufzeichnungen zu Za II und Gelegenheitsnotizen. Mai–Juni 1883. Bd. 10: 9.
N VI 3	Duodezheft. 116 Seiten. Aufzeichnungen zu Za II und Gelegenheitsnotizen. Juni–Juli 1883. Bd. 10: 10.
N VI 4	Duodezheft. 102 Seiten, zur Hälfte benutzt. Aufzeichnungen zu Za II und Gelegenheitsnotizen. Juni–Juli 1883. Bd. 10: 11.
N VI 5	Duodezheft. 110 Seiten. Zarathustra-Entwürfe und -Fragmente (zu einem 3. und 4. Teil). Gelegenheitsnotizen. Sommer–Herbst 1883. Bd. 10: 15.
N VI 6	Oktavheft. 200 Seiten. Gelegenheitsnotizen. Zarathustra-Entwürfe und -Fragmente. Vorstufen zu Za III. Herbst 1883. Bd. 10: 17.
N VI 7	Oktavheft. 194 Seiten. Aufzeichnungen zu Za III. Gelegenheitsnotizen. Herbst 1883. Bd. 10: 18.
N VI 8	Oktavheft. 94 Seiten. Aufzeichnungen zu Za III und Gelegenheitsnotizen. Herbst 1883. Bd. 10: 19.
N VI 9	Oktavheft. 138 Seiten. Gedichtentwürfe, Aufzeichnungen zu Za IV und Gelegenheitsnotizen. Herbst 1884–Anfang 1885. Bd. 11: 29.
N VII 1	Oktavheft. 194 Seiten. Pläne, Entwürfe, Fragmente, Aufzeichnungen zu JGB, Gelegenheitsnotizen und Briefentwürfe. April–Juni 1885. Bd. 11: 34.
N VII 2	Oktavheft. 194 Seiten. Pläne, Entwürfe, Fragmente, Aufzeichnungen zu JGB, Gelegenheitsnotizen und Briefentwürfe. August–September 1885. Herbst 1885–Frühjahr 1886. Bd. 11: 39. Bd. 12: 1.

N VII 3	Oktavheft. 188 Seiten. Pläne, Entwürfe, Fragmente, Aufzeichnungen zu JGB und GM, Gelegenheitsnotizen und Briefentwürfe. Bd. 12: 5.
N VII 4	Duodezheft. 60 Seiten. Aufzeichnungen zu EH und Gelegenheitsnotizen. Herbst 1888. Bd. 13: 21.

Reihe Mp (Mappen loser Blätter verschiedenen Formats und verschiedener Herkunft, Anfang 1871–Anfang 1889)

Mp XII 1	Vorarbeiten zu GT: Anfang 1871–Herbst 1871. Bd. 7: 10. 11. 12. 13.
Mp XII 2	Vorarbeiten zu BA. Winter 1871/72. Bd. 7: 18.
Mp XII 3	Vorstufe zu Homer's Wettkampf. 21. Juli 1872. Bd. 7: 20.
Mp XII 4	Aufzeichnungen zu PHG und WL. Winter 1872/73. Bd. 7: 23.
Mp XII 5	Prometheus-Entwurf. Ende 1874. Bd. 7: 38.
Mp XIII 1	Aufzeichnungen zu DS, und zu den Unzeitgemäßen im allgemeinen. Frühjahr–Herbst 1873. Bd. 7: 28.
Mp XIII 2	Aufzeichnungen zu HL. 1873/74.
Mp XIII 3	Aufzeichnungen zu SE. Frühjahr–Sommer 1874. Bd. 7: 35.
Mp XIII 4	Aufzeichnungen zu WB. Sommer 1875–Frühjahr 1876. Bd. 8: 11. 12. 14.
Mp XIII 5	Aufzeichnungen aus dem Gedankenkreis der Unzeitgemäßen. Herbst 1873–Winter 1873/74. Bd. 7: 31.
Mp XIII 6a	Aufzeichnungen zu „Wir Philologen". 1875. Bd. 8: 7.
Mp XIII 6b	Aufzeichnungen zu „Wir Philologen", Schreiber: Carl von Gersdorff. März 1875. Bd. 8: 3.
Mp XIV 1	Aufzeichungen zu MA, „Sorrentiner Papiere". Schreiber (z. T.): Albert Brenner, Heinrich Köselitz (Peter Gast). Späteres zu JGB. Winter 1876/77–Herbst 1877. Bd. 8: 20. 23. 24. 25. Bd. 12: 6.
Mp XIV 2	Aufzeichnungen zu VM und WS. Herbst 1878 und Sommer 1879. Bd. 8: 36.
Mp XV 1	Aufzeichnungen zu M. Frühjahr 1880 bis Frühjahr 1881. Bd. 9: 5. 10.
Mp XV 2	Aufzeichnungen zu FW, hauptsächlich zum 5. Buch (2. Auflage). Juni–Juli 1885. Anfang 1886–Frühjahr 1886. Sommer 1886 – Frühjahr 1887. Bd. 11: 38. Bd. 12: 3. 4. 6.
Mp XV 3	Aufzeichnungen zu Za I. Pläne und Entwürfe zu einem 3. und 4. Teil des „Zarathustra" (vor dem endgültigen Za III). November 1882 – Februar 1883. Herbst 1883. Bd. 10: 5. 21.
Mp XVI 1	Aufzeichnungen zu JGB. Juni–Juli 1885. Anfang 1886 – Frühjahr 1886. Bd. 11: 38. Bd. 12: 3. 4.

Siglenverzeichnis

Mp XVI 2	Aufzeichnungen zu JGB. Juni–Juli 1885. Bd. 11: 38.
Mp XVI 3	Vorstufen zu GM. Sommer 1887.
Mp XVI 4	Aufzeichnungen zu WA, GD, AC, EH. Andere Pläne und Entwürfe. Mai–Oktober 1888. Bd. 13: 17.18.19.23.
Mp XVI 5	Aufzeichnungen zu EH und NW. Dezember 1888–Anfang Januar 1889. Bd. 13: 25.
Mp XVII 1	Pläne, Entwürfe, Fragmente. Sommer 1883. Winter 1883/84. Bd. 10: 8. 24.
Mp XVII 2	Aufzeichnungen zu einer neuen Auflage von MA. Pläne, Entwürfe, Fragmente. August–September 1885. Herbst 1885. Bd. 11: 42.44.
Mp XVII 3	Pläne, Entwürfe, Fragmente. Anfang 1886–Sommer 1887. Bd. 12: 4.6.7.8.
Mp XVII 4	Pläne und Dispositionen. Mai–Juni 1888. Bd. 13: 17.
Mp XVII 5	Pläne und Fragmente. Juli–August 1888. Bd. 13: 18.
Mp XVII 6	Pläne und Fragmente. September 1888. Bd. 13: 19.
Mp XVII 7	Pläne und Fragmente. Oktober 1888. Bd. 13: 23.
Mp XVII 8	Fragmente. Dezember 1888. Bd. 13: 25.
Mp XVIII 1	Vorstufen zu Gedichten. Herbst 1884.
Mp XVIII 2	Vorstufen zu Gedichten. Herbst 1884.
Mp XVIII 3	Vorstufen zu FW „Scherz, List und Rache" und Gedichtentwürfe und -fragmente. Bd. 9: 18.
Mp XVIII 4	Vorstufen zu DD.

Kommentar zur Kritischen Studienausgabe

Abkürzungen und Zeichen
Allgemeine Hinweise zum Kommentar

Ed Erstdruck
He Handexemplar
Cb Korrekturbogen
Cb¹ Korrekturbogen vor einer Verbesserung Nietzsches
Cb² Verbesserung Nietzsches im Korrekturbogen
Ms Manuskript
Dm Druckmanuskript, d.h. die handschriftliche Vorlage zum Erstdruck
Rs Reinschrift, d.h. die Vorlage des Druckmanuskripts
Vs Vorstufe, d.h. die Aufzeichnungen, welche zur Reinschrift führen
N Nietzsche
BN Bücher aus Nietzsches nachgelassener Bibliothek

/ Zeilenende im Manuskript (meistens bei Gedichten)
[?] unsichere Lesart
[−] unlesbares Wort
[+] Lücke
[ ] Streichung Nietzsches
⟨ ⟩ Ergänzung der Herausgeber
⌐ ¬ Zusatz Nietzsches
− − − abgebrochener, bzw. unvollständiger Satz
[ ] Hinweis der Herausgeber

Die Präposition *aus* (kursiv!) zwischen Lemmazeichen und Variante bezeichnet eine Variante, aus der das Lemma unmittelbar hervorgegangen ist.

fehlt (kursiv!) nach dem Lemmazeichen bedeutet, daß das Lemma in der betreffenden Quelle fehlt.

Alles, was im Kommentar zum Text von den Herausgebern stammt, ist kursiv, die Texte Ns (auch Titel oder Zitate aus Briefen) sind recte gesetzt.

Die Erläuterungen haben rein historisch-philologischen Charakter. Sie werden nicht getrennt von den Varianten mitgeteilt, sondern nach der Reihenfolge der Lemmata. Sie bestehen meistens aus Zitatnachweisen und

Hinweisen auf einzelne verwandte Stellen in Ns sonstigen Werken und Fragmenten. Nicht alle Zitate konnten nachgewiesen werden. Die Herausgeber haben sich bemüht, für jedes Zitat die von N benutzte Quelle zu erschließen. In Fällen, in denen das nicht möglich war, wurden neuere Ausgaben beigezogen.

Briefe (von Nietzsche und anderen) werden in der Regel lediglich mit Angabe des Adressaten und Datums zitiert.

Werke und einzelne Gedichte Goethes und Schillers werden, wenn sie als allgemein bekannt gelten dürfen, bloß mit Titelangabe angeführt. Die Bibel und die antiken Autoren werden ohne Angabe der Edition zitiert (lediglich die Sammlungen wie die Fragmente der Vorsokratiker u. ä. bedürfen einer solchen Angabe).

Die Zitate aus Schopenhauer sind nach der Frauenstädt-Ausgabe (Leipzig 1873–74, vorhanden in Ns nachgelassener Bibliothek) angegeben. Für Schopenhauers Hauptwerke werden folgende Abkürzungen verwendet:

Welt 1	*Die Welt als Wille und Vorstellung, 1. Band*
Welt 2	*Die Welt als Wille und Vorstellung, 2. Band*
Parerga 1	*Parerga und Paralipomena, 1. Band*
Parerga 2	*Parerga und Paralipomena, 2. Band*
Natur	*Über den Willen in der Natur*
Ethik	*Die beiden Grundprobleme der Ethik*
Nachlaß	*Aus Schopenhauer's handschriftlichem Nachlaß* (Frauenstädt-Ausgabe. Leipzig 1864; ebenfalls in Ns Bibliothek)

Band 1
Die Geburt der Tragödie
Unzeitgemässe Betrachtungen
Basler nachgelassene Schriften

Die Geburt der Tragödie

Schon im Leipziger Winter 1868/69 beschäftigte sich N mit der Thematik seines späteren Tragödienbuchs, *Die Geburt der Tragödie aus dem Geiste der Musik* (= GT). Der griechische Pessimismus, welcher in Schopenhauers Philosophie wiedererstanden sei; die Wiedergeburt Sophokles' in Wagners Drama der Zukunft; die Musik als Schlüssel aller Kunstphilosophie: so beschreibt Heinrich Romundt die damaligen Themen der Gespräche mit dem Freund in seinem Brief an N vom 4. Mai 1869 (KGB II/2,8; vgl. Chronik). Doch sind Notizen über die griechische Tragödie in Ns Nachlaß erst im Herbst 1869 zu verzeichnen, und zwar als Vorbereitung der beiden Vorträge: *Das griechische Musikdrama* (= GMD) und *Socrates und die Tragoedie* (= ST), die N am 18. Januar, bzw. 1. Februar 1870 in Basel hielt (s. Chronik). Das Verhältnis der Poesie zur Tonkunst, die Bedeutung des Chors im griechischen „Musikdrama", sowie der Ursprung des letzteren aus dem Dionysoskult wird im ersten Vortrag behandelt; im zweiten der Tod der Tragödie an dem Sokratismus, an der „bewußten Ästhetik" des Euripides. Erst die Abhandlung *Die dionysische Weltanschauung* (= DW) vom Sommer 1870 (als deren Teilabschrift mit einigen Varianten die *Geburt des tragischen Gedankens* aus dem Dezember 1870 zu gelten hat) führt das entscheidende Gegensatzpaar „apollinisch-dionysisch" als Schlüssel zur Deutung der griechischen Tragödie ein. DW stellt somit eine Innovation in Ns Gedankengang und eine gänzliche Überwindung von GMD dar, während daneben mit ergänzender Funktion die Thematik von ST bestehen bleibt. Die nächste tiefgreifende Umarbeitung geschieht Anfang 1871, namentlich während des Aufenthaltes Ns in Lugano. Hier versucht N seine bisherigen Aufzeichnungen und die zwei Hauptgedankengänge (apollinisch-dionysisch, Tod der Tragödie an dem Sokratismus) in eine einheitliche Abhandlung unter dem Titel *Ursprung und Ziel der*

Tragödie (im Heft U I 2) zu verschmelzen. Die Behandlung des gesellschaftlichen Hintergrunds der griechischen Kultur führt zu einer Erweiterung von DW, welche uns auch als fortlaufendes Bogen-Manuskript folgenden Inhalts überliefert ist: Vorwort an Richard Wagner, datiert Lugano, 22. Februar 1871 (vgl. Band 7, S. 351–358, Fr. 11 [1]); die späteren Kapitel 1–4 von GT; das Fragment 10 [1] (Bd. 7, S. 333–349) über den griechischen Staat, von N selbst später „Fragment einer erweiterten Form der Geburt der Tragödie" genannt. Die Fortsetzung davon war ein weiteres Bogen-Manuskript, dessen Inhalt dem später als Privatdruck veröffentlichten Aufsatz, *Sokrates und die griechische Tragoedie* (= SGT), genau entspricht und das als eine Umarbeitung und Erweiterung von ST zu betrachten ist. Kurz darauf änderte N den Anfang des ersten Manuskripts, indem er das Fragment 10 [1] fallen ließ und durch das spätere Kapitel 6, sowie das Fragment 12 [1] (Bd. 7, S. 359–369) ersetzte. Das Ganze, das nun die Form eines von 1 bis 59 durchpaginierten Manuskripts annahm, sah folgendermaßen aus: 11 [1] + GT 1.2.3.4.5.6. + 12 [1] (der Schluß – Bd. 7, S. 368,2–369,33 – fiel dabei weg) + SGT. Hans Joachim Mette veröffentlichte dieses Manuskript unter dem Titel: *Socrates und die griechische Tragoedie*, „ursprüngliche Fassung der Geburt der Tragödie aus dem Geiste der Musik", München 1933.

Am 20. April 1871 schickte N an den Verleger Wilhelm Engelmann in Leipzig „den Anfang" einer „etwa 90 Druckseiten füllende(n) Broschüre" unter dem Titel *Musik und Tragödie*. Hans Joachim Mette, dem wir für unsere Rekonstruktion vielfach verpflichtet sind, glaubt jedoch zu Unrecht, daß es sich hierbei um das endgültige Manuskript von GT handelt. Gegen diese Hypothese sprechen folgende Tatsachen: Engelmann zögerte fast zwei Monate mit seiner Antwort, deshalb ließ N Anfang Juni die Broschüre *Sokrates und die griechische Tragoedie* (= SGT) als Privatdruck erscheinen. Nebenbei bemerkt: diese Broschüre ist nicht mit der Publikation von Mette zu verwechseln, sie macht jedoch deren zweiten Teil aus; der Titel *Sokrates und die griechische Tragoedie*, den Mette seiner Publikation gab, war von N dem Luganer Vorwort an Richard Wagner (Fragment 11 [1]) vorangestellt worden, als er sein Manuskript von 1 bis 59 paginierte. Dieses selbe Manuskript wurde später von N umpaginiert, als er zur endgültigen Fassung der *Geburt der Tragödie*, Kapitel 1–15, überging. Im Juni 1871, als der Privatdruck SGT erschien, war die Umpaginierung zum endgültigen Text von GT noch gar nicht erfolgt, wie man aus dem Text von SGT konstatieren kann (vgl. unten die Anmerkungen zu diesem Text). Also hatte N am 20. April noch nicht das endgültige Druckmanuskript von GT nach Leipzig schicken können. Vielmehr wird er an Engelmann die heutigen Kapitel 1–6 von GT und Fragment 12 [1], d. h. die erste Hälfte des von 1 bis 59 paginierten Manuskripts geschickt haben, allerdings ohne das Luganer Vorwort und den alten Titel und mit dem (später gestrichenen), auch heute noch über Kapitel 1 lesbaren, neuen Titel: *Musik und Tragödie. Eine Reihe aesthetischer Betrachtungen,* den er im Begleitbrief an Engelmann vom 20. April 1871 erwähnt.

Es kam mit Engelmann zu keiner Vereinbarung; obwohl sich dieser, noch Ende Juni 1871, bereit erklärte, Ns Werk zu drucken (vgl. H. Romundt an N, 28. Juni 1871, KGB II/2, 394); N lehnte Engelmanns zu spätes Angebot ab und forderte den abgesandten Anfang seines Manuskripts zurück (an Engelmann, 28. Juni 1871, KGB II/1,205). Im Sommer/Herbst 1871 nahm das Druckmanuskript zu GT seine endgültige Gestalt an. *Die Geburt der Tragödie aus dem Geiste der Musik* erschien Anfang 1872 bei Wagners Verleger Ernst Wilhelm Fritzsch in Leipzig. Als Druckmanuskript für die zweite Auflage (ausgedruckt 1874, im Buchhandel erst 1878) benutzte N ein Exemplar des Erstdrucks von 1872, in das er Verbesserungen und Änderungen eintrug. GT erschien 1886 als „neue Ausgabe": *Die Geburt der Tragödie. Oder Griechenthum und Pessimismus... Neue Ausgabe mit dem Versuch einer Selbstkritik,* Leipzig o. J. (1886), Verlag von E. W. Fritzsch. An dem Text hatte N nichts geändert; den noch vorhandenen Exemplaren der beiden Auflagen (auch der ersten!) wurde lediglich der „Versuch einer Selbstkritik" (mit römisch paginierten Seiten) vorangeklebt, das „Vorwort an Richard Wagner" (ebenfalls römisch paginiert) fiel dabei weg.

Im folgenden Kommentar bedeuten:

Dm[1]   Druckmanuskript der ersten Auflage von 1872
Ed[1]   Erstdruck 1872
Dm[2]   Druckmanuskript der zweiten Auflage (1874/78), d. h. der von N korrigierte Erstdruck von 1872
Ed[2]   Erstdruck 1874/78

Im Kommentar wird gelegentlich auf nachgelassene Fragmente hingewiesen, die zum Gedankenkreis der *Geburt der Tragödie,* 1869–1871, gehören und in Band 7, S. 9–408, abgedruckt sind. Sie werden, im Unterschied zu Fragmenten aus anderen Bänden, ohne Angabe des Bandes und mit bloßer Fragmentnummer angeführt.

Versuch einer Selbstkritik. *Vgl. Bd. 12, 2 [110.111.113.114]*   W I 8, *107–108 (Urfassung):* Vielleicht würde ich jetzt vorsichtiger und weniger zuversichtlich von so schweren psychologischen Fragen reden, wie es der Ursprung der Tragödie bei den Griechen ist. Eine Grundfrage ist das Verhältniß des Griechen zum Schmerz, sein Grad von Sensibilität: und ob sein Verlangen nach Schönheit aus einem Verlangen nach Selbstbetrug im Schein, aus Widerwillen gegen die „Wahrheit" und „Wirklichkeit" erwachsen ist. Dies glaubte ich damals; jetzt würde ich darin einen Ausdruck persönlicher Romantik finden (— gemäß der ich freilich verurtheilt war, dem Zauber des größten aller bisherigen Romantiker eine Zeitlang zu unterliegen —). — Welche Bedeutung hat der dionysische Wahnsinn bei den Griechen? Dies Problem war von Philologen und Freunden des Alterthums gar nicht gefühlt worden; ich legte in seiner Lösung die Frage nach der Verständlichkeit des griechischen Wesens überhaupt. — Die Griechen angesetzt als die wohlgerathensten und mächtigsten Typen des bisherigen Menschen: wie verhält sich zu ihnen der Pessimismus? Ist dieser nur ein Symptom des Mißrathens? und, falls er auch bei den Griechen nicht fehlte, erscheint er vielleicht als Anzeichen absinkender Kraft, als näherndes Alter, als physiologische Verderbniß? Nein, ganz umgekehrt: die Griechen, im Reichthum ihrer Kräfte, in der Überfülle jugendlicher Gesundheit, sind Pessimisten: sie werden, mit dem Wachsthum von Schwäche, gerade optimistischer, oberflächlicher, nach Logik und Logisirung der Welt brünstiger. — Problem: wie? ist vielleicht gerade der Optimismus ein Symptom des Schwächegefühls? — So empfand ich Epicur — als Leidenden. *[107]* Der Wille zum Pessimismus ist das Zeichen der Stärke und Strenge: man fürchtet nicht, das Furchtbare sich einzugestehen. Hinter ihm steht der Muth, der Stolz, das Verlangen nach einem großen Feinde. Dies war meine neue Perspektive. — Es ist Schade, daß ich damals noch nicht den Muth hatte, mir in jedem Betracht eine eigne Sprache zu machen für so eigne Anschauungen: und daß ich mit Schopenhauerischen Formeln Dinge auszudrücken suchte, denen innerhalb der Schopenhauerischen Seele kein Erlebniß entsprochen haben kann: man höre doch, wie Schopenhauer von der griechischen Tragödie redet — und wie fern und falsch einem Jünger des Dionysos solch ein verzagter moralischer Resignationismus erscheinen mußte. — Es ist noch mehr Schade, daß ich das grandiose griechische Problem mir durch Einmischung der modernsten Dinge verdarb — daß ich Hoffnungen anknüpfte an die ungriechischeste aller möglichen Kunstbewegungen, an die Wagnerische und vom deutschen Wesen zu fabeln begann, als ob es eben im Begriff sei, sich selbst zu entdecken. Inzwischen lernte ich schonungslos genug von diesem „deutschen Wesen" denken, insgleichen von der Gefährlichkeit deutscher Musik — welche eine Nervenverderberin ersten Rangs ist und einem Volke, das den Rausch liebt und die Unklarheit als Tugend behandelt, in ihrer doppelter Eigenschaft als berauschend und benebelnd — doppelt gefährlich ist. — Wo giebt es jetzt einen gleichen Morast von Unklarheit und krankhafter Mystik als bei den Wagnerianern? Es gab glücklicherweise für mich eine Stunde der Erleuchtung darüber, wo ich hingehöre —: jene Stunde, wo Richard Wagner mir von den Entzückungen sprach, die er dem christlichen Abendmahle abzugewinnen wisse. Er hat später auch noch Musik dazu [+ + +] gemacht ... *[108] zum*

Die Geburt der Tragödie 1

ersten Absatz von W I 8, 108: Der Wille zum Pessimismus ... neue Perspektive. *vgl. MA II, Vorrede 7*   **11** *7–15:* Während ... soll.] *Urfassung:* Während die Donner der Schlacht von Wörth über das erstaunte Europa weggiengen — schrieb ich in irgend einem Winkel der Alpen die entscheidenden Gedanken dieses Buchs nieder: im Grunde nicht viel für mich, sondern für Richard Wagner, um dessen Gräcisirung und Versüdlichung sich bis dahin Niemand sonderliche Mühe gegeben hatte. *W I 8, 97*   **12** *2:* Kunstwerk] Problem *Dm*   *19–20:* lernen ... Fürchten"] *Anspielung auf Wagners Siegfried*   **13** *29–30:* lang ... Drang"] Viel", ihrem „Nie-zur-rechten Zeit" *Dm*   **14** *1–2:* „den ... Zeit"] *vgl. Schiller, Prolog zu Wallensteins Lager*   *29:* fremde] *aus* neue *Dm*   **16** *7–21:* Und ... mittheilten?] *Urfassung:* Eine der schwersten psychologischen Fragen: aus welchem Bedürfnisse erfand der Grieche sich den Satyr? Auf welche Erlebnisse hin? Endemische Entzückungen, bei denen eine ganze Gemeinde den Gott schaut, den sie erdichtet und anruft: das scheint allen alten Culturen gemein zu sein (die Hallucination, als die Maler-Urkraft, sich der Gemeinde übertragend); die Prozeduren, um zu einer solchen Höhe sinnlicher und anbetender Aufregung zu kommen. *W I 8, 109*   *24:* ein Wort Plato's] *vgl. Phaedr. 244a; dasselbe Zitat in MA 144 und M 14*   **17** *30:* Schopenhauer] *vgl. Parerga 2, 107*   **19** *29–20 2:* „Was ... hin".] *zitiert nach der Ausgabe von Frauenstädt*   **21** *26–37*] *vgl. 118, 34–119, 11*   *30–31:* um ... leben"] *vgl. Goethe, Generalbeichte*   *36–37*] *vgl. Goethe, Faust II 7438f.*

Vorwort an Richard Wagner. **23** *4–5:* dem ... Oeffentlichkeit] bei der gemischten Leserschaar wahrscheinlich *Vs*   **24** *6:* Wirbel und Wendepunkt] einen „Wirbel ihres Seins", *Ed¹*   *8–9:* genommen zu sehn] zu nehmen *Ed¹*   *16:* meinem] *aus* dem *Dm¹*   *19*] *fehlt Ed¹*   *Dm¹ am Schluß gestr.:* Friedrich Nietzsche. *in Dm¹ folgt S. III der Titel:* [Der Ursprung] Die Geburt der Tragödie aus dem Geiste der Musik.

1. *Dm¹ oben:* [Musik und Tragödie. Eine Reihe aesthetischer Betrachtungen.]   **25** *14–26 2:* Welt ... erzeugen] Kunst ein Stilgegensatz besteht: zwei verschiedene Triebe gehen in ihr neben einander her, zumeist in Zwiespalt mit einander und sich gegenseitig zu immer neuen kräftigeren Geburten reizend, um in ihnen den Kampf jenes Gegensatzes zu perpetuiren: bis sie endlich, im Blüthemoment des hellenischen „Willens", zu gemeinsamer Erzeugung des Kunstwerkes der attischen Tragoedie verschmolzen erscheinen *Ed¹*   **26** *8:* Lucretius] *De rerum natura 1169–1182*   *6:* entsprechender] analoger *Ed¹*   *11–20*] im Traume erfuhr der hellenische Dichter an sich, was ein tiefes Epigramm Friedrich Hebbels mit diesen Worten

ausspricht: In die wirkliche Welt sind viele mögliche andre Eingesponnen, der Schlaf wickelt sie wieder heraus, Sei es der dunkle der Nacht, der alle Menschen bewältigt, Sei es der helle des Tags, der nur den Dichter befällt; Und so treten auch sie, damit das All sich erschöpfe, Durch den menschlichen Geist in ein verflatterndes Sein *Ed¹; vgl. 7 [179]* 26 *30*–27 *8*] Wo diese Scheinempfindung völlig aufhört, beginnen die krankhaften und pathologischen Wirkungen, in denen die heilende Naturkraft der Traumzustände nachläßt. Innerhalb jener Grenze aber sind es nicht etwa nur die angenehmen und freundlichen Bilder, die wir mit jener Allverständigkeit an uns erfahren *Ed¹* 27 *8:* Allverständigkeit] *Rs; Dm¹; Ed¹; Dm²; Ed²* Allverständlichkeit *GA* 12: ihm] uns *Ed¹* 12–13: er ... leidet] wir leben und leiden *Ed¹* 14–15: und ... mir] ja ich erinnere mich *Ed¹* 16: sich] mir *Ed¹* 20–21: Thatsachen, welche] als welche Thatsachen *Ed¹* 26–27: aller ... wahrsagende] der Traumesvorstellungen ist zugleich der wahrsagende und künstlerische *Ed¹* 29: inneren Phantasie-Welt] Traumwelt *Ed¹* 34: Künste] Kunst *Ed¹* 27 *34*–28 *1:* möglich und lebenswerth] lebenswerth und die Zukunft zur Gegenwart *Ed¹* 28 *3:* als ... uns] nicht nur täuschen, sondern *Ed¹* 6–7: Sein ... „sonnenhaft"] *vgl. Goethe, Zahme Xenien III: „Wär nicht das Auge sonnenhaft,/Die Sonne könnt es nie erblicken"* 10: Schopenhauer] unser grosser Schopenhauer *Ed¹* 11–12: Welt ... 416] *zitiert nach der 3. Auflage (1859), deren Seitenzahlen identisch mit denen der Frauenstädt-Ausgabe von 1873/74 sind* 13: Wellenberge] *Ed¹; Ed²* Wasserberge *Frauenstädt; GA* 18: unerschütterte] unwankende *Ed¹* 20–22: herrliche ... ganze] *aus* zur Gestalt gewordene Princip der Individuation, sammt der *Rs* 29 *11–12:* giebt ... Stumpfsinn] ist nicht rathsam *Ed¹* 14: abwenden] abzuwenden *Ed¹* 14–17: die ... vorüberbraust] man giebt damit eben zu verstehen, dass man „gesund" ist, und dass die an einem Waldesrande sitzenden Musen, mit Dionysus in ihrer Mitte, erschreckt in das Gebüsch, ja in die Wellen des Meeres flüchten, wenn so ein gesunder „Meister Zettel" plötzlich vor ihnen erscheint *Ed¹* 31: „freche Mode"] *s. Wagner, Beethoven, Leipzig 1870, 68ff., 73, BN, zur Änderung Beethovens in Schiller, An die Freude, 6* 30 *15–16:* Ihr ... Welt?] *vgl. An die Freude, 33–34* 16: Ahnest ... Welt?" –] *fehlt Ed¹* 2. 30 *25:* Bildung] Befähigung *Dm¹* 31 *14:* Nachahmung] *vgl. Arist. Poet. 1447 a 16.* 25–26: träumenden ... als] Griechen als träumende *Ed¹* 32 *3:* Satyr ... verlieh,] bocksbeinige Satyr *Ed¹* 29: überbrückt] *Dm¹; GA* überdrückt *Ed¹; Dm²; Ed²* 33 *17:* scheinbar ... eine] bereits als *Ed¹* 25–26: der ... Melos] *fehlt Ed¹*

3. 34 *18:* den Giebeln] Dach und Giebel *Ed¹* 20: seine Friese] Fries und Wände desselben *Ed¹* 35 *30–32:* um ... stellen] und verschleierte sie, um leben zu können *Rs* 36 *2:* Oedipus] Oedipus, [jener allzufrühe Tod des Achill] *Rs* *3:* zwingt,] zwingt, jene Gorgonen und Medusen *Ed¹* *7:* fortwährend von Neuem] *fehlt Ed¹* *15:* so ... begehrende] unendlich sensible *Ed¹* 37 *2:* diesem Dasein] Fortexistenz *Rs* *16:* welche] als welche *Ed¹* *20:* Aber] Ach, *Ed¹*
4. Vgl. 9 [5] 38 *18:* Weise,] Weise *Dm¹; Ed¹* *24–25:* gerade die entgegengesetzte] *aus* vielleicht doch eine andere *Rs* 39 *9:* gelten] gelten, [als der wache Zustand es ist] *Rs* *32:* erhabenen] erhabensten *Ed¹; Dm²* 40 *1:* derselben] *fehlt Ed¹; Dm²* *5:* Ein] ein *Ed¹; Dm²* *8:* Selbsterkenntniss] Selbstkenntniss *Ed¹; Dm²* *15:* Wegen seiner ... Menschen] Seiner ... Menschen wegen *Ed¹; Dm²* *23:* er selbst] *aus* das Dionysische *Dm¹* *30:* wie] als *Ed¹; Dm²* *31:* Apollinische] Dionysische *Dm¹* 41 *4:* Harfenklange] Harfenklang *Ed¹; Dm²* *12–14:* Und ... vernichtet] Ich habe damit angedeutet, wie die nächste Folge der Geburt des Dionysischen dort, wo es durchdrang, die Vernichtung des Apollinischen war *Rs* *20:* Wesen des Dionysischen] Dionysusthum *Ed¹* *26:* immer neuen] *fehlt Ed¹; Dm²* *30:* Schönheitstriebes] Schönheitstriebes, *Ed¹; Dm²* 42 *3:* Kunststufen] Kunstperioden *Ed¹*
5. Vgl. 9 [7] 42 *18:* zunächst] zuerst *Ed¹* *18:* neue Keim] springende Lebenspunkt *Ed¹; Dm²* *20:* entwickelt] steigert *Ed¹; Dm²* *32:* entgegen gestellt] entgegengestellt *Ed¹; Dm²* 43 *21:* eine] — was ihm so überzeugend höher stimmte — eine *Vs* *24–27:* Die ... Idee] *vgl. Schiller an Goethe, 18. 3. 1796* 44 *2–3:* wenn ... ist;] die wir eine Wiederholung der Welt und einen zweiten Abguss derselben genannt haben: *Ed¹* *21:* Euripides in den Bacchen] v. 668–677 46 *7:* Ehre,] Ehre *Ed¹; Dm²* *9–10:* Welt ... S. 295] *vgl. zu 28,11–12* *27:* willenlose] *Ed¹; Dm²; Ed²* willenlose *Frauenstädt; Dm¹; GA* *29:* des Zwecks] *Ed¹; Dm²; Ed²* der Zwecke *Frauenstädt; GA* 47 *30–48 6:* Somit ... Zuschauer] In diesem Sinn kommt auf all unser Kunstgenießen und Erkennen nicht gar zu viel an, weil jenes Wesen, das sich als einziger Schöpfer und Zuschauer an jeder Kunst-Komödie einen ewigen Genuss bereitet, mit uns nicht eins und identisch ist. So müßten wir denken, wenn nicht zugleich das Dasein des Genius uns belehrte, daß jenes Ur-Wesen uns wieder als künstlerisch schaffende und genießende sich vorstellt: so daß wir jetzt, wunderbarer Weise, das unheimliche Bild des Mährchens sind, das die Augen dreht und sich selbst ansehen kann. So sind wir in jedem Kunstmoment zusammen

Subjekt und Objekt, Dichter Acteure und Zuschauer zugleich
Vs   48 *6:* Schauspieler] Acteur *Ed¹; Dm²*   Zuschauer] Zuschauer. Ohne einen ahnenden Einblick in dieses Urphänomen des Künstlers zu haben, ist der „Aesthetiker" nur ein ungemeiner Schwätzer *Rs*

6. 48 *8–9:* In ... entdeckt] Von Archilochus sagt uns die griechische Geschichte *Ed¹*   *11:* in ... Griechen] *fehlt Ed¹*   49 *22:* Hauptströmungen] *aus* Hauptrichtungen einer unmusikalischen und einer musikalischen *Rs*   *28–29:* dass ... Pindar] dass inzwischen (zwischen Homer und Pindar) *Ed¹*   51 *1–6:* Denn ... Sehnende] *aus* Denn der Lyriker braucht alle Regungen und Stimmen der Leidenschaft, um die Erscheinung der Musik zu verbildlichen: nicht nur daß er von sich selbst als dem ewig Wollenden redet, auch der Natur legt er diesen Wellenschlag des Begehrens und Sehnens bei: was, nach der früheren Erörterung, ebenso zu verstehen ist, wie wenn das ganze Dasein, die Unendlichkeit der Welt uns als ein fortwährendes Wollen und Werden erscheint *Vs*   *34:* Sinn] Kern *Ed¹*

7. Vgl. 9 *[9]*   52 *4–5:* Alle ... um] *aus* Mit dieser Vorstellung von dem tragischen Chore müssen wir versuchen, *Dm¹*   *19:* vertreten] bedeuten *Ed¹; Dm²*   *20–21:* für ... Erläuterungsgedanke] *aus* liberalistisch-erhebende Gedanke *Rs*   *28:* überhaupt] kurz *Ed¹*   53 *11:* rohe, unwissenschaftliche,] rohe unwissenschaftliche *Ed¹; Dm²*   54 *6:* seufzen] seufzten *Dm¹; Ed¹; Dm²; GA*   *15:* hätte] habe *Ed¹*   *21–26*] *vgl.* Schiller, *Über den Gebrauch des Chors in der Tragödie (Vorrede zu: Die Braut von Messina, 1803)*   *26:* bewahren] *Vs; Dm¹; Ed¹; Dm²; GA* bewähren *Ed²*   55 *1:* sei] wäre *Ed¹*   *2:* werde] sei *Ed¹*   56 *23:* Die Verzückung] Suchen wir jetzt die Schillersche Behauptung, daß die griechische Tragödie nicht nur der Zeitfolge nach, sondern auch poetisch und in ihrem eigensten Geiste sich aus dem Chor losgewunden hat, mit den vorher dargestellten Kunstprincipien in Einklang zu bringen: so müssen wir zunächst zwei Sätze hinstellen. Das Dramatische, insoweit es das Mimische ist, hat an sich weder mit dem Tragischen noch dem Komischen etwas zu thun. Aus dem dionysischen Chore hat sich das Tragische und das Komische entwickelt, d. h. zwei eigenthümliche Formen der Weltbetrachtung, die ⟨die⟩ begriffliche Consequenz jener zunächst unaussprechbaren und ausdruckslosen dionysischen Erfahrungen enthalten. Die Verzückung *Vs*   57 *28–29:* vorhin ... Anwandlungen] beschriebenen Zustände. Nur als Diener des Dionysus kann der Mensch, der die vernichtende Weisheit des Silen geschaut hat, − seine Existenz ertragen *Vs*

8. 57 *31–59 11*] *abgebrochene Ansätze dazu in Vs:* Als den eigentlichen Schöpfer des Satyrchors haben wir also den dionysischen Menschen

zu fassen, der seine eigene − − − Wie aber die erhabene und zugleich komische Satyrwelt aus der Seele des dionysischen Menschen aufsteigt − − − Im Angesicht des Satyrchors ruft der weise Silen solchen erschreckten Künstlern des „Naturalismus" zu: hier habt ihr den Menschen, das Urbild des Menschen. Ihr schaut euch! Ihr zieht die Augenbrauen zusammen? Du lügenhafte Brut! Wir kennen euch trotzdem, wir wissen doch was ihr seid, verschämte Schattenbilder der Satyrn, verlegene und entartete Sprößlinge, die ihre Väter verleugnen. Denn hier stehen sie, eure wackeren Väter, eure behaarten und geschwänzten Ahnherrn! Wir sind die Wahrheit und ihr seid die Lüge. − − − Was bedeutet, diesen Satyrmenschen gegenüber, der idyllische Schäfer? Er erklärt uns ebenso die Entstehung der Oper als der Satyrmensch die Geburt der Tragödie. *59 1–10:* Culturlüge ... verzaubert] Kulturlüge löst sich ebenso im befreienden Ausdruck des Gelächters wie im Schaudern des Erhabenen aus der Seele des dionysischen Menschen. Er will die Wahrheit und damit will er die Natur in ihrer höchsten Kraft, als Kunst: während der Bildungsmensch den Naturalismus will d.h. ein Conterfei der ihm als Natur geltenden Summe von Bildungsillusionen *Vs   13:* selbst] selbst, *Ed¹; Dm²   30–31:* in concentrischen ... Terrassenbau] amphitheatralischen Bau *Ed¹   60 2:* welches] als welches *Ed¹   6–7:* wie ... ist] in der sie sich selbst vor sich sieht *Vs   21–22:* und in ... hineinblickt], mit deren innerstem Wesen er [intuitiv] durch Intuition eins ist *Vs   61 9:* epidemisch] endemisch *Ed¹   30:* während] niemand giebt sich selbst auf, es ist eine Gemeinde von Einzelsängern, während *Vs   32:* ansehen] ansieht. Das Phänomen des Lyrikers legt sich also in die zwei Arten auseinander: der Lyriker, der Bilder vor sich sieht und der Lyriker, der sich selbst als Bild sieht: d.h. der apollinische und der dionysische Lyriker *Vs   62 5–63 16] erste Fassung in Vs:* Nur vom Standpunkt eines dionysisch sich verzaubert wähnenden Chors erklärt sich die Scene, und deren Aktion. Dieser Chor kann in einem wahren Sinne der idealische Zuschauer genannt werden, insofern er der einzige Schauer ist, der Schauer der Visionswelt der Scene: mit welcher Erklärung wir uns freilich von der Schlegelschen Auslegung jenes Wortes vollständig entfernt haben. Er ist der eigentliche Erzeuger jener Welt. Vielleicht also wäre es ausreichend den Chor zu definiren: als die dionysische Schaar von Schauspielern, die in ein fremdes Sein und in einen fremden Charakter eingegangen sind: und jetzt aus diesem fremden Sein heraus ein lebendiges Götterbild vor sich erzeugen: so daß der Urprozeß des Schauspielers ist − − − Wir erleben die Entstehung der Tragödie noch einmal aus der Musik.   *62 16–17:* Einswerden ... ist] Aufgehn in dem Urschmerz darstellt. Somit ist der Dialog und überhaupt *Vs*   30: bocksartigen] bocksbeinigen *Ed¹*   63 5: der Gott] das Abbild des Urschmerzes und Urwiderspruchs *Vs*   13: Satyrs] Satyrs und Silens *Vs*   16: Person] Person, kurz — Archilochus als Mensch und Genius zugleich *Vs*   64 18–19: ein ... Leben] vgl. Goethe, Faust, 505–507.

9. 66 1: zugleich religiöser Denker] Philosoph *Rs*   13: der] der traurige *Ed¹*   67 23–24: durch ... lässt] verschwieg *Rs*   18–24] dessen instinktives Ahnen uns den Prometheus, wie andrerseits den Homer entdeckt hat, in ähnlicher Weise wie Schiller als der Erste und bis jetzt Letzte den griechischen Chor der Tragödie verstanden hat. — *Rs;* vgl. Goethe, *Prometheus*, 51–57   69 17: einen] *Dm¹; Ed¹; Dm²; GA* ein *Ed²*   22: edel ... Menschengeschlecht] arme Menschengeschlecht zur Strafe *Rs*   70 14–17] vgl. Goethe, Faust, 3982–3985   31: Zirkel] Zirkel des Individ⟨uums⟩ *Rs*   71 8–14: Apollo ... Welt!] Apollo zu erkennen giebt. „Berechtigung der Gerechtigkeit in der Ungerechtigkeit" — so möchte vielleicht die Doppelnatur des aeschyleischen Prometheus, sein dionysisch-apollinischer Ursprung in eine begriffliche Formel gebracht werden können. *Rs*   12: können] können — zum Erstaunen des Logikers Euripides *Dm¹*   14: Das ... Welt!] Goethe, Faust I, 409

10. 23: Prometheus,] Prometheus *Ed¹; Dm²*   26–28: Es ... seien] vgl. Schopenhauer, Welt 1, 380 (Viertes Buch § 58); vgl. *WB 3*   72 3: reden: der] reden: die Idee, die allein wahrhafte Realität hat und nur in dieser Maske zur Erscheinung kommt, ist der leidende Dionysus der Mysterien, jener die Qualen der Individ⟨uation⟩ an sich erleidende Held, der zugleich „der Wilde" und der „wilde" Gott heißt: dieser *Rs*   8–11: und ... deutet] *aus* was ungefähr vom Dionysus der aristoph⟨anischen⟩ Komödie gelten mag. Vielmehr tragen die tragischen Masken zugleich etwas an sich, das sie als Erscheinungen des Apollo kennzeichnet. Und so wäre denn nach der platonischen Terminologie die tragische Maske zu definiren als das gemeinsame Abbild zweier Ideen: wodurch wir zu dem Problem gelangen werden, wie ein Erscheinendes zugleich das Spiegelbild zweier Ideen sein könne und warum jetzt dieses Erscheinende ein Zwischending sei zwischen einer empirischen Wirklichkeit und einer idealen d.h. im platonischen Sinn allein realen Wirklichkeit. Dieses Verhältniß complicirt sich dadurch, daß das Apollinische eben nichts andres ist als die Idee der Erscheinung selbst *Rs*   73 5: die Kunst] das Schöne und die Kunst *Ed¹*   13: Metempsychose] Metamorphose *Vs*   74 10–19: Denn ... tritt] *aus* So pflegen Religionen abzusterben, so pflegt die edelste Form eines Kunstwerks in irgend welcher Zeit zu einer antiquarischen Rarität oder zu einem preiswürdigen Metall fortzuexistiren *Vs*   75 11: Reden.] Reden. Armer Euripides! *Vs*

11. 75 *13:* Die] [Man gestatte uns, — um nach diesen allgemeinen grundlegenden Betrachtungen das Auge an einer sicheren historischen Exemplifikation zu beruhigen, hier näher auf den Tod der griechischen Tragödie einzugehen, in der Annahme, daß, wenn wirklich die Tragödie aus jener Vereinigung des Dionysischen und des Apollinischen geboren ist, auch der Tod der Tragödie aus der Lösung dieser Urkräfte zu erklären sein muß: wobei jetzt die Frage entsteht, welches die Macht war, die diese fest in einander verschlungenen Urkräfte zu lösen vermochte.] Die *Dm¹*   *25–27:* wie ... todt"] *vgl. Plut. De def. orac. 17*   *27–28:* wie ... Welt] markverzehrend der Klageton aus jeder Brust *Rs*   76 *23:* treue] todte *Rs*   *27:* Scene, der] Skene, und Plato mußte mit Verachtung nachfühlen, wie hier das Abbild des Abbildes und nicht mehr die Idee zu erkennen sei. Der *Rs*   *31:* Kunst, sank] Kunst — d.h. der typische Mann des Volks, nicht der große Einzelne — sank *Rs*   77 *1:* „Fröschen"] *vgl. v. 937 ff.*   *17:* Halbmensch] Halbgott *Ed¹*   *22:* philosophire,] philosophire und *Ed¹*   *23:* und ihre ... führe], Prozesse führe u.s.w. *Ed¹*   *30:* jene] die *Ed¹*   78 *6:* Grabschrift] *vgl. Goethe, Epigr. Grabschrift, v. 4*   *22:* jene] jenen leidigen Venusbergdunst und jene *Rs*   *24–25:* Pythagoras] Empedokles *Dm¹*   *25:* hätte] habe *Ed¹; Dm²*   79 *12:* am höchsten] höchst *Ed¹*   80 *11:* Erfahrungen] Zuständen *Ed¹*   *20:* Denker] Kritiker *Rs*   *29–30:* dem ... Eingeweihten] uns nach der vorangeschickten Betrachtung über das Dionysische im Drama *Rs*   81 *11–12:* Galt ... Schaffens] Da ihm aber der Verstand über alles gieng und ihm als die eigentliche Wurzel alles Genießens und Schaffens galt *Rs*
12. 82 *6–10]* gesperrt *Dm¹*   *7–8:* undionysischer] aus apollinischer *Dm¹*   *27:* nehme] nimmt *Ed¹*   *28:* verwandle] verwandelt *Ed¹*   *30–32:* hat ... schliessen] hat: er opfert sich am Schluß desselben gleichsam selbst, indem er sich in die vorgestreckten Speere der feindlichen Macht wirft *Vs*   82 *34–83 2:* die ... ausgeführt!] seine eigne Tendenz: er selbst läßt sich in ihr als Pentheus von den Mänaden zerfleischen und verherrlicht auf seinen eignen zerfetzten Überresten die Allmacht des Gottes. So vollzieht der Dichter seinen Widerruf mit der selben erschreckenden Energie, mit der er bis dahin gegen Dionysus angekämpft hatte *Vs*   83 *7–8:* auch ... Sokrates] *aus* sondern Apollo, genauer Apollino, der im Greisenalter wieder zum Kinde gewordene Apollo *Vs*   *10:* Grunde. Mag] Grunde. Wenn man genau zu erfahren vermag, wie und woran ein Ding zu Grunde geht, so erfährt man fast auch, wie es entstanden ist. Deshalb ist es nöthig, nachdem bisher von der Geburt der Tragoedie und des tragischen Gedankens die Rede war, auch zur Vergleichung

jene andere lehrreiche Seite hinzuzuziehen und zu fragen, wie die Tragödie und der tragische Gedanke untergiengen. Damit werden wir zugleich unsrer angedeuteten Aufgabe entgegen geführt, welche von uns noch die Darlegung der Doppelnatur des Dionysisch-Apollinischen an der Form der Tragödie selbst verlangt. War nämlich das Dionysisch-Apollinische das die Form Bestimmende am Kunstwerk der Tragödie — in gleicher Weise wie dies zuletzt von der tragischen Maske erwiesen wurde – so muß der Tod der Tragödie aus der Lösung jener Urkräfte zu erklären sein: wobei jetzt die Frage entsteht, welches die Macht war, die diese Urkräfte von einander lösen konnte. Ich habe bereits gesagt, daß diese Macht der Sokratismus war. Mag Vs 21: Undionysische] Apollinische Dm^1 84 7–8: Actionen ... ist] Aktionen. Nur auf diesem Wege können wir uns der Goetheschen Iphigenie verständnißvoll nähern, in der wir die höchste dramatisch-epische Geburt zu verehren haben Vs 10–11: zu ... jüngere] der feierliche Rhapsode der alten Zeit zu jenem jüngeren Ed^1 12: „Jon"] 535b 33: realistisch nachgemachte] reale, naturwahre Ed^1 85 3: undionysische] apollinische Dm^1 86 25: Wahrhaftigkeit Gottes und seine] göttliche Wahrhaftigkeit und Ed^1 32: als Dichter vor allem] Dm^2; GA; SGT vor allem als Dichter Dm^1; Ed^1; Ed^2 87 17–22: Auch ... wohne.] vgl. Plato, Ion 533 e–534 d; Men. 99c–d; Phaedr. 244a–245a; Leg. 719c 88 5: welcher] als welcher Ed^1; Dm^2 6: Lykurg] Lykurgos Ed^1
13. 88 13: Sage] vgl. Diog. Laert. II 5, 2. 17: herrühre] abhänge Ed^1 90 13–15: „Weh! ... zerfällt!"] Goethe, Faust, 1607–1611 91 24–25: Plato's Schilderung] vgl. Symp. 223c–d 33: niedergeworfen] niedergeworfen mit Gebaerden, die uns an den heiligen Johannes in der großen Passion des Luini erinnern Vs. Das Freskobild von Bernardino Luini hatte N gewiß in Lugano (Frühjahr 1871) gesehen. Jacob Burckhardt schreibt in seinem Cicerone: „... Endlich in S. Maria degli angeli das kolossale Freskobild einer Passion (1529) ... Mit allen Mängeln Luinis behaftet, ist dieses Gemälde ... schon um einer Gestalt willen des Aufsuchens würdig, des Johannes, der dem sterbenden Christus sein Gelübde tut."
14. 92 7: erhabenen und hochgepriesenen] vgl. Plato, Gorgias 502b 15: welcher] der Ed^1 18–20] vgl. Gellert, Werke (Behrend), I 93 24: bleiben] bleiben, und auch gelegentlich vor ihr zu warnen Rs 94 10: drängte] drängte. Wir werden noch an einem zweiten Beispiele sehen, wie gewaltsam Sokrates gegen die Musenkunst verfuhr Rs 94 13–17: In ... hatten] Rs am Rande: Die „Tendenz" als Überrest des apollinischen, der Affekt des dionysischen. 16: naturalistischen] naturwahren Ed^1 95 11: zeigt

sich] beginnt *Ed¹* 29: lässt.] läßt. [Wir haben Aeschylus, um der griechischen Tragödie ins Herz zu schauen: was kann uns die aristotelische Kunstlehre noch dazu geben? Lauter fragwürdige Dinge, die schon allzu lange heillos der tiefsinnigen Betrachtung des antiken Dramas entgegengewirkt haben: − − −] *Rs* 96 13–14: Sokrates, treibe Musik!] *Plato, Phaed. 60 e* 16–17: gemeine, populäre Musik] vgl. *Plato, Phaed. 61 a* 21–22: etwas ... was] *aus* nicht die dämonische Stimme, die *Rs* 25–26: Nichtsverstehn] Nichtverstehn *Ed¹; Dm²* 31–32: Vielleicht ... Wissenschaft?] Eine ähnliche Traumerscheinung muß dem greisen Euripides den von den Mänaden zerrissenen Pentheus gezeigt haben. Auch er opferte der beleidigten Gottheit: nur legte er nicht äsopische Fabeln, sondern seine Bacchen auf den Altar *Rs*

15. 97 12: Sokrates,] Sokrates *Ed¹; Dm²* 15: zu] *aus* wie von lästigen Wespen zu *Rs* 27–28: der Masse] dem Volke *Dm¹* den Menschen *Rs* 30–32: Neid ... selbstgenugsame] der schalkhaftige Neid, die boshafte Verläumdung, der kochende Ingrimm in sich erzeugte, reichte nicht hin, jene lächelnde, selbstgenugsame, aus tiefsinnigen Augen blickende *Rs* 97 32–98 2: Und ... Wagenlenker] Dagegen bin ich so aufrichtig, zu erklären, daß die Griechen als Wagenlenker unsre und jegliche Kultur *Rs* 98 6: Achilles] Achilles, und mit der Schönheit eines Regenbogens *Rs* 7: die ... für] diese Führer-Stellung von *Ed¹* 11: kommen, unsere] kommen *Ed¹; Dm²* nächste] letzte *Dm¹* 21: eigene] eigne *Ed¹; Dm²* 21–22: Es ... Göttin] *aus* Wäre nur das Anschauen der unverhüllten Isis − − − *Rs* 30–31: wählt. Wenn] sich auswählt. Nun denke man wie auch nach zwei Jahrtausenden die Arbeit um keinen Schritt weiter gekommen ist und auch jetzt noch jeder das Recht beansprucht, von vorn anzufangen. Wenn *Vs* 99 1–3: Lessing ... sei] vgl. *Lessing, Sämtliche Schriften (Lachmann-Munkker), 13, 24* 12: corrigiren] *Ed¹; Dm²; Ed²* corrigieren *Dm¹; GA* 15: auf] als auf *Ed¹; Dm¹* 100 6: Gegenwart,] Gegenwart *Ed¹; Dm²* 101 33–102 12: Schauen ... führen?] *aus* Schauen wir mit gestärkten und gelabten Augen auf die Welt hin, die uns umfluthet − so gewahren wir den mit Sokrates inaugurirten Kampf der apollinischen Wissenschaft und der dionysischen Mystik. Welches Kunstwerk ist, in dem sie sich versöhnen? Wer ist der „musiktreibende Sokrates", der diesen Prozeß zu Ende bringt? *Vs* 102 12–17: das über ... reissen] in einer neuen Kunstwelt ein Versöhnungsfest der Kämpfenden gefeiert, in ähnlicher Weise, wie in der attischen Tragödie jene beiden Triebe sich versöhnten? Oder wird jenes ruhelos barbarische Treiben und Wirbeln, das sich jetzt „die Gegenwart" nennt, die „tragische Erkenntniß" ebensowohl als die

„Mystik" erbarmungslos erdrücken *Vs* 15–17: werden ... reissen? –] werden? [Hier vermag ich nur darauf hinzudeuten, wie in dem rein gefaßten Opernideale jene idyllische Kunst zu ihrem Gipfel kommt] oder ist ihm bestimmt, endlich schonungslos unter jener sokratischen Gier des Erkennenden von dem Unsinn zerrissen zu werden — mag uns Plato trösten, dessen Sokrates im Symposion der reine Künstler ist, so daß jetzt zwar nicht – – – *andere Fassung der Vs* 21: muss!] muß! [Und so springen auch wir, in die Rüstungen der Griechen gehüllt, auf den Kampfplatz, und wer möchte zweifeln, mit welchen Zeichen – – –] *Vs*

16. **104** *5–6:* Schopenhauer ... 310] *vgl. zu 28, 11–12* **104** *6ff.*] *Vs:* 14 *[3]* 21: nahen:] nahen; *Ed¹; Dm²* 28: Aeusserlichkeiten] besten Falls an schönen Hoffnungen *Rs* weiden] ernähren *Ed¹* habe.] habe. [Anmerkung.] *diese findet sich auf einem losen Blatt und lautet:* Insbesondere durfte ich mir jetzt [erlauben] vergönnen, einige Schritte zu thun, ohne daß der übrige Fackelträger [für die] in der Höhle der griechischen Poetik, Aristoteles, mich begleitet hätte. Man wird doch endlich einmal aufhören, ihn auch für die tieferen Probleme der griechischen Poetik immer und immer wieder zu Rathe zu ziehn: während es doch nur darauf ankommen kann, aus der Erfahrung, aus der Natur die ewigen und einfachen, auch für die Griechen gültigen Gesetze des künstlerischen Schaffens zu sammeln: als welche an jedem leibhaften und ganzen Künstler besser und fruchtbarer zu studiren sind, als an jener Nachteule der Minerva, Aristoteles, der selbst bereits dem großen künstlerischen Instinkte entfremdet ist, [den] welchen noch sein Lehrer Plato, wenigstens in seiner reifen Zeit, besaß, der auch zu fern von den üppigen Entstehungsperioden der poetischen Urformen lebt, um etwas von der drängenden Werdelust jener Zeiten zu spüren. Inzwischen hatte sich bereits der fast gelehrte Imitationskünstler entwickelt, an dem das künstlerische Urphänomen nicht mehr rein zu betrachten [ist] war. Was hätte Demokrit, der, mit der herrlichen aristotelischen Beobachtungslust und Nüchternheit, in einer günstigeren Zeit lebte, über solche Phänomene der Poetik, Mantik und Mystik uns berichten können! **105** *4:* Welt ... 309] *vgl. zu 28, 11–12* 17: auf] *Frauenstädt; GA* auch *Ed¹; Dm²; Ed²* **107** *3:* verschiedene] verschiedne *Ed¹; Dm²* 16: Musik] *Frauenstädt; GA* Melodie *Dm¹; Ed¹; Dm²* **108** *18:* instinctiv unbewussten] instinctiv-unbewussten *Ed¹; Dm²*

17. **110** *16:* konnte] musste *Ed¹; Dm²* 25–27: Die ... Kinder] *vgl. Plato, Tim. 22b.* 27–29: auch ... wird] *aus* hier auch die musikalischen Kinder der tragischen Kunst, die bei ihnen geboren wird, um einstmals wiedergeboren zu werden *Rs* **111** *4–5:* Ob ... wird?] *aus* In der deutschen Musik kommt *[?]* dieser Geist aus seiner

Die Geburt der Tragödie 16–19

mystischen Tiefe wieder heraus zu künstlerischen Geburten. In der deutschen Philosophie findet derselbe Geist die begriffliche Selbsterkenntniß. *Rs* **113** *5–6:* einzelne ... zum] Erscheinung sich zum einzelnen *Ed¹; Dm²* *13:* Räubers] Diebes *Ed¹; Dm²* *24:* Naturwahrheit] Porträtwahrheit *Ed¹; Dm²* **114** *32:* welcher] als welcher *Ed¹* *34:* unproductiven] unprodukten *aus* sklavenmäßigen *Rs*
18. **116** *7–8:* sokratische ... tragische] *aus* theoretische oder künstlerische oder metaphysische *Rs* *10:* buddhaistische] *Rs; Dm¹; Ed¹; Dm²; Ed²* indische (brahmanische) *He am Rande (von Ns Hand?); GA* *28–31:* Faust ... verlangt] Faust und seine alexandr⟨inische⟩ Kultur? *Rs* *32:* Goethe ... zu Eckermann] *am 11. März 1828* **117** *6:* sokratischen] *aus* alexandrinischen *Rs* *14:* Erdenglückes] *aus* Sklavenglücks *Dm¹* *27:* ermüdeten] flügellahm gewordenen *Dm¹* *30:* gelähmt] verwüstet *Dm¹* **118** *22:* Realität] Kausalität *Dm¹* *26:* W. ... 498] *vgl. zu 28, 11–12* *27:* tragische] buddhaistische *Dm¹* **119** *4–5:* um ... leben"] *vgl. Goethe, Generalbeichte; Carl von Gersdorff an N, 8. November 1871, KGB II/2, 452f.* *10–11]* Goethe, Faust, *7438–7439* *12:* sokratische] *aus* alexandrinische *Rs* *19–20:* umarmen,] umarmen *Ed¹; Dm²* *20–21:* Mephistopheles ... Lamien] *Goethe, Faust, 7697–7810* **120** *4–5:* wie ... gebe] *1 Mos. 2, 20*
19. *Vgl. 9 [5]; 9 [29]; 9 [9]; 9 [10]; 9 [109]* **120** *11:* bezeichnen,] bezeichnen *Ed¹; Dm²* *22–23:* Palestrina's] [Josquin's und] Palestrina's *Dm¹* **122** *9:* wussten] wussten. Wirklich finden wir auch die Oper sofort im engsten Bunde mit dem Schäferspiel: was wir von jener ersten Reihe von Opern kennen, – – – Die Arie verhält sich später zum Recitativ: wie der musikalische Accent zum Sprechgesang, im stilo rappresent⟨ativo⟩. Der Gegensatz ist also verallgemeinert. Der Sänger macht sich in der Arie geltend, während er sonst nur als pathetischer Deklamator erschien *Rs* *16–20:* als ... Stimme] [verkündet das moderne Evangelium vom künstlerischen Menschen als dem eigentlichen wahren Menschen] als das wiederaufgefundene Land jenes idyllisch oder heroisch guten Menschen, der zugleich in allen seinen Handlungen Künstler [sei] ist. Der bei allem was er zu sagen wenigstens etwas singt und bei der leisesten Gefühlserregung sogleich anfängt vollständig *Rs* *33:* welches] als welches *Ed¹* **123** *7:* aufgebaut ist] aufgebaut ist und die pudenda derselben gleichsam unschuldiger Weise zur Schau trägt *Rs* *12:* müsse:] müsse; *Ed¹; Dm²* *22:* Der] *aus* Auch für die griechische Tragödie ist der schauende Chor der Erzeuger der dramatischen Welt *Rs* **124** *7:* dictirt.] dictirt. Es muß nach der Ansicht dieses

Laienthums möglich sein, Kunstwerke aus richtiger Erkenntniß, aus Kritik zu erzeugen: und wer dem Bedürfniß dieses Laienthums entgegenzukommen weiß, wer aus seinen Wünschen heraus gleichsam — — — Wie die Oper, aus dem Grundgedanken der alexandrinischen Kultur, herausgewachsen ist, so zeigt sie in ihrer Entfaltung, daß jener Grundgedanke eine Lüge war: so daß man sagen könnte, der „gute Mensch" Rousseaus und unsre theor⟨etische⟩ — — — *Rs* 12: Erklärung Schillers] *Ueber naive und sentimentalische Dichtung, Schillers Werke, Nationalausgabe,* 20, 448–449 25: von] als von *Ed¹* 33: zurückgeleiten,] zurückgeleiten: mitten durch die Greuel und Erdbeben der Gegenwart führte ihn sein Geleitsmann, wie Virgil den Dante durch das inferno führte: bis sie zusammen in die idyllische Höhe eines Menschheitsparadieses anlangten, wo ihnen der weichherzige singende Schäfer oder der heroisch gute Held als die Urmenschen entgegentraten. Die Flucht zu den Anfängen, im weitesten Sinne zur Natur, ist die Mühe des modernen Menschen: aber diese Natur ist bereits ein idyllisches Phantom, welches die alexandrinische Phantasie dieses modernen Menschen ausgebreitet hat: genug daß man an dies Phantom als an eine Wirklichkeit glaubte und sich in diese Wirklichkeit leidenschaftlich verliebte. Das Charakteristische dieses Glaubens ist die Vorstellung, daß je näher wir an die Natur herankommen, um so näher wir auch einer idealisch großen und guten Menschheit — — — *Rs* 126 7–8: durch … retten] *aus* in den kathartischen Wellen des Scheins von den Willensregungen rein zu baden *Dm¹* 8: Krampfe] Banne *Dm¹* 127 31–34: Rohheit … denke] *aus* empfindungsarme Nüchternheit einen aesthetischen Vorwand, für die eigne Rohheit eine lügnerisch verhüllende Form suchen *Dm¹* 128 7: Dionysus] *später hinzugef. in Dm¹*
20. 129 15: Winckelmann's] *Ed¹*; *Dm²*; *Ed²* Winkelmann's *Dm¹*; GA 17: Streben] Streben, *Ed¹*; *Dm²* 28: wie] als *Ed¹* 30: Werth … Bildung] Bildungswerth der Griechen *Ed¹* 130 10: Absicht] Tendenz *Ed¹*; *Dm²* 16: den überlegenen Mienen] der Ueberlegenheitsmiene *Ed¹*; *Dm²* 17: Geschichtsschreibung] Geschichtschreibung *Ed¹*; *Dm²* 20–21: Rücksicht auf Bildung] Bildungsrücksicht *Ed¹* 28: Genius] *aus* Geistes *Dm¹* 131 2: Art der Cultur] Culturtendenz *Ed¹* 4: konnte!] konnte! Man zeige mir eine lebendig geästete Wurzel, die jetzt noch aus jener Kultur herausgewachsen wäre; dann will ich an eine Zukunft dieser Kultur glauben. Inzwischen sehe ich nur ein letztes Flackern: oder eine völlig verlöschende Zeugungskraft. Darum Abwendung von den Griechen, mit denen uns auch Schiller und Goethe nicht dauernd zu verknüpfen wußten: ob sie gleich, die rastlosen Wanderer, auf der Höhe stehen blieben, wo sie hinzeigten in

Die Geburt der Tragödie 20–22

das neue Land *abgebrochene Fortsetzung in Vs* 8: sehnsüchtigen Blick] Sehnsuchtsblick *Ed¹* 9: Goethische] Goethe'sche *Ed¹* 132 9: er erzählt] *aus* sie träumt *Dm¹* 10: Wehe.] *Ed¹; Dm²* Wehe, *Ed²* 15–16: wagt ... werden.] sollt ihr tragische Menschen werden! *Ed¹*
21. *Vgl. 3 [2]* 132 21: exhortativen] *aus* orgiastischen *Dm¹* 28: würde] möchte *Ed¹* 133 1: vermuthen] vermuthen dürfen *Ed¹* 134 13–14: einem ... gleich] *aus* gleichsam als der Titan Atlas *Dm¹* 27–28: Gefühle der Freiheit] Freiheitsgefühle *Ed¹; Dm²* 135 28: verathmen] *aus* verhauchen? so würde ich von dieser Erfahrung aus meine Meinung von der Menschheit verändern müssen *Vs* 135 34–136 1: „weiten Raum der Weltennacht"] *R. Wagner, Tristan und Isolde, 3. Aufzug, Szene I (Tristan)* 136 1: Raum] Reich *Wagner* 6–7: woher ... Widerspruches] *aus* welche unerhörte Zauberkraft vermag solche Wunder *Vs* 7: solchen] solchen sonderbaren *Ed¹; Dm²* 20: „die ... mich?"] *R. Wagner, ibid. (Tristan)* 22–23: „öd ... Meer] *ebda. (Hirt)* 25–27: zusammenknüpfte ... Rufe] [fortan festhielt, sagt uns jetzt der Held] zusammenknüpfte, sehen und hören wir den zum Tode verwundeten und von unersättlicher Sehnsucht nach Isolden ergriffenen Held *Vs* 27–28: „Sehnen ... sterben!"] *R. Wagner, ibid. (Tristan)* 29: Horns] Horn's *Ed¹; Dm²* 137 4: Ergusse] Erguss *Ed¹; Dm²* 22: solle] solle. Die Musik als Mittel hellerer Erleuchtung des inneren Gesichtssinnes, als stärkste Reizung des auf Formen gerichteten apollinischen Triebes zu verwenden *Vs* 34: durch] als durch *Ed¹* 138 6: Vorgang] *Vs; Dm¹; Ed¹; Dm²* (vgl. auch 140, 32) Vorhang *Ed²; GA* 8: blickendes] *Ed¹; Dm²* blickende *Dm¹; Ed²*
22. 140 16: Leidenschaften] Leidenschaften, die er sonst nur aus Wort und Gebärde unvollkommen zu errathen hatte *Vs* 141 17–24] In dem wogenden Schwall, in dem tönenden Schall, In des Weltathem's wehendem All, — Ertrinken, versinken, — unbewusst, — höchste Lust! *Ed¹; letzte Worte Isoldens am Schluß von Tristan und Isolde, 3. Aufzug, Szene III; N zitiert in Ed¹ nach der Erstfassung* 25ff.] *abgebrochene Ansätze einer Fortsetzung in Vs:* Wer möchte jetzt noch, nachdem in dieser Weise der Ursprung des tragischen Mythus aufgedeckt worden ist, wieder zu dem älteren aesthetischen Schematismus zurückkehren, nach dem das Tragische – – –
In dieser Heimkehr giebt uns zugleich der tragische Mythus zu verstehen, woher er kommt: weshalb er selbst – – – 25–34] *Vs am Anfang:* Aus dem doppelten künstlerischen Vorgange in der aesthetischen Natur des Zuhörers und Zuschauers wäre jetzt auch ein ahnungsvoller Blick in den schöpferischen Prozeß des tragischen

Künstlers erlaubt, der zugleich Traum- und Rausch-Künstler ist: wobei wir zum Beispiel mit der größten Bestimmtheit auf eine ungeheure Urbefähigung Shakespeares zu rathen hätten, selbst wenn er uns nicht in seinen Sonetten so emphatisch belehrte — — —   142 *5:* welche] als welche *Ed¹*   *23–30:* Ohne ... hervorzubringen?] *Goethe an Schiller, 19. Dezember 1797*   143 *28:* entzücken] packen *Ed¹*   *34:* welche] als welche *Ed¹*   144 *5–8:* das ... wurde] *vgl. Schillers Aufsatz: Die Schaubühne als eine moralische Anstalt betrachtet, in: Kleinere prosaische Schriften, 1802*   *8:* Während] Was jetzt reizt, das kann man nach den gegenwärtigen Romanen beurtheilen: aus deren Form und Inhalt aber wiederum die gänzliche Stumpfheit des Publikums gegen die wahre Kunst mit erschreckender Bestimmtheit erhellt. Und während *Vs*   *14–15:* Schopenhauerische ... Stachelschweinen] *Parerga 2, 689 (§ 396)*   *23:* ist.] ist. Weg von den Menschen, die über Shakespeare und Beethoven sich noch unterhalten können, führe ich jetzt den Freund zu einem hochgelegenen Ort, einer einsamen Betrachtung, wo er nur wenige Gefährten haben wird. Du siehst, rede ich ihn an, daß — — —   *Vs*

23. 145 *16:* kritisch] sokratisch *Vs*   147 *30*–148 *23:* Mythus ... verlor] Mythus: nach seinem Ende entstand ein fieberhaftes Suchen, das in seiner edelsten Formation, als Sokratismus, die Wissenschaft begründete, auf niederen Stufen aber zu einem Pandämonium überall her entlehnter Mythen führte *Vs*   149 *2:* welche] als welche *Ed¹*; *Dm²*   *7:* welcher] als welcher *Ed¹*; *Dm²*

24. 150 *26:* sowohl] so wohl *Ed¹*; *Dm²*   151 *9:* Schauen] Schauen, *Ed¹*; *Dm²*   *21:* wird?] wird; [die freilich aus der apollinischen Sphäre nicht herkommen kann; denn der gemartetete Laokoon ist nur eine Entartung des apollinischen Kunstbereichs, nämlich ein zur Tragödie — — —] *Vs*   *30:* vorführt? Die] *Dm¹*; *Ed¹*; *Dm²*; *GA* vorführt; die *Ed²*   152 *16:* erregen?] erregen? [Nur wenn es als das künstlerische Spiel erscheint, das der Weltwille mit sich selbst spielt: wenn es uns eine Ahnung einer ewigen Rechtfertigung des Daseins giebt] *Vs*   *32:* Musik.] *Ansätze einer Fortsetzung in Vs:* Musik: welche, in einer sehr entwickelten Form der Musik das nothwendige Ingredienz fast jedes musikalischen Momentes ist. — man muß aber der Bedeutung der Dissonanz in der Musik nachgehen, um in ihr das eigentlich idealistische Princip, in gleicher Weise Ursache der Melodie und der Harmonie — — — deren eigentliche Bestimmung die fortwährende Erzeugung der Urlust und gleichzeitige Vernichtung dieser Urlust, ohne deren Zauber die Melodie — — —   153 *1:* inzwischen] inzwischen, *Ed¹*; *Dm¹*

25. 155 *16:* kann,] kann: *Ed¹*; *Dm²*   155 *32*–156 *3:* würde ... heilen!] *aus* unter dieser hellenischen Erziehung zur Schönheit würde er sich

selbst sagen: „Was könntest du jetzt nicht ertragen! Welchen Graden des dithyrambischen Wahnsinns dürftest du hier dich einweihen lassen!" *Vs*   **156** *3:* heilen!"] *Vs; Dm¹* heilen"! *Ed¹; Dm²; Ed²; GA*   8: Gottheiten!"] *Vs; Dm¹* Gottheiten"! *Ed¹; Dm²; Ed²; GA*

Unzeitgemässe Betrachtungen I
David Strauss der Bekenner und der Schriftsteller

Nach seiner Rückkehr von Bayreuth am 15. April 1873 (s. Chronik) begann N in Basel mit der Arbeit an der ersten Unzeitgemäßen Betrachtung: *David Strauss der Bekenner und Schriftsteller* (= DS). Die erste Niederschrift war Anfang Mai so gut wie fertig; N hoffte, zu Wagners 60. Geburtstag (22. Mai) seinen Freund mit der Übersendung seines vollendeten Werks im Manuskript zu überraschen; doch brauchte N für seine Umarbeitung mehr Zeit als vorgesehen, sei es wegen der „ersten Noth" des Sommersemesters, sei es wegen einer „plötzlichen und schmerzhaften" Augenschwäche (an Wagner, 20. Mai 1873, KGB II/3, 153). Carl von Gersdorff, der sich damals in Basel aufhielt, schrieb dann das Druckmanuskript unter Ns Diktat; dieses wurde am 25. Juni an den Verleger E. W. Fritzsch in Leipzig abgeschickt (s. auch Chronik). DS erschien am 8. August 1873.

Gersdorffs Dm ist verlorengegangen; erhalten sind dagegen die Korrekturen, ein von Gersdorff angefertigtes Druckfehlerverzeichnis sowie eine Korrekturfahne, auf der sich eine Liste von Berichtigungen findet.

Im folgenden Kommentar bedeuten:
Gersdorff   das von Gersdorff gefertigte Druckfehlerverzeichnis
Ber.   die oben erwähnte Liste von Berichtigungen

Im Kommentar wird gelegentlich auf nachgelassene Fragmente hingewiesen, die in Beziehung zu DS stehen; diese sind in Band 7 abgedruckt; sie werden, im Unterschied zu Fragmenten aus anderen Bänden, ohne Angabe des Bandes und mit bloßer Fragmentnummer zitiert.

1. *Vgl. 26 [16]*   **159** *12:* erringen,] *Gersdorff* erringen *Ed*   **160** *19:* wichtigsten] *Gersdorff* Wichtigsten *Ed*   *23:* vielleicht nur] *aus* offenbar *Rs*   *23–24:* es ... erachtete] *aus* im Gefühl der Ohnmacht es vorzog *Rs*   **161** *3–5:* an ... fehlten] furchtbar ist die Aufgabe, und jeder tapfere Einzelne sieht sich hülflos dem allgemeinen Feinde gegenüber. [Aber welcher Kampf erwartet hier Führer und Geführte! Welcher schrittweise weichende und wieder vordringende Feind!] Aber wenn überhaupt dieser Kampf furchtbar sein wird und ein schrittweise weichender und wieder vordringender Feind den

Kämpfer erwartet, nie war die Hoffnung hier zu siegen geringer als gerade jetzt, unmittelbar nach der Kriegsglorie *Vs*   *13:* ausgesäet sei] *Gersdorff* ausgesähet *Ed*   *15:* Taumel] Taumel: während kein Mensch mehr weiß, was Kultur ist, nämlich Einheit des Stils, und jeder Blick auf unsere Wohnungen Zimmer Kleidungen Manieren Theater Museen Schulen *[vgl. 163, 14–16]* die völligste Stillosigkeit beweist, ist trotzdem jeder mit dem Ergebniß seiner Gebildetheit ganz zufrieden, die doch nicht Kultur ist. Es ist ein wunderliches Phänomen, das man studieren muß. Der Stolz der Deutschen ist, daß sie in allen Dingen mehr wissen als die anderen Völker: die vergessene Thatsache, daß sie weniger können, ja daß sie nichts wollen. In Wahrheit giebt es kaum ein erhabeneres Wesen als einen Deutschen, der etwas Großes kann und will: aber er steht dann einsam und sein Einfluß geht nicht in die Tiefe und Breite: sondern wird ästhetisch destillirt und – – – *Vs*   162 *12:* sind] sind. Unterrichtet und belehrt sind sie, aber sie haben keine Kultur *Vs*   *17–18:* überall … kommt] *vgl. 26 [18]*   163 *9–20] dazu:* Weder eine Kleidung kann er sich erfinden, noch selbst nur das Gepräge einer Goldmünze mit einigem Geschmack aufzeichnen. *Notiz in Vs*   *30:* haben,] *Gersdorff* haben *Ed*   **164** *9–14:* Wir … gewesen] *Goethe zu Eckermann am 3. Mai 1827. Vgl. 19 [309. 312]*

2. **165** *21:* vorfindet,] *Gersdorff* vorfindet *Ed*   *23:* sind] *Gersdorff* findet *Ed*   **166** *7–8:* systematische] systematisirte *Rs*   *22:* einer stilisirten Barbarei] *Gersdorff* einer „stilisirten Barbarei" *Ed*   *28–30:* an … Widerstrebende] *aus* während wir darin nur das Systematisiren der Nicht-Kultur bemerken dürfen *Rs*   **167** *17:* wähnt:] *Gersdorff* wähnt, *Ed*   **168** *5:* fortfährt,] *Gersdorff* fortfährt *Ed*   *13–17:* der … Philisterlosung] *aus* die Bildungsphilister sich selbst zu belügen suchen, um im Grunde sich von ihnen frei und vor allem einer mühsamen und anhaltenden Nachfolge enthoben machen zu können *Rs*   *14:* kennen,] *Gersdorff* kennen *Ed*   *18ff.] vgl. 27 [55]*   *24–27:* „ich … konnte." *Goethe zu Eckermann, 14. März 1830*   **169** *10:* Kinder-] *Gersdorff* Kinder, *Ed*   *25:* Goethe] *Maximen und Reflexionen, 495:* „Das Beste, was wir von der Geschichte haben, ist der Enthusiasmus, den sie erregt", *aus Wilhelm Meisters Wanderjahren, Betrachtungen im Sinne der Wanderer (1829)*   **170** *25:* Tugend,] *Gersdorff* Tugend *Ed*   **171** *22:* geistlosen,] *Gersdorff* geistlosen *Ed*   **172** *8–20:* „Ich … ist"] *das Zitat aus Friedrich Theodor Vischer nicht erschlossen*   *8:* nicht," … „ob] *Gersdorff* nicht, … ob *Ed*   *27–28:* man … Kulturmensch] *Gersdorff* „man … Kulturmensch" *Ed*   *31:* noch] unversehens noch *Rs*   *32–34:* „Es … hinüberbringt"] *F. T. Vischer, nicht erschlossen*   **173** *13:*

Schwachen] *Gersdorff; Ber.* „Schwachen" *Ed* 15: kein rechter] *Cb²; Gersdorff; Ber.* kein echter *Ed* ein schlechter *Rs*
3. *31-32* der alte ... Glaube] *N zitiert aus: D. F. Strauss, Der alte und der neue Glaube. Ein Bekenntniß, Leipzig 1872 (= SG)* 174 5: haben:] *Gersdorff* haben, *Ed* *14-15:* halbträumerisch ... haben] *vgl. 27 [42]* *16-18:* Wer ... Mommsen] *vgl. 27 [13]* 175 *5-7:* „Gelehrte ... leben"] *SG 294* 28-29: etwas, ... sprach,] *Gersdorff* etwas ... sprach *Ed* 175 34-176 2: Aber ... breit!] *vgl. Goethe, Faust I, 1247-1250* 176 *4:* stolzer ... -Ton] *aus* brüllender Propheten- und Evangelistenton *Rs* *12-14] SG 368* *27-28:* aus ... ausbleibt] *aus* daran ist aber der Leser Schuld *Rs*
4. 177 *26:* Lichtenberg] *Vermischte Schriften, Göttingen 1867, 1, 188, BN* 178 *14:* treiben" ... „schon] *Gersdorff* treiben ... schon *Ed* 179 *9:* Staates,] *Gersdorff* Staates *Ed* Reiches *Rs* *29:* sind,] *Gersdorff* sind *Ed* 180 *3:* uns] uns wieder *SG; GA* *8-9:* In ... Keiner] *aus* In der That, der Philister als Aesthetiker ist der Philister an sich *Rs* *14-17:* „dem ... reif"] *SG 366* *18:* Perieget] Perieget, [voll dieser Seeligkeit] *Rs* *22-23:* wessen ... über] *Matth. 12, 44* 181 *11:* die homerische Chimära] *vgl. Ilias 6, 181; zitiert auch in JGB 190* Chimära] *Gersdorff* Chimäre *Ed* *12:* Lessing] *Gersdorff* „Lessing" *Ed* *25-26:* Schiller ... sei] p. 325 *[SG]* „und hätte er nicht das Glück gehabt, eben beim Heraustreten aus jener Kaltwasseranstalt mit Goethe zusammenzutreffen" *U II 1, 11* 182 *5-7:* von ... hat] *vgl. Grillparzer's Sämmtliche Werke, Bd. IX, Stuttgart 1872, S. 175:* „... *Dieser angelernte Enthusiasmus, dieser Miethpferd-Galopp geht nun durch das ganze Streben des Herrn Gervinus."* *19:* verhört!] *Gersdorff* verhört — *Ed* 183 *10:* so] *Gersdorff* ja *Ed* *11-14:* „Bedauert ... musste."] *Goethe zu Eckermann, 7. Februar 1827* *14ff.] vgl. 27 [9]* *15:* Scham] *Gersdorff* Schaam *Ed* *22:* ging,] *Gersdorff* ging *Ed* *31:* mitgeholfen,] *Gersdorff* mitgeholfen *Ed* *33-34:* Widerstand ... Glocke] *vgl. Goethe, Werke, Cotta (1856), VI 425, BN* 184 *3:* sie ihre] *Ber.* sie jene ihre *Rs; Cb²; Ed* sie jene ihre herrlichen *Cb¹*
5. 184 *31-32:* dabei ... „Confect"] p. 362 *[SG]* „man fängt dann mit Mozart oder gar mit Beethoven an, als wollte man eine Mahlzeit mit Champagne und Confekt, statt mit einer ehrlichen Suppe anfangen *U II 1, 11* 185 *10-25] SG 358-359* 187 *16:* Scham] *Gersdorff* Scham *Ed* *29:* Staël] *GA* Stal *Ed*
6. 189 *8-9:* „Er ... mich"?] *vgl. Goethe, Faust I 3181* *24:* reagirt] *vgl. 27 [43]* 190 *5:* bloss] *Ed* nur *SG* *10-11:* das ... ver-

dient] *vgl. 27 [50]*   *16–23*] *SG 149–150*   *18:* schamloser] Gersdorff schaamloser *Ed*   **191** *15:* „schlechthiniger Abhängigkeit"] *SG 132.133*   *31:* ja die Welt] *SG* die Welt ja *Ed*   **193** *10–11:* Perser ... Katzenjammer] *vgl. Goethe, West-östlicher Divan, „Saki Nameh (Das Schenkenbuch)", a. a. O. IV 119; SG 248*

7. **193** *22:* „welthistorischer Humbug"] *SG 72*   *24–25:* „klassischer Philister"] Gersdorff klassischer Philister *Ed*   **193** *26–***194** *1:* „Es ... getrieben"] *D. F. Strauss, Nachwort als Vorwort zu der neuen Auflage meiner Schrift „Der alte und der neue Glaube", Bonn 1873 (abgekürzt: Nachwort)*   **195** *7–8*] *SG 236*   *8:* Einzelnen] Gersdorff Einzelnen, *Ed*   *13.14.18:* Patagonier] aus Kaffer *Rs*   *25:* Moral predigen] *Gersdorff; Cb²* Moralpredigen *Ed*   *25–26:* Moral begründen schwer] aus unfruchtbar *Cb¹*   *25–26:* Moral ... ist] *Motto von Schopenhauers Preisschrift: Über die Grundlage der Moral, Ethik 103*   **196** *23–28:* Vergiss ... Religion] *SG 239*   **197** *2:* Arm nehmen] *Rs; GA* Armnehmen *Ed*   sondern] aber *SG*   **198** *25:* Lichtenberg] *a. a. O. 1, 90*   **199** *27–32:* deren ... bekommen]*SG 280*   **200** *3–5:* Auch ... geben]*SG 281*   *28:* Goethe] *vgl. Dichtung und Wahrheit III, 11*

8. *Vgl. 28 [1]*   **201** *7–8:* Hand-Orakel] *Anspielung auf Baltasar Graciáns Oraculo Manual, von Schopenhauer übersetzt*   **202** *19:* den ... Stunden] das flüchtige Individuum *Cb¹*   **204** *14:* litterarische] *Rs; GA* literarische *Ed*   **205** *28:* Litteratur] *Rs; GA* Literatur *Ed*   **206** *9:* Gelehrten] Universitätslehrers *Cb¹*   **207** *14:* reden,] Gersdorff reden *Ed*   *27–34*] *D. F. Strauss, Nachwort*   *31:* Wort] laute Wort *Rs*   **208** *22:* ein Häuptling] eine Rauchsäule *Cb¹*   den Philistern] *Gersdorff; Ber.* dem Philister *Ed*

9. **209** *15 ff.*] *vgl. 27 [32]*   *24:* Bretterverschlag] *Rs; GA* Bretterschlag *Ed*   **210** *27–28:* Accommodation] *Ber.; Rs* Accomodation *Ed*   **212** *13–16:* man ... haben] *SG 207*   **213** *3–4:* „werthen ... entspräche"] *SG 367*   *9–11:* „nicht ... hält"] *SG 6*   *27:* wissenschaftlicher Beweise] eines wissenschaftlichen Buchs *Cb¹*   **214** *15:* Voltaire'scher] Gersdorff Voltairischer *Ed*   *21–27:* „originell ... weiss."] *D. F. Strauss, Voltaire. Sechs Vorträge, Leipzig ³1872, (nur diese Auflage war uns zugänglich; abgekürzt: Voltaire), 227*   **215** *3:* hauptsächlich] vor allem *Cb¹*   **216** *2:* reif;] Gersdorff reif, *Ed*   *4:* entspräche;] Gersdorff entspräche, *Ed*

10. **217** *4:* Lessingisches] Gersdorff Lessing'sches *Ed*   *8–15:* „auch ... lag"] *D. F. Strauss, Voltaire 225*   *8–9:* Vorzüge" ... „überall] Gersdorff Vorzüge ... überall *Ed*   *27–30:* aber ... Schritte] Aber muß man dann affektiren zu tänzeln! *Vs; vgl. 27 [45]*   *34:* leicht

geschürzt] *vgl. 27 [49]* 218 4–7: „leicht... drapirte] „seine mit Absicht leichtgeschürzte Schrift" leichtgeschürzt! Herr Magister, sehr leicht! Und mit Absicht! So leicht, dass Sie sich entblößen, ohne sich selbst oben zu drapiren, wie Ihr Rousseau! *Rs* 5–8: Rousseau... soll] *SG 316* 16–17: wie... wäre] *Gersdorff* „wie... wäre" *Ed* 21: Strauss erzählt] *vgl. D. F. Strauss, Nachwort; vgl. 27 [39]* 22–23: „dass... die... Ehre... anzusehen"] *Gersdorff* dass... „die... Ehre"... anzusehen *Ed* 30–32: Ach... gezwängt] *vgl. 27 [21]* 32: Lessingische] *Gersdorff* Lessing'sche *Ed* 219 31–33: „den... auch"] *D. F. Strauss, Nachwort, 10, vgl. 27 [39]* 220 7: Lichtenberg] *a.a.O. 1, 306; vgl. 27 [25]*
11. 221 4–8: „Wenn... ist] *Schopenhauer, Nachlaß 58* 8ff.] Wirklich habe ich auch in einem recht ausdrücklich modernen Blatt auch schon die Erklärung gelesen, daß unsre Klassiker als Vorbilder für den Stil nicht mehr ausreichen, sondern neue Größen, Adolf Stahr oder Strauß usw. herangewachsen sind *Vs* 18: das... Gutzkow] die National-Zeitung *Cb¹* Stil-Monstrum Gutzkow] *Gersdorff* Stil-Monstrum, Gutzkow, *Ed* 222 14: verloren,] *Gersdorff* verloren *Ed* 22: „an... Volk"] zur Gründung eines deutschen Denkmals in der Augsburger *Vs* 223 3–4: Schopenhauer] *Nachlaß 61* 17: die,] *Gersdorff* die *Ed* 25: Vorstellungen,] *Gersdorff* Vorstellungen *Ed* 226 15–17: illam... consequntur] *Tac. dial. de oratoribus, 23, 3–4* 227 4: Schopenhauer] *Nachlaß 60f.*
12. 228 4: miserabler,] *Gersdorff* miserabler *Ed* 5ff.] *vgl. 27 [29–30]* 228 34–229 3: Aber... Tatzen!] *Schopenhauer, Parerga 2, 573* 229 10–24: Unter... zusammen] „ein Widerspruch, der sich seitdem in der Partei der sogenannten Altkatholiken Gestalt gegeben hat" *Vs; SG 3* 16: dem] *Rs; Ed* vom *GA* 230 22: Präpositionen] *Gersdorff* Präposition *Ed* 233 34: Zeiten] Zeitalter *SG; GA* 235 24–25: einebnenden... wäre] *Vs dazu*: Sebastian Frank 1531 einmal. 237 18–21: wenn... stösst] *SG 174* 21: an] wider *SG* 238 3–5: (S. 8...Völkerleben] *Vs am Schluß*: p.9 „ohne jemandes Abgunst zu scheuen"; „in gewissem Sinne wehre ich mich gegen denselben (Vorwurf) nicht, „weil" nur daß ich ihn nicht als Vorwurf gelten lasse"; p.10 „Dieser Boden kann in meinem Sinne kein anderes sein, als was man die moderne Weltanschauung, das mühsam errungene Ergebniß fortgesetzter Natur- und Geschichtsforschung, im Gegensatze gegen die christlich-kirchliche, nennt. Aber eben diese moderne Weltanschauung, wie ich sie fasse, habe ich bis jetzt immer nur in einzelnen Andeutungen, niemals ausführlich und in einer gewissen Vollständigkeit entwikkelt". „Auch mache ich mich zum Voraus keineswegs anheischig, daß

mir der Versuch durchaus gelingen, daß nicht einzelne Lücken, einzelne scheinbare Widersprüche übrig bleiben sollen." 26: 266] *Rs; GA 68 Ed* 241 22: Tünche. Freilich] Tünche [und jeder Stein, der nach ihnen geworfen wurde, ist ein Prüfstein gewesen.] Freilich *Cb¹* 26: ihr ... Trotz] *Gersdorff; Ber.* „ihr ... Trotz" *Ed* 32–33: wenn ... nach] vgl. *Schiller, Die Verschwörung des Fiesco zu Genua V, 12*

Unzeitgemässe Betrachtungen II
Vom Nutzen und Nachtheil der Historie für das Leben

Die ersten Aufzeichnungen zur zweiten Unzeitgemäßen Betrachtung *Vom Nutzen und Nachtheil der Historie für das Leben* (= HL) datieren aus dem Herbst 1873. Satz und Druck von HL fallen in die Zeit zwischen Dezember 1873 und Ende Februar 1874. Das noch vorhandene Druckmanuskript ist zum großen Teil von der Hand Gersdorffs. Die Korrekturen wurden von Rohde mitgelesen. Das Korrekturexemplar Rohdes ist überliefert, es enthält Bemerkungen und Vorschläge, die von N fast immer angenommen wurden. HL erschien kurz vor Ende Februar 1874, wiederum bei E. W. Fritzsch in Leipzig. Ein Handexemplar dieser Ausgabe enthält Verbesserungen und Umarbeitungen Ns, die aus dem Jahr 1886 zu datieren sind und im Kommentar verzeichnet werden.

Rohde bedeutet im Kommentar: das Korrekturexemplar Rohdes mit dessen Verbesserungen, Vorschlägen und Bemerkungen, die alle verzeichnet werden.

Für die Hinweise auf nachgelassene Fragmente im Kommentar gilt dasselbe, was oben zu DS gesagt wurde.

Vorwort. 245 2–4: „Uebrigens ... beleben"] vgl. *Goethe an Schiller, 19. Dezember 1798* 2: verhasst] verhasst *He* 10: verhasst ... weil] verhasst sein muss: – weshalb? Weil *He* 15–16: derben ... herabsehen] gröberen Wünschbarkeiten herabsehn *He* 17: bequemen] genüsslichen *He* 17–19: That ... schlechten] That, oder gar zur Beschönigung des ermüdeten Lebens und der kleinen und feigen *He* 245 22–246 2: ein ... mag] wie man dieses Phänomen an merkwürdigen Symptomen unserer Zeit recht vollständig aber auch recht schmerzlich studiren kann *Dm* 245 22: Symptomen] Anzeichen *He* 246 2: ist ... schmerzlich] ist, als es schmerzhaft *He* 5–15: Vielleicht ... ist] Was mir zum Entgelt dafür zu theil wird? Ich zweifle nicht daran: man wird mir antworten: nichts sei verkehrter, und billiger, unerlaubter als diese meine Empfindung, – mit derselben zeige ich mich jener

mächtigen Bewegung zu Gunsten der Historie, jenes historischen Sinns unwürdig, der, als etwas Neues in der Geschichte, erst seit zwei Menschenaltern in Europa, seit vieren etwas in Deutschland sich bemerkbar gemacht hat *He 18:* beschädigt] geschädigt *He 20:* was] *Rs; Dm; Ed* das *He; GA 22:* werden] werden. [Überdiess: wer ginge mit einer Peitsche durch ein Thal, dessen Echo berühmt ist, ohne einige Male zuzuschlagen, nur damit er das schöne Echo höre? Wer seine Zeit kennen lernen will, soll sie veranlassen mit der Sprache herauszugehen, — dadurch dass er sie etwas geradezu behandelt] *Rs 23–28:* Unzeitgemäss ... leiden] Nun, eben das ist das Unzeitgemässe meiner Betrachtungsart. Ich versuche etwas, worauf unser Jahrhundert mit Recht stolz ist, ⟨seine⟩ historische Bildung, hier einmal als Schaden, Gebreste und Mangel des Jahrhunderts zu verstehen, weil ich sogar glaube, dass es an ihr als an ihrer *[sic]* gefährlichsten Krankheit leidet und mindestens erkennen sollte, dass es daran leidet *He 28–34:* Wenn ... lassen.] *dazu ohne Einfügungszeichen:* ich wünsche meine Leser dazu zu überreden, gleich mir [in] unter dieser historischen Bildung [die gefährlichste] eine gefährliche Krankheit dieses Jahrhunderts [zu erkennen] herauszuerkennen. Hiermit wird nichts Widersinniges versucht. Goethe — und Alles, was ich beweisen will ist dies: dass wir mit unserem „historischen Sinn" unsere Fehler angebaut haben *He 28–30:* Goethe ... anbauen] vgl. *Dichtung und Wahrheit, III, 13* **247 6:** komme gekommen bin *Rs*
1. *Frühere Fassungen des Anfangs:* 29 [98]; 30 [2]   Vgl. auch O. F. Bollnow, Nietzsche und Leopardi, *Zeitschrift für philosophische Forschung, 26 (1972) 66–69*   **248 2:** Betrachte ... dir] — Diese Heerde, die hier an mir *He 6–7:* deshalb ... überdrüssig.] deshalb glücklich ... *He* schwermüthig] *aus* verdrossen *Dm 7:* sehen] sehn *He 8–12:* brüstet ... Mensch] brüsten möchte und doch eifersüchtig nach dessen Glück hinblickt. Er *He 13:* Glücke und] Glück? warum schweigst du doch [nur] immer? was *He 13–17:* Das ... verwunderte] Und das Thier will auch antworten und sagen, „das kommt daher dass ich immer gleich vergesse, was ich sagen will" — da vergass es aber auch schon diese Antwort und schwieg: sodass der Mensch sich von Neuem wundert *He 20:* die] diese *He 22–23:* noch ... eines] immerfort wieder, dies Gespenst stört die Ruhe jedes *He* **249 3:** beneidet] bewundert *Dm* bewundert *aus* beneidet *Rs 3–10:* welches ... ehrlich] darum dass es vergisst und die Zeit wirklich „tödtet". Das Thier lebt unhistorisch: es geht auf in der Gegenwart, wie eine Zahl, ohne dass ein wunderlicher Bruch übrig bleibt *He 5:* erlöschen] *Dm; Ed* verlöschen *Rs; GA 6–7:* Zahl ... bleibt] Zahl in

eine andere ohne Rest aufgeht *Cb, dazu Rohde: schlechtes Bild* 11–12: diese ... seitwärts,] *gestr. He* 13–14: er ... welche] *gestr. He* 16: verlorenen] *gestr. He* 17: sehen] sehn *He* 18: noch] *gestr. He* und] und noch *He* 19–20: in ... Blindheit] blind und selig *He* 21: wird ... heraufgerufen] wacht es aus seiner Vergessenheit auf *He* 22: zu] *gestr. He* 23: Leiden] Leid *He* 24: sein] alles *He* 25: Imperfectum] „Imperfectum" *He* 25–30: Bringt ... widersprechen.] *gestr. He* 249 31–250 1: in ... lebendige] es sein sollte, was den Lebenden im Leben festhält, so hätte in der That kein Philosoph mehr Recht, als der Cyniker: denn das Glück des Thieres, als des vollkommenen Cynikers, ist der *He* 2–5: ununterbrochen ... kommt] immer wieder kommt, ist ohne Vergleich mehr Glück als das grösste, das nur als Ausnahme und Laune, zwischen lauter Unlust, Begierde und Entbehren kommt und ebendamit die Schmerzfähigkeit verhundertfacht *He* 5: Entbehren] *Dm; Ed* Entbehrung *Vs; Rs; GA* 7: Vergessen-können] *GA* Vergessenkönnen *Dm* Vergessen können *Ed* Vergessen können *He* 9–22: Wer ... gehört] Zu allem Handeln schon gehört Vergessen *dazu auch der verworfene Ansatz einer partiellen Umarbeitung:* Denken wir uns den äussersten Fall: dies wäre ein Mensch, verurtheilt, das ewige Werden zu sehen und nichts als Werden zu sehen. *He* 22ff.] *vgl.* 29 [32] 24: sich ... würde] *aus* dem Schlaf für überflüssig erklärte *Rs* 24–29: des ... erklären] grundsätzlich des Schlafs enthielte, oder dem Thiere, das nicht mehr fressen, sondern nur noch wiederkäuen wollte. Es ist möglich, fast ohne Erinnerung zu leben, ja glücklich zu leben, wie das Thier zeigt; aber es ist ganz und gar unmöglich, ohne Vergessen zu leben. Oder, um endlich auf mein Problem zu kommen, ein Problem der Gesundheit, wie man sehen wird *He* 26: leben] *Dm; Ed* fortleben *Rs; GA* 31: Sinne] Sinn *He* 32–33: und ... nun] sei es *He* 33: geht,] *Fortsetzung in Vs:* geht. Plastische Kraft. Gedenken und Vergessen sind beide für die Gesundheit nöthig, beide für die Gesundheit eines Volkes, einer Kultur. 251 24: umschaffen] umschaffen, um es als Blut einzuschlürfen *Cb; dazu Rohde: ? verstehe ich nicht.* 25: weiss] wüsste *He* 253 2: unhistorische] unterdrückte *Cb dazu Rohde: unklar!* 254 2: nach Goethes Ausdruck] *vgl. Maximen und Reflexionen, 241; aus Kunst und Altertum V 1, 1824, Einzelnes* 3: wissenlos] *Dm; Ed* immer wissenlos *Rs; GA* 9–10: ihr ... wäre] es auch keine Ehre gäbe, die ihnen gerecht werden könnte *Cb; dazu Rohde: nicht ganz klar!* 255 10–11] *vgl. Walter Kaufmann, Nietzsche: philosopher, psychologist, antichrist. Princeton* [4]*1974, 147, Anm.* 25a: „The quotation is actually

from John Dryden's Aureng-Zebe, Act IV, 1, and the original has, think' not ‚hope'." N zit. *aus Humes Dialoge über natürliche Religion, X. Teil;* vgl. 29 *[86];* 30 *[2]* 256 21–26] vgl. *G. Leopardi, Gedichte, übers. von R. Hamerling, Hildburghausen 1866, 108,* BN 24: Schmerz und] Bittre *Cb¹; Verbesserung von Rohde* 27*ff.*] vgl. 30 *[2]; Forts. in Vs:* verneint der überhistorische Mensch das Leben: aber es soll auch dies deutlich gemacht werden, dass der historische Mensch das Leben bejaht, dass ihm die Geschichte nicht als reines Erkenntnissproblem, vielmehr als [Lebens] – – – dass die Historie in jenem unhistorischen Zustande begehrt wird. 28–29: Unweisheit] *Rs; Ed* Unwissenheit *Dm* 11: Erkenntnissphänomen aufgelöst] Erkenntnisproblem zurückübersetzt *He* erkannt] gelöst *He* 17: Lebenden] Lebenden. [Aber nur dadurch dass er nicht vom Wissen, sondern vom Lebenstriebe geleitet wird, nur durch eine antidecorative Stellung zum Vergangenen entnimmt er – – –] *Vs* 28: können und sollen] können *He*
2. 258 16: Schillern] Schiller *Cb¹; Verbesserung von Rohde* 17: Goethe] *zu Eckermann, 21. Juli 1827* 20: Polybius] *Hist. 1,1,2* 27: Nachahmen] *Dm; Ed* Nachmachen *Rs; GA* 29: der,] *GA* der *Ed* 259 10–11: vermochte ... erfüllen] da war, den Begriff „Mensch" in's Schönere und Höhere fortzupflanzen *Cb; dazu Rohde: schlecht ausgedrückt!* 259 15–18: eines ... ausspricht] einer vergangenen Zeit auch groß ist und daß der ahnende Glaube der Ruhmbegierde sich erfüllt, das ist der Grundgedanke der Kultur *Vs* 260 11: begraben!] *Fortsetzung in Mp:* Die verwegensten Gesellen unter diesen Ruhmsüchtigen müssen aber die großen Philosophen sein. 26: einmal da war] *Dm; Ed* einmal war *Rs; GA* 261 10–18] vgl. 29 *[108];* 29 *[29]* 16–17] vgl. 29 *[61]* 18: Amerika] Amerika und Amerika den Columbus *Cb; dazu Rohde: ?? Jedenfalls geschmacklos.* 24: gebildeten] *Dm; Ed* geschilderten *Vs; GA* 262 14: Schöne] *Dm; Ed* Schönere *Vs; GA* 15: freien] frühen *Dm* 28: Meister] Meister, als er einmal badete, *Cb¹; Verbesserung Rohdes, mit der Bemerkung: zu streichen, weil sachlich falsch* 263 3: welche] *Dm; Ed* die *Vs; GA* 8: Beispiel ... denke] Beispiel, denke man *Cb¹; Verbesserung von Rohde* 264 12: entsteht] *Dm; Ed* entstehe *Vs; GA* 15: was] *Dm; Ed* welches *Vs; GA*
3. 265 6*ff.*] vgl. 29 *[114]* 13: Urväter-Hausrath] vgl. *Goethe, Faust I, 408* 266 2–6: Mit ... Seele"] vgl. *Goethe, Von deutscher Baukunst. D. M. Ervini a Steinbach (1773): „Und von der Stufe, auf welche Erwin gestiegen ist wird ihn keiner herabstoßen. Hier steht sein Werk, tretet hin und erkennt das tiefste Gefühl von Wahrheit und Schönheit der Verhältnisse, würkend aus starker, rauher, deutscher*

Seele auf dem eingeschränkten düstern Pfaffenschauplatz des medii aevi."   9–10: „wundersamen ... wie Jacob Burckhardt sagt] *Die Kultur der Renaissance in Italien, Leipzig ²1869, 200, BN; vgl.* 9 *[143]*   19: Heimatsitte] Heimatssitte *Cb¹; Verbesserung von Rohde*   267   14: wie] was *Cb¹; Verbesserung von Rohde*   *27ff.] vgl. 29 [114]*   30: was aber] *Vs; Dm; Ed* aber, was *GA*   268   6–7: Weise, ... selbst] Weise zu Gunsten der Wurzel ab — und dadurch geht wieder die Wurzel am sichersten *Dm*   268   32–33: gebiert ... die] wird ... zur *Dm*   269   18: Gewalt] Schuld *Dm*   25–27: denn ... entstünde] *vgl. Goethe, Faust I, 1339–1341*   270   23–24: ist ... finden] *Ed* ist, ... finden, *Rohde; GA*
4. *Vgl. 29 [218.121.122.65.81]*   271   11: Zweckes] *Dm; Ed* Lebens *aus Zwecks Vs* Lebens *GA*   272   26: im Märchen] *vgl. Grimm, Der Wolf und die sieben Geißlein*   273   13–14: jener Schlange] *aus der Boa Dm*   274   10: Barbaren.] *gestrichene Fortsetzung in Rs:* Ja man darf noch weiter gehen und sagen: durch die historischen Studien ist der Gegensatz von „Gebildet" und „Ungebildet" erst in die Welt gekomen. Was hat aber der schöpferische Geist — auf den es doch wohl, wenn die Weltgeschichte einen Sinn haben soll, abgesehn sein muss — zwischen diese Gegensätze gedrängt, verloren, unwiederbringlich verloren! Es ist nicht auszusprechen! Er hat das Zutrauen zu seinem Volke verloren, weil er dessen Empfindungen überfärbt und gefälscht weiss. Mag diese Empfindung selbst bei einem kleinen Theile des Volkes feiner und sublimirter geworden sein: das entschädigt ihn nicht, denn er redet dann gleichsam nur zu einer Sekte und fühlt sich nicht mehr nothwendig in seinem Volke. Vielleicht vergräbt er seinen Schatz jetzt lieber, weil er Ekel empfindet, innerhalb einer Sekte anspruchsvoll patronisirt zu werden, während sein Herz voll von Mitleid mit Allen ist. Der Instinkt des Volkes kommt ihm nicht mehr entgegen: denn durch jenen Gegensatz sind alle Instinkte verwirrt und verirrt.   274   26–29: Die ... worden] *vgl. DS 1, S. 163*   277   5–9: Wir ... verdorben] *mit Auslassungen und Umstellungen zitiert aus Grillparzer, a. a. O., 187*   9: macht] *Vs; Dm; Ed* machen *GA*   28: Wie ... aushalten] Was hat er verloren *Cb; Rohde dazu: ? matt!*   34: feiner] freier *Dm*
5. *Vgl. 29 [130]*   279   11: dieses] jenes *Cb¹; Verbesserung von Rohde*   280   4: euch] *Vs; Rs; Dm; GA* auch *Ed*   13: Schiller] *Die Worte des Glaubens (1798)*   26–29: Sieht ... hat] Der Umgang mit so vielen vergangnen Individuen hat die Menschen fast zu lauter abstractis und Schatten gemacht *Vs*   33: Possenspiel] *Dm; Ed* Puppenspiel *Vs; Rs*   281   6: hinsehen] ansehen *Dm; Cb; Rohde dazu: ? ohne Object?*   9: wäre] sei *Cb¹; Verbesserung von*

Rohde 282 *4:* bleibt] bleibt vielmehr *Cb; dazu Rohde: ? ich sehe keinen Gegensatz!* 29: Goethe] *Shakespeare und kein Ende 1 (1815)* 283 *30:* Lippen: warum] *Dm; Ed* Lippen: warum denn just Demokrit? warum *Rs; GA* 284 *4:* ewig Unnahbare] Ewig-Unnahbare *Cb¹; Verbesserung von Rohde* 7–8: das ... wird] *vgl. Goethe, Faust II, 12110–12111* 285 *3:* wenige] *Dm; Ed* wenige oder keine *Rs; GA* 15–16: haben ... führen] schöpft aus dem Tintenfasse der Danaiden *Rs* 16: geführt ... führen] geschrieben als dass sie schreiben *Cb; dazu Rohde: sehr schlechte Antithese!*
6. *Vgl. 29 [96.62.92]* 285 *21–286 7]* Dabei redet sich der moderne Mensch, soweit er der historisch gebildete Mensch ist, sogar noch vor, er sei der gerechte Mensch und seine gerühmte Objectivität sei der Ausfluss der höchsten Tugend, der Gerechtigkeit! — *gestr. Anfang in Rs* 286 *8ff.] Titel der Vs* Allerlei Diener der Wahrheit. *vgl. 29 [23]* 287 *7:* Furcht] *Dm; Ed* Flucht *Rs; GA* 288 *33:* welche die] *Dm; Ed* die die *Rs; GA* 289 *11:* wie] *Rohde; Ed* als *Rs; Dm; Cb¹* 15: hier] *Dm; Ed* hier ganz *Rs; GA* 20–21: gemäss zu schreiben] gerecht zu werden *Rs; Dm* 290 *4:* schaut, man meint] *Dm; Ed* schaut und dabei seine Person vergisst. Man verlangt also auch vom Historiker die künstlerische Beschaulichkeit und *Rs; GA* 7: empirische] wahre *Rs; Dm* 20: wann] *Rs; Dm; Ed* wenn *GA* 290 *27–291 18:* was ... nachzuweisen] zurechtgemachtes Zitat aus zwei verschiedenen Stellen von Grillparzer, *a.a.O., 129 und 40* 291 *13–18:* eine ... einzureihen"] Schiller, *Was heisst und zu welchem Ende studiert man Universalgeschichte* 20: eines ... Virtuosen] *L. von Ranke* 24: nicht mehr] ebensoviel *Dm; Cb; dazu Rohde: ?? und ? zu „ebensoviel" gehört ja erst das „wie", wo bleibt also das „als"? Gott soll sagen!* 24–25: Wahrheit ... Unwahrheit] *Dm; Ed* Weisheit ... Unweisheit *Rs; GA* 25–27: wie ... zwingen"] *Goethe an Schiller, 21. Februar 1798* 292 *34–293 1:* durch ihre Langweiligkeit] aus Langeweile *Cb* aus langer Weile *Verbesserung von Rohde* 293 *2:* jenen ... Zustand] künstlerische Interesselosigkeit *Rs* 8–9: sich gar] *Dm; Ed* sich *Rs; GA* 22–25: Zeiten ... zu] Nicht jede Zeit hat die Aufgabe, Richterin aller früheren zu sein: und unsre Zeit sicher am wenigsten, weil sie sich zu den grossen Zeiten verhält wie der Critikus zum Kunstwerk *Vs* 26: euch] *Dm; Ed* euch denn *Vs; Rs; GA* 294 *4:* Sonst] Sonst seid ihr verloren, sonst *Rs* 14: künstlerischer] *Dm; Ed* künstlicher *Rs* 24: schon leichter] oft *Rs* 25: Geschichte] Geschichte bedarf der Thätige, Geschichte *Rs; Dm* 294 *34–295 5:* Dadurch ... Strebens] Ich will sagen, wie man den historischen Sinn bändigt:

seht vorwärts! Steckt ein grosses Ziel! Nehmt die [deutsche] preussische Politik zum Muster! *Vs* 295 20–21: erzogener ... gewordener ... gewöhnter] *Rs; GA* erzogenen ... gewordenen ... gewöhnten *Dm; Ed*
7. Vgl. 29 [56.51] 295 28: nimmt ... können], in der sie leben, nimmt *Rs* 295 32–296 8: Wenn ... vernichtet] Der historische Sinn ist von höchstem Werthe als aufräumendes zerstörendes Element, wenn hinter ihm ein Bautrieb steht: denn wo etwas begriffen ist, da ist der schaffende Instinkt vernichtet. Eine Religion, die Wissenschaft werden will, will sich selbst zerstören *Vs* 296 3–4: wenn ... dann] wo ... da *Rs* 297 28: ist] sei *Dm; Cb¹;* Verbesserung *von Rohde* 32: schmerzlich] *Dm; Ed* schmerzlich und *Rs; GA* 299 4: reif gewordenen] *GA* reifgewordenen *Ed* 29–30: „zu ... geballt"] *Schiller, Der Taucher (1798) 116* 299 33–300 2: Der ... bist] Der junge Mensch ist so heimathlos geworden, zweifelt an allen Sitten und Begriffen, jetzt weiss er es: in allen Zeiten war es anders, es kommt nicht darauf an, wie du bist *Cb; Rohde dazu: ungeschickt im Satzbau!* 4–9] *Hölderlin an J. v. Sinclair, 24. Dez. 1798; dazu Vs:* (dagegen die „Objectivität" unsrer Philosophie-Geschichte) 300 25–301 2: Glaubt ... will] Es soll nicht mehr das Zeitalter der harmonischen Persönlichkeit sein, sondern das der „gemeinsamen Arbeit". Das heisst doch nur: die Menschen, bevor sie fertig sind, werden in der Fabrik gebraucht. Aber seid überzeugt, in kurzem ist die Wissenschaft ebenso ruinirt, wie die Menschen dieser Fabrikarbeit *Vs* 301 11–13: Die ... wird] Die Kärrner haben unter sich einen Arbeitsvertrag gemacht, nach dem das Genie als überflüssig decretirt werden soll, dadurch dass jeder Kärrner zum Genie umgestempelt wird *Cb; dazu Rohde: nicht geschickt ausgedrückt!* 27: das] dies *Cb¹;* Verbesserung *von Rohde* 32: Deutschen] Deutsches *Cb¹;* Verbesserung *von Rohde* 32–34] vgl. 29 [84]; *Goethe, Maximen und Reflexionen 694.693. Aus Wilhelm Meisters Wanderjahren „Betrachtungen im Sinne der Wanderer" (1829)* 302 9: praetendirt] pretendirt *Cb¹;* Verbesserung *von Rohde* 13: denken.] fassen! Euer „gemischtes Publikum" kann man sich aber nicht leicht gemein genug denken *Rs* 19: welche die] *Dm; Ed* die die *Rs; GA*
8. Vgl. 29 [46] 303 8: innewohnende] einwohnende *Cb; dazu Rohde: richtiger inne, „ein" bezeichnet immer die Richtung wohin.* 303 21–304 4: Die ... können!] vgl. 29 [48] 304 11: welches] *Dm; Ed* das *Rs; GA* 17: „memento vivere"] vgl. *Goethe, Wilhelm Meisters Lehrjahre VIII 5 („Gedenke zu leben!")* 19: Unehrliches. Denn] *aus* Unehrliches: gleich als ob ein Lahmer sitzend sein Bein schwenkt, um zu zeigen, wie schnell

er laufen könne. So sitzt *Dm* 305 *5:* Weiterstreben] Weiterleben *Rs* *25:* welcher] *Dm; Ed* der *Rs; GA* *32:* Freigiebigkeit] Freigebigkeit *Cb¹; Verbesserung von Rohde* 306 *4–5:* Erklärung ... Erklärungen] Möglichkeit ... Möglichkeiten *Rs; Dm* *18:* Wilhelm Wackernagel] *Abhandlungen zur deutschen Literaturgeschichte (Kleinere Schriften, Bd. 2), hg. von Moritz Heyne, Leipzig 1873, BN* 307 *25:* jener] ihrer *Cb; dazu Rohde: non capisco. Soll es heißen: jener?* *31:* sei] *aus* ist *Cb¹, Verbesserung von Rohde* 308 *4–6:* an dem, als an einem ... sich enträthseln wird] welches uns als ... enträthseln wird *Cb; Rohde dazu: nicht gut, weil man nicht weiß, ob das Nom. oder Accus. ist. O du räthselhafter Schäker!* *8:* gegeben hat] giebt *Rs* *18:* „Weltprozess"] Weltprozess *Cb¹, Verbesserung von Rohde* *19:* rechtfertigen] justificiren *Rs* *22:* Begriff"] Begriff", mit nachweisbarer Nothwendigkeit *Dm* *24:* Hohn] Recht *Dm* *30ff.] vgl. 29 [51]* *33:* Dinge] Dinge [„zum Beispiel auch die jetzige Heil- und Siegerkranz-Constellation] *Rs* 309 *6:* mythologische] unmythologische *Rs* *13:* welchem] *Dm; Ed* dem *Rs; GA* *29–34] vgl. 29 [57]* 310 *7–8:* würde ... ansähe] wird ... ansieht *Cb; dazu Rohde: würde? – ansähe? Das „wird" ist österreicher-undeutsch.* *10:* solch] so *Cb; dazu Rohde: solch?* 311 *13–14:* wie ... nach!"] *Goethe, Die Leiden des jungen Werthers, Leitspruch zum zweiten Teil in der „zweiten echten Auflage" (1775); vgl. FW 99* *17:* dadurch ... dass] insofern ... als *Rs* *18:* eigentlichen] *Dm; Ed* eigentlich *Rs; GA* *20:* folgen.] folgen. In diesem Betracht ist Geschichte ein sich selbst widersprechendes, an sich selbst zehrendes, sich selbst aufhebendes Unding, und jeder Augenblick, der nur dadurch Augenblick ist, dass er den vorigen tödtet, giebt diese Lehre *Vs*

9. *Vgl. 29 [72.59.51.40]* 312 *11:* werden] wieder werden *Cb; dazu Rohde: ?* *18–19:* „die ... Weltprozess"] *vgl. E. v. Hartmann, Philosophie des Unbewussten (= HU), Berlin ⁴1872, 748.* 313 *1:* welchen] *Dm; Ed* den *Rs; GA* *3:* schwindet dem Blicke] schwindet der Blick *Cb; dazu Rohde: ? schwindelt dem Blicke?* *10:* Überstolzer] Scherzhafter *Rs; Dm* *16:* weichen] *Dm; Ed* weicht *Rs; GA* *32:* Hegel] *vgl. 29 [72]* 314 *12:* zu] *Fragezeichen Rohdes in Cb unbeachtet* 314 *21–315 22] vgl. 29 [59]; 29 [66]; 29 [51]; HU 726.352.714.747* 315 *9:* welchem] *Dm; Ed* dem *Rs; GA* *33:* einzuernten] einzuerndten *Cb¹; Verbesserung von Rohde* 316 *4:* Steinschrift] Keilschrift *Rs; Dm; vgl. HU 748* *5:* welche] *Dm; Ed* die *Rs; GA* *9–22:* Denn ... kann"] *vgl. HU 748f.* *26:* Ein ... Engländer] *Zitat nicht erschlossen* *31–32:* „jenem ... macht"]

HU 333 317 *5* Goethe] *Zitat nicht erschlossen* 11–13: welcher ... welcher] *Dm; Ed* der ... der *Rs; GA* 18: Schopenhauer] *Nachlaß* (s. *Der handschriftliche Nachlaß, 6 Bde., hg. von A. Hübscher, Frankfurt/M. 1970, Bd. 3,* 188); vgl. *PHG 1;* 24 *[4]* 28: welche] *Dm; Ed* die *Rs; GA* 317 29–318 6: „So ... zusammenfallen"] *HU 747;* vgl. 29 *[52]* 318 7: vorwaltet] *Dm; Ed* waltet *Rs; GA* 25–31: Vielleicht ... Scherz.] *aus* Offenbar. Joh. 10, 6; Philosophie des Unbewussten S. 637. „Strafen, nämlich wieder in den Hartmannschen Weltprozess zurückgeschleudert zu werden." Freilich wäre das Mittel stark — denn du würdest mit untergehen; mit dir aber auch das Gerede vom Weltprocess. Dies Wort, dieser Begriff weniger — wer hätte da nicht unendlich viel gewonnen! *Rs* 319 *14:* dir] *Dm; Ed* dir sonst *Rs; GA* 320 *2:* niederen] *Dm; Ed* niedersten *Rs; GA* 320 *3–321 27]* vgl. 29 *[40.41.139.149]* 321 *1:* würde] würde: hier scheint aber das Ursprüngliche ganz verloren gegangen zu sein und der Name für Tendenzen der Massen und vieler ehrsüchtig-egoistischer Einzelner geblieben zu sein *Vs* 15–17: Christlich – Fortschrittes;] vgl. 29 *[49]* 19: welche] *Dm; Ed* die *Rs; GA* 322 10–29] vgl. 29 *[51]; HU 726.734* 20: welcher] *Dm; Ed* der *Rs; GA* 323 *4:* welchen] *Dm; Ed* denen *Rs; GA* 5: absichtlich] *Cb²* (nicht beachtete Verb. von Rohde); *GA* absichtlich *Dm; Ed*
10. 324 27–28] vgl. 27 *[80]* 32: habe] *Cb²*, nichtbeachtete Verbesserung Rohdes hat *Ed; GA* 325 18–19: denn ... viel Zeit] *aus* aber es ist offenkundig, dass sie zu Grunde gehen werden *Vs;* vgl. 29 *[142]* 326 *17:* ist. Dass] ist [, kurz das Afterbild des lebendigen und gesunden Kulturmenschen, der vor allem Mensch ist, von Innen und Aussen ganz und einartig]. Dass *Vs* 327 29: soll! —] *danach in Cb folgende von N dann weggelassene Stelle:* Was erschwerte denn durch ein ganzes Jahrzehend hindurch dem leitenden Staatsmann Deutschlands so sehr das Regieren als die in den deutschen Köpfen schwirrenden, angelernten, ja gleichsam angestohlenen Begriffe ausländischer Partei-Politik, denen keine Anschauung aus der Heimat entspricht, jene Bedürfnisse aus Worten und Schematen, nicht Bedürfnisse aus lebendigen Nöthen? Was ist die eigentliche Ursache jenes beschämenden und im Auslande verspotteten Conflictes, in dem wir Deutschen mit dem schöpferischen Kunstgenius unserer Zeit leben, mit dessen Namen doch eben diese Zeit in dem Gedächtniss der Nachwelt gezeichnet und geehrt werden wird? Was anders als angelernte leere Worte und historische graufadige Begriffs-Spinnennetze, durch die der Deutsche seine volle und tiefe Natur einfangen lässt, in die eingesponnen er dann der eignen lebendigen Wirklichkeit das Blut aussaugt. Denn dies eben will die „Bildung": in einem Begriffs-Ge-

häuse sitzen, blutleer sitzen, und gegen alle giftig sein, die auf das Gehäuse blasen und die immer wieder einmal einige Flocken davon wegblasen. *[auch in GA X 282, 31] Anmerkung Rohdes am Schluß der Stelle: Das ganze Bild ist schwerlich, übertrieben und ganz unverständlich: wie so denn „blutleer", da sie ja aus dem deutschen Blut aussaugt. Wozu die lessingsche Anaphora des „sitzen", die man so leicht zu viel gebrauchen kann!* 30: Plato] *De re publica III 414b–415c* 328 18: Nothwarheit.] *Rohde, sich auf die darauffolgenden Seiten bis zum Schluß beziehend: Von hier an würde ich Alles noch einmal umarbeiten und straffer fassen! N konnte diese Bemerkung und die anderen im letzten Korrekturbogen nicht berücksichtigen, vgl. N an Rohde, Mitte Februar 1874:* Leider habe ich gerade für den letzten Bogen Deine Hülfe nicht mehr benutzen können. Ich glaubte, aus mehreren Gründen, man habe vergessen, Dir den letzten Bogen zuzusenden, und die Sache hatte Eile. Glücklicher Weise habe ich den ärgsten Anstoss selbst gehoben *[vgl. vorige Anmerkung]*, auch durch Streichen von c. 1 Seite Text die Schlusspartien etwas erleichtert. *19ff.] Disposition in Vs:* Selbstcorrecitonsanstalt nöthig für die erste Generation. Heilung Vergessen-können. (Unmöglich ohne einiges Zuviel, wir werden gewiss an den remedia leiden.) 23–26: so ... Natur] *vgl. 29 [182]* 27: Medizin kosten] *Rohde zu diesem zweiten „kosten": besser zu streichen* 329 7: Wort-Fabrik] *Rohde; GA* Worte-Fabrik *Ed* 330 6–11] *vgl. 29 [194]* 11–22: Wissenschaft ... einwirft]* Die Wissenschaft betrachtet Beides als Gifte: es ist aber nur ein Mangel der Wissenschaft, dass sie diese nur als Gifte und nicht als Heilkräfte kennt. Es fehlt ein Zweig der Wissenschaft: eine Art höherer Heilkunde, die die Wirkungen der Wissenschaft auf das Leben betrachtet und das erlaubte Mass vom Standpunct der Gesundheit eines Volkes, einer Kultur aus beurtheilt. Recept: das Unhistorische lehrt Vergessen, localisirt, schafft Atmosphaere, Horizont; das Überhistorische macht gleichgültiger gegen die Reizungen der Historie, wirkt beruhigend und ableitend. Natur Philosophie Kunst Mitleid *Vs* 18–19: als ... als] *Ed* wie ... wie *Rohde* 331 22–25] *vgl. 29 [195]* 333 1: eurer] *Rs; Dm; GA* einer *Ed* 3–4: verbirgt ... hin] *vgl. Herakl. Frg. 93 (Diels-Kranz)* 6–26] *dazu Rohde: Die Parallele wäre ganz herrlich, wenn sie nur auf sicheren Thatsachen sich genügend stützte: das bezweifle ich. Dann aber verlöre sie wieder alle Kraft.* 17–26] *vgl. 29 [191]; 29 [192]* 334 11–14: mag ... können] *aus* mag diese Wahrhaftigkeit auch oftmals eine gerade in Acht stehende „Gebildetheit", eine nur „dekorative Kultur" untergraben und zum Falle bringen *Dm* 14: können.] *danach in Cb folgende von N dann weggelas-*

74   Kommentar zu Band 1

sene Stelle: Und was wird aus uns? werden die Historiker am Schlusse meiner Betrachtung unwillig einwenden. Wohin soll die Wissenschaft der Historie, unsre berühmte strenge nüchterne methodische Wissenschaft? — Geh in ein Kloster, Ophelia, sagt Hamlet; in welches Kloster wir aber die Wissenschaft und den historischen Gelehrten bannen wollen, diese Räthsel wird der Leser sich selber aufgeben, sich selber lösen, falls er zu ungeduldig ist, dem Gange des Autors zu folgen und einer hiermit versprochnen Betrachtung „über den Gelehrten und über die gedankenlose Einordnung desselben in die moderne Gesellschaft" voranzueilen vorzieht. *[auch in GA X 284, 34]; vgl. 29 [196]*

Unzeitgemässe Betrachtungen III
Schopenhauer als Erzieher

Die Aufzeichnungen Ns zu Schopenhauer, aus denen später die dritte Unzeitgemäße Betrachtung: *Schopenhauer als Erzieher* (= SE) werden sollte, datieren aus dem Frühjahr 1874. Die Feilarbeit an dieser Schrift und an deren Vervollständigung war ziemlich mühevoll (vgl. N an Rohde, 4. Juli 1874, KGB II/3, 238) und dauerte bis Ende August 1874. Inzwischen hatte N einen neuen Verleger: Ernst Schmeitzner in Schloßchemnitz. Dieser erhielt das Druckmanuskript in mehreren Sendungen zwischen dem 19. August und dem 9. September. Satz und Druck gingen schnell vor sich. Die letzten Korrekturen kamen am 26. September. N bekam die ersten fertigen Exemplare von SE zwischen 7. und 15. Oktober.

Das Druckmanuskript zu SE ist nur fragmentarisch erhalten; es fehlen der erste und letzte Teil. Korrekturen sind nicht mehr vorhanden. Ein Handexemplar mit Berichtigungen, die nur zum Teil zweifellos von N stammen, hat sich erhalten.

Für die Hinweise auf nachgelassene Fragmente im Kommentar gilt dasselbe, was oben zu DS gesagt wurde.

1. 337 *7–11:* Im Grunde ... wird] *vgl. Paul de Lagarde (1872):* „*Jeder Mensch ist einzig in seiner Art, denn er ist das Resultat eines nie wieder vorkommenden Processes einziger Art*", *Deutsche Schriften, 2 Bde., Göttingen 1878–1881, I, 72*   338 *28:* öffentlichen ... Faulheiten] *N paraphrasiert hier den Untertitel von Mandeville's Bienenfabel, vgl. MA 482*   339 *8–11:* dürfen ... sie] dürfen wir dagegen sein, die wir nicht Bürger dieser Zeit sind! denn wären wir dies, so würden wir mit dazu dienen, ihre Zeit zu tödten — während wir als Thätige *Rs*   *34:* sie] *GA* ihn *Rs; Ed*   340 *1:* nicht] *Ed* noch nicht *Rs; GA*   *9–11:* Wer ... kann"?] *Oliver Cromwell bei R. W. Emerson, Versuche, übers. von G. Fabricius, Hannover 1858, 237, BN;*

die Stelle von N mehrfach angestrichen 15: doch] noch *Rs;* GA 19–25: so ... das] in unheilbarer Art. Er wähle ein andres Verfahren sich selbst zu kennen und sehe auf sein *Rs* 341 9: Afterbild der Erziehung] Schatten- und Afterbild der Bildung *Rs* 2. 341 26] Erstes Capitel *Rs* 15 ff.] vgl. 30 [9] 16–19: Soll ... nannte?] vgl. *B. Cellini, Vita I 2, in der Übers. Goethes, a.a.O. 28, S. 20 u. 18* 346 30: echtes] rechtes *Rs; GA* 347 29–30: mich ... nicht an] *aus* an die Engländer mehr als an irgend welche *Rs* 348 20–22: kaum ... gewachsen] *He am Rande (Ns Hand):* falsch übersetzt *Über diese Stelle schrieb Marie Baumgartner am 7. April 1875 an N: „Es ist vielleicht auch gut daß ich ihn [Montaigne] erst jetzt kennen lerne im Alter; denn zur Zeit als die Neugierde mich trieb, Etwas von Leuten wie Montesquieu, Pascal oder Descartes zu lesen, hätte ich wahrscheinlich Montaigne weniger verstanden oder gewürdigt als ich es jetzt thun kann. Nun, ich kam mit meinem Lesen bis zum Livre III. Chap. V welches von Virgil handelt. Etwa um die Hälfte dieses langen Kapitels fängt ein Absatz so an: „Quand j'escris, je me passe bien de la compaignie et souvenance des livres, etc; und zehn Zeilen weiter fährt er fort: Mais je me puis plus malayséement desfaire de Plutarque; il est si universel et si plein, qu'à toutes occasions, et quelque subject extravagant que vous ayez prins, il s'ingere à vostre besongne, et vous tend une main libérale et inespuisable de richesses et d'embellissements. Il m'en faict despit, d'estre si fort exposé au pillage de ceulx qui le hantent; je ne le puis si peu raccointer, que je n'en tire cuisse ou aile." Ich gebe Ihnen die ganze Stelle damit Sie sehen wie gut es ist daß wir zur rechten Zeit sie noch verbessern können, denn ich hatte sie nach der deutschen Wendung doch falsch aufgefaßt. (Ich wäre überhaupt recht begierig, in Ihrem deutschen Montaigne die ganze Stelle gelegentlich vergleichen zu können!) Der Sinn scheint mir nicht mehr der zu sein daß dem Montaigne selbst ein Bein oder Flügel wachse, als Zeichen seiner eigenen, zunehmenden Tüchtigkeit und Fülle durch den Umgang mit Plutarch; sondern der: daß vielmehr dem Plutarch ein solch unerschöpflicher Vorrath und Reichthum des Köstlichsten inne wohnt daß derjenige der noch so flüchtig, noch so auf gerathewohl bei ihm schöpft, ganz unfehlbar Etwas Gutes erobert; etwa so, wie wenn Jemand blindlings mit der Gabel in eine Platte sticht, und doch einen „Schenkel oder Flügel" (vom Geflügel) erwischt, (also ein guter Brocken) dieses ein Beweis ist daß die Platte lauter gute Stücke enthält. — Diese Auffassung ist zwar realistischer und lange nicht so poetisch als das deutsche Wachsen der geistigen Flügel; aber dem Gutsbesitzer und Jäger Montaigne mag dieser Gedankengang dennoch nahe genug gelegen sein. So viel ich bis jetzt beobachten konnte, glaube ich daß eine ernstgemeinte Uebersetzung von Mon-*

taigne sich sehr hüten müßte, seine Ur-Einfachheit und Keckheit zu idealisiren; diese Methode müßte ihn ganz entstellen. Wenn man ihn je mit deutschen Worten reden lassen kann, so wird man doch von vielen Franzosen am allerwenigsten ihn deutsch auffassen dürfen. Er denkt zu sehr französisch!" N antwortete am selben Tag zurück: Die Montaigne-Stelle hat eine gewisse Perplexität erzeugt: nämlich: die deutsche Übersetzung lautet ganz anders als ich die Stelle im „Schopenhauer" angeführt habe; falsch ist sie aber auch, wie die meinige Auffassung, nur in ganz anderer Weise falsch ... Der Entdeckerin meines Irrthums vielen Dank; es steht eben schlecht mit meinem Französisch, und bevor ich Montaigne idealisire, sollte ich ihn wenigstens richtig verstehen. *In BN befinden sich zwei Ausgaben von Montaignes Essais: Essais avec des notes de tous les commentateurs, Paris 1864, und: Versuche, nebst des Verfassers Leben, nach der neuesten Ausgabe des Herrn Peter de Coste, ins Deutsche übers., 3 Bde. Leipzig 1853/ 54*   **349** 26–28: „Was ... seiend!"] *vgl. Goethe, Tagebuch der italienischen Reise IV, 9. Oktober 1786*

3. **350** 22] 2. *Vs*   **352** 6–12: Ein neuerer Engländer ... sein"] *Jörg Salaquarda, Der unmögliche Shelley, Nietzsche-Studien 8 (1979), 396–397, hat den „neueren Engländer" identifiziert; es handelt sich um Walter Bagehot; N zitiert aus dessen Werk: Der Ursprung der Nationen. Betrachtungen über den Einfluß der natürlichen Zuchtwahl und der Vererbung auf die Bildung politischer Gemeinwesen. Leipzig 1874, 167. BN. Salaquarda weist außerdem auf einen Fehler in Ns Zitat hin, statt:* Ein Shelley würde in England nicht haben leben können *heißt es in der von N benutzten deutschen Übersetzung von Bagehots Werk:* Ein Shelley würde in Neu-England nicht haben leben können.   *15:* Beethoven] Luther *Dm*   Beethoven, Goethe,] fehlt *Vs*   *19–25:* Jener ... trägt"] *vgl. JGB 209*   *31–24:*. Daher ... liege.] *vgl. M 499*   **354** *34:* Ungeliebtheit] Einsamkeit *Vs*   Grunde] Grunde, [und schrieb den erschütterndsten Brief, den ein Künstler geschrieben hat] *Vs*   **355** 29–**356** 8: Vor ... mehr] *vgl. Heinrich v. Kleist an Wilhelmine und Ulrike am 22. u. 23. März 1801*   **357** 26: zwar auch nur] *Dm; GA* zwar auch *Ed* nämlich nur *Vs*   **358** *10:* Widerwillen] *Vs; GA* Widerwille *Dm; Ed*   *26–29:* dass ... Gnade] *vgl. W. Gwinner, Arthur Schopenhauer aus persönlichem Umgange dargestellt, Leipzig 1862, 108* **359** 6–11: Jemehr ... erscheint] *aus* Es ist ein Wunder, sagte ich, dass Schopenhauer gegen drei solche Gefahren, die ich geschildert habe, sich selbst zu vertheidigen und retten vermochte; aber sein Sieg, seine Rettung ist dies nur im Ganzen und Grossen: viel ist dabei beschädigt und angegriffen worden und Niemand wird sich verwundern dürfen – – – *Vs*   **360** *10–11:* es ... leben!] *Goethe, Faust I,*

376   *15:* schwächlich] schädlich *Vs; Dm; GA*   362 *11ff.*] *vgl. 34 [8]*   363 *21:* Empedokles.] Empedokles? *He (Ns Hand?)*
4. 363 *22] Titel in Rs:* Zeitschilderung, Anfang von 4. *vgl. 31 [8]; 34 [8]; 34 [10]   29ff.*] *vgl. 29 [225]*   364 *9:* gälte] *Rs; Dm; GA* gelte *Ed*   365 *10–17*] Ich wüsste nicht zu sagen, weshalb seit 1871 ein neuer Welttag beginnen sollte! Oder, wie soll sich das Problem dadurch lösen, dass in irgend einem Winkel der Erde ein Volk sich wieder zusammenfindet? Wer da meint, daß eine politische Neuerung ausreiche, um die Menschen ein für alle male zu vergnügten Erdenbewohnern zu machen, der verdient wahrhaftig Professor der Philosophie an einer deutschen Universität zu sein. Ich schäme mich nämlich einzugestehen, dass Professoren wie Harms in Berlin, wie Jürgen Meyer in Bonn gerade so dumm sich geäussert haben, ohne dass ihre Universitäten gegen eine solche Verirrung protestirt haben *Vs*   366 *13–14:* . Niemals ... Güte]: überall Mangel an Liebe und aufopfernder Hingebung *Rs*   29: was ... genossen?] *R. Wagner, Tannhäuser, zweiter Aufzug, vierte Scene*   368 *1:* Kaufpreis] *He* Kampfpreis *Ed*   369 *27:* ist,] *He (Ns Hand?); GA* ist *Ed*   371 *15–17:* „Sie ... sein"] *Goethe, Wilhelm Meisters Lehrjahre, VIII 5   17:* sein".] sein." Wer unter Deutschen lebt, wird gewiss einen Commentar zu diesen Worten auf seinem Herzen haben. [Der Mensch Schopenhauer's kann nicht nur gelegentlich verdriesslich und bitter sein, er ist wirklich im Ganzen recht böse — und ich wenigstens meine, dass er dadurch besser ist als auch Wilhelm Meister. Er weiss nichts mehr von der Güte der Natur: er lächelt über die, welche zur Freude geboren zu sein glauben.] *Rs   18ff.] vgl. 34 [4]   31–32:* So ... entgegen] *vgl. Goethe, Faust I, 1379–1381*   372 *7ff.] Überschrift in Rs:* Schluss des IVten Capitels.   *7–8:* Alles ... werden] *vgl. die ähnliche Stelle in Goethes Faust, 1339–1341   16–17:* Meister ... Leiden"] Zitat von Schopenhauer, *Welt 2, 726*   373 *4:* „Ein] Schluss des vierten Capitels. Schopenhauer: „Ein *Rs   4–15:* „Ein ... Nirwana"] *Schopenhauer, Parerga 2, 346   15–18:* Ein ... feiern] *aus* Wir sollen alle Heroen der Wahrhaftigkeit sein, noch [mehr] viel besser wir können es alle sein. Nur freilich nicht nach dem dürftigen Begriff derer, welche jetzt Feste feiern und das Andenken grosser Menschen ehren *Dm*   374 *10:* So-sein] *Rs; Dm; GA* So sein *Ed   16:* emsig] *Rs; Dm; GA* einzig *Ed*
5. *Vgl. 35 [14]; 34 [25.14.21]*   376 *19–20:* Wort Goethes] *Wilhelm Meisters Lehrjahre VI, Bekenntnisse einer schönen Seele*   381 *16:* Werden] Tode *Dm   27:* wird er] *GA; Dm* wir der *Ed (Druckfehler)   34:* fest:] *GA* fest; *Dm; Ed*   382 *19–22:* „Ich ... brauchen."] *Goethe an Charlotte von Stein, 3. März*

1785   30: –treibt] *Dm; GA* treibt *Ed   30ff.*] *Vs am Anfang:* Für die Erzeugung dieses Menschen arbeiten, das nenne ich allein für die Cultur thätig sein.   *383 1:* was] *Vs; Dm; Ed* das *GA   19:* sein,] sein und der Pessimismus erlebt eine Auferstehung *Vs*

6. Vgl. *35 [12]; 29 [13]; 34 [22.24.29.37]   386 22:* Genius.] Genius zu fördern. Ist der Geist Schopenhauers und die Institutionen derselben – – – *Vs   386 33 – 387 1:* Ja ... bewusst] *vgl. Goethe, Faust I, 328–329: „Ein guter Mensch, in seinem dunklen Drange, ist sich des rechten Weges wohl bewußt"   387 16:* Kultur] Kultur, [bei welcher für jenen höchsten Zweck gar nichts] *Vs   389 10:* der Selbstsucht] den Fäusten *Dm   390 26–31:* selbst ... urtheilt] *vgl. Cosima Wagner, Tagebücher 1, München 1976, S. 843, 6. August 1874: „Pr⟨ofessor⟩ N⟨ietzsche⟩ erzählt, daß Herr Du Bois-Reymond in Berlin den Vorschlag zu einer Akademie gemacht habe, worin Goethe als die deutsche Sprache verderbend, Lessing gegenüber, geschildert wird!"   391 2:* nunmehr als undeutsch] allmählich als „undeutsch" oder wie man wohl sagt als „reichsfeindlich" *Vs   *wird] wird. Die Reichsfreundschaft hat die Eleganz – nun Gott segne beide *Vs   30:* Richard Wagners Wort] *in: Über das Dirigiren, Gesammelte Schriften und Dichtungen, Leipzig 1871–1873, 8, 387   392 2–30:* Man ... glaube] *frühere Fassung in Vs:* Jene Rufer nach Eleganz verdienen wahrhaftig dass man sich über sie erzürne; denn sie geben eine schnell bereite, unverschämte Antwort auf ein edles und tiefsinniges Bedenken, das der Deutsche schon längst auf dem Herzen hat. Es klingt als ob man ihm zuriefe: lerne tanzen – während ihm jene Sehnsucht Faustens *[I, 1064–1099]* erregt ist, sich in der Abendröthe zu baden. Hölderlin *[im Gesang des Deutschen]* hat es gesagt, wie dem Deutschen zu Muthe ist „noch säumst und schweigst du, sinnest ein freudig Werk, das von dir zeuge, sinnest ein neu Gebild, das, einzig wie du selber, das aus Liebe geboren und gut, wie du, sei." Mit diesem Sinnen im Herzen, ist ihm freilich seine Gegenwart verleidet; er mag es als Deutscher kaum noch unter Deutschen aushalten.   *393 12–14:* Oder ... ihrigen] *aus* Mit diesem Worte bin ich aber in die Bahn zurückgerufen, welche ich nun stetig bis zum Ende durchlaufen werde *Dm   34:* gleichsam] *Dm; Ed von N in He gestr.? fehlt GA   395 24:* des Neuen] *Dm* der Neuen *Ed* der neuen *GA   400 9–10:* Wie ... steht] *aus* Jetzt wo mir der Mond des Gelehrten im letzten Viertel zu stehen scheint *Vs*

7. *404 13–15:* Und ... sich] Also: die Hemmungen des Genius beseitigen, die Erzeugung des Genius vorbereiten, das allein heisst: für die Cultur kämpfen. Machen wir die Nutzanwendung für die Erzeugung des zukünftigen Philosophen: welche Hindernisse müssen ihm aus dem

Weg geräumt werden? Und hier verläuft sich freilich *Rs* 21–22: deutsam und bedeutsam] bedeutsamer und dadurch erträglicher *Rs* 22–23: ihrem ... Drange] ihrer mildthätiger Art *Rs* 405 3: die Menschen] das Gewimmel *Rs* 28–31] *vgl. WB 6* 406 18: wurde.] wurde. Man sollte glauben, diese Gegnerschaft sei so erbärmlich, dass ein Finger genügte sie hinwegzuwischen *Rs* 21: öffentlichen Zeugen] litterarischen Herolde *Rs* 407 31: Verwachsenen] Verkünstelten *Rs* 407 32–408 4: Die ... würden.] *vgl. Schopenhauer, Parerga 2, 460* 409 12: die] die öffentliche *Rs* 14: das] das wahre *Rs* 18: Tag] Tag Politik zu treiben und *Rs* 24–25: Eine ... Theil] Das grösste Glück Schopenhauer's aber lag darin *Rs* 31–33: trotz ... Zustande] ein mit Philosophie sich beschäftigender Gelehrter *Rs* 410 3–4: Begriffe ... lässt] Bücher treten lässt und seien es die besten *Rs* 24: gewogen ... befunden] *Dan. 5, 27* 25: Daseins] Daseins in einer Vision *Rs* 411 8: vitam ... vero] *Motto der Parerga und Paralipomena nach Juv. 4, 91*

8. 412 20: Philosophen] Philosophen, ebenso wie seine Wirkung, *Rs* 414 23: Menschen] Philosophen *Rs* 415 13: noli me tangere] *sprichwörtlich nach Joh. 20, 17 (Vulgata)* 416 15: wann dieser ruft und wohin dieser ruft] *nach Joh. 3, 8* 34: Historie] Geschichte *Rs* 418 11: gemissbraucht] *GA* missbraucht *Rs; Ed* 21: Geschlecht] und aus Gründen vorsichtiges Geschlecht *Rs* 30: sagt] sagt; und was müsste aus dem ehemals sogenannten Volk der Denker geworden sein, wenn es wahr wäre, was jüngst an sehr öffentlicher Stelle behauptet wurde, dass seine jetzige Denkkraft durch fünf grosse Namen − − − characterisirt werde *Rs; vgl. 30 [20]* 418 30−419 29: Daher ... Nasenbluten.] *dazu auf gegenüberliegender sonst unbeschriebener Seite in Rs notiert N:* ils se croient profonds et ne sont que creux. *vgl. 34 [46]* 418 33–419 1: und ... waren] ja dass sie es bereits thun. Die Geringschätzung gegen sie nimmt aus guten Gründen immer zu. Für die meisten jungen Menschen sind *Rs* 418 34: behelfen] *GA* verhelfen *Ed* 420 13: Bagehot] *a.a.O., 217.* 216–217. 216 (Zitatmontage) 29–31: der Philosoph ... war ... er ... schwebte] *Rs; Ed* die Philosophen ... waren ... sie ... schwebten *GA* 421 3–4: Siehst ... Balken] *Matth. 7, 3* 12–13: selbst zu gängeln] ihnen blindlings zu ergeben *Rs* sofort] gewöhnlich *Rs* 15: uns] David Strauss uns *Rs* Naturwissenschaften oder] Naturwissenschaft, ein Denkwirth Carrière *Rs* 16: ihm!"] euch!" Unglückliche Denkwirthe! *Rs* 27: staatlich] staatlich und akademisch *Rs* 422 11: zu Hofe] zum Theater *Rs* 13: sie nur einmal] nur einmal die Philosophie *Rs* 15–16: patronisiren.] patronisiren. − Hiermit bin ich

im Bereich der praktischen Vorschläge: ich empfehle also, als erste und wesentliche Maassregel, die Aufhebung aller philosophischen Professuren an allen höheren Lehranstalten. Dass jede öffentliche Anerkennung der Philosophie für den Staat überflüssig, für die Philosophie selbst verderblich sei, will ich jetzt ohne weitere Umstände beweisen *Rs*   423 *34:* ihre] die philosophischen *Rs*   **424** *10–17:* Denn ... wird.] *frühere Fassung in Rs:* Wer den Geist kennt, in dem jetzt philosophische Vorlesungen an der Universität gehalten werden, der weiss dass es gewiss nicht der ist, welcher die gesammten Facultäten beherrscht und verbindet: sondern sehr häufig nichts andres als ein ängstlicher Widerspruchsgeist gerade gegen die mächtigsten Wissenschaften der Gegenwart gekehrt, gegen die Naturwissenschaften, um diese unter der anrüchigen Bezeichnung „Materialismus" zu verkleinern. Ein akademischer Gelehrter, welcher, wie es jetzt häufig geschieht, über Kritik des Materialismus liest, erweckt damit den Anschein, als ob an seiner Universität die ganze Betrachtungs- und Behandlungsart der modernen Naturwissenschaft noch gar nicht heimisch sei und als ob sie sich wie ehemals noch mit den scholastischen Problemen der persönlichen Unsterblichkeit oder der Gottesbeweise trage. Er mag noch so frei zu solchen Dingen stehen − wenn er das Fundament der jetzigen Wissenschaften kritisirt, so wird er bewusst oder unbewusst ein Bundesgenosse von höchst verschiedenartigen Mächten, als die Philosophie ist, nämlich von Staat und Kirche. Und wenn es schon ganz gleichgültig ist, ob er als Einzelner ein Missverständniss erregt, so ist es nicht gleichgültig, wenn eine ganze Universität in solchen Dingen Missverständnisse erregt. Ich meine, Menschen, welche durch keine gemeinsamen herrschenden Gedanken zusammengebunden sind, sollen sich auch durch keine Institution zusammenbinden lassen: thun sie es, so werden sie diese verderben. Der Staat freilich hat ein Interesse dabei, dass solche Unklarheiten bestehn bleiben: und nur zu lange schon hat er die „Philosophie" benutzt, um den Sinn einer Staatsanstalt, der Universität, zu verdunkeln. An diesen Orten ist viel aufzuhalten: das weiss jeder, der dort lebt; und meinen Augen will es besonders zu scheinen, als ob die eigentlichen Grundrichtungen angesehener Wissenschaften gar nicht mehr eingehalten würden − und zwar weil die Spur verloren gegangen ist, auf der sich die gesammte Bildungsanstalt überhaupt bewegen sollte.   *19:* Schrift und Rede] Stil und Rhetorik *Rs*   *23:* Schopenhauer] *Welt 1, XII (Vorrede zur ersten Auflage)*   **426** *1:* und Staatsmann] Staatsmann, Politiker *Rs*   *11–25:* Seht ... unterwerfen] *mit Auslassungen zitiert aus R. W. Emerson, a.a.O., 226f.*   **427** *14–15:* und Gewaltiges] *fehlt Rs*

Unzeitgemässe Betrachtungen IV
Richard Wagner in Bayreuth

Zwischen dem Erscheinen der dritten Unzeitgemäßen Betrachtung und dem der vierten, *Richard Wagner in Bayreuth* (= WB), liegen ungefähr 20 Monate (Oktober 1874 bis Juli 1876); in dieser Zeit vollzieht sich eine der bedeutsamsten inneren Wandlungen Ns, deren Phasen sich andeutungsweise in den Briefen (s. Chronik), viel genauer aber in den Fragmenten aus dieser Zeit (Bände 7 und 8) verfolgen lassen. Nach dem gescheiterten Versuch, eine Betrachtung mit dem Titel „Wir Philologen" zu verfassen (vgl. Bd. 8, S. 9–127), arbeitet N im Sommer/Herbst 1875 an WB; der Titel war schon Anfang 1874 aufgetaucht; einige Aufzeichnungen über Wagner stammen aus derselben Zeit (vgl. Bd. 7, S. 753–775 und 787–792). Doch war die Perspektive im Sommer 1875, als N den Entschluß faßte, über Wagner zu schreiben, nicht mehr die des Mißerfolgs des Bayreuther Unternehmens wie im Januar 1874 (s. Chronik). Bis September 1875 hatte N eine fortlaufende Abschrift seiner Notizen (D 10a) angefertigt, welche die jetzigen Abschnitte 1–6 von WB umfaßte. Ende September / Anfang Oktober unterbrach er seine intensive Arbeit an der vierten Unzeitgemäßen Betrachtung (inzwischen hatte er die Kapitel 7 und 8 niedergeschrieben) und betrachtete das, was er bis dahin geschrieben hatte, als „unpublicirbar" (s. Chronik). Erst im Frühjahr 1876, beim Herannahen des Bayreuther Ereignisses, legte N wieder Hand an sein Werk; er ließ zunächst Heinrich Köselitz (Peter Gast) die 8 fertigen Kapitel abschreiben; sie wurden Mitte Mai in die Druckerei geschickt. Zwischen Ende Mai und dem 11. Juni 1876 gab N „eine gute Stimmung ... den Muth ein, den ursprünglichen Plan durchzuführen" (an Schmeitzner); so entstanden die drei letzten Kapitel von WB; auch für diesen Teil fertigte Köselitz das Druckmanuskript an. Die vierte Unzeitgemäße Betrachtung erschien Anfang Juli 1876 bei Schmeitzner in Schloßchemnitz. Eine französische Übersetzung, von Frau Marie Baumgartner, erschien ebenfalls bei Schmeitzner Anfang 1877.

Im Kommentar bedeuten folgende zusätzliche Siglen:
DmN   Ns Abschrift der Kapitel 1–6
DmG   Peter Gasts Dm zu WB
DmG(N) eine von N stammende Verbesserung in *DmG*
Die nachgelassenen Fragmente aus dem Gedankenkreis der vierten Unzeitgemäßen Betrachtung finden sich in Band 8, S. 186–276; sie werden im folgenden Kommentar mit Angabe des Bandes zitiert.

1. *Vgl. Bd. 8: 11 [44]; 11 [34]; 11 [43]*   432 *16–23:* „Nur ... konnte."] *vgl. R. Wagner, Das Bühnenfestspielhaus zu Bayreuth, in: Gesammelte Schriften und Dichtungen, Leipzig 1871–1873, 9, 392, BN. „Man hat – wo ist das Volk? usw. Vs: mit diesem stichwortartigen*

Zitat bezog sich N in Vs auf eine andere Stelle aus derselben Rede Wagners: „Man bezeichnete jüngst unsere Unternehmung öfter schon als die Errichtung des ‚National-Theaters in Bayreuth'. Ich bin nicht berechtigt, diese Bezeichnung als giltig anzuerkennen. Wo wäre die ‚Nation', welche dieses Theater sich errichtete?" ebd., 390   433 8–10: Und ... noch] aus Das mag ihm denn gegönnt sein; und es mag ihm sogar anempfohlen werden, Fest und Festgenossen sich parodisch vorzuführen. So ist für sein Vergnügen gesorgt, und das unsere nicht gestört. Denn das muß man wissen, daß in jenen Parodien sich ein Geist der Feindseligkeit nur entladet, der Vs
2. Vgl. Bd. 8: 11 [42]; 11 [27]; 12 [10]   435 11–13: wie ... sind] vgl. 8 [5]   13: gewöhnt] gewohnt DmN; GA   15–16: Das ... verkennen] aus [Wagner, wie er wurde! —] Wagner's Leben hat etwas von Drama an sich Vs   15: Das ... Wagner's] vgl. N an Wagner, 24. Mai 1875: Ich habe immer, wenn ich an Ihr Leben denke, das Gefühl von einem dramatischen Verlauf desselben ...   29: welche] aus die ziemlich oft und überall zu finden sind und Vs   31: Hast] Hast [welche krankhafte Ausgeburten des Gehirns] Vs   436 1–2: ein ... Lärmende] aus etwas Lärmendes, Schreiendes, Sprudelndes aller Äußerungen, eine Flucht vor dem Gleichmaaße, dem Fleiße und einer seelenvollen Gemüthsstille Vs   4: ein:] ein; [das Leben lief zerfahren und ohne Steuer zwischen den Anregungen zu den verschiedensten Berufsarten dahin] Vs   6–16: wer ... stand] aus er schien zum Dilettantisiren geboren. Schon zu einer Geburtsstadt wie Leipzig kann sich niemand Glück wünschen; denn dort bildet sich aus der allgemein anerzogenen Lust am geistigen Anschmecken, der Erregbarkeit und Ungründlichkeit der Empfindung, dem Wechsel der litteratenhaften und buchhändlerischen Gespräche und Moden und dem geschmeidigen Wesen der Sachsen überhaupt, auf dem Grunde einer bürgerlichen tüchtigen, aber beengten Sittlichkeit, ein wunderlich unkräftiges, altkluges, aber rühriges Element, welches man in der Geschichte der deutschen Gesittung durchaus nicht übersehen und unterschätzen darf, aber schwerlich zu verehren hat Vs   24–28: Den ... Das] aus Wagner nahm in besonders hohem Maaße an dieser Absonderlichkeit der modernen Natur Theil: er entbehrte als Jüngling ganz und gar der Naivetät und sah Niemandem damals weniger ähnlich als seinem Siegfried. Als er dieses Vs; nach Siegfried in Vs (frühere Fassung) gestrichen: den er als Urbild des Jünglings für alle Zeiten hingestellt hat, heraus aus einer inneren Erfahrung vom Wesen des Jünglings⟨s⟩   29–31: den ... hat] aus schuf, war seine physische Jugend lange hinter ihm; und doch wurde er damals erst jung und blieb es sehr lange Vs; vgl. ZaI Vom freien Tode   32: , sodass ... hierin]: wie er überhaupt

als Mensch *Cb* 33: ist.] ist. [Und so möchte ich in jenem vorher bezeichneten vordramatischen Theil vom Leben Wagner's eine sonderbar verlängerte Kindheit erkennen, eine in tausend Dingen spielsüchtig und spielselig verbrachte Kindheit, freilich in Dingen, die gewöhnlich gar nicht in das Bereich von Kindern zu kommen pflegen.] *Vs* 437 5–6: und nach ... verlangt] *aus* springend, kletternd, wild an die Wände stoßend und flatternd; auf verborgenen Klippen wund geworden, friedlos, sich und Andren zur Qual — so nimmt sich die eine Seite der Wagnerischen Natur jetzt aus. Wie der holländische Seefahrer erschien er verdammt, auf dem Meere in alle Ewigkeit rastlos umher zu segeln, den Fluch gegen das Dasein im Herzen *Vs; andere Fassung von* Wie *bis* Herzen *in Vs:* „Mir gab die Norn den Geist der stets unbefriedigt ist" sagt er selber von sich *Vs; vgl. Bd. 8: 11 [42] und die Anmerkung dazu* 26–30: Es ... Weg] *vgl. R. Wagner, Eine Mittheilung an meine Freunde: „Über das Wesen der Musik habe ich mich neuerdings zur Genüge ausgesprochen; ich will ihrer hier nur als meines guten Engels gedenken, der mich als Künstler bewahrte, ja in Wahrheit erst zum Künstler machte..." a.a.O. 4, 325; vgl. Bd. 8: 11 [42]* 32: beschreiben?] beschreiben? Vielleicht wenn man diesen Weg nimmt. *Vs* 438 16–18: im ... wird] *vgl. Bd. 8: 27 [26]* 30: Schluchten: —] Schluchten, [riß ungestüm Felsen und Wälder an sich, zertrümmerte, tobte] —: *Vs* 34: Alles,] Alles? *He [?]; GA* 439 10–11: und ... aus] *aus* der er sich verdankt, welche er wie seine Religion anbetet *Vs* 17: Sphäre] Sphäre *He [?]; GA* tyrannischen.] *aus* ungerechten — Auch hier ist Gnade. *Vs*
3. *Vgl. Bd. 8: 11 [27]; 11 [45]; 11 [39]; 11 [38]* 439 18–440 29: 3 ... Wagner] [Das ist] Im Verhalten der beiden innersten Kräfte zu einander, in der Hingebung der Einen an die andre liegt die große Nothwendigkeit Wagner's, das Einzige was für ihn Noth thut, wodurch er ganz und er selbst bleibt; zugleich das Einzige, was er nicht in der Gewalt hat, was er nur mit Seelenangst beobachten und hinnehmen muß, während er die Verführungen zur Untreue und die schrecklichen Gefahren für sich immer von Neuem herankommen sieht. Hier liegt die größte Quelle seiner Leiden: jeder seiner Triebe strebt ins Ungemessene, alle Begabungen wollen sich einzeln losreißen und für sich befriedigen, je größer ihre Fülle, um so größer ist der Tumult, um so feindseliger ihre Kreuzungen. Dazu reizt das Leben, Macht und Lust zu gewinnen, noch mehr quält die unbarmherzige Noth, überhaupt leben zu müssen, überall sind Fesseln und Fallstricke. Wie ist es möglich, da Treue zu halten, ganz zu bleiben! Dieser Zweifel übermannt ihn so oft und spricht sich dann so aus, wie eben ein Künstler zweifelt, in künstlerischen Gestaltungen: Elisabeth kann für Tannhäu-

ser eben nur leiden und sterben, sie rettet den Unstäten durch ihre Treue, aber nicht für dies Leben. Unaufhörlich lockt die edelste Art der Neugierde die einzelne Begabung bei Seite; seine schaffenden Vermögen wollen selber ihren Weg gehen und sich einmal in die Ferne wagen. Um nur ein Beispiel zu geben: selbst aus der höchsten Meisterschaft seiner späteren Musik heraus tönt für den, welcher hören kann, die Klage über die Grausamkeit der dramatischen Form, es zieht ihn fast unwiderstehlich in's Symphonische, er unterwirft sich nur mit bitterm Entschluße dem Gange des Drama's, der wie das Schicksal unerbittlich ist, und so herrscht er gewaltsam über das gegen die Zügel schäumende Flügelroß der reinen Musik. — Es geht gefährlich und verzweifelt zu, im ganzen Lebenswege Wagner's. Er hätte auf viele Arten zu Ehren und Macht kommen können, Ruhe und Genügen bot sich ihm mehrfach in der Gestalt an, wie der moderne Mensch sie kennt. Hierin, aber auch in dem Gegenstück dazu lagen seine Gefahren, in dem Ekel an den modernen Arten, Lust und Ansehn zu erwerben, in der Wuth, die sich gegen alles Behagen wendet. Nachdem er einmal auf dem Boden des deutschen Theaters gelandet war, hielt er sich mit Gewalt und vielem Verdruß in dieser unsteten und leichtfertigen Welt fest, nahm so viel von ihr an und in sich auf, um in ihr leben zu können und fand sich doch immer von Neuem wieder vom Ekel ergriffen, so stark ihn auch eine geheime Liebe mit den Zigeunern und Ausgestoßenen unsrer Cultur verknüpfte. Sich aus einer Lage losreißend verband er sich selten mit einer besseren, mitunter gerieth er in tiefe Dürftigkeit; er wechselte Vs   440 *13:* hiezu] hierzu *DmN; GA   25–27:* und ... muss] *vgl. R. Wagner, Epilogischer Bericht über die Umstände und Schicksale, welche die Ausführung des Bühnenfestspieles „Der Ring des Nibelungen" bis zur Veröffentlichung der Dichtung desselben begleiteten: „... wo mir beim Theater noch etwas Tröstliches aufgestoßen war, hatte ich es unter diesen verlorenen Kindern unserer modernen bürgerlichen Gesellschaft angetroffen ... für diese, die ich wie Zigeuner durch das Chaos einer neuen bürgerlichen Weltordnung umherstreichen sah, wollte ich nun meine Fahne aufpflanzen ...", a.a.O. 6, 370   33:* als ... er] er hoffte *DmN; GA   441 4–6:* ein ... Gespenst] *vgl. R. Wagner, Eine Mittheilung an meine Freunde: „... Nie ward mir der scheußliche Zwang, mit dem ein unzerreißbarer Zusammenhang unserer modernen Kunst- und Lebenszustände ein freies Herz sich unterjocht und zum schlechten Menschen macht, klarer, als in jener Zeit. War hier für den Einzelnen ein anderer Ausweg zu finden, — als der Tod?", a.a.O. 4, 371 f.   12–13:* Mit ... befriedigen,] [Durch] ⌜Mit⌝ die Gegensätze seines Begehrens und der [wirklichen Ohnmacht, sich] gewöhnlichen Dürftigkeit, dasselbe zu befriedigen, ⌜mit dem Rauschartigen aller seiner Hoffnungen⌐ Vs 24: Schopenhauer's] *vgl. Welt 1, 380: „Das Leben jedes Einzelnen ist, wenn man es im Ganzen und Allgemeinen übersieht ... immer ein Trauerspiel; aber im Einzelnen durchgegangen, hat es den Charakter des Lustspiels." Vgl. GT 10* 442 *1:* eigentlichen Lern-Volke] Volke des Lernens Vs; *vgl. Bd. 8: 5 [65]* 3–4: entwurzelt ... geführten] *aus* bürgerlich unmöglichen und unglaublichen Vs 13–15: und ... Denken] *aus* der Bogen des dialektischen Denkens spannt sich bei ihm immer straffer Vs 443 7: „das ... hat"] *wie Siegfried; vgl. R. Wagner, Siegfried, 1. Aufzug, a.a.O. 6, 152ff.* 443 8–472 19: Ebensowenig ... Als] Er geht nicht nur durch das Feuer, sondern auch durch den Dampf des Wissens und der Gelehrsamkeit hindurch – [die Treue gegen sich selbst oder] [was war es, das ihn rettete? War es nicht Treue] mit jener Treue gegen ein höheres Selbst [oder noch bestimmter:] ⌐– oder noch richtiger: durch die Treue eines höheren Selbst gegen ihn –⌐, welche ihn aus seinen schwersten Gefahren herausrettete. Dieses höhere Selbst verlangte von ihm eine Gesammtthat seines Wesens und hieß ihn leiden und lernen, um jene That thun zu können; es führte ihn zur Prüfung und Stärkung an immer schwereren Aufgaben vorbei. Die höchsten Gefahren und Prüfungen waren aber nicht die des Leidenden, nicht die des Lernenden, sondern die des Schaffenden. Als Vs *(frühere Fassung); vgl. auch Bd. 8: 12 [31]* 443 28: immer ... will] nur ... kann Cb; *vgl. R. Wagner, Beethoven: „... So ist der Deutsche nicht revolutionär, sondern reformatorisch ..." a.a.O. 9, 105* 444 *16:* verzögernde ... Macht] *vgl. WA Nachschrift: ... Die Deutschen, die Verzögerer par excellence in der Geschichte ... 32:* nicht mehr optimistisch] *vgl. Bd. 8: 5 [12]* 445: 6–7: Wäre ... Theodicee] *variiert den Satz L. Feuerbachs (die Philosophie sei eine verkappte Theologie), welchen N bei R. Wagner vorfand: vgl. R. Wagner, Einleitung zum dritten und vierten Bande, a.a.O. 3, 4* 17–25: Mir ... behielten;] *vgl. Bd. 8: 9 [1]* 32–33: Dampf des Wissens] *vgl. Goethe, Faust 395: „Wissensqualm"*

4. *Vgl. Bd. 8: 11 [22]; 11 [23]; 11 [26]; 11 [20]; 11 [1]* 447 34–448 6: Man ... gethan?] *aus* Hier ruft wohl einer dazwischen „Aber was ist es denn, was Wagner eigentlich immer erreichen wollte, was er, besten Falls, nach eurer Vorstellung erreichen wird? Doch nichts weiter als eine Reform des Theaters! Was wäre denn damit geschehn! – DmN [Und was zeigte diese Fruchtbarkeit? werdet] Und wie sollte diese Fruchtbarkeit sich zeigen? Hier unterbricht mich wohl jemand. Was wäre es denn, was es eigentlich erreichen wollte oder besten Falls nach eurer Vorstellung erreichen wird? Doch nichts weiter als die – – – Eine Reform des Theaters? werdet ihr mit Achselzucken sagen. Was

wäre denn damit geschehn? *Mp XIII 4, 14a;* mit den Worten: Und wie sollte diese Fruchtbarkeit usw. *sollten die darauffolgenden Ausführungen, welche schon als abgeschlossenes Fragment (vgl. Bd. 8: 11 [23]) fertig vorhanden waren, unmittelbar an WB 1 anschließen (vgl. WB 1, 435, 1–2); dieser Plan wurde von N aufgegeben* 448 31: ist,] *GA* ist *Ed* 449 34–450 1: „Wie ... noch?"] *vgl. R. Wagner, Tristan und Isolde, 2. Aufzug, 2. Szene, a. a. O. 7, 61* 450 7: Gebildetheit] *aus* [Bildung] [Cultur] Erziehung *Vs* 32: litteratenhaften] *DmN; DmG; GA* literatenhaften *Cb; Ed* 451 33–34: Überpersönlichem] *U II 10, 130; DmN; GA* Unpersönlichem *DmG; Ed* 452 25–26: eben ... Ausruhenden] die Kunst hier die Ruhe und Weihe des Thätigen *Vs*

5. *Vgl. Bd. 8: 12 [24]; 12 [25]; 12 [28]* 454 2–5: Wagner ... denn] *aus* Nachdem ich mich wie ich meine nicht ohne Grund im Gange meiner Betrachtung aufhalten liess, kann ich nun fortfahren zu erklären, was ich unter Wagner's zusammenziehender Kraft verstehe und warum ich ihn einen Vereinfacher der Welt genannt habe. Er rückte das gegenwärtige Leben und die Vergangenheit unter [einen] den Lichtstrahl einer Erkenntniss, der stark genug war, um auf ungewohnte Weite hin damit sehen zu können, und *DmN* 2–34] *Umarbeitung von 12 [24]* 17–20: Was ... ist?] *vgl. R. Wagner, „Zukunftsmusik.":* „*Die ganz ungemeine Popularität der Musik in unserer Zeit ... bezeugt ... daß mit der modernen Entwickelung der Musik einem tief innerlichen Bedürfnisse der Menschheit entsprochen worden ist ..." a. a. O. 7, 150* 33–34: Diese ... giebt.] *vgl. R. Wagner, „Zukunftsmusik.": „Die metaphysische Nothwendigkeit der Auffindung dieses ganz neuen Sprachvermögens gerade in unseren Zeiten scheint mir in der immer konventionelleren Ausbildung der modernen Wortsprachen zu liegen." ebd. 149* 455 1–456 19] *vgl. R. Wagner, Oper und Drama: „... Diese Sprache beruht vor unserem Gefühle somit auf einer Konvention ... Wir können nach unserer innersten Empfindung in dieser Sprache gewißermaßen nicht mitsprechen ... und ganz folgerichtig suchte sich daher in unserer modernen Entwickelung das Gefühl aus der absoluten Verstandessprache in die absolute Tonsprache, unsere heutige Musik, zu flüchten.", a. a. O. 4, 122f.* 455 18–21: mit ... Begriffe] *aus* ein Alp auf den Menschen sitzt: sobald sie miteinander sich verständigen wollen, erfaßt sie der Wahnsinn der Worte, der allgemeinen Begriffe; und dieser Unfähigkeit, sich mitzutheilen entsprechen dann wieder die Schöpfungen ihres Gemeinsinns, die wieder nicht den wirklichen Nöthen entsprechen, sondern jenen gewaltherrischen Worten und Begriffen, die als das unheimliche Geisterreich – – – *Vs* 456 10: Wenn!] [Diesem gründlichen Mangel, dieser Verwundung der jetzigen Menschen

mit milder Hand] Während die solchermaßen verwundete Menschheit in dem was sie sich [mitzutheilen hat] mittheilen möchte, sich immer unverständlicher wird und das was als ihre einzige Sprache gilt, einem Geklapper von – – – nicht sowohl weil sie jetzt eine schwere Zunge hat, sondern vielmehr weil ihre Zunge sich allzuleicht, aber in eignem Takte – – – Wenn Vs 457 27–29: „Nur ... sollen."] vgl. Goethe, Tasso, V 5, 3338ff. 458 3–9: Durch ... habe.] vgl. R. Wagner, Über musikalische Kritik: „Soll unsere Musik aus der fehlerhaften Stellung, die eine litterarische Vermittelung ihres Verständnisses ihr aufnöthigt, so kann dieß ... nur dadurch geschehen, daß der Musik die weiteste Bedeutung zugelegt werde, die ihr Name ursprünglich in sich schließt ... denn das Volk, welches den Namen ‚Musik‘ erfand, begriff unter ihm nicht nur Dichtkunst und Tonkunst, sondern alle künstlerische Kundgebung des inneren Menschen überhaupt ... Alle Erziehung der athenischen Jugend zerfiel demnach in zwei Theile: in Musik und – Gymnastik, d.h. den Inbegriff all' der Künste, die auf den vollendetsten Ausdruck durch die leibliche Darstellung selbst Bezug haben. In der ‚Musik‘ theilte sich der Athener somit an das Gehör, in der Gymnastik an das Auge mit, und nur der in Musik und Gymnastik gleich Gebildete galt ihnen überhaupt als ein wirklich Gebildeter ... Um ganze Künstler zu sein, hätten wir uns nun aus der ‚Musik‘ zur ‚Gymnastik‘, d.h. zur wirklichen, leiblich sinnlichen Darstellungskunst, zu der Kunst, die das von uns Gewollte erst zu einem wirklich Gekonnten macht, zu wenden ...", a.a.O. 5, 74–78 459 4: geahnt; und] geahnt, [deshalb verhält sich ihre „Bildung" zu jener schöpferischen Eintracht zwischen Musik und Gymnastik, als welche wir die altgriechische Bildung verehren, wie ihr Tanz zur griechischen Orchestik, ihre Turnkunst zum griechischen] deshalb gleicht die von ihnen erreichte Bildung nicht einer schöpferischen Eintracht zwischen Musik und Gymnastik, sondern ⟨ist⟩ so viel werth wie ihr Tanz und ihre Turnkunst – – – und Vs; vgl. Bd. 8: 12 [25] 9: früh] früh [als Nachgeburt oder Frühgeburt] weil [die Menschen noch nicht das innerliche Schauen von neuen Gestaltungen gelernt haben, welche dem äußerlichen Verwirklichen dieser] in den Seelen Vs 13: Schauen] Ahnen aus Schauen Vs 16–24: sind ... erwartet] sind. [Es möchte einer jetzt wie ein Grieche bauen und bilden, es – – – Und ebenso möchte einer jetzt die geschmeidigste Form, die – – –] Wer mit jenem [Feuerblick] Auge der Musik zu sehen versteht, läßt sich durch alles was sich jetzt in Gestalten und Formen und Stilen abmüht, nicht einen Augenblick zu [täuschenden] Hoffnungen [hinreißen] verführen: ebenso wenig als er von einem schriftstellerischen Bildner der Sprache wahren Erfolg erwartet: er ist durch die Musik über alle Eitelkeiten dieser Art hinausgehoben *Vs* 460 *31:* Erhitzung] sinnlicher Erhitzung *Vs* *33:* dieser Geisterjagd] dieses Pandämonions *Vs;* das Wort „Pandämonium" in ähnlichem Zusammenhang bei R. Wagner, *Deutsche Kunst und deutsche Politik, a.a.O.* 8, 81 461 *1-2:* entweder ... Etwas] sie denken viel ⟨zu⟩ wenig oder viel zu gemein von dem Leben, um eine ganz andre Berechtigung der Kunst in diesem Leben auch nur zu ahnen: und wenn man diese ihnen deutlich machen könnte, so würden sie die Kunst ebenso hassen, wie alles was ihre Gedankenlosigkeit und gründliche Verweltlichung [und Verworfenheit] *Vs* *4-5:* wiederholt ... Orten] [stammelt Worte und Formen vergangener Zeiten] wiederholt mit zögernder Eisgeladener *[?]* Stimme etwas, das er von alten Zeiten *Vs* *21:* begehrlicher. Denn] zerrissener: [es sind die [Knechte] Sklaven der unrichtigen Empfindung, [ohne] sie kennen nur die Abwechslung] denn *Vs* *29-31:* So ... herabgesetzt.] *aus* Wer vermöchte ihnen auch nur zu zeigen, dass sie verzaubert sind, als die Sclaven der unrichtigen Empfindung — um nicht zu fragen: Wer vermöchte sie zu erlösen? *DmN* Müßte man ihnen nicht das Gebet lehren, welches Sokrates — — — *Vs;* zum „Gebet des Sokrates" *vgl.* Xen. Mem. *I 3,* 2

6. *Vgl. Bd.* 8: 11 [33]; 12 [32]; 12 [33]; 13 [1] 462 *2-6:* Nur ... treiben] *aus* Ehemals sah man mit ehrlicher Vornehmheit auf die Geldmenschen herab *DmN;* ursprünglicher Anfang von Kap. 6 auch in *Vs* *11:* nil admirari] *vgl.* Hor. Ep. *I 6, 1* *25-31:* wenn ... verstecken] *aus* weil es aber noch die ganze Weisheit und Kunst der Vergangenheit sich mit diebischer Gewandtheit angemaßt *[?]* hat und in diesem kostbarsten aller Gewänder einherstolzirt, so zeigt sich seine Gemeinheit darin, daß es diesen Mantel nicht zu tragen versteht. Ungehörig! — das sagt man sich, wenn man die Kunstfreunde sieht *Vs* 463 *31-464 2:* befreien ... befreit ... befreiter ... befreiten] erlösen ... gelöst ... erlöster ... erlösten *DmN* 464 *13:* So ... aus] *vgl.* Joh. 3, 19: „Und die Menschen liebten die Finsternis mehr als das Licht." *27:* Wagner's] *aus* Beethoven's *DmN* 464 *33;* 465 *2:* Wagner] *aus* Beethoven *DmN* 465 *4:* Schauspiel, so] Schauspiel von der Welt, für den Betrachter wird die Erde dabei zu einem sommerlichen Garten, so *Vs* *15:* „schläft ... an"] *vgl.* R. Wagner, *Die Meistersinger von Nürnberg,* 3. Aufzug: „Hans Sachs: *Wahn, Wahn! Überall Wahn! ... 's bleibt halt der alte Wahn,/ohn' den nichts mag geschehen,/'s mag gehen oder stehen:/steht's wo im Lauf,/er schläft nur neue Kraft sich an ..."* *a.a.O.* 7, 315 *25-26:* ur-bestimmte Natur] *aus* große Begabung *Vs* 465 *34:* kleinsten] Kleinsten *DmN; GA* kleinsten *Vs*

7. *Vgl. Bd.* 8: 12 [26]; 11 [57] 466 *20-21:* jener ... Selbstentäusse-

rung] *vgl. R. Wagner, Über Schauspieler und Sänger:* „*Der mimische Trieb ist zunächst nur als, fast dämonischer, Hang zur Selbstentäußerung zu verstehen*", *a. a. O. 9, 259* 27–28: zum ... gehört] *vgl. MA II Vorrede 1.* 466 29–467 13: Lässt ... bekleiden] *Alles Sichtbare will ins Hörbare sich umsetzen, alles Hörbare will auch als Erscheinung für das Auge ans Licht und gleichsam Leiblichkeit gewinnen. Alles was sich erleben läßt, wenn die Seele auf Wanderschaft geht, an anderen Seelen und ihrem Loose theilnimmt, aus vielen Augen in die Welt blicken lernt. Es ist die schauspielerische Anlage und ebenso die entgegengesetzte, für die uns der Name fehlt, das Wollen und Vermögen aus der Welt als ein Schauspiel hinab in eine Welt als Hörspiel, aus dem Schein in das Reich der Wahrheit, gleichsam eine Rückübersetzung der sichtbaren Bewegtheit in eine unsichtbare Beseeltheit frühere Fassung in Vs* 467 2–6: in ... gewinnen.] *vgl. R. Wagner, Das Kunstwerk der Zukunft:* „*Nur, wo Auge und Ohr sich gegenseitig seiner Erscheinung versichern, ist aber der ganze künstlerische Mensch vorhanden.*", *a. a. O. 3, 114* 13; 17: dithyrambischen] *fehlt in der früheren Fassung der Vs; nachträglich hinzugefügt* 24–29: wenn ... Christenthum] *vgl. R. Wagner, Brief an einen italienischen Freund:* „*Es ist bemerkt worden, daß der Grund der originalen Produktivität einer Nation weniger in Dem, worin sie von der Natur verschwenderisch, als in Dem, worin sie kärglich von ihr ausgestattet ist, aufzufinden wäre. Daß die Deutschen seit hundert Jahren einen so ungemeinen Einfluß auf die Ausbildung der von den Italienern überkommenen Musik gewannen, kann — physiologisch betrachtet — unter Anderem auch daraus erklärbar scheinen, daß sie, des verführerischen Antriebes einer natürlich melodischen Stimmbegabung entbehrend, die Tonkunst etwa mit dem gleichen tiefgehenden Ernste aufzufassen genöthigt waren, wie ihre Reformatoren die Religion der heiligen Evangelien...*", *a. a. O. 9, 344* 29: das Christenthum] *aus* die Religion der heiligen Evangelien *Vs* 468 5: Künsten] Künsten der Erscheinung *Vs* 28–33: „Wir ... gehen"] *vgl. Plat. Resp. 398a* 12–14: welcher ... müsste] *vgl. Bd. 8: 10 [1]; 11 [47]* 22: auf] *aus* für *DmG(N)* 24–26: Mit ... Freiheit] *vgl. Bd. 8: 10 [33] Bd. 8, 270, 21–25* 30–31: zum ... Todes] *vgl. Bd. 8: 10 [7]; 11 [18] 204, 23–25* 470 11–13: um ... hat] *vgl. R. Wagner, Über Staat und Religion:* „*... Schiller sagt: ,ernst ist das Leben, heiter ist die Kunst.' Vielleicht kann man aber von mir sagen, daß ich die Kunst schon besonders ernst genommen habe, und dieß mich befähigen dürfte, auch für die Beurtheilung des Lebens unschwer die rechte Stimmung zu finden ... indem ich die Kunst so ungemein ernst erfaßte, nahm ich das Leben zu leicht; und wie sich dieß an meinem persönlichen Schicksale rächte, sollten auch meine*

Ansichten hierüber bald eine andere Stimmung erhalten. Genau genommen war ich dahin gelangt den Schiller'schen Satz umzukehren, und verlangte meine ernste Kunst in ein heiteres Leben gestellt zu wissen, wofür mir denn das griechische Leben, wie es unserer Anschauung vorliegt, als Modell dienen mußte." a.a.O. 8, 7–9; *Mein Leben,* hg. von M. Gregor-Dellin, München 1969, 568: *„... er [Semper] warf mir vor, Alles ernst zu nehmen; das Wohlthätige der künstlerischen Bildung eines solchen Stoffes [des Tristan] bestünde eben darin, dass der Ernst desselben gebrochen würde ... Ich gab zu, dass ich mir es in vielem bequemer machen würde, wenn ich es mit dem Leben ernster, mit der Kunst dagegen etwas leichter nähme; nur würde es bei mir für jetzt wohl bei dem umgekehrten Verhältnisse verbleiben ..."* N kannte die noch nicht veröffentlichte Autobiographie Wagners, da er in Basel 1869/70 bei der Vorbereitung eines Privatdruckes derselben mitgeholfen hatte **470** 30–31: die ... Tiefe] vgl. R. Wagner, *Eine Mittheilung an meine Freunde:* *„... Gerade diese selige Einsamkeit erweckte mir, da sie kaum mich umfing, eine neue, unsäglich bewältigende Sehnsucht, die Sehnsucht aus der Höhe nach der Tiefe, aus dem sonnigen Glanze der keuschesten Reine nach dem trauten Schatten der menschlichen Liebesumarmung ..."*, a.a.O. 4, 361 **471** 1–2: „mit ... emporheben"] vgl. Goethe, *Der Gott und die Bajadere:* *„Unsterbliche heben verlorene Kinder / Mit feurigen Armen zum Himmel empor."* 2–3: um ... finden] vgl. R. Wagner, ebda. 362, wo er von Lohengrin sagt, daß „es ihn eben nicht nach Bewunderung und Anbetung, sondern ... nach Liebe, nach Geliebtsein, nach Verstandensein durch die Liebe, verlangte." **472** 3–10: menschlicheren ... Dramatiker] erste fragmentarische Fassung in Vs: deutlichen Gestalten, und breitet sich aus zur Abfolge eines ganzen heldenhaften Daseins: das Dasein regt sich die Tragödie entsteht — — — so wird die Tragödie und der tragische Gedanke geboren, so entsteht der weise Mensch, der uns darauf, in immer höheren Steigerungen, seinen herrlichsten und auch zauberhaftesten Schmuck schenkt — so endlich erwächst der größte Zauberer unter allen Künstlern, der dithyrambische Dramatiker, wie Aeschylus, wie Wagner. Vgl. dazu R. Wagner, *Deutsche Kunst und deutsche Politik:* *„Treten wir in ein Theater, so blicken wir ... in einen dämonischen Abgrund von Möglichkeiten des Niedrigsten wie des Erhabensten ... Mit Grauen und Schauder nahten von je die größten Dichter der Völker diesem furchtbaren Abgrunde; sie erfanden die sinnreichen Gesetze, die weihevollen Zaubersprüche, um den dort sich bergenden Dämon durch den Genius zu bannen, und Aischylos führte selbst ... die gebändigten Erinnyen ... zu dem Sitze ihrer Erlösung ... An diesen Abgrund traten die melodischen Zauberer der Tonkunst"*, a.a.O. 8, 80f.

Unzeitgemässe Betrachtungen IV 8

8. *Vgl. Bd. 8: 11 [2]; 11 [25]; 11 [29]; 11 [10]; 12 [13]; 12 [14]; 12 [15]; 12 [16]; 12 [17]* 473 12–14: „praesumptuösere" ... selbst."] *vgl. Goethe, Aus meinem Leben. Fragmentarisches. Spätere Zeit:* „Ich habe niemals einen präsumptuöseren Menschen gekannt als mich selbst; und daß ich das sage, zeigt schon daß wahr ist was ich sage. Niemals glaubte ich daß etwas zu erreichen wäre, immer dacht' ich usw." *Sämmtliche Werke in vierzig Bänden (Stuttgart 1857) 27, 507, BN* 27–28: So ... Mittel] *vgl. R. Wagner, Eine Mittheilung an meine Freunde:* „Die ‚große Oper', mit all' ihrer scenischen und musikalischen Pracht, ihrer effektreichen, musikalisch-massenhaften Leidenschaftlichkeit, stand vor mir; und sie nicht etwa bloß nachzuahmen, sondern, mit rückhaltsloser Verschwendung, nach allen bisherigen Erscheinungen sie zu überbieten, das wollte mein künstlerischer Ehrgeiz.", *a.a.O. 4, 319* 30: ihrer Heimat] *aus Paris DmG; vgl. R. Wagner, Autobiographische Skizze, a.a.O. 1, 17–24: Eine Mittheilung an meine Freunde, a.a.O. 4, 321 ff.* 474 24–26: und ... sei] *vgl. R. Wagner, Eine Mittheilung an meine Freunde:* „... ich will ihrer [der Musik] hier nur als meines guten Engels gedenken, der mich als Künstler bewahrte, ja in Wahrheit erst zum Künstler machte von einer Zeit an, wo mein empörtes Gefühl mit immer größerer Bestimmtheit gegen unsere ganzen Kulturzustände sich auflehnte ...", *a.a.O. 4, 325* 27–32: Jede ... dienen] Jede [neue] weitere Stufe im Werden Wagner's wird dadurch bezeichnet daß die beiden Gegenkräfte seines Wesens [einander näher rücken und daß die eine der anderen nicht mehr von Ferne gleichsam zusieht daß die Scheu der einen vor der andern gleichsam nachläßt und daß das höhere Selbst den gewaltsamen irdischeren Bruder nicht nur begnadet sondern liebt] sich enger zusammen schließen: die Scheu der einen vor der andern läßt nach — — — *Vs* 475 10–11: Wagner ... Gesellschaft] *vgl. R. Wagner, Eine Mittheilung an meine Freunde:* „Ich betrat nun eine neue Bahn, die der Revolution gegen die künstlerische Öffentlichkeit der Gegenwart, mit deren Zuständen ich mich bisher zu befreunden gesucht hatte, als ich in Paris deren glänzendste Spitze aufsuchte ...", *a.a.O. 4, 323* 17–34: Von ... Künste.] *vgl. R. Wagner, Das Kunstwerk der Zukunft:* „Die Befriedigung des eingebildeten Bedürfnisses ist aber der Luxus ... Der Luxus ist ebenso herzlos, unmenschlich, unersättlich und egoistisch, als das Bedürfniß, welches ihn hervorruft ... dieser Teufel ... regiert die Welt; er ist die Seele dieser Industrie, die den Menschen tödtet, um ihn als Maschine zu verwenden ... er ist — ach! — die Seele, die Bedingung unserer — Kunst! —", *a.a.O. 3, 61* 476 17–18: wenn ... sich.] *vgl. R. Wagner, Das Kunstwerk der Zukunft:* „Wer ist das Volk? ... Das Volk ist der Inbegriff aller Derjenigen, welche eine gemeinschaftliche Noth

empfinden ...", *a. a. O. 3, 59* **477** *31:* Fragen,] Vs; DmG; GA Fragen: Ed   **478** *13–18:* Die ... Elend.] *vgl. R. Wagner, Eine Mittheilung an meine Freunde: „Auf dem Wege des Nachsinnens über die Möglichkeit einer gründlichen Änderung unserer Theaterverhältnisse, ward ich ganz von selbst auf die volle Erkenntniß der Nichtswürdigkeit der politischen und sozialen Zustände hingetrieben, die aus sich gerade keine anderen öffentlichen Kunstzustände bedingen konnten, als eben die von mir angegriffenen. — Diese Erkenntniß war für meine ganze weitere Lebensentwickelung entscheidend ... So traf mich der Dresdener Aufstand, den ich mit Vielen für den Beginn einer allgemeinen Erhebung in Deutschland hielt: wer sollte ... so blind sein wollen, nicht zu ersehen, daß ich da keine Wahl mehr hatte, wo ich nur noch mit Entschiedenheit einer Welt den Rükken kehren mußte, der ich meinem Wesen nach längst nicht mehr angehörte! —"*, *a. a. O. 4, 377.* **406** *24:* die ... nichtig] *vgl. R. Wagner, Epilogischer Bericht ...: „Die Zeit dünkte mich nichtig, und das wahre Sein lag mir außer ihrer Gesetzmäßigkeit."*, *a. a. O. 6, 369; zu 24 ff. findet sich in Vs die Notiz:* Die Kunst wird zur Religion: Der Revolutionär resignirt.   **479** *14–15:* der ... aus] *vgl. 12 [31] Bd. 8, 268, 16–19*   *26–28:* und ... Zweiheit] *aus* wie nur je [eine Tragödie des Aeschylus] ein Werk des Alterthums Rs   **480** *7:* Luther's] Luthers [Dürers] Vs   *18:* und ... legte] *vgl. R. Wagner, Epilogischer Bericht ...: „,... und wenn ich so eine stumme Partitur nach der anderen vor mir hinlegte, um sie selbst nicht wieder aufzuschlagen, kam auch ich wohl zu Zeiten mir wie ein Nachtwandler vor, der von seinem Thun kein Bewußtsein hätte."*, *a. a. O. 6, 378*   **481** *2:* dem ... Sinne] der hohen deutschen Art *aus* dem großen Sinne Vs   *17:* fühlen.] *danach in Vs folgende Disposition:* Seine Werke waren bekannt geworden. Er war schuldig, den Stil zu zeigen (einzelnes auf den Theatern gezeigte war fruchtlos geblieben) *vgl. 481, 18 ff.*   *22:* das Beispiel] *vgl. R. Wagner, Über Schauspieler und Sänger: „Diesen primitiven Trieb [den Nachahmungstrieb] ... auf die Nachbildung des Niegesehenen und Nieerfahrenen hinzuweisen, dies heißt hier das Beispiel geben, welches ... von dem Mimen ... nachgeahmt wird ... Es ist eine unsinnige Forderung an unseren heutigen Opernsänger, von diesem zu verlangen, er solle natürlich singen und spielen, wenn ihm das unnatürliche Beispiel vorgelegt wird. Auf dieses Beispiel kommt es daher an, und im hier berührten, besonderen Falle verstehen wir darunter das Werk des dramatischen Musikers ... Das, was ich als das unseren Darstellern zu gebende ‚Beispiel' bezeichnete, glaube ich mit dieser Arbeit [an der Erstauffführung der ‚Meistersinger'] am deutlichsten aufgestellt zu haben ..."*, *a. a. O. 9, 246. 247. 252*   *25–30:* Diess ... empören.] *vgl. R. Wagner, Über das Diri-*

giren, a. a. O. 8, 403 ff. **482** 6: traute. Nachdem] traute. [Als ob es ihm jetzt noch irgendwie auf den Beifall des heutigen Theater-Publikums hätte ankommen können] Nachdem *Vs* **483** 6–8: „ich ... sollten."] *Goethe zu Eckermann, am 1. April 1827* **484** 21–24: Ganz ... Abendlichte.] vgl. *Bd. 8: 11 [10]; R. Wagner, Götterdämmerung, 3. Aufzug, a. a. O. 6, 345 ff.* 21–22: Siegfried] aus Wotan *Rs*
9. Vgl. *Bd. 8: 11 [18]; 11 [40]; 11 [15]; 11 [8]; 11 [28]; 11 [42]; 11 [51]; 12 [32] Vs:* Wagner als Musiker. Die Musik vor Beethoven und Wagner hatte im Ganzen einen undramatischen Charakter; eine Stimmung oder einen *[sic]* Zustand, sei es ein andächtiger, ⌜ein⌝ bußfertiger, ⌜ein⌝ heiterer, wollte sich aussprechen. Der Hörer sollte durch eine gewisse Gleichartigkeit der Form und durch die längere Andauer dieser Gleichartigkeit endlich in dieselbe Stimmung versetzt werden. Allen solchen Bildern von Stimmungen und Zuständen waren einzelne Formen nothwendig; andere wurden durch Convention in ihnen üblich. Über die Länge entschied die Vorsicht des Musikers, der den Zuhörer wohl in eine Stimmung bringen aber nicht durch allzu lange Andauer dieser Stimmung langweilen wollte. Man gieng einen Schritt weiter, als man die Bilder von contrastirenden Stimmungen nach einander entwarf, und noch einen Schritt, als das selbe Tonstück in sich einen Gegensatz im Ethos, z. B. ein Widereinanderstreben eines männlichen und weiblichen Motives zeigte. Diess alles sind noch rohe und uranfängliche Stufen der Musik. Die Furcht vor der Leidenschaft giebt auf ihnen die Gesetze; die Stimmungen dürfen nicht zu tief, die Contraste nicht zu kühn sein. Alle Ausschreitungen des Gefühls wurden als „unethisch" empfunden; dagegen [erschöpfte sich die Kunst immermehr in der Darstellung der häufigeren Zustände] gerieth die ethische Kunst immermehr, durch die hundertfache Wiederholung der gewöhnlichen Zustände und Stimmungen, in Erschöpfung und als Zeichen der Entartung meldete sich die Beliebtheit abnormer Stimmungen und Charaktere. Beethoven zuerst ließ die Musik [die Sprache] eine neue Sprache, die Sprache der Leidenschaft reden, aber seine Musik mußte aus den Gesetzen und Conventionen der Musik des Ethos herauswachsen ⌜und sich vor der alten Kunst rechtfertigen⌝; darin lag die Schwierigkeit seines künstlerischen Werdens. Ein innerer dramatischer Vorgang (denn jede Leidenschaft hat einen dramatischen Verlauf) wollte sich eine neue Form erzwingen, aber das überlieferte Schema der Stimmungsmusik widersetzte sich, gleich als ob ⌜aus ihm⌝ die Moralität der Kunst [sich wider eine aufkommende] im Gegensatze zu einer aufkommenden Unmoralität widersetzt. Es scheint mitunter so, als ob Beethoven sich die widerspruchsvolle Aufgabe gestellt habe, das Pathos mit den Worten des Ethos sich aussprechen

zu lassen. Für die größten Werke Beethoven's reicht aber diese Vorstellung nicht aus. Um den großen geschwungenen Bogen einer Leidenschaft wiederzugeben [deutete er oft nur] erfand er ein wirklich neues Mittel: er deutete nur einzelne Puncte ihrer Flugbahn an und ließ die ganze Linie durch den Zuhörer errathen. Äußerlich betrachtet, nahm sich die neue Form aus wie die Zusammenstellung von drei oder vier Tonstücken, von denen jedes einzelne nur einen Augenblick im dramatischen Verlaufe der Leidenschaft darstellte. Der Hörer konnte meinen, die alte Musik der Stimmung zu hören, nur war ihm das Verhältniß der einzelnen Theile zu einander unfaßlich. Selbst bei den geringeren Musikern stellte sich eine Geringschätzung gegen den Erbauer des Ganzen und Willkür in der Abfolge der Theile ein. Die Erfindung der großen Form der Leidenschaft führte durch ein Mißverständniß auf den Einzelsatz mit ganz subjectivem Inhalte zurück und die Spannung der Theile gegeneinander hörte ganz auf; deshalb ist die Symphonie nach Beethoven ein so wunderliches Gebilde, namentlich wenn sie im Einzelnen noch die Sprache des Beethoven'schen Pathos stammelt. Die Mittel passen da nicht zu der Absicht, und die Absicht im Ganzen [ist] wird überhaupt nicht klar ⌜weil sie im Kopfe nie klar war⌝. Gerade aber [dies: Deutlichkeit der Absicht ist um so nothweniger, je höher und schwieriger eine] diese Forderung: dass man etwas zu sagen hat und dass man es auf das Deutlichste sagt ist um so unerläßlicher, je höher [und] schwieriger ⌜und anspruchsvoller⌝ eine Kunstgattung ist; und deshalb ist Wagner's ganzes Ringen darauf aus alle Mittel zu finden, welche der Deutlichkeit dienen. Denn er stellt nicht nur, wie Beethoven, die einfache, sondern die verflochtene Leidenschaft durch Musik dar, und braucht jetzt, um durch das kunstvollste In- und Nebeneinander verschiedener Seelen ⌜und deren Leiden⌝ nicht zu verwirren, das sichtbare Drama mit Wort und Gebärde zur Verdeutlichung der Musik. Damit hatte er erreicht, was noch nie Einer erreicht hat: dem Gefühl seine allerstärkste und ausdrucksvollste Sprache zu geben. Alle frühere Musik erscheint an der Wagnerischen gemessen, steif oder ängstlich. Er hat innerhalb der Musik Das gethan, was der Erfinder der Freigruppe innerhalb der Plastik that. Er ergreift jeden Grad und jede Farbe des Gefühls mit der größten Festigkeit und Bestimmtheit: die zarteste und die wildeste Regung liegt wie etwas Hartgewordenes und Greifbares in seiner Hand. Seine Musik ist niemals unbestimmt, nie stimmungshaft; Alles, was durch sie redet, Mensch oder Natur, hat eine streng individualisirte Leidenschaft. Sturm und Feuer [hat] nehmen bei ihm die zwingende Sicherheit eines persönlichen Wollens und Begehrens an. ⌜Feuerflammen der einzelnen Leidenschaften, ein Kampf — Gesammter dramatischer Verlauf einer Handlung, wie ein Strom

‾ ‾ ‾⁻¹ Als Musiker hat Wagner etwas von Demosthenes ⌐, dem griechischen Meister der Leidenschaft,⁻¹ an sich: den furchtbaren Ernst um die Sache und die Gewalt des Griffs, so daß er jedesmal die Sache fasst; er schlägt seine Hand darum im Augenblick und sie hält fest, als ob sie aus Erz wäre. Er verbirgt, wie Jener, seine Kunst oder macht sie vergessen und doch ist er, gleich Demosthenes, die letzte und höchste Erscheinung hinter einer ganzen Reihe von gewaltigen Kunstgeistern ⌐und hat folglich mehr zu verbergen als die ersten der Reihe⁻¹. Er [hat] trägt nichts Epideiktisches an sich, was alle früheren Musiker haben, welche gelegentlich mit ihrer Kunst auch spielen und ihre Meisterschaft zur Schau stellen. Man denkt bei Wagner weder an das Interessante, noch Ergötzliche, sondern fühlt allein das Nothwendige, als das grosse Ergebniß der [größten] Willenskraft und der [höchsten] Reinheit des künstlerischen Charakters. Keiner hat sich so strenge Gesetze auferlegt wie Wagner. Man erwäge nur einmal das Verhältniß der gesungenen Melodie zur Melodie der ungesungenen Rede — wie er die Höhe, die Stärke das Zeitmaaß des leidenschaftlich sprechenden Menschen als Naturvorbild behandelt, das in Kunst umzuwandeln ist — man erwäge dann wiederum die Einordnung einer solchen Melodie der Leidenschaft in den ganzen symphonischen Zusammenhang der Musik, um ein wahres Wunderwerk kennen zu lernen. Der Fleiß und die Erfindsamkeit im Kleinsten ist der Art, daß man beim Anblick einer Wagnerischen Partitur ⌐und namentlich der Vorbereitung zu einer Aufführung⁻¹ glauben möchte, es habe vor ihm gar keine rechte Anstrengung und Arbeit gegeben; namentlich erscheinen die Dichter in einer wunderlichen Beleuchtung als sehr bequeme und sorgenfreie Wesen, denen es gar leicht gemacht ist, das ihnen vorschwebende Bild mit dem Griffel festzuhalten. Wagner wußte auch in Bezug auf die Mühsal der Kunst, weshalb er als die eigentliche Tugend des Dramatikers die Selbstentäußerung stellte. **484** *30:* Mensch,] *GA* Mensch *DmG; Ed* **485** *15–18:* Das ... hat.] *vgl. R. Wagner, Oper und Drama: „Im Mythos erfaßt die gemeinsame Dichtungskraft des Volkes die Erscheinungen gerade nur noch so, wie sie das leibliche Auge zu sehen vermag ...",* a.a.O. 4, 41 **486** *13:* Nichts] nicht *Cb; GA* Nicht *Ed* *24–25:* und ... hervor] *vgl. 4. Mos. 20, 11* *25:* den] *Vs; Rs; He[?]; GA* die *DmG; Ed* **486** *33–***487** *4:* Dagegen ... ahnte.] *vgl. R. Wagner, Oper und Drama: „Überblicken wir nun die Sprachen der europäischen Nationen, die bisher einen selbstthätigen Antheil an der Entwickelung des musikalischen Drama's, der Oper, genommen haben, — und diese sind nur Italiener, Franzosen und Deutsche —, so finden wir, daß von diesen drei Nationen nur die deutsche eine Sprache besitzt, die im gewöhnlichen Gebrauche noch* *unmittelbar und kenntlich mit ihren Wurzeln zusammenhängt. Italiener und Franzosen sprechen eine Sprache, deren wurzelhafte Bedeutung ihnen nur auf dem Wege des Studiums aus älteren, sogenannten todten Sprachen verständlich werden kann: man kann sagen, ihre Sprache ... spricht für sie, nicht aber sprechen sie selbst in ihrer Sprache ... von allen modernen Opernsprachen ist nur die deutsche befähigt ... zur Belebung des künstlerischen Ausdruckes verwandt zu werden ..."*, a.a.O. 4, 263f. **487** 4: ahnte] *Vs; Rs; GA* ahnt *DmG; Ed* **490** 31: Rafael's Caecilia] *vgl. dazu Schopenhauer, Welt I, 315f. (Schluß des dritten Buches)* **491** 5: der Philosoph] *Schopenhauer* **492** 18: diese *Vs; Rs; He[?]; GA* die *DmG; Ed* 30: bei] bei geringeren *Vs; Rs; GA* **493** 4: Einzelnen] *Rs; DmG; GA* einzelnen *Cb; Ed* 8–13; Gerade ... dienen] *vgl. R. Wagner, Eine Mittheilung an meine Freunde: ",... Auch nach dieser Richtung hin leitete mich aber immer nur ein Trieb, nämlich, das von mir Erschaute so deutlich und verständlich wie möglich der Anschauung Anderer mitzutheilen; und immer war es auch hier nur der Stoff, der mich in allen Richtungen hin für die Form bestimmte. Höchste Deutlichkeit war in der Ausführung somit mein Hauptbestreben, und zwar eben nicht die oberflächliche Deutlichkeit, mit der sich uns ein seichter Gegenstand mittheilt, sondern die unendlich reiche und mannigfaltige, in der sich einzig ein umfassender, weithin beziehungsvoller Inhalt verständlich darstellt, was aber oberflächlich und an Inhaltsloses Gewöhnten allerdings oft geradeswegs unklar vorkommen muß. —", a.a.O. 4, 367f.* 14: Befangenheiten] *aus Gesetzen Rs* 25: wildeste] *Vs; Rs; Bd. 8, 11 [15] 199, 14; DmG, Ed* mildeste *GA* 26: Angst] Scheu *Rs* 26–28: und ... sollte] als ob sie etwas Hartes und Festgewordenes wäre und nicht das, wofür jedermann sie ansieht, etwas Unfaßbares *Rs* **494** 4–6: Harmonie ... Feindschaft] *vgl. Herakl. (Diels-Kranz) Frg. 8; 10; 80* 12–23: Wir ... Brandung.] *vgl. Bd. 8: 11 [7]* **495** 19–27: Als ... Kunstgeistern] *vgl. Bd. 8: 30 [15]*

10. *Vgl. Bd. 8:* 11 [32]; 11 [37]; 11 [4]; 11 [9]; 11 [19]; 11 [24]; 11 [35]; 11 [37]; 14 [3]; 14 [4]; 14 [7] **496** 22–24: Er ... binden] *vgl. Luk. 4, 30* 26: wohl] *Rs; He[?]; GA* wohl auch *DmG; Ed* **497** 4: sieht] fühlt *Rs; GA* **498** 18–30: Sein ... getrost.] *wörtliches Zitat aus Schopenhauer, Parerga 2, 92* 24: die] die Vollendung und *Rs; Schopenhauer, ebd.* **499** 2: Zeitalter,] *GA* Zeitalter *DmG; Ed* 12: behalten. Wie] behalten und um auf die Dauer, gegen alle Skeptiker Recht zu behalten. Wie *Rs* 18: liebt,] *GA* liebt *Ed* 18–20: und ... Kunst] er fühlt nur Einen Haß, den welcher die Brücken zu jener Zukunft *Rs* 28: angehörte: Alles] angehörte [die aufs Eifrigste weitergesprochenen Nachrichten, welche

Unzeitgemässe Betrachtungen IV 10–11   97

er selber von seinen Plänen gab, die Schriften, mit denen er sich half, wenn er nicht zum Beispiel und zur That gelangen konnte, die Schüler, welche er sich erzog] alles *Rs*   500 *8:* werde.] werde. [Er ist eine bewegende Macht der Zukunft, und die Gegenwart dient diesen kommenden Zeiten, wenn sie auf Wagner hört.] Dieses Reden- und Zeigenmüssen gehört nicht gerade zum Glück des Wagnerischen Lebens; er verkehrt mit einer Zeit in welcher er unstät und unheimisch ist. Aber aus – – – *Rs; vgl. 500, 23 ff.   15–16:* wenn ... stösst] *aus* wo er das Regen gewaltiger Kräfte irgend welcher Art in unserem gegenwärtigen Leben entdeckt *Rs*   *21–22:* „um ... willen"] *vgl. R. Wagner, Die Walküre, 3. Aufzug: „Brünnhilde [zu Sieglinde]: Lebe, o Weib, um der Liebe willen!", a. a. O. 6, 94   501 *16–19:* gleichsam ... werde:] *aus* und [dadurch, daß er eine zündende Erkenntniß mittheilt, einen ähnlichen Instinkt zu erzeugen: also Versuche, Instinkte zu inoculiren] wenn er seinen Instinkt in Erkenntniß umgewandelt hat, denkt er durch diese wiederum den Instinkt selber seinen Lesern zu inoculiren. *Rs*   *25–28:* Ich ... erfahren.] *vgl. Bd. 8: 28[57]*   503 *18:* Goethe und Leopardi] *vgl. Bd. 8: 5[17]*   *25–26:* meine ... Irrthum] *Goethe zu Eckermann, am 11. Oktober 1828   28:* im] *Rs; GA an DmG; Cb am Ed-* Geiste] Geiste [wie die Zurückgesetzten unserer Cultur] *Rs*   504 *18–21:* genommen ... sein] *aus* genommen, die ihn treibt, sich an bestehende Mächte zu wenden, welche den guten Willen haben, „das Meer der Revolution in das Bette des ruhig fließenden Stroms der Menschheit abzudämmen" *Rs*   *27–30:* dass ... einzudämmen"] *vgl. R. Wagner, Einleitung zum dritten und vierten Bande: „... Dieses Kunstwerk dem Leben selbst als prophetischen Spiegel seiner Zukunft vorzuhalten, dünkte mich ein allerwichtigster Beitrag zu dem Werke der Abdämmung des Meeres der Revolution in das Bette des ruhig fließenden Stromes der Menschheit ... Nach der eigenen hohen Meinung, welche der geistvolle Geschichtsschreiber [Th. Carlyle, vgl. auch Bd. 8: 11[3] und die Anm. dazu] von der Bestimmung des deutschen Volkes und seines Geistes der Wahrhaftigkeit kundgiebt, dürfte es nämlich als kein leerer Trost erscheinen, daß wir die ‚heroischen Weisen', welche er zur Abkürzung der Zeiten der grauenhaften Weltanarchie aufruft, in diesem deutschen Volke, welchem durch seine vollbrachte Reformation eine Nöthigung zur Theilnahme an der Revolution erspart zu sein scheint, als urvorbestimmt geboren erkennen ...", a. a. O. 3, 3. 7 f.*   505 *23–25:* Inbegriff ... wollen] *vgl. WB 8, 476, 17–18 und Anm. dazu   30–33] vgl. Schiller, „Die Künstler"*

11. *Vgl. Bd. 8: 14 [11]; 11 [56]; 14 [1]; 14 [2]*   507 *8:* früher] *vgl. 456, 13*   508 *5:* befreit] erlöst *Rs*   509 *26:* Macht böse] *vgl.*

Fünf Vorreden zu fünf ungeschriebenen Büchern *(1872): in der dritten Vorrede* Der griechische Staat *schreibt N: ... dieselbe Grausamkeit ... liegt ... überhaupt in der Natur der Macht, die immer böse ist. Dazu vgl. J. Burckhardt,* Weltgeschichtliche Betrachtungen: *„Und nun zeigt es sich ... daß die Macht an sich böse ist", in: Gesammelte Werke, Basel und Darmstadt 1955 ff., IV 25. N hatte im Winter-Semester 1870–71 das einstündige Kolleg Burckhardts „über das Studium der Geschichte" gehört, welches 1903 bis 1905 unter dem Titel „Weltgeschichtliche Betrachtungen" von Jacob Oeri herausgegeben wurde; Oeri fügte in seiner Ausgabe nach den Worten „die Macht an sich böse ist" den Namen „Schlosser" ein, aus dem der Satz stammt; vgl. Rudolf Stadelmann in seiner Ausgabe der Weltgeschichtlichen Betrachtungen, Tübingen 1949, 345*   28–29: „trauernder ... auf."] *vgl. R. Wagner,* Götterdämmerung, *3. Aufzug: „... Alles Ew'gen sel'ges Ende, wiss't ihr, wie ich's gewann? Trauernder Liebe tiefstes Leiden schloß die Augen mir auf: enden sah ich die Welt." (diese und andere Strophen fielen bei der musikalischen Ausführung der Götterdämmerung weg) a.a.O. 6, 363*   509 32–510 6] wenn wir unseren Blick in die weiteste Ferne schweifen lassen, werden wir gerade noch sehen was Wagner sein wird, ja was er eigentlich zu sein bestimmt ist: nicht der Seher einer zukünftigen Ordnung und Befreiung, sondern der Deuter der Vergangenheit, vor solchen welche den ganzen Prozeß dieser Befreiung hinter sich haben und welche, wie Wotan, wie Brünnhilde, wie Siegfried – – – Wer darf dies sagen? – Wagner selbst. – Sind es die Menschen dieses Geschlechts welche hier den Abriß ihrer Lebensgeschichte wieder erkennen? – Wer in Wagners Leben etwas von dem seinigen wiederfindet, indem er hinauf in dieses große Gewölbe von Monden Sternen und Kometenbahnen blickt: wer kann es wagen, sein eignes Sternbild darin zu finden? Für uns ist er der Seher und Wegweiser: den Späteren wird er der Deuter der Vergangenheit sein. Vereinfacher der Geschichte. *Vs; vgl. dazu R. Wagner,* Oper und Drama: *„In diesem Leben der Zukunft wird dieß Kunstwerk Das sein, was es heute nur ersehnt, noch nicht aber wirklich sein kann: jenes Leben der Zukunft wird aber ganz Das, was es sein kann, nur dadurch sein, daß es dieses Kunstwerk in seinen Schooß aufnimmt." a.a.O. 4, 284*   510 6*:* Vergangenheit.] Vergangenheit; [so daß im blauen Dunst das hinter ihm liegt was vor uns] welche Verklärung hinter ihm liegt, während sie vor uns liegt: als Ziel Hoffnung Sieg und Freiheit. *Rs*

Das griechische Musikdrama 99

Basler nachgelassene Schriften

Im Kommentar wird gelegentlich auf nachgelassene Fragmente hingewiesen, die in Band 7 abgedruckt sind. Sie werden, im Unterschied zu Fragmenten aus anderen Bänden, mit bloßer Fragmentnummer angeführt.

Das griechische Musikdrama

Vgl. die Vorbemerkung zum Kommentar der *Geburt der Tragödie*.

Vorlage: U I 1, 2–57; Erstdruck: Friedrich Nietzsche, Das griechische Musikdrama. Vortrag gehalten in Basel am 18. Januar 1870. Erste Jahresgabe der Gesellschaft der Freunde des Nietzsche-Archivs, Leipzig 1926. Vgl. 1 [1. 68. 104. 45. 17]; 2 [25] 516 17: ein ... Effekt] eine Effekthascherei: ihre völlige Entwicklung bedeutet aber für die neuere Kunst einen Rückfall in das Heidenthum *Vs* 517 19: sind ... Poesie] sind, vielleicht sogar mit Hülfe jenes Rückfalls in das Heidenthum, jenes Opernwesens − ist in der Dichtung *Vs* 518 20–21: *Anselm Feuerbach] (der Ältere) Der vatikanische Apollo, Leipzig 1833; am 26. November 1869 von N aus der UB Basel entliehen* 522 9–11: Thyrsusschwingern ... Bacchen] *orphisch, vgl. Plato, Phaedon 69c; vgl. auch Orphicorum fragmenta (Kern), Frg. 5; 235* 26: Wort ... Architekten] *Gottfried Semper, Der Stil in den technischen und tektonischen Künsten, oder praktische Aesthetik. Ein Handbuch für Techniker, Künstler und Kunstfreunde. Erster Band: Die textile Kunst für sich betrachtet und in Beziehung zur Baukunst, Frankfurt/M. 1860, 75; vgl. 1 [19. 21]* 524 32: mit dem Instinkt] *Vs; Ed 1926; fehlt Ms* 525 26: „idealischen Zuschauer"] *vgl. A. W. Schlegel, Vorlesungen über dramatische Kunst und Literatur, Bde. 5–6 der Kritischen Schriften und Briefe, hg. von Edgar Lohner, Stuttgart 1966, 5, 64–66* 526 2: darauf] *Ed 1926; fehlt Ms* 13: wehmüthiger] *Ed 1926* wehmüthiger sich *Vs; Ms* 33: Horaz] *Ars poetica 189* 527 7–8] *vgl. WA 9* 527 26–528 4] *dazu Vs:* Ambr⟨os⟩p. 288 *A. W. Ambros, Geschichte der Musik, Wien 1862ff., Bd. 1, 288* 530 31–33: wie ... Instrumentalmusik] gesprochen, während die Instrumentalmusik nach Art des Melodramas selbständig ertönte: durch welchen Kontrast eine recht leidenschaftliche Wirkung erzielt werden sollte *Vs* 531 6–11: „Der ... Gesange"] *dazu Vs:* Ein Musikhistoriker meint p. 290. *Vgl. A. W. Ambros, a.a.O.,1, 290*

Socrates und die Tragoedie

Vgl. die Vorbemerkung zum Kommentar der *Geburt der Tragödie*.

Vorlage: U I 1, 67–129; Erstdruck: Friedrich Nietzsche, Sokrates und die Tragödie. Vortrag gehalten in Basel am 1. Februar 1870. Zweite Jahresgabe der Gesellschaft der Freunde des Nietzsche-Archivs, Leipzig 1927   Titel in U I 1, 67: Zweiter Vortrag./Socrates und die Tragoedie./Basel am 1. Febr. 70   vgl. 3 [6]   533 3 bis 536 17] vgl. GT 11, 75, 13–78, 10   533 14: Aristophanes] Ranae 58–67   534 25–28: Was ... habe] vgl. Aristophanes, Ranae 941   535 3–7] Ranae 956–958   15–19] Ranae 959–961   21–30] Ranae 971–979   536 1: an ... Streichen] an der Intrigue, mit seinem Haß gegen die altväterliche Beschränktheit *Vs   33: Musikdramas]* Musikdramas. Es ist die ungerechteste *[?]* Verkennung, ihn selbst als Wurzel und Ursache dieses Verfalls zu betrachten: vielmehr ist er der Erste, der ihn erkennt und unter dem Widerspruche der sogenannten Gebildeten seiner Zeit zu bekämpfen sucht. Denn wer immer geneigt ist, in ihm den Schmeichler der Volksleidenschaften, den ruhmgierigen Verführer zu sehn, der darf doch die einfache Thatsache nicht vergessen, daß Euripides nur sehr selten siegreich war und die Menge bis zu seinem Tode gegen sich gehabt hat. Der einsam und zurückgezogen lebende Mann suchte nichts für sich: und wenn er trotzdem zum Herold der Ochlokratie geworden ist, so wäre es doch ein großes Mißverständniß, darin das Resultat einer egoistischen Spekulation finden zu wollen *Vs   537 27–539 18] vgl. GT 12, 85, 7–86, 29   539 13–16] Aristophanes, Ranae 1119–1122   540 19–34] vgl. GT 13, 88, 10–89, 9   19–26:* Man ... nenne] In diesem Zusammenhange ist zum ersten Male der Name des Sokrates zu nennen. Es ist bloßes Gerede, aber doch mehrfach von den Komikern benutzt, daß er dem Euripides beim Dichten geholfen habe: wir merken aber dabei doch heraus, wie man in Athen über die Beiden dachte *Vs   21–22:* Viel ... helfe] *vgl. Diog. Laert. II 5,2   31–34: Das ... gebühre]* – Sophokles ist weise, weiser doch Euripides, doch der weiseste von allen ist Sokrates *Vs   542 12–26] vgl. GT 13, 90, 16–91, 4   30: Plato] Gorgias 502 b–c   544 11–19] Aristophanes, Ranae 1491–1499   20–30] vgl. GT 14, 96, 11–21   545 24–25: während ... blieb].* Und dabei verstummte die Musik *Vs; vgl. 548, 32–33   547 9: muß, ist]* muß, der sich bis zur äußersten Klarheit Werth und Ziel seiner Handlung vorführt, ist *Vs   549 13: erkannt.] Fortsetzung in Vs:* Der Sokratismus hat dem aeschyleischen Musikdrama den Kopf abgebissen: es blieb das Drama zurück, und zwar das reine Drama, das Intriguenstück – der Kopf blieb lebendig und seine galvanischen Zuckungen — — —   14–20: Zum ... Frage] *von N durchgestrichen, auf S. 127 der Vorlage. Die nächste Seite (129) ist vielleicht von N selbst herausgerissen worden. In Mettes Sachlichem Vorbericht (S. LXIX) heißt es dazu: „S. 129f. sind herausgerissen worden". Ed 1927 ergänzt den fehlenden Schluß aufgrund der Vs: nicht begreift, der ist dem Sokratismus unserer Tage verfallen, der freilich weder Märtyrer zu erzeugen vermag, noch die Sprache des „weisesten Hellenen" [Vs ohne Anführungsstriche!] redet, der sich zwar nicht berühmt, nichts zu wissen, aber in Wahrheit doch nichts weiß. Dieser Sokratismus ist die heutige [Vs: jüdische!] Presse: ich sage kein Wort mehr. Daß N selbst die ganze Stelle — durch die Streichung auf S. 127 und das Herausreißen von S. 129f. — verworfen habe, wird durch Cosima Wagners Brief an ihn vom 5. Februar 1870 wahrscheinlich gemacht. Sie schrieb: „Nun habe ich aber eine Bitte an Sie ... Nennen Sie die Juden nicht, und namentlich nicht en passant; später wenn Sie den grauenhaften Kampf annehmen wollen, in Gottes Namen, aber von vornherein nicht, damit bei Ihrem Wege nicht auch alles Confusion und Durcheinander wird." Durch diese Stelle aus Cosimas Brief wird außerdem bewiesen, daß N in der Vorlage (die er in Basel vorlas und dann nach Tribschen zur Lektüre schickte) jüdische Presse (wie in Vs) geschrieben hatte. Doch die Abweichungen in Ed 1927 von Vs lassen noch eine andere Hypothese zu: daß S. 129f. bis 1927 noch nicht herausgerissen waren: in diesem Falle hätte N bloß das Wort jüdische durch heutige ersetzt, später aber den ganzen Absatz durchgestrichen. Das Blatt (S. 129f.) wäre somit erst zwischen 1927 und 1932 herausgerissen worden.*

Die dionysische Weltanschauung

Vgl. die Vorbemerkung zum Kommentar der *Geburt der Tragödie*.

Vorlage: U I 2, 2–46   Erstdruck: Friedrich Nietzsche, Die dionysische Weltanschauung. Dritte Jahresgabe der Gesellschaft der Freunde des Nietzsche-Archivs, Leipzig 1928   DW wurde im Juni-Juli 1870 geschrieben: später (Winter 1870/71) beabsichtigte N, DW als erstes Kapitel der geplanten Abhandlung Ursprung und Ziel der Tragödie zu benutzen, mit dem Titel: Cap. I. Die Geburt des tragischen Gedankens. Damals wurde von N auch eine neue Einteilung in sieben Paragraphen vorgenommen, und zwar: § 1. bis 556, 2; § 2. bis 559, 22; § 3. bis 562, 13; § 4. bis 564, 18; § 5. bis 566, 7; § 6. bis 568, 22; § 7 bis zum Schluß von DW; zu § 1 vgl. GT 1; zu § 4 vgl. 2 [10]   554

26: Auge ... „sonnenhaft"] *vgl. Goethe, Zahme Xenien III*   28]

Ms am Rand: das Grausen I p. 416 W⟨elt⟩a⟨ls⟩ W⟨ille⟩ u⟨nd⟩ V⟨orstellung⟩ *vgl. GT 1, 28, 10–28*   558 *3–6 vgl. GT 2, 33, 10–13*   558 *32–559 17:* Ein Bote ... heraus.] *vgl. Euripides, Bacchae 692–713*   561 *34–562 13] vgl. GT 3, 37, 25–38, 7*   563 *13:* Kunst.] *Fortsetzung in Vs:* Er kam, gerüstet mit einer neuen Kunst, die der des schönen Scheins gegenüber die [Vertreterin] Verkünderin der Wahrheit ist, mit der Musik.   567 *23: Erhabene] dazu N:* I p. 237 W. a. W. u. V.   572 *2–9] vgl. 3 [19]*   *20–31:* Die Geberdensprache ... ist.] *vgl. 3 [18]*   573 *29:* sie] *ergänzt nach Ed 1928*   574 *17–24:* Alles ... Rhythmik] *vgl. 3 [19]*   575 *22–576 8] vgl. 3 [15]*   576 *9–13] vgl. 3 [16]*

Die Geburt des tragischen Gedankens

Vgl. die Vorbemerkung zum Kommentar der *Geburt der Tragödie*.

Vorlage: Manuskript aus der Sammlung Stefan Zweig. London, Erben von Stefan Zweig   GG ist eine Abschrift von DW, die N mit einigen Änderungen für Cosima Wagner zu Weihnachten 1870 fertigte   Die im Vergleich mit DW wichtigsten varianten Stellen sind: 582, 5–8; 583, 30–584, 6; 584, 21–26; 587, 6–26; 588, 13–28; 592, 1–2; 597, 21–22; 598, 1–5; GG schließt bei DW 571, 3 ab   588 *17:* Aristoteles] *Eudemos, Frg. 6 (Ross)*

Sokrates und die griechische Tragoedie

Vgl. die Vorbemerkung zum Kommentar der *Geburt der Tragödie*.

Vorlage: Sokrates und die griechische Tragoedie von Dr. Friedrich Nietzsche, Professor in Basel. Basel 1871 *(Privatdruck). Dieser Schrift entsprechen in GT folgende Seiten: 75,12 – 82,5; 62,5 – 73,7; 82,6 – 102,21; vgl. Kommentar zu GT*

Ueber die Zukunft unserer Bildungsanstalten

Zu den fünf Vorträgen *Ueber die Zukunft unserer Bildungsanstalten* (= BA) ist ein eigenhändiges Druckmanuskript vorhanden, welches die Vorlage unserer Veröffentlichung bildet. Vor diesen Text stellen wir eine Vorrede aus dem Frühjahr 1872, die sich in einer Mappe zusammen mit anderen Materialien zu BA findet, sowie die Vorrede des Druckmanuskripts, die aus dem Sommer 1872 stammt und später in überarbeiteter Form in die *Fünf Vorreden zu fünf ungeschriebenen Büchern* aufgenommen wurde. N dachte zuweilen an eine Veröffentlichung der Vorträge (vgl. seinen Brief an E. W. Fritzsch vom 22. März 1872, KGB II/1, 300), dann verzichtete er darauf (vgl. N an Malwida von Meysenbug, 20. Dezember 1872, KGB II/3, 103f.). Die Daten der Vorträge sind in der Chronik verzeichnet.

Vorlage: D 4 (Vorlage der ersten Vorrede in Mp XII 2 b)   *Titel in D 4:* Ueber die Zukunft unserer Bildungs-Anstalten. Sechs, im Auftrag der „Academischen Gesellschaft" in Basel gehaltene, öffentliche Reden. Erster Vortrag.   *Titel: vgl. 18 [10]*   *Entwürfe und Pläne: 8 [57. 58. 59. 61. 62. 63. 64. 65. 66]; 9 [62. 63. 64. 66. 68. 69. 70]; 14 [10–26]; 16 [1. 2. 44]; 18 [1. 2. 3. 5. 6.]*   *Spätere Entwürfe und Pläne (Sommer-Herbst 1872): 8 [69. 70. 76. 82. 84–99. 101. 107. 108. 116. 121]; 18 [11. 12. 13]*   *Zweite Vorrede (zum Teil) und Vorträge in GAK IX 217–339; Erste Vorrede und Vorträge in GA IX 295–419*
Erste Vorrede   *Vs: 8 [60]*   645 *3:* Urväterhausrath] *Goethe, Faust I, 408*
Zweite Vorrede   *Vs zu CV 2*
Vortrag I 668 *15:* Kurz] Das Glück des Volkes Sache jedes Einzelnen: es ist unsittlich, sich dieser Volksarbeit zu entziehen. Die Gesellschaftsklasse auf einer niederen Stufe zurückzuhalten, die bei einer höheren mehr Geld machen würde. *Kurz Vs*   22*: Frage".] Fortsetzung in Rs: 8 [57]*   22–27*:* Es ... kann] denn die Bildung scheint für den größten Theil der Menschen nur das Ziel zu haben, Werkzeuge für das Erdenglück Weniger zu sein. Es scheint, daß die Intelligenz doch nicht sofort im Stande ist, real sich in Geld umzusetzen. Und niemand kann die Nothwendigkeit beweisen, warum nur Bildung zum Genuß des Erdenglücks berechtige: sie ist ja nur ein Mittel: wer sagt, daß es das einzige, das nothwendige sei? *Vs*   669 22–671 2] *frühere Fassung in Vs:* Alle Welt ist jetzt so eifersüchtig auf Bildung. Hörten Sie, lieber Freund, wie gereizt uns jene Jünglinge zurecht wiesen, als wir an ihre Bildung appellirten. Diese versteht sich jetzt von selbst, man redet nicht davon: erinnert einer unvorsichtig an die Möglichkeit, es sei vielleicht nicht eure Bildung, was sich jetzt als solche brüstet, so fühlt sich Jeder sofort gleichsam in persona beleidigt, als ob er gerade und nur er gemeint sei und als ob irgend ein Geheimniß in Gefahr sei verrathen zu werden, das nun aber in der Welt Geheimniß bleiben müsse. Wir werden errathen, was das wohl für ein kitzliches Geheimniß sei? Ich glaube ihm auf der Spur zu sein. Es glaubt jetzt niemand an seine Bildung und damit hat ein Jeder

Recht. Ebenso weiß er, daß es im Grunde seinem Nachbar ebenso geht: und damit hat er wiederum Recht. Die eigentliche Spitze der Bildung nun, die sie verstehen, ist sich und seine nächsten nicht zu verrathen: das giebt diese lächerliche gezierte Umständlichkeit, diese Beängstigung im Verkehr, welche immer befürchten muß, daß das Geheimniß dieser Bildung herauskommt. Nun haben sie aber ein eigenthümliches Trostmittel: die Zeitungen und die Journalisten.

Vortrag II 672 *2ff.*] *Vs:* Meine verehrten Zuhörer. Ich erinnere Sie zuerst an den letzten Satz, mit dem ich in der letzten Stunde, durch die Zeit gedrängt, von Ihnen Abschied nahm. Der junge Begleiter des Philosophen hatte soeben in ehrlich vertraulicher Weise seinen Unmuth und seine Hoffnungslosigkeit in − − − *andere Vs:* M.v.Z. Es muß mir erlaubt sein, Sie zu allererst an die letzten Wendungen jenes merkwürdigen Gesprächs zu erinnern, mit dem ich bei meinem neuerlichen Vortrag, durch die Zeit gedrängt, von Ihnen Abschied nahm.   679 *15–16:* Menschen ... Geist!] Mannes nur als das ausgeführte Bild dieser ersten Jünglingsskizzen *Rs*   684 *10–11:* Auerbach oder Gutzkow] Geibel oder Auerbach oder [Spielhagen] Gutzkow *Rs*   685 *21–22:* ob ... heißen] *gestr. in Dm*   686 *16–17:* dem Lande der Sehnsucht] *vgl. Goethe, Iphigenie auf Tauris I, 1*   29: auch] weder von der Seite der Lehrer noch von der Seite der Schüler auch *Rs*   687 *18:* Freitag] Freitag oder Brunhilde von Geibel *Rs*   690 *31:* unoriginalen] kosmopolitisch unoriginalen *Rs*   691 *31–32:* ihre ... läßt] sich nicht noch von der durch Wolf erstrebten klassisch-hellenischen Bildung wie von einem unsicher leuchtenden Phantom in die Irre führen zu lassen *Rs*

Vortrag III 702 *14–15:* als ... nenne] *Sophokles, Oedipus tyrannus 353*   *31–33:* Hast ... dir.] *vgl. ZaI Von der sehenden Tugend. Bd. 4, S. 101, 21–22*   32: Aristoteles] *Poetica 1452a 7–10*   704 *16–21:* das Lithauische ... sein] andere Sprachen zu vergleichen, als ob das Alterthum nur eine Vorbereitung für das Studium des Sanskrits wäre und als ob die griechische Schulstunde nur ein Vorwand sei für eine allgemeine Einleitung in das Sprachstudium *Rs*   711 *1–5:* das ... schützen?] *aus* die Wenigen, denen irgend ein Besitz zu Theil geworden, zu schützen gegen die Unzahl derer, welche nichts als ihre Körperkräfte haben. *Rs*

Vortrag IV 718 *10–12:* wiederholt ... Bildungsanstalten!] den modernen Staat geschildert, wie er in seiner Noth nach jenen Bundesgenossen greift, der sich ihnen so zudringlich anbietet *Rs*   720 *18:* „von ... entladen"] *Goethe, Faust I, 395*   *27–29*] *Goethe, Faust I, 3860–3862*   721 *7:* „idealische Zuschauer"] *nach A. W. Schlegel, vgl. GT 7*   722 *13:* nennen, das] nennen, was Sie als Maß der Bildung mitbringen, das *Rs*   723 *14:* Ordnung] mehr aus In-

stinkt als aus Erkenntniß *Rs* 31–34: Dichter ... sei.] Dichter, ja Gelehrten. Merkt man da nicht selbst wie außerordentlich unsre Gegenwart in dem Bedürfniß nach Bildung fortgeschritten ist, im Vergleich mit jener üppig beschenkten und doch dabei so bildungsarmen Periode, in der jene Genien lebten? Wie ganz anders würden unsere Zeiten solche himmlische Geschenke ehren! *Rs* 724 22–725 15: Wie ... dahin] *vgl. DS 4, 183, 14–184, 5* 724 24: Klötzen und Götzen] *Anspielung auf Lessings Polemik gegen C. A. Klötz und J. M. Goeze* 729 1–2: nennen ... Volksstaates] von der „unentrinnbaren Nothwendigkeit ihrer durchaus auf Begründung sittlich-geistiger Freiheit gestellten weltgeschichtlichen Aufgabe *Rs* 730 18: Plato im Phaedrus] *253 d–e*
Vortrag V 737 1–6: das ...werden] *nach Schopenhauer, vgl. Welt 2, 176; Parerga 1, 172* 27: versetzte ich.] sagte ich. Der Philosoph hatte aber schwerlich genau auf uns hin gehört: so versunken war er in Verwunderung über die unerwünschte Gesellschaft seines herankommenden Genossen. Du hast freilich Recht, redete er endlich den Begleiter an, daß die alltäglichen Erfahrungen die wichtigsten und der Erklärung bedürftigsten sind: eine solche Erfahrung aber ist es, die mich zu dem Glauben zwingt, daß Studenten für solche Dinge, wie mich und meinen Freund im Innersten bewegen, vielleicht die am wenigsten geeigneten Zuhörer sind. Denn die Studenten sind jetzt nur gewöhnt zu hören und pflegen sich dafür an denen zu rächen, die sie nur hören können. Überallhin tragen sie, nach ihrer Gewöhnung, das Bild des Hörsaals und das Bedürfniß, sich für die ihnen einzig zu Gebote stehende rein akroamatische Belehrung zu rächen. Sie fühlen nämlich dadurch nicht nur ihre Persönlichkeit herabgedrückt, und gleichsam schematisirt, sondern auch jenen edleren Hang abgewiesen, mit dem sie nach Bildung, nach Menschwerdung dürsten. Die ewige Unbefriedigung verstimmt sie, quält sie und reizt sie endlich gegen die auf, von denen sie Nahrung, persönliche Ernährung erwarten mochten, dafür aber nur das unpersönlich kühle und allgemeinhin gespendete Wort empfiengen. Daher pflegt an Universitäten zutrauensvolle Verehrung gegen den Lehrenden d.h. die allein befruchtende und verbindende Atmosphäre zwischen Alt und Jung, Lehrer und Schüler etwas überaus Seltenes oder Spärliches zu sein. Ich verstehe Sie noch nicht völlig, sagte der Begleiter des Philosophen: was nennen Sie jene alltägliche und der Erklärung bedürftigste Erfahrung im Gebiete der Universität? – Daß unsere Studenten zum Hören verurtheilt sind, daß sie nur als Hörende in Betracht gezogen werden, daß sie, dieses Hören abgerechnet, sich selbst führerlos in einem Bedenken erregenden Grade preisgegeben sind. Wo finden wir eine so befremdliche Institution wieder? Es ist gewiß zu vermuthen, daß der, welcher jene That-

sache erklärt, über die Bedeutung der Universität als eine Bildungsanstalt sich selbst aufgeklärt haben wird. Äußerlich genommen, sieht man, mitten im Toben der Gegenwart, mit ähnlichen Gefühlen auf die Universität, wie auf einen meeresstillen ruhigen Hafen an einem Sturm- und Ungewittertage, wenn die Flammen des Leuchtthurms zu verlöschen drohn. Eine Anzahl Jünglinge scheint aus dem Sichdrängen der Parteien, aus der rastlosen Jagd nach Erwerb, aus der hungernden Unersättlichkeit des öffentlichen Lebens wie mit übermächtiger Hand herausgehoben zu sein; mit Ehrfurcht bleibt der Wanderer vor dem alterthümlichen Mauerwerk stehen, das ihm, nach seinem Vermuthen, eine Stätte des Friedens umschließt und das langsame Wachsthum der Bildung vor der barbarischen – – – *Rs*   739 *5–6:* die ... zerbrochen] *vgl. Ludovico Ariosto, Orlando furioso X 84: "Natura il fece e poi ruppe lo stampo", von Schopenhauer mehrmals zitiert   24:* Der] Und wodurch wirkt die Universität als Bildungsanstalt? Eben durch dieses Ohr. Der *Rs*

Fünf Vorreden zu fünf ungeschriebenen Büchern

Zu Weihnachten 1872 schenkte N Cosima Wagner ein in Leder gebundenes Heft (U I 7), welches die *Fünf Vorreden zu fünf ungeschriebenen Büchern* (= CV) enthielt. Die erste Vorrede, *Ueber das Pathos der Wahrheit* (= CV 1), stammt aus demselben Gedankenkreis der Abhandlung *Ueber Wahrheit und Lüge im aussermoralischen Sinne* (s. u.); die zweite, *Gedanken über die Zukunft unserer Bildungsanstalten*, ist eine Umarbeitung der zweiten Vorrede zu BA (s. o.); die dritte, *Der griechische Staat*, greift auf die Luganer Aufzeichnungen zu GT (vgl. das Fragment 10 [1] zurück); die vierte, *Das Verhältnis der Schopenhauerischen Philosophie zu einer deutschen Cultur* (= CV 4), steht in vielfacher Beziehung zu den philosophischen Aufzeichnungen von Sommer bis Ende 1872 (vgl. Bd. 7, S. 417–520); die fünfte, *Homer's Wettkampf* (= CV 5), ist im Zusammenhang mit den philologischen Studien über das *Certamen Homeri et Hesiodi* entstanden und ergänzt gewissermaßen die Gedanken von CV 3.

Vorlage: U I 7, 1–125   Faksimilierter Druck, W. Keiper, Berlin 1943; als Ganzes zum ersten Mal veröffentlicht in SA III, 265–299, München 1956
1. 755 *7–11:* plötzlichen ... hob] genialen Erleuchtungen, sowohl bei den Männern der That als der Kunst und der Erkenntniß. Ich erkenne als Grundform des Ruhms die instinktive plötzliche Sicherheit, daß das, was uns eben so unglaublich hob *Vs*   755 *16*–756 *6:* ihn ... Werden] uns d. h. sie braucht uns in unsren höchsten Augenblicken –

Fünf Vorreden 1–5

dann nämlich sind wir ganz wir selbst, alles andere ist Schlacke, Morast, Eitelkeit, Vergänglichkeit. Es ist ein furchtbarer Gedanke, daß ein ungeheurer Berg zusammensinkt — wie wir selbst das Niederstürzen eines hohen Baumes schwermüthig *Vs* 756 *11–16:* Daß ... Kultur] Diese ununterbrochene Kette großer Momente, dieser Höhenzug, durch Jahrtausende sich verbindend, nennen wir Bildung. Daß für mich das Große einer vergangenen Zeit noch groß ist, daß der ahnende Glaube der Ruhmbegierde sich erfülle, das ist aber eine Aufgabe, das Problem der Bildung, bedingt durch die Schwierigkeit ihrer Tradition *Vs; vgl. HL 2* 30: weiterlebt?] *Fortsetzung in Vs:* Das Große! im menschlichen Intellekte weitergetragen! Aber es ist kein bloß luxuriöses Einbalsamiren des Übergangs, nicht nur eine historische Kuriositätensammlung — sondern die ewige Fruchtbarkeit alles Großen erklärt die ewige Bedürftigkeit des Menschen nach diesem Großen. Die edle That entzündet sich an der edlen That — so geht eine elektrische Kette von jeder Größe durch die Jahrhunderte. Die Unendlichkeit und Unausschöpfbarkeit ist das Wesen der Größe – keine Zeit wird sie verbrauchen. 757 *9–759 19] vgl. PHG 8 und die Anmerkungen dazu* 759 *29–760 1:* In ... sterben.] *vgl. WL am Anfang*

2. *Vs:* 2. *Vorrede zu BA*
3. *Vs:* 10 *[1]* 765 *7–8:* im Eingange der horazischen Poetik] *Horat. de arte poetica 1–5* 19: „Schattens Traum"] *Pind. Pyth. VIII 95* 766 *13:* Plutarch] *Perikles 2* 768 *28:* „welt- und erdgemäß Organ"] *Goethe, Faust II, 11906* 774 *24–29:* Fürchterlich ... Leichnamen] *vgl. Ilias I, 47–52*
4. *Vgl. 19 [88. 200]* 780 *17:* Goethe] *Maximen und Reflexionen 495; Aus Wilhelm Meisters Wanderjahren, Betrachtungen im Sinne der Wanderer, 1829* 19: nil admirari] *Horat. Epist. I, 6, 1* 27–28: Illam ... 25] *vgl. DS 11*
5. 784 *1–4:* Wenn ... herumzuschleifen] *nach Hegesias aus Magnesias FGrH (Jacoby), 142, 5* 10–11: korkyräischen Revolution] *vgl. Thucyd. III 70–85; vgl. auch WS 31* 786 *8:* Pausanias] *IX 31, 4* 15–34: „zwei ... Sänger"] *Hesiod. Erga 11–26* 787 *7–8:* Aristoteles] *Rhetorica 1388a 16; 1381b 16–17; Eth. Nic. 1155a 35–b1* 788 *1:* Aristoteles] *Fragmenta (Ross), De poetis, Frg. 7 (aus Diog. Laert. II 5, 46)* 6: Homer] *Hesiod und Homer Rs* 12–14: Wenn ... konnte] *Plut. Themistocles 3* 17: Thucydides] *I 90–93* 20–22: „selbst ... sahen"] *Plut. Pericles 8* 28–29: „Unter ... Anderen"] *Heraclitus (Diels-Kranz) Frg. 121* 791 *18–33:* fühlt ... verdunkeln] *Herodot. VI 133–136* 792 *25–26:* Allerwelts-Hellenen ... „Hellenismus"] *aus „persischen Hellenen" Rs*

Ein Neujahrswort an den Herausgeber der Wochenschrift „Im neuen Reich"

Vorlage: Musikalisches Wochenblatt. Organ für Musiker und Musikfreunde. IV. Jahrg. N. 3, Leipzig, am 17. Januar 1873. S. 38.

Die Philosophie im tragischen Zeitalter der Griechen

Aufzeichnungen über die vorsokratische Philosophie lassen sich im Nachlaß vom Sommer 1872 an feststellen; eine druckmanuskriptartige Fassung unter dem Titel *Die Philosophie im tragischen Zeitalter der Griechen* (= PHG) bringt N im April 1873 mit nach Bayreuth (s. Chronik). Es handelt sich um das Heft U I 8, das N Anfang 1874 seinem Schüler Adolf Baumgartner zur Abschrift gab. Ns Verbesserungen in der uns erhaltenen Abschrift von Baumgartner (D 9) hören schon nach den ersten Seiten auf. D 9 dient uns als Vorlage nur insoweit, als es Varianten von Ns Hand enthält, sonst ist das Originalmanuskript Ns (U I 8) unsere Vorlage sowohl für die Rechtschreibung als auch für die Interpunktion und die Paragrapheneinteilung. Spätere, von Peter Gast stammende Verbesserungen sind *nicht* berücksichtigt worden. Zu PHG gibt es zwei Vorworte, das erste von Ns Hand, das zweite von der Hand der Mutter. Beide werden dem Text vorangestellt.

Im Kommentar bedeutet:
DmN Ns Druckmanuskript (U I 8)
DmB Baumgartners Abschrift (D 9)

Vorlage: U I 8, 3–104, und die Verbesserungen von Ns Hand in D 9. Gedruckt in GAK X 1–89; GA X 5–92 Pläne und Entwürfe: 19 [89. 188. 189. 190. 214. 315. 316. 325]; 21 [5. 6. 9. 11. 13. 14. 15. 16. 19.]; 23 [1. 2. 3. 5. 6. 8. 12. 14–41]; 26 [1. 8. 9]
1. *Vorwort   eine Seite in D 9 von Ns Hand*
2. *Vorwort   eine Seite in D 9 von der Hand der Mutter Ns (vermutlich in Basel Winter 1875/76 diktiert, als sich die Mutter dort aufhielt)*
1. 804 *3*–805 *8:* den ... Völker] Physis, wie Goethe, predigen und den nachdenklichen Deutschen die Metaphysik widerrathen. Im Ganzen ist ihnen aber zu entgegnen, daß die Griechen philosophirt haben: und zwar mehr als alle anderen Völker. Damit sind wir nun freilich nicht gerechtfertigt, wenn wir Philosophie treiben: aber die Philosophie selbst ist durch die Griechen – und soviel ich sehe, allein durch die Griechen – gerechtfertigt *Vs*   804 *3:* erkrankten] *aus* durch Worte und Begriffe zerfaserten *Vs*   *4–6:* aber ... predigen] *aus*

vielmehr Flucht zur Physis oder Heilung und Reinigung durch die Kunst wie Richard Wagner predigen *Vs* 14: Philosophie. Aber] Philosophie und nachher auch nur als bequeme Gönner derselben. Aber *Rs* 14–17: Philosophie ... Gesunden] Philosophie, und nachher fast ohne Philosophie. Aber es giebt kein Beispiel der Erkrankung, in der die Philosophie heilbringend gewesen sei: ihre heilende, witternde, vorschützende Kraft äußert sich nur bei Gesunden *Vs* 18–21: War ... zurückgeknüpft] *aus* Wir nennen ein Volk krank, wenn es zerfasert ist und der Einzelne in schlaffer Spannung oder gar nicht mehr mit dem Ganzen zusammen hängt: wir halten eine Kultur, wie die gegenwärtige, für krankhaft, weil sie in einem zerfaserten Volk, von zahlreichen beliebigen Einzelnen gepflegt, genährt und unterhalten ist *Vs* 805 14–17: verkürzt ... mußte] geschmälert; weil diese, unbelehrt und ungestüm, nach Barbarensitten, sich gerade in diesen intrikaten Produkten ihres Alters verfangen mußte und sich dadurch für die Produkte der griechischen Jugend Sinn und Augen verdarb *Vs* 27–31: Wären ... annimmt] Wären letztere damals gerade solche nüchterne unbekümmerte Praktiker und Biedermänner gewesen als welche sie in der Imagination der gelehrten Philister unserer Tage leben, oder hätten sie nur in der verführerischen Dienstschaft der Kunst geathmet, wie es wohl die ungelehrten Phantasten gerne glauben möchten *Vs* 808 1ff.] vgl. Anm. zu Bd. 1, 317, 18; 24 [4] 31–32: Höhle des Trophonios] vgl. *M* Vorrede 1
2. 811 15–16: „Über's ... sage"] *Goethe, West-östlicher Divan, Buch des Unmuts, Wanderers Gemütsruhe* 28–32: „Hatte ... wissen"] *das Zitat aus J. G. Hamann nicht erschlossen* 812 7–23: Sie ... verwies] vgl. *HL* 5, 282, 1–28 22: Platon] *Rep.* X 605 b–c
3. 813 4–17: sei ... Thales] *DmB* sei: warum ist es nöthig, einen solchen Einfall, trotz seiner ersichtlichen Einfalt, so ernst zu nehmen? – Deshalb, weil ein metaphysischer Satz in ihm, wenngleich nur im Zustande der Verpuppung, enthalten ist. Wenn dieser sich in die Form einer schlechten physikalischen Hypothese kleidet, so müssen wir doch billig sein, den Ausdruck selbst und den nach richtigerem Ausdrucke begehrenden Satz auseinander zu halten. Thales, der, seiner Erfindung wegen, als der erste Philosoph gilt – als der Erste, der durch eine in concentrischen Kreisen rollende und zum Punkt sich verjüngende Einheits-Vorstellung die vorhandene Welt zu simplificiren und damit zu erklären meinte, *DmN* 28: Eins".] *Fortsetzung in Vs:* Es sind in diesem Satze mehrere andere Sätze mitausgesprochen, die den philosophischen Tiefsinn eher verrathen als jener Wasser-Einfall: letzterer ist eigentlich der naturwissenschaftliche Ausdruck, in Form einer Hypothese, für eine metaphysische Annahme. Thales sagt nämlich, implicite, es giebt nur eine Wahrheit, eine wahre

Qualität, das Wasser oder — was er offenbar meint – das Feuchte. **816** *10–12:* Das ... Geschmacks] *vgl. VM 170* **17:** Aristoteles] *Eth. Nic. 1141 b 3–8* **817 22:** schaute] schaute, und was er direkt nur durch die Gebärde und die Musik verkünden kann *DmN;* in *DmB* und ... kann *wahrscheinlich von N gestrichen*

4. **818** *24:* 22] *wohl Kap. 12 in Parerga 2, 325 (nicht 327) Anmerkung*
5. **823** *9–11:* aber ... Male.] *Heraclitus (Diels-Kranz), Frg. 91; 12; 49a* *18–19:* Alles ... sich] *Heraclitus (Diels-Kranz), Frg. 8; 10; 51; 88; 126* *19–21:* Aristoteles ... haben] *Topica 159b 31; Physica 185b 20; Metaphysica 1005b 25; 1010a 13; 1012a 24; 1062a 32; 1063b 24* **825** *14:* Heraklit] *Frg. 125 (Diels-Kranz)* *16–21:* Aus ... Gerechtigkeit] *Heraclitus (Diels-Kranz), Frg. 80; 53; vgl. Diog. Laert. IX 8*
6. **828** *19–22:* Heraklit ... Feurige] *Frg. 90; 66; 64; 118 (Diels-Kranz); vgl. Aristoteles, De anima 405a 24* **828** *22–829 3:* von ... Feuer] *vgl. Diog. Laert. IX 9–10; Heraclitus (Diels-Kranz) Frg. 30; 31; 12* **829** *20–24:* Die ... Sattheit] *Heraclitus (Diels-Kranz), Frg. 65*
7. **830** *16–17:* für ... Menschenauge] *Heraclitus (Diels-Kranz), Frg. 102; 51; 8; 54* *28:* dieses ... sich] *Heraclitus (Diels-Kranz), Frg. 52* **831** *19–21:* Daß ... leben] *Heraclitus (Diels-Kranz), Frg. 1; 2; 72* *22:* ihre ... sind] *Heraclitus (Diels-Kranz), Frg. 117; 77* *22–23:* des ... ist] *Heraclitus (Diels-Kranz), Frg. 107* *31–34:* Er ... Mensch.] *Heraclitus (Diels-Kranz), Frg. 79; 83* **832** *20–21:* die ... kennen] *Heraclitus (Diels-Kranz), Frg. 97* *21–22:* dem ... Gold] *Heraclitus (Diels-Kranz), Frg. 9* **833** *3:* Jean Paul]
8. *Vgl. CV 1* **834** *34:* das ... Zeus] *Heraclitus (Diels-Kranz), Frg. 52* **835** *3–5:* Er ... Menschen.] *Heraclitus (Diels-Kranz), Frg. 40; 129 (zweifelhaft)* *5:* „Mich ... ich"] *Heraclitus (Diels-Kranz), Frg. 101* *15:* „weder ... verbirgt"] *Heraclitus (Diels-Kranz), Frg. 93* *16–17:* „ohne ... Munde"] *Heraclitus (Diels-Kranz), Frg. 92* *20–21:* Der ... Sterblichen"] *Heraclitus (Diels-Kranz), Frg. 29* *24–27:* Das ... aufgezogen] Von ihm aber hat die Menschheit die Lehre von „Gesetz im Werden", das Fundamentaldogma aller Naturforschung *Vs* *27:* aufgezogen.] *Fortsetzung in DmN (Vs dazu: CV 1):* Ist der Ruhm, in dieser verklärtesten Form, wirklich nur der „köstlichste Bissen unserer Eigenliebe", wie ihn Schopenhauer einmal nennt? — Er ist doch an die seltensten Menschen, als Begierde angeknüpft, und wiederum an die seltensten Momente derselben. Dies sind die Momente der plötzlichen Erleuchtungen, in denen der Mensch, seinen Arm befehlend, wie zu einer Welt-

schöpfung ausstreckt, Licht aus sich schöpfend und um sich ausströmend. Da durchdrang ihn die beglückendste Gewißheit, wie das, was ihn eben so in's Fernste hinaushob und entrückte, also die Höhe und Breite, Helle und Tiefe dieser einen Erkenntniß, keiner Nachwelt vorenthalten bleiben dürfe. In der Nothwendigkeit dieser Erleuchtungen für alle Kommenden ahnt der Mensch die verbürgte Nothwendigkeit seines Ruhms; die Menschheit, in alle Zukunft hinein, braucht ihn. Und wie jener Moment der Erleuchtung der Auszug, der Inbegriff und gleichsam das Monogramm seines eigensten Wesens ist, so glaubt er, als der Mensch dieses Momentes, unsterblich zu sein, während er alles Andere, als Schlacke, Unrath, Eitelkeit, Thierheit oder als Pleonasmus und Bürde von sich wirft und dem Vergessenwerden preisgiebt. Jedes Verschwinden sehen wir mit Unzufriedenheit: der Einsturz eines Hauses quält uns, ein hoher Baum selbst bricht zu unserem Mißvergnügen zusammen. Daß aber ein Augenblick höchster Weltvollendung gleichsam ohne Nachwelt, wie ein flüchtiger Lichtschein, verschwände, beleidigt am allerstärksten den sittlichen Menschen. Vielmehr lautet sein Imperativ: das, was einmal da war, den Begriff Mensch ins Schönere fortzupflanzen, das muß auch ewig vorhanden sein. Daß die großen Momente eine Kette bilden, daß in ihnen ein Höhenzug der Menschheit, durch Jahrtausende hin, sich verbindet, daß für mich das Höchste eines solchen längst vergangenen Momentes noch lebendig hell und groß ist und daß der ahnende Blick der Ruhmbegierde seine Erfüllung schaue, das ist der Grundgedanke der Humanität. An der Forderung, daß das Große ewig sein soll, entzündet sich der furchtbare Kampf der Humanität. Denn alles Andre, was noch lebt, ruft: Nein! Das Gewöhnte, das Kleine, das Gemeine, das Böse, alle Winkel der Welt erfüllend, als schwere Erdenluft, die zu athmen wir Alle verdammt sind, um das Große qualmend, wirft sich hemmend, dämpfend, erstickend, täuschend in den Weg, den das Große zur Unsterblichkeit zu gehen hat. Der Weg führt durch menschliche Gehirne! Durch die Gehirne erbärmlicher kurzlebender Wesen, welche, ihren engen Bedürfnissen überliefert, immer wieder zu denselben Nöthen auftauchen und mit Mühe eine geringe Zeit das Verderben von sich abwehren. Sie wollen leben, etwas leben, um jeden Preis! Wer möchte unter ihnen jenen schwierigen Fackel-Wettlauf vermuthen, durch den das Große allein weiterlebt! Und doch erwachen immer wieder Einige, die sich, im Hinblick auf jenes Große, so beseligt fühlen, als ob das Menschenleben eine herrliche Sache sei und als ob es die schönste Frucht dieses bitteren Gewächses sei zu wissen, daß einmal Einer stolz und stoisch durch dieses Dasein gegangen ist, ein Anderer mit Tiefsinn, ein Dritter mit Erbarmen, alle aber eine Lehre hinterlassend, daß der das Dasein am schönsten lebt, der es nicht achtet. Wenn der gemeine Mensch diese Spanne Sein so trübsinnig ernst nimmt, wußten jene, auf ihrer Reise zur Unsterblichkeit, es zu einem olympischen Lachen oder mindestens zu einem erhabenen Hohne zu bringen; oft stiegen sie mit Ironie in ihr Grab – denn was war an ihnen zu begraben! –

9. 839 *19–21:* er ... zueinander] *Parmenides (Diels-Kranz), Frg. 1, 27*
10. 840 *12:* Heraklit] *Frg. 40 (Diels-Kranz)* 842 *18:* „wir ... nicht"] *Heraclitus (Diels-Kranz), Frg. 49a* *18–19:* „Sein ... dasselbe"] *allerdings nicht Heraklit, sondern: Parmenides (Diels-Kranz), Frg. 6, 8–9* *21–22:* weg ... scheinen] *Parmenides (Diels-Kranz), Frg. 6, 5* *24–25:* Sie ... sein] *Parmenides (Diels-Kranz), Frg. 6, 7* *30–31:* Das ... sein"] *Parmenides (Diels-Kranz), Frg. 8, 5* *32–34:* denn ... hervorbringen] *Parmenides (Diels-Kranz), Frg. 8, 7–13* 843 *1–5:* Ebenso ... nicht] *Parmenides (Diels-Kranz), Frg. 8, 19–21* *6–8:* Das ... bewegen?] *Parmenides (Diels-Kranz), Frg. 8, 22–26* *10–12:* So ... Kugel] *Parmenides (Diels-Kranz), Frg. 8, 42–44* *21–23:* „Folgt ... Kraft!"] *Parmenides (Diels-Kranz), Frg. 7, 3–5*
11. 845 *18–19:* In ... Ontologie] *aus Parmenides ist der Erfinder des ontologischen Beweises Vs* *27:* Aristoteles] *Analytica posteriora 92b 4–11; b 19–25; 93a 26–27; 91a 1–6* 846 *4:* Kant] *Kritik der reinen Vernunft, Ak.-Ausg., III, 80* 847 *7:* Hegel ... hat] *aus der berüchtigte Hegel einmal sich ausdrücken konnte Vs* *15–16:* Unlogisches] *was jedenfalls nicht logisch ist. Das Athmen selbst aber beweist doch das Sein nicht: – – – Von unserem Sein dürfen wir aber streng logisch gar nichts behaupten, so sehr wir Gründe haben, daran glauben zu müssen: denn daraus daß wir Lust und Unlust empfinden und Vorstellungen haben – – – Vs*
14. 853 *17:* durcheinander:] *Fortsetzung in Vs:* wenn er aber die Bewegung durch den bewegten [Logos] νοῦς, gegen Parmenides bewies, woher kommt diese Bewegung? Vielleicht eben aus diesem νοῦς? Dies war der merkwürdige Einfall des Anaxagoras. Nun ist sogleich zu sagen, was der νόος ist. Anaxagoras erklärte ja die empirische Welt nicht für Schein, hatte also auch keinen Grund die Sinne als Lügen- und Trugpropheten zu bezeichnen. Insofern sie uns die wahren Qualitäten zeigen, sind sie wahr und reden also ebenfalls wie das abstrakte Denken die Wahrheit. Der Intellekt, den Parmenides auseinandergerissen hatte, wurde von Anaxagoras wieder zusammengeklammert. Sodann galt ihm die Bewegung für real, also die Bewegung des Leibes vor allem: von dieser aber wußte er, daß sie mit dem Willensakte unzertrennlich verbunden war, aber ebenso mit Zorn Furcht Begehren; alle diese Affekte erzeugten Willen und dadurch Bewegung. Die griechische Sprache bot ihm ein Wort, das in diesem weitesten Sinne alles

zusammenfaßt, was wir als Geist Verstand Willen Begehren Affekt Seele kennen: der Noos bezeichnen, nach der Schopenhauerischen Terminologie, zugleich Intellekt und „Willen". – Die Bewegung ist in der Welt das eigentlich Lebendige. Nun zeigt sich aber in dieser Welt nicht ein Chaos von Bewegungen, sondern Ordnung und Schönheit und bestimmte Gesetzmäßigkeit. Was ist es nun, was die ewig Seienden so ordnet? Natürlich auch etwas „ewig Seiendes", da wir fortwährend seine Thätigkeit sehen. Und zwar erfahren wir diese Thätigkeit ganz direkt an unserem Leibe: der Noos bewegt ihn allein: gleicher Art ist also auch die Bewegung in der organischen Welt und die der unorganischen Welt muß mindestens die Nachwirkung eines solchen νόος sein.

15. 857 *7:* Kant] *Kritik der reinen Vernunft, Ak.-Ausg. III, 62, Anm.* 19–20: A. Spir ... 264)] *die erste Ausgabe von „Denken und Wirklichkeit" (1873) wurde zwischen 1873 und 1875 von N dreimal aus der UB Basel entliehen, er schaffte sich dann die zweite Ausgabe an (1877)*
16. 861 *3–4:* „Samen der Dinge"] *Anaxagoras (Diels-Kranz), Frg. 4* 863 *11:* Homoiomerien] *vgl. Aristoteles, Phys. 203a 20; De coelo, 302a 31; De generatione, 314a 19; Metaph. 984a 13; 988a 27* 20: Aristoteles] *Phys. 187a 20–23; Metaph. 1069b 20–22*
17. 867 *9:* Kant] *Allgemeine Naturgeschichte und Theorie des Himmels, Ak.-Ausg., I, 225–226; 229–230*
19. 869 *17:* Aristoteles] *Eth. Eud. 1216a 11–14* 23–24: odi ... arceo] *Horat. Carmina III 1, 1* 870 *6:* Plato] *Phaedr. 269a – 270a* 19–23: Anaxagoras ... habe] *Aristoteles, De partibus animalium 687a 7–12* 871 *16:* Plato] *Phaedon 97b–98c*

Ueber Wahrheit und Lüge im aussermoralischen Sinne

Die Abhandlung *Ueber Wahrheit und Lüge im aussermoralischen Sinne* wurde von N an Gersdorff im Sommer 1873 diktiert, aufgrund von früheren Aufzeichnungen, die auf den Sommer 1872 (vgl. auch CV 1) zurückgehen; man beachte dazu auch die im Kommentar zum Schluß von PHG 8 mitgeteilte Variante.

Vorlage: U II 2, 1–32 *Vgl. 19 [229. 230. 258]; 23 [43. 44]; 26 [11]*
1. 875 *2–7]* *vgl. CV 1* 876 *7:* Lessings Sohn] *vgl. Lessing an J. J. Eschenburg, 31. 12. 1777 und an Karl Lessing, 5. 1. 1778* *15]* *nach Schopenhauer* 878 *4ff.]* *vgl. 19 [253]* 879 *16:* die Chladnischen Klangfiguren] *vgl. Schopenhauer, Welt 2, 119* *28:* Wolkenkukuksheim] *Aristophanes, Aves 819* 886 *14:* Meta-

phern.] *Fortsetzung in Vs:* Der Raum ohne Inhalt, die Zeit ohne Inhalt sind jederzeit mögliche Vorstellungen: jeder Begriff, also eine Metapher ohne Inhalt, ist eine Nachahmung dieser ersten Vorstellungen. Zeit Raum und Kausalität, sodann die Urphantasie der Übertragungen in Bilder: das erste giebt die Materie, das zweite die Qualitäten, an die wir glauben. Gleichniß der Musik. Wie kann man von ihr reden?

2. 887 *18:* Pascal] *Pensées VI, 386 (Brunschvicg)*   889 *18–20:* und ... metaphorischen] *aus* das heißt das Beherrschtsein des Lebens durch die Kunst: bis hinab in die niedrigsten Äußerungen des Lebens und der kraftvollen *Vs*   890 *14:* davon.] *Entwurf zur Fortsetzung:* Für beide ist die folgenlose Wahrheit gleichgültig: der Philosoph erscheint wunderbar. Der Philosoph als Abnormität. Daher als einsamer Wanderer. Also im Grund zufällig in einem Volke? Wo er sich gegen die Kultur wendet, dann zerstörend. Nachzuweisen daß die griechischen Philosophen nicht beliebig griechisch sind. *Vs*

Mahnruf an die Deutschen

Vorlage: D 6   *Titel in Rs:* Hülf- und Mahnruf an die vereinigten Deutschen.   896 *15:* Schillers wunderbare Ahnung] *vgl. Schiller an Goethe, 29. Dezember 1797*

Band 2
Menschliches, Allzumenschliches I und II

Alle Hinweise mit bloßer Fragmentnummer beziehen sich auf die nachgelassenen Fragmente in Band 8.

Menschliches, Allzumenschliches I

Menschliches, Allzumenschliches. Ein Buch für freie Geister. Dem Andenken Voltaire's geweiht zur Gedächtniss-Feier seines Todestages, den 30. Mai 1778 (= MA) erschien Ende April 1878 in Chemnitz bei Ernst Schmeitzner. N hat es im *Ecce homo* „das Denkmal einer Krisis" benannt und seine Anfänge „in die Wochen der ersten Bayreuther Festspiele" hinein datiert, d. h. in die Zeit, als er im August 1876 „lauter harte Psychologica" in sein Taschenbuch, unter dem Gesamttitel *Die Pflugschar*, eintrug (vgl. Bd. 6, S. 322–324). Alles, was N in seiner späten Selbstbiographie schreibt, liefert uns den einzig gültigen Schlüssel zum Verständnis seines Werks und Lebens, und auch in diesem Falle besteht unsere Aufgabe lediglich darin, Einzelheiten mitzuteilen, die gewiß nicht die Richtigkeit von Ns Aussage über MA in Frage stellen. Die Anzeichen der Krisis, von der N redet, sind bis spätestens in das Jahr 1875 zurückzuverfolgen. Tatsächlich, und das interessiert uns im Hinblick auf die Entstehung seines Werks, sind mehrere wichtige Aphorismen von MA als Aufzeichnungen ohne einen bestimmten (bzw. mit einem anderen) literarischen Zweck im Sommer 1875 entstanden, so zum Beispiel die Aphorismen 32, 33, 108, 114, 125, 148, 154, 158, 163, 224, 233, 234, 261, 262, 360, 474, 607. Von Bayreuth nach Basel zurückgekehrt, verwandte N das vom Sommer 1875 an gesammelte Material, um Heinrich Köselitz (Peter Gast) eine erste Reinschrift zu diktieren bzw. ihn abschreiben zu lassen (September 1876): „Die Pflugschar" (M I 1) ist das Ergebnis dieser Arbeit; das Heft enthält auch Verbesserungen und spätere Eintragungen von Ns Hand. Von Anfang Oktober (in Bex) bis Ende Dezember 1876 (in Sorrent) setzte N seine Aufzeichnungen fort, ohne einem bestimmten Plan zu folgen. Der Plan einer fünften Unzeitgemäßen Betrachtung, „Der Freigeist", schien im Herbst 1876 in den Vordergrund zu treten. In Sorrent diktierte N Albert Brenner eine zweite Reinschrift aufgrund der „Pflugschar" und anderer Aufzeichnungen. Er schrieb auch selber zahlreiche Notizen auf lose Quartblätter („Sorrentiner Papiere") von seinen Taschenbüchern ab, und zwar von Ende 1876 bis in den Sommer 1877 hinein (als er von Italien zurückgekehrt war und sich in Rosenlauibad aufhielt). Als N sich im Herbst 1877 in Basel an die endgültige Anordnung seiner bisherigen Aufzeichnungen begab, hatte er schon verschiedene Dispositionen und Titel zu seinem neuen Buch entworfen und alle nacheinander wieder fallen gelassen; die ganze Reihe seiner Versuche kann man in den nachgelassenen Fragmenten von Band 8 verfolgen. Das von Peter Gast abgeschriebene Manuskript war am 10. Januar 1878 von N zu Ende korrigiert und nach und nach zum Druck gegeben worden. Bis Mitte April besorgten N, Peter Gast und zuletzt auch Paul Widemann die Korrektur. Die Korrekturbogen sind noch vorhanden. Im Jahre 1886, nachdem E. W. Fritzsch den Verlag der früher erschienenen Schriften Ns zurückerworben hatte, wurden die Lagerbestände von MA mit einer Vorrede und einem Schlußgedicht versehen und als *Menschliches, Allzumenschliches. Ein Buch für freie Geister. Erster Band. Neue Ausgabe mit einer einführenden Vorrede* (= MA I) in den Buchhandel gebracht. Dabei fielen das frühere „An Stelle einer Vorrede" und die Widmung an Voltaire sowie der kurze Text auf der Rückseite des Titelblatts („Dieses monologische Buch ...") weg. Ns eigenhändige Druckmanuskripte der Vorrede und des Schlußgedichts sind vorhanden.

In Ns nachgelassener Bibliothek befinden sich zwei Handexemplare mit umfangreichen Änderungen von Ns Hand, die vor allem die zwei ersten Hauptstücke von MA betreffen. Im ersten Handexemplar (He[1]) sind MA, VM und WS ohne die Vorreden der 2. Ausgabe (s. unten zu MA II) zusammengebunden. Die Änderungen in He[1] lassen sich in das Jahr 1885 datieren und stehen im Zusammenhang mit den Plänen einer gänzlichen Umarbeitung des Buchs, welche durch die nachgelassenen Fragmente in Band 11 (Sommer 1885) dokumentiert wird. Das zweite Handexemplar (He[2]) umfaßt, ebenfalls zusammengebunden, die beiden Bände der 2. Ausgabe. Die Änderungen in He[2] stehen zum Teil im Zusammenhang mit einer völligen Umarbeitung der Aphorismen 1–3 von MA aus dem Januar 1888, die uns auf losen Blättern überliefert ist.

Die Abkürzung *DmN* im Kommentar soll eine von N stammende Variante in *Dm* hervorheben.

An Stelle einer Vorrede. *Vgl. Descartes, Dissertatio de Methodo recte utendi et veritatem in scientiis investigandi (Discours de la methode pour bien conduire sa raison et chercher la vérité dans les sciences, lateinisch übersetzt durch Étienne de Courcelles) in: Œuvres de Descartes, hg. von C. Adam u. P. Tannery, Paris 1897–1910, VI 555. Wir*

verdanken die *Auffindung des Zitates (falsch nachgewiesen noch in KGW IV/4, 161) der verdienstvollen Arbeit von Robert A. Rethy, The Descartes Motto to the first Edition of Menschliches, Allzumenschliches, Nietzsche-Studien 5 (1976), 289–297*
Vorrede. Vs: W I 8, 269. 120. 246. 119   W I 8, 269: Vorrede. Dieses einleitende Buch, welches in einem weiten Umkreis von Ländern und Völkern seine Leser zu finden gewußt hat und irgend eine Kunst verstehen muß, durch die auch spröde und widerspänstige Geister verführt werden [ist gerade in Deutschland am nachlässigsten gelesen worden. Daran ist nichts zu verwundern: es verlangt einen Überfluß von Zeit, von Helligkeit des Himmels und Herzens, von otium im verwegensten Sinn – lauter gute Dinge, welche gerade nicht leicht von den jetzigen Deutschen zu verlangen und zu erlangen sind. Sie haben zu thun.]: gerade in Deutschland war dies Buch bisher am nachlässigsten gelesen und gehört: woran liegt das? „Es verlangt zu viel – hat man mir geantwortet – es verlangt feine und verwöhnte Ohren einen Überfluß von Zeit, von Helligkeit des Himmels und Herzens, von otium im verwegensten Sinn – lauter gute Dinge, welche billigerweise [von den jetzigen Deutschen nicht zu verlangen und zu erlangen sind. Sie haben zu thun: was schiert es sie, daß wir zu denken haben?] wir Deutschen von heute nicht haben und also auch nicht geben können." – Ist es erlaubt, heute, wo ich es, nach zehn Jahren, zum zweiten Male auf die Wanderung schicke – – – Dies heißt vernünftig antworten: und zum Danke dafür – – –   *W I 8, 120 (Fortsetzung) erste Fassung:* So will ich denn was ich heute zu sagen habe, ausschließlich jenen guten Europäern ins Ohr sagen, denen dieses Buch von Anfang an geweiht war und die Deutschen, nämlich die guten Deutschen [ausdrücklich] außer Acht lassen, [als] sie haben [Besseres] Nothwendigeres zu thun als mir zuzuhören, [es] daran ist kein Zweifel! Was liegt daran zu verrathen, daß dies Buch schwer verständlich ist – daß es zur Verwechslung reizt und kurz – irreführt, daß es einer Vorrede und Warnungstafel bedarf. *Zweite Fassung:* [– Unter uns gesagt: jene Antwort war eine große Dummheit ⌜Mißverständniß⌝: das darf ich euch schon in die Ohren sagen, vorausgesetzt, daß ihr's nicht schon wißt, ihr [freien Gei] guten Europäer und freien Geister, denen dies Buch von Anfang an geweiht war.] Freilich: euch in die Ohren gesagt, ihr freien Geister und guten Europäer, denen dies Buch von Anfang an geweiht war, jene artige deutsche Antwort war eine Dummheit. Es scheint, daß dies Buch schwer verständlich ist, daß es zur Verwechslung reizt und verführt? daß es einer Vorrede und Warnungstafel bedarf? [es bedarf ganz anderer Dinge und Voraussetzungen als jener gute Deutsche] Es ist ganz und gar nicht ein Buch für glückliche Müßiggänger, welchen es jener brave

Deutsche, zu überantworten geneigt war: [ebenso wie] aber gerade das Gegenstück davon. *W I 8, 246:* So muß es einem Jeden ergehn, in dem eine Aufgabe leibhaft wird und „zur Welt kommt": die heimliche Noth und Nothwendigkeit dieser Aufgabe wird über allen seinen einzelnen Schicksalen walten wie eine lange Schwangerschaft, lange bevor er sie selber ins Auge gefaßt hat und ihren festen Namen weiß. Gesetzt, daß es das Problem der Rangordnung ist, von dem ich sagen darf, daß es mein Problem ist: jetzt, in [der Mitte des] dem Mittag meines Lebens sehe ich, was für Vorbereitungen (und selbst für Maskeraden) das Problem nöthig hatte, ehe es vor mir aufsteigen durfte: und wie ich erst die vielfachsten und widersprechendsten Glücks- und Nothstände [der Seele und die Abenteuer vieler Seelen erfahren mußte, nichts verlierend] an Seele und Leib erfahren mußte [gleichsam] als ein Abenteurer und Weltumsegler der Seele — überallhin dringend, ohne Furcht, fast ohne Liebe, nichts verschmähend, nichts verlierend, alles auskostend und auf den Grund prüfend, alles vom Zufälligen und [Persönlichen] Augenblicklichen ins Ewige reinigend und [durch]siebend [als der Mensch der Verwandlung] — bis ich mir endlich sagen durfte: hier [ist mein] ein neues Problem! Ich sehe meine Leiter [! — ich saß auf jeder Sprosse!] und ich selber — ich saß auf jeder ihrer Sprossen! *W I 8, 119:* Zur Vorrede. Ich glaube nicht, daß jemals Jemand mit einem so tiefen Verdacht in die Welt gesehn hat wie ich: und wer etwas von den unbeschreiblichen Ängsten der Vereinsamung kennt, welche jede unbedingte [Originalität] Verschiedenheit des Blickes [mit sich] auf die mit ihr Behafteten bringt, wird verstehen, wie ich [zur Erholung und ⟨zum⟩ zeitweiligen Selbst-Vergessen irgendwo unterzu⟨tre⟩ten suchte — daß ich Verwandtschaft und Gleichheit der Wünsche mir zurecht dichtete. Man wirft mir vor, daß ich mich über Schopenhauer sowohl wie über Richard Wagner getäuscht habe und sie nach meinen Bedürfnissen zurecht gedichtet habe. Dies ist wahr: und was wißt ihr denn, wie sehr ich dies mir zum Vorwurf gemacht habe] oft zur Erholung von mir, gleichsam ⟨zum⟩ zeitweiligen Selbst-Vergessen irgendwohinein unterzu⟨tre⟩ten suchte in irgend eine Verehrung oder Feindschaft oder Wissenschaftlichkeit – daß ich wo mir fehlte was ich brauchte Verwandtschaft und Gleichheit von Auge und Begierde [—] mir erzwang und zurecht dichtete, um nicht dergestalt allein und einzeln zu fühlen. Es ist kein Zweifel, daß ich in jüngeren Jahren mich über Schopenhauer sowohl wie über Richard Wagner willkürlich getäuscht und sie nach meinen Bedürfnissen zurecht gemacht habe. Dies ist wahr und in einem viel schlimmeren und höheren Sinne als Jemand begreifen könnte: aber was wißt ihr denn davon, welche Klugheit der Selbst-Erholung eben in dieser Selbsttäuschung lag? [Man wird vorwerfen, daß ich nicht verstanden hätte, zur rechten Zeit mich zu enttäuschen?] Und wie ich keine Stunde länger den Schleier über meinen Augen duldete, [als] sobald ich's wieder aushielt, klar zu sehn, — mich zu sehn? — *nebenan ohne Zusammenhang:* um mir eine gröbere [?] 22 27: das Sprüchwort] „*si tacuisses, philosophus mansisses*", nach Boët. de cons. phil. II 7

1. Vs: Uns fehlt bis jetzt die Chemie der moralischen aesthetischen religiösen Welt. Auch hier werden die kostbarsten Dinge aus niedrigen verachteten Dingen gemacht. — Wie kann Vernünftiges aus Vernunftlosem, Logik aus Unlogik, interesseloses Anschauen aus begehrlichem, Leben für Andere aus Egoismus, Wahrheit aus Irrthümern entstehen — das Problem der Entstehung aus Gegensätzen. Genau: es ist kein Gegensatz, sondern nur ein Sublimiren (etwas gew⟨öhnlich⟩ subtrahirt). *Umarbeitung vom Januar 1888:* Chemie der Begriffe und Werthgefühle. — Die philosophischen Probleme nehmen jetzt wieder fast in allen Stücken dieselbe Form der Frage an, wie vor zweitausend Jahren: wie kann Etwas aus seinem Gegensatz entstehen, zum Beispiel Vernünftiges aus Vernunftlosem, Empfindendes aus Todtem, Logik aus Unlogik, interesseloses Anschauen aus begehrlichem Wollen, Leben für Andere aus Selbstsucht, Wahrheit aus Irrthümern? Die metaphysische Philosophie half sich bisher über diese Schwierigkeit hinweg, insofern sie einfach die Entstehung des Einen aus dem Andern leugnete und für die höher gewertheten Dinge einen eigenen Ursprung annahm, unmittelbar aus dem An-sich der Dinge heraus. Eine umgekehrte Philosophie dagegen, die allerjüngste und radikalste, die es bisher gegeben hat, [die] eine eigentliche Philosophie des Werdens, welche an ein „An-sich" überhaupt nicht glaubt und folglich ebensowohl dem Begriffe „Sein" als dem Begriffe „Erscheinung" das Bürgerrecht verweigert: eine solche antimetaphysische Philosophie hat mir in einzelnen Fällen wahrscheinlich gemacht (— und vermuthlich wird dies in allen ihr Ergebniß sein), daß jene Fragestellung falsch ist, daß es jene Gegensätze gar nicht giebt, [von denen die bisherige Philosophie, verführt durch die Volks-Metaphysik der Sprache] an welche die bisherige Philosophie geglaubt hat, verführt durch die Sprache und die in ihr gebietende Nützlichkeit [gröber Fälschungen] der Vergröberungen und Vereinfachungen, kurz, daß man vorerst eine Chemie der Grundbegriffe nöthig hat, diese als geworden und noch werdend vorausgesetzt. Um mit solchen groben [und bäurischen Begriffen, wie „unegoistische Handlung", wie „interesselose Anschauung", wie „reine Vernunft" wie] und viereckigen Gegenüberstellungen wie „egoistisch" und „unegoistisch", Begierde und Geistigkeit, „lebendig" und „todt", „Wahrheit" und „Irrthum", ein für alle Mal fertig zu werden, bedarf es einer mikro-

skopischen Psychologie ebensosehr als einer Geübtheit in aller Art historischer Perspektiven-Optik, wie eine solche bisher noch nicht da war und nicht einmal erlaubt war. Philosophie, so wie ich sie will und verstehe, hatte bisher das Gewissen gegen sich: die moralischen, religiösen und ästhetischen Imperative sagten Nein zu einer Methodik der Forschung, welche hier verlangt wird. Man muss sich vorerst von diesen Imperativen gelöst haben: man muss, wider sein Gewissen, sein Gewissen selbst secirt haben ... Die Historie der Begriffe und der Begriffs-Verwandlung unter der Tyrannei der Werthgefühle — versteht ihr das? Wer hat Lust und Muth genug, solchen Untersuchungen zu folgen? [Es gehört vielleicht zur] Jetzt, wo es vielleicht zur Höhe der erreichten Vermenschlichung selbst gehört, daß der Mensch einen Widerstand fühlt gegen die Geschichte seiner Anfänge daß er kein Auge haben will gegen alle Art pudenda origo: muß man nicht beinahe unmenschlich sein, um gerade in der umgekehrten Richtung [Augen haben] sehen, suchen, entdecken zu wollen? —
  23 *11:* Egoismus] Selbstsucht He^2 *13–17:* die ... Philosophie] einfach die Entstehung des Einen aus dem Andern leugnete und für die höher gewertheten Dinge einen eigenen Ursprung annahm, unmittelbar aus dem An-sich der Dinge heraus. Die Philosophie des Werdens He^2 23 *27–24 14:* fast ... spüren? —] *aus* nur für die feinste Beobachtung noch als vorhanden sich erweist. Alles, was wir brauchen, ist eine Chemie der religiösen moralischen ästhetischen Vorstellungen: mit der Einsicht, dass auf diesem Gebiete die herrlichsten Farben aus niedrigen Stoffen gewonnen werden. *Dm*   24 *12–13:* muss ... sein] *vgl. 32 [14]*
2. Vgl. 23 [19]   *Umarbeitung in He^1:* Alle Philosophen haben den gemeinsamen Fehler an sich, dass sie vom gegenwärtigen Menschen ausgehen und durch eine Prüfung und Zerlegung desselben an's Ziel aller Menschenkenntniß zu kommen meinen. Unwillkürlich schwebt ihnen „der Mensch" als eine aeterna veritas, als ein Gleichbleibendes in allem Strudel des Werdens, als ein sicheres Maass der Dinge vor. Zuletzt ist alles, was der Philosoph über „den Menschen" aussagt, aber im Grunde nicht mehr, als ein Zeugniss über den Menschen eines beschränkten Zeitraumes — und vielleicht eines noch beschränkteren [Zeit] [Raum-] Erd-Winkels. Mangel an historischem Sinn war bisher Erbfehler aller Philosophen; auch heute noch nehmen sie unversehens die allerjüngste Gestaltung des europäischen Menschen, wie eine solche unter dem Eindruck und Druck bestimmter politischer und wirthschaftlicher Ereignisse entstanden ist und entsteht, als die feste Form, von der man ausgehen müsse — während alles Wesentliche der menschlichen Entwickelung in Urzeiten vor sich gegangen ist, lange vor jenen vier tausend Jahren, die wir ungefähr kennen; in die-

sen mag sich der Mensch nicht wesentlich mehr verändert haben. Umgekehrt urtheilt der Philosoph: er nimmt „Instincte" am gegenwärtigen Menschen wahr und nimmt sofort an, dass alles Instinktive zu den unveränderlichen Thatsachen des Menschen gehört und insofern einen Schlüssel zum Verständniss des Daseins überhaupt abgeben müsse; die ganze Teleologie ist darauf gebaut, dass man vom Menschen der letzten vier Jahrtausende als von einem ewigen redet, zu welchem hin alle Dinge in der Welt von ihrem Anbeginne eine natürliche Richtung haben. Aber alles ist geworden; es giebt keine ewigen Thatsachen: weshalb auch keine ewigen Wahrheiten giebt. — Demnach ist Geschichte für den Philosophen von jetzt ab nöthig und mit der Geschichte die Tugend des Historikers: Bescheidenheit. *Umarbeitung vom Januar 1888:* Der Erbfehler der Philosophen. — Bisher litten die Philosophen allesammt an dem gleichen Gebrechen, — sie dachten unhistorisch, widerhistorisch. Sie giengen vom Menschen aus, den [der Zufall] ihre Zeit und Umgebung ihnen darbot, [vor allem von sich] am liebsten sogar von sich und von sich allein; sie glaubten schon durch eine Selbst-Analyse [zu einem] zum Ziel zu kommen, zu einer Kenntniß „des Menschen". Ihre eigenen Werthgefühle (oder die ihrer Kaste, Rasse, Religion, Gesundheit) galten ihnen als unbedingtes Werthmaaß; nichts war ihnen fremder und widerlicher als jene Selbstentsagung des eigentlich wissenschaftlichen Gewissens: als welches in einer wohlwollenden Verachtung der Person, jeder Person, jeder Personal-Perspektive seine Freiheit genießt. Diese Philosophen waren vorallererst Personen; jeder sogar empfand bei sich „ich bin die Person selber", gleichsam die aeterna Veritas vom Menschen, „Mensch an sich" [; was ich von mir weiß]. Aus dieser unhistorischen Optik, die sie gegen sich selber übten, ist die größte Zahl ihrer Irrthümer abzuleiten, — vor allem der Grundirrthum, überall das Seiende zu suchen, überall Seiendes vorauszusetzen, überall Wechsel, Wandel, Widerspruch mit Geringschätzung zu behandeln. [Der Philosoph als Ziel der Dinge, die Teleologie] Selbst unter dem Druck einer [mitten] von der Historie beherrschten Cultur (— wie es die deutsche Cultur an der Wende des Jahrhunderts war) [präsentirt sich] wird sich der typische Philosoph mindestens noch als Ziel des ganzen Werdens, auf welches alle Dinge von Anbeginn ihre Richtung nehmen, präsentiren: dies [ist] war das Schauspiel, welches seiner Zeit Hegel dem erstaunten Europa bot. **25 5-8:** nimmt ... können] *aus* macht darauf Schlüsse über das Wesen der Welt (wie Schopenhauer) *Dm* **9-15:** vier ... Bescheidung.] *aus* drei Jahrtausende als von einem ewigen redet. Alles ist geworden; es giebt keine ewigen Thatsachen. — So ist das historische Philosophiren nöthig! *Dm*

3. *Umarbeitung vom Januar 1888:* Es ist das Merkmal eines stärkeren und stolzeren Geschmacks, so leicht es sich auch als dessen Gegentheil ausnimmt, die kleinen unscheinbaren vorsichtigen Wahrheiten, welche mit strenger Methode gefunden wurden, höher zu schätzen als jene [beglückenden berauschenden Unwahrheiten, an welchen der Glaube künstlerischer Zeitalter sein Glück und seinen Rausch sucht] weiten schwebenden umschleiernden Allgemeinheiten, nach denen das Bedürfniß religiöser oder künstlerischer Zeitalter greift. Menschen, deren intellektuelle Zucht zurückgeblieben ist oder, aus guten Gründen, zurückgehalten werden muß (— [das] der Fall der [Frauen] Weiber) haben gegen jene kleinen Gewißheiten etwas wie Hohn auf den Lippen; einem Künstler zum Beispiel sagt eine physiologische Entdeckung nichts: Grund genug für ihn, gering von ihr zu denken. Solche Rückständigen, welche gelegentlich die Richter zu spielen sich beikommen lassen (— die drei [Künstler-Komödianten] Rückständigsten großen Stils, welche unsere Zeit aufzuweisen hat, haben es alle drei gethan: Victor Hugo für Frankreich, Carlyle für England, Wagner für Deutschland) weisen mit Ironie darauf hin — — — *24–26:* bescheiden ... jene] schön, prunkend, berauschend, ja vielleicht beseligend stehen jene, so bescheiden, schlicht, nüchtern, ja scheinbar entmuthigend stehen diese Cb^1 *26 16:* des] im He^1 *25:* geistreiche] geistreiche innige He^1

4. *Vs:* Ethik und Kunst bleiben an der Oberfläche der Dinge; sie täuschen, weil sie beseeligen. Der Mensch ist hier so stolz wie bei der Astrologie.   *30–31:* und ästhetischen], ästhetischen und logischen He^1

11. *Vgl. 21 [60]; 22 [74]*   *Vs:* Der sprachbildende Mensch glaubte den Dingen nicht Namen zu geben, sondern die volle Erkenntniss über sie auszusprechen: es war die erste Stufe der wissenschaftlichen Mittheilung.   *31 7:* erst —] *Dm; GA* erst *Cb; Ed*

13. *Vgl. 21 [38]; 22 [62]*   *Vs:* Traum wie auch zu starken Tönen usw. eine sofortige Erklärung gefunden wird.   *33 1–7:* Wer ... Schlafenden.] *vgl. folgende Aufzeichnung Ns aus der Pfortaer Zeit, unter dem Datum 11. August 1859:* Es ist eigenthümlich, wie rege die Phantasie im Traume ist: ich der ich immer des Nachts Bänder von Gummi um die Füße trage, träumte, daß zwei Schlangen sich um meine Beine schlängelten, sofort greife ich der einen an den Kopf, wache auf und fühle daß ich ein Strumpfband in der Hand habe. —   *2:* zwei Riemen] einem Band Cb^1 *7–8:* Die ... Gegenwart] Träume sind causae post effectum, und zwar irrthümlich angenommene causae Cb^1 *20–24:* Ich ... Wahrheit] Eine Hypothese genügt: Gott als Wahrheit. So wie der Mensch im Traum schliesst, schloss die Menschheit viele Jahrtausende vielleicht *Vs*

15. *35 19–20:* die ... überhaupt] *aus Schopenhauer Dm*

16. 36 *13–22:* also ... übersehen] aus jener Wirkung also auf diese Ursache auf das Unbedingte, das immer als der zureichende Grund der Welt der Erscheinung angesehen zu werden pflegt. Dagegen muß man, nachdem ⟨man⟩ den Begriff des Metaphysischen scharf als den des Unbedingten, folglich auch Unbedingenden hinstellt, umgekehrt gerade jeden Zusammenhang zwischen dem Unbedingten (der metaphysischen Welt) und der uns bekannten Welt in Abrede stellen: so daß in der Erscheinung eben durchaus nicht das Ding an sich erscheint, und von jener auf dieses jeder Schluss abzulehnen sei. Von der ersten Seite wird der Thatbestand ignorirt *He¹*   37 *2–3:* hat die Erscheinung] auf Grund der menschlichen Bedürfnisse, der menschlichen Affekte hat die „Erscheinung" *He¹*   *26:* verwachsen sind] GA verwachsen *Dm; Ed*
17. 38 *20:* der Unverantwortlichkeit] der persönlichen Entlastung *He¹*
18. *Vs:* Metaphysik welche von den Grundirrthümern des Menschen handelt doch so als wären es Grundwahrheiten.   *27:* dastehen: „Das] dastehen [Spir II 177]: das *Rs; vgl. Afrikan Spir, Denken und Wirklichkeit. Versuch einer Erneuerung der kritischen Philosophie, Leipzig ²1877, 2, 177, BN; vgl. PHG 15*   39 *1:* und] oder *Spir*   *12–13:* Glauben. Allem] Glauben. [Welches sind nun dessen niedrigste Formen? Jene, an denen ersichtlich ist, wie jenes Glauben aus dem Empfinden herauswächst? — Ein niedrig organisirtes Wesen hat eine Empfindung; eine andre folgt ihr regelmäßig, z. B. wenn es jemand drücken sieht, so fühlt es eine einen Schmerz. Im Augenblick des Druckes erzeugt es reproduktiv die Empfindung des Schmerzes: beide Empfindungen verwachsen, Resultat eine Empfindung der Furcht, mit deren Folgen des Fliehens, Abwendens.] Allem *Rs*   *16–17:* vorangegangenen ... niedrigsten] *aus* anderer ist eben jener Glaube an die Beziehung eines Dinges zu uns in Lust oder Schmerz: Glaube ist „Vorgefühl" in seiner niedersten *Rs*
19. 41 *6:* eben] *Rs; He¹; He²; GA* aber *Dm; Ed (Lesefehler von Gast)*   *11–12:* Kant ... vor"] *vgl. Prolegomena § 36 Schluß, Akad.-Ausg. IV 320; nach „Gesetze" steht bei Kant in Klammern: „(a priori)", ferner ist die ganze Stelle gesperrt*
20. *Vs:* 22 [28]   *erste Fassung der Rs:* Die erste Stufe der Bildung ist jetzt erreicht, wenn der Mensch über aberglaubische und religiöse Begriffe und Ängste hinauskommt und z. B. nicht mehr an die lieben Englein glaubt, wie die gebildeten Damen Roms: ist man auf dieser Stufe der Befreiung, so ist jetzt eine rückläufige Bewegung nöthig, man muß die historische Berechtigung, ebenso die psychologische in solchen Vorstellungen begreifen und erkennen, wie die Poesie darauf ruht und wie man sich, ohne eine solche rückläufige Bewegung, der größten Ergebnisse der bisherigen Menschheit berauben würde. — In

Betreff der philosophischen Metaphysik bin ich vielleicht der erste, welcher hier an das negative Ziel und nun wieder rückwärts gelangt ist: während die Aufgeklärtesten es eben nur zur Befreiung von der Metaphysik bringen und mit Überlegenheit auf sie zurücksehen. Man soll aber auch hier, wie im Hippodrom, um das Ende der Bahn herumbiegen.

22. 43 *27:* gründen. Einstweilen] gründen [(zum Beispiel durch Prophylaxis gegen gewisse Krankheiten auf der ganzen Erde)]. Einstweilen *Dm*   44 *1–2:* wagt. Ein] wagt. [Dieses Misstrauen, diese Unruhe zeigt sich augenfällig in Architektur, Kleidung]. Ein *Dm*

23. Vgl. 23 *[85]*   *erste Fassung der Rs:* Je weniger gebunden die Menschen sind, um so größer wird die innere Bewegung der Motive, um so größer wiederum die äußere Unruhe. Durcheinanderfluthen der Menschen tritt ein, wenn sie nicht so streng an den Ort sich mehr gebunden fühlen. Wie alle Stilarten der Künste nebeneinander nachgebildet werden, so auch alle Stufen und Arten der Moralität, der Sitten. — Ein solches Zeitalter hat den Sinn, daß die verschiedenen Sitten verglichen werden können; was früher, bei ihrer lokalisirten Herrschaft nicht möglich war; ebenso die Stilarten der Kunst. Eine Vermehrung des aesthetischen Gefühls wird endgültig unter so vielen Formen entscheiden, und die meisten, vielleicht zu Gunsten der griechischen, absterben lassen. Ebenso eine Wahl der höheren Sittlichkeit! Untergang der niedrigen Sittlichkeiten! Es ist das Zeitalter der Vergleichung!

25. Vgl. 22 *[5];* 23 *[154]*

26. Vgl. 23 *[184]*   *Vs:* da vielleicht liegt der größte Vortheil, welchen wir aus Schopenhauer gewinnen, darin daß er uns in ältere mächtige Betrachtungen der Dinge zurückzwingt, zu welchen sonst uns so leicht kein Pfad führen würde ... Ich glaube, daß jetzt Jemandem *[sic! statt wie 43, 21: Niemandem]* möglich sein wird, ohne Schopenhauer dem Christenthum und seinen asiatischen Verwandten Gerechtigkeit widerfahren zu lassen.   47 *7–8:* Metaphysik, dass] Metaphysik [(und nach ihm Hartmann's Gespensterspuk am lichten Berliner Tage)], dass *Dm*

27. Vgl. 21 *[74];* 22 *[26]*   48 *3:* man sie] man, wie Ph. Mainländer es von Schopenhauers Philosophie thut, sie *Rs*   21–26: ist ... übergehen] *aus* ist die Kunst sehr zu benutzen, um das geladene Gemüth zu erleichtern, ohne daß zugleich jene Vorstellungen gestärkt werden; die Kunst dient einer solchen befreienden Philosophie als überleitendes Mittel. Und überhaupt, um ein Goethisches Wort, mit kleiner Veränderung, anzuwenden: „wer Wissenschaft und Kunst besitzt, der braucht nicht Religion" vgl. *Goethe, Zahme Xenien:* „Wer Wissenschaft und Kunst besitzt / hat auch Religion ...", *a.a.O.* 3, 119; vgl. 22 *[54]?*

31. *Vgl. 17 [2]* 51 *3:* Denker in] Denker, der alle Menschen zu Denkern machen möchte, in Vs
32. *Vgl. 9 [1]*
33. *Vgl. 9 [1]* 52 *23:* reinen] reichen *He¹* reicheren *GA* 53 *7–8:* gar nicht oder] *eingeklammert He¹*
34. *erste Fassung der Rs:* Meine Philosophie wird zur Tragödie. Die Wahrheit wird dem Leben, dem Besseren feindlich. Die Frage bleibt: ob man bewußt in der Unwahrheit bleiben könne? Denn ein Sollen giebt es nicht mehr. Die Moral ist ebenso vernichtet wie die Religion. Die Erkenntniß kann als Motive nur Lust und Unlust bestehen lassen: wie werden die sich mit der Wahrheit auseinandersetzen? Auch sie beruhen auf Irrthümern (wenigstens als Neigung und Abneigung). Das ganze Menschliche Leben ist tief in die Unwahrheit eingesenkt: man kann es nicht herausziehn; man nimmt nicht nur seine Vergangenheit, sondern auch seine gegenwärtigen Motive (Ehre Gutsein usw.) hinweg. Vorbereitung zu einer tragischen Philosophie wäre der Name; in Wahrheit bliebe ein viel einfacheres, von Affekten reineres Leben übrig (nur aus schwer besiegter Gewohnheit wirkten die alten Motive noch fort, allmählich immer schwächer). Man lebte unter Menschen und mit sich wie in der Natur, ohne Lob, Vorwürfe, an allem sich freuend, sobald man es nicht mehr fürchtet – Schauspiel! 53 *30–31:* Wird ... feindlich?] *eingeklammert He¹* 54 *1–10:* oder ... bestimmen).] *eingeklammert He¹* *11:* Unwahrheit:] Unwahrheit *He¹* *14:* wie ... Ehre,] *eingeklammert He¹* *19:* Zerstörung] Auflösung Auseinanderlösung Selbstvernichtung *He¹*
35. *Vgl. 22 [15]; 23 [132]* *Umarbeitung in He¹ (die von N eingeklammerten Stellen sind weggelassen):* Von der moralistischen Oberflächlichkeit in Deutschland. – Dass das Nachdenken über Menschliches, Allzumenschliches zu den Mitteln gehöre, vermöge deren man sich die Last des Lebens erleichtern könne, dass die Übung in dieser Kunst Geistesgegenwart in schwierigen Lagen und Unterhaltung inmitten einer langweiligen Umgebung verleihe, ja dass man den dornenvollsten und unerfreulichsten Strichen des eigenen Lebens Sentenzen abpflücken und sich dabei ein Wenig wohler fühlen könne: das glaubte man, wusste man – in früheren Jahrhunderten. Warum vergass es dieses Jahrhundert, wo wenigstens in Deutschland die moralistische Armseligkeit durch viele Zeichen sich zu erkennen giebt? Ja, man [darf fragen] möchte zweifeln, ob Deutschland überhaupt bisher schon „moralisirt" hat. Man gebe Acht auf die Beurtheilung öffentlicher Ereignisse und Persönlichkeiten: man erwäge den Erfolg, welchen lächerlich-enge, altjungfernhafte Bücher (z. B. Vilmar's L⟨itteratur⟩gesch⟨ichte⟩ oder Janssen) vor Allem aber gestehe man sich ein, wie die Kunst und auch die Lust der psychologischen Zergliederung

und Zusammenrechnung in der Gesellschaft aller deutschen Stände fehlt, in der man wohl viel über Menschen, aber gar nicht über den Menschen spricht. Warum doch lässt man sich den reichsten und harmlosesten Stoff der Unterhaltung entgehen? Warum liest man nicht einmal die grossen Meister der psychologischen Sentenz mehr? — denn, ohne jede Übertreibung gesprochen: der Gebildete in Deutschland, der La Rochefoucauld und seine Geistes- und Kunstverwandten bis hin zum letzten großen Mor⟨alisten⟩ Stendhal gelesen hat, ist selten zu finden; und noch viel seltener Der, welcher sie kennt und sie nicht schmäht. Wahrscheinlich wird aber auch dieser ungewöhnliche Leser viel weniger Freude an ihnen haben, als die Form jener Künstler ihm geben sollte; denn selbst der feinste Kopf ist nicht vermögend, die Kunst der Sentenzen-Schleiferei gebührend zu würdigen, wenn er nicht selber zu ihr erzogen ist, in ihr gewetteifert hat — gleich mir: man vergebe mir den [hier] Anspruch, unter Deutschen eine Ausnahme zu sein. Man nimmt, ohne solche practische Belehrung, dieses Schaffen und Formen für leichter als es ist, man fühlt das Gelungene und Reizvolle nicht scharf genug heraus. Desshalb haben die deutschen Leser von Sentenzen *usw. wie im Ed*   57 5–6: Vortheile ... Beobachtung. —] *aus* Recht der psychologischen Beobachtung. [Einleitung.] Vorrede *Dm; die Aphorismen 35–38 waren noch in Dm ursprünglich als Vorrede gedacht*   16:, ja in Europa,] und Russland *Cb¹*   58 1: Europa] *aus* Deutschland *Dm*   2: seine ... Kunstverwandten] Vauvenargues Champfort und Stendhal *Rs*

36. *Vs:* 23 [41]   *Vgl.* 23 [47]   59 12–14: „Ce ... veut."] *vgl. Réflexions, sentences et maximes morales de La Rochefoucauld, précedé d'une notice par Sainte-Beuve, Paris o.J., 9¹ BN*   16: der Verfasser] *Paul Rée*   24: scheint.] scheint. Zuletzt ist auch das noch wahr: *He¹; hier sollte noch* 60 24–34: zahllose ... lässt. *als Schluß in He¹ angehängt werden*

37. *Vgl.* 23 [195]; 22 [107]; 23 [41]   Umarbeitung in *He¹ (die von N eingeklammerten Stellen sind hier weggelassen):* 37. / Wie es sich nun mit Rechnung und Gegenrechnung verhalte: in dem gegenwärtigen Zustande der Philosophie ist die Auferweckung der moralistischen Beobachtung nöthig, und der grausame Anblick des psychologischen Secirtisches und seiner Messer und Zangen kann der Menschheit nicht erspart bleiben. Die ältere Philosophie ist der Untersuchung von Ursprung und Geschichte der menschlichen Werthschätzung unter dürftigen Ausflüchten immer aus dem Wege gegangen. Mit welchen Folgen: das lässt sich jetzt sehr deutlich überschauen, nachdem an vielen Beispielen nachgewiesen ist, wie die Irrthümer der grössten Philosophen gewöhnlich ihren Ausgangspunct in einer falschen Erklärung

bestimmter menschlicher Handlungen und Empfindungen haben, wie auf Grund einer irrthümlichen Analysis, zum Beispiel der sogenannten unegoistischen Handlungen, eine falsche Ethik sich aufbaut, dieser zu Gefallen dann wiederum Religion und mythologisches Unwesen zu Hülfe genommen werden, und endlich die Schatten dieser trüben Geister auch in die Physik und die gesammte Weltbetrachtung hineinfallen. *[am rechten Rand:]* Allmählich seq. Steht es aber fest, dass die moralistische Oberflächlichkeit [in der psychologischen Beobachtung] dem menschlichen Urtheilen und Schliessen bisher die gefährlichsten Fallstricke gelegt hat und fortwährend von Neuem legt, so bedarf jetzt jener Ausdauer der Arbeit, welche nicht müde wird, Steine auf Steine, Steinchen auf Steinchen zu häufen, so bedarf es der enthaltsamen Tapferkeit, um sich einer solchen bescheidenen Arbeit nicht zu schämen und jeder Missachtung derselben Trotz zu bieten. *[am rechten Rand]* hier: „Allmählich hat sich" *dieser Hinweis bezieht sich auf eine Vs JGB 6; 60, 24–34:* Es ... lässt. *sollte, in:* Zuletzt ist auch das noch wahr usw. *geändert, MA 36 angehängt werden; 60, 34–61, 17:* Aber ... haben. *ist eingeklammert.* 61 4: Denker] Denker [der Gegenwart] *Dm* 4–8: der ... Mensch."] *vgl. Paul Rée, Der Ursprung der moralischen Empfindungen, Chemnitz 1877, VIII, BN* 9–17: hart ... haben] stählern und schneidig geworden durch das umfänglichste historische Wissen, wie es erst unsere Zeit über diese Gegenstände herbeischaffen kann – dieser Satz ist die Axt, welche dem „metaphysischen Bedürfniss" an die Wurzel gelegt wird. Was nach dieser Beseitigung noch von der Metaphysik übrigbleibt ist eine Reihe streng wissenschaftlicher Probleme, mit denen aber niemand mehr Gemüthsbedürfnisse stillen wird *Vs*

38. *Vgl.* 23 [114] *in He¹ ist der ganze Aphorismus eingeklammert und durchgestrichen; zunächst wollte aber N den ersten Satz (61, 19 bis 23:* Inwiefern ... kann.) *als Anfang von MA 37 benutzen (Variante am Schluß: nicht mehr entrathen kann); dann aber strich er auch diesen Satz durch* 30: haben.] haben. [Wenn nun zuletzt, nach solchen Vorbemerkungen über das Recht der psychologischen Beobachtung überhaupt, eine wesentliche Frage angesichts dieses Buches übrigbleibt: so bin ich es nicht, der dieselbe beantworten kann. Die Vorrede ist des Autors Recht, des Lesers aber – die Nachrede.] *Dm; vgl.* 23 [196] 62 5: finden] *Rs; Dm; GA* finden können *Cb; Ed*

39. *Vs:* 19 [36]; 19 [39] 23: wegen.] wegen (welche sie für die Gemeinde haben.) *He¹* 28: Wirkung] Folge *He¹* 63 2: herauswächst.] herauswächst, daß es nothwendig Farbe und Art seines Ursprungs tragen wird. *Vs* 12: Empfindungen] Werthschätzungen zugleich *He¹* 19–22: thatsächlich ... erlangte,] doch auch

nach der Meinung dieses Philosophen, verläuft —, sondern der Mensch selber mit der selben Nothwendigkeit gerade dieser Mensch wäre der er ist — *He¹* 64 *1–5:* der ... Freiheit.] abgesehn von der eigentlichen Tollheit der letztgegebenen Behauptung der Fehlschluss gemacht, dass aus der Thatsache des Unmuthes schon die Berechtigung, die vernünftige Zulässigkeit dieses Unmuthes geschlossen wird; erst von jenem Fehlschluss aus kommt Schopenhauer zu seiner phantastischen Consequenz der sogenannten intelligibelen Freiheit. (An der Entstehung dieses Fabelwesens sind Plato und Kant zu gleichen Theilen mitschuldig) *He¹* *5–21:* Aber ... Folgen.] *eingeklammert He¹* *6:* braucht] braucht noch *He¹* *9:* weil] nur weil *He¹* *21:* vor den Folgen.] völlig die Sehkraft zu verlieren, also der [vermeintlichen] Folgen wegen. Aber die Philosophie hat durchaus nicht auf die Consequenzen der Wahrheit sondern nur auf diese selbst zu achten. *Vs; in Rs folgt 20 [2]*

40. *29–31:* woraus ... ist.] *eingeklammert He¹*
41. 65 *6:* Motive] neuen [Motive] *He¹*
42. *30:* nicht] nicht *He¹*
43. 66 *17–19:* Rinnen ... wälzt] *aus* Organe sind fortentwickelt, selber zarter geworden, in Verbindung mit anderen gebracht, welche Gegenemotion gegen Grausamkeit fortwährend zuführen *Rs*
44. 67 *1–2:* Swift ... hegen] *eigentlich Pope; vgl. das Swift-Büchlein, Berlin 1847, 17, BN*
45. *19:* Troer ... Grieche] *aus* Droher ... Kriecher *Rs (Brenner): N hat Brenners Hörfehler verbessert*
46. 68 *21–25:* so ... ihm] als wir; — vielleicht leidet der Jünger eines Märtyrers mehr, als der Märtyrer *Vs; vgl. MA 582*
50. 70 *7–19:* La Rochefoucauld ... ausmache.] *vgl. La Rochefoucauld, a. a. O., 4* 71 *28–29:* Sachez ... faire] *vgl. P. Mérimée, Lettres à une inconnue ... précédées d'une étude sur Mérimée par H. Taine, Paris 1874, I 8; vgl. GM II 5*
51. 72 *11:* erbt] *Rs; GA übt Dm; Ed (Lesefehler von Gast)*
54. 73 *28:* Swift] *Humoristische Werke 2, 188, Stuttgart 1844, BN*
63. *Vgl. 26 [1]*
64. *Rs am Schluß:* Gegen solche zurückgebliebne Menschen ist Nothwehr am Platz d. h. eine Art sich zu helfen, welche auch nur in früheren Culturen gewachsen ist: aber wir werden in diese zurückgeführt, wenn jemand zu grob und zurückgeblieben ist, um den verfeinerten Geist zu verstehen: die beste Art der Nothwehr ist deutlich ausgedrückte Verachtung: ein kaltes höhnisches Wort gegen den Aufbrausenden, ein Lächeln mit Handgebärde als Wirkung gegen den bösen kalten Blick.
66. *Vgl. 17 [101]; 18 [51]*

69. Vgl. 22 [43]   81 *17:* Bibel] *vgl. Matth. 5, 45*
71. 82 *1–2:* Pandora ... es] *vgl. Hes. Erga 90 sqq.*   Vs *am Schluß:* —
so verstand Hesiod die Hoffnung; dieser alte Böotier wurde aber von den Philologen nicht verstanden. Wer ist nun Böotier? *vgl. M 38*
73. *Vgl. 19 [106]*
76. *Vgl. 16 [14]*
78. *Vgl. 22 [101]*
80. 85 *19–22:* Die ... sind] das sollte sich von selber verstehen. Aber das Christenthum hat das Gefühl der Menschen hierin verfälscht: wir müssen lernen natürlich zu fühlen Vs
81. 86 *9–13:* So ... hatte] *vgl. Herod. VII 38–39.*
83. *Vgl. 18 [18]*
86. 87 *13:* lobt] Vs; GA liebt Rs; Ed
87. *Vgl. 21 [52]*
89. *Vgl. 20 [6]*
91. *Vgl. 22 [87]*
92. *Vgl. 6 [32]*   89 *16:* Thukydides] V 87–111.   *23:* bekommt] Rs; GA bekennt *Dm (Lesefehler von Gast);* Ed
93. 91 *3–4:* unusquisque ... valet] *vgl. Spinoza, Tract. theol.-pol. II 4 u. 8, zitiert bei Schopenhauer, Parerga 2, 258*
94. *Vgl. 21 [36]*
95. *29:* 95] *eingeklammert He[1]*
96. *Vgl. 23 [87]*   *Umarbeitung in He[1]:* Moralisch, sittlich, tugendhaft sein heisst Gehorsam gegen ein altbegründetes Gesetz und Herkommen üben. Ob man mit Mühe oder gern sich ihm unterwirft, ist dabei lange Zeit gleichgültig, genug, dass man es thut. „Gut" nennt man [heute] endlich Den, welcher wie von Natur, nach langer Vererbung, also leicht und gern das Sittliche thut, je nachdem diess ist (zum Beispiel Rache übt, wenn Rache-üben, wie bei den älteren Griechen, zur guten Sitte gehört). Er wird gut genannt, weil er „wozu" gut ist; da aber Wohlwollen, Mitleiden Rücksicht Mäßigung und dergleichen in dem Wechsel der Sitten zuletzt immer als „gut wozu", als nützlich empfunden wurde, so nennt man später vornehmlich den Wohlwollenden, Hülfreichen „gut" — anfänglich standen andere und wichtigere Arten des Nützlichen — — — Böse ist „nicht sittlich" (unsittlich) sein, Unsitte üben, dem Herkommen widerstreben, wie vernünftig oder dumm dasselbe auch sei; das Schädigen der Gemeinde (und des in ihr begriffenen „Nächsten") ist aber in allen den Sittengesetzen der verschiedenen Zeiten vornehmlich als die eigentliche „Unsitte" empfunden worden, so dass wir jetzt bei dem Wort „böse" zunächst an die freiwillige Schädigung des Nächsten und der Gemeinschaft denken. Nicht das „Egoistische" und das „Unegoistische" ist der Grundgegensatz, welcher die Menschen zur Unterscheidung von sitt-

lich und unsittlich, gut und böse gebracht hat, sondern: Gebundensein an ein Herkommen, Gesetz, und Lösung davon. Wie das Herkommen entstanden ist, das ist dabei gleichgültig, jedenfalls ohne Rücksicht auf gut und böse oder irgend einen immanenten kategorischen Imperativ, sondern vor Allem zum Zweck der Erhaltung einer Gemeinde, einer Geschlechtsgenossenschaft; jeder *usw. unverändert bis zum Schluß, nur 93, 30:* Moral der Pietät *ist in He¹ unterstrichen*   92 *29–93 1:* „Gut" ... gehört).] *eingeklammert He¹*
99. *Vgl. 21 [72]*   95 *27–96 7:* Das ... würden. —] *eingeklammert He¹*   96 *1:* Philosophen] *Rs; GA* Philosophie *Dm; Ed*   *6:* unwirthlichen] *He¹; GA* unwirthliche *Ed; DmN [?]*   *7–16:* Die ... unschuldig.] *eingeklammert He¹*   *25:* grösseres] stärkeres *He¹*
101. 97 *29:* Richtet nicht] *vgl. Matth. 7, 1*   98 *3:* Genfer] edlen *DmN*   *14:* gelernt hat] gewohnt ⟨ist⟩ *He¹*   *27–33:* Der ... werden.] *eingeklammert He¹*
102. *Vgl. 21 [31]; 21 [73]*   99 *1:* 102] *eingeklammert He¹*
103. 100 *1–2:* Ist ... sagt?] *vgl. Schopenhauer Ethik 200. 225, Parerga 2, 231*   *13–23:* vom ... ist] *aus* der Nutzen, das heisst die Rücksicht auf die Folgen, auf eventuelle Unlust kann solche Handlungen ursprünglich verbieten. Das Mitleid ist kein ursprüngliches, sondern ein spätes Phänomen. Überdiess ist es nicht reiner Schmerz, [denn es hat zwei Elemente der] sondern Lust der Emotion *Dm*
104. *Vgl. 21 [31]*   101 *3–5:* ; man ...sind.] *aus* (zum Beispiel bei der Nothlüge, wie Schopenhauer sie beschreibt). Aber wo bleibt dann das Unmoralische? *Dm*   *15–17:* das Kind ... Spielzeug] *aus* es nicht unmoralisch, zum Beispiel bei dem Kinde, welches gleich dem Italiäner „grausam" gegen Thiere ist *Dm*   101 *26–102 4:* Aber ... Intellects] *aus* Andererseits sind die Menschen mitleidig aus Liebhaberei an starken Empfindungen, daher die Kunst der Tragödie, das Gefallen an Hinrichtungen *Dm*   101 *34–102 4:* Ohne ... Intellects.] *eingeklammert He¹*
105. 102 *27–31:* fort ... Eitelkeit] weg. — Im Verhältnis von Arbeiter und Arbeitgeber ist „Lohn" ein falscher Begriff: hier handelt es sich um vertragsmässigen Austausch von Leistungen, je nachdem der Eine diese, der andere jene Art von Leistungen mehr nöthig hat: also der Arbeiter Geld, Haus, Pflege, der Arbeitgeber fremde Körper- und Geisteskräfte *Rs; vgl. 23 [73]*
106. *Rs am Schluß gestr.:* eine falsche Vorstellung, welche vielfach als Motiv wirkt, z. B. wenn wir loben belohnen strafen, uns rächen usw.
107. *Vs:* Die völlige Unverantwortlichkeit des Menschen für sein Handeln und sein Wesen ist der bitterste Tropfen, welchen der Erkennende schlucken muß: obwohl man zuerst gerade das Gegentheil

glauben möchte. Alle unsere Schätzungen, Auszeichnungen, Abneigungen sind dadurch entwerthet, falsch geworden: unser tiefstes Gefühl, das wir dem Dulder dem Helden entgegenbringen gilt einem Irrthum; wir dürfen nicht loben, nicht tadeln, wie wir die Natur nicht loben und tadeln. So wie wir das gute Kunstwerk lieben [und nicht lieben, das] aber nicht loben, weil es nichts für sich selber kann, wie wir vor der Pflanze stehen, so müssen wir vor den Handlungen der Menschen, vor unsern eignen stehen. Wir können Kraft Schönheit Fülle [usw.] an ihnen bewundern, aber dürfen kein Verdienst darin finden. Der chemische Prozeß ist ebenso wenig [voll] ein Verdienst, wie der mühsame Kampf eines Vaters welcher sich entscheiden muß, ob er seine Tochter opfere oder seinen Mund mit einer Lüge beflecke (wie es der große W. Scott im Kerker von Edinburg darstellt) oder das Opfer von 8 Söhnen, welches der greise Erzieher eines Häuptlings dem Rufe desselben darbringt (herrlich erzählt im schönen Mädchen von Perth). Diese Handlungen enthalten erstens einen Irrthum als Motiv, dort daß es einen Gott gebe, der die Lüge verbiete, hier daß am Rufe des Häuptlings mehr gelegen sei als am Leben von 8 Söhnen. Sodann ist unsere Empfindung an jene erwähnte irrige Vorstellung geknüpft, als ob die Genannten auch anders hätten handeln sich anders hätten entscheiden können. — Wenn man einsieht daß alle Motive der Ehre und Schande wegfallen müssen weil man nur die „freie" Handlung ehrt oder tadelt, nicht aber Naturvorgänge, so weiß man in seiner Traurigkeit nicht, wonach eigentlich die Menschen noch leben sollen: wenn nicht nach Motiven des Vortheils, welche wiederum die von Lust und Unlust wären. — Aber die Wahrheit selber höher taxiren als die Unwahrheit — [warum? Dies ist schon Moral.] wie kommen wir darauf in Bezug auf jenen Satz selber? Ist dies eine Rücksicht des Nutzens oder der Moral? —

108. *Vgl. 18 [33]; 5 [163]*   Vs: Man kann entweder ein Übel beseitigen oder unsere Stimmung über dies Übel ändern (eine andere Wirkung) Heilkunst Einfluss auf die Empfindung bei Zahnschmerz — Kunst   *über Rs später hinzugefügt:* Abnahme der Thatkraft, Religion und Kunst eintretend (zu Gunsten Plato's)   **107** 13: „wen ... er"] *vgl. Hebr. 12, 6*

109. *erste Fassung in Rs:* Wie kann man die falsche Annahme, es gebe einen Gott, der das Gute wolle, Wächter und Zeuge jeder Handlung jedes Augenblicks sei, der uns liebe, in allem Unglück unser Bestes wolle — wie kann man dies mit Wahrheiten austauschen, welche ebenso heilsam wohlthuend sind? Solche giebt es nicht, die Philosophie kann höchstens wiederum Unwahrheiten entgegensetzen. Nun ist aber die Tragödie die, daß man jene Unwahrheiten nicht glauben kann, wenn man die strenge Methode der Wahrheit im Herzen hat, anderseits

durch die Entwicklung der Menschheit so zart, reizbar geworden ist, um Heilung und Trost nöthig zu haben. **108** *3:* Priester] homines religiosi *He¹* *17–18:* Wahrheit] Wahrheit richtiger: am durchschauten Irrthum *He¹* *19–21]* vgl. Byron, Manfred I 1 26–29] vgl. Hor. Carm. II 11, 11–14 **108** *30–***109** *7] von N hinzugefügt, nachdem er einen Brief von H. von Wolzogen an Gast gelesen hatte; in diesem Brief wurden drei „rein atheistisch gehaltene" Aufsätze von Gast für die „Bayreuther Blätter" abgelehnt; vgl. P. Gast an J. Hofmiller, 31. Aug. 1894, in „Süddeutsche Monatshefte", Nov. 1931* **109** *7:* hätte!] hätte! [Es bleibt also dabei:] Dm

110. Vs: 19 [100]   **110** *9–10:* würde ... können] *vgl. Schopenhauer, Parerga 2, Über Religion*   **111** *25–29]* vgl. Goethe, „Kophtisches Lied", a.a.O. 1, 103   *32:* einer Narrheit gilt] nur einer Narrheit gelten kann *He¹*

111. *Bearbeitung von § 2 des Kollegs Der Gottesdienst der Griechen; die Fassung des Kollegs (von N Winter 1875–76 gehalten) findet sich auch in GA XIX 6–9.*   **112** *25–26:* Lubbock] *vgl. John Lubbock, Die Entstehung der Civilisation und der Urzustand des Menschengeschlechtes, erläutert durch das innere und äußere Leben der Wilden, übers. von A. Passow, nebst einleit. Vorwort v. R. Virchow, Jena 1875, 239 BN; erworben am 28. Juli 1875*   **113** *5:* völlig] *gestrichen He¹*   *7:* sein Subject] die Musik und der Lärm seiner Seele *He¹*   *10:* der] dieser *He¹*   *12:* dadurch] dadurch erst *He¹*

112. *Rs am Schluß:* zu **Archilochos** Sappho

113. Vs: N II 2, 19. 22. 35   *N II 2, 19:* Morgen Kirchenglocken Berner Alpen — zu Ehren eines gekreuzigten Juden, welcher sagte, er sei Gottes Sohn.   *N II 2, 22:* Ist es glaublich, dass so etwas noch geglaubt wird?   *N II 2, 35:* Gottessohn — der Glaube ohne Beweis ist schon ein Stück Alterthum.   **117** *4:* ferner] einer sehr fernen *He¹*   *4–5:* jene Behauptung] ihm jener Behauptung überhaupt noch *He¹*   *6:* ist] geworden ist *He¹*

114. Vs: 5 [150]

117. Vgl. Anm. zu MA 549

118. **119** *27:* wären.] wären. Religionen sollten nie herrschen, sondern immer nur entstehen. *Vs*

119. Vs: 19 [56]

122. **121** *5:* erstere] *Vs; GA* erste *Rs (Brenner); Dm; Ed*

123. Vs: 19 [63]

125. Vs: 5 [196]

131. Vgl. 21 [55]   **124** *9–10:* „dem ... Rafael"] *vgl. Schopenhauer, Welt 1, 486 (Schluß des vierten Buches)*   *21:* Logiker sprechen] Logiker wie Spir sprechen *Rs; vgl. A. Spir, a.a.O. 1, 312 Anm.*

132. Vgl. 23 [114]   **126** *10:* ist] sein soll *He¹*

133. 127 *7–8:* in ... müsste] immer in ... muß *He¹* *10:* wie] wie ein solcher *He¹* *13–18:* Wir ... machen] *vgl. G. Chr. Lichtenberg, Vermischte Schriften, Göttingen 1867, 1, 83, BN* *18–19:* si ... trompé] *vgl. La Rochefoucauld, a.a.O. 37, Nr. 374* *20–24:* Wesshalb ... Empfindungen".] *eingeklammert He¹* *22:* vorher] *aus* in der Vorrede *Dm; vgl. MA 35, Anm. zu 57, 5–6*
134. *Vgl. 22 [20]*
135. *Vgl. 22 [20]*
136. 130 *17:* soll] soll *He¹*
137. *Rs-Titel:* Zur Erklärung des Cynicismus *Vs:* Trotz gegen sich selbst (Schopenhauer und Ascese). Ansichten äussern, die ihm schädlich sind, frühere widerrufen, die Verachtung der Anderen heraufbeschwören. Ein sehr hoher Grad von Gewalt und Herrschsucht, welcher sich gegen eigene niedere Ängstlichkeit erhebt, Bergsteiger. 131 *9:* hätte,] hätte, einfach *Rs; Dm; Cb; GA* *14:* gemacht] *He¹ (von fremder Hand); GA* geworden *Rs; Dm; Ed; dazu Fragezeichen von N in Cb*
138. *Rs-Titel:* Moralische Größe aus Affekt 132 *1:* ist] heisst *He¹*
139. 133 *18–24:* Der ... Nachdenken] Also: überall wo der Wille nicht außerordentlich stark und frei ist, ist seine vollständige Unterwerfung wünschenswerth. Im andern Falle giebt es Schwanken, Unklarheit, halbe Lösung von der Sitte; das Glück der Moralität begleitet einen solchen Menschen nicht. — Das Höhere ist aber, sein eignes Gesetz zu sein *Rs*
140. *Vs: 23 [113]* *Vgl. 23 [127]*
141. *Vgl. 23 [148]* 134 *28–31:* Damit ... werden] *aus* Statt dafür dankbar zu sein, dass gewisse körperliche Verrichtungen, welche die Gesundheit fordert, mit Lust verbunden sind, hat man sie gebrandmarkt, das Wort „Lust" im verächtlichen Sinne gebraucht *Rs* 135 *3–5:* Und ... ist.] *vgl. dazu 21 [48]* *5:* ist] ist. [Hierin muss die Menschheit zu der harmlosen Auffassung der Griechen zurückkehren, deren düsterster Philosoph, Empedocles, in der Aphrodite — zwei Menschen, die aneinander Freude haben — die beste glücklichste und hoffnungsreichste Erscheinung auf Erden sieht und durchaus nichts von jenem mönchischen halb begehrlichen Grauen merken lässt, mit dem Schopenhauer diese Dinge ansieht. — Plato freilich verketzert alle Sinne, Augen und Ohren voran; und überhaupt giebt es auch unter den Griechen Ausnahmen der Unvernunft und Unnatur.] *Rs* *5–12:* Zwar ... ward] Ein Gedanke der im Superlativ-Christenthum noch einmal zusammengeknotet wird — zur verwickeltsten Paradoxie, die ich kenne. Also die Zeugung und Geburt Schuld des Kindes, das eben gezeugt geboren wird (nicht einmal des Vaters, der Mutter) *Vs* *11–12: vgl. Pedro Calderon*

de la Barca, La vida es sueño, I 2; bei Schopenhauer, Welt 1, 300. 419 zitiert 14: empfunden] empfunden: so gilt er auch Schopenhauer *Rs* 16–22: Empedokles ... werde.] *vgl. Empedokles (Diels-Kranz), Frg. 17, 1–8; 26, 1–7; 35, 1–6; 36; 66; 121, 4; 128, 1–3.* 136 13–14: es ... Dinge] *vgl. Epict. Manuale V, zitiert auch bei Schopenhauer, Welt 1, 105, Parerga 1, 344* 28: Urkunden des Christenthums] Bergpredigt *Rs* 137 6: werden.] werden: (Das Christenthum ist das Erzeugniß einer überreifen Culturperiode: als solches wirkte es auf frische barbarische Völkerschaften wie Gift und Fäulniß) während der antike Geist eine bestimmte Gattung von Emotion die der Freude in allen Stufen wollte, suchte der christliche Geist die Emotion des Schmerzes (aus welcher nebenbei und gelegentlich das Verlangen nach der ausschweifenden Lustempfindung erwuchs) *Rs* 15: wurde] *Rs; Dm; GA* werde *Cb; Ed*

142. 138 24: zuletzt:] *Rs; GA* zuletzt *Dm; Ed* 28–33: Novalis ... hat."] Seine Kunstfertigkeit ist, eine Reihenfolge von inneren Zuständen sich auszuspinnen, welche jeder andere Mensch ebenfalls kennt und erlebt, aber dieser unter der Zufälligkeit äußerer Einwirkungen: jener aus lauter inneren Motiven, aus einer Zusammenkoppelung von schlechtem Wissen, guten Absichten und verdorbener Gesundheit. — Diese Einsicht soll uns nicht verhindern einzugestehen, daß der Asket und der Heilige, in Hinsicht auf ihr Resultat, nicht auf ihre Elemente, zu den herrlichsten und fruchtbarsten Kräften der Menschheit gehören — innerhalb bestimmter Zeiträume, in welchen der religiöse Wahnsinn an Stelle jedes Wahr-sinns getreten ist *Rs; vgl. MA 143* 30–33: „Es ... hat."] *vgl. Novalis, Schriften, hg. R. Samuel u. P. Kluckhohn, Leipzig 1928, 3, 294; N zitiert nach dem Text der Tieck-Schlegelschen Ausgabe ³1815, 2, 250*
145. *Vs:* 22 [36]   *Vgl.* 23 [84]
147. 142 30–143 4] *erste Fassung der Rs:* er ist ein Kind geblieben oder ein Jüngling, in frühem Lebensalter überfiel ihn sein Kunsttrieb, und er kann nur Homogenes darstellen.
148. *Vs:* 5 [162]   *Vgl.* 22 [26]
149. 144 1–3: Wonach ... Irrthum] Der Art ist die Schönheit des Golfs von Neapel, im Abendlichte, von Posilipp aus [und die Adagios Beethoven's] gesehen *Rs*
151. *Vgl. 17 [1]; 17 [18]; 17 [79]   Rs am Anfang gestr.:* Ein Hauptmittel für den idealisirenden Dichter ist eine Art von unreinem Denken. Zu diesem verhilft ihm namentlich das Metron. 22–23: Das ... Realität] *vgl. Goethe an Schiller, 5. Mai 1798*
152. *Vgl.* 22 [39]; 23 [112]
153. 145 23–28: Wird ... gestellt] Jeder geistige Gewinn mit Einbussen

verknüpft, deshalb lange Entwicklung und in den naiven Vorstellungen der Religion anfangen! Das lehrt am meisten *Rs*
154. *Vs: 5 [115]; 5 [121]*   146 *6–7:* Simonides ... nehmen] *vgl. Theon, Progymnasmata 33 (Walz I 215)*   *12:* Lust, zu fabuliren] *vgl. Goethe, Zahme Xenien, 6. Buch*
158. *Vgl. 5 [146]*   148 *21–22:* Jeder ... Kunst] die Entartung folgt auch bei den Griechen jeder grossen Erscheinung nach. In jedem Augenblicke scheint der Ansatz zu einem schlimmen Ende da zu sein *Vs*   *27:* veröden.] veröden, so wie Rom zuletzt in einer Einöde lag. *Vs*
159. *Vgl. 16 [54]*
160. *Rs am oberen Rand:* Sie verhalten sich zu wirklichen Charakteren, wie der Schuh auf dem Bilde des Malers zum wirklichen Schuh. Und ebenso steht die Kenntniß des Malers von Schuhen überhaupt jener Kenntniß gegenüber, welche der Schuster von ihnen hat. *Vs dazu: 22 [77]*
161. 151 *5–6:* jener ... Rhetor] *Hegesias von Magnesias*
162. *Vgl. 21 [8]*   *29–30:* Goethe ... Höhe] *vgl. Goethe, „Zwischen beiden Welten", a. a. O. 2, 86; bei Goethe eigentlich: „William! Stern der schönsten Ferne"; das ungenaue Zitat bei N vielleicht durch den vorhergehenden Vers: „Lida! Glück der nächsten Nähe" verursacht*   *31:* die ... nicht] *vgl. Goethe, „Trost in Tränen", a. a. O. 1, 70*
163. *Vgl. 5 [181]*   *Vs:* Was Talent Begabung! Alle modernen Männer haben sie, die grössten Künstler sind mitunter gering begabt gewesen. Aber Charakter, Handwerkerernst fehlt: man will gleich das Vollkommene malen. Erst 100 Entwürfe zu Novellen, dann mehr Wissenschaft Natur Excerpte Tagebücher voll Gedanken usw. Und wie Scott Jahre abwarten. Immer erzählen (Anekdoten), Charactere sammeln.   153 *29:* in] *Rs; Dm; GA an Cb; Ed*
164. *Vgl. 23 [173]*   155 *4:* setzen.] setzen. Schon der Begriff „Genie" ist religiösen Ursprungs: man soll weder an einen Gott noch an einen beigegebenen Genius mehr glauben. *Rs*   *24–26:* insofern ... gebracht.] *vgl. Plat. Phaedr. 244a*
165. *Rs am Schluß gestr.:* wie z. B. Goethe so mannichfach. Schiller wäre nicht im Stande gewesen, so etwas Schlechtes wie die „Aufgeregten" zu machen.
170. 158 *17–18:* die ... Eris] *vgl. Hes. Erga 11 sqq.*
171. *Vs: 22 [82]*
172. *Vs: 22 [82]*   *Vgl. 23 [190]*
184. *Vs:* Es ist nicht das Beste an einem Buche was an ihm unübersetzbar ist, sondern nur (die Bornirtheit des Individuellen) das Unfreie des Individuums.

186. 163 *16:* bemerkbarste] *Vs; Rs; Dm; Ed* bemerkbare *GA; in He¹ die Buchstaben* st *unterstrichen und die entsprechende Zeile am Rande angestrichen (durch N?)*
187. *Vgl. 19 [29]*
188. *Vs: 19 [22]*
192. *Vs: 19 [32]*
194. 165 *13–16:* welche ... gelten] *aus* und durch Überreiztheit des Nervensystems wirklich nicht ganz zurechnungsfähig *Dm*
195. *18–21:* Der ... höhere] *aus* Alle Worte werden übertrieben gebraucht, man hat die Furche so tief als möglich eingegraben, zum Beispiel Kunst, Weise, Gut usw. Die höchste *Dm*
196. *Vs:* Man findet oft bei mässigen Dichtern, bei Fabrikanten von Sensationsromanen (Miss Braddon) die grösste psychologische Sicherheit, vielleicht mit Unfähigkeit, die Gründe der Handlungen anzugeben. „Wie würdest du handeln?" — so wie vielleicht der grösste Klavierspieler wenig über die technischen Bedingungen und die speziellen Tugenden und Untugenden jedes Fingers nachgedacht hat (daktylische Ethik) (Nutzbarkeit, Erziehbarkeit der Finger). *Mary E. Braddons Romane waren auch in Deutschland sehr bekannt.*
198. *Vgl. 19 [49]*
200. *Vgl. 16 [3]*
203. 169 *7:* Barbarei, denn] Barbarei, [zumal bei so schlechten Lehrern:] denn *Dm*   *Rs fährt fort:* Das Griechische an Stelle des Latein zu setzen ist eine andere Art von Barbarei: handelt es sich nur um Kennenlernen von Meisterwerken, so ist es recht, aber das Lebensalter ist nicht reif dafür, man muß erst durch die Klippen unserer Cultur gesegelt sein, um sich mit Wollust in jenen Hafen einzuschiffen. So verdirbt man durch vorzeitige Bekanntschaft eben nur die tiefe Wirkung. Es ist aber alles Lüge, bei Lehrern und Schülern: beide kommen ihr Leben⟨lang⟩ nicht zu einer ehrlichen Empfindung über etwas Alterthümliches, auch nicht über Goethe, sie wissen gar nicht recht, was gut schmeckt und haben sich nur immer geschämt, mit ihrer Empfindung abzuweichen.
205. *Vs: 22 [64]*
206. *Vgl. 16 [33]; 16 [34]*   170 *16–17:* stellte ... müsste] *aus* stellte. Wieland zum Beispiel verstand es, aus märchenhafter Freigeisterei und Lüsternheit einen solchen Trank zu brauen *Rs*
208. *Rs unter der Überschrift:* Fortleben der Griechen
212. *Vs: 19 [99]; 21 [75]*   173 *9:* Aristoteles] *vgl. Poet. 1449 b 28 sqq.; Pol. 1341 b 38 sqq.*   *12:* machen?] machen? [Liebesgenuss weniger verliebt?] *Dm*   *23:* Plato] *vgl. Resp. 605 c – 606 b*
215. *Vgl. 23 [52]*
216. *Vgl. 22 [110]*

217. 177 *24–28:* In ... worden] So wie etwa Böcklin das Auge intellektualer macht und über die Farbenfreude weit hinaus geht: die häßliche Seite der Welt ist vom künstlerischen Verstand erobert Vs
219. 179 *10–12:* und ... war] aus worden war; also ein wiederhergestellter Protestantismus *Rs* 25: verschuldet. –] verschuldet. [Wenn jetzt von neuem der Gedanke einer Wiedergeburt des Alterthums auftaucht, so werden wir nach einem beseelteren Alterthum verlangen als das fünfzehnte Jahrhundert.] — *Rs* 27: des Murillo] der Carracci *Rs; Dm; Cb; GA* *30–32:* unsere ... sehr] *aus* die Musik Beethovens die Steine bewegen würde, so würde sie dies viel eher berninisch thun als antik *Rs* 180 *4–7*] *aus* Ekstase und das Naive neben einander. Wir alle, soweit wir noch nicht moderne Menschen sind, sind ein wenig Berninische Menschen *Rs*
220. *21:* gothischen Münster] *aus* Kunst Wagners *Rs* 23: vorausgesetzt] *GA* voraussetzen *Rs; Dm; Ed*
221. 181 *12:* endlich] endlich [, durch Wagner,] *Dm* 182 28: „barbarischen Avantagen"] *vgl. Goethe, Anmerkungen über Personen und Gegenstände, deren in dem Dialog Rameau's Neffe erwähnt wird. „Geschmack"; vgl. auch 11 [9]* 29: Goethe ... Schiller] *vgl. Goethe an Schiller, 27. Juni 1797* 31: noch?] noch? [Wir werden jetzt schon ersichtlich immer mehr zur Verehrung der poetischen Urzustände herabgedrückt] Vermag eine verwilderte Poesie, welche im Cultus der Kraft, der Farbe, der Wirkung schwelgt, die Ehrfurcht vor der Kunst zu erhalten? Muß sie, wegen ihrer Absicht nach Berauschung, nicht den Ekel im Gefolge haben? Wird nicht die Wissenschaft mit ihrer unbarmherzigen Geißel der Logik auf einer Stätte nothwendig immer triumphiren, wo die Orgie und der Ekel den Begriff der Kunst entwürdigt haben? *Rs* 183 *22–28:* Was ... gelangen] *vgl. Byron an Murray, 15. 9. 1817, in: Vermischte Schriften, Briefwechsel und Lebensgeschichte, hg. von E. Ortlepp, Stuttgart o.J., 2, 360, BN* *28–30:* Ich ... Dichter] *vgl. Byron an Murray, 14. 7. 1821, a. a. O. 3, 139*
222. 185 *25:* „wie ... gut"] *letzter Vers aus Goethes Gedicht „Der Bräutigam", a.a.O. 2, 88* 185 *34–186 5:* Wie ... künstlerischen] Die Musik ist der Maaßstab des wirklich erworbenen Gefühls-Reichthums; die vielen Begriffe und falschen Urtheile, welche dazu verhelfen, sind vergessen; die Intensität und Vielartigkeit des Gefühls ist geblieben und fordert seine Befriedigung. Die Musik entladet es zum Theil *Vs*
223. 186 *16–27:* triumphire ... sehen] *aus* triumphire. Den Künstler selber sieht man als ein Überbleibsel an und ehrt ihn wie ein Uraltes, Ehrwürdiges, an dem das Glück früherer Zeiten hieng; das Beste an uns ist vielleicht aus Empfindungen früherer Zeiten vererbt, zu denen wir

jetzt kaum mehr kommen können *Dm* 22: leicht] *Dm; GA* gleich *Cb; Ed*
224. *Vs:* 12 *[22]* 187 5: Veredelung ... Entartung.] Werth der Verwundung: *Vs* 7: welchem] dem *Rs; GA* 7–9: lebendigen ... haben] *aus* mit Gemeinsinn, und mit andern sympathischen Affectionen leben *Vs* 188 23: freiere] *Rs; GA* feinere *Cb; Ed* 24: anbröckelt] *Vs (Die Pflugschar); 12 [22]; GA* angebröckelt *Rs (Brenner); Dm; Ed* 189 2–10] in *Dm* hinzugefügt; *Rs* fährt mit 20 [11] fort
225. 190 6–12: Uebrigens ... Glauben.] Es fragt sich nur: ist der Intellekt hier oder dort schärfer? Ist die eine oder die andere Position begründeter? *Vs*
226. *Vgl.* 19 *[10]; 17 [71]* 18: Engländer] *aus* Deutscher *Vs* England] *aus* Deutschland *Vs* 20: Engländerthum] *aus* Deutschthum *Vs* 22: Engländer] *aus* Deutscher *Vs*
227. *Vgl.* 17 *[76]*
228. *Vgl.* 17 *[93]*
231. *Vs:* Der Freigeist entsteht wie das Genie. Drei Arten dieser Entstehung. Dann Anwendung auf den Freigeist. 194 14–20: Es ... errathen] Wenn einer mit dem Ohr auch die Funktion des Auges versehen muss, wird sein Auge scharfsichtiger. Der Verlust oder Mangel einer Eigenschaft, ist häufig Ursache einer glänzenden Entwicklung einer Begabung *Vs*
233. *Vs:* 5 *[191]; 5 [194]*
234. *Vs:* 5 *[185]* *Vgl.* 22 *[98]*
235. *Vs:* 5 *[188]* 196 21–22: Die ... herzustellen.] *vgl.* 20 *[12]* 31: werden?] werden? Das höchste Urtheil über den Werth des Lebens wäre dann vielleicht das Resultat jenes Augenblicks, in welchem die Spannung der Gegensätze im Chaos, Wille und Intellekt, am kräftigsten wäre, und zwar als Kampf im Wesen eines einzelnen Individuums. *Rs* 197 23–27: Der ... vereitelt] Beides zusammengenommen giebt das fatum tristissimum *Vs (Die Pflugschar)*
236. *Rs am oberen Rand:* Übergang der Griechen aus der tragischen in die gemäßigte Zone: Sophisten. *dasselbe als Titel in Dm; vgl.* 23 *[110]*
237. 200 8: Aufklärung] Wissenschaft *Rs*
238. 29: auslassen.] *hier in He¹ u. He² ein Einfügungszeichen*
241. *Vgl.* 21 *[76]* *Rs am Schluß:* (Prom⟨etheus⟩ und sein Geier)
242. 202 27: diese Kraft] diese Kraft dabei *He¹* 203 6: eingereiht] *He¹; GA* eingeweiht *Dm; Ed*
243. 21–22: Diplomaten-Geschmeidigkeit] *aus* Kuppler-Geschmeidigkeit *Dm* 25–26: Advocaten ... verstehen] Anwalts ... errathen *He¹*
245. 205 8: Volk?] *He²; GA* Volk. *Dm; Ed*
246. *Vs:* Zerfurchte Kessel später Wiesen − Gleichniss für Wildheit

Menschliches, Allzumenschliches I 224–261   139

248. 206 *31–32:* Ah ... appartenons.] *vgl. I. Kant, Anthropologie in pragmatischer Hinsicht (1798), Ak.-Ausg. VII, 332 Anmerkung*
250. 208 *13–14:* obgleich ... schwach] *vgl. Matth. 26, 41*   *19–27:* Sie ... haben?] Sie sind keine muthigen freien Männer, sondern kuriose abgelebte Höflinge der alten ja greisen Kultur. *Vs*
251. *Vgl. 21 [53]*   209 *17–19:* Wird ... vorherzusagen] *aus* Anders verläuft sonst die Entwickelung, wenn sie nicht mit Bewusstsein geleitet wird *Dm*   *24–27:* von ... findet?] *aus* Sterne im Tristram hat einmal Etwas über diesen ganzen Vorgang gesagt. *Dm; vgl. 21 [42]*
252. *Vs:* Weshalb ist die Erkenntniss lustvoll? — 1) Weil wir unserer Kraft bewusst werden 2) gegen andere siegreich sind 3) überhaupt uns über Alle durch einen Punct des Besserwissens erheben. Menge Nebengründe. Die Methoden der Erkenntniss sind im Streite gewonnen *vgl. MA 634   in Rs hatte N für sich notiert:* Citat über die Motive des Gelehrten von mir   210 *5:* erhaben und uns] erhaben und uns nunmehr *He¹*   *10:* meine ... Schrift] Friedrich Nietzsche in seiner Paränese *Cb (MA sollte zunächst unter Pseudonym erscheinen, vgl. Chronik)*   *15–16:* eine ... muss] *vgl. SE 6, Bd. 1, 399, 23–24*   *17–18:* aus ... besteht] *vgl. SE 6, Bd. 1, 394, 25–26*
256. 212 *12:* sein.] sein. [Es muss diess von allen Menschen gefordert werden, dann wird es in Staat und Sitte einmal consequenter zugehen.] *Dm*
257. *Vgl. 21 [44]*   *16:* grau ... gewordenen] *aus* gewaltherrischen und aufdringlichen *Dm*   *17–21:* jetzt ... Fast] *aus* anders umarmt der Jüngling die Geliebte, anders der Mann. Ebenso ist fast *Dm*   *25–26:* historischen Disciplinen] *aus* Disciplinen der Philologie *Dm*
259. *Vs:* Ungefähr wie jetzt die höhere Erziehung der Weiber auf der Ehe gegründet war (denn liebend giebt der Sterbliche vom Besten)   213 *11:* Perikles] *vgl. Thuk. II 45*   *23–24:* denn ... Besten] *vgl. Hölderlin, Der Tod des Empedokles, I; N zitiert aus F. Hölderlin, Kurze Biographie und Proben aus seinen Werken, Leipzig 1859 („Moderne Klassiker", Heft 65) 85, BN*   *25–30:* der ... als] *aus* τεχνοποιία, ἡδονή — nichts weiter, kein geistiger Verkehr keine eigentliche Liebschaft. Dann der ἀγών, der ebenfalls die Frauen ausschloss. Die religiösen Culte waren *Rs*
261. *Vgl. 5 [7]; 6 [7]; 6 [23]; 6 [27]; 6 [28]; 6 [43]; 6 [47]*   215 *1–2:* wollten? Aber] wollten [wie hielten sie es in dieser Düsterkeit aus?] Aber *Dm*   *8:* ihrer ... sie] *aus* des Denkers; man *Dm*   *23–25:* Auch ... Stadt] *über Parmenides, vgl. Diog. L. IX 23; Strab. VI 1, 252; über Pythagoras, Diod. XII 9, 2ff.; Jambl. Vita Pyth. 248ff.; Polyb. II 39, 1ff.; über Empedokles, Diog. L. VIII 64–66; über Anaximander, Aelian. V.H. III 17*   216 *12–16:*

Jetzt ... rasch!] *vgl. 6 [43]*   *13:* Schildkröte. Geschichtlich] Schildkröte [: immer langsam voran.] Geschichtlich *Dm*   *21–22:* die ... Achilles] *aus* der Stein und die Dummheit *Dm; vgl. 6 [27] 108, 13–14*   *27–29:* in ... zerstört] *aus* über Nacht waren die [philosophirenden] Griechen damals tödtlich erkrankt *Dm*   217 *1–2:* selber ... Ankündigen] *aus* erfüllt hat; immer schnitt die Schere dazwischen *Dm*   *6:* überliefert; es] *aus* überliefert, schwer lesbar, so *Dm*   *8–12:* wem ... befassten;] *aus* aber ich spüre einen Reichthum der eigenartigsten und schönsten Typen, von denen die Griechen später das Beste vergessen haben. *Dm*   *14:* steht. Und] steht [; ihm fehlt in fast räthselhafter Weise der Sinn für grosse und polyphone Naturen.] Und *Dm*   *15–16:* die ... hätten] *aus* das streit- und redelustige Völkchen von Stoikern und Epikureern *Dm*

262. *Vs: 5 [146]*   219 *1:* oder die Wissenschaft] *aus* und Aristoteles *Rs*
263. *9:* wird ... ist] *nach dem von N vielzitierten Wort Pindars in Pyth. II 72; vgl. EH-Untertitel*
264. *23–24:* die ... wünscht] *aus* das Weib, um das er freit *Rs*
265. *Vgl. 22 [46]*   *Vs:* von Bär Vernunft in der Schule   220 *12–14:* Vernunft ... Kraft] *vgl. Goethe, Faust I 1851–1852*
266. *Vs:* Werth des abstrakten Geredes von Lehrern an den Gymnasien.
267. *Vgl. 17 [49]*   *Vs:* Das absurde Viel-Sprachen lernen! Man füllt das Gedächtniß mit Worten und Klängen.   222 *16–17:* abgeschätzt!] *Rs; GA* abgeschätzt? *Dm; Ed*
268. *24:* ihr] *GA* ihnen *Dm; Ed (unvollständige Verbesserung Ns in Dm)*
269. *Vgl. 16 [29]*   *Vs:* Man kann mit seinen Ansichten über seiner Zeit stehen, aber doch nur so weit, daß man die Vulgäransichten des nächsten Jahrzehends anticipirt, also nur die öffentliche Meinung eher hat als sie öffentlich ist (z.B. Hillebrand).
271. *Vgl. 23 [37]*   223 *28–29:* zu ... fähig] *vgl. Schopenhauer, Ethik 114*   223 *30–224 4:* zur ... Satz] *aus* herrschend. Das falsche Schließen ist die Regel, wie z.B. in der Mythologie Kühe und Wolken gleich setzen *Rs*
272. *Vs: 16 [28]; 23 [145]*   224 *21–22:* zum ... Goethe] *aus* Luther Goethe Wagner *Rs*   *22:* vier] *aus* sechs *Dm*   224 *28–225 16:* geistigen ... hat] vergangenen Cultur machen wir immer schneller durch. Wir beginnen als religiöse Menschen, deren höchste Lebhaftigkeit vielleicht im 10.[n] Lebensjahre liegt, gehen dann in abgeschwächtere Formen (Pantheism) über, während wir uns der Wissenschaft nähern, kommen über Gott Unsterblichkeit und dergleichen ganz hinaus aber verfallen einer metaphysischen Philosophie; auch diese wird uns unglaubwürdig, die Kunst scheint uns noch am meisten zu gewähren (Metaphysik als Stimmung) aber der wissenschaftliche Sinn

wird immer strenger und jetzt kommen wir zur Naturwissenschaft und Historie usw. — alles innerhalb 30 Jahren *erste Fassung der Rs*
273. Vs: Wer gegenwärtig noch mit Religion Metaphysik Kunst anfängt, begiebt sich ein Stück zurück und verliert insofern Kraft und Zeit. Aber er hat dadurch ein Sprungbrett für einen grösseren Sprung und kommt in Kurzem wieder voran.
274. *Vs:* 21 *[68]*   226 *18:* der ... Sinn] *aus* die historische Cultur *Dm*
276. *Rs-Überschrift:* Plato als Culturmacht
278. 229 *3–4:* zwischen ... schwierig] *aus* zur Cultur kann schwer erhalten bleiben *Dm*
279. *Vgl.* 17 *[1]*   25–28: Jeder ... Goethe] *aus* Jeder, der idealisirt, muss ebenso gut aus seinen Augen, als aus den Augen eines bestimmten Anderen zu sehen verstehen. *Rs*
282. *Vs (U II 5):* Unzeitgemäß: unsere Zeit leidet an Abwesenheit großer Moralisten — Montaigne Plutarch nicht gelesen — vita contemplativa überhaupt nicht geachtet. Klöster aufgehoben, Wuth der Arbeit — Mißachtung, ja Haß gegen abweichende Ansichten selbst unter Gelehrten, „Verrücktheit" — ungeheure Beschleunigung des Lebens, daher halbes oder falsches Sehen und Beurtheilen wie bei Eisenbahnfahrten — Mißachtung der Freigeister durch Gelehrte (die „Gründlichkeit" „Arbeitstheilung")   *Vs (N II 1):* Abwesenheit der Moralisten — Montaigne Larochef(oucauld) nicht wieder gelesen. — vita contemplativa missgeachtet *[sic]* — Klöster aufgehoben — Mangel des besonnenen Lebens — Missachtung abweichender Ansichten — selbst unter den Gelehrten Hass. — ungeheure Beschleunigung des Lebens. — Dadurch halb oder falsches Sehen und Beurtheilen — Missachtung der Freigeister durch die Gelehrten (z. B. Lichtenberg's)
283. *Vs:* 16 *[38];* 16 *[40]*
284. *Vgl.* 16 *[48];* 17 *[92];* 17 *[82];* 17 *[83];* 17 *[41]*   232 *10–16:* Die ... Faulthiere? —] In einer Zeit, welche verlernt, was Musse otium ist, mag auch ein Wort zu Gunsten des Müssigganges erlaubt sein. *Vs*
285. *Vs:* 17 *[53];* 17 *[54];* 17 *[55]*   *30:* verstärken.] verstärken: [(was am einfachsten durch eine Vermischung von asiatischem und russischbäurischem Blute mit europäischem und amerikanischem gelingen dürfte)]. *Rs*
286. *Vs:* 16 *[42];* 16 *[43]*   233 *12:* schöpfen.] schöpfen. (Übrigens zerfallen die Dinge in solche, über welche ein Wissen und in solche, über welche Meinungen möglich sind; nur von der letzten Gattung der Dinge kann hier die Rede sein.) *Rs; ähnlich auch Vs*
288. *Vs am Schluß:* Es ist ein Kampf gegen die angebliche Nothwendigkeit, die den Menschen umschließt.
289. *Vgl.* 17 *[11]*   234 *12–14:* hat ... zwingt] hat. Der kranke Mensch ist oft an seiner Seele gesünder als der gesunde Mensch *Vs; vgl.* 17 *[11]*

291. *Vgl. 16 [44]; 16 [49]; 16 [50]; 16 [52]; 17 [42]*
292. *Vgl. 23 [160]; 21 [84]; 22 [27]; 22 [44]; 22 [59]; 22 [96]; 23 [86]* 235 *30:* Schrittes, guten] Schrittes, guten Muthes, guten *Rs* 236 *2:* kannst.] kannst. [Die Wissenschaften lagern sich um dich und sehen dich an: sie warten der Reihe nach, daß du ihrer Herr werdest] *Rs* *7:* noch] noch [, durch die Musik,] *Rs* *18:* : „einerseits-andererseits"] des Relativismus *Rs* 236 *26–237 6:* die ... Labung] Glück Unglück Unrecht Liebe Freundschaft in deinem Ziele ohne Rest aufgeht. Aus mancherlei Qual Unruhe Krankheit suche dir den Honig der Erkenntniß zusammen: ob du allein stehst, gehaßt, verkannt, mißachtet wirst: die hängenden Wolken des Unglücks sind die Euter aus welchen du deine Milch *Rs* 237 *14–16:* naht ... Laut] naht: du hast erkannt: und ihn gerufen — und es war gut *Rs; vgl. 1. Mos. 1*
294. *Vs:* viele Menschen benehmen sich als Copien grösserer Menschen und vielen Menschen gefallen deren Copien besser als die Originale — ganz wie bei Bildern
295. *Vs: 19 [12]*
301. *Vs:* Das sicherste Mittel, um sehr verlegene Menschen zu beruhigen, ist, sie zu loben.
304. *Vgl. 20 [15]*   *Vs:* Vertraulichkeit erzwingen
306. *Rs:* Der Arzt ist entweder ein Genie oder ein Schauspieler; die gefährlichsten Ärzte sind die, welche es dem genialen Arzte auf eine geniale Art nachmachen.   *erste Fassung der Vs:* Der Arzt ist entweder ein Genie oder ein Schauspieler; die gefährlichsten Ärzte sind die Schauspieler welche es dem Genie zum verwechseln nachmachen und es selbst vielleicht täuschen.
309. 242 *12:* an.] an: sie belasten uns damit. *Vs*
310. *15–16:* Gedanken ... unmoralisch] quälende Gedanken in den Kopf zu setzen, ist: sie lange warten zu lassen. Das Christenthum hat die Menschen unmoralisch gemacht, weil es ihnen das Weltgericht versprochen hat und sie bis jetzt darauf warten lässt *Vs*
312. *Vs:* Einem Anderen, dem man einen Nachtheil zugefügt hat, Gelegenheit zu einem Witz zu geben, um ihn gut zu stimmen, ja um ihm persönliche Genugthuung vor uns zu geben, ist ein Diplomaten-Kniff.
324. *erste Fassung der Vs:* Gesellsch⟨aft⟩ in Basel. Niemand dankt dem geistreichen Menschen das Opfer das er bringt wenn er eine geistesarme Gesellschaft besucht (wo es nicht höflich ist Geist zu haben)
330. *Vgl. 21 [20]*
331. *Cb am Schluß:* Jeder ist auf einem andern Stern zu Hause.
335. *Vs: 17 [14]*
337. *Vs:* Wir irren uns in dem Grade, in welchem wir uns gehasst, gefürchtet glauben, aus Eitelkeit — wichtig.

340. Vgl. 21 [25]
341. 249 10: einer ... Wuth] Rs; GA nun um so grösserem [Muthe] Unmuthe Dm (Lesefehler von Gast); Ed
346. 250 26: erzeugt] Rs; GA erregt Dm; Ed
349. *erste Fassung der Rs:* Wenn man einer Meinung widerspricht, entwikkelt man meistens seine eigene Meinung falsch oder mindestens anders als man sie sonst entwickelte.
351. Vgl. 20 [14]   Vs: Warum habe ich nach Gesellschaften Gewissensbisse: 1 2 3 4 5 Gründe.
352. Vs: Wir werden falsch beurtheilt, der Ärger hört nicht auf, wenn man darüber nachdenkt. Noch schlimmer wenn man richtig beurtheilt wird.
354. Vs: Φίλτατοι — Verwandte!
359. 254 17: Personen] Rs; Dm; GA Person Cb; Ed
360. Vs: 5 [184]
365. Vgl. 22 [60]   Rs im Anschluß an 23 [28]
368. 257 25: Leiter heissen] Vs; Rs; Dm; He^1; He^2; GA Leiter heissen Cb Leiter heissen Ed   258 2: viel grösser] grösser He^1; He^2
369. Vs: Im Gespräch mit jemandem ist man am glücklichsten, wenn wir Gelegenheit haben unseren Geist unsere Liebenswürdigkeit leuchten zu lassen: Zwei Menschenkenner, die sich sprechen, könnten sich gegenseitig die schöne Gelegenheit zu einem Witz hin und herwerfen, weil jeder es dem andern gönnt, um selber den Vortheil der guten Stimmung des Anderen zu haben.
371. Vs: Warum ist Neigung und Abneigung so ansteckend? Weil die Enthaltung von für und wider so schwer und das Zustimmen so angenehm.
372. Vgl. 22 [103]; 23 [149]   Vs: Ironie ein pädagogisches Mittel des Lehrers (Socrates). Voraussetzung: dass sie eine Zeitlang als Bescheidenheit ernst genommen wird und die Anmaassung des Anderen auf einmal bloss stellt. Sonst ist sie alberne Witzelei. — Sarkasmus ist die Eigenschaft bissiger Hunde am Menschengeiste: vom Menschen dazu gegeben, schadenfrohes Lachen. — Man ruinirt sich, wenn man sich hierin ausbildet.   *Rs-Überschrift (mit Blaustift):* Plato
373. Vgl. 22 [105]   Vs (N II 2, 115–116): Anmaassung in der Herzlichkeit, im freundschaftlichen Rathen, im Eingestehen von Fehlern, in dem Mitleid für Andere. Dieser böse Tropfen verdirbt alles „Mehr bedeuten als man ist" — es liegt eine falsche Rechnung der Anmaassung zu Grunde. Der augenblickliche Vortheil hat sie durch eine Art Rache zu büssen, welche die üben, die an der Anmaassung gelitten haben. Vor nichts ist so zu warnen. Man kann sein grosses Verdienst völlig in den Staub drücken. Demüthigung lassen sich die Menschen am höchsten bezahlen. Ein stolzes Benehmen selbst hat nur dort Sinn,

wo wir sicher sind, nicht für anmaassend gehalten zu werden (Freunde Gattinnen). *Vs (N II 2, 135):* Anmaassung in der Ehrenbezeigung, in der wohlwollenden Vertraulichkeit.

374. *Vs:* Zwiegespräch (Brief) sonst bei vielen jeder: „das bin ich, das sag' ich, nun haltet davon was ihr wollt!"

375. *Vs:* Das Warten auf die Anerkennung der Zukunft hat nur Sinn, wenn die Menschheit unverändert bliebe. — So hiesse nur: in seiner historischen Vereinsamung einmal begriffen werden.   *262 18:* diess] *Rs; GA* das *Dm; Ed (Lesefehler von Gast)*   *19:* seinem Satz] *Rs; GA* seiner Sache *Dm; Ed (Lesefehler von Gast)*

376. *263 31–34]* vgl. *J. P. de Florian, Fables, III 7*   *Vs am Schluß:* 12. März 1877

378. Vgl. *23 [72]; 18 [37]*   *265 10:* bekommen, weil] bekommen; einmal, weil in ihm der Instinct der Freundschaft sehr stark ist und sodann, weil *Rs*

379. *Vs:* Kinder müssen die unaufgelösten Dissonanzen zwischen den Eltern nachher in sich widerfinden *[sic]* und an ihnen leiden.   *15–16]* werden sich in dem Kinde wieder finden, daraus wird seine innere Leidensgeschichte abzuleiten sein *Vs (Die Pflugschar)*

380. *Vs:* Männer lieben die Weiber, je nachdem sie das Bild des Weibes von ihrer Mutter her in sich tragen.

381. *Vs: 19 [13]*

382. *Vs: 18 [40]*

385. *266 18–19:* Gewöhnlich ... selber] Väter seltener *Rs*

387. *267 2–3:* glückliche] *Vs; Rs; GA* glücklich *Dm; Ed*

388. *Vs: 16 [31]*

389. Vgl. *22 [9]*   *11–12:* haben ... Mutter] *nach Plato, Symp. 203 b–d*

392. *Vs: 16 [17]*   *24–25:* kommt ... Vorschein] *aus ist das Mütterliche mit eingeschlossen, nicht aber das Väterliche Rs; vgl. 16 [17]*

393. *Vs: 18 [38]*

394. *268 7–11:* und ... widerstreben] Aber viele Männer bedürfen eines niederziehenden Umgangs. Und die Gefahr der Neurose! *Vs*   *9–11:* bedürfen ... widerstreben] oder Frauen bedürfen eines niederziehenden Umganges *Cb¹*

397. *269 1–2:* nehmen ... stehen] nehmen: jede Liebe wächst *Vs*

401. *17–20:* wollen ... erscheine] wollen und ihn gern in Verschluss legen möchten; höchstens lässt ihre Eitelkeit es zu, dass er auch vor Anderen bedeutend erscheint *Vs in M I 1* und ihn gern in Verschluß legen möchten. Das ist das Ekelhafte daran *Vs in U II 5*

402. Vgl. *R. Wagner, Die Meistersinger von Nürnberg, 3. Aufzug:* „Hans Sachs: Der Regel Güte daraus man erwägt, / daß sie auch 'mal 'ne Ausnahm' verträgt." *a.a.O. 7, 358*

404. *Vs:* Die Hetäre ist **ehrlicher** als das Mädchen, welches ihrem Jugend-

reiz die Versorgung fürs Leben verdanken will: ihre Schlauheit suffliren die gewitzigtsten Mütter.
405. *Vs: 17 [13]*
406. 270 *22:* Man ... sich] Ich würde mich *Vs*
408. 271 *11:* eines Gelehrten] Paul de Lagarde *Vs; die von N gemeinte Stelle in: Über die gegenwärtige lage des deutschen reichs. ein bericht, erstattet von Paul de Lagarde, Göttingen 1876, 44–45, BN, lautet: „ein halbes jahrhundert hindurch haben alle von den fesseln der kirche nicht gebundenen Deutschen bekennen können, daß Faust und Gretchen sie selbst waren, nur befreit von allen zufälligkeiten individueller existenz, sie selbst im wesentlichen gesehen. es wäre geradezu komisch behaupten zu wollen, daß irgend eine nennenswerthe anzahl unter der jetzigen jugend beim anblicke von Faust und Gretchen das empfindet, was wir älteren empfunden haben: jedenfalls sind die es empfinden, in der jetzigen nation ohnmächtig. sollten wir einmal bei dem textbuche bleiben, so würde eine mischung von Mephistopheles und Wagner einerseits, so würde andererseits Valentin als typus einer gewissen klasse von deutschen zeitgenossen dienen können."* 11–12: ähneln die ... Deutschland] ähneln wir (ich meine die ... Deutschland) *Rs*   15–16: um ... fortzusetzen] das ist die Folge jener Bemerkung *Cb*
411. *Vs:* Die Weiber Verstand und wenig ἦϑος und Gemüth. Die Männer haben Gemüth und kommen deshalb mit ihrem Verstand weiter
412. *Vs:* Drohnen im Bienenkorbe der Menschheit   272 *29:* Hesiod's] *vgl. Theog. 585–602*   273 *12:* machen:] *Dm; GA* machen, *Cb; Ed*
414. *Vgl. 22 [63]*
416. *Vgl. 22 [63]*   *Vs:* gerade ihrer Ungerechtigkeit wegen muss man das grösste Misstrauen gegen ihre Emancipation haben   274 *17:* empfinden?] *Dm; GA* empfinden. *Cb; Ed*   23–24: Denn ... ist?] *aus* Ich habe noch keine Frau kennen gelernt, welche wirklich gewusst hätte, was Wissenschaft ist, *Rs*
417. 275 *8–11:* Wenn ... sind] Immer findet sich nachher ein Grund, weshalb eine Person zu meiden oder suchen war oder eine Sache eine Partei zu schätzen oder zu bekämpfen sei *Vs*
418. *21–25:* Ausnahmsweise ... ergeben.] *aus* (Moreto der Gerichtsherr) *Rs; Augustin Moreto y Cabaña, El valiente justiciero, deutsche Übersetzung: Der gestrenge Gerichtsherr, in der Sammlung: Spanisches Theater, hg. v. Moriz Rapp, Hermann Kurz, Ludwig Braunfels, Leipzig o.J. (1870), Bd. 7; diese Sammlung wurde N in Sorrent Anfang 1877 bekannt; vgl. Malwida von Meysenbug an Olga Monod, 16. Januar 1877*
421. *Vs: 17 [29]*

422. 277 8–9: einen ... denkenden ... ergebenen Vater] *aus* eine ... denkende ... ergebene Mutter *Dm*
423. *Vs:* Eltern kennen Kinder nicht: die gröbsten Irrthümer in der Beurtheilung 1) ? zu viel Erfahrungen? 2) Über das Nächste denkt man nicht nach — 16: gröbsten] *Vs; Rs; GA* grössten *Dm; Ed (Lesefehler von Gast)*
425. *Vs auf der Rückseite der Geburtsanzeige von Fernand Ott, Paris, 27. Okt. 1877, Sohn von Alfred und Louise Ott; vgl. N an Louise Ott, 23. November 1877, KGB II/5, 292*
426. *die Aphorismen 426–437 sind von N selbst nachträglich als Hinzufügung zu Dm abgeschickt worden, mit dem Hinweis:* Fortsetzung und Schluß des Hauptstückes „Weib und Kind" *Vs:* Wie die Wahrsage-Vögel der Alten sind die Denker, die Wahrheitsprechenden allein fliegende
427. *Vs:* Gegen das Behagen — der Freigeist muß das Spinnennetz der äußeren Existenz immer wieder zerreißen
428. *Vs:* allzunaher Verkehr von Freund zu Freund die Bestialität muß sich offenbaren bei Sichgehenlassen — wie Kupferstiche nicht mit bloßen Fingern anfassen — endlich behält man schlechtes Papier in der Hand
430. *Vs:* Frauen, als Blitzableiter der öffentlichen Ungunst
431. *Vs:* das Conciliante der Frauen
433. 282 22–25: der ... lassen] *vgl. Plat. Apol. 30e; 20c–23c; vgl. WS 72* 23: zudringlichen Bremse] *DmN; GA* Bremse *Cb; Ed*
434. 283 3: gar missachtet] *DmN; GA* gemissachtet *Cb; Ed*
436. 27–30: Es ... arbeiten] *vgl. Schluß von Rs zu MA 455*
437. 284 19–20: „O ... Sokrates] *vgl. Plat. Phaed. 116b; 117d*
439. *Vgl. 19 [21]* 287 10: sieht. —] sieht. — [Wir sind in Deutschland noch sehr ferne von diesem Zustande.] *Dm*
440. *Vs:* Unter Geblüt versteht man die vererbte Kunst des Befehlens und des stolzen Gehorsams.
441. 287 30–288 3: erstaunlichsten ... Wahrheit] *aus* gewaltigsten Wirkungen nicht mehr erreichen. Aber sie selber ruht auf der unbedingten Autorität, auf dem Glauben an die endgültige Wahrheit, ist religiös *Dm*
444. *am Schluß der Rs Hinweis von N:* Hier: es ist Optimismus ... *N wollte ursprünglich MA 477 folgen lassen* 289 11–13: er ... heraus] *vgl. G. Chr. Lichtenberg, Über Physiognomik:* „... der stärkende Winterschlaf einer neuen Barbarei ...", *Vermischte Schriften, Göttingen 1867, 4, 28, BN*
446. *Vs:* Der Socialismus ist gar kein Problem des Rechts („wie weit soll man seinen Forder⟨ungen⟩ nachgeben") sondern eine Frage der Macht (wie weit **kann** man seinen Forderungen ausweichen?)

„Dampf" kein Recht − Hier bildet sich erst Recht auf Grund der Klarheit wie gross die Kraft ist − Einstweilen Erziehung der Masse zum klugen Egoismus damit Verträge möglich
447. 291 2–8: Weil ... immer] Wer viel Geld und Einfluß hat, bringt sich die Meinung zurecht, von der er will, daß sie allein da sein solle. − Wer die Menschen kennt und seine eigenen Zwecke durch sie erreichen will, ist jedenfalls auf bösen Wegen und Vs
450. 292 22–293 4: Bevor ... Entwickelung] Wer diese Trennung nicht loswerden kann, wird in allen anderen Verhältnissen noch den alten Sklavensinn gegen den Herrn haben; es ist ein vorbildliches Verhältniss, das unwillkürlich übertragen wird, auf die Ehe, die Stellung zu den Dienstboten, den Arbeitern, den Parteigenossen, den Schülern eines Lehrers Rs
451. 293 8: Classe] aus Kaste Dm
453. Vgl. 17 [95]   Rs am Schluß gestr.: Diese Gesinnung mag der Wohlfahrt eines Staates nützlich sein: der Wohlfahrt der allgemeinen Cultur ist sie feindlich und schädlich. − Also ist die Existenz von einzelnen Staaten überhaupt (die miteinander nothwendig im ununterbrochenen bellum omnium contra omnes stehen) ein Hinderniß der Cultur.   294 31: Mérimée] vgl. Lettres à une inconnue 2, 372
454. 295 3–4: Die ... sind] die Socialisten Vs
455. Vgl. 19 [104]   17: die ... Staatswesens] Staat und Moral Rs   mitzureden.] mitzureden [wie das Perikles in der Leichenrede sagt]. Rs; vgl. Thuk. II 44   Rs am Schluß gestr.: Es ist lächerlich, wenn eine Gesellschaft von Habenichtsen das Erbrecht wegdekretirt. Kinderlose sollten nicht alle politischen Rechte ausüben dürfen. vgl. MA 436
456. Vgl. 16 [30]
457. Vs: Sclaven Huren befinden sich gar nicht schlecht: was treibt uns zur Aufhebung?   296 14: Sclaverei] Sclaverei [(ebenso die Beseitigung der Prostitution)] Dm   16–17: Sclaven] Sclaven [(und die Prostituirten)] Dm
461. 298 29–33: Ueberall ... sind] aus Dass einzelne Menschen so ausserordentlich über die anderen hervorragen, ist das Resultat der schnödesten Vernachlässigung des Volkes und der Bildung: weil das Niveau so niedrig ist, stehen Jene so hoch Dm
462. Vs: die Noth des Lebens ist dem zuzumessen, der am wenigsten durch sie leidet, also im Verhältniß der Stumpfheit. Die schwere Arbeit.
465. Vs: 24 [6]
468. Vs: Unschuldige Corruption in gelehrten Cörperschaften.
470. 301 9: Fast ... Politiker] aus Politische Parteien Vs
471. Vgl. 22 [98]   22: der Berge] Rs; GA den Bergen Dm;

Ed   23: Urväter] *Rs;* GA Vorzeiten *Dm; Ed (Lesefehler von Gast)*
472. *dazu auch — auf der Rückseite eines Briefes von Overbeck an N (9. März 1878) — folgende Notiz:* Also — zum dritten Male gesagt — mit dem Verfall der Religion verfällt auch der Staat — aber dies ist nicht in jedem Betracht ein Unglück   *Vgl. 22 [16. 12]*   303 *6–11:* Dabei ... hat.] So entsteht das was man aufgeklärten Despoten nennt (der Despot klärt nämlich nothwendigerweise sich selber auf). *Vs*   305 *8:* einer] einer solchen *He¹*   *17:* alles] alles dergestalt *He¹*   *22–25:* zäheste ... soll)] Rest, welcher von Regierungsgeschäften (etwas als nöthige Vertretung des Volkes in Bezug auf andere) übrig bleibt *Rs*   *27–28:* der Privatperson ... Individuums)] des Individuums (mindestens der Privatperson) *Rs*   305 *34*–307 *6:* Um ... werden!] *dem Verleger mit folgendem Hinweis nachträglich zugeschickt:* Das Folgende gehört an den längeren Aphorismus „Staat und Religion" (in dem Hauptstück „Blick auf den Staat"). Sie werden, lieber Herr Schmeitzner, den Zusammenhang finden; das Folgende schließt unmittelbar an, ist also Fortsetzung jener Nr. *(Schrift von Gast)*   306 *30:* ohne ... Abscheu] sine ira et studio *Cb¹*
473. 307 *10:* abgelebten] abgelebten aufgeklärten *Rs*
474. *Vs: 5 [197]; 5 [200]*   308 *28:* Perikles] *vgl. Thuk. II 35–46*
475. *Vgl. 18 [19]*   310 *8–9:* Conservirung ... Erzeugung] Conservirung (oder Errichtung) ... Erzeugung und Züchtung *He¹*   *21–22:* edelsten ... reinsten] liebevollsten ... rechtschaffensten *He¹*   310 *23*–311 *5:* Überdiess ... machen.] *aus* welches überdiess den Ring der europäischen Cultur, durch den wir an das griechisch-römische Alterthum angebunden sind, in den dunkelsten Jahrhunderten des Mittelalters durch seine Freidenker, Ärzte und Philosophen unzerbrochen bewahrt hat — ein Verdienst und Geschenk ohne Gleichen! *Dm*   310 *26:* Gelehrte] Philosophen *Rs*   *Cb, S. 321 (= 310) unten:* Die Henne diskutirt die Eier nicht — sie brütet rein.
477. *Vgl. 22 [90]*   *Vs:* Es ist Optimismus, von einer Menschheit noch viel zu erwarten, die keine Kriege führt. Der wilde Egoismus, der Völkerhass, das bellum omnium contra omnes ist wie das Meer und Wetter nothwendig, um Frühling Sommer und Herbst der Menschlichkeit zu bringen.   311 *25–26:* Schwärmerei] *aus* Optimismus *Dm*   312 *1–2:* organisirende ... Feindes] *aus* Gluth der Verbrüderung *Rs*   *15:* Ganzen auch] Ganzen, so viel es bei ihnen steht, auch *Cb¹*   *26:* Kriege —] Kriege [(vermuthlich der socialistischen)] — *Dm*   *26–28:* also ... einzubüssen] *aus* bedarf, um nicht aus Schwäche zu sterben, zu Barbaren zu werden *Rs*

478. *31–32:* im Süden] hier *Rs, d.h. in Sorrent*
480. **314** *9:* nationale] national[-liberale] *Dm*   *20:* jenen] *aus* diesen nationalliberalen *Dm*
481. *Vgl. 17 [94]*   **315** *6:* zwei ... Milliarden] 2184 Millionen *Cb* fünf Milliarden *He¹*   **316** *1–2:* dem ... Wohlfahrt] *aus* erzwungene Begünstigung des äusseren Wohlstandes *Dm*
482. *Vgl. 19 [65]*   Nach dem Untertitel von Mandevilles „Bienenfabel", *vgl. SE 1, Bd. 1, 338, 28*
488. *Vs:* Wasserfall langsam fallend grosser Mann stürmischer Jugendtrieb
491. **318** *26*–**319** *6:* sich ... hineinführen] seine eigne Auskundschaft sehr gut vertheidigt: er entdeckt Aussenwerke — Fr⟨eunde⟩ und Feinde verrathen Festung *Vs*
495. *Vs:* Alle sehr individuellen Maassregeln des Lebens werden von fast allen Mitmenschen als unpractisch bezeichnet: sie würden es für sie auch sein.
496. *Vs: 23 [92]*
498. *Vs: 24 [8]*   **320** *10–11:* so ... sein] *vgl. Schopenhauer, Welt 1, 173:* „serpens, nisi serpentem comederit, non fit draco"
499. *Vs: 19 [9]*   *Rs:* Mitfreude macht den Freund, Mitleid den Leidensgefährten
500. *Vgl. 21 [47]*
503. *Vs dazu:* Auch giebt es keine Gebärden: der Leib verschweigt sie.
508. *Vgl. N an Rée Juni 1877, KGB II, 5, 246*
509. **322** *10–11:* unter ... darf] helfen und sich überlegen zeigen darf *Rs*
512. *Vs:* die höhere Moralität liegt in der Quantität der Ziele
513. *Vgl. 23 [157]*
517. *ursprünglich Teil von 23 [82]*
520. *Vgl. MA 477; 18 [2]; 19 [65]*   **324** *10–11:* in ... gehen] an den Mitteln der Cultur zu Grunde geht, oder gar nicht entstehen kann *Vs*
525. **325** *10:* Anhänger ... Wer] Der Vortheil in der Feindseligkeit anderer: — wer *Vs*   *11:* Raserei] Raserei und zum Wildsein *Vs*
528. **325** *25*–**326** *4:* durch ... hinzutritt)] den Schmerz der Strafe, jene den Verlust des inneren Glücks durch die Befriedigung der Eitelkeit, denn Eitelkeit ist das Scheidewasser, welches eine gute That, nachdem sie gethan ist, wegfrißt, als ob sie nie gethan wäre *Vs*
532. *Vs: 19 [108]*   **326** *19:* dunkle] *Rs; GA* deutliche *Dm; Cb (Lesefehler von Gast)* undeutliche *Ed*
539. *Vgl. 18 [42]*
543. **328** *21:* Verkörperung ... Geistes] *aus* Körperliche Wirkung geistiger Regsamkeit *Dm*   *Vs am Schluß:* Aber sind nicht die Gelehrten als ungeschickt und tölpelhaft bekannt? — So muß der Satz falsch sein.
545. *Vs: 20 [6]*

150 Kommentar zu Band 2

546. *Vgl. 19 [43]; 19 [44]*   *Vs:* Der für gewöhnlich Selbstgenügsame empfindet es wenn er eitel wird wie einen Krankheits-Anfall; er ärgert sich darüber, aber schämt sich nicht. — In der That ist er besonders für Ruhm und Lobsprüche empfänglich, wenn er körperlich krank ist.
547. *Vs:* Man zeigt sich immer als geistlos wenn man den Geist sucht [wie der wahre Musiker eher der Musik entflieht als ihr nachläuft].
549. *Vgl. 17 [15]*   *Vs:* Durch Nichts fühlt der Mensch das Leben so beschwert, als durch Verachtung und zwar ist ihm die Verachtung durch Andere noch empfindlicher, als die Verachtung durch sich selbst. *anschließend VsMA 117*
550. *Vs: 22 [99]*
553. *Vs:* Ich kenne keinen [thierischeren] widerlicheren Überrest ursprünglicher Bestialität als lautes und wieherndes [Lachen] Gelächter.
554. *330 23:* Halbwissen] *aus* Vergnügen im Halbwissen *Dm 25:* spricht. Das] spricht. Denn er fühlt wie sehr er sich gegen die Alle, welche sie nicht verstehen, abhebt; jener merkt dagegen schon wie er mit denen, welche sie sehr gut sprechen, sich nicht vergleichen darf. — So steht es auch sonst; das *Vs*
555. *Vgl. 16 [7]*   *331 4–5:* ihre ... Christenthum,] ihre höchsten Recepte der Lebenskunst *Vs*
556. *10–11:* die Gewissenhaftigkeit] *aus* der Geist *Vs*
558. *Vs: 19 [37]*
559. *22–23:* dem ... hat] *aus* der glücklichen Gabe, Neid und Anmaassung versteckt zu halten *Vs*
563. *Vs:* Menschen mit verhäßlichender Phantasie nach rückwärts
566. *Vgl. 21 [40]*
568. *Vs: 18 [56]*
577. *335 8–10:* Grosses ... Es] Edles unter Menschen gegründet hat, sorge daß er edle Erben habe; es *Vs*   *12:* gegen ... leben] um sich herum eine Einöde zu machen *Vs*
581. *Vs: 18 [6]*
582. *Vgl. MA 46*
583. *Vs: 19 [45]*
585. *Vs:* Es ist wie bei den Meilern im Walde: erst wenn wir ausgeglüht haben, verkohlt sind, werden wir nützlich. So lange es dampft und raucht — — —   *337 6:* umana commedia] *aus* humana comœdia *Rs; offensichtlich nach Dantes „divina commedia" verbessert*
586. *Vs:* Einzelne Erlebnisse z.B. der Frühling, eine Melodie haben nur einmal im Leben die volle Bedeutsamkeit — alles andere ist Wiederholung, oft nur Schattenbild.
587. *21–22:* „Fehler ihrer Tugenden"] *nach George Sand:* „chacun a les défauts de ses vertus"   *Rs am Schluß gestr.:* So habe ich alles Recht zu meiner Kritik des Bildungsphilisters und der historischen

Krankheit: aber besser wäre es, deshalb die moderne Welt zu fördern, sie nicht im Stich zu lassen.
588. *338 2:* Es giebt] *aus* Wer sich selbst erniedrigt, will erhöht werden — das ist der [Lauf der Welt] Sinn der gewöhnlichen Bescheidenheit. Trotzdem giebt es *Rs; vgl. MA 87; 21 [52]*
589. *Vgl. 16 [13]; N an Malwida von Meysenbug, Mitte März 1875 18–20:* Wenn ... Aenderung] Zugleich ein Ersatz für die religiöse Gewöhnung des Gebetes, bei dem die Mitmenschen den Gewinn haben *Vs*
590. *23–24:* seine Krankheit] sein Laster *Dm*
591. *339 2–4:* Dicht ... angelegt] *aus* Das Wehe in der Welt hat die Menschen veranlasst, daraus sich noch eine Art Glück zu saugen *Rs; vgl. MA 292*
592. *18–19:* Deshalb ... Vorfahren."] *aus* Das sollten junge Männer bedenken! *Rs*
593. *23–25:* mag ... kommen;] so lange quält ihn der Ehrgeiz: hat er dies Ziel erreicht, so quält ihn die Eitelkeit: *Vs*
594. *Vgl. 22 [6]*
595. *Vs: 16 [25]*
596. *Vs: 19 [54]*
598. *Vgl. 19 [11]*   *341 14:* Priester] Kirche *Cb¹*   *14–16:* Priester ... suchen] Geistlichkeit, wird ihre niedrigste, gemeinste Auffassung fast allein noch im Kopfe haben *Vs*
599. *Vgl. 22 [47] Vs:* Zwischen 26 u. 30 Jahren will die erste Reife sich durch Anmaassung äussern. Manche behalten den Ausdruck der Anmaassung bei. Man erkennt sie immer, man lächelt, sie gehört der Jugend (auch dem Genius). Gegen nichts sind alte Menschen so fein!
600. *Vs:* Väter Lehrer gelten als Geländer (wenn sie auch nicht Stand halten, beruhigen sie den Blick   *18:* erwecken] *Rs; GA* erwerben *Dm; Ed (Lesefehler von Gast)*
601. *Vs:* Man muss lieben lernen von Jugend auf. Der Hass kann ausgewurzelt werden, wenn er nicht geübt wird.
605. *Vs:* man empfindet bei freien Meinungen ein Jucken, das zum Reiben reizt, bis eine offne schmerzende Wunde entsteht   *344 2:* an] *Rs; Dm; GA* in *Cb; Ed*
606. *12:* selber] selber [wie als ihren Schweif] *Dm*   *12–14:* und ... sein] mit feurigen Spitzen-Geißeln gepeinigt zu werden hat doch Lust gemacht *Vs*
607. *Vgl. 3 [1]*   *27:* vorbehält,] vorbehält [und nur diese sucht], *Dm*   *Rs am Schluß gestr.:* Christus sagt dagegen (Matth.) „laßt eure guten Thaten vor den Leuten sehen". *vgl. Matth. 5, 16: „So soll euer Licht leuchten vor den Leuten, daß sie eure guten Werke sehen ..."*

608. 345 *6:* Halt und] *Rs; GA* haltvolle *Dm; Ed (Lesefehler von Gast)*
609. *Vs:* der schlichte Charakter des Guten — als langweilig empfunden. Jünglinge begehren das Sonderbare — 20: Ausgereifte] *aus* Reife *Dm* 22–24: macht ... pflegt] macht. Es gehört viel Geist dazu, um die schlichte Wahrheit zu lieben; aber deshalb, weil die Leute dies ahnen, heucheln sie so oft diese Liebe zu den Werken der Griechen *Vs (U II 5)*
611. *Vgl. 17 [103]*
612. *Vs:* Photogr⟨aphien⟩ der Kindheit und des Mannes ähnlich. So kommt auch unser Denken in eine Phase, welche unser Kindheitswesen umschreibt, die starken Einwirkungen sind auf ein Maass zurückgeführt.
613. *Vgl. 19 [30]*
616. *Vs:* Es hat grosse Vortheile vom Ufer abgetrieben zu werden.
617. *Vgl. 28 [36]* über *Rs* gestrichen: Aristofanes 349 *11:* ernten] pflanzen Cb^1 pflügen Cb^2
619. *Vgl. 17 [34]*
621. 350 *14–16:* Wer ... Neue] Man thut gut etwas Neues *Vs* *17–27]* das Feindlich-Anstößige fast zu übersehen und dem Verfasser einen Vorsprung zu geben und seine Kritik einmal auszuhängen. Da kommt man bis in's Herz des Neuen, Menschen oder Buches. Hinterdrein macht der Verstand seine Restriktionen gegen diese Überschätzung: man hat einem Dinge mit ihr die Seele aus dem Leibe gezogen. *Vs*
624. 351 *24:* höheren Selbst] Ideal *Vs* 352 *4–8:* und ... genannt] davor und Demuth. Manche fürchten es als die anspruchsvollsten Momente. Es ist kein Verlaß darauf; Gabe der Götter, so scheint es, *Vs*
625. *Vgl. 22 [73]*
626. *Vs:* Es giebt Menschen mit der Faulheit der Harmonie: es will sich durchaus keine Melodie gestalten, sondern alle Bewegung bringt nur eine andre Lage der Harmonie mit sich. Naturen des Mittelalters. Sie machen ungeduldig, langweilen: aber in gewissen Stimmungen spiegelt sich das ganze Leben wie in einem tiefen See: mit der Frage: wozu wohin Melodie? — 353 *14–16:* Goethe ... können."] *vgl. Goethe, Tagebuch 13. Mai 1780* *15:* mir mit] *DmN; GA* mit *Cb; Ed*
627. *die Aphorismen 627 und 638 wurden nachträglich an Schmeitzner geschickt, mit folgenden Begleitworten:* NB: die letzten Blätter des ganzen Buch-Manuscriptes sind Quartblätter; diese 2 Nummer hier rücken vor jenen Quartblättern ein und sind dem entsprechend zu numeriren. *(Schrift von Gast); auf den hier gemeinten Quartblättern befanden sich die jetzigen Aphorismen 629–637 + 628 (dieser mit dem*

Titel: Epilog*);* im letzten Moment ließ N MA 628 mit MA 638 austauschen
628. *Vgl. 17 [8]; 22 [45]* Vs (N II 2): Glockenspiel Abends in Genua — wehmütig schauerlich kindisch. Plato: nichts Sterbliches ist grossen Ernstes würdig. Vs (Mp XIV 1): Alles Menschliche insgesammt. Ich hörte Abends in Genua ein Glockenspiel von einem Kirchthurm herab: es war etwas so Wehmütiges Schauerliches Kindisches darin, dass ich empfand was Plato sagte: „alles Menschliche insgesammt ist keines grossen Ernstes werth". 354 2: Ernst ... Spiele] *aus* Spiel und Ernst C*b*² Epilog C*b*¹ Trotzdem Rs 7: Worte Plato's] *vgl. Leg. 803b; Resp. 604b*
629. *Vgl. 23 [38]; 23 [101]* Vs: Man bewundert den, welcher für seine Überzeugungen leidet und stirbt, man verachtet den, welcher sie aufgiebt; aus Furcht vor Nachtheil, Schande oder aus Hartnäckigkeit bleibt man dabei. — Überzeugung ist Erkenntniss versetzt mit Willensimpulsen *16—18: der ... hin] aus* des Geschlechtstriebes Rs *30—31: sein ... hingegeben]* Eide gegeben C*b*¹ 355 9: unserem ... Selbst] uns und Andern C*b*¹ *11—12:* unsere ... wieder] die Ideale unserer Jugend C*b*¹ *14—17:* Wäre ... werden?] Es wäre traurig, wenn wir uns, um diesen Schmerzen zu entgehen, vor unseren Aufwallungen der Empfindung fürderhin hüten wollten. *aus* Allmählich hüten wir uns vor unseren Aufwallungen der Empfindung; auch taxiren wir Untreue Anderer an uns milde, denn sie ist nothwendig. Müssen wir einmal Verräther sein, dann wenigstens edle Verräther. Rs; *vgl. MA 637; 17 [66]* 23: gemeineren] persönlichen C*b*¹ 24: persönlicher Angst] der Besorgniss C*b*¹ 29: Ueberzeugungen.] Überzeugungen. [— Eine Überzeugung ist ein aus Willens-Impulsen hervorgegangenes Stück unreiner Erkenntniss.] Rs
630. *Vgl. 21 [61]; 23 [156]* 356 2—14: Ueberzeugung ... herausgeströmt] Weil eine starke Empfindung uns das Objekt derselben sehr eindringlich spüren läßt, so macht man die Verwechslung zu glauben, sie beweise die Wahrheit einer Thatsache: während sie doch nur sich selbst oder eine als Grund vorgestellte Sache beweist. Die starke Empfindung beweist die Stärke einer Vorstellung, nicht die Wahrheit des Vorgestellten Rs 15—26: unbedingte ... immer] *aus* „Wahrheit" zu thun: sie alle hatten Unrecht darin, wahrscheinlich hat noch nie ein Mensch sich für die „Wahrheit" geopfert; mindestens war der dogmatische Ausdruck seines Glaubens unwissenschaftlich oder halbwissenschaftlich. Man will sich durch keine Mittel seinen Glauben entreißen lassen d. h. stat pro ratione voluntas, man will recht haben; weshalb es bei den Disputationen der Ketzer aller Art nicht streng wissenschaftlich zugeht, sie haben gar nicht die Kälte und Skepsis des

theoretischen Menschen, denn sie meinen, ihre Seligkeit hänge davon ab, sie kämpfen für das Fundament ihrer Seligkeit und glauben nicht widerlegt werden zu können: sind die Gegengründe sehr stark, so bleibt ihnen *Rs*   *31–32:* des ... Ueberzeugungen] *aus* so vieler fast unbelehrbarer Parteien Individuen mit zugestopften Ohren, welche immer dasselbe schreien *Rs*

631. 357 *19–21:* Ueberzeugung ... Fürsten)] *aus* Metaphysik, sei es selbst die des Materialismus *Rs*   *32:* Mensch der Ueberzeugung] *aus* Künstler *Rs*   *Rs am Schluß:* Vor Allem sieht er ein, daß der Mensch der Überzeugung nützlich ist.

633. *Vs:* Wer jetzt seinen Gegner niederwarf [?] würde ihn unter anderen Verhältnissen verbrannt haben.   *Titel in Rs:* Mißtrauen gegen pathetische und gewaltsame Vertreter der „Wahrheit"   *Rs am Schluß:* Welche Ironie liegt darin, daß Goethe in der Farbenlehre, daß Schopenhauer mit allen seinen metaphysischen Ansichten Unrecht hatten und daß ihr Stolz darauf jedenfalls unberechtigt war! Es lehrt Bescheidenheit, mindestens Vorsicht; zudem, wenn keiner für seine Thaten verantwortlich ist, dann auch nicht für seine guten Leistungen, er darf nicht Lob in Anspruch nehmen, ja nicht einmal daß man sich an ihm erfreue, darf er fordern. Er muß warten und sich hüten den Menschen — welche immer unschuldig handeln — Vorwürfe zu machen. *vgl.* 22 *[32]*

634. 359 *21–23:* Uebrigens ... lagen] *aus* Der Glaube an den Werth der Wahrheit ist viel älter als die Sicherheit der Methode im Finden der Wahrheit; „ich habe Recht so zu denken", das bezeichnet das Moralische daran, es heißt „ich habe ein gutes Recht dazu", aber Rechte sind nicht immer Gründe *Rs*   *25:* Methode der Forschung] *aus* Wahrheit *Rs*

635. 360 *16:* geistreiche] *aus* gebildete *Dm*   *26]* sofort auch sich für sie fanatisiren und sie endlich als Überzeugung *He[1]*   *26–30:* und ... ergeben] *aus* So wirkten ehemals Religionen; daher stammt die Gewohnheit. Es stehen im Kopf des unwissenschaftlichen Menschen gegenüber unerklärten Dingen die erklärten: aber hier genügt das Dürftigste und Roheste *Rs*   361 *5–20:* Ja ... sollte] *aus* Die eine Klasse von Menschen begehrt von einem Denker Überzeugungen, die andere Gewißheit, die einen wollen stark fortgerissen werden, um dadurch selber einen Kraftzuwachs zu haben (Rhetorik), die anderen haben jenes sachliche Interesse, welches von persönlichen Vortheilen (auch von dem des Kraftzuwachses) absieht. Überall wo der Autor sich als Genie benimmt, also wie ein höheres Wesen dreinschaut, wird Autorität verlangt und an jene Naturen appellirt, welche Überzeugungen, starke Antriebe des Willens nach bestimmten Richtungen hin, begehren *Rs*

637. *Vgl. 17 [66]* 	362 12: bald] halb Cb^1 	18–20: beschämt ... will] indem wir brennen, entzünden und leiden, bringen wir ihr unser Opfer Cb^1 indem wir brennen oder den Brand Anderer schüren, bringen wir ihr unser Opfer Cb^2

638. 362 30–363 1: gekommen ... nicht] kommen will, darf sich auf Erden lange Zeit nicht anders fühlen, denn als Wanderer, — und nicht einmal He^1 	363 27: freien] guten Cb^1

Nachspiel. *Rs: Z II 6, 86. 62* 	*Vs: N V 8, 168–169. 167. 160. 2; M III 6, 33; M III 3, 38–39* 	*Das Nachspiel zu MA wurde von N im Herbst 1884 in seiner jetzigen Form abgefaßt (Z II 6); dazu bearbeitete er zwei kleine Gedichte, die schon im Sommer 1882 entstanden waren: zu Nr. 1 des Nachspiels, M III 6:* Epilog. / Schön ist's, mit einander schweigen: / Schöner mit einander lachen / Und die weißen Zähne zeigen. / Macht' ich's schlecht [so wollen wir] [habt ihr zu lachen] so woll'n wir schweigen! / Macht' ich's gut — [will's besser machen] so woll'n wir lachen / Und [ich selbst will's] es immer besser machen / [Eh'] Bis wir in die Grube steigen! / Freunde! Ja! So soll's geschehn? / [Amen.] / Amen! Und auf Wiedersehn! *zu Nr. 2 des Nachspiels, M III 3, 38:* An meine Freunde. / [Schenkt] Gönnt dem unvernünft'gen Buche / Ohr und Herz und Unterkunft! / Wahrlich, Freunde, nicht zum Fluche / Ward mir meine Unvernunft! / Ja, ich fand, was längst ich suche, / [Glück — das Glück der Narren-Zunft! / Messina, im Sommer 1882] Glück — erst bei der Narren-Zunft. / Lernt aus diesem Narren-Buche, / Wie Vernunft kam — „zur Vernunft!" / Messina, im Sommer 1882 *N war in Messina im April 1882, aus dieser Zeit sind die Vs in N V 8* 	*N V 8, 160:* Ja! Vernunft ist's was ich suche / Was ich finde, ist Unvernunft — / Fürchten war bisher der [Weisen] Lehrer *[?]* / Fürchten war Gesetz und Zunft *[?]* / Ernst im Leben, ernst im Buche / War bisher der Weisen Zunft / Nicht zur Segnung, nicht zum Fluche / Gab ich euch Grund und Vernunft: / [Doch] Gebt ⌈Und so gebt⌉ dem unvernünftigen Buche / Für ein Stündchen Unterkunft / Zwar! Vernunft ist's, was ich suche / Was ich finde, ist Unvernunft. 	*N V 8, 167:* [Gebt] Schenkt auch diesem [lust'gen] Wander-Buche / [Gruß und Dach] Gastfreundschaft und Unterkunft / Nimmer fand ich, was ich suche: / Letzte Weisheit und Vernunft / Hebt mir nicht die Hand zum Fluche / Auch, ihr Brüder von der Zunft / Ja Vernunft ist's was ich suche / Was ich finde ist Unvernunft 	*N V 8, 168:* Schenkt dem unvernünft'gen Buche / [Für ein Stündchen] Artig Ohr und Unterkunft! / Wahrlich, Freunde, nicht zum Fluche / [Wird euch] Ward mir meine Unvernunft! / [Ja!] Denn ich fand, was längst ich suche, / Glück — das Glück der Narren-Zunft 	*N V 8, 169, als Titel zu 168:* Unter Freunden / Ein Nachspiel 	*N V 8, 2:* Also, Freunde! Solls geschehn! / Amen! — Und auf Wiedersehn! *das „Buch", wovon in M III 3 und N V 8 die Rede ist, war nicht MA, vielmehr eine im Sommer 1882 geplante Sammlung von Liedern und Sinnsprüchen, aus der das Vorspiel „Scherz List und Rache" zur FW wurde; die geplante Sammlung sollte, nach M III 3, 40, folgenden Titel haben:* **Narren-Buch** / Lieder und Sinnsprüche / Von / Friedrich Nietzsche. 365 *1–2 Titel aus* Unter [Narren] Freunden / Epilog *Z II 6, 86* *2:* Ein] *fehlt Rs* *10:* gut] *aus* schlecht *Z II 6, 86* *11:* schlimm] schlecht *aus* gut *Z II 6, 86* *12–13*] Und es [immer] fürder besser machen, / Besser machen, besser lachen *Z II 6, 86* 366 *2*] *aus* Was entschuld'gen? Was verzeihen? *Z II 6, 62* *2*] Gönnt, ihr Hellen! Herzensfreien! *Z II 6, 62* *6:* Glaubt mir] *aus* Wahrlich *Z II 6, 62* *7:* mir] *aus* euch *aus* mir *Z II 6, 62* meine] *aus* meine *Z II 6, 62* *8–10*] [Mag, ihr Hellen Herzensfreien] / [Mag sie Euch auch nicht geworden!] / Fand ich doch, was längst ich suche / Sonderlich aus keinem Buche — / Glück erst bei der Narren-Zunft *M III 3, 39* *10*] *aus* Heil der edlen Narren-Zunft! *Z II 6, 62* *11:* Lernt] *aus* Lernt *Z II 6, 62* *12:* kommt] *aus* kam *Z II 6, 62*

Menschliches, Allzumenschliches II

Zehn kleine Hefte wurden von N zwischen Mai und November 1878 mit Notizen beschrieben. Die ersten fünf enthalten hauptsächlich autobiographische Aufzeichnungen und Gedanken über Wagner (vgl. Bd. 8, S. 487–566) und lassen auf ein geplantes Werk schließen, das den Fragen der Kunst und der Wagner-Bewegung gewidmet werden sollte. Dieses Projekt, wofür N an den Titel „Der neue Umblick" dachte, wurde von ihm Ende des Sommers aufgegeben. Die Aufzeichnungen der anderen fünf Hefte behandeln wieder die vielfachen Themen, welchen man schon in MA begegnet. Aufgrund dieser Notizen und zahlreicher, vorher nicht benutzter Fragmente aus den sogenannten „Sorrentiner Papieren" fertigte N eine Reinschrift an. Diese gab er im Oktober Marie Baumgartner zum Abschreiben. N zerschnitt dann die Abschrift in Zettel, welche er ordnete, numerierte und mit Titeln versah. Das so entstandene Druckmanuskript wurde am 31. Dezember 1878 dem Verleger geschickt. Es enthielt 394 Aphorismen; 14 weitere wurden von N später abgeschickt. N beabsichtigte zunächst, das neue Werk als Fortsetzung von MA erscheinen zu lassen; der Verleger riet davon ab: „Das ist ein eigen Ding. Sie möchten die Seiten und die Aphorismen vom Schluß des ersten Bandes an weiter nummeriren, damit beide Theile ein Ganzes geben; es sieht aber auch sonderlich aus, wenn ein Band mit Seite 379 und der Nummer 639 beginnt" (E. Schmeitzner an N, 25. November 1878, KGB II/6, 998). Ab Mitte Januar 1879 wurden von N in Basel und von Peter Gast in Italien die Korrekturbogen (die noch vorhanden sind) gelesen. Das neue Buch erschien Anfang März 1879 bei Schmeitzner in Chemnitz unter dem Titel: *Menschliches, Allzumenschliches. Ein Buch für freie Geister. Anhang: Vermischte Meinungen und Sprüche* (= VM).

Bis zum Sommer 1879 lassen sich keine neuen Aufzeichnungen Ns nachweisen. In St. Moritz, zwischen Ende Juni und Anfang September 1879, füllte N sechs Taschenbücher (zwei davon sind nicht mehr erhalten) mit Notizen aus, die er dann als Reinschrift in zwei größere Hefte und 22 lose Blätter übertrug. Die zwei Hefte schickte er am 10. September Peter Gast zum Abschreiben, die losen Blätter am 30. desselben Monats (von Naumburg aus). Über seine Reinschrift schrieb N an Peter Gast: „Das Manuscript, welches Sie ... bekamen ist so theuer und schwer erkauft, daß vielleicht um diesen Preis niemand es geschrieben haben würde, der es hätte vermeiden können. Mir graut jetzt öfter beim Lesen, namentlich der häßlichen Erinnerung halber. Alles ist, wenige Zeilen ausgenommen, unterwegs erdacht und in 6 kleine Hefte mit Bleistift skizzirt worden: das Umschreiben bekam mir fast jedesmal übel. Gegen 20 längere Gedankenketten, leider recht wesentliche, mußte ich schlüpfen lassen, weil ich nie Zeit genug fand, sie aus dem schrecklichsten Bleistiftgekritzel herauszuziehen: so wie es mir schon vorigen Sommer *[als VM entstand]* gegangen ist. Hinterher verliere ich den Zusammenhang der Gedanken aus dem Gedächtnis." (5. Oktober 1879, KGB II/5, 450) Diese Briefstelle ist bedeutsam genug, weil sie Ns Arbeitsweise seit VM beschreibt und den Ursprung vieler nachgelassenen Fragmente – von VM an – erklärt. Das Druckmanuskript wurde von N durch die gleiche Prozedur wie für VM hergestellt, nachdem er die Abschrift von Peter Gast bekommen hatte. N selbst übergab es Schmeitzner am 18. Oktober in Leipzig. Von Ende Oktober bis Anfang Dezember besorgten N und Gast die Korrektur (die Korrekturbogen sind erhalten). Mitte Dezember erschien, als „zweiter Nachtrag" zu MA, *Der Wanderer und sein Schatten* (= WS) bei Schmeitzner in Leipzig mit dem Erscheinungsjahr 1880.

Im Jahre 1886 wurden durch E. W. Fritzsch in Leipzig die Lagerbestände von VM und WS zusammengebunden und mit einer Vorrede Ns versehen; sie erschienen als *Menschliches, Allzumenschliches. Ein Buch für freie Geister. Zweiter Band. Neue Ausgabe mit einer einführenden Vorrede* (= MA II). Ns eigenhändiges Druckmanuskript der Vorrede ist vorhanden.

DmN im Kommentar bedeutet eine von N stammende Variante in den Druckmanuskripten zu VM und WS. Marie Baumgartners Druckmanuskript zu VM enthält zahlreiche offensichtliche Lesefehler, die von N übersehen wurden und in den Erstdruck übergingen. Sie sind in unserer Ausgabe beseitigt worden; davon gibt jedesmal der Kommentar Rechenschaft.

Vorrede. *Vs: W I 8, 125–126; Mp XIV 1, 416–421; W I 8, 122. 120. 22–24. 91–92; W I 8, 108   Die unmittelbaren Vs zu § 1 dieser Vorrede sind zwei aufeinanderfolgende Entwürfe einer Vorrede zu einem geplanten „zweiten Band" von JGB (Sommer 1886): vgl. Bd. 12, 232–234, 6 [4]. N arbeitete dieses Fragment zum jetzigen § 1 um; er wollte zunächst den so entstandenen Text als Anfang der Vorrede zu MA I benutzen, und schickte ihn gegen Ende August 1886 an den Verleger Fritzsch mit dem Vermerk:* NB! Zusatz zu dem eingesandten Manuscript zu Menschliches-Allzumenschliches: nämlich der Anfang dieser Vorrede! *bald darauf, als die Vorrede zum zweiten Band fertig war, schrieb N an Fritzsch:* Die Vorrede zum ersten Band bleibt, wie sie in der ersten Fassung war; der nachträglich übersandte Anfang ist jetzt als Anfang der Vorrede zum zweiten Band verwendet. *Das Dm der Vorrede zu MA II bestand ursprünglich aus fünf Paragraphen: §§ 1 u. 2 entsprachen dem jetzigen Text; § 3 fing so an:* Die Schriften dieses zweiten Bandes sind das späte Abbild einer Zeit, während der meine Lebenskraft bis zu ihrer tiefsten Ebbe heruntersank: ich war krank geworden und mehr als krank, nämlich müde, aus der unaufhaltsamen Enttäuschung über lauter falsche Gesellschaft, über lauter verlorne Zeit, Arbeit, Jugend, Hoffnung, Liebe, mehr noch aus dem Gram eines unerbittlichen Argwohns, daß ich von mir selbst abgeirrt sei, – hinein in die idealistische Lügnerei und Romantik, in das gerade mir Schädlichste und Ungemäßeste. *und schloß mit dem Text des jetzigen § 4; § 4 entsprach dem jetzigen 5 bis zu den Worten:* nach aller Art von Fremdem ... *(375, 13–14); § 5 entsprach dem jetzigen 6 und war der letzte Paragraph dieser ersten Fassung, mit dem Datum:* Sils-Maria, Oberengadin, im August 1886 *schließend. Die erste Vs der §§ 2–5 der ersten Fassung lautet im Heft W I 8:* Dies Buch ⌜ist schwer zu verstehen: und nicht am wenigsten weil es sich kalt und leichtfertig stellt⌝ entstand während der tiefsten Ebbe meiner Lebenskraft, die ich bisher erlebt habe: ich war krank geworden, [an lauter falscher Gesellschaft, an lauter verschwendeter Kraft] und mehr als krank, nämlich lebensmüde, aus der unaufhaltsamen Enttäuschung über lauter falsche Gesellschaft, über lauter verschwendete Kraft, über lauter verlorne Zeit, Jugend, Hoffnung, Liebe. Einsam und tief mißtrauisch gegen mich selbst lernte ich jenes Reden, auf welches sich nur die Schweigendsten und Leidendsten verstehn: ich sprach von lauter Dingen, [die mich nichts angiengen: oder so, daß sie mich nichts angiengen –] [die mich von mir abzogen: ich sprach um mich selber nicht zu hören] ich sprach, um nicht zu leiden, um nicht am Schweigen zu leiden, von lauter Dingen, die mich nichts angingen: aber so als ob sie mich etwas angingen — ich gewann allmählich die Kunst, mich heiter, objektiv, artistisch, vor allem gesund und boshaft zu geben: denn die Bosheit gehört ⌈wie mir scheint⌉ zur Gesundheit der Seele. Gleichwie ein Arzt einen Kranken in eine völlig fremde Umgebung stellt [unter lauter neue Aufgaben] damit er seinem ganzen Bisher, seinen Sorgen, Freunden, Briefen, Pflichten, [Feinden,] Dummheiten und Gedächtniß-Martern entrückt wird, und die Hände und Sinne nach neuer Nahrung und Zukunft ausstrecken lernt: so zwang ich mich, als Arzt und Kranker in Einer Person, zu einem [neuen] ungewöhnten Clima der Seele, und namentlich zu einer abziehenden Wanderung und Neugierde nach aller Art neuer Climata. Sollte ein Erlebniß — die Geschichte einer Krankheit und einer Kur, denn es war eine Kur — nur mein persönliches Erlebniß gewesen sein? [Gerade das Umgekehrte glaube ich: und deshalb empfehle ich diese Wanderbücher] Und gerade nur Menschliches Allzumenschliches? Ich möchte das Umgekehrte glauben und glaube ein Recht zu haben, diese Wanderbücher allen denen zu empfehlen, welche mit irgendwelcher Vergangenheit behaftet sind und [nach Freiheit dürsten] nach ihrer Freiheit und Gesundheit, nach ihrer Zukunft und Aufgabe — zu dürsten noch den Muth haben. *Aufgrund dieses Textes erarbeitete N die zweite Vs, welche die unmittelbare Zwischenstufe zu den §§ 2–5 der ersten Fassung bildet, ebenfalls in W I 8:* Vorrede. / 1. / Die „Vermischte Meinungen und Sprüche", ebenso wie „der Wanderer und sein Schatten" zuerst einzeln als Fortsetzungen und Anhänge jenes menschlich-allzumenschlichen „Buchs für freie Geister" herausgegeben worden, mit dem sich einstmals ein Leidender gegen die Folgerungen Leidender wehrte: gleichsam als Fortsetzung und Verdoppelung einer antipessimistischen Kur, wie sie sich der allergesundeste Instinkt eines Kranken selbst verordnet und erfunden hatte. Möge man sich dies Mal die gleichen Schriften vereinigt, als zweiten Band von Menschliches Allzumenschliches, gefallen lassen: vielleicht lehren sie, zusammen betrachtet, ihre Lehre stärker und deutlicher — eine Gesundheits-Lehre, welche den werdenden, geistigeren Naturen des heraufkommenden neuen Geschlechts, als disciplina voluntatis und Selbsterhaltungs-Kunst, empfohlen sein mag. Einer, der oft genug aus der Haut gefahren, aber immer in sie hineingefahren — wie? sollte ein Mensch solcher Kunst und Schlangenklugheit, nicht eine Pflicht dazu haben, zu zeigen, wie man das — macht?... / 2. / Diese Schriften entstanden während der tiefsten Ebbe meiner Lebenskraft, die ich bisher erlebt habe: ich war krank geworden und mehr als krank, nämlich müde, aus der unaufhaltsamen Enttäuschung über lauter falsche Gesellschaft, über lauter verlorne Zeit, Jugend, Hoffnung, Liebe. Einsam und tief mißtrauisch gegen mich selbst lernte ich jenes Reden, auf welches sich nur die Schweigendsten und Leidendsten verstehen: ich redete, um nicht am Schweigen zu leiden, ich sprach von lauter Dingen, die mich nichts angiengen, aber so als ob sie mich etwas angiengen, ich lernte endlich die Kunst, mich heiter, objektiv, neugierig, vor allem gesund und boshaft zu geben: denn die Bosheit gehört, wie mir scheint, zur Gesundheit. Einem feineren Auge und Mitgefühle wird es trotzdem nicht entgehn, was vielleicht den Reiz dieser Schriften ausmacht, — daß hier ein Leidender und Entbehrender redet, wie als ob er nicht ein Leidender und Entbehrender sei. Hier soll das Gleichgewicht, die Gelassenheit, sogar die Dankbarkeit gegen das Leben aufrecht erhalten werden, hier waltet ein strenger, stolzer, beständig wacher, beständig sprungbereiter Wille, das Leben wider den Schmerz zu vertheidigen und alle Schlüsse abzuknicken, welche aus Schmerz, Enttäuschung, Überdruß, Vereinsamung und andrem Moorgrunde wie Pilze aufzuwachsen pflegen. Dies giebt vielleicht einem Fingerzeige zur Selbsterziehung — denn damals gewann ich den Satz daß: „ein Leidender auf Pessimismus kein Recht hat", damals führte ich mit mir einen langwierig-geduldigen Feldzug gegen den grund-unwissenschaftlichen Hang jedes Pessimismus, der einzelne persönliche Erfahrungen zu allgemeinen Werthschätzungen aufbauscht, ausdeutet, mißhandelt ... kurz, damals drehte ich meinen Blick herum. Gleich wie ein Arzt seinen Kranken in eine völlig fremde Umgebung stellt, damit er seinem ganzen „Bisher", seinen Sorgen, Freunden, Briefen, Pflichten, Dummheiten und Gedächtnißmartern entrückt wird, und die Hände und Sinne nach neuer Nahrung, neuer Sonne, neuer Zukunft ausstrecken lernt, so zwang ich mich, als Arzt und Kranker in Einer Person, zu einem unerprobten Klima der Seele, und namentlich zu einer abziehenden Wanderung und Neugierde nach aller Art neuer Climate. Sollte mein Erlebniß — die Geschichte einer Krankheit und Genesung, denn es lief auf eine Genesung hinaus — nur mein persönliches Erlebniß gewesen sein? Und gerade nur mein „Menschlich-Allzumenschliches"? Ich möchte das Umgekehrte glauben; und vielleicht sind meine Wanderbücher doch nicht nur für mich aufgezeichnet, wie ich es bisweilen geglaubt habe ... Ich rathe sie allen denen an, mindestens zum Versuch, welche mit irgendwelcher „Vergangenheit" behaftet sind, und sonderlich jedem jener Seltenen, Abgezeichneten, Vorherbestimmten, in denen alle Kräfte und Krankheiten der modernen Seele zusammen kommen, — deren Loos es aber will, daß sie Alle in Kraft und Gesundheit wandeln. *Vs zu den gegen Mitte September 1886 an Fritzsch nachgesandten drei Einschiebungen sind: zu § 3, ein fragmentarischer Text über Wagner, aus dem N schon einige Gedanken für die erste Fassung seiner Vorrede entnommen hatte, wiederum in W I 8:* — Es war damals die höchste Zeit gewesen Abschied zu nehmen: alsbald bekam ich den Beweis dafür: — Der letzte Romantiker Wagner selbst morsch und alt geworden sank hülflos vor den alten christlichen Idealen nieder, und schickte seine Flüche gegen solche aus, die, wie ich selbst, den Willen gegen diese Ideale bei sich aufrecht erhielten. Seine Anhänger (die Künstler wie billig, ausgenommen) [gaben das widerlichste Schauspiel] — — — Als ich allein weitergieng, glaubte ich in das Nichts zu gehen. Nicht lange darauf: und ich war krank, mehr als krank, nämlich müde (3), aus der unaufhaltsamen Enttäuschung über Alles, was [moderne Menschen begeistern kann] uns modernen Menschen [scheinbar] zur Begeisterung [und Berauschung] übrigblieb [in Wahrheit], [über die allerorts vergeudete Kraft, Arbeit, Jugend, Hoffnung, Liebe] nicht am wenigsten aus dem Gram des unerbittlichen Argwohns, daß ich von mir selbst abgeirrt sei — [hinein in die idealistische Lügnerei und Romantik, in das gerade mir] hinein in das gerade mir Verbotenste und Ungemäßeste, in die [idealistische] romantische Lügnerei und Verweichlichung. 1. [In der That] — Und in der That, es war damals die höchste Zeit, Abschied zu nehmen: alsbald schon bekam ich den Beweis dafür. Richard Wagner, scheinbar der Siegreichste, in Wahrheit [ein Überwundener, ein] ein morsch gewordener, [längst] verzweifelnder Romantiker, sank plötzlich hülflos und zerbrochen vor dem christlichen Kreuze nieder ... ich fürchte [sogar], er sandte denen, die ihm [damals] deshalb den Rücken wandten seine besten Flüche nach, die Flüche eines Überwundenen? [Genug: mir selbst wurde dies unerwartete Schauspiel fast zum Untergang: als ich allein weiter gieng, glaubte ich ins Nichts zu gehen. Nicht lange darauf: und ich war gründlich krank, mehr als krank, nämlich müde, weg ⌈und lebens⌉müde] 2. Genug, mir selbst gab dies unerwartet[st]e Ereigniß, wie ein Blitz Klarheit über den Ort den ich verlassen hatte — und auch jenen nachträglichen Schrecken wie ihn Einer empfindet, der unbewußt [mitten durch eine große Gefahr gelaufen ist] durch eine ungeheure Gefahr [hindurch] gelaufen ist. Als ich allein weiter gieng, zitterte ich; nicht lange darauf, und ich war krank, mehr als krank, nämlich müde *[siehe (3)]! die Zahlen 1. 2. (3) wurden von N nachträglich hinzugefügt, um die endgültige Einordnung dieser Aufzeichnungen zu verdeutlichen]; es folgen andere nur zum Teil benutzte fragmentarische Ausführungen (voneinander durch / getrennt):* gegen die schönste Meeresstille meiner Fahrt, die leider auch meine schlimmste Verzögerung [mein gefährlichster Wahn — denn ich hatte fast geglaubt, schon im Hafen zu sein —] [meine gefährlichste Verführung — denn ich hatte mich fast schon im Hafen gewähnt] war; zugleich eine Loslösung, ein Abschiednehmen. *(diese Stelle wurde von N bei der Korrektur von § 1 benutzt; vgl. N an Gast 14. Sept. 1886)* / aus Ekel vor all dem [Innerlich] Femininischen [über all der intellektuellen Zuchtlosigkeit und was Alles] [hier wieder einmal einer der Stärksten und Kühnsten unserer Zeit zu Grunde gegangen war] [und Zuchtlosen] Schwärmerisch-Zuchtlosen [unserer modernen Cultur] das hier den Sieg wieder einmal über einen der Tapfersten davongetragen hatte, nicht am wenigsten aus dem Gram einer unerbittlichen [Argwohns] Einsicht / [daß ich verachten lernen müsse, wo ich liebte. Wohin läuft alle Romantik schließlich aus? In idealistischer Lügnerei und Verweichlichung: sie macht morsch.] / [daß ich mich selbst auf meinem Wege ⌈verirrt⌉ verzögert habe] [daß ich besser verachten, besser mißtrauen] [zur rechten Zeit verachten] [tiefer verachten] vor Allem Strenge lernen müsse vor jeder idealistischen Lügnerei und Verweichlichung / [daß ich selbst dazu beigetragen hatte ihm die höhere Obhut über sich zu nehmen. Wer hätte ihn warnen können, wenn nicht ich? Aber ich hatte mich selber nicht gewarnt und hinein in das gerade mir Verbotenste und Ungemäßeste] / [tiefer verachten, vor allem Strenge lernen müsse vor jeder idealistischen] Lügnerei und Verweichlichung / er begann vom „Blute des Erlösers" zu reden, ja es gab eine Stunde wo er mir [von den Entzückungen] die Entzückungen eingestand, die er dem Abendmahle abzugewinnen wisse (man weiß daß er später auch noch Musik dazu (oder „darauf") gemacht hat.) / [Damals gelobte ich mir, fürderhin tiefer zu mißtrauen] / [− −] sitzen geblieben in der Nähe der schlimmsten idealistischen Lügnerei und Verweichlichung. zu § 5, 375, 14−34: Ein ... zurück. *griff N auf einen früheren, auch für § 4 (= Schluß von § 3 der ersten Fassung) benutzten Text zurück, welcher in der Urfassung − d.h. vor den Änderungen zum neuen Zweck − in Mp XIV 1 lautet:* 1. / Der Tyrann in uns, unsere Aufgabe, nimmt eine furchtbare Wiedervergeltung für jeden Versuch, den wir machen, ihm zu entschlüpfen, für jede vorzeitige Bescheidung, [wie als ob eine] für jede Gleichsetzung und Gesellschaft, zu der wir nicht gehören, für jede Tugend, welche einem andern Typus zugehört. Krankheit ist ihre Antwort, wenn wir an unserem Rechte zu einer solchen Aufgabe zweifeln wollen, − wenn wir anfangen, es uns leichter zu machen. Sonderbar und furchtbar zugleich! Unsere Erleichterung ist es, die wir am härtesten büßen müßen! / 2. / Ein freier Geist: d.i. ein Mensch, der die intellektuellen Einbußen begriffen hat, welche jede Verehrung mit sich bringt, − und der nicht mehr verehrt. Er hat die Verlogenheit durchschaut, welche jede Moralität mit sich bringt, auch jede Religion, jede Liebe, − ja jedes Leben! Ein Minimum von Leben − und ein Geist jenseits der groben Bejahungen und Verneinungen: das hält sich eine Zeitlang aus.

Schließlich — entdeckt er in sich ein furchtbar zerstörerisches Princip, eine neue Macht — und damit einen neuen Willen zum Leben. Diese lange Vorsicht vor den Verallgemeinerungen, diese Tapferkeit, welche das Furchtbare und Falsche sucht, dieses Leben-können unter der Ungunst, mit einem Minimum von groben Reizen, die daraus resultirende Unabhängigkeit, der Cynismus in der Tonne und zugleich das Grillenglück in der Sonne — es war eine große Zucht und Erstarkung. Der lange Krieg gegen den Pessimismus und die Lebensmüdigkeit, der gute Wille zur Dankbarkeit für die zartesten Farben und Zeichen des Lebens — wir werden belohnt vom Leben selbst für diesen langen Willen — zum Leben. Womit? Mit einer Aufgabe ersten Rangs! / 3. / Verdorben für allen [Heroismus] Heroen-Kultus — das ist etwas für oberflächliche und tugendhafte Lärmmacher, wie Carlyle. Was für eine furchtbare Dummheit und intellektuelle Leichtfertigkeit hat zu jedem großen Mann gehört, den das Volk verehrt! — — — *zu § 7 endlich diente als Vs eine Stelle aus einem Text über GT (in W I 8): Der Wille zum Pessimismus ist das Zeichen der Stärke und Strenge: man fürchtet nicht das Furchtbare sich einzugestehen. Hinter ihm steht der Muth, der Stolz, das Verlangen nach einem großen Feinde. Dies war meine neue Perspektive.* 369 3–9: wo ... mir] *aus* wenn man Etwas erlebt hat; und nur von dem reden, was man erlebt hat, — alles Andere ist Geschwätz, Litteratur, Zeitung. Meine Schriften reden nur von meinen Erlebnissen: „ich" bin darin, mit Leib und Seele, ego ipsissimus und, wenn es hoch kommt, ego ipsissimum. Glücklicherweise habe ich viel erlebt *Dm*　　10: der Zeit ... Distanz] *aus* vieler Zeit, Genesung, Ferne, Distanz *Dm*　　22:　　Sprach-Verlumpung]　　Selbstbewunderung *Dm*　　370 2–4: ich ... „Bildungsphilister"] *obwohl durch N zum Schlagwort geworden, kommt der Ausdruck „Bildungsphilister" schon um 1860 auf, vgl. F. Kluge, Etymologisches Wörterbuch der deutschen Sprache, Berlin* [20]*1967, s. v.; hier wird als erster Beleg (1866) J. Scherr, Studien II 298 angeführt: „Menschen, für welche man den glücklichen Ausdruck Bildungsphilister erfunden"; ein anderer, vor N liegender Beleg ist R. Haym, Die romantische Schule, Berlin 1870, 88: „die prosaische Superklugheit der Bildungsphilister"*　　22: stärksten] *aus* größten *Dm*　　24–25: die ... Fahrt] meine einzige Liebschaft, wenn man mir glauben will *Cb*[1]　　25: gefährlichste] schlimmste *Cb*[2]　　26: eine Loslösung] ein Ankerlichten *Cb*[2]　　26: Abschiednehmen] Entfremdungs-Akt *Cb*[1]　　32: Seite 46] *vgl. WB 7 Bd. 1, 466, 27–28*　　33: schwermüthigen] *aus* schmerzlichen *Dm*　　34: war] *aus* ist *Dm*　　371 3: auch dies zweite] dies späte *Dm*　　7: hinter ... hat] *aus* hinter ... sieht *Dm*　　20–21: mir ... Romantik] *aus* sich der gesund gebliebene Instinkt eines Ge-

fährlich-Erkrankten *Dm* 374 *14–16:* und ... Geschmack"?]
denn die Bosheit gehört, wie mir auch heute noch scheint, zur Gesundheit. *Cb*[1]

Erste Abtheilung:
Vermischte Meinungen und Sprüche

1. *Vs:* 29 *[55]*   *Rs:* du *statt* ihr   381 *4:* jetzt gleich] *Rs; GA* jetzt *Dm; Ed*   *8–12:* wird ... Fangen-können] sind, wie dumm die Menschen der breiartigen Gehirne mit ihrem Auffliegen und Flattern und Haschen und nicht Fliegen und Nicht-Fangen *Vs*
3. *Vs:* Lust an der Wirklichkeit wenn man lange genarrt worden ist.
4. *Vs:* „Croyez moi, l'erreur aussi a son mérite" Voltaire — wer versteht, in wie fern dies eine unfreiwillige Naivität ist, wird auch verstehen cr⟨oyez⟩ moi, la vérité —
5. *Vs:* Die Philosophen verderben die Sätze der Menschenkenner (Moralisten) dadurch, dass sie dieselben unbedingt nehmen und als nothwendig beweisen — während sie meinen sich dadurch über jene zu erheben. Oft wird man als Grundlage einer berühmten philosophischen Theorie eine populäre Weisheit finden (z.B. der Primat des Willens vor dem Intellect, die Unveränderlichkeit des Charakters, die Negativität der Lust). Alles dies wird falsch, sobald es ausschliesslich gelten soll.   *andere Vs:* Die Philosophen pflegen die Sätze der Menschenkenner absolut zu nehmen und dadurch zu verfälschen.
8. 383 *27–28:* Pilatus ... Wahrheit!] *vgl. Joh. 18, 38*
10. 384 *25–26:* verlieren.] verlieren, wenn ihre Lehrer beschimpft werden. *Rs; Dm; Cb*
13. 385 *24:* unbedenklich] *Rs; GA* unbedingt *Dm; Ed*
16. 386 *15–16:* sind ... ist] verführen zum Weiterleben, selbst ein gutes Buch für den Selbstm⟨ord⟩ *Vs*
17. *Vs:* mehrere sterbliche Seelen   *19:* Hinterweltler] *vgl. Za I* Von den Hinterweltlern   *20:* Armen im Geist] *vgl. Matth. 5, 3*   *24:* Einer] der Historiker *Rs; Anspielung auf Jacob Burckhardt*   *28:* Seelen in] Seelen, gleich allen Historikern, in *Cb*[1]
18. *Vgl.* 23 *[40]*
19. *Vs:* Die Philosophen benehmen sich als ob die Aufgabe gestellt sei das Bild des Lebens (Daseins) zu malen: aber bringen thatsächlich immer nur Bild⟨er⟩ und Bildchen aus dem Leben hervor, wie es natürlich wenn sich das Werdende im Werdend⟨en⟩ spiegelt. Die Künstler und Religiösen haben auf jene ihren Wahn vererbt. Die Wissenschaft *[?]* will kein Bild, sondern die Gesetze, auf die jene Bilder entstanden *[?]*
20. 387 *17:* Götter] Götzen *DmN; Cb*

Vermischte Meinungen und Sprüche 1–32

22. *Vgl. Joh. 1, 1; die Parodie stammt aus einem Brief von Carl Fuchs an N von Ende Juni 1878, KGB II/6, 905; vgl. N an Fuchs Juni 1878, KGB II/5, 335*
23. *Vgl. 29 [1]*
24. 388 *21–22:* plaudite amici] *die letzten Worte des Augustus, nach Suet. Aug. 90, 1*
25. 389 *1:* nicht; er] nicht; [die Welt ist ihm zu interessant ausgefallen. Warum verließe man sie sonst so schwer?] er *DmN*
26. 391 *1–2:* „pereat ... sim!"] *vgl. Schopenhauer, Ethik 266; Parerga 2, 236   16:* ich ... habe] *vgl. MA 109*
27. *Vgl. 32 [4]*   392 *2–3:* dem ... wies?] *Kant: „Ich mußte also das Wissen aufheben, um zum Glauben Platz zu bekommen ...", Vorrede zur zweiten Auflage der Kritik der reinen Vernunft (1787), Akad.-Ausg. III 19*
28. *Vs:* Alle ästhetischen Phänomene werden allmählich (durch Metaphysik) unerklärlich, folglich unabschätzbar, folglich unter einander unvergleichbar: vollständige Unkritik die Folge und dadurch wieder Abnahme des Genusses; und Überhandnehmen des Geringen Effektvollen Täuschenden, Ehrgeizigen. Zur Vorrede.
29. 392 *26–27:* könnt ... wachen?] *vgl. Matth. 29, 40*
31. *Vgl. 21 [46]   Vs:* Die philosophischen Systeme erscheinen auf der Wanderung der streng wissenschaftlichen Naturen wie Lufterscheinungen welche die Lösung aller Räthsel in der Nähe zeigen, schöne Fata Morgana, bei deren Anblick die Seele schwelgt, das Glück am Ziele zu stehen vorwegnehmend: sie reizen an, entzünden den Ermüdeten — im Ganzen Grossen. Freilich bleiben manche Naturen auch von der schönen Betäubung erfasst zurück und geben den Gang der Wissenschaft auf. — Für den freilich, welcher weiss dass jene Systeme nur ein subjectives Tröstungsmittel sind, kann eine solche fata morgana, immer wiederkehrend, etwas Peinigendes bekommen und einen rasenden Durst, mit Wuth, ihn nicht löschen zu können, erzeugen; — 393 *18–21:* und der ... drängt] *aus und genießt das Ziel aller wissenschaftlichen Ausdauer und Noth gleichsam vorweg, so daß der Ermüdete mit neuer Kraft seinen Weg sucht DmN*
32. *Vs:* Der Dichter als Betrüger: er imitirt, ein Wissender (Feldherr Schuster Seemann) zu sein, es gelingt ihm, vor Nichtwissenden: er glaubt endlich selber daran. So gewinnt er das Gefühl der Ehrlichkeit. — Die empfindenden Menschen kommen ihm entgegen und sagen sogar, er habe die höhere Wahrheit: sie sind der Wirklichkeit zeitweilig müde. Schlaf und Traum für den Kopf — das ist der Künstler für die Menschen. Er macht die Dinge mehr werth: da meinen die Menschen, das werthvoller Scheinende sei das Wahrere, Wirklichere. — Auch jetzt noch suchen die dichterischen Menschen (z. B. Emerson

Lipiner) die Grenzen der Erkenntniß, ja die Skepsis mit Vorliebe, um sich dem Bann der Logik zu entziehn. Sie wollen Unsicherheit, weil dann der Zauberer, die Ahnung, und die grossen Seelen-Effekte wieder möglich werden. *vgl. GA XIX 389; zum* Zauberer *vgl. die gleichnamige Gestalt in Za IV*
33. *Vgl. 23 [37]* Vs: Schopenhauer der größte Menschenkenner unter den neueren Philosophen, dem man um ihn ganz zu würdigen, sein metaphysisches Leopardenfell abziehen muß, in welches er sich so phantastisch gekleidet hat. 395 *10–13:* „die ... scheidet."] *vgl. Schopenhauer, Ethik 182* *17–20:* „der ... Handelns"] *vgl. Schopenhauer, Ethik 109 28]* vgl. *WB 10, Bd. 1, 502ff.; R. Wagner, Das Kunstwerk der Zukunft: „Der täglich wahrgenommene und bitter beklagte Abstand zwischen sogenannter Bildung und Unbildung ist ... ungeheuer ...", a.a.O. 3, 177* 396 *24] nach Joh. 1, 29 25–31:* Der ... wollen] *aus* Nicht nur das Verantwortlichsein auch das Verantwortlich-machen, das Hineintragen der moralischen Begriffe in das Werden ist ein Irrthum *Rs* *28–29:* „richtet nicht!"] *vgl. Matth. 7, 1*
34. *Vs:* Aufopferung
36. 397 *15–16:* Eine ... hat. —] *von N erst in Dm hinzugefügt auf Veranlassung von Marie Baumgartner, welche ihm beim Abschreiben dieses Aphorismus am 13. November 1878 schrieb: „Zu Ihrem so treffenden Spruch ... hätte ich gerne hinzugeschrieben: ‚eine Frau oder Mutter würde sagen: bis Jemand die Ferse auf ihren Liebling oder ihr Kind gesetzt.' Denn die Frau wird über Jene nicht schweigend ergehen lassen was sie für sich in den meisten Fällen geduldig hinnimmt." KGB II/6, 992*
47. *Vs:* Sie erkämpfen Freiheit und zählen nachher die Stunden.
49. *Vgl. 28 [60]; 28 [6]; 29 [24]; 11 [11]* Vs *(N III 2):* Jene graue Ruhe der Dämmerung vor den Fenstern an Herbstabenden welche alles so schwermüthig und behaglich einsam macht Vs *(N III 4):* verglühender und vergilbter Herbst 401 *6–7:* der ... gelingt] *aus* wie sie selber sind *DmN* *12–13:* Frühwinter ... heranschleicht] *aus* Spätsommer-Abenden alles so behaglich einsam macht *Rs* *14:* umschliesst] *aus* abschließt *Rs* abschliesst *GA* ausschliesst *Dm (Lesefehler von Frau Baumgartner); Ed* *25:* beatus ... negotiis] *vgl. Hor. Epod. 2, 1*
53. *Vs:* Neid das Huhn gackert
55. 403 *24:* aus] aus und hat eine Schlangenzunge *Cb*
57. 404 *2–3:* Glühende ... sammeln] *vgl. Röm. 12, 20*
64. *Vs:* Gerechtigkeit oft Deckmantel für Schwäche, so will Ungerechtigkeit die Phantasie auf eine Stärke aufmerksam machen
68. 406 *24–28:* als ... los] zu Gefährtin: weil es durchaus helfen will,

glaubt es durchaus Art und Ursache der Krankheit zu wissen und inspicirt den Kranken mit schädlichem Unsinn *Vs*

70. *Vgl. 30 [63]*
71. *Vs:* Menschen die vornehmlich moralisches Bewusstsein haben, vertragen die Skepsis und Analysis auf diesem Gebiete nicht. Das, was sie so hoch und schwer nehmen, soll auch die stolzesten Namen führen und der Prüfung unzugänglich sein. Woraus sich ergiebt, dass es ohne Stolz auch keine Moralität giebt.
72. *408 2–4:* sich ... ab.] in Händeln unkräftig, weil die Motive und deren Kampf sie mehr interessiren als das was dabei herauskommen soll — *Vs*
75. *20–23:* Damit ... Voraussetzung] Liebe überbrückt Gegensätze, aber hebt sie nicht auf. — Das Gleiche und Ähnliche von uns in Anderen lieben ist reiner nackter Egoismus *Vs*
79. *Vs:* Kann man beide Seiten einer Sache nicht zugleich sehen, dann vielleicht hintereinander: aus einer doppelten Ungerechtigkeit bringen wir so, für eine Zeitspanne, die Wahrheit ans Licht.
81. *Vgl. 28 [53]*
85. *Vs:* Wer nur die Kraft hätte wieder gute Vorsätze und Pläne — ein sehr glücklicher Mensch
87. *Vs:* Wie kommt es daß man es sich viel schwerer die Unehrlichkeit verzeiht, jemanden zu sehr [—] gelobt als jemanden zu sehr getadelt zu haben? — Unehrliches Lob macht hinterdrein viel mehr Gewissensbisse als — wahrscheinlich weil wir durch zu starkes Loben unser Urtheil zugleich viel mehr bloß gestellt haben.
89. *412 21:* Opferthiers] *Rs; GA* Opfersinns *Dm; Ed; vgl. N an Schmeitzner 5. März 1879*
90. *In Vs zum Teil schon umgearbeitete Urfassung:* Die Wissenschaft ist wie alle ungeheuren Weltmächte nicht plötzlich, mit großem Effekt in die Welt getreten; sie ist langsam auf Schleichwegen, mit verhülltem Haupte einhergegangen. *vgl. 21 [77]*
95. *Vgl. 5 [166]; 17 [19]*   *414 26–28:* So ... hat] (Wie es schon der Kunstgriff Plato's im Symposion gewesen war *Vs*
96. *415 27–28:* „Seid ... ist"] *vgl. Matth. 5, 48*
97. *Vs:* Das außerordentliche Umsichgreifen des Protestantismus erklärt sich so, daß 1) er viel billiger dasselbe zu leisten versprach (ohne Seelenmessen, Wallfahrten) was die alte Kirche 2) daraus daß die nördlichen Nationen nicht so tief in die Symbolik und Formenlust eingewurzelt waren wie die des Südens: hier lebte im Christenthum das Heidenthum fort, nicht aber im Norden, wo es einen Gegensatz und Bruch zum Altheimischen bedeutet hatte. Noch jetzt ist im Süden das Leben einfacher antiker, mit dem Katholicismus geht das letzte Stück Alterthum verloren. Schluß auf Ende des Christenthums.   **416**

22: dort] *Dm; Cb; He²;* GA dort, *Ed*   33: laboret] laborabit *He²*
98. *Vgl. 28 [35]*   418 23: zufrieden! — Worauf] zufrieden [und erspart uns die mürrischen Gesichter!] — worauf *Rs*   26–27: Eure ... Gründe] *aus* Um wie viel zufriedner würden wir sein können *Rs*   30: Worte] *DmN;* GA Werke *Cb; Ed; vgl. auch Vs:* Wenn jene frohe Botschaft aus der Bibel euch ins Gesicht geschrieben wäre und eure Worte so gut wie Bibelworte wären ...
99. E. Bertram: „ohne jeden Zweifel unter dem Eindruck der Nachsommerdichtung [Stifters] geschrieben", in: *Ariadne, Jahrbuch der Nietzsche-Gesellschaft, München 1925,* 8
101. *Vgl. 32 [18]; 30 [89]*   *Vs (N II 4):* Gegen die Verachtung des Nützlichen!   *Vs (N III 2):* Das Nützliche ein Umweg zum Schönen (= Erfreuenden)
103. *Vgl. Schiller, Wallensteins Lager, Prolog:* „Denn wer den Besten seiner Zeit genug / Getan, der hat gelebt für alle Zeiten"
106. *Vs:* Ohne Musik Leben — Schilderung
107. *Vgl. 30 [150]*
108. *erste Fassung der Vs:* Der Wohlgeschmack einer Speise beruht nicht nur auf dem Hunger: sondern auf der Ausgebildetheit des unterscheidenden Geschmacks. Gerade für den Hungrigsten sind die feineren Speisen so gut als die gröbsten. So auch steht es bei der Kunstkritik.
110. *Vgl. 33 [4]*
113. 424 23–24: An ... werden] Bei einem einzigen Autor der Welt kann man auch von unendlicher Melodie reden *mit rotem Stift am oberen Rand der Vs hinzugefügt*   425 18–426 19: — und kann ... Mensch] : von ihr aus gerechnet, kommen mir alle Bücher eckig, geradezu, ungelenk vor. — Wie hebt sich dagegen Diderot's Jacques ab! Nur in Einem Punkte und wie ich fürchte unfreiwillig hat dieser die Sternische Zweideutigkeit; ist es Nachahmung aus Bewunderung oder Parodie des Tristram? Aber kläglich langweilig ist das Herumgreifen des Lesers: wenn es eben nicht die Parodie des Sternischen Manier sein soll: welche er eben mißverstanden hätte. Der rationalistische Geist der Franzosen erlaubt ein solches freies Schreiben nicht: sie sind zu ernsthaft zum Humor: was St⟨endhal⟩ zuerst entdeckt hat *Vs*   426 1: Griechen] Griechen und Römer *Cb²;* GA
114. *Vs (N III 5):* Dichter der gewählten Wirklichkeit   *Vs (N III 3):* Wie der gute Prosaschriftsteller gewählt, so gewählte Wirklichkeit der Dichter
118. *Vs:* die bedeutsame Ungeheuerlichkeit, die die Phantasie anregt, ist älter als das Schöne, aber überlebt es auch.   427 26: Pulchrum ... hominum] *vgl. Hor. Sat. I 9,* 44
119. *Vs:* Bei der Kunst-Art der Wilden: sie freuen sich 1) zu verstehen, was

gemeint ist (Lust der Räthsel — Selbstgenuß am Scharfsinn) 2) sich an das zu erinnern, was ihnen angenehm war (Jagd Sieg Hochzeit) Lust an sich selbst und der eignen Kraft usw. 3) sich erregt und entflammt zu fühlen (beim Gesang von Rache und Krieg z. B.) Lust an der Emotion, Gegenmittel der Langeweile 4) sich an das Unangenehme zu erinnern, insofern es überwunden ist (Abenteuer Seefahrt) oder insofern es uns den Zuhörern interessant macht. v. nächste Seite *[d. h. N II 7, 60]* 5) Freude am Regelmäßigen Symmetrischen in Linien und Rythmen — als Gefühl des Ähnlichen mit allem sonst Regelmäßigen und Geordneten (das ja die Ursache des Wohlbefindens ist). 6) Bei hoher Entwicklung von 5) auch Genuß am Durchbrechen des Symmetrischen und Geregelten, es reizt an, Vernunft darin zu suchen.

121. *Vgl. 22 [4]*   429 *26:* wirken. Hieraus] wirken (z. B. das Mitleiden erwecken). Hieraus *Vs*
124. *Vs: 30 [62]; 30 [84]*
126. *Vgl. 22 [25]; 23 [138]; 23 [190]*   432 *9–10:* Ihr ... treibt] *vgl. Goethe, „Beherzigung": „Sehe jeder, wie er's treibe"   11:* Schiller] *im Gedicht „An die Freunde" (1802)*
127. *Vs:* In allem kurz Gesagten sieht der Leser einen Ansatz und Keim, etwas Embryonisches während es die Frucht und Erndte langen Nachdenkens sein kann: aber für den Leser war die Sache neu.
129. *Vs:* Freunde die schlechtesten Leser von Sentenzen — aus dem Allgemeinen das Besondere zu errathen — die Absicht vereiteln — eine abscheuliche Topfguckerei, bei der die vorgesetzte Speise ihnen zuletzt zuwider werden muß
130. *Vgl. 18 [24]*
131. *Vs:* Barockkunst. Es ist als ob man die ungemeine Spannung der Besonnenheit (die Freiheit unter dem Gesetz) bei den Classikern nicht mehr aushielte — eine Art Schwindel erfasst den Zuschauer. Der Bogen bricht.
134. *Vgl. 22 [3]; 10 [16]   über Vs das Stichwort:* asianische Beredsamkeit   434 *12–13:* die ... Musik] Wagner *Vs*   434 *28–435 18:* ist. ... vermag] ist: es ist ein äußerst gefährliches Kunstmittel, weil es die Bewegung ohne Grenze und Maaße als Ziel hat. Im Einzelnen bestrebt er sich die mathematische Symmetrie zu brechen, zu verhöhnen; dem 2taktigen Rhytmus einen 3taktigen entgegenzustellen, dieselbe Phrase sofort so zu dehnen, daß sie die dreifache Dauer bekommt, Alles soll leben: er fürchtet die Versteinerung, die Krystallisation, den Übergang der Musik in das Architektonische *Vs*   434 *29:* Wesentlichste aller] *Rs; GA* Wesentlichste *Dm; Ed*
136. *Vgl. 32 [4]*
137. 436 *2–6:* Die ... Ganze.] *aus* Jünglinge wissen nicht Früchte zu

pflücken, sondern hauen lieber den Baum um; ihre Liebe ist mörderisch. *Rs*
141. *Vgl. 30 [150]*
142. *437 4–7]* insofern liegt über dem kältesten Buche ein Sonnenglanz von Freudigkeit und der Wohlgeruch des Hochgebirges *Vs*
144. *Vgl. 32 [3]*   *Vs:* Wir können das Phänom⟨en⟩ der Barockkunst jetzt sehr schön studiren, falls wir unser genug Herr sind: denn die letzte der Künste, die Musik, ist gegenwärtig, durch die Einwirkung Richard Wagners, in dieses Stadium getreten, und zwar in außerordentlicher Pracht der Erscheinung, ganz und gar seelen- und sinnesverwirrend, – – – *vgl. N an M. Maier, 8. Aug. 1878*   *438 4–5:* der ... voranläuft] die Nacht ankündigt *Cb¹*   *6–23:* und ... Baume.] jene großen Massen- und Affekt-Wirkungen Farbenspiele, Feuerbrunst-Beleuchtungen, Glanz- und Duft-Zaubereien, für alle die kühnen Schauerlichkeiten und Wagnisse in Mitteln und Absichten, und das ganze scheinbar unfreiwillige und elementare Überfließen aller Füllhörner der Kunst, was diesen Stil auszeichnet, während eben dasselbe in den früheren, vorklassischen und klassischen Epochen einer Kunst nicht möglich ist und jedenfalls als nicht erlaubt gilt *DmN; zwischen dem 19. Januar und dem 1. Februar 1879 schickte N an Schmeitzner folgenden Zettel:* In der Mitte vom Abschnitt über den Barockstil ist zu streichen: und das folgende an die Stelle zu setzen: / Die Wahl von Stoffen und Vorwürfen höchster dramatischer Spannung, bei denen auch ohne Kunst schon das Herz zittert, weil Himmel und Hölle der Empfindung allzunah sind: die Beredsamkeit der starken Affekte und Gebärden, des Häßlich-Erhabenen, der großen Massen, überhaupt der Quantität an sich – wie alles dies schon bei Michel Angelo, dem Vater oder Großvater der italiänischen Barockkünstler, sich ankündigt –: die Dämmerungs- Verklärungs- oder Feuerbrunstlichter auf [den starken] so stark gebildeten Formen: fortwährend die äußersten Wagnisse in [Kunstmitteln und Kunst-] Mitteln und Absichten, vom Künstler für die Künstler [absicht⟨lich⟩] kräftig unterstrichen, während der Laie wähnen muß, ein beständiges unfreiwilliges Überströmen aller Füllhörner [der elementarsten Kunstgewalt] der ursprünglichen Natur-Kunst zu sehen: dieses Alles [sammt den Eigenschaften, welche schon auf der] usw. / Bitte, lieber Herr Schmeitzner, bringen Sie dies auf dem Manuscript in Ordnung, ich finde die Stelle nicht in meinen Papieren. *Schmeitzner zog vor, die Änderung für sich setzen zu lassen, und schickte sie N und Köselitz auf separater Fahne zusammen mit dem 4. Korrekturbogen, wo VM 144 schon in der alten Fassung gesetzt war. N bearbeitete seine Änderung auf der uns erhaltenen, separaten Fahne, indem er am Schluß dieses Alles strich und Folgendes hinzufügte:* alle diese großen Eigenschaf-

ten, welche jener Stil unter den Händen seiner Meister *[dazu auf S. 62 der Cb die Variante:* unter den Händen hochbegabter Künstler*]* zeigt, sind den — Epochen fremd, ja in ihnen nicht möglich, nicht erlaubt: weshalb wir der Herbstform der Kunst tiefen Dank schuldig sind, wenn sie auch solche Früchte noch zur Reife verhilft. — *Die endgültige, weiter veränderte Fassung der ganzen Stelle schickte N an Schmeitzner am 1. Februar 1879, mit den Worten:* Statt neun Zeilen werden es 21–22. Denken Sie sich Zeile 6–14 (auf Seite 63) *[d. h. eben die Variante zu 438, 6–23]* gestrichen und dafür 21 Zeilen eingerückt.
145. *439 6–10:* indem ... zurückhält] in Hass und Liebe *Vs*
146. *Vs:* Einzelne schöne Stellen und einen hinreißenden erregenden großartigstimmenden Gesammtausdruck — soviel begreifen viele Laien von einem Kunstwerk: und in der Periode einer Kunst, in der man die größte Masse der Laien auf die Seite der Künstler ziehen will, wird der Schaffende gut thun, auch nichts mehr zu wollen als jenes Beides. Das was dann fehlt — das organische Schaffen   *16:* grosse] *Rs; GA* grössste *Dm; Ed*   *21:* Uebrige] *Rs; GA* Übrige *Dm; Ed*

147. *Vs:* Jeder spätere Meister bringt Auswahl unter Werken und Stilen der Älteren hervor: von manchen leitet er den Geschmack ab
148. *Vs:* Wie sehr wird eine Kunst eine Philosophie geliebt, welche den Menschen anlehrt, vor seinen Schwächen, seiner geistigen Armut, seinen unsinnigen Verblendungen und Leidenschaften Verehrung zu empfinden — das Verbrechen und den Wahn von seiner erhabenen Seite das Willenlose und Blind-Ergebene in seiner rührenden Eigenschaft
149. *Vgl. 27 [14]; 30 [93]*   *Vs:* die ausserordentliche Freude, welche die Kritik macht in ganzen Zeitaltern ja nicht zu unterschätzen
150. *441 4–7:* seines ... Klopstock] eines Volkes, so wird er es immer auf Unkosten seiner Kunst sein, er kann nicht zweien Herren dienen *Vs*   so ... Klopstock] *aus* so wird die Kunst, seine strenge Gebieterin, ihn für diese Untreue hart büßen lassen — durch Entziehung oder Kälte ihrer ehelichen Umarmung *Rs*
151. *Vgl. 34 [9]*
152. *19–26]* ein Sieg — sein. Dyspeptische *Vs*
155. *Vs:* Die Genies spielen auf dem Leierkasten ihre sieben Stücke ab — aus der Ferne sieht man den Leierkasten nicht.
156. *Vgl. 34 [12]*
158. *443 14–19:* und wird ... gefällt] um sich ihm mitzutheilen und ist deshalb für jeden Anderen ein schlechtes Buch: weil es sich ihm nicht mitzutheilen vermag *Vs*
159. *444 2–4:* und, ... bahnen.] trotz Meereswogen und Gefahren, hin

zum Rauch von Ithaka und den Umarmungen der schlichteren und menschlicheren Gattin — kurz heimzukehren ... *He*[2]
162. *Vs:* Größte Paradoxie in der Geschichte der Dichtkunst: Shakespeare und die Alten
163. *Vs: 23 [95]*
167. 446 *2:* Sibi scribere] *nach dem Wort Valentin Roses in Aristoteles pseudepigraphus, Leipzig 1863, 717: „sibi quisque scribit", das N schon in seinen Aufzeichnungen von Herbst 1867 — Frühjahr 1868 vielfach kommentiert und zitiert hatte, vgl. dazu H. J. Mette in BAW IV 599; in derselben Zeit notierte sich N aus Emerson: „Der der für sich selbst schreibt, schreibt für ein unsterbliches Publikum", Versuche (Essays) dt. v. G. Fabricius, Hannover 1858, 114, BN; vgl. auch N an Erwin Rohde, 15. Juli 1882: Mihi ipsi scripsi — dabei bleibt es ...*
169. *Vs:* Zu gebildet um die Oele und Balsame der bestehenden Religion [schmackhaft] wohlriechend zu finden, zu schwach um den Fehler ihres Lebens ⌈den schädlichen Hang ihres Charakters⌉ wieder gut zu machen, durch heroisches Umkehren und Aufgeben des guten Rufs — zu vornehm von sich denkend, um sich einer bescheidenen Thätigkeit pflichtstreng zu opfern, zu träge von Kindheit an gewöhnt und den Genüssen immer auch ohne rechten Genuß ergeben — so begehren sie eine Kunst die ihnen die Religion ersetzen, die Begierde und das schlechte Gewissen verscheuchen, den Fehler ihres Lebens als Fehler des Weltschicksals auslegen und sie unter einander als Partei zu einer Art von Partei-Begeisterung entfachen soll.
170. *Vgl. 19 [47]* 448 *4:* Gesellschaft] Stände *Vs* *7–23:* Hier ... er.] *fehlt Vs* *22–23:* und ... genügend] übrigens in sich selber fast aus Bequemlichkeit hochmüthig *Cb*[1] *28:* ihrer ... Worte] *fehlt Vs* *30:* errang] erzwang *Vs* 449 *1–31:* wird ... benannten] hat ihnen nie angehört: ihm folgte eine kleine Gemeinde Höchstgebildeter und durch Leben und Reisen Erzogener, und er selber wollte es nicht anders. Als später die Romantiker den Goethekultus unter den Deutschen erzwangen, entstand jene Verlogenheit und Unächtheit der deutschen Bildung, vermöge deren keiner mehr weiß, ob ihm das, was er ißt auch schmeckt und ob er es wagen darf, zu sagen, daß es ihm nicht schmeckt *Vs* *27–31:* wesshalb ... benannten] *vgl. 30 [93]; P II, 11, 9,* Die vorplatonischen Philosophen *(1872):* Auch „σοφός" heißt nicht ohne Weiteres der „Weise" in dem gewöhnlichen Sinne. Etymologisch gehört es zu sapio schmecken, sapiens der Schmeckende, σαφής schmeckbar. Wir reden vom „Geschmack" in der Kunst: für die Griechen ist das Bild des Geschmacks noch viel weiter ausgedehnt. *vgl. auch PHG, Bd. 1, 816*
171. *Vgl. 22 [17]; 22 [24]* *Erste Fassung der Vs:* Die Musik ist das Austönen einer Cultur, einer Summe von so und so starken Empfin-

dungen; nicht eine allgemeine menschliche Sprache, wie man glauben möchte, sondern genau den inneren Zuständen entsprechend, welche eine Cultur mit sich führt, z.B. Palestrina wäre für einen Griechen unzugänglich. Wagner läßt jenen neu-romantischen Katholicism des Gefühls, welcher zugleich mit einem stärkeren nationalen Sinne nach den Freiheitskriegen erwachte, erklingen; er verknüpft die beiden entferntesten Enden jener Erregungen, die Lust am urheimischen Mythus und den christlichen Geist der Erlösung und Erbarmung und Ekstase; er ist Reaktion gegen den Geist der Aufklärung und die übernationalen Gedanken der Revolution: eine mittlere Linie zwischen Schlegel Grimm Brentano Schopenhauer. — Daher die Beziehung zu Liszt.

Letzte Fassung der Vs: 37 Die Musik ist das allerletzte Austönen und Nachläuten einer Cultur, einer Summe von Empfindungen welche unter bestimmten sociales politischen Verhältnissen, in einem bestimmten Boden gewachsen; nicht eine allgemeine überzeitliche menschliche Sprache, wie man glauben möchte, sondern genau den inneren Zuständen entsprechend, welche eine Cultur im Gefolge hat. So würde Palestrina für einen Griechen völlig unzugänglich sein. Unsere neue Musik ist vielleicht bald nicht mehr zu verstehen: denn sie entsprang einer vielleicht nur noch kurz dauernden Reaktion⟨s-⟩ und Restaurations-Periode, in welcher ⟨ebenso der⟩ „Katholicism des Gefühls" als der Lust an allem heimisch-nationalen Wesen aufkam: welche beide Richtungen, in größter Stärke erfaßt und bis in die entferntesten Enden fortgeführt, in der Wagnerischen Kunst zum Erklingen kommen. Wagner's Leben und Walten im germanischen Mythus und seine Beseelung desselben durch den christ⟨lichen⟩ mittelalterlichen Zug zur Erlösung erscheint als Reaktion gegen den Geist der Aufklärung und die übernationalen Gedanken der Revolution. Aber vielleicht nehmen die hier zurückgedrängten Gedankenkreise in Kürze wieder von Neuem überhand: wie gewinnbringend müssen sie sein, um uns über die Einbußen, welche in ihrem Gefolge sind, trösten zu können! — *Mp XIV 2, 100 die Notiz:* Musik auslautend Niederland Händel Beethoven Rossini 451 *12–14:* Neubeseelung ... dazugab,] Beseelung dieser Gestalten (oder Umbeseelung, falls man das Wort wagen darf) durch den christlich-mittelalterlichen Zug zur Erlösung — nebst einer nicht kärglichen Zugabe von Nerven des neunzehnten Jahrhunderts — *Cb¹* 22–23: Umsturz-Schwärmerei ... Staat] Revolution und des englisch-amerikanischen Liberalismus, in Politik *Cb¹* 24–25: seinem Anhange] den ihm Verwandten *Cb¹* 29: hören?] hören? — [Man muß in der einen wie in der anderen Luft geathmet haben, um diese Sätze so bestimmt stellen zu dürfen] *Rs*

172. *Vgl.* 30 [151]   452 *27–28:* sich ... Lehrer] kein guter Lerner

*He*² 453 *4:* emporwachsen muss? —] *aus* unrein und schauerlich emporwächst. *DmN*

173. *Vs:* Kunst, wie sie aus Goethe, aus Sophokles ausströmt, Überschuß einer weisen und harmonischen Lebensführung — das ist das Rechte, nicht die barbarische Aussprudelung hitziger und bunter Dinge aus einer unruhigen wilden Seele. Die Kunst der Überspannung, des Widerwillens gegen das Geregelte Langeweilige Einfache Logische ist natürlich ebenso nöthig, zu Zeiten; die Jünglinge, die an nichts mehr als an Langeweile leiden und die Freude der eignen guten Arbeit nicht haben, befördern Tragödie und dergleichen.

174. *Vs:* Kunst soll das Leben verschönern also vor allem uns selber den Andern erträglich, womöglich angenehm machen. Erziehung Anderer und Mäßigung unser selbst erste Wirkungen der Kunst. Dann alles Häßliche soll die Kunst verbergen oder umdeuten, das Peinliche Schreckliche Ekelhafte — auch die Leidenschaften und Anfälle von Schmerzen und Bedenken. Nach dieser übergroßen Aufgabe der Kunst ist die sogenannte eigentliche Kunst der Kunstwerke nur ein Anhängsel: ein Mensch, der einen Überschuß an der Kunst hat, mag sie produziren und ebenso ein Volk. — Aber wir fangen die Kunst am Ende an und essen ihre Süßigkeiten, ohne eine gute Mahlzeit vorher genommen zu haben — was Wunder wenn sie uns endlich den Magen verdirbt!

175. *Vs:* Die Kunst besteht durch die Mußestunden Vieler. Was sollten sie machen ohne Musik Romane und Gedichte-lesen? Erstens Nachdenken zweitens lernen, diese Arbeit sich zum Genusse vorrichten, ihre Verbindungen prüfen, über Freuden nachdenken, die zu machen sind. Dann wäre mehr Kunst in dem Menschenleben aber weniger Kunstwerke.

176. *Vs:* Der Glaube an den Dichter-Wahnsinn zu erklären: der Dichter ist Werkzeug und Mundstück, nicht der Götter, sondern der höheren Meinungen, er spricht sie so aus, daß das Publikum nicht erkennt, wie der Dichter sie von ihm entlehnt hat. Das Verstecken und Maskiren, als ob jetzt etwas ganz Neues daherkomme — Hauptwirkung der dichterischen Kunstmittel (Metrum usw. und die begleitende religiöse Aufregung). Die Dichter selbst täuschen sich über sich selber: sie wissen nicht, wo es eigentlich herkommt. — Der Irrthum hat ihre Schätzung als Inspirirter so hoch gemacht. Hesiod Tynnichos (bei Plato's Ion). *entstanden im Winter 1875/76*

177. 456 *17:* letzten] höchsten *He*¹; *He*²

178. *Vs:* Kunstwerk und Reaction. Jene rückläufigen Bewegungen in der Geschichte, die sogenannten [Reactionen] Restaurationen, welche einem geistigen und politischen Zustande, welcher vor dem zuletzt herrschenden lag, sich wieder annähern, haben den Reiz der

gemüthsvollen Erinnerung, des sehnsüchtigen Verlangens nach fast Verlornem: sie umwittert die Magie des Todes, in ihnen finden gerade wegen dieser seltsamen Vertiefung der Stimmungen die Künste, die Dichtung einen natürlichen Boden, wie an steil absinkenden Bergeshängen die [schönsten] zartesten und seltensten Pflanzen wachsen. Aeschylus   457 2–9: So ... Todten-Erweckung] *aus* So sind mehrere der größten [Dichter] Künstler Restauration-[Dichter] Künstler: der Tod sitzt in ihrer Nähe und horcht ihrem Saitenspiel zu *Rs*

179. *Vgl. 5 [121]; 23 [15]*   *Vs (1. Fassung):* In zwei Beziehungen unsere Zeit glücklich: in Hinsicht auf die Vergangenheit genießen wir alte Culturen und ihre Hervorbringungen, wir stehen noch dem Zauber ihrer Grund-vorstellungen und Stimmungen nahe genug, um uns vorübergehend in sie hineinziehen zu lassen: frühere Culturen konnten nur sich selber genießen und nicht über sich hinaus sehen. In Hinsicht auf die Zukunft sehen wir zum ersten Male die ungeheure Perspektive ökumenischer Ziele; zugleich fühlen wir uns der Kräfte bewußt, diese neue Aufgabe in die Hand zu nehmen. Keine übernatürlichen Hemmungen halten die Hand nieder, lähmen die Energie. Niemandem sind wir verantwortlich, die Menschheit kann durchaus mit sich anfangen, was sie will.

181. *Vgl. 19 [61]; 23 [43]*

183. *Vs:* Ich nahm mir endlich vor, das Vortreffliche aufzusuchen, wo es zu finden sei, dem Schlechten und Missrathenen auszuweichen und schon den Zweifel an der Güte einer Sache (wie er schnell bei geübtem Geschmack entsteht) als ein Argument gegen sie zu benützen. Den Schlechtigkeiten zu Leibe gehen ist Vergeudung und geringe Freude, falls man Besseres kann. Man muss sich nicht mit Gegenständen des Hasses umstellen.

185. *Vs:* Wenn Genialität in Erinnerung an den eignen Lebenslauf besteht, so wäre Genialität der Menschheit Geschichte als höchstes Bewusstsein ihres Gewordenseins bei einer Generation.   460 30: Schopenhauer's Beobachtung] *Nachlaß* 360

186. 461 23–24: mit ... haben] *vgl. 2. Mos. 20, 3*   24: neben ... haben] andere Götter zu haben als Gott allein. – Was das hier heißt, sagt ein Wort Epiktets, [welcher] als er einen verunglückten Seeräuber pflegte: „nicht dem Menschen, sondern dem Menschhaften gebe ich damit die Ehre." Seeräuber oder Genie – hierin aber macht es keinen Unterschied *Hinzufügung Ns auf einem Zettel, mit dem Vermerk:* Zu „Cultus der Cultur" nach den Worten „andere Götter zu haben neben Gott allein"; *nach der Hinzufügung die Worte:* (Und nun weiter im Ms.); *der Zettel wurde erst später (1894) von Eduard von der Hellen dem Dm beigegeben, mit der Bemerkung:* „NB. lag unter

Varia. Ist in den Druck nicht aufgenommen, wol nicht abgeschickt an Schmeitzner."
188. 462 *24:* Hesiod] *vgl. Theog. 22–28*
189. 462 *28–463 3:* Giebt ... findet] Die äusserste Spitze einer aesthetischen Betrachtung der Menschengeschicke erreicht schon Homer *Vs* 463 *4–7*] *vgl. Od. 8, 579–580*
190. *Vs:* Manche Gedanken der Religion sind Irrthümer aber sie werden allmählich Wahrheiten, dadurch daß die Menschen sich nach ihnen verändern. „Es ist" statt „es soll sein".
195. *Vs:* Jeder Autor hat ein Horn. Ihn am Horn fassen und ihn an der Nase fassen — schlechte Art mit ihm umzugehen
198. *Vs:* das Ziel nicht treffen, mit dem Troste, einiges Andere getroffen zu haben und über hinaus, weit.
199. *Vs:* Über und unter einer Sache Richtung stehen — zwei Parteien, die das unglückliche Bündniss schliessen.
204. 466 *22:* gehen und] gehen: so weiß er doch, wie es in der heißen Zone zugeht und daß dort vielerlei Wunderbares und Großartiges zu sehen ist, worauf er, in seinem heimischen Klima, fürderhin verzichten muß und *Vs* *26:* Geistiges] Menschliches *Vs; vgl. Terent. Heaut. 77*
206. 467 *9–21*] enthaltsamer, weniger ehrgeizig, nicht so auf Nachruhm (als Einzelseelen) bedacht, stiller, sich über den Sachen vergessend. Freilich wird deshalb das Feuer nicht so stark bei ihnen unterhalten, weil der Wille schwächer ist. So erscheinen sie oft talentloser als jene, und jedenfalls nicht so glänzend *Vs*
207. *Vs:* Wie Götter eine Unzahl Attribute und Mythen hinterdrein zubekommen, so jedes Ding, das erst Pietät erweckt. Der grosse Mann empfängt alle Tugenden seines Jahrhunderts als Geschenk.
208. *Vgl. 21 [48]*
211. *Vs: N II 4:* freie Geister? Das Wort im Verruf, daher nahm ich es. Sonst wäre es zu still. Freizügige Geister besser: freier Zug und Freisinn ziehen, wohin sie wollen; *vgl. Joh. 3, 8* *N III 5:* Freigeister? *N III 4:* „Nomadenthum wenn man herabsetzende Worte liebt"
212. 469 *16–18:* herzlich ... ein] *vgl. Od. 8, 63–64.*
213. *Vgl. 21 [16]*
219. *Vs: 30 [66]* 471 *25–26:* sie ... ausspricht] *vgl. G. C. Lichtenberg, Vermischte Schriften I, 278* 472 *1–2:* ersten ... hatten] *aus* Welt von Ungeheuern zu säubern haben *DmN* *16–22:* beim ... werden] über eine lakonische Sentenz, über die gnomische Sprache der Elegie, über die Sprüche der sieben Weisen. Vorschriften in Versen geben wurde als apollinischer Sieg des hellenischen Geistes über die Gefahren des Metrons, die Dunkelheit, welche der Poesie sonst eigen ist, empfunden *Rs; in Dm schrieb Marie Baumgartner die*

ganze Stelle genau ab, mit Ausnahme des Wortes gnomischen, *an dessen Stelle sie eine Lücke ließ, und des Wortes* Metrons *(in* Metrum's *geändert);* N *arbeitete die ganze Stelle in* Dm *um, deshalb erscheint ein partielles Zurückgreifen auf* Rs *zur Ergänzung von* gnomischen *und Restaurierung von* Metrons *(wie bei* GA*) als unzulässig*
220. *Vgl.* 5 *[146. 147];* 35 *[5];* GA *XVIII 141, Anm.* 2   473 *2–13:* Vielleicht … geben] *aus* Man muß es machen wie die Griechen: diese haben vieles Menschliche, allzu Menschliche ja Schlimme als unvermeidlich anerkannt, und ihm ein Recht durch Einordnung in die Bräuche der Gesellschaft gegeben. *Vs   13–15:* ja … Himmels] *wie sie es mit der Lust an der Schmähung, am Neide, am Rausche, an der Unzüchtigkeit, an der Verstellung und der Lüge gethan haben* Cb¹
222. *Vgl.* 27 *[15];* 34 *[6]*
223. 477 *9:* Heraklit] *vgl. Frg.* 10 *(Diels-Kranz)   11:* nahrhaft] *Rs; Dm;* GA wahrhaft *Cb; Ed; vgl.* N *an Schmeitzner, 14. März 1879*
224. 478 *24:* „Posaune … Gerichts"] *vgl. Matth.* 24, 31*;* 1. *Kor.* 15, 52
225. *Vgl.* 23 *[185]*
226. 481 *19*–482 *4:* Und … Zeitgemässen?] *Für uns ist auffallend, daß die Sätze, über welche man sich damals in Regensburg einigte und entzweite, auch nicht einen [Schatten] Schimmer von Wahrheit enthalten, weder der von der Erbsünde, noch der von der Erlösung durch Stellvertretung, noch der von der Rechtfertigung im Glauben: alles ist grundfalsch und jetzt als undiskutirbar erkannt. Darüber noch die Welt in Flammen zu setzen scheint unnöthig: aber nun gar es in Betreff solcher geringer Dinge zu thun, wie die Deutung der Worte bei der Einsetzung des Abendmahls ist, ist wahrhaft schrecklich. Die neueren Menschen haben viel an unsinnigen Meinungs-Differenzen zu leiden gehabt, bei Dingen, welchen gar keine Realität entspricht und über welche weder hier noch dort die Wahrheit gesagt werden kann: weil sie gar nicht existiren. — Aber Kraftquellen sind hier allerdings entsprungen, von welchen vielleicht alle Mühlen der modernen Welt noch getrieben werden.* Vs
227. *Vs:* Wie im Leben des Einzelnen Irrthümer mächtig und heilsam sein können, zeigt Goethe's Leben, welches durch zwei Irrthümer beherrscht wurde: er meinte früher bildender Künstler und später ein wissenschaftliches Genie zu sein. Vom ersten Irrthum wurde er geheilt, nachdem er sich in Italien noch recht darin ausgetobt hatte: die schmerzlichste Überzeugung Abschied von der Kunst nehmen zu müssen ist umgesetzt in die Stimmung, welche [über dem Tasso liegt] in seinem Tasso herrscht: über welchem ein unausgesprochener Gedanke schwebt: „wie soll man weiter leben, nach diesem Abschied, ohne wahnsinnig zu werden!" — so ungefähr fühlte Goethe auch bei seinem Abschied von der Kunst. Wie stolz er auf seine Farbenlehre

war, zeigt fast jede Seite bei Eckermann: „man muß eine große Erbschaft machen; so erbte ich den Newtonschen Irrthum." *[vgl. Goethe zu Eckermann am 2. Mai 1824]* Aber allem seinen Dichten merkt man die anhauchende Nähe der Plastik und der Naturkenntniß an; er hatte diese liebevoll zu umarmen geglaubt, aber in Wahrheit immer die Poesie umarmt, deren Kinder jetzt die Züge jener vorschwebenden Geliebten tragen. Er lebte immer in einer gewissen [Mißachtung] enthaltsamen Scheu vor der Poesie und machte kein Handwerk aus ihr; er besuchte sie, [wenn er Lust hatte,] wie eine Göttin, ohne Vertraulichkeit.   **482** *29–30:* ihm ... wenn] welchen ein schauerliches Nachläuten wie in dem Grauen des Abends hintönt, als ob *Cb¹*   *29:* „gesteigertern Werther"] *vgl. Goethe zu Eckermann am 3. Mai 1827: „Sehr treffend nennt er [J. J. Ampère in Le Globe 20. Mai 1826] ... den Tasso einen gesteigerten Werther."*

228. *Vs:* 28 [19]
231. **484** 23] *vgl. 1. Mos. 13, 9*
237. *Vs: N II 7, 51:* Es giebt ein untrügliches Kennzeichen dafür, dass einer in der geistigen Befreiung vorwärts und empor gestiegen ist: seine Bewegung ist leichter, sein Urtheil besonnener, seine Hand behutsamer, die Luft um ihn frischer kühler mitunter rauher und der Weg hier und da sogar gefährlich: aber fröhlich schreitet er wie nie vorher und derer, die in der Tiefe, im Qualm leben, denkt er mit Milde.   *N II 7, 77:* Das Gefühl der grösseren Leichtigkeit und Milde und die hellere Luft um mich verräth mir dass ich mich höher erhob als früher: Kennzeichen auch für Andere.   **486** *17:* sehen] sehen. [Seid also unbesorgt, spart euer Mitleiden, vielleicht könnte er wie] *DmN*
238. *Vs:* Bekanntlich weiss ein jeder von uns besser, was jeder Andere zu thun oder zu lassen hat — wie kommt es nur, dass bei dieser Fülle von Weisheit jeder arme Schelm sich selber nicht zu rathen weiss? Man sollte die Köpfe umsetzen.
242. *Vgl.* 27 [88]   *Vs:* Freunde sind Gespenster oder werden es.
244. *Vs:* „Das Genie bleibt Zeitlebens ein Kind" das klingt sehr anmuthig — aber in Wirklichkeit sieht es immer *[?]* unangenehm und knabenhaft aus, wie das Genie Zeitlebens sich benimmt. *das nicht wörtliche Zitat aus Schopenhauer, Welt 2, 453*
246. *Vs:* Der Weise, der sich erregt erzürnt stellt, bloss um sich nicht von den Meisten anmassend zu unterscheiden.
247. *Vgl.* 34 [20]
250. *Vs:* 30 [183]
257. *Vs:* Manche verstehen nicht dass einige Dinge nicht zu verstehen viel mehr auszeichnet als alle Dinge zu verstehen (in Hinsicht auf Achtung). Man muß Vortheile von der Unwissenheit ziehen.

259. *Vs:* Freunde beim Wiedersehen stellen sich über Dinge theilnahmvoll, wo sie alles Interesse verloren haben.
264. *492 18–19:* wird ... müssen] *aus* vermag man auf keine Weise den dazu gehörigen Heizapparat, den man in sich trägt, los[zuwerden] *Rs*
267. *Vs: N II 5:* Man muss nicht zu zeitig spitz und scharf werden wollen; Breite und Masse nöthig.   *N III 2:* Gegen die Feinen und Spitzen Geister.   *Vgl. N an Fuchs, Ende Juli 1878:* Ihr Geist liebt es spitz zu werden, es ist das Geheimniß der guten Schriftsteller nie für die subtilen und spitzen Leser zu schreiben.
269. *Vs:* Sich zu einem Ehrlichen durch Unverschämtheit hinaufheben wollen — lächerlicher Fall.
271. *Vgl. 23 [93]*
273. *494 24–25:* und ... lebt] *fehlt Vs*   *27–28:* Namentlich ... dem] Beide Erscheinungen gehören zum Ergreifendsten und *Vs*
274. *nachträglich von N an Schmeitzner geschickt mit dem Vermerk:* „Zu den Aphorismen über die Weiber zu stellen."
276. *495 21:* ridete puellae] *nicht wörtliches Zitat aus Hor. Carm. I 9, 21–22? vielmehr nach Schopenhauer Parerga 2, 454:* „... *was, für eine schöne Gegend, der aus den Wolken plötzlich hervorbrechende Sonnenblick ⟨ist, ist⟩ für ein schönes Gesicht der Eintritt seines Lachens... Daher ridete, puellae, ridete!"*
284. *Erste Fassung der Vs:* Die oberflächlichen Köpfe mögen nur verehren in Bausch und Bogen, nur wir verehren – – –
285. *Vgl. 30 [33]*   *497 21:* nach der Goethe'schen Maxime] *vgl. Maximen und Reflexionen 149*
288. *Vs:* Reinlichkeit erlaubt eine große Steigerung. Zur Erziehung.
289. *Vs:* Man meint, der „Tiefsinn" gehöre dem Alter; er gehört der Jugend. Alte Leute verfallen darauf und geben sich etwas Jugendliches-Schwärmerisches z.B. Künstler.
296. *Vgl. 28 [20]; 29 [2]*
298. *Vgl. 30 [149].*
301. *502 10–11:* alt ... fort] *vgl. Solon. Fr. 22, 7 (Diehl)*
302. *17–18:* nach ... Urtheil] *vgl. Goethe, Maximen und Reflexionen 978, a.a.O., 3, 158:* die Stelle von N angestrichen
303. *Vs:* in einen Thorweg untertreten und nach dem Regenhimmel schauen — Gleichniss
305. *Vs:* Aus bedingten Anhängern Feinde machen — Streben einer Partei *vgl. N an Mathilde Maier, 6. August 1878*
307. *Vs: N II 7, 102:* Wie der Tyrann sich endlich zu legitimiren sucht, Tradition aufspürt, die Geschichte fälscht (bei Wagner   *N II 7, 39:* Wer nach seinem Tod fortleben will, muss nicht nur für [Erb] Nachkommen, sondern auch für eine Vergangenheit sorgen. Die

Menschen achten auf das historisch Begründete (sei es auch nur scheinbar).
310. *Vs: 30 [162]*
313. Vgl. Joh. 12, 14
314. *Vs:* Eine Partei versucht, das ausser ihr gewachsene zuerst als Unbedeutend zu bezeichnen und davon abzuhalten; dann aber, wenn das nicht gelingt, hasst sie und feindet sie gerade das Allerbeste am bösesten an.
317. *Vs: 30 [162]*
318. Vgl. 30 [39]   *Vs:* Im Parlamente Abschaffung der Partei. Jeder enthält sich der Stimme, ausser den jedesmal Sachverständigen. Innere Moralität der Wahrheit bringt dies mit sich.
319. *Vs: 21 [14]*
320. Vgl. 23 [45]
321. Vgl. 27 [2]
323. Vgl. 23 [48]; 23 [100]; 30 [70]   *Vs: N II 7:* Was man Nationale Unterschiede nennt, sind gewöhnl⟨ich⟩ verschiedene Culturstufen, auf welchen das eine Volk früher, das andere später steht. Hauptsatz.   *N III 4:* Frage, was ist deutsch durch die Gegenfrage was ist jetzt deutsch? zu verbessern   *wahrscheinlich veranlaßt durch Richard Wagner, Was ist deutsch?, Bayreuther Blätter, Februar 1878, 29–42*
324. *von N erst in Dm hinzugefügt   Vs z. T. auf der Rückseite eines Zettels mit folgender, wahrscheinlich an die Basler UB oder einen Buchhändler gerichteter Anfrage:* Giebt es eine Übersetzung von Diderot, der Traum d'Alembert's? (vielleicht aus dem vorigen Jahrhundert?) Prof. Nietzsche   512 *25:* erscheine] sei *Cb*   *27:* nicht] nie *Cb*   512 *29*–513 *6:* Man ... Alte?] Wenn Frankreich die Liebenswürdigkeit Alt-Europas repräsentire, England die Erfahrung, Italien die Unschuld und den Mangel an Scham, dann repräsentire das jetzige Deutschland das Alter und die Habsucht *Dm; diese Stelle wurde von N nachträglich mit einem an Schmeitzner gerichteten Zettel verbessert*   512 *29:* , so rieth er,] *fehlt im Zettel Ns* rieth er *Cb*²   *30:* daraufhin] darauf *Zettel Ns; GA*   513 *14:* Hang zu gehorchen] Gehorsams-Sinn *Cb*   *15:* Hang ... machen,] Trägheits-Sinn *Cb*   *16–20:* ungeschickte ... hätten] schlechte Hausfrauen hätten: denn diese glaubten immer von sich sprechen zu müssen, damit man nur an sie glaube, was ein schlimmes Anzeichen, und obendrein nicht einmal unterhaltend sei *Cb*   *34:* wie Faust] *vgl. Goethe, Faust 3249f.*   514 *3–4:* nun ... gefahren] *vgl. Matth. 8, 32*   *3:* der Teufel] dieser *Cb*
327. *23–24:* und ... gehört] — wie sonst bei allen Gebildeten der Großstädte *Vs*

332. Vgl. 32 [20]
334. 516 14–15: öffentliches Leiden ... privater Vortheil] öffentliches Leiden ... privater Vorteil Cb¹; alles gesperrt bei GA; N variiert noch einmal den Untertitel von Mandevilles Bienenfabel, vgl. MA 482
336. 23: nach ... Dichters] Schiller, Das Ideal und das Leben: „Nehmt die Gottheit auf in euren Willen"
337. Vs: Wer vieles nicht mehr begehrt, mag zusehen daß er statt wahr zu werden nicht aber überdrüssig wird. Vielleicht daß er sein Leben auf einer zu schmalen Grundlage von (Wünschen) Begehrlichkeit gebaut hat.
345. 519 15: was ... schaffen!] vgl. Joh. 2, 4
349. Vgl. 30 [31]   Erste Fassung der Rs: Wir erreichen nichts Höheres als jenes spielende Auf und Nieder der Seele, wo sie den Wellen eines See's gleicht, die an einem ruhigen Sommertage am Ufer schlürfen und wieder stille sind — ohne Ende, ohne Zweck, ohne Sättigung, ohne Bedürfniß, ganz Natur-Rhythmus und Unmenschlichkeit.
350. Vgl. 32 [2]
351. Vgl. 30 [143]   521 2–3: dass ... Liebe] vgl. Goethe: „Gegen große Vorzüge eines andern giebt es kein Rettungsmittel als die Liebe", Maximen und Reflexionen 45
352. Vgl. 33 [1]
354. 22: willst du] eingeklammert He²
356. Vgl. 28 [30]   522 8: sicherern] GA sichern Ed; DmN; vgl. aber N an Schmeitzner, 14. 3. 1879: ... Der infame Sprachschnitzer „viel sichern" (für sicherern) ...
360. Vgl. 28 [33]
364. Vs: Darin bleiben die Menschen kindisch, daß sie Zuckerwerk höher als Brot schätzen, Phantasie höher als Wirklichkeit, das Berauschende höher als das Nützliche.
368. 524 23: allzulästiger Bewunderer] der Bewunderer die allzugenug um unser Licht flattern Vs
369. Vs: Will man nur vom Besten leben, so kann man Hungers sterben: es giebt eine Langeweile der feinsten und gebildetsten Köpfe, denen das, was die Erde bietet schaal wird: aus ihnen könnte selbst ein Religionsstifter hervorgehen.
377. Vgl. 28 [59]; 30 [37]; 30 [40]
378. Der Text dieses Aphorismus im Brief Ns an Schmeitzner vom 12. 1. 1879: ... Dann bitte, fügen Sie noch irgendwo einen meiner „Sprüche" ein, auf den ich mir etwas zu Gute thue. — Was ist Genie? — usw.   Vgl. 5 [141]
379. Vs: Wer den Sieg nicht hat oder nicht erwartet, will dass der Kampf bewundert werde (cf. meine Schrift über W⟨agner⟩).
380. Vs: Solange einer für Philosophie schwärmt, wird man gerne bereit

sein, ihn einen Philosophen zu nennen. Fängt er aber an, es zu sein, so glaubt man just das Gegentheil: er habe aufgehört.
384. *Vgl. N an Gast, 31. Mai 1878:* Wagner hat eine große Gelegenheit, Größe des Charakters zu zeigen, unbenutzt gelassen.
385. 528 22: „das ... hassenswerth"] *der Satz ist von Pascal, Gedanken, Fragmente und Briefe ... Deutsch von C. F. Schwartz, Leipzig 1865, 1, 190f. BN; vgl. auch M 79* 23: „liebe... selbst"] *vgl. 3. Mos. 19, 18*
386. 529 1: Epiktet] *vgl. Manuale 5:* ἀπαιδεύτου ἔργον τὸ ἄλλοις ἐγκαλεῖν ἐφ' οἷς αὐτὸς πράσσει κακῶς · ἠργμένου παιδεύεσθαι, τὸ ἑαυτῷ · πεπαιδευμένου, τὸ μήτε ἄλλῳ, μήτε ἑαυτῷ.
388. *nachträglich von N an Schmeitzner geschickt am 24. 2. 1879 zum Ersatz des Aphorismus „wider die Pessimisten"; vgl. die Anmerkungen zu VM 408 und 38 [1–2]*
394. *Vgl. 28 [29]*
397. *Vs:* Vornehmheit der Seele kann fehlen, wo die höchsten Aufschwünge und Regungen da sind — aber ein natürliches Schweben in reinem Aether fehlt.
398. *Vgl. 30 [94]*
400. *Vs:* 34 [22]
402. *Vs:* Wer das Ideal gesehen hat, hat scharfe unerbittliche Augen. *Vgl. N an M. Maier, 6. August 1878*
405. 533 8–9: „Vergieb ... Tugenden"] *nach Matth. 6, 12*
407. *Vs:* 29 [19] *Auf einem von N an Schmeitzner nachträglich abgeschickten separaten Zettel: Fortsetzung des allerletzten Aphorismus:* Nennen wir an dieser Stelle noch einmal den Namen Voltaire. Welches wird einmal seine höchste Ehre sein, ihm erwiesen von den freiesten Geistern zukünftiger Geschlechter? Seine „letzte Ehre" — — — Jetzt ist das Ms abgeschlossen. *DmN; diese Hinzufügung mußte aber fallen, um der „Hadesfahrt" (VM 408) Platz zu machen; vgl. Schmeitzner an N, 7. 3. 1879.*
408. *Nachträglich von N an Schmeitzner geschickt am 24. 2. 1879, mit folgendem Vermerk:* Der Aphorismus „wider die Pessimisten" aus dem nachgesandten MS (worin von Honigseim die Rede ist) ist ganz zu streichen: zum Ersatz „die Ignoranz in Waffen"; dagegen Folgendes gegen Ende des Buches (etwa 4- oder 5letzte Seite des Buches), in sehr ernste Sprüche eingerahmt, zu setzen ist. *An das Blatt war außerdem ein Zettel mit dem jetzigen Aphorismus VM 388 angesteckt, welcher den „wider die Pessimisten" ersetzen sollte; vgl. dazu Schmeitzner an N, 27. 2. u. 7. 3. 1879* 22: Die Hadesfahrt] Bekenntniß *Vs* der Unterwelt] das Reich der Todten *Vs* 533 24–534 1: einigen ... können] gewissen Schatten zu reden *Vs* 534 2: welche ... versagten] an deren Ansprache mir so viel lag und immer liegen wird *Cb* 4–17: Mit ... gelegen] —

was gehen mich die übrigen Schatten an! Aber mit diesen mußte ich mich auseinandersetzen und muß es immerfort: was ich jetzt sage, was ich beschließe, was ich für mich und für Andere ausdenke, ich thue dies alles die Augen euch zur Acht geheftet. Und so lebe ich unter Todten: was sind mir noch die Lebenden! Kaum die Schatten der Schatten! *Vs*

Zweite Abtheilung:
Der Wanderer und sein Schatten

[Einleitung] *In Rs folgende Hinweise Ns für Gast: M I 3, 88:* (Dies soll die Einleitung und Vorrede der „St Moritzer Gedankengänge" sein!) *M I 3, 89:* Immer einrücken, sobald eine neue Person spricht! *M I 3, 89:* Fortsetzung ist in diesem Hefte. Ebenso das, was am Schluß des Buchs, als eine Art Nachwort zu drucken ist. *M I 3, 52:* F⟨ort⟩s⟨etzung⟩ des Wanderers   *Vs:* Bei G⟨ott⟩ und h⟨eiligem⟩ G⟨eist⟩ und was es sonst noch Unglaubliches giebt!   *537 14–22:* dass ... Tropf] *aus* wenn wir uns auf eine gleiche Weise heraus zu helfen wissen: so werden [wir uns nicht ärgerlich] wir vielleicht im Gespräche aufeinander ⟨nicht⟩ böse werden und verstehen es, wenn der Eine den Anderen auch einmal nicht versteht. Wenn man gerade nicht zu antworten weiß, so genügt es, etwas zu sagen, damit der Andere nicht verlegen wird. Das ist die billige Bedingung, unter der ich mich unter-[halte]rede *Rs*   *538 13:* sehen.] sehen. [Der Schatten. Wahr oder unwahr, deine Worte thun mir wohl: waren sie auch aufrichtig gesprochen? fast klang mir's, als ob deine Eitelkeit dir sie eingeflüstert hätte. Ein redender Schatten ist aber eine Seltenheit, auf welche es erlaubt ist eitel zu sein; deshalb halte ich deine Freude für aufrichtig. Der Wanderer. Du kannst also nicht im Herzen lesen, aber liebst es, Vermuthungen zu machen, was darauf geschrieben steht? Das liebe ich auch. Der Schatten. Jetzt bist du es, der eine Gleichheit zwischen uns wahrnimmt.] *Rs; vgl. 41 [71]*

1. *540 4–5:* Baum ... Lebens] *vgl. 1. Mos. 2, 9*
3. *17:* „Am ... war"] *vgl. Joh. 1, 1*
5. *Vgl. 40 [23]   In Rs ohne sichtbaren Zusammenhang mit Rs WS 5, gestrichen und schwer lesbar:* Byron Don Juan „Tischglocke" nach „erschlagen"! *[?]   Vs:* Man ißt nicht, um zu leben. — Was die Menschen am wichtigsten nehmen, gestehen sie nicht ein.   *541 25–26:* namentlich ... während] *aus* leichten Sieg haben, das heisst die bequeme Gedankenlosigkeit der seichten Genüsslinge über die unerfahrene Jugend: und *DmN   32:* ganzen] *aus* gebildeten *Rs   *liegt.] liegt. [Durch die allgemeine Unwissenheit in Bezug auf die nächsten Dinge] *DmN*

6. *Vgl. 40 [22]*   *Vs:* Wohlgerüche in kalter klarer Luft. Eier länglicht. Gewitter dem Unterleib förderlich. Geschmackssinn an verschiedenen Stellen des Mundes verschieden.   542 *9:* ist, dass] ist, [daß Gedanken-Sammlungen nicht durchgelesen, geschweige denn vorgelesen werden dürfen, wenn sie nicht unschmackhaft werden sollen.] daß *Rs   23:* „Wiese des Unheils"] *vgl. Empedokles (Diels-Kranz) Frg. 121, 3–4; 158; vgl. auch M 77   28:* die ... Herrschsucht] *aus* aller listige Ehrgeiz *RS   543 2–4:* Sokrates ... Menschen] *vgl. Diog. Laert. II, 21   6–7:* „was ... begegnet"] *Od. 4, 392*
7. *Vs:* Die beiden beruhigenden Wendungen, welche Epikur gegen alle Metaphysik anwendete, lauten, auf die schlichteste Form gebracht, so 1) Gesetzt es ist so, so geht es uns nichts an. 2) Es kann so sein, es kann aber auch anders sein.   *14–15:* „Wenn ... uns"] *vgl. Diog. Laert. X 123–124 (Epicuro 4, ed. Arrighetti, Torino 1960); vgl. auch Philod.* περὶ εὐσ. *p. 128 Gomperz (Epicuro 124, ed. Arrighetti)   15:* anstatt] statt *Rs; GA   21:* bekümmern] kümmern *Rs; GA   29:* Teufel] *aus* Geier *DmN   543 29–544 3:* In ... verhalten.] *vgl. Diog. Laert. X 85–87 (Epicuro 3, ed. Arrighetti)   Vs am Schluß:* Das Gegentheil zu beweisen ist nämlich eine verzweifelte Sache: und dazu drängte er Jedermann der in diesen Dingen ernst war, d.h. er brachte Jedermann in die vollste Verlegenheit: bis er abdankte.
9. *Vgl. 41 [66]; 42 [3]; 42 [25]; 47 [1]*
10. *Vgl. 47 [1]*
11. *Vgl. 42 [66]   Vs:* Im Handeln sind wir als Individuen unfrei, im Erkennen sind wir auch unfrei, aber nicht als die Individuen des Handelns. Wir schauen weiter und übersehen mit dem Blick mehrere Individuen. Wir glauben Fakta und leere Zwischenräume zu sehen: falsche Beobachtung! Unser Handeln und Denken ist ebenfalls unendlich theilbar wie die Materie d.h. sie besteht nicht aus Theilen, sondern ist ein Fluß. — Willensfreiheit ruht auf der Illusion isolirter Fakta; — Wir sehen Fakta so ungenau, wie Charaktere. Deshalb machen wir Gleichheit die es unter facta nicht giebt. Wir loben und tadeln und machen verantwortlich **nur** unter der Voraussetzung gleicher Fakta. — Der Begriff und das Wort isoliren die Dinge und vereinfachen sie, wie sie nicht sind. Sprache der Weg zum Glauben an die Willensfreiheit.
12. *Vs: N IV 3, 6:* Alle seelische Lust und Unlust beruht auf der Illusion der Gleichheit (Wiedererinnerung) und der Willensfreiheit („das hätte anders sein können" usw.) — Lust und Unlust einmal solche, die wir nicht hätten ohne bestimmte Urtheile (seelische Lust und Unlust) und sodann die rein physische. — Das ganze Menschenthum ist an die Existenz von seelischer Lust und Unlust geknüpft

also auf Irrthümer gegründet.   *N IV 3, 4:* Der willensfreie Akt wäre das Wunder, der Bruch der Natur-kette. Die Menschen wären die Wunderthäter.   548 7: Vanitas vanitatum] *vgl. Pred. 1, 2*
13. *Vs:* rechter und linker Fuß der Periode.
14. *Vgl. 42 [17]*   *Hinweise für Gast, M I 2, 9:* Fortsetzung im schwarzen Heft p. 81 *[= M I 3, 22]* bezeichnet *M I 3, 22:* Andres **Heft** Affe Gottes   *Vs:* daß ungezählte Gestirne an ihrer Kruste diesen lebenden Ausschlag gehabt haben und wieder von dieser Krankheit genesen sind (: wenn Leben Leiden ist)
15. 549 29–30: um ... Mensch!] zum Leben *Vs*
16. *Vs:* Nichts Definitives über die ersten Dinge von der Wissenschaft abzuwarten! Der Trieb, hier Sicherheiten haben zu wollen ist ein religiöser Nachtrieb. Es ist für den Menschen wie für die Ameise nicht nöthig. Aber erkennen soll man, woher die Wichtigkeit stammt, die wir diesen Dingen beilegen: Historie der ethischen Empfindungen. Die Historie giebt es; sie genügt. Wir haben ethische Begriffe (Schuld und Strafe) überall hin verschleppt, in Gebiete, die uns sehr unbekannt sind (und namentlich, so lange sie es waren). Also nicht [Dogm] Wissen gegen Glauben! sondern Gleichgültigkeit gegen Glauben! und angebliches Wissen!   550 10: „metaphysischen Bedürfnisses,"] *nach Schopenhauer*   551 8–13: zu ... Unbestimmbaren] eine Dogmatik auf Gebieten aufzudrängen, wo weder Glaube noch Wissen nöthig ist, ja wo eine endgültige Erkenntniß selbst nicht einmal wünschenswerth sein möchte — denn dem Wissenstrieb thut ein Meer ohne Küsten noth *Vs (N IV 5)*   9–10: grössten ... wenn] wissenschaftlichsten Menschen ist es wünschenswerth, dass *Cb¹*   11–12: trügerischer ... legt] Ozean-Gürtel ohne ferne Küsten sich lege *Cb¹*   14: Reich des Dunkels] dunklen Meere [Hades Dunkel] *DmN*
17. 551 28–552 15: Wer ... Vor] Ein drolliges Beispiel davon, wie der metaphysische Trieb, ich meine, der Trieb zu metaphysischen unerklärlichen Erklärungen dem Philosophen hinter die Ohren schlagen und ihn zum schlechten Beobachter machen kann, bieten die Gedanken Schopenhauers über die Schwangerschaft der Weiber. (St⟨elle⟩ f⟨olgt⟩) *Vor Rs; der Hinweis „Stelle folgt" war für Gast; als N aber die Stelle bei Schopenhauer gefunden hatte, schrieb er den Anfang dieses Aphorismus in Dm von neuem nieder; die Stelle in Schopenhauers Parerga 2, 338f.*   552 17–20: indem ... passe] *von N erst in Dm hinzugefügt, Vs dazu ist eine fragmentarische Notiz in N IV 4:* unser sublimer Wirrkopf hat hier zuviel Absicht und zu wenig Natur gesehn und sehen wollen
18. *Vgl. Diog. Laert. VI 2, 6, 41*   *Vs:* (der moderne Diogenes). Wer

jetzt den Menschen sucht, muß die Laterne des Cynikers vorher gefunden haben. *Vs*
21. *Vs:* Das Maaß und das Messen, die Wage und das Wägen hat die Phantasie der Menschen weit getrieben, auf ganz eigentlich unmeßbare und unwägbare Gebiete. Der Mensch der Messende. Das Vorurtheil zu Gunsten des Großen Vielen und Schweren.
22. *Vgl. 41 [56]; 43 [4]*   *Vs: N IV 1, 4:* Die Zwei-Könige in Sparta — Gleichgewicht.   *N IV 1, 2:* Herstellung des Gleichgewichts: als Basis der Gerechtigkeit. Die Vergeltung „Zahn um Zahn" will Gleichgewicht. Die Strafe in der Gemeinde ebenfalls. Auch die Schande ist ein Gewicht, eingesetzt gegen die Vortheile des übergreifenden verwegenen Einzelnen. — Mittel der Herstellung des Gleichgewichts. 1) Bund kleiner Mächte gegen eine große. 2) Zertrennung einer Großen in kleine (wo dann die Schwachen den Vortheil haben). Der Räuber und der welcher verspricht gegen den Räuber zu schützen, ursp⟨rünglich⟩ sehr ähnlich (wie Handelsmann und Seeräuber). Aber er verspricht Gleichgewicht zu halten: da kommen die Schwächeren; ἄξιος, aufwiegend; ἀγών — ἀγὼν νεῶν Aufzug der Schiffe. Aufzugsplatz. „werth", „was einer Sache gleich wiegt".   *N IV 1, 3:* Sind die Gleichwiegenden im Kampf, da dulden sie keine Neutralität: jetzt wollen sie das Übergewicht. (Daher Melier) *[Anspielung auf den vergeblichen Versuch der Melier, neutral zu bleiben im Peloponnesischen Krieg; vgl. 6 [32] und Thuk. V 84 sqq.]* Dann erscheint die unbestrittene Alleinherrschaft als das geringere Übel: Rom war milder, als es herrschte. — Die Starken wollen das Gleichgewicht nicht; aber die Vielen Schwachen die Gemeinden streben darnach. — Daß es Gleichgewicht giebt, ist eine große Stufe.   *N IV 1, 4:* Wenn jemand stiehlt und mordet, so straft man ihn d.h. man behandelt ihn wie einen Nicht-Gleichen, wie außerhalb der Gemeinde, man erinnert ihn an das, was er gewonnen durch die Gemeinschaft.   *N IV 1, 28:* Zur Beendigung des Kampfs um Dasein entsteht die Gemeinschaft. Das Gleichgewicht ihr Gesichtspunkt.   *555 8–14:* Es ... verkaufen] *vgl. H. C. Carey, Lehrbuch der Volkswirthschaft und Sozialwissenschaft, deutsche Übers. von Karl Adler, Wien ²1870, BN, 103ff.*   *556 15–16:* „Auge ... Zahn"] *vgl. 2. Mos. 21, 24*
23. *Vgl. 42 [54]; 42 [58]; 42 [60]*
24. *Vs:* Der Verbrecher der den ganzen Fluß der Umstände kennt, findet alles so natürlich und seine That nicht so außer aller Ordnung und Begreiflichkeit. Man straft aber aus dem Gefühl, etwas Unbegreiflichem und Monströsem zu begegnen.
26. *Vs:* Recht so **lange** als Machtgleichheit. Der Naturzustand hört nicht auf.

28. 561 *14–562 12]* eine Entdeckung, eine Strafe. Die Gewohnheit hat die Schuldbarkeit gemildert: sie hat einen Hang entstehen lassen. Statt dessen wird er am Härtesten gestraft: seine Vergangenheit in ihm. Die Gewohnheit wird als Grund gegen Milderung geltend gemacht. Man straft als ob man den ersten Fall strafte, und unter verschärften Umständen. Aber jenen ersten Fall kennt man gar nicht psychologisch: er sollte gar nicht betrachtet werden. Wo wollte man aufhören, wenn man die Vergangenheit mit straft! Jedenfalls wäre es willkürlich, beim Verbrecher stehen zu bleiben. — Eine musterhafte Lebensweise vorher sollte verschärfen — aber sie mildert! Es wird alles nach dem Nutzen für die Gesellschaft bemessen. *Vs*
30. *Vgl. 41 [10]*
31. *Vs: N IV 1, 3:* Die Eitelkeit Nachtrieb des Übergewichts-Triebes. Ganz richtig auch die Einsicht daß unser Gewicht nicht nach dem, was wir sind, sondern was wir gelten, bestimmt wird (Nützlichkeit ursprünglich)   *N IV 1, 9:* Bei der Anarchie (Corcyra) hört das Gleichgewicht auf. Naturzustand. — Die Gleichheit ein erzwungener Zustand. Je größer die Sicherheit, um so mehr wieder Ungleichheit (Stände usw.)   563 *31:* Thukydides] *III 70–85*
32. *Vs:* aequus ἴσος „Billigkeit" beschreibt das Recht. Verfeinerung innerhalb derer, die nicht gegen die Gemeinde-Ordnung verstoßen „es ist gemäß unserer Gleichheit" d.h. es ist billig.
33. *Vgl. 42 [7]; 42 [8]; 42 [9]; 42 [21]; 42 [26]*   *Vs: N IV 4, 1:* W⟨eib⟩ und Ehre ein vornehmeres Motiv.   *N IV 4, 21:* Für Menschen welche überzeugt sind daß die Ehre mehr werth sei als alles, ist der G⟨edanke⟩ der Gefährlichkeit in der Rache, womöglich das Daranwagen des Lebens, um die Ehre wiederherzust⟨ellen⟩, eine unerläßliche Bedingung der Rache: obwohl ihnen die Gerichte den Arm bieten, um auch so ihnen Genugthuung zu verschaffen, gehen sie doch den Weg des Duells weil gefährl⟨icher⟩.   *N IV 4, 26:* als ob nicht jedes Wort eine Tasche wäre, in die bald ⟨dies⟩ b⟨al⟩d ⟨jenes⟩ hineingesteckt wird!
37. 569 *6:* Blindschleichen] *vgl. 47 [12]*   *9–20:* Als ... aufblasen] *aus* Aber durch eine Vernachlässigung im Kleinen, durch Mangel an Selbst-Beobachtung und Beobachtung von Kindern habt ihr diese Leidenschaften zu solchen Unthieren anwachsen lassen: es stand bei euch und steht bei uns, den L⟨eidenschaften⟩ ihren furchtbaren Charakter zu nehmen und aus ihnen nicht verheerende Wildwasser, sondern befrüchtende und mühlentreibende Ströme zu machen *Rs*
39. *Vs:* Rechte gehen auf Herkommen zurück und Herkommen auf einmaliges Abkommen, de⟨sse⟩n Ursprung allmählig vergessen wird, als man mit den Folgen des Abkommens beiderseitig zum ersten zweiten und dritten Mal zufrieden war.

41. *Vs: N IV 3:* die Guten Sanften usw. im Moralischen — Erbreichthum muß darreichen und mittheilen um empfunden zu werden — „Verschwendung"   *N IV 4:* Ohne den erlesensten Verstand der feinsten Wahl werden die Moralität-Erbreichen zu Verschwendern: alle übrige Welt wird durch sie nachlässiger begehrlicher und sentimentaler gemacht
43. *Vs:* Pflichten: zwingende Gefühle die zur That drängen, die wir gut nennen, die wir für undiskutirbar halten. — Aber der Denker hält alles für diskutirbar, er kennt so lange also keine Pflichten.
45. 574 *3–8:* werden ... machen] verherrlichen die guten mitleidigen wohlwollenden Regungen, die instinktive Moralität und geben ihr vor der Vernunfthaften den Vorrang: so alle Christen, welche nicht einmal an die Möglichkeit einer Moralität aus Vernunft glauben *Vs*
48. 575 *2–3:* „du ... ehebrechen"] vgl. *2. Mos. 20, 13. 14*
50. *Vs:* Mitleid —, weil der Andere aufgehört hat, Gegenstand der Furcht und Vorsicht zu sein, ist ein Zeichen der Verachtung.
53. *Vs:* Der Mensch der überwundenen Leidenschaften hat das fruchtbarste Erdreich entdeckt.
57. *Vs:* Es ist heute das Fest der kleinen Thiere: wie sie wimmeln und krabbeln! Und wir — ohne es zu wollen, erdrücken wie immer wir uns bewegen bald dies bald jenes. Sollten die Götter — — — Man kann das Entstehen der Moral in unserem Verhalten gegen Thiere erkennen. — Im Militärstaate gilt das Pferd mehr als der Mann darauf denn der Mann wird getauft, das Pferd wird gekauft —   578 *13–27:* Zudem ... bewährt] — Rechte der Thiere gegen uns giebt es nicht, weil diese sich nicht zu gleichwiegenden Mächten zu organisiren verstehen und keine Verträge schliessen können. Die Thiere, welche der Mensch zur Zucht in seine Nähe nimmt, sind schöner und milder geworden, auch klüger: das erste und älteste Hausthier, welches auch diesen dreifachen Process am weitesten gebracht hat, ist das Weib. — Je mehr der Mensch sich selber in die Thiere hineindichtet, um so mehr leidet und freut er sich mit ihnen; er verkehrt am menschlichsten mit denen, welche menschenhafte Töne haben *Cb¹*; *am 2. Nov. 1879 schrieb Peter Gast an N: „Der auf dem heutigen Bogen begonnene 57. Aphorismus schließt wohl mit der Stelle, gegen die ich beim ersten Lesen etwas hatte ... Einen so eklatanten Schluß dieß auch dort ergibt, so bin ich doch nicht dafür, weil es einmal nicht richtig ist, und das andere Mal, weil mir die in der Bezeichnung ‚Hausthier' liegende Gesinnung gegen das weibliche Geschlecht unbillig, also auch unphilosophisch dünkt ..." N antwortete am 5. Nov. 1879:* Schönsten Dank, lieber Freund für den Wink, ich wünsche den Anschein der Weiberverachtung nicht und habe den Passus ganz gestrichen. Wahr ist übrigens, daß ursprünglich nur die Männer sich für Menschen

gehalten haben, noch die Sprachen beweisen es; das Weib hat wirklich als Thier gegolten, die Anerkennung des Menschen in ihm ist einer der größten moralischen Schritte. Meine oder unsre jetzige Ansicht vom „Weibe" sollte mit dem Worte „Hausthier" nicht berührt sein. — Ich urtheilte nach Huntley's *[„wohl Huxley", bemerkt Gast dazu, d.h. der Darwinist Thomas Henry Huxley]* Beschreibung der Frauenlage bei wilden Völkerschaften. — *nach der Streichung schrieb N doch einen neuen Schluß seines Aphorismus (Cb²), welcher noch einige Abweichungen von der endgültigen, gedruckten Fassung aufweist* 14: Argwohn] Verdacht Cb^2 15–16: unedel] *aus* niedrig Cb^2 16: So entsteht] *aus* Am meisten aber wurde das Loos der Thiere durch den Aberglauben verbessert. So wuchs Cb^2 16–17: ein ... Empfinden] die Moralität im Verkehre mit den Thieren Cb^2 17: nun] aber Cb^2 18–25: Manche ... aus] Je mehr der Mensch sich selber nämlich in [das] die Thiere hineindichtet, um so mehr leidet und freut er sich mit [ihm] ihnen; er verkehrt am menschlichsten mit denen, welche menschenhafte Blicke und Töne haben ⌜und ist kalt gegen alles ihm Unähnliche⌝. Alle Religionen, welche im Thiere unter Umständen den Wohnsitz von Menschen- und Götterseelen sahen, haben edlere Vorsicht, ja ehrfürchtige Scheu im Umgange mit ihm angerathen und dadurch die Menschen selber erstaunlich vermenschlicht Cb^2
58. *Vgl. N an Carl von Gersdorff 21. Dez. 1877:* „Lieber Freund, die größte Trivialität in der Welt ist der Tod, die zweitgrößte das Geborenwerden; dann aber kommt zu dritt das Heirathen ..."
61. *Vgl. 42 [6]   Vs:* Türkenfatalismus — wir nicht ein Stück des Fatums, sondern etwas anderes als das f⟨atum⟩. Wir können ihm widerstreben, aber es wird uns zwingen.
62. *Vs:* Phil⟨osophie⟩ des Mitleids. Durch den eigenen Schaden werden wir erst klug aber durch den Schaden Anderer werden wir gut und weise.
63. *Vs:* In den Zeiten, wo der Unterschied der Stände für absolut gilt, werden die Moralisten auch die Charaktermasken [wie] absolut hinstellen (Molière Labruyère). Wie war's in Athen? Die Menschen prägten ihren τίς mehr aus. (Jetzt erscheint eine Charaktermaske als krankhaft („fixe Idee")). *vgl. WS 230   581 11–12:* der ... erscheinen] wäre er unerklärlich und kaum bewunderungswürdig Cb
67. *Vs:* Die unvollkommene Beobachtung hat in die physische Welt lauter Gegensätze („kalt und warm") eingeführt. Von da aus verleitet auch in die moralische (gut und böse). Daraus entsteht die große Schmerzhaftigkeit, das Widerspruchsvolle der Cultur.
68. *582 20–21:* Wie ... thun!] *vgl. Luc. 23, 34   22–30:* Aber ... nicht] Nimmt man den Begriff von Wissen [?] streng, so hat man nie etwas

zu bestrafen und folglich auch nie etwas zu vergeben. Gnade üben ist eine unmögliche Tugend *Vs*
69. *Vs:* Wie entsteht Scham weil uns etwas nicht zukommt, wir es nicht verdienen? Wir drängen uns in ein Gebiet ein, wo wir ausgeschlossen sind. Auch Gnade erweckt Scham. Es wäre der habituelle Zustand des Weisen, bei Gutem und Schlimmem, als ob er jener höheren Kaste der Freien gehörte die überhaupt etwas verdienen, freien Willen haben
70. *Vs:* Es giebt Menschen deren sämmtliche Tugenden aus dem Widerspruchsgeiste abzuleiten sind
72. 584 *28–29:* seine ... Pferd] *vgl. Plato, Apol. 30e* (ὑπὸ μύωπός τινος), *statt „Bremse" verstehen einige darunter auch „Viehbremse"; 20c–23c; vgl. MA 433*
75. *Vs:* Thrasea verdient wegen ihrer letzten 3 Worte von himmlischer Lüge Paete non dolet unter die Engel versetzt zu werden. *hierzu gehört als Vs vielleicht auch N IV 4, 26:* Es würde fast klingen wie das [?] gütigste Wort eines Leidenden, das gesprochen worden ist.   587 *3:* Arria] *aus Thrasea Rs; N hatte wie in Vs den Namen der Frau mit dem des Mannes verwechselt; der Mann der Arria, von der hier die Rede ist, war Caecina Paetus, nicht Thrasea Paetus*   Paete non dolet] *vgl. Martial. I 13, 3–4: „Si qua fides, vulnus quod feci non dolet, inquit, / sed tu quod facies, hoc mihi, Paete, dolet."; Plin. Ep. III 16*
76. *9–10]* ist immer einer hart wie ein Stein. Auf ihm wird die neue Kirche gebaut. *Vs; vgl. Matth. 16, 18*
78. *Vs:* Christenthum Krankheit Glaube
79. 588 *7–11:* wenn ... machen.] *aus* er hat Ironie, Anmaaßung Bosheit, Wirbel und Wechsel der Stimmungen, wie der unreligiöseste Mensch; wie sein Stil uns sagt. (Paul de la Garde) *Rs*
80. *20–21:* „mein ... verlassen!"] *vgl. Matth. 27, 46.*
82. *Vs:* Leute die sich von einer Sache z.B. dem Christenthum trennen wollen, meinen, es sei nöthig, dasselbe zu widerlegen. Das ist hochmüthig. Es genügt die Klammern zu zerbrechen, die uns mit ihm zusammen hielten — also zuerst diese Klammern zu erkennen.
83. 590 *2–3:* Wenn ... aus.] *vgl. Matth. 18, 9*
85. 591 *17–18:* damit ... offenbare] *vgl. Röm. 9, 11–12. 22–23*
86. *Vgl. 18 [47]; 28 [11]; 41 [2]   Vs:* Die Memorabilia des Socrates erlangen schließlich wieder das Uebergewicht über die Bibel: und die [Johannes] Vorläufer und Wegebahner sind Montaigne und Horaz.
87. *Vs:* Um die Deutschen wieder national zu machen, ist das Eine Mittel ihnen recht eindringlich zu predigen, sich um das gut Schreiben ja nicht zu bemühen „es ist nicht eure Sache"
90. 593 *28:* Goethe] *zu Eckermann, am 18. Jan. 1825*   594 *1–3:* soviel ... alt] *vgl. N an Overbeck, Naumburg, Oktober 1879: „*Wann

lebte der Bischof Ulfilas? Drittes Jahrhundert gegen Mitte?" *woraufhin Overbeck am 1. November 1879 aus Basel: "Was willst du mit Ulfilas, der 310 od. 11 geboren und bald nach 380 gestorben ist...?"*
92. *18–21:* Nie ... an] *aus* P. de Lagarde ein arroganter Vielwisser und Wirrkopf der die abscheulichste Unart der Paradoxie hat: — nämlich die logischen Formen anzuwenden *Rs*   *25:* schreibst] schriebst *DmN; GA*
95. *Vs:* Der Fluch der deutschen Prosa, daß man gar keine andere kennt als die improvisirte Prosa. Wie tief schätzt man improvisirte Dichtung!
96. *596 2–3:* entsteht ... davonträgt] entsteht im Siegen des Schönen über das Ungeheure (Übergröße) *Vs*
99. *Vs: N IV 1, 20; anschließend 41 [30]*
107. *599 13:* wissen. Man] wissen [(, ausser zur Dekoration der nationalen Eitelkeit.)] Man *Rs*
108. *18:* Körnige Gedrängtheit] *aus* Kürze *Rs*   *19–21:* du ... werden] *aus* ich diese Eigenschaften finde, da mache ich halt und feiere ein Fest: es ist die Art meiner Fruchtbäume *Rs*
109. *Vgl. 42 [45]*   *29–30:* Stifter's Nachsommer] *N las den "Nachsommer" vermutlich Sommer 1878; auf ihn wurde er durch Rée aufmerksam gemacht*
110. *Vs:* Der Stil ist der Ersatz der Gebärde und des Tones, in der Schrift.
111. *Vgl. 39 [10]*
115. *Vs:* Diese Gegend bietet bedeutende Züge für ein Gemälde — aber aus ihr selber läßt sich keine Formel ziehen. Dies thut aber Noth. Die Abwesenheit eines mathematischen Substrats zeigt das Unkünstlerische an. (Auch beim Menschen). Überschaubare und einfache Größenverhältnisse machen die charaktervollen Menschen aus.
117. *Vgl. 39 [3]*
118. *Vs: N IV 1:* Herder war der große Unersättliche, er verstand sich auf alle Getränke des Geistes. Aber er gehört als Erster an den Tisch der Genießenden, nicht an den der Schaffenden. Dies giebt ihm seinen Reiz und gab ihm zuletzt seine Melancholie.   *N IV 3:* Herder — er bläst so heftig in sein kleines Feuer, daß es wohl knistert — aber er wünscht die große Flamme und kann sie nicht hervorbringen. Daran leidet er, der Neid setzt sich ans Bett des Kranken, und die Heuchelei macht auch ihren Besuch. — Er hat etwas Wundes und Unfreies, er hat das innere Martyrium der Priesterlichkeit getragen und Würde und Begeisterung sind für ihn die Deckmäntel. Es fehlt ihm die einfältige wack⟨ere⟩ Mannhaftigkeit. Die französischen Meister der Schrift — — —
119. *Vs: 39 [10]*
122. *604 17:* zusammen] zusammen. [(Freilich war dieselbe nichts Lächerliches.)] *Rs*

124. *Vgl. 29 [1]; 29 [15]; vgl. auch Stendhal à G. C., 20. Jan. 1838:* „Goethe a donné le diable pour ami au docteur Faust, et avec un si puissant auxiliaire, Faust fait tout ce que nous avons tous fait à vingt ans: il séduit une modiste." 606 *17–26:* Für ... wieder] Aber selbst so war der G⟨edanke⟩ für Goethe zu fürchterlich. Er konnte nicht umhin, Gretchen unter die Heiligen zu versetzen und ihr später im Himmel auch Faust wieder zuzuführen! zu welchem Exzesse sie sich mit Glück um die Seele Faustens bemüht: so daß der Teufel geprellt wird *Vs* *19–20:* „die ... vergessen"] *Faust 12065f.* *24–25:* „den ... Drange"] *Faust 328* mit ... Himmel] *aus der* „immer strebend sich bemüht hat": *da DmN; vgl. Faust 11936* *26–27:* Goethe ... gewesen.] *vgl. Goethe an Zelter, 31. Oktober 1831*

125. *29:* Sainte-Beuve] *vgl. Les Cahiers de Sainte-Beuve, Paris 1876, 108–109:* „Il y a des langues et des littératures ouvertes de toutes parts et non circonscrites auxquelles je ne me figure pas qu'on puisse appliquer le mot de classique: je ne me figure pas qu'on dise les classiques allemands" *BN* 607 *33:* Lichtenberg] *über Herders Ideen zur Geschichte der Menschheit: Vermischte Schriften 1, 280; vgl. dazu Lichtenberg, Gedankenbücher, hg. von F. H. Mautner, 1967, 159*

126. *Vs:* Diese Gegend verbirgt einen Sinn, alles wohin ich schaue sagt ein Wort aber ich weiß nicht, wo anfangen, um den Sinn der ganzen Wortreihe zu verstehen 608 *32:* ist.] ist. [(Das „magische Ei" bei C⟨olumbus⟩)] *Rs*

127. *Vs am Schluß:* Oft freilich sind die sogenannten Gelehrten so roh, einem Racine diese edle Armut zum Vorwurf, einem Shakespeare seine Weitschweifigkeit *[?]* als eine Quelle für die Sprachkenntniß *[?]* zum Verdienste anzurechnen.

128. 609 *18:* Wer ... leidet] *vgl. Goethe, Tasso V 5, 3431f.; 12 [27]*

131. *Vs:* Ein guter Autor hat für jeden seiner Gedanken ein so zartes Gefühl und Gewissen, daß er seinen Stil nie verbessern kann ohne die Gedanken zu verbessern.

137. *Vs:* Das leicht Gesagte wird [schwer] selten schwer [gelesen] gehört. *Rs:* Das leicht Gesagte fällt selten schwer genug in's Gehör — das liegt aber an den Ohren. *Dm (Gast):* Das leicht Gesagte fällt selten schwer in's Gehör — das liegt aber an den Ohren. *N selber hat das Dm verbessert und ergänzt bis zur Fassung von Ed; die Änderung von 611, 19–20:* so ... wiegt] schwer genug in's Gehör *GA nach Rs ist nicht berechtigt*

140. *Vgl. zu den Gedanken dieses Aphorismus, sowie zu den ähnlichen von WS 159, Voltaire, Lettres choisies ... par Louis Moland, Paris 1876, 2 Bde, BN, 1, 426:* „... vous dansez en liberté et nous dansons avec nos chaînes ..."; *diese Stelle — aus einem Brief Voltaires an*

den Italiener Deodati de Tovazzi, Ferney, 24. Januar 1761 — wurde von N zweimal angestrichen und das Wort „chaînes" (Ketten) unterstrichen
144. 613 *25–26:* Einsalzen ... Einkochen] Einkochen, der Andre durch Einsalzen *Rs; GA*
145. 614 *3:* nicht.] nicht. — [Weil aber der Überzeugte immer glaubt, seine Sache sei eine bewiesene] *Vs*
148. *Vs:* Großartig zu schreiben ist leichter als leicht: es erfordert eine kürzere Zeit der Übung.
149. 615 *4:* Goethe] *an Zelter, Juni 1827* *5–7:* Das ... Musik] d. h. wenn wir „unsern Herrgott aus dem Spiel lassen wollen" daß hier die Musik selber im Werden ist, aber noch nicht ist — unsere moderne Musik nämlich *Vs*
152. 616 *5:* oder ... entdeckte] — dies ist für Beethoven wieder⟨er⟩standene Kindheit. Hier entdeckt *Vs*
153. Vgl. *Kommentar zu FW 80* *Vs:* trockenes Recitativ
154. Vgl. 40 [13]
156. 617 *21–31*] also nicht von der Güte des guten Menschen sondern des Sünders so wie ihn das Christenthum sich vorstellt. Nur unter der Voraussetzung daß alle Menschen Sünder sind und nichts thun als sündigen, wäre es erlaubt den trag⟨ischen⟩ und dramatischen Vort⟨rag⟩ auf jede Art M⟨usik⟩ anzuwenden — dies alles ist nicht auf Mozart, nicht einmal Beethoven anwendbar — wie könnte hier ein Universalrecept für alle Musik [— —] *Vs*
159. Vgl. *WS 140*
160. 619 *6–8: in ... gebracht*] [Chopin hat die Seligkeit eines jungen Meergottes, der als Schiffer verkleidet Sommerabend] dessen seliger Moment von Chopin zum Tönen gebracht worden ist *Vs*
161. *Vs:* Der Jüngling, wie ihn die romantischen Liederdichter (z.B. Eichendorff) sich träumten, ist vollständig in Sang und Ton übergegangen und verewigt — durch Schumann. Wo aber Schumann's Musik nicht die Musik dieses Jünglings ist, da ist es Musik der alten Jungfer, wie sie die Romantiker nicht geträumt hatten.
163. *Vs:* Für den, welcher nicht sieht, was auf der Bühne vorgeht, ist Wagner's Musik ein Unding. „Wer Augen hat, der höre"! *vgl. Matth. 11, 15*
164. *Vs:* Auch bei allen aesthetischen [Fragen] Kriegen welche durch Künstler erregt werden, entscheidet zuletzt [gewöhnlich] die Kraft und nicht die Vernunft (d. h. hier: Feinheit des Geschmacks)
167. Vgl. *WB 1, 434, 33* 621 *14:* Musik;] Musik [wie die Italiäner des vorigen]); *DmN* *16–17:* halbdunklen ... Unaussprechlichen] unklaren [Stimmungen] Halbgedanken und einer sanften Bigotterie des Gefühls *Cb*[2]

168. *Vgl. 40 [13]* 622 8–9: gekostet,] gekostet [; und ob es nun an unsrem Gaumen oder an unsrer Neulingschaft lag], Rs

170. *Vs:* Alle große Kunst siegt gewaltsam, weil der Arbeitsame sie sonst nicht brauchen kann — der will die ergötzliche Zerstreuung

171. 625 33–626 16: Es ... Philosophen] Sie sind durch und durch Person: alle ihre Erkenntnisse zusammen sind wiederum Person und nichts als Person, etwas Vielfaches, wo alle einzelnen Theile lebendig, in einander greifend, in sich selber bewegt und beseelt sind, ohne Befehle und Verbote von außen her abzuwarten, mit einer eignen Luft, einem eignen Geruch, als ganzes angenehm oder abstoßend. Solche Naturen bringen jene Täuschung hervor als ob eine Wissenschaft (oder die ganze Philosophie) fertig und am Ziele sei: sie haben etwas Lebendiges hingestellt und nennen es mit dem Namen einer Wissenschaft oder der Philosophie überhaupt *Vs*

172. *19:* S.] Schmitten *Vs; Dorf bei Wiesen; vgl. Chronik*

174. *Vs: N IV 3, 2:* Ein Teufel treibt den anderen aus. *N IV 3, 16:* Der wohlwollende Kranke — eine gute Unterhaltung

176. *Vgl. 32 [19]*

180. *Vs: 40 [19]*

182. 631 2–3: sie ... Propheten] *vgl. Luc. 16, 9*

186. *Vgl. 42 [20]* *Vs:* Der Verbrecher nöthigt uns zur Nothwehr auf frühere Stufen der Cultur zurück, der Dieb macht uns zum Gefängnißwärter, der Mörder zum Todtschläger usw. Das Strafgesetz ist die Reihenfolge von Culturstufen abwärts.

188. *Vs:* Die verschiedenen Culturen sind verschiedene geistige Climata, diesem oder jenem Organismus schädlich oder heilsam. Historie ist Arzneimittellehre. Der wahre Arzt muß Jeden in sein Clima senden, für Zeiten oder für immer. Das Leben in der Gegenwart allein thut es nicht. Dabei sterben zu viele Racen ab. — Ebenso physisch: die ganze Erde als eine Summe von Gesundheitsstationen. Völker, Familien und Einzelne müssen darnach ihren Wohnsitz wählen. — Vertilgung aller physischen Fehler.

189. *Vs:* Die Menschheit einmal ein Baum mit vielen Milliarden von Blüthen, die alle Früchte werden sollen. Daß dieser ungeheure Baum Saft und Kraft behalte und in unzählige Canäle überströme, ist der Maaßstab, ob ein jetziger Mensch nützlich oder unnütz ist. Die Aufgabe, in diesem ungeheuren Nußbaum, ist grenzenlos groß und kühn: wir arbeiten alle, daß sie ermöglicht werde, daß der Baum nicht verfaule. — Versuche ganzer Völker wie Jahrhunderte um zu sehen, was dem großen Fruchtbaum gut thut: sie sorgen scheinbar für sich, es ist recht so. Durch Schaden klug werden.

190. *Vgl. 41 [56]; 41 [52]; 41 [58]*

194. *Vs:* Meine Träume bildlich-symbolisch.
195. *Vgl. 40 [21]*   *Vs:* Die schlechten unfruchtbaren Gegenden einer Wissenschaft werden zuerst gut angebaut, — weil eben dazu ihre Gelehrten Mittel genug haben. Z. B. die Textkritik der Philologen. Die fruchtbarsten Gefilde setzen eine ungeheure Kraft von Methoden und Maschinen und Erfahrungen und Combinationen voraus — sie werden zuletzt angebaut.
196. *Vs:* Das einfache Leben ist schwer herzustellen: weil Nachdenken und Erfindung thut dazu Noth.   *640 5–6:* mich ... haben.] uns Moderne ein zu kostspieliger Luxus! *Cb*
199. *Vgl. 19 [62]; 15 [14]*
201. *Vs:* Montblanc bei Genf Gehirnfreude fälschlich vikarirend
204. *Vgl. 42 [12]*
208. *erste Fassung der Vs:* Sobald einer in geistigen Dingen ⟨sagt⟩ „Wer nicht für mich ist, der ist wider mich" so ist er am Tage vor der großen Niederlage   *643 3–4:* „wer ... mich"] *vgl. Matth. 12, 30*
211. *Vs:* Will man — so genügt es nicht sie zu widerlegen, den unlogischen Wurm aus ihr heraus zu zerren: man muß sie tödten und sie dann noch durch den Schmutz ziehen, damit sie unansehnlich werde und den Menschen Ekel mache: kurz man muß die beliebte „Auferstehung am dritten Tage" zu verhindern wissen.
214. *647 21–23:* Schopenhauer ... selber] *nach Goethe, Wahlverwandtschaften 2, 7: „Es wandelt niemand ungestraft unter Palmen"; vgl. 42 [18]*
215. *Bei diesen Ausführungen über die Mode mag N mit polemischer Absicht an Wagner gedacht haben; vgl. z. B. R. Wagner, Beethoven: „Wir erkennen sogleich, daß eine der französischen Mode gegenüber gestellte ‚deutsche Mode' etwas ganz Absurdes sein würde, und müssen, da sich doch wieder unser Gefühl gegen jene Herrschaft empört, schließlich einsehen, daß wir einem wahren Fluche verfallen sind, von welchem uns nur eine unendlich tief begründete Neugeburt erlösen könnte." a. a. O. 9, 138*   *Vs:* Mode. Amerika muß es sich gefallen lassen, hiermit als Europa eingerechnet zu werden — es ist, in allen geistigen Dingen, unser Colonieland, unser Jung-Europa. Jetzt giebt es auf dem Erdkreis [noch keinen amerikanischen Gedanken, sondern der Gedanke ist europäisch außer diesem] [nur] ⟨keine⟩ asiatischen Gedanken mehr — aber auch noch keinen amerikanischen Gedanken. Der Europäismus [ist nicht ganz so groß und] herrscht nicht in ganz Europa, aber breitet seine Fittige über zehnmal größere Länderstrecken als das ganze Europa hat.
216. *652 1–4:* Erst ... hingewendet] *vgl. dagegen R. Wagner, Deutsche Kunst und Deutsche Politik: „Heil dir, Schiller, der du dem wiederge-*

borenen Geiste die Gestalt des ‚deutschen Jünglings' gabest, der sich
mit Verachtung dem Stolze Britanniens, der Pariser Sinnesverlockung
gegenüberstellt!" a. a. O. 8, 49   14: Nebenbei] Nebenbei (aber
nicht nebenher) Vs   21–22: Helvetius ... Weges] Helvetius und
die lange und mühsam erkämpften Wahrheiten (oder Fingerzeige des
rechten Weges) Cb   25: Menschen.] Menschen: vivat sequens!
Vs
217. Vs: Die Romantiker werden durch die Schwäche der Zeit zu ihrer
Vision der Zukunft angeregt: die klassischen Naturen durch die Stärke
der Zeit. vgl. Goethe, Maximen und Reflexionen 1031
219. Vgl. 40 [20]   Vs: Wir wohnen gerne in oder bei der kleinen
Stadt, gehen tief in die Natur, um uns aus unserer Gesellschaft und
Thätigkeit zu erholen, und kommen endlich auch in die große Stadt —
um uns von der Natur zu erholen.
220. Vgl. 40 [4]
221. erste Fassung der Vs: War das Halbverrückte, Schauspielerische, Thie-
risch-Grausame- und Wollüstige, war die eigentliche revolutionäre
Substanz, wie sie in Rousseau Fleisch und Geist geworden war, nöthig, damit, in dieser groben Substanz eingekerkert, die Aufklärung
selber zur Gewalt wurde: sie, die eigentlich still wie ein Lichtglanz
durch Wolken geht und die Einzelnen umgestaltend, erst sehr allmählich auch die Sitten und Einrichtungen der Völker umbildet?
Und ist durch diese Plötzlichkeit, durch das Gewaltthätige die Aufklärung nicht zur Gefahr geworden?
222. Vs: Die Menschen des Mittelalters sind die leidenschaftlichsten:
durch Himmel und Hölle war die Welt der Empfindung so ausgeweitet, daß der Sturz tiefer, die Stromschnelle des Gemüths gewaltiger
sein mußte. Ihr Raum im Seelischen war größer, ihre Maaßstäbe länger und übermenschlicher als jetzt. *Vgl. N an Rohde, Mitte
September 1875:* Ich dachte gestern an Dich und mich, als ich las, das
rauheste Mittelalter sei das Mannesalter, etwas ganz Barbarisches,
wo man so zwischen Narr und Weisen in der Schwebe ist. Gerade
in dieses Mittelalter und zwar in's Mittelste desselben führte Dich der
Tristan ...   654 31–655 1: die ... Mysterien-Jüngern] vgl. 41 [4]
226. Vs: Das Siegen-wollen ἀριστεύειν von Staatswegen geordnet ἀγών
227. 656 14: und lebt noch] fehlt Vs   15: und nennen] fehlt
Vs   15–17: Auch ... hat] Er lebt auch jetzt noch mit dem gleichen Wahlspruch Vs
228. 19: Studentendeutsch, die] Studentendeutsch [(oder, wie man jetzt
sagt, „Bismarckdeutsch")], die Rs   656 20–657 1: hat ... links]
ist strengstens die der Nicht-Studirenden, welche sich aber an Universitäten aufhalten und ihr schlechtes Gewissen dadurch verrathen, daß
alles was in der Rede ihrer ernsteren Genossen an Bildung Sittsamkeit

Gelahrtheit Ordnung Mäßigung erinnert, von ihnen nachgeahmt aber mit einer Grimasse begleitet wird. — In dieser Sprache reden die deutschen Staatsmänner und Feuilletonisten und gelten damit als geistreich: es ist ein beständiges ironisches Citiren *Vs*

230. *Vgl.* Vs WS 63
231. *658 1–4:* und ... möchte], und denkt an die Heimat zurück als an den Sitz der Dummheit und Gewalt *Cb¹*
232. *Vs:* Der Gott-βασιλεύς wurde zur Göttin-πόλις bei den Griechen. Und das Gefühl steigerte sich, weil ein Begriff mehr Liebe erträgt als eine Person.
234. *Vs:* [Dieser] Jener hat die großen Werke; [und jener] sein Genosse aber hat den großen Glauben an [seine] diese Werke. Dies macht sie unzertrennlich. Jedem für sich fehlt immer gerade das Beste.
237. *659 24–27:* fünf ... aus).] *aus* mit einem Nachwort (v. Ste-Beuve Vorrede zu Piron), *[vgl. Oeuvres choisies de Piron ... précédées d'une notice par Saint-Beuve, Paris 1866]* so derselbe an Friedrich den Großen in einem Briefe an ihn, aus Ferney (v. lettr. choisies) *N bezieht sich auf den Brief Voltaires vom 21. April 1760 an Friedrich II.; vgl. Lettres choisies de Voltaire 1, 393 f., wo N die „Wahrheiten" Voltaires über den preußischen König angestrichen hat; der Brief ist übrigens aus Tourney, nicht aus Ferney datiert*
241. *Vs:* Ohne Horcher zu sein, habe ich viel gehört. Mittelmäßig sein im Entgegnen und Antworten, aber von einem hinterhältigen Gedächtniß für alles, was der Andere sagte, nebst den Gebärden, mit denen er es begleitete.
244. *Nach Aesops Fabel 33 u. 33ᵇ*
246. *Vgl.* WS 320; 28 [12]   *662 1–6:* Hörer ... an] *aus* Leser merken nichts! glauben uns noch ganz als die Alten! Dies macht mir Ekel. Ich habe die Intellektualität der Menschen zu hoch geachtet *Rs*
248. *Vs:* Im menschlichen Auge giebt es auch jene plötzlichen Unsicherheiten, bei denen man nicht weiß ob Schaudern oder Lächeln: wie einen See oft solche zweideutige schuppenhafte zauder⟨nde⟩ *[?]* Bewegungen überfliegen.
249. *Vs:* Ich brauche niemanden der mich widerlegt: ich genüge mir selber.   *20:* Positiv und negativ] Ein Denker ohne Galle *Cb*   Denker] Mensch *Cb*   *21:* sich dazu] sich *Cb; vgl. Gast an N, 24. Nov. 1879: „Nr. 249 wäre die Überschrift vielleicht: Positiv und negativ vereinigt — oder ähnlich. Der letzte Satz: ,er genügt sich selber' könnte bei den un-wohlmögenden Lesern den Eindruck des ,er ist mit sich selbst zufrieden' hervorbringen; deshalb vielleicht: ,er ergänzt sich selber' oder anders."*
253. *663 13:* Am mildthätigsten] Wink für Bettler *Vs*
256. *664 2–4:* Hesiod ... vermögen.] *vgl. Erga 349–351*

260. *Vs: N IV 1:* Ein Kluger sagt nicht, um zu loben „diesen Gedanken habe ich auch usw. *N IV 4:* Sich hüten vor Beistimmung *Vgl. Peter Gast an N, 15. Februar 1879 (als er die Korrektur von VM besorgte): „Über Einiges bin ich überrascht gewesen, weil ich es mir selber vorher in ähnlicher Weise aufgeschrieben hatte so z. B. den Gedanken in Nr. 64 ..." Ähnliche Äußerungen finden sich in den Briefen anderer Korrespondenten Ns aus dieser Zeit*
261. *665 19–20:* darnach ... nehmen] dann das Gemüth reinigen. Die verschiedenen Erregungen dämpfen sich gegenseitig *Vs*
265. *Vs:* Wie die Griechen das Glück an die Enden der Erde, so wir an die entfernt⟨esten⟩ Zeiten, deren wir uns erinnern können (Kindheit) *667 4–5:* lasset ... Himmelreich] *vgl. Mark. 10, 14*
267. *Vs: N IV 4, 30:* „unsere natürlichen Feinde" — sobald Eltern und Lehrer anfangen uns uns selber zu überlassen *N IV 4, 31:* der großen Ehrlichen Stendhal Vater [?] *668 3–4:* welche ... hat] *vgl. Stendhal, Correspondance inédite ..., Paris 1855, BN, hier schreibt Prosper Mérimée in seinen „Notes et souvenirs", S. VI: „Nos parents et nos maîtres, disait-il, sont nos ennemis naturels quand nous entrons dans le monde." C'était un de ses aphorismes.*
269. *Vgl. 46 [3]*
271. *670 18:* den Betrachtenden] *aus* mich *Rs* *20:* Man] Er *aus* Ich *Rs*
272. *24–25:* sacrifizio] sacrificio *Rs;* „intelletto del sacrifizio" (= *Verstand des Opfers) ist nach dem italienischen vielzitierten Wort „sacrifizio dell'intelletto" (= Opfer des Verstandes) von N geprägt worden; vgl. G. Büchmann, Geflügelte Worte, Berlin* ³²*1972, 97* *25–28]* ficio. Wehe, wenn ihr Gatte sie nicht opfern will — sie wird ihres Lebens nicht mehr froh. *Vs*
275. *Vs: 41 [9]* *671 17–21:* , und ... erregen,] *aus* : und selbst die Angst vor den Anarchisten und den grundsätzlichsten Gegnern der Demokratie, scheint nur deshalb da zu sein, um *Rs* *672 11:* Bergwässern zerstört] *aus* Brutalitäten in Frage gestellt
276. *Vs:* Wenn bei einer Abstimmung innerhalb eines Staats, der die Repräsentativ-Verfassung hat, etwa bei der Wahl der Parlaments-Mitglieder sich weniger als die Hälfte der zum Stimmen Berechtigten an der Wahl betheiligen: so ist die Repräsentativ-Verfassung selber verworfen.
277. *Vs:* Wie schlecht schließt man, auf Gebieten wo man nicht völlig zu Hause ist! (Auch selbst der Mann der Wissenschaft!) Aber alles Öffentliche, alles Plötzliche, alles Wichtige wird mit solchen schlechten Schlüssen erledigt! Politik der feineren Staatsmänner ist es, die schlechten Schlüsse der mächtigen Parteien und Massen vorher zu wissen, ja sie ihnen in den Mund zu legen — und durch sie seine Pläne zu erreichen, zum allgemeinen Besten.

281. 676 *18:* Urväterzierrathes] *vgl.* „*Urväter-Hausrath*" *bei Goethe, Faust 408*
284. Vs: 42 *[38]; 42 [50]*   Vgl. *42 [37]*   679 *16:* aus ... Höhe] *Rs; GA* aus der Wolke und aus der Höhe *Ed* aus der Höhe *He²; GAK*
285. Vs: Wenn kein Eigenthum, dann fehlt die Wurzel der Selbstsucht — falsch! gegen Plato   26–27: du ... stehlen] *vgl. 2 Mos. 20, 15*   27–28: du ... besitzen] *vgl. 42 [19]*   681 *4–12:* Damit ... Wesen] Ich meine, alle Bemühungen, den Besitz moralischer zu machen, sollten sich auf seine Verwendung, aber nicht auf seine Vertheilung erstrecken: bei jeder neuen Vertheilung wird es ungerecht zugehen müssen, wie es von jeher bei jeder Besitzergreifung zugegangen ist *Cb; DmN*
286. *20:* Richtet nicht!] *vgl. Matth. 7, 1*   682 *9:* Gesellschaft. Jetzt] Gesellschaft [, also derer, welche wollen, daß für sie immerfort gearbeitet werde]. Jetzt *Rs*
287. Vs: Es ist schwer, richtig Politik oder Ökonomik zu lernen, wenn die Gesellschaft in Ausnahmezuständen ist.   20–27: desshalb ... sind] *aus* über das Thatsächliche erst hinwegsehen und z. B. den Blick auf Nordamerika richten; jedenfalls, so lange man studirt, nicht auch in die einheimischen Zustände eingreifen, über sie rathgeben und abstimmen wollen *Rs*
289. Vs: *47 [10]*
291. 683 *24–25:* Quousque tandem] *vgl. Cic. in Cat. I 1*
294. Vs: Steuer der Besonnenheit.
295. In *M I 2, 22* der von N gestrichene Anfang dieser Aphorismus: *43 [3]*   N *IV 5, 4:* stumme Anbetung des Augenblicks   Vs: (Poussin) unwillkürlich und als ob es nichts natürlicheres gäbe stellte man sich gr⟨iechische⟩ Heroen — So haben Einzelne auch gelebt, so sich in der Welt und die Welt in sich gefühlt, zu ihnen gehört Epikur, der Erfinder einer heroisch-idyllischen Art zu leben und zu denken   686 *27:* , — Alles ... hell] *aus .* Grösse Ruhe Sonnenlicht *Rs; vgl. WS 332*   31: Sehnendes, Erwartendes,] Sehnendes Unzufriedenes Erwartendes *Rs; GA*   31–32: Sehnendes, ... Zurückblickendes] *aus* Romantisches *Rs*   32: man musste] *aus* ich empfand *Rs*   687 *1:* Poussin] *zwei Bilder von Poussin machten das Wort „Et in Arcadia ego" allgemein bekannt; vgl. auch Goethes Motto „Auch ich in Arkadien" über der „Italienischen Reise"*
296. 10–11: also ... Kopfrechnen] falls der Schluß das Motiv des Handelns enthält Vs
299. Vs: Unsere Gleichgültigkeit und Kälte gegen Menschen ist Ermüdung des Geistes
300. 688 *8:* Eins ist Noth] *vgl. Luk. 10, 42*
303. *erste Fassung der Rs:* Als Knabe habe ich nie Obst in fremden Gärten

genommen, als Mann bin ich nicht über Wiesen gegangen, ich ehre das Eigenthum bis in's Lächerliche. *Vs:* Nie Obst als Knabe, nie Wiese betreten als Mann.
304. 689 *10–11:* die ... fühlt] seinen Stolz als „Mensch" *Vs*
305. *16:* an dem] wo *Rs; GA*   *17:* versagt] versagt *Rs; GA*
306. *Vgl. FW Scherz, List und Rache 33*
313. 692 *5:* nil admirari] *vgl. Hor. Ep. I 6, 1*
318. *Vgl. 40 [3]*
319. *Vs:* Wer sich selbst schont findet keinen Glauben.
320. 694 *19–31:* Es ... Wüste!"] Aber nein! Es ist eine Bitterkeit der bittersten Art beigemischt: denn seit er sich und die Menschen in Hinsicht auf geistige Bedürfnisse gerechter schätzt, scheint ihm sein Geist nichts Nützliches, er kann damit nichts Gutes erweisen, weil der Geist der Andern es nicht anzunehmen versteht. Und so quält ihn die Noth, seinen Geist — selber zu genießen: das giebt aber ein schlechtes Gewissen und wenig Freude. *erste Fassung der Rs*   *30:* geben ... haben] *nach Apg. 20, 35:* „geben ist seliger denn nehmen"
323. 695 *24:* stiften: man] stiften: [man leidet obwohl unschuldig — man ist immer unschuldig — und] man *Rs*   *25:* Uebelthäter] *aus* Verbrecher *Rs*   *26:* Wohlthäter ... Menschheit] *aus* Märtyrer *Rs*
324. *Vgl. 41 [46]*
326. *Vgl. 23 [68]*   *Vs:* Wenn man den Nagel nicht auf den Kopf zu treffen versteht, so ist es besser ihn gar nicht zu treffen. — Rühre den Sumpf nicht auf, sagten die Alten.
331. *erste Fassung der Rs:* Langsam beginne ich und schwer werde ich in einer Sache heimisch: nachher aber ist die stätige Beschleunigung mir zu eigen — so daß ich gar nicht weiß, wohin mich der Strom noch reißen kann.   *Vs:* Langsam, mit stetiger Beschleunigung.
332. *Vgl. 17 [25]; 40 [16]*   *Vs:* Ein erhebender Gedanke — beruhigender Gedanke — erhellender Gedanke — Grösse Ruhe Sonnenlicht.
338. 699 *10–20:* — Wie ... kann] So gieng es mir bei St. Moritz — so bin ich! das empfand ich fortwährend, diese sonnige Oktoberluft, dieser beständige Windzug, diese mäßige Helle und Kühle, dieser Wald- See- Berg- Schnee- und Ebenecharakter. *erste Fassung der Rs*   *11:* hier] hier *M I 2, 51; GA*   *20–22:* „es ... mehr."] *vgl. N an Overbeck, gegen Ende Juni 1879:* Aber nun habe ich vom Engadin Besitz ergriffen und bin wie in meinem Element, ganz wundersam! Ich bin mit dieser Natur verwandt.
339. *Vs:* Der Weise wird leutselig gegen die gemeinen Leute sein, aber niemals volksthümlich und populär.
345. *Vs:* Der Überl⟨egene⟩ G⟨eist⟩ hat sich von dem Wahn frei zu ma-

chen, daß er Neid errege und als Ausnahme empfunden werde. Die Mittelmäßigen denken vielmehr er sei unter ihnen und etwas das man entbehren könne und nicht vermissen werde.
346. *Vs:* Die Reinlichkeit verlangt, daß wir unsere Kleider und unsere Meinungen wechseln.
350. *Rs am Schluß für Gast:* Hurrah! Freund Köselitz, dies heißt man „Recapituliren!"   *N IV 2, 19:* „Friede auf Erden und den Menschen ein Wohlgefallen an einander" Schluss   *N IV 3, 36:* dann dürfen auch wir verheißen, ohne einen Gott in der Höhe: Friede auf Erden und den Menschen ein W⟨ohlgefallen⟩ an ein⟨ander⟩   *N IV 5, 49:* Die immer größere Erleichterung, sei es die der moralischen Denkweise, oder die der Lebensart, oder die der Arbeit (z. B. durch die Maschine) wird ein Versagen sein, wenn sich der Mensch nicht immer veredelt: so daß er die geistige Beschränktheit und den körperlichen Zwang und alle Ketten der Thierheit immer weniger nöthig hat. Das Anzeichen der Veredelung aber ist die eigne Freudigkeit: und die wachsende Freude an aller Freude auf daß jenes englische Wort, welches das Christenthum nicht zu erfüllen vermochte, doch noch zur Wahrheit werde: Friede auf Erden und den Menschen ein Wohlgefallen an einander.   *N IV 5, 48:* jenes rührende und große Wort, bei dem noch Jederm⟨ann⟩ der Himmel hell wird und ein Gefühl kommt als ob er zum Hirten werde und des Nachts die Heerde weide   *N IV 5, 33:* eines alten [Engels-]Wortes — eines großen rührenden aber voreiligen Wortes, an dem das Christenthum zu Grunde gieng, an dem jeder zu Grunde gehen soll, der es zu früh in den Mund nimmt   *vielleicht in Zusammenhang damit die fragmentarische und schwer lesbare Aufzeichnung in N IV 5, 42:* damit alles Gute Gemeingut werde den Freien alles frei stehe die Aufgabe der guten Europäer, die [Erdkultur] in die H⟨and⟩ zu nehmen   702 *23–26:* galt ... schmückt] gilt: immer noch ist es ein Räthselwort, [und das Christenthum geht daran zu Grunde daß es diese Lösung versprach und nicht geben konnte:] an dem Jeder zu Grunde geht, der es lösen will und nicht lösen kann *Vs*   *25–26:* Wahlspruch ... schmückt,] *aus* Räthselwort, an dem Jeder zu Grunde gehen soll, der es lösen will und nicht kann *DmN*   *27–30:* immer ... hörten] ist es nicht Zeit, daß alle Menschen zu Hirten werden, [daß allen Menschen der Himmel hell wird ⌜die Nacht zum Tage wird⌝ und daß alle Menschen das Wort hören] die den Himmel plötzlich erhellt sehen und das Wort hören *Vs*   *28–30:* es ... hörten] *aus* alle Menschen zu Hirten werden dürfen, die den Himmel über sich erhellt sehen und jenes Wort hören *DmN*   *30–31:* „Friede ... einander."] vgl. *N an Adolf Baumgartner, 24. Dez. 1878:* ... Inzwischen Ihnen und der verehrten Frau Mutter den englischen Gruß: „Friede auf Erden und

den Menschen ein Wohlgefallen aneinander!" *das Zitat nach Luk. 2, 14*

[Epilog.] *Vgl. 41 [31]   In Rs folgender gestrichener Anfang:* Zum Schluß. Der Wanderer. Du bist verstummt? Der Schatten. Es betrübt mich, daß ich so oft nicht bei dir sein kann, wenn du gerade der Stundendauer große Freude hast. Der Wanderer. Sei zufrieden, daß du nicht an mich gebunden bist: die Knechtschaft würde dir den Geschmack an dieser Freude vergällen. Auch mir wäre die Freude geringer, wenn jemand sie theilen müßte: der Anblick jedes Unfreien bedrückt mich. Der Schatten. Folgte ich dir heute auch schon zu lange?   *N IV 1, 41:* gegen die Hunde. W. Ich glaube du erröthest. Sch. Ich habe etwas mit den Hunden gemeinsam, ich liege zu deinen Füßen   *N IV 1, 43:* W. Du schweigst? Sch. Ich war betrübt: du liebst die Natur am meisten, wenn ich nicht dabei bin. W. Aber, altes Kamel, doch nicht, weil du nicht dabei bist: wie Gatten mitunter empfinden sollen, wenn sie auf Badereisen getrennt leben. Sch. Jeder lange Verkehr macht Überdruß. W. Man spricht sich aus und denkt sich mit einander aus. Aber wir? Wir stehen im Anfange. Sch. Und am Ende. Du siehst, ich werde länger, der Rasen ist feucht, mich fröstelt. Es ist nur eine kleine Weile, dann werden wir scheiden. W. Scheiden? Und könnte ich dir nicht in aller Geschwindigkeit etwas zu Liebe thun? Hast du keine Bitte?   *N IV 3:* Der Schatten. Ich habe eine besondere Freude an deinem Hauptsatze daß die Menschen wieder gute Nachbarn der nächsten Dinge werden sollen. Vielleicht daß sie dann auch dem Schatten gut Freund werden und nicht mehr so abschätzig von ihm reden. Der Wanderer. Ich hatte dabei an den Schatten nicht gedacht: aber jetzt will ich es. Keinen Sonnenschein mag ich mehr, wo nicht der Schatten − − − Der Schatten. Es thut mir wehe daß ich nicht immer bei dir sein kann.   *N IV 4:* Man nennt uns zudringlich, aber verstehen wir nicht mindestens zu schweigen und zu warten, trotz dem unzudringlichsten Engländer? Man findet uns gerne im Gefolge des Menschen, aber doch nicht in seiner Knechtschaft. Wenn der Mensch das Licht scheut, scheuen wir den Menschen. − Um diesen Preis möchte ich sein [?] Sklave sein. *zum „Epilog" gehört vielleicht auch noch das von N gestrichene Fragment in N IV 4, 18:* Gefällt es so, wie's mir gefällt, so wollen wir heute kein ernstes Wort mehr reden.   703 *14:* − kein ... besser] *aus* ,gleich dem unzudringlichsten Engländer *Rs*

Band 3
Morgenröthe. Idyllen aus Messina
Die fröhliche Wissenschaft

Alle Hinweise mit bloßer Fragmentnummer beziehen sich auf die nachgelassenen Fragmente in Band 9.

Morgenröthe

Morgenröthe. Gedanken über die moralischen Vorurtheile (= M) erschien Ende Juni 1881 bei Ernst Schmeitzner in Chemnitz, achtzehn Monate nach *Der Wanderer und sein Schatten*. Es ist das Ergebnis von Ns Meditationen an den verschiedenen Orten seiner Wanderschaft im Jahre 1880: Venedig, Marienbad, Naumburg, Stresa, Genua (s. Chronik). In Venedig (Frühjahr 1880) diktierte N seinem „Schüler" Peter Gast eine Sammlung von 262 Aphorismen unter dem Titel *L'Ombra di Venezia*, und zwar aufgrund der Notizen, die er von Anfang des Jahres an in zwei kleinere Hefte niedergeschrieben hatte. Im Sommer und Herbst 1880 sowie im Winter 1880/81 benutzte N fünf weitere Notizbücher, aus denen sowohl ein umfangreiches nachgelassenes Material (Bd. 9, S. 103–408) als auch die Reinschrift zur *Morgenröthe* entstanden sind. Am 25. Januar 1881 schickte er von Genua aus diese Reinschrift Peter Gast zum Abschreiben; der Titel des neuen Buchs auf der ersten Seite der Reinschrift hieß: „Die Pflugschar. Gedanken über die moralischen Vorurtheile". In die erste Seite seiner Kopie trug Peter Gast die Worte „Es giebt so viele Morgenröthen, die noch nicht geleuchtet haben. Rigveda" ein. Dieses Zitat gefiel N so sehr, daß er den Titel seines Buches in „Eine Morgenröthe. Gedanken über die moralischen Vorurtheile" änderte (N an Gast, 9. Februar 1881). Der Artikel („Eine") fiel dann weg. Gleich darauf schickte N noch einen Nachtrag zum Abschreiben an Peter Gast, in den er unter anderem auch ungefähr 90 Aphorismen aus *L'Ombra di Venezia* (mit mehr oder weniger wesentlichen Änderungen) aufgenommen hatte. Die in Streifen zerschnittene und durch Aphorismennummern von N geordnete Kopie wurde dann von Peter Gast zur Herstellung eines Druckmanuskripts aufgeklebt und Mitte März an Schmeitzner nach Chemnitz geschickt. Zwischen Mitte April und Mitte Juni lasen N und Peter Gast die Korrekturen. Diese wie auch das Druckmanuskript sind nicht erhalten. Im Jahre 1887 erschienen die Lagerbestände der *Morgenröthe*, mit einer Vorrede versehen, als *Morgenröthe. Gedanken über die moralischen Vorurtheile. Neue Ausgabe mit einer einführenden Vorrede* bei E. W. Fritzsch in Leipzig.

Vorrede. 11 *16–17:* Trophonios] *Heros von Lebadeia in Böotien und Orakelgott, der seinen Sitz in der Höhle von Lebadeia hatte* 14 *5–6:* Kritik … 257] *N zitiert aus der Kant-Ausgabe von Rosenrantz (1883); vgl. Akademie-Ausgabe III, 249* 17–19: Robespierre … 1794).] *Zitat aus: Edmond Scherer, Etudes sur la littérature contemporaine, Paris 1885, VIII, 79, BN*

5. *Vgl. 3 [80]*
9. *Vgl. 3 [93]; 4 [13]*
10. *Rs am Schluß gestrichen:* Wir leben in einem Zeitpunkt der Moral, wo es gar keine physischen Wirkungen mehr giebt, welche eine Moralvorschrift beweisen könnten: und die Moral hat sich ins „Ideale" geflüchtet.
11. *Vgl. 3 [71]*
14. 26 *28:* verehrten] barocken *Rs* 27 *13–14:* „Durch … gekommen"] *vgl. Plat., Phaedr. 244a* 22–23: der … beglaubigen] *vgl. Plat., Ion 533d–534e* 25–27: Solon … aufstachelte] *vgl. Plutarch, Solon 8* 27 33–28 *7:* Die … kann] *vgl. John Lubbock, Die Entstehung der Civilisation und der Urzustand des Menschengeschlechtes, erläutert durch das innere und äußere Leben der Wilden …, deutsch von A. Passow, Vorwort von R. Virchow, Jena 1875, 211f., BN*
18. *Vs:* 26. Unser Leiden erfreut die bösen Gotth⟨eiten⟩ und versöhnt sie mit uns. Desh⟨alb⟩ gehören freiwill⟨ige⟩ Leiden und Martern zu den Sitten in der Gemeinde. So kommt das Leiden zu einer Schätzung. Umgekehrt wird man bei Wohlbefinden argwöhnisch. „Der Tugendhafte ist in beständigem Leiden" — ein Extrem. — 27. Die Verstellung als Tugend — die Furcht als Tugend, das Leiden als Tugend, die Vergeltung als Tugend. Die Verleugnung der Vernunft als Tugend (Unveränderlichkeit), das Mitleid als Laster, die Erkenntniß als Laster — Faulheit durchschnittl⟨ich⟩ als Folge der Tugend, der Krieg als die Zeit der malerischen Moralität, der Frieden als gefährl⟨ich⟩ von den Weisen betrachtet, weil er das Individuum entfesselt. Der Muth als Kardinaltugend. 31 *20–23:* Jeder … worden] *aus* … wir sind die Erben jahrtausendelanger Gewohnheiten des Gefühls und vermö-

gen nur äußerst langsam dieses Erbe loszuwerden. *Rs* 23: das Vorwärts-Schreiten] der Fortschritt *Rs*   32 10: Wissbegier] Erkenntniß *Rs*   11: Gefahr] Laster *Rs*
20. *Vs:* 4 *[109]*
23. *Vs:* Das Gefühl der Macht gegen Dinge Eigenthum usw. ist bei rohen Völkern nicht sicher, weil sie diesen Belebtheit zutrauen und die Kraft zu schaden. Man muß sich ihrer versichern, wie man sich der M⟨enschen⟩ versichert. Die Schmeichelei und der Zwang gegen Sachen: Grund der meisten Gebräuche, die natürl⟨iche⟩ Causalität erschien als magische Kraft. — Die Ohnmacht ist unendlich groß und oft gewesen, daher die überwiegende Empfindung der Macht, seine Feinheit.
24. *Vgl.* 3 *[71]*   35 21–23: bei ... geben] *vgl. J. Lubbock, a.a.O.,* 376
26. *Vgl.* 4 *[280];* 10 *[B 17]*
29. *Vs:* Ich fürchte, unter den Schauspielern vor sich sind die durch ihre Tugend berühmtesten M⟨änner⟩ gewesen: sie machen mir deshalb Ekel. Das Christenthum verbot diese Schauspielerei — es erfand das widerliche Prunken des Sünders und die erlogene Sündhaftigkeit (als „guter Ton" unter Christen auch jetzt noch).
31. *Vs:* Wenn man ursprünglich den Geist nicht nur bei Menschen, sondern überall voraussetzte (nebst allen Trieben Bosheiten Sympathien usw.) also nicht darin das Auszeichnende der Menschen fand (oder eines Menschen oder eines Volkes), so folgt daraus — daß damals der Stolz des Menschen fehlte, er schämte sich nicht, sich von Thieren Bäumen abstammen zu lassen.
33. *Vs:* 4 *[13]*   *vgl.* 4 *[143]*
34. *Vgl.* 4 *[144] Vs am Anfang:* Ob es Vererbung moralischer Gefühle giebt? Zunächst möchte man sich gegen die Theorie der Vererbung so lange wehren als es geht. —
35. *Vgl.* 4 *[144]*
36. *Vs:* Wie! Die Erfinder der ersten Barke, die ersten Astronomen seien unvergleichlich mehr als unsere Erfinder? Umgekehrt! Ehemals wirkte der Zufall mehr noch als jetzt!
38. *Vgl.* 6 *[204];* 7 *[55];* 7 *[239];* 8 *[101]*   45 30–31: Hesiod ... auf] *vgl. Erga* 20–24   46 5: Hesiod ... angedeutet] *vgl. Erga* 94–99   21–22: Europäern gleichsam] Europäern [von den Griechen an bis heute] gleichsam *Rs*
41. *Vgl.* 4 *[58]*
42. *Vgl.* 3 *[77];* 3 *[87];* 4 *[43]*   49 28: seines Geistes] *GA;* ergänzt nach *Rs* und *Vs*   *Rs am Schluß:* Lange Zeit besteht der ganze Werth solcher Existenzen einzig darin, dass sie die andern Menschen an ihren Anblick gewöhnen und die Vorstellung eines contemplativen Lebens in die schwerfälligen Gehirne der Thatenmenschen eindrücken. Mit

der Macht der Contemplativen nimmt ihr Wohlgefühl am Leben zu, sie werden mindestens praktische Optimisten.
43. 50 *32*—51 *1:* gewesen. Daher] gewesen, gleichsam die Fingerübungen des wissenschaftlichen Denkens, im Glauben, es sei alles, und der Vorhof sei das Heiligthum. Daher *Rs*
44. *Vs:* Dies scheint mir meine werthvollste Einsicht: während man früher je weiter man zum Ursprung der Dinge kam, immer mehr zu finden meinte, was von unschätzbarer Bedeutung für das Menschen-Handeln und Urtheilen sei, und sein ewiges Heil davon abhängen ließ, ist jetzt umgekehrt, je weiter wir zurückgehen, unser Interesse immer weniger betheiligt: die Werthschätzungen, die wir in die Dinge hineingelegt haben, verlieren ihren Sinn, je mehr wir zurück, in die Dinge selber hinein, kommen.   *Rs am Schluß:* und Elend und Käfig und Stäbe und Lücke und Seligkeit, Alles Alles war ein böser Traum?
45. *Vgl. 6 [281]*
46. 53 *6–7:* „Welch' ... Kopf!"] *vgl. Montaigne, Essais III, XIII: „Oh! que c'est un doulx et mol chevet et sain que l'ignorance et l'incuriosité à reposer une teste bien faicte"; das Werk von Montaigne zweifach vorhanden in BN: Essais avec des notes de tous les commentateurs, Paris 1864; Versuche, nebst des Verfassers Leben, nach der neuesten Ausgabe des Herrn Peter Coste, ins Deutsche übers. 3 Bde. Leipzig 1753–54. Die hier zitierte Stelle auch bei Pascal, Gedanken, Fragmente und Briefe ... nach der Ausgabe P. Faugère's. Deutsch von Dr. C.F. Schwartz. Zweite Auflage ... Leipzig 1865, erster Theil, 316, BN:* „*... daß Unwissenheit und Unbekümmertheit [incuriosité] zwei süße Ruhekissen seien für einen gut organisirten Kopf ...*"*. In der deutschen Übersetzung Pascals, die vielfache Spuren seiner Lektüre aufweist, hat N folgende Stelle (II, 19) angestrichen:* „*Es ist also ein Unglück zu zweifeln; aber es ist eine unabweisbare Pflicht, im Zweifel zu suchen, und so ist also der, welcher zweifelt und nicht sucht, unglücklich und ungerecht zugleich. Ist er bei allem dem noch heiter und anspruchsvoll [présomptueux], so fehlt mir das Wort, um eine so erbärmliche [extravagante] Creatur zu schildern."* Dazu Randbemerkung Ns: „Montaigne:". *Vermutlich kannte N auch die französische Originalausgabe von Prosper Faugère (Pensées fragments et lettres ..., publiés pour la première fois conformément aux manuscrits originaux en grande partie inédits ..., Paris 1844), da er zu einer Stelle der oft ungenauen Übersetzung von Schwartz (II, 81) die Bemerkung* „falsch übersetzt" *schrieb.*   *8–9:* es ... ihn] *aus* er glaubte einen solchen Kopf zu haben und hatte eine solche Sehnsucht nach einem schönen Kopfkissen *Rs*
50. 55 *2–5:* denn ... Welt-Müdigkeit] weil sie die Unzufriedenheit und die Verachtung gegen die Welt, ebenso wie den Geniedünkel lehren. Wer

hat denn an den Maaßlosen zu leiden? Alle ihre Umgebung, bis in die fernste Ferne hin, namentlich die Kinder. — Vs
52. Vgl. 3 [82]; 4 [318]   Vs: Die Trostmittel sind es, durch die das Leben so leidvoll für Viele wird: sie gewöhnen sich, ihre Schmerzen durch einen Rausch zu bekämpfen und leiden nachher an der Rückwirkung des Rausches, an der Entbehrung desselben, an der dauernden Unsicherheit und Zittrigkeit ihrer Haltung. Rausch: Gefühl der Macht. Daraus ergiebt sich, daß das Hauptleiden das Gefühl der Schwäche und der Furcht ist. — Lange hat zur Verschlechterung der menschlichen Gesundheit nichts so beigetragen als die Mittel gegen die Krankheiten. Im besten Falle sorgte man für die augenblickliche Erleichterung, und die allgemeine Verschlechterung war das Resultat. Wer bis zu einem gewissen Grad erkrankt war, genas nicht wieder: dafür sorgten die Ärzte. — Man sagt Schopenhauer nach, daß er das menschliche Leid ernst genommen habe: nun, so will ich die Gegenmittel gegen das Leid einmal ernst nehmen.
56. Vs: Gegen Fromme habe ich gar keine Abneigung, vielmehr eine stille Hochachtung, mit Bedauern darüber, daß diese trefflichen Menschen nicht mit mir zusammen empfinden: aber woher diese tiefe Verachtung gegen einen, der alle Freiheit des Geistes gehabt hat und zuletzt doch dem Glauben verfällt? Es ist als ob etwas Schmähliches geschehen wäre, daß jeder erröthen müßte, der davon nur hört. Woher? — Sch⟨openhauer⟩ empfand ebenso. Ich würde dem verehrtesten Menschen den Rücken drehen, wenn er in dieser Beziehung mir verdächtig würde.   58 19: spernere... se ipsum] vgl. Goethe, Italienische Reise III, Philipp Neri   24.31: Apostaten] Renegaten Rs
59. Vgl. 4[151]
62. Vs: Wie kann einer seine eigne Meinung über die Dinge als eine Offenbarung empfinden? Das ist das Problem der Entstehung der Religion: sie setzt schon voraus, daß man an „Offenbarungen" glaubt. Denn das Beseligende einer neuen Hypothese ist für den Schöpfer so groß, daß er sie Gott zuschreibt: dies setzt voraus, daß man an den Menschen als Urheber großen Glücks nicht glaubt (Pessimismus). Sodann bekräftigt man eine Meinung dadurch, daß man sie als Offenbarung bezeichnet, man entzieht sie der Kritik: man macht sie heilig. So erniedrigt man sich zwar selber zum Organon, aber unser Gedanke besiegt als Gottesgedanke: eine ungeheure Befriedigung des M⟨acht⟩gefühls. Man entzieht ihn der eigenen Kritik dadurch: man stellt ihn über sich. Diese Vergewaltigung unser selbst zu Gunsten eines Erzeugnisses ist ein Extrem von Vaterliebe und Vaterstolz.
63. Vs: Gesetzt, wir empfänden den Anderen so, wie er sich empfindet (Mitleid nach Schopenhauer: richtiger „Ein-Leid") — so würden wir ihn hassen, wenn er sich, als Ich, hassenswerth findet gleich Pascal.

Und so empfand wohl auch Pascal im Ganzen gegen die Menschen: und überhaupt der Christ den man unter Nero des odium generis humani überführte. *63 7–8:* wenn ... findet] *vgl. in der angegebenen deutschen Übersetzung von Pascal folgende, von N angestrichene Stellen: „Keine andere Religion hat gelehrt, sich selbst zu hassen. Keine andere Religion kann also denen gefallen, welche sich hassen, und die ein wahrhaft liebenswürdiges Wesen suchen." (II, 118); Faugère II, 142 „Man muß nur Gott lieben und nur sich hassen." (II, 273), Faugère II, 380* Vgl. M 79

64. Vgl. 7 *[129]*
66. Vgl. 4 *[166]*
67. Vs: 6 *[179]*
68. Vgl. 4 *[164]; 4 [167]; 4 [170]; 4 [171]; 4 [219]; 4 [220]; 4 [231]; 4 [252]; 4 [254]; 4 [255]; 4 [258] (und Kommentar dazu)*
69. 68 *16:* Grieche, in] Grieche (Achill) in Vs   Rs *am Schluß:* Davon läßt sich nichts nachäffen!
72. 70 *28–31:* Ein ... haben] *vgl. 2. Makk. 7, 11; 4 [161] und Kommentar dazu*
73. Vgl. 5 *[28]*
74. Vgl. 3 *[106]*
75. 72 *28–29:* „wen ... er;"] *vgl. Hebr. 12, 6*
77. Vgl. 6 *[66]*   75 *25–31:* wenn ... auszusondern] *vgl. William Edward Hartpole Lecky, Entstehungsgeschichte und Charakteristik des Methodismus. Aus dem Englischen von Ferdinand Löwe. (Besonderer Abdruck des neunten „The religious revival" überschriebenen Kapitels aus Band II von Lecky's Geschichte von England im achtzehnten Jahrhundert ...) Leipzig und Heidelberg 1880, 53f., BN*   *31–32:* wie ... wollen] was kam da immer aus der [inneren] Hölle, zu der das Christenthum das arme „Seelchen", die anima vagula blandula, der Alten umgeschaffen hat — an's Licht gestiegen Rs   *32:* „Wiese des Unheils"] *vgl. WS 6; das Zitat aus Empedokles (Diels-Kranz) 121, 3–4: ... ἔργατε ῥευστά Ἄτησἁν λειμῶνα ...*   75 *32–76 7:* Man ... sterben] *vgl. Lecky, a.a.O., 67f.*   76 *15–22:* „Oh ... Komm!"] vgl. *Lecky, a.a.O., 71f.*
78. 77 *18–19:* Die ... Andern] *das Wort ist:* νεμεσσητικόν; *vgl. Bd. 8, 17 [58]*
79. *24–25:* Wenn ... ist] *N bezieht sich auf folgende Stelle Pascals (Faugère I, 197; Schwartz I, 190f.): „Le moi est haïssable. Vous, Miton, le couvrez; vous ne l'ôtez pas pour cela: vous êtes donc toujours haïssable." Vgl. M 63; VM 385*
82. Vs: „Das mußt du selbst ausmachen: denn es gilt dein Leben." Luther. Bewahre! Es kommt nicht viel darauf an.
84. Vgl. 4 *[235]; 6 [240]*

85. *Vs:* Man spottet (Schopenhauer) über die Mythologie und Theologie der Griechen. Man sollte sie bewundern, daß sie gerade hier Maaß hielten und ihren scharfen Verstand nicht darauf wandten. Dies ist eine Art Takt.
86. *Vgl. 8 [58]* *Vs am Schluß:* Und so alle reinen Physiker.
87. *Vgl. 10 [B 43]; 4 [165]*
88. *Vgl. 4 [56]; 4 [59]; 4 [261]* 83 *1–4:* „ausser ... erdachte."] *vgl. Luther, Großer Katechismus, Die zehn Gebote, Weimarer Ausgabe XXX, 1, 178f.*
90. *Vgl. 4 [57]; 6 [116]* 22–24: *in ... fehlte!*] *Anspielung auf Malwida von Meysenbug, vgl. 4 [57]*
91. 85 *5–14:* Über ... konnte.] *über den „verborgenen Gott" oder „deus absconditus" (nach Jesaias 45, 15) vgl. in der schon angegebenen Übersetzung Pascals: I, 57; II, 4. 95. 121 f.; I, 57, von N angestrichen: „Offenbarte sich Gott den Menschen beständig, so wäre es kein Verdienst, an ihn zu glauben; und offenbarte er sich nie, so gäbe es wenig Glauben. Aber er verbirgt sich gewöhnlich und offenbart sich nur selten denen, welche er in seinen Dienst ziehen will. Dieses wunderliche Geheimniß, in welches Gott sich zurückzog, undurchdringbar für die Menschen, weist uns eindringlich in die Einsamkeit, fern vom Blicke der Menschen." (In der Ausgabe Faugères: I, 38)*
92. 85 *28–29:* einen ... Moralismus] ein sanftes Heidenthum *Vs*
93. 86 *4–5:* Wer ... machen] Ich lasse mir nicht einen Schluß gefallen wie diesen *Vs*
96. 87 *14–17:* wesshalb ... preisen] *vgl. 4 [186]*
97. *Vs:* Die Unterwerfung unter die Moral kann ebenso sklavisch sein, ebenso eitel, ebenso egoistisch (wie die Frankreichs unter Nap⟨oleon⟩) oder resignirt oder dumm-schwärmerisch oder gedankenlos
98. 89 *13:* moralischen Denkens] Gedankens *Vs*
100. 90 *1–2:* „sittliche ... Daseins"] *nach Schopenhauer*
102. *Vgl. 8 [59]* *Vs:* Die Falschen Verallgemeinerungen: z.B. man sagt „ein schädlicher Mensch", andere sprechen es nach — aber eigentlich meint man: der Mensch thut, außer vielem wodurch er nicht schadet, auch etwas, wodurch er schadet — aber man erweckt das Vorurtheil als ob er immer und wesentlich ein schädigendes Wesen sei. Noch genauer: er hat 1mal oder 4mal Anderen geschadet, davon einmal absichtlich, sonst unabsichtlich. Aber von dem Einen Male her nimmt man bei allem Schaden-Thun an, er habe es absichtlich gethan. — Dies sind die falschen Schlüsse der Furcht.
104. *Vgl. 3 [24]; 5 [13]* 92 *12–13:* Verstellung] *He; Rs; GA* Vorstellung *Ed*
105. *Vgl. 4 [51]*
106. *Vgl. 1 [4]; 3 [171]* *Vs:* Erhaltung und Förderung der Menschheit

soll das Ziel der Moral sein! Erhaltung worin? Förderung wohin? In
dem, was den Menschen abhebt gegen die Thiere usw. Das heißt, das
Wesentliche der Moral ist verschwiegen und sehr schwer auszudrükken!
Möglichst lange Existenz der Menschheit? — das wäre ein Ziel,
das ganz andere Mittel brauchte als möglichste Entthierung. Höchste
Förderung der Vernünftigkeit garantirt der Menschheit nicht das
längste Leben.

107. *Vgl. 1 [4]*
108. *Vs:* Sind Vorschriften, wie man handeln müsse, nicht überhaupt Beschränkungen
und selbst Widersprüche gegen das **individuelle
Glück**? d.h. ein Glück, welches aus eigenen, jedermann unbekannten
Gesetzen quillt und von außen her nur verhindert und gehemmt werden
kann? 1. Dem Individuum sofern es sein Glück will, soll man
keine Vorschriften geben. 2. Die Vorschriften, welche man moralisch
nennt, sind gegen das Individuum gerichtet und wollen nicht dessen
Glück. 3. Erst wenn die Menschheit ein allgemein anerkanntes Ziel
hätte, könnte man bestimmen: wie soll gehandelt werden? 4. Es ist
nicht wahr, daß das Glück das Ziel der Entwicklung wäre: weder in
einer Kunst, noch in den Menschenaltern, vielmehr giebt es auf allen
Stufen ein besonders unvergleichbares Glück. Wechsel, das Bedürfniß
nach Wechsel ist das Ziel der Entwicklung d.h. die Entwicklung
will Entwicklung und weiter nichts. Gewohnheit gebiert Langeweile
und diese den Wechsel. 5. Es ist nicht wahr, daß die Moral die Vernunft
fördert.
109. *Vgl. 6 [2]*   *Vs:* Man bekämpft die Heftigkeit eines Triebes 1) so
daß man den Anlässen ausweicht und durch Nichtbefriedigung ihn zu
schwächen sucht (Gewohnheit kräftigt) 2) dadurch daß man eine regelmäßige
Befriedigung eintreten läßt, unter dem Joche der Regel
wird der Trieb regelmäßig, und läßt Zeiten frei, wo er nicht stört 3)
man überliefert sich der wildesten Befriedigung, um Ekel einzuernten
4) man verbindet mit der Befriedigung einen sehr peinlichen Gedanken,
Nähe und Hohn des Teufels Höllenstrafen Verachtung der Verehrtesten
usw. 5) man wird stolz und will nicht beherrscht
sein.   97 30–32: „Ich ... Tagebuch.)] *N zitiert aus: Lord Byron,
Vermischte Schriften, Briefwechsel und Lebensgeschichte, hg. von
Ernst Ortlepp, 3 Bde., Stuttgart o.J., II, 31, BN*
110. *Vs:* Man muß eine neue Art von Lust wittern — so entsteht ein
Verlangen darnach und wenn vieles dagegen strebt, was gemeinerer
Art ist, auch geringere Menschen — so erscheint das Ziel als edel,
moralisch, gut: jetzt verwandelt sich die ererbte moralische Anlage in
dies Begehren, nimmt es in sich —: diese Geschichte sah ich an mir
mit Augen.
112. 102 *7:* Übung, viel] *He; Taschen-Ausgabe, Bd. 5 (1906)* Übung *Ed; GA*

113. Vgl. 8 [99]
114. Vgl. 4 [155]   Vs: Menschen die furchtbar und lange und ohne Fieber gemartert werden und deren Verstand dabei sich nicht trübt, sehen heraus mit einer entsetzlichen Kälte auf die Dinge: sie wissen, daß jene Inkrustation von allem abgefallen ist, die Gesundheit und Faulheit um Dinge und Menschen legen: ja von sich selber. Die höchste Ernüchterung durch Schmerz ist mitunter das einzige Mittel, jemand aus einer gefährlichen Phantasterei zurück zu rufen: so wie es Christus erging, am Kreuze. Die ungeheure Spannung des Intellekts, dem Schmerz Widerpart zu halten, giebt auf alles, wohin er blickt, ein neues Licht: der Reiz dieser Beleuchtung ist ein starkes Reizmittel zum Fortleben, trotz aller Mahnungen [?] zum Selbstmord. Die Verachtung gegen die illusionäre Nebelwelt der gemüthlichen warmen Gesundheit, die Einsicht in die Motive unseres Wesens, wenn einmal der Schmerz der Physis sich nicht scheut, den bittersten Schmerz der Seele heraufzubeschwören, nur um die physische Qual auszuhalten — Hellsichtigkeit! „Sei einmal dein eigener Ankläger und Henker, nimm [?] dein Leiden als die von dir verhängte Strafe! Genieße deine Überlegenheit als Richter, erhebe dich über dein Leben wie über dein Leiden, sieh in die Gründe!" — Sodann der Reiz, das Leben zu vertreten gegen die Einflüsterungen des Schmerzes, den Pessimismus abzuwehren, damit er nicht als Folge erscheine. Der Reiz, Gerechtigkeit zu üben, im reizbarsten Zustande über sich zu triumphiren. Der Reiz der tiefsten Einsamkeit und der Freiheit von allen Pflichten: es fällt wie Schuppen von den Augen. Dazwischen die Wonne der Genesung, der Leidenmilderung — wir werden umgewandelt. Endlich der Reiz, nicht albern stolz zu sein, als wäre es etwas Einziges, was wir erlebt haben: wir demüthigen den allmächtigen Stolz des Schmerzes, hinterdrein. Wir verlangen nach einer starken Entfremdung von uns, weil der Schmerz uns zu gewaltsam lange persönlich machte. Menschen und Natur wirken neu auf uns: selbst wo der Schleier gefallen ist, sehen wir mit wehmüthiger Freude die gedämpften Lichter des Lebens wieder darum spielen, und wir lächeln, wenn wir die Inkrustation wahrnehmen — wir zürnen nicht!
116. 109 24–32: „wirklich ... vertreten."*)*] *N zitiert aus Schopenhauer, Nachlaß, 433f., BN*
118. Vgl. 6 [410]; 6 [419]; 6 [418]
119. 112 31–32: schwebe ... Bergspitzen?] *vgl. 7 [156]*   113 7–8: der ... Dinge] den Wetterhähnen, den Nachtschwärmern und anderen Dingen *Rs; GA*
120. 115 4–7: Du ... Schnitzer] Alles ist Einbildung *Vs*
121. *Vs:* 6 [433]   *Vgl. 6 [429. 431. 435. 441]*
122. *Vgl. 4 [95]*

123. 116 *3–4:* Wie ... Räthsel] Durch das Würfelspiel des Zufalls. Geht das auch in der Menschheit noch fort? Ja *Vs* *4:* Man ... Räthsel] Aber man hat ihn noch nicht errathen *Rs*
124. *Vgl. 5 [43]; 5 [47]; 6 [119]*
125. *Vgl. 4 [134]*
128. 118 *1–2:* Oedipus ... träumen] *vielleicht Anspielung auf Soph., Oed. rex 981 f.*
129. *Vgl. 6 [374]*
130. *Vgl. 4 [288]; 6 [355]; 10 [B 37]* 120 *29–31:* bei ... behält] *aus* ‚wie es scheint, zum Indo-Germanenthum gehört (man will einen Trumpf gegen sie in der Hand behalten) *Rs* 121 *3:* harte ... Skandinavier] *aus* Germane *Rs* *7–8:* persischen ... skandinavischen] *aus* germanischen *Rs* *21:* zu ... Welt] *aus* klugen und abenteuerlichen Europäer *Rs* 122 *6–22:* vielleicht ... haben.] *aus* es giebt nur ein Reich, aber in ihm giebt es weder einen absoluten Zufall, noch eine absolute Dummheit, sondern Nothwendigkeit in Allem und Jedem und nur mitunter berechenbare Nothwendigkeit! freilich ohne Liebe und andere christliche Sentimentalitäten! *Rs*
131. *Vgl. 7 [96]*
132. *Vgl. 6 [163]; 10 [D 59]; 10 [D 60]* 123 *31:* oder ... Handelns] als den eigentlichen moralischen Empfindungen *Rs* 125 *1–6:* (Kant ... nennt.)] *in Rs statt dessen: 9 [11]; vgl. Schopenhauer, Nachlaß 333*
133. 126 *14–25:* Doch ... erquickt] Außerdem wird häufig auch ein Gefühl der Lust beim Anblick des Gegensatzes von unserer Lage rege: ein Widerspiel des Neides. Und wieder ein andres Gefühl von Lust bei der Vorstellung daß wir helfen könnten, wenn wir wollten: und endlich die Lust an der gelingenden Thätigkeit selber, beim Akt der Hülfe *Rs*
134. *Vs: 7 [285]*
138. 130 *25–131 2:* Wenn ... finden.] Jemanden lieben und nun finden, daß er leidet! Aber „lieben" selber ist keineswegs mitleiden! Ebenso jemanden bewundern, ehren und nun finden, daß er leidet! *Vs*
141. *Vgl. 2 [19]; 3 [50]*
142. *Vs:* Wenn Musik ein Nachbild vom Nachbild eines Gefühls ist und uns doch auf diesem Umweg noch jenes Gefühls theilhaft macht: − − − Um das Gefühl eines Anderen in uns nachzubilden, gehen wir entweder auf die Ursache jenes Gefühls oder auf die Wirkungen zurück: wir fragen: warum ist er betrübt? oder wir benutzen den Ausdruck seiner Augen Stimme seines Ganges (oder gar deren Nachahmung in Bild oder Ton) und kommen zu einem gleichen Ziel, sogar sicherer auf dem 2. als dem 1. Wege. 135 *27–32:* „Begreiflichkeit ... Geschenk."] *vgl. Schopenhauer, Nachlaß 180*
143. *Vgl. 4 [210]*

145. Vgl. 3 [18]
146. Vs am Anfang: Es ist nicht wahr (was Spencer sagt) daß das eigentlich Moralische sei, die unmittelbaren Folgen; vgl. H. Spencer, Die Thatsachen der Ethik, Stuttgart 1879, 84, BN
147. Vs: 4 [210]
150. Vgl. 4 [6]
157. Vgl. 8 [21]   Vs: Unsere Cultur erträgt die Äußerungen des Schmerzes, während die griechischen Philosophen dagegen tiefe Verachtung hatte. — Woher? —   144 23–26: Man ... redet] vgl. Plat., Resp. 605 c–d
159. Vgl. 2 [64]   145 15–17: Vielleicht ... Gesichtspuncte] So gieng es [Friedr. Schlegel] den Romantikern mit Shakespeare und später mit dem Katholicismus; so [den Anhängern Kant's] den Klassikern mit dem Alterthum Rs
161. Vs: 7 [214]   Vgl. 7 [140]
163. Vs: Wer ist denn von diesen Fragen schon erschüttert worden! Wer hat sie auch nur vor sich aufsteigen gesehen? Rousseau? Umgekehrt: er sagt, die Civilisation ist schuld an unserer schlechten Moralität. Ich sage: „die gute Moral ist schuld an unserer erbärmlichen Civilisation!" Lieber in der Wüste!
166. 148 12: Sitten ein] Sitten [ein Zeugniß ausgestellt hat, dem nicht widersprochen werden kann] ein Rs
167. Vgl. 10 [B 32]; 10 [B 30]   31: Jemand] N selbst in WB   150 26–28: Niebuhr ... Carnot] vgl. B. G. Niebuhr, Geschichte des Zeitalters der Revolution, Hamburg 1845, I, 334–339
168. Vs: 6 [383]
169. Vgl. 7 [1]
170. Vs: Die Leidenschaft für die männliche Nacktheit ist die Seele der antiken Kunst. Sie empfanden von da aus erst die weibliche Schönheit — dies ist uns ganz unzugänglich. Was ist unser Geschwätz von den Griechen!   Vgl. 7 [150]   Vgl. auch folgende, von N angestrichene Stelle aus Stendhal, Rome, Naples et Florence, Paris 1854, 333, BN: „Le plaisant, c'est que nous prétendons avoir le goût grec dans les arts, manquant de la passion principale qui rendait les Grecs sensibles aux arts."
172. Vgl. 7 [32]   153 1: Äschylus, sind] Äschylus [oder die Engländer der Zeit des Shakespeare], sind Rs   15: Affectionen" offen] Affectionen" [und jedem Hauche von Empfindsamkeit] offen Rs   21–22: Männlichkeit im] Männlichkeit und die Gefahr im Rs
174. Vgl. 6 [163]; 8 [47]; 8 [103]   155 12–13: indem ... und] aus wenn man ihm — dem uns so schlecht bekannten Anderen! — Rs
175. Vs: 7 [108]   156 9: Credat ... Apella] vgl. Horat. Sat. I, 5, 100

176. Vs: 4 [243]
179. 157 24–27: es ... bleiben] *aus* noch schlecht geordnet, so lange die begabtesten Geister sich noch mit ihnen befassen müssen, damit nicht der allgemeine Ruin unvermeidlich sei. Eigentlich sind es die *Rs*
180. Vs: 10 [D 88]
188. Vs: 4 [248]; 2 [249]   Vgl. 4 [197]; 4 [237]
189. Vs: 4 [247]   Vgl. 4 [244]; 4 [245]; 7 [63]   162 19–21: Hesiod ... gemalt] vgl. Hes., Erga, 143–173
190. Vgl. 9 [7]   163 30–31: , zumal ... ließ] *aus* : man betete die Natur als eine Symbolik an und war religiös ohne Glauben *Rs*
192. Vgl. 5 [37]   165 32–166 1: Dank ... Naivität] vgl. 7 [268]
193. Vgl. 6 [337]   Vs: Die Angst vor dem Witz esprit, „der der Seele die Augen aussticht": wie der Deutsche meint.
194. Vs: Die philosophischen Erzieher wollen zu viel: für Alle Vorschriften geben, d.h. ins Unbestimmte schweifen und Reden vor Thieren halten. Man muß begrenzte Kreise auswählen und für sie die Moral fördern z.B. für die erkenntnißdürstigen Menschen.   167 32–168 3: Das ... Gesellschaft"] Wie auch unser Jahrhundert beschaffen sein mag: hundert solcher Erzieher und hundert von ihnen Erzogener würden genügen, ihm einen neuen Charakter zu geben *Rs*
195. Vs: Klassische Erziehung! Und ihr lernt durch sie nichts gerade von dem, worin die Alten ihre Jugend erzogen, ihr lernt nicht sprechen wie sie, nicht schreiben wie sie, nicht euch schön und stolz bewegen wie sie, nicht ringen, werfen, faustkämpfen wie sie! Ihr lernt nichts von der Asketik der alten erziehenden Philosophen! ihr lernt keine einzige antike Tugend wie die Alten sie lernten! Überhaupt kein Gefühl, das den Alten höher galt als den Neueren! Die Ziele des Lebens, wie die Eintheilung des Tages — nichts wird euch in antikem Geiste vorgeführt! Eure Feste und eure Trauertage sind ohne einen Hauch aus jener Vergangenheit! [an allem eurem Thun und Wollen] Eure Freundschaft, eure Geselligkeit ist keinem Muster nachgebildet! Ihr übt euch nicht unablässig in der Dialektik, der Fechtkunst des Gesprächs! Ihr lernt nicht einmal das Griechische und Lateinische so lesen, wie die Schriften [eurer Muttersprache] lebender Völker! geschweige denn daß ihr sie spräcft wie eure Muttersprache — dann nämlich, erst dann, würde die ⟨Spr⟩ache auch ein wenig erziehn lernen! Laßt euch doch nicht betrügen! Und wenn man euch das Wort „formal. Bildung" entgegenhält, so lacht nur und weist auf [alle] die besten Lehrer unsrer Gymnasien hin! Haben sie denn „Bildung der Form"? Und wenn nicht, wie sollten sie dieselbe lehren! — Es bleibt übrig, daß ihr ein wenig davon erfahren habt, daß die Alten ganz anders waren als wir und ganz andere Dinge in der Erziehung hoch

hielten als wir: um zu dieser Erfahrung zu kommen, ist aber der Umweg, welchen man euch führt, doch gar zu seltsam! Habt ihr nie geseufzt, daß man eure Jugend vergeudet hat, als man euch ein wenig Historie auf eine quälerische und anmaaßende Weise beibrachte, nebst dem Dünkel, damit der klassischen Erziehung theilhaftig geworden zu sein? — Nein, ihr habt nie geseufzt! Wer hätte euch denn das Seufzen gelehrt! — 168 10–11: „Schicksal...thun!"] *Verse von N*

197. *Vs: 10 [D 88]* *Vgl. 4 [40]; 4 [86]; 6 [428]* 172 10–12: Kant ... wies."] *vgl. Vorrede zur zweiten Auflage der „Kritik der reinen Vernunft": „Ich mußte also das Wissen aufheben, um zum Glauben Platz zu bekommen ..." Akademie-Ausgabe III, 19*

198. *Vs:* große innere Erfahrungen haben und sie mit einem geistigen Auge ansehen — in Deutschland nur bei den Geistlichen und deren Nachkommen. In Frankreich, England und Italien hat der Adel viel durchlebt in Politikwechsel und Relig.-wechsel und viel durchdacht.

199. *Vgl. 4 [302]* 173 20–21: „Ertrag' ... ertragen!"] *vgl. Od. XX, 18* 26: Themistokles] *vgl. Plutarch, Themist. 11* 174 12–27: Die ... wurde] Plato urtheilt, daß Jeder so denke, Aristides der Gerechte nicht ausgenommen: die Gerechtigkeit wurde dieser Art Menschen außerordentlich schwer, sie galt beinahe als etwas Unglaubliches. „Der Gerechte" — das klang bei Griechen wie „der Heilige" bei Christen

201. *Vs:* Die Gebärden der vornehmen Welt drücken aus, daß man das Gefühl der Macht hat, z.B. sich nicht in den Sessel fallen läßt *[sic]* wie erschöpft: eine herausfordernde Rede mit Haltung und geistiger Helle beantwortet *[sic]*, nicht wie entsetzt und zermalmt und beschämt: sich in der Eisenbahn nicht anlehnen: nicht müde zu werden scheinen wenn man auch stundenlang steht, d.h. man affektirt eine hohe physische Kraft und in der beständigen Heiterkeit und Verbindlichkeit ein seelisches Gefühl von Macht, beständig. — Auch der Priester stellt ein Gefühl von M⟨acht⟩ dar: gesetzt er und die Vornehmen hätten es nicht und affektirten es nur, so bekommen sie doch in Hinsicht auf die Wirkung ihres Spieles ein Gefühl davon wieder.

202. *Vs: Mp XV 1, 42:* ⟨Verbrecher⟩ Stunde noch nicht da: es müßte das Nachdenken über die Umbildung der Charaktere so populär geworden sein, wie es theologische Probleme gewesen sind, und die Kirchen müßten erbaut sein für diese Art von Lehren. *Mp XV 1, 79:* 1) sich selber als krank behandeln 2) Heilstätten 3) Kirchen 4) freiwilliges Verzichtleisten auf die Justiz 5) gute Portion Parasiten ertragen, ohne daran zu Grunde zu gehen 6) wir alle leiden an der schlechten Meinung des Verbrechers. Es fehlen die Ärzte. *M II 1:* Die Maaßregeln, mit denen ein Übelthäter von der Gesellschaft behandelt

wird, erzeugen in ihm einen dauernden Rachedurst und eine Art Frontmachen gegen die Gesellschaft. Der Übelthäter aus Noth wird nach der Strafe zum Übelthäter aus Princip. Der Schutz der Gesellschaft scheint fast zu verlangen, daß alle einmal Gestraften als eine verschworene Gegnerschaft betrachtet und dauernd in Gewahrsam gehalten werden. Dagegen empfehle ich die Anonymität des Verbrechers so viel als möglich herzustellen, sodass es möglich ist, ihn nach der Strafe in den Ruf der Unbescholtenheit zurückzuversetzen: man sollte ihn wie einen Kranken behandeln, dem Luftwechsel noth thut, und sich seiner nicht mit hochmüthiger Barmherzigkeit, sondern ärztlich annehmen. Findet er es in seinem Interesse, längere Zeit in einem Gewahrsam zu leben, — um so Schutz gegen sich selbst zu finden — dann soll er, so lange ihm selbst gut dünkt, gefangen bleiben; man muß ihm die Möglichkeit und die Mittel des Geheiltwerdens klar machen, ihn aber auch zum Gesundwerden nicht zwingen wollen. Die Gesellschaft soll den Satz des Christenthums dass man seinen Feinden vergeben und Die segnen soll, die uns fluchen, als eine Klugheit betrachten, vermöge deren die Empfindung des Lebens erleichtert wird. In sehr vielen Fällen kann man das Verbrechen unter die geistigen Fehlgriffe rechnen, als Folgen schlechter oder mangelnder intellectueller Erziehung. Demnach wären die Verbrecher wie eine leichtere Gattung von Geisteskranken zu behandeln, welchen guten Muth und Freiheit des Gemüthes wiederzugeben nicht unmöglich ist. Desshalb äusserste Schonung, Anonymität und häufiger Ortswechsel. Die Einbusse, welche die Gesellschaft von körperlich Kranken erleidet, ist jener Einbusse ganz gleich, welche sie von den Verbrechern erleidet: die Kranken verbreiten Sorge, Missmuth, produciren nicht, zehren den Ertrag Anderer auf, brauchen Wärter Ärzte, Unterhaltung, also Zeit und Kräfte der Gesunden. In rohen Zuständen wird der Kranke wie ein Verbrecher behandelt; wilde Pferde stampfen jedes kranke Pferd ihrer Heerde todt, da ein krankes Thier der allgemeinen Sicherheit schädlich ist. — Ehemals betrachtete man den Kranken als einen Schuldigen, einstmals wird man den Schuldigen als einen Kranken betrachten. **178** *29–31: vgl. Wernher der Gartenaere, Meier Helmbrecht, 546ff., N zitiert nach: Alte hoch- und niederdeutsche Volkslieder mit Abhandlung und Anmerkungen. Hg. von Ludwig Uhland. Zweiter Band: Abhandlung. Stuttgart 1866 (Dritter Band von: Uhlands Schriften zur Geschichte der Dichtung und Sage), 72; vgl. Bd. 7, 1 [30]; Bd. 8, 18 [1]*

203. *Vs:* Unsere Mahlzeit (nicht nur in den Hotels, sondern bei allen wohlbestellten Klassen der Gesellschaft) ist eine Barbarei gegen die griechische Einfachheit. Welche Träume müssen solchen Menschen kommen! Welche Wüstheit und Überempfindsamkeit muß die Folge sein!

Seht ihre Künste an, den Nachtisch ihrer Mahlzeiten! Seht, ob nicht der Pfeffer und der Widerspruch regiert!
204. 180 *17–18:* den ... sein] Religionen und durch Kriege *Rs* *19–22:* mit ... auszurotten] *aus* Verbrechen zu begehn (Eide zu brechen, Länder zu verwüsten, Ketzer zu brennen, [Völker und Menschen] Juden zu vertilgen, Kreuzzüge zu führen und dergleichen *Rs* *26–27:* das ... giebt.] *aus* — man hat eben sein Herz daran gehängt: das Herz, welches gewöhnt und verwöhnt worden ist, an etwas zu hängen! *Rs*
205. *Vgl. 5 [21]*
206. *Vgl. 7 [97]*
207. *Vgl. 4 [68]; 6 [116]; 7 [216]; 8 [45]; 10 [D 74]*
209. *Vgl. 4 [133]*
210. 189 *17:* ein Theologe] *A. R. Vinet, vgl. 3 [67]* *Rs am Schluß:* Welches ist der Zustand, in welchem Jemand ein Ding schön nennt? Vielleicht der, wo er an das erinnert wird, was ihn glücklich zu machen pflegt.
211. *Vgl. 4 [84]*
212. *Vs:* Die Thiere, die ihm am häufigsten begegnen, geben ihm das habituelle Gefühl der Überlegenheit (Stolz) oder Unterlegenheit (Demuth).
218. *Vs:* Die Spannung auf das Beste hervorgebracht durch: Ein grober befehlerischer Ton in Beethovens Musik häufig: bei Mozart eine Jovialität biederer Gesellen, „seien wir recht vergnügt, Brüder", wobei Herz und Geist ein wenig fürlieb nehmen müssen, bei Wagner eine abspringende und zudringende Unruhe, bei der der Geduldigste die gute Laune verliert und man nach einem [„Silberblick der schönen Seele"] Blick von Geist oder Schönheit oder Seele wahrhaft heißhun⟨g⟩rig wird. (Die Ruhe hat bei Wagner etwas Betäubendes, wie Morphiumgeruch). Unbewußte Folie, Grund der Wirkung mancher Menschen, aus dieser Schattenseite tritt man in das Licht.
226. 197 *2–3:* er ... ächten] *Anspielung auf Wagner, vgl. 4 [49]*
230. 199 *27–28:* gehen ... quer] sind wir so überfein in moralischen Dingen *Rs*
231. *Vgl. 3 [134]; GM I, 4*
232. *Vs:* „Sie sind heiser geworden, mithin sind Sie widerlegt." ego
234. 199 *4:* Junker Hochmuth] *vgl. R. Wagner, Die Meistersinger von Nürnberg, 2. Aufzug, 4. Szene*
235. *Vgl. 4 [24]* *Vs:* Man hüte sich den Dank dessen zurückzuweisen (oder conventionell zu behandeln), der sich uns wahrhaft verpflichtet fühlt: es beleidigt ihn tief.
238. *Vgl. 7 [36]* 200 *1–3:* religiösen ... zurück] Philosophen der Weltverachtung *Rs*

239. *Rs am Schluß gestrichen:* Woher sollte er denn das Vorbild vom Ozean des Häßlichen nehmen, wenn nicht aus den Affekten Unruhen Empörungen Tollheiten und Verzuckungen des eigenen inneren Meeres?
242. *Vs:* 7 *[13]*
243. *Vs:* 6 *[433]*   *Vgl.* 6 *[429. 431. 435. 441]*
246. 204 *4–5:* Aristoteles] *vgl. Rhet. II, 15, 1390b, 28–31*
248. *27–30:* Aus ... Heuchelei] Unsere Absichten werden durch Vererbung endlich zu Organen und Instincten *Rs*
251. *Vgl.* 6 *[33]*; 7 *[67]*; 7 *[284]*
254. 206 *8–9:* „Wenn ... Seeräuber"] *N zitiert aus Byron, Vermischte Schriften ..., II, 108, BN*
257. *Vgl.* 2 *[31]*
264. *Vs am Schluß:* so auch die Frauen.
265. *Vs:* Wenn die Phantasie nachläßt, läßt sich ein Volk seine Sagen auf der Bühne vorführen. Stark empfindenden Menschen ist diese Nähe der Illusion zu grob, Mitleid zu mächtig erregt.
267. *Vs:* 6 *[201]*
270. *Vs:* 6 *[260]*
275. *Vs:* Die unedle Gewohnheit, Gelegenheiten, uns pathetisch zu zeigen, nicht vorüber zu lassen. Manche werden tugendhaft, nur um Andern wehe zu thun.
280. *Rs:* Die Kinder kämpfen mit ihrer Thätigkeit nicht um ihren Lebensunterhalt; sie wissen, daß ihren Handlungen keine endgültige Bedeutung zukommt. Wer in diesen beiden Puncten lebt, wie die Kinder, bleibt kindlich.
286. *Vs:* Wie haben die Menschen unter Thieren und Pflanzen gehaust! Als die größten Feinde von Beiden. Sie leben davon und werden zuletzt gar noch sentimental gegen ihre Unterworfenen und Opfer.
287. 218 *9–12:* der ... genug] dieser weil er den Anderen gar zu sehr verkannte, jener weil er den Anderen zu sehr erkannte *Vs*
291. *Vgl.* 3 *[8]*
292. *Vs:* Es genügt der Klang eines einzigen Consonanten (wie r) um uns an der Ehrlichkeit der ausgedrückten Empfindung zweifeln zu machen. Und ebenso ist es im Stil. Hier ist ein Gebiet der gröbsten Verkennung. Z.B. verkennen die Deutschen jeden Juden, der sich deutsch ausdrückt.
298. *Vgl.* 10 *[E 94]*   222 *14–15:* „Wurm ... Wesen"] *N zitiert aus Byron, Vermischte Schriften ..., II, 145*
299. *Vgl. FW 169*   *Vs:* Die Feigen werfen sich mitten unter die Feinde, warum?
304. *Vgl.* 4 *[103]*
308. *Vgl.* 6 *[10]*   225 *10–13:* Seine ... Krämer-Angelegenheit] *aus*

Mit sich Wucher treiben und sich zum höchsten Preise, ja zu unbilligem Preise verkaufen als Lehrer, Beamter, Künstler — ist gemein *Rs*
309. *Vs:* 4 *[281]*
310. *Rs:* Die Gutmüthigen haben ihr Wesen durch die beständige Furcht vor fremden Übergriffen erlangt. Wenn die Gutmüthigen über die Furcht einmal hinauskommen, so sind ihre Wuthausbrüche fürchterlich. *Vs:* Die Gutmüthigen sind durch die Furcht vor fremden Übergriffen so, sie wollen nicht reizen sondern wohlwollend scheinen. Die Wuth der Gutmüthigen ist fürchterlich, weil sie hier aller Erfahrung entbehren und über die Furcht hinauskommen.
312. *Vgl. 3 [12]*
316. *Rs am Anfang:* Die schwachen Secten sind verhältnissmässig die erträglichsten: **229** *20:* Secten] Parteien *Vs*
323. *Vs:* Die schüchternen Menschen, welche sich benehmen als hätten sie ihre Gliedmaßen gestohlen, nehmen Rache in der Einsamkeit durch ein Gefühl der Macht —
324. **231** *5:* Philosophie] *Ed* Psychologie *GA; fehlt Ms*   *Vs am Schluß:* Dies ist die neueste Posse von den deutschen Originalgenies.
325. *Vs:* Auch heute noch hält sich einer, der abseits lebt, wenig Kenntnisse, einige Gedanken und sehr viel Dünkel hat, leicht für einen Propheten, ohne den die Menschheit nicht fortkommen kann wie er von Herzen glaubt.   **232** *4–5:* „Predige ... hast!"] *N zitiert aus W. E. H. Lecky, Methodismus ..., 40*
327. *Vgl. 7 [139]*
329. *Vs:* Tief vom Leben ermüdete Menschen empfinden beim Anblick heiterer Lustbarkeit, beim Hören fröhlicher Musik eine unsägliche Rührung: ein mit Rosen verhülltes Grab, und die Rosen wissen nichts davon, was sie verhüllen. Kinder die mit Kinderspielen auf dem Sterbebett liegen. Diese Rührung ist eine Strahlenbrechung der Heiterkeit auf düsterem Grunde der Ermüdung — kein begründetes Urtheil über das heitere Leben.
331. **234** *10–11:* sind ... Solche!] sind: darnach die Heiligen zu beurtheilen. *Vs*
333. *Vs:* Wir halten die Thiere nicht für moralisch! Und die Thiere würden uns auch nicht für moralisch halten! Unsere Menschlichkeit ist vielleicht ein Vorurtheil.
335. *Vgl. 6 [227]*
339. *Vgl. 6 [117]*
341. **236** *27–28:* gefallsüchtigen Grillen] Affektation *Rs*
343. *Vgl. 6 [299]; 9 [2]*   **237** *14:* Öden, Sümpfe] Wüsten Ozeane *Rs*
344. *Vs:* Wenn Homer wie man sagt bisweilen geschlafen hat, so war er ein feinerer Kopf als alle Schlaflosen. Von Zeit zu Zeit eine Thorheit: sonst hält uns Niemand aus, und wir werden zu Zuchtmeistern, die

man haßt, während man ihnen folgt.   *18–19:* Homer ... hat] *vgl. Hor., ars poet., 359*
345. *29:* ihre Weisheit] die Moral *Rs*
346. **238** *8–10:* wer ... Trieb] sagte Sch⟨openhauer⟩ — Urtheil des ungebändigten Geschlechtstriebs *Vs*
347. *Vs:* 7 *[258]*
349. *Vs am Anfang:* Bei jedem Todesfalle habe *[?]* ich den Eindruck, daß
350. *Vs:* Worte versprechen nicht, sondern das Unausgesprochene dahinter. Vielmehr entladen Worte eine Kraft und machen das Versprechen unkräftiger.
354. **240** *12–14:* und ... müssen!] Viele Freuden fehlten ohne unseren Muth zum Schmerz *Vs*
357. *Vgl.* 7 *[42]*
358. *Vs:* Unsere Abneigung entsteht meist instinktiv: die Gründe, die wir vorbringen, sind gewöhnlich etwas anderes und treffen nicht den Instinkt. Schon daß wir Gründe vorbringen, ist eine Schönthuerei.
360. *Vgl.* 4 *[301]*; 4 *[299]*
361. *Vs:* die Mäßigkeit ist schön, ihr Fehler ist, daß sie rauh und nüchtern erscheint.
362. *Vgl.* 8 *[1]*
364. *Vgl.* 6 *[205]*   *Vs:* Eine Umgebung, vor der man sich schämt, seine Schwäche und Krankheit zu äußern, wünsche ich: aber die ich habe, wirkt umgekehrt dahin, daß man ihr nichts besseres mitzutheilen hat als Klagen und Bedürfnisse. Dies zu empfinden macht unzufrieden und erbittert gegen diese Umgebung.   **242** *28–29:* „ich unglückseliger Atlas!"] *vgl. H. Heine, Buch der Lieder, Die Heimkehr, 24*
366. *Vgl.* 4 *[240]*; 6 *[390]*
367. *Vgl.* 6 *[301]*
370. *Vs:* 7 *[133]*
371. *Vgl.* 3 *[142]*
373. *Vs:* „Er kennt die Menschen nicht" — d.h. entweder: er versteht die Individuen nicht — oder: er versteht die Gemeinheit nicht.
381. *Vs:* im Schatten seines Schnurrbarts
388. *Vgl.* 3 *[169]*
394. **251** *12–13:* wenig ... Eitelkeit] weniger an Andere; das macht sie über die Eitelkeit erhaben *Rs*   *Vs am Schluß:* Cicero hatte zu wenig Leidenschaft, Demosthenes hatte sie.
396. *24–25:* . Aber ... Beute] ; Beide haben Vergnügen durch die Wahrheit *Vs*
401. *Vs:* Wenn man verlernt, andere zu lieben, so endet man damit, sich selber nicht mehr zu lieben. *Vgl. auch N an Peter Gast, 18. Juli 1880 aus Marienbad*

403. 253 *10–17*] Letztere sind die Männer der Kraft, folglich in der Passion die Männer der Hingebung — erstere sind die Schwachen, folglich in der Passion die Stolzesten. **Vs**
405. *Vs:* 4 *[208]*   Vgl. Bd. 8, 11 *[6]*
411. *Vs:* Wir sollen von unseren Leidenschaften Abschied nehmen, aber ohne Haß. Die Christen werden durch ihren Haß ruinirt.
414. *Vs:* merken, daß die Hingebung an uns die Sühne gegen den inwendigen Verrath und die Empörung ist! — eine Art absichtlicher Blindheit.
422. *Vs:* Freude zu machen geht über alle Freuden: und daran ist nichts Moralisches.
424. *Vgl.* 4 *[7]*   *Vs:* Wenn nun die Wahrheit nicht tröstete — wäre dies ein Einwand gegen sie? Was hat sie mit verkümmerten Kranken schmerzhaften Naturen gemeinsam, daß sie gerade für diese nützlich sein müßte? — Auch die griechischen Götter trösteten nicht.
427. *Vgl.* 4 *[54]*   *Vs:* Was die Rokoko-Gartenkunst wollte, embellir la nature, und die Täuschung der Augen (durch Tempel usw.), das wollen die Philosophen: Verschönerung der Wissenschaft (Comte). Im Grunde ist bisher alles in der Philosophie auf Unterhaltung abgesehen gewesen, die Philosophie mußte in Proportion zu den sonstigen Unterhaltungen stehen: man beurtheilte Kunstwerke und Philosophie und Religion mit Einem Maaße, dazu Naturschönheit. Einstmals „Rückkehr zur Wissenschaft" ebenso närrisch wie „Rückkehr zur Natur" Rousseau's.
429. *Vgl.* 7 *[171]*   *Vs:* Die Angst vor der Barbarei — warum? sie macht unglücklich? — Nein, unsere Triebe zur Erkenntniß sind zu stark, als daß wir ein Glück ohne Erkenntniß schätzten, es ist uns unangenehm. Die Unruhe des Wissens ist uns so reizvoll wie das Unglück der Liebe (welches man nicht gegen den indifferenten Zustand eintauschen will). Trieben wir die Erkenntniß zur Leidenschaft, so wären wir zufrieden, wenn ihretwegen die Menschheit untergienge: es ist nicht unmöglich so etwas zu denken. Auch das Christenthum erschrak nicht vor einem solchen Gedanken. Jeder Liebende will sterben. Wir wollen lieber den Untergang als den Rückgang. Aber wie! wenn die Leidenschaft der Erkenntniß allgemein gerade nothwendig auf einen Rückgang führte! eine Schwächung. — [so würden wir einer Entwicklung der Menschheit das Wort reden, welche dualistisch wäre: eine diente der Barbarei] Sobald sie allgemein werden wollte, würde sie schwach! Es ist gut, daß die anderen Triebe ebenso sich behaupten, jeder sein Ideal schafft. Zuletzt: wenn die Menschheit nicht an ihren Leidenschaften zu Grunde geht, geht sie an ihrer Schwäche zu Grunde: was will man lieber!! Dies ist die Hauptfrage!   265 *3–5:* uns! ... Geschwister?]

uns: jeder Liebende will gern sterben, auch das Christenthum hat sich nie vor einem ähnlichen Gedanken gescheut. *Rs*

432. *Vs:* Die Art, mit den Dingen zu reden — als Polizist oder als Beichtvater, oder als Wanderer. Sympathie oder Vergewaltigung, Ehrfurcht vor den Dingen und ihren Geheimnissen, Indiscretion und Schelmerei im Erklären usw. alles zeigt sich bei den verschiedenen Forschern. Es giebt keine alleinseligmachende Methode der Wissenschaft: wir müssen versuchsweise böse oder gut gegen die Dinge sein, mit Leidenschaft oder mit Kälte sie behandeln. Als ob sie Menschen wären? ... nein ... Aber es giebt auch eine Dingquälerei — und wer sich hier verwöhnt — Vorsicht!

433. *Vs:* Schönheit in der Kunst — die Nachahmung des Glücklichen oder der Umgebung des Glücklichen. Jetzt glaubt man wohl, das Glück liege [in der Vulgarität!] in möglichst scharfen Sinnen und exakter Auffassung des Wirklichen — warum wären die Künstler jetzt zu aller Freude so realistisch? — während doch die Menschen sich gar nicht in ihrer Realität wohl befinden. *Vgl. Stendhal, Rome, Naples et Florence, 34, BN: „La beauté n'est jamais ... qu'une promesse de bonheur", von N wörtlich zitiert GM III, 6*

437. *Vgl. 8 [22]*

438. *Vs: 6 [432]*

441. *Vs:* Jene Einsamkeit, welche entsteht, wenn man an die Menschheit denkt und rings um sich alle Personen zu Schatten sich verdünnen fühlt: unsere Gluth nimmt zu, und ebenso unsere Gleichgültigkeit gegen die Nächsten. Wir leben mit Gestorbenen und sterben mit.

442. *Vs:* Die Regeln sind interessanter als die Ausnahmen — ein Fortschritt!

444. *Vgl. 6 [430]*

447. *Vgl. 6 [315]*

449. *Vgl. 5 [41]*   *Vs:* Immer daran denken, wie Anderen seine Gedanken aufzudrängen meiner nicht würdig ist. Es widert mich an! Alle Beredsamkeit zu Gunsten anderer Ansichten anzuwenden! N.B. Ich will nur der sein, dem die Anderen ihr Inneres beichten und so mit ihnen reden: ich will ihnen ihre Seele leicht machen und keinen Ruhm davon haben. N.B. Es ist ein einfältiger Menschenverstand und eine Handvoll Wissen, aber damit kann ich vielleicht Einigen helfen, deren Kopf verstört ist. Ich will mein Bischen Gesundheit und Mangel an Fieber vor ihnen voraus haben und gerne dazu lachen, wenn sie über diesen meinen Stolz ihre Scherze machen N.B. Ich will nichts voraus haben, die bessere Nahrung, die man mir giebt, drückt mich, auch den besseren Geist; ich suche zurückzugeben und zu vertheilen und ärmer zu werden, durch Geben, als ich war bevor ich beschenkt wurde. Ich will niedrig sein, aber vielen der Mitmenschen zugänglich sein, und

vielen Jahrhunderten ihr Herz zu mir kommen lassen: eine niedere Herberge, die niemanden zurückstößt, der bedürftig ist. 271
27–272 1: zu ... Gedanken] in Schutz genommen werden! Was giebt es mir Ersehnteres als irgendwann einmal, vielleicht wenn das Alter kommt, dem gefälligen Beichtvater zu gleichen, der alle Gassen und Gänge des Gedankens kennt und nun im Winkel sitzt, begierig, daß einer komme und ihm etwas von der alten-neuen Noth *Rs*

450. *Vs:* 6 *[10]*
451. 273 *15:* fast] ihr ganzes Leben *Rs*
452. *Vs:* Die ungeduldigen Menschen welche sich, beim Mißlingen, gleich wieder auf ein neues entgegengesetztes Gedankenfeld begeben und sich dort passioniren, lernen die Praxis vieler Naturen und können große Praktiker werden — Schule der Diplomaten und Menschendenker.
453. *Vs:* Ich bin durchaus nicht im Stande, das zu beschreiben, was einmal die Moral-Gefühle und -Urtheile ablösen wird. Aber diese sind in allen Fundamenten irrthümlich und müssen an Verbindlichkeit von Tag zu Tag verlieren. Der Aufbau von den Gesetzen des Lebens und Handelns ist eine Beschäftigung, zu der unsere Wissenschaften der Physiologie und Medizin, Gesellschaftslehre noch nicht sicher genug sind. Dann ist erst die Grundlage für neue Ideale gegeben. Einstweilen müssen wir uns mit vorläufigen Idealen begnügen z. B. dem der Gerechtigkeit trotz sehr groben Wegen.
454. *Vgl. Bd. 8, 23 [196]*
456. 275 *12–13:* „Trachtet ... zufallen!"] *vgl. Matth. 6, 33*
458. *Vs am Schluß:* z. B. Rée.
459. *Vgl. 5 [12]*
460. *Vgl. 10 [B 20]*
461. 277 *21:* Unsere Musik die] *aus* Die Musik, unser neuer Proteus, der *Rs*
465. *Vs:* Die Hülfsbedürftigkeit einer Sache reißt mich so weit, und so tief hinein, daß ich endlich ihr dabei auf den Grund komme und einsehe, daß sie nicht gar so viel Werth ist. Heroismus und am Ende eine Trauer, meine Art Erfahrungen — im Kleinen alle Tage 3 mal.
467. *Vgl. 6 [379]*
468. *Vgl. 6 [450]*
469. 281 *11–12:* „einsam ... Rhinozeros"] *aus dem „Sutta Nipata", vgl. N an Gersdorff, 12. Dez. 1875*
471. *Vgl. 10 [19]*   282 *15:* wohl der Nächstenliebe] im Verkehre wohl der Bonhomie *Rs*
472. *Vs:* Ich könnte mich in 100 Dingen rechtfertigen, aber ich verachte das Vergnügen in der Rechtfertigung und kann es nicht ertragen mir vorzustellen, wie die Anderen meinen würden, ich nehme diese Dinge

doch so sehr wichtig. Dies ist eben nicht wahr — es liegt nicht so viel an mir, und es ärgert mich etwas zu thun, was einen anderen Glauben bei mir errathen läßt.
473. *Vgl. 6 [205]*
474. *Vgl. 4 [44]*   *Vs:* Um zu den göttlichen Wesen zu gelangen ist die Dialektik der einzige Weg: Plato, Mill 67. Schopenhauer behauptet es von der Intuition. *Vgl. John Stuart Mill, Gesammelte Werke, hg. von Th. Gomperz, Leipzig 1869–80, XII, 67, BN*
475. *Vs:* ich *statt* er
481. *Vs:* Kant ein ehrenhafter aber unbedeutender Mensch, dessen persönliche Bedürfnisse hier und da herausblicken: er hat nicht zu viel erlebt und seine Art Denken nimmt ihm die Zeit, etwas zu erleben: er ist ohne Breite und Macht. Schopenhauer ist im Vortheil, er hat wenigstens eine gewisse heftige Häßlichkeit, in Haß Begierde Eitelkeit, er ist wilder von Natur und hatte Zeit für diese Wildheit. — Eine tiefere Geschichte ihrer selber haben beide nicht, keine Krisen und Todesstunden, ihr Denken ist nicht eine Biographie, sondern im Falle Kant's eine Geschichte seines Kopfes und im Falle Schopenhauer's eine Beschreibung seines Charakters und Freude am Spiegel, am Intellekt. Schopenhauer's Denken hat keine Erlebnisse, keinen Roman, keine Katastrophen. Man denke an Pascal!
482. *Vgl. 9 [3]*
483. *Vs:* 4 [150]   *Vgl. 6 [437]*
484. **287** *26:* seinen ... den] den entlaufenen Sklaven, der *Rs*
485. *Vs:* Warum diese Einsamkeit! Ich zürne Niemandem. Ich bin aber allein meinen Freunden näher als zusammen mit ihnen: und als ich die Musik am meisten liebte, lebte ich fern von ihr: ich hörte das, was ich arbeitete, und verzog das Gesicht vor Ekel.
487. *Vs:* Ich bin müde: was nützt es mir, das schöne Roß vor mir zu sehen: es scharrt den Boden und schnaubt, es liebt seinen Reiter, aber, oh Scham! dieser kann ⟨sich⟩ heute nicht hinauf schwingen!
488. *Vs:* Wir erröthen, wenn wir uns auf einer Abneigung ertappen. Wir fühlen uns wie eingeengt, wenn Jemand uns seine Zuneigung so zu Gute kommen läßt, daß er Anderen etwas entzieht, wir hören diesen uns auswählenden Puls klopfen und vernehmen den Klang der Stimme, welche uns mehr liebt — ach, und doch wendet sich jeder eben dadurch von mir, daß er so für mich empfindet. Was liegt an mir! Ich ertrage meine Noth und bin oft voll im Herzen und übermüthig, mir soll man nichts bringen, was Andere nöthig haben.
491. **290** *9–13:* nach ... werden] und träume, als ob ich verbannt und seelenlos wäre *Vs*
493. *Vs:* Ich habe bei den Gedanken keines Denkers so viel Vergnügen als bei den eignen: das macht nicht ihren Werth. Aber ich müßte ein Narr

sein, um die für mich schmackhaftesten Früchte zurückzusetzen, weil sie zufällig auf meinem Baum wachsen. Ich war aber der Narr. −
494. *291 7–8: Was ... mir!] vgl. 7 [45]; 7 [102]; 7 [126]; 7 [158]; 7 [181] und die Varianten zu M 488. 539; vgl. außerdem die Briefe aus dieser Zeit, z. B. an Overbeck, 31. Okt. 1880*
495. *Vs:* In seiner Jugend nimmt man seine Lehrer aus der Gegenwart und nimmt sie wie man sie findet. Später muß man sie abbüßen − − −
496. *Vgl. 4 [286]   292 3–4: der ... hatte] vgl. Plat. VII. Ep. 324 b*
497. *Vs:* „Genius"! Davon wäre am ehesten zu reden, wo der Geist an Charakter und Temperament nur lose angeknüpft erscheint, als ein beflügeltes Wesen das sich weit über beide erheben kann (während Schopenhauer z. B. seinem Temperament den weitesten Ausdruck gegeben hat und nicht von sich loskommt). Über sich hinausfliegen können − das ist das Geniale. Augen zu haben, die nicht auf Charakter und Temperament gewachsen sind − dazu gehört Trotz gegen uns, Stolz gegen den Ruf der Consequenz und Inconsequenz, eine Hypothese lieben und die entgegengesetzte mit allen Kräften beweisen (das ist eine beständige nöthige Übung) keine Begeisterung in der Bosheit des Widersprechens −
498. *Vs:* Mein Stolz erwacht, sobald ich Menschen und Dingen begegne, die Unterwerfung fordern − bis dahin unterwerfe ich mich und bin gütig, mit der einzigen Bitte, in Ruhe gelassen zu werden!
499. *293 19] vgl. Diderot, Le fils naturel, wo es jedoch umgekehrt heißt: „Il n'y a que le méchant qui soit seul" (Nur der Böse ist einsam.)*
508. *Vs:* Eine Handlung, die uns nützt, soll uns keinen moralischen Lobspruch eintragen: ebenso was wir thun, um uns unser selber zu freuen. Das Abweisen des Pathetischen in solchen Fällen ist der gute Ton höherer Menschen. Das Umgekehrte Zeichen der Halbbarbarei.
510. *298 3–4: nicht ... entlaufen]* sich nicht über seine eigenen Tugenden zu erheben *Rs*
511. *Rs am Schluß gestrichen:* Denn wir verkleiden die besten Dinge.
512. *15–16: seinen ... hat]* gern allgemeine Wahrheiten sagen will *Rs*
514. *Vs: 6 [376]*
516. *Im Titel paraphrasiert N Matth. 8, 32*
518. *300 7: Es ist]* Nichts Moralisches! Sondern *Vs*
520. *Vs:* Der Stolz soll zu vieles wieder gut machen, es ersetzen: das Napoleonische Frankreich wollte alle seine Verluste so ausgleichen, ja die ganze Menschheit will es. Die Geschichte als Grabrede zu schreiben, wo man sein Liebstes, Gedanken und Hoffnungen begräbt: und Stolz dafür erhält. Gloria mundi.
521. *Vs:* Manche haben eine hohe Eigenschaft zu ihrem Trost; sonst gleitet ihr Blick verächtlich über sich hin, aber ein Weg von Cypressen führt zu einem Heiligthum − dort erholen sie sich von sich selber.

524. *Rs am Schluß gestrichen:* Die Wahrheit unter der Kapuze — das ist ihr Geschmack.
531. *Vs:* Wenn man in tiefen und fruchtbaren Gedanken lebt, so will man etwas ganz Anderes von der Kunst, als früher. Deshalb habe ich meinen Geschmack darin geändert. Die Anderen wollen das Element von der Kunst, in dem ich lebe.
532. *Vgl. 3 [29]*
536. *Vs: 6 [411]*
539. *Rs am Schluß gestrichen:* Und doch! Ich will, ich muß mitspielen — was soll ich antworten! Nichts als immer wieder das Eine: Was liegt an mir! Was liegt an mir!
542. *Vgl. 4 [286]; 6 [215]* *Rs:* Der Verfall Auguste Comte's — ich meine jene Zeit, die er selber als die seiner Wiedergeburt bezeichnete und welche gegen seine grosse und fruchtbare Vergangenheit als das „Neue und Bessere" sich ihm abhob —, ist vielleicht die Folge der Ermüdung. Diese zeigt sich: 1. in dem hervorbrechenden Genieglauben; seine Ausnahmestellung erlaubt ihm nun, sich es leichter zu machen, mehr zu decretiren, als zu beweisen. 2. Er will seine Resultate nunmehr geniessen und dazu, um sie mundgerecht zu bekommen, muss er ihre Trockenheit beseitigen: so schleicht sich die poetische Alfanzerei ein. 3. Er fühlt, dass mit Institutionen der höchste Ehrgeiz schneller befriedigt wird, als mit Beweisen und Widerlegungen, er geht jetzt den bequemeren Weg des Ehrgeizes. 4. Er ruht in der Abgötterei einer Frau aus und mildert und versüßt dabei sein ganzes Wesen. 5. Er verträgt keine Schüler und Fortsetzer mehr, sondern nur noch Parteigänger; die Ersteren fordern ungeschwächte Kraft. 6. Er hielt die fruchtbare Isolation nicht mehr aus, in der ein vorwärts- und vorausfliegender Geist lebt; er umstellte sich mit Gegenständen der Verehrung, der Rührung, der Liebe, er wollte es endlich auch einmal so gut haben wie alle Religiösen und in der Gemeinde feiern was er hochschätzte; er erfand dazu eine Religion und betrog sich absichtlich, indem er sich deren Verwirklichung nahe und leicht dachte. 7. Er sann viel über die Einzelnheiten und Kleinigkeiten im Verhalten der zukünftigen Menschen nach und ordnete an wie ein Gärtner und Obstzüchter — eine Beschäftigung des Alters, idyllisch und beruhigend. 8. Er gerieth in ausschweifende Gedanken, ganz priesterlich poetenhaft: die strenge Enthaltung von dergleichen erfordert eine straffe intellectuelle Moralität wie sie nur der unermüdete Denker besitzt; Ausschweifen in Gedanken ist die Immoralität des Denkers, auch der abscheuliche Dünkel gehört hieher: die Kraft, sich ernst mit anderen Grössen zu Zwecken der Erkenntniss zu vergleichen, war erlahmt; er wollte sich bei der Vergleichung nur berauschen. 9. Er wollte durchaus der Letzte sein, der seinen Intellect völlig unbehin-

dert konnte walten lassen; von jetzt ab sollte eine solche Souveränität des Denkens durchaus nicht mehr zugelassen werden; er sann auf hundert Mittel, die Gedankenfreiheit auf immer zu vernichten, er fürchtete Nichts mehr, als den Stolz und den Freiheitsdurst der Individuen. Diess Alles setzt voraus, daß er selber bei seiner Conception Halt gemacht und gegen sich selber zuerst den Kanon gewendet hat: bis hieher und nicht weiter! So kann aber ein großer Geist sich nur selber binden, wenn er sich nicht mehr im Aufstreben fühlt, also wenn er über den Gipfel seiner Kraft gegangen und müde ist. *Vs am Schluß:* Zuletzt würde man diesen Zustand des Verfalls zumeist nicht beklagenswerth finden, wenn ein so [produktiver] radikaler Geist denselben nicht wieder so radikal zu Ende gedacht und gelebt hätte, daß er fast wie ein − − − *Die Quelle Ns über A. Comte ist: J. S. Mill, August Comte und der Positivismus, Gesammelte Werke, IX, 89–141* 313 *2:* „Bis ... weiter"] *vgl. Schiller, Die Räuber II, 1, nach Hiob 38, 11*

543. *Vgl. 5 [7]* 20*:* meidet ihr] neidet ihr ihnen *Rs; GA* 314 *12:* Flammen] Flamme *Rs; GA*

544. 25*:* der Begriffe] des Begriffs *Rs; GA* 315 *3:* Ursachen] Thatsachen *Rs; GA*

545. 316 *8–9:* Habt ... getragen] *vgl. Goethe, Faust v. 465*

546. *Vs:* Der Epiktetische Mustermensch ist doch das Ideal eines Sklaven. Die Spannung seines Wesens, der stäte Blick nach Innen, der unmittheilsame vorsichtige Blick nach außen wäre nicht nach unserem Geschmack: gar das Schweigen und kurz reden. Die Abwesenheit eines störenden Hochmuths und eine gewisse milde Annäherung, die keine Laune verderben will, ist antike Humanität (gegenüber englischen Puritanern) er lächelt! Übrigens wäre uns der „Vorschreitende" dieser Disziplin wohl unangenehmer als der Meister. − Das Schönste daran: ihm fehlt die Angst vor Gott und er glaubt streng an die Vernunft. Er ist kein Bußredner. Er ist der stille Sichselbstgenügende unter der Masse des Proletariats verschwindend, der Nichtswollende und Zufriedene − das isolirte Individuum in seiner Größe. Von den Christen unterscheidet ihn, daß diese Hoffende sind, sich auf unaussprechliche Herrlichkeit vertröstend und aus Liebe und Gnade zehnmal mehr annehmend, als Epictet sich schenken lassend: Epictet besitzt, aber läßt sich sein Bestes nicht schenken. Die Christen sind willens- und vernunftschwache Sklaven. 317 *3–4:* unaussprechbare Herrlichkeiten] *nach 2. Kor. 12, 4*

547. *Vs:* Der Gang der Wissenschaft zeigt den zukünftigen Gang der Moral. Man unterschätzte die kleinen Fragen, man wollte auf einmal an's Ziel, man suchte alles mit Einem Schlage zu lösen, mit Einem Worte: wie ein Räthsel. Und die Aufgabe schien: alles in die einfachste Räth-

selform zusammenzudrängen, so daß alle Fragen mit Einer Antwort beantwortet werden konnten, d.h. man that den Dingen die ärgste Gewalt an, um sich die grenzenlose Freude, Enträthseler der Welt zu sein, zu machen. So noch Schopenhauer. Nichts scheint der Mühe werth, was nicht gleich Alles zu Ende bringt. Philosophie war eine Art, Macht zu zeigen — man wollte Tyrann des Geistes sein.

548. 318 23–319 4: Ach, ... welche] *aus* Man hat noch nicht die rohesten Maßstäbe in den Händen, wenn die Größe eines Genies gemessen werden soll: ja man ist noch so uranfänglich, das Messen für einen Frevel zu halten. Zum Beispiel weiß man nichts davon, daß vor allem das Maaß von Kraft in Anschlag gebracht werden muß, welches *Rs*   319 8: Einfällen. Noch] Einfällen [verwendet hat — eine Kraftmenge, die unter Umständen genügt, Jemanden unter die Heroen zu erheben, und die wieder bei Anderen so klein sein kann, daß er verächtlich und gemein wird]. Noch *Rs*

549. *Vgl.* 6 *[436]*   319 18–21: aus ... davontragen] von ihren eignen Produkten nur eine Abendfreude des Schaffens und einen Ekel des Morgens nachher haben *Rs*   23: Durste] Charakter *Rs*   27: Byron] *N denkt z. B. an folgende Stelle bei Byron, Vermischte Schriften II, 49: „Mich selbst von mir selbst abzuziehen (o diese verfluchte Selbstsucht), war immer meine einzige, meine ausschließliche, meine aufrichtige Veranlassung, wenn ich überall schrieb ..."*   28–30: Und ... fragen.] *vgl. dazu in der angegebenen Übersetzung Pascals das von N an verschiedenen Stellen angestrichene Kapitel „Zerstreuung" II, 26–37; (Faugère: „Divertissement", II, 31–34).*

550. *Vgl.* 3 *[9]*; 4 *[44]*

552. 323 13–15: bleiben ... zurück] *aus* vergessen wir nicht die Bremse der weltlichen Gerechtigkeit *Rs*   14: hinter der] hinter dem milden Gedanken der *Rs*

553. *Vs:* 7 *[15]*   21–26: heller ... Gewohnheiten] *aus* reinem Brode, frischen Quellen zu Bad, reifen Früchten, nach Einsamkeit, Ordnung, Reinlichkeit *Rs*   324 9–11: sein ... mag. —] *aus* ist. Er hat wohl auch seine Philosophie gefunden. *Rs*

555. *Vs:* Ich gehe den Ereignissen aus dem Wege. Die geringsten zeichnen sich schon stark genug auf mir, und ihnen entgeht man nicht.

558. 325 18–21: Gotama ... Tugenden!"] *vgl. Bd. 8, 3 [1]*

559. 326 5–6: daß ... sieht] vermöge der überweltlichen Ideale, mit denen man uns foppt *Vs*

560. 21–27: Diess ... Charakters?] Im Ganzen wissen die Menschen weder was in ihnen wächst, noch wie schnell ein Jedes, noch wodurch — sie glauben mit vollendeten Thatsachen zu thun zu haben, mit ausgewachsenen Thatsachen und glauben nicht daß man auch solche tödten könne. *Vs*   25–27] *Anspielung auf Schopenhauer*

564. *Vs am Anfang:* Wir denken uns den Umfang der Dummheit bei großen Geistern nicht umfänglich genug —
566. *Vs:* Die Unabhängigkeit des Denkers, er bedarf weniger, er hat keine harte Arbeit, keine Gewissensbisse, keine kostspieligen Vergnügen, er hat an den Todten Ersatz für Lebende, an den Besten Ersatz für die Freunde.
571. *Vs:* Mein größtes Heilmittel ist „der Sieg" NB.
572. 330 20: diesem ... folgen] an unseren Gedanken spinnen *Rs*
575. 331 30: an ... scheitern?] *vgl.* 6 *[364]; nach G. Leopardis Gedicht „L'infinito", Schlußvers*

Idyllen aus Messina

Die *Idyllen aus Messina* (= IM) wurden veröffentlicht in der „Internationalen Monatsschrift", 1. Jg., Nr. 5 (Mai), S. 269–275, bei Ernst Schmeitzner in Chemnitz. Dieser Druck ist unsere Vorlage. Sie entstammen der gleichen, umfangreichen Masse der poetischen Versuche von Februar bis April 1882, aus denen N später sein „Vorspiel in deutschen Reimen" zur *Fröhlichen Wissenschaft* („Scherz, List und Rache") zusammenstellte. Mitte Mai 1882 schickte N das (noch erhaltene) Druckmanuskript zu IM an Schmeitzner. Die von N besorgte Korrektur war am 26. Mai beendet. Von diesen acht Gedichten übernahm N sechs (in veränderter Form) in die „Lieder des Prinzen Vogelfrei", den Anhang zur zweiten Ausgabe der *Fröhlichen Wissenschaft* (1887). Deshalb fehlen die *Idyllen aus Messina* in allen bisherigen Editionen der Werke Ns. Erich F. Podach veröffentlichte sie in seinem *Blick in Nietzsches Notizbücher*, Heidelberg 1963, S. 176–182.

Prinz Vogelfrei. *Vgl. FWP* Im Süden 335 *3:* Hoch ... und] *aus* An diesem Genueser *Vs* *5:* Ich ... rast'] *aus* So folg ich dem und träume *Vs* *6–7:* Flügelchen. / Das] Flügelchen. / [Ein Vogel selber sicherlich! / Und sing und schaue weit um mich / Und singe Lied um Lied für mich? / Ein Vogel selber — sicherlich!] Das *Vs* *9:* Ziel] Fahrt *Vs* *10:* Vergessen ... Lob] Und Ziel und Pfad und [Lohn] Furcht *Vs* *11–12:* nach. / Nur] nach. / [Und singe Lied um Lied für mich, / Ein Vogel selber — sicherlich!] Dies *Vs* *12–13:* Nur ... macht] Dies „Schritt vor Schritt" — das ist kein Leben! / Dies „Bein vor Bein" macht *Vs* *16–17:* her. / Vernunft?] her. / Da sing ich Lied um Lied für mich, / Ein Vogel selber — sicherlich / Vernunft? *Vs* *17:* Vernunft? — das] *aus* Das Sprechen *Vs* *19:* Das ... neue] *aus* Es giebt noch leiblichere *Vs* *21:* Scherz] Tanz *Vs*

Die kleine Brigg, genannt „das Engelchen". *Vgl. N an Peter Gast, 15. März 1882 (KGB III/1)* 336 6: Die kleine] Lied von der kleinen *Rs*   *Rs am Schluß:* Engelchen: so nennt man mich! *so auch im Brief an Gast*
Lied des Ziegenhirten. *Vgl. FWP* Lied eines theokritischen Ziegenhirten   337 26–338 1: tanzen. / Sie] tanzen! / [Woher am krausen [Haare] Kopfe / Der seidne Streifen! / Will ihr's zum neuen Jahr] / Sie *Vs*
Die kleine Hexe. *Vgl. FWP* Die fromme Beppa   339 1: Die ... Hexe.] Juanita *Dm*   13: Voll ... Noth] *aus* Verliebt, ja, bis zum Tod *Vs*   14–15: Ich ... nicht] *aus* Er wundert sich von Herzen / Er liebt mein jung Gesicht! *Vs*   340 3: Mag mich der] Will ich den *Vs*
Das nächtliche Geheimniss. *Vgl. FWP* Der geheimnissvolle Nachen   340 26: bald ... Blut!] Kähne eilen durch die Fluth *Dm*
Vogel Albatross. *Vgl. FWP* Liebeserklärung   341 19: Vogel Albatross.] Der Siegreiche *Vs*   *Vs am Anfang:* Der Himmel trägt mich doch / Noch darf mein Flügel ruhn! / Wie ward! Jüngst flog ich doch? / Und hier verlerne ich's nun / Ich ruh' und schwebe doch / Wie darf mein Flügel ruhn?   24–27: Er ... Siegenden] Der ohne Flügelschlag / Fliegt hoch ob allen Fliegenden / O Räthsel Trost und Bild! / O Trost und [Glück]!! Hier liegt der Siegende / Das Kleinod aller Siegenden *Vs*   342 1–2: Gleich ... jetzt] Glück tiefster Einsamkeit! / In Höhen lebend *Rs*
Vogel-Urtheil. *Vgl. FWP* Dichters Berufung

Die fröhliche Wissenschaft

Die *Fröhliche Wissenschaft* wurde von N zunächst als Fortsetzung der *Morgenröthe* gedacht. Am 29. Januar 1882 teilte er Peter Gast mit: „Ich bin seit einigen Tagen mit Buch VI, VII und VIII der ‚Morgenröthe' fertig, und damit ist meine Arbeit für diesmal gethan. Denn Buch 9 und 10 will ich mir für den nächsten Winter vorbehalten, – ich bin noch nicht reif genug für die elementaren Gedanken, die ich in diesen Schluß-Büchern darstellen will. Ein Gedanke ist darunter, der in der That ‚Jahrtausende' braucht, um etwas zu werden. Woher nehme ich den Muth, ihn auszusprechen!" In seiner Arbeit an dem neuen Werk hatte N bis dahin auf Niederschriften zurückgegriffen, die sowohl aus unbenutzt gebliebenem Material zur *Morgenröthe* als auch aus späterem, zwischen Frühjahr und Herbst 1881 entstandenem, stammten; letzteres jedoch mit Ausnahme der Niederschriften, die in einem Heft (M III 1) aus dem Frühjahr–Herbst

1881 enthalten waren. In diesem Heft findet sich die Niederschrift des Gedankens, welcher „Jahrtausende" brauchte, „um etwas zu werden", des Gedankens der ewigen Wiederkunft des Gleichen. Auf diese „Anfang August 1881 in Sils-Maria" datierte Aufzeichnung (vgl. Bd. 9, 11 [141]) bezieht sich N noch im *Ecce homo* (Bd. 6, 335, 4–9). Kurz nach seiner Bekanntschaft mit Lou von Salomé und während des Aufenthalts in der Schweiz mit Lou und Rée änderte N seine Pläne, und am 8. Mai schrieb er seinem Verleger: „Für den Herbst können Sie ein Manuskript von mir haben: Titel ,Die fröhliche Wissenschaft' (mit vielen Epigrammen und Versen!!!)". Das Druckmanuskript wurde von N in Naumburg hergestellt, mit Hilfe der Schwester und eines „banquerotten Kaufmanns". Einige Teile davon schrieb N selbst, so zum Beispiel „Scherz, List und Rache". Das Druckmanuskript wurde zwischen dem 19. Juni und dem 3. Juli nach und nach an Schmeitzner abgeschickt; mit Ausnahme von „Scherz, List und Rache" und anderer weniger Blätter von der Hand Ns ist es nicht erhalten geblieben. Die erhaltenen Korrekturen wurden gemeinsam von Gast und N zwischen dem 29. Juni und dem 3. August gelesen. *Die fröhliche Wissenschaft* (= FW) erschien kurz vor dem 20. August 1882 in Chemnitz bei Ernst Schmeitzner. „Ungefähr den vierten Theil des ursprünglichen Materials" hatte N sich „zu einer wissenschaftlichen Abhandlung" vorbehalten (an Gast, 14. August 1882). Es handelt sich um die nachgelassenen Fragmente aus M III 1; vgl. Bd. 9, S. 441–575. Der „Gedanke" tauchte nur als andeutende Frage im Aphorismus 341 auf.

1887 veranstaltete N eine „neue Ausgabe" seines Buchs, indem er ersten Ausgabe eine Vorrede, ein fünftes Buch und die „Lieder des Prinzen Vogelfrei" hinzufügte. Auch diesmal wurde das Buch nicht neu gedruckt, sondern die Lagerbestände bekamen jene Zusätze. Jetzt hieß es: *Die fröhliche Wissenschaft ("la gaya scienza"). Neue Ausgabe mit einem Anhange: Lieder des Prinzen Vogelfrei.* Leipzig, Verlag von E. W. Fritzsch. Der Untertitel machte den Ursprung des Titels selbst aus der provençalischen Dichtung deutlich (vgl. Bd. 9, 11 [337] und Kommentar dazu). Ein Handexemplar der 2. Ausgabe mit Ns Eintragungen ist erhalten geblieben.

Vorrede zur zweiten Ausgabe. *Rs:* 2 — Aber das Ziel dieser Vorrede soll ein anderes sein als meinen Lesern die Tugenden eines Lesers — guten Willen, Nachsicht, Vorsicht, Einsicht, Feinsicht — ins Gedächtniß zu rufen; es wäre eine Verstellung, wenn ich's dabei bewenden ließe. Ich weiß es zu gut, warum dies Buch mißverstanden [werden muß] wird: oder [vielmehr] deutlicher, warum seine Heiterkeit, seine fast willkürliche Lust am Hellen, Nahen, Leichten, Leichtfertigen sich nicht mittheilt, vielmehr als Problem wirkt, als Problem beunruhigt ... Diese Heiterkeit verbirgt Etwas, dieser Wille zur Oberfläche verräth ein Wissen um die Tiefe, diese Tiefe haucht ihren Athem aus, einen kalten Athem, der frösteln macht; und gesetzt selbst, daß man bei der Musik solcher „Heiterkeit" tanzen lernte, so wäre es vielleicht nicht um zu tanzen, sondern um wieder warm zu werden? — Daß ich es eingestehe: wir Menschen der Tiefe haben unsre Heiterkeit zu sehr nöthig als daß wir sie nicht verdächtig machten; und wenn wir „nur an einen Gott glauben würden, der zu tanzen verstünde", so möchte es deshalb sein, weil wir zu sehr an den Teufel glauben, nämlich an den Geist der Schwere, mit dem wir zu oft, zu hart, zu gründlich beladen sind. Nein, es ist etwas Pessimistisches an uns, das sich noch in unsrer Heiterkeit verräth, wir verstehen uns auf diesen Anschein, auf jeden Anschein — denn wir lieben den Schein, wir beten ihn selbst an —, aber nur weil wir über das „Sein" selbst unsren Argwohn haben ... Oh wenn ihr ganz begreifen könntet, warum gerade wir die Kunst brauchen, eine spöttische, göttlich unbehelligte Kunst, die wie eine helle Flamme in einen unbewolkten Himmel hineinlodert! Und weshalb wir [jetzt nicht mehr] wohl am wenigsten jenen tragischen [Hanswürsten] Schwärmern gleichen, die Nachts Tempel unsicher machen, Bildsäulen umarmen und durchaus Alles, was mit guten Gründen verdeckt gehalten wird, entschleiern, aufdecken, in helles Licht stellen [müssen] wollen [jenen [Freunden] Freiern der Wahrheit um jeden Preis, den Romantikern der Erkenntniß! Ach! dies Gelüst ist uns vergangen, dieser Jünglings-Wahnsinn in der Liebe, dieser aegyptische Ernst, dieser schauerliche „Wille zur Wahrheit" macht uns Schrecken noch in der Erinnerung]. Nein dieser schlechte Geschmack und Jünglingswahnsinn ist uns verleidet, dazu sind wir zu erfahren, zu gebrannt, zu tief ... *Es folgt dann fast wörtlich 351, 29–352, 33:* Wir ... 1886. *Die Vorrede war also hier auf zwei Abschnitte berechnet. Dazu auch folgende teilweise vorhandene Vs:* NB! Schluß des letzten Abschnitts! — ... Oh wenn ihr ganz begreifen könntet, warum [wir gerade eine solche Kunst lieben und nöthig haben! Sind wir nicht allzulange vorher gleich gewesen] gerade wir die Kunst brauchen — und zwar eine spöttische und göttlich unbehelligte Kunst! [und warum wir ganz und gar keine Romantiker mehr sind!] die wie eine helle Flamme in einen unbewolkten Himmel hineinlodert. — In unserer Jugend mögen wir allzulange jenen Schwärmern geglichen haben, die Nachts Tempel unsicher machen, die heimlich Bildsäulen umarmen und durchaus Alles, was mit guten Gründen verdeckt gehalten wird, entschleiern [wollen], aufdecken, in helles Licht stellen müssen — jenen Freunden der Wahrheit um jeden Preis, den Romantikern der Erkenntniß! Ach, dies Gelüst ist uns vergangen, dieser Jünglings-Wahnsinn [in der Liebe], dieser aegyptische Ernst, dieser schauerliche „Wille zur Wahrheit" macht uns Schrecken noch in der Erinnerung! Wir glauben nicht mehr daran, daß Wahrheit noch Wahrheit bleibt, wenn man ihr die Schleier abzieht, wir haben Gründe, dies zu glauben ... Heute gilt es uns als eine Sache der Schicklichkeit, daß man nicht Alles nackt sehn [will; auch daß man] nicht bei Allem dabei sein [will; auch daß man], nicht Alles „wissen" wolle ... [Wie? Tout comprendre c'est tout pardonner? Im Gegentheil!] *Es folgt hier fast wörtlich 352, 14-31:* Ist ... Künstler?   345 22-346 1: muthwillige ... werden.] Muthwille selbst auf Kosten ernster und heilig geachteter Dinge, viel Spiel und Spielerei mit Problemen, welche sonst Schrecken einflößen und nicht zum Lachen gemacht sind: *Dm   17:* Romantik] Idealismus *Dm   349 29-34:* Wir ... haben] — — — [dadurch] damit unterscheidet man sich von den Fröschen, [den sogenannten Denkern] dem, was das Volk einen Denker heißt, — daß man eben seine Gedanken und nichts als seine Gedanken als [sein] Blut, Herz, Feuer, Lust, [Leid] Schmerz, Wirklichkeit Schicksal, Verhängniß [kennt] fühlt, — daß man sie lebt, sie vollbringt, sie handelt. *Vs 31-32:* aus ... von] *aus* und Nichts als unsere Gedanken leben, vollbringen, handeln, daß sie um *Dm   350 2-351 5:* Und ... bleibe:] *in Mp XV 2, 23 zuerst als Aphorismus niedergeschrieben:* 372. Zu Gunsten der Krankheit. — Unter uns geredet: der Schmerz ist der große Lehrmeister des Verdachts, jener lange langsame Schmerz, in dem wir gleichsam wie mit grünem Holze verbrannt werden. Der zwingt uns einmal in unsre letzte Tiefe zu steigen und alles Vertrauen, alles Gutmüthige, Verschleiernde, Milde, wohinein wir vielleicht vordem unsre Menschlichkeit gesetzt haben, von uns zu thun. Ich zweifle, ob der Schmerz den Menschen „verbessert" —; aber ich weiß, daß er ihn vertieft. Sei es nun, daß wir ihm unsern Stolz, unsern Hohn, unsre Willenskraft entgegenstellen lernen und es dem Indianer gleichthun, der, wie schlimm auch gepeinigt, sich an seinem Peiniger durch die Bosheit seiner Zunge schadlos hält; sei es, daß wir uns vor dem Schmerz in jenes orientalische Nichts zurückziehn, in das stumme starre taube Sich-Ergeben, Sich-Vergessen, Sich-Auslöschen: man kommt aus solchen langen gefährlichen Übungen als ein andrer Mensch heraus, mit einigen Fragezeichen mehr, vor Allem mit dem Willen, mehr, tiefer, strenger, härter, böser zu fragen als man bisher gefragt hatte. Das Vertrauen zum Leben ist dahin: das Leben selbst wurde zum Problem ... Möge man ja nicht glauben, daß man damit nothwendig zum Düsterling geworden sei. Die Freude an allem Problematischen, ist bei geistigeren Menschen zu groß, als daß sie nicht immer wieder wie eine helle Flamme über alle Noth des Problematischen, alle Gefahr der Ungewißheit zusammenschlüge. Zuletzt, daß wir das Wesentlichste nicht verschweigen: wenn das Leben ein Räthsel ist, warum sollte es von vornherein verboten sein, über eine komische Lösung desselben nachzudenken? [+ + +] *hier ist das*

Blatt abgeschnitten worden 352 *23–24:* Schein ... glauben] Anschein anzubeten, die Formen, die Töne, die Worte, den Augenblick zu vergöttlichen *Vs* *33:* Herbst] Herbst des Jahres *Dm; GA*

„Scherz, List und Rache."

Zum Titel: vgl. Goethe, Scherz, List und Rache. Ein Singspiel (1790): Peter Gast hatte es 1880 vertont.
1. 353 *4:* Einladung] Schlußreim *Rs*
3. *18:* Unverzagt] Die Tiefe *Rs* *21:* dunklen Männer] *aus* Todtengräber *Rs* düstern Vögel *Vs*
4. *Vgl. 16 [2]*
5. *Vs:* 16 [6] 354 *9:* An die Tugendsamen] Unseren Tugenden *Dm*
6. *Ursprünglich dritte Strophe von 19 [8]:* Lebensregeln *14:* Welt-Klugheit] Lebensregel *Cb¹*
7. *Vs:* Zuspruch des Wanderers. — Vademecum. Vadetecum. Das heißt in deutscher Art und Sprach' —: / geh' nur dir selber nach — / so folgst du mir ohn' Ungemach, / und brichst den Bann, wie ich ihn brach! *Schrift von Peter Gast*
8. *Vs:* Schon krümmt und bricht sich mir die Haut / Schon stirbt die alte Schlange / Und eine neue Schlange schaut / hervor mit neuem Drange 355 *1–3:* Schon ... Das] Mich lüstet es nach altem Fraß / Bei jedem [neuem] Stirb und Werde! / Ich esse noch *Vs*
11. *In Vs gestrichene Fassung:* Weis und närrisch, grob und fein, / Scharf und milde, Wasser und Wein: / Dies alles soll mein Sprüchwort sein!
12. *Vgl. N an Peter Gast, 17. Februar 1882 (KGB III/1)* 356 *2:* Lichtfreund] *aus* Sonnenbruder *Rs* *3–4:* Willst ... Schatten!] *aus* Licht und Wärme macht schnell ermatten / Und treibt zuletzt zu jedem Schatten. *Vs*
13. *Vgl. N an Peter Gast, 17. Februar 1882 (KGB III/1)* *6:* Für Tänzer] Glattes Eis [Tänzer-Weisheit] *Rs*
14. *Vgl. N an Peter Gast, 17. Februar 1882 (KGB III/1)* *Vs:* Lieber eine [frische] ganze Feindschaft als eine geleimte Freundschaft! *11:* Der Brave] *aus* Der Entschlossene [Am Kreuzwege] *Rs*
15. *Vgl. N an Peter Gast, 17. Februar 1882 (KGB III/1)*
16. *Vgl. N an Peter Gast, 17. Februar 1882 (KGB III/1)* 19. Aufwärts] *aus* Der Wanderer *Rs*
17. *Vs: Mp XVIII 3, 25:* Bitte nur um das was man dir schuldig ist zu geben. In allem Anderen bitte nicht, sondern nimm! *NV 7:* Lieber etwas stehlen als darum zu bitten. *23:* Spruch des Gewaltmenschen] Der Gewaltmensch spricht *Rs*

Die fröhliche Wissenschaft · „Scherz, List und Rache" 1–33   235

18. *Vs: N V 7, 51:* Der Böse macht mir wenig Last: / Doch schmale Seelen sind mir verhaßt.   *N V 7, 100:* schmale Seelen
20. *Vs:* Man erträgt 2 Schmerzen leichter als Einen Schmerz.   357 10: Zur Erwägung.] Erwägen wir's! *Rs*
22. *Vs:* Man nennt es erobern − in Wahrheit geht der liebende Mann auf Raub aus, das liebende Weib aber will stehlen: − es stiehlt oft unbemerkt den Räuber.
23. *Vgl. 11 [336]*
24. *Vgl. 15 [50]; 16 [11]; 16 [20]; 12 [210]; Anm. zu Bd. 8, 21 [21]; vgl. auch Chamfort (zitiert im Kommentar zu FW 95), Maxime 863:* „M. de Lassay, homme très doux, mais qui avait une grande connaissance de la société, disait qu'il faudrait avaler un crapaud tous les matins, pour ne trouver plus rien de dégoûtant le reste de la journée, quand'on devait la passer dans le monde"   358 2: Pessimisten-Arznei] *aus* Radikal-Kur [Arznei der Pessimisten] *Rs*   6–7: dabei. / Folg] dabei. / [Die Griechen nennen's Dyspepsei, −] / Folg *Vs   Rs am Schluß gestrichen:* Die Kröte ist die Hauptarznei / Für alle Pessimisten-Mücken!
26. *Vs: 16 [10]*   *Vgl. 12 [130]*
27. *Vgl. 16 [15]; 15 [28]*
28. *Vgl. 21 [6]*   *in Rs gestrichen:* Ja! Noch gleich ich jungem Wein, / Ja! Ihr sollt mich schäumen sehn! / Übermüthig, sollt ich meinen, / Werd ich noch des Weges gehn! / Steh ich erst auf beiden Beinen, / Werd ich bald auf einem stehn. / *daneben noch folgende gestrichene Variante:* Mühsam dünkt euch mein Erscheinen / Wartet! Bald solls besser gehn! / Steh ich erst auf beiden Beinen, / Werd ich bald auf einem stehn. / Gleich ich heut noch saurem Wein, / Schnell sollt ihr mich schäumen sehn; / Übermüthig, sollt ich meinen / Werd ich noch des Weges gehn!
29. *Vs: 16 [12]*   *in M III 3 gestrichene Vs:* Wenn ich mich nicht, Jahr ein Jahr aus, / Wollt um mich selber drehen, / Wie hielt ich, Stern, so lang es aus, / Der Sonne nachzugehen? / Wollt ich mich − − −
31. 360 3: Dass ... bedrücke,] Wie aus Scham vor deinem Glücke *Vs*   3–5: Dass ... Teufelskleid.] Mit des Teufels Witz und Tücke / Traegst du jetzt des Teufels Kleid − *Vs*
32. *Vgl. 16 [13]*
33. *N V 8, erste Fassung:* Will ich nicht folgen, muß ich mich verstecken, / Regieren kann ich nicht, noch auch verführen. / Wer sich nicht schrecklich ist, macht niemand Schrecken, / Wer selbst sich fürchtet − stets wird er regieren.   *N V 8, zweite Fassung:* Gehorchen? Nein! Und aber nein! Regieren! / Wer sich nicht schrecklich ist, macht niemand schrecken. / Und nur wer Schrecken macht, der kann regieren / [So lieb ich Einsamkeit] So leb ich denn in eigenen Verstecken /

Bereit mich zu mir selber zu verführen / In eignen Höhlen allein mein Glück zu entdecken   *M III 3, 26, erste Fassung:* Gehorchen? Nein! Und aber nein! Regieren! / Wer sich nicht schrecklich ist, macht Niemand schrecken, / Und nur wer Schrecken macht, kann Andre führen / So lebe ich denn in Höhlen und Verstecken, / Bereit der Tiefe Schätze aufzudecken, / [Und allen Hohn zu sprechen] Und Alle zu verspotten, die regieren. / Will ich mir folgen, muß ich mich verführen!   *M III 3, 27, zweite Fassung:* [Will ich mir folgen, muß ich selbst mich verführen.] Verhaßt ist mir das Folgen und das Führen. / Gehorchen? Nein! Und aber nein — regieren! / W e r s i c h n i c h t schrecklich ist, macht Niemand Schrecken / Und nur wer Schrecken macht, kann Andre führen. / So lebe ich denn in Höhlen und Verstekken, / Bereit, [die tiefen] einsame Schätze aufzudecken, / Bereit zum Spotte auf Alle, die regieren — / Bereit, mich zu mir selber zu verführen.   *M III 3, 27, Vs zu 21–26:* Verhaßt ist mir's schon, selber mich zu führen, / So lebe ich denn in Höhlen und Verstecken, / Der Einsamen [Schätze] Werke aufzudecken, / Bereit zum Spott an allen, die regieren, / Bereit euch zu euch selber zu verführen. / Ich liebe es mich zu verkennen, / Verhaßt ist mir, mich selbst zu kennen / Mich selber Herrn und Diener nennen. / Ich liebe es, mich zu verlieren, / Mich selber zu mir selber zu verführen, / Ein gutes Stündchen mich von mir zu trennen, / In holder Irrniß und Verzweiflung hocken / Mich selber für ein Stündchen zu verlieren, / Von ferne her mich heimzulocken / Und endlich selber mich zu mir verführen.   *23:* für ... Weilchen] selber für ein Stündchen *Dm*   *24:* grüblerisch zu] und Verzweiflung *Dm*

34. *In Vs gestrichen:* Mag nicht mehr lesen dieser Herren / philosophisches Larifari: / sie denken: primum scribere / deinde philosophari.
36. *Vgl. N an Rée, Sept. 1879:* Auf meine ersten fünf Büchlein. / Ehemals meint' ich, A und O / Meiner Weisheit stünd' darin; / Jetzo denk' ich nicht mehr so: / Nur das ew'ge Ah! und Oh! / Meiner Jugend find' ich drin.   *361 10:* Jugendschriften.] Auf meine 5 ersten Büchlein *Vs*
38. *Vs:* Ich liebe Gott weil [er mich] ich ihn schuf / Und ihr — ihr wollt ihn drum verneinen?? / Der Schluß steht schlecht auf seinen Beinen / Er hinkt: das macht sein Teufelshuf
39. *Vs:* Im Schweiße deines Angesichtes sollst deinen Wein du trinken.   *362 2:* Im Sommer.] Sonnen-Moral *Rs*
41. *Vgl. 16 [35]   Vs am Schluß:* Umschwärmt von allen Fliegenden
42. *28:*   Grundsatz   der   Allzufeinen]   Die   Allzu-Feinen *Rs*   Wahlspruch der feinen Geister *Vs*
43. *Vgl. 16 [14]*
44. *Vgl. 16 [5]; 12 [178]*

45. *Vs:* „Du kommst zu früh! du kommst zu spät!" — das ist das Geschrei um alle die, welche für immer kommen. *Vgl. 15 [52]*
46. *Vs:* Wenn es heiß ist, schätzen wir den Werth der Bäume nach ihrem Schatten.
47. *363 24:* Niedergang.] Der Göttliche *Rs*   *25–26:* „Er ... hernieder] Aus seines Überglücks Ungemach / Geht er, der Sonne gleich, euch Kalten nach *Vs*   *27–28:* Sein ... nach.] Der höchste Flug wars, den er je geflogen! / Und wäre er nie zum Himmel aufgeflogen, / Was hätt' ihn je zu euch herabgezogen? *Vs*
48. *Vs:* Seit heute hast du eine Uhr — / Und erst von nun an hast du nöthig / nach der Zeit zu schauen
49. *Vs: N V 7, 55:* Wie angenehm das Volk! Es spricht mir eine fremde Zunge.   *N V 7, 56:* Mit fremder Zunge unter fremdem Volke / Zu leben: so lebt die Sonne ob der Wolke. / Der Sonne gleich ich: unter mir die Wolke!   *364 12:* Der Weise spricht.] Der Weise *Rs*
50. *Vs: Mp XVIII 3, 25:* In der Liebe verliert der Mann seinen Verstand, / Die Frau aber bekommt den ihren erst ganz. —   *N V 7, 55:* In der Liebe verliert der Mann seinen Verstand, aber die Frau bekommt den ihren, sie allein hat die Pubertät auch im Kopfe erst ganz.
51. *23:* Fromme Wünsche.] Frommer Wunsch *Rs*
52. *365 2:* Mit ... schreiben.] Der Wanderer [Der Autor spricht] *Rs*
53. *Vgl. N an Rée, Sept. 1879:* Auf mein **letztes** Buch. / Schwermüthig stolz, wenn du nach rückwärts schaust, / Leichtsinnig kühn, wenn du der Zukunft traust: / O Vogel, rechn' ich dich den Adlern zu? / Bist du Athene's Eule Uhu-hu?   *8–9:* „Menschliches ... Buch.] An das Buch genannt „Menschliches Allzumenschliches" *Rs*
54. *15:* Meinem Leser.] Dem Leser [gewidmet der „Morgenröthe."] *Rs*   Meinem] An meinen *Vs*
55. *21:* Der ... Maler] Der Realist *Rs.* Unmöglichkeit des Realismus *Vs*
56. *366 2:* Stolz!] Stolz! / Wißt denn: dieses Sinnspruchs Leim / Waren — „Reim" „Leim" „Holz" und „Stolz"! *in Rs gestrichen*   Wüßtet ihr, wie stolz auf Reime / Jeder Dichter leimt sein Holz! *in Rs gestrichen*
57. *Vs:* Der beste Platz des Paradieses ist vor seiner Thür.
58. *Vs:* Ohngeachtet dies und das / Fällst du sicher auf die Nas. —
59. *18:* Die ... kritzelt.] Wer liest denn, was ich schreibe! [An meine Leser] *Rs*
60. *Vgl. 12 [184]*
61. *Vs:* In media vita. / Halb ist mein Leben um, / Der Zeiger fällt, die Seele schaudert mir — / Lang schweift sie schon herum / Und [will hinaus — und doch! sie] suchte und fand nicht — und sie zaudert hier! / Halb ist mein Leben um: / [Schmerz war's hier Leben] Grund-

loser Schmerz war's mir Stund um Stund dahier! / Lauf ich die Bahn herum? / Und find' am Schluß noch — Grund um Grund dafür?   367 4: Der ... spricht.] In media vita [Letzter Grund zum Dasein] *Rs*
62. *Vs:* Einer Flamme gleiche ich / alles möchte ich ergreifen / Alles was ich halte leuchtet / Alles was ich lasse ist verkohlt.
63. *26–27:* fremd ... gehört] sternenweit / Den Kommenden sollst Licht du sein / Der fernsten Ferne gilt *Vs*

Erstes Buch

1. *Vgl. 6 [438]*   370 *1–3:* Ich ... also] *aus* Bei einem solchen Blick auf das ungeheure Ganze und dessen Vortheile mußt du einsehen, mein lieber Mitmensch und Nächstnächster, daß du gar nicht *Rs*   *5:* und] *aus* : der wirkliche „Egoist" *Rs*   372 *12:* „Wellen ... Gelächters"] *falsch übersetzt Aesch., Prom. 89–90*   *22:* existirt, seine] existirt, [er muß ein Interesse der Erkenntniß dabei haben lieber zu sein als nicht zu sein] seine *Rs*   *32–33:* dieses ... Fluth?] *aus*, daß jetzt zwei sich widersprechende Bedingungen in der menschlichen Natur sind, welche einen Rhythmus in ihrer Folge bilden wollen? Versteht ihr, warum wir Alle unsere Ebbe und Fluth haben müssen? Was wir nicht gleichzeitig haben können? Was wir nicht gleichzeitig sein dürfen? — Wohlan denn! Seien wir die Erfinder dieses neuen Rhythmus! Jeder für sich und seine Musik! *Rs*   *33:* Auch ... Zeit!] *fehlt Cb¹*
2. 373 *18–20:* Frauen ... Genie] Frauen erschienen mir, wenn mir eines Tages jenes Licht über sie aufgieng, wie gemein und — entwürdigt: was war mir Genie *Vs*
3. *Vgl. 6 [175]*   *Vs:* Den gemeinen Naturen erscheinen alle edlen Gefühle als unzweckmäßig und deshalb als unwahrscheinlich, unglaubhaft: glauben sie daran, so halten sie den Menschen für einen Narren, der etwas thut, was unzweckmäßig ist. Der Zweck ist ihm *[sic]* der Vortheil: er *[sic]* begreift wohl den Genuß an edlen Handlungen, aber diese als Zweck läßt er *[sic]* nicht gelten. „Wie kann man sich freuen darüber, im Nachtheil zu sein oder hinein zu gerathen, wie es der Aufopfernde thut?" fragt der Gemeine. Es muß eine Krankheit der Vernunft mit der edlen Affektion verbunden sein, deshalb denkt er geringschätzig von dieser Freude, wie wir es von der Freude des Irren thun, den seine fixe Idee ergötzt. — Gewöhnlich aber denkt er: „diese Aufopferung wird wohl das Mittel zu einem reichlich aufwiegenden Vortheil sein" — deshalb ist er argwöhnisch gegen die Großmüthigen. — Thatsächlich lassen sich die Edlen durch ein Lust- und Unlustgefühl ohne Gedanken bestimmen, wie wir eine Speise bald auf die-

ser oder jener Seite des Mundes kauen, ohne darüber zu denken, sondern nach dem Maaße, ob es so oder so angenehmer ist. Ein gewisser Mangel an hellem Intellekt ist dem Großmüthigen eigen: Napoleon begreift das Pausiren des Denkens nicht. Die Thiere, die mit Lebensgefahr ihre Jungen schützen, denken nicht an ihre Gefahr, weil die Lust an ihren Jungen und die Furcht sie zu entbehren sie ganz beherrscht, sie werden dabei dumm. An sich ist dies eben so wenig moralisch als wenn ein Mann seinem Geschlechtstriebe folgend sich den abscheulichsten Krankheiten aussetzt. — Die gemeine Natur ist also dadurch gezeichnet, daß sie ihren Vortheil nie vergißt und dieses Denken stärker ist als seine *[sic]* Triebe: sich seines Triebes wegen nicht zu unzweckmäßigen Handlungen verleiten lassen ist seine *[sic]* Weisheit. Also: die höhere Natur ist die unvernünftigere. *Vgl. auch bei J. J. Baumann, Handbuch der Moral nebst Abriß der Rechtsphilosophie, Leipzig 1879, 13, BN:* „Umgekehrt legt der Mensch von gemeiner oder egoistischer Gesinnung alles nach sich aus, weil ihm eine uninteressirte und edle Denkungsart ganz unfassbar ist..." *diese Stelle von N angestrichen* 374 23: jene] seine *Rs; GA*
4. *Vs:* Die stärksten Individuen haben bis jetzt die Menschheit am meisten vorwärts gebracht, sie entzündeten immer wieder die einschlafenden Leidenschaften und erweckten den Geist dadurch, daß sie Musterbilder gegeneinander aufstellten und die Menschen zwangen, Meinungen über neue Dinge sich zu bilden — während ohne dies die Menschen sich auf ihre Meinungen schlafen legen. Mit den Waffen, durch Umsturz der Grenzen, durch Verletzung der Pietäten zumeist: aber auch durch neue contrastirende Lehren! Zu einem Eroberer gehört dieselbe Bosheit wie zu einem Philosophen: nur ist sie bei letzterem sublimirter, sie setzt zunächst nicht die Muskel so sehr in Bewegung. Die sogenannten guten Menschen jeder Epoche sind die, welche die neuen Ideen in die Tiefe graben und mit ihnen Frucht tragen — es sind die Ackerbauer. Aber jedes Land wird ausgenützt, die große Pflugschar muß kommen, sonst machen die Guten die Menschheit zu einer faden öden Gegend. Die Verheirathung der Guten erzeugt allmählich imbecille Nachkommen.
5. *Vgl.* 6 *[116]*
6. 378 7: Nachdenkens] Nachdenkenden *Rs; GA*
7. *Vs:* Es bedarf der Durcharbeitung aller Passionen, nach Volk Zeit Grundwerthurtheilen, und die ganze Vernunft daran muß ans Licht.
9. *Vs:* Es kommt in uns vielleicht erst zum Vorschein, was Jahrtausende früher die Menschheit sich embryonisch aneignete, aber sehr schwach. — So kann die Einwirkung z. B. des Kafe's auf Europa vielleicht erst in Jahrtausenden zu Tage treten. *Vgl.* 11 *[212]*
10. *Vs:* Die seltenen Menschen: meine Auffassung derselben als Atavis-

mus, sehr lehrreich für die Vergangenheit! Es gab eine Zeit, wo ihre Eigenschaften gewöhnlich und gemein waren. Gewöhnlich Produkte der zurückhaltenden conservativen Geschlechter.
11. 382 22–23: „über ... sagt] *vgl. die homerischen Wendungen* ὑπὲρ μόρον *(Od. I, 34; Il. XX, 30 usw.)* ὑπὲρ μοῖραν *(Il. XX, 336 usw.),* ὑπὲρ μορα *(Il. II, 155 usw.)*
12. *Vgl. 13 [4]* Vs: Ich nehme an, daß der Schmerz ungeheuer gewachsen ist in der Civilisation, und daß sein Grad und seine Vielartigkeit immer größer wird, wenn die Cultur größer wird. — Am höchsten steht immer der leidendste Mensch — weil er zugleich der freudenreichste ist. — Nun, was denken die Stoiker und die Christen davon? Jene wollten möglichst wenig Lust und Unlust — sie strebten nach dem Stein, wie die Epicureer nach der Pflanze. Alle Socialisten und Philantropen, welche der Menschheit ein dauerndes Glück d.h. Schmerzlosigkeit schaffen wollen, müssen die Freuden der Menschen ebenso **herabdrücken** als ihre Schmerzen, — himmelhoch jauchzend darf nach dieser Moral der Mensch nicht mehr sein, wenn er dem „zum Tode betrübt" entfliehen will! Vielleicht hilft aber dazu die Wissenschaft.   383 *18–20:* letzte ... wenn] Glück, möglichst viel Lust und möglichst wenig Unlust sei das Ziel der Moral? Wenn Vs   *21:* wären, dass] wären, wie Socrates einmal sagt, daß Vs   *26:* glaubten ... stehe] *aus* [und die Christen] (und im Grunde [sogar die Epicureer] alle Alten) wußten es Rs   *23–25:* „Himmelhoch-Jauchzen" ... „zum Tode betrübt"] *vgl. Goethe, Egmont, III (Klärchens Gesang)*
13. 385 *25–*386 *4:* Eine ... Entzückendes.] — Mitleid als Wohlgefühl entsteht beim Anblick eines solchen, der unterlegen ist, den wir vielleicht für uns erobern können, er scheint eine leichte Beute. Freilich: bei sehr stolzen Naturen ist eine leichte Beute etwas Verächtliches, sie empfinden Wohlgefühl beim Anblick ungebrochener neuer **Feinde**. Der Leidende ist ihres Strebens nach Besitz nicht werth — gegen ihn sind sie hart. Aber fein und verbindlich gegen den Feind, der ihrer würdig ist Vs   386 *4–5:* Man ... Freudenmädchen] *aus* Daher ist es ein Gefühl der Weiber und der Unterworfenen Rs
14. *Vgl. 4 [72]; 6 [54]; 6 [164]; 6 [446]; 6 [454]; 10 [A 3]; 12 [174]; 12 [20]; 14 [24]*   387 *25–26:* „wüthenden ... Sophokles] *Zitat, nicht wörtlich aus Sophokles, vgl. aber Soph., Ant. 790, Trach. 441–6, sowie Plato über Sophokles in Resp. 329b–d, auf diese Stelle bei Plato verweist auch Schopenhauer, Vom Unterschied der Lebensalter, Parerga 1, 524*   *27–28:* jederzeit ... Lieblinge] über seinen grauhaarigen Lästerer und Liebling Vs   *28–34:* wohl ... Freundschaft.] eine sehr seltene Idealisirung der Liebe: sie heißt Freundschaft. [Aber wer sie kennt oder ahnt,] – – – Rs

15. *Vs:* Dieser Berg macht die ganze Gegend, welche er beherrscht, unsäglich reizend. Dies hört auf, wenn du auf ihn hinaufsteigst. — Distanz für manche Größe, sich nicht verlocken zu lassen, sie ohne Distanz sehen zu wollen.
16. *Vs:* „Komm über den Steg!"
18. *Vs fügt hinzu:* So empfand vielleicht Bossuet zeitweilig.
20. 370 *24:* eklerer] *Rs; Ed* edlerer *GA und alle übrigen Ausgaben*
21. *Vs:* Nur in Hinsicht auf die Gemeinde sind Handlungen gut oder schlecht: wie der Nächste sich dabei befindet, ist gleichgültig.   392 *30–31:* macht. [Das] macht. (Selbst der persönliche Lohn und Vortheil des Fleißes ist zuletzt immer nur — der Fleiß selber. Die Erziehung ist darin eine Betrügerin, daß sie den Einzelnen durch einen Köder vorwärts lockt, welcher schließlich sich als nicht genießbar erweist. Nur durch das so häufige Mißlingen und Halbgelingen der Erziehung erhält sich noch einigermaßen der Sinn und Geschmack im persönlichen Vortheil, zum Beispiel das wirkliche Genießen von Reichthum und Ehre: also dadurch daß im angegebenen Falle der Einzelne sich jenen blinden wüthenden Fleiß, zu dem er abgerichtet werden sollte, zuletzt doch nicht hat einverleiben lassen: daß er Zeit und Kraft übrig behalten hat, um den Geist des Genießens zu finden und im Genießen Erfinder zu werden.) Das *Rs*   393 *23:* sie] *Rs; GA* sich *Ed*   *23–33:* Moralischen ... gepredigt!] *aus* Moralischen — wenn sie ihren Werth nach ihrem eignen Princip bemißt. — Aber ihr werdet sagen (mit Comte): „es ist so angenehm, sich selber zu verneinen, es ist eine Wollust zu entsagen! es ist die höchste Wollust!" — Nun dann, dann müßte eure Gesellschaft um dieser Annehmlichkeit und Wollust willen eben auf ihren Vortheil, ihre Förderung und Erhaltung Verzicht leisten! — und falls gerade die Entsagung [der Individuen] und Opferung der [Indiv] Einzelnen das Mittel dieser Förderung und Erhaltung sein sollte, nun! so müßte sie den Gegensatz des Altruismus, den unbeschränktesten Individualismus lehren! [kurz] d.h., sie müßte um ihres Vortheils willen verlangen, daß die Individuen sich der Lust der Selbstverneinung enthielten — kurz sie müßte, wie gesagt, zugleich das „Du sollst" und das „Du sollst nicht!" predigen und sich ins Gesicht widersprechen — in Anbetracht dessen, daß die Gesellschaft selber nur eine Vielheit von Individuen ist und kein eignes, über den Individuen stehendes Sensorium für Annehmlichkeiten und Wollüste hat. — Oder wie gefiele euch die Formel „du mußt dich als Individuum begreifen, damit du als Gesellschaft den Genuß der Entsagung und Selbstverneinung haben kannst"? — — — *Rs*   *28–29:* herbeiführte] *danach in Rs hinzugefügt, dann gestrichen:* d.h. von einem Wesen, welches im Beiden Entbehren und Untergehen den Zweck [dieses] des Daseins [suchte] sähe!

Die Lehre der Selbstlosigkeit ist consequent allein im Munde [des pessimistischen Nihilismus (also zum Beispiel im Munde Buddha's)] eines Lehrers der absoluten Verworfenheit des Daseins.
22. 394 *2:* L'ordre ... roi] Travailler pour le roi Moi *Vs:* *19–20:* „wer ... Vergnügen."] *vgl. 6 [72]*
23. *Vgl. 12 [229]* 395 *9–29:* Man ... ist] Wenn die Corruption eintritt, so nimmt der Aberglaube zu, dieser ist nämlich in seiner Mannichfaltigkeit schon der individuellen Regung näher, hier kann der Einzelne wählen: und er löst sich von dem hergebrachten Glauben los; es ist die plebejische Art der Freigeisterei *Vs* 396 *31–32:* Noch ... Früchte] — zum ersten Male hängt diese Frucht *Rs* 397 *27–30:* aber ... bieten] der Gewalthaber hat das Verständniß der gemeinsamen Abkunft *Vs* 397 *33–398 4:* „ich ... hingebe"] *vgl. 8 [116], Zitat aus Madame de Rémusat, Mémoires 1802–08, Paris 1880, 3 Bde., I, 114f., BN*
24. 398 *20–24:* aber ... darum] *aus* ; sie lieben und fördern Alle, welche durch schöne Reden und Klänge „Trost" zu geben wissen und sind *Rs*
25. 399 *18–20:* mit ... taugt] welche für einen Jünger der Weisheit ebenso gefährlich ist als irgend ein großes Laster *Vs*
26. *Vgl. 6 [154]; 15 [44]*
27. *Vgl. 12 [85]* 400 *12:* alle] wir *Rs* *22–24:* Ja! ... entsagt] : so versöhnt er uns, und er erntet selbst unsere Bewunderung: ja Viele Arme raffen auf, was er wegwirft und werden noch reich dabei *Vs*
28. *Vs:* Mitunter treibt unsere Stärke uns so weit vor, daß unsre schwachen Partien (zb. Gesundheit Selbstbeherrschung) dabei uns tödlich werden.
29. *Vgl. 7 [230]*
30. *Vgl. 10 [A 14]; 14 [19]*
31. *Vgl. 15 [65]*
32. *Vgl. 12 [131]; 12 [108]*
33. *Vgl. 12 [98]* *Vs:* Um zu beweisen, daß im Grunde der Mensch doch ein gutartiges Thier ist, würde ich daran erinnern, wie leichtgläubig er gewesen ist. So wäre gar die Wissenschaft ein Anzeichen davon, daß die Menschheit böser geworden ist? — An dem allgemeinen Faktum daß die Menschheit böser ist als je kann man nicht zweifeln: ein Jeder trägt jetzt den Essig der moralischen Unzufriedenheit mit sich herum — das war in alten Zeiten nicht so und nicht einmal so bei den wildesten und unbändigsten Menschen.
34. *Vs:* Ein großer M⟨ensch⟩ hat eine rückwirkende Kraft, alle Geschichte wird auf eine Wage gestellt und tausend Geheimnisse kriechen aus ihren Winkeln, es ist jedesmal als ob man bis dahin das Wesentliche von der Vergangenheit nicht gewußt hätte
35. *Vs:* Anders denken als Sitte ist — ist nicht Wirkung des Intellektes,

sondern von Neigungen, loslösenden, isolirenden, trotzigen oder feigen oder schadenfrohen und hämischen: Ketzerei ist ein Seitenstück der Hexerei, und gewiß nichts Harmloses oder gar Verehrungswürdiges. — So lange alle Welt an das Böse im Menschen glaubt, wird er immer böser. So brachte das große verdoppelte Mittelalter, die Reformation, die beiden Gattungen böser Menschen im größten Maaßstabe hervor, die Hexen und die Ketzer, d. h. solche, welche Lust haben, das was herrscht (an Menschen und Meinungen) zu schädigen

36. 405 *13:* Plaudite ... est!] *Suet., Augustus 90, 1*   *14:* qualis ... pereo!] *Suet., Nero 49, 1*   *27:* er ... Todes] sonst lebte er vielleicht heute noch *Vs*

37. 406 *9:* meinte,] meinte (etwas Gleichgültiges für die Masse der Menschen) etwas, *Vs*

38. *Vs:* nicht den Eifer für eine Sache als die Sache selber nehmen!   *20–23:* ihnen ... nicht!] *aus* sie nicht durch Gründe zu gewinnen. Gründe reizen sie eher zu Gegengründen und zur Gegnerschaft. — *Rs*

39. *26:* wichtiger] *Rs; GA* mächtiger *Ed*

40. *Vs:* Soldaten und Führer haben ein viel höheres Verhalten zu einander als Arbeiter und Arbeitgeber. Alle militärische Cultur steht einstweilen noch über aller industriellen: letztere ist bisher die gemeinste Daseinsform (nicht einmal Überwältigung und Versclavung durch Eroberung bringt eine so niedrige Empfindung hervor: der Respekt vor dem Mächtigen ist da). Aber hier wirkt einfach die Noth leben zu wollen — und Verachtung dessen, der diese Noth des Arbeiters ausnützt. Die furchterregende mächtige Person fehlt, es ist seltsam, daß die Erniedrigung und Unterwerfung unter die Person lange nicht so peinlich empfunden wird als hier die Erniedrigung vor einem Nothzustand — man sieht den Arbeitgeber als einen listigen aussaugenden Hund an, gleich dem Wucherer ehemals. Hätten die Fabrikanten die Vornehmheit des Adels, so gäbe es keinen Socialismus: aber die Abwesenheit der höheren Form bringt auf den Gedanken, daß nur Zufall und Glück hier den Einen über den Anderen erhebt: dagegen fühlt der gemeinste Mann, daß der Vornehme nicht zu improvisiren ist und daß er ein Geschöpf langer Zeiten ist. — Seit der französischen Revolution glaubt man an die Improvisation von Staatsverhältnissen: man geht weiter.

42. *Vgl. 11 [176]*

43. *Vgl. 11 [281]*   410 *7:* der Engländer] der Engländer Palgrave *Vs; William Gifford Palgrave, Verfasser von „A narrative of a year's journey through Central and Eastern Arabia"*   *12–15:* Cato ... Wein?] *vgl. Plut., Quaest. rom., 6, der aber „den Meisten"*

(ὡς οἱ πλεῖστοι νομίζουσιν) *und nicht direkt Cato diese Meinung zuschreibt*
44. *Vs:* Nach was für Motiven sie — — —
45. 411 *12–17:* Solch ... Wollust] Nur ein Viel-Leidender kann an diesem Schauspiel das Glück des Glückes genießen: und sein Auge versteht sich auf die Wollust, einem Windhauche gleich über die Oberfläche des Daseins hinzulaufen und seine Haut nur zu berühren — diese weiße zarte schaudernde Meeres-Haut! *Vs; vgl. auch 12 [154], 15 [56], FW 256 13–17:* erfinden ... Wollust.] gefunden. — Wie verstehe ich es, daß er bei Tische sich die ästhetischen Gespräche verbat — er dachte zu gut vom Essen und von den Dichtern, als daß er das Eine zur Zukost des Anderen machen wollte! *Vs*
46. *Vgl. 7 [78]; 11 [72]* *Vs:* Welche Wollust daß die Wissenschaft Dinge ermittelt, die Stand halten! Zeitalter mit festem Glauben empfanden wohl ähnlich beim Hören von Feerien und Mährchen; die Unsicherheit und das Schwanken war ihnen so reizvoll! weil so ungewohnt! Wir aber sind die Schwebenden! Wir Planeten und Kometen! *30:* Klammern ... geheftet] Schriftzügen in das Buch des Daseins eingegraben *Cb¹*
47. 412 *29–30:* überall ... wird,] mit Erstaunen auf dem deutschen und italiänischen Theater dasselbe Abzeichen der Zeit: *Vs*
48. *Vgl. 12 [140]* *Vs:* ich sehe mir den Menschen darauf an, ob ihm die Noth der Seele nur aus Beschreibung bekannt ist — ob er ihre Kenntniß zu erheucheln für gebildet und für auszeichnend hält — — selbst der große physische Schmerz ist den Meisten unbekannt, sie denken an ihre Zahn- und Kopfschmerzen dabei. Diese Unwissenheit und diese Ungeübtheit im Schmerz läßt ihn weit unerträglicher erscheinen als früheren Menschen — so sind die Philosophien des Pessimismus das Zeichen großer Verfeinerung, welcher sich bemüht, quälende Vorstellungen schon als das Leid höchster Gattung empfinden zu lassen. Menschen mit Leibes- und Seelennoth und guter Übung darin sind nicht Pessimisten gewesen. 414 *14:* möchte. — Es] möchte: [etwas Faustische oder Hamletische Vor⟨stellungen⟩] zumal aber bei der socialistischen Darstellung der jetzigen „Noth" ich wüßte nicht, ob die Stümperei oder die Phantasterei oder die Heuchelei der Darsteller überwiegt — aber etwas von allen diesen dreien finde ich immer daran. Es *Vs*
49. *22–26:* Jene ... Neides] Paradoxe Triebe wie Großmuth (Verzichten auf Rache und Neid-Befriedigung, Talleyrand und Napoleon) *Vs*
50. *Vs:* man fürchtet den kalten Blick des kleinen Kreises der Gesellschaft, zu dem wir gehören mehr als irgend einen Vorwurf des Gewissens: einem dieses Kreises etwas Unangenehmes anthun! und die Furcht vor ihrem Spott wirkt als Bändigung der stärksten Naturen.

51. *Vs:* Der nächste Antrieb wird unter allen Umständen sein: "Versuchen wir's!"
53. *Vs:* Wo das stumpfe Auge den bösen Trieb wegen seiner Sublimirung nicht mehr erkennt, da setzt es das Reich des Guten an: und die Empfindung, daß man jetzt im Guten sei, bringt alle entgegengesetzten Triebe in Miterregung: keine Furcht, keine List usw. — aber Sicherheit, Behagen, Wohlwollen, Sichgehenlassen usw. Je stumpfer das Auge, um so weiter reicht das Gute: daher die ewige Heiterkeit des Volkes. Die feinsten Köpfe haben darum am meisten daran gelitten und waren düster — "das schlechte Gewissen". Bisher fehlte der allgemeine Pardon für das sogenannte Böse und die Leugnung des Guten. — Umgekehrt: alles Böse ist nur ein vergröbertes Gutes — Leugnung des Bösen. *Vgl. 11 [101]*
54. *Vgl. 17 [1]*   *Vs:* Neue Stellung zum Dasein! Ich entdeckte daß die alte Menschheit in mir fortträumt, fortleidet, forthandelt — ich erwache im Traume aus dem Traum!
55. *Vgl. 6 [175]; 6 [178]*   **417** *29–31:* ohne ... größten] *aus* nicht für sich; der edelste Liebende ist vielleicht der consequenteste Christ *Rs*
56. *Vs:* Es sind immer Kräfte da, welche thun wollen — deshalb vor Allem Arbeit und Noth! Noth ist nöthig!

Zweites Buch

57. *Vs:* "Wirklichkeit!" Was ist für einen Verliebten "wirklich"? Und sind wir nicht alle auch im nüchternsten Zustande noch höchst leidenschaftliche Thiere im Vergleich mit den Fischen! Und dann: im kältesten Zustande schätzen wir immer doch die Dinge nach den Gewöhnungen von Jahrtausenden — und diese Schätzungen haben ihren Ursprung in den Leidenschaften! Wo beginnt da die wirkliche Welt! Ist jeder Sinneneindruck nicht gewiß auch ein Phantasma, an dem das Urtheil und die Leidenschaft aller Menschen-Vergangenheit gearbeitet hat! Berg! Wolke! Was ist denn "wirklich" davon! — Dies gegen den Realismus, der es sich zu leicht macht: er wendet sich an die gröberen Vorurtheile der Nüchternen, welche meinen, gegen Leidenschaft und Phantasie gewappnet zu sein.   **421** *3.25–422 4:* Ihr nüchternen Menschen ... ihr Nüchternen! ... ihr Nüchternen —] *vgl. Goethe, Leiden des jungen Werthers, "Am 12. August", Werther im Gespräch mit Albert: "Ach ihr vernünftigen Leute! ... Schämt euch, ihr Nüchternen! Schämt euch, ihr Weisen!"*   **422** *4–7:* ihr ... sein.] nur dies fragt sich, ob einer an diesem Gedicht "Welt" fortdichten muß oder will oder ob er es nicht kann und folglich auch nicht muß — wie ihr! Ihr Nüchternen! Ihr Wiederkäuer! *Vs*

58. *Vs:* Es kommt so außerordentlich viel mehr darauf an, wie die Dinge heißen — als man glaubt.
59. *Vgl.* 11 *[53]*   *Vs:* Der Mensch unter der Haut ist den Menschen ein Gegenstand des Ekels; daran wollen sie nicht denken. Von „Verdauung" zu hören ist manchen Frauen unangenehm. Dies Gefühl stemmt sich gegen die Einverleibung des Wissens. Die Oberfläche, Gestalt und Haut anerkennen — ist menschlich.
60. *Vs: M III 5:* Du stehst nachdenkend unter Klippen und es brandet um dich mit dem ehernen Rhythmus der Brandung. Da gleitet unweit von dir, um eine Ecke biegend, wie aus dem Nichts plötzlich geboren ein großes Segelschiff, [in gespenstischer Schönheit und Stille] und seine todtenstille Schönheit erschien mir wahrhaft gespenstisch. Wir messen die Ruhe der Dinge nach dem Lärm, in dem wir gerade stecken: und so gelten Frauen für stille Plätze, nach deren Zurückgezogenheit ein Mann in aller seiner Brandung von Würfen und Entwürfen sich sehnt: aber dies ist nur eine actio in distans. — *N V 7, 189:* Du stehst denkend unter Klippen, und es brandet um dich — da gleitet unweit von dir die gespenstische Schönheit eines großen Segelschiffes vorüber, tonlos — *vgl. Ch. Baudelaire, Fusées VIII:* „*Ces beaux et grands navires, imperceptiblement balancés (dandinés) sur les eaux tranquilles, ces robustes navires, à l'air désœuvré et nostalgique, ne nous disent-ils pas dans une langue muette : Quand partons-nous pour le bonheur?*" *in Œuvres complètes, Paris 1968, 1253*
63. 426 *1–3:* führen? ... geben?] bringen? — während die Gedanken auf der tramontana zu reiten scheinen. *Vs*
64. *Vs:* ich fürchte daß die Frauen im letzten Verstecke ihres Herzens mehr Skeptiker sind als irgend ein Mann
68. 427 *7–9:* brachte ... Mann] zeigte Z⟨arathustra⟩ einen Jüngling: siehe! sagte man, das ist Einer, der durch die Weiber verdorben wird! .Z⟨arathustra⟩ *Vs*   *15–16:* Der ... Mann] Z⟨arathustra⟩ *Vs*   *19:* Dasein] Sein *Vs*   *23:* der ... Mann] Z⟨arathustra⟩ *Vs*   *24–25:* Der ... nicht] *fehlt Vs; vgl. Matth.* 19, 22
70. *Vs:* Von königlichen mächtigen Frauen habe ich bisher allein einen Begriff durch Altstimmen auf dem Theater bekommen (z. B. durch die Biancholini). — Zwar sollten sie nach der Absicht des Theaters gewöhnlich nicht diesen Begriff, sondern den von männlichen Liebhabern, z. B. von Romeo's erwecken — aber dies thaten sie bei mir niemals: ich hörte immer das Mütterliche Hausfrauenhafte hindurch: aber die ganz hohe Seele des Weibes, seine Fähigkeit zu grandiosen Entschließungen Opferungen Entgegnungen Plötzlichkeiten klang mir aus solchen Stimmen heraus — ein Ideal, dem gewiß auch hier und dort in der wirklichen Welt mehr entspricht als ein Stimmenklang.
71. *Vgl.* 8 *[69];* 12 *[110]*   428 *29–30:* vornehmen] *fehlt Rs*   429

12–13: Scham ... ertappen] *aus* Schamlosigkeit im Bunde zu finden *Cb¹*   *16–33:* Da ... sein] in der That, man hat sich da ein schauerliches Seelenmysterium geschaffen, und die Neugier selbst der weisesten Menschenkenner kann nicht errathen, wie tausendfach verschieden jedes Weib sich in dieser Räthsellösung zu finden weiß — namentlich, da ein tiefes Schweigen nachher wie vorher darüber beobachtet wird — fehlte dieser Reiz, wie langweilig wären uns die Frauen *Vs*   *30–31:* oder Busse] *fehlt Rs*   *33:* Kurz ... sein!] *fehlt Rs*

75. *Vs:* Der Unterschied zwischen den kleinen Weiberchen und den hochwüchsigen Frauen scheint mir so bedeutend daß ich mich nicht wundern würde, wenn man von 3 Geschlechtern statt von 2 redete. **431** *10:* Aristoteles] *N denkt an Stellen wie: Eth. Nic. 1123 b 6–8:* ὥσπερ καὶ τὸ κάλλος ἐν μεγάλῳ σώματι, οἱ μικροὶ δ'ἀστεῖοι καὶ σύμμετροι, καλοὶ δ'οὔ *und Rhet. 1361a 6–7:* ... θηλειῶν δὲ ἀρετὴ σώματος μὲν κάλλος καὶ μέγεθος ...

76. **431** *26–*432 *24:* Und ... will] Nun aber wächst und lebt dieser Glaube, und bringt sich damit in Gefahr — fortwährend schiebt und verschiebt sich das Bild der Dinge ebenso wie das was die Dinge sehn, hören und fühlen macht — fortwährend ist [das Streben dieses Glaubens] ein mächtiger Hang in diesem Glauben, schnell und plötzlich und ungeduldig zu wachsen d. h. zum Irrsinn zu werden! Leiden nicht die Begabtesten gerade am meisten diese Ungeduld und winden sich unter der Langenweile des Tempo's, welches jener Glaube nöthig hat? Sind nicht die Dichter und Künstler Merkmale der allgemeinen Lust am Ausbrechen jenes Irrsinns und gleichsam dessen Vortänzer? Es bedarf also des wissenschaftlichen Geistes und der tugendhaften Intellekte, es bedarf der unerschütterlichen Taktschläger bei dem ungeheuren Tanze der Gläubigen jenes Glaubens: es ist eine Nothdurft ersten Ranges, welche hier fordert und gebietet. Ohne sie wäre die Erde das Tollhaus der Menschen gewesen und dies nur eine kurze Spanne, nur eine Nacht — denn das Leben und die Dauer der Menschheit hängt an der Allgemeinheit und Allverbindlichkeit jenes Glaubens, an dem, was sie ihre „Vernunft" nennt. — Meine Freunde es ist eine Sache voller Wunder und Höhe, seine Vernunft zu haben und verbreiten und sie endlich gesetzgebend zu machen: das sind Thoren oder Menschen niederer Abkunft, welche über diese Wunderkeit *[sic]* und Hoheit spotten, weil sie, unter vielem Andern, auch eine gewisse Langsamkeit der Bewegung fordert — alle vornehmen Dinge sind langsam *Vs*

77. *Vgl. 12 [69]*   *Vs:* Die Gemeinheit gelegentlich im Gil Blas und in der italiänischen Oper erniedrigt mich nicht — sie beleidigt mich aber auch nicht, weil sie keine Scham kennt, sondern ihrer selber so gewiß

und sicher ist, als „Gutes". **432** *30:* Gil Blas] *vgl.* 7 *[81]* **433** *23–28:* Dagegen ... müssen] Das Gemeine in deutschen Werken (z. B. manche Wendungen in Wagners Tannhäuser und fliegendem Holländer) beleidigt mich unsäglich — aber es ist auch Scham dabei, und eine erniedrigende Condescendenz in der Seele des Künstlers selbst, deren ich bewußt werde — ich schäme mich mit ihm *Vs*

79. *Vgl. 12 [4]*
80. *Vs:* Menschen, die sich in schwieriger Lage befinden und gut über dieselbe zu sprechen verstehen. — Keine Illusion! Helle Geistigkeit, möglichst wenig Tiefen und Hintergründe der Leidenschaft! Alles muß Vernunft und Wort werden können! — Die Art der [antiken] tragischen Bühne zeigt an, daß sie der Illusion entgegenarbeitete: dasselbe lehrt auch die Art Sprache, welche alle Personen der Tragödie im Munde führen. — Umgekehrt: alle Meister der Oper lassen es sich angelegen sein, zu verhüten daß man ihre Personen verstehe. Ein gelegentliches Wort als Stichwort der Situation abgerechnet, überlassen sie es, daß die Situation sich selber erkläre — sie haben alle den Muth nicht gehabt, La la la singen zu lassen und das ganze als musikalischen Mimus zu geben: was die Oper zuletzt ist. Auch Wagner's Dichtungen, von denen noch Niemand im Theater etwas gehört hat, sind für Leser, nicht für Hörer geschrieben, und auch sie zeigen das Widerstreben aller Operncomponisten verstanden werden zu wollen — es soll ihnen nicht auf's Wort, sondern auf den Ton geglaubt werden. — Wagner's Dichtungen wie seine Musik setzen voraus, daß man Verse und Musik vor der Aufführung auswendig gelernt hat (man hört sonst weder die Worte, noch die Musik). **437** *9–21:* Selbst ... Musik] *aus* (Mit der Kunst Wagners steht es vielleicht ebenso, vielleicht anders — mitunter wollte es mir scheinen, als ob man [Text] Wort und Musik seiner Schöpfungen vor der Aufführung auswendig gelernt haben müßte: ohne dies hört man nämlich weder die Worte, noch die Musik. Oft wollte es mir auch anders scheinen.) *17:* Wagner's?] Wagner's? Vielleicht ebenso? *Rs; GA   Rs am Schluß gestrichen:* — Es könnte immer noch eine Musik kommen (von Frankreich oder Rußland her?), gegen welche die ganze Wagnerische Kunst unter den Begriff und die Rechtfertigung des recitativo (freilich als recitativo umido und selten nur secco!) fiele — eine Möglichkeit, welche man auch in's Auge zu fassen hat, wenn man über den delikaten Zusammenhang von Musik und Moral nachdenkt. — *vgl. als Vs dazu: 12 [168]*
81. *Die Anekdote findet sich bei Schopenhauer, Welt 1, 3. Buch § 36*   **437** *25:* Iphigenie] *von Racine*
82. *Vs:* Die antiken Baumeister hatten eine leichte Abneigung gegen die

strengen mathematischen Verhältnisse, das Mittelalter war gleichgültig in diesem Punkte: so steht es mit der Logik. Die Griechen sind sehr akkurat: die Franzosen auch, doch wollen sie einen kleinen Sprung ins Gegentheil, scheinbar (esprit). So auch im Takt der Musik, und im Sinn für das Gefühlvolle.   438 *18:* Est... Martial] *vgl. Martial. Epigr. IV, 80. 6:* „res est magna tacere"
83. *Vgl. 10 [B 23]*   *Vs:* Ich wollte, wir hätten den Muth, so zu übersetzen wie die Alten: nämlich in die Gegenwart, ganz abgesehen davon, wann der Schöpfer war und was er war und was er erlebte: für uns zurechtmachen und uns in ihm zurechtmachen, uns zu ihm hebend, uns ihm einwachsend! (z. B. Horaz den Alcäus — man ließ nicht nur weg, sondern fügte die Anspielung an die Gegenwart hinzu — man ließ auch den Autorennamen weg!)
84. 440 *15–16:* nachdem ... behält] *vgl. Stendhal, De l'amour, 233:* „Le vers furent inventés pour aider la mémoire."   442 *24:* Homer... Sänger!"] *nach Aristoteles, Metaph. 983a, 3, vielmehr ein Sprichwort:* ἀλλὰ κατὰ τὴν παροιμίαν πολλὰ ψεύδονται ἀοιδοί; *vgl. auch Solon, Fr. 21 (Diehl)*
86. *Vs:* Wenn der Tag dir starke und gute Gefühle gab, dann brauchst du die Kunst nicht — oder du stehst anders vor ihr, mit anderen Bedürfnissen und anderem Geschmack. Du begehrst nicht künstlich aufgestachelt und emporgehoben zu werden — es ist kein Müder, dem Flügel zu schenken sind —   444 *21–25:* aber ... Bildung!] sondern nur des Rausches! Und jenes als ein Mittel zu diesem? Die Theaterkunst als ein Narcoticum! Und die Dichter die Verfertiger künstlicher Weine! Narcotica! *Vs*   *25:* „Bildung" ... Bildung!] Cultur! — *Rs*
87. *Vs: 12 [37]*
89. *Vgl. 11 [170]*
90. *Vs:* Manche Niederschriften sind Lichter, mitten heraus aus den Strahlen einer uns wie aufleuchtenden Erkenntniß, andere sind Schatten, Nachbilder in grau und schwarz von dem, woran Tag's zuvor meine Seele sich auferbaute. Beide sind Material, aber das verschiedenste.
92. *Vs:* Die 4 großen Prosaiker   448 *9:* Der ... Dinge] *vgl. Heraklit, Fr. 53 (Diels-Kranz)*
93. *Vs:* Was liegt an einem Denker, der mit der nassen Feder in der Hand denkt! [Oder] Und an jenen Dichtern, die sich gar vor dem offnen Tintenfasse ihren Leidenschaften überlassen, auf ihrem Stuhle sitzend und aufs Papier starrend! Schreiben sollte eine Nothdurft sein, an die man nicht ohne Scham denken kann — schon das Gleichniß der Sache ist ekelhaft. —
95. *Vgl. 12 [121]; 15 [22]; 15 [37]; 15 [71]*   *Ns Quelle über Chamfort:*

P.-J. Stahl, Histoire de Chamfort, sa vie et ses œuvres, als Einleitung zu: Chamfort, Pensées — Maximes — Anecdotes — Dialogues ... nouvelle édition ... Paris o. J. (die „Histoire de Chamfort" ist Bruxelles, 4 octobre 1856 datiert) BN Vs: *N V 7, 13:* Ch⟨amfort⟩ dessen Spruch- und Scherzsammlung viell⟨eicht⟩ von allen Büchern der Welt am meisten die Kraft des Zitterrochens hat: zucken zu machen. *N V 7, 36:* Wie kommt es, daß trotz eines solchen Fürsprechers, wie Mirabeau ist, Ch⟨amfort⟩ den Franzosen bis heute fremd und unbequem ist, so daß selbst der unbefangene Geist S⟨ainte-⟩B⟨euve⟩s gegen Ch⟨amfort⟩ wie gereizt — — — *vgl. bei Stahl, a. a. O., 25: „La susceptibilité de M. Sainte-Beuve ..."; Stahl polemisierte gegen Sainte-Beuves Schrift über Chamfort (Causeries du lundi, IV, 414–434, Paris 1852)* *N V 7, 144:* Chamfort opferte seinen alten Menschen, den Menschen des alten Régime und that Buße, indem er nicht bei Seiten stehen blieb, sondern dem Volk beisprang. **449** 22: vielleicht ... Mutter] *Chamfort war uneheliches Kind, vgl. „Histoire de Chamfort", 12 f.* **450** 10–14: Mirabeau ... Chamfort] *vgl. 15 [22]; N hatte die Briefe Mirabeaus an Chamfort als Anhang zu der hier angegebenen Ausgabe von Stahl gelesen* 22–24: ein ... hatte] *vgl. Chamfort, a. a. O., 66: „La plus perdue de toutes les journées est celle où l'on n'a pas ri."* 27–30: „Ah! ... bronze —"] *Georg Brandes schrieb dazu an N (3. April 1888): „Die angeführten Worte sind nicht die letzten Chamforts, sie stehen bei ihm selbst: Caractères et Anecdotes: Gespräch zwischen M. D. und M. L. als Erklärung des Satzes: Peu de personnes et peu de choses m'interessent, mais rien m'interesse moins que moi. Der Schluß ist: en vivant et en voyant les hommes, il faut que le cœur se brise ou se bronze." Charles Andler (Nietzsche, sa vie et sa pensée, zweite Ausgabe, Paris 1958, I, 146, Anm. 4) nimmt an, daß N diese Anekdote der Einleitung von Arsène Houssaye zu seiner Ausgabe der Werke Chamforts (Paris 1857) entnommen habe; in dieser Ausgabe findet sich tatsächlich auch das von Brandes gemeinte Gespräch (im Text, S. 61), nicht jedoch in der N bekannten Ausgabe von Stahl, der zwar die „letzten Worte" Chamforts aus einem anderen Werk von A. Houssaye (Portraits du XVIIIe Siècle) in seiner „Histoire de Chamfort" (S. 50) zitiert, das „Gespräch" aber nicht als Fragment von Chamfort gekannt hatte. Zur Sache selbst meint Andler: „Cependant Chamfort a pu mourir en prononçant un aphorisme cité par lui bien avant."*
96. *Vgl. 8 [91]*
97. **451** 26–27: hierbei ... Schriftsteller] *der Schriften E. Dührings und R. Wagners* Vs 29: innerem] reinem Rs; *GA*
98. Vs: *N V 7, 141:* Wie hoch Shakespeare von Brutus dachte, zeigt sich

darin, wie er Cäsar gezeichnet hat „der beste Freund des Brutus" — einen solchen und noch dazu ein herrliches Genie, die Zierde der Welt muß man umbringen, wenn er der Freiheit nachtheilig ist — so denkt Shakespeare: die Tragödie muß Brutus heißen: es ist der Glaube Shakesp⟨eare's⟩ an große Menschen. vgl. dazu Zelter an Goethe: *„Voß behauptet geradezu: das Stück müsse nicht Julius Cäsar sondern Brutus heißen; Brutus dieser letzte Römer und Liebling des Dichters sei die Hauptperson"* (30. März 1830)   N V 7, 66: Kennt er die Zeit, so kenn' ich seine Launen — sagte Brutus vom Poeten — Brutus war philosoph. — Brutus, selbst Brutus verliert die Geduld als der Poet mit seiner Weisheit und Zudringlichkeit herankommt.   452 25–28: vielleicht ... Brutus!] *aus* es war vielleicht die Shakespeares! Es gab vielleicht auch für ihn einen „bösen Geist"! Und Größe der Tugend klang vielleicht auch seinem Ohre wie die Musik der nächtlichsten Schwermuth und Vereinsamung! Vs   26: kennt] kannte *Rs; GA*   453 1–2: klingt ... Selbstverachtung.] klingt und wirkt — als ob er uns sagte: Was bin ich, werft doch den Dichter hinaus! ich Wurm mit aller meiner Weisheit und Anmaßung! Warum zertritt man mich nicht! Ich bin zum Zertreten — hier im Angesicht des Brutus! Vs   7–9: „Kennt ... Schellen-Hanswurst!"] *vgl. Shakespeare, Julius Caesar IV, 3   Rs am Schluß gestrichen:* Auch dieser Freudebringer der Menschheit litt an der Selbstverachtung! An der Verachtung der Freuden, die er brachte!

99. *Vgl. 4 [307]   Vs:* Mancher Künstler vergreift sich sein Lebenlang in der Deutung der Gestalten, die er schafft, weil er als Denker zu schwach ist und keinen großen Überblick über alles Gedachte hat. Z. B. hat Richard Wagner sich bis in die Mitte seines Lebens durch Hegel irreführen lassen und dann noch einmal und gröber, als er Schopenhauer's Lehre aus seinen Gestalten herauslas: gewiß scheint mir, daß die Unschuld des Wollens, die innere *[?]* Rechtfertigung aller großen Leidenschaften, die Siegfried-Auslegung des Egoismus (welcher Recht hat, ein Wesen aus Ekel zu tödten trotz der Pietät und Dankbarkeit) ist *[sic]* tief gegen den Geist Schopenhauer's.   455 26–30: werden ... Verführer!] sein. Ja, Wagner folgt seinem Lehrer selbst in die Nebenwege, ja, bis hinab zu einzelnen Idiosyncrasien seines Geschmacks. *Cb¹*   456 34–457 18: Es ... Bayreuth S. 94.)] Die Kunst aber — seine Kunst so wohl wie alle Kunst — soll ja nicht „Lehrerin und Erzieherin für das unmittelbare Handeln sein wollen; der Künstler ist nur in diesem Verstande ein Erzieher und Rathgeber." (R. Wagner in Bayreuth S. 29) *Rs; vgl. WB 11 und 4 (Bd. 1, 506, 29–507, 3; 452, 15–17)*   457 4–5: Sei ... dir!"] *vgl. Goethes Leitsprüche zur zweiten Auflage (1775) des „Werther"*

100. *Vs:* Auch das Huldigen müssen die Menschen lernen: alle welche neue

Bahnen gehen, entdecken mit Erstaunen, wie ungeschickt und gedankenlos die Menschen im Ausdrucke ihrer Dankbarkeit sind, ja wie selten sie für die höchsten Förderungen auch nur Dank äußern. Die Art, wie ein umbildender und erschütternder Autor von seinen Lesern diese Wirkung zu spüren bekommt, ist oft lächerlich — oft beleidigend. Es ist als ob der Leser irgend wie an ihm seine Rache auslassen müßte oder sein Widerstreben, seine nicht aufgegebene Selbstständigkeit ihm besonders unartig bezeigen müßte — die besten Freunde werden oft unausstehlich dabei. — Nach einigen Geschlechtern lernt man erfinderisch im Danke sein — und dann ist gewöhnlich einer da, der der große Dank-Empfänger ist, nicht nur für das, was er selber Gutes erwiesen. So erntete Liszt, nachdem man ein Jahrhundert lang sich geübt hatte, den Virtuosen zu ehren; so erntet Wagner, nachdem die deutsche Musik in der ganzen Erde Freude zu machen verstanden hat, man huldigt dieser Musik, indem man ihrem berühmtesten Vertreter den Zoll entrichtet. So war es mit Bernini.

101. *Vgl. 12 [170]*
103. *Vs: N V 1:* Denkt man sich Beethoven neben Goethe, so erscheint er sofort als der „ungebändigte Mensch" (wie ihn Goethe selbst nach der Begegnung in Karlsbad bezeichnete) als der Halbbarbar, der Grillenfänger, der Selbstquäler, der närrisch Verzückte, der närrisch Unglückliche, der treuherzig Maaßlose neben dem Getrösteten, der Phantast neben dem Künstler. Beethoven war ungefähr das, was Rousseau gar zu gerne hätte sein mögen und als was er in den Augen seiner idealfähigen Leser lebte — damals nannte man es „Natur". Heute findet man wohl, daß damit nichts gesagt wird und daß Goethe natürlicher *[dazu Variante von M II 1, 70:* daß auch Goethe natürlich*]* sei. Man sehnte sich in jener Zeit nach dem gutartigen Halbbarbaren.   *459 18:* „Volk"] *Zusatz in N V 7:* ein Italiäner sagte mir die Deutschen verstehen sich besser auf schönen Lärm er zog des⟨ ◁ halb⟩ die deutsche Musik vor.   *459 18–460 12:* hinzu ... mehr] *aus* dazu, daß alle deutsche Musik wie ein Widerspruch und Hohn gegen vornehme ritterliche höfische Eleganz und Formstrenge klingt und sich im Grunde die Anmuth verbietet, da Anmuth wie ein wenig im Verdacht steht, „Eleganz" sein zu wollen: weshalb die deutschen Musiker sich nur eine gewisse ländliche ungeschulte bärbeißige Anmuth gestatten, welche auch im „Volke" vorkommt — eine Beethovensche Grazie. Von diesem Gesichtspunkt aus gesehen erscheint selbst jene jetzt *Rs*   *459 24–25:* „die ... Schönen"] *vgl. Goethe, Der Sänger*   *460 8–9:* „ungebändigte Mensch"] *vgl. Goethe an Zelter, Karlsbad, 2. Sept. 1812*
104. *Vs:* Die Deutschen mit ihrer Ehrfurcht vor allem, was vom Hofe kam, haben für ihre Schriftsprache (also in Briefen namentlich, Ur-

kunden Erlassen Testamenten usw.) die   462 27: Ausländers] Engländers Vs   28: Deutschen] Preußen Vs
106. 463 21–22: ein ... Gedanken] Z⟨arathustra⟩, daß er meine Gedanken mir Vs   27–28: sein ... möchte,] einer seiner Jünger. Ich möchte, erwiderte Z⟨arathustra⟩ Vs   464 1–5: nicht ... Finger] nicht widerlegt. [Ich habe Durst nach einer Musik, welche die Sprache der Morgenröthe spricht." Hier umarmte ihn einer seiner Schüler und rief] Als er dies gesagt hatte [schrie einer aus der Menge mit B⟨egeisterung⟩: O mein], rief der Jünger, der ihn gefragt hatte, mit Inbrunst: „Oh du mein wahrer [Meister] Lehrer! ich halte deine Sache für so [gut] stark, daß ich Alles Alles sagen werden, was ich gegen sie auf dem Herzen habe." Z⟨arathustra⟩ [lächelte] lachte bei sich über diese Worte und zeigte [auf ihn] mit dem Finger nach ihm: Vs; vgl. 12 [119]
107. Vgl. 11 [285]; 12 [29]   Vs: Hätten wir nicht die Künste gut geheißen und diese Art von Cultus des Unwahren erfunden: so wäre die Einsicht in die allgemeine Unwahrheit und Verlogenheit, die uns durch die Wissenschaft gegeben wird, nicht auszuhalten. Die Redlichkeit würde den Ekel und den Selbstmord im Gefolge haben. Nun aber hat unsre Redlichkeit eine Gegenmacht, die diesen Consequenzen ausweichen hilft: wir erinnern uns, daß wir das Lügen und das Belogenwerden gern haben und hoch stellen, falls Kunst dabei ist. Ecce homo.   464 18–23: die ... Dienstleistung] wir erinnern uns, daß wir den Lügner und das Belogenwerden gern haben und hochstellen, vorausgesetzt, daß Kunst dabei ist Cb¹   464 25–465 18: , und ... uns!] . So wollen wir denn zu Denen gehören, welche es dazu machen! welche es schön machen! Cb¹

Drittes Buch

108. Vgl. 14 [14]   Vs: N V 7, 16: Kurz, hütet euch vor dem Schatten Gottes. — Man nennt ihn auch Metaphysik.   N V 7, 104: Wir müssen auch den Schatten Gottes bekämpfen — und war es Jahrhunderte lang — so wird es lange, lange noch Höhlen geben, in denen
— — —
109. Vgl. 11 [108. 157. 201. 213]   Vs: M III 1, 49: Hütet euch zu sagen, daß die Welt ein lebendiges Wesen sei. Wohin sollte sie sich ausdehnen! Woher sollte sie sich nähren! Wie könnte sie wachsen und sich vermehren! — Hütet euch zu sagen, daß Tod dem Leben entgegengesetzt sei. Das Lebende ist nur eine Art des Todten: und eine seltene Art. — Hütet euch zu sagen, die Welt schaffe ewig Neues. — Hütet euch zu sagen, es gebe Gesetze in der Natur. Es giebt nur Nothwendigkeiten: da ist keiner der befiehlt, keiner, der gehorcht, keiner der übertritt. — Wenn ihr wißt, daß es keine Zwecke giebt, so

wißt ihr auch, daß es keinen Zufall giebt. Denn nur neben einer Welt von Zwecken hat das Wort Zufall einen Sinn. — Hütet euch zu denken, es gebe ewig dauerhafte Substanzen, wenn auch noch so klein: das Atom ist ein solcher Irrthum wie der Gott der Eleaten. Es giebt Büschel wie Kraftlinien, deren Ende mathematische Punkte sind, aber keine materiellen. Es giebt so wenig Materie als es einen Gott giebt. *M III 1, 34:* Das All ist noch lange keine „Maschine" — das heißt sein Wesen zu hoch taxiren. Wie! nach Einem Ziel hin construirt! *M III 1, 74:* Der tiefste Irrthum ist, uns das All selber als etwas Organisches zu denken — wir können ja ungefähr die Entstehung des Organischen uns nachrechnen und die Schritte zeigen, die nöthig sind. Wie! Das Unorganische wäre zuletzt gar die Entwicklung und der Verfall des Organischen! Eselei!! *M III 1, 18:* Hüten wir uns, etwas so Formvolles wie die kyklischen Bewegungen unserer Sterne, überhaupt und überall vorauszusetzen — schon der Einblick in die Milchstraße läßt Zweifel auftauchen, ob dort nicht viel rohere und widersprechendere Bewegungen vorkommen, Sterne mit ewigen senkrechten Fallbahnen usw. Wir leben in einer Ausnahmeordnung, und diese und ihre ziemliche Dauer, welche sie schafft, hat wieder die Ausnahme der Ausnahmen, die Bildung des Organischen ermöglicht. Der Gesamtcharakter ist dagegen in aller Ewigkeit Chaos, nicht im Sinne der fehlenden Nothwendigkeit, sondern der fehlenden Ordnung Schönheit Gliederung und wie alle unsere aesthetischen Menschlichkeiten heißen. Von unserer Vernunft aus geurtheilt sind die verunglückten Würfe ganz überwiegend die Regel, das ganze Spiel wiederholt sich ewig, die Ausnahmen sind aber nicht das geheime Ziel, auch „verunglückter Wurf" ist schon eine Vermenschlichung. *Cb am Schluß gestrichen:* Noch immer ist Prometheus seines Geiers nicht ledig geworden! **468** *2:* geradlinigen] *berichtigt in Ed²; He; GA* senkrechten *Ed; vgl. Gast an N, 22. Aug. 1882: „Die ‚ewig senkrechten Fallbahnen' sind unmöglich ..."* *17–22:* ihm ... getroffen!] den Werth des Daseins dadurch zu verunglimpfen, daß wir in das Wesen des Seins hinein „Herzlosigkeit Unbarmherzigkeit Unvernunft Mangel an edlem Gefühl usw." verlegen — wie die Pessimisten, aber im Grunde auch die Monadiker usw. Wir müssen es uns gänzlich unvernünftig-mechanisch vorstellen, daß es mit gar keinem Prädikat von ästhetischem und moralischem Werthe getroffen werden kann — es will nichts, es wird weder vollkommen, noch schön, noch edel usw. — Casp⟨ari⟩ p. 288 appellirt in schmählicher Weise an das „abmahnende Gefühl"! *M III 1, 74; N zitiert hier aus: Otto Caspari, Der Zusammenhang der Dinge. Gesammelte philosophische Aufsätze, Breslau 1881, BN*

110. *Vgl. 11 [335]* 469 *13:* gebe] gebe (worauf die Sprache beruht) Vs 26: Logik. Also:] Logik (z. B. jedes Ding sich selbst gleich, A = A: dergleichen giebt es in der Wahrheit nicht). Also: Vs 29–31: und ... Tollheit] in Frage kommt, wird nicht mehr enrsthaft gekämpft, hier gilt eine Leugnung als Tollheit, und auch der Gegner muß nach dem, was er „Irrthum" nennt, leben Vs 470 *14:* waren. Die] sind. Das idealvernünftige Wesen und Leben ohne Leidenschaft, die Tugend aufgebaut auf den entgegengesetzten Urtheilen, als die, wonach die Welt lebt. Die Vs 470 *18*–471 *19:* Jene ... Experiment] — Wo konnte allein der feinere Sinn der Wahrheit entstehen? Wo die Sätze für das Leben gleichgültig waren oder schienen oder wo die entgegengesetzten Sätze auf das Leben anwendbar waren, aber über den Nutzen gestritten werden konnte — die höhere Nützlichkeit als Argument der Wahrheit: das ist eine lange Stufe der Erkenntniß. Im andern Falle das Wahrheitsuchen als Spiel, auf das nichts ankommt (zuerst wohl die Arithmetik). Nachdem eine Unzahl Sätze wieder für festgestellt galten, wurden sie zusammengebracht und geriethen in Kampf mit einander: die Forscher nahmen Partei, die Neugierigen Müssigen ebenfalls, es entstand eine Beschäftigung, ein Reiz usw. — das Erkennen und das Streben nach dem Wahren ordnete sich als Bedürfniß ein: jetzt war nicht mehr die Überzeugung eine Macht, sondern auch die Prüfung, die Leugnung das Mißtrauen der Widerspruch, alle „bösen" Instinkte waren der Erkenntniß zuertheilt. Sie war ein Stück Leben selber geworden, damit ein Stück Macht. Und diese wächst! Sie bringt endlich einen Kampf im Lebendigen hervor, der Trieb der Wahrheit und die uralten lebenbedingenden Irrthümer stoßen gegen einander! Vs
111. 472 *6–18:* An ... ab] Auch der Grad von Skepsis und Unglauben war und ist höchst gefährlich — für das Fortleben — es muß der **Hang** entstehen, lieber zu bejahen als das Urtheil aussetzen, lieber zu irren, zu dichten als abzuwarten, lieber zu urtheilen und zu richten. Dieser unlogische Hang lieber zu urtheilen, lieber zu bejahen und zu verneinen ist ebenfalls ein Fundament der Logik. Dem Verlauf logischer Gedanken und Schlüsse muß im Gehirn ein Verlauf entsprechen — natürlich kein logischer — (was hat Phosphor und Kali mit „Gedanken" zu thun!) sondern ein Verlauf von Trieben (diese müssen alle sorgsam einzeln gezüchtet worden sein) Vs
112. *Vgl. 16 [16]*
113. 473 *29–30:* Viele ... Menschen] Zahllose Generationen von Gelehrten Vs 474 *1–7:* Und ... müßten!] Und wir sind noch fern davon, daß auch die künstlerischen Kräfte und die praktische Lebensweisheit sich zu dem System wissenschaftlicher Kräfte hinzugefunden hätten — ist immer noch eine Vorstufe. Goethe hat geahnt, was

zusammenkommen muß − und wie dann der Künstler und der Gesetzgeber und Arzt dürftige Alterthümer werden − − − *Vs*
114. *10:* Bild] Ding *Rs*
115. *Vs:* Der Mensch durch seine Irrthümer erzogen 1) er sah sich nur unvollständig 2) mit erdichteten Eigenschaften 3) in falscher Rangordnung 4) mit wechselnden Güter-Tafeln, so daß nach und nach verschiedene Triebe veredelt wurden.
117. 475 *23−*476 *5:* Gedankenfreiheit ... umgelernt] Das Machtgefühl ruft immer einen neuen Wettkampf hervor und Wechsel des Herrschers und des Eigenthums. „Gedankenfreiheit" war das Unbehagen selber. Wir empfinden Gesetz und Einordnung als Zwang und Einbuße: Jene aber empfanden den Egoismus des Einzelnen als peinliche Sache, als eine gelegentliche Noth. Lieber nachspringen! Auch der Herrschende suchte sich durch die Deutung des Zufalls und durch Geister-Winke abhängig zu machen. Der Frevel gieng **gegen** den Geschmack. Alles Individuelle ist böse, ist Wahnsinn! − Die christliche Moral hat gesiegt als Atavismus! *Vs*
120. 477 *3–4:* „Tugend ... Seele"] vgl. *J. von Arnim, Stoicorum veterum fragmenta I, Fr. 359*
122. *Vs:* Die große That des Christenthums ist die moralische Skepsis. Nun hat man auch die Skepsis auf seine religiösen Zustände auszudehnen. Und den Ton der Anklage und Verbitterung zu verlieren. Gegen Epictet sind wir voller geheimer Feinheiten und Einblicke: das Alterthum ist moralisch naiv. La Rochefoucauld setzt den Prozeß fort. (Vauvenargues trübt die Tendenz)
123. *Vs:* Auch ohne Leidenschaft der Erkenntniß würden die Wissenschaften gefördert werden − aus amour-plaisir und amour-vanité, dann aus Gewohnheit, um ihrer Nützlichkeit halber, ja aus Langeweile vor diesem und jenem. Es fehlen da die schrecklichen und heroischen Perspektiven.   479 *11–12:* amour-plaisir ... amour-vanité] *nach dem N bekannten Werk Stendhals „De l'amour"*
124. *Vs:* Wir haben das Land verlassen, mehr noch, wir haben nicht nur die Brücken, wir haben das Land abgebrochen und ins Meer geworfen. Nun, Schifflein! Sieh dich vor! Neben dir ist der Ozean! Gleich neben dir und um dich liegt die Unendlichkeit!
125. Vgl. *14 [25. 26] und Vs dazu; 12 [77. 157]*   *Vs:* Einmal zündete Z⟨arathustra⟩ am hellen Vormittage eine Laterne an, lief auf den Markt und schrie: ich suche Gott! ich suche Gott! − Da dort gerade Viele von denen zusammenstanden, welche nicht an Gott glaubten, so erregte er ein großes Gelächter. Ist er denn verloren gegangen? sagten die Einen. Hat er sich verlaufen wie ein Kind? sagten die Anderen. Oder hält er sich versteckt? Fürchtet er sich vor uns? Ist er zu Schiff gegangen? Ausgewandert? − so schrien und lachten sie durcheinan-

der. Zarath⟨ustra⟩ sprang mitten unter sie und durchbohrte sie mit seinen Blicken. Wohin ist Gott? rief er, ich will es euch sagen! Wir haben ihn getödtet — ich und ihr! wir alle sind seine Mörder. Aber wie haben wir dies gemacht? Wie vermochten wir das Meer auszutrinken? Wer gab uns den Schwamm, um den ganzen Horizont wegzuwischen? Ohne diese Linie — was wird nun noch unsere Baukunst sein! Werden unsere Häuser noch fürderhin fest stehn? Stehen wir selber noch fest? Stürzen wir nicht fortwährend? Und rückwärts, seitwärts, vorwärts, nach allen Seiten! — Giebt es noch ein Oben und ein Unten? Ist es nicht kälter geworden? Kommt nicht immerfort die Nacht und mehr Nacht? Müssen nicht Laternen am Vormittage angezündet werden? Hören wir noch nichts von dem Lärm der Todtengräber, welche Gott begraben? Riechen wir noch nichts [vom Feuer und der Asche in der Luft] von der göttlichen Verwesung? — auch Götter verwesen! Gott ist todt! ⌜Gott bleibt todt!⌝ Und wir haben ihn getödtet! Wie trösten wir uns, die Mörder aller Mörder? Das Heiligste und Mächtigste, was die Welt bisher besaß — es ist unter unseren Messern verblutet — wer wischt dies Blut von uns ab? Mit welchem [⌜Weih⌝] Wasser reinigen wir uns? ⌜Welche Sühnfeiern werden wir [feiern] erfinden müssen? Ist nicht die Größe [der] dieser That zu groß für uns? Müssen wir nicht [wachsen und fast] selber zu Göttern werden, um nur ihrer würdig zu erscheinen? Es gab nie eine größere That! — und wer nur immer nach uns geboren wird, gehört um dieser That willen in eine höhere Geschichte als [es] alle Geschichte bisher war."⌝ Hier schwieg Z⟨arathustra⟩ und sah wieder seine Zuhörer an: auch sie schwiegen und [waren] blickten befremdet auf ihn. Endlich warf Z⟨arathustra⟩ seine Laterne auf den Boden daß sie erlosch und in Stücke zersprang. „Ich komme zu früh, sagte er, [es ist] ich bin noch nicht an der Zeit. [Das] Dies ungeheure Ereigniß ⌜ist noch unterwegs und⌝ wandert [und wandert noch und] — es ist noch nicht bis zu den Ohren der Menschen gedrungen. ⌜Blitz und Donner brauchen Zeit, das Licht der Gestirne braucht Zeit, [Ereignisse] Thaten brauchen Zeit, auch nachdem sie gethan sind.⌝ [Es giebt [Ereignisse] Thaten, die sind euch] Diese That ist ihnen noch ferner als die fernsten [Sterne] Gestirne — und [wenn ihr selber sie auch] doch haben sie dieselbe gethan! *Vgl. Eugen Biser, Die Proklamation von Gottes Tod, in: Hochland (56) 1963, S. 137-152*

126. Vs: die mystischen Erklärungen sind die oberflächlichsten
127. Vgl. 12 [63. 74. 226]
128. Vs: M III 5: Menschen, die eigentlich nie denken, denen eine Erhebung der Seele unbekannt ist oder unbemerkt verläuft, denen aber doch die Zeit sich auch ausfüllen muß — was sollen diese am heiligen Stätten? Wie überhaupt sollen sie sich in wichtigen Lagen benehmen,

um sich verhältnißmäßig würdig zu benehmen? Dazu erfanden alle Religionen das Gebet, als eine lange mechanische Arbeit mit Anstrengung des Gedächtnisses und eine währenddem gleiche festgesetzte Haltung des Körpers, der Hände und Füße. Galt es gar, solchen Menschen die Unterdrückung ihrer Triebe zu erleichtern, so mußte der ganze Tag mit solcherlei Arbeit ausgefüllt werden — und darauf laufen die Ordnungen alter Convente hinaus. Und nun protestiren die lieben Protestanten und wollen Erhebung! Als ob man die überhaupt verordnen könnte!! *N V 7:* Das Gebet als würdige Zeitausfüllung — Hauptsache, daß es mechanisch ist.

134. *Vgl.* 11 *[274]; FW 145*   485 *28–29:* übermäßigen ... Erschlaffung] thörichten Abwendung der Inder von der Fleischnahrung und der dadurch bedingten Überbeschäftigung und [Entartung] Erkrankung des Magens *Cb¹*

135. *Vgl. 15 [66]*

137. *Vgl. M 38; 8 [97]*

139. *Vs:* Solche Naturen wie Paulus haben nur das Schmutzige von allen Leidenschaften kennen gelernt: die Juden haben ihren Idealismus nicht wie die Griechen auf die Leidenschaft gewendet, sondern auf die göttliche Reinheit davon: weshalb sie im Zustand der Leidenschaftlichen immer das Häßlichste dabei empfanden und sich fern von ihrer Idealität fühlten — ganz umgekehrt wie wir! Die Christen haben sich bemüht, hierin Juden zu werden — und alle Welt zu Juden zu machen.

140. *Vgl. 8 [27]*

141. *Vs:* Wie wohl es thut, daß an uns geglaubt wird, erkennt man daraus: niemand hat es anstößig gefunden, daß Gott seine Liebe zu dem Menschen von dessen Glauben an ihn abhängig machte. Wie kleinlich! „Wenn ich dich liebe, was geht's dich an?" ist höher.   489 *24–25:* Wenn ... an?] *vgl. Goethe, Wilhelm Meisters Lehrjahre IV, 9; Dichtung und Wahrheit III, 14*

143. *Vgl. 12 [7] Vs:* Ohne die Vorstellung anderer Wesen als Menschen sind bleibt alles Kleinstädterei, Klein-Menschelei: die Erfindung von Göttern Heroen und Übermenschen aller Art, so wie von Neben- und Untermenschen, Zwergen, Feen, Centauren war unschätzbar. Wir haben Wesen zur Vergleichung nöthig, ja wir können kaum die falsch ausgelegten Menschen, die Heroen- und Heiligendichtung entbehren. Freilich: dieser Trieb hat den größten Theil jener Kraft verbraucht, welche hätte auf die Erfindung und Ausdichtung eines eignen neuen Ideals verwandt werden können. Aber das Suchen eigner Ideale war kaum Aufgabe der früheren Menschen, ihre Aufgabe war vielmehr, den Menschen überhaupt nicht mehr unter ein Mittelmaaß, das erreicht war, herabsinken zu lassen. Die Götter und Heiligen

waren gleichsam der Kork, der die Menschheit oben auf dem Meere erhielt. „Selbstlosigkeit" war eine gute Predigt — damals: wozu eben auch das Verzichten auf ein persönliches Ideal gehört. „Haltet mit mir das allgemeine Menschenbild aufrecht, wehrt jedem, der etwas anderes will, wendet alle Kräfte hierher" — so empfanden die guten Menschen.   490 *13–16:* dem Ungehorsame ... Da] der Eifersucht und der Lüge. Man mußte so sein, wie das Gesetz und die allwaltende allgegenwärtige Sitte gebot: da *Rs*

144. *Vgl. 11 [298]*
145. 491 *24–29:* Damit ... sind] Umgekehrt: die Förderer narkotischer Denkweisen bevorzugen den Reis- und Kartoffelgenuß (angeblich als nicht-thierisch) und sind Gegner der Spirituosen, um allein das entstehende Bedürfniß zu befriedigen: Anpreisung der Ascese! *Vs*
146. *Vgl. N an Gast, 30. Juli 1882*
147. 492 *21–23:* Und ... Narcoticis] So war es immer. Die Religionen sind darauf hin anzusehen *Vs*
149. 493 *32–494 12:* Je ... sich] — die Cultur war im Inneren zuletzt stehen geblieben, an einzelnen Orten (Universität Athen) oder in philosophischen Schulen (Epik⟨uräer⟩ Stoiker). — Je allgemeiner und unbedingter ein Einzelner wirken kann, um so gleichartiger muß die Masse sein, auf die gewirkt wird; der verhältnismäßig geringe Einfluß einer so herrschlustigen Natur wie Richard Wagner beweist die Höhe der musikalischen Cultur. — Gegenbestrebungen sind nämlich Gegenbedürfnisse anderer Wesen, welche auch leben wollen. *Vs*
150. *Vs:* Ich gestehe: der Anblick der meisten christlichen Heiligen ist mir unausstehlich: wenn sie Tugenden haben, so haben sie immer auch die brutalste Art derselben.
151. 494 *27–28:* des religiösen Wahns] *Cb²; GA* der religiösen Gedanken *Ed*
152. *Vgl. 6 [112]*   *Vs am Schluß:* So könnte unsere Empfindung für moralisches Handeln und Urtheilen einmal unbegreiflich werden, durch Fortschritte der Physiologie Statistik und Lehre von der Gesundheit. Bei einem solchen Leibe ist eine solche Seele und deren Bewegungen bis ins Kleinste nothwendig — wie die Bewegungen eines Sonnensystems.
153. 496 *5–6:* kann, — so] kann — nec deus intersit, nisi dignus vindice nodus inciderit — so *Rs; vgl. Hor. Ars poetica, 191*
154. *Vgl. 13 [2]*
162. *Vgl. 11 [8]*
165. *Vs:* Ich habe mir manche Dinge so gründlich und auf so lange Zeit hin versagt, daß ich, beim zufälligen Wiederantreffen derselben, fast vermeinte, ich hätte sie entdeckt (z. B. die Freundschaft, die Musik, das Weintrinken, die Unterhaltung).

167. *Vgl. 15 [71]*
168. 499 *14–19:* Lobt... wolle;] „Wenn mein Feind mich lobt, so höre ich heraus, daß er für sein Lob gelobt sein will; wenn ein Freund mich lobt, so höre ich nur diess, daß er damit sich selber lobt" sagte Timon von Athen. *Vs*
169. *Vs:* Bei aller Tapferkeit vor dem Feinde kann man ein Feigling und Narr ohne Entschlossenheit in allen übrigen Dingen sein: Napoleon über Murat (den er mit Ney „die tapfersten Männer" nennt, die er gekannt hat). vgl. *Madame de Rémusat, Mémoires 1802–08*
176. 501 *16–19:* Wahrhaftig, ... parvenus"] Ich glaube, Talleyrand würde sich darüber so ausdrücken, wenn er jetzt wiederkäme: les souverains rangent aux parvenus; il y a partout trop d'arrivés en tout genre *Vs*
180. *Vs: 8 [79]*
183. *Vs:* Die ganz heiteren Menschen welche ein tieferes Glücksgefühl traurig macht, — die wahren Musiker
186. *Vgl. 6 [202]*
187. *Vs:* Die Art, wie manche Künstler ihre Sache sagen, beleidigt mich, sie halten uns für zu dumm und sich für zu erhaben, sie sind breit und nachdrücklich, als ob sie zu einer Volksversammlung redeten, und ihre Kunstgriffe, um Erstaunen und Rührung zu erwecken, sind ohne gutes Gewissen.
190. *Vs:* Wenn wir gelobt werden, haben wir immer etwas gethan, das uns mit dem Lobenden in Einen Rang versetzt: man wird nur von Seinesgleichen gelobt: d.h. wer dich lobt, sagt zu dir: du bist Meinesgleichen. *Vgl. Goethe: „Wen jemand lobt, dem stellt er sich gleich", Sämtliche Werke, 40 Bände, Stuttgart (Cotta), 1855/58, 3, 220, BN*
197. *Vs:* Was wir unter dem Siegel der Verschwiegenheit erfahren, theilen wir lieber als alles Andere an Andere mit, und zwar sammt dem Siegel.
198. *Vgl. 18 [2]*
207. *Vs:* Dem muß man keinen Sohn wünschen oder einen unbegabten — er ist so neidisch, daß er keine Begabung neben sich erträgt ja auch das Kind als Kind nicht erträgt
210. *Vgl. 16 [18]*
219. *Vs:* Vivisectio voluntaria. — Aber ihr wollt, daß es Strafen in der Welt gebe? Nun so sei dies der Wahlspruch: die Strafe soll den besser machen, welcher straft!
223. 507 *12:* hat."] hat — fügte er [ironisch] gutmüthig hinzu. *Rs*
225. *Vgl. 6 [414]*
226. *Vs:* Der Superlativ ist die [Erfindung] Liebhaberei der nicht ganz Ehrlichen. Wenn Andere an unsere Stärke glauben, sagen wir die stärksten Dinge schlicht und wenn wir selber daran glauben, ebenfalls. Der Eine läßt sich gehen, wenn er urtheilt, der Andere bändigt sich,

wenn er urtheilt und giebt sich eine Maske durch die Form seines Urtheils.
227. *Vs:* Er kann sich ersichtlich nicht beherrschen — und daraus schließen die Oberflächlichen, es sei möglich und sogar leicht, ihn zu beherrschen und werfen ihre Fangseile und Zügel ihm um den Hals — ihm dem Stolzesten, der vor seiner eigenen Überwältigung durch sich selber knirscht und Abscheu empfindet! Laßt doch den Wilden laufen —
229. *Vs:* Wir halten aus Trotz an einer Sache fest, die wir schon anfangen zu durchschauen. Wir müssen uns diesen Trotz leisten, dieses absichtliche Nichtsehenwollen!
230. *Vs:* Die gute Handlung, welche du verschweigst, macht dich als Ganzes beredter und überzeugend.
231. *Vs:* Die Langsamen im Erkennen meinen, die Langsamkeit gehöre zur Wissenschaft.
234. *Vs:* Wie wenig sehen die Menschen von der Feinheit! Wie verborgen oder mißverstanden ist aller Zartsinn! Wenn der Mensch *[?]* nicht wie nach einer Regimentsmusik dahermarschiert, glauben die Menschen, daß es ihm an Musik fehle.
235. *Vgl. 6 [322]*
236. *Vgl. 12 [112]*
237. *Vs:* Den Kuchen für den Cerberus bei sich haben —
238. *Vs:* Ich will mir das Land erobern, das Niemand noch besitzt.
240. *Vs:* Mit diesem schönen Ungeheuer möchte ich schon einige Heimlichkeiten gemeinsam haben.
249. *Vgl. 13 [7]*
250. *Vs am Schluß:* Der Teufel als Machtmittel konnte nicht unbenutzt bleiben! —
251. 515 *26–27:* Verkannte ... einbilden] Ich will euch das pudendum der großartigen Naturen zeigen: sie leiden anders als man sich denkt und sie selber in ihren Werken sagen *Vs*
254. *Vs:* „Ich bin immer tief beschäftigt, warum mich geniren?"
256. *Vgl. 15 [56]; 12 [154]*
257. *Vs:* Ich wußte nicht daß ich reich sei bevor ich solche Männer als Diebe an mir erfand.
258. *Vgl. 18 [7]*
259. *Vgl. 18 [6]*   *Vs am Schluß:* und floh in Eile.
261. *Vgl. 12 [80]*
265. *Vs:* So weit der Mensch auch kommen mag: seine letzten Wahrheiten sind immer nur — unwiderlegbare Irrthümer.
267. *Vgl. 9 [6]; 8 [48]*
268. *Vs am Anfang:* Heroismus: der gerechte Mensch weiß, daß er
269. *Vs:* Was willst du? — Das Gewicht der Dinge neu bestimmen.

270. 519 *8–9:* „Du ... bist"] *dieser von N oft zitierte Spruch stammt aus Pindar, Pyth. II, 72:* γένοι' οἷος ἐσσὶ μαθών.
273. *Vs am Anfang:* Scham ist das eigentlich menschliche Leiden; die Thiere kennen die Scham nicht.

Viertes Buch. Sanctus Januarius

276. *Vs: M III 5:* Dies wünsche ich mir, von mir: möge ich immer mehr mit ästhetischen Wagschalen wägen und immer weniger mit moralischen! möge mir das Auftauchen moralischer Urtheile als Wink [erscheinen] gelten, daß in diesem Augenblick meine Natur ohne ihre ganze Kraft und Höhe ist und gleichsam in den Pfaden der Vergangenheit und um die Gräber ihrer Vorwelt irrt! Möge ich immer mehr lernen, die Dinge schön sehen und mich dabei wohlfühlen! – so werde ich einer von denen sein, welche die Dinge schön machen! Aber keinen Krieg gegen das Häßliche! Wegsehen sei meine einzige Verneinung! Und, alles in Allem und Großen: ich will einmal nur ein Ja-sagender sein! *N V 7:* Mein Wunsch ist, daß immer weniger mit moralischen Wagschalen und immer mehr mit ästhetischen gewogen werde und daß man zuletzt die Moral als Merkmal der zurückgebliebenen Zeit und der ästhetischen Unfähigkeit empfinde! Lernen wir die Dinge schön sehen und uns immer dabei wohlfühlen: so werden wir die Dinge schön machen – aber führen wir keinen Krieg gegen das Häßliche! Wegsehen ist unsere Verneinung und Alles in Allem und Großen gesprochen: wir wollen einst nur Ja!sagende sein! *N V 8:* Noch lebe ich, noch denke ich. Ich muß noch leben denn ich muß noch denken sum ergo cogito, cogito ergo sum! [Ich muß, ich will, ich kann noch denken – ich würde nicht mehr leben ohne dies Muß und Will und Kann! Ja! Sicherlich! aber noch mehr auch dies!] Und so sei mir gegrüßt, erster Gedanke dieses Jahres! Grund Bürgschaft und Süßigkeit meines Lebens! Mein Wunsch, mein Geschenk – vor mir selber – für mich selber! – Jedoch: crux mea lux! lux mea crux! *vgl.* 12 *[231]* *M III 1:* Noch lebe ich, noch denke ich. – sum ergo cogito. 521 *20:* soll! Ich] soll! Ich will von Tag zu Tag mehr verlernen, mit moralischen Wagschalen zu wägen; ich will das Auftauchen eines moralischen Urtheilens als einen Wink hinnehmen, daß in diesem Augenblick meine Natur ohne ihre ganze Kraft und Höhe ist und in den Pfaden ihrer Vergangenheit und gleichsam um die Gräber ihrer Vorwelt irrt. Ich *Rs*
277. *Vs:* Auf einem hohen Punkte des Lebens sind wir am meisten in Gefahr, Thoren und Gläubiger der persönlichen Providenz zu werden: wenn wir merken, daß uns wirklich alle Dinge zum Besten

gereichen. Unsre praktische und theoretische Weisheit ist dann nämlich im Auslegen und Zurechtschieben auf ihrer Höhe.
278. *Vgl. 12 [114]*   *Vs:* Dies Gewühl der Stadt, diese Stimmen Begehrungen Ungedulden — das macht mir ein melancholisches Glück: es ist immer „die Stunde vor der Abfahrt" eines ⟨großen⟩ Auswandererschiffes — für Alle Alle ist sehr bald so stille.
279. *Vs:* Wir sind uns fremd geworden — das schadet nichts. Wir haben Jeder seinen Curs. Aber fremder und uns ehrwürdiger!
280. *Vs:* Stille Stätten zum Nachdenken inmitten unserer Städte bauen — die Kirchen umbauen dazu. Die Erhabenheit des Denkens und Sich-Besinnens soll im Bau liegen. Die Kirche soll dies Monopol nicht mehr haben — es ist der Menschheit theuer zu stehen gekommen, daß die vita contemplativa immer religiosa sein sollte!   *524 32–525 8:* und ... wandeln] — vielleicht aber könnten wir viele ihrer Bauwerke neben uns in unserem Sinn, zu unserem Sinn, umbauen, umschmükken. Einstweilen ist in einer reichen katholischen Kirche das Gefühl des Denkens **befangen** — ich wenigstens bin nicht grob genug dazu, meine Gedanken an solchen Stätten denken zu können. — — *Vs*
281. *Vs:* Die Meister ersten Ranges verrathen sich darin, daß sie auf eine vollkommene Weise zu Ende kommen, in der Melodie und im Leben.
283. *Vgl. 8 [34]*   *Vs: N V 5, 5:* Ich begrüße ein kriegerisches und anarchisches Zeitalter, weil es die Tapferkeit zu Ehren bringt: und diese wird den Heroismus in die Erkenntniß tragen!! Es giebt gar nichts Wichtigeres außer den großen Fragen der Moralität.   *N V 5, 6:* Die Tapferkeit als Trieb entwickeln: sie wird sich immer schon einen Stoff suchen, wo etwas zu überwinden ist. Dazu gehören: Heiterkeit des Helden, Geduld und Verachtung des Luxus und der Bürgerlichkeit, Mangel an Eitelkeit im Ganzen, bei Indulgenz gegen die kleine E⟨itelkeit⟩, Großmuth des Siegers (sich selber besiegen), freie Diskussion unter Sieggewohnten und -Erregten (über die Gunst des Zufalls): die Vergnügen und Erholungen des Tapferen. Kein Gott der Rache, noch des Mitleidens. — Schweigsam einsam entschlossen, in unsichtbarer beständiger Thätigkeit: unsere Feste kommen von Zeit zu Zeit und unsere großen Trauertage, nach eigenem Gesetze, ohne Kalender.
284. *Vs am Anfang:* Wer den Glauben an sich nicht hat, mitbringt, muß ihn auf dem Wege des Wissens um sich erwerben   *527 15–17:* haust ... Selbst-Ungenügsamen] haust. Es sind die höheren und feineren Naturen, welche sich selber erst schaffen müssen *Vs*
285. *Vs: N V 7, 80:* Indem ich mir alles Beten usw. versage, erhebt es, als ohne Abfluß, das ganze Niveau meines Sees.   *N V 7, 187–188:* Wie! Nie mehr beten — anbeten — absolut sich ergeben und ausruhen im Vertrauen — vor der letzten Weisheit, vor der letzten Güte

und Macht stehen, allein — ohne den fortwährenden Wächter, Freund — ohne Vergelter — ohne Verbesserer — ohne den Glauben, daß über uns hinaus die Gebirge ragen — ohne geheime Beihülfe — ohne Dankbarkeit — ohne Ausblick auf Gesetze, die in einem Intellekte wurzeln und dafür bewundert werden dürfen? Welche Verarmung! Und wohin werden sich alle diese Triebe entladen? Und welche Menge schlechten intellektuellen Gewissens wird entstehen, weil sie sich entladen müssen und sich dabei schämen! Nichts Festes! Nichts mit allen Gemeinsames! Mit den vergangnen und zukünftigen Wesen! Unsere abrundende ausdichtende Kraft, die wir fortwährend für die Natur anwenden, nicht mehr anwenden dürfen für die innere Welt! Daran daß Gott starb, müssen noch Unzählige sterben! Es ist noch zu zeitig! *527 29—528 1:* deinem ... Frieden] — du wirst es fürderhin deinem Auge verwehren, auszurunden, zu Ende zu dichten, du wirst Alles als das ewig Unvollkommene auf deinen Rücken nehmen und ohne den Wahn, daß du eine Göttin über den Fluß trägst Cb^1 *528 1–2:* die ... Frieden] den ewigen Krieg. Deine einzige Lust ist die des Kriegers Cb^1 *2:* Wiederkunft] *Ed* Wiederkehr Cb^2; *GA*

286. *Vs:* Dies Alles ist für solche gesagt, die in ihrer eigenen Seele etwas Glanz und Gluth und Morgenröthe haben.
287. *Vs: 12 [178]*
288. *Vgl. 12 [106]* *Vs: M III 5:* Mir scheint es, daß die besseren Menschen an die hohe Stimmung nur als an die Sache von Augenblicken, höchstens Viertelstunden glauben: an die zeitliche Dauer eines großen Gefühls zu glauben ist beinahe schon Beweis, daß man dies aus eigner Erfahrung kennt. Aber gar der Mensch eines solchen Gefühls sein, die Verkörperung einer hohen Seele — das ist immer noch ein Traum, doch wie ich hoffe ein vorwegnehmender Traum, der das erräth, was dem Menschen möglich ist. Es muß da sehr viel zusammenkommen, sehr viel Geist ist dazu nöthig, schon um unaufhörlich neue Gegenstände um sich oder in seinen Gedanken zu haben, an denen man das Gefühl seiner Höhe auslassen kann, sei es daß man ihre Niedrigkeit spüren macht, sei es daß man sie zu sich emporträgt. Ein fortwährendes wie-auf-Treppen-steigen oder wie-auf-einer-Wolke-ruhen ist für eine solche Seele der gewöhnliche Zustand, die Bewegung zwischen hoch und tief und das Gefühl von hoch und tief. *N V 7:* Die besseren Menschen glauben an die hohe Stimmung nur als Sache von kurzen Augenblicken und Viertelstunden. An die **Dauer** eines hohen Gefühls zu glauben ist beinahe schon Beweis, daß man dies kennt. Aber gar ein Mensch eines solchen Gefühls sein — das ist noch immer ein Traum, doch etwas Mögliches. Es gehört unter anderem sehr viel Geist dazu, um unaufhörlich neue

Gegenstände zu haben, denen man seine Höhe fühlen lassen kann, also etwas Niedriges als niedrig zu empfinden und fortwährend wie auf Treppen zu steigen.

290. *Vs: N V 4, 71:* Die Unfähigkeit sich zu beherrschen möchte sich als freie Natur drapiren. Ebenso auch der Überdruß an allzuvieler Künstlichkeit und Gehaltenheit der Personen: wie bei Pope. Starke Naturen suchen sich zu stilisiren und haben Freude am Analogen (in den Künsten, in ihren Gärten) Die tiefe Leidenschaft des Wollens erleichtert sich beim Anblick der stilisirten Natur: die schöne Gebundenheit und Vollendung im Zwange ist ihr Ideal. Selbst noch die schlechten Stile üben diese Kraft. Die schwachen, ihrer selber unmächtigen N⟨aturen⟩ finden in der Gebundenheit des Stils einen bitterbösen Zwang, sie fühlen daß wenn sie ihn sich auferlegen würden, sie gemein würden: sie werden sklavisch, wenn sie dienen.   *N V 4, 72:* Die Anlage vom Charaktere: genau übersehen, was die Natur bietet und es dann neu motiviren, im Sinne der Gesammtanlage (Scheinmotive, wie die Armut des Wassers durch Quellgötter usw. erklärt werden kann) Seine Schwächen und Stärken kennen, aber sie dann in einen künstlerischen Plan bringen, wo selbst die Schwäche entzückt. Es handelt sich nicht darum, Individuen überhaupt zu bilden: obschon das freilich das Fundamentale ist! Sondern — Auch einen bösen Hang kann man benützen, es giebt Idealisirungen. Wohlverstanden: es handelt sich nicht um ein Ausdeuten des Thatbestandes, sondern um ein Ausbilden, Abnehmen und Hinzuthun: eine große Masse zweiter Natur ist hinzuzufügen, und eine andere M⟨asse⟩ erster Natur abzutragen. Das Häßliche zu beseitigen oder nöthigenfalls ins Erhabene umzubilden: das Vage, der Formung Widerstrebende ist für Fernsichten aufzusparen um gleichsam weit hinaus zu winken. Ein schlechter Geschmack in diesen Dingen ist besser als gar keiner: denn alle die, welche an sich mit Widerwillen denken, sind sehr zu beklagen, und lassen es die Andern büßen. Ich zweifle nicht, daß alle Menschen, denen es in sich nicht wohl wird, in einer permanenten Rachestimmung sind. NB

291. *Vs:* 6. Nachdem Z⟨arathustra⟩ die Stadt ihre Landhäuser und Lustgärten und die Höhen und ⟨die⟩ bebüschten Hänge rings herum gesehen hatte, sagte er: diese Gegend ist mit den Abbildern vieler kühner Menschen übersät, ihre Häuser blicken uns wie Gesichter an — [sie haben verstanden fortzuleben — und sie haben gelebt! Das sagen diese Gesichter] sie haben gelebt! — wir haben fortleben wollen! Sie waren dem Leben gut, obschon sie gegen sich selber oft böse waren.   *532 15–26: Hier ... darf]* Mit diesem unermeßlichen prachtvollen Egoismus ist hier alles überwachsen, um jede Ecke biegend findest du den ausbeutenden Aneigner *Vs*

292. 533 *19:* „ich ... Gottes!"] *vgl. Meister Eckhart, Predigten und Schriften, Frankfurt-Hamburg 1956, 195*

294. *Vs:* Unangenehme Menschen bei denen jeder Hang gleich zur Krankheit wird und gleichsam die Krätze heraustreibt.

295. *Vs: N V 7, 177:* Meine Natur: sie will dieselben Dinge (auch Speisen) ganz regelmäßig eine gute Zeit genießen, ohne nach Abwechslung zu begehren — „kurze Gewohnheiten". Dann aber will sie, ohne Ekel zu empfinden, doch fort und nach etwas Neuem. Der fortwährende Wechsel wie die dauernde Gewohnheit sind mir gleich verhaßt — auch in Bezug auf Menschen. Ich dringe mit meinen kurzen Gewohnheiten in alle Tiefen einer Sache; meine Liebe, ja mein Glaube, ich würde nun dauernd hier genug haben, ist groß dabei. *N V 7, 179:* Ich liebe die kurzen Gewohnheiten und halte sie für unschätzbar, um etwas kennen zu lernen — aber ich hasse die dauernden, die uns unterjochen.

296. *Vs: N V 7:* Ehemals mußte man einen festen Ruf haben, und mindestens so charaktervoll scheinen als man war — es erzog die Charaktere. Jetzt wird das entbehrlich. — *M III 4:* In gefährlichen Lagen der Gesellschaft war es zweckmäßig, sich einen festen Ruf zu schaffen und seinen Charakter mindestens so sicher und unwandelbar erscheinen zu lassen als er war: diese Nöthigung erzog den Charakter und die Schätzung der Festigkeit von Ansichten brachte den Wechsel, das Umlernen, die Verwandlung des Menschen in schlimmen Ruf. Die Vorbedingung des Erkennenden: sich unverzagt gegen seine bisherige Meinung erklären und gegen alles, was in uns fest werden will, mißtrauisch sein — fehlte: ein solcher Zustand galt als unehrenhaft. Daß man sich auf einen Menschen verlassen kann, das hat den höchsten Werth in Zeiten des Kriegs: auch jetzt ist man noch weit davon entfernt, dem Soldaten auch das Recht der freien Entscheidung über den Krieg in die Hand zu geben. Die Versteinerung hat lange Zeit die Ehre für sich gehabt. *Rs am Schluß gestrichen:* Vielleicht wird keine Veränderung der Sitten dem freien Menschen und der Erkenntniß nützlicher sein als die Überhandnehmen der „unmoralischen" Denkweise der Amerikaner: in den Vereinigten Staaten gestattet sich ein Jeder, seine Art zu leben und sich zu erhalten, zehnmal zu wechseln und läuft keine Gefahr des bösen Leumundes — da wird man sich endlich auch gestatten, zehnmal seine Ansichten zu wechseln und zehnmal ein anderer Mensch zu sein.

297. *Vs:* Widersprechen können und Widerspruch vertragen können ist der wichtigste Schritt in der Cultur der Vernunft.

299. *Vs:* sich von den Dingen entfernen bis man Vieles nicht mehr sieht, oder sie um eine Ecke wie im Ausschnitt sehen — oder sie verdünnen — oder sie durch Glas sehen, oder ihnen eine Oberfläche und Haut

ohne volle Transparenz geben — so macht man die Dinge anziehend, begehrenswerth, schön! Das Kunststück der Kunst immer mehr ausdehnen und zur ganzen Lebenskunst zu machen! 538 20: sehen — oder] sehen — oder sie verdünnen und Wasser und Wein in ihren Mischkrug thun (dies zuletzt) — oder Vs 24: das … ablernen] — das sind meine Mittel, um die Dinge schön, anziehend, begehrenswerth zu machen — sie sind es an sich niemals! Von den Künstlern müssen wir diese Kunststücke lernen Vs

301. Vgl. 14 [8]   Vs: Der höhere Mensch unterscheidet sich vom niedern dadurch, daß er unsäglich mehr sieht und hört und denkend sieht und hört — und eben dies unterscheidet den Menschen vom Thier und die oberen Thiere von den untern. Die Welt wird immer voller, und der Angelhacken [sic], die nach unsrem Interesse ausgeworfen sind, werden immer mehrere: die Menge der Reize ist im Wachsen und ebenso die Menge der Arten von Lust und Unlust. Das Schau- und Tonspiel, das da vor uns angeführt wird, wird auch immer noch fortgedichtet, fortcomponirt, in die Tiefe und Länge hin — wir, die wir uns als Zuhörer und Zuschauer nehmen, wir Denkend-Empfindenden, sind es, die hier auch fortdichten und fortcomponiren: unsre Farben bleiben an den Dingen hängen und werden zuletzt auch den Nachgebornen sichtbar. — Und so gieng es immer, seit es Menschen und Thiere giebt: die geistigsten und empfindensten von ihnen wähnten sich als die Contemplativen und waren die eigentlichen Praktiker — die welche etwas machten, das nicht da war: — sie verkannten sich, wie auch wir uns noch verkennen. Das, was man gemeinhin „praktische Menschen" nennt, sind jene, welche unsre neuen Schätzungen, Farben, Accente, Perspektiven — unsere Erfindungen, allmählich sich einlernen und dann ihren Kindern anerben, anerziehn, einverleiben. Was nur Werth hat in der jetzigen Welt, das hat ihn nicht nach seiner Natur — seinem An-sich — sondern dem hat man einen Werth einmal gegeben, geschenkt — wir haben die Welt, die den Menschen überhaupt etwas angeht, geschaffen! 540 20: Farben, Gewichten] Cb^2; GA Farben, Accente Rs; Ed

302. Vs: 12 [129]   vgl. 15 [16]; 16 [21]

303. Vs: Mein Leben würde dem Beobachter keinen Fehlgriff mehr zeigen — ich verstehe es wie die Meister der Tonkunst, den wirklichen Fehlgriff und Zufall augenblicklich umzudeuten und einzureihen in das thematische Gefüge. So komme ich gar dahin, eine providenzielle Fügung für mich „dem Alles zum Besten dient", anzuerkennen — und mich selber zu betrügen. vgl. FW 277

304. Vs: Mir sind alle negativen Wege der Tugend zuwider! Thun — und

vieles muß abfallen, und es soll nicht einmal das Auge darauf sich richten!

305. *Vs:* Sich in die Gewalt bekommen, das ist das Erste — sagen alle Morallehrer. Nun gut! Dann ist das Zweite, genau wissen, wohin man seine Gewalt wenden will. Wir sind ärmer geworden, es giebt nichts Neues und Fremdes mehr, und die ewige Reizbarkeit dessen, der für seine Gewalt fürchtet, das Leiden des Stoikers ist hinzugekommen. Es ließe sich einiges für das Gegentheil sagen: in den Affekten leben und — — —

306. *Vgl. 15 [59]*   *Vs:* Epicurisch: sich Lage Person und Ereignisse aussuchen nach unserer Beschaffenheit und dann sich bescheiden und nicht über seinen Kreidestrich hinausspringen. — Für die Menschen, mit denen das Schicksal improvisirt, ist der Stoicismus rathsam, für die, welchen es einen langen Faden spinnt und eine Melodie absingt, der Epicureismus — aber für die unsäglich-Reizbaren und Feinen — — —

307. *Vs:* Wenn wir einen Irrthum wie eine todte Haut abstoßen, meinen wir uns willkürlich vielleicht aber war es die Zeit. Unsre Irrthümer erscheinen als solche nach neuen Lebensprincipien — es ist ein Zeichen des Lebens. Dies zu Gunsten der Kritik.

309. *Vs:* In meiner Seele ist ein düsterer und leidenschaftlicher Hang für das Wahre. Ach, ich habe oft die Erholung so nöthig! Wer wird so verführt wie ich, zu verweilen! Es giebt zu viele Gärten Armidens für mich! Und folglich so viele Losreißungen und Bitterkeiten des Herzens! Aber ein unüberwindlicher Zug treibt mich, und ich folge, oft wie geschlagen. Ich sehe das Schönste oft mit einem grimmigen Rückblick und bin ihm böse wie einem Verführer: und meine Redlichkeit peinigt mich wegen dieser Art von Rache. „Schicksal, ich folge dir" und wollte ich nicht, ich würde es müssen unter Schlägen seufzend. Das rührt mich zu Thränen. *Vgl. M 195*

310. *Vs:* Diese Wellen kommen so gierig heran, als ob etwas zu erreichen gälte und sie kriechen in diese innersten Winkel des felsigen Geklüftes hinein — ist denn dort etwas versteckt? Dann kommen sie etwas langsamer zurück — aber schon naht eine neue Welle, gieriger und wilder als die vorigen, und scheint wieder voller Geheimnisse und Schatzgräberei zu sein. Oh ihr Habsüchtigen, ihr Wissensgierigen —

311. *Vgl. 12 [161]*   *547 17–23:* Hier ... einmal] So wie ich nun einmal bin, wird es wohl nie bei mir an Handlungen und Gedanken fehlen, welche euch das Gefühl der eignen Überlegenheit und ein gutes Recht auf dies Gefühl geben. Ich bin nicht böse gegen Gesetz und Natur der Dinge, welche bewirken, daß einer mit seinen Mängeln und Fehlgriffen auch Freude macht." — Das waren freilich *Rs*   *27–28:* Ich ... fehlte.] vgl. *Cosima Wagner an N, 22. Aug. 1872; KGB II/4, 69*

312. *Vs:* Ich rufe meinen Schmerz „Hund" —
313. 548 *7–11:* malen ... wollte] malen: es giebt des Erhabenen zuviel, als daß man es mit der Grausamkeit verbunden brauchte! *Vs*
315. *Vs:* Wie Oliver Cromwell werde ich bei einem Sturm sterben.
316. *Vs:* Wieviel mögen die Thiere durch die Wolken-Elektricität leiden! Ihre Schmerzen sind ihnen Prophezeiungen des Wetters.
317. *Vs:* Ich bin mir des eigentlichen Pathos jeder Lebensperiode nie als eines solchen bewußt gewesen, sondern meinte immer, es sei der einzig jetzt mögliche und vernünftige Zustand und durchaus Ethos, nicht Pathos — mit den Griechen zu reden und zu trennen. — Ich irrte mich z. B. als ich im Winter 1880–81 an der „Morgenröthe" arbeitete, in Genua (via Palestro 18 N. 13 interno) — dies höchst einsiedlerische sparsame Leben war ganz und gar Pathos und jetzt, im Gefühle eines ganz anderen Zustands, klingt es mir aus ein Paar Tönen der Musik wieder, die in jenem Hause gemacht wurde: als etwas so Gutes, schmerzhaft-Muthiges und Trostsicheres, daß man dergleichen tröstliche Dinge nicht auf Jahre besitzen darf. Man wäre zu reich, zu überstolz — ja es war die Seele des Colombo in mir.
318. *Vgl. 13 [4]*   *Vs:* Unsere Lebensenergie muß zeitweilig auch vermindert werden können (dazu ist der Schmerz da: es ist ein Einziehen der Segel).
324. *Vs:* Nein, das Leben hat mich nicht enttäuscht — ich habe es immer voller gefunden.   552 *24:* wahrer] reicher *Rs; GA*
325. *Vgl. 12 [140]*
326. *Vs: M III 4:* Alle Morallehrer (wie auch alle Theologen) haben einen gemeinsamen Fehler: alle suchen den Menschen aufzureden, sie befänden sich schlechter als sie sich befinden: und es thue eine harte letzte radikale Kur noth. Mir scheint umgekehrt, daß die Menschen sich sogar besser in Wirklichkeit befinden als sie sich zu befinden glauben: sie haben sich insgesamt etwas von jenen Lehren einreden lassen und sind gern bereit, einmal zu seufzen und nichts mehr am Leben und seiner „süßen Gewohnheit" zu finden, auch unter einander betrübte Mienen zu machen als ob es doch recht schwer auszuhalten sei. In Wahrheit sind sie unbändig ihres eignen Lebens sicher und in dasselbe verliebt, sie [haben] üben viel List und Feinheit fortwährend, das Unangenehme zu brechen und den Schmerz in einen Segen umzudeuten. Man sollte erwägen, wie vom Schmerz immer übertrieben geredet wird — bei einem gewissen letzten Grade des Schmerzes tritt Ohnmacht ein, gegen geringere Grade giebt es Fieber halbe Betäubung Gedanken-Hast, Ruhe der Lage, gute und schlimme Erinnerungen und Absichten, Hoffnungen, Stolz, Mitgefühl [usw.] Narcotika. Der Mensch träufelt sehr viel Süßigkeit auf seine Bitternisse, gar bei seelischen Schmerzen, wo sich Erhabenheit und Tapferkeit oder Delirium

der Unterwerfung und Begnadigung einstellen. Ein Verlust — in Kürze lege ich mir die Sache als Gewinn aus! Auch vom Unglück des bösen Menschen haben die Morallehrer phantasirt, gar aber von dem des leidenschaftlichen Menschen — da haben sie oft gelogen und sein Glück weggelogen, weil es eine Widerlegung ihrer Theorie war, daß alles Glück erst durch Vernichtung der Leidenschaft zu erreichen sei. Wozu so hart leben wie die Stoiker? Das gewöhnliche Leben ist nicht schmerzhaft und lästig genug, um mit Vortheil die stoische Härte dagegen einzutauschen. Ja, wenn es eine **ewige Gefahr** dabei gebe, wie das Christenthum will! — und gerade darin, daß das Leben „nicht schmerzhaft und lästig genug" ist! — — *NV7:* Gemeinsamer Fehler der Morallehrer und Theol⟨ogen⟩, den Menschen aufzureden, sie befänden sich schlechter als sie sich befinden, es thue eine radikale harte Cur noth. Ich bin geneigt zu urtheilen: die Menschen befinden sich sogar besser als sie glauben.

329. *Vgl. 12 [117]*
330. *Vs:* selber Hände klatschen   *557 25–27:* Der ... er] Ich bedarf des Beifalls und des Händeklatschens nicht, [es sei denn] vorausgesetzt, daß ich meines eignen Händeklatschens sicher bin: dies aber kann ich *Rs*   *31–32:* Quando ... exuitur] *Tac., Hist. IV, 6*
331. *Vgl. 12 [44]; 14 [12]*
332. *Vs:* Was liegt an mir, sagte Z⟨arathustra⟩ wenn man nicht auch meine schlechten Argumente glaubt!   *558 18:* Was ... dir?] *vgl. M 488. 494. 539; 7 [45]; 7 [102]; 7 [126]; 7 [158]; 7 [151]; 15 [59]*
333. *Vs:* Non ridere, non lugere, neque detestari, sed intelligere! — Zuletzt ist aber intelligere nichts als die letzte Verfeinerung von jenen Drei — ein Resultat der Anpassung der verschiedenen sich widerstrebenden Triebe — sie alle müssen zu Erkenntnißorganen gemacht werden, jeder muß seine einseitige Ansicht der Dinge vorbringen. Jedem muß einmal der Intellekt ganz zu Gebote gestanden haben! Ego contra Spinozam.   *20–21:* Non ... intelligere!] *vgl. Spinoza, Ethica III, Praef.*   *559 1–24:* Art ... werden.] Gerechtigkeit: in summa eben jenes intelligere! Warum ließ er den Gegensatz des detestari fort? Das Amare? *Rs*
335. *564 3–4:* uns ... Redlichkeit!] *aus* „Nun, was denn? So sprich doch, alter Freund und Immoralist! Welches Wort will dir da nicht über die Zunge? Ach, du schweigst?" *Cb²*
336. *Vs:* Ich beklage es, daß große Menschen nicht eine so schöne Sichtbarkeit beim Aufgehen und Untergehen haben wie die Sonne. Warum leuchten wir nicht! mehr oder weniger? je nach unserer Lichtfülle?
337. *Vgl. 12 [76]; 14 [2]; M III 6, 165 schrieb N:* Hurrah! Auch ich will einmal eine lange Periode machen! Eine Druckseite lang! Dazu gehört freilich ein Blasebalg von Lunge!   *Vs: M III 5:* Unsere histori-

schen Studien sind jetzt im Ganzen noch arm und kalt an Gefühl, soweit sie die Geschichte des Menschen insgesamt betreffen — aber hier fangen wir eben an, die Kette eines zukünftigen sehr mächtigen Gefühls Glied um Glied zu bilden. Einstmals soll man beim Rückblick auf den Gang des Menschen alles empfinden, was der Liebende und der Geliebte Geraubte, der Märtyrer, dem sein Ideal zu Grunde gieng, der Greis, dem der Jugendtraum wach wird, der Held am Abend der Schlacht — und der Held am Morgen des zweiten Schlachttages empfinden. Bis jetzt haben historische Seelen mit kleinen Stücken der Vergangenheit so empfunden (sei es die Geschichte ihrer Familie ihrer Stadt ihres Landes) und Aristokratie sind im Ganzen überall zu finden, wo man die Kette eines langen Gefühls für die Vergangenheit trägt. Aber die höchste Aristokratie, die höchste Gattung der historischen Seelen ist noch zu schaffen, weil jenes Gefühl noch zu schaffen ist: Jeder der Erbe aller Vornehmheit alles vergangenen Geistes und der verpflichtete Erbe! — *Hier schließt sich unmittelbar das Fragment 14 [2] an* M III 4: In jener Stunde, wo auch der ärmste Fischer mit goldnem Ruder rudert   N V 7: wie die Sonne ihren Schatz ins Meer schüttet

339. *Vgl. 15 [62]*   568 *32-33:* zusammen, dass] zusammen und läßt sich nicht leicht wie aus einem Würfelspiele herausschütteln, daß Vs   569 *2-4:* etwas ... Mal!] immer verhüllt — und was sich ihnen enthüllt, thut dies einmal, [es ist Täuschung, auf eine Wiederkehr zu warten] *Vs*   *4-5:* Die ... Schöne!"] *vgl. das griechische Sprichwort:* δὶς καὶ τρὶς τὸ καλόν, *bei Plato, Gorgias 498 e und Schol.; Phileb. 59 e—60 a; bei Empedokles, Fr. 25 (Diels-Kranz)*   *12-13:* widerstrebend ... Weib!] verhüllend, verlockend, und hier und da, selten, und nur für die seltensten sich lüftend. Vita femina. *Vs*

340. *Rs am Schluß:* Fortsetzung auf S. 91 *[= M III 6, 94], wo Rs FW 36 steht; N wollte ursprünglich aus den zwei Aufzeichnungen über „letzte Worte" einen einzigen Aphorismus machen*   Vs: Sokrates verrieth sich   *24-25:* irgend ... Augenblick] aber der Schierling löste ihm noch einmal *Vs*   *26:* „Oh ... schuldig"] *vgl. Plato, Phaidon 118 a*   569 *27—570 4:* lächerliche ... rächen?] fürchtbare Wort heißt für den, der Ohren hat zu hören: dieser selbstherrlichste aller Griechen war Pessimist: mit seinem letzten Worte nahm er Rache am Leben. *Vs*

341. 570 *28-31:* wie ... Besiegelung? —] würdest du jener Athlet und Held werden, der diess Gewicht tragen und noch mit ihm emporsteigen könnte? Stelle dir den mächtigsten Gedanken vor Augen — und du wirst zugleich das Ideal erblicken, das vor den mächtigsten Menschen der Zukunft hergeht! *Cb¹*   dir ... Besiegelung? —] *aus dem Le*ben und dir selber gut [sein] [werden] um [— zu können] dies Ge-

wicht nicht als höchste Last, sondern als höchste Lust zu empfinden? *Cb²*   29: werden] geworden sein *Cb²*
342. Vgl. 11 *[195]*; Za I Vorrede I   *Vs:* und will machen, daß die Weisen sich wieder ihrer Weisheit und die Armen sich wieder ihrer Armut freuen   571 *17:* Thorheit] Weisheit *Cb¹*   *18:* ihres Reichthums] ihrer Armut *Cb¹*

Fünftes Buch. Wir Furchtlosen

343. *Vs:* Das größte neuere Ereigniß — daß der Glaube an Gott unglaubwürdig geworden ist, daß „Gott todt ist" — beginnt bereits seinen düsteren Schatten über Europa zu legen. [Was aber eigentlich damit geschehen ist, was Alles mit diesem Abbruch des Glaubens abgebrochen ist und noch abgebrochen werden muß, das erräth heute wohl noch Niemand in seiner ganzen Fülle und Folge;] Aber wer wüßte es ganz, was eigentlich damit sich begeben hat? Nachdem dieser Glaube abgebrochen ist, muß so Vieles noch abgebrochen werden, was auf ihm, an ihm gebaut war, und in ihn hineingewachsen war: diese ganze Fülle und Folge von Abbruch und Zerstörung, die noch bevorsteht, erräth heute wohl noch Niemand: — wie das auch billig ist: denn die größten Ereignisse werden am letzten und spätesten begriffen. Umgekehrt ist heute noch genug Dankbarkeit, Erstaunen, Frohgefühl vor den nächsten Folgen jenes Ereignisses im Vordergrund, weil — — — über das, was damit erreicht ist, namentlich unter uns Philosophen: denn der Horizont ist wieder frei, gesetzt selbst daß er nicht hell ist, und das Meer lag nie offen als es jetzt offen liegt. — Gestehen wir es ein wir Philosophen: dieser alte Gott, von dem man sagt, daß er gestorben ist, — war er nicht wie unser größter Feind? ...
344. 577 *13–15:* jener ... göttlich ist ...] *aus* der christliche Glaube [an den Werth der Wahrheit] an Gott als die Wahrheit, weil Gott „die Wahrheit ist", als ein „Jenseits" und „An sich" der Wahrheit *Vs*   *15–18:* Aber ... erweist?] Mit anderen Worten, es giebt und gab, in der Tiefe gesehen, bis jetzt in Europa eben nur „christliche Wissenschaft" ... Jede antichristliche Wissenschaft hat über ihrem Eingange das furchtbare Fragezeichen: „wozu — gerade — Wahrheit?" *Vs*   *17–18:* die Blindheit ... erweist? —] der Schein, die Lüge, die Thorheit, der Wahn der Thorheit? — *Dm*
345. *Ansatz einer früheren Fassung in Rs:* Moral als Problem. — Es macht bei einem Denker einen erheblichen Unterschied aus (— und gehört unter die stärksten Abzeichen [der ihm eingebornen Rangordnung im Reiche der Geister] seines Ranges), ob er irgend ein Problem als sein Problem und Schicksal hat, lebt, leidet, liebt, aus einem Nothstand, einer Entbehrung und Leidenschaft heraus oder ob er es nur

mit der Spitze des kalten neugierigen Gedankens eben noch erreicht und als etwas Fremdes, Neues, Wunderliches gleichsam betastet. 28–29: persönlich] mit Leib und Seele persönlich *Vs*

346. *Vs:* [+ + +] wir sind Ungläubige und Gottlose, aber beides in einem späten Stadium, nicht mehr mit der Bitterkeit und Leidenschaft des Losgerissenen, der sich aus seinem Unglauben noch einen Glauben, einen Zweck, oft ein Martyrium ⟨zurecht mache⟩n muß. Wir sind [kalt geworden und] abgesotten in der Einsicht und in ihr kalt und alt geworden, daß es in der Welt durchaus nicht göttlich ⟨zugeht ja⟩ noch nicht einmal nach menschlichem Maaße vernünftig, barmherzig oder gerecht: wir wissen es, die Welt, in der wir leben ist ungöttlich, unmoralisch, „unmenschlich", – wir haben sie [allzulange im Sinne unserer Verehrung unserer Lügnerei und Selbstverblendung sei es der Furcht sei es der Liebe inter⟨pretirt⟩] uns allzulange falsch und lügnerisch, aber nach dem Sinne unserer Verehrung das heißt unseres Bedürfnisses ⟨ausgelegt. Denn der Mensch ist e⟩in verehrendes Thier – aber auch ein mißtrauisches! [+] ⟨d⟩ie Welt ist nicht das werth, was wir geglaubt haben: [und der letzte Spinnenfaden von Trost, welchen Schopenhauer gesponnen hatte ⟨um an den Gl⟩auben von ehedem anzuknüpfen ⟨ist von⟩ uns zerrissen worden: eben das, gab er zu verstehen, sei der Sinn der ganzen Geschichte, daß sie endlich selbst hinter ihre [+]t kommt und ihrer satt wird. Dies Am-Dasein-Müdewerden, dieser Wille zum Nichtmehrwollen, das [+] des Eigenwillens, Eigenwohles, kurz „Selbstlosigkeit" als Ausdruck dieses umgekehrten Wollens: dies und ⟨nur dies⟩ wollte Schopenhauer mit den höchsten Ehren geehrt wissen, – hierin sah er die Moral, er glaubte ⟨für die⟩ Kunst nur insofern einen Werth zu sichern, als sie Zustände schafft, die als Vorbereitungen und Lock⟨mittel für⟩ jene gänzliche Umdrehung des Blicks, für jene endgültige Wegwendung, Loslösung dienen könnten.] das ist das Sicherste, dessen [wir heute] unser Mißtrauen habhaft werden kann. ⟨Wir w⟩agen nicht zu sagen, daß sie weniger werth ist; es erscheint uns beinahe komisch, wenn der Mensch in Anspruch nehmen wollte, Werthe zu ⟨erfinden, welch⟩e den Werth des Vorhandenen überragen sollten – gerade davon sind wir zurückgekommen, als von der ausschweifendsten Unbescheidenheit des Menschen [+ +]: die Welt ist über alle Begriffe mehr werth als wir zu denken vermögen – aber dies „mehr" ist eben etwas so Unfaßbares, so Negatives, daß es [leicht] auch etwas völlig Gleichgültiges wird.

347. 582 *13:* ärmliche ... Engen] ganz kurzsichtigen Thorheiten *Dm* 16–19: des ... vraie –)] aus der Pariser Parnassiens (dieser zierlichsten und dünnsten Nachwüchse der Romantik von 1830) *Dm* 582 *34–585 3:* Und ... vor] *aus* :das Verlangen nach

einem „du sollst" ist in beiden Fällen zuletzt schöpferisch geworden, es hat sich eine Person, eine Reihe von Fakten auf seine Bedürfnisse hin ausgelegt, zurechtgedichtet, verbunden, und an die Wände des Himmels geschrieben, z.B. jenes Faktum J⟨esus⟩ von N⟨azareth⟩ oder, im anderen Falle, das F⟨aktum⟩ das B⟨uddha⟩ heißt *Vs*

351. 587 *13:* ist] ist [und wahrhaftig es hat auch etwas zu verehren und nachzuahmen; seine Lieblingsheiligen sind die Franze von Assisi, die Menschen des überströmenden Herzens und der vergeßlichen milden Hand, welche ewig giebt, weggiebt, weggeben muß, Solche die beständig im Feuer einer mitleidigen Liebe geröstet werden] *Vs*

354. 593 *17:* sind. Es] sind [, ebenfalls in dem komischen Philosophen-Hochmuth von Ehedem: als ob der Mensch mit seinen Begriffen über die uns gegebne Perspektive, über unser Perspektivisches hinweg könne]. Es *Dm*

356. 595 *19–23:* gab ... wollte:] giebt Zeitalter, in denen man mit steifer Zuversichtlichkeit an seinen Zufall von Geschäft und Broderwerb wie an eine göttliche Fügung glaubt: *Vs*   596 *30:* Genies fangen] Genies vom Schlage eines Caesar und Napoleon fangen *Vs*

357. 598 *20–23:* hätte: ... geworden).] sondern indem dessen Grenzen und Reich [in Frage gestellt, und die Naturwissenschaft überhaupt als eine Erscheinungs=Wissenschaft zur Bescheidung ermahnte] umschrieb, als gültig für die Welt der Erscheinung.   598 *32–599 16:* Ja ... dümmsten −).] Ich würde für meine Person in allen drei Fällen ja sagen: mir erscheint ebenso Leibnitzens Aufdeckung eines viel größeren Umfangs unserer inneren Welt, als Kants Zweifel an der Letztgültigkeit unserer naturwissenschaftlichen Erkenntniß, vor Allem aber Hegels Heraushebung des „Werdens" gegenüber dem „Sein" als ein nachdenkliches Symptom deutscher Selbst-Erfahrung. *Vs*   599 *34:* haben: seine] haben: [− vielleicht sind wir heute deshalb die gründlichsten Atheisten, weil wir am längsten uns gesträubt haben, es zu sein.] seine *Dm*   600 *34:* werden. Was] werden. [Daß man sie etwa im jetzigen Deutschland besser höre als anderwärts, möchte ich am wenigsten zugeben.] Was *Dm*   602 *15:* Pessimisten!] Pessimisten! [So wenig sie Romantiker sind. Daß R. Wagners Schopenhauerei nur ein Mißverständniß, eine Romantik-Verlegenheit war habe ich bei anderer Gelegenheit angedeutet.] *Vs*

358. *19:* Der ... Geistes.] *aus* Die Deutschen und die Reformation. *Vs*   603 *10:* hat. Die] hat. [Aber im Norden denkt man mit Rousseau „der Mensch ist gut".] Die *Vs:*   *10–12:* in ... reden,] *aus* von Anfang an eine nordische Flachköpfigkeit *Vs*   *17:* gestattet ... Man] gestattet (und war es nicht der Luxus der Renaissance, den sich die Kirche damals gestattete?) Man *Vs*   *17–21:* Man ... abgieng] In allen kardinalen Fragen der Macht − wie wird Macht

erworben? wie wird Macht erhalten? − zeigte sich Luther, einmal als Deutscher, sodann als Mann des Volkes, dem alle Erbschaft einer herrschenden Kaste abgieng, verhängnißvoll kurz, vertrauensvoll, oberflächlich: Vs   605 4–6: der ... Tiefe,] deren Folgen mitschuldig ist, ich meine an der Vertrauensseligkeit der sogenannten „modernen Ideen" Dm
361. 609 24–29: Man ... artistisch ...] aus Und im Grunde, was lieben wir an ihnen wenn nicht gerade das: daß sie, wenn sie „sich geben", immer ein Schauspiel geben? ... Dm
362. 610 16–18: Napoleon ... sah] vgl. Madame de Rémusat, Mémoires 1802–08, I, 112; 8 [116]
363. 611 25 leerer Raum] dazu N in He: Horror vacui
364. 612 27 dich] Dm; GA; vgl. Goethe, Faust I, 1637 sich Ed
366. 614 5–27: Wir ... krumm] Die Gelehrten hätten vor allem nöthig, Künstler zu sein; so wie die Stubenhocker es nöthig hätten, zu tanzen und zu turnen: aber sie finden es nicht nöthig Vs   17–19: Das ... verräth] Man zweifle nicht: das geklemmte Eingeweide arbeitet mit, schreibt mit, und verräth sich in die Form des Satzes hinein: ebenso wie eine geklemmte eitle unverbesserlich-mittelmäßige [Litteraten] Schreiber-Seele, über welcher der Himmel niemals hell werden will Vs   615 3: wiederfindet. Jedes] wiederfindet [in Büchersäulen über Schreiber-Irrthümer blindgeworden oder in die „innere Welt" eines Eingeweidewurms auf Nimmerwiedersehen verirrt: ein Schauspiel, das Mitleiden macht, wenn man daran denkt, was sie waren, was sie „versprachen", in jenem Alter, wo man sich mit guter göttlicher Laune dem Teufel verschreibt, und sie sich „der Wissenschaft" verschrieben weil sie heute teufelsmäßig einhergeht! Sie haben sich selbst geopfert, diese Gelehrten: es ist kein Zweifel: und man glaube ja nicht, daß sie sich's hätten ersparen können, etwa daß sie nur das Opfer irgendwelcher ungeschickten Methode und Erziehungskunst geworden seien, wie es ihnen die oberflächlichen Weltverbesserer und Schreibteufel einreden möchten. Jeder tüchtige Gelehrte weiß es vom Grunde seines Herzens, daß es anders steht, daß es nämlich ohne ein solches Opfer gar keinen tüchtigen Gelehrten geben würde.] Jedes Vs
370. 620 1: Insgleichen] Dm; He; GA Desgleichen Ed   622 2: Verewigen bedarf] Verewigen [− das Apollinische, gemäß meiner alten Formel −] bedarf He   8: breitend] breitend (in diesem Falle rede ich von apollinischer Kunst.)] He; GA
373. Dm am Schluß gestrichen: Die Naturforscher des mechanistischen Bekenntnisses leugnen im Grunde gleich allen Tauben, daß es Musik giebt, daß das Dasein Musik ist, selbst daß es Ohren geben dürfe ... Sie entwerthen damit das Dasein.

375. 628 *1–8:* vierschröthigen ... macht ...] viereckigen Gegensätze [von „gut und böse"] ablehnt, [und gerade am Unmoralischen und Verbotenen die Reize seiner Zwischenfarben und Schatten, die Lichter seines Nachmittags, die schillernden Spiegel seines Meeres zu genießen weiß.]eine Übung, ein Vorbehalt, ein leichtes Zügel-Straffziehn bei jedem vorwärts stürmenden Verlangen nach Gewißheit, [nach dem Ja oder Nein ohne] eine Lust an der Selbstbeherrschung von Roß und Reiter ... denn wir haben, nach wie vor, ein feuriges Thier unter uns, wir sitzen auch jetzt noch stolz auf unserem ungestümen Rosse. *Vs*
377. 23–29: Es ... es?] Wie Wenige oder wie Viele es sein mögen, es fehlt unter den Europäern von Heute nicht an solchen, die ein Recht haben, sich in einem auszeichnenden und ehrenden Sinne Heimatlose zu nennen, — und diese Wenigen oder Vielen sind es vornehmlich, an welche dies Buch sich wie an seine vorbestimmten Hörer wendet. *Dm* 629 *7:* zurück, wir] zurück, wir schmeicheln weder den Massen, noch den Dynastien, wir *Dm* 631 *11–15:* Nein ... Glaube!] Wir Heimatlosen, wir haben gar keine Wahl: wir müssen nunmehr Eroberer und Endecker sein! Vielleicht, daß wir, wessen wir selbst entbehren, wessen wir uns selbst beraubten, unseren Kindern einst noch hinterlassen — neue Ideale, neue Realitäten, eine neue Heimat! — — *Dm*
379. Zwischenrede des Narren. —] Wir Künstler der Verachtung. — *aus* Wir Furchtlosen. — *Dm*
380. 632 *28:* „Der ... redet. —] Vom Ziele und vom Wege. — *Dm* 633 *19:* reinen Himmel] ein Gewissen *Dm* *24:* es ... Kraft] zu überfliegen, wenn man will *Dm* *Dm am Schluß gestrichen:* Aber wißt ihr auch, was Romantik ist? — *aus* Doch ihr versteht das nicht, was mir Romantik heißt?
381. *Vs:* Es giebt eine strenge Optik, auf welche ein Schriftsteller so gut wie ein Maler hält: „stellt euch dorthin — oder laßt mein Bild in Ruhe!" Jedes gute Ding ist nur in einer gewissen Ferne gut.
383. 637 *19:* Lesens] *Dm; GA* Lesers *Ed* 638 *4–5:* Nicht ... freudenvollere!] *nach Schiller, An die Freude* *11:* „des Sängers Fluch"] *nach Uhland*

Anhang: Lieder des Prinzen Vogelfrei

Dichters Berufung. *Vgl. IM* Vogel-Urtheil 640 *9:* harr'] wart' *Dm* *13:* Was ... hüpft] Schlüpft dergleichen her *Dm* *20:* Des ... Leibchens] In den Sinn der Wörtchen *Dm*
Im Süden. *Vgl. IM* Prinz Vogelfrei 641 *23:* mit] von *Dm*
Die fromme Beppa. *Vgl. IM* Die kleine Hexe

Der geheimnissvolle Nachen. *Vgl. IM* Das nächtliche Geheimniss
Liebeserklärung *Vgl. IM* Vogel Albatross
Lied eines theokritischen Ziegenhirten. *Vgl. IM* Lied des Ziegenhirten
„Diesen ungewissen Seelen". 646 *1:*„Diesen ... Seelen"] An gewisse Lobredner. *Rs* Gegen gewisse Lobredner *Vs*   *4:* Ehren ... Quälen] Nehmen ist ein Stehlen *Vs*
„Mein Glück!" 648 *1:* „Mein Glück!"] Und noch einmal! *Rs*
Nach neuen Meeren. *Vgl. Bd. 10, 1 [15]; 1 [101]; 3 [1]; 3 [4]*   649 *1:* Nach ... Meeren.] „Nach neuen Meeren."/oder/Columbus *Rs*   *9:* Unendlichkeit] Unsterblichkeit *Rs*
Sils—Maria. *Vgl. Bd. 10, 3 [3]*
An den Mistral. 650 *20]* Wogen peitschen, Meere zwingen *Dm*   *22–23:* Senkrecht ... durch] Rückwärts mit der Ferse stoßen, / Daß dein Wagen in *Dm*

Band 4
Also sprach Zarathustra I bis IV

In FW 342, d. h. im letzten Aphorismus der ersten Ausgabe (1882), tritt die Gestalt Zarathustras zum ersten Mal öffentlich auf: Dieser Aphorismus ist identisch mit dem Anfang der „Vorrede" in *Also sprach Zarathustra*. Doch findet sich Zarathustra in Ns Aufzeichnungen schon ein ganzes Jahr vor Erscheinen der *Fröhlichen Wissenschaft*. Anfang August 1881 hatte N den Entwurf über die „Wiederkunft des Gleichen" geschrieben; drei Wochen später, und zwar genau datiert: „Sils-Maria 26. August 1881", taucht der Name Zarathustras auf im Zusammenhang mit einem – von nun an in den nachgelassenen Fragmenten immer wiederkehrenden – Titel zu einem neuen Werk: *Mittag und Ewigkeit* (vgl. Bd. 9, 11 [195. 196. 197]). Noch unbekannt ist die genaue Quelle, aus der N diesen Namen übernommen hat. Eine Stelle aus Emersons *Versuchen*, die N damals besonders intensiv las („ich habe mich nie in einem Buch so zu Hause und in meinem Hause gefühlt ... ich darf es nicht loben, es steht mir zu nahe", notierte er dazu; Bd. 9, 12 [68]), sei hier als die vielleicht nächstliegende Quelle zitiert (sie ist in Ns Exemplar mehrfach unterstrichen und angestrichen, und am Rande glossierte er: *Das ist es!*):

> Wir verlangen, daß ein Mensch so groß und säulenförmig in der Landschaft dastehe, daß es berichtet zu werden verdiente, wenn er aufstünde und seine Lenden gürtete und einem andern solchen Ort zueilte. Die glaubwürdigsten Bilder scheinen uns die von großen Menschen zu sein, die bei ihrem ersten Erscheinen schon die Oberhand hatten und die Sinne überführten; wie es dem morgenländischen Weisen erging, der gesandt war, die Verdienste des Zaratustra oder Zoroaster zu erproben. Als der Weise von Yunnan in Balk ankam, so erzählen uns die Perser, setzte Gustasp einen Tag an, an dem die Mobeds eines jeden Landes sich versammeln sollten, und ein goldener Stuhl wurde für den Weisen aus Yunnan in Bereitschaft gehalten. Darauf trat der allgemein geliebte Yezdam, der Prophet Zaratustra in die Mitte der Versammlung. Der Weise von Yunnan sagte, als er jenes Oberhaupt erblickte: „Diese Gestalt und dieser Gang und Haltung können nicht lügen, und nichts als Wahrheit kann daraus hervorgehen". [S. 361]

Zarathustra wurde zum Protagonisten von Sentenzen und Anekdoten (wie solche aus dem Leben eines antiken Weisen) in zwei Heften aus dem Herbst 1881 (N V 7 und M III 4). Es handelt sich um die Vorstufen zu FW

68, 106, 125, 291, 332, sowie um die nachgelassenen Fragmente von Bd. 9: 12 [79. 112. 128. 131. 136. 157. 225] und 15 [50. 52]. 12 [225] ist wiederum ein bedeutsamer Titel: *Zarathustra's Müssiggang*, dessen N noch im September 1888 (vgl. den Kommentar zu GD) gedacht haben muß (wie auch des Fragments 12 [112], vgl. GD *Sprüche* 1). Doch blieb der Name Zarathustra zunächst dem letzten Aphorismus (342) der *Fröhlichen Wissenschaft* vorbehalten, in allen übrigen Aphorismen verschwand er. Die Vorstufen zu den erwähnten Aphorismen geben keinen Aufschluß über die Entstehung der charakteristischen literarischen Form des *Zarathustra,* und die biblisch anmutenden Verse von FW 342 tauchen im Manuskript ganz unvermittelt auf: Sie sind ein Novum, zu dem die Vorstufen der Aphorismen 68, 106, 125, 291, 331 keine Vorbereitung darstellen. Lediglich das Fragment 12 [225] enthält eine Wendung – „So sprach Zarathustra" – die den Titel *Also sprach Zarathustra* zu antizipieren scheint.

Die nachgelassenen Fragmente der Bände 10 und 11 bilden den unumgänglichen, ergänzenden Hintergrund der vier Teile von *Also sprach Zarathustra*. Die Parallellektüre von Werk und Nachlaß wird durch den Kommentar erleichtert, der – im Unterschied zu allen anderen Kommentaren der KSA – außer den eigentlichen Varianten der Überlieferung in engerem Sinne (Vs, Rs, Dm, Cb, Ed, He) auch die für den *Zarathustra* wichtigsten Texte des Nachlasses (Bde. 10–11) noch einmal wiedergibt. Aus dem gesamten Komplex läßt sich mancher Schluß über Ns Schaffen in der Zarathustra-Zeit ziehen. Wenn N von den vier Teilen seines Werks als von „Zehn-Tage-Schöpfungen" spricht (vgl. EH, Bd. 6, S. 341), so gilt das offensichtlich nicht für das Auftauchen der Grundgedanken und ihrer Ausführung, der verschiedenen Parabeln, Gleichnisse, Sprüche, der dichterischen Einfälle und erzählerischen Einrahmungen, der einzelnen Personen usw. in seinem Nachlaß, sondern vielmehr für die eigentlichen Vorstufen und Reinschriften des jeweiligen Teils. N trug ständig, beinahe täglich (oft während seiner Spaziergänge), seine Aufzeichnungen in Notizbücher ein; er schrieb sie dann in größere Hefte ab (vgl. N an Peter Gast, 30. September 1879, zitiert in der Vorbemerkung zum Kommentar von WS), ohne sich zunächst an einem bestimmten Plan zu orientieren, bzw. nach einer Disposition seines Materials suchend oder schon umrissene Anordnungen ändernd. Wenn er dann zur Abfassung eines Teils von *Also sprach Zarathustra* schritt, so konnte er ihn deshalb so rasch vollenden, weil er sich darauf vorbereitet hatte, ohne den literarischen Ausgang seiner Arbeit im voraus zu wissen. Diese letzte Arbeitsphase ist die der eigentlichen Vorstufen und Reinschriften zu den jeweiligen Teilen von *Also sprach Zarathustra*. Sämtliche Aufzeichnungen, die dieser letzten Phase vorangehen und mit ihr in vielfacher inhaltlicher und formaler Beziehung stehen, werden als nachgelassene Fragmente veröffentlicht und z.T. im Kommentar wiedergegeben. Wie aus den nachgelassenen Fragmenten ersichtlich, plante N jeweils nach Vollendung eines Teils des *Zarathustra* verschiedene Fortsetzungen seines Werks, die dann verworfen wurden. Dasselbe geschah – bis zum Herbst 1888 – auch nach Vollendung von *Also sprach Zarathustra* (Anfang 1885).

Der erste Teil von *Also sprach Zarathustra* entstand im Januar 1883. N schickte das fertige Druckmanuskript am 14. Februar von Genua aus nach Chemnitz; es ist also glaubhaft, was er in EH schreibt: „die Schlußpartie ... wurde genau in der heiligen Stunde fertig gemacht, in der Richard Wagner in Venedig starb". (Wagner war am 13. Februar 1883 gestorben.) Die handschriftliche Überlieferung ist lückenhaft; es fehlen die meisten Vorstufen, und nur zu einem Teil der *Vorrede* ist die Reinschrift vorhanden. Der Verlust an Manuskripten läßt sich durch den Bruch Ns mit Paul Rée, Lou von Salomé und seinen Angehörigen erklären: Die erhaltenen Notizbücher aus jener Zeit enthalten tatsächlich zahlreiche Briefentwürfe an die genannten Personen (nebst Fragmenten zum *Zarathustra* und anderer Art). Die Hypothese einer Vernichtung von Notizbüchern, die noch mehr und noch schärfere Äußerungen gegen die Angehörigen enthielten, liegt sehr nahe. Das Druckmanuskript wurde später, nach Peter Gasts Aussage, von N selbst verbrannt zusammen mit denen des zweiten und dritten Teils. Der Druck dauerte vom 31. März bis 26. April. Die Korrekturen wurden gleichzeitig von N und Peter Gast gelesen. Ende April erschien: *Also sprach Zarathustra. Ein Buch für Alle und Keinen*, Chemnitz 1883, Verlag von Ernst Schmeitzner (= Za I).

Der erste Teil von *Also sprach Zarathustra* wurde erst zum „ersten Teil" (dieser Hinweis fehlte auf dem eben zitierten Titelblatt), als der zweite erschien. Dieser entstand im Frühjahr/Sommer 1883. Anfang Juli schritt N in Sils-Maria zur Abfassung des Druckmanuskripts, das er Mitte Juli in die Druckerei schickte. Die handschriftliche Überlieferung des zweiten Teils ist so gut wie lückenlos, was die Vorstufen und Reinschriften der einzelnen Kapitel betrifft. Zwischen Ende Juli und Ende August wurde die Korrektur gelesen (wie immer durch N und Gast) und gedruckt; das Werk erschien unter dem Titel: *Also sprach Zarathustra. Ein Buch für Alle und Keinen. Zweiter Theil*, Chemnitz 1883, Verlag von Ernst Schmeitzner (= Za II).

Zwischen Ende Sommer 1883 und Anfang 1884 arbeitete N am dritten Teil. Die handschriftliche Überlieferung ist auch bei diesem Teil vollständig (lückenlose Vorstufen und Reinschriften zu den einzelnen Kapiteln). Ab Ende Februar 1884 lasen wiederum N und Peter Gast die Korrekturen; das Werk erschien Ende März: *Also sprach Zarathustra. Ein Buch für Alle und Keinen. Dritter Theil*, Chemnitz 1884, Verlag von Ernst Schmeitzner (= Za III).

Zunächst empfand N den dritten Teil als die Vollendung von *Also sprach Zarathustra*. Das ganze Jahr 1884 ist bis zum Herbst von intensiver theoretischer Beschäftigung gekennzeichnet (vgl. Bd. 11, S. 9–296), wenn auch nicht ohne Zarathustra-Aufzeichnungen. Im Winter 1884/85 plante N zunächst ein Zarathustra-Werk unter dem Titel *Mittag und Ewigkeit* (wiederum in drei Teilen); er fand dafür keinen Verleger. Schließlich entschied er sich für die Veröffentlichung eines vierten und letzten Teils des *Zarathustra* auf eigene Kosten. Die handschriftliche Überlieferung dieses Teils ist vollständig erhalten (Vorstufen, Reinschriften und auch Druckmanuskript). Korrekturen wurden von N und Gast ab Mitte März 1885 gelesen. Mitte April erschien: *Also sprach Zarathustra. Ein Buch für Alle und Keinen. Vierter und letzter Theil*, Leipzig 1885, bei Constantin Georg Naumann (= Za IV). Es wurden nur 40 Exemplare gedruckt, die N zu einem kleinen Teil Freunden und Bekannten zukommen ließ. Eine Gesamtausgabe der ersten drei Teile, deren Lagerbestände zusammengebunden wurden, erschien im Jahre 1886: *Also sprach Zarathustra. Ein Buch für Alle und Keinen. In drei Theilen*, Leipzig o. J., Verlag von E. W. Fritzsch.

Die Korrekturbogen von Za II und III sind erhalten, so auch ein Handexemplar von Za IV mit eigenhändigen Eintragungen Ns.

[Erster Teil]

Zarathustra's Vorrede

1. 11 *3–12 10*] *vgl. FW 342*   11 *3:* dreissig Jahr] *wie Jesus, vgl. Luk. 3, 23*
2. 12 *20:* Damals ... Berge] *vgl. 36, 1; Za II 174, 14*   *23–24*] *vgl. Bd. 10, 5 [1]:* 228. Seht ihn an, ob er ein reines Auge und einen Mund ohne Verachtung hat. Seht ihn an, ob er geht, wie ein Tänzer.   *25–26:* ein Erwachter] *wie Buddha, vgl. H. Oldenberg, Buddha. Sein Leben, seine Lehre, seine Gemeinde, Berlin 1881, 113, BN*   13 *1–14 7*] *vgl. folgendes Schema in Bd. 10, 4 [167]:* Letztes Gespräch mit dem Einsiedler. / — ich lobe dich daß du nicht mein Schüler wurdest. / Einsiedler: ich verachte die Menschen zu sehr, ich liebe sie zu sehr — ich halte sie nicht aus — ich muß mich zu sehr in Beidem verstellen. / ich bringe ihnen eine neue Liebe und eine neue Verachtung — den Übermenschen und den letzten Menschen. / Ich verstehe dich nicht — das was du ihnen bringst, sie nehmen es nicht an. Laß sie erst betteln um ein Almosen! / Zarathustra — — / Aber sie brauchen nur Almosen, sie sind nicht reich genug, um deine Schätze brauchen zu können. / Ich mache Lieder und singe sie, ich lache und weine, wenn ich meine Lieder mache. *Es gibt eigentlich in Za kein „letztes Gespräch mit dem Einsiedler", sondern nur dieses; über den Tod des Einsiedlers vgl. Za IV 322, 20–25*   13 *4–6:* Der ... umbringen.] *vgl. Bd. 10, 1 [66]; 3 [1]:* 9. So sprach ein Heiliger:

„ich liebe Gott — denn der Mensch ist eine zu unvollkommene Sache. Liebe zu einem Menschen würde mich zerstören." *5 [1]:* 245. Vieles am Menschen ist zu lieben: aber der Mensch ist nicht zu lieben. Der Mensch ist eine zu unvollkommene Sache: Liebe zum Menschen würde mich tödten. 24–26] Gehe nicht zu den Menschen, gehe lieber zu den Thieren. Lehre den Thieren, daß die Natur grausamer ist als der Mensch. *Vs* 14 4–8] Diesen Mann habe ich nichts mehr zu lehren. *Bd. 10, 4 [167]*

3. *13–15:* Der ... überwinden?] Der M⟨ensch⟩ ist eine Sache, die überwunden werden soll: was hast du dazu gethan? Was gehen mich eure guten bösen M⟨enschen⟩ an? *Bd. 10, 4 [165]* 19–21] Was der Affe für uns ist, der Gegenstand einer schmerzlichen Scham — das sollen wir für den Übermenschen sein. *Bd. 10, 4 [181]* 22–23: Ihr ... Wurm] Wie habt ihr den Weg vom Wurm zum Menschen gemacht! und Vieles in euch ist noch Wurm und ein Gedächtniß eures Weges. *Bd. 10, 4 [139]* 25–27] Der Mensch soll die Mitte zwischen der Pflanze und dem Gespenste sein. *Bd. 10, 4 [116]* 15 7–15] Ihr verhüllt eure Seele: Nacktheit wäre Schande für eure Seele. Oh daß ihr lerntet, warum ein Gott nackt ist! Er hat sich nicht zu schämen. Er ist mächtiger nackt! / Der Körper ist etwas Böses, die Schönheit ist eine Teufelei; mager, gräßlich, verhungert, schwarz, schmutzig, so soll der Leib aussehen / Am Leibe zu freveln das gilt mir als ein Freveln an der Erde und am Sinn der Erde. Wehe dem Unseligen, dem der Leib böse und die Schönheit teuflisch scheint! *Bd. 10, 5 [30]; zum „nackten Gott" vgl. Bd. 9, 11 [94. 95] mit dem Seneca-Zitat (ep. XXXI): „Deus nudus est"; vgl. auch Za I* Von den Verächtern des Leibes 22–23] Ich lehre euch den Übermenschen: die große Verachtung müßt ihr euch selber lehren. *Bd. 10, 4 [208]* 24–25: Was ... Verachtung.] *vgl. Bd. 10, 4 [154]:* Sie haben nie den Augenblick erlebt, der ihnen sagt „wir sind erbärmlich" 16 6–8] *vgl. Bd. 10, 5 [1]:* 168. Mitleid ist eine Höllen-Empfindung: Mitleid ist selbst das Kreuz, an das der geschlagen wird, der die Menschen liebt. *11:* Genügsamkeit] Nüchternheit *Bd. 10, 5 [1] 125* schreit gen Himmel] *biblisch, nach Gen. 4, 10* 13–14: Wo ist der ... müßtet?] ich impfe euch mit dem Wahnsinn *Bd. 10, 4 [78]*

4. 17 3–4] *vgl. Bd. 10, 5 [1]:* 66. Es giebt Naturen, welche kein Mittel finden sich zu ertragen als indem sie nach ihrem Untergange streben. 10–12] Ich lebe, damit ich erkenne: ich will erkennen, damit der Übermensch lebe. *Bd. 10, 4 [224]* 18–23] *vgl. Bd. 10, 4 [229]:* Und wer mitleidig ist, soll aus seinem Mitleiden sich Pflicht und Verhängniß schaffen, und wer treu ist, dem soll Treue seine Pflicht und sein Verhängniß werden — und du kannst nicht genug Geist für

deine Tugend haben. *5 [17]:* Ich liebe den, welcher nicht Lohn, sondern Strafe und Untergang von seiner Tugend erwartet. **24–26]** *vgl. Bd. 10, 5 [18]:* Ihr sollt nicht zu viele Tugenden haben wollen. Eine Tugend ist schon viel Tugend: und man muß reich genug sein auch nur für Eine Tugend. Damit sie lebe, sollt ihr zu Grunde gehen. **27–29]** *vgl. Luk. 17, 33: „Wer da sucht, seine Seele zu erhalten, der wird sie verlieren; und wer sie verlieren wird, der wird ihr zum Leben helfen"* **30–32]** *vgl. Bd. 10, 3 [1]:* 309. „Vor jeder Handlung quält es mich, daß ich nur ein Würfelspieler bin — ich weiß nichts mehr von Freiheit des Wollens. Und nach jeder Handlung quält es mich, daß die Würfel nun zu meinem Gunsten fallen: bin ich denn ein falscher Spieler?" — Skrupel eines Erkennenden. **17 33–18 2]** *vgl. Bd. 10, 3 [1]:* 15. Wirf deine Worte deinen Thaten voraus: verpflichte dich selber durch die Scham vor gebrochnen Worten. *vgl. auch 1 [52]* **18 6–7]** Wer Gott liebt, der züchtigt ihn. *Bd. 10, 2 [28]; 3 [1] 189: Umkehrung von Hebräer 12, 6: „Denn welchen der Herr lieb hat, den züchtigt er, und er straft einen jeglichen Sohn, den er aufnimmt."* **8–10]** *vgl. Bd. 10, 5 [1]:* 253. Ihr seid mir zu grob: ihr könnt nicht an kleinen Erlebnissen zu Grunde gehen. **11–13]** *vgl. Bd. 10, 5 [1]:* 238. Ich bin zu voll: so vergesse ich mich selber, und alle Dinge sind in mir, und nichts giebt es mehr als alle Dinge. Wo bin ich hin? **14–16]** *vgl. Bd. 10, 3 [1]:* 130. „Das Herz gehört zu den Eingeweiden" — sagte Napoleon. Die Eingeweide des Kopfes liegen im Herzen. *5 [1]:* 166. Ich liebe die freien Geister, wenn sie auch freie Herzen sind. Mir ist der Kopf wie der Magen des Herzens — aber man soll einen guten Magen haben. Was das Herz annimmt, das muß der Kopf verdauen. *Vgl. Za III, 258, 9–10: der Geist ist ein Magen!*

5. **26–27:** *ich ... Ohren]* *vgl. Matth. 13, 13* **28–30]** Bin ich gemacht, Bußprediger zu sein? Bin ich gemacht zu rasseln gleich einem Priester und einer Pauke? *Bd. 10, 4 [207]* 136. Er hat gelernt, sich auszudrücken — aber man glaubt ihm seitdem nicht mehr. Man glaubt nur den Stammelnden. *3 [1]* **19 7:** *der letzte Mensch] dazu:* (der letzte Mensch: eine Art Chinese) *Bd. 10, 4 [204]* Der letzte Mensch — er hüstelt und genießt sein Glück. *4 [162]* Der Mensch bestimmt stehen zu bleiben, als der Überaffe, Bild des letzten Menschen, der der ewige ist. *4 [163]* Der Gegensatz des Übermenschen ist der letzte Mensch: ich schuf ihn zugleich mit jenem. *4 [171]* **18–20]** *vgl. Bd. 10, 5 [1]:* 128. Ihr sollt Chaos in euch bewahren: alle Kommenden müssen Stoff haben, um sich daraus zu formen. **20 11:** Kein ... Heerde!] *vgl. Joh. 10, 16: „... und wird Eine Herde und Ein Hirt werden"*

6. **22 15:** durch ... Bissen.] *aus* ich bin des Mitleides nicht werth

Rs   16–19] aus „Es ist schade um ihn, er hat aus der Gefahr seinen Beruf gemacht, dies lernte ich an einem Menschen." *Rs*

7. 23 *2:* Leichnam] *danach Rs:* den will ich nun mit mir nehmen und so diese Stadt verlassen." Dunkel war die Nacht, auf dunklem Wege ging Zarathustra durch die Nacht: und langsam war seine Reise, denn er trug den Leichnam auf seinem Rücken [Blut floss an ihm herab] einen kalten und steifen Leichnam, an dem das Blut noch nicht getrocknet war. Endlich, als Zarathustra manche Stunden gegangen war und [– – –] die Raubthiere ihm [– – –] machte er Halt an einem grossen Baum und schlief ein.   *10:* dunkel ... Zarathustra's] *vgl. Sprüche 4, 19:* „*Der Gottlosen Weg aber ist wie Dunkel ...*"

8. 24 *26–28:* Der ... Seele] *vgl. Psalm 146, 5, 7:* „*Wohl dem ... der die Hungrigen speist ...*"   25 *4–12] Variante in Rs:* Zarathustra aber ging wieder zwei Stunden weiter und vertraute dem Wege und dem Lichte der Sterne wie ein gewöhnter Nachtgänger und Freund der Schlafenden. Als aber der Morgen graute, fand er sich in einem tiefen Walde und kein Weg zeigte sich mehr. Da legte er sich unter einen Baum hin und schlief: und der Todte lag ihm zur Seite.

9. 26 *7:* der ... Tafeln] *wie Moses, vgl. Exodus 32, 19*   *15–16:* Alles ... Sicheln] *vgl. Matth. 9, 37:* „*Die Ernte ist groß, aber wenige sind der Arbeiter.*"   *15–17] vgl. Bd. 10, 3 [1]:* 156. Alles ist bei ihm erntereif: aber ihm fehlt die Sichel – und so rauft er Ähren und ist ärgerlich.

10. 27 *16–28 2]* Schlange, sprach Zarathustra, du bist das klügste Thier unter der Sonne – du mußt wissen was ein Herz stärkt mein kluges Herz ich weiß es nicht. Und du Adler, das stolzeste Thier unter der Sonne, nimm das Herz und trage es dorthin, wohin es verlangen wird das stolze Herz – ich weiß es nicht. *Vs*   27 *25–28 2]* Zuweilen will ich von dir: daß du klug seist von Grund aus und daß du stolz seist von Grund aus: dann wird dein Stolz immer deiner Klugheit zur Seite gehen. Du wirst die Pfade der Thorheit gehen: aber ich beschwöre auch deine Thorheit, daß sie den Stolz zu ihrem Geleit immer nehme. Willst du aber thöricht sein – – – *Bd. 10, 4 [234]*

Die Reden Zarathustra's

Von den drei Verwandlungen. *Zu diesem Kapitel: Bd. 10, 4 [237. 242. 246]*   29 *9–30 2] vgl. 5 [1]:* 162. Was ist dem Menschen am schwersten zu thun? Die zu lieben, die uns verachten: von unserer Sache lassen, wenn sie ihren Sieg feiert: um der Wahrheit willen der Ehrfurcht widersprechen; krank sein und den Tröster abweisen; in kaltes und schmutziges Wasser steigen; mit Tauben Freundschaft schließen; dem Gespenste die Hand reichen, wenn es uns fürchten macht: — dieß Alles, sagte Zarathustra, habe ich gethan und trage es auf mir: und dies Alles gebe ich heute weg um ein Geringes — um das Lächeln eines Kindes. 29 *17–18:* Auf ... versuchen?] *vgl. Matth. 4, 1. 8* 31 *7–9*] *vgl. Bd. 10, 5 [1]:* 178. Das ist der Mensch: eine neue Kraft, eine erste Bewegung: ein aus sich rollendes Rad; wäre er stark genug, er würde die Sterne um sich herumrollen machen. *vgl. Angelus Silesius, Cherubinischer Wandersmann 1, 37: „Nichts ist daß dich bewegt, du selber bist daß Rad, / Das auß sich selbsten laufft, und keine Ruhe hat."*

Von den Lehrstühlen der Tugend. *Vgl. zum „Schlaf des Gerechten": Psalm 4, 9; Sprüche 3, 24; Prediger 5, 11; Sirach 31, 1. 23. 24. In N V 8 fast die ganze Vs zu diesem Kapitel:* Ehemals nannte ich's „Christenthum" — und heute nenne ich's „das Mittel gut zu schlafen". *(N V 8, 104)* Hast du alle Tugenden in deinem Hause, so kommt auch die letzte der Tugenden zu dir, der gute Schlaf. *(N V 8, 105)* 32 *23–33 1:* Werde ich falsch ... Magd?] *vgl. Exodus 20, 16. 14. 17* 33 *4–5:* die ... schicken] *vgl. FWS 5; Bd. 10, 3 [1]:* 33. Man soll auch von Zeit zu Zeit seine Tugenden schlafen lassen. *14–15:* Der ... führt] *vgl. Psalm 23, 1. 2; Joh. 10, 11ff. Vs:* Gute Hirten liebe ich: grün ist die Aue, wo sie ihre Schafe weiden. *16–21] Vs:* Ehren will ich nicht, noch Reichthümer: kleine Gesellschaft ist mir lieber als böse. *22–24] Vs:* Sehr gefallen mir ⌈zur Gesellschaft⌉ die geistig Armen, falls sie selig sind [und nicht unerträgliche Lästermäuler Zankteufel] und immer mir Recht geben. *zu „geistig arm" vgl. Matth. 5, 3.* 34 *19–21] Vs:* Und wenn das Leben keinen Sinn hätte, so wäre wahrlich Gut-schlafen ⌈ und ohne Träume ⌉ der schönste Unsinn / Gerne lobte ich denn auch mir die Tugenden als rothe Mohnblumen *30] Vs:* Sagt, wo sind sie hin, diese lieben Weisen? Fallen ihnen nicht die Augen zu? / Hier und da giebt es noch solche um dich: die predigen mit sanfter Stimme vom Guten und Bösen / Selig sind diese Schläfrigen

Von den Hinterweltlern. *Die meisten Vs zu diesem Kapitel sind ebenfalls in N V 8:* Entschlagt euch doch dieser falschen Sternguckerei! Der Bauch der [Dinge] Seins wird nie zu euch reden! *vgl. 4 [226. 267]; vgl. VM 17, wo das Wort* Hinterweltler *zum ersten Mal vorkommt* 36 *1:* ich ... Berge] *vgl. oben 12, 20* 37 *1–2:* in ... stecken] *vgl. Bd. 10, 4 [274]:* In den kleinsten Sand steckte mancher Vogel Strauß den Kopf. *9–10:* die ... Blutstropfen] *vgl. z.B. 1. Petr. 1, 19* *14–15:* da ... Tränklein] *vgl. Matth. 26, 27* *28:* jene ... Redlichkeit] *vgl. M 456* 38 *10:* rechtwinklige] *vgl. Aristoteles, Rhet. 1411b, 26–27*

Von den Verächtern des Leibes. 39 *11:* eine ... Hirt] *vgl. Joh. 10,*

16   40 2–5] *vgl. Bd. 10, 5 [31]:* Hinter deinen Gedanken und Gefühlen steht dein Leib und dein Selbst im Leibe: die terra incognita. Wozu hast du diese Gedanken und diese Gefühle? Dein Selbst im Leibe will etwas damit.
Von den Freuden- und Leidenschaften. 43 *6–8] vgl. Bd. 10, 5 [1]:* 116. Wer würde es mir glauben, sprach Zarathustra, daß ich zum Geschlechte der Jähzornigen gehöre, und zu dem der Wollüstigen, der Glaubens-Wüthigen, der Rachsüchtigen? Aber der Krieg hat mich geheiligt.   *11–12] vgl. Bd. 10, 5 [1]:* 141. Ich habe alle diese wilden Hunde noch bei mir, aber in meinem Keller. Ich will sie nicht einmal bellen hören.   *13–15] vgl. MA 292   20–22] vgl. Bd. 10, 4 [207]:* Im Menschen hausen viele Geister wie Thiere des Meeres — die kämpfen mit einander um den Geist „Ich": sie lieben es, sie wollen, daß es sich ihnen auf den Rücken setze, sie hassen sich einander um dieser Liebe willen.   *32–33] vgl. Bd. 10, 3 [1]:* 345. Die Eifersucht ist die geistreichste Leidenschaft und trotzdem noch die größte Thorheit. / 346. In der Flamme der Eifersucht wendet man gleich dem Skorpione den vergifteten Stachel gegen sich selber — doch ohne den Erfolg des Skorpions.
Vom bleichen Verbrecher. *Bd. 10, 4 [29]:* Irrthum im Verbrechen. *3 [1]:* 183. „Es ist nicht genug den Verbrecher zu strafen, wir sollten ihn auch noch mit uns versöhnen und ihn segnen: oder liebten wir ihn nicht, als wir ihm wehe thaten? Litten ⟨wir nicht⟩ daran, ihn als Werkzeug zur Abschreckung benutzen zu müssen?" *4 [75]:* Der bleiche Verbrecher im Kerker und Prometheus dagegen! / Entartung!   45 *18–20] vgl. Bd. 10, 3 [1]:* 330. „Feind" will ich sagen, aber nicht „Verbrecher": „Gewürm" will ich sagen, aber nicht „Schuft": „Kranker" will ich sagen, aber nicht „Ungeheuer"; „Narr" will ich sagen, aber nicht „Sünder".   *21–23] vgl. Bd. 10, 3 [1]:* 381. Wenn du laut sagen wolltest, was du Alles schon in Gedanken gethan hast, so würde Jedermann schreien: „weg mit diesem ekelhaften Gewürme! Es schändet die Erde" — und Jedermann würde vergessen haben, daß er ganz dasselbe in seinen Gedanken gethan habe. — So moralisch macht uns Offenherzigkeit.   46 *3–5] vgl. Bd. 10, 3 [1]:* 111. Man ist oft zwar seiner Handlung gewachsen, aber nicht seinem Bilde der gethanen Handlung.   *6–10] vgl. Bd. 10, 3 [1]:* 96. Verbrecher werden von den moralischen Menschen als Zubehör Einer einzigen That behandelt — und sie selber behandeln sich so, je mehr diese Eine That die Ausnahme ihres Wesens war: sie wirkt wie der Kreidestrich um die Henne. — Es giebt in der moralischen Welt sehr viel Hypnotismus.   *17–22] vgl. Bd. 10, 5 [1]:* 6. Mit seinen Absichten rationalisirt man sich seine unverständlichen Triebe: wie es z. B. der Mörder thut, der seinen eigentlichen Hang, zum Morde näm-

lich, damit vor seiner Vernunft rechtfertigt, daß er dabei einen Raub zu machen oder eine Rache zu nehmen beschließt. *27–29] vgl. Bd. 10, 5 [1]:* 185. Was ist der Mensch? Ein Haufen von Leidenschaften, welche durch die Sinne und den Geist in die Welt hineingreifen: ein Knäuel wilder Schlangen, die selten des Kampfes müde werden: dann blicken sie in die Welt, um da ihre Beute zu machen. 47 *11–12:* Vieles ... Böses.] *vgl. Bd. 10, 3 [1]:* 182. Es giebt Vieles an den Bösen, das mich ekelt, aber auch Vieles an den Guten: und wahrlich nicht eben ihr „Böses"!

Vom Lesen und Schreiben. 48 *7–8] vgl. Bd. 10, 3 [1]:* 162. Wer „den Leser" kennt, schreibt gewiß nicht mehr für Leser — sondern für sich, den Schreiber. *vgl. dazu VM 167; Bd. 10, 3 [1]:* 168. Noch ein Jahrhundert Zeitungen und alle Worte stinken. *9–10]* Daß Jedermann lesen lernen darf und liest, das ruinirt auf die Dauer nicht nur die Schriftsteller, sondern sogar die Geister überhaupt. *Bd. 10, 4 [70]* *16:* sollen ... sein] sind Gipfel *Bd. 10, 3 [1]* 163   49 *6–7] vgl. Bd. 10, 3 [1]:* 78. Wenn man sich über gut und böse erhoben hat, sieht man auch in der Tragödie nur eine unfreiwillige Komödie. 171. Wer ⟨auf⟩ hohe Berge steigt, lacht über alle tragischen Gebärden.   *11–12]* Das Leben ist schwer zu tragen: dazu hat man Vormittags den Trotz und Nachmittags die Ergebung nöthig *Bd. 10, 4 [72]* *13–15]* Bald seinen Nacken munter zu stemmen, wie als ob das ganze Gewicht der Welt auf uns gelegt werden sollte — und bald zu zittern wie eine Rosenknospe, der ein Tropfen Thau schon zu schwer wiegt. Meine Brüder und Schwestern, thut mir doch nicht so zärtlich! wir sind allesammt hübsche lastbare Esel und Eselinnen, und durchaus keine Rosenknospen welche zittern. *Bd. 10, 4 [73]* *14–15:* lastbare ... Eselinnen] *vgl. Matth. 21, 5, Zach. 9, 9 und Bd. 9, 10 [D80]* *20–21:* Es ist aber ... Wahnsinn] *vgl. Shakespeare, Hamlet II, 2* *29–31] vgl. Bd. 10, 3 [1]:* 43. „Hast du deinen Teufel gesehen?" — „Ja, schwer ernst tief gründlich pathetisch: so stand er da, recht als genius gravitationis, durch den alle Wesen und Dinge — fallen."   *30:* Geist der Schwere] *vgl. das gleichnamige Kapitel in Za III*   49 *34–50 2] vgl. Bd. 10, 3 [1]:* 297. Gang und Gangart. Ich habe gehen gelernt: seitdem lasse ich mich laufen. 298. Der freie Geist. Wer fliegen kann, weiß daß er sich zum Fortfliegen nicht erst stoßen lassen muß; wie alle ihr festgesessenen Geister es nöthig habt, um überhaupt „fort zu kommen".

Vom Baum am Berge. *Zu den biblischen Motiven dieses Kapitels vgl. Joh. 1, 48, vor allem aber das Gespräch Jesu mit dem „reichen Jüngling" Matth. 19, 16ff.*   51 *11–12:* Aber ... will.] *vgl. Joh. 3, 8*   52 *5–7] vgl. FWS 26 und Bd. 9, 12 [130]; 16 [10]*   *19–25] vgl. Bd. 10, 3 [2] das Gedicht:* Pinie und Blitz. / Hoch wuchs ich über Mensch und Thier; / Und sprech ich — Niemand spricht mit mir. / Zu einsam wuchs ich und zu hoch: / Ich warte: worauf wart' ich doch? / Zu nah ist mir der Wolken Sitz, — / Ich warte auf den ersten Blitz.   *31–32:* weinte bitterlich] *biblisch, vgl. Matth. 26, 25   53 8–11] vgl. oben 43, 11–12   24–25] vgl. Bd. 10, 3 [1]:* 93. Ein edler Mensch steht den Guten immer im Wege: sie beseitigen ihn oft gerade dadurch, daß sie sagen, er sei gut.

Von den Predigern des Todes. *Vgl. Bd. 10, 4 [272]:* Staat und Kirche und alles, was sich auf Lügen gründet, dient den Predigern des Todes.   56 *1–3] vgl. 5 [1]:* 170. „Eingehüllt in dicke Schwermuth: mein Leben hängt an kleinen Zufällen." Der Einsiedler.   *9–11]* Es giebt Prediger: die lehren das Leiden. Sie dienen euch, ob sie gleich euch hassen. *Bd. 10, 4 [52]   57 7:* dahinfahren] *im biblischen Sinne, vgl. z. B. Psalm 90, 10*

Vom Krieg und Kriegsvolke. 58 *14–16] vgl. Bd. 10, 3 [1]:* 438. Viel Soldaten und doch wenig Männer! Viel Uniform und noch viel mehr Uniformität. *5 [1]:* 94. („Eine Form" nennen sie's, was sie tragen: Einförmigkeit ist's was sie damit bedeuten).   *17–19] vgl. Bd. 10, 3 [1]:* 424. In einigen Menschen ist ein tiefes Bedürfniß nach ihrem Feinde: bei ihm allein giebt es auch einen Haß auf den ersten Blick.   59 *12–14] vgl. Bd. 10, 3 [1]:* 436. Was ist gut? — „Das, was zugleich hübsch und rührend ist" — antwortete ein kleines Mädchen.   *15–17] vgl. Bd. 10, 3 [1]:* 259. Es sind grundverschiedene Menschen: diese, welche Scham bei der Ebbe ihres Gefühls (in Freundschaft oder Liebe) empfinden, und jene, welche sich der Fluth schämen.   *27–29] vgl. Bd. 10, 3 [1]:* 364. Die Auflehnung ist die vornehmste Attitüde des Sklaven.

Vom neuen Götzen. *In N V 8 die meisten Vs zu diesem Kapitel:* Sie nennen sich die Gesetzlichen oder die Liebhaber des Volkes oder die Guten und die Gerechten oder die Unabhängigen *[?]* — aber sie stinken alle mit einander. *(N V 8, 88)* Haben sie die Macht, so lügen sie mit gutem Gewissen, fehlt ihnen die Macht, nun dann mit schlechtem Gewissen und noch besser. *(N V 8, 90)* Freunde, ich hasse den Staat: er sagt „ich bin der Sinn" der *[?]* schändet *[?]* den Glauben ans Leben. *(N V 8, 100)*   61 *17:* Dieses … euch] *biblisch, vgl. z. B. Jes. 66, 19   62 21:* Alles … anbetet] *vgl. Matth. 4, 9:* „Das alles will ich dir geben, so du niederfällst und mich anbetest" *(der Teufel zu Jesu)   27–29] vgl. Bd. 10, 4 [272]   63 31–32:* Dort … ist] *vgl. das Motto von Richard Wagner, Die Kunst und die Revolution (1849):* „… wo jetzt der Staatsweise und Philosoph zu Ende ist, da fängt wieder der Künstler an."

Von den Fliegen des Marktes. *Vgl. Bd. 10, 4 [234]:* (Fliegenwedel) gegen die täglichen kleinen Ärger. *4 [250]:* (Cap⟨itel⟩) Die Kleinen. Geht fort in die Einsamkeit, ihr könnt den kleinen Tropfenfall nicht aushalten. *5 [1]:* 260. Seid ihr zu weich und ekel, Fliegen und Mücken zu tödten, so geht in die Einsamkeit und die frische Luft, wo es keine Fliegen und Mücken giebt: und seid selber Einsamkeit und frische Luft! 65 *11–13] vgl. Bd. 10, 4 [78]:* Eure besten Dinge taugen nichts, ohne ein Schauspiel 66 *6:* feierlichen] lärmenden *Cb²; GA* 67 *16–18] vgl. Bd. 10, 3 [1]:* 84. Was macht es, ob ihr einem Gotte oder Teufel schmeichelt, ob ihr vor einem Gotte oder Teufel winselt? Ihr seid nur Schmeichler und Winsler! *19–20] vgl. Bd. 10, 3 [1]:* 85. Wer von Grund aus feige ist, ist gewöhnlich klug genug, sich die sogenannte Liebenswürdigkeit anzueignen. *23–24] vgl. Bd. 10, 5 [17]:* Ich liebe den, welcher seinem Gegner nicht nur seine Fehlgriffe verzeiht, sondern auch seinen Sieg.

Von der Keuschheit. 69 *7:* liegen.] *Bd. 10, 5 [1], 267 fügt hinzu:* Was wissen die vom Glück! *10:* Dass ... wäret!] Man muß auch als Thier vollkommen sein, will man als Mensch vollkommen werden. *Bd. 10, 4 [94] 5 [1] 164.* Man soll auch als Thier vollkommen sein — sagte Zarathustra. *20–21]* Die Hündin Sinnlichkeit die einen Bissen Fleisch abhaben will, weiß gar artig um einen Bissen Geist zu betteln. *Bd. 10, 2 [22]* 70 *3–4] vgl. Matth. 8, 28–32;* diess Gleichniss gebe ich euch *ist auch eine biblische Wendung 5–7] vgl. 1. Kor. 7, 2. 7.* 16: Ist ... Thorheit?] Ist es nicht thöricht anders zu sein als Alle sind? *Vs*

Vom Freunde. *Vgl. Bd. 10, 4 [211]:* Der Freund als der beste Verächter und Feind. / Wie wenige sind würdig! / Das Gewissen des Freundes sein. Jede Erniedrigung bemerken. Gewissen nicht nur moralisch zu nehmen: auch Geschmack, auch als Verbleiben in seinen Grenzen. / Der Freund als Dämon und Engel. Sie haben für einander das Schloß zur Kette. In ihrer Nähe fällt eine Kette ab. Sie erheben sich einander. Und als ein Ich von Zweien nähern sie sich dem Übermenschen und jauchzen über den Besitz des Freundes, weil er ihnen den zweiten Flügel giebt, ohne den der eine nichts nützt. 71 *6–8] vgl. Bd. 10, 3 [1]:* 14. Der Dritte ist immer der Kork, welcher verhindert, daß das Gespräch von Zweien in die Tiefe sinkt: was, unter Umständen, ein Vortheil ist. *11–12:* Unser ... möchten.] *aus* Rechne die Menschen zusammen, an welche du einmal geglaubt hast! Ihre Summe verräth dir deinen Glauben an dich. *Vs zu Bd. 10, 3 [1] 129* 72 *3–5] vgl. Bd. 10, 3 [1]:* 110. „Sich ganz so geben, wie man ist": das mag die Auszeichnung bleiben, die wir unserem Freunde vorbehalten — mit dem Erfolge, daß er uns deswegen zum Teufel wünscht. *12–15] vgl. WS 8.* 73 *14] aus* Es giebt Kameradschaft, daß es aber auch Freundschaft giebt, ist Sache des

Glaubens, der Liebe und der Hoffnung. *Bd. 10, 3 [1] 91; vgl. 1. Kor. 13, 13*

Von tausend und Einem Ziele. 75 *5–8] N meint die Perser*   *9–11] N meint die Juden*   *12–15] N meint die Deutschen*   75 30–76 5]* lieben und im Lieben gehorchen will das Ich: herrschen und im Lieben herrschen will das Ich: also will das Ich in der Heerde nur sich um der Heerde willen / Aber jenes andre Ich, das schlaue, [kranke] kalte Ich, das Vielen nützt, um sich selber am besten zu nützen — Abschaum und letzter Verfall ist es und Krankheit ist es. *Vs*   76 *6–11] vgl. Bd. 10, 4 [18]:* Liebe war es zum Hirt und Heerde, die schuf den Nutzen nun als gut und heilig: / Liebe war es zum Kinde und Geschlecht: diese Liebe war Frevel an der Liebe Aller. / Aus der Liebe schufen sie Gut und Böse: und nicht aus der Klugheit, denn älter ist Liebe als Klugheit. / Nützlich war einst, was die Liebe Aller gebot: und wessen Liebe die mächtigste war, den schuf sich die Heerde zum Hirt. / Klein war noch die Liebe zum Nächsten, verachtet das Ich: und über Alles war Heerde.

Von der Nächstenliebe. 77 *5–7] vgl. Bd. 10, 4 [234]:* Ihr flieht euch selber: und immer gerathet ihr aus dem Regen der Selbstverachtung unter die Traufe der Nächstenliebe.   78 *1–3] vgl. Bd. 10, 3 [1]:* 207. Man lädt sich gerne einen Zeugen ein, wenn man von sich selber reden will: das nennt man „Umgang mit Menschen".   *4–6] vgl. Bd. 10, 3 [1]:* 187. Nicht nur der lügt, welcher wider sein Wissen redet, sondern erst recht der, welcher wider sein Nicht-Wissen redet. — Die zweite Art der Lüge ist so gewöhnlich, daß man nicht einmal über sie stolpert: der menschliche Verkehr ist auf sie eingerichtet.   *9–10:* Der ... möchte] *vgl. Bd. 10, 3 [1]:* 157. Der Eine reist, weil er sich sucht, und der Andere, weil er sich verlieren möchte.   *12–14] vgl. Bd. 10, 3 [1]:* 6. Wenn fünf Menschen zusammen reden, muß immer ein sechster sterben. *(vgl. auch Bd. 10, 1 [90])* 325. Man liebt den Nächsten immer auf Unkosten des Ferneren.   *15–17] vgl. Bd. 10, 3 [1]:* 434. Bei patriotischen Festen gehören auch noch die Zuschauer zu den Schauspielern. *vgl. auch Amos 5, 21: „Ich bin euren Feiertagen gram und verachte sie und mag eure Versammlungen nicht riechen"*   24–29] *vgl. Bd. 10, 5 [1]:* 266. Die Welt steht fertig da — eine goldne Schale des Guten. Aber der schaffende Geist will auch das Fertige noch schaffen: da erfand er die Zeit — und nun rollte die Welt auseinander und rollt wieder in großen Ringen in sich zusammen, als das Werden des Guten durch das Böse, als die Gebärerin der Zwecke aus dem Zufalle.

Vom Wege des Schaffenden. *Vgl. Bd. 10, 4 [38]:* Willst du das Leben leicht haben, so bleibe immer bei der Heerde. Vergiß dich über der Heerde! Liebe den Hirten und ehre das Gebiß seines Hundes!   80 *5–7] vgl. Bd. 10, 3 [1]:* 426. Die Moral aller Gesellschaft lautet, daß Vereinsamung Schuld sei.   *16–18] vgl. Anm. zu 31, 7–9*   *19–21] vgl. Bd. 10, 3 [1]:* 97. „Hohe Empfindungen", „erhabene Gesinnung" nennt ihr es: ich sehe nicht mehr als Lüsternheit nach Höhe und die Krämpfe eines moralischen Ehrgeizes.   81 *21:* Alles ist falsch!] *vgl. Za IV Der Schatten 340, 11 und die Anm. dazu*   *22–24] vgl. Bd. 10, 3 [1]:* 175. Es giebt Gefühle, die uns tödten wollen; gelingt es ihnen aber nicht, so müssen sie selber sterben.   82 *9–11] vgl. MA 67*   *21–22] vgl. Bd. 10, 3 [1]:* 222. Der heroische Mensch der Erkenntniß vergöttert seinen Teufel: und auf dem Wege dazu macht er den Zustand des Ketzers der Hexe des Wahrsagers, des Skeptikers, des Weisen, Inspirirten und Überwältigten durch, und ertrinkt zuletzt in seinem eignen Meere.   *24–25] vgl. Vorrede 2, 12, 20–22*   *33–34:* und ... nachhinken.] *vgl. Bd. 10, 4 [239]:* Und du glaubst, daß die Gerechtigkeit dir schon nachhinken werde?

Von alten und jungen Weiblein. 84 *22–23] vgl. Bd. 10, 3 [1]:* 128. Die Lösung für das Räthsel „Weib" ist nicht die Liebe, sondern die Schwangerschaft.   85 *5–6] vgl. Bd. 10, 4 [67]:* Der Mann ist, so lange es Männer giebt, auf Krieg und Jagd eingeübt: deshalb liebt er jetzt die Erkenntniß als die umfänglichste Gelegenheit für Krieg und Jagd. Was ein Weib an der Erkenntniß überhaupt lieben könnte, müßte etwas Anderes – – –   *11–12] vgl. Bd. 10, 3 [1]:* 441. Die Aufgabe des Weibes ist, das Kind im Manne zu entdecken und zu erhalten.   *13–15] vgl. Bd. 10, 5 [1]:* 146. „So will ich leben, bestrahlt von den Tugenden einer Welt, die noch nicht da ist."   *16–17] vgl. Bd. 10, 4 [100]:* Meine Brüder, ich weiß keinen Trost für das Weib als ihr zu sagen: „auch du kannst den Übermenschen gebären".   *18–19] vgl. Bd. 10, 3 [1]:* 107. Die Frauen gehen mit ihrer Liebe auf den los, der ihnen Furcht einflößt: das ist ihre Art von Tapferkeit.   *20–22] vgl. Bd. 10, 4 [58]:* Für das Weib giebt es einen einzigen Ehrenpunkt; daß es glauben muß mehr zu lieben als es geliebt wird. Jenseits dieses Punktes beginnt sofort die Prostitution.   *25–27] vgl. Bd. 10, 5 [1]:* 118. Unten im Grunde ist auch der beste Mann böse: unten im Grunde ist auch das beste Weib schlecht.   *28–30] vgl. Bd. 10, 3 [1]:* 199. Das Eisen haßt den Magneten, wenn der Magnet das Eisen nicht ganz an sich ziehen kann – und doch zieht.   86 *9–12] vgl. Bd. 10, 4 [161]:* Es ist schwer, über ein Weib etwas Falsches zu sagen: bei den Weibern ist kein Ding unmöglich – antwortete Zarathustra. *vgl. Luk. 1, 37:* „*Denn bei Gott ist kein Ding unmöglich.*"   *18] als Spruch für sich: Bd. 10, 3 [1] 367*

Vom Biss der Natter. 87 *19–20:* Den ... Gerechten] *vgl. Bd. 10, 4 [94]:* Da sagte alles Volk: wir sollen den Vernichter der Moral vernichten –

dieser Ansatz wird in keinem der vorhandenen Manuskripte Ns aus dieser Zeit ausgeführt 24: Und ... beschämt!] *vgl. Bd. 10, 5 [1]:* 151. Gebt euch nicht zu erkennen! Und müßt ihr es, so erzürnt, aber beschämt nicht! 87 24–88 2: Und ... mitfluchen!] *vgl. Bd. 10, 3 [1]:* 272. Es ist unmenschlich, da zu segnen, wo Einem geflucht wird. Lieber doch ein wenig mitfluchen! *gegen Matth. 5, 44: „segnet, die euch fluchen"* 88 3–5] *vgl. Bd. 10, 4 [238]:* Und wenn einer euch ein großes Unrecht thut, so sorgt nur dafür, daß ihr dem, der es that, auch ein kleines thut, so ist es menschlich. 6–7] *vgl. Bd. 10, 3 [1]:* 211. Das Unrecht soll der auf sich nehmen, der es tragen kann: so will es die Menschlichkeit. 8: Eine ... keine Rache] *vgl. Bd. 10, 3 [1]:* 230. Eine kleine Rache ist zumeist etwas Menschlicheres als gar keine Rache. 14–15] *vgl. Bd. 10, 3 [1]:* 77. Aus dem Auge aller Richtenden blickt der Henker. 16–21] *vgl. Bd. 10, 3 [1]:* 1. A: Was bedeutet die Gerechtigkeit? B: Meine Gerechtigkeit ist Liebe mit sehenden Augen. A: Aber bedenke, was du sagst: diese Gerechtigkeit spricht Jeden frei, ausgenommen den Richtenden! Diese Liebe trägt nicht nur alle Strafe, sondern auch alle Schuld! B: So soll es sein! 22–23] *vgl. Bd. 10, 3 [1]:* 179. Die Lüge kann die Menschenfreundlichkeit des Erkennenden sein. 25–27] *vgl. Bd. 10, 3 [1]:* 116. Du willst gerecht sein? Unglückseliger, wie willst du Jedem das Seine geben? – Nein, das will ich nicht. Ich gebe Jedem das Meine: das ist genug für einen, der nicht der Reichste ist.
Von Kind und Ehe. *Vs in N V 8:* „Eine züchtige Unzucht" – so nenne ich eure Ehen, ob ihr schon sagt, sie seien im Himmel geschlossen. / Unfruchtbar will ich diese Ehen obschon ein Gott gesagt hat daß ihr euch mehren sollt. / Zwei Thiere suchten sich, und fanden einander: und mit Stricken und unsichtbaren Ketten [band ein Gott sie fest und segnete ihr Lager] hinkte der Gott herbei // Zwei Thiere suchen einander – sie suchen Gemeinsamkeit an Armut Schmutz und erbärmlichem Behagen! eine Ehe nennt man's / Zwei Thiere finden einander: und eilends kommen die Nächsten und [rufen] binden sie mit unsichtbaren Ketten: eilends auch hinkte der liebe Gott hinzu. // Ich habe eine Frage für dich allein: wie ein Schwert soll sich meine Frage in deine Seele bohren. / Du bist jung und wünschest dir Kind und Ehe. Aber ich frage dich bist du der Mensch der ein Kind [haben] wollen darf? / Was ist mir deine Liebe zum Weibe, wenn sie nicht Mitleid mit einer leidenden und verhüllten Gottheit ist? // Ich mag auch den Gott nicht der heranhinkt, die verbundenen Thiere zu segnen. / Einen höheren Leib sollt ihr schaffen, eine erste Bewegung ein aus sich rollendes Rad – einen Schaffenden sollt ihr schaffen. / Ich mag eure verschämte Unzucht nicht, die sich Ehe nennt. // ich mag auch euer Gesetz der Ehe nicht, mich ekel⟨t⟩ sein plumper Finger, der auf das

Recht des Mannes weist. / [Es giebt ein Recht zur Ehe — ein seltenes Recht] [und giebt es Recht] Ich wollte, ihr redet vom Recht zur Ehe: aber in der Ehe giebt es nur Pflichten und keine Rechte. / Nicht nur fort — sollt ihr euch pflanzen, sondern hinauf! Dazu helfe euch der Garten der Ehe. *das Gesetz der Ehe, auf das N anspielt, ist das christliche, vgl. 1. Kor. 7* 90 *11–13] vgl. Bd. 10, 5 [1]:* 53. Das Kind als Denkmal der Leidenschaft zweier Personen; Wille zur Einheit bei Zweien. *18–19: ein ... Rad] vgl. oben 31, 8 und Anm. dazu* 20–21] *vgl. Bd. 10, 4 [232]:* Sinn der Ehe: ein Kind, das einen höheren Typus darstellt als die Eltern. 91 *10–11] zum „heranhinkenden" Gott, vgl. den griechischen Mythos von Hephaistos, Ares und Aphrodite, vgl. auch Matth. 19, 6: „Was Gott zusammengefügt hat, das soll der Mensch nicht scheiden"* 32–35] *vgl. Bd. 10, 3 [1]:* 53. Liebe zum Weibe! Wenn sie nicht Mitleiden mit einem leidenden Gotte ist, so ist sie der Instinkt, welcher nach dem im Weibe verborgenen Thiere sucht. 5 *[17] (ursprünglich zu § 4 der Vorrede bestimmt):* Ich liebe den, welcher im Nächsten den leidenden Gott sieht, der in ihm versteckt ist und sich des Thiers schämt, welches an ihm sichtbar war. 92 *1–3]* Liebe ist noch am Weisesten ein Wahnsinn: erst wenn eure Freundschaft hell gleich goldener Glocke klingt, — — — / Liebe ist ein entzücktes Gleichniß von dem, was selten gesehen wird, das Gleichniß der Fr⟨eundschaft⟩. *Vs*
Vom freien Tode. *Vgl. Bd. 10, 5 [1]:* 137. So weit soll es kommen, daß die obersten Feste des Menschen die Zeugung und der Tod sind! 93 *2–7]* Viele sterben zu spät, und Einige zu früh. Wer aber nie zur rechten Zeit lebte stirbt auch nie zur rechten Zeit — also thun alle Überflüssigen. / Mancher starb zu früh — und Vielen ward eines Einzelnen zu früher Tod zum Verhängniß. *Vs* 94 *5–6]* Wenn ihr die Erde liebtet und dem Leibe gut wäret, dann würdet ihr eure zahnlosen Münder nicht *[?]* sein. / Aus Ehrfurcht vor [dem Leben] ⟨der⟩ Jugend würdet ihr [eurem Leben] ⟨dem⟩ Alter entlaufen: und eure dürren Zweige [noch am Altar] im Heiligthum ⌜des Lebens⌝ aufhängen. *Vs* 7–9] *Bd. 10, 5 [1]:* 28. Der wissenschaftliche Mensch hat Ein Loos mit den Seildrehern: er zieht seinen Faden immer länger, geht aber selber dabei — rückwärts. 12–14] *vgl. Bd. 10, 3 [1]:* 354. Alle Menschen des Erfolgs verstehen sich auf die schwere Kunst, zur rechten Zeit zu — gehen. 15–16] *vgl. Bd. 10, 3 [1]:* 365. Man muß aufhören, sich essen zu lassen, wenn man am besten schmeckt — so heißt das Geheimniß der Frauen, welche lange geliebt werden. 21: *aber ... lang jung] vgl. Bd. 10, 3 [1]:* 2. Spät jung erhält lang jung. Man muß die Jugend nicht bei den Jungen suchen. 95 *6–11] vgl. Bd. 10, 4 [154]:* dieser alte Gottmensch konnte nicht lachen. / Ein Ebräer Namens Jesus war bisher

Also sprach Zarathustra I, II, S. 90–106 295

der beste Liebende. *11:* und ... dazu!] *vgl. Luk. 6, 25:* "*Weh euch, die ihr lachet!*"; *vgl. auch Za IV Vom höheren Menschen 365, 7–9*
Von der schenkenden Tugend. *Vs:* Eine andere Tugend giebt es, eine lohnsüchtige und sie will gut bezahlt sein, hier oder in einem Nichthier und nennt dies "Gerechtigkeit". / Oh ihr Freunde der schenkenden Tugend, laßt uns Hohn tanzen aller lohnsüchtigen Tugend. / Aber das lerntet ihr noch nicht von mir: wie man Hohn tanzt.
1. 97 *10:* sich ... ringelte] *vgl. Bd. 10, 4 [260]:* Eine Sonne, um die sich die Schlange der Erkenntniß ringelt. *vgl. Gen. 3, 5*   *22–24]* *vgl. Bd. 10, 4 [100]:* Was habt ihr mit den Wölfen und Katzen gemein? welche immer nur nehmen und nicht geben und lieber noch stehlen als daß sie nehmen? / Ihr seid die immer Schenkenden.
2. 100. *21–23]* *vgl. Bd. 10, 5 [27]:* Ich war in der Wüste, ich lebte nur als Erkennender. Dem Erkennenden reinigte sich die Seele, und der Durst nach Macht und alle Begierde wurden ihm heilig. Als Erkennender stieg ich weit über mich hinaus in die Heiligkeit und Tugend.   *24:* Arzt ... selber] *vgl. Luk. 4, 23*   101 *1–2:* auserwähltes Volk] *wie Israel; vgl. z. B. 1. Petr. 2, 9*
3. *16–17]* *vgl. Matth. 5, 43–44*   *21–22]* *vgl. Bd. 10, 4 [112]:* Bin ich's in Wahrheit, den ich verehrt? Und wenn ich's bin — hütet euch daß euch nicht eine Bildsäule erschlage. *vgl. Aristoteles, Poetica 1452a 7–10; zitiert auch in BA III, Bd. 1, 702, 31–33*   *28–29:* erst ... wiederkehren] *im Gegensatz zu Jesus, vgl. Matth. 10, 33*

Zweiter Theil

Das Kind mit dem Spiegel. *Ursprünglicher Titel in Rs:* Die zweite Morgenröthe.   105 *4–5:* wartend ... hat] *aus* einem Säemann gleichend der seine Handvoll Samen ausgeworfen hat, daß er die Kraft des Erdreichs erprobe *Rs; vgl. Matth. 13, 3*   *8:* als ... bewahren] *vgl. Das Nachtlied 137, 16–17*   105 *21–106 5]* Meine Lehre ist in Gefahr, meine Liebsten bedürfen ihres Lehrers und sind in der Irre. Wohlan! So gehe ich zum zweiten Male: ich muß ihnen – – – / Wohlan, so gehe ich, [sie zu suchen, meine Verlorenen: und ich will ihnen mehr geben ⌜und Besseres⌝ als ich je ihnen gab] meine Verlorenen muß erst ich suchen: und ihnen diesmal geben, daß ich [–] ⌜meine erste Gabe⌝ erhalte, was ich zum ersten [Male] – – – / und mehr Liebe muß ich ihnen diesmal geben: denn sie sind meiner ersten Gabe überdrüssig worden. *Vs*   105 *22–23:* Unkraut ... heissen!] *vgl. Matth. 13, 25*   106 *4–5]* *vgl. das Motto dieses Teils (= Za*

I 101, 28–29); zu der Suche nach den "Verlorenen" vgl. Luk. 15, 4 **7–10:** der ... Antlitze] *aus* sondern als ob ihm ein großes Glück widerfahren sei. Verwundert sahen ihn sein Adler und seine Schlange: und eben da lief den rothe Glanz des Morgenlichtes ihm über das Glück seines Antlitzes: und seine Worte waren die eines Sehers und Sängers *Rs* **16:** Verwundet ... Glücke] *vgl. bei R. Wagner, Siegfried, 3. Aufzug: "Verwundet hat mich der mich erweckt" und die Anm. zu Bd. 8, 28 [23]* **22:** nach ... Niedergang] *vgl. Psalm 50, 21* **106 34–107 1:** Neue ... Schaffenden,] *aus* Neue Sprachen sprach ich, gleich allen Schaffenden: müde wurde ich *Rs* **107 10–11:** Auch ... Seligkeit.] *aus* Wem will ich nicht meinen Reichthum schenken! *Rs* **17–18:** Gelächtern der Blitze] Blitz und Donner *Rs* **28–30]** Aber mit Hirtenflöten will ich meine Schafe zurück zu meiner Liebe locken. / Ach, wie wuchs mein Hunger nach euch in meiner Verbannung! Und nun fürchte ich gar, daß meine Liebe euch noch mit ihrem Hunger Furcht macht! *aus* Aber ihr sollt mir zurück kommen; und mit meinen zärtlichen Liedern will ich euch zu meiner Weisheit locken. / Ach, wie wuchs mein Hunger nach euch und der Wahnsinn meiner Liebe! Und nun fürchte ich, daß meine Liebe selber [mich fremder euch macht und fürchterlicher] euch Furcht macht mit ihrem [Wahnsinn] Hunger. *Rs; auf derselben Seite folgende Variante zu den verworfenen Versen:* Wahrlich, nicht mit Hirtenflöten werde ich meine Schafe zu meiner Liebe locken. / Eine Hungrige sucht nach euch: ach, daß meine Liebe euch nicht noch mit ihrem Hunger Furcht mache!

Auf den glückseligen Inseln. *Titel in Rs:* Von den Göttern. **109 2–4]** *vgl. N an Rohde, 7. Okt. 1869* **16–19]** *aus* Nicht du und nicht ich, mein Bruder: aber dein Wille kann dich und mich selber umschaffen zu Vätern und Vorfahren des Übermenschen — dies sei die Seligkeit deines Willens! — *Rs* **109 22–110 2]** *vgl. Bd. 10, 5 [1]:* 188. Ich will euch zwingen, menschlich zu denken: eine Nothwendigkeit für die, welche ⟨als⟩ Menschen denken können. Für euch würde eine Nothwendigkeit der Götter nicht wahr sein. **110 24–26]** *vgl. Bd. 10, 5 [1]:* 212. Das Leere, das Eine, das Unbewegte, das Volle, die Sättigung, das Nichts-Wollen — das wäre mein Böses: kurz: der Schlaf ohne Traum. **27–28]** *vgl. Goethe, Faust II, 12104–12105; vgl. auch FW 84 und die Anm. dazu* **110 32–111 6]** *vgl. Bd. 10, 5 [1]:* 226. Schaffen ist Erlösung vom Leiden. Aber Leiden ist nöthig für den Schaffenden. Leiden ist sich-Verwandeln, in jedem Geborenwerden ist ein Sterben. Man muß nicht nur das Kind, sondern auch die Gebärerin sein: als der Schaffende. **10 [20]** Alles Schaffen ist Umschaffen — und wo schaffende Hände wirken, da ist viel Sterben und Untergehen. / Und nur das ist Sterben und in Stücke gehen: ohne Erbarmen schlägt der Bildner auf den Marmor. / Daß er das schlafende Bild aus dem Stein erlöse, darum muß er ohne Erbarmen sein: — darum müssen wir Alle leiden und sterben und Staub werden. **111** *21–23]* [Erkennen: so nannte ich all mein] [Und auch im Begehren fühle ich] Auch im Erkennen fühle ich noch meines Willens Zeuge- und Schaffe- und Werdelust! [Und wenn meines Erkennens] Und wenn Unschuld in meiner Erkenntniß ist: so will ich sie heißen: „Wille zur Zeugung!" *aus* Mein Erkennen: das sei nur Durst und Begehren und Schätzen und Kampf der Werthe! Und des Erkennenden Unschuld sei nur sein „Wille zur Zeugung!" *Rs* **111** *29–112 4] vgl. Bd. 10, 13 [3]:* Wie hätte ich es ertragen, wenn ich nicht den Übermenschen mehr liebte als euch! /Wozu gab ich euch doch den hundertfältigen Spiegel? Und die ewigen Blicke? / Ich überwand auch die Liebe zu euch mit der Liebe zum Übermenschen. / Und wie ich euch ertrage, so müßt ihr euch selber ertragen, aus Liebe zum Übermenschen. / Ihr seid mir der Stein, in dem das erhabenste aller Bildwerke schläft: es giebt keinen andern Stein. / Und wie mein Hammer nach euch schlägt, so sollt ihr mir selber nach euch schlagen! Der Hammerruf soll das schlafende Bild aufwecken! **112** *4] danach in Rs gestrichen:* Sie gehen mich nichts an: nun sagt ihr mir, daß ich unbillig sei gegen alle Götter / Und vielleicht habt ihr Recht: denn am unbilligsten sind wir nicht gegen das, was uns feind ist: sondern was uns gar nichts angeht. / Aber — wie könnte ich anders, meine Freunde? — *erste Fassung* Sie gehen mich gar nichts an [und ich gieng an ihnen vorüber. Aber], diese Götter. Aber vielleicht bin ich unbillig gegen sie. / Sind wir doch Alle am unbilligsten nicht gegen das, was uns feind ist: sondern gegen das, was uns nichts angeht. Aber — wie könnte ich anders, meine Freunde? — *zweite Fassung; daneben, die dritte Fassung:* Sie gehen mich gar nichts an, diese Götter. Und vielleicht bin ich unbillig gegen sie. / Denn so sind wir Alle: [nicht gegen das was uns fremd und zuwider ist, ist unsere Unbilligkeit am größten, sondern gegen das, was uns nichts angeht] unbillig nicht so sehr gegen das uns Feindliche als gegen das, was uns gar nichts angeht. / Aber wie könnte ich anders sein! [ich] Mensch, ich Stein, ich häßlichster härtester Stein, in dem — mein Bild schläft! *vgl. Von den Mitleidigen 115, 12–13*

Von den Mitleidigen. *Vgl. Bd. 10, 3 [1]:* 92. Wenn die Mitleidigen die Scham vor sich verlieren und uns sagen, Mitleid sei die Tugend selber: so hat man mit ihnen Mitleid. **113** *2–6] vgl. Bd. 10, 12 [1]:* 110. Der Erkennende lebt unter Menschen nicht wie unter Thieren, sondern — als unter Thieren. *7–12] vgl. Bd. 10, 12 [1]:* 89. Der Mensch ist das Thier mit rothen Backen: der Mensch ist das Thier welches sich oft hat schämen müssen. *15–16] vgl. Matth. 5,*

7   114, *13–15]* vgl. *Bd. 10, 3 [1]:* 206. Große Verbindlichkeiten machen uns nicht dankbar, sondern rachsüchtig.   115 *4–6] vgl. Bd. 10, 12 [1]:* 182. Wenn man seinen Teufel nicht groß zieht, macht einen die kleine Teufelei — klein.   *7–9] vgl. Bd. 10, 1 [1]:* 341. Man weiß von Jedermann immer etwas zu viel.   *14–16] vgl. Bd. 10, 12 [1]:* 183. Seinem Freunde soll man eine Ruhestätte sein, aber ein hartes Bett, ein Feldbett.   *17–19] vgl. Bd. 10, 12 [1]:* 188: „Ich vergebe es dir, was du mir thatest: aber daß du es dir thatest, wie könnte ich das vergeben!" — so sprach ein Liebender.   *29–30] vgl. Bd. 10, 3 [1]:* 287. „Die Liebe Gottes zu den Menschen ist seine Hölle" — sagte der Teufel. „Wie kann man sich aber auch in die Menschen verlieben!"

Von den Priestern. 117 *21–22:* Ach ... erlöste!] *vgl. Bd. 10, 9 [36]:* Erlösung von Erlösern lehrt Zarathustra.   *23–24] wie im mittelalterlichen Märchen*   118 *1–4] zu* „Hütten bauen" *vgl. Matth. 17, 4   5–8] vgl. Bd. 10, 9 [6]:* Kirche: verfälschtes Licht, versüßter Ernst des Weihrauchs, Verführung zu falschen Ängsten, ich mag die Seele nicht, die zu ihrem Gotte hinauf — kniet. *vgl. N an Overbeck, 22. Mai 1883 aus Rom:* und gestern sah ich gar Menschen die heilige Treppe hinaufknien!   *29–31] vgl. Bd. 10, 13 [1]:* Und wenn eure Schönheit nicht selbst Buße predigt, was wird euer Wort vermögen!   *32–34] aus* Ach, es jammert mich dieser [Priester] Gefangenen und Unerlösten! Gegen sie [lebe ich] lebt Zarathustra im siebenten Himmel der Freiheit! Rs   119 *1–3] aus* Allzuviele Lücken hatte ihr Geist: und wo eine Lücke war, stellten sie flugs ihren Wahn hinein, und nannten ihn Gott — den ärmsten Lückenbüßer! Rs   12] *danach gestrichen:* Allzukurz war der Athem ihres Mitleidens Rs   *13–16] vgl. Bd. 10, 4 [17]:* Blut begründet nicht; Blut erlöst auch nicht. Ich mag jene Lebensmüden nicht, – – – *4 [249]:* Blut gründet Kirchen: was hat Blut mit der Wahrheit zu schaffen! / Und wollt ihr Recht von mir haben, so beweist mir mit Gründen und nicht mit Blute. *5 [1]:* 175. Blut ist ein schlechter Zeuge für Wahrheit: Blut vergiftet eine Lehre, so daß sie ein Haß wird.

Von den Tugendhaften. 120 *8–10] vgl. Bd. 10, 9 [48]:* Wollt ihr denn bezahlt sein? *und 4 [247]:* Cap⟨itel⟩. Wollt ihr Lohn? Es ist mir das Maaß eurer Tugend was ihr als Lohn wollt!   121 *5–7] vgl. Bd. 10, 9 [13]:* Des Ringes Durst, sich wieder zu erreichen — ihn dürste ich.   *8–10] vgl. Bd. 10, 9 [45]:* Ein Stern gieng unter und verschwand — aber sein Licht ist noch unterwegs, und wann wird es aufhören, unterwegs zu sein? / Bist du ein Stern? So mußt du auch wandern und heimatlos sein.   122 *11:* sie ... erniedrigen] *vgl. Matth. 23, 12   22–24] vgl. Bd. 10, 3 [1]:* 356. Ihr glaubt, wie ihr sagt, an die Nothwendigkeit der Religion? Seid ehrlich! Ihr glaubt nur

an die Nothwendigkeit der Polizei, und fürchtet euch vor Räubern und Dieben für euer Geld und eure Ruhe! *25–27] vgl. Bd. 10, 3 [1]:* 4. Wer das Hohe eines Menschen nicht zu sehen vermag, hat gerade deshalb ein Luchsauge für dessen Niedriges. *Vgl. JGB 275*
Vom Gesindel. 125 *29–31] aus* War das Gesindel mir nöthig, daß mein Ekel mir Flügel schuf? War mein Ekel mir nöthig, daß ich [Quellen suchte] das Höhere suchte und reine Quellen? *Rs* 126, *16–18]* Werft eure reinen Augen in diesen Born: wie sollte er darob trübe werden? Wahrlich, entgegenlachen [nur] soll er euch mit seiner Reinheit! *aus* Werft eure reinsten Augen in diesen Brunnen: [lachen soll sein Spiegel ob solchem Geschenke] daß eure Reinheit lache aus seligen Augen. *aus* Der Reine warf sein Auge hinab in diesen Brunnen: in durchsichtiges seliges Wasser. *Rs 19–20] wie die Raben dem Elias in 2. Könige 17, 6*
Von den Taranteln. *Vgl. Bd. 10, 10 [7]:* Schwarz und schwärzend ist die Kunst der Tarantel: Taranteln aber heiße ich die Lehrer der „schlimmsten Welt" 128 *9:* die Seelen] des Volkes Seele *Rs 17–19] vgl. Bd. 10, 9 [49]:* Reinigung von der Rache — ist meine Moral. 129 *34–130 2] vgl. Bd. 10, 12 [43]:* Er predigt Leben, um denen wehezuthun, die sich selber vom Leben abkehren: denn sie sind mächtiger als er und reineren Herzens. / Aber vom Leben abgekehrt sitzt er selber in seiner Höhle: und nicht heiße ich's Leben, der Spinne gleich Netze stricken und Fliegen fressen. 130 *3–5:* jetzt ... Hause] *aus* sich vor dem Leben fürchten, weil sie zartere Herzen haben; und mit Lärm gedenken sie über Stillere zu siegen *Rs 26] danach gestrichen:* Von der Schönheit Morgen-Lichtern will es angeglänzt sein: darum blickt es verlangend in die Ferne! *Rs* 131 *17–18:* bindet ... Säule!] *wie Odysseus*
Von den berühmten Weisen. 134 *12:* der ... versetzt] *vgl. 1. Kor. 13, 3 18–20] vgl. Bd. 10, 4 [131]:* Ihr Kalten und Nüchternen, ihr kennt die Entzückungen der Kälte nicht! *und 12 [1]:* 154. „Nur die Heißen kennen die Entzückungen der Kälte": so sprach ein Freigeist. *27:* Ihr ... laue] *vgl. Offenbarung 3, 16 24–25:* Glück im Schrecken] Schrecken im Glück *Rs*
Das Nachtlied. *Titel in Rs:* „Licht bin ich" *aus* Lied der Eins⟨amkeit⟩ *Vgl. Bd. 10, 13 [1], S. 437:* Ich glaube, der Reichste zu sein und glaube es noch: aber Niemand nimmt von mir. Also leide ich am Wahnsinn des Gebenden. / Ich rühre nicht an ihrer Seele: und bald werde ich nicht einmal mehr ihre Haut erreichen. Die letzte, kleinste Kluft ist am schwersten zu überbrücken. That ich nicht euch am wehsten, als ich mir am liebsten that? / Meine Liebe und mein Heißhunger nach ihnen wächst mit meiner Verbannung, und selbst mein Wahnsinn von Liebe macht mich noch ihnen ferner und unverständli-

cher.   136 *19:* dass ... Nehmen] *vgl. Apostelgeschichte 20, 35:* „*Geben ist seliger als nehmen*"; *Bd. 10, 12 [1]:* 140. Stehlen ist oft seliger als nehmen.   137 *4–5:* die ... überbrücken] *vgl. Bd. 10, 10 [4]:* Die kleinste Kluft steht zwischen mir und dir: aber wer schlug je Brücken über die kleinsten Klüfte!   *13:* Einsamkeit] *aus* Sattheit *Rs; danach gestrichen:* [Ach, daß ich] Und könnte ich einmal meinen Liebsten der [reißende] Räuber [hieße] heißen, der [Raub] Nachtvogel [! Wie] wie wollte ich dann ihre Furcht mit Liebe vergelten! / [Ach, daß] Und könnte ich vor ihnen einmal im dunklen Gewitter [entschwände] entschwinden und Wolke [würde! Wie] werden: wie wollte ich goldenen Segen aus meiner Wolke auf sie schütten! *aus* Ach, daß ich [eine Stunde lang] meinen Liebsten ein ⌜reißender⌝ Räuber hieße und [ein] Raubvogel! Ach, daß ich ⌜vor ihnen⌝ in dunklem Gewitter entschwinden könnte und [für einen Augenblick] zugleich Wolke und Mensch wäre! *Rs*   *30–32:* die ... Kälte] *aus* wir unsere Bahnen: das ist unser Wandeln: wir grüßen uns nicht, wenn wir einander begegnen *Rs*   138 *4]* aus ⌜Unsäglich durstet mein Herz⌝ Nach eurem Durste [durste ich hier unsäglich]: verschmachten noch werde ich aus Liebe zu eurer Liebe: verbrennen werde ich noch an den eisigen − − − *aus* Nach eurem Durste durste ich: meine Seele verschmachtet vor Liebe zur Liebe: verbrennen werde ich noch an den eisigen − − − *Rs*

Das Tanzlied. 140 *1–3]* [Und wenn der Teufel der Herr der Welt heißt: auf der Erde soll der Geist der Schwere nicht Herr heißen] / Aber dem Geist der Schwere bin ich Widersacher! ins Antlitz lache ich ihm mein Gelächter der Höhe. *Vs*   *3:* „der Herr der Welt"] *vgl. Joh. 12, 31*   *6–13]* Veränderlich ist dein Wille und leicht wandelbar und sich selber trotzig: darum allein bist du unergründlich. / In dein Auge sah ich, oh Leben, ins Unergründlich-Tiefe schien ich mir zu versinken. / Aber mit goldener Angel fischtest du mich ans Licht ich wäre sonst in deiner Tiefe ⟨ertrunken⟩ / Du lachtest, als ich dich unergründlich nannte: veränderlich bin ich und falsch und trotzig − so sprachst du. / Wer will mich aber ergründen, wenn ich stets mir widerspreche! / Und selber wider meines Haares willen führt mein Trotz den Kamm! / Ich bin nur ein Weib, und kein tugendhaftes! *Vs*   *14–17]* Aber die Männer schenken uns stets ihre eignen Tugenden. / So heiße ich tief und geheimnißvoll und treu und ewig / Aber was treu an mir ist und ewig, das ist meine Vergänglichkeit. / Und so [will ich heißen!] sollst du mich preisen ⟨als⟩ Vergänglichkeit: mein Trotz will es (wer darf mir glauben?) / ich verstehe dich recht, denn vor den Weibern redeten die Männer stets ihr Thörichtstes. *Vs*   *22]* *danach die verworfene Fortsetzung:* Wahrlich, was ich nicht lobe, das ist: Nicht-mehr-wollen, nicht-mehr-lieben, nicht-mehr-leben! / Das Volle, das Eine, das Unbewegte, ⌜das Leere,⌝ das Gesättigte, ⌜das Schwere⌝ — das heißt mir böse. / Der Schlaf ohne Traum — das wäre mir der schwerste Alp: und alles letzte Wissen heiße ich meine höchste Gefahr. / Und als mich einmal das Leben fragte: was ist denn Erkennen? so sagte ich voller Liebe: Erkennen? Das ist ein Dursten und [Schätzen und Schaffen und Kampf der Werthe] Trinken von Tropfen und ein stärkeres Dursten. / Erkennen das ist durch Schleier [auf Schleier] blicken, wie durch zierliche Netze mit Fingern haschen. / Ach, die Weisheit! Wir werden geködert von ihr, wir Erkennenden — ein Bischen Schönheit ködert immer noch die weisesten Karpfen! / Ein veränderlich Ding ist die Weisheit, ein trotziges: zu oft sah ich sie ihr Haar wider ihres Haares Strich und Willen kämmen! / Sie hat eine Art, schlecht von sich zu reden, welche verführt Rs   141 7–8] vgl. Bd. 10, 13 [1], S. 416: Siehe, wie das Weib sich selber widerstrebt und wie sie den Kamm wider ihres goldenen Haares Trotz und Willen führt!   22–30] vgl. Bd. 10, 4 [212]: Es ist kühl, die Wiese liegt im Schatten, die Sonne gieng. / Ist es nicht ungereimt zu leben? Müßten wir nicht mehr Vernunft haben, um aus dem Leben eine Vernunft zu machen? / Meine Brüder, verzeiht der Seele Zarathustras daß es Abend ist.

Das Grablied. *Titel in Rs:* Die Todtenfeier.   *vgl. Bd. 10, 10 [5]:* Dort ist die Gräberinsel, dort sind auch die Gräber meiner Jugend: dahin will ich einen immergrünen Kranz des Lebens tragen. Meiner Jugend gedachte ich heute ich gieng meine Gräberstraße. Auf Trümmern saß ich zwischen rothem Mohn und Gras — auf meinen eigenen Trümmern. / zur Insel der Abgeschiedenen fahrend auf schlafenden Meeren / Noch lebst du, altes geduldiges Eisenherz: und in dir lebt auch noch das Unerlöste Ungeredete meiner Jugend.   142 9–10: süsser Geruch] *vgl. Bd. 10, 9 [48]:* „wie ein süßer Geruch" — aber sie mußten sterben.   10: thränenlösender] thränenlösender: wie von seligen verschwiegenen Inseln her [weht er mich an über weite Meere] kommt er mir Rs   143 10. Besessen-sein] Besessen-sein, meiner Wahrheit goldenster Wahnsinn Rs   26–27. 30] *vgl. Bd. 9, 18 [5] und das Motto der ersten Ausgabe der FW aus Emerson*   144 8] *danach gestrichen:* Mitleid mit meinen Feinden war ich einst ganz, und Waldesstille der Ergebung: Waldthiere huschten mir lieblich durch grüne Dämmerungen. Aber da fand ich mein liebstes Thier verblutet von den Eisen meiner Feinde: ach wohin floh die Liebe zu meinen Feinden! *aus* Vergessenheit war ich einst ganz geworden und Waldesstille der Seele: Waldthiere huschten mir lieblich durch grüne Dämmerungen. Da erfandet ihr diese neue Bosheit: meinen Freund überredetet ihr zum Schmählichsten — ach wohin floh meine Hündin Vergessenheit! Rs   16] *danach gestrichen:* Eure Tugenden selber, ihr

Tugendhaften, wandeltet ihr gegen mich zu Tropfen Natter-Giftes; und eure Gerechtigkeit, ihr Gerechten, war es, die stets rief: „kreuziget ihn!" *Rs* **24]** *danach gestrichen:* Was geschah mir da! Es verkümmerte sich mir sowohl Herz als Zehe: trägt doch der Tänzer sein Ohr in der Zehe! und nicht mehr wollte mein Wille tanzen! *Rs; vgl. Za III Das andere Tanzlied* **282, 14   26:** besten Tanze] Tanz aller Tänze dem überhimmlischen *Rs*   **33:** Wie ertrug ich's nur?] *vgl. R. Wagner, Tristan und Isolde, II, 2*   **34:** diesen] hundert *Rs*   **145 6:** Unverwundbar ... Ferse] *im Gegensatz zu Achilles*   **13:** Und ... Auferstehungen.] *aus* Wahrlich, wo meine Gräber sind, da [waren] sind auch noch immer meine Auferstehungen! *Rs* Von der Selbst-Ueberwindung. *Titel in Rs:* Von gut und böse.   **147 6:** zeugende] zeugende ewige *Rs*   **19–20:** dass ... Gehorchen] *vgl. Bd. 10, 12 [1]:* 162. Das Befehlen ist schwerer zu erlernen als das Gehorchen.   **32–33:** die ... Herzens] *aus* seinen verborgensten Willen *Cb²* den Willen seiner Eingeweide *Cb¹; Rs*   **148 33–149 26]** *erste Fassung der Rs:* Also giebt es auch kein Gutes und Böses, das unvergänglich wäre: aus sich selber muß es sich immer wieder überwinden. / Mit euren Werthen übt ihr Gewalt, ihr Werthschätzenden: und dies ist euer Schaffens-Wille aus [unterster] verborgener Liebe. / Aber eine stärkere Gewalt wächst aus euren Werthen: da zerbricht die Eierschale". / Also, ihr Freunde, belehrte mich das Leben selber über sein Geheimniß: darum mußte ich zum Vernichter werden eures Guten und Bösen. / [Was euch gerecht hieß und gut und] Reden wir nur diese Wahrheit heraus [! Was liegt daran, ob wir selber an der Wahrheit zerbrechen!], diese fürchterliche [: und mag] ! Mag uns die Wahrheit zerbrechen was liegt [daran] an uns! / Mag doch die Welt an — der Wahrheit zerbrechen! [und in Stücke gehn!] — [daß einst sich der Wahrheit] Daß eine neue Welt sich baue, — die Welt der Wahrheit! *Variante dazu am unteren Rand derselben Seite:* Mag die Welt doch zerbrechen an unseren Wahrheiten! — so giebt es eine neue Welt zu schaffen! / Denn, [meine Freunde,] wenn die Wahrheit sich nicht die Welt neu bauen will — was liegt auch an der Wahrheit!   **149 13–15]** *vgl. Bd. 10, 13 [1], S. 418:* Nicht Grund und Zweck deines Handelns machte dein Handeln gut: sondern daß dabei deine Seele zittert und glänzt und überwallt.   **24]** *danach gestrichen:* [All eure Heimlichkeiten muß ich ans Licht bringen: entkleiden will ich eure vermummten W⟨erthe⟩] Laßt mir nun entgelten, daß ich den Mantel von euren Heimlichkeiten ziehe. / Wahrlich, ich sah euch nackt: was ist mir noch euer Gutes und Böses! / Ob die Wahrheit euch nützt oder schadet — was gehts mich an! / Laßt uns eine Welt neu schaffen, der die Wahrheit nützt. / Mag die Welt zerbrechen an meinen Wahrheiten — — — *Rs*

Von den Erhabenen. **150** 6–7: Büsser des Geistes] *zu diesem Ausdruck Bd. 10, 4 [230]:* Und sein Gelehrter soll ein Büßer des Geistes sein. *4 [266]:* Büßer des Geistes /der Schaffende *4 [275]:* Eure Würde will ich euch erst geben: ihr sollt die Büßer des Geistes sein! **150** 21–**151** 2] *vgl. VM 170; vgl. auch Bd. 1, 816:* Die Philosophie im tragischen Zeitalter der Griechen *(1873):* Das griechische Wort, welches den „Weisen" bezeichnet, gehört etymologisch zu sapio ich schmecke, sapiens der Schmeckende, sisyphos der Mann des schärfsten Geschmacks; ein scharfes Herausschmecken und -erkennen, ein bedeutendes Unterscheiden macht also, nach dem Bewusstsein des Volkes, die eigenthümliche Kunst des Philosophen aus. *ähnlich im Kolleg über* Die vorplatonischen Philosophen *(1872)* **151** *16–18] vgl. Bd. 10, 9 [6]:* Ein weißer Stier will ich sein und die Pflugschar ziehn: wo ich liege, soll Ruhe sein und die Erde nach Erde riechen. **152** 12–13] *vgl. WB 7* 19–21] *vgl. Bd. 9, 10 [1]:* indem ich emporstrebte gegen meine Last, verjüngte ich mich: und gerade als ich härter in mir wurde, lernte ich noch die Anmuth.
Vom Lande der Bildung. *Titel in Rs:* Von den Gegenwärtigen. **154** 9–10: Lieber ... Ehemals!] *vgl. Achilles in Od. 11, 489–491* 32–33: Alles ... geht.] *Mephistopheles in Goethes Faust I, 1339–1340* **155** 1–6] *vgl. Gen. 2, 22*
Von der unbefleckten Erkenntniss. *Titel in Rs:* An die Beschaulichen. **157** 30: Feiglingen] Feiglingen [, die ihr ohne Leid Liebe wollt] *Rs* 32–33: was ... werden!] *aus den begierdelosen Augen tasten will als Kunst getauft sein? Rs* 33] *danach gestrichen:* ⌐Ihr rein-Erkennenden, ihr gebt euch als die, welche ohne Beflecken empfangen:¬ „Reine Erkenntniß" — so nennt ihr die Mondwandelei über Dächern, die lüsterne, unfruchtbare: aber nie soll solche „Reinheit" [eine — Sonne] einen Stern gebären! *Rs; vgl. Za I Vorrede 5, 11, 18–20:* man muss noch Chaos in sich haben, um einen tanzenden Stern gebären zu können. **158** 5–7] *vgl. 1. Kor. 2, 1; Luk. 16, 21* 9–10] *vgl. Bd. 10, 13 [1], S. 417:* Stille. Bescheidenheit in der Höhe. / Zum Schmuck will ich mir das machen, was vom Tisch des Lebens abfällt: und mit Gräten und Muscheln und Stachelblättern will ich geschmückter sein als ihr!
Von den Gelehrten. *Vgl. Bd. 10, 10 [12]:* Süß und matt wie der Geruch alter Mädchen ihr Gelehrten. **160** 23–**161** 2: verbrannt ... Stuben] *aus* mir kommen Gedanken, die mir den Athem nehmen. Aber den Gelehrten kommen nur Gedanken, die Andre gehabt haben *Rs; ähnlich bei Schopenhauer (s. u.)* **161** 3–5] *vgl. Bd. 10, 13 [3], S. 447:* Wer nur Zuschauer des Lebens sein will, der mag sich hüten, dort zu sitzen, wo die Sonne auf die Stufen brennt: es sei denn, daß er

blind werden wolle. *6–8] vgl. Bd. 10, 13 [1], S. 441:* Stundenlang stehen sie auf der Straße und sehen die Leute an, die vorübergehen: und Andere ihrer Art sitzen müssig auf ihren Stuben und sehen die Gedanken an, die an ihnen vorübergehen. Ich lache über diese Beschaulichen. *ähnlich bei Schopenhauer, z. B. Parerga 2, § 51   13–16] vgl. Bd. 10, 9 [23]:* Eure Sprüche — „kleine Wahrheiten" in der Nähe des Sumpfes: und irgend ein kalter Frosch sitzt darin.   *17–19] vgl. Bd. 10, 12 [1]:* 86. Gelehrte: so nennt man heute sowohl die Soldaten des Geistes als — leider — auch die Strumpfwirker des Geistes. *ähnlich auch 3 [1] 444   32–33] vgl. Bd. 10, 12 [7]:* Sie wollen Würfel spielen mit den kleinsten Würfelchen oder tanzen sehn, was schwer zu sehn ist: die Zwerge des Daseins, die lustigen Urkörperchen: aber sie nennen's Wissenschaft und schwitzen dabei. / Aber Kinder sind es mir, die ihr Spiel wollen: und wenn etwas Lachen bei ihrem Spiele wäre, so wollte ich ihre „fröhliche Wissenschaft" gutheißen.   *34:* Tugenden] Biedermanns-Tugenden *Rs*

Von den Dichtern. *Vgl. im Kommentar zu Bd. 2 die Vs zu VM 2:* Der Dichter als Betrüger; *Za IV* Der Zauberer. Das Lied der Schwermuth. Von der Wissenschaft.   **163** *2–4] vgl. Bd. 10, 10 [24]:* Ihr seid hungrigen Geistes: so nehmt mir diese Wahrheit flugs zum Imbiß: das Unvergängliche — das ist nur ein Gleichniß. *vgl. Goethe, Faust II, 12104 f.   5–7] vgl. ZA II* Auf den glückseligen Inseln 110, 27–28   **164** *1–2] vgl. Mark. 16, 16:* „Wer da glaubt ... wird selig werden", *und ähnliche Stellen im Neuen Testament   5–6] vgl. 1. Kor. 13, 9   9] vgl. Goethe, Faust II, 12108–12109   14:* das Ewig-Weibliche] *vgl. Goethe, Faust II, 12110   15–17] vgl. die oben erwähnte Vs zu VM 32   18–20] vielleicht Anspielung auf die Szene „Anmutige Gegend" in Goethe, Faust II, 1   21–25] vgl. Bd. 10, 10 [17]:* Sie glauben alle daß die Natur in sie verliebt sei und horche immer herum auf ihre Schmeichelreden.   *26–27] vgl. Shakespeare, Hamlet I, 5   28–29] vgl. FWP* An Goethe   *30:* zieht ... hinan] *vgl. Goethe, Faust II, 12111   **165** 1–2] vgl. Goethe, Faust II, 12106–12107, somit hat N den ganzen „chorus mysticus" kommentiert   3–5:* zürnte ... sähe] *aus* [antwortete] wendete sich sein Auge nach innen, und er wußte nicht mehr, daß er zu einem Jünger redete. Und wie in große Fernen blickte und schwieg er lange *Rs   19–21] vielleicht Anspielung auf das „Konziliante" bei Goethe? vgl. WS 124 und Bd. 8, 29 [1. 15]   25:* So ... Stein] *vgl. Matth. 7, 9:* „Welcher ist unter euch Menschen, so ihn sein Sohn bittet ums Brot, der ihm einen Stein biete?"   26] stammen wohl aus dem Meere, Meerweiber mögen ihre Mütter sein. *Rs   30–31] vgl.*

Bd. 10, 9 [49]: Das Meer, das seinen Pfauenschweif sich zur Lust auf dem weichen Sande aufrollt. **166** 3–4] *vgl. Bd. 10, 9 [32]:* Dem Büffel gleich nahe dem Meere und näher noch dem Walde lebe ich. 10] *danach gestrichen:* Also sprach Zarathustra *Rs* 15: Büsser des Geistes] *vgl. Anm. oben zu 150,* 6–7, ihnen] den Dichtern *aus* ihnen *aus* den Dichtern und dem Dichter-Geist *Rs*
Von grossen Ereignissen. *Titel in Rs:* Vom Feuerhunde. *vgl. Bd. 10, 10 [29]:* Hohn über Revolutionen und Vesuve. Etwas an der Oberfläche. *10 [28]:* Gespräch mit dem Feuer-Hund / Hohn über sein Pathos / gegen die Revolution *10 [4]:* Gespräch mit dem Höllenhund. (Vulkan) *11 [11]:* Wenn das Haus brennt, vergißt man sogar das Mittagessen — sagte der Feuerhund. / Ja, und holt es nachher auf der Asche nach. *(vgl. JGB 83)* **167** 9–21] *diese Reminiszenz aus Justinus Kerner, Blätter aus Prevorst, wurde 1901 von C. G. Jung bemerkt; vgl. Psychiatrische Studien, Zürich/Stuttgart, 1966, 92; vgl. auch Charles Andler, Nietzsche, sa vie et sa pensée, Paris ²1958, Bd. 3, 258f. Die Stelle bei Kerner lautet:* „Die vier Kapitäne und ein Kaufmann, Herr Bell, gingen an das Ufer der Insel Mount Stromboli, um Kaninchen zu schiessen. Um 3 Uhr riefen sie ihre Leute zusammen, um an Bord ihres Schiffes zu gehen, als sie zu ihrem unaussprechlichen Erstaunen zwei Männer erscheinen sahen, die sehr schnell durch die Luft auf sie zuschwebten. Der eine war schwarz gekleidet, der Andre hatte graue Kleider an, sie kamen nahe bei ihnen vorbei in höchster Eile und stiegen zu ihrer größten Bestürzung mitten in die brennenden Flammen, in den Schlund des schrecklichen Vulkans, Mount Stromboli, hinab." 14–21: auf ... sind] oder den Schatten eines Mannes auf sich zukommen; und als er vor ihnen vorbei flog — und in der Richtung hin, wo der Feuerberg war — da erkannten sie [Alle] mit großer Bestürzung daß [es Zarathustra war] er die Kleider Zarathustras trug: denn sie hatten Alle [ihn gese⟨hen⟩] Zarathustra schon gesehen, ausgenommen der Capitän selber und wußten, daß er von allen Menschen schon durch [sein Kleid sich unterschied] seine Kleidung sehr unterschieden war. *Rs* **168** 11–12: so ... erschien] *vgl. Joh. 20, 20 und die anderen Erzählungen der Evangelien über die Erscheinungen Christi nach seiner Auferstehung* 15–16] *vgl. WS 14* 19–30: deine ... Beredsamkeit!] deine übersalzte Beredsamkeit *aus* dein Salz. Aber Meer ist noch nicht einmal Haut der Erde: sondern eine Haut der Haut also nährst du dich — — — *Rs* 31: Oberfläche!] Oberfläche [, als daß ich dich für den Höllenhund ⌐einen tiefen und der Tiefe⌐ halten könnte]. *Rs* **169** 27: Königen] *aus* Staaten *aus* Königen *Rs* **169** 31–170 2] *vgl. Bd. 10, 12 [1]:* 128. Was ist „Kirche"? — Eine von Grund aus verlo-

gene Art des Staates.   3–4: Gleich ... Gebrülle] *aus* Und wenn der Staat selber ein Heuchelhund ist, was muß erst die Kirche *Rs*   171 6] *danach gestrichen:* Und an dieser Stelle verstummte Zarathustra mit Einem Male und sah seine Jünger befremdet an. *Rs*
Der Wahrsager. 172 2: und ich sahe] *vgl. Offenbarung 5, 1; 6, 1; 10, 1; 13, 1; 14, 1 usw.*   6: von ... wieder] *vgl. Weisheit 17, 19:* „der Widerhall aus den hohlen Bergen schallte"   18–19] *vgl. Bd. 10, 12 [1]:* 151. „Wo giebt es noch ein Meer, in dem man ertrinken könnte!" — dieser Schrei geht durch unsre Zeit.   173, 3–4: es ... kommt] *vgl. z.B. Joh. 14, 19*   173 17–174 29] *zum Traum Zarathustras vgl. Bd. 10, 9 [3]:* Helle der Mitternacht war um mich, Einsamkeit sah mich mit trunknem müdem Auge an. / — schrie meine Stimme aus mir — / Todtenstille schlief und röchelte in Schlafe. / Da lag die Schlaflosigkeit und die Mitternacht mit trunknem Auge. / Da lag die Einsamkeit und neben ihr die Todtenstille: beide schliefen und röchelten. *10 [12]:* Aber keine Stimme antwortete. / Ach, ihr wißt nicht wie ich Einsamer den Stimmen gut bin. / Trunken bin ich worden noch über häßliche Stimmen. / Alpa! schrie ich, so rede doch Stimme. Alpa! schrie meine Furcht und Sehnsucht aus mir. *Erste Anspielung auf einen solchen Traum in Bd. 8, 23 [197], d.h. in einem Fragment aus dem Sommer 1877, dann auch in Bd. 9, 10 [B 17]. Einen Traum mit den Worten* „Alpa! Alpa!" *erzählte N im Sommer 1877 seinem Freunde Reinhart von Seydlitz:* „Nietzsche erzählte lachend, er habe im Traum einen endlosen Bergpfad hinauf steigen müssen; ganz oben, unter der Spitze des Berges, habe er an einer Höhle vorbei gehen wollen, als aus der finstern Tiefe ihm eine Stimme zurief: ‚Alpa, Alpa, — wer trägt seine Asche zu Berge?' —." *Vgl. R. v. Seydlitz, Wann, warum, was und wie ich schrieb, Gotha 1900, 36*   174 32: der ... hatte] *vgl. Joh. 20, 2*   174 34–175 23] *in Bd. 10, 10 [10] deutet Zarathustra selber seinen Traum so aus:* So geschah mir einst: ich träumte meinen schwersten Traum, und ich dichtete träumend mein düsterstes Räthsel. / Aber siehe, mein Leben selber deutete diesen Traum. Siehe, mein Heute erlöste mein Sonst und den in ihm gefangenen Sinn. / Und so geschah's zuletzt auch: dreimal scholl Donner durch die Nacht zu mir, es heulten drei Mal die Gewölbe. / Alpa, rief ich, Alpa, Alpa. W⟨er⟩ t⟨rägt⟩ ⟨seine⟩ A⟨sche⟩ z⟨u⟩ B⟨erge⟩? Welch überwundenes Leben kommt zu mir, den Nacht- und Gräber⟨Hüter?⟩ / Als ich euch träumte, tr⟨äumte⟩ ich meinen schwersten Traum. / Also will ich euer Schrecken sein — eure Ohnmacht und euer Wachwerden.   175 11–13] *durchgestrichene Variante in Rs:* Und auch, wenn die lange Dämmerung kommt, will ich aus ihrem Himmel nicht untergehn. / Am Horizonte will ich ihnen liegen,

Also sprach Zarathustra II, S. 171–189   307

eine Mitternachts-Sonne: Blut soll in dem Glanze meines Lichts sein, „der Glaube an das Leben" will ich ihnen heißen.
Von der Erlösung. **177** *2–4] vgl. Matth. 15, 30: „Und es kam zu ihm viel Volks, die hatten mit sich Lahme, Krüppel, Blinde, Stumme und viele andere..."* **179** *7–17]* Denn daß ich [kein Ganzer bin, sondern eine Vielheit, und ein Zu-Viel, zugleich, und Ein zu Wenig —] Vieles bin und noch der Schatten einer wollenden Vielheit — das errieth ich oft aus euren Worten und Fragen über mich. / Was ist uns Zarathustra? so fragtet ihr oft. Wie soll er uns heißen? / Ein [Seher] Versprechender? Oder ein Erfüller? Ein Erobernder? oder ein Er[wer]bender? Ein Herbst? Oder eine Pflugschar? Ein Dichter? Oder ein Wahrhaftiger? Ein Befreier? Oder ein Bändiger? Ein Guter? Oder ein Böser? Ein Arzt? Oder ein Genesener? Rs; *vgl. Jesu Frage bei Matth. 16, 13–15* **179** *33–180 5] vgl. Bd. 10, 11 [5]:* Der Ärger darob, daß die Nothwendigkeit ehern ist und daß uns der rückwirkende Wille versagt ist; / Ingrimm darob, daß die Zeit in die Zukunft abfließt und nicht zur Mühle des Vergangenen sich zwingen läßt! **180** *31–32:* Alles... vergehn!] *nach Goethe, Faust I, 1339–1340; vgl. auch Vom Lande der Bildung 154, 32–33* *33–34] wie Chronos im griechischen Mythos* **181** *14–15] vgl. Auf den glückseligen Inseln 110, 32–111, 17* *20] danach gestrichen:* Bis der schaffende Wille dazu sagt: „und mich selber will ich und mich in der Zeit" Rs *181 30–182 4] Zarathustra hält in seiner Rede inne, da er vor der Verkündung der Wiederkunftslehre zurückschrickt* **182** *2–3:* Es... ist.] *vgl. Von den Mitleidigen S. 115, 10–11*
Von der Menschen-Klugheit. *Titel in Vs:* Von der kühlen Vernunft. **185** *11] vgl. Za IV* Vom höheren Menschen *5* *16–17:* Wie... ist!] *Gustav Naumann, Zarathustra-Kommentar II, 165, schreibt dazu: „Der Ausdruck ‚zwölf Schuh‘ bezieht sich wahrscheinlich auf irgend eine ältere Rechtsbestimmung; und die Strafanordnung von Gefängniß bis zu drei Monaten trennt nach geltendem deutschen Recht die vor das Schöffengericht gehörenden Vergehen von den vor die Schwurgerichtssitzung zu verweisenden Verbrechen."* *19–21] vgl. MA 498* **186** *3–5]* Ich kenne euch Menschen nicht: aber was ich kenne und wessen ich müde wurde, das sind die höchsten Menschen. Vs *8–9] vgl. Bd. 10, 13 [1.7]*
Die stillste Stunde. **187** *13] biblisch, vgl. z.B. Deuter. 15, 7* **188** *11–12:* Es... Kraft] *aus* Dies eine nur! / Es ist über meine Kraft, [noch dies zu reden] dafür bin ich nicht der Mund. Ich bin dazu nicht die Stimme. Dies Eine Wort klebt mir im Gaumen: ich kann es nicht sprechen Rs *16–17] vgl. Matth. 3, 11* *28–30] vgl. Bd. 10, 12 [1]:* 198. Ein Einsamer sprach: „ich gieng wohl zu den Menschen, aber ich langte niemals an!" **189** *10–11]* Selten ist der Wille, der

Ungeheures fordert: leichter findest du den, welcher es thut. *Rs*   *14–15] vgl. Exodus 4, 10*   *25–27] vgl. Bd. 10, 12 [1]:* 153. Man muß auch seine Jugend überwinden, wenn man wieder Kind werden will. *vgl. auch Za I Vom freien Tode 4, 20–21*   **190** *3–4:* und ... Boden] *aus* :dann wurde es stille, eine doppelte und furchtbare Stille war es: *Rs*   *8–9:* von ... es] *aus* — daß ich immer noch aller Menschen Verschwiegenster bin und *Rs*   *10–12] vgl. Joh. 16, 12*   *10–17] aus* Ach, meine Freunde! Bin ich denn geizig? Noch habe ich euch — Alles zu geben!" Also sprach Zarathustra. *Rs*

Dritter Theil

Der Wanderer. **193** *4–8] aus* das jenseitige Gestade komme: dort nämlich war eine gute Rhede, an der auch fremde Schiffe vor Anker giengen. Als er so den Berg hinan stieg, jedes Schrittes gewohnt, den er that, und selbst noch in den Hindernissen seines Pfades heimisch — da gedachte er seines *Rs*   *16] vgl. JGB 70*   *17–19] vgl. Bd. 10, 22 [1]:* Ihr redet falsch von Ereignissen und Zufällen! Es wird sich euch nie Etwas Andres ereignen, als ihr euch selber! Und was ihr Zufall heißt — ihr selber seid das, was euch zufällt und auf euch fällt!   *193 23–194 2:* letzten ... einsamste] *aus* härtesten Schicksale und vor meiner eigensten Härte! Ach, meinen höchsten Berg muß ich hinan, ach ich begann meine letzte *Rs*   **194** *21] vgl. Exodus 3, 8*   *22–23] vgl. Bd. 10, 12 [1]:* 118. Von sich absehen ist nöthig um gut — zu sehen.   *24–26] vgl. Bd. 10, 3 [1]:* 5. Es giebt auch eine Zudringlichkeit des Erkennenden: sie ist verurtheilt, von allen Dingen nur den Vordergrund zu sehen.   **195** *6–7:* endlich ... Einsamkeit] *aus* traurig, wohlan: ich bin bereit. Eben las ich es geschrieben in diesem offenen Auge des Meeres *aus* traurig; und ich wähle es. Ich lese es aus diesem offenen Auge, eben war ein Blick nach mir darin *Rs*   *8–10] vgl. Bd. 10, 22 [3]:* Da liegt die schwarze traurige See — auch darüber mußt du hinweg! Zarathustra 3.   *27:* blickt ... mir] *aus* ist sein Auge mir, dem Einsamsten *Rs*   **196** *5] danach gestrichen:* Wurdest du schon deiner eignen Zukunft Zuschauer und Trostsänger? *Rs*   *19–20:* weinte ... bitterlich] *biblisch: vgl. Matth. 26, 75*

Vom Gesicht und Räthsel. *Titel in Rs:* Vom Gesicht des Einsamsten.   *vgl. Bd. 10, 18 [21]:* Der Weg durch alle 7 Einsamkeiten: endlich die Schlange. *Die Zeilen 197, 3–16 erst bei der endgültigen Niederschrift von N hinzugefügt, vielleicht um dieses Kapitel mit dem* ersten zu verbinden; nach dem verworfenen Anfang in Rs scheint eine ursprüngliche Verbindung zwischen diesem Kapitel und dem Kapitel Der Genesende bestanden zu haben, das auch inhaltlich verwandt erscheint. Der verworfene Anfang in Rs: Was träumte mir doch jüngst, als ich krank lag? Wahrlich, nicht Allen möchte ich erzählen, was ich träumte und schaute.

1. 19–23] Anspielung auf den Ariadne-Mythos; die Gestalt von Ariadne (und Dionysos) kommt in den Vs zu Von der grossen Sehnsucht *und* Die sieben Siegel *ausdrücklich vor* 198 15] *hier bricht die Rs ab, dafür folgende Variante:* „Oh Zarathustra — raunte er höhnisch Silb' um Silbe — du Mörder Gottes, du Stein der Weisheit! ⌈ Du hobst dich hoch aber ⌉ Jeder Stein muß — fallen!" / „Du Mörder Gottes, du Überwundner, noch überwandest selber du deinen Mord nicht. Zurück fällt der Stein, den du warfst — jeder Stein muß fallen! / Verurtheilt zu dir selber und zur langsamen Steinigung: oh Zarathustra, weit warfst du ja den Stein — langsam ⌈ und spät ⌉ muß er zu dir zurück[kehren]fallen. / Du Schleuderer, Stern-Zertrümmerer, langsam zermalmt durch Sternen-Splitter, [zersplittert und zerschleudert durch Gottestrümmer!] — du mußt noch fallen! / Du suchst Einen, den du lieben könntest und findest ihn nicht mehr? Du wirst einst noch umsonst Einen suchen, dem du fluchen könntest. / Dein glühendes Auge wird aber- und abermals den oeden Raum durchbohren — aber wo du auch suchst, [wird nunmehr die Oede ewig sein] wirst du ewige Oede finden. / Da wird selbst kein Schatten mehr, kein Gespenst, kein Halbnichts irren!: du selber und dein glühendes Auge — ihr ja habt den leeren Raum also leer gemacht! / Hüte dich vor mir — antwortete ich hart, heraus aus der leichenfarbenen Dämmerung meiner Seele — hüte dich, Zwerg und Greusal! Denn ich bin grausam. / Hüte dich, daß ich dich nicht einst mit Gelächtern zu Tode kitzle! Hüte dich, daß ich dich nicht tanzend zu Tode trete! / Jeder Stein, den ich warf — bevor er noch auf mich zurückfällt, an deinem Angesichte, du Zwerg, will ich ihn erst zu Sand zerreiben! / Wenig Wollust ist mir noch übrig: doch auf dich will ich meine Hand drücken wie auf Wachs — das sei mir Wollust! / Daß ich meinen Willen auf deinen Widerwillen schreibe, mit glühendem Erze einschreibe — daß sei mir meine letzte Wollust!" *daneben der Ansatz einer anderen Fassung mit Bleistift geschrieben:* — oh Zarathustra [du verlernst mir schon noch all dein Tanzen und Lachen!] nun verlerntest du schon all dein Tanzen und Tanz-Gelächter! / Bin ich — — — *der von N nicht in Rs abgeschriebene Schluß der Vs zu der mitgeteilten Variante lautet:* Sprach's und schwieg. Zur Antwort blies mir der Zwerg eiskalt in den Rücken: [dann aber wollte mein Fuß daß ich glitt und stolperte. Aber ich stolperte aufwärts] / Bis in die Zehen hinein erschrak ich dort, also

daß ich ⌜glitt⌝ stolperte. Aber ich stolperte aufwärts 199
15–16: Wer ... höre.] *vgl. Matth. 11, 15*
2. 200 *27–30*] *vgl. FW 341*
Von der Seligkeit wider Willen. *Die Vs zeigen den unmittelbaren Zusammenhang dieses Kapitels mit dem ersten, das erhellt auch aus den Änderungen in der ersten Abschrift, die N vornahm, um das Kapitel dem neuen Zusammenhang (nach der Einschiebung des zweiten) anzupassen. Titel in Vs: Auf hoher See* 203 *2–4:* Räthseln ... Freunden] *erste Fassung:* Bitternissen im Herzen verließ Zarathustra seine Freunde; als er zwei Tagereisen fern war von den glückseligen Inseln und mitten im Meere *Rs* *13–15*] Nachmittags, wo [das Licht selber stiller wird] alles was tönt auf weichen Schuhen wandelt, Glocken und helle Stimmen der Mädchen — Nachmittags, wo selbst alles Licht stiller wird *Vs; dazu auch:* — und die Töne der Glocken auf weichen Schuhen laufen — *vgl. MA 628; Bd. 8, 22 [45]; Za IV Das Lied der Schwermuth 371, 12* *16:* Oh ... Lebens!] *vgl. JGB Nachgesang: O Lebensmittag!* 204 *7:* meine Kinder] *von da an spricht Zarathustra von „seinen Kindern" und nicht mehr von „Freunden" (vgl. oben 203, 10–11): diese Änderung wurde von N durch Hinzufügung von 203, 22–204, 6 vorbereitet* *8–9:* gemeinsam ... geschüttelt] von gemeinsamen Winden gestreichelt *Rs* *24–25:* Mitschaffender und Mitfeiernder] *vgl. Za I Vorrede 9* *32–34*] *vgl. Za II Von großen Ereignissen und Die stillste Stunde* 205 *3–4:* die ... Schlinge,] der Liebe [zu euch, meine Freunde] und an dem Hasse meiner Seele: *Rs* *5*] *danach:* Auf meinem Inselchen hatte ich ja meine Freunde bei einander und meine Feinde unter ihnen! Wie süß ist es dem Einsiedler Menschen zu lieben und Menschen zu hassen! *Rs* *7–8:* diesem ... sein] dieser Sicherheit sollte alles Begehren [begraben] ertrunken sein *Rs* *9–10:* Aber ... Zarathustra] *vgl. DD Von der Armut des Reichsten* *15–17*] *vgl. Bd. 10, 17 [56]:* Meine Gräber öffnen sich: mein lebendig begrabener Schmerz stand wieder auf — unter Leichengewändern hatte er sich ausgeschlafen, um sich nun auszuwachen. *21*] Wehe, da rührt er sich und wurmt mich, mein alberner Wurm und Abgrund von Gedanke! *Bd. 10, 17 [84]* *24–26*] Bis zur Kehle hinauf klopft mir das Herz, [und all mein Blut strömt über vor Scham, meine Schwäche — ja schwach ist Zarathustra vor einem Worte] wenn ich dich graben höre — und mehr noch — wenn ich dich schweigen höre! Lach' abgründlicher Schweigender! *Vs* *27–32*] Noch wagte ich dich niemals anzuschauen. ⌜aber einst soll ich stark genug sein zum Übermuthe, der die Höhle selber — — —⌝ ich verschloß die Höhle in der du schläfst und schleichst — genug des Furchtbaren ist mir dein dumpfes Schleichen und Erdbeben

/ Dies Schleichen zu fürchten ist meine Schwäche und Furcht: und das wird zuerst meine Stärke sein, daß ich selber die Höhle öffne und dich rufe *Vs* 205 *33*–206 *2*] Wenn ich mich einst dessen überwunden habe, was wird mich dann noch überwinden? Also [soll einst das Siegel der Vollendung] wird dieser Sieg meiner Vollendung Siegel sein! *Vs* 206 *8:* schaut] und fragend schaut *Vs* *12*–*32*] [Oh Mißtrauen in dieser Seligkeit!] / Was mißtraue ich euch Allen zusammen! — Wahrlich, mißtrauisch bin ich gegen [meine Seligkeit] diese selige Stunde! [So dem Liebenden gleiche ich, in seinem Argwohn, der die lachenden Augen sieht] / dem Liebenden gleiche ich so, der der Geliebtesten mißtraut ob ihrer Schönheit. Zärtlich stößt er sie vor sich her, und er fürchtet und liebt, wider Willen kommt ihm seine Zärtlichkeit gegen die Verdächtige / Wie er sie vor sich her stößt, zärtlich noch in seiner Härte, der Eifersüchtige [so bin — — — war ich immer hart zugleich und zärtlich gegen alles Glück] / [Bin ich gemacht Glückliche zu machen? Ist der Mensch nicht Etwas, das überwunden werden soll ⟨?⟩ — so soll auch alles Menschenglück überwunden werden] / also stoße ich diese [schönste] selige Stunde vor mich her — / Wahrlich, das ist mir eine Seligkeit wider Willen. Willig zu meinem größten Schmerz — so stehe ich hier: inmitten des freien Meeres. / Mit festen Füßen stehe ich hier auf meinem Schicksal willig zu [Abend und Nacht und Stern und Schiffbruch] einsam⟨en⟩ und schwarzen Tagen und zu den Gefahren des Schiffbrüchigen! / Hinweg mit dir, du selige Stunde! Mit dir kam mir die Seligkeit wider Willen ⌐ Willig zu einsamen und schwarzen Tagen und zu den Gefahren des Schiffbrüchigen! ¬ Willig zu meinem größten Schmerz stehe ich hier: zur Unzeit kamst du! Dann erst wenn Zarathustra seines größten Schmerzes Meister wurde, wird er um Sieg mit seinem größten Drachen kämpfen. / [Der Schiffbrüchige erst soll der Eroberer sein. Flüchtlinge und Schiffbrüchige waren es, die neue Länder entdeckten: Halbzerstörte waren von je die Eroberer] / Der Steuermann aber der Zarathustra zuletzt hatte reden hören entblößte sein Haupt und sagte ehrerbietig: / Zarathustra, wenn wir deinethalben einst zu Grunde gehen, so werden wir deinethalben [gerettet] davonkommen. Aber so schlimme Dinge sah ich noch nie, das Schlimmste aber liegt hinter uns. *Vs;* *außerdem partielle Bearbeitung dieser Variante in Vs:* Mit festen Füßen stehe ich hier auf meinem Schicksal, willig zu schwarzen Tagen und allen Gefahren des Schiffbrüchigen. / Denn so lautet mir die Verheißung: dem Schiffbrüchigen [und Verschlagenen] erst sollen sich die Augen aufthun [für neue Länder], dem Zerbrochenen erst — — — / Hinweg und suche dir schnell noch eine andere Seele! Schon kommt der Abend [und seine Kühle] zu meinen Freunden, fliege: segne vor Abend noch meine Freunde! *beim Abschreiben dieser Vs in die Rein-*

schrift behielt N zunächst die Worte des Steuermanns, und zwar in dieser Fassung: Also sprach Zarathustra. Der Steuermann aber, der ihn [zuletzt] hatte reden hören, entblößte sein Haupt und sagte ehrerbietig: „Oh Zarathustra, was kommen muß, kommt; und wenn wir um deinetwillen einst zu Grunde gehen, so werden wir um deinethalben gerettet werden". *in der endgültigen Fassung der Rs ließ N die Worte des Steuermanns weg, behielt aber die Andeutung auf einen kommenden Schiffbruch (s. die nächstfolgende Variante aus Rs, welche er jedoch in Dm wegließ, wie aus Cb zu ersehen ist* 18–19: Mit ... Willen] *vgl.* Goethe, Dichtung und Wahrheit XVI, *über seine Dichtergabe:* „am freudigsten und reichlichsten trat sie unwillkürlich, ja wider Willen hervor" 24: die Sonne sinkt] *vgl.* DD 27: Nacht: aber] Nacht: denn er meinte nicht anders als daß zum mindesten [ein Sturm kommen müsse] eine Windsbraut und ein großes Verderben über das Schiff komme und ein Schiffbruch ihn gerade ans Land spein müsse. *Anklänge an die Erzählung des „gestillten Sturmes" bei Matth.* 8, 23–27 *hier erkennbar* 30–32: das ... Weib] Die Lust ist ein Weib, sie läuft dem nach, der sie verschmäht. *Rs*

Vor Sonnen-Aufgang. 207 2–3] Oh Himmel über mir, du Reiner, Tiefer! Du Licht-Abgrund! Zu dem meine Seele empor braust! / Ach, ist es Zeit um zu scheiden? „Die Sonne kommt" — erröthend sagst du's mir. *Rs* 208 12–14: diesen ... -sagen] *aus* sie nehmen mir und dir unsre gemeinsame Kraft, das ungeheure unbegrenzte Jasagen können: Jasagende sind wir ja *Rs* 209 5: Segnen] Segnen; und um des Jasagens willen sagte ich lange Nein *Rs* 15–17] *vgl. Bd. 10, 22 [5]:* „Von Ohngefähr" — kein guter Adel, ob es schon der älteste ist. *vgl.* Weisheit 2, 2: *„von Ohngefähr sind wir geboren"* 22: bei ... unmöglich] *vgl. Matth.* 19, 26 24–27] *vgl. Bd. 10, 22 [3]:* Wie Samen des Lebens ausgeworfen von Stern zu Stern? 210 8] *vgl.* Das andere Tanzlied

Von der verkleinernden Tugend. *Titel in Rs:* Von der Selbstverkleinerung. *Dieses Kapitel war ursprünglich nicht in Abschnitte geteilt; § 1 wurde von N bei der endgültigen Niederschrift hinzugefügt, um die Heimkehr Zarathustras zu beschreiben. Vgl. Bd. 10, 22 [3]:* Eingedrückte Häuser, blödsinnig gleich einem Kinder-Spielzeug: daß sie ein Kind doch wieder in die Schachtel steckte! — eingedrückte Seelen. — Vertraulich und offensinnig, aber niedrig gleich Thüren, die nur Niederes einlassen. — „Wie komme ich durch das Stadtthor? Ich verlernte es, unter Zwergen zu leben."

2. 212 11–13] Die kleinen Tugenden sind nöthig für die kleinen Leute: aber wer überredet mich zu glauben, daß die kleinen Leute nöthig sind! 14–16] *vgl. Bd. 10, 9 [19]:* ein fremder Hahn, nach dem die Hennen beißen 17–19] *vgl. Bd. 10, 22 [1]:* Mein Herz war

höflich auch gegen arge Zufälle: gegen das Schicksal stachlicht zu sein dünkte mich eine Weisheit für Igel.   25] *danach:* — sie errathen nichts von meinem Glücke *Vs*   26–28] *vgl. dagegen Matth. 19, 13*   213 *31–32:* sonderlich ... Schauspieler] *fehlt Rs; dafür gestrichen:* nur die Seltensten unter den Ächten — taugen Etwas!   214 *7–8:* wenn ... ist!] *vgl. das Wort Friedrichs des Großen:* „Un prince est le premier serviteur et le premier magistrat de l'État."   *32–34] vgl. Bd. 10, 22 [3]:* Vergnügte Säue oder sterbende Fechter — habt ihr keine andere Wahl?

3. 215 *6–7:* dass ich nicht kam ... ich kam auch nicht] *so auch mehrmals Jesus in den Evangelien, vgl. z.B. Matth. 9, 13; 10, 34*   *7–8:* wahrlich ... warnte!] vor Taschen- und Tagedieben zu warnen: so sagen sie „Zarathustra ist ein Feind der Tugend". *Rs*   *13–15] vgl. Von den Abtrünnigen 227, 24–29*   *25–27] vgl. dagegen Matth. 12, 50*   215 *28–216 5] vgl. Bd. 10, 22 [1]:* „Zufall" nennen es die Schwachen. Aber ich sage euch: was könnte zu mir fallen, was nicht meine Schwere zwänge und an sich zöge? / Seht doch, wie ich mir jeden Zufall erst in meinem Safte koche: und wenn er gar ist, heißt er mir „mein Wille und Schicksal". / Was meinem Leib und Willen fremd ist an meinem Zufalle, wie könnte ich ihm Gastfreundschaft bieten! Seht doch, nur Freunde kommen zum Freunde. — 215 *29:* Topfe] Safte *Rs*   215 *31–216 2] vgl. Bd. 10, 9 [1]:* Herrisch tritt das Erlebniß auf mich zu: aber kaum ist es erlebt, so liegt es schon auf den Knien.   216 *28:* Liebt ... euch] *vgl. Matth. 22, 39*   217 *6–11] vgl. Jes. 5, 24; Nah. 1, 10*   14] Also spricht zu euch Zarathustra *Rs*

Auf dem Oelberge. *Titel in Rs:* Das Winterlied, *vgl. dazu Schluß 221, 26:* Also sang Zarathustra Zu „Ölberg" *vgl. Matth. 24, 3. Vgl. Bd. 10, 13 [1]:* Winter ist es, heut will ich tanzen. Ich habe Gluth genug für diesen Schnee; auf den Berg will ich steigen, da mag meine Gluth mit dem kalten Winde ringen.   220 *20–22] vgl. Bd. 10, 22 [5]:* „Man wird dich noch aufschlitzen, Zarathustra: du siehst aus wie einer, der Gold verschluckt hat." *vgl. auch DD* Von der Armut des Reichsten.   *23–25] vgl. Bd. 10, 22 [5]:* Ihr nennt es Stelzen — aber es sind die starken Füße des Stolzes — lange Füße! *vgl. auch DD* Unter Raubvögeln.   220 *26–221 2:* Diese ... heisst:] *aus* — sie [hassen] ertragen den Selbstherrlichen Selbsthörigen nicht, sie hassen den Berg, der noch alle Sonnengürtel um sich schlingt / — daß alle Winde zu mir und zu meiner Wetterscheide kommen, daß ich [mit allen Winden über mein Meer fahre] alle Winde über das Meer meines Willens sende: / daß ich noch zum Zufall spreche *Rs*   221 *2–3:* lasst ... Kindlein] *vgl. Matth. 19, 14*   10] *danach gestrichen:* Also sang ich jüngst im Sonnenwinkel meines Oelbergs; also singend thaute ich mir den Winter von der Seele. *Rs 16–22] aus* Mein Gesund-Glück – – – / Ich aber heisse mich krank und sie gesund, alle diese armen [mitleidigen] schielenden Schelme um mich: mit diesem Schelmen-Muthwillen flüchte ich vor ihrer Krankheit. / Nun bemitleiden sie mich ob meiner Frostbeulen: sie klagen: „er erfriert uns noch an seinen Wintern der Erkenntniß" *Vs* Vom Vorübergehen. *Vs:* Sie schlagen ihre Bleche und nennen's „Weisheit": sie klingeln mit ihrem Golde: darob lachen die Huren. / Hier hast du nichts zu suchen und viel zu verlieren. Hier ist die große Stadt, warum willst du durch diesen Sumpf waten? / Habe doch Mitleid mit deinen Füßen, speie auf das Stadtthor und kehre um. / Also sprechend, spie Zarathustra auf das Stadtthor und kehrte um. *vgl. auch Bd. 10, 22 [3]:* Wenn sich die große Stadt selber aufs Land trägt, so bringt sie nicht Dünger dem Lande, sondern Fäulniß und Greuel. **223** *6–13:* Sie ... Tugend: —] *aus* sie erhitzen sich von früh bis spät und wissen nicht warum? — das heißt ihre Weisheit „das Unbewußte" *[Anspielung auf E. v. Hartmann]* . / Sie klimpern mit ihrem Bleche und heißen's „Weisheit"; sie klingeln mit ihrem Golde: darob lachen die Huren und die Stadt-Weisen. / Sie glauben an Huren und an gebrannte Weine, sie taufen sich mit gebrannten Wässerlein des Geistes; sie sind alle krank an öffentlichen Meinungen. / Es giebt hier auch Tugendhafte, es giebt hier viel anstellige angestellte Tugend; und auch sieht man viel auf den „Anstand". *Rs 9–11] vgl. Bd. 10, 22 [3]:* An öffentlichen Meinungen krank wie an öffentlichen Mädchen: und das gerade sind eure heimlichsten Krankheiten. *17:* Frömmigkeit] Frömmigkeit mit Schnauzbärten *Rs 18–19:* Gott der Heerschaaren] *vgl.* Psalm 103, 21 *25:* „Ich ... dienen"] *vgl.* Von der verkleinernden Tugend 214, 6; *ein gewisser Zusammenhang zwischen den beiden Kapiteln wird durch die nächstfolgende Variante bestätigt; vielleicht waren sie ursprünglich ein einziges Kapitel* **224** *1–10] aus* Die Stadt der eingedrückten Seelen: mit Häusern blödsinnig, gleich einem Kinder-Spielzeug. Daß ein Kind sie doch wieder in seine Spiel-Schachtel steckte! / Die Stadt der lüsternen Augen und der klebrigen Finger, der Schreib- und Schreihälse, der faulen Bruch-Eier, der dampfenden Ehrgeizigen! / Vielfraße die Einen, die Andern Schmeckerlinge, verächtlich Alle! Faulicht und schaumicht fließt ihnen das Blut: wer wollte es rein machen! *Rs* **225** *5–6] vgl.* Luk. 19, 41 *7:* ekelt] *über* jammert *Rs; vgl.* Jonas 4, 11 *7–12:* auch ... Schicksal] dieser großen Stadt: und ich wollte, ich [wäre der Scheiterhaufen, auf dem sie verbrannt würde! Mich jammert auch noch deiner! / Hier ist nichts zu bessern und viel zu bösern: so will ich ihren Untergang.] sähe schon die Feuersäule in der sie verbrannt würde. Denn solche Feuersäulen müs-

Also sprach Zarathustra III, S. 223–228

sen dem großen Mittag vorhergehen. Aber dies hat seine Zeit und sein Schicksal. Nicht will ich jeden Schleier lüften: so gehe ich denn.
Rs   11–12] vgl. Exodus 13, 21
Von den Abtrünnigen.
1. 226 8] „gottergeben" *Rs   12–13:* wie ... Weisheit] als ob ein Gott ihn zum Tanze entzückte *Rs   14:* Eben ... kriechen.] *vgl. Bd. 10, 18 [43]:* „Der Mensch ist Etwas, das überwunden werden muß": das klingt meinen Ohren wie eine lachende tanzende Weisheit. Aber sie meinen, ich heiße sie, – zum Kreuze kriechen! / Freilich: bevor man tanzen lernt, muß man gehen lernen.   17] lernten sie eine andere Wahrheit „im Dunkeln ist besser – munkeln!" *Rs   18–19:* dass ... Wallfische] *vgl. Jonas 2, 1   22:* Ach! ... nur] Der Mensch ist feige: es sind ihrer *Rs   24] danach gestrichen:* Das sage ich nicht mir zur Tröstung: ob es schon Vielen ein Trost ist zu verachten wo sie nicht mehr verehren: aber ich verlernte mich so zu trösten. / Wie sollten sie nicht feige und furchtsam sein! Ist Alleinsein nicht furchtbar? Ist Vereinsamung nicht Wahnsinn? / Und wer, gleich mir, Tafeln zerbrach und Werthe entwerthete: hat er damit nicht sich selbst zerbrochen und – – –   227 8] *danach gestrichen:* Diese hatten sich noch nicht gesucht: da fanden sie mich.
Rs   12] danach gestrichen: [Ein kurzer Sommer: und schon ist alles grau und welk geworden: und] Jüngst sah ich mich um nach meinen Gläubigen und bunten Lenz-Wiesen – und wahrlich, vielen Honig der Hoffnung trug ich von da einst in meine Bienenkörbe. *Rs   13–19] erste Fassung:* Laß sie fallen und fahren, oh Zarathustra und klage nicht! Würden sie anders können, so würden sie auch anders wollen. Halb- und Halbe verderben alles Ganze. / Laß sie fallen und fahren, oh Zarathustra und klage nicht! Lieber blase noch unter sie mit starken Winden, daß sie schneller von dir davon laufen! Lieber aber noch, oh Zarathustra, blase und schnaube nicht! Sondern vergiß und segne, als der Herbst der du bist! / Und gehe auch an welken Blättern vorüber gleich milder Herbst-Sonne – vergoldend, segnend! – / Sondern gehe segnend auch über diese welken Blätter hinweg – mit vergoldender Milde, gleich Herbst und Sonne!
2. 227 30–228 3] *vgl.* Von der verkleinernden Tugend *215, 13–15*   228 7–10] *vgl. N an Schmeitzner 20. Juni 1878:* Ihre Erfahrungen sind bitter, aber nicht wahr, wir Beide wollen ehrlich danach streben, dabei selber „süss" zu bleiben, als gute Früchte, denen böse Nächte nicht allzusehr zusetzen dürfen? Die Sonne wird schon wieder scheinen – wenn auch nicht die Bayreuther Sonne. Wer kann jetzt sagen, wo Aufgang, wo Niedergang ist und dürfte sich vor Irrthum sicher fühlen? Verhehlen will ich aber nicht, daß ich von ganzem Herzen das Erscheinen meines freigeisterischen Licht-Buches

in einem Augenblick segne, wo die Wolken sich schwarz über Europa's Culturhimmel sammeln und die Verdunkelungs-Absicht fast als Moralität angerechnet wird. *21–22] vgl. Matth. 18, 3* **229** *1–3] vgl. Bd. 10, 1 [31] und N an Gast 3. Okt. 1882* **1:** lernen gruseln] *wie im bekannten deutschen Märchen bei Grimm* **230** *9–10:* Es ... mir!] *vgl. Exodus 20, 3* **16]** *vgl. Matth. 11, 15*
Die Heimkehr. *Vs:* Einsamkeit als Heimkehr aus der Fremde. Verlassenheit und Fremde mitten unter Menschen. *vgl. Bd. 10, 18 [42]:* Und immer, wenn ich meiner Einsamkeit gedachte, immer war es doch, wenn ich aus der Ferne sprach „oh gute Einsamkeit!" *Rs (erste Fassung):* Von der [Gesundheit] Einsamkeit. — / Mit seligen Nüstern athme ich wieder meine Freiheit; erlöst ist endlich meine Nase vom Geruche alles Menschenwesens. / Von scharfen Lüften gekitzelt wie von schäumenden Weinen: hier niest meine Seele [und ist] selig, und jubelt sich zu: Gesundheit! / Hier kann sie alles hinausreden und alle Gründe ausschütten, nichts will hier geschont sein, nichts schämt sich hier versteckter verstockter Gefühle. / Hier kommen alle Dinge liebkosend zu meiner Rede und schmeicheln ihr, daß sie auf ihrem Rücken reite. Auf jedem Gleichniß reite ich hier zu jeder Wahrheit. / Hier springen mir alles Seins Schätze und Wort-Schreine auf: alles Sein will hier Wort werden, alles Werden will hier von mir reden lernen. / Aufrecht und aufrichtig rede ich hier zu allen Dingen: und wahrlich! Wie Lob klingt es in ihren Ohren, daß Einer mit allen Dingen — gerade redet! / Wir fragen einander nicht, wir klagen einander nicht — wir gehen offen miteinander durch offene Thüren. / Denn hier ist es offen und hell, hier laufen auch die Stunden mit leichteren Füßen. Im Dunklen trägt man an der Zeit schwerer als im Lichten. / — Oh Menschenwesen, [dunkles, dämmersüchtiges] du wunderliches! du Lärm auf dunklen Gassen! Nun liegst du hinter mir — meine größte Gefahr liegt hinter mir! / Im Schonen und Mitleiden lag immer meine größte Gefahr: und alles Menschenwesen will geschont und gelitten sein! / Mit verhaltenem Athem, mit [verbundenen Händen] Narren-Hand und vernarrtem Herzen und reich an kleinen Lügen des Mitleides — also lebte ich immer unter Menschen. /Verkleidet saß ich unter ihnen — daß ich sie ertrüge, bereit mich zu verkennen: und gern wähnend und mir zusprechend „ich Narr ich kenne die Menschen nicht". / Ihre steifen Weisen — ich hieß sie weise, aber nicht steif — so lernte ich Worte verschlucken. / Ihre Todtengräber — ich hieß sie Forscher und Prüfer: so lernte ich Worte vertauschen. / Die Todtengräber graben sich Krankheiten an. Unter allem Schutte ruhn schlimme Dünste. Man soll den Morast nicht aufrühren. Das liegt hinter uns. / Oh selige Stille um mich! Und jüngst war ich noch unter ihrem Lärm und Rasen! / Alles redet, Niemand weiß zu schweigen.

Alles läuft, Niemand erlernt mehr gehen. Oh diese selige Stille um mich! / Alles redet, Alles wird überhört: man mag seine Weisheit mit Glocken einläuten, ihre Krämer auf dem Markte werden sie mit Pfennigen überklingeln. / Alles redet, Niemand will zuhören. Alle Wasser rauschen zum Meer, jeder Bach hört nur sein eignes Rauschen. / Alles redet, Alles wird zerredet. Und was gestern noch zu hart war für den Zahn der Zeit, heute hängt es zerschabt und zernagt aus den Mäulern der Heutigen. / Alles redet, Alles verräth. Und was einst Geheimniß hieß und Heimlichkeit stiller Seelen, ist heute auf den Märkten wie Trompetenstück. / Alles redet, Niemand weiß zu verstehen. Alles fällt ins Wasser, Nichts fällt mehr in tiefe Brunnen! / Alles redet, Alles richtet und rechtet. Alles Unrecht wird verfolgt — gut verfolgt, aber schlecht erwischt. *Rs hat noch folgende vereinzelte von N nur zum Teil benutzte Aufzeichnungen:* Und wenn sie mich verkannten — ich schonte sie mehr darob als mich: gewohnt zur Härte gegen mich, nahm ich oft Rache noch für diese Härte, dann daß ich zu Andern — — — Und Manches, das ihre Schuld war — das nahm ich auf mich und nannte es wohl noch meine Schuldigkeit: also war ich reich an kleinen Lügen — — — Im Vergessen und Vorübergehen liegt mehr Weisheit als im Gedenken und Stillehalten. Und wer Alles begreifen wollte, dessen Hand müßte Alles — angreifen! — — — Alles redet, nichts geräth. Alles gackert, aber wer hat noch Zeit, Eier zu legen? [Sie denken, aber ihre Gedanken müssen] — — —   232 3–9] *vgl.* Za I Vorrede *10*   13–15] *vgl.* Za II Das Nachtlied   16–18] *vgl.* Za II Die stillste Stunde   234 3–5] *vgl. Bd. 10, 18 [36]:* Ich bin hart gegen mich, und oft nehme ich noch Rache für diese Härte, damit daß ich das Unrecht Anderer schone — ihr U⟨nrecht⟩ gegen mich!   15–16: Die ... unergründlich.] *vgl.* Von alten und neuen Tafeln *266, 12–13*   22: steifen Weisen] *vgl. Bd. 10, 22 [1]:* Gegen die steifen Weisen, von ihnen erlösend — die Seele, der Alles Spiel wird.   24: so ... vertauschen] *vgl. Bd. 10, 22 [1]:* Sie lernten die Namen tauschen: und so täuschten sie sich über die Dinge. Siehe da die ganze Kunst der Weisesten!

Von den drei Bösen. *Vgl. Bd. 10, 18 [23]:* Was wißt ihr von der Wollust! Was könntet ihr von der Wollust wissen! *22 [1]:* Selbst- und Herrschsucht trieb die Lüge in die höchste Höhe.

1. 235 17–19: über ... Kraft] weiß: [„alles Unendliche ist unmöglich" „alles Unvergängliche ist nur ein Gleichniß"] „über Allem ist die Zahl Herrin" „alles Unwägsame ist unwirksam *Rs*   20: sicher] sicher und satt *Rs*   22–24] Als ob ich einen vollen reifen Apfel sähe [und seine sanfte kühle Haut mit heißen Händen fühlte] — einen Goldapfel ⟨mit⟩ sanfter kühler Haut, voll verborgenen Zaubers. *Vs*   236 1: starkwilliger] stachelblättriger *Rs; Vs*   4–6] als

ob ein zierlich edler Schrein sich öffne, mit vielem darin was unaussprechlich ist und nur [für lautere Hände faßbar] schamhafte Hände [und Augen] fassen dürfen / als ob eine Sättigung dem Hungrigen eine Sicherheit dem Schweifenden, ein Verehrtes dem Verachtenden – – – *Rs* 20: Herrschsucht] *aus* Wille zur Macht *Rs*

2. 237 5: „Welt"] *in der Bedeutung wie bei 1. Kor. 1, 27* 9] *aus der Scheiterhaufen Rs* 17–20: Hoffnung ... sind!] Hoffnung: denn Vielem ist Bund und Ehe verheißen, das fremder sich ist als Weib und Mann und zwiespältiger: *Rs* 27–29] Herrschsucht: die Verhöhnerin aller ungewissen Tugend; die auf jedem Rosse mit jedem Sattel reitet, die boshafte Zwergin und Bremse, welche den eitelsten Völkern und Weisen aufgesetzt wird: *Rs* 238 6: aufschreit – ,] aufschreit: [„der Mensch ist Etwas, das überwunden werden muß"] *Rs* 8–9: Städte ... mir!] *aus* dem Menschen ins Gesicht speit, bis er selber spricht: „der Mensch ist Etwas, das überwunden werden muß *Rs* 21: Schenkende Tugend] *vgl. das letzte Kapitel von Za I* 23–29] *Varianten dazu:* Selbstsucht: ein Schmutz- und Schimpfwort für die Art[ung] alles Lebendigen: denn daß es wachsen will [und über sich schaffen], das ist des Lebendigen Art[ung und ewiges Muß] und innere Satzung / [Selbstsucht: das ist des Lebendigen Artung, daß es schwanger und schwerer geht mit [einer ewigen Zukunft] unbekannten Zukünften und sich selber oft eine Wunde und seinen Gelüsten wird] / [– eine Tugend, die allen Dingen befehlen will als eines Liebenden Wille: eine Selbstsucht und Macht, die alle Dinge zu sich und zu ihrer Höhe zwingt.] / – eine Tugend unersättlich durstend nach allen Schätzen und Kleinodien, die alle Tiefen hinauf zu ihrer Höhe zwingt / – – – und ein Wille, der allen Dingen befehlen will, als ein liebender Wille: eine heilige Selbstsucht und Macht welche [selber durstet, Geschenk und Opfer zu werden] alle Dinge zu sich und in sich zwingt.] / Diese Selbstsucht sprach einst Zarathustra heil und heilig [welche wie Regen und Sonne auf alle Dinge nieder]: daß er sie scheide von der siechen [diebischen] Selbstsucht, welche von entartenden Leibern redet ⌜die immer stehlen will⌝ *Rs* [Mächtige Seelen giebt es [herrliche, selbstherrliche in Wahrheit:] nun aber giebt es hörige, zugehörige: zu den mächtigen aber gehört der hohe Leib, der schöne sieghafte erquickliche, um den herum jedwedes Ding Spiegel wird] / Diese Selbstsucht sprach einst Zarathustra heil und [heilig] selig, [strömend und überströmend aus mächtiger kluger Seele] *aus* mächtigem klugem Selbst [an dem nichts siech und süchtig ist] aus dem sie strömt / [strömt und braust und überströmt]: daß er sie scheide von der siechen [unseligen] Selbstsucht, der unseligen, welche immer stiehlt und bei Allem spricht „[Alle] mir für mich" /

Das ist die selige Selbst- und Sehnsucht [der Macht, zu der der hohe Leib gehört] welche aus mächtigen Leibern strömt: denn zur mächtigen Seele gehört der hohe Leib, der schöne sieghafte erquickliche, um den herum jedwedes Ding Spiegel wird / Und damals [war] geschah es auch, daß Zarathustra die Selbstsucht selig sprach, die heile und gesunde Selbstsucht, die aus mächtiger Seele strömt −, / als eines Liebenden Wille, der allen Dingen befehlen will − als eine Sehnsucht der Macht, die alle Dinge herauf zu ihrer Höhe zwingt *Rs* Solche Selbstsucht heißt auch die Höchsten noch in die Höhe wachsen: solche Selbstsucht hebt [die höchsten Berge] einen hohen Berg aus [dem tiefsten Meere] einem tiefen Meere: − solche Selbstsucht schaudert steigend vor einer göttlichen Begierde: − *Rs*   *238 33−239 27]* Mit seinen Worten und Werthen zieht der Mächtige um sich heilige Zäune: mit dem Namen seines Glücks bannt er von sich alles Verächtliche. / Von sich weg bannt er alles Feige und Enge: verächtlich dünkt ihm der Sorgende Seufzende Klägliche und wer auch die kleinsten Vortheile aufliest. / Der Mißtrauische gilt ihm gering und der, welcher Schwüre statt Blicke und Hände will; geringer noch der Schnell-Gefällige, der Hündische, der gleich auf dem Rücken liegt, der Demüthige. / Verhaßt ist ihm gar und ein Ekel, wer nie sich rächen will, wer Speichel und böse Blicke hinunterschluckt − der All-Geduldige, Alles-Dulder: den heißt er Sklave. / Ob vor Göttern und göttlichen Fußtritten, ob vor Menschen ein Solcher stumm in Staub und Ergebung liegt: das dünkt ihm gleich − einen Solchen heißt er Sklave. / Schlecht: das gilt dem Mächtigen alles Sklavenhafte − das Unfreie, Gedrückte, Müde, Leidende, das im Staube liegt. / Schlecht: das ist nicht der Böse, denn der Böse ist furchtbar. Der Feind ist böse, der Feind ist furchtbar. / Gut aber heißt er sein Glück, sein strömendes überströmendes Glück, das mit leichten Sohlen läuft. *Rs*   *239 9: Alles ist eitel!]* vgl. *Prediger 1, 2   27] danach:* Und alles, was gut sie heißt, diese selige Selbstsucht, das heißt ihr „gut für mich" [und nicht gut für dich]; sie blickt nicht begehrlich nach den Tugenden der Schwachen und der „Guten für Alle". / An vielen Tugenden geht sie vorüber wie an hübschen Mägden: Einer hohen Herrin gilt ihre Liebe; und sie verachtet nicht immer, wo sie doch vorübergehet. *Rs*   *240 3] danach:* Selbstsucht zwar − : doch ich will [heilige] Zäune um meine Gedanken haben und auch noch um meine Worte − daß mir nicht in meine Gärten die Schweine und Schwärmer brechen! / Schweine und Schwärmer nämlich − die fand ich immer nahe bei einander weiden: Allem Unsauberen hold, mästen sie sich Beide im Unflathe: stört man sie aber auf, so grunzen sie. / Also sprach Zarathustra *Rs   5−6: soll ... werden!] biblisch: vgl. Matth. 10, 26; 1. Kor. 3, 13; 2. Kor. 5, 10; Eph. 5, 13*

320   Kommentar zu Band 4

Vom Geist der Schwere.
241 *6–8] vgl. den Titel von Mp XVIII 3 (Febr.–März 1882), Bd. 9, S. 673   12–14] vgl. Za IV Das Abendmahl und Das Lied der Schwermuth*
2. *Rs am Anfang gestrichen:* Wie kamst du, oh Zarathustra, zu deiner Weisheit?   **242** *5:* in die Luft] ins Reich der Luft *Rs   30–32] vgl. Matth. 19, 14   243 4–6] vgl. Za I Von den drei Verwandlungen 29, 8–9   13–15] vgl. Za II Von der Menschen-Klugheit   244 5–6:* Wer ... Seele.] *vgl. Matth. 23, 27   10–14] vgl. Bd. 9, 19 [9]   19] vgl. Matth. 17, 4   27–29] vgl. Bd. 10, 22 [1]:* Wie willst du tanzen lernen, wenn du nicht erst gehen lerntest? Aber über dem Tanzenden ist noch der Fliegende und die Seligkeit des Oben und Unten.   **244** *33–245 2]* Ein kleines Licht, aber doch ein großer Trost für den Schiffer, den die Nacht an das wilde Meer verrathen will. *Rs; vgl. auch DD Das Feuerzeichen.*

Von alten und neuen Tafeln. *Vgl. Bd. 10, 18 [44]:* Um der Zukunft willen leben § / das Zerbrechen der Tafeln. *18 [50]:* Ich bin ein Gesetzgeber, ich schreibe Neues auf meine Tafeln: den Gesetzgebern selber bin ich Gesetz und Tafel und Herolds-Aufruf. *19 [1]:* alte Tafeln **zerbrechen** *vgl. auch Exodus 32, 19*

2. **246** *18–19] vgl. Za I Von den Lehrstühlen der Tugend   247 2:* Schaffende] Schaffende das ist der welcher die Zukunft schafft *Vs   13–14:* zu ... Geiern] *vgl. Matth. 24, 28   21–22:* eine ... Sehnsucht] welche vom Berge noch auf alle Trauer-Spiele und Trauer-Ernste hinab lacht *Vs; vgl. Za I Vom Lesen und Schreiben 49, 6–7   21:* wilde Weisheit] *vgl. Za II Das Kind mit dem Spiegel 107, 26   26–28] vgl. Za II Von der Menschen-Klugheit 186, 8–9   248 6:* Stachel der Freiheit] *vgl. 1. Kor. 15, 55*

3. *14–16]* Also lehre ich und werde dess nicht müde: der Mensch ist Etwas, das überwunden werden muß; denn siehe, ich weiß es, daß er überwunden werden kann – ich schaute ihn, den Übermenschen. *Vs   18–19:* Weg ... Morgenröthen] *vgl. das Motto der Morgenröthe   23–25] vgl. Za II Der Wahrsager 175, 14–16   **249** *16–18] vgl. FW 337 und DD Die Sonne sinkt.*

4. *24:* fleischerne Herzen] *biblisch, vgl. Hesekiel 11, 19*

5. **250** *11–13]* Wer gemein ist, will am liebsten umsonst leben: aber wir Anderen, wir wollen gerade so viel als möglich – geben! *Rs   19–22] vgl. Bd. 10, 17 [51]:* Das Glück will nicht gesucht, sondern gefunden sein. *18 [30]:* Glück und Unschuld sind die schamhaftesten Dinge auf Erden: beide wollen nicht gesucht sein. Man soll sie haben – man soll nicht einmal wissen, daß man sie hat. *Rs*

6. *24–25]* Daß wir Erstlinge sind – wie viel an verborgener Noth und

plötzlichem Stolze ist in allem Erstlings-Adel, wovon kein Spätlings-Adel weiß! / Daß wir Erstlinge sind: oh wir lernten das ganz zu Ende, daß alles Erste noch kein gutes Gewissen haben kann. *Vs;* zum Erstlingsopfer vgl. *Exodus 23, 19*   251 *9–10:* und ... wollen] *vgl. Matth. 16, 25*

7. *25.* das ... Lebendige] *vgl. Za II* Von den berühmten Weisen *134, 3–5*
8. 252 *26:* weht! —] weht! Der zornige Stier ist los! — *Rs*   *26–27:* Also ... Gassen!] *vgl. Luk. 10, 10*
9. 253 *11–13]* Oh meine Brüder, über Gut und Böse ist bisher nur gewähnt, nicht gewußt worden. Zerbrecht, zerbrecht mir die alten Tafeln! *Vs*
10. *15–19]* Du sollst nicht lügen, du sollst nicht tödten — solche Worte hießen einst heilig: und vor ihnen beugte man Knie und Herzen. / Aber ich frage euch: [solche Worte selber waren die besten Lügner und Todtschläger der Wahrheit: es wurde niemals besser gelogen] wo gab es je bessere Lügner und Todtschläger in der Welt, als es solche heilige Worte waren! *Vs*
11. 254 *22–23]* *vgl. Za III* Von den Abtrünnigen *230, 14–15*
12. 255 *7–9]* *vgl. Bd. 9, 15 [61]*   *17–19]* *vgl. Bd. 10, 17 [16]:* Ziegen Gänse und andere Kreuzfahrer, geführt vom heiligen Geiste   *20–28]* *vgl. Za II* Vom Lande der Bildung *155, 26–31*   *26–28]* *vgl. dagegen Exodus 20, 5*
13. 256 *2:* Alles ist eitel!] *vgl. Prediger 1, 2*   *11–13]* *vgl. Deut. 25, 4*   *15]* danach: diese Nimmersatten! *Rs; Vs*
14. *20:* Dem ... rein] *vgl. Titus 1, 15*   257 *2]* *vgl. Za II* Vom Gesindel
15. *20–21:* Welt-Verleumder] Hinterweltler *Rs*
16. 258 *12:* Magen ... Trübsal] *vgl. Za I* Von den Lehrstühlen der Tugend   *32, 21*   *31:* Wer ... höre!] *vgl. Matth. 11, 15*
18. 260 *7–9:* lecken ... lieber] riechen ihn an: aber er will keinen Schritt mehr thun und lieber noch *Vs; vgl. Luk. 16, 21*
19. *Vgl. Bd. 10, 22 [1]:* Mit Loben und Tadeln ziehst du einen Zaun um dich. *Rs:* Das ist die gemeinste Art alles Seienden, die von dem Besten lebt: aber groß ist er und umfänglich an der Seele — wie sollte der nicht Nahrung sein für viel Schmarotzer! Wer aber soll mir immer ferne bleiben und fremd selbst meinem breitesten Gehege? Der welcher schmarotzt: das ist wer nicht lieben kann und doch von Lieben leben will. / Das ist wer sein Nest dorthinein baut, wo der Starke schwach und der Edle wund ist, — wer sein ekles Nest in den Großen baut: auch der Größte hat kranke kleine Winkel.   261 *15–17]* Seligkeit im größten Umfang der Seele, größte Leiter auf und nieder. *Vs; vgl. Genesis 28, 12*
20. 262 *6–7]* Oh meine Brüder. Es sind solche unter euch, die verstehen es,

ein Ding zu vernichten — zu lachen — auszulachen! Und wahrlich man tödtet gut durch Lachen! / Solche heiße ich nach meinem Beispiel thun: ihnen kam ich als Vorspiel. *vgl. Joh. 13, 15*
21. *16–18] vgl. Za I* Vom Freunde **263** *1:* Es ... mehr] *vgl. Hölderlin, Empedokles I, 1449: „Diß ist die Zeit der Könige nicht mehr."* *3–5]* gemein und gering genug — für den geringsten Vortheil lesen sie noch den Kehricht ihres Glaubens auf *Vs* Kleine Vortheile haben sie klein gemacht — und nun lesen sie gar noch den Kehricht guter Zufälle auf! *Vs*
22. *13–15] vgl. Bd. 10, 22 [5]:* Wehe, wer wollte ihnen Unterhaltung schaffen, wenn diese nicht mehr ihr Unterhalt wäre? / Sie müssen gegen das wilde Thier Hunger kämpfen — sonst wäre ihre Unterhaltung die eines wilden Thiers an — uns. / Ihre Langeweile wäre die Bruthenne hier *16–18]* In allem „Arbeiten" — da ist auch noch Rauben; in allem „Verdienen" — da ist auch noch Überlisten. Raubthiere sind wir: und wir sollen es schwer haben! *Rs*
23. **264** *4–6] vgl. FW 95 (über Chamfort)*
24. *18–19:* Oder ... sein?] daß unser Versprechen kein Versehen sei! *Vs* *22] danach gestrichen:* Die Ehen, die ich sehe, hindern meine Zukunft: so muß ich schon eher ein Ehehinderer sein als ein Eheschließer. Räthlicher wahrlich ist Ehehindern als — — — *Vs*
25. **265** *18:* versucht!] *danach:* [Wie aus Vielen ein Leib] [Und nicht daß ein Leib stehe und bestehe, sondern daß er über sich hinaus einen höheren Leib schaffe] der Wille zu vielen Willen das Selbst zu vielen Selbsten — [das wird da gesucht!] — wo wäre das schon gefunden! *Rs* *19] danach gestrichen:* eine große Qual, ein Leben das selber ins Leben schneidet: ein Wille zur Macht, welcher erst wissen will *Rs*
26. **266** *8–10] Anspielung auf Jesus* *14–15:* die ... sein] *aus* daß Einer gut sich fühle und zu den Guten zähle dazu aber muß er Pharisäer sein *Rs; vgl. Bd. 10, 22 [3]:* Es giebt einen Grad von eingefleischter Verlogenheit, den nennt man „das gute Gewissen". *23] danach gestrichen:* Also [lehrte] fragte einst Zarathustra *Rs*
27. *Rs vor der endgültigen Fassung der Abschnitte 26. 27:* Verstandet ihr wohl, oh meine Brüder, mein Wort vom letzten Menschen? Daß es ⟨der⟩ Mensch sei der sich selber nicht mehr verachten kann? — — Die Guten, die Guten sind der Anfang vom Ende, wehe wenn es immer so sein muß! / Thut die Augen auf: wo leben wir? Ist es nicht im Zeitalter der Guten? Nie noch gab es so ⟨viel⟩ Gerechtigkeit und Güte als bei uns. / Thut die Augen auf: wo leben wir? Gab es je eine größere Gefahr für alle Menschen-Zukunft, als bei uns? / Es ist das Zeitalter der Guten: macht eure Augen auf! / Niemals, so lange die Erde steht, gab es noch so viele Gute: / Die Lehrer der Ergebung, — — — / Bei den Guten liegt die größte Gefahr aller Menschen-Zukunft: denn sie hassen den Schaf-

Also sprach Zarathustra III, S. 263–268

fenden! Zerbrecht, oh meine Brüder, zerbrecht mir die Guten und Gerechten!   267 1–2] vgl. Za I Vorrede 5
28. 19: in ... geboren] vgl. Psalm 51, 7   267 29–268 2] vgl. oben Abschnitt 12, 255, 20–28
29. 268 4–5] Ich bin unter ihnen wie der Diamant unter Küchen-Kohlen: sie glauben immer nicht, wenn ich sage: Oh meine Brüder! Wir sind so Nah-Verwandte! *Vs; vgl. auch:* Oh meine Brüder! Wo sind meine Brüder? Ich suche, ich prüfe: ihr seid mir Alle nicht hart genug – *und auf derselben Seite:* Oh meine Brüder, warum seid ihr so weich? Sind wir nicht Nah-Verwandte?   *15–17: Und ... Wachs] vgl. Bd. 10, 18 [1]: Er legt auf Jahrtausende die Hand. 18 [3]: der Fliegende (als Entdecker, der auf ein Jahrtausend seine Hand legt) und die Variante: Wollust dünkte michs [stets], meine Hand auf die Wahrheit zu drükken, meinen Willen in ihr aufzuschreiben wie mit Erz Vs; vgl. dazu auch die Variante aus Rs zum Kapitel* Die sieben Siegel *1, 287, 14*
30. 24–25] vgl. Von der großen Sehnsucht 279, 3–5
Der Genesende. *Vs:* Einige Male war ich schon, einige Male werde ich sein: zwischen Tod und Anbeginn liegt ein eitles Jahr des Seins. – Alles geht und vergeht – alles kommt zurück – und das Gehn und Vergehn kommt selber zurück. Dieses Jetzt da war schon – ungezählte Male war es schon. – Diese Lehre war noch nie gelehrt. Wie? Ungezählte Male war sie schon gelehrt – ungezählte Male lehrte sie Zarathustra. *Zwei Texte sind in dieses Kapitel zusammengeflossen: ein Fragment unter dem Titel* Die Beschwörung *(entspricht 270, 13–271, 9); es sollte ursprünglich den Schluß von Za III bilden, vgl. dazu Bd. 10, 17 [69]:* Schluß von Z(arathustra) 3 „Herauf abgründlicher Gedanke! jetzt bin ich dir gewachsen! „Steinhart-machen" Du bist mein Hammer! – Seligkeit der urbestimmten Natur - Hymnus. *Der andere Text unter dem Titel* Der Genesende *entspricht den Zeilen 271, 27–275, 24; vgl. dazu die zwei Fassungen der Vs:* Oh meine Thiere, antwortete Zarathustra und lächelte von Neuem, von welcher letzten Seligkeit redet ihr mir da!! Aber sie ist noch fern, fern, fern von meiner thörichten Seele. / eine süße wunderliche Krankheit liegt auf mir, die heißt Genesung. / Thöricht, wahrlich ist das Glück des Genesenden, Thörichtes muß es [singen] reden: zu jung noch ist es: oh meine Thiere! so habt eine Weile noch Geduld mit mir! – Also sprach Z(arathustra) // Eine thörichte süße Krankheit liegt auf mir, die heißt Genesung. Ein neuer Frühling quillt in allen meinen Ästen; ich höre die Stimme des Südwindes. // Eine neue Scham liegt schwer auf mir: nach dunklen dichten Blättern begehrt die Scham meines neuen Glücks. Oh meine Thiere, rede ich Thörichtes? // Zu jung noch ist mein [neuer] Frühling: Thörichtes muß alle neugeborene Genesung reden. Oh meine Thiere – so habt Geduld mit mir! / Also ⟨sprach Zarathustra⟩

Kommentar zu Band 4

1. **270** *22-24] Anspielung auf die Beschwörung Erdas im 3. Akt, 1. Szene des „Siegfried" von R. Wagner; vgl. auch WA 9, Bd. 6, 33, 32-34,* 2 **271** *1: röchelst?] danach gestrichen:* „Es giebt Nichts Neues mehr — so röchelst du: laß mich schlafen!" Das bist du: „es giebt nichts Neues mehr" — das bist du selber, abgründlicher Gedanke! Wehe mir! Heil mir! Jetzt habe ich dich wach! *Rs*
2. **273** *9-11] vgl.* Vom Gesicht und Räthsel *202, 14-16* Das ist meine Schlange, die mir in den Schlund schlich. *Vs* **274** *3-6] vgl. JGB 295* *12-14] vgl.* Za II Der Wahrsager *14] danach gestrichen:* Und daß der Mensch, des ich müde war ⌐der kleine Mensch⌐, immer wieder kehrt: [die ewige Wiederkehr] das war meine lange, längste Dämmerung und Traurigkeit: wahrlich todesmüde todestrunken alles Menschlich-Allzumenschlichen *Rs* *19:* Mensch] *danach gestrichen:* und all sein kleines kleinstes Menschliches-Allzumenschliches *Rs* **275** *8-10:* Sonderlich ... Genesende] *aus* und zu allem, was klein ist, denn du mußt das kleinste wieder lieb gewinnen! *Rs* **277** *10-11:* denn ... Seele] *vgl. das folgende Kapitel*

Von der grossen Sehnsucht. *Titel in Rs:* Ariadne. *Dazu sei bemerkt: § 3 von* Die sieben Siegel *hatte ursprünglich den Titel:* Dionysos. Über Ariadne = die Seele Zarathustras *vgl. Bd. 10, 13 [1], S. 433, 16-18:* Dionysos auf einem Tiger: der Schädel einer Ziege: ein Panther. Ariadne träumend: „vom Helden verlassen träume ich den Über-Helden". Dionysos ganz zu verschweigen! *dazu auch Za II* Von den Erhabenen *152, 26-27:* Diess ist nämlich das Geheimniss der Seele: erst, wenn sie der Held verlassen hat, naht ihr, im Traume, — der Über-Held. *Vgl.* G. Naumann, Zarathustra-Kommentar, *2, 101 ff.* **278** *2:* Oh meine Seele] *vgl. die ähnliche Anrufung in den Psalmen (z. B. 103, 1)* *4] danach gestrichen:* sollst du mir nicht brünstig sein nach der Ewigkeit! *Vs* **278** *6.9.16.19.22.* — **279** *2.5.8.] am Schluß dieser Zeilen der Refrain:* und du willst mir nicht dankbar sein *Vs; vgl. 279, 23-25 und 281, 1-3* **279** *29-280* 2] Ach meine Schwermuth! Und wenn ich es doch zum Lächeln bringe — die Engel selber schmelzen in Thränen, wenn sie das Lächeln sehen. *Vs* **280** *12-14] vgl. das nächste Kapitel* *15-25]* Nun möge die Sehnsucht brausend anschwellen — sich hütend vor jeder kleinen Befriedigung — bis sie den Kahn selber aus der Ferne über das Meer zieht, darin der Weinberg-Umlaubte sitzt. / Bis deine Sehnsucht ihren brausenden Gesang anhebt, daß alle Meere still werden, dir zuzuhorchen: / bis über stillgewordene Meere der Nachen schwebt, der freiwillige güldne, der ihn trägt, den Winzer, um den das Glück des Weinstocks Thränen weint. *Vs*

Das andere Tanzlied. *Titel in Rs:* Vita femina. — Das andere Tanzlied. *Vs:*

Ich verachte das Leben am besten: und ich liebe das Leben am meisten: darin ist kein Widersinn.
1. *282 11] danach:* Wipp! Wapp! *Rs* topp tapp *Vs*   *14:* trägt ... Zehen] *vgl. die Variante zu Za II* Das Grablied *144, 24*   **283** *13.15:* Fledermäuse ... Fledermaus] Schmetterlinge ... Schmetterling *Rs*   **284** *6–7] aus* Nicht vergaß ich die Peitsche, als ich mit diesem unartigen Weiblein tanzen wollte: wie soll es mir nun nach dem Takte der Peitsche tanzen! *Rs; vgl. Za I, 86, 18*
2. *12:* Lärm mordet Gedanken] *vgl. Bd. 10, 22 [5]:* gegen den Lärm — er schlägt Gedanken todt *ähnlich bei Schopenhauer, Parerga 2, Kap. XXX „Ueber Lerm und Geräusch"*
3. *Vgl. Bd. 10, 23 [4]:* Eins! Mitternacht hebt an! Fern her geweht, herauf aus tiefer Welt bei mir, dem Einsiedler sucht ihr Wort die letzte Ruhe? / Zwei! Die letzte Ruhe der tiefen Welt — ist sie denn eines Einsiedlers Höhe? Sucht sie, wenn mir ihr Klang durch Ohr und Mark und Bein geht — sucht und findet sie also noch ihren Frieden? / Drei! *vgl. Roger Hollinrake, Manfred Ruter, Nietzsche's Sketches for the Poem ‚Oh Mensch! Gieb Acht!', Nietzsche Studien 4 (1975), 279–283*

Die sieben Siegel. (Oder: das Ja- und Amen-Lied). *Titel in Vs:* Die Besiegelung. *Weitere Titel:* Ja und Amen *Rs zu § 1;* Dionysos *Rs zu § 3;* Vom Ring der Ringe *Rs zu § 4. Zum Ausdruck „sieben Siegel" vgl. Offenbarung 5, 1; zu „Ja und Amen" ebenfalls Offenbarung 1, 7*
1. **287** *4:* Wenn ... bin] *vgl. 1. Kor. 13, 2*   *20] danach gestrichen:* Ist es, daß ich auf Jahrtausende meine Hand drücken will wie auf Wachs? / Viel wäre dies mir, doch nicht genug und doch nur ein Weniges von mir und meiner Liebe zur Ewigkeit: ein Tropfen wäre es nur, der selber verschmachtet, statt vom Verschmachten zu lösen. / Es ist, daß mich gelüstet, Sterne im Becher der Lust zu schmelzen und Welten auf die Teppiche der Ewigkeit huldigend auszuschütten? / Viel wäre dies und doch nicht genug und doch nur ein Weniges von mir und meiner Liebe zur Ewigkeit: *Rs; vgl. die Variante zu § 29 im Kapitel* Von neuen und alten Tafeln *268, 15–17*   *21] so auch der Schluß in DD* Ruhm und Ewigkeit
3. **289** *5] danach gestrichen:* brünstig nach der Einzigen ⌐dem Weib⌐ [seligster Verthuender], die noch Sterne im Becher ihrer ⌐seiner⌐ Lust zerschmilzt und [lachend] Welten auf ihre ⌐seine⌐ Teppiche des Werdens lachend ausschüttet? / in deren Nacht-Auge Gold blitzt, ein goldner Kahn auf nächtigen Gewässern — ein versinkender trinkender wieder winkender goldener Schaukel-Kahn: / deren Lächeln droht, deren Haß verführt, deren Wollust tödtet, deren Tödten erlöst, deren Erlösung bindet: — *Rs; die Variante fährt in Vs fort:* ich sah ihre Bosheit blinzelnd unter Asche verbrannter und verkohlter Wel-

ten / ich sah die Eisgipfel ihrer Unschuld glühen / die große Unschuldige, Ungeheure, Ungeduldige

4. *11:* Wenn ... trank] Wenn nur ein Tropfen in mir ist *Rs*   *12] danach:* also daß auch das Schlimmste noch würzig duftet und gütlich waltet und hoch neben dem Gütigsten *Rs*   *15:* Salze] *vgl. Matth. 5, 13*
5. *290 4–9] vgl.* Nach neuen Meeren *FWP*
6. *22–23]* Im Lachen nämlich werden alle bösen Triebe heilig: daß aber alles Schwere leicht werde *Vs*   *26] vgl. Offenbarung 1, 8 und passim*
7. *291 10–12] vgl.* Vom Geist der Schwere *Variante zu 243, 27–29; und Bd. 9, 15 [60]*

Vierter und letzter Theil

Auf der Rückseite des Titelblattes in Dm: Für meine Freunde und nicht für die Öffentlichkeit. / Friedrich Nietzsche. *Als Pläne zu Za IV sind aus Band 11 folgende zu zitieren; aus dem Notizbuch N VI 9, 29 [8]:* 4. Zarathustra. Dies sind die Lieder Zarathustras, welche er sich selber zusang, daß er seine letzte Einsamkeit ertrüge: *die Herausgeber der Großoktav-Ausgabe haben diese Notiz als Motto für die DD mißbraucht, wobei natürlich der Hinweis* 4. Zarathustra *wegfallen mußte. N scheint tatsächlich zunächst an eine Gedichtsammlung für den vierten Teil des Zarathustra gedacht zu haben. 29 [23]:* Zarathustras tiefe Geduld und Zuversicht, daß die Zeit kommt. / Die Gäste: der Wahrsager verbreitet schwarzen Pessimismus. / Die Milde gegen die Verbrecher (wie bei der fr⟨anzösischen⟩ Revolut⟨ion⟩ / Die Zeichen: die brennende große Stadt / **Versuchungen zur Rückkehr vor der Zeit** — durch Erregung von **Mitleid.** / Nachricht vom Untergang der Insel / Endlich: ich will es erst noch erfragen, ob sie leben — sendet den Adler aus — / Herolds-Rufe an die Einsamen / Doppelte Reihe der Zeichen / 1) vom Verfall der Menschen / 2) vom Vorhandensein großer Einzelner / Mit euch kann ich nicht Herr werden. *29 [26]:* Zarathustra: ich bin so übervoll des Glückes und habe Niemanden, dem ich abgeben, und nicht einmal den, dem ich danken könnte. So laßt mich euch, meinen Thieren, Dank darbringen. / 1. 1. Zarathustra seinen Thieren dankend und sie auf die Gäste vorbereitend. Heimliche Geduld des Wartenden und tiefe Zuversicht auf seine Freunde. / 2–9. 2. Die Gäste als Versuchungen, die Einsamkeit aufzugeben: ich bin nicht gekommen, den Leidenden zu helfen usw. (franz⟨ösische⟩ Malerei) / 3. der Einsiedler-Heilige Fromme. / 10–14. 4. Zarathustra sendet seine Thiere aus auf Kundschaft. Allein, ohne Gebet, — und ohne die Thiere. Höchste Spannung! / 15. 5. „sie kommen!" Als der Adler und die Schlange reden, kommt der

Löwe hinzu — er weint! / 16. Abschied für immer von der Höhle. (Eine Art Festzug!) Er geht mit den 4 Thieren entgegen, bis zur Stadt — — — *Ein Hinweis auf eine „dramatische" Ausführung, die N dann verwarf wie schon die erste „lyrische", findet sich im selben Notizbuch, 29[32]:* Erste Scene. Zarathustra ist thöricht mit seinen Thieren, bringt das Honig-Opfer, vergleicht sich mit der Pinie, dankt auch seinem Unglück, lacht über seinen weißen Bart / Überrascht vom Wahrsager / Gründe der großen Müdigkeit / Evangelium der Leidenden, bisher ihre Zeit. / Gleichheit. /Heuchelei. 29 [63]: Das Honig-Opfer. / Der Wahrsager. / Der Dichter. / Die Könige. / Der Heilige. / Die siebente Einsamkeit. / Unter neuen Thieren. / Die Botschaft der Glückseligen. / Abschied von der Höhle. *Umfangreichere Entwürfe finden sich im Heft Z II 8, 31 [2]:* In Zarathustra 4 ist nöthig: genau zu sagen, weshalb jetzt die Zeit des großen Mittags kommt: also eine Zeitschilderung, durch die Besuche gegeben, aber interpretirt von Zarathustra. / In Zarathustra 4 ist nöthig: genau zu sagen, weshalb das „ausgewählte Volk" erst geschaffen werden mußte — es ist der Gegensatz der wohlgerathenen höheren Naturen im Gegensatz zu den Mißrathenen (durch die Besucher charakterisirt): nur an diese kann sich Zarathustra über die letzten Probleme mittheilen, nur ihnen kann er die Thätigkeit zu dieser Theorie zumuthen (sie sind stark und gesund und hart genug dazu, vor allem edel genug!) und ihnen den Hammer über die Erde in die Hand geben. / In Zarathustra ist also zu schildern: / 1) die äußerste Gefahr des höheren Typus (wobei Zarathustra an sein erstes Auftreten erinnert) / 2) die Guten nehmen jetzt gegen den höheren Menschen Partei: das ist die gefährlichste Wendung (— gegen die Ausnahmen!) / 3) die Vereinsamten, Nicht-Erzogenen, Sich-falsch-Erklärenden entarten, und ihre Entartung wird als Gegengrund gegen ihre Existenz empfunden („Genie-Neurose!") / 4) Zarathustra muß erklären, was er gethan hat, als er zur Auswanderung rieth nach den Inseln, und wozu er sie besuchte (1. und 2.) (— sie waren noch nicht reif für seine letzten Offenbarungen?) *Ein zweiter Entwurf betrifft die Wiederkunftslehre (den „Hammer" der vorhergehenden Aufzeichnung) 31 [4]:* In Zarathustra 4: der große Gedanke als Medusenhaupt: alle Züge der Welt werden starr, ein gefrorener Todeskampf. *Im dritten Entwurf, 31 [8], wird der Notschrei des höheren Menschen beschrieben:* „Dies nun, o Zarathustra dein Elend! Täusche dich nicht! der Anblick der Vielen machte dich düster, weil sie bescheiden und niedrig sind! Aber die Einsamen sind viel mehr mißrathen." — / Dagegen führt Zarathustra die Gründe an / 1) vom großen Fehlgriff des Mitleidens — man hat alles Schwache, Leidende erhalten / 2) man hat „gleich und gleich" gewählt und dadurch die Einsiedler um das gute Gewissen gebracht — zur Heuchelei genöthigt und zum Kriechen / 3) die herrschenden Stände haben den Glauben an den höheren Menschen schlecht repräsentirt, zum Theil vernichtet / 4) das ungeheure Reich des Häßlichen, wo der Pöbel herrscht:

da kleidet sich die vornehmste Seele in Lumpen und will lieber noch die Häßlichkeit übertreiben / 5) Es fehlt alle Erziehung für sie; sie müssen sich verpanzern und entstellen, um etwas von sich zu retten. / in Summa: der Nothschrei des höheren Menschen an Zarathustra. Zarathustra ermahnt sie zur Geduld, schaudert selber über sich: „es ist Nichts, was ich nicht selber erlebt habe!", vertröstet sich ⟨auf⟩ seine Glückseligen und begreift: „es ist höchste Zeit". Unmuth ausbrechend und Hohn über seine Hoffnungen in Betreff der Glückseligen. „Du willst uns nicht helfen? Verhilf uns zu einer großen Rache!" Du bist hart gegen die Unglücklichen! — Ziehen ab. / Mißtrauen und Angst bei Zarathustra zurück geblieben. Er sendet die Thiere aus. *Eine weitere Ausführung davon ist ebenfalls in Z II 8, 31 [9]:* Zarathustra 4. (Plan) / 1. Das Honig-Opfer. / 2. Nothschrei des höheren Menschen. Schwarm. (c. 50 Seiten) / 3. Zarathustra's Mitleiden auf der Höhe — aber hart; bleibt bei seiner Aufgabe — „es ist nicht Zeit" / 4. Verhöhnung Zarathustra's. Abzug, während der Wahrsager einen Stachel zurückläßt. / 5. Sendet die Thiere aus, voll Angst. / 6. Siebente Einsamkeit: — zuletzt „Medusenhaupt". (c. 40 Seiten) / 7. Der Heilige besiegt ihn. Krisis. Plötzlich aufspringend. (Scharfer Contrast der frommen Ergebung) / 8. „An die große Natur." Siegeslied. / 9. Löwe und Taubenschwarm. Rückkehr der Thiere (begreift, daß alle Vorzeichen da sind). Die Botschaft. / 10. Letzter Abschied von der Höhle (das Tröstliche der ewigen Wiederkunft zeigt zum ersten Mal sein Gesicht). *Einige Seiten darauf ein Entwurf, der sich mehr der endgültigen Fassung von Za IV nähert, 31 [11]:* Entwurf / — Das Honigopfer. / — Der Nothschrei. / Gespräch mit den Königen. / Der gute Europäer — erzählt von den Unfällen auf dem Meer. / Das Hirn des Blutegels. / Der freiwillige Bettler. / Der Bezauberer. / Der häßlichste Mensch. (Volk.) / — Die Begrüßung. / — Das Abendmahl. / — Das Lied des Zauberers. / Von der Wissenschaft. / Von dem höheren Menschen. / — Die Rosenrede. / Der Einsiedler erzählt den Untergang. / Von der siebenten Einsamkeit. / Der Erfrierende. / Der Schwur. / Der letzte Besuch der Höhle: Botschaft der Freude. Dort schläft er. Morgens steht er auf. Der lachende Löwe. / — große Verwandlung und Verhärtung: in wenigen Worten. „Ich" vermeiden. *In Z II 9 findet sich folgender Plan, der sich am meisten der endgültigen Fassung von Za IV nähert, 32 [16]:* Das Honig-Opfer. / Der Nothschrei. / Gespräch mit den Königen. / Der Wanderer. *[= Der Schatten]* / Der freiwillige Bettler. / Der Papst außer Dienst. / Der Büßer des Geistes. *[= Der Zauberer]* / Der Gewissenhafte. *[= Der Blutegel]* / Der häßlichste Mensch. / Der Mittagsschläfer. *[= Mittags]* / Die Begrüßung. / Das Abendmahl. / Vom höheren Menschen. / Das Lied des Zauberers *[= Das Lied der Schwermuth]* / Von der Wissenschaft. / Der Nachtisch-Psalm *[= Unter Töchtern der Wüste]*. / Der Auferstandene. / Mitternachts. / Der wilde Jäger. / Der lachende Löwe. *Verzeichnisse von Gestalten*

Also sprach Zarathustra IV, S. 296–298

finden sich häufig in den Heften Ns: 29 [24]: Der Wanderer (Wißbegierige) / Der König. / Der Wahrsager. / Der Jüngling vom Berge. *[vgl.* Za I Vom Baum am Berge*]* / Der Narr der großen Stadt. *[vgl.* Za III Vom Vorübergehen*]* / Der Heilige (zuletzt). / Die Kinderschaar. / Der Dichter. *In Z II 8 werden die Gestalten kurz charakterisiert, 31 [10]:* 1 der Unstäte, Heimatlose, Wanderer — der sein Volk verlernt hat zu lieben, weil er viele Völker liebt, der gute Europäer. / 2 der düstere ehrgeizige Sohn des Volkes, scheu, einsam, zu allem bereit — bietet sich als Werkzeug an / 3 der Verehrer der facta, „das Gehirn des Blutegels", voll schlechten Gewissens aus Übermaaß, will sich los sein! Das feinste intellektuelle Gewissen / 4 der Dichter, im Grunde nach wilder Freiheit gelüstend wählt die Einsamkeit und die Strenge der Erkenntniß. / 5 der häßlichste Mensch, welcher sich dekoriren muß (historischer Sinn) und immer ein neues Gewand sucht: er will seinen Anblick erträglich machen und geht endlich in die Einsamkeit, um nicht gesehen zu werden — er schämt sich. / 6 der Erfinder neuer Rausch-Mittel, Musiker, der Bezauberer, der endlich vor einem liebevollen Herzen sich niederwirft und sagt: nicht zu mir! sondern zu jenem will ich euch führen!" / 7 der Reiche, der Alles weggegeben und Jeden fragt: „bei dir ist irgend ein Überfluß: gieb mir davon!" als Bettler / 8 Die Könige, der Herrschaft entsagend: wir suchen den, der würdiger ist zu herrschen!" / 9 das Genie (als Anfall von Wahnsinn) erfrierend aus Mangel an Liebe: „ich bin kein Gedanke und auch kein Gott" — große Zärtlichkeit „Man muß ihn mehr lieben!" / 10 die Schauspieler des Glücks / 11 die zwei Könige, gegen die „Gleichheit": es fehlt der große Mensch und folglich die Ehrfurcht / 12 Die Guten / 13 die Frommen / 14 die „Für sich's" und Heiligen — und ihr Wahn „für Gott" das ist mein „für mich". / Bedürfniß nach unbegrenztem Vertrauen, Atheism, Theismus /schwermüthig-entschlossen / das Medusenhaupt. *Den Nr. 2, 8, 10, 13, 14 entsprechen keine Gestalten in der endgültigen Fassung von Za IV, dagegen fließen die Gestalten des Dichters (4, vgl.* Lied der Schwermuth*), des Zauberers (6) und des Genies (9) in die Gestalt des Zauberers zusammen.*

Das Honigopfer. *296 8–11:* Aber ... bringen.] *vgl. Bd. 11, 28 [36]:* Das Honig-Opfer. / Bringt Honig mir, eis-frischen Waben-Goldhonig! / Mit Honig opfr' ich Allem, was da schenkt, / Was gönnt, was gütig ist —: erhebt die Herzen! *297 17] vgl.* FW *270 und den Untertitel von* EH: Wie man wird, was man ist *22:* warte ... Bergen] *vgl.* JGB Nachgesang *298 16] vgl. Offenbarung 20 24–30] zu dem „Fischfang auf hohen Bergen" vgl. Bd. 11, 31 [54]:* — nun werfe ich meine goldnen Angelruthen weit hinaus in dies dunkle Meer: schwirrend beißt ihr Pfeil hinein in den Bauch seiner Trübsal. / — nun köder ich mir die wunderlichsten Menschen-Fische, nun will ich mein goldbraunes Gelächter darob haben, was alles

da unten miß- und krummgeboren wird / — thue dich auf, du unreiner Schooß der Menschen-Narrheit! Du abgründliches Meer, wirf mir deine buntesten Ungethiere und Glitzer-Krebse zu *vgl. auch Matth. 4,19: „Folget mir nach: ich will euch zu Menschenfischern machen!"*
Der Nothschrei. *Vgl. Bd. 11, 26 [289]:* Nothschrei der höheren Menschen? / Ja, der mißrathenden — *29 [30]:* der Wahrsager: ich entdeckte die geheime Müdigkeit aller Seelen, den Unglauben, Nichtglauben — scheinbar lassen sie sich's gut gehen — sie sind müde. Sie glauben alle nicht an ihre Werthe. / Und auch du, Zarathustra! Es genügte ein kleiner Blitz, dich zu zerbrechen! / Gut, aber da bleiben — — — 300 *13–16:* der ... würgt"] *vgl. Za II Der Wahrsager* 302 *14–16] vgl. Bd. 11, 31 [34]* — „Oh meine Thiere! Mein großes Glück macht mich drehen! Ich muß nun tanzen, — daß ich nicht umfalle! *17–19] vgl. Bd. 11, 31 [40]:* — „wir kommen, um den frohesten Mann des Jahrhunderts zu sehen": *vgl. Goethe, Requiem dem frohesten Manne des Jahrhunderts, dem Fürsten von Ligne 23] danach:* Dich selber nämlich, oh Zarathustra, heiße ich Hohl, Höhle, voll Grimm und Gram und Nachtgeflügel, umsungen und umfürchtet, der Einsiedler Höhle und Hinterhöhle! / denn so will deine Art: immer mußt du dir neue Schlüpfe und Gräber graben, scheuere, tiefere, verstecktere, immer tiefer mußt du dich hinein graben — *Rs*
Gespräch mit den Königen. *Schon im Sommer 1883 verfaßte N ein Gespräch Zarathustras mit einem König, vgl. Bd. 10, 13 [4]. Unter dem Titel* Gespräch mit den Königen *folgende von N nicht benutzte Sprüche, in Z II 8, Bd. 11, 31 [61]:* — oh Zarathustra in ihrem Kopfe ist weniger Sinn für das Rechte als in deiner linksten Zehe. / [...] — seht doch, wie dies kann und kommen mußte: man muß sein Auge auch hinter dem Kopfe haben! — ausbündig ungerecht: denn sie wollen gleiches Maaß für Alle / [...] / — sie klammern sich an Gesetze an, und möchten Gesetze „festes Land" heißen: denn sie sind der Gefahr müde, aber im Grunde suchen sie einen großen Menschen, einen Steuermann, vor dem sich die Gesetze selber auswischen / [...] / Und wer von ihnen sagt noch ehrlich für sein Übermorgen gut? Wer — darf noch schwören und versprechen? Wer von ihnen bleibt noch fünf Jahre in Einem Hause und Einer Meinung? / Menschen des guten Willens, aber unverläßlich und nach Neuem gelüstig, diese Käfiche und enge Herzen, diese Rauchkammern und verdumpften Stuben — sie wollen freien Geistes sein / sie fühlen sich vom Pöbel nach Leib und Herzen und möchten das verstecken ⟨und⟩ gerne das Vornehme an- und überziehen: Erziehung nennen's ⟨sie⟩ — sie treiben's eifrig / sie reden vom Glück der Meisten und opfern ihnen alle Zukünftigen / sie haben ihre Tugend, man kann sie nicht für jeden Preis kaufen.

Biete nicht zu wenig, sonst sagen sie „Nein!" und gehen gebläht davon, gestärkt in ihrer Tugend. „Wir sind die Unbestechlichsten!" *[vgl.* DD *Ruhm und Ewigkeit]* / die Eintagslehrer und andre Schmeißfliegen / und oft sind sie gleich jener Schamhaften, welche ⟨man⟩ zu dem, was sie am liebsten möchte, noch zwingen und nothzüchtigen muß. / − seines Friedens Sonne dünkt mich schwül und flau: lieber noch sitze ich im Schatten geschwungener Schwerter. / − schwimmend in Billigkeit und Milde, ihrer Dummheit froh und daß Glück auf Erden so wohlfeil ist *eine andere Vs lautet:* Gespräch mit den Königen. / − Darauf fragten sie Zarathustra wo der Weg zu Zarathustra's Höhle führe. Der Angeredete, welcher fortfuhr sich zu verstellen, antwortete nicht sofort; endlich sprach er: „was gebt ihr mir, wenn ich's euch verrathe?". *in Rs der fallengelassene Satz:* − Ob du gleich ein Weiser bist, der aus dem Morgenlande kommt: halten wir dich doch für den besten Europäer (denn du lachst über unsere Völker und Volksdienerei und sprichst: geht auch dem schlechten Geruche aus dem Weg!) „und über das Gezappel des verlogenen Ehrgeizes". *Die Erscheinung der beiden Könige enthält vielleicht eine Reminiszenz an Goethe, Dichtung und Wahrheit V (Krönung von Kaiser Joseph II. in Frankfurt): „... der Kaiser in romantischer Kleidung, zur Linken, etwas hinter ihm, sein Sohn in spanischer Tracht ..."*

1. *7: wie Flamingo-Vögel*] vgl. Za III Von alten und neuen Tafeln 255,8   305 *4–11: Aber ... sein!]* vgl. Bd. 11, 25 [268]   306 *6–8]* vgl. Za III Von alten und neuen Tafeln 255, 4–5   *15–17]* vgl. Bd. 10, 15 [18]; 16 [86]; 22 [1]; Bd. 11, 31 [36.61]   307 *5]* vgl. Jes. 1, 21; Offenbarung 17

2. *17–21]* vgl. Za I Vom Krieg und Kriegsvolke 58, 23–24; 59, 12. 8   *26–28: alles ... Scham]* vgl. Bd. 11, 25 [3]: „Das Paradies ist unter dem Schatten der Schwerter." Orient⟨alisch⟩

Der Blutegel. *Titel in Rs:* Der Gewissenhafte des Geistes. *Vgl. Bd. 11, 32 [9]:* Der Wissen- und Gewissenhafte. / − Ein Erkennender von heute, welcher fragt: was ist doch der Mensch? Gott selber als Thier? Einstmals nämlich, dünkt mich, wollte Gott zum Thiere werden. *[JGB 101]* / − kalte kühle Menschen, solche denen man ihre Thorheiten nicht glauben will: man legt sie schlimm aus als schlimme Klugheiten. *[JGB 178]* / − ohne Gründe habt ihr dies nicht glauben gelernt: wie könnte ich wohl durch Gründe euch diesen Glauben umwerfen. *[vgl. Vom höheren Menschen 9]* / − ist nicht das Loben zudringlicher als alles Tadeln? Ich verlernte auch das Loben, es fehlt darin an Scham. *[JGB 170]* / − diese Wissen- und Gewissenhaften: wie sie mit schonender Hand − tödten! *[JGB 69]* / − ihr Gedächtniß sagt: „das that ich", ihr Stolz aber sagt „das konntest du nicht thun": er läßt sich nicht erbitten. Zuletzt — giebt ihr Gedächtniß nach. *[JGB 68]* / — er hat kalte vertrocknende Augen, vor ihm liegt jedwedes Ding entfedert und ohne Farbe, er leidet an seiner Ohnmacht zur Lüge und heißt sie „Wille zur Wahrheit"! / — er schüttelt sich, blickt um sich, streicht mit der Hand über den Kopf, und nun läßt er sich einen Erkennenden schelten. Aber Freiheit vom Fieber ist noch nicht „Erkenntniß". *[vgl. Vom höheren Menschen 9]* / — die Fieberkranken sehen alle Dinge als Gespenster, und die Fieberlosen als leere Schatten — und doch brauchen sie beide die gleichen Worte. / — Aber du Kluger wie konntest du so handeln! Es war eine Dummheit — „Es ist mir auch schwer genug geworden." *[vgl. Das Eselsfest 391, 19–21]* / — Geist haben ist heute nicht genug: man muß ihn noch sich nehmen, sich Geist „herausnehmen"; dazu gehört viel Muth. / — es giebt auch solche, die verdorben sind zum Erkennen, weil sie Lehrer sind: sie nehmen nur um des Schülers Willen die Dinge ernst und sich selber mit. *[JGB 63]* / — da stehen sie da, die schweren granitnen Katzen, die Werthe aus Urzeiten; und du, oh Zarathustra, du willst sie umwerfen? / — ihr Sinn ist ein Wider-Sinn, ihr Witz ist ein Doch- und Aberwitz. / — jene Fleißigen Treulichen, denen jeder Tag goldhell und gleich heraufließt / *[...]* / — hartnäckige Geister, fein und kleinlich / — gieb mir zu rathen: dein Beweisen ermüdet den Hunger meines Geistes. / — du fühlst noch nicht einmal, daß du träumst: oh, da bist du noch fern vom Aufwachen! / *[...]* / — voll tiefen Mißtrauens, überwachsen vom Moose der Einsamkeit, langen Willens, ein Schweigsamer, du Feind aller Lüsternen / — nicht für seinen Glauben wird er verbrannt, von innen her, mit kleinem grünem Holze: sondern dafür, daß er zu seinem Glauben heute keinen Muth mehr finden kann / — unbehülflich wie ein Leichnam, im Leben todt, vergraben, versteckt: er kann nicht mehr stehen, dieser Kauernde, Lauernde: wie konnte er jemals — auferstehen! *[vgl. DD Unter Raubvögeln]* / *[...]* / — du wolltest ihnen Licht sein, aber du hast sie geblendet. Deine Sonne selber stach ihnen die Augen aus. / *[...]* / — sie liegen auf dem Bauche vor kleinen runden Thatsachen, sie küssen Staub und Koth zu ihren Füßen, sie frohlocken: „hier ist endlich Wirklichkeit!" 312 1–2: dicht ... Unwissen] *vgl. Bd. 11, 29 [51]:* — Der Gewissenhafte / Dicht neben dem Blutegel beginnt meine Unwissenheit: aber ich verlernte, mich derselben zu schämen. 6–7: Wo ... sein.] *vgl. Bd. 10, 12 [5]:* Schon dort, wo eure Redlichkeit aufhört, sieht euer Auge nichts mehr: oh ich kenne euren Willen zur Blindheit! 9–10: Geist ... schneidet] *vgl. Za II Von den berühmten Weisen 134,3*

Der Zauberer. *Titel in Rs:* Der Büßer des Geistes. *vgl. Bd. 11, 30 [8]:* Der Bezauberer. / Ich bin müde; umsonst suchte ich zeit Lebens einen großen Menschen. Aber es giebt auch keinen Zarathustra mehr. / Ich

Also sprach Zarathustra IV, S. 312–317

erkenne dich, sagte Zarathustra ernst, du bist der Bezauberer Aller, aber mich dünkt, du hast dir selber allein den Ekel eingeerntet. / Es ehrt dich, daß du nach Größe strebtest, aber es verräth dich auch: du bist nicht groß. / Wer bist du? sagte er mit entsetzten und feindseligen Blicken, wer darf so zu mir reden? — / Dein böses Gewissen — antwortete Zarathustra und wandte dem Bezauberer den Rükken. *Vs (Z II 7):* Du glaubst an die Tugenden, wie das Pöbel-Volk an Wunder glaubt, und bist mir selber mit dem Glauben Pöbel: wie unreinliche junge und alte Weibchen, so glaubst du an Reinheit. / Sieh zu, daß du nicht, gleich einem unreinlichen Weibchen, zuletzt vor einem Kreuze liegen bleibst. / Vor Tugenden und Entsagenden auf den Knieen, wie aller Pöbel: sonderlich aber vor der großen Unschuld: da betest du an. / Aller Pöbel glaubt an die Tugenden wie an Wunder: gleich schmutzigen jungen und alten Weibchen glaubst du an Reinheit. / Du stelltest lange einen großen Menschen vor, du schlimmer Zauberer: aber diese Lüge gieng über deine Kräfte. Du zerbrachst daran: und ob du schon Viele betrogst, zuletzt ekelten dich diese Vielen. / Was dir fremd ist, sprichst du heilig: du schmeckst und riechst mit der Nase am liebsten immer alles Unmögliche. Das aber ist Pöbel-Geschmack. *31 [5] bezieht sich noch auf den „Dichter":* Sprachst du von dir oder von mir? Aber ob du nun mich oder dich verriethest, du gehörst zu den Verräthern, du, du Dichter! / — schamlos gegen das, was du lebtest, dein Erlebniß ausbeutend, dein Geliebtestes zudringlichen Augen preisgebend, dein Blut in alle trocken ausgetrunknen Becher eingießend, du Eitelster! *vgl. JGB 161 31 [36]:* — ihr wußtet euch gut zu bemänteln, ihr Dichter! *31 [43]:* — ihr Dichterlinge und Faulthiere, wer nichts zu schaffen hat, dem macht ein Nichts zu schaffen! *31 [33]:* — wie der Hirt über die Rücken wimmelnder Schafheerden hinblickt: ein Meer grauer kleiner wimmelnder Wellen. / — knirschend schlage ich an das Ufer eurer Flachheit, knirschend wie eine wilde Woge, wenn sie widerwillig in den Sand beißt — *31 [36]:* Bezauberer — ich weiß auch schon bunte Decken aufzulegen: und wer sich aufs Pferd versteht, versteht sich auch wohl auf's Satteln. *31 [37]:* Bezauberer — ihr werdet bald wieder beten lernen. Die alten Falschmünzer des Geistes haben auch euren Geist falsch gemünzt.

1. 313 18–317 5] *die Klage des Zauberers wurde zunächst als Gedicht für sich im Herbst 1884 konzipiert; in Z II 5 (vgl. Bd. 11, 28 [27]) findet sich die erste Fassung mit dem Titel:* Der Dichter. — Die Qual des Schaffenden. *In Z II 6 (zweite Fassung) finden sich zwei Titel: der erste (gestrichen):* Aus der siebenten Einsamkeit. *der zweite:* Der Gedanke. *In Z II 8 eine weitere Fassung in Prosa, die kaum Abweichungen von der poetischen enthält, vgl. Bd. 11, 31 [32]; Dezember*

1888–Januar 1889 wurde die Klage des Zauberers zu einem Dionysos-Dithyrambus unter dem Titel: Klage der Ariadne. *Zur Bestimmung des Gedichts in Za IV vgl.* 29 [22]: „Wer liebt mich noch" ein erfrierender Geist / Ein Epileptischer / Ein Dichter / Ein König

2. 318 *1–2] vgl. Za II* Von den Dichtern *166, 13–15*   *13–14:* Ich ... Loos.]   *vgl.   Za   II   Von   der   Menschen-Klugheit 183, 21–22   19–21] vgl. Bd. 11, 31 [33]:* — „diese Dichter! sie schminken sich noch, wenn sie ihrem Arzte sich nackt zeigen!" (Und als Zarathustra hierauf nicht Nein sagte, sondern lächelte, siehe, da hielt der Dichter flugs seine Harfe schon im Arme und that den Mund weit auf zu einem neuen Liede. *31 [24]:* — und sie lachten beide aus vollem Halse. „Was wissen wir Dichter uns doch zu putzen und aufzustützen! Ich meine usw.   *320 17–18:* Zuletzt ... heraus.] *vgl. Phaedrus 1, 24*

Ausser Dienst. *Titel in Rs:* Der Papst außer Dienst. *in Vs:* Der Papst. (Oder: Von den Frommen)   *322 6–11] vgl. Za I* Vorrede 2   *2   20–22] vgl. Za I* Vorrede 2   *323 3–4] vgl. Za III* Von der verkleinernden Tugend *215, 22–24   23–24:* Und ... nachredest] *nach dem Spruch* „de mortuis nil nisi bene"   *34] vgl. das Gedicht* Das neue Testament *aus dem Herbst 1884, Bd. 11, 28 [53], und AC 34*

Der hässlichste Mensch. *Vgl. Bd. 11, 25 [101]:* Die griechischen Philosophen suchten nicht anders „Glück" als in der Form, sich schön zu finden: also aus sich die Statue zu bilden, deren Anblick wohlthut (keine Furcht und Ekel erregt) / Der „häßlichste Mensch" als Ideal weltverneinender Denkweisen. Aber auch die Religionen sind noch Resultate jenes Triebs nach Schönheit (oder es aushalten zu können): die letzte Consequenz wäre — die absolute Häßlichkeit des Menschen zu fassen, das Dasein ohne Gott, Vernunft usw. — reiner Buddhismus. Je häßlicher, desto besser. / Diese extremste Form der Welt-Verneinung habe ich gesucht. „Es ist alles Leiden", es ist alles Lüge, was „gut" scheint (Glück usw.) Und statt zu sagen „es ist alles Leiden" habe ich gesagt: es ist alles Leiden-machen, Tödten, auch im besten Menschen. / „Es ist alles Schein" — es ist alles Lüge. / „Es ist alles Leiden" — es ist alles Wehe-thun, Tödten, / Vernichten, Ungerecht-Sein / Das Leben selber ist ein Gegensatz zur „Wahrheit" und zur „Güte" — ego / Das Leben-Bejahen — das selber heißt die Lüge bejahen. — Also man kann nur mit einer absolut unmoralischen Denkweise leben. Aus dieser heraus erträgt man dann auch wieder die Moral und die Absicht auf Verschönerung. — Aber die Unschuld der Lüge ist dahin! *31 [49]:* — ohne Gott, ohne Güte, ohne Geist — wir haben ihn erfunden, den häßlichsten aller Menschen!   *Vs (Z II 9):* Der häßlichste Mensch. / — Wie? Willst du schon davon, du Harter, Heiliger? Nun, wohlan! So nimm auch mein letztes schlimmstes Wort mit davon: das sparte ich dir auf seit langem. / Höre nun, oh Zarathustra, mein bestes Räthsel, mein Geheimniß: ich bin's, ich — habe Gott getödtet. / Denn weißt du wohl: er sah die häßlichsten Menschen Tiefstes, Gründlichstes, alle seine verhehlte Schmach und Häßlichkeit, er kroch noch in meine schmutzigsten Winkel. / Gott mußte sterben, dieser Neugierige, Über-Zudringliche — an einem solchen Zeugen wollte ich meine Rache haben — oder selber nicht leben! / Der Gott, der Alles sah, auch den Menschen — der Gott mußte sterben! der Mensch erträgt es nicht, daß solch ein Zeuge — lebt! / — Also sprach der häßlichste Mensch: seinen Worten aber hörte Zarathustra mit einem unbeweglichen Gesichte zu, wie Einer, der jetzt zum Ja und Nein nicht Willens ist. Als Jener aber ausgeröchelt und ausgeschnaubt hatte, gieng Zarathustra wieder seiner Wege, nachdenklicher noch als zuvor: denn er fragte sich und wußte sich nicht leicht zu antworten: / Wie? War dies vielleicht der höhere Mensch, dessen Schrei ich hörte? Keinen fand ich noch, der sich tiefer verachtet hätte. / Auch das ist Höhe, und ich liebe die großen Verachtenden. Der Mensch nämlich ist etwas, das überwunden werden muß. Und dieser häßlichste Mensch, vielleicht brütet er mit gutem Recht so lange und schwer auf seiner Häßlichkeit? Vielleicht verbirgt sich da in einem häßlichen Ei die Zukunft eines schönen Vogels? / Wie arm ist der Mensch, wie häßlich, wie röchelnd, wie voll verborgener Scham! Man sagt mir, daß der Mensch sich selber liebe: / Dieser hier liebte und achtete sich nicht: — und wer bisher den Menschen abgründlich und ausbündig verachtet hat, — war nicht der gerade des Menschen größter Wohlthäter? / Ich liebe die großen Verachtenden, weil sie Pfeile der Sehnsucht werden: die Untergehenden liebe ich, denn in ihnen geht der Mensch hinüber. — / Also sprach Zarathustra. *32 [4]*: Zum „häßlichsten Menschen" / Verzage nicht, oh meine Seele, ob des Menschen! Lieber weide noch dein Auge an allem seinem Bösen, Seltsamen und Furchtbaren! / „Der Mensch ist böse" — so sprachen zu meinem Troste mir noch aller Zeiten Weiseste. Oh daß das Heute mich seufzen lehrte: „Wie! Ist es auch noch wahr?" / „Wie? Ist dieser Trost dahin?" Also seufzte mein Kleinmuth. Nun aber tröstete mich dieser Göttlichste.   329 *11–13] vgl. Bd. 11, 31 [43]:* — sie verfolgen mich? Wohlan, so lernen sie mir folgen. Aller Erfolg war bisher bei den Gut-Verfolgten. *vgl. Matth. 5, 10*   330 *18–21] vgl. Joh. 14, 6*   *25] vgl. Bd. 11, 25 [338]:* Es wird erzählt ⟨daß⟩ der berühmte Stifter des Christenthums vor Pilatus sagte „ich bin die Wahrheit"; die Antwort des Römers darauf ist Roms würdig: als die größte Urbanität aller Zeiten. *die Antwort des Pilatus war: „Was ist Wahrheit?" (Joh. 18, 38), Jesus jedoch sagte ihm nicht „ich bin die Wahr-*

heit" (wie in Joh. 14, 6), sondern: „Ich bin dazu geboren und in die Welt gekommen, daß ich für die Wahrheit zeugen soll. Wer aus der Wahrheit ist, der höret meine Stimme." (Joh. 18, 37). Die Antwort des Pilatus wird auch in AC 46 zitiert   29: nicht Alle, nicht Keinen] *vgl. den Untertitel des Zarathustra:* Ein Buch für Alle und Keinen.   330 31–331 2] *vgl.* Za II Von den Mitleidigen *115, 33–116, 1; 116, 2–13*   331 30–33] *vgl. Bd. 11, 31 [36]:* — Thut gleich mir, lernt gleich mir: nur der Thäter lernt.   332 17–18] *vgl. Za I Vorrede 4*

Der freiwillige Bettler. *Vgl. Bd. 11, 29 [51]:* Zarathustra zum freiwilligen Bettler: „du hast gewißlich irgend einen Überfluß: gib mir davon ab!" / Daran erkenne ich Zarathustra. / — Willst du von meinem Überflusse an Ekel? / — sie tanzen wohl zum Besten der Armen, es ist jede Scham vor dem Unglücke dahin *31 [50]:* freiwilliger Bettler — jene alte pfiffige Frömmigkeit, welche sprach „den Armen geben das ist Gott leihen: seid gute Bankhalter!" *vgl. dazu Sprüche 19, 17; in 32 [10] folgende Sprüche, Bilder, Gleichnisse, welcher N z. T. entweder fallen ließ oder anderswo benutzte:* Der freiwillige Bettler. / Erst dann kehrte ich zur Natur zurück / [...] / — sie sind kalt: daß ein Blitz in ihre Speisen schlüge und ihre Mäuler lernten Feuer fressen! / — meiner selber ward ich müde: und siehe, da erst kam mein Glück zu mir, das auf mich gewartet hatte seit Anbeginn. / — sie sitzen da mit gebundenen Pfoten, diese Kratz-Katzen, nun können sie nicht kratzen, aber sie blicken Gift aus grünen Augen. / — mancher schon warf sich aus seiner Höhe herab. Das Mitleiden mit den Niedrigen verführte ihn: nun liegt er da mit zerbrochnen Gliedmaßen. / — was half es,ʻdaß ich so that! Ich horchte auf Widerhall, aber ich hörte nur Lob. *[vgl. JGB 99]* / — mit Diebsaugen, ob sie schon im Reichthum sitzen. Und Manche von ihnen nenne ich Lumpensammler und Aasvögel. *[vgl. 336, 7–8]* / — ich sah sie, wie sie's von ihren Vätern her gewohnt sind, lange Finger machen *[vgl. 336, 8]:* da zog ich's vor, den Kürzeren zu ziehn. / [...] / — lieber noch Händel als diese Händler! Mit Handschuhen soll man Geld und Wechsler angreifen! / — die kleine Wohlthätigkeit empört, wo die größte kaum verziehen wird. *[vgl. 335, 23–24]* / [...] / — ich schämte mich des Reichthums, als ich unsre Reichen sah, ich warf von mir was ich hatte und warf mich dabei selber hinaus in eine Wüste. *[vgl. 335, 7–9]* / — Mein werther Fremdling, wo weiltest du? Treibt heute nicht Jedermann Schacher? sie sind allesammt selber käuflich, nur nicht für jeden Preis: willst du sie aber kaufen, so biete nicht zu wenig, du stärkst sonst ihre Tugend. Sie sagen dir sonst Nein! und gehn gebläht davon, als die Unbestechlichen *[vgl. DD Ruhm und Ewigkeit]* — alle diese Eintagslehrer und Papier-Schmeißfliegen! / — enge Seelen, Krämer Seelen: denen wenn das

Geld in den Kasten springt, springt des Krämers Seele mit hinein. / — „Daran erkenne ich den Überreichen: er dankt dem, der nimmt" sagt Zarathustra. / [...] / — sie erfanden sich die heiligste Langeweile und die Begierde nach Mond- und Werkel-Tagen. / [...] / — nicht aus jener alten pfiffigen Frömmigkeit, welche sprach, „den Armen geben, das ist Gott leihen. Seid gute Bankhalter!" / — ihr liebt den Nutzen als das Fuhrwerk eurer Neigungen, aber ist der Lärm seiner Räder euch nicht unerträglich? Ich liebe das Unnützliche. *[vgl. JGB 174]* / *[...]* / Ich liebe die Stille, und jene lieben den Lärm, darum — — — 334 6: Berg-Prediger] *wie Jesus* 14–16] *vgl. Matth. 18, 3: „Wahrlich, ich sage euch, es sei denn, daß ihr euch umkehret, und werdet wie die Kinder, so werdet ihr nicht in das Himmelreich kommen."; vgl. Vs: Das ganze Glück des Wiederkäuens — das habe ich dabei: werdet den besten Thieren gleich, werdet gleich Kühen! So ihr nicht werdet wie die Kühe, kommt ihr nicht ⟨in das Himmelreich⟩* 17–19] *vgl. Matth. 16, 26: „Was hülfe es dem Menschen, so er die ganze Welt gewönne, und nähme doch Schaden an seiner Seele?"* 335 30–31] *vgl. Luk. 6, 20* 336 4: Sträflinges des Reichthums] *vgl. Bd. 11, 28 [25]*

Der Schatten. *Die Gestalt des Wanderers und „Schattens" ist in den Varianten mit der des „guten Europäers" identisch; vgl. dazu die zahlreichen Titel eines geplanten Werkes über die „guten Europäer", z. B. Bd. 11, 26 [320]: Die guten Europäer. / Vorschläge zur Züchtung eines neuen Adels. / Von / Friedrich Nietzsche. zum „Schatten" vgl. 31 [25]: ein Trieb der Selbst-Zerstörung: nach Erkenntnissen greifen, die einem allen Halt und alle Kraft rauben Vs (Z II 10): Der gute Europäer. / — — — Als er ihn nämlich aber ansah, schrak Zarathustra sein Herz zusammen: so zum Verwechseln ihm selber ähnlich sah sein Nachfolger aus, in der Tracht und dem Bart nicht allein, sondern in der ganzen Art. / Wer bist du? fragte Zarathustra heftig. Oder bin ich's selber? Was treibst du da mit mir, du Possenreißer? Oder wie nenne ich dich? / Vergieb mir, oh Zarathustra, diese Mummerei, antwortete der Doppelgänger und Schatten, und willst du einen Namen für mich, so nenne mich den guten Europäer. / Daß ich aber deine Tracht und Art nachmache, das ist gerade jetzt in Europa die gute Mode. Mitunter nannte ich mich auch den Wanderer, / öfter aber noch Zarathustra's Schatten. Und wahrlich ich folgte dir mehr auf den Fersen nach und in ferneren Fernen, als du weißt und argwöhnst. / Willst du mich endlich den ewigen Juden heißen, so zürne ich nicht: ihm gleich bin ich immer unterwegs, ohne Ziel und ohne Heim — nur daß ich weder Jude noch auch ewig bin. vgl. Bd. 11, 32 [8]; Za II Von großen Ereignissen 171, 3–6; die Anspielung auf WS ist offensichtlich* 338 9–10: mein ... Welt] *vgl. Joh. 18,*

340 11: Nichts ... erlaubt] *vgl. GM III 24*   18–19: Zu ... Kopf] *vgl. Bd. 11, 25 [5]:* „Wer der Wahrheit zu nahe auf dem Fuße folgt, läuft Gefahr, daß ihm einmal der Kopf eingeknickt wird." englisches Sprüchwort
Mittags. *Vgl. Bd. 11, 30 [9]:* Im Leben todt, ins Glück vergraben, — wer so – – – wie viele Male muß der noch auferstehen! / Oh Glück, ich kam durch Haß und Liebe selber zu meiner Oberfläche: zu lange hieng ich in einer schweren Luft von Haß und Liebe: die schwere Luft trieb und schob mich wie einen Ball / Heiter, wie Einer der seinen Tod voraus genießt. *[vgl. DD Die Sonne sinkt]* / Steht nicht die Welt eben still? Wie mit dunklen Zweigen und Blättern umwindet mich diese Stille, / Willst du singen, oh meine Seele? Aber das ist die Stunde, wo kein Hirt die Flöte bläst. Mittag schläft auf den Fluren. / die goldene Trauer aller, die zu viel Gutes geschmeckt haben. / Wie lange schlief ich mich aus? wie viel länger darf ich nun mich auswachen? *31 [36]:* — steht nicht die Welt eben still? Wie mit furchtbaren Ringeln umwindet mich diese Stille! *31 [43]:* du fühlst nicht einmal, daß du träumst: oh, so bist du noch ferne vom Aufwachen!   *Vs (Z II 9):* Zum Mittagsschläfer. / „Zum Glück — wie wenig genügt schon zum Glück!" mit welcher Weisheit dünkte sich schon Mancher klug. Aber das weiß meine Seele nun besser. / Das Wenigste gerade, das Leiseste, Leichteste, ein Hauch, ein Husch, ein Augenblick — das erst macht die Art des besten Glückes. / Und daß ich meinen Freunden einst einen Fluch sprach, weil sie kurz mein Glück machten und plötzlich mein Ewiges — oh wie närrisch fluchte Zarathustra damals gerade seinen besten Freunden! / Sie erst machten ja Glück zu meinem Glück! Solche Ewigkeit will kurz währen: also gerade will es seine Art, die beste Art! Dies aber heiße ich — die plötzliche Ewigkeit! / Oh wie viel ward mir immer im Wenigsten geschenkt! Oh welchen alten vergessenen Tropfen Glücks und Gott-Weins trank ich schon! / Im trüben Glas zwischen gräulichen Spinnennetzen, durch schwarze Keller und schwärzeres Ungemach — für mich gerade übrig und bereit, verwahrt und aufgespart! / Nun schlief ich mich aus — wie lange doch? Eine ganze Ewigkeit. Wohlan nun! Wohlauf, altes Herz! Wie lange erst darfst du dich, nach solchem Ausschlafen, nun — auswachen! / Viel blieb vom Tage noch zurück; noch fand ich nicht, den ich suchte. Wohlan! Wohlauf! Ihr alten Beine! Manch gut Stück Wegs und Wanderns blieb euch noch aufgespart!   **342** 18–19: Eins ... Andre.] *vgl. Luk. 10, 42:* „Eins ist noth"   23: Ward ... vollkommen?] *vgl. N an Carl von Gersdorff, 7. Apr. 1866:* ... ähnlich jenen schönen Sommertagen, die sich breit und behaglich über die Hügel hinlagern, wie Emerson sie so vortrefflich beschreibt: dann wird die Natur vollkommen, wie er sagt ...   **343** 9] *vgl. Bd. 11,*

Also sprach Zarathustra IV, S. 340–344

31 [40]: — selig und müde, gleich jedem Schöpfer am siebenten Tage. *vgl. Genesis 2, 3* **344 18–20]** *vgl. Bd. 11, 31 [49]:* — der Tag klingt ab, es ist Zeit und Überzeit, daß wir aufbrechen Die Begrüssung. Vs (Z II 8): „Es lohnt sich nicht zu leben" — so schrien viele müde Seelen. „Wozu! Wozu?" klang all ihr Fragen: „umsonst! umsonst!" scholl es ihnen zurück von allen Hügeln. / Der Mensch ward klein, nur der Lärm ward groß, und der Pöbel sprach: „nun kam meine Zeit" — da wurden die Besten ihrer Werke müde. / Den Besten gerade versiegten alle Brunnen, verstaubt und schwül lagen große Seelen, der Markt war voll übler Gerüche: — da floh die Hoffnung — zu dir, zu dir, oh Zarathustra! / Wie! Lebt denn Zarathustra nicht? also redeten Viele zu sich, und hin zu deinen Bergen richteten sich viele Augen. / Warum kommt er nicht? so fragten viele bei Tag und Nacht. Warum bleibt er verschlungen wie im Bauche des Walfisches? Oder sollen wir wohl zu ihm kommen? *vgl. Bd. 11, 31 [62]:* Das Abendmahl. / Also sprach der König und Alle traten auf Zarathustra zu und erwiesen ihm abermals ihre Ehrfurcht; Zarathustra aber schüttelte das Haupt und wehrte ihnen mit der Hand. / „Willkommen hier! sprach er zu seinen Gästen. Von Neuem heiße ich euch willkommen, ihr Wunderlichen! Auch meine Thiere grüßen euch, voller Ehre und voller Furcht: noch niemals nämlich sahen sie so hohe Gäste! / Doch seid ihr mir keine kleine Gefahr — so raunen mir meine Thiere zu. „Nimm dich in Acht vor diesen Verzweifelnden!" spricht mir die Schlange am Busen; — vergebt ihrer Liebe zu mir diese scheue Vorsicht! / Von Ertrinkenden spricht mir heimlich meine Schlange: das Meer zieht sie hinab — da möchten sie sich gern an einen starken Schwimmer anklammern. / Und wahrlich, so blind und wild greifen Ertrinkende mit Armen und Beinen nach einem Retter und Gutwilligen, daß sie den Stärksten mit in ihre Tiefe hinabziehen. Seid ihr — solche Ertrinkende? / Den kleinen Finger strecke ich euch schon entgegen. Wehe mir! Was werdet ihr nun noch von mir nehmen und an euch reißen!" — / Also sprach Zarathustra und lachte dabei voller Bosheit und Liebe, während er mit der Hand den Hals seines Adlers streichelte: der nämlich stand neben ihm, gesträubt, und wie als ob er Zarathustra gegen seine Besucher zu schützen hätte. Dann aber reichte er dem Könige zur Rechten die Hand, daß dieser sie küsse, und begann von Neuem, herzhafter noch als vorher: — — *Vs:* Ihr klagt: aber ihr müßtet vielmehr noch gelitten haben, und doch fest dastehen. / Vielleicht knorrig und gekrümmt, aber wie — — — / Ich ehre euch in eurem Verachten und Bei-Seite-gehen und daß ihr nicht lerntet, euch einzurichten: ich ehre noch mehr an euch daß ihr dort zu lieben wißt, wo ihr verachtet. / Das nämlich zeigt die höhere Art: verachten muß der Liebende, denn der Liebende will schaffen: son-

derlich wer über sich selber hinaus schaffen will. / Ihr überwandet Viel, aber nicht genug: ihr wollt Siechthum auch an gesunden Tagen. *Vgl. Bd. 11, 32 [2]:* Er sprach für uns Alle, du erlöstest uns vom Ekel — dies ist eine der schlimmsten Krankheiten dieser schlimmsten Zeit / Zarathustra: welches Geschenk brachtet ihr mir — ihr könnt selber nicht wissen, was ihr mir eben schenktet! *In Z II 10 findet sich eine weitere sehr umfangreiche Fassung der „Begrüssung", in der viele Motive der daraufffolgenden Kapitel (namentlich* Vom höheren Menschen*) vorkommen ohne Varianten von inhaltlichem Belang. Beide Kapitel:* Die Begrüssung *und* Das Abendmahl *wurden von N erst in Dm getrennt, bis dahin bildeten sie unter dem Titel* Das Abendmahl *ein einziges Kapitel.*   349   14: verschlang ... Einsamkeit?] *vgl.* Za III Von den Abtrünnigen *226, 18–19   18:* Überall ... Auferstanden] *wie beim Tode Jesu, vgl.* Matth. 27, 52–53   350 4–5.7: deutsch und deutlich] *vgl. Richard Wagner,* Was ist deutsch?, *Bayreuther Blätter, Zweites Stück, Februar 1878, 30:* „Das Wort ‚deutsch' findet sich in dem Zeitwort ‚deuten' wieder: ‚deutsch' ist demnach, was uns deutlich ist ..."   351 30–32] *vgl.* Za III Von der Seligkeit wider Willen *203, 19–21*
Das Abendmahl. *Die Anspielung auf das letzte „Abendmahl" Jesu ist offensichtlich*   353 6] *vgl.* Mittags *342, 18–19*   354 8–9: der ... allein] *vgl.* Matth. 4, 4   16–18] *vgl. Bd. 11, 30 [7]:* Wer mit essen will, muß auch Hand anlegen; hier giebt es Lämmer zu schlachten und Feuer zu zünden / — wie Wilde im Walde / — der Dichter soll uns singen   25–26: Gelobt ... Armuth!] *vgl.* Za I Vom neuen Götzen *63, 29–30*   355 10–11] *vgl. Bd. 11, 31 [40]:* — was mich an einem Weisen am meisten wundert, das ist, wenn er einmal klug ist.
Vom höheren Menschen. *Vgl. in Bd. 11 folgende Titelentwürfe eines geplanten Werkes (vor Za IV) über den „höheren Menschen": 26 [270]:* An die höheren Menschen. / Herolds-Rufe eines Einsiedlers. / Von / Friedrich Nietzsche. *(ähnlich 29 [5]); 26 [318]:* Der höhere Mensch. / Von den Philosophen. / Von den Heerden-Führern. / Von den Frommen. / Von den Tugendhaften. / Von den Künstlern. / Kritik des höheren Menschen.   *zum Begriff des höheren Menschen vgl. Bd. 11, 29 [8]:* Plan. Ich suche und rufe Menschen denen ich diesen Gedanken *[der ewigen Wiederkehr des Gleichen]* mittheilen darf, die nicht daran zu Grunde gehen. / Begriff des höheren Menschen: wer am Menschen leidet und nicht nur an sich, wer nicht anders kann, als an sich auch nur „den Menschen" schaffen / — gegen alles genüßliche Beiseitegehen und Schwärmen der Mystiker. / — gegen die „Arrangirten". / — wir Mißrathenen! Höchster Typus! uns zu erlösen ist „den Menschen selber" erlösen: das ist

Also sprach Zarathustra IV, S. 349–366   341

unser „Egoismus"!   *vgl. auch Bd. 11, 32 [2]:* du lehrst einen neuen Adel zu züchten / du lehrst Colonien gründen und die Staaten-Krämer-Politik verachten / dir liegt am Schicksal des Menschen / du führst die Moral über sich hinaus (Überwindung des Menschen, nicht nur „gut und böse", Sündenbewußtsein) / Zarathustra's Rede vom höheren Menschen / ihr müßt die Vortheile dieser schlimmen Zeit ausfindig machen.
1. 356 *3–11] vgl. Za I Vorrede*
2. 357 *11–12:* Gott ... lebe] *vgl. Za I Von der schenkenden Tugend 102, 13–14*
3. *20–22] vgl. Za I Vorrede 4*
5. 359 *1–3] vgl. Za II Von der Menschen-Klugheit 185, 11   5–6] vgl. JGB 295   8:* dass ... Sünde] *vgl. Matth. 8, 17   10–12]* Meine Wahrheiten sind fein und für feine Finger: darnach soll man nicht mit Schafsklauen greifen. Nicht jedes Wort gehört in jedes Maul. (Dies zu Nutzen aller Maul- und Klauen-Siechen!) Vs
6. *22–23] vgl. Za I Vom Baum am Berge 52, 23–25; Bd. 10, 3 [2]   23:* hoch ... Blitz!] *aus* der Übermensch. Hoch genug für den Blitz — —! Vs   *24–26]* — und obschon mein Sinn und Sehnen auf Weniges geht und auf Langes: heute will ich über kleine kurze Schönheiten nicht scheel sehen. Vs; *vgl. Bd. 11, 31 [51]:* Dichter — mein Sinn und meine Sehnsucht geht auf Weniges und Langes: wie verachte ich eure kleinen kurzen Schönheiten!
7. 360 *8–10] vgl. Bd. 11, 31 [38]:* — du wolltest ihr Licht sein, aber du hast sie geblendet. Deine Sonne selber stach ihnen die Augen aus.
11. 362 *15–17] vgl. Bd. 11, 31 [37]:* — deine Tugend ist die Vorsicht der Schwangeren: du schützest und schonst deine heilige Frucht und Zukunft.
12. *22–23] vgl. Bd. 11, 26 [265]:* NB. Über die Schreie der Gebärerin wegen all der Unreinheit. Fest der Reinigung für die größten Geister nöthig! *vgl. Leviticus 12, 2*
14. 363 *27–29] vgl. Bd. 11, 27 [52]:* Ein Tiger, der einen ungeschickten Sprung thut, schämt sich vor sich selber.   364 *3–5] vgl. Bd. 11, 31 [13]:* Wenn mir etwas mißräth: bin ich deshalb mißrathen? Und mißrathe ich selber, was liegt an mir? Ist der Mensch deshalb mißrathen? / Das ist Krankheit und Fieber.
16. 365 *2–4] vgl. Bd. 11, 25 [150]:* Luc. 6, 25 der Fluch auf die, welche lachen —   *8–9:* Heulen und Zähneklappern] *biblisch: vgl. z.B. Matth. 8, 12*
18. 366 *10–12] daß N hier an die Selbstkrönung Napoleons dachte, wird durch Bd. 10, 22 [5] bestätigt:* Immer mußte ein Solcher sich selber die Krone aufsetzen — immer fand er die Priester zu feig. *für H. Weichelt ist der Rosenkranz Zarathustras das Gegenstück der Dornenkrone Jesu*

(Matth. 27, 29). Bd. 11, 31 [64] enthält alle Motive der letzten Kapitel von Za IV
Das Lied der Schwermuth. *Vs:* Es war am späten Nachmittage, als die Mahlzeit gen Ende gieng, daß Zarathustra aufstand und zu seinen Gästen sprach: Laßt mich, ihr meine Freunde, ein wenig hinaus, ich will einen Arm voll Rosen hereinholen: aber ich verrathe euch nicht, wo mir gerade heute solche herkommen. / Kaum aber war Zarathustra aus der Mitte der Tischgenossen hinweg, da blickte der alte Zauberer listig um sich und verlangte nach seiner Harfe. Er ist hinaus sprach er
— — —

2. 370 *9:* Widersacher] *biblischer Ausdruck für den Teufel, 1. Petr. 5, 8*
3. *Das Lied der Schwermuth entstand als Gedicht im Herbst 1884. In Z II 5 finden sich zwei fragmentarische Vs dazu, die erste mit dem Titel Sonnen-Bosheit (vgl. Bd. 11, 28 [3]) entspricht ungefähr den Zeilen 371,8–372,12, die zweite mit dem Titel Schafe (28 [143]) den Zeilen 372,32–373,15. In Z II 6 folgende Varianten zum Titel:* Sonnen-Bosheit. // Nur Dichter! // Der Büßer des Geistes. *Bd. 11, vgl. 31 [31]; DD* Nur Narr! Nur Dichter! 371 8] *vgl. Bd. 7, 37 [1]; Paul Fleming, Geist- und weltliche poëmata, Jena 1651, 580, zitiert bei Jacob und Wilhelm Grimm, Deutsches Wörterbuch, Bd. 1, Leipzig 1854, s.v. „abhellen"* 373 7] *vgl. Bd. 11, 25 [4]:* „Geradezu stoßen die Adler" *Olof Haraldssons Saga.*
Von der Wissenschaft. 375 *15–16: aus ... Lockpfeife] aus* du bist zwei- drei- vier- und fünfdeutig *Dm* 377 *6] vgl.* Vom höheren Menschen *363, 21–22* 378 *6:* liebt seine Feinde] *nach dem Gebot Jesu*
Unter Töchtern der Wüste.
1. 379 *3–5] vgl. Luk. 24, 29: „Bleibe bei uns; denn es will Abend werden, und der Tag hat sich geneigt."* *14–16] vgl. Za III* Vor Sonnen-Aufgang *208, 9–11*
2. *Auch der „Nachtisch-Psalm" des Wanderers und Schattens entstand als selbständiges Gedicht im Herbst 1884. Als Untertitel finden sich in Z II 6:* Ein Psalm *— gestrichen — dann:* Eine Vorrede. *Wahrscheinlich hatte N die Absicht, das Gedicht als Vorrede seiner geplanten Gedichtsammlung voranzusetzen; vgl. Kommentar zu den Gedichtfragmenten von Bd. 11. Unter Töchtern der Wüste wurde ebenfalls — mit Änderungen namentlich am Schluß — zu einem Dionysos-Dithyrambus* 381 *1] vgl. Shakespeare, Ein Sommernachtstraum V, 1* 25] *auf Jonas 2, 1* 385 *12] vgl. Bd. 11, 28 [4]*
Die Erweckung.
1. 386 *3–10] vgl. Bd. 11, 29 [61]:* das Frohlocken dieser höheren Menschen kam ihm wie ein Tauwind: seine Härte schmolz. Sein Herz zitterte bis in die Wurzel.

Also sprach Zarathustra IV, S. 370–404

2. *Über die Esel-Litanei* vgl. G. Naumann, a.a.O., IV, 178–191. Eine Quelle Ns über die mittelalterlichen Eselsfeste ist — wie Naumann richtig bemerkt hat — W. E. H. Lecky, *Geschichte des Ursprungs und Einflusses der Aufklärung in Europa*, dt. Übers. von H. Jolowicz, Leipzig-Heidelberg 1873, BN. Das N-Exemplar weist zahlreiche Randnotizen Ns auf, so auch die Stellen über das Eselsfest: S. 224f. Vgl. auch JGB 8 und Anm. dazu. 388 26–27] vgl. *Offenbarung 7, 12* 388 29–389 2] vgl. *Psalm 68, 19; Philipp. 2, 78; Numeri 14, 18; Hebräer 12, 6* 389 4–5: Er ... Welt.] vgl. *Gen. 1, 31* 13–14: Hat ... Bilde] vgl. *Gen. 1, 26* 22–25] vgl. *Matth. 19, 14; Sprüche 1, 10*

Das Eselsfest. Titel in Dm: Der alte und der neue Glaube. *nach dem Titel des von N in DS bekämpften Werkes von David Friedrich Strauß*
1. 391 17–21] die erste Notiz dazu findet sich schon in N V 9 (Sommer/ Herbst 1882), Bd. 10, 2 [41]: „Aber wie konntest du so handeln? sagte ein Freund zu einem sehr klugen M⟨enschen⟩ — es war eine Dummheit. „Es ist mir auch schwer genug geworden, entgegnete dieser. *diese Notiz wird, wie viele andere, variiert in den Za-Heften vom Herbst 1882 an, bis N sie in diesem Kapitel benutzte;* vgl. zuletzt Bd. 11, 31 [52]: — aber Zarathustra, sagte die Schlange, du Kluger, wie konntest du so handeln! Das war eine Dummheit! — „Es ist mir auch schwer genug geworden". (ähnlich 32 [9]) 392 7–8: Der ... Augenschein!] vgl. *Der Blutegel 312, 13* 28] vgl. Za I Vom Lesen und Schreiben *49, 32–33*
2. 393 11–12] vgl. Za III Von den Abtrünnigen 2 16–17: so ... Himmelreich] vgl. *Matth. 18, 3*
3. 394 4–6] vgl. *1. Kor. 11, 24*

Das Nachtwandler-Lied. Titel in He (und GA): Das trunkene Lied vgl. Bd. 11, 29 [31]: — — sprach alles „noch Ein Mal" (wiederkehrend wie das **Medusenhaupt** *32 [13] folgt (im Heft Z II 9) auf 395,15–396,26*
1. 396 4–5] vgl. Za III Vom Gesicht und Räthsel 199, 12–14 18: voll süssen Weines] vgl. *Apostelgeschichte 2, 13*
2. 397 4: wie geschrieben steht] vgl. Za III Die sieben Siegel *287, 5–7*
9. 401 25: das Winzermesser] vgl. Za III Von der grossen Sehnsucht *280, 9–11, 23–25* 403 16] danach: — nach dem Häßlichsten verlangt das Schönste, nach dem Bösesten jede Güte, und wer der dümmste Welt schuf, der war gewiß der Weiseste: die Lust nämlich überredete ihn dazu — / — die Lust überredet zu jeder Narrheit, sie überredet ewig Gott zur Welt, das Thier zum Menschen, die Lust überredet die Lust zum Weh — *Rs; gestrichen in Dm*
12. 404 1–11] vgl. Za III Das andere Tanzlied 3

Das Zeichen. Vgl. Bd. 11, 31 [57]: das Haar Zarathustra's schwarz werdend (Löwe und Taubenschwarm); *32 [15]:* Das Zeichen. / Des Morgens aber nach dieser Nacht sprang Zarathustra von seinem Lager auf, gürtete sich die Lenden und kam heraus aus seiner Höhle, glühend und froh, wie die Morgensonne, die aus dunklen Bergen kommt. / „Sie schlafen noch, rief er, während ich wache — das sind nicht meine rechten Gefährten, diese höheren Menschen. / Höhere als sie müssen kommen, Hochgemuthere, Freiere, Hellere — lachende Löwen müssen zu mir kommen: was geht mich all dies kleine kurze wunderliche Elend an! / Deß warte ich nun, deß warte ich nun" — und indem Zarathustra so sprach, setzte er sich nachdenklich auf den Stein vor seiner Höhle. / „Wer soll der Erde Herr sein? so begann er wieder. Nun! Diese da wahrlich nicht — lieber noch zerschlüge ich Diese da mit meinem Hammer. Ich selber aber bin ein Hammer. / Sie halten es gerade auf der Erde aus, wenn man sie mit Erdenlust lüstern macht, ihnen herzhaft zuspricht. Wie! auf dieser Erde es nur — aushalten? Um der Erde Willen schäme ich mich solcher Reden. / Lieber will ich doch wilde böse Thiere um mich als diese zahmen Mißrathenen; wie selig will ich sein, wieder die Wunder zu sehen, die heiße Sonne ausbrütet — / — alle die reifen und wohlgerathenen Thiere, deren die Erde selber stolz ist. Mißrieth ihr der Mensch bisher? Wohlan! Aber der Löwe gerieth." / Und wieder versank Zarathustra in ferne Gedanken und Länder und in das Schweigen, das auch dem eignen Herzen aus dem Wege geht und keinen Zeugen hat. **405 2–5]** *vgl. Bd. 11, 31 [20]:* Also stand Zarathustra auf wie eine Morgensonne, die aus den Bergen kommt: stark und glühend schreitet er daher — hin zum großen Mittage, nach dem sein Wille begehrte, und hinab zu seinem Untergange. **3:** gürtete ... Lenden] *1. Kön. 18, 46* **6–8]** *vgl.* Za I Vorrede 9, 8–9 **18–19:** käut ... Mitternächten] trinkt noch an meinen trunkenen Liedern *He; GA* **406 22]** *vgl. Bd. 10, 19 [7]:* Und jedes Mal daß der Löwe lachte, fühlte Zarathustra sich bewegt wie noch nie zuvor, so daß er nach seinem Herzen griff: denn es war ihm immer, als ob ein Stein ihm vom Herzen falle und noch ein Stein und wieder ein Stein. *Bd. 11, 31 [14]:* der lachende Löwe — „noch vor 2 Monden hätte dies zu sehn mir das Herz im Leibe umgedreht *31 [23]:* — Dasselbe bezeugt auch der Löwe, aber nur die Hälfte: denn er ist auf Einem Auge blind. *(wie Wotan)* **407 7–9]** *vgl. Bd. 11, 31 [21]:* Der Löwe aber leckte die Thränen, welche auf die Hände Zarathustras niedertropften. Sein Herz war im Innersten bewegt und umgewendet, aber er sprach kein Wort. Man sagt aber, daß der Adler, eifersüchtig, dem Treiben des Löwen zugeschaut habe usw. / Endlich erhob sich Zarathustra von dem Steine, auf dem er geruht hatte: wie eine Morgensonne stand er auf, die aus den Bergen kommt, stark und glühend, zum usw.

Band 5
Jenseits von Gut und Böse
Zur Genealogie der Moral

Jenseits von Gut und Böse

In einer Vorrede aus dem Sommer/Herbst 1886 zu einem zweiten Band von *Jenseits von Gut und Böse,* der nicht zustande kam (die Vorrede wurde später benutzt für die Vorrede zu MA II), gibt N eine genaue Darstellung vom Platz, den *Jenseits von Gut und Böse* unter seinen Schriften einnimmt: „Was ihm zu Grunde liegt, Gedanken, erste Niederschriften und Hinwürfe aller Art, das gehört meiner Vergangenheit an: nämlich jener räthselreichen Zeit, in der ‚Also sprach Zarathustra‘ entstand: es dürfte schon um dieser Gleichzeitigkeit willen nützliche Fingerzeige zum Verständniss des eben genannten schwerverständlichen Werkes abgeben. Namentlich auch zum Verständnisse seiner Entstehung: mit der es etwas auf sich hat. Damals dienten mir solcherlei Gedanken sei es zur Erholung, sei es als Selbstverhör und Selbstrechtfertigung inmitten eines unbegrenzt gewagten und verantwortlichen Unterfangens: möge man sich des aus ihnen erwachsenen Buches zu einem ähnlichen Zwecke bedienen! Oder auch als eines vielverschlungenen Fußwegs, der immer wieder unvermerkt zu jenem gefährlichen und vulkanischen Boden hinlockt, aus dem das eben genannte Zarathustra-Evangelium entsprungen. So gewiß auch dies ‚Vorspiel einer Philosophie der Zukunft‘ keinen Commentar zu den Reden Zarathustra's abgiebt und abgeben soll, so vielleicht doch eine Art vorläufiges Glossarium, in dem die wichtigsten Begriffs- und Werth-Neuerungen jenes Buchs – eines Ereignisses ohne Vorbild, Beispiel, Gleichniß in aller Litteratur – irgendwo einmal vorkommen und mit Namen genannt sind."
Chronologisch gesehen, geht die älteste Schicht von *Jenseits von Gut und Böse* bis in die Zeit vor der Veröffentlichung der *Fröhlichen Wissenschaft* zurück, denn einige Aphorismen wurden von N aus den Heften M III 1 und M III 4a (Frühjahr/Herbst 1881) nachgeholt. Die „Sprüche und Zwischenspiele" stammen aus den Sammlungen Z I 1 und Z I 2, also aus der

Zeit unmittelbar vor der Entstehung von Za I (Herbst 1882 bis Winter 1882/83), weitere Aphorismen aus M III 4b (Frühjahr/Sommer 1883, kurz vor Abfassung von Za II). Auch Aufzeichnungen aus den Heften W I 1 und W I 2 (Frühjahr bis Herbst 1884) wurden für *Jenseits von Gut und Böse* benutzt. Neben vielen Projekten aus dem Jahr 1885 (nach Erscheinen von Za IV) nimmt eine besondere Bedeutung die geplante neue Auflage von MA ein (N wollte die noch vorhandenen Exemplare dieses Werks zurückkaufen und vernichten; an Gast 24. Januar 1886). Das Scheitern dieses Versuchs gab N den Anstoß zur Niederschrift eines neuen Werks, *Jenseits von Gut und Böse*, dessen Druckmanuskript er im Winter 1885/86 fertigte, indem er neben den genannten früheren Heften auch jene aus dem Jahr 1885 benutzte: W I 3, W I 4, W I 5, W I 6, W I 7 sowie die Notizbücher N VII 1, N VII 2, N VII 3 (zum kleineren Teil) und die losen Blätter der Mp XVI 1. Daß *Jenseits von Gut und Böse* sich *nicht* aus dem Material des sogenannten *Willens zur Macht* abgelöst hat, erhellt aus dieser Entstehungsgeschichte. Es war tatsächlich eine Vorbereitung, ein „Vorspiel" für etwas, das noch kommen sollte und – zumindest als *Wille zur Macht* – nicht kam (s. dazu die Darstellung am Anfang des Kommentars zu Band 6). Der Druck dauerte von Ende Mai bis August 1886. Die Korrekturen (nicht erhalten) lasen N und Peter Gast gemeinsam. *Jenseits von Gut und Böse. Vorspiel einer Philosophie der Zukunft*, Leipzig 1886, Druck und Verlag von C. G. Naumann (= JGB), erschien auf Ns eigene Kosten. Neben den erwähnten Handschriften ist auch das eigenhändige Druckmanuskript sowie ein Handexemplar mit Ns Eintragungen erhalten.

Zum Titel vgl. Bd. 11, 25 [238. 490. 500]; 26 [426]; 34 [1]; 35 [84]; 36 [1. 66]; 40 [45. 48]; 41 [1]
Vorrede. *Vgl. Bd. 11, 35 [35]; 38 [3]* 12 *33–34:* Platonismus für's „Volk"] *aus* verpöbelter Platonismus *Dm* 13 *11–16:* Aber ... Ziel ...] *aus* Als Noth empfand ihn zum Beispiel Pascal: aus seiner furchtbaren Spannung heraus erfand dieser tiefste Mensch der neueren Zeit sich jene mörderische Art von Lachen, mit welcher er die Jesuiten von damals todt lachte. Vielleicht fehlte ihm nichts als Gesundheit und ein Jahrzehend von Leben mehr — oder, moralisch ausgedrückt, ein südlicher Himmel statt der Wolkendecke von Port-Royal — um sein Christenthum selbst todtzulachen. — *Dm*
1. *Vs (erste Fassung in W I 7):* Das Verlangen nach Wahrheit, das mich nicht unbedenkliche Wege geführt hat, legte mir ab und zu dieselbe fragwürdigste aller Fragen in den Mund: am längsten machte ich vor der Frage nach den verborgenen Ursachen dieses Verlangens halt, zuletzt aber blieb ich bei der Frage nach dem Werthe jenes Verlangens stehen. Das Problem der Wahrhaftigkeit erschien vor mich: sollte man glauben, daß es mir scheinen will, als sei es zum ersten Male

gestellt, gesehen, gewagt? *andere Vs (W I 5):* Alea jacta est.
— Der „Wille zur Wahrheit", der mich noch zu manchem Wagnisse verführen wird, — welche seltsamen Fragen hat er mir schon vorgelegt [, welche schlimmen fragwürdigen Fragen! Was Wunder, daß ich endlich mich mißtrauisch umdrehe und auch meinerseits vor dieser Sphynx fragen lerne? Wer ist das eigentlich, der mich hier fragt?]! Welche schlimmen wunderlichen fragwürdigen Fragen! Das ist eine lange Geschichte: was Wunder, daß ich endlich dabei mißtrauisch werde, die Geduld verliere und mich ungeduldig umdrehe! Daß ich vor dieser Sphynx auch meinerseits fragen lerne? Wer ist das eigentlich, der mir hier Fragen stellt? Was in mir „will" eigentlich „zur Wahrheit"?

2. **16** *13:* nirgendswo!"] Nirgendswo! Noch entschlossener geredet: Dinge und Zustände höchsten Ranges können gar nicht entstehen, — das Werden wäre ihrer unwürdig, sie sind allein [das Seiende], und allein Gott ist — sie sind Gott." *Vs (W I 7)*   *31-32:* dem Wahren ... Selbstlosen] der Wahrheit, der Wahrhaftigkeit, der selbstlos genannten Handlung, der „Meeresstille" in der künstlerischen Anschauung *Vs (W I 5)*   *17 11-12:* Und ... heraufkommen.] *(1)* Es wäre endlich sogar möglich — und ich [bin auch dieses Glaubens] bekenne mich auch noch dazu! — daß, was an jenen zuerst gerühmten Dingen werthvoll ist, es eben nur dadurch ist, daß sie im Grunde und unnachgiebig gesehen, eben gar nichts anderes sind als eben jene scheinbar entgegengesetzten Dinge [deren Ruf die Metaphysiker bisher so elend mitgespielt haben — und deren Ehre noch von Niemandem „gerettet" worden ist] und Zustände. Aber wer hat den Muth diese „Wahrheiten" ohne Schleier zu sehen! Vielleicht giebt es auch vor solchen Problemen und Möglichkeiten eine erlaubte Keuschheit. — *(2)* es ist mein Glaube! Vielleicht [steht es noch viel schlimmer] muß man seinen Verdacht noch einen Schritt weiter treiben — und ich habe es gethan —: Es wäre nämlich sogar noch möglich daß, was den Werth jener guten und verehrten Dinge ausmacht, sie eben nur dadurch hätten, daß sie selber mit jenen schlimmen, scheinbar entgegengesetzten Dingen auf verfängliche Weise verwandt, nah verwandt, wohl gar nicht nur sind? *(a)* Aber wer [hat Lust] ist Willens, sich um solche „Vielleichts" zu kümmern! Es geht wider den guten Geschmack, vor allem wider die Tugend, wenn die Wahrheit anfängt, dergestalt anstößig zu werden, wenn die Wahrheit ihre Schleier dergestalt abreißt und alle gute Scham verleugnet: ist da nicht Vorsicht vor einem solchen Frauenzimmer anzurathen? *(b)* Vielleicht! Aber wer ist wohl Willens, sich um diese gefährlichen „Vielleichts" zu kümmern! Das geht wider den guten Geschmack, sagt ihr mir, es geht auch wider die [Tugend selber] [Keuschheit] Tugend. Wenn die Wahrheit anfängt, dergestalt

anstößig zu werden, wenn dieses unbedenkliche Frauenzimmer ihre Schleier bis zu diesem Maaß zu werfen und alle [gute] Scham zu verleugnen beginnt: fort, fort mit dieser Verführerin! Mag sie fürderhin ihre eignen Wege gehen! Gegen ein solches Frauenzimmer kann man gar nicht vorsichtig genug sein!, "Und eher, sagt ihr mir mit einem Augenblinzeln, dürfte man noch mit einem bescheidenen und schamhaften Irrthum zusammenwandeln, mit einer kleinen artigen Lüge — —" Vs (W I 5)
3. 17 32–18 3: eine ... ist ...] vermöge deren der Wille zur Macht eine bestimmte Art von Wesen durchsetzt (diese Wesen müssen über alles leicht, nahe, bestimmt, berechenbar, also grundsätzlich in der logischen Perspective sehen —) Vs
4. 18 5: Urtheils] *aus* Begriffs Rs   9: falschesten] falschesten nämlich die ältesten Rs   Urtheile] *aus* Begriffe Rs
5. *Erste Fassung in Vs ⟨N VII 2⟩:* Was mich gegen die Philosophen mißtrauisch gemacht hat, ist nicht daß ich einsah, wie oft und leicht sie sich vergreifen und verirren, sondern daß ich nirgends genug Redlichkeit bei ihnen fand: sie stellen sich sämmtlich als ob sie eine Sache durch Dialektik entdeckt und erreicht hätten, während im Grunde ein vorweggenommener Satz von ihnen durch eine Art Beweis vertheidigt ist: sie sind Fürsprecher ihrer Vorurtheile und sind nicht redlich genug, dies einzugestehen und vorweg uns anzukündigen. Die Tartufferie des alten Kant, als er seine Schleichwege zum „kateg⟨orischen⟩ Imperativ" suchte, macht lächeln. Oder gar der mathematische Anschein, wodurch Spinoza seinen Herzenswünschen einen festungsartigen Charakter ⟨gab⟩, etwas, das wie unabweislich den Angreifenden einschüchtern soll.
6. *Vgl. Bd. 10, 3 [1] 79; N an Lou von Salomé, verm. 16. Sept. 1882   Erste Fassung in M III 4:* Ich habe mich gewöhnt, die großen Philosophien als ungewollte Selbstbekenntnisse ihrer Urheber anzusehen: und wiederum den moralischen Theil als den zeugekräftigen Keim der ganzen Philosophie, so daß in gewissen Absichten aus dem moralischen Gebiete die Entstehung der entlegensten metaphysischen Sätze zu suchen ist. Ich glaube nicht an einen Erkenntnißtrieb, sondern an Triebe, welche sich des Erkenntniß wie eines Werkzeugs bedienen. Und wer die Triebe aufzählt, wird finden, daß sie alle schon Philosophie getrieben haben und gerne als letzte Zwecke des Daseins sich behaupten möchten. — Bei den „Gelehrten" steht es anders: da ist wirklich das Denken oft ein Maschinchen, welches arbeitet, ohne daß das gesamte Trieb-System des M⟨enschen⟩ dabei betheiligt sei —: die eigentlichen Interessen liegen deshalb meistens wo anders, wie es bei allen Berufs-Menschen der Fall ist: etwa in der Familie oder im Staate usw. oder im Gelderwerben. Der Zufall ent-

scheidet, an welcher Stelle der Wissenschaft solche Maschinen gestellt werden: ob ein guter Philolog oder Chemiker daraus wird — es ist nicht bezeichnend für den Menschen. Dagegen sind die Philosophien ganz und gar nichts Unpersönliches und die Moral zumal ist Person, und zwar ein Zeugniß davon, welche Rangordnung der Triebe in dem Philosophen besteht.
7. 21 3: Epicur] *ed. Arrighetti, Fr. 93, 18–19*
8. *Vgl. Bd. 11, 26 [466]* 22–23] *zitiert bei G. Chr. Lichtenberg, Vermischte Schriften, Göttingen 1867, V, 327, BN*
9. *Erste Fassung in N VII 1:* „Gemäß der Natur" leben? Oh ihr Stoiker, welche edle Lügnerei! Denkt euch ein Wesen, verschwenderisch, gleichgültig, ohne Absichten, ohne Erbarmen, fruchtbar und oede, denkt euch die Indifferenz selber — wie könntet ihr gemäß dieser Indifferenz leben! Leben ist das nicht ein Anders-sein-Wollen als diese Natur ist? Und gemäß dem Leben leben? Wie könntet ihr's denn nicht? Wozu ein Princip daraus machen! Thatsächlich formt ihr euch die Natur erst nach dem Bilde eures Weisen! Und dann möchtet ihr euch nach diesem Bilde eures Bildes formen! Gilt auch gegen Goethe, gegen Taine usw.
10. 23 12–13: wie ... mögen] *aus* denn um Sterben und Zu-Grunde-gehn handelt es sich überall, wo aus seiner Tugend dergestalt eine Ausschweifung macht *Dm* 34: Wirklichkeits-Philosophaster] *Anspielung auf Eugen Dühring* 24 3: geben: ihr] geben [: alle diese Kant und Schelling, Hegel und Schopenhauer und was aus ihnen nachgewachsen ist]: ihr *Dm*
11. *Vgl. Bd. 11, 25 [303]; 26 [412]; 30 [10]; 34 [62. 79. 82. 185]; 38 [7]* *Erste Fassung in N VII 1:* „Wie sind synthet⟨ische⟩ Urtheile a priori möglich?" — Durch ein Vermögen, d. h. antworten: sie sind möglich, sie sind da, wir können das. Aber die Frage ging nach dem „Wie?" Also Kant constatirt eine Thatsache „daß", aber damit giebt es keine Erklärung. Zuletzt ist das „Vermögen" eine hypothetische Kraft, eine Annahme von der Art, wie die vis soporifica im opium. Meine Auffassung: daß alle Ideen „Causalität", das Unbedingte, die Seele, das Sein, der Stoff, der Geist — — die Begriffe sind entstanden auf eine logisch schlechte Weise, nämlich wie die Etymologie zu erkennen giebt, so daß Ein Charakteristikum zum Zeichen für ähnliche Dinge diente. Die Ähnlichkeit wurde allmählich mit der Verschärfung der Sinne und der Aufmerksamkeit, seltner zugestanden: und zur inneren Bezeichnung eines Dings umlief der Geist eine Reihe von Erkennungszeichen von Wiedererkennungszeichen: damit faßte er das Ding, begriff es, es ist ein Greifen und Fassen darin. *(vgl. Bd. 11, 38 [14])*
12. *Vgl. Bd. 10, 15 [21]; Bd. 11, 26 [302. 410. 432]* 26 22–23: Polen

Boscovich] *Ruggiero Giuseppe Boscovich war nicht Pole, sondern Dalmatiner; von ihm las N in Basel (1873, vgl. Bd. 7): Philosophiae naturalis Theoria redacta ad unicam legem virium in natura existentium, Viennae 1769*

14. 28 24: Plato] *Leg.* 689 a–b
15. *Vs:* Um Physiologie zu treiben, muß man glauben, daß die Sinnesorgane nicht Erscheinungen bloß sind: als solche könnten sie ja nicht Ursachen sein. Also: Sensualismus als regulative Hypothese: wie wir sie im Leben haben. Kein Mensch hält ein Beefsteak für eine Erscheinung.
16. 30 29: aber ... Wahrheit?] *Zusatz in Dm*
17. 31 2–3: ein ... will] *vgl.* Schopenhauer, *Parerga* 2, 54; *aber auch* J.-J. Rousseau, *Confessions,* 4. *Buch:* „Les idées viennent quand il leur plaît, non quand il me plaît."
18. *Vgl. Bd 10, 4 [72]; 5 [1]24; 12 [1]156*
19. 33 32–34 3: wie ... entsteht. —] *aus* eines Gesellschaftsbaus der Triebe und Affekte: man vergebe mir die Neuerung in der philosophischen Terminologie, daß in so fern der „Wille" selbst bei mir als ein moralisches Phänomen in Betracht gezogen wird. *Dm*
21. 35 31–32: gemäß ... „wirkt"] *aus* die Positivisten nicht ausgenommen *Dm*   36 14–15: fast ... mangelt] *aus* ein Anzeichen von eigener Schwächlichkeit des Willens *Dm*   31–34: Und ... Geschmack"] *aus* — Und nochmals gesagt: der Begriff der „Verantwortlichkeit" reicht nicht in An-sich der Dinge — das kann überhaupt kein Begriff *Dm*
23. 38 9–13: Die ... mit] *aus* Das Reich der moralischen Vorurtheile ist viel tiefer in den Menschen hinein mächtig gewachsen, als es sich die Psychologen bisher haben träumen lassen: gar nicht zu reden von den Naiven à la Hobbes, welche — — — *Rs*
24. *Vgl. Bd. 9, 15 [1]*
25. 43 13–14: an ... lief] ein unfehlbares Zeichen dafür ist, daß Einer zum Philosophen verdorben ist *Dm*
26. *Vs (W I 4):* Von der Überwindung des Ekels. — Der höhere Mensch, der Ausnahme-mensch muß, wenn anders er zum Erkennenden im großen Sinne vorherbestimmt ist, sich zum Studium der Regel, ich meine des durchschnittlichen Menschen herbeilassen: wobei es freilich nicht ohne einigen Ekel abgehen wird. Dieses Studium ist schwer und umständlich, weil der durchschnittliche M⟨ensch⟩ sich in Flausen und schöne Worte umhüllt; es ist also ein Fund ersten Ranges, wenn der Suchende einem Solchen begegnet, der das Thier, die Gemeinheit, oder Regel an sich einfach anerkennt und dabei jenen Grad von Geistigkeit und Kitzel hat, der ihn zwingt über sich und seines Gleichen cynisch zu reden und sich gleichsam auf dem eignen Miste

zu wälzen: Cynismus nämlich ist die einzige Form, in der gemeine Seelen an das streifen, was Ehrlichkeit Redlichkeit ist. Genug, dem höheren Menschen ist jede Form von grobem Cynismus ein Gegenstand wo er zu lernen und seine Ohren aufzumachen hat; ja er hat sich Glück zu wünschen, wenn der nicht ernsthafte Satyr und der Possenreißer zu reden beginnen. Es giebt sogar Fälle, welche ihn beinahe bezaubern werden: ein solcher Fall ist Petronius, insgleichen aus dem letzten Jahrhundert der Abbé Galiani; da ist nämlich der „Geist", sogar das „Genie" an den Affen geknüpft. Häufiger schon geschieht es daß der „wissensch⟨aftliche⟩ Kopf" auf einem Affenleib und ein Ausnahme-Verstand auf die Regel einer gemeinen Seele gesetzt ist: — unter Ärzten trifft man nicht selten diese Combination. Und wo nur Einer ohne Erbitterung, sondern harmlos vom Menschen redet wie von einem Wesen das von Eitelkeit, geschlechtlichen Begierden und Nahrungssorgen und nichts Anderem getrieben wird, da soll der höhere Mensch fleißig hinhorchen: kurz überall, wo der Cynismus ohne Empörung redet: — denn der empörte Cynismus und wer immer sich selber oder „die Welt" oder Gott oder die Gesellschaft mit seinen eignen Zähnen zerreißt und zerfleischt, ist schon höherer und seltnerer Abkunft — als ein Thier, das an der Thierheit leidet.
27. *Vgl. Bd. 12, 1 [182]; 3 [18]*   Vs: es ist schwer mich zu verstehen; und ich wäre ein Narr [und ich habe mir vorgenommen], wenn ich nicht meinen Freunden einigen Spielraum zum Mißverständniß gäbe und auch schon für den guten Willen zu einiger Freiheit der Interpretation dankbar ⟨wäre⟩
28. *Vgl. Bd. 11, 34 [102]*
29. 48 4—6: wie ... wird] *aus* und ob es auch Keiner weiß, wie er entgleist, entartet, zersplittert, zerbricht — — — *Dm*   6—9: Gesetzt ... zurück!] *aus* er selbst sieht es und entbehrt es noch nicht dabei gesehen zu werden, nicht einmal mehr zum Mitleiden der Menschen zurück zu kommen. *Dm*
30. *Vgl. Bd. 11, 40 [66]*   Vs (W I 5), *erste Fassung:* Unsere höchsten Einsichten müssen — und sollen — wie Verbrechen klingen, wenn sie, unerlaubter Weise, denen zu Ohren kommen, welche nicht dafür geartet und vorbestimmt sind. Das „Exoterische" und das „Esoterische", wie man ehedem unter Philosophen unterschied, unter Indern, wie unter Griechen und Muselmännern, kurz überall wo man an eine Rangordnung der Menschen und nicht an die „Gleichheit vor Gott" glaubte —: das unterschied sich nicht nur als ein „Von-außen-gesehen" und ein „Von-innen-gesehen", sondern vielmehr als „von-Unten-Hinauf-gesehen", oder aber — von Oben herab! Was der höheren Art zur Nahrung dient, oder zur Labsal, muß einer sehr unterschiedlichen und tieferen Art beinahe Gift sein. Umgekehrt würden

die Tugenden des gemeinen Manns an einem Philosophen Laster und Flecken bedeuten; und wenn er einmal krank ist und sich selber dabei abhanden kommt, so merkt er wohl, wie er in seinen krankhaften Werthschätzungen sich den kleinen Leuten und ihren Tugenden annähert. Es giebt auch Bücher, welche zweideutig sind für Seele und Gesundheit, je nachdem die niedere Seele, die niedere Gesundheit oder aber die höhere sich ihrer bedienen. Was den kleinen Leuten als Evangelium, Stärkung, bester Seelentrost ist, kann es unmöglich solchen sein, welche einen hohen Sinn haben. Die berühmtesten Bücher, der Kleine-Leute-Geruch klebt daran. Wo „das Volk" verehrt, stinkt es. Man soll nicht in Kirchen gehen, wenn man reine Luft athmen will: aber nicht Jedermann hat das Recht auf „reine Luft". 49
10–12: klebt ... will] der zäheste aller Gerüche klebt daran. Wo das Volk ißt und trinkt, selbst wo es verehrt, stinkt es: und dies ist kein Einwand weder gegen seine Nahrungsmittel ⟨noch⟩ gegen seine Verehrung. Man soll zum Beispiel nicht in Kirchen gehen, wenn man reine Luft athmen will: aber es giebt Wenige, welche ein Recht auf „reine Luft" haben: welche nicht an der reinen Luft zu Grunde gehen würden. Dies zur Abwehr gegen den Verdacht, als ob ich die „Freidenker" in meine Gärten einladen wollte *Vs*

31. *Vgl. Bd. 11, 41 [2]1*
32. *Titel Rs:* Die Moral als Vorurtheil   *Vs am Schluß mit Bleistift:* die nach-moralische Epoche   *Erste Fassung in Vs:* Die längste Zeit der menschlichen Geschichte wurde der Werth einer Handlung nach ihren Folgen gemessen: er kam also erst hinzu, ungefähr wie heute noch die Auszeichnung oder Schande, welche einen Chinesen trifft, eine rückwirkende Kraft für seine Eltern hat. Die letzten Jahrhunderte freilich war man auf einigen großen Strichen der Erde übereingekommen, den Werth oder Unwerth — nach der Absicht abzuschätzen. Heute — sollten wir nicht an der Schwelle einer völligen Umkehrung dieses Urtheils stehen? Wir fühlen, daß gerade in dem, was nicht absichtlich an einer Handlung ist, ihr Werth oder Unwerth steckt: die Absicht gehört zur Oberfläche, zur Haut des „inneren Menschen" — sie bedeutet nichts, weil sie zu Vielerlei bedeuten kann — — Freilich: wir werden nicht mehr so leicht Jemandem das Recht geben, nach diesem neuen Senkblei den Werth oder Unwerth einer Handlung zu messen: und es ist mehr als je an der Zeit, die moralische Verketzerung oder Verherrlichung unter die Anzeichen des schlechten Geschmacks und der pöbelhaften Manieren zu rechnen.
34. *54 10–11:* absagte? —] absagte? Nehmen wir einmal an, daß wir, als zur Welt gehörig, wenn diese Welt etwas Trügerisches ist — selber sogar etwas betrügen dürften? [vielleicht] ja betrügen müßten? *Vs*

35. *Vs (W I 1):* „il ne cherche le vrai que pour faire le bien" Voltaire — und fand es folglich nicht —
36. *Vgl. Bd. 11, 38 [12]*
37. *Vgl. Bd. 12, 1 [110]*
38. *Vs (M III 4):* Die französische Revolution, eine schauerliche und noch dazu überflüssige Posse, aus der Nähe gesehn: aber die Zuschauer von ferne haben alle ihre anständigen Empfindungen und Empörungen hineingedeutet. — So könnte eine edle Nachwelt noch die ganze Vergangenheit einmal mißverstehen und dadurch ihren Anblick erträglich machen.
39. 57 *20–24:* Pour ... est.] *vgl. Bd. 11, 26 [294. 396]; zitiert von P. Mérimée in „Notes et souvenirs" zu Stendhal, Corréspondence inédite, Paris 1855, BN*
40. 58 *18–28:* Verborgener ... giebt. —] Mensch lernt allmählich, nicht ohne Frost und Verwunderung, die Maske kennen, als welche er in den Köpfen und Herzen seiner Freunde herumwandelt: aber wie viel heimliche Bitterkeit hat er noch hinunter zu trinken, ehe er auch die Kunst und den guten Willen hinzulernt, seine Freunde nun auch nicht mehr „zu enttäuschen": das heißt, seine Noth wie sein Glück immer erst ins Oberflächliche, in die „Maske" zu übersetzen, um etwas von sich ihnen — mittheilen zu können *Rs   Dm am Schluß gestrichen:* Freilich es macht erschrecken, wenn man zum ersten Mal die Maske entdeckt, die man scheint: — — —
41. *Vgl. Bd. 9, 3 [146]*
42. *Vs (W I 6):* Eine neue Gattung von Philosophen kommt herauf: ich wage es sie auf einen nicht ungefährlichen Namen zu taufen. Sowie ich sie kenne, sowie ich mich selber kenne — denn ich gehöre zu diesen Kommenden — werden diese Philosophen der Zukunft aus vielen Gründen, auch aus manchem unaussprechlichen Grunde, damit zufrieden sein, als Versucher bezeichnet zu werden. Dieser Name selber ist zuletzt nur ein Versuch und, wenn man will, eine Versuchung.
43. *Erste Fassung in Vs (W I 6):* Wir sind keine Dogmatiker; es geht uns wider den Stolz, daß unsre Wahrheit gar noch eine Wahrheit für Jedermann sein sollte: was der Hinter-Sinn aller dogmatischen Bestrebungen ist. Wir lieben es, mit vielerlei Augen in die Welt zu sehen, auch mit den Augen der Sphinx; es gehört zu den schönen Schaudern, um welcher willen es sich lohnt Philosoph zu sein, daß ein Ding, um die Ecke gesehen, ganz anders aussieht als man je vermuthen durfte, so lange man es mit geraden Blicken und auf geraden Wegen sucht. Überdieß scheint es, daß der feierliche Ernst, die linkische Zudringlichkeit, mit denen bisher alle Dogmatiker auf die Wahrheit zugegangen sind, nicht die geschicktesten Mittel waren, um dieses Frauenzimmer für sich einzunehmen: gewiß ist dieß, daß sie sich nicht hat ein-

nehmen lassen — und alle Art Dogmatik steht heute in betrübter und muthloser Haltung da. Wenn sie überhaupt noch steht! *vgl. JGB* Vorrede
44. *Vgl. Bd. 11, 34 [146]*   61 *15–16:* wobei ... kommt!] worin ich die niaiserie moderne par excellence erkenne. *Dm*   24: die Pflanze „Mensch"] *nach Vittorio Alfieris Satz:* „la pianta uomo nasce più robusta qui che altrove", *zitiert bei Stendhal, Rome, Naples et Florence, Paris 1854, 383, BN, die Stelle von N angestrichen*
45. 65 *4–24:* Die ... religiosi] *aus* Als ich jünger war, wähnte ich, daß mir einige hundert Gelehrte fehlten, welche ich wie Spürhunde in die Gebüsche — ich meine in die Geschichte der menschlichen Seele, in ihre Vergangenheit und Zukunft treiben könnte, um mir dort mein Wild aufzujagen. Inzwischen lernte ich, nicht ohne viel Widerstreben, daß zu den Dingen, welche meine Neugierde reizten, Gehülfen, selbst Hunde schwer zu finden sind. Der Übelstand, den es hat, Gelehrte auf gefährliche Jagdbereiche auszuschicken, wo Freiheit, Feinheit und Unbedenklichkeit in jedem Sinne noth thun, liegt darin, daß sie gerade dort keine Augen und Spürnasen haben wo die Gefahr beginnt, wo die gute Jagd beginnt. Um zum Beispiel zu errathen und festzustellen, was bisher das Problem von Wissen und Gewissen für eine Geschichte *Vs (W I 6)*
47. *Vs (W I 1) erste Fassung:* Einsamkeit, Fasten und geschlechtliche Einsamkeit — typische Form, aus der die religiöse Neurose entsteht. Äußerste Wollust und äußerste Frömmigkeit im Wechsel. Fremdartige Betrachtung gegen sich: als ob sie Glas wären oder 2 Personen.
48. 69 *22:* Ausblühen] *danach gestrichen:* Die französische Freigeisterei und der ganze französische Aufklärungskrieg hat etwas von der Gluth einer religiösen Bewegung an sich. Es überrascht mich immer wieder die dunklen Farben *Rs*
56. *Titel in Vs (W I 3):* Circulus vitiosus deus
58. 76 *3:* schändet] *danach gestrichen:* Bei deutschen Adeligen findet sich deshalb noch ein gutes Theil Frömmigkeit, ebenfalls bei den Frauen jener Stände, welche ihre Frauen als ihre vornehmeren Hälften mit Muße *Rs*
59. 78 *21–23:* dass ... ist] daß man Gott widerlegen kann, den Teufel aber nicht *Vs (N VII 2); vgl. Bd. 12, 1 [110]*
61. *Vs (N VII 1) erste Fassung:* Daß der Sinn einer Religion vieldeutig ist: für die Stärkeren und Unabhängigen ist sie ein Mittel, zu herrschen oder sich Ruhe zu verschaffen selbst von der Mühsal des Herrschens (wie die Brahmanen): für die heranwachsenden stärkeren Arten M⟨ensch⟩ giebt sie Gelegenheiten, den Willen zu stärken und den Stoicism zu lernen: oder auch die Geschmeidigkeit (wie Jesuiten): für die gewöhn⟨lichen⟩ M⟨enschen⟩ giebt sie sichere Horizonte, Trost

Gemeinschaft von Glück und Leid und eine gewisse Verschönerung des gemeinen Lebens durch eine Bedeutsamkeit aller Vorgänge.
62. *Erste Fassung in Vs (N VII 1):* Die Leidenden zu trösten, den Unterdrückten, den Schwachen Muth zu machen, die Unselbständigen führen, die Unmäßigen zur Einkehr und Zucht zu bringen, — aber auch die Starken zu zerbrechen (zum Allerwenigsten unsicher machen), die großen Hoffnungen anzukränkeln, das große Glück und die Schönheit zu verdächtigen, das Selbstvertrauen, die männlicheren stolzeren herrschsüchtigen Instinkte: das war bis jetzt die Aufgabe des Christenthums.
63. *Vgl. Bd. 10, 3 [1] 150; Bd. 11, 31 [52]; 32 [9]*
64. *Vgl. Bd. 10, 3 [1] 133*
65. *Vgl. Bd. 10, 3 [1] 132; Bd. 11, 31 [52]; 32 [8]*
65a. *Vgl. Bd. 10, 3 [1] 118*
66. *Vgl. Bd. 10, 1 [40]; 3 [1] 226*
67. *Vgl. Bd. 10, 3 [1] 214*
68. *Vgl. Bd. 10, 3 [1] 240*
69. *Vgl. Bd. 10, 3 [1] 229; Bd. 11, 31 [53]; 32 [9]*
70. *Vgl. Bd. 10, 3 [1] 258*
71. *Vgl. Bd. 10, 3 [1] 256*
72. *Vgl. Bd. 10, 3 [1] 252*
73. *Vgl. Bd. 10, 3 [1] 264*
73a. *Vgl. Bd. 10, 3 [1] 270; 12 [1] 98*
74. *Vgl. Bd. 10, 3 [1] 265*
75. *Vgl. Bd. 10, 3 [1] 275*
76. *Vgl. Bd. 10, 3 [1] 290*
77. *Vgl. Bd. 10, 3 [1] 276*
78. *Vgl. Bd. 10, 3 [1] 281*
79. *Vgl. Bd. 10, 2 [47]; 3 [1] 64. 72; 22 [3]; JGB 163*
80. *Vgl. Bd. 10, 3 [1] 45; 22 [3]; Bd. 11, 31 [39]; 32 [8]; Za IV Der Schatten*
81. *Vgl. Bd. 10, 5 [11]; 12 [1] 138; 13 [8]*
82. *Vgl. Bd. 10, 3 [1] 44; 12 [1] 117; 22 [3]*
83. *Vgl. Bd. 10, 11 [11]*
85. *Vgl. Bd. 10, 1 [50. 111]; 3 [1] 23; 22 [3]*
86. *Vgl. Bd. 10, 1 [[7]; 3 [1] 20*
88. *Vgl. Bd. 10, 3 [1] 393; 12[1] 109*
89. *Vgl. Bd. 10, 3 [1] 59; 22 [3]*
90. *Vgl. Bd. 10, 3 [1] 41; 22 [3]; Bd. 11, 30 [9]; 31 [39]*
91. *Vgl. Bd. 10, 3 [1] 11. 445*
92. *Vgl. Bd. 10, 2 [44]; 3 [1] 61*
93. *Vgl. Bd. 10, 3 [1] 429; 22 [3]*
94. *Vgl. Bd. 10, 3 [1] 313*
95. *Vgl. Bd. 10, 3 [1] 299*

96. Vgl. Bd. 10, 3 [1] 327
97. Vgl. Bd. 10, 3 [1] 360. 405
98. Vgl. Bd. 10, 3 [1] 138. 335; 12 [1] 107; 13 [8]
99. Vgl. Bd. 10, 3 [1] 243; 12 [1] 101; 13 [16]; 16 [7]; 23 [5]; Bd. 11, 31 [35. 36]; 32 [10]
100. Vgl. Bd. 10, 3 [1] 205
101. Vgl. Bd. 10, 3 [1] 249; 12 [1] 100; Bd. 11, 31 [54]; 32 [8. 9]
102. Vgl. Bd. 10, 3 [1] 244
103. Vgl. Bd. 10, 2 [9]; 3 [1] 307
104. Vgl. Bd. 10, 3 [1] 355
105. Vgl. Bd. 10, 3 [1] 378
106. Vgl. Bd. 10, 3 [1] 369
107. Vgl. Bd. 10, 3 [1] 370
108. Vgl. Bd. 10, 3 [1] 374
109. Vgl. Bd. 10, 3 [1] 375; Za I Vom bleichen Verbrecher
111. Vgl. Bd. 10, 3 [1] 395
112. Vgl. Bd. 10, 3 [1] 394
113. Vgl. Bd. 10, 3 [1] 382
114. Vgl. Bd. 10, 1 [87]; 1 [108] 4; 5 [1] 62; 12 [1] 194
116. Vgl. Bd. 10, 4 [26]; 5 [1] 56
117. Vgl. Bd. 10, 5 [1] 58
118. Vgl. Bd. 10, 5 [1] 112; 12 [1] 196
119. Vgl. Bd. 10, 4 [37]; 5 [1] 86
120. Vgl. Bd. 10, 3 [1] 423
121. Vgl. Bd. 10, 3 [1] 445
122. Vgl. Bd. 10, 3 [1] 421
123. Vgl. Bd. 10, 3 [1] 416
125. Vgl. Bd. 10, 3 [1] 428
126. Vgl. Bd. 10, 3 [1] 433
128. Vgl. Bd. 10, 1 [45. 109]; 5 [1] 50
129. Vgl. Bd. 10, 1 [70]; 3 [1] 50; 22 [3]; Bd. 11, 31 [38. 46]
130. Vgl. Bd. 10, 1 [93]; 3 [1] 3; 12 [1] 121; 22 [1]
132. Vgl. Bd. 10, 3 [1] 25; 4 [31]; 16 [88]; 18 [24]; 22 [1]; Bd. 11, 29 [56]; 31 [35]; Za I Von den Fliegen des Marktes
133. Vgl. Bd. 10, 1 [70]; 3 [1] 49; 22 [3]
135. Vgl. Bd. 10, 3 [1] 31; 4 [26]; Za III Von alten und neuen Tafeln
136. Vgl. Bd. 10, 1 [57]; 3 [1] 48
137. *Vs (N VII 2) erste Fassung:* Im Verkehre mit Gelehrten und Künstlern verrechnet man sich in umgekehrter Richtung: man erwartet hinter einem großen Gelehrten den merkwürdigen Menschen zu finden — und ist enttäuscht; und man erwartet einen mittelmäßigen Menschen hinter einem mittelmäßigen Künstler — und ist abermals enttäuscht.
138. Vgl. Bd. 10, 3 [1] 24; 22 [3]

Jenseits von Gut und Böse 96–184

139. *In Dm gestrichener Titel:* Rückkehr zur Natur. — *Vgl. Bd. 10,* 3 *[1] 24; 22 [3]*
140. *Vgl. Bd. 10, 1 [97]; 3 [1] 51; 12 [1] 72*
141. *Vgl. Bd. 10, 12 [1] 116*
143. *Vgl. Bd. 10, 3 [1] 19; 4 [43]*
147. *Vgl. Bd. 11, 26 [337]*
148. *Vgl. Bd. 10, 1 [50. 111]; 3 [1] 16*
149. *Vgl. Bd. 9, 3 [66]; Bd. 10, 3 [1] 76*
150. *Vgl. Bd. 10, 3 [1] 94; 12 [1] 192*
151. *Vgl. Bd. 10, 3 [1] 146; 5 [1] 167*
152. *Vgl. Bd. 10, 3 [1] 134*
154. *Vgl. Bd. 10, 3 [1] 143; 5 [25]; Bd. 11, 31 [53. 64]; 33 [1]; Za IV* Vom höheren Menschen
155. *Vgl. Bd. 10, 3 [1] 140*
156. *Vgl. Bd. 10, 3 [1] 159*
157. *Vgl. Bd. 10, 3 [1] 174*
158. *Vgl. Bd. 10, 3 [1] 176*
159. *Vgl. Bd. 10, 3 [1] 185*
160. *Vgl. Bd. 10, 2 [26]; 3 [1] 191. 194; Bd. 11, 31 [5]*
161. *Vgl. Bd. 10, 2 [27]; 3 [1] 193; Bd. 11, 31 [5]*
162. *Vgl. Bd. 10, 3 [1] 202; 12 [1] 204*
163. *Vgl. Bd. 10, 2 [47]; 3 [1] 64. 72; 22 [3]; JGB 79*
164. *Vgl. Bd. 10, 3 [1] 68; 4 [42]*
165. *Vgl. Bd. 10, 3 [1] 71; 22 [3]*
166. *Vgl. Bd. 10, 3 [1] 422; 12 [1] 88; 22 [3]*
167. *Vgl. Bd. 10, 3 [1] 418*
168. *Vgl. Bd. 10, 3 [1] 417*
169. *Vgl. Bd. 10, 3 [1] 349; 12 [1] 90; 13 [16]; 16 [7]; Bd. 11, 31 [36]*
170. *Vgl. Bd. 10, 3 [1] 141; 12 [1] 108; Bd. 11, 31 [53]; 32 [9]; Za I* Von den Fliegen des Marktes
171. *Vgl. Bd. 10, 3 [1] 410; 17 [13]; 22 [3]*
172. *Vgl. Bd. 10, 3 [1] 324*
173. *Vgl. Bd. 10, 3 [1] 318*
174. *Vgl. Bd. 10, 3 [1] 109; 4 [59]; 12 [1] 132; Bd. 11, 31 [52]; 32 [10]*
175. *Vgl. Bd. 10, 3 [1] 105*
176. *Vgl. Bd. 10, 3 [1] 104*
178. *Vgl. Bd. 10, 3 [1] 139; 12 [1] 109; 31 [53]; 32 [9]*
179. *Vgl. Bd. 10, 3 [1] 86; 12 [1] 113*
180. *Vgl. Bd. 10, 3 [1] 82; 22 [3]*
181. *Vgl. Bd. 10, 3 [1] 272; 4 [104]; Za I* Vom Biss der Natter
182. *Vgl. Bd. 10, 3 [1] 339*
183. *Vgl. Bd. 10, 3 [1] 347; 5 [33. 35]; 12 [1] 142*
184. *Vgl. Bd. 10, 3 [1] 195; 5 [1] 127*

185. *Vgl. Bd. 10, 3 [1] 361*
186. 106 *28:* p. 136] *der von N benutzten Frauenstädt-Ausgabe (vielmehr jedoch: S. 137)*
188. 108 *17:* die Anarchisten] *wie Eugen Dühring; vgl. 131, 13*
189. 111 *5:* amour-passion] *nach Stendhal, De l'amour, 1. Buch, Kap. 1*
190 *Vs (M III 4) erste Fassung:* Antike Niaiserie der Moral. — Keiner will sich selber Schaden thun und folglich ist alles Böse unfreiwillig. — Denn der Böse fügt sich selber Schaden zu, aber er glaubt das Gegentheil. — Voraussetzung: das Gute: was uns nützt *7–8:* nicht ... vorfindet] ich die sokratische niaiserie par excellence nennen möchte: denn sie gehört nicht eigentlich zu Plato, sondern findet sich in seiner Philosophie vor *Rs 30*] *Paraphrase von Ilias VI, 181*
192. *Vs (M III 1, Herbst 1881):* Wie es in der Geschichte der Wissenschaften zugeht, das giebt Licht für die geschichtlichen Vorgänge der Erkenntniß. Die Hypothesen, die Erdichtungen, das schnelle Glauben sind auch hier das Ursprüngliche. Eine treue „Sinneswahrnehmung" zb. des Auges ist etwas sehr Spätes. Es ist viel **leichter**, auf einen gegebenen Anlaß hin ein schon öfter erzeugtes Bild wieder zu erzeugen (die Phantasie baut mit alten eingeübten Mechanismen, und ihr Bauen selber am liebsten auf gewöhnte Weise). Es ist peinlich und mühevoll, etwas neues zu sehen und zu hören: meistens legen wir uns in einer fremden Sprache sofort die gehörten Laute nach den uns allein bekannten Worten zurecht zb. „Armbrust" hörte der Deutsche bei „Arcubalista". Fremde Musik hören wir schlecht. Das Neue findet uns feindlich und widerwillig. Unsere Sinnesvorgänge werden mit Liebe Haß Furcht usw. gemacht — schon hier herrschen die Affekte: auch Faulheit usw. — Zwischen einer Bewegung und einer Empfindung giebt es nicht Ursache und Wirkung, sondern letztere ist eine Auslösung von eigner Kraft, und erstere giebt einen Anstoß dazu — nicht meßbares Verhältniß. Die Geschichte der Erkenntniß beginnt mit der Geschichte der Dichterei. Es wäre möglich, daß ⟨sich⟩ Vorgänge jetzt in unseren Sinnen abspielen, die Erdichtungen in die Natur tragen (Farben? Harmonien?) Diese ganzen Wesen, diese Bauern zb. werden von uns schnell hinphantasirt und nicht genau gesehen: ebensowenig eine Seite genau gelesen: der meiste Sinn wird errathen und meistens wohl falsch gerathen (beim Schnelllesen) Wirklich zu sagen, **was** um sie geschehn ist oder gar in ihnen vorgeht, vermögen die Wenigsten. *Über der ganzen Seite noch das Wort:* Oder? —
193. 114 *25*–115 *8:* Gesetzt ... sein] *aus* So bin ich in meinen Träumen oftmals geflogen, und sobald ich träume, bin ich mir der Kraft zu fliegen wie eines Vorrechtes bewußt, auch wie eines eigenen beneidenswerthen Glücks. Jede Art von Bogen und Winkeln mit dem leise-

sten Impulse verwirklichen zu können, eine fliegende Geometrie zu sein, mit dem Gefühle einer göttlichen Leichtfertigkeit, dies „nach Oben" ohne Spannung und Zwang, dies „nach Unten" ohne Herablassung und Erniedrigung — ohne Schwere! — wie sollte diese Gattung von Erlebnissen nicht endlich auch für meinen wachen Tag das Wort „Glück" anders färben und bestimmen — wie sollte ich nicht anders nach Glück — verlangen? als — Andere? „Aufschwung", so wie dies von Dichtern beschrieben wird, ist mir, gegen jenes „Fliegen" gehalten, zu muskelhaft, zu gewaltsam, schon zu „schwer" *Dm; vgl. Bd. 9, 7 [37]; 15 [60]*

194. *Vs (M III 1, Herbst 1881):* Die Differenz der Menschen bezieht sich auf die erstrebenswerthen Güter und auf das, was ihnen als wirkliches Haben gilt. Zb. in Betreff eines Weibes ist diesem schon der Geschlechtsgenuß mit ihr das „Haben"; ein andrer will so geliebt sein, daß sie für ihn alles läßt (so wird sie „gehabt" ἔχεται), ein dritter will, daß sie aber nicht für ein Phantom von ihm alles läßt, sondern daß die Voraussetzung ihrer Liebe zu ihm ein volles Kennen ist — erst dann ist sie ganz in seinem Besitz, wenn sie sich über ihn nicht betrügt und trotzdem ihm zugehört. Dies sind drei Grade. — Jener will ein Volk besitzen und alle Mittel des Trugs sind ihm recht. Ein Fernerer will dies auch, aber er will nicht, daß ein Phantom von ihm im Kopf der Masse sitzt — das ist nicht „er selber", sein Besitzdurst ist feiner, er will nicht betrügen, er selber will ja besitzen: so muß er sich vor allem selber kennen ⌜und kennen lassen⌝. — So lange ich mich über etwas täusche, so lange besitze ich es nicht — sagt sich der Denker: und der Redliche sagt: ich kann mich nicht eher selber beherrschen, bis ich weiß, was ich bin. — Einer Regung für Andere nachgeben bekommt seinen Werth, je nachdem ich den Andern wirklich erkenne oder mir nur mit einem Schattenbild genügen lasse. Die hülfreichen M⟨enschen⟩ machen sich den, welchem sie helfen wollen, gewöhnlich zurecht (als tief nach ihrer Hülfe verlangend, tief dankbar, unterwürfig, als Eigenthum) Wo der M⟨ensch⟩ jemand leiden sieht, da sucht er sofort sich ein Eigenthum zu erwerben (er ist eifersüchtig auf den, der ihm beim Helfen zuvorkommt oder kreuzt) — die Eltern machen unwillkürlich aus dem Kinde etwas ihnen Ähnliches, ihren Begriffen und Werthschätzungen Unterworfenes, sie zweifeln nicht, ein Eigenthum zu haben (Römer — die Kinder Sklaven) Der Lehrer, der Priester, der Fürst sehen in den M⟨enschen⟩ Gelegenheit zum Besitz.

195. *Vs (W I 1) Erste Fassung:* Die Propheten als Volkstribunen: sie haben „reich" „gottlos" „böse", „gewaltthätig", in Eins geschmolzen. — Hier liegt die Bedeutung des jüdischen Volks: es ist der Sklaven-Aufstand in der Moral. (Der Jude und Syrer als geboren zur Sklaverei nach Tacitus) „Luxus als Verbrechen" Der Name (Ebion)

"Arm" wird synonym mit "heilig" und "Freund Gottes"; *vgl. Bd. 13, 11 [405] (Renan) und Anm. dazu* 116 29: Tacitus] *Hist. V, 8*
196. 117 12: solche ... werden] *aus* wie die Astronomen wissen *Dm* 13: und] *aus* und in Wahrheit *Dm* 15: mit ... lässt] *aus* die er gerade nöthig hat *Dm*
198. 118 27: Aristotelismus] *aus* Sokratismus *Dm*
199. 120 16–22: welche ... hat] trotz alledem für die Heerden-Thiere das Erscheinen eines unbedingt Befehlenden ist, davon gab der Eindruck Napoleons das letzte große Beispiel. Im feineren giebt es ein gleiches Bedürfniß aller Erkennenden und Forschenden niedrigeren Ranges nach unbedingt befehlenden Philosophen: solche setzen unter Umständen für ganze Jahrtausende die Werth-Tafeln der Erkenntniß fest, wie es zum Beispiel Plato gethan hat – denn das Christenthum ist nur ein verpöbelter Platonismus – und wie heute noch halb Asien einem durch Buddha popularisirten Sankya-Systeme folgt *Vs (W I 6); vgl. Variante zu JGB Vorrede, 12, 33–34*
200. 121 11–19: zauberhaften ... Ursachen] herrschenden Naturen wie Cäsar und Napoleon. Deshalb erscheinen die stärksten M⟨enschen⟩ in Zeitaltern der großen Rassen- und Ständemischung d. h. zu Zeiten des großen Verlangens nach Heerdenglück zb. im Athen des Pericles, in Rom zur Zeit Cäsars, in Europa zur Zeit N⟨apoleons⟩s. Letztere Periode ist noch im Beginn; für fernere Zeiten ist eine viel höhere Art Menschen noch zu erwarten, wo die großen Rassen-mischungen eintreten, während zugleich die geistigen und materiellen Mittel der Macht ungeheuer geworden sind *Vs (N VII 1)*
202. 124 2–12: Sagen ... Haupturtheilen] Ich habe eine Entdeckung gemacht, aber sie ist nicht erquicklich: sie geht wider unseren Stolz. Wie frei wir nämlich uns auch schätzen mögen, wir freien Geister – denn wir sind frei "unter uns" – es giebt ein Gefühl auch in uns, das beleidigt wird, wenn Einer den Menschen ungeschminkt zu den Thieren rechnet: es ist beinahe eine Schuld, es wird der Entschuldigung bedürfen, daß ich – in Bezug auf uns beständig von "Heerden", "Heerdeninstinkten" und dergleichen reden muß. Aber hier liegt meine Entdeckung; ich fand nämlich, daß in allen moralischen Urtheilen *Vs (W I 4) erste Fassung* 125 2: macht ... christlichen] *aus* ist die Fortsetzung des Christenthums *Dm* 125 2–126 3: macht ... "sich" ...] ist die Fortsetzung der christlichen: daß aber auch damit die Begierden und Träume des gleichen Instinkts nicht sattsam befriedigt sind, beweisen die Reden und Zukunfts-Träume aller Socialisten: man mache nur seine Ohren auf. *Vs (W I 4)* ist die Fortsetzung der christlichen. Daß aber auch damit die Begierden und Hoffnungen des genannten Instincts nicht sattsam befriedigt sind, beweist das Jammer-Geschrei aller Socialisten. Erst der Socialismus ist

die zu Ende gedachte Heerdenthier-Moral: nämlich der Satz „gleiche Rechte für Alle" fortgeführt zu den Folgerungen „gleiche Ansprüche Aller" folglich „eine Heerde und kein Hirt" folglich „Schaf gleich Schaf", folglich „Frieden auf Erden", folglich „allen Menschen ein Wohlgefallen aneinander". *Vs (W I 6); vgl. Luk. 2, 14 und WS 350* 125 *30–31:* unfreiwilligen ... scheint] *aus* Verdüsterung des Gewissens, welche bis an den Buddhismus [streift] schweift (weil man das Leiden nicht los [werden kann] wird! weil man ahnt, daß es mit dem Leben [unablösbar ist] selbst verknotet und verknäuelt ist! *Dm* 33: Moral an sich] *aus* die einzige Moral 126 *1–2:* Ablösung ... Ehedem] Abbüßung aller Vergangenheit sei *Dm*

203. *Vs (W I 4) erste Fassung:* Zur Vorrede – Die Menschen zu neuen Entschlüssen drängen, welche über die ganze Zukunft der Menschheit gebieten: dazu sind Führer nöthig, Menschen mit einer Denkweise, wie sie Niemand vielleicht bisher gehabt hat. Das Bild solcher Führer ist es, was beständig vor mir schwebt: die Mittel, wie sie zu schaffen sind, die Gedanken, vermöge deren sie es aushalten, das furchtbare Gewicht einer solchen Aufgabe zu tragen, – das sind meine Beschäftigungen. – Es giebt vielleicht keinen empfindlicheren Schmerz als einen außerordentlichen M⟨enschen⟩ aus seiner Bahn gerathen und entarten zu sehen: wer aber einmal die ungeheuerliche Zufälligkeit, wie sie bisher im Großen und Ganzen der Völker-Schicksale, Völker-Beziehungen und Abtrennungen gewaltet hat, sich vor die Seele gestellt hat, leidet an einem Leiden, mit dem sich Nichts vergleichen läßt: das begeisternde Glück, was, bei einer solchen Ansammlung von Kräften und Energien, zu machen wäre, und an was für erbärmlichen Dingen etwas Werdendes größten Ranges plötzlich zerbricht – – –

204. 130 *28–33:* die ... eine] *aus* Schopenhauers Einfluß: – mit seinem Unverstande in Bezug auf Hegel hat er die ganze letzte Generation um den Zusammenhang mit der letzten und eigentlichsten Höhe des deutschen Geistes gebracht – die *Dm* 131 *11–14:* die ... Hartmann] *aus* wie sie gerade heute eben so sehr obenauf als „unten durch" sind – Herbert Spencer zum Beispiel in England, Eduard von Hartmann und Eugen Dühring in Deutschland *Dm*

206. 134 *10:* Art: er] Art (welche, wie es sich von selber versteht, deshalb immer noch eine ebenso schätzenswerthe als unentbehrliche Art sein kann [– Anmerkung für Esel!]) er *Rs*

208. *Vgl. Bd. 11, 34 [67]* *Vs (W I 6) erste Fassung:* Unser neunzehntes Jahrhundert zeigt sich in der Höhe und in der Tiefe als ein skeptisches Jahrhundert, das heißt als ein verlängertes verdünntes achtzehntes Jahrhundert. Fast alle feineren Gelehrten und Künstler sind heute Skeptiker, ob sie es schon sich und Anderen nicht gerne zugeben wollen. Der Pessimismus freilich, als eine Denkweise, die Nein sagt,

macht eine Ausnahme: man darf ihn auf den Hang zur Bequemlichkeit zurückführen, der jedem demokratischen Zeitalter eigen ist. Wenn der Skeptiker entartet, nämlich faul wird, wird er zum Pessimisten. Ein munterer Kopf aber, der sich einige Freiheit des Wissens und Gewissens zu wahren weiß sagt heute nicht „Nein" sondern „ich traue mir darin nicht". Oder: „hier ist die Thür offen, wozu gleich eintreten? Wozu diese schnellen Hypothesen? wozu durchaus etwas Krummes rund machen? wozu ein Loch mit irgend welchem Werge ausstopfen? warten wir doch noch etwas: das Ungewisse hat noch seine Reize; die Sphinx ist auch eine Circe". Also tröstet sich ein Skeptiker, — und es ist wahr, daß er einigen Trost nöthig hat. Skepsis nämlich ist der Ausdruck einer gewissen vielfachen physiologischen Beschaffenheit, wie sie sich bei einer großen und plötzlichen Kreuzung von Raçen und Ständen entwickelt. Die vererbten Werthschätzungen verschiedener Herkunft sind miteinander im Kampf, sie stören sich gegenseitig am Wachsen, am Starkwerden, es fehlt in Leib und Seele an Gleichgewicht, an Schwergewicht, an perpendikulärer Sicherheit. Was in solchen Misch-Versuchen der Natur am meisten sich zerfasert und schwach wird ist der Wille; die alte Unabhängigkeit und Ursprünglichkeit des Entschlusses ist dahin. Niemand kann mehr für sich selber gut sagen. Daher eine allgemeine Gespensterfurcht vor großer und kleiner Verantwortlichkeit, daher ein leidenschaftlicher Hang seinen Kopf und sein Gewissen in irgend einer Mehrzahl unter zu stecken. Wem aber heutzutage ein starker befehlerischer und verwegener Wille vererbt ist, — der Zufall läßt dergleichen Ausnahmen zu — der hat auch größere Hoffnungen als je, es zur Herrschaft zu bringen. Die unsichere Art der Meisten verlangt und schreit nach Solchen, die unbedingt befehlen.

209. *Vgl. Bd. 11, 34 [157. 221]*   *141 1–142 14:* betrog ... Deutschen] täuschte er sich, das Vorurtheil über die Scepsis betrog ihn: er wußte nicht, als der Mensch einer bäurischen (oder korporalmäßigen) Beschränktheit, daß es zwei entgegengesetzte Arten der Scepsis giebt, die Scepsis der Schwäche — und die Scepsis des Muths und Übermuths. An die erste dachte er, als er seinen Sohn dem französischen Atheismus, dem esprit und der aesthetischen Schwelgerei hingegeben fand: — vielleicht war wirklich die Gefahr eines Umschlags nach dieser Seite hin nicht unbeträchtlich. Aber die zweite Art Scepsis, eng verwandt mit dem Genie für den Krieg und die Eroberung war es, welche hier ihren ersten Einzug in Deutschland hielt, eine neue Art verwegener Männlichkeit, welche zuletzt doch mehr bedeutete als stramme Gliedmaßen, hohe Gestalt und alles, was nur grenadiermäßig-männlich ist. Zu dieser muthigen Scepsis gehört das Beste, was Deutschland an geistigen Führern und Abenteurern seitdem hervorge-

bracht hat; und der überwiegende Einfluß, den Deutschland seinen Kritikern, Philologen und Historikern in Europa verdankt, hängt an jenem nicht ungefährlichen Elemente der muthigen Scepsis und eines gewissen geistigen „Militarismus" und „Fridericianismus". Die schöne verwegene Rasse der Lessing, Herder, Kant, Friedrich August Wolf, Niebuhr, und wie alle diese Tapferen heißen, gehören *[sic!]* unter die Merkmale einer erwachenden deutschen Männlichkeit und Mannhaftigkeit, zu der die Soldaten Friedrich des Großen das physiologische Vorspiel abgeben: ja es sind Merkmale einer neuen Rasse, welche langsam hervorkommt und stark wird. Inzwischen erhielt sich auch der geschwächte und verkümmerte Typus des älteren Deutschen [− es besteht heute noch] fort, ja er überwog von Zeit zu Zeit wieder (namentlich als deutsche Romantik und deutsche Musik); und das Ausland stand oft zweifelnd da und wußte nicht, nach welchem Maaße man „die Deutschen" messen sollte (− diesem Zweifeln und Zögern verdankt [vielleicht] das jetzige Deutschland einen großen Theil seiner plötzlichen Erfolge.). Was man sich Jahrhunderte lang zum Beispiel unter einem deutschen Gelehrten und „Dichter" im Ausland vorgestellt habe − und mit dem allerbesten Recht dazu −, das giebt jenes merkwürdige erstaunte Wort Napoleons zu erkennen, das er beim Anblick Goethes sprach − man nimmt es immer nicht tief genug. „Voilà un homme" − das will sagen: „das ist ja ein Mann! ein wirklicher Mann! Und ich hatte nur einen deutschen Dichter *Rs (W I 5) erste Fassung* 142 *1:* Michelet] *Quelle nicht erschlossen* 9-14: Man ... erwartet!" −] *vgl. Bd. 11, 34 [97]; Goethe, Unterredung mit Napoleon, 1808, Skizze (2. Oktober 1808) „Nachdem er mich aufmerksam angeblickt, sagte er: ‚Vous êtes un homme.' Ich verbeuge mich." Annalen oder Tag und Jahres-Hefte von 1749 bis Ende 1822; vgl. auch SE 3*

210. *Vs (W I 6):* Uns selber als eine neue Schaar von Kritikern und Analytikern zu bezeichnen, welche sich des Experiments im weitesten Sinne bedienen − das wäre vielleicht eine erlaubte Tartüfferie zu der uns Manches überreden könnte. Wir schätzen als Eine der Vorbedingungen solcher Wesen wie wir sind, den Besitz von Eigenschaften, welche für sich allein vielleicht starke Kritiker machen: den [beherzten] gewitzten Muth, das Alleinstehen und Sich-verantworten-können, die Lust am Neinsagen und Zergliedern, die Sicherheit der Hand, welche das Messer führt „auch wenn dabei das Herz blutet". Wir haben mit den Kritikern einen schnell bereiten Ekel gemeinsam: vor allem Schwärmerischen, Idealistischen, Feministischen, Hermaphroditischen; und wer uns bis in unsre Herzenskammer zu verfolgen wüßte, würde schwerlich dort die Absicht vorfinden, christliche Gefühle mit dem antiken Geschmack und vielleicht noch mit dem modernen Parla-

mentarismus zu versöhnen (und was dergleichen an Versöhnlichkeit in unserem sehr unsicheren, folglich sehr versöhnlichen Jahrhundert bei sogenannten Philosophen möglich sein soll.) Kritische Zucht ist [wie gesagt ein Ding worauf wir halten, als auf eine] Reinheit und Strenge in Dingen des Geistes — unter uns reden wir noch ganz anders und mit schlimmen Worten davon —: trotzdem aber würden wir der Philosophie keine kleine Schmach anzuthun meinen, wenn wir sagten: „Philosophie ist Wissenschaft und Kritik und nicht mehr". Freilich steht heute gerade diese Werthschätzung in voller Blüthe, bei allen Positivisten, Wirklichkeits-Philosophen und „wissenschaftlichen Philosophen" Deutschlands und Frankreichs; und vielleicht möchte sie auch schon dem Herzen und Geschmacke Kants geschmeichelt haben. Diese Fürsprecher der Kritik und Wissenschaft sind eben Kritiker und wissenschaftliche Menschen, aber selber keine Philosophen: auch der große Chinese von Königsberg war nur ein großer Kritiker.

211. 145 *1:* Künstlerischen] *danach gestrichen:* (wohin auch Geschichte gehört —) *Dm*

212. 147 *17–18:* Und ... möglich?] *fehlt Dm, dafür folgende gestrichene Sätze:* der Proteus eines neuen Auges, der Taucher des Lebens, der ungefährlich in immer neue Tiefen des Lebens taucht. Und nochmals gefragt: [ist gerade heute der Philosoph noch möglich?] ist heute solch eine Größe noch möglich? — — — Aber nochmals gesagt: wie ist dergleichen heute möglich?

213. *Vs (W I 2) erste Fassung:* Es giebt eine Aristokratie der Probleme, welche viele Menschen von sich ausstößt. Das macht, diese Probleme stehen in Verbindung mit hohen und außerordentlichen Zuständen, welche wenige Menschen haben. Es ist ganz gleichgültig, wenn gelenke Allerwelts-Köpfe (wie Eduard von Hartmann) oder ungelenke brave Empiriker (wie Eugen Dühring) sich mit solchen Problemen abgeben. Ihre Natur darf da nicht eintreten: die Thüren bleiben verschlossen, oder — man lächelt.

219. *Vgl. Bd. 9, 3 [69]; Bd. 11, 25 [492]* 154 *15–25:* machen ... Menschen.] machen. Mein Satz ist, daß jede hohe Geistigkeit nur als letzte Ausgeburt moral⟨ischer⟩ Qualitäten besteht: sie vereinigt alle jene Zustände, welche dem moral⟨ischen⟩ Menschen nachgesagt werden, um überhaupt zu funktionieren *Rs*

224. *Vs (W I 1) erste Fassung:* Unser historischer Sinn ist eine Folge unserer Halb-Barbarei: diese durch den plebejischen Charakter unserer gebildeten Stände. Damit vermögen wir den größten Theil des Vergangnen nachzuempfinden, weil es fast immer halbbarbarisch zugegangen ist: unser Höchstes ist Homer und Shakespeare (dieser spanisch-maurisch-sächsisch) Aber unzugänglich bleiben uns die gelungensten Werke und Menschen zb. Corneille, Racine, Sophocles

usw. — die eigentlich vornehmen Werke und Menschen, wo große Kraft vor allem Maaßlosen stehenbleibt und die feine Lust in der Bändigung und im zitternden Feststehen, gleich dem Reiter auf vorwärts schnaubendem Rosse. *158 24–25:* Saint-Evremond] *Quelle nicht erschlossen* *159 11–17:* wir ... sind.] Shakespeare und Balzac: wie viel Unflätherei und Grobheit, wie viel Pöbel ist da immer in der Nähe! Es wirkt auf mich, wie auf der bezaubernden chiaja von Neapel spazieren zu gehen. Die Cloaken der Pöbel-Quartiere sind in der Luft. *W I 1, 52; vgl. Bd. 11, 25 [123]*

226. *Vgl. Bd. 12, 1 [168]; 2 [185]*

227. *Vs (N VII 2) erste Fassung:* Wir wollen unsere Redlichkeit so verfeinern und in die Höhe treiben, daß sie wie eine goldene Spitze über dem ganzen dumpfen düstern Zeitalter stehen bleibt. Und wo sie schwach wird oder zu zögern scheint, wollen wir unsere Neugierde unsren Abenteuer-Muth, unsere Grausamkeit, unser „Nitimur in vetitum" und alle unsere Teufelei unserer einzigen und letzten Tugend zu Hülfe schicken: mag man sie gar mit solchen Hülfs [—] verwechseln was liegt uns daran! *162 30:* nitimur in vetitum] *vgl. Ovid., Amores III, 4, 17*

228. *164 7:* Helvétius!] Helvétius, ce sénateur Pococurante, mit Galiani zu reden — He; *vgl. Galiani, Lettres à Madame d'Epinay, I, 217, BN* *165 18]* in Dm noch folgende gestrichene Strophe: Deutsche, solcher Engeländer // Heerdenviehische Verständer / Ehrt ihr als „Philosophie"? / [Goethe] Spencer neben [Darwin] Hegel setzen — / — Schämt euch, Deutsche! heißt verletzen / Majestatem genii. *vgl. Bd. 11, 28 [45. 46]*

229. *Rs (W I 6) erste Fassung:* Wer als Erkennender erkannt hat, daß in und neben allem Wachsthum zugleich das Gesetz des Zugrundegehens waltet und daß unerbittliches Auflösen und Vernichten um des Schaffens willen noth thut: der muß eine Art Freude an diesem Anblicke hinzulernen, um ihn auszuhalten — oder er taugt fürderhin nicht mehr zur Erkenntniß. Das heißt er muß einer verfeinerten Grausamkeit fähig sein und sich zu ihr mit entschlossenem Herzen ausbilden. Steht seine Kraft noch höher da in der Rangordnung der Kräfte, ist er selber einer der Schaffenden und nicht nur ein Zuschauer, so genügt es nicht daß er der Grausamkeit beim Anblicke vieles Leidens, Entartens, Vergehens fähig ist: ein solcher Mensch muß fähig sein mit Genuß Wehe selber zu schaffen, er muß die Grausamkeit mit der Hand und That und nicht blos mit den Augen des Geistes kennen. Die tugendhafte Heuchelei wird es nicht Wort haben wollen daß jede höhere Kultur zu einem guten Theile auf der Ausbildung und Vergeistigung der Grausamkeit beruht, daß der schmerzliche Genuß an der Tragödie gleich dem Genuß an Stiergefechten, Scheiterhaufen und

Kämpfen der Arena, zur Grausamkeit gehört und daß fast Alles, was heute am sogenannten tragischen Mitleiden angenehm wirkt, seine Süßigkeit von der eingemischten Ingredienz der Grausamkeit bekommt. Es ist eine plumpe Vorstellung daß der Genuß an der Grausamkeit blos dann entstehen soll wenn man einen Andern leiden sieht; es giebt vielmehr einen reichlichen und überreichlichen Genuß am eignen Leiden, am eignen Sich-Leiden-Machen, zum Beispiel in allen Religionen welche vom Menschen Selbstverstümmelungen oder Bußkrämpfe oder Ascesen oder Zerknirschung des Gewissens oder auch nur das feine sacrificio dell'intelletto fordern, — sie überreden ihn zu dem Allem durch die verführerischen Geheimnisse und Schauder der gegen sich selber gewendeten Grausamkeit. Zuletzt erwäge man daß jeder Erkennende seinen Geist zwingt, wider den Hang des Geistes und meistens auch wider die Wünsche seines Herzens zu arbeiten, nämlich dort Nein zu sagen wo er bejahen und anbeten möchte, daß das tief und gründlich Nehmen selber eine Art Widerspruch und Grausamkeit gegen den Grund-Willen des Geistes ist, welcher zum Schein und zu der Oberfläche hin will, daß also auch in den geistigsten Thätigkeiten der Mensch als Künstler der Grausamkeit waltet.

230. *Vs (N VII 1) erste Fassung:* Den Menschen zurückübersetzen in die Natur, über die vielen falschen Deutungen und Nebensinne Herr zu werden, welche die Eitelkeit der M⟨enschen⟩ über und neben den Natur-Text „Mensch" gekritzelt und geschmiert hat, zu machen, daß der Mensch vor dem M⟨enschen⟩ wie vor der Natur steht, und den verführerischen Stimmen das Ohr verschließt, welche ihm zurufen: „du bist mehr! du bist höher, du bist anderer Abkunft!" — dies ist eine harte und beinahe grausame Aufgabe. Wer an ihr arbeitet, hat sich selber ebenso zum Gegner als seine Mitmenschen. Und warum arbeitet er an dieser Absicht? Zumal er nicht die schönen Worte „Liebe zur Wahrheit" „Redlichkeit" „Aufopferung für die Erkenntniß" und dergleichen vorbringen dürfte, nachdem er gezeigt hat, daß dies alles Plunder und Prunk der Eitelkeit ist, kurz, daß er zu eitel ist, um sich solche geringe Befriedigungen der Eitelkeit zu gestatten: — warum? Ein solcher Mensch ist ein Problem.

231. *Titel in Rs (W I 8):* „Das Weib an sich".

232. *Rs (W I 5) erste Fassung:* Man kann nicht hoch genug von den Frauen denken, aber deshalb braucht man noch nicht falsch von ihnen zu denken: hier soll man gründlich auf der Hut sein. Daß sie selber im Stande wären, die Männer über das „Ewig-Weibliche" aufzuklären, ist wenig wahrscheinlich: es scheint, daß sie sich dazu selber zu nahe stehn — und überdieß ist das Aufklären selber, bisher wenigstens, Männer-Sache, Männer-Gabe gewesen. Endlich darf man, bei alledem, was Frauen über das Weib schreiben, ein gutes Mißtrauen sich

vorbehalten: nämlich ob nicht ein Weib, welches schreibt, ganz unabsichtlich, gerade das thut, was der gewünschten „Aufklärung" entgegenwirkt — und sich putzt? Gehört das Sich-Putzen nicht zum sichersten Bestande des Ewig-Weiblichen? Und hat man jemals einem Weibskopfe schon Tiefe zugestanden? Oder einem Weibsherzen — Gerechtigkeit? Ohne Tiefe aber und Gerechtigkeit — was nützt es, wenn Weiber über das Weib urtheilen? Ist es nicht beinahe eine Verleugnung des weiblichen Instinktes, eine Entartung? Ist der Wille zur „Aufklärung" über das Weib nicht beinahe der Wille zur Enttäuschung, zur Entzauberung, zur Entwerthung des Weibes für den Mann? Mögen manche Frauen einen guten Grund haben, daß ihnen die Männer nicht mit Lob und Liebe entgegenkommen: ganz im Großen gerechnet, dünkt mich, daß „das Weib" bisher am meisten von den Weibern gering geachtet worden ist — und durchaus nicht vom Manne! In der Fürsorge für das Weib dekretirte die Kirche: mulier taceat in ecclesia! Zum Nutzen für das Weib dekretirte Napoleon: mulier taceat de politicis — und zur Rettung irgend welchen weiblichen Zaubers rathe ich an: mulier taceat de muliere!

233. *Vgl. Bd. 11, 25 [422]*
234. *Vs (W I 1):* Die Dummheit in der Küche: hat sich je eine Universität schon um die gute Ernährung ihrer Studenten gekümmert? Um einen gesunden geschlechtlichen Umgang? *nach* Küche *eingeschoben:* man kann von der weiblichen Intelligenz nicht tief genug denken, wenn man erwägt, wie gedankenlos bis jetzt überall vom Weibe die Ernährung der Familie und des Hausherrn besorgt worden ist. Das Weib versteht nicht, was die Speise bedeutet: und will Köchin sein! Wenn das Weib ein denkendes Geschöpf wäre, so hätte sie ja, als Köchin seit Jahrtausenden, die größten physiologischen Thatsachen finden müssen! Durch schlechte Köchinnen, d. h. durch das Weib ist die Entwicklung des Menschen am meisten bisher aufgehalten worden!
235. *173 11:* Madame de Lambert] *Quelle nicht erschlossen*
236. *17:* ella ... lei] *vgl. Divina Commedia, Paradiso II, 22: „Beatrice in suso, ed io in lei guardava"* *18:* das ... hinan] *Faust II, 12110f.*
237. *174 8:* Mann ... mein!] Hüte dich, Gold-Vögelein! *Dm*
238. *175 7:* der] der nach der Art von St. Mill oder Eugen Dührings *Vs (W I 7)*
239. *Vs (W I 4):* Was die deutschen Frauen anbetrifft: so bin ich fern davon sie noch mehr zu „cultiviren". Erstens sollen sie nicht klavier-spielen: das verdirbt ihnen die Nerven (und, als weibliche Art von Putz und Koketterie, erbittert es jeden herzhaften Freund der Musik) und macht sie unfähig, kräftige Kinder zu gebären. Sie sollen fromm erzogen werden: ein Weib ohne Frömmigkeit ist im Auge jedes tiefen und gottlosen Mannes etwas vollkommen Lächerliches — ja es empört ihn,

wenn den guten Pflanzen das Gebäude und der Schutz weggenommen wird, an dem sie allein irgendwie zur Anmuth gedeihen können; und es ist etwas Furchtbares, das, wozu herrische Kräfte und eine Selbstverbesserung zum schwersten gehört, Frauen zugemuthet zu sehen, welche sofort daraus wieder einen „Kopfputz" oder eine „Schwätzerei" sich zurecht machen.

240. *Rs (Mp XVI 1) erste Fassung:* Ich hörte die Ouverture der Meistersinger: das ist eine prachtvolle, überladne, schwere und späte Kunst, welche den Stolz hat, zu ihrem Verständnisse zwei Jahrhunderte Musik als noch lebendig vorauszusetzen: — es ehrt die Deutschen, daß sich ein solcher Stolz nicht verrechnete! Was für Metalle sind hier nicht gemischt! Das muthet uns bald alterthümlich, bald morgenröthlich, bald gelehrt, bald imprevu und launisch, bald pomphaft, bald gutmüthig derb und männlich an — das hat Unschuld und Verdorbenheit, da giebt es alle Jahreszeiten auf Einmal, allerlei Knospen-Glück und ebenso allerlei Wurmfraß und Spätherbst. Es giebt auch Augenblicke unerklärlichen Zögerns, gleichsam die Lücken, die zwischen Ursache und Wirkung aufspringen, es fehlt ein kleiner Alpdruck nicht und was dergleichen uns im Traume schon begegnet ist: — und nun wieder breitet und weitet sich ein Strom von Behagen aus, eingerechnet der Selbstgenuß des Künstlers an der Meisterschaft seiner Mittel, dessen er kein Hehl hat; im ganzen keine Schönheit, kein Süden, keine Helligkeit des Himmels und Herzens, kein Tanz, selbst keine Logik, eine gewisse Plumpheit sogar, die unterstrichen wird, wie als ob der Künstler uns sagen wollte: „sie gehört zu meiner Absicht"; eine schwerfällige Gewandung, ein Geflirr von gelehrten Kostbarkeiten.

241. 180 22–23: Überschwemmungen.] Überschwemmungen. Es ist dies im Grunde eine Höflichkeit, welche wir unseren Vorfahren erweisen. *Vs (N VII 2)* 181 23: wurde] *danach gestrichen:* — welche ihre Augen und Sorgen überall haben und nicht mehr bei sich, in sich „zu Hause" sind und sein dürfen — *Rs* 182 5–9: ich ... anderen. —] und ich, in meinem Glück und Winkel, erwog, inwiefern [ein Glück] Weisheit darin liege, in [einer] allen solchen Personenfragen zu keinem Ja oder Nein verführt zu sein, über [die] welche erst eine ferne gleichgültig gestellte Zukunft mit einiger Billigkeit absprechen dürfte. *Dm*

242. *Vgl. Bd. 12, 2 [13]* 11: Civilisation] Cultur *Dm* 31: Sturm und Drang] Atavismus *Dm*

244. *Vgl. Bd. 11, 34 [114]; 34 [97]* *Vs (W I 5):* Man nennt die Deutschen tief: deuten wir das Thatsächliche daran weniger schmeichlerisch aus und geben wir womöglich seine Erklärung. Die deutsche Seele ist vielfach, verschiedenen Ursprungs, mehr zusammen- und

übereinandergesetzt als wirklich gebaut. Wer als Deutscher die Behauptung aufstellen wollte „zwei Seelen wohnen, ach in meiner Brust", der würde weit hinter der Wahrheit zurückbleiben. Als ein Volk der ungeheuerlichsten Mischung von Rassen, vielleicht sogar mit einem Übergewicht des vor-arischen Elementes, gemäß seiner europäischen Stellung als „Volk der Mitte", sind die Deutschen unfaßbarer, umfänglicher, widerspruchsreicher, sich selber unbekannter, unberechenbarer, überraschender, selbst erschrecklicher als es andre Völker sich selber sind: es kennzeichnet die Deutschen, daß bei ihnen die Frage „was ist deutsch" niemals ausstirbt. Der Deutsche hat tiefe Gänge und Zwischengänge in sich, Höhlen, Verstecke, Burgverließe; seine Seele ist unordentlich, er kennt die Wege zum Chaos. Und wie jeglich Ding sein Gleichniß liebt, so liebt der Deutsche die Wolken und alles, was unklar, werdend, dämmernd, feucht und wolkig ist. Die Ausländer stehen erstaunt vor der „reflektirten" Naivetät des Deutschen; die Vereinigung von Genie und „niaiserie allemande", wie sie unserm größten Dichter zu eigen ist, beunruhigt sie *[Bd. 11, 26 [420]: Mérimée]*. Goethe selber hat einmal das berühmte „deutsche Gemüth" definirt, wie vom Auslande her, mit einer ungeduldigen Ablehnung dessen, was ihm selber am meisten Noth gemacht hat: als „Nachsicht mit fremden und eigenen Schwächen". Gutmüthig und tückisch — ein solches Nebeneinander von Prädikaten würde in Bezug auf andre Völker widersinnig sein: aber man lebe unter Schwaben! Die äußere Schwerfälligkeit des Deutschen, seine gesellschaftliche Abgeschmacktheit — man vergegenwärtige sich geschwind einen Baiern, der gefährlicher, kühner, verwegener, geheimer, umfänglicher, ungeheurer, verschlagener (und folglich „offenherziger" —) ist, als die anderen Europäer sich auch nur vorstellen können. Goethe hätte nicht nur den Mephistopheles aus der deutschen Seele herausziehn können, sondern noch viel gefährlichere, auch wohl interessantere „Teufel". Ich meine, Friedrich der Zweite von Preußen war schon ein interessanterer Mephistopheles als jener mäßig boshafte Kamerad des schwermüthigen Universitätsprofessors Faust: gar nicht zu reden von jenem anderen und größeren Friedrich dem Zweiten, dem geheimnißvollen Hohenstaufen. — Alle tiefen Deutschen sind bisher, leiblich oder geistig, über die Alpen gestiegen: sie glauben an ihr Anrecht auf den „Süden" — sie können sich nicht anders fühlen, denn als Herren Europa's.   **184** 16: zwei ... Brust] *Faust I, 1112*   29: Sand] *Karl Ludwig Sand, Mörder Kotzebues*   Jean Paul] *in der Rezension von Fichtes Reden an die deutsche Nation, Heidelberger Jahrbücher 1810*   30–34: ergrimmt ... hat?] *aus* wüthend gegen Fichte's unverschämte und verlogne Schmeicheleien erklärte (man muß in der That schon bis zum letzten Wagner und seinen Bayreuther

Blättern heruntersteigen, um einem ähnlichen Sumpf von Anmaaßung, Unklarheit und Deutschthümelei zu begegnen, als es Fichte's Reden an die deutsche Nation sind). Was Goethe über die Deutschen dachte? *Dm*   *32:* Goethe] *aus* die deutsche Jugend *Dm*   *33:* wenn ... gab] *Quelle nicht erschlossen*   **185** *11:* Nachsicht ... Schwächen] *vgl. Goethe, Maximen und Reflexionen 340*   **186** *18:* noch weit bringen] *nach Goethe, Faust I, 573*

245. **188** *23–24:* Mädchen ... tangere] Eckensteher und Schüchterling *Dm; vgl. Joh. 20, 17*
247. *Vgl. Bd. 11, 34 [102]*
249. **192** *3:* kann] darf *Dm*
250. *16:* dankbar] *danach gestrichen:* Es war ein Gefühl jüdischer Herkunft, das über den Tiefen des Schopenhauerschen Denkens gebreitet lag, es war ein gründlich jüdischer Fluch, den er einstmals gegen uns Immoralisten schleuderte — — Schopenhauer hat damit Unrecht: aber wir sind ihm dankbar dafür *Rs (W I 8)*
251. *Vgl. Bd. 11, 41 [13]*   **194** *26:* ungefähr ... thut] *aus* Und nicht etwa „mit offenen Armen"! Nicht, um nach Schwärmer-Art heute „Brüderschaft zu trinken" und morgen sich bereits blutig zu kratzen! *Rs (W I 5)*   **194** *30*–**195** *1:* es ... liesse] *aus* und ich freue mich in Bezug auf ein hier anzuempfehlendes Recept („christliche Hengste, jüdische Stuten") mit einem berühmten Pferdekenner übereinzustimmen *Rs*
252. *Vs (N VII 1) erste Fassung:* Der Engländer, düsterer, sinnlicher, willensstärker und „gemeiner" als der Deutsche — und folglich frömmer! Er hat das Christenthum nöthiger. All ihr Christenthum selbst in seinem literarischen Nachklinger Carlyle, riecht etwas nach Spleen und alkoholischer Ausschweifung: mit gutem Grunde als Gegengift gegen Beides   **196** *18–21:* Man ... viel .....] Taktlosigkeit in diesem Sinne: — darin sind sich heute Englands beste Schriftsteller und Parlamentredner gleich. Der genannte Carlyle zum Beispiel, einer ihrer Reichsten, wenn vom Reichthum der Seele geredet wird, bewegt sich doch wie ein Bauer und Tölpel, auch wenn er begeistert und aus voller Brust redet — um hier die gänzlich musiklosen oder Blech-Seelen aus dem Spiele zu lassen wie J. St. Mill oder H. Spencer, welche sich in der That wie Blechfiguren bewegen. Zuletzt sehe man die schönsten Engländerinnen gehen: ich will nicht verlangen, um nicht zu viel zu verlangen, daß man sie singen höre. *Rs (W I 6) erste Fassung*
253. *Vs (W I 1) erste Fassung:* Es giebt Wahrheiten, die nur von mittelmäßigen Köpfen erkannt werden können; wir sind jetzt zb. unter dem Einfluß der englischen Mittelmäßigkeit (Darwin, Mill, Spencer) und wollen die Nützlichkeit davon, daß solche Geister zeitweilig herrschen, nicht anzweifeln. Es wäre ein Irrthum, gerade die höchsten

Naturen für besonders geschickt zu halten, Wahrheiten zu entdecken: sie haben Etwas zu sein und Etwas darzustellen, wogegen gerechnet jede Wahrheit gar nicht in Betracht kommt. Es ist die ungeheure **Kluft** zwischen Können und Wissen − −! Namentlich müssen jetzt die wissenschaftlichen Entdecker in gewissem Sinn arme und einseitige Geister sein.
254. 199 *4–11:* einmal ... lässt −.] die aesthetischen Leidenschaften und Hingebungen an die litt⟨erarische⟩ Form, welche seit 3 Jahrhunderten immer wieder Geschmacks-Parteien und Gefolgschaften bilden, und zu jeder Zeit und durch die Eifersucht der „kleinen Zahl", eine Art Kammermusik der Litteratur ermöglicht haben, die in Deutschland bisher fehlt und gefehlt hat: − man erwäge doch, was für große Ohren die deutschen Gelehrten haben − wenn sie überhaupt Ohren haben! [man hat es mir z. B.] zum Vorwurf angerechnet, daß ich] denn man sagt mir, sie hätten keine Zeit dafür, Ohren zu haben, und es hieße überhaupt zu viel verlangen, sich mit Klängen und rhythmischen Sprüchen − − − *Vs (N VII 2)* 200 *6–8:* bewahrt ... Blutarmuth] welches auf die Dauer jenes schauerliche deutsche Grau in Grau, die sonnenlose Begriffs-Gespensterei und Blut-Armut nicht aushält: so mächtig auch in diesem Jahrhundert die nordische Düsterkeit und „Götterdämmerung" der Deutschen über den Rhein hinüber gegriffen hat und greift *Vs*
256. *Vgl. Bd. 11, 25 [184]* 201 *29:* werden will] *aus* ist, bis in die Tiefen und Höhen seiner Bedürfnisse *Dm* 203 *11–16:* allesammt ... höherer] eine prachtvolle, geistreich-kranke, hochfliegende, gewaltsame Art von *Dm* 18*:* „höherer Mensch"] „Künstler" *Dm* 204 *9–11:* − einen ... Vehemenz] *aus* mit seinem Parsifal auf eine süßliche und zweideutige Weise *Dm* 28–29*:* Glaube ohne Worte] *nach Mendelssohns* „Lieder ohne Worte"?
257. *Vgl. Bd. 12, 1 [7. 10]; 2 [13]* *gestrichene Fortsetzung des Aphorismus in Dm:* Die „Vermenschlichung" solcher Barbaren − zum Theil ein ungewollter Prozeß, der sich nach ungefährer Feststellung der Machtverhältnisse von selbst einstellt − ist wesentlich ein Schwächungs- und Milderungs-Prozeß und vollzieht sich gerade auf Unkosten jener Triebe, denen sie ihren Sieg und ihren Besitz verdankten; und während sie dergestalt sich der „menschlicheren" Tugenden bemächtigen, vielleicht sogar mit einem prachtvollen Ungestüm und gemäß ihrer „Beutelust" auch noch im Geistigsten, als Überwältiger alter Culturen, Künste, Religionen − vollzieht sich ebenso allmählich auf der Seite der Unterdrückten und Versklavten ein umgekehrter Prozeß. In dem Maaße, in welchem sie milder, menschlicher gehalten werden und folglich physisch reichlicher gedeihen, entwickelt sich in ihnen der Barbar, der verstärkte Mensch, das Halbthier mit den Be-

gierden der Wildniß: — der Barbar, der sich eines Tages stark genug spürt, sich seiner vermenschlichten, das heißt verweichlichten Herren zu erwehren. Das Spiel beginnt von Neuem: die Anfänge einer höheren Cultur sind wieder einmal gegeben. Ich will sagen: es hat sich jedes Mal unter dem Druck herrschender vornehmer Kasten und Culturen von unten her ein langsamer Gegendruck gebildet, eine ungeheure [instinktive] unverabredete Gesammt-Verschwörung zu Gunsten der Erhaltung und Heraufbringung alles Beherrschten, Ausgenützten, Schlecht-Weggekommenen, Mittelmäßigen, Halb-Mißrathenen, als ein in die Länge gezogener, erst gezogener, erst heimlicher, dann immer selbstbewußterer Sklaven-Unmuth und Sklaven-Aufstand, als ein Instinkt wider jede Art von Herrn, zuletzt noch gegen den Begriff „Herr", als ein Krieg auf Leben und Tod wider jede Moral, welche aus dem Schooße und Bewußtsein einer höheren herrschaftlichen Art Mensch entspringt, einer solchen, die an Sklaverei in irgend welcher Form und unter irgend welchem Namen als ihrer Grundlage und Bedingung bedarf. Dies Alles immer nur bis zu dem Zeitpunkte, wo eine solche Sklaven-Rasse mächtig genug — „Barbar" genug! — wurde, sich selbst zum Herrn zu machen: sofort sind dann die umgekehrten Principien und Moralen da. Denn das Herr-sein hat seine Instinkte, wie das Sklave-sein: „Natur" ist in Beidem, — und auch „Moral" ist ein Stück Natur. —

258. *Vs (W I 3):* Corruption bei einer herrschenden Kaste bedeutet etwas Anderes als bei einer dienenden und unterwürfigen. Z.B. ist überschwängliche Milde Abnahme der Willensenergie Corruption bei der ersteren. Bei der zweiten ist das Zunehmen der Selbständigkeit Corruption zb. Eugen Dühring. Die Privilegirten der französischen Revolution sind ein Beispiel der Corruption.
260. 209 *18.* Wir Wahrhaftigen] *vgl. GM I 5*
261. 213 *34:* Sklaven)] *danach gestrichen:* — und so oft in der Geschichte etwas Ähnliches sich begeben hat, — *Dm* 214 *10–18:* fühlt ... Atavismus] sucht zu guten Meinungen über sich zu verführen, um hinterher sich zum Glauben daran selber zu verführen: — so will es die unvornehme Art. *Vs (N VII 2)*
262. 216 *31:* heraufkommen?] *danach gestrichen:* — es ist die Zeit für Sokrates und sokratische *Dm* 217 *6:* Mittelmässigkeit!] *danach gestrichen:* (was auch Schopenhauer sagen möge, der in diesen Dingen nicht fein war) *Dm*
264. 219 *22:* Horaz] *Epist. I, 10, 24* 23–24: mit ... recurret] *aus* was aber die Formel für moderne Erziehung ist *Dm*
266. *Vgl. Bd. 11, 26 [245]; Quelle nicht erschlossen*
268. *Vgl. Bd. 11, 34 [86]* 222 *13:* sieht.] *danach gestrichen:* Die Noth, das wodurch das Leben bedingt und begründet ist, jedes Mal

Dm   *19–20:* unter … muss] *aus* eine auswählende und züchtende Gewalt hat *Dm*
269. *224 9:* Gogol] *dazu in He:* ich wage es nicht viel größere Namen zu nennen, aber ich meine sie   *33:* Glaube] Aberglaube *He*   *34:* dumm] *in He gestrichen*   *225 3–4:* Wissens um die Liebe] *aus* höheren Menschen *Dm*   *13–15:* Liebe, … ist!] *aus* Liebe ist und der auch den lieben weiß, welchen Niemand auf Erden geliebt hat *Dm*   *16:* Dingen] *aus* Möglichkeiten *Dm*   *Ns Änderungen in He sind im Blick auf NW Der Psycholog nimmt das Wort (Bd. 6, 434, 24–25; 435, 11–12) entstanden*
270. *24:* Welten] *danach gestrichen:* des Leidens und folglich des Lebens *Dm*   *226 12:* sind;] *dazu He:* (der Cynismus Hamlets – der Fall Galiani); *vgl. NW Der Psycholog nimmt das Wort, Bd. 6, 436, 8*
274. *228 7:* Raffael ohne Hände] *vgl. Lessing, Emilia Galotti I, 4; vgl. Bd. 12, 1 [172]*
275. *Vgl. Za II Von den Tugendhaften; Bd. 10, 1 [92]; 3 [1] 4; 12 [1] 120*
277. *Vs (M III 4):* Wenn man ein Haus gebaut hat, hat man gewöhnlich Etwas gelernt, das man hätte wissen sollen, bevor man anfieng zu bauen.
278. *Vs (N VII 2) erste Fassung:* Ohne Hohn und ohne Liebe, aber als Versucher und Seelenkundiger seines Wegs gehn, mit stummen Fragen an alle Fragwürdigen mit langsamem Auge für alles, was bewundert wird, mit einem Senkblei, welches ungesättigt aus allen Tiefen wieder an's Licht kam – – – Wanderer, wer bist du? Ich sehe dich des Wegs gehen, ohne Hohn, ohne Liebe, versucherisch. Du blickst unerrathbar, du frägst stumm. Frage: – – – Ich weiß es nicht. Vielleicht Oedipus. Vielleicht die Sphinx. Laß mich gehen
279. *Vs (N VII 2):* Das Glück fassen und erdrosseln, erwürgen, ersticken mit seiner Umarmung: die Melancholie solcher Erlebnisse – es würde sonst fliehen und entschlüpfen?
283. *Vs (N VII 2):* Ein artiger Anlaß und Anstoß, um mißverstanden zu werden: ich habe mich gewöhnt, nur da zu loben, wo ich nicht übereinstimme. Im anderen Falle nämlich – scheint es mir – hieße es mich selber loben: etwas, das man, wie billig, nur unter – – –
284. *Vs (N VII 2):* Mit einer ungeheuren und stolzen Gelassenheit leben: der Affekt willkürlich, zur rechten Stunde, ein nützlicher Vordergrund, eine schwarze Brille, damit man uns nicht in die Augen blicke.   *232 3–4:* ein … Reinlichkeit] *aus* eine sublime Art der Keuschheit *Dm*
285. *9–10:* die … grössten] *aus* Gedanken sind *Dm*
286. *21:* Hier … erhoben] *Faust II, 11989–11990; vgl. GD Streifzüge 46*   Geist] Blick *Dm*
287. *Vgl. Bd. 11, 35 [76]; N an Peter Gast, 23. Juli 1885*

288. 233 *27:* Galiani] *Lettres à Madame d'Epinay 2, 276*
289. *Vs (N VII 2):* Wie kann man nur glauben, daß jemals ein Philosoph seine eigentlichen Meinungen in Büchern ausgedrückt hätte? Wir schreiben Bücher, um zu verbergen, das was ⟨wir⟩ bei uns — bergen.   234 *24–26:* er... weglegte] *aus* ich hier stehen bleibe und mich umsehe, daß ich hier nicht tiefer grabe und den Spaten weglege *Dm*
294. *Rs (W I 8) erste Fassung:* Es giebt so viele Arten des Lachens: Dies Alles ist denen geweiht, welche das goldne Lachen haben.   236 *23–24:* Hobbes] *Quelle nicht erschlossen*
295. *Vgl. Bd. 11, 34 [181. 232]*   238 *5:* habe —] habe: — ein rechtes Rauch- und Brandopfer der Jugend, und noch mehr Rauch als Brand! *Rs (W I 5)*   *9:* hinzu] hinzu [— und zwar, wie gesagt, von Mund zu Mund —:] und vielleicht kommt mir auch ein Tag von so viel Stille und halkyonischem Glück, daß [ich] mein Mund einmal von all dem [Gehörten] was ich weiß überfließen muß — [kurz], daß ich Euch, meine Freunde, die Ph⟨ilosophie⟩ des D⟨ionysos⟩ erzähle *Rs (W I 5)*
296. *Titel in Rs:* Mandarine-Weisheit. Eine Handvoll [schlimmer] Gedanken *(W I 8, 209)* Vorrede und Selbstgespräch. *(W I 8, 210)*   *Vs (N VII 2):* Sachen, die ich schon etwas zu gut und zu lange kannte, lauter abziehende und erschöpfte Gewitter, welk werdende und verrochne Gefühle: — Gedanken [— Schmetterlinge Eidechsen], welche ich fest stach, weil sie selber mich nicht genug mehr stachen und plagten, etwas eben noch das zur „Wahrheit" werden wollte, ich meine unsterblich zugleich und tödtlich langweilig — — — etwas eben noch Wunderliches und Buntes, das anfing seine Neuheit auszuziehen — — — Todten-Äcker, wo kleine Kränze Steine und Hügel, lauter Todtes an das, was einst lebte, erinnern soll   240 *7–8:* ihr... Einsamkeit] *aus* als ich zum ersten Male euch erdachte und erlebte, ihr Funken und Blitze des Lebens! *Rs (W I 8)*   *8–9:* ihr... Gedanken!] *aus* Ihr meine erfundenen und erlebten Gedanken! *Rs (W I 8)*

Aus hohen Bergen. Nachgesang. *Entstanden im Herbst 1884 unter dem Titel* Einsiedlers Sehnsucht, *Ende November 1884 an Heinrich von Stein abgeschickt zur Erinnerung an Sils-Maria, wo Stein N vom 26.–28. August 1884 besucht hatte; vgl. Chronik. Die beiden letzten Strophen wurden von N später (im Frühjahr 1886) hinzugefügt. Die Varianten aus der ersten Fassung werden mit ES (= Einsiedlers Sehnsucht) gekennzeichnet. Vgl. Bd. 11, 28 [26. 31]. Vgl. auch Karl Pestalozzis Interpretation in: Die Entstehung des lyrischen Ich, Berlin 1970, 198–246*   241 *8–17]* Im Höchsten ward für euch mein Tisch gedeckt: / Wer wohnt den Sternen / So nahe, wer des Lichtes Abgrunds-Fernen? / Mein Reich — hier oben hab ich's mir entdeckt — /

Und all dies Mein — ward's nicht für euch entdeckt? // Nun liebt und lockt euch selbst des Gletschers Grau / Mit jungen Rosen, / Euch sucht der Bach, sehnsüchtig drängen, stoßen / Sich Wind und Wolke höher heut' in's Blau /Nach euch zu spähn aus fernster Vogelschau — — — *ES   242 6–15]* Ein schlimmer Jäger ward ich: seht wie steil / Gespannt mein Bogen! / Der stärkste war's, der solchen Zug gezogen — /Doch wehe nun! Ein Kind kann jetzt den Pfeil / Drauf legen: fort von hier! Zu eurem Heil! — // Ihr alten Freunde! Seht nun blickt ihr bleich, / Voll Lieb' und Grausen! / Nein, geht! Zürnt nicht! Hier — könntet ihr nicht hausen! / Hier zwischen fernstem Eis- und Felsenreich — / Da muß man Jäger sein und gemsengleich. *ES   21–30]* Nicht Freunde mehr – das sind, wie nenn' ich's doch? / Nur Freund-Gespenster! / Das klopft mir wohl noch Nachts an Herz und Fenster, / Das sieht mich an und spricht „wir warens doch?"/ — Oh welkes Wort, das einst wie Rosen roch! // Und was uns knüpfte, junger Wünsche Band, — / Wer liest die Zeichen, / Die Liebe einst hineinschrieb, noch, die bleichen? / Dem Pergament vergleich ich's, das die Hand / Zu fassen scheut — ihm gleich verbräunt, verbrannt! — *ES   243 11–20] fehlt ES; W I 8, 105–106, 103–104 enthält die Vorstufen und die endgültige Fassung der beiden letzten Strophen; die Vorstufen werden hier zur besseren Übersicht in Strophenform und vollständig wiedergegeben: W I 8, 105:*

Der Tag [läuft weg] klingt ab, schon gilbt sich Glück und Licht
Mittag ist ferne
[Jüngst saß ich wartend hier, — jetzt wart ich nicht]
[Es sei] [Schon] Bald kommt die kühle Nacht, der Blitz der Sterne
⌜Der rasche Wind, der dich vom Baume bricht⌝
Der Frucht gleich, die ein Hauch von Baume bricht

Was [ich] jüngst ich wünschte, hätte ichs [jetzt] heut noch gerne?
Weß jüngst ich harrte, ach [es] was kam es nicht?
Weß wart und wart ich noch? Ich weiß es nicht —
vgl. dazu das Gedichtfragment, Bd. 11, 45 [7], als Vs dieser dann fallengelassenen Strophe; W I 8, 106:
Dies Lied ist aus [; der]. Der Sehnsucht süßer Schrei
[Starb mir] Erstarb im Munde
[Es kam der rechte Freund] Ein Zaubrer thats zur rechten Zauber-Stunde:
Um Mittag war's, da wurde Eins zu Zwei,
Und — Zarathustra gieng an mir vorbei.

[Freund Zarath. kam]
[Da kam der Freund — nein!] fragt nicht, wer es sei
Da stand er vor mir —

Ein Zaubrer [thats] kam, der Freund zur rechten Stunde
Der Mittags-Freund — nein! fragt nicht, wer es sei
Um Mittag war's, da wurde Eins zu zwei
somit ist die ganze erste der beiden Schlußstrophen entworfen; N hat auf das Gedichtfragment Bd. 10, 3 [3] Portofino (vgl. Sils-Maria in FWP, 1887) zurückgegriffen; nun greift er z. T. auch die Motive von W I 8, 105 wieder auf:
Hier saß ich wartend, wartend — doch auf Nichts
Du Zarathustra, du verläßt mich nicht,
Freund Zarathustra

Was mir entrissen
Du bleibst mir [Freund und höheres Gewissen] treu mein höheres
  Gewissen
Du warst mein Glück und Herbst

Freund Z. bleib, verlass mich nicht!
⌜Was mir entrissen du [—] michs wissen⌝
[Du bleibst mir treu, mein höheres Gewissen!]
Und bleibst du nicht wie trüg' ich Last und Pflicht?
[Freund Zarathustra bleib, verlass mich nicht]
Schon neigt der Tag, schon gilbt sich Glück und Licht ...
⌜Nun häng ich still und reif im Herbstes-Licht⌝
[Nun häng ich still im Herbstes-Sonnenlicht]
Der Frucht gleich, die ein Hauch vom Baume bricht
von dieser Vorstufe wird nichts übernommen; Ansätze zur endgültigen Fassung finden sich auf der darauffolgenden Seite: W I 8, 103:
Was ich verlor, deß leist' ich frei Verzicht:
Nun will ich's wissen
[Du bleibst mir doch] Bleibst du mir nur, mein höheres Gewissen,
Freund Zarathustra [du verläßt mich nicht] — ja du läßt mich nicht!
— —
Was biet ich, Zarathustra, dir? Gewiß,
[Dem Freund] Dir ziemt das Beste!
Ein Schauspiel erst, verwöhntester der Gäste!
Und schon beginnt's — schau hin! Der Vorhang riß:
Die Hochzeit ist's von Licht und Finsterniß
auf W I 8, 104 folgt endlich die letzte Fassung der beiden Schlußstrophen, die kaum vom gedruckten Text abweicht.   **243** 16: Siegs] Glücks *Dm; W I 8, 104*   18: Zarathustra] Zarathustra *W I 8, 104*   Gäste!] Gäste *W I 8, 104*

Zur Genealogie der Moral

Die handschriftliche Überlieferung der *Genealogie der Moral* ist sehr lükkenhaft. Man kann behaupten, daß – mit Ausnahme weniger Blätter und fragmentarischer Notizen und des eigenhändigen Druckmanuskripts – sämtliche Vorarbeiten dieser „Streitschrift" verlorengegangen sind. N verfaßte sie zwischen 10. und 30. Juli 1887. Der Druck, wie bei *Jenseits von Gut und Böse* auf Ns eigene Kosten, dauerte von Anfang August bis Ende Oktober. Die Korrekturen (nicht erhalten) wurden von N und Peter Gast gelesen. Vom 21. September an war auch N in Venedig, wo sich Peter Gast aufhielt; wie dieser berichtet, wurden die noch zu lesenden 5½ Bogen bis zum 19. Oktober erledigt. Am 12. November 1887 erhielt N aus Leipzig die ersten Exemplare: *Zur Genealogie der Moral. Eine Streitschrift*, Leipzig 1887, Verlag von C. G. Naumann (= GM).

Auf dem Titelblatt als Motto: Tout comprendre c'est tout – mépriser?... *Dm. Auf der Rückseite des Titelblatts:* Dem letztveröffentlichten „Jenseits von Gut und Böse" zur Ergänzung und Verdeutlichung beigegeben *Ed*

Vorrede

1. *247 6–7:* wo ... Herz] *Matth. 6, 21*   *248 1–2:* Jeder ... Fernste] *Umkehrung von Terenz, Andria IV, 1, 12: Optimus sum egomet mihi*
2. *249 3–4:* Aber ... an!] *vielleicht abgewandeltes Zitat aus Heine, Die Bäder von Lucca, IV. Kapitel: „Mutter, was gehn Ihnen die jrine Beeme an?"*
3. *Vgl. Bd. 8, 28 [7]; Bd. 11, 25 [525]; 26 [390]; 38 [19]; Ähnliches berichtet Goethe von sich selber in Dichtung und Wahrheit VIII (am Schluß)*   *17–18:* halb ... Herzen] *Faust I, 3781f.*
4. *251 8–21:* Im ... 34] *vgl. MA 45. 92. 96. 100. 136; VM 89; WS 22. 26. 33; M 112*
5. *252 14:* zurückblickende] nihilistische *Dm*   *19–22:* unsrer ... Nihilismus] einer unheimlich gewordnen europäischen Cultur, als ihren Umweg – zum Nihilismus? ... Zu einem neuen Buddhismus, einem Zukunfts-Buddhismus *Dm*
6. *31–32:* ich ... Gefühlsverweichlichung] in allen meinen Schriften, namentlich in der Morgenr⟨öthe⟩ und der fröhl⟨ichen⟩ Wiss⟨enschaft⟩ stark unterstrichen *Dm*
7. *254 26–27:* bescheidene ... beisst"] kleinbürgerliche Zärtling und Bildungsphilister *Dm; von fremder Hand verbessert in:* kleinbürgerliche

Genüßling und Stubenhocker *(vermutlich nach einer Anweisung Ns für den Verleger). Am 5. Oktober 1887 schrieb N an seinen Verleger C. G. Naumann von Venedig aus:* Als achter Abschnitt der Vorrede einzuschieben: so daß der letzte Abschnitt derselben nunmehr die Nummer 9 bekommt. / 8. / Zuletzt, daß ich wenigstens mit einem Worte auf einen ungeheuren und noch gänzlich unentdeckten Thatbestand hinweise, der sich mir langsam, langsam festgestellt hat: es gab bisher keine grundsätzlicheren Probleme als die moralischen, ihre treibende Kraft war es, aus der alle großen Conceptionen im Reiche der bisherigen Werthe ihren Ursprung genommen haben (— Alles somit, was gemeinhin „Philosophie" genannt wird; und dies bis hinab in deren letzte erkenntnißtheoretische Voraussetzungen) Aber es giebt noch grundsätzlichere Probleme als die moralischen: diese kommen Einem erst in Sicht, wenn man das moralische Vorurtheil hinter sich hat, wenn man als Immoralist in die Welt, in das Leben, in sich zu blicken weiß... *Am selben Tage jedoch, 5. Okt. 1887, nahm N diese Anweisung zurück, durch folgende Postkarte:* Geehrtester Herr Verleger, das heute morgen abgesandte Stück Manuskript (Nachtrag zur Vorrede) soll **nicht** gelten; es bleibt also bei der ursprünglichen Anordnung, nach der die Vorrede 8 Abschnitte hat.

8. 255 *16:* Schriften] *danach gestrichen:* Zeile für Zeile *Dm*

Erste Abhandlung

2. *Vgl. Bd. 12, 1 [7. 10]*   258 *23:* Geist] *aus* Sinn *Dm*
3. 261 *5:* Herbert Spencer] *in: Die Thatsachen der Ethik; vgl. Bd. 9, 1 [11]*
4. *Vgl. Bd. 9, 3 [134]; M 231*   262 *12—13:* der ... Buckle's] *vgl. N an Peter Gast, Chur, 20. Mai 1887:* Die Bibliothek in Chur, ca. 20000 Bände, giebt mir dies und jenes, das mich belehrt. Zum ersten Male sah ich das vielberühmte Buch von Buckle „Geschichte der Civilisation in England" — und sonderbar! es ergab sich, daß B. einer meiner stärksten Antagonisten ist.
5. *Vgl. Bd. 11, 25 [472]*   263 *2:* Theognis] *ed. Diehl: I, 57; 71; 95; 189; 429; 441; vgl. dazu JGB 260*   *9:* Theognis] *ed. Diehl: I, 66—68; 607–610*   *31:* Virchow] *Quelle nicht erschlossen*
6. 266 *1—4:* nur ... mehr!)] *aus* allgemeine Satthaben und Verlangen nach einer unio mystica — sei es mit Gott, sei es mit dem Nichts — es ist Ein Verlangen — — — *Dm*
7. 268 *1:* p. 118] *JGB 195*
10. 273 *30—33:* Er ... ist!] *vgl. Za I Vom Krieg und Kriegsvolke*
11. 275 *11:* blonde Bestie] *aus* „blonde Bestie" *Dm; vgl. dazu: Detlef Brennecke, Die blonde Bestie. Vom Mißverständnis eines Schlagworts, Nietzsche Studien, 5 (1976), 113–145*   *21–23:* zu ... aufrichtend]

Thuk. II, 41   26: Perikles] *vgl. Thuk. II, 39*   276 2: blonden germanischen Bestie] *aus* „blonden germanischen Bestie" *Dm*   5–6: Ich ... gemacht] *vgl. M 189; Hesiod, Erga 143–173*   277 3–4: blonden Bestie] *aus* „blonden Bestie" *Dm*
12. 278 *13:* Glauben] *danach gestrichen:* den Willen zu einer Zukunft *Dm*
13. 278 *31–279 1:* Dass ... holen.] *vgl. Za IV Das Lied der Schwermuth 3; DD Nur Narr! Nur Dichter!*
14. 281 *32:* sie ... thun] *Luk. 23, 34*   282 *2:* Liebe ... Feinden] *Matth. 5, 44*   und schwitzt dabei] *vgl. Za II Von den Gelehrten*   *16:* Gott ... ehren] *vgl. Röm. 13, 1*   283 *5:* Homer] *Ilias 18, 109*   *8:* Brüder in der Liebe] *1. Thess. 3, 12*   *15–16:* „im ... Hoffnung."] *vgl. 1. Thess. 1, 3*
15. *31:* auch ... Liebe] *Divina Commedia, Inferno III, 5–6*   284 *7:* Thomas von Aquino] *Comment. Sentent. IV, L, 2, 4, 4*   285 *5:* vivos] *Lesefehler für:* visos, *wie schon Maurice de Gandillac in seinem Kommentar bemerkt hat: vgl. Nietzsche, Œuvres philosophiques complètes (deutscher Text nach KGW), Par-delà bien et mal. La généalogie de la morale, Paris 1971, 392f. Die Abschrift Overbecks, der diese Stelle im Juli 1887 an N nach Sils-Maria schickte, ist nicht überliefert*
16. 286 *11–12:* des ... überführt] *vgl. Tac., Ann. XV, 44*   *33:* Chinesen] Inder *Dm*

Zweite Abhandlung

2. 293 *10:* (vergl. ... 16)] *M 9. 14. 16*
5. 300 *1–2:* de ... faire] *vgl. P. Mérimée, Lettres à une inconnue, Paris 1874, I, 8; dasselbe Zitat in MA 50*
6. 301 *5–7:* selbst ... sein?"] *aus* ist nur eine Würze, eine Zuthat insofern, sie ist nicht das Wesentliche an jenem Genuß   *20–21:* „Jenseits ... 102] *JGB 197ff.; M 18. 77. 113*   301 *31–302 3:* (− man ... Tod)] *vgl. Bd. 8, 23 [140]*
7. 303 *4–7:* unreine ... Koth] *Quelle nicht erschlossen*   304 *30:* Homer] *vgl. VM 189*
10. 308 *28–29:* also ... isoliren] *aus* und auch dies so viel wie möglich auch in Hinsicht auf den direkten Schaden *Dm*
11. 311 *25–27:* „die ... durchgezogen"] *E. Dühring, Sache, Leben und Feinde, Karlsruhe und Leipzig 1882, 283, BN*   313 *11–12:* Zeichen ... Nichts] ein Schleichweg zum Nihilismus *Dm*
12. *14–25:* Hier ... sollte,] *erste Fassung in Dm:* In jeder Art Historie ergiebt sich allmählich ein Gesichtspunkt, der an sich der intellektuellen Gerechtigkeit aufs Höchste zuwidergeht: − es ist vielleicht unser größter Triumph über die vis inertiae des menschlichen Intel-

lekts   315 *1:* Gegenaktionen] *danach gestrichen:* von spontanen Angriffen, Eingriffen, Anstrengungen seitens des Dinges das sich entwickelt. Das Ding, als ein Quantum von organisirter Kraft, muß sich auch seinerseits, so schwach es auch sein mag, von innen her nach außen bewegen, um sich an diesem „Außen" zu bethätigen und zu bereichern, um es in sich hinein zu nehmen und ihm sein Gesetz, seinen Sinn aufzuprägen. Selbst − − − *Dm*   316 *12:* Huxley] *Quelle nicht erschlossen*
13. 318 *3:* nach chinesischem Rechte] *vgl. J. Kohler, Das chinesische Strafrecht. Ein Beitrag zur Universalgeschichte des Strafrechts, Würzburg 1886, BN*
15. 320 *17:* Kuno Fischer] *Ns Quelle über Spinoza; vgl. Anm. zu Bd. 9, 11 [193]*   *24−25:* das ... Ungereimtheiten] *Spinoza, Ethica I, prop. 33, schol. 2*
16. 323 *33:* Heraklit] *Fr. 52 (Diels-Kranz)*
18. 325 *31:* und Staaten baut] *aus* ,aber nach außen gewendet *Dm*   *32:* Labyrinth der Brust] *vgl. Goethe, „An den Mond"*
20. 329 *27−28:* Alles ... vorangeht] die ganze Thatsächlichkeit der schließlichen Rangordnung aller Volkselemente in jeder großen Völker-Synthesis *Dm*
23. 334 *8−13*] *Od. I, 32−34*
24. 336 *23−32:* heimbringe ... kommen] wird ... Dieser Mensch der Zukunft, der uns von den bisherigen Idealen erlöst, der Besieger Gottes muß einst kommen *Dm, später geändert durch Hinzufügung von § 25*

Dritte Abhandlung

1. *Dieser Abschnitt wurde später hinzugefügt, § 2 war in Dm der Anfang der dritten Abhandlung*
4. 343 *22:* feindseliges ... Zucht] rücksichtsloses Abseits von aller Helle und Herrlichkeit *Dm*   344 *1−3:* ein ... wäre] *vgl. MA 211*
5. *25−26:* Eliminiren ... dieselben] Zuletzt, was liegt daran! − Die Herren Künstler *He*   345 *14−20:* Und ... wartet?] *von N in He durchgestrichen*   *23−25:* Richard Wagner ... Herwegh] *vgl. R. Wagner, Mein Leben, hg. von Martin Gregor-Dellin, München 1969, 521f. N kannte Wagners Selbstbiographie aus dem Privatdruck, der in drei Bänden: 1. Teil (1813−1842) 1870, 2. Teil (1842−1850) 1872, 3. Teil (1850−1862) 1875 in Basel gedruckt wurde. Der vierte Teil (1861−1864) wurde 1880 in Bayreuth gedruckt und wird ihm unbekannt geblieben sein; vgl. Martin Gregor-Dellins Nachwort zu seiner Edition*
6. *Vgl. Bd. 11, 25 [154]*   347 *12−13:* Stendhal ... bonheur] *vgl. Stendhal, Rome, Naples et Florence, Paris 1854, 30, BN:* „La beauté n'est

jamais, ce me semble, qu'une promesse de bonheur" 348 *18–19:*
Welt ... 231] *in der Frauenstädt-Ausgabe*
7. 351 *6:* Râhula ... geschmiedet] *vgl. H. Oldenberg, Buddha. Sein Leben, seine Lehre, seine Gemeinde, Berlin 1881, 122, BN* 10–12: „eng ... Haus"] *Oldenberg, 124*
9. 358 *4–9:* vergewaltigen ... leben?] *aus* knacken heute an uns herum, wie Nußknacker der Seele, als ob wir nichts als Nüsse und Räthsel wären; gewiß ist, daß wir eben damit uns täglich räthselreicher werden, daß wir das Leben selbst immer zärtlicher um unsrer Räthselmann-Natur willen lieben — lieben lernen! *Dm* 21: Jenseits ... 232] *vgl. JGB 260* 32–34: „Morgenröthe" S. 17ff. ... S. 19] *vgl. M 18*
10. 359 *15:* In ... 39] *M 42* 360 *7–11:* Ich ... bauen] *vgl. M 113*
11. 363 *29:* Crux, nux, lux] *vgl. Bd. 9, 12 [231]*
12. 365 *20–21:* wie? ... castriren?] *aus* das hieße den Intellekt castriren — Mehr noch: es hieße — nicht denken! *Dm*
14. *Vgl. Bd. 12, 1 [7. 10]*
15. 374 *17:* hindern,] *danach gestrichen:* oft genug selbst noch ohne Bewußtsein von Schmerz auch wenn [— — —] *Dm* 29: Armuth ... Kali] *vgl. Bd. 9, 11 [244]; 12 [31]*
16. 375 *27:* Eins ist noth] *Luk. 10, 42* 376 *20–24:* damals ... Schuld] *vgl. FW 250*
17. 378 *24–25:* Junker ... Shakespeare] *in: Was ihr wollt I, 3* 24: Christoph] *danach gestrichen:* ich bin ein großer Rindfleischesser, ich glaube [— — —] *Dm* 21–23: Auf ... etwa?] *aus* Die Prozeduren der meisten Wüsten-Heiligen beiläufig gesagt, gehn auf diesen Schlaf hinaus — und viele von ihnen haben es erreicht — auf die absolute Langeweile, die nicht mehr als Langeweile empfunden wird, vielmehr als Nichts, als das Gefühl des Nichts [— — —] *Dm* 381 *7–8:* Paul Deussen] *N bezieht sich hier auf: Das System des Vedânta, Leipzig 1883, BN; Die Sûtra's des Vedânta aus dem Sanskrit übers., Leipzig 1887, BN*
18. 384 *2–3:* (die ... Geulincx)] *vgl. Bd. 9, 11 [194]*
19. 386 *8:* Plato] *Resp. 414b–c; 382c; 389b; 459c–d; Leg. 663e* 22–34: Byron ... Wagner's] *vgl. dazu: Lord Byron's Vermischte Schriften, übers. von E. Ortlepp, Stuttgart o. J., BN; W. Gwinner, A. Schopenhauer aus persönlichem Umgange dargestellt, Leipzig 1862; A. W. Thayer, L. van Beethoven's Leben, Berlin 1866 ff. Zu Richard Wagners Selbstbiographie vgl. Anm. zu 345, 23–25* 387 *3:* Janssen] *J. Janssen, Geschichte des deutschen Volks seit dem Mittelalter, Freiburg 1877; N kaufte dieses Werk am 31. Dezember 1878, nicht vorhanden in BN. Über Janssen vgl. N an Peter Gast, 5. Okt. 1879*

20. *27:* Diplomat] *Talleyrand; vgl. Bd. 12, 10 [78]*   390 *29:* Mein ... Welt] *Joh. 18, 36*   *30:* Goethe] *zu Eckermann, 14. Februar 1830*
22. 393 *23:* ich ... Geschmack] *wie Julien Sorel in Stendhals "Le rouge et le noir"; vgl. Bd. 11, 25 [169]*
24. *Vgl. Bd. 11, 25 [304. 340]; 26 [225]*   400 *27-28:* vgl. ... S. 263] *FW 344*   401 *28:* welcher ... S. 260 ff] *FW 344*
26. 406 *12:* Metapolitik ... Mitleid"] Metaphysik und Dostoijewsky *Dm*   *18:* süssen Geistreichen] *aus* süßlichen Feiglinge *Dm*
    23-28: ganz ... Proletariats)] armen Schreiteufel von Agitator einmal das Ohr zu schenken (wie jenem [armen Communist] Dühring, der, indem er die ganze Geschichte angeifert, uns überreden möchte, damit deren „Historiker" [ebensosehr als deren] und „jüngstes Gericht" zu sein [insgleichen daß sein Geifer die Gerechtigkeit selbst bedeute]) *Dm (erste Fassung)*   407 *24-408 9:* auch ... überall] die [fromm-beredten Idealisten] Spekulanten in „Idealismus" nicht, welche heute ihre Augen christlich-deutsch-antisemitisch verdrehn und [klug genug] durch einen Aufwand dedaigneuser Moral-Attitüden ihre [schlechten Instinkte] [kleinen] Würmer und interna, Neid, [Grobheit, verletzte Eitelkeit] Eitelkeits-Krämpfe und unheilbare Mediokrität übermänteln möchten (− daß jede Art Schwindel-Geisterei im heutigen Deutschland nicht ohne Erfolg bleibt, hängt mit der nachgerade unableugbaren und bereits handgreiflichen [Verdummung und] Verödung des deutschen Geistes zusammen, deren Ursache ich in einer allzu ausschließlichen Ernährung mit Zeitungen, Politik, Bier und Wagnerischer Musik [suchen mag] suche, hinzugerechnet, was die Voraussetzung für diese Diät abgiebt, die ganze national-patriotische [Neurose] Hysterie, an der jetzt Deutschland mit allen Ländern Europa's und vor allen Ländern Europa's krank ist. Cette race douce énergique meditative et passionnée − wo ist sie hin! wo sind die Deutschen hin!...) Der idealistische Schwindel verdirbt nicht nur in Deutschland die Luft, er verdirbt heute in ganz Europa die Luft, − Europa ist auf eine peinliche Weise heute furchtbar in übelriechendem − − − *Dm (erste Fassung)*   408 *1-4:* abgiebt ... Ideen"] abgiebt, die „Fortschritt" sich nennende paralysis agitans der modernen Ideen, die Demokratisirung, welcher Deutschland nunmehr mit allen Ländern Europa's verfallen ist: eine unheilbare Krankheit! *Dm (zweite Fassung)*
27. 409 *1:* ein ... vorbereite] mein in Vorbereitung befindliches Hauptwerk *Dm*   *31:* S. 290] *FW 357*

Band 6
Der Fall Wagner. Götzen-Dämmerung. Der Antichrist. Ecce homo. Dionysos-Dithyramben. Nietzsche contra Wagner

Nietzsches Nachlaß 1885–1888 und der „Wille zur Macht"

Die philologische Erschließung von Ns Nachlaß der Jahre 1885 bis 1888 durch den vollständigen Abdruck der Manuskripte in ihrer authentischen Gestalt sowie in chronologischer Reihenfolge (s. Band 12 und 13) macht den jahrzehntelangen Streit um Ns sogenanntes „Hauptwerk", den *Willen zur Macht,* gegenstandslos. Die Schriften *Götzen-Dämmerung* und *Antichrist* in Band 6 sind Folge der geänderten Pläne Ns hinsichtlich des *Willens zur Macht.* Daher folgt hier einleitend zu Band 6 eine zusammenfassende Darstellung zum Komplex *Der Wille zur Macht,* die die Entwicklung von Ns Plänen zeigt und die von Elisabeth Förster-Nietzsche und Peter Gast in die Welt gesetzte und bis heute verbreitete irrige Meinung über Ns „Hauptwerk" endgültig auszuräumen versucht.

Der „Wille zur Macht" ist zunächst ein philosophischer Lehrsatz, sodann ein literarisches Projekt Ns, endlich aber auch die unter diesem Titel bekannte Kompilation aus dem Nachlaß, die 1906 in ihrer endgültigen, zum Teil auch heute noch kanonischen Form erschien, herausgegeben von Heinrich Köselitz (alias Peter Gast) und Elisabeth Förster-Nietzsche, Ns Schwester. Die begriffliche Bestimmung des „Willens zur Macht" war seit 1880 durch die Reflexionen über das „Gefühl der Macht" vorbereitet, die ihren Niederschlag in der *Morgenröthe* (Frühjahr 1881) und in nachgelassenen Fragmenten aus dem Sommer/Herbst 1880 fanden. Im zweiten Teil von *Also sprach Zarathustra,* und zwar im Kapitel „Von der Selbst-Überwindung", niedergeschrieben im Sommer 1883, findet sich die erste ausführliche Beschreibung vom „Willen zur Macht":

> Wo ich Lebendiges fand, da fand ich Willen zur Macht; und noch im Willen des Dienenden fand ich den Willen, Herr zu sein ... Und dieses Geheimniss redete das Leben selber zu mir. „Siehe, sprach es, ich bin das was sich immer selber überwinden muß ... Und auch du, Erkennender, bist nur ein Pfad und Fußstapfen

meines Willens: wahrlich, mein Wille zur Macht wandelt auch auf den Füßen deines Willens zur Wahrheit! Der traf freilich die Wahrheit nicht, der das Wort nach ihr schoß vom ‚Willen zum Dasein': diesen Willen giebt es nicht! Denn: was nicht ist, das kann nicht wollen; was aber im Dasein ist, wie könnte das noch zum Dasein wollen! Nur, wo Leben ist, da ist auch Wille: aber nicht Wille zum Leben, sondern ... Wille zur Macht! Vieles ist dem Lebenden höher geschätzt, als Leben selber; doch aus dem Schätzen selber heraus redet – der Wille zur Macht!" [Bd. 4, 147 f.]

Ein Sentenzenbuch vom Herbst 1882 bringt als ersten Spruch: „Wille zum Leben? Ich fand an seiner Stelle immer nur Wille zur Macht." (Bd. 10, 187)

Der Wille zur Macht ist also der „unerschöpfte, zeugende Lebens-Wille", er ist der „Wille, Herr zu sein", er ist Ns „Wort vom Leben und von der Art alles Lebendigen", er ist das Leben selber und bleibt so für N bis zuletzt gültig. Dieser Wille zur Macht ist kein metaphysisches Prinzip wie der Schopenhauersche Wille zum Dasein oder zum Leben, er „erscheint" nicht, sondern er ist ganz einfach eine andere Art, „Leben" zu sagen, „Leben" zu bezeichnen; das Leben ist somit „das, was sich immer selber überwinden muß", Spannung zwischen Stärkerem und Schwächerem: Das Kleinere gibt sich dem Größeren hin, „daß es Lust und Macht am Kleinsten habe", aber auch das Größte gibt sich hin und „setzt um der Macht willen — das Leben dran". Und auch der Wille zur Wahrheit — das, was N zur Zeit der *Morgenröthe* „Leidenschaft der Erkenntnis" nannte — ist, als „Wille zur Denkbarkeit alles Seienden", das sich den „Weisesten" „fügen und biegen" soll, als „Spiegel und Widerbild" des Geistes: Wille zur Macht. Was „vom Volke als gut und böse geglaubt wird", verrät den „alten Willen zur Macht" der Schöpfer der Werte.

Der Titel *Der Wille zur Macht* taucht zum ersten Mal in Ns Manuskripten vom Spätsommer 1885 auf, gleichsam vorbereitet durch eine Reihe von Aufzeichnungen vom Frühjahr desselben Jahres. Selbstverständlich findet man das Thema des Willens zur Macht auch in früheren Manuskripten (ab 1882), so wie auch dieses Thema in den erwähnten Manuskripten vom Jahre 1885 nicht allein dasteht. Der historische Sinn, die Erkenntnis als Fälschung zur Ermöglichung des Lebens, die Kritik der modernen moralischen Tartufferie, der Philosoph als Gesetzgeber und Versucher neuer Möglichkeiten, die sogenannte „große Politik", die Charakterisierung des „guten Europäers": all diese Themen und auch andere noch finden wir in den Heften und Notizbüchern aus dieser Zeit ausgeführt. Ns Nachlaß gibt sich auch in diesem Falle als das, was er im wesentlichen ist: ein äußerst komplexes intellektuelles Tagebuch, in das all die Versuche der theoretischen Ausarbeitung von Intuitionen und Begriffen, die Lektüre (oft in Gestalt von Exzerpten), Briefentwürfe, Pläne und Titel von beabsichtigten Schriften niedergeschrieben werden.

In einem Heft vom Sommer/Herbst 1884, unmittelbar vor der Abfassung des vierten Teils von *Also sprach Zarathustra*, steht der Titel: „Philosophie der ewigen Wiederkunft. / Ein Versuch der Umwerthung aller Werthe" (Bd. 11, 218). Die „Vorrede" zur „Philosophie der ewigen Wiederkunft", unter dem Titel „Die neue Rangordnung" bzw. „von der Rangordnung des Geistes", ist „im Gegensatz zur Moral der Gleichheit" entworfen. N spricht hier von „Rangordnung der Werthe-Schaffenden (in Bezug auf das Werthe-setzen)" − das sind: die Künstler, die Philosophen, die Gesetzgeber, die Religionsstifter, die „höchsten Menschen" (als „Erd-Regierer" und „Zukunfts-Schöpfer", die zuletzt sich selber „zerbrechen"). Alle werden als „mißrathen" aufgefaßt (unverkennbar wird hier das Leitmotiv vom vierten *Zarathustra* präludiert). Diese Vorrede kulminiert in der Beschreibung der „dionysischen Weisheit":

> Die höchste Kraft, alles Unvollkommene, Leidende als nothwendig (ewig-wiederholenswerth) zu fühlen aus einem Überdrange der schöpferischen Kraft, welche immer wieder zerbrechen muß und die übermüthigsten schwersten Wege wählt (Princip der größtmöglichen Dummheit, Gott als Teufel und Übermuth-Symbol)
> Der bisherige Mensch als Embryon, in dem sich alle gestaltenden Mächte drängen − Grund seiner tiefen Unruhe [Bd. 11, 214]

Wenige Seiten später entwickelt N eine Problematik des Willens zur Macht: der Wille zur Macht in den Funktionen des Organischen, im Verhältnis zu Lust und Unlust, im sogenannten Altruismus (Mutterliebe und Geschlechtsliebe), als vorhanden auch in der unorganischen Materie. Es folgt der Entwurf der eigentlichen Philosophie der ewigen Wiederkunft, in dem nacheinander die Lehrsätze von der „ewigen Wiederkunft des Gleichen", von der „Umwerthung aller Werthe" und vom „Willen zur Macht" in Verbindung gesetzt werden. Der Gedanke der ewigen Wiederkunft des Gleichen ist der „schwerste Gedanke"; um ihn zu ertragen, tut eine „Umwerthung aller Werthe" not; worin besteht aber diese? Daß man nicht mehr Lust an der Gewißheit, sondern an der Ungewißheit hat, daß man nicht mehr „Ursache und Wirkung" sieht, sondern das „beständig Schöpferische", daß man anstelle des Willens der Erhaltung den „Willen der Macht" setzt, daß man nicht mehr demütig sagt: „es ist alles nur subjektiv", sondern „es ist auch unser Werk, seien wir stolz darauf!"

Die Vorrede zur „Philosophie der ewigen Wiederkunft" kommt dann wieder unter anderen Titeln vor (die wichtigsten sind: „Die neue Aufklärung" und „Jenseits von Gut und Böse", Bd. 11, 235), bis sie selbst zum Untertitel wird und einen neuen Haupttitel erhält: „Mittag und Ewigkeit. / Eine Philosophie der ewigen Wiederkunft." (Bd. 11, 274) Von Umwertung aller Werte wird lange Zeit keine Rede mehr in Ns Buchtiteln sein. „Neue Aufklärung" und „Jenseits von Gut und Böse" werden wenig später zu Hauptstücken eines neuen Plans, unter dem Haupttitel: „Die ewige Wiederkunft. / Eine Wahrsagung." (Bd. 11, 296) Am Schluß dieses Planes steht das Hauptstück über die Wiederkunft, und zwar unter dem Titel „Der Hammer und der große Mittag".

Die Vollendung des *Zarathustra* durch Veröffentlichung (Anfang 1885) eines vierten Teils auf Ns eigene Kosten war eine durch und durch private Tat. Dieser letzte Teil erschien in nur 40 Exemplaren, von denen eine kleine Anzahl engeren Freunden und Bekannten zukam; um N war es immer stiller geworden. Seit 1884 war er in einen langwierigen Kampf um seine Bücher und einen Teil seines kleinen Vermögens mit dem Verleger Ernst Schmeitzner verwickelt. Noch im Herbst 1884 hegte N den Plan, als Dichter in die Öffentlichkeit zu treten. Die Jahre 1885 und 1886 sind gekennzeichnet durch wiederholte Versuche, einen Verleger zu finden, der dazu bereit gewesen wäre, sowohl die noch vorhandenen Bestände seiner früheren Werke von Ernst Schmeitzner zu kaufen als auch seine neuen Schriften zu drucken. Die Lösung wurde erst im Sommer 1886 gefunden: Sein allererster Verleger, Ernst Wilhelm Fritzsch, kaufte die früheren Schriften, von der *Geburt der Tragödie* bis zum dritten *Zarathustra*, Schmeitzner ab, und N entschloß sich, seine neuen Schriften auf eigene Kosten beim Drucker Constantin Georg Naumann in Leipzig erscheinen zu lassen. Diese Publikationssorgen dürfen bei der Beurteilung von Ns Plänen nicht vergessen, gleichwohl auch nicht überschätzt werden. Unter dem Gesichtspunkt einer Rückkehr in die Öffentlichkeit sollte der breit angelegte Versuch einer Umarbeitung von *Menschliches, Allzumenschliches* begriffen werden, den N im Frühjahr und Sommer 1885 unternahm. Dieselbe Absicht zeigen die kurz voran-, dann auch parallelgehenden Entwürfe, in denen N sich an die Deutschen bzw. an die „guten Europäer" wendet. Nicht zu übersehen sind auch die fortwährenden Pläne eines neuen Zarathustra-Werks (meistens unter dem Titel „Mittag und Ewigkeit", Bd. 11, 468). Abgesehen von den evidenten Umarbeitungen der Aphorismen von *Menschliches, Allzumenschliches* läßt sich jedoch die Fülle der Aufzeichnungen nicht unter die betreffenden Pläne aufteilen und subsumieren. N kommt im Lauf seiner Reflexionen zu bestimmten Titeln und Entwürfen jeweils gleichberechtigt unter einem anderen literarischen (aber auch philosophischen) Standpunkt. Die Pläne wechseln miteinander, lösen einander ab, beleuchten jeweils das Ganze der Aufzeichnungen von einer bestimmten Absicht Ns aus. Das Einheitliche — wenn auch nicht Systematische im überkommenen Sinne — von Ns Versuch erhellt erst die Gesamtheit des Nachlasses, welcher schon deshalb nur in seiner wirklichen, unsystematisierten Gestalt veröffentlicht werden sollte.

Die Fragmente, so wie sie N niederschrieb, in ihrem scheinbaren Chaos nacheinander gelesen, gewähren aufschlußreiche Einblicke in die Bewegung seines Denkens, in sein „labyrinthisches Kreisen" (E. Heftrich). Träger der Aufzeichnungen aus dieser Zeit ist der Gedanke der „ewigen Wiederkunft", und die Häufigkeit der Zarathustra-Pläne (alle nicht ausgeführt) weist auf die Zentralität jenes Gedankens, als dessen Verkünder schon Zarathustra aufgetreten war (im dritten Teil von *Also sprach Zarathustra,* Anfang 1884). In einem Heft aus dem Sommer 1885 ist zu lesen: „Zarathustra kann nur beglücken, nachdem die Rangordnung hergestellt wird. Zunächst wird diese gelehrt" (Bd. 11, 540); der Gedanke der ewigen Wiederkunft des Gleichen kann also erst dann beglücken, wenn die Rangordnung hergestellt ist; daraus erhellt, warum in dem erwähnten Entwurf vom Sommer 1884 die „Philosophie der ewigen Wiederkunft" als Versuch einer Umwertung aller Werte durch eine Vorrede über die neue Rangordnung, die Rangordnung des Geistes, eingeleitet wird. Auch während der Umarbeitung von *Menschliches, Allzumenschliches* finden wir inmitten der Notizen als eine weitere Chiffre der ewigen Wiederkunft die „Philosophie des Dionysos". Der Versuch mit dem Buch für freie Geister scheiterte: Aus der fleißigen Arbeit jenes Sommers entstanden später zahlreiche Aphorismen in *Jenseits von Gut und Böse* — insbesondere die, in denen der Versucher-Gott Dionysos sich zu Wort meldet. (Aus demselben Material stammt übrigens auch der letzte Aphorismus, Nr. 1067, in der Kompilation von Elisabeth Förster-Nietzsche und Heinrich Köselitz.) Doch nicht unter dem Gesichtspunkt einer Umwertung aller Werte und der ewigen Wiederkunft begegnet man dem Entwurf, in dem zum ersten Mal der Wille zur Macht als Titel eines von N geplanten Werkes vorkommt. Dieser Titel heißt in einem Notizbuch aus dem August 1885: „Der Wille zur Macht / Versuch / einer neuen Auslegung / alles Geschehens. / Von / Friedrich Nietzsche." (Bd. 11, 619)

Es handelt sich um eine Akzentverschiebung: In den darauffolgenden Aufzeichnungen führt N Ernährung, Zeugung, Anpassung, Vererbung, Arbeitsteilung auf den Willen zur Macht zurück. Der Wille zur Wahrheit ist eine Form des Willens zur Macht, so wie der Wille zur Gerechtigkeit, der Wille zur Schönheit, der Wille zum Helfen es sind. Zu diesem Entwurf gehören eine Vorrede und eine Einleitung. In der Vorrede wird die neue Auslegung umrissen:

> Wie naiv tragen wir unsere moralischen Werthschätzungen in die Dinge, z. B. wenn wir von Naturgesetzen reden! Es möchte nützlich sein, einmal den Versuch einer völlig verschiedenen Ausdeutungsweise zu machen: damit durch einen erbitterten Widerspruch begriffen werde, wie sehr unbewußt unser moralischer Kanon (Vorzug von Wahrheit, Gesetz, Vernünftigkeit usw.) in unserer ganzen sogenannten Wissenschaft regirt. Populär ausgedrückt: Gott ist widerlegt, aber der Teufel nicht: und alle göttlichen Funktionen gehören mit hinein in sein Wesen: das Umgekehrte gieng nicht!

Und die Einleitung antizipiert die ganze Problematik dessen, was N später als Nihilismus bezeichnen wird:

> Nicht der Pessimismus (eine Form des Hedonismus) ist die große Gefahr, die

Abrechnung über Lust und Unlust, und ob vielleicht das menschliche Leben einen Überschuß von Unlustgefühlen mit sich bringt. Sondern die Sinnlosigkeit alles Geschehens! Die moralische Auslegung ist zugleich mit der religiösen Auslegung hinfällig geworden: das wissen sie freilich nicht die Oberflächlichen! Instinktiv halten sie, je unfrommer sie sind, mit den Zähnen an den moralischen Werthschätzungen fest. Schopenhauer als Atheist hat einen Fluch gegen den ausgesprochen, der die Welt der moralischen Bedeutsamkeit entkleidet. In England bemüht man sich, Moral und Physik zu verbrüdern, Herr von Hartmann Moral und die Unvernünftigkeit des Daseins. Aber die eigentliche große Angst ist: die Welt hat keinen Sinn mehr. Inwiefern mit „Gott" auch die bisherige Moral weggefallen ist: sie hielten sich gegenseitig. Nun bringe ich eine neue Auslegung, eine „unmoralische", im Verhältniß zu der unsere bisherige Moral als Spezialfall erscheint. Populär geredet: Gott ist widerlegt, der Teufel nicht. [Bd. 11, 625; beide nicht in die Kompilation aufgenommen!]

Im nächstfolgenden Heft finden wir eine Disposition, in die das Motiv der Sinnlosigkeit schon aufgenommen ist; sie hat einen systematischen, sehr allgemeinen Charakter, wie N nie seine Bücher geschrieben hat: „Der Wille zur Macht / Versuch einer neuen Auslegung alles Geschehens. / (Vorrede über die drohende ‚Sinnlosigkeit'. Problem des / Pessimismus) / Logik. / Physik. / Moral. / Kunst. / Politik." (Bd. 11, 629)

Bemerkenswert ist die bewußte Opposition zu Schopenhauers pessimistischer Metaphysik, die ihren Anfang schon in der zitierten Zarathustra-Stelle hatte, als N den Willen zur Macht dem Willen zum Leben entgegenstellte. Nun geht es um eine Auslegung, die nach N keine Erklärung ist. Die Auseinandersetzung mit Gustav Teichmüller und Afrikan Spir (*Die wirkliche und die scheinbare Welt*, 1882, und *Denken und Wirklichkeit*, 1877) ist Bestandteil von Ns erkenntnistheoretischen Meditationen, die sich alle gegen eine Geringschätzung der sogenannten Erscheinungswelt richten, als Wurzel des Pessimismus. „Die Welt des Denkens nur ein zweiter Grad der Erscheinungswelt", notiert sich N noch einmal unter einem identisch formulierten Entwurf vom Willen zur Macht als „neue Auslegung alles Geschehens" und nimmt gegen das Wort „Erscheinungen" selbst Stellung:

gegen das Wort „Erscheinungen".

Schein wie ich es verstehe, ist die wirkliche und einzige Realität der Dinge, — das, dem alle vorhandenen Prädikate erst zukommen und welches verhältnißmäßig am besten noch mit allen, also auch den entgegengesetzten Prädikaten zu bezeichnen ist. Mit dem Worte ist aber nichts weiter ausgedrückt als seine Unzugänglichkeit für die logischen Prozeduren und Distinktionen: also „Schein" im Verhältniß zur „logischen Wahrheit" — welche aber selber nur an einer imaginären Welt möglich ist. Ich setze also nicht „Schein" in Gegensatz zur „Realität" sondern nehme umgekehrt Schein als die Realität, welche sich der Verwandlung in eine imaginative „Wahrheits-Welt" widersetzt. Ein bestimmter Name für diese Realität wäre

„der Wille zur Macht", nämlich von Innen her bezeichnet und nicht von seiner unfaßbaren flüssigen Protheus-Natur aus. [Bd. 11, 654; nicht in die Kompilation aufgenommen!]

Eine gewisse Zeit wird der Titel „Der Wille zur Macht" als neue Auslegung alles Geschehens gleichberechtigt neben anderen Titeln bestehen, von denen der bedeutendste „Mittag und Ewigkeit" (als Zarathustra-Werk) bleibt. Auch die Entwürfe eines Vorspiels der Philosophie der Zukunft als vorbereitendes Werk fehlen in dieser Zeit (Sommer 1885–Sommer 1886) nicht. Der häufigste Titel hierzu ist „Jenseits von Gut und Böse", zu dem N ein Druckmanuskript im Winter 1885/86 fertigte. „Jenseits von Gut und Böse" wurde also als parallellaufender Plan zu anderen Werken („Der Wille zur Macht" und „Mittag und Ewigkeit") konzipiert. In einem wichtigen Manuskript, das die meisten Reinschriften zu *Jenseits von Gut und Böse* enthält, findet sich ein Plan unter der Aufschrift „Die Titel von 10 neuen Büchern", von N „Frühling 1886" datiert: 1. „Gedanken über die alten Griechen", 2. „Der Wille zur Macht. Versuch einer neuen Welt-Auslegung", 3. „Die Künstler. Hintergedanken eines Psychologen", 4. „Wir Gottlosen", 5. „Mittag und Ewigkeit", 6. „Jenseits von Gut und Böse. Vorspiel einer Philosophie der Zukunft", 7. „Gai Saber. Lieder des Prinzen Vogelfrei", 8. „Musik", 9. „Erfahrungen eines Schriftgelehrten", 10. „Zur Geschichte der modernen Verdüsterung" (Bd. 12, 94). Zu jedem dieser Titel ist eine bestimmte Reihe von Notizen in den Manuskripten vorhanden, und durch jeden dieser Titel werden frühere Aufzeichnungen unter ein bestimmtes Licht gestellt; auch bilden die Titel selber den Ausgang zu weiteren Ausführungen. Ein Titel bezieht sich sogar auf ein schon fertiges Druckmanuskript *(Jenseits von Gut und Böse)*, und die späteren *Lieder des Prinzen Vogelfrei* waren seit Herbst 1884 (z.T. seit 1882) abgefaßt. Wer, wie Podach 1963 nach Durchsicht von Ns Notizbüchern, N abkanzelt, weil er nicht bei diesem Plan blieb, sondern sich „im Kampf mit einem systematischen Hauptwerk verzehrte", dem geht die Einsicht in die wirkliche Bedeutung der Entwürfe, Dispositionen, Pläne und Titel ab, welche man als durchaus provisorische, nicht auf immer verbindliche Überblicke über das vorhandene Material und Ausblicke zu weiteren Projekten zu betrachten hat, zumal sie selber meistens Fragmente sind, die eine bestimmte Aussage Ns verdeutlichen und erst innerhalb der gesamten werdenden Masse der Aufzeichnungen verständlich sind. Auch hat ein Kampf mit einem Hauptwerk nie stattgefunden: Ns Nachlaß stellt insgesamt einen durch die Krankheit abgebrochenen Versuch dar. Zu behaupten, daß dadurch Ns Lebenswerk unvollendet geblieben sei, ist beinahe eine Naivität.

Einige Wochen später – inzwischen war *Jenseits von Gut und Böse* erschienen – verfaßte N einen neuen Entwurf, datiert „Sils-Maria, Sommer 1886":

Der Wille zur Macht
Versuch
einer Umwerthung aller Werthe.
In vier Büchern.

Erstes Buch:	die Gefahr der Gefahren (Darstellung des Nihilismus) (als der nothwendigen Consequenz der bisherigen Werthschätzungen)
Zweites Buch:	Kritik der Werthe (der Logik usw.)
Drittes Buch:	das Problem des Gesetzgebers (darin die Geschichte der Einsamkeit) Wie müssen Menschen beschaffen sein, die umgekehrt werthschätzen? Menschen, die alle Eigenschaften der modernen Seele haben, aber stark genug sind, sie in lauter Gesundheit umzuwandeln.
Viertes Buch:	der Hammer ihr Mittel zu ihrer Aufgabe [Bd. 12, 109]

Nihilismus, Kritik der Werte, Umwertung der Werte im Sinne des Willens zur Macht, ewige Wiederkunft: Diese vier Momente werden von N in den zahlreichen darauffolgenden Ausführungen variiert; wir finden hier noch einmal Motive, die uns aus früheren Notizen bekannt waren. (Auch greift N auf den Untertitel der „Philosophie der ewigen Wiederkunft" aus dem Jahre 1884 zurück.) Allerdings sind diese nun verdeutlicht, und zwar gerade durch die Viergliederung des Werkes, die ihrerseits den Gang der folgenden Reflexionen bestimmt.

Vom Zeitpunkt dieses Entwurfs an ist man berechtigt, von einem in vier Büchern geplanten Werk zu sprechen, das N unter dem Titel „Der Wille zur Macht. Versuch einer Umwerthung aller Werthe" veröffentlichen wollte. Er kündigt es auf der vierten Umschlagseite von *Jenseits von Gut und Böse* (Sommer 1886) an, und nach einem Jahr weist er darauf im Text der *Genealogie der Moral* (Sommer 1887) hin. *Jenseits von Gut und Böse* löst sich auf gar keine Weise (wie die Kompilatoren des *Willens zur Macht* behaupteten) vom „Willen zur Macht" ab, sondern es ist nichts weiter als die Zusammenstellung all dessen, was N aus dem Material der Zarathustra-Zeit (1881–85) und des darauffolgenden Versuchs einer Umarbeitung von *Menschliches, Allzumenschliches,* als Vorspiel einer Philosophie der Zukunft, für mitteilenswert hielt. Dieses Vorspiel wurde im Winter 1885/86 druckfertig gemacht. Auch die Vorreden und die verschiedenen Ergänzungen zu den neuen Auflagen von *Geburt der Tragödie, Menschliches, Allzumenschliches, Morgenröthe, Fröhliche Wissenschaft* (zwischen Sommer 1886 und Frühjahr 1887 abgefaßt) stammen aus Aufzeichnungen, die N zu eben diesen Neuauflagen niederschrieb. Sie lösen sich ebenfalls nicht aus einer angeblich zum *Willen zur Macht* bestimmten Sammlung von Aufzeichnungen. Natürlich lassen sich wechselseitige Beziehungen zwischen diesem Material und dem Entwurf zum *Willen zur Macht* feststellen; man muß jedoch das Spezifische der literarischen Intention, so wie wir sie in dem Entwurf vom Sommer 1886 kennengelernt haben, zu unterscheiden wissen von allen vorangegangenen Aufzeichnungen oder parallellaufenden Ausarbeitungen anderer Art. Was N von seinem früheren Material nicht aus dem Gedächtnis verlieren wollte, notierte er sich in einer Rubrik von 53 Nummern, die er sich im Frühjahr 1887 anlegte. Diese Rubrik ist kein Plan oder Entwurf, sondern ganz einfach ein Verzeichnis von eventuell brauchbaren Notizen. Bemerkenswert ist die Tatsache, daß der berühmte letzte Aphorismus der Köselitz-Förster-Kompilation (Nr. 1067) *nicht* in die Rubrik kam. Wenn Ns literarische Intentionen irgendeinen Wert haben sollen, so müssen wir aus dieser Tatsache zwangsläufig schließen, daß jener Aphorismus in den Augen Ns seine Funktion erfüllt hatte, als er eine andere Fassung davon in *Jenseits von Gut und Böse* (Aph. 36) veröffentlicht hatte. Selbstverständlich behält er seinen philosophischen Wert innerhalb des Nachlasses, aber er gehört nicht zu den Aufzeichnungen, die N im Frühjahr 1887 retten wollte.

Aus derselben Zeit stammt ein anderer Plan zum *Willen zur Macht*. Das Blatt ist am oberen Rand abgeschnitten, so daß, wenn auch mit größter Wahrscheinlichkeit, die Zugehörigkeit zum *Willen zur Macht* nur vermutet werden kann: „[+ + +] aller Werthe / Erstes Buch / Der europäische Nihilismus / Zweites Buch / Kritik der höchsten Werthe / Drittes Buch / Princip einer neuen Werthsetzung / Viertes Buch / Zucht und Züchtung / entworfen den 17. März 1887, Nizza" (Bd. 12, 318). Dieser Plan ist insofern wichtig, als die Kompilatoren ausgerechnet ihn als den am besten geeigneten für ihr Machwerk hielten. Er unterscheidet sich kaum vom Plan aus dem Sommer 1886. Auch hier bilden Nihilismus, Kritik der Werte, Umwertung der Werte, ewige Wiederkunft (als Hammer und somit als Prinzip der Zucht und Züchtung, wie wir es aus dem Plan vom Sommer 1886 kennen) die vier Motive der vier Bücher.

Nach der Arbeit an den Neuauflagen seiner früheren Werke widmete N sich mit besonderer Intensität einem zentralen Problem seiner Entwürfe vom Sommer 1886 und Frühjahr 1887: dem Problem des Nihilismus. Diese Meditationen kulminieren in dem eindrucksvollen, von ihm „Lenzer Heide, den 10. Juni 1887" datierten Fragment unter dem Titel *Der europäische Nihilismus*, eine kleine Abhandlung in 16 Abschnitten (Bd. 12, 211). In der kanonischen Kompilation der Förster-Nietzsche und des Heinrich Köselitz wurde dieser Text unbegreiflicherweise zerstückelt (im ersten *Willen zur Macht* aus dem Jahr 1901 dagegen als Ganzes veröffentlicht). Nur die Leser des Apparates von Otto Weiss (1911) im XVI. Bd. der Großoktavausgabe erfuhren, daß die sogenannten Aphorismen 4, 5, 114, 55 (in dieser Reihenfolge gelesen) einer organischen Abhandlung angehörten.

Nach Veröffentlichung der *Genealogie der Moral* arbeitete N ab Herbst 1887 sehr konzentriert am *Willen zur Macht*. Diese Arbeit gipfelte gegen

Mitte Februar 1888 in der Rubrizierung von 372 Aufzeichnungen, die er bis dahin in zwei Quarthefte und ein Folioheft geschrieben hatte. Für seine Rubrizierung benutzte er ein weiteres Heft, in das er die 372 Fragmente (in Wirklichkeit waren es deren 374, weil zwei Nummern zweimal vorkommen) stichwortartig eintrug. Die ersten 300 Stichworte wurden auch auf 4 Bücher verteilt, indem N mit Bleistift neben die stichwortartigen Inhaltsangaben seiner Aufzeichnungen die römischen Ziffern I, II, III oder IV schrieb. Diese Ziffern bezogen sich auf einen Plan ohne Überschrift, der sich im Rubrikheft findet. Er ist in vier Bücher gegliedert; aber auch die Überschriften der vier Bücher fehlen:

⟨zum ersten Buch⟩
1. Der Nihilismus, vollkommen zu Ende gedacht.
2. Cultur, Civilisation, die Zweideutigkeit des „Modernen".
⟨zum zweiten Buch⟩
3. Die Herkunft des Ideals.
4. Kritik des christlichen Ideals.
5. Wie die Tugend zum Siege kommt.
6. Der Heerden-Instinkt.
⟨zum dritten Buch⟩
7. Der „Wille zur Wahrheit".
8. Moral als Circe der Philosophen.
9. Psychologie des „Willens zur Macht" (Lust, Wille, Begriff usw.)
⟨zum vierten Buch⟩
10. Die „ewige Wiederkunft".
11. Die große Politik.
12. Lebens-Recepte für uns.
[Bd. 13, 211]

Wiederum bleiben die vier Hauptmotive — Nihilismus, Kritik der Werte, Umwertung der Werte, ewige Wiederkunft — beibehalten. Die vier Bücher gliedern sich allerdings in Kapitel, welche ihrerseits eine besondere Betonung der Hauptmotive beinhalten.

Eine nähere Betrachtung der rubrizierten Fragmente gibt einen guten Einblick in die editorische Praxis der Kompilation von Förster-Nietzsche/Köselitz. Die vier Bücher des Plans, nach dem N diese Fragmente rubrizierte, entsprechen genau den vier Büchern des von den Herausgebern der Kompilation ausgewählten Plans vom 17. März 1887. Man dürfte also erwarten, daß sie Ns Anweisungen gefolgt wären — zumindest in diesem einzigen Fall, in dem er ausdrücklich solche hinterließ. Doch hielt sich Köselitz manchmal für einen besseren Philosophen und Schriftsteller als N, und gar die Schwester hatte sich von Rudolf Steiner in der Philosophie unterweisen lassen:

1. Von den 374 von N in Blick auf den *Willen zur Macht* numerierten Fragmenten sind 104 nicht in die Kompilation aufgenommen worden;

davon wurden 84 überhaupt nicht veröffentlicht, 20 in die Bde. XIII und XIV sowie in die Anmerkungen von Otto Weiss in Bd. XVI der Großoktavausgabe verbannt. Im Vorwort zu Bd. XIII der Großoktavausgabe schrieb aber Frau Förster-Nietzsche: „Die Bände XIII und XIV bringen also die unveröffentlichten Niederschriften ... mit Ausnahme alles Dessen, was von dem Autor unbedingt zum Willen zur Macht selbst bestimmt worden ist."

2. Von den übrigen 270 Fragmenten sind 137 unvollständig bzw. mit willkürlichen Textänderungen (Auslassung von Überschriften, oft auch von ganzen Sätzen, Zerstückelung von zusammenhängenden Texten usw.) wiedergegeben; von diesen sind wiederum

a) 49 in den Anmerkungen von Otto Weiss verbessert; der normale Verbraucher des *Willens zur Macht*, d. h. zum Beispiel der Leser der auch neuerdings verlegten Krönerschen Ausgabe (hg. von Alfred Bäumler), wird diese Verbesserungen niemals kennenlernen;

b) 36 nur mangelhaft in jenen Anmerkungen verbessert, z. T. macht Weiss ungenaue Angaben über den Text, oft irrt er bei der Entzifferung der ausgelassenen Stellen;

c) 52 endlich entbehren jeglicher Anmerkung, obwohl sie ähnliche Fehler enthalten wie andere Fragmente, für die Otto Weiss eine Anmerkung für nötig hielt.

3. Bis Nummer 300 sind die Fragmente von N selbst auf die vier Bücher seines Planes verteilt worden. Nicht einmal diese Verteilung wurde, in mindestens 64 Fällen, von den Kompilatoren beibehalten.

N war mit den Ergebnissen seiner Arbeit keineswegs zufrieden. „Ich habe die erste Niederschrift meines ‚Versuchs einer Umwerthung' fertig: es war, Alles in Allem, eine Tortur, auch habe ich durchaus noch nicht den Muth dazu. Zehn Jahre später will ich's besser machen" (13. Februar 1888 an Heinrich Köselitz). Und dreizehn Tage später: „Auch dürfen Sie ja nicht glauben, daß ich wieder ‚Litteratur' gemacht hätte: diese Niederschrift war für mich; ich will alle Winter von jetzt ab hintereinander eine solche Niederschrift für mich machen, — der Gedanke an ‚Publizität' ist eigentlich ausgeschlossen." Im selben Brief berichtete N über seine Lektüre von Baudelaires *Œuvres posthumes*, die vor kurzem erschienen waren. Tatsächlich finden wir im Folioheft — gleich nach dem letzten numerierten Fragment (372) — 20 Seiten Exzerpte aus Baudelaire, denen — ab und zu von eigenen Meditationen unterbrochen — andere umfangreiche Exzerpte folgen, und zwar aus: Tolstoi, *Ma religion;* Gebrüder Goncourt, *Journal* (Bd. 1); Benjamin Constant, die Einleitung zur eigenen Übersetzung von Schillers *Wallenstein;* Dostoevskij, *Die Besessenen* (in französischer Übersetzung); Julius Wellhausen, *Prolegomena zur Geschichte des Volkes Israel;* Renan, *Vie de Jésus.* Wichtige, zum Teil versteckte Spuren dieser Lektüre sind in den Schriften des Jahres 1888 nachzuweisen. Während bis dahin die Auseinandersetzung mit dem Nihilismus, vor allem mit dem Christentum, von N vorwiegend auf historischem und psychologischem Boden geführt wurde, tritt gleich zu Beginn des nächstfolgenden Foliohefts (Bd. 13, 217), dessen erste Aufzeichnungen „Nizza, den 26. März 1888" datiert sind, der metaphysische Aspekt in den Vordergrund, und zwar — bezeichnenderweise — in der Form einer Fragment gebliebenen, aber umfangreichen Abhandlung über Kunst und Wahrheit in der Geburt der Tragödie. Diese Abhandlung ist von den Kompilatoren verstümmelt worden; in ihr wird aber das wichtige Problem der „wahren" und der „scheinbaren" Welt noch einmal aufgegriffen, das zu einem der Hauptpunkte der darauffolgenden Aufzeichnungen zum *Willen zur Macht* wird. Der Glaube an eine wahre, der scheinbaren entgegengesetzte Welt bedingt nach N jenen Komplex von Erscheinungen, den er sukzessive mit dem Namen Pessimismus, Nihilismus, von nun an auch décadence bezeichnet. Das Stichwort „Die wahre und die scheinbare Welt" finden wir tatsächlich als erstes Kapitel in dem Plan zum Willen zur Macht, nach dessen Überschriften N die meisten Notizen dieses wichtigen Folioheftes klassifizierte. Die Pläne nehmen jetzt eine ziemlich andere Gestalt an als die bisher erwähnten.

Es ist bemerkenswert, daß von Herbst 1887–Sommer 1888 Titelentwürfe anderer Art als die für den *Willen zur Macht* in den Manuskripten kaum vorkommen. Auch dies zeigt, daß N sich in dieser Zeit viel intensiver als früher dem *Willen zur Macht* gewidmet hatte (allerdings mit Ausnahme der Niederschrift vom *Fall Wagner* ab Frühjahr 1888). Einige Pläne zeigen eine gewisse kompositorische Schwankung: N scheint einer Fassung in 8 bis 12 Kapiteln den Vorzug zu geben gegenüber der Gliederung eines Werkes in 4 Bücher. Besonders wichtig ist folgender Plan in 11 Kapiteln:

1. Die wahre und die scheinbare Welt.
2. Der Philosoph als Typus der décadence.
3. Der religiöse Mensch als Typus der décadence.
4. Der gute Mensch als Typus der décadence.
5. Die Gegenbewegung: die Kunst. Problem des Tragischen.
6. Das Heidnische in der Religion.
7. Die Wissenschaft gegen Philosophie.
8. Politica.
9. Kritik der Gegenwart.
10. Der Nihilismus und sein Gegenbild: die Wiederkünftigen.
11. Der Wille zur Macht.

[Bd. 13, 355]

Nach diesen Kapitelüberschriften klassifizierte N die Aufzeichnungen des erwähnten umfangreichen Folioheftes, beginnend mit dem Datum des 25. März 1888. In dem Plan werden, gemäß dem Inhalt der vorangehenden Notizen, die Beziehungen zwischen dem Glauben an eine „wahre" Welt und der décadence sowie auch die Gegenbewegungen, d. h. die Bewegungen gegen jenen Glauben, veranschaulicht, so daß N z. B. die Fragmente zur zitierten Abhandlung über die Geburt der Tragödie mit dem Stichwort „Gegenbewegung: die Kunst!" versah, das auch die Überschrift vom 5. Kapitel in diesem und einem anderen ähnlichen Plan ist. Ns Versuch einer Anordnung der Fragmente nach diesem Plan ist ebenso bedeutend wie der Versuch vom Februar 1888; er ist auch ebenso fragmentarisch, da er sich bloß auf die Aufzeichnungen eines allerdings sehr umfangreichen Heftes beschränkt, und wurde später ebenfalls aufgegeben. (Selbstverständlich fand er keine Berücksichtigung in der Kompilation.) In Turin benutzte N zwei weitere größere Hefte. Die Aufzeichnungen waren inzwischen durch die vielen Hinzufügungen und Überarbeitungen unübersichtlich geworden. N schrieb sie z. T. auf losen linierten Blättern ab. Einige bildeten kleine abgeschlossene Abhandlungen, sonst wurden sie einfach in Reinschrift übertragen, ohne jegliche Anordnung. Diese Abschrift entstand in den letzten Wochen des Turiner Frühjahrs. N brachte sie mit nach Sils-Maria, wo er zunächst an der Drucklegung des *Fall Wagner* arbeitete.

Inzwischen hatte N einen Teil seiner philosophischen Aufzeichnungen ins Reine abgeschrieben. Unzufrieden mit dem Ergebnis, schrieb er an Meta von Salis (22. August): „Im Vergleich mit letztem Sommer ... erscheint dieser Sommer freilich geradezu ‚ins Wasser gefallen'. Dies thut mir außerordentlich leid: denn aus dem zum ersten Male wohlgerathnen Frühlings-Aufenthalte brachte ich sogar mehr Kraft mit herauf als voriges Jahr. Auch war alles für eine große und ganz bestimmte Aufgabe vorbereitet." Von Meta von Salis hatte sich N ein Exemplar seiner *Genealogie der Moral* erbeten (und auf dieses Werk machte er gerade in seinem Epilog zum *Fall Wagner* in eben diesen Tagen aufmerksam): Die erneute Lektüre seines eignen Werks blieb nicht ohne Folgen. Im selben Brief schrieb er: „Der erste Blick hinein gab mir eine Überraschung: ich entdeckte eine lange Vorrede zu der ‚Genealogie', deren Existenz ich vergessen hatte ... Im Grunde hatte ich bloß den Titel der drei Abhandlungen im Gedächtniß: der Rest, das heißt der Inhalt war mir flöten gegangen. Dies die Folge einer extremen geistigen Thätigkeit, die diesen Winter und dies Frühjahr ausfüllte und die gleichsam eine Mauer dazwischen gelegt hatte. Jetzt lebt das Buch wieder vor mir auf – und, zugleich, der Zustand vom vorigen Sommer, aus dem es entstand. Extrem schwierige Probleme, für die eine Sprache, eine Terminologie nicht vorhanden war: aber ich muß damals in einem Zustande von fast ununterbrochener Inspiration gewesen sein, daß diese Schrift wie die natürlichste Sache von der Welt dahinläuft. Man merkt ihr keine Mühsal an. – Der Stil ist vehement und aufregend, dabei voller finesses; und biegsam und farbenreich, wie ich eigentlich bis dahin keine Prosa geschrieben." Diese nüchterne Bilanz spiegelt genau die letzte Phase der Arbeit Ns wider; sie gewinnt jedoch ihre ganze Bedeutung, wenn man das Datum des Briefs — 22. August — mit zwei anderen Daten vergleicht: dem des letzten Planes zum *Willen zur Macht* und dem der Vorrede eines neuen Werkes: die *Umwerthung aller Werthe*.

Was den letzten Plan zum *Willen zur Macht* betrifft, so hat Erich F. Podach (*Friedrich Nietzsches Werke des Zusammenbruchs,* 1962, 63) lediglich das Datum, nicht aber den Plan, auf den sich das Datum bezieht, veröffentlicht; Otto Weiss wiederum (GA XVI, 432) den Plan ohne Datum. Den Plan veröffentlichte später (1963) auch Podach (*Ein Blick in Nietzsches Notizbücher,* 149–160), jedoch ohne ihn in Verbindung mit dem Datum zu stellen. Dies, weil Datum und Plan auf getrennten Blättern stehen; es kann aber kein Zweifel bestehen, daß beide Blätter zusammengehören (sie haben dasselbe Papier und Format, Tinte und Schrift sind identisch auf beiden Blättern, die Ränder beider Blätter zeigen, daß sie lange Zeit zusammenlagen). Dieser Plan lautet:

Entwurf des Plans zu:
Der Wille zur Macht
Versuch
einer Umwerthung aller Werthe
Sils-Maria
am letzten Sonntag des
Monat August 1888

Wir Hyperboreer. — Grundsteinlegung des Problems
Erstes Buch: „Was ist Wahrheit?"
  Erstes Capitel. Psychologie des Irrthums.
  Zweites Capitel. Werth von Wahrheit und Irrthum
  Drittes Capitel. Der Wille zur Wahrheit (erst gerechtfertigt im Ja-Werth des Lebens).
Zweites Buch: Herkunft der Werthe
  Erstes Capitel. Die Metaphysiker.
  Zweites Capitel. Die homines religiosi.
  Drittes Capitel. Die Guten und die Verbesserer.
Drittes Buch: Kampf der Werthe.
  Erstes Capitel. Gedanken über das Christenthum.
  Zweites Capitel. Die Physiologie der Kunst.
  Drittes Capitel. Zur Geschichte des europäischen Nihilismus.
                Psychologen-Kurzweil.
Viertes Buch: Der große Mittag.
  Erstes Capitel. Das Princip des Lebens („Rangordnung")
  Zweites Capitel. Die zwei Wege.
  Drittes Capitel. Die ewige Wiederkunft. [Bd. 13, 537]

Das Problem der Wahrheit hat sich allmählich zum Thema des ersten Buches entwickelt. Das zweite Buch bleibt, wie in den früheren vierteiligen Plänen, der Kritik der Werte vorbehalten, aber im Sinne einer Geschichte dieser Werte selbst, und ihrer Träger. Im dritten Buch behandelt N den

Kampf der Werte, und seine Kapitelüberschriften entsprechen genau dem Inhalt der Aufzeichnungen über das Christentum, die Physiologie der Kunst, die Geschichte des europäischen Nihilismus. Nach einem „Intermezzo" (wahrscheinlich aus Sprüchen bestehend, deren N eine ganze Sammlung niedergeschrieben hatte) kommt das vierte Buch, das wie in allen anderen Plänen der ewigen Wiederkunft gewidmet ist.

Der letzte Plan zum *Willen zur Macht* wurde also, wie N schreibt, „am letzten Sonntag des Monat August 1888" niedergeschrieben, d.h. am 26. August, vier Tage nach der Klage über den mißlungenen Sommer in Sils-Maria. Nach diesem Plan ordnete N eine gewisse Anzahl von früheren Aufzeichnungen, er blieb jedoch bei diesem Ansatz. Am 30. August wiederholte er seine Klage in einem Brief an die Mutter: „Ich bin wieder vollkommen in Thätigkeit, — hoffentlich geht es noch eine Weile, da eine gut und lange vorbereitete Arbeit, die diesen Sommer abgethan werden sollte, wörtlich ‚in's Wasser' gefallen ist." Doch war in diesen Zeilen die Hoffnung ausgesprochen, jetzt zu einem Erfolg zu kommen. Tatsächlich nahm die Ausführung der „gut und lange" vorbereiteten Arbeit eine ganz andere Form an als die in allen bisherigen Plänen vorgezeichnete. Seit Mitte August hatte N wieder mit Abschreiben angefangen, und zwar indem er die z.T. schon in Reinschrift vorhandenen Aufzeichnungen durchgängig als einzelne, abgeschlossene Abhandlungen niederschrieb, und zwar immer mit Blick auf den geplanten *Willen zur Macht*. Er entschloß sich nun für die Veröffentlichung von allem, was er fertig vor sich hatte. Ein loses Blatt, auf dessen Vorderseite nur noch der Titel „Umwerthung aller Werthe" steht, enthält auf der Rückseite eine Reihe von Titeln, die auf einen „Auszug" der Philosophie Ns hindeuten: „Gedanken für Übermorgen / Auszug meiner Philosophie" und „Weisheit für Übermorgen / Meine Philosophie / im Auszug", endlich „Magnum in Parvo / Eine Philosophie / im Auszug" (Bd. 13, 542). Dies sind die Versuch-Titel des geplanten Auszugs. Noch wichtiger ist das Kapitel-Verzeichnis dazu (und zwar auf demselben Blatt):

1. Wir Hyperboreer.
2. Das Problem des Sokrates.
3. Die Vernunft in der Philosophie.
4. Wie die wahre Welt endlich zur Fabel wurde.
5. Moral als Widernatur.
6. Die vier grossen Irrthümer.
7. Für uns — wider uns.
8. Begriff einer décadence-Religion.
9. Buddhismus und Christenthum.
10. Aus meiner Ästhetik.
11. Unter Künstlern und Schriftstellern.
12. Sprüche und Pfeile.

Die Nr. 2, 3, 4, 5, 6, 12 sind die Titel von gleichnamigen Kapiteln, Nr. 11 der ursprüngliche Titel des Kapitels „Streifzüge eines Unzeitgemässen" in der *Götzen-Dämmerung;* die Nummern 1, 7, 8, 9 aber sind die Titel, welche man — gestrichen — auch heute noch im Druckmanuskript des *Antichrist* lesen kann, und zwar: „Wir Hyperboreer" für die jetzigen Abschnitte 1–7; „Für uns — wider uns" für 8–14; „Begriff einer décadence-Religion" für 15–19; „Buddhismus und Christenthum" für 20–23. Da N eine Vorstufe für sein Vorwort zum „Müssiggang eines Psychologen" (später = *Götzen-Dämmerung*) „Anfang September" datierte und da er am 3. September auch das Vorwort zur *Umwerthung aller Werthe* verfaßte, und zwar nach dem Plan in vier Büchern, von denen das erste *Der Antichrist* sein sollte, so kann man daraus schließen, daß zwischen dem 26. August und dem 3. September 1888 folgendes geschehen ist:

1. N verzichtete auf den bis dahin geplanten *Willen zur Macht.*
2. Eine kurze Zeit mag er die Möglichkeit erwogen haben, das schon ins Reine abgeschriebene Material als „Umwerthung aller Werthe" herauszugeben.
3. Jedoch entschloß er sich für die Veröffentlichung eines „Auszugs" seiner Philosophie.
4. Dem Auszug gab er den Namen *Müssiggang eines Psychologen* (später *Götzen-Dämmerung*).
5. Gleich darauf entfernte er vom „Auszug" die Kapitel „Wir Hyperboreer", „Für uns — wider uns", „Begriff einer décadence-Religion", „Buddhismus und Christenthum", welche zusammen 24 Paragraphen über das Christentum ergaben, nebst einer Einleitung („Wir Hyperboreer").
6. Das Hauptwerk trug von nun an den Titel: *Umwerthung aller Werthe,* der vom Untertitel des bis dahin projektierten *Willens zur Macht* stammte; es wurde in vier Büchern geplant; davon war das erste Buch, *Der Antichrist,* schon zu einem guten Drittel fertig (die eben erwähnten ersten 24 Paragraphen).
7. Am 3. September 1888 schrieb N ein Vorwort für die *Umwerthung.* Der „Müssiggang eines Psychologen" war für ihn die „Zusammenfassung" seiner „wesentlichsten philosophischen Heterodoxien", wie er sich in seinen Briefen (12. September an Gast, 16. September an Overbeck) ausdrückte, war somit das mitteilungsreife Ergebnis seines Philosophierens im letzten Jahr. Er bestand aus lauter Aufzeichnungen, die im Blick auf den *Willen zur Macht* entstanden waren. Die *Umwerthung aller Werthe* in vier Büchern aber war sein neues Arbeitsprogramm. Das erste Buch, *Der Antichrist,* stammt zwar zu einer guten Hälfte aus den vorangegangenen Meditationen — diese Herkunft verstanden in dem einzigen hier erlaubten Sinn, dem der literarischen Herkunft, also Herkunft aus früheren Aufzeichnungen, „Vorstufen" —, ja, es hatte sich „abgelöst" aus dem von N schon niedergeschriebenen „Auszug" seiner Philosophie und somit aus dem frü-

heren Material zum *Willen zur Macht*, war jedoch nach seinen *literarischen* Absichten ein *neuer* Anfang: Im *Antichrist* stellen tatsächlich die Abschnitte 1-7 eine Art Einleitung dar (so wie das Kapitel „Wir Hyperboreer" die Einleitung des „Auszugs" war), während die Abschnitte 8-23 eine durchgängige Abhandlung über das Christentum bildeten, die nun N einheitlich — vor allem auch in stilistischer Hinsicht — weiterführen wollte. Er hatte damit die „Form" der Mitteilung für sein „Hauptwerk" gefunden. Und wir glauben, daß ihm dazu die erneute Lektüre der *Genealogie der Moral* verhalf, des Werkes, das in stilistischer Hinsicht dem *Antichrist* sehr nahesteht.

So schrieb N am 7. September 1888 seiner Freundin Meta von Salis: „Inzwischen war ich sehr fleißig, — bis zu dem Grade, daß ich Grund habe, den Seufzer meines letzten Briefes über den ‚ins Wasser gefallenen Sommer' zu widerrufen. Es ist mir sogar etwas mehr gelungen, Etwas, das ich mir nicht zugetraut hatte ... Die Folge war allerdings, daß mein Leben in den letzten Wochen in einige Unordnung gerieth. Ich stand mehrere Male nachts um zwei auf, vom Geist getrieben und schrieb nieder, was mir vorher durch den Kopf gegangen war. Dann hörte ich wohl, wie mein Hauswirth, Herr Durisch, vorsichtig die Haustür öffnete und zur Gemsen-Jagd davon schlich. Wer weiß: Vielleicht war ich auch auf der Gemsenjagd ... der dritte September war ein sehr merkwürdiger Tag. Früh schrieb ich die Vorrede zu meiner Umwerthung aller Werthe, die schönste Vorrede, die vielleicht bisher geschrieben worden ist. Nachher gieng ich hinaus — und siehe da! der schönste Tag, den ich im Engadin gesehn habe, — eine Leuchtkraft aller Farben, ein Blau auf See und Himmel, eine Klarheit der Luft, vollkommen unerhört ..." Und weiter: „Am 15. September gehe ich fort, nach Turin; was den Winter betrifft, so wäre doch, aus Gründen tiefer Sammlung, wie ich sie nöthig habe, der Versuch mit Corsica ein wenig risquirt ... Doch wer weiß. — Im nächsten Jahre werde ich mich dazu entschließen, meine Umwerthung aller Werthe, das unabhängigste Buch, das es giebt, in Druck zu geben ... Nicht ohne große Bedenken! Das erste Buch heißt zum Beispiel der Antichrist."

Sechs Fassungen des neuen literarischen Plans, d.h. der *Umwerthung aller Werthe* in vier Büchern, sind uns bekannt. Die Bücherüberschriften verdeutlichen Ns Absichten (die Ziffern geben die zeitliche Reihenfolge an):

[1] Erstes Buch.
Der Antichrist. Versuch einer Kritik des Christenthums.
Zweites Buch.
Der freie Geist. Kritik der Philosophie als einer nihilistischen Bewegung.
Drittes Buch.
Der Immoralist. Kritik der verhängnissvollsten Art von Unwissenheit, der Moral.

Viertes Buch.
Dionysos. Philosophie der ewigen Wiederkunft. [Bd. 13, 545]
[2] Buch 1: der Antichrist.
Buch 2: der Misosoph.
Buch 3: der Immoralist.
Buch 4: Dionysos. [Bd. 13, 194]
[3] Der Antichrist. Versuch einer Kritik des Christenthums.
Der Immoralist. Kritik der verhängnisvollsten Art von Unwissenheit, der Moral.
Wir Jasagenden. Kritik der Philosophie als einer nihilistischen Bewegung.
Dionysos. Philosophie der ewigen Wiederkunft. [Bd. 13, 589]
[4] I Die Erlösung vom Christenthum: Der Antichrist
II   von der Moral: der Immoralist
III   von der Wahrheit: der freie Geist
IV   vom Nihilismus:
[Bd. 13, 594]
[5] IV. Dionysos Typus des Gesetzgebers [Bd. 13, 618]
[6] Der freie Geist. Kritik der Philosophie als nihilistischer Bewegung.
Der Immoralist. Kritik der Moral als der gefährlichsten Art der Unwissenheit.
Dionysos philosophos. [Bd. 13, 613]

Der letzte Plan wurde anscheinend nach Beendigung des *Antichrist* niedergeschrieben. Man bemerkt eine Schwankung in der Reihenfolge des zweiten und dritten Buches: Die Kritik der Philosophie kommt an zweiter Stelle, die der Moral an dritter im ersten, zweiten und sechsten Plan; im dritten und vierten Plan kommt zunächst die Kritik der Moral, dann die der Philosophie. Die Gesamtkonzeption bleibt sich gleich: Nach der Kritik des Christentums, der Moral, der Philosophie, beabsichtigt N die Verkündigung seiner Philosophie. Diese ist die Philosophie des Dionysos, die Philosophie der ewigen Wiederkunft des Gleichen.

Inhaltlich gesehen war die *Umwerthung aller Werthe* in einem gewissen Sinn dasselbe wie der *Wille zur Macht*, aber eben deshalb war sie dessen *literarische* Negation. Oder auch: Aus den Aufzeichnungen zum *Willen zur Macht* sind die *Götzen-Dämmerung* und *Der Antichrist* entstanden; der Rest ist – Nachlaß.

Der Fall Wagner

Eines der Hauptprobleme, die N im Frühjahr 1888 beschäftigen, ist das Problem der décadence. Anhand eines exemplarischen Falls ist diesem das kleine Turiner Pamphlet *Der Fall Wagner* gewidmet. Die Aufzeichnungen dazu finden sich in zwei Heften, W II 6 und W II 7; sie zeigen, in der Nähe welcher Probleme der *Fall Wagner* entstand, keineswegs aber, daß N ihn aus dem Material für den *Willen zur Macht* genommen hat. Die Schrift wurde als „Turiner Brief" konzipiert; dies ist schon den ersten Notizen dazu zu entnehmen (in W II 6). Eine erste Fassung davon ist das längere Fragment in 8 Abschnitten; dieses hebt sich sehr stark von der endgültigen Form ab und wird deshalb als nachgelassenes Fragment 15 [6] in Bd. 13 veröffentlicht. Auch einige Einfälle über Wagner werden aus früheren Heften benutzt, welche bis in den Herbst 1887 zurückreichen.

Am 20. April 1888 schrieb N an Peter Gast: „Ich bin guter Laune, in Arbeit von früh bis Abend – ein kleines Pamphlet über Musik beschäftigt meine Finger..." Von Sils-Maria aus schickte N das Druckmanuskript am 26. Juni an C. G. Naumann, seinen Verleger in Leipzig: „... es giebt etwas zu drucken. Wenn es Ihnen convenirt, wollen wir diese kleine Sache ungesäumt in Angriff nehmen. Es ist bloß eine Broschüre, aber sie soll so ästhetisch wie möglich aussehen. Sie betrifft Fragen der Kunst: folglich dürfen wir uns mit unserem Geschmack nicht bloßstellen ... so möchte ich vor Allem den Versuch mit deutschen Lettern einmal empfehlen ... ich glaube bemerkt zu haben, daß für Fragen und Schönheiten des Stils der Deutsche vollkommen stumpf ist, sobald er lateinische Schrift liest. Erst mit den deutschen Lettern entsteht seine Empfänglichkeit für das Aesthetische eines Stils. (Vielleicht, weil er gewohnt ist, seine Klassiker in diesen Lettern zu lesen? – –) In summa: mein lateinischer Druck hat mir bis jetzt viel Schaden gethan. Insbesondere beim Zarathustra..." Gleich darauf jedoch verzichtete N auf diesen Versuch mit den „deutschen Lettern" und schrieb schon am 28. Juni: „Alles wohl erwogen, ist es doch Nichts mit den deutschen Lettern. Ich kann meine ganze bisherige Litteratur nicht desavouiren. Auf die Dauer zwingt man die Menschen zu seinem eigenen Geschmack. Und mir wenigstens sind die lateinischen Lettern unvergleichlich sympathischer!" Zwischen dem 28. Juni und dem 1. Juli schickte N zahlreiche Zusätze, die er ins Druckmanuskript eingeschoben wissen wollte; dadurch entstand für den Setzer etwas Konfusion, so daß Naumann das ganze Druckmanuskript nach Sils-Maria zurücksandte. N unterzog es einer neuen Revision und schrieb es wieder ab. Am 12. Juli an seinen Verleger: „... Es war mir erwünscht, daß Sie mir das Ms. zurücksandten. Ich hatte es in einem solchen Zustand von Schwäche abgeschrieben, daß ich selbst es unleserlich fand. Seit mehr als fünf Wochen bin ich krank; sehr unwillkommene Rückkehr meiner alten Zustände: tiefe nervöse Erschöpfung mit andauerndem Kopfschmerz und Erbrechen. Ich sage nichts von dem abominablen Wetter, in das mich dies Mal mein Unstern verschlagen hat. Sobald meine Kräfte es erlauben, will ich mich daran machen, das ganze Manuskript noch einmal mit möglichster Deutlichkeit der Schrift abzuschreiben. Irgend eine genauere Zeitangabe kann ich unmöglich machen ... Die Proben habe ich mit Interesse angesehn. Die eine, mit den gewohnten Lettern meiner früheren Bücher und mit Einem Strich darum hat meinen ganzen Beifall." Doch vier Tage später schreibt er: „...

es geht besser: Sie bekommen hier den Beweis dafür! — Das Manuskript, wie es hier vorliegt, ist vollständig fertig: Ich bitte sofort es in Arbeit zu nehmen" (16. Juli 1888). Am 17. Juli kündigt N Peter Gast den Druck der neuen Schrift an und bittet ihn um Hilfe bei der Korrektur. Ende Juli verlangt er die „Schlußanmerkung" telegraphisch zurück und ersetzt sie durch zwei „Nachschriften" (an Naumann, 2. Aug. 1888). Endlich verfaßt N noch einen „Epilog", den er Naumann am 24. August schickt. Mitte September erhält N das erste Exemplar der Schrift: *Der Fall Wagner. Ein Musikanten-Problem*, Leipzig 1888, Verlag von C. G. Naumann (= WA).

Vom *Fall Wagner* sind weder die beiden Druckmanuskripte noch die Korrekturbogen erhalten. Lediglich ein Blatt mit zwei Zusätzen zum „Epilog" befindet sich heute in der Basler Universitätsbibliothek. Dieses Blatt stammt aus dem Nachlaß von Paul Lauterbach, Herausgeber von Max Stirners *Der Einzige und sein Eigentum*. (Lauterbach gehörte zum Freundeskreis von Peter Gast und Gustav Naumann, Neffe des Verlegers; er hatte das Blatt 1892 von Peter Gast als Geschenk erhalten.)

Vorwort **11** *5–9:* Wagnern ... Geschichte] *Stichworte dazu:* Wagnern Lebewohl zu sagen — mit der Wagnerei verwachsen / Dunkel, vieldeutig, ahnungsvoll *W II 7, 70 ähnliche Hinweise stichwortartiger Natur über den Stil in Bd. 13, 16 [74]*   *17–18:* Ich ... décadent] *vgl. EH Warum ich so weise bin § 2 am Anfang*   **12** *21–22:* Er ... sein] *vgl. JGB 212*
Motto: *Vgl. Hor. Sat. I, 1, 24: „Quamquam ridentem dicere verum quid vetat?"*

1. **13** *5–21*] Ich schildere jene Eindrücke, die ich oft genug neben einander erlebte, die ich vergleichen konnte: den Eindruck, den Bizet's Meisterstück, Carmen auf mich macht, und den einer Oper Wagners. Bei ersterer harre ich mit einer sanften Andacht aus, bei letzterer laufe ich davon ... *W II 6, 38; vgl. Bd. 13, 15 [111]; Variante zu Nachschrift 44, 4. N hörte Bizets „Carmen" zum ersten Mal in Genua am 27. November 1881 (vgl. Brief vom 28. Nov. desselben Jahres an Peter Gast), seitdem wohnte er mehreren Aufführungen dieser Oper bei, zuletzt auch Frühjahr 1888 in Turin, in der Zeit, in der er am Fall Wagner arbeitete, vgl. z. B. seinen Brief an Gast über die Aufführungen im Teatro Carignano (20. April 1888):* „Successo piramidale, tutto Torino carmenizzato!"   **14** *2:* „unendlichen Melodie"] *Wagners Ausdruck*

2. **15** *2:* Wagner ... „Erlöser"] *vgl. N an Peter Gast, 11. Aug. 1888:* Das „Leitmotiv" meiner schlechten Scherze „Wagner als Erlöser" bezieht sich natürlich auf die Inschrift im Kranze des Münchner Wagner-Vereins „Erlösung dem Erlöser" ... *vgl. S. 41f. der Nachschrift und die Anm. dazu*   *13–20:* Ich ... lernt!] *vgl. Bd. 12, 10 [36], Bd. 13,*

11 [49]   23: Senta] weibliche Hauptfigur aus dem „Fliegenden Holländer"   16 6–7: „was ... liebe?"] vgl. Goethe, Wilhelm Meister, Lehrjahre IV, 9; Dichtung und Wahrheit III, 14
3. *15:* Jenseits ... 220] *vgl. JGB 255 am Schluß*   17 *15–16:* Ich ... verstehen] Kein Räthsel für Ihre Zähne. Ein ewiges Räthsel! Selbst die Bayreuther haben es nicht geknackt *W II 7, 107*   *28–30] vgl. das Fragment Bd. 8, 30 [110] aus dem Sommer 1878*   18 *7–12:* In's ... Weibe] *diese Stelle enthält eine Anspielung auf Cosima Wagner; vgl. dazu die nachgelassenen Fragmente Bd. 13, 11 [27. 28] unter dem Datum: Nizza den 25. November 1887. Cosima, wie auch Richard Wagner, spielt in der ganzen letzten Periode Ns bis zum Zusammenbruch eine ambivalente Rolle: vgl. insbesondere Bd. 13, 11 [27]; EH Warum ich so weise bin § 3. Ein rätselhafter Briefentwurf an Cosima Wagner sei an dieser Stelle zitiert; er findet sich in dem Heft, das die letzten Aufzeichnungen zu WA enthält; in ihm beantwortet N einen öffentlichen Angriff der* Wittwe Wagners, *der noch gar nicht hatte stattfinden können, da der Entwurf um die Mitte September 1888 geschrieben wurde:* Antwort auf einen durch Artigkeit sich auszeichnenden Brief der Wittwe Wagners / Sie erweisen mir die Ehre, mich auf Grund meiner Schrift, die die erste Aufklärung über Wagner gab, öffentlich anzugreifen — Sie machen selbst den Versuch, auch über mich aufzuklären. Ich bekenne, warum ich im Nachtheil bin: ich habe zu viel Recht, zu viel Vernunft, zu viel Sonne auf meiner Seite, als daß mit mir ein Kampf unter solchen Umständen erlaubt wäre. Wer kennt mich? — Frau Cosima am allerletzten. Wer kennt Wagner? Niemand außer mir, hinzugenommen noch Frau Cosima, welche weiß, daß ich Recht habe ... sie weiß, daß der Gegner ⟨Recht⟩ hat — ich gebe Ihnen auf diese Position hin Alles zu: Unter solchen Umständen, verliert das Weib seine Anmuth, beinahe seine Vernunft ... Man hat damit nicht Unrecht, daß man schweigt: namentlich wenn man Unrecht hat ... Si tacuisses, Cosima mansisses ... Sie wissen sehr gut, wie sehr ich den Einfluß kenne den Sie auf Wagner ausgeübt haben — Sie wissen noch besser, wie sehr ich diesen Einfluß verachte ... Ich habe in dem Augenblick Ihnen und Wagner den Rücken gekehrt, als der Schwindel losging ... Wenn die Tochter Liszt in Dingen der deutschen Cultur, oder gar der Religion mitreden will, so habe ich kein Erbarmen ... Mit dem Ausdruck einer den Umständen angemessenen Theilnahme.   *13:* das ... Weiblein] oh wie sie davon ihren Vortheil zu ziehen weiß, das arglistige weibliche „Ewig-Weibliche"! *W II 3, 161; vgl. Goethe, Faust II, Schluß*   18 *19–19 9] zur ganzen Stelle vgl. Viktor Hehn, Gedanken über Goethe, Berlin 1887, insbesondere das Kapitel „Goethe und das Publikum" (49–185); Exzerpte aus diesem Werk — von N im Frühjahr 1888 gelesen — in*

Bd. 13, 16 [36] 18 21: er ... gehabt] *vgl. V. Hehn, a.a.O., 139:* „*Nur die jüdischen Weiber ... waren weniger streng und ahnten etwas von Goethes nicht bloß dichterischer, sondern auch sittlicher Größe: sie hatten eben mehr Mutterwitz im Kopfe, als die guten und lieben, aber conventionell beschränkten ... blonden Bewohnerinnen Niedersachsens.*" 22–23: Schiller ... Herzen] *ebda., 107* 24–25: venetianische Epigramme] *Gast an N:* „*Als ich vorhin auf die daliegenden Correcturbogen Ihrer neuen Schrift sah, fiel mein Blick auf das Wort: ,venetianische Epigramme'. Ich bedaure, daß mir bei der Correctur nicht aufgefallen ist, daß Sie doch eigentlich die römischen Elegien meinten ... Wünschen Sie, daß auf dem letzten Blatt dieser Irrthum erwähnt wird?*" *(15. Aug. 1888). Daraufhin N:* Ich meine in der That die Venezianischen Epigramme (und nicht die Römischen Elegien). Es ist historisch (wie ich aus dem Buch von Hehn gelernt habe), daß sie den größten Anstoß gaben" *(18. Aug. 1888)* 25–26: Schon ... Sittenpredigt] *vgl. V. Hehn, a.a.O., 60ff.* 26–27: Herder ... gebrauchte] *ebda., 96* 18 29–19 2: Die „Menagerie ... entsagt"] *ebda., 100f.* 19 4: „unsauberen Geist"] *so Fr. H. Jacobi in einem Brief vom 18. Febr. 1795, zitiert bei V. Hehn, a.a.O., 110* 13–14: „am ... ersticken"] *vgl. Goethe an Zelter, 20. Okt. 1831 (in Bezug auf Friedrich Schlegel), zitiert ebda., 110* 15–18: Heiligkeit ... ist] Heiligkeit ist ein Mißverständniß; der Philosoph leugnet die Heiligen, wie er Wunderthäter leugnet. Aber Alles was Pöbel und Weib ist hat ein Recht auf dieses Mißverständniß: es ist der ihm noch sichtbar werdende Grad von Wahrheit, von Weisheit *W II 3, 8* 22–23: la ... sainteté] *vgl. Bd. 13, 11 [402], Zitat aus E. Renan, Vie de Jésus, Paris 1863, 451f.*

4. 20 26–27: ruchlosen Optimismus] *vgl. Schopenhauer, Welt 1, 384f., § 59:* „*Übrigens kann ich hier die Erklärung nicht zurückhalten, daß mir der Optimismus ... nicht bloß als eine absurde, sondern auch als eine wahrhaft ruchlose Denkungsart erscheint, als ein bitterer Hohn über die namenlosen Leiden der Menschheit.*" 31–32: Bene ... feci] *Spruch von Zenon dem Stoiker (vgl. Diog. Laërt. VII, 4), der N durch die lateinische Übersetzung Schopenhauers bekannt war: vgl. Schopenhauer, Parerga 1, 216; diesen selben Spruch zitiert N Bd. 7, 3 [19] (März 1875) und Bd. 13, 16 [44]*

5. 21 18–21] *vgl. Bd. 13, 15 [88]* 22 3: Und in Sankt-Petersburg!] *Anspielung auf Dostoevskij* 23–24: da ... sah!] *vgl. Matth. 19, 14* 33: Wagner ... névrose] *vgl. Journal des Goncourt II, 279 (2 septembre 1866):* „*Et le mot du docteur Moreau de Tours: ,Le génie est une névrose'*" *N las gerade in dieser Zeit das Journal* 23 7: Cagliostro] *schon Karl Gutzkow verglich Wagner mit Cagliostro; N zum ersten Mal in FW 99, vgl. auch den Brief an Gast vom 25. Juli*

1882 und den Briefentwurf an Malwida von Meysenbug aus derselben Zeit   7–11: In ... (Idiotische).] *vgl. das Fragment Bd. 13, 11 [314]; das Wort Idiotisch wird von N in dieser Zeit nach der Bedeutung gebraucht, die es bei Dostoevskij hat.*
6. *29ff.*] *davor in W II 6, 116 als Titel:* Vom Einfluss Wagners auf die Componisten. Eine Farsa.   24 *1:* Pulchrum ... hominum.] *vgl. Hor. Sat. I, 9, 44   29ff.*] *davor in W II 6, 116:* Was, zuzweit, die Tiefe angeht: so genügt es, eigenhändig den Schlamm der dichtesten und braunsten Harmonie vor sich herzuwälzen. Sofort greift der Zuhörer pessimistisch in den eigenen Busen – und wird tief ... *vgl. 25, 23–25   26 2:* Verbessern ... Menschheit!] *vgl. GD* Die „Verbesserer" der Menschheit   *19–22*] *Der Aufsatz „Religion und Kunst" erschien zunächst 1880 in den „Bayreuther Blättern", dann, zusammen mit dem Parsifal-Text und anderen Schriften der letzten Jahre, in: Richard Wagner, „Parsifal". Ein Bühnenweihfestspiel und andere Schriften und Dichtungen, Leipzig o. J., BN. Wagner schreibt S. 322: ,,,Wollen Sie etwa eine Religion stiften?' Dürfte der Verfasser dieses Aufsatzes befragt werden"; und kurz vorher (S. 321): ,,... wir ahnen, ja wir fühlen und sehen es, daß auch diese unentrinnbar dünkende Welt des Willens, nur ein Zustand ist, vergehend vor dem Einen: ,Ich weiß, daß mein Erlöser lebt!'." S. 289 findet sich auch eine Anspielung Wagners auf N, dort wo er von den „freien Geistern" spricht, die nicht an die Erbsünde der Menschheit glauben wollen*
7. *Vgl. Bd. 13, 11 [321]: in diesem Fragment findet sich auch der Name von Paul Bourget, dessen Gedanken (s. u.) die Ausführungen Ns über den décadence-Stil beeinflußt haben   32:* „Zur Physiologie der Kunst"] *N begann während des Turiner Frühjahrs, das Heft W II 9 mit Aufzeichnungen unter diesem Titel zu füllen; einige davon wurden später in GD* Streifzüge eines Unzeitgemäßen *aufgenommen (§ 8–11); andere Aufzeichnungen zum selben Thema finden sich in Heften und auf losen Blättern aus dieser Zeit   27 17–22] vgl. Paul Bourget, Essais de psychologie contemporaine, Paris 1883, I, 25:* „Une même loi gouverne le développement et la décadence de cet autre organisme qui est le language. Un style de décadence est celui où l'unité du livre se décompose pour laisser la place à l'indépendance de la page, où la page se décompose pour laisser la place à l'indépendance de la phrase, et la phrase pour laisser la place à l'indépendance du mot." *Der erste, der mit Recht auf diese Entlehnung verwies, war Wilhelm Weigand in seinem Essay: F. Nietzsche. Ein psychologischer Versuch, München 1893, 67f. Dann: E. Bertram (1918), J. Hofmiller (1931), C. v. Westernhagen (1938 u. 1956). N. hatte sich die Stelle aus Bourget im Winter 1883/84 notiert, schon damals im Zusammenhang mit Wagner; vgl. Bd. 10, 646, 16–18   28 4–9:* Wie ... Nothstand] Wie frech,

wie ungeschickt stolpert er daher! Wie gequält klingt sein falscher Contrapunkt! Seine Manieren dabei — das Feilen an Stelle der Inspiration — erinnern an die frères de Goncourt: man hat sein Erbarmen bei so viel Nothstand W II 7, 42 15–18: — sehr ... anzusetzen] *vgl. JGB 11* 18–24: Nochmals ... drängt] *vgl. Bd. 8, 30 [50]:* Wagner's Kunst auf Kurzsichtige berechnet — allzugroße Nähe nöthig (Miniatur), zugleich aber fernsichtig. Aber kein normales Auge. *Dies schrieb N 10 Jahre vorher: Sommer 1878* 27–30: Will ... zurück] Der ganze Rest ist Schauspielerei, Falschmünzerei oder wie man's nehmen will: Musik für [„Idioten"] die „Masse" W II 7, 77 28 31–29 15] *vgl. folgende Aufzeichnungen in W II 6, 110–111 unter dem Titel:* Personal-Meinungen über den Geschmack der Wagnerschen Musik: Alles, was von Wagner auch abseits vom Theater populär geworden ist, ist Musik zweifelhaften Geschmacks und verdirbt den Geschmack. Gegen die agaçante Brutalität der Tannhäuser-Ouvertüre setze ich mich heute noch ebenso zur Wehr, wie ich es als Knabe that: ich werde dabei zum aesthetischen Igel [und stecke alle Stachel aus mir ein], will sagen stachlicht / Zu allen diesen älteren Werken Wagner's wußte ich keinen Zugang zu gewinnen: irgend etwas hat mich gewarnt, zu einem solchen Geschmack zu condescendiren. „Das ist Theatermusik, das geht dich nichts an" — sagte ich mir mit dreizehn Jahren schon. Wagner wurde bei mir erst möglich durch seinen Tristan; und beweisen [erst] durch die Meistersinger. Ich denke, dergestalt ist es vielen ergangen ... // In meiner Jugend war die große Cultur Mendelssohns obenauf: von ihr aus lernten wir eine außerordentliche Vorsicht gegen Vulgarität und Anmaßung in rebus musicis et musicantibus ... // Wir haben Wagnern in dem Maße nachgegeben, als er durch seine Mittel uns Vertrauen einflößte, als er uns weniger Schauspieler erschien: — er hatte ein Instinkt-Vorurtheil gegen seine Theater-Pathologie und -Sensibilität in uns überwunden. Das Gegentheil zu behaupten, nämlich daß die Wagnerische Sensibilität sogar spezifisch und [— — —] deutsch sei, blieb den Treuesten unter seinen [Verehrern] Getreuen aufgespart ... // Aber wir Deutschen hatten damals noch keinen Begriff davon, daß auch die Musik ihre Schauspieler haben kann: ich fürchte, wir haben uns mit Händen und Füßen, was sage ich? mit Gründen gewehrt ... Wenn wir Wagnern allmählich — ah sehr allmählich! — nachgegeben haben, so geschah es in dem Maße als er uns Vertrauen zu seinem Mitteln machte, — als er uns weniger Schauspieler erschien. Das war noch einmal eine Naivität, etwas [—] und [—] zugleich: in Wahrheit war Wagner nur ein besserer Schauspieler geworden! ... er hatte uns nur besser getäuscht! 29 2: ein ... Nichts] *vgl. Shakespeare, Much Ado About Nothing* 3–5: das ... hypnoti-

sirt] *vgl. Bd. 13, 11 [323]*   6–11: Aber ... Glück] *vgl. dazu z. B. N an Peter Gast, 21. Jan. 1887, über das Parsifal-Vorspiel: Ob je ein Maler einen so schwermüthigen Blick der Liebe gemalt hat, als Wagner mit den letzten Accenten seines Vorspiels?*
8. 30 23: der ... Sprache] *vgl. diese gestrichene Variante in W II 6, 127: Wagner hat etwas Ähnliches für die Musik als Sprache gethan, was Victor Hugo für die Sprache als Musik gethan hat. Die ganze Sinnlichkeit der Musik ist [ins Unendliche entwickelt] seitdem wie neu entdeckt: alles, was der Ton sagen kann, Niemand hat es vor Wagner auch nur geahnt*   31 *30–31:* Wagner ... beissen] *vgl. GD Streifzüge 13, Carlyle über Emerson*   31 *31–32 1:* Sein ... secco] *Das Wagnerische recitativo, bald troppo secco, bald troppo bagnato („zu wäßrig" „zu wasserdampfig") W II 7, 83*   32 *1–2:* Was ... Verständniss] *Das „Leitmotiv" ein für mich völlig unverdauliches Zeug, wüßte ich überhaupt nicht ins Culinarische zu übersetzen W II 7, 82*
9. 32 Anmerkung] *dieselbe Unterscheidung in Bd. 8, 23 [74] (aus dem Winter 1876/77)*   16: „das ... thut"] *vgl. Luk. 10, 42*   33 *20–22:* ungefähr ... ist.] *vgl. AC 29*   32–33: Er ... singt.] *Anspielung auf die Beschwörung Erdas durch Wotan am Anfang des dritten Aktes vom „Siegfried"*   35 *3*] Wagner lehrt das, s. *gesammelte Schriften W II 7, 86. N wollte zunächst tatsächlich eine Stelle Wagners zitieren, in der dieser ausgesprochen hatte „sogar gesperrtgedruckt ... daß ‚die Keuschheit Wunder thut"': so N an Gast, 17. Juli 1888; die von N gemeinte Stelle findet sich im schon erwähnten Aufsatz Wagners „Religion und Kunst", a. a. O., 280f.*
10. *Es ist vielleicht bemerkenswert, daß auch in der vierten Unzeitgemäßen (1876) der 10. Paragraph den Schriften Wagners gewidmet war*   36 *7–9:* Elsa ... Revolutionär"—)] *vgl. R. Wagner, Eine Mittheilung an meine Freunde: „Elsa ist das Unbewußte, Unwillkürliche, in welchem das bewußte, willkürliche Wesen Lohengrin's sich zu erlösen sehnt ... Elsa, das Weib, — das bisher von mir unverstandene und nun verstandene Weib, — diese nothwendigste Wesenäußerung der reinsten sinnlichen Unwillkür, — hat mich zum vollständigen Revolutionär gemacht. Sie war der Geist des Volkes, nach dem ich auch als künstlerischer Mensch zu meiner Erlösung verlangte"; in: Gesammelte Schriften und Dichtungen, Leipzig 1872, IV, 368f., BN*   36 *26—37 19*] *vgl. Bd. 13, 15 [6] 6*
11. 38 12: Riemann] *Hugo Riemann, Musiktheoretiker, vgl. N an Carl Fuchs, 26. Aug. 1888*   28–30: man ... Regel] *dasselbe sagt N in einem Fragment aus W II 5 (Frühjahr 1888) über die „gute Schule": vgl. Bd. 13, 14 [170]*   39 *5. 8:* Gehorsam] *aus Moral W II 7, 64*
Nachschrift. *Zu den Gedanken der Nachschrift vgl. Bd. 13, 15*

[11] 40 2–6] Anmerkung. Der Ernst der letzten Worte erlaubt mir, einige Sätze aus einer ungedruckten Abhandlung („Richard Wagner physiologisch widerlegt") hinzuzufügen: *W II 7, 57* **41** *8–11:* Die ... jüngste.] *vgl. AC 61; EH* Der Fall Wagner *§ 4; WB 3 20:* „Erlösung dem Erlöser!"] *die letzten Worte in Wagners* Parsifal *(vgl. dazu die Bemerkung von Peter Gast im Brief an N vom 11. Aug. 1888)* 24–36] zu Ns Anmerkung: „Adler" ist ein sehr verbreiteter Familienname unter Juden; Ludwig Geyer („Ein Geyer ist beinahe schon ein Adler") *war jedoch nicht jüdischen Ursprungs, noch ist es sicher, daß Wagner dessen Sohn gewesen sei. Die Bosheit Ns wird sichtbar, wenn man an den Antisemitismus Wagners (und fast aller Wagnerianer) denkt. Vgl. dazu: N an Gast, 11. und 18. Aug. 1888, sowie Peter Gast an N, 11. Aug. 1888* **43** *7–9:* Alles ... Jenseits] *aus das buddhistische* [Nirvâna] Nichts *W II 7,* **53** *16–17:* Ich ... es] *vgl. N an Peter Gast, 25. Juli 1882:* Sonntags war ich in Naumburg, um meine Schwester ein wenig noch auf den Parsifal vorzubereiten. Da ging es mir seltsam genug! Schließlich sagte ich: „Meine liebe Schwester, ganz diese Art Musik habe ich als Knabe gemacht, damals als ich mein Oratorium machte" — und nun habe ich die alten Papiere hervorgeholt und, nach langer Zwischenzeit, wieder abgespielt: die Identität von Stimmung und Ausdruck war märchenhaft! Ja, einige Stellen, z. B. „Der Tod der Könige", schienen uns beiden ergreifender als alles, was wir uns aus dem Parsifal vorgeführt hatten, aber doch ganz parsifalesk! Ich gestehe: mit einem wahren Schrecken bin ich mir wieder bewußt geworden, wie nahe ich eigentlich mit Wagner verwandt bin. **44** 6: Verderbniss] *Ergänzung nach W II 7, 57* *18–27:* Man ... Andere] Man wandelt nicht ungestraft nach Bayreuth. — Ein noch viel verhängnißvolleres [Problem] Frage stellt die Wirkung Wagners auf das Weib. Man kann vom Standpunkt junger Frauen nicht ernst genug diese Gewissens-Alternative stellen: Eins oder das Andere. Aut liberi aut [Wagner] [Bayreuth] lyrici ... Eine Tristan-Aufführung, erlebt und empfunden, wie Wagner selbst beide Worte versteht, [gehört unter den schlimmsten Ausschweifungen] bedeutet eine Ausschweifung. *W II 7, 57; vgl. Bd. 13, 16 [78], sowie Goethes bekannten Spruch aus den* „Wahlverwandtschaften"*:* „Man wandelt nicht ungestraft unter Palmen" 23: bereits bereut] *vgl. N an die Schwester, 25. Juli 1876 (aus Bayreuth):* ... Fast habe ich's bereut! Denn bisjetzt war's jämmerlich. Von Sonntag Mittag bis Montag Nacht Kopfschmerzen, heute Abspannung, ich kann die Feder gar nicht führen **45** *7:* auf nach Kreta!] *Chor aus* „La belle Hélène" *von Jacques Offenbach; vgl. N an Peter Gast, 24. Aug. 1888*
Zweite Nachschrift. **46** *7:* Rhinoxera] *von N geprägtes Wort: vielleicht aus*

den Wörtern „Rhinozeros" und „Philloxera" (= Reblaus). Vgl. N an J. V. Widmann, 15. Sept. 1887 und an die Mutter, 3. Okt. 1887: Um das Rhinozeros zu sehn, / Beschloß nach Deutschland ich zu gehn. **8:** Kreuzzeitung] *die konservative „Neue preußische Zeitung", Berlin 1848–1938* **9–10:** litterarischen Centralblatt] *Leipziger gelehrte Wochenschrift, hg. von F. Zarncke: N und Rohde veröffentlichten dort Besprechungen* **20:** Bernini] *N pflichtet den Urteilen Stendhals und Burckhardts über Bernini bei; vgl. z. B. Jacob Burckhardt, Der Cicerone, Leipzig 1869, 690f. und 696, BN; von Stendhal gibt es eine bemerkenswerte Anwendung des Begriffs „Berninismus" auf dem Gebiet der Musik: „... le célèbre Mayer habite Bergame ainsi que le vieux David. Marchesi et lui furent, à ce qu'il me semble, les Bernin de la musique vocale, des grands talents destinés à amener le règne du mauvais goût"; vgl. Stendhal, Rome, Naples et Florence, Paris 1854, 404, BN. Zu Barock und Musik bei N: vgl. MA 219; VM 171; N an Carl Fuchs, Ende Juli 1877, 26. Aug. und 9. Sept. 1888 (im letzteren wird Wagner ausdrücklich mit Bernini verglichen)* **47 11:** Einen Musiker] *d. h. Peter Gast, vgl. N an Gast, 9. Aug. 1888* **30–32:** Rechnet ... entlehnt] *vgl. dazu Gast an N, 11. Aug. 1888* **48 20:** Armen im Geiste] *vgl. Matth. 5, 3* **24:** Affen Goldmark] *österreichischer Komponist, vgl. jedoch N an Gast, 2. Dez. 1888 (über die Sakuntala-Ouvertüre)* **49 1–2:** die ... Rossini] *vgl. EH Warum ich so klug bin § 7 (= NW Intermezzo)*

Epilog. 50 **22–24:** die ... schildern] *vgl. AC 31* **51 24:** „Evangelium der Niedrigen"] *nach Renans „Évangile des humbles", vgl. GD Streifzüge § 2* **51 32–52 18:** Wenn ... Gegensätzen ...] *von N während der Korrektur hinzugefügt, das Blatt mit diesem Zusatz ist das oben erwähnte, einzig erhaltene vom Dm (in Basel); auch die Anm. 52, 28–35 wurde bei dieser Gelegenheit hinzugefügt; sie ist uns jedoch nicht erhalten; dafür der Schluß (auf demselben Blatt) 53, 6–12)* **52 5:** Le ... haïssable] *vgl. B. Pascal, Pensées, éd. Faugère, I, 197; vgl. auch VM 385; M 79* **9:** „weil ... voll"] *vgl. Matth. 12, 34* **15:** foeda superstitio] *vielleicht nach „exitiabilis superstitio" bei Tacitus, Annales XV 44* **16–17:** Goethe ... empfand] *vgl. Venezianische Epigramme: „Vieles kann ich ertragen. Die meisten beschwerlichen Dinge / Duld ich mit ruhigem Mut, wie es ein Gott mir gebeut. / Wenige sind mir jedoch wie Gift und Schlange zuwider, / Viere: Rauch des Tabaks, Wanzen und Knoblauch und †"* **28–35]** *vgl. GM Erste Abhandlung § 10–11* **53 1:** Wagner ... wohnte"] *ironisch nach Joh. 1, 14: „Und das Wort ward Fleisch und wohnte unter uns"* **2:** Cagliostro] *vgl. Anm. zu 23, 7* **6–12]** *vgl. Anm. zu 51, 32–52, 18*

Götzen-Dämmerung

Den Titel *Müßiggang eines Psychologen* (vgl. dazu Bd. 9, 12 [225]) änderte N am 27. September 1888. Beim Empfang der ersten Korrekturbogen aus der Leipziger Druckerei hatte Peter Gast am 20. September geschrieben: „Der Titel ‚Müßiggang eines Psychologen' klingt mir, wenn ich mir vergegenwärtige, wie er auf Nebenmenschen wirken könne, zu anspruchslos: Sie haben Ihre Artillerie auf die höchsten Berge gefahren, haben Geschütze wie es noch keine gegeben, und brauchen nur blind zu schießen, um die Umgegend in Schrecken zu versetzen. Eines Riesen Gang, bei dem die Berge in den Urgründen erzittern, ist schon kein Müßiggang mehr. In unsrer Zeit kommt außerdem der Müßiggang gewöhnlich erst nach der Arbeit, und das kommt auch in Müdigkeit vor. Ach ich bitte, wenn ein unfähiger Mensch bitten darf: einen prangenderen glanzvolleren Titel!" N antwortete darauf: „Was den Titel angeht, so kam Ihrem sehr humanen Einwande mein eignes Bedenken zuvor: schließlich fand ich aus den Worten der Vorrede die Formel, die vielleicht auch Ihrem Bedürfnisse genugthut. Was Sie mir von der ‚großen Artillerie' schreiben, muß ich, mitten im Fertig-machen des ersten Buchs der ‚Umwerthung', einfach annehmen. Es läuft wirklich auf horrible Detonationen hinaus ..." (27. Sept.). Der neue Titel war — schreibt N im selben Brief — auch „noch eine Bosheit gegen Wagner", der ja eine *Götterdämmerung* komponiert hatte. Die Entstehung des neuen Titels kann genau in Bd. 13, 22 [6], verfolgt werden. N schrieb nacheinander folgende Titel: „Götzen-Hammer. / Müßiggang eines Psychologen." dann: „Götzen-Hammer. / Oder: / wie ein Psycholog Fragen stellt." Schließlich folgte der endgültige Titel. Die Titelentwürfe sind tatsächlich zwischen die Vorstufen zu den Kapiteln 47 und 48 des *Antichrist*. Daß die *Götzen-Dämmerung* als eine Art „Zwillingswerk" des *Antichrist* zu betrachten ist, wurde schon oben hervorgehoben. Das Druckmanuskript und die Korrekturbogen sind erhalten. Der Druck der *Götzen-Dämmerung* wurde Anfang November beendet, der Vertrieb des Buches war für 1889 geplant. Gegen den 25. November erhielt N vier Exemplare von: „*Götzen-Dämmerung oder Wie man mit dem Hammer philosophirt*. Leipzig 1889, Verlag von C. G. Naumann (= GD).
In der Bibliotheca Bodmeriana zu Genf werden einige Blätter aus einer Reinschrift zu GD aufbewahrt.

Vorwort

Unter den losen Blättern der Mappe Mp XVI 4 finden sich zwei längere Fragmente eines „Vorwortes" ähnlichen Inhalts. Das reifere von beiden

Götzen-Dämmerung · Sprüche und Pfeile

Fragmenten ist Sils-Maria, Anfang September 1888 *datiert, aus diesem entstand eine andere Fassung mit dem Datum:* Sils-Maria, 3. September 1888. *Aus dem Brief an Meta von Salis vom 7. Sept. ist zu entnehmen, daß N zunächst diese* „3. September-Fassung" *als Vorwort für die* Umwerthung aller Werthe *benutzen wollte. Zwischen dem 7. und dem 11. September änderte N die Bestimmung dieses Vorwortes, das er nun dem* Müßiggang eines Psychologen *voranstellte. Es bestand aus drei Paragraphen, deren dritter wiederum auf Anweisung von N gestrichen und mit einem neuen Text im Druckmanuskript ersetzt wurde (Brief an Naumann vom 13. Sept.). In einem Brief vom 18. Sept. an Naumann verfügte N folgendermaßen über das bisherige Vorwort:* Anbei folgt das Vorwort, das gilt. — Was ich Ihnen bisher als Vorwort geschickt habe (das gestrichne Stück *[d.h. der am 11. September mit einem anderen Text ersetzte 3. Paragraph]* natürlich abgerechnet), ist von mir noch etwas fortgesetzt worden, so daß jetzt in das Buch kommen soll — und zwar an vorletzter Stelle — den Schluß bilden die ‚Streifzüge eines Unzeitgemäßen'). Wir wollen dem Aufsatz den Titel geben: Was den Deutschen abgeht. Er hat jetzt, mit seiner Verlängerung, die ich Ihnen heute übersende, im Ganzen 7 kleine Abschnitte. Entsprechend muß auch in der Inhalts-Angabe dieser Titel eingetragen werden. — Das Vorwort ist jetzt viel kürzer — und zweckentsprechender. *Die Vorstufen des neuen Vorworts finden sich im Heft W II 6, 144–145 (wo sich auch die Vorstufen der „Verlängerung" des alten Vorworts finden). Nachdem N endlich auch den Titel seines Buchs geändert hatte, nahm er noch kleine entsprechende Änderungen im endgültigen Vorwort vom 18. September vor, unter anderem schrieb er auch das Datum:* Turin, am 30. September 1888, am Tage, da das erste Buch der Umwerthung aller Werthe zu Ende kam. *Neben den Änderungen zum Vorwort der* Götzen-Dämmerung *finden sich tatsächlich im Heft W II 8 auch die Vorstufen der Schlußpartie vom* Antichrist. *Den gestrichenen Text von § 3 des ursprünglichen Vorworts (d.h. des „3. September" datierten Vorworts, welches jetzt das Kapitel* Was den Deutschen abgeht *geworden war) benutzte N für das kurze Vorwort des* Antichrist.

57 17] Furius Antias bei Aulus Gellius 18, 11, 4   58 1–4: Einen ... muss] einen Psychologen, zumal wenn er, im Grunde, [nichts mehr als] ein alter Musikant ist *W II 8, 134*   5: der ... es] gleich dem „Fall Wagner" *W II 8, 134*   8: neue ... ausgehorcht] wieder Götter umgeworfen *W II 8, 134*

Sprüche und Pfeile

Zu diesem ganzen Abschnitt vgl. die Spruchsammlung Bd. 13, 15 [118].
59 3–4:] vgl. *Bd. 9, 12 [7. 121]; Bd. 13, 11 [107]*   10: Aristoteles] vgl.

Pol. 1253a 29   13: „Alle ... einfach"] *vgl. Schopenhauer: „Simplex sigillum veri"   60 2–3] vgl. Bd. 13, 11 [296], Exzerpt aus Journal des Goncourt I, 292   6:* Menschen? –] Menschen? – Man muß sich entscheiden. *W II 3, 184; W II 7, 154. Vgl. Bd. 12, 9 [72]   8–9:* Was ... stärker.] *vgl. EH Warum ich so weise bin § 2   20:* des Philosophen] *aus Carlyle's Mp XVI 4   61 4–5] W II 3, 9 als Anfang: Das Weib, das „Ewig-Weibliche": ein bloß imaginärer Werth, an den nur der Mann glaubt. vgl. Bd. 13, 11 [296]:* Der Mann hat das Weib gemacht, indem er ihr alle seine Poesien giebt ... Gavarni. *Exzerpt aus Journal des Goncourt, Paris 1887, I, 283:* „La conversation tombe sur la femme. Selon lui, c'est l'homme qui a fait la femme et qui lui a donné toutes ses poésies à lui"   *7–8] W II 3, 85:* Man weiß, was man nöthig hat, um seine Kraft zu verzehnfachen: Nullen. *Auf der nebenstehenden Seite (W II 3, 84) ein Exzerpt aus dem Journal des Goncourt, I, 387:* – sie suchen eine Null, um ihren Werth zu verzehnfachen. *Vgl. Bd. 13, 11 [296]   12:* Autorität ...] *aus* Autorität! (Denn comprendre c'est egaler ...) *W II 3, 184   62 9–11] vgl. Bd. 13, 11 [59]; Mp XVI 4 am Schluß:* Es weiß, wie gut dem vollkommenen Weibe ein [kleiner] brauner Fleck Fäulniß [brauner Verdorbenheit] steht –   *13–15] von N aus einem längeren Fragment entnommen, das sich im Heft W II 6 unter dem Titel* Asketismus der Starken *findet; vgl. Bd. 13, 15 [117]   17:* „Böse ... Lieder."] *sprichwörtlich gewordene Wendung aus dem Gedicht „Die Gesänge" von J. G. Seume; auch dieser Spruch ist von N aus einem längeren Fragment (in Mp XVI 4) entnommen worden, vgl. Bd. 13, 18 [9]   20:* seit achtzehn Jahren] *d.h. seit der Reichsgründung 1871   63 12:* kommt. Das] kommt. Aber das Weib hat keinen Grund, es ist das Faß der Danaiden. *Das Mp XVI 4; W II 3, 70. Vgl. auch Gavarnis Spruch im Journal des Goncourt I, 325:* „Nous lui demandons s'il a jamais compris une femme? – Une femme, mais c'est impénétrable, non parce que c'est profond, mais parce que c'est creux! – "   *64 14:* Wie ... Glücke!] *vgl. Za IV Mittag   15:* Ohne ... Irrthum.] *vgl. an Peter Gast, 15. Jan. 1888   16:* Gott liedersingend] *vgl. Ernst Moritz Arndt, Des Deutschen Vaterland (1813 abgefaßt):* „Soweit die deutsche Zunge klingt / Und Gott im Himmel Lieder singt". *Dazu Peter Gast mit Recht:* „Ich glaube, daß das ‚Gott' ... doch ein Dativ und kein Nominativ ist" (an N, 20. Sept. 1888). *N antwortete:* Alter Freund, Sie sind noch gar nicht auf meiner Höhe mit Ihrer Auseinandersetzung über Dativ und Nominativ beim Gottesbegriff. Der Nominativ ist ja der Witz der Stelle, ihr zureichender Grund zum Dasein ... (27. Sept. 1888)   *18:* On ... assis.] *vgl. Guy de Maupassant, Vorwort zu: Lettres de Gustave Flaubert à George Sand, Paris 1884, III, BN   65 1–2:* Der ... sehn.] *aus* Dann soll man sich in die Sonne führen und gegen die Sonne. *Mp XVI 4   4–7] vgl. Bd. 12, 10 [107]   4:* wir] die *Dm   9–11. 13–15. 20–21] vgl. Bd. 12, 10*

[145]; Bd. 13, 11 [1]   65 23–66 2] *vgl. Bd. 13, 11 [1]*   66 11–12]
vgl. AC 1 am Schluß

Das Problem des Sokrates

67 1] Sokrates als Problem *Mp XVI 4; mit einer solchen Abhandlung hätte — nach einem Plan zum „Willen zur Macht" — das Kapitel Philosophie als décadence anfangen sollen; vgl. Bd. 13, 15 [5]*   7–9: „leben ... schuldig."] *Plato, Phaed. 118 a*   9–19: Was ... begeistert? ...] Was beweist das? — Ehemals hätte man gesagt — (und man hat es gesagt! [tausend Mal!] Schopenhauer zuletzt noch und am [kräftigsten] unschuldigsten! —) „Hier muß jedenfalls etwas wahr sein! „Wir, wir Letztgekommenen, [wir Hyperboräer denen das Leben die Mitgift der Unschuld versagt hat] wir anderen sagen [dazu]: Hier muß jedenfalls etwas krank sein. Diese Weisesten aller Zeiten — man muß sie sich [viel] aus der Nähe ansehen! Waren sie vielleicht allesamt nicht fest auf den [Füßen] Beinen? Spät? Wackelig? décadents? Herbstzeitlosen? Erscheint die Weisheit auf Erden vielleicht als Rabe, der bereits die Nähe von Cadavern riecht? *W II 5, 50* Was beweist das? ... worauf weist das?? Ehemals hätte man gesagt — [und selbst Schopenhauer noch gehört zu den Ehemaligen] und man hat es tausend Mal gesagt! Schopenhauer zuletzt und am stärksten — „hiermit muß jedenfalls Etwas wahr sein". Wir, wir Letztgekommenen, wir [Immoralisten] Hyperboräer sagen: hier muß jedenfalls Etwas krank sein. Diese Weisesten aller Zeiten — [sehen wir sie uns näher an!] man muß sie [sich näher besehen?] aus der Nähe besehen! Sind sie vielleicht [was an sich nicht unmöglich wäre, weise aus Müdigkeit, aus décadence, aus Rassen-Niedergang?] allesamt krank, müde, Niedergangs-Menschen, Typen des Verfalls? ... [Erscheint die Weisheit vielleicht als Symptom des Endes? ... [Ist ihr Werthurtheil gegen das Leben] [ist ein Werthurtheil] beweist ein Werthurtheilen des niedergehenden Lebens, einen Instinkt der Zersetzung, ein [Vorgefühl von] ein Bedürfniß nach Ende ...] Erschiene vielleicht die Weisheit als Rabe, der bereits ein Geruch [riecht] von [Tod der sich – – –] Verwesung riecht? ... *W II 5, 51*   15: Weisesten aller Zeiten] *nach Goethe, Kophtisches Lied; zitiert auch MA 110*   68 10–13: Urtheile ... Dummheiten] Urtheile über das Leben, für oder wider, gelten uns als Symptome; sie haben für uns gar kein anderes Interesse als insofern sie Symptome sind. [An sich über das Leben Gericht zu halten, bedeutet eine Narrheit von Seiten eines Lebenden: und von Seiten eines Todten ein [unlösbares] Kunststück, das schwierig zu lösen sein würde] An sich sind solche Werthurtheile Dummheiten *W II 5, 51*   69 5–10] *vgl. Cicero, Tusc. IV 37, 80; zitiert bei G. Chr. Lichtenberg, Über Physiognomik, Vermischte Schriften, Göttingen 1867, 4, 31, BN*   16: Dämonion des Sokrates] *vgl. Plato, Apologia Socratis, 31 d*   22: hat.] hat. (Die ältere

Gleichung lautet: Tugend = Instinkt = Grund-Unbewußtheit) *Mp XVI 4   69 23−70 29] im Heft W II 5 zwei Fassungen dazu: die spätere − W II 5, 109 − weist keine wesentlichen Abweichungen vom endgültigen Text dieser Paragraphen auf: die frühere findet sich auf S. 109:* Socrates − Plato − Dialectiker / Dieser Umschlag des Geschmacks zu Gunsten der Dialektik ist ein cardinales Faktum. Sokrates, der Roturier, der ihn durchsetzte, kam mit ihm über einen vornehmen Geschmack, den Geschmack der Vornehmen, zum Siege. Die Heraufkunft der Dialektik bedeutet die Heraufkunft des Pöbels. Allem, was Aristokrat und Instinkt ist, widersteht die Etalage von Gründen: − man hat die Autorität. Die Autorität befiehlt ... Man glaubt auch nicht an Dialektik. Alle guten Dinge haben ihre Gründe nicht in der Hand. Was sich beweisen läßt, ist wenig werth. Dialektik ist unanständig ... Daß Dialektik Mißtrauen erregt, daß sie wenig überzeugt, weiß die Klugheit aller Redner, aller Parteien. Dialektik kann nur eine Nothwehr sein: man muß in der Noth sein, um sich Recht zu erzwingen: eher macht man keinen Gebrauch von Dialektik ... Der Jude ist Dialektiker: und auch Sokrates war es: Man hat ein schreckliches Werkzeug in der Hand: man widerlegt, indem man den Verstand seines Gegners bloßstellt, − man verhört ihn, indem man ihn hülflos macht, − man überläßt seinem Opfer den Beweis, kein Idiot zu sein ... ach, − − −

Die „Vernunft" in der Philosophie

74 *1] Philosophie als Idiosynkrasie Mp XVI 4 Die wahre und die scheinbare Welt W II 5, 72*   **75** *19: Dauer ...] danach gestrichen:* Wir denken heute darüber durchaus als Herakliteer *W II 5, 73*   **76** *16–18: die ... Realität] aus* irgend eine jener so überflüssigen hinderlichen Begriffs-Verdünnungen und -Verdunstungen, wie den Begriff „gut", den Begriff „wahr" *Mp XVI 4*   **77** *22−78 13]* überträgt die Subjekt-Scheinbarkeit auf alles Übrige, überall ein Sein heiligend und das Sein als Ursache setzend. Wenn diese alten Weisen, wie die Eleaten unter den Griechen, eine so große Überzeugungskraft für Jedermann hatten, selbst noch für materialistische Physiker (− Demokrit unterwirft sich der eleatischen Begriffsfixirung des Seienden, als er sein Atom erfand −), so wollen wir nicht vergessen, wen sie für sich hatten, den Instinkt in der Sprache, die sogenannte Vernunft. Diese glaubt an eine seiende Welt, ihre Kategorien würden unerweisbar in einer Welt des absoluten Werdens sein ... − wir sind heute in der That in der Schwierigkeit, keine Formel mehr für unsere concepta zur Hand zu haben und überall die alten Kategorien einschleppen zu müssen: so bedienen wir uns heute noch des Wortes „Ursache", haben es aber seines Inhalts entleert − und ich fürchte, alle unsere Formeln bedienen sich des alten Wortes, in einem Sinn, der vollkommen willkürlich ist *W II 5, 68 (erste Fassung)*

Wie die „wahre Welt" endlich zur Fabel wurde

80-81] *Ursprünglich sollte dies Kapitel — nach einem Plan vom Frühjahr 1888 — das erste vom „Willen zur Macht" werden; die Vorstufe in W II 5, 64-65 ist deshalb* Erstes Kapitel *überschrieben; vgl. Bd. 13, 14 [156]* **80** *5-6:* klug ... Plato] *aus* vernünftig, simpel, thatsächlich, sub specie Spinozae *Umschreibung des Satzes* „ich, Spinoza *W II 5, 64 13-18:* unbeweisbar ... königsbergisch] *aus* für jetzt, vielleicht auch nicht versprechbar, aber schon als geglaubt ein Trost, ein Ausruhen, eine Erlösung (die Idee sublim geworden, geisterhaft; Sphinxlicht von Ehedem, eine Mitternacht für Metaphysiker und andere Hyperboreer aber Gegenstand der höchsten Verehrung und Hoffnung *W II 5, 64-65 24:* des Positivismus] *aus* der Vernunft *W II 5, 64* **81** *6:* Plato's] *aus* der Vernunft *W II 5, 64 14:* ZARATHUSTRA] *aus* PHILOSOPHIA *W II 5, 64*

Moral als Widernatur

82-87] *Das Kapitel besteht aus zwei Partien, deren zweite als erste geschrieben wurde (§ 4-6) im Heft W II 5, 47-49 unter der Überschrift* Moral als Typus der décadence *(entsprechend dem Plan vom Frühjahr 1888). § 1-3 finden sich zunächst im Heft W II 6, 43-44. In der Mappe Mp XVI 4 ist eine Abschrift von § 1-2 unter der Überschrift* Schopenhauer und die Sinnlichkeit. *Auch § 4-6 sind in die erwähnte Mappe übertragen worden, jedoch in anderem Zusammenhang. Die Verschmelzung der beiden Partien in ein Kapitel geschah bei Gelegenheit der Reinschrift vom August 1888, aus der — nach dem Verzicht auf die Veröffentlichung des „Willens zur Macht" — die Götzen-Dämmerung und der Antichrist entstanden. Die erste Fassung von § 1-3 im Heft W II 6, 43-44 lautet:* Der Sieg über die Stupidität in der Passion scheint mir der größte Sieg, der bisher errungen worden ist: nämlich die Passion selbst festhalten, aber sie so mit Geist, mit Feinheit, mit Vorsicht durchsäuern, daß aus ihr eine Wonne des Daseins wird. Ehemals hatte man, wegen der Stupidität der Passion und der ihr entspringenden schlimmen Folgen, einfach die Passion vernichten wollen, was nur eine zweite Stupidität ist. Die Formel dafür steht im neuen Testament, in jener berühmten Bergpredigt, wo aber die Dinge durchaus nicht aus der Höhe betrachtet werden. Es liegt auf der Hand, daß die Vergeistigung der Passion nicht einmal als Tendenz für solche Tschandala vorstellbar war: das Wort „Geist" selbst ist im neuen Testament ein bloßes Mißverständniß. Sie kämpfen ja mit aller Kraft gegen die „Intelligenten": kann man von ihnen einen intelligenten Krieg gegen die Passion erwarten? ...

Deshalb ist, in jedem Sinn der Kampf der Kirche gegen die Leidenschaft die Ausschneidung, der Castratismus ... Das Nachdenken der kirchl⟨ichen⟩ Disciplin dreht sich immer um diesen Punkt: wie vernichtet man die Begierde, den Stolz, die Herrschsucht, die Habsucht?... Es liegt ebenfalls auf der Hand, daß dasselbe Mittel, die Verschneidung, die Ausschneidung von denen gewählt werden wird, welche zu willensschwach zu einer mässigen Maßregel sind: — die Naturen, welche la Trappe nöthig haben, irgend eine excessive und endgültige Feindschafts-Erklärung zwischen sich und einer Passion ... Darin drückt sich ein sehr gewöhnlicher Typus der Degenerescenz aus. Er ist häufig bei sogenannten Pessimisten: es ist z.B. der Typus Sch⟨openhauer⟩ in seinem Verhältniß zur Geschlechtlichkeit. Eine persönl⟨iche⟩ Unfähigkeit, hundert Mal erprobt und eingestanden, hier über sich Herr zu werden, — macht zuletzt eine habituelle Rancune gegen das, was hier Herr wird — das ist begreiflich, wenn auch durchaus noch nicht philosophisch ... Der Haß kommt auf seine Spitze, wenn solche Naturen selbst zu jenem extremen Mittel, der Absagung von ihrem „Teufel", nicht Willenskraft genug haben; die giftigste Feindschaft gegen die Sinne in der ganzen Geschichte der Philos⟨ophie⟩ ⌐und Kunst⌐ kommt nicht von den „Impotenten", auch nicht von den Asceten, sondern von den unmöglichen Asceten, die aber nöthig hätten Asceten zu sein ... Der Christliche August⟨in⟩us ist nichts als [eine Rache an seinem überwundenen „Teufel" —] der zügellose Triumph der Rache eines beinahe unmöglichen Asketen ... Die Vergeistigung der Feindschaft liegt darin, daß man tief den Werth begriffen hat, den es hat, Feinde zu haben; kurz daß man umgekehrt thut und schließt, wie man ehemals schloß, wo die Feindschaft noch stupid war — ehemals wollte man die Vernichtung des Feindes: jetzt hat man ein Interesse an der Erhaltung seines Feindes — Es gibt Schöpfungen, welche wie das neue deutsche Reich, erst durch eine Art dumpfen Haß sich selbst nothwendig erscheinen — damit das Artificium in Anbetracht seiner Entstehung allmählich vergessen wird. Dasselbe gilt von dem innerlichen Antagonismus: wer den Frieden der Seele um den Preis erkauft, daß er seine Seele einfach annullirt (aushungert, ausstreift, abschafft ...) gehört zum „alten Spiel" — und versteht sich nicht auf sein oberstes Interesse. Alle starken Naturen wissen, daß sie Widersprüche im Leibe haben, — und daß ihre Fruchtbarkeit und Unerschöpfbarkeit an dem ewigen Kampfe hängt, wegen dem der berühmte „Frieden der Seele" ausgeschlossen ⟨ist⟩. Das gilt von Staatsmännern, wie von Artisten ... Man ist bewiesen als décadent, wenn man den Frieden der Seele höher schätzt als den Krieg, als das Leben, als die Fruchtbarkeit ... Oder anders ausgedrückt: weil man sich unfruchtbar fühlt, wählt man den Frieden ...   83 *14:* wenn ... aus] *Matth. 5, 29*   84 *1:* Armen des Geistes] *Matth. 5, 3   15:* von ... haben] *vgl. SE 3, Bd. 1, 358*   85 *12–14:* Götzen ... Seele" ...] [Umwerthung aller Werthe]

„Müssiggang eines Psychologen": auch eine Art „Frieden der Seele" ...
Dm; Varianten der Änderung in Cb: Götzen-Hammer: wer weiß? vielleicht auch eine Art — — — „Wie ein Psycholog Fragen stellt": — Auch diese Schrift ist, wie der „Fall Wagner", vor Allem — — — 85 15—87 29] *Mp XVI 4 und W II 5 enthalten § 4—6 in anderem Zusammenhang: die vollständige erste Fassung dieses Zusammenhangs findet sich in W II 5, 47—49: sie besteht aus 4 Paragraphen, die N 1—4 numerierte; § 2, 3, 4 entsprechen den jetzigen § 4, 5, 6; § 1 blieb unbenutzt, er lautet:* Moral als Typus der décadence. / Wenn [eine Gemeinschaft, aus ganz bestimmten und durchsichtigen Erhaltungsbedingungen heraus, dekretirt „so und so soll unter uns gehandelt werden, so und so soll nicht gehandelt werden", so verbietet und gebietet sie] wir uns, aus dem Instinkte der Gemeinschaft heraus, Vorschriften machen und gewisse Handlungen verbieten, so verbieten wir uns, wie es Vernunft hat, nicht eine Art zu „sein", nicht eine „Gesinnung", sondern nur eine gewisse Richtung und Nutzanwendung dieses „Seins" dieser „Gesinnung". Aber da kommt der [Moral] aberwitzige Ideologe der Tugend, der Moralist, seines Wegs und sagt „Gott sieht das Herz an! Was liegt daran, daß ihr euch bestimmter Handlungen enthaltet: ihr seid darum nicht besser!" Antwort: mein Herr [Esel] Langohr und Tugendsam, wir wollen durchaus nicht besser sein, wir sind sehr zufrieden mit uns, wir wollen uns nur nicht unter einander Schaden thun, — und deshalb verbieten wir gewisse Handlungen in einer gewissen Rücksicht, nämlich auf uns, während wir dieselben Handlungen, vorausgesetzt daß sie sich auf Gegner des Gemeinwesens — gegen Sie zum Beispiel — beziehen [ehren und fördern, durch Zucht und Erziehung verbreiten. Wären wir von jenem unanständigen Radikalism, den Sie uns empfehlen, Gesinnungen zu verbreiten (d.h. eine Art Sein und Fatum), so würden wir die Handhabe unserer Macht, unserer Selbsterhaltung zerstören, — jene Gesinnung gerade, die wir am höchsten ehren ... deren unzweckmäßige Ausbrüche und Auswege wir nur zu verhüten suchen] nicht genug zu ehren wissen. Wir erziehen unsere Kinder auf sie hin, wir züchten sie groß ... Wären wir von jenem „gottwohlgefälligen" Radikalism, [wie Sie es sind] den Ihr heiliger Aberwitz anempfiehlt, wären wir Mondkälber [gleich Ihnen] genug, wollten wir mit jenen Handlungen ihre Quelle, das „Herz" die „Gesinnung" verurtheilen, so hieße das unser Dasein zu verurtheilen und mit ihm [dessen] seine oberste Voraussetzung [verleugnen] — eine Gesinnung, ein Herz, eine Leidenschaft, die wir mit den höchsten Ehren ehren. Wir verhüten durch unsere Dekrete, daß diese Gesinnung auf eine unzweckmäßige Weise ausbricht und sich Wege sucht, — wir sind klug, wenn wir uns solche Gesetze geben, wir sind damit auch sittlich ... Argwöhnen Sie nicht, von Ferne wenigstens, welche Opfer es uns kostet, wie viel Zähmung, Selbstüberwindung, Härte gegen uns dazu Noth thut? Wir sind vehement in unsern Begierden, es giebt Augenblicke, wo wir uns auffressen

möchten... Aber der Gemeinsinn wird über uns Herr: bemerken Sie doch, das ist beinahe eine Definition der Sittlichkeit... *Die Fassung dieses Paragraphen in Mp XVI 4 war durch die Worte* Dies die Rede eines moralischen Naturalisten *mit dem übrigen Text (d.h. mit den jetzigen § 4–6) verbunden; vgl. WM² 281; Bd. 13, 18 [8]* 85 26: Gott... an] *Luk. 16, 13* 86 12: Werth des Lebens] *vgl. die Studien zu MA, insbesondere das Exzerpt aus dem gleichnamigen Buch E.Dührings in Bd. 8, 9 [1]* 87 4: ecce homo] *das berühmte Wort Pilatus' (Joh. 19, 5) wurde von N 1882 in FWS als Titel eines Gedichts benutzt; es sollte auch der Titel seiner Selbstbiographie werden*

Die vier grossen Irrthümer

88–97] *Die* vier großen Irrthümer *waren ursprünglich drei, da § 1–2 erst im Dm eingeschoben wurden. Die erste Fassung von § 3 findet sich in W II 6, 104–105 unter der Rubrik* Philosophie *und als selbständiger Text, so auch in der Abschrift von Mp XVI 4, wo jedoch für Paragraph zur Zeit der Abfassung dieses Kapitels auch eine Überschrift bekam. Die erste Fassung von § 4–6 findet sich in W II 7, 38. 39. 36; hier sind sie als Entwurf eines Buchs, des ,,Willens zur Macht" aufgefaßt, und zwar nach einem Plan von S. 34 desselben Manuskripts (s. Bd. 13, 16 [86]), der einer der letzten Pläne vor der Entstehung der Götzen-Dämmerung (und somit auch vor dem Verzicht Ns auf die Herausgabe eines ,,Willens zur Macht") ist. Der Gegensatz ,,Irrtum-Wahrheit" ist bestimmend für diesen Plan; die Überschriften der vier Bücher lauten hier:* I. Psychologie des Irrthums... / II. Die falschen Werthe... / III. Das Kriterium der Wahrheit... / IV. Kampf der falschen und der wahren Werthe... *Hierzu gehört das Schema 16 [85] auf S. 37:* Psychologie des Irrthums. / 1) Verwechslung von Ursache und Wirkung / 2) Verwechslung der Wahrheit mit dem als wahr Geglaubten / 3) Verwechslung des Bewußtseins mit der Ursächlichkeit. *Punkt 1 dieses Schemas wird in § 1–2 dieses Kapitels der Götzen-Dämmerung, Punkt 2 im § 6, Punkt 3 in § 3–5 entwickelt. In der Einteilung des 1. Buches von 16 [86] findet sich nach drei Kapitelüberschriften, welche identisch mit den 3 angegebenen Punkten des Schemas von 16 [85] sind, auch noch die Überschrift für ein viertes Kapitel:* 4) Verwechslung der Logik mit dem Prinzip des Wirklichen. *Diesem Kapitel des aufgegebenen Plans entspricht hier keine Ausführung, statt dessen nahm N die jetzigen § 7 und 8 aus einem anderen Zusammenhang heraus, und zwar aus einem umfangreicheren Text im Heft W II 6 (Bd. 13, 15 [30]), und schrieb das ab, was er zum Irrthum vom freien Willen* brauchte, *auf eine leergebliebene Seite des schon im Winter 1887/88 benutzten Hefts W II 3 (S. 129). Aus der von N durchgestrichenen Vorstufe (in W II 3): WM² 765* 88 1: vier] *aus* drei Dm 12: Cornaro] *vgl. Ludwig Cornaro, Die Kunst, ein hohes und gesundes Alter zu erreichen, Berlin o.J., BN, deutsche Übersetzung (Paul Sembach) von: Lodovico Cornaro, Discorsi della vita sobria (1558). Vgl. auch N an Overbeck, 27. Okt. 1883 und 30. März 1884* 89 6: Crede experto.] *vgl. N an Overbeck:* Nizza halte ich fest: es ist klimatisch mein „gelobtes Land". Nur muß man hier tüchtig essen und nicht à la Cornaro leben. *(30. März 1884)* 90 10–11: die ... Göttlichkeit] *vgl. WA 1:* „Das Gute ist leicht, alles Göttliche läuft auf zarten Füssen" *(13, 21-22)* 13] Theorie vom Geist als Ursache *aus* vom Irrthum [der Willens-Ursache] der geistigen Ursache *aus* eine falsche Art von Ursache *Mp XVI 4* 91 31: mit der Realität] als Sein gesetzt, mit dem Sein *Mp XVI 4* 32: Maass der Realität] Richter der Welt *Mp XVI 4* 32: genannt! −] genannt! − [Streichen wir den Begriff der geistigen „Ursache"! In der Erfahrung kommt keine solche Ursache vor. − Habe ich noch zu demonstriren, daß er zu nichts mehr nütze ist? Daß er thatsächlich in der Wissenschaft bereits nicht mehr gehandhabt wird? Wir haben bloß das Wort noch, aber leer, aber ausgeblasen, aber ohne den alten Inhalt: wir denken uns etwas ganz Andres dabei. Zum Beispiel Gleichungen zwischen „Ursache" und „Wirkung" − − „causa aequat effectum".−] *Mp XVI 4; W II 6, 105* 92 2: Irrthum] Theorie *W II 7, 38; zu den Ausführungen dieses Paragraphen vgl. MA 13* 7–15: sie ... missverstanden] aber sie wird endlich als verstanden, als erklärt empfunden − −: sie wird eingereiht in eine Causalität und gilt damit als erklärt ... *W II 7, 38* 94 2−95 8] *für § 6 hat N fast wortwörtlich ein Schema aus W II 7, 36 abgeschrieben* 94 18: Welt ... 2, 666] *nach der Frauenstädt-Ausgabe* 31: Glaube, Liebe, Hoffnung] *vgl. 1. Kor. 13, 13* 95 3–8: Die ... verwechselt.] Der glückliche Ausgang einer Unternehmung macht den Melancholiker nicht glücklich; und ein hoher Verlust überwölkt nicht die überschäumende Heiterkeit eines Benvenuto Cellini *W II 7, 37* 21–27: erfunden ... wollten] *aus* eine Theorie vom Recht auf Rache. „Gott will strafen": das heißt die herrschende Priesterschaft alter Gemeinwesen will das Recht haben *W II 3, 129* 96 9–10: eine ... Henkers] *aus* die Metaphysik der Rache *Dm* 97 7: in Gott] *aus* als Gott *Cb²* Gottes *Dm; Cb¹*

Die „Verbesserer" der Menschheit

98–102] *Auch dieses Kapitel ist aus den Materialien zum aufgegebenen „Willen zur Macht" entstanden, insbesondere zum dritten Kapitel* Die Guten und die Verbesserer *des zweiten Buches* Herkunft der Werthe *im letzten Plan (datiert 26. August 1888); dieselben Gedanken finden sich auch unter den Aufzeichnungen vom Winter 1887/88, und zwar unter der Überschrift* Wie die Tugend zum Siege kommt; *das ist wiederum der Titel des zweiten Kapitels vom zweiten Buch im Plan vom Anfang 1888 (vgl. Bd. 13,*

12 [2]). Im Frühjahr 1888 kommt zu diesem Gedankenkreis noch die Lektüre des Gesetzes des Manu hinzu 98 *1*] Den Menschen „verbessern"! *aus* Die Hintergründe der Moral *Mp XVI 4* 6: *von ... formulirt] in GM* 99] *Vs in W II 6, 72:* Um billig von der Moral zu denken, müssen wir zwei zoologische Begriffe an ihre Stelle setzen: Zähmung der Bestie und Züchtung einer bestimmten Art. Die Priester gaben zu allen Zeiten vor, daß sie „bessern" wollen ... Aber wir Andern lachen, wenn ein Thierbändiger von seinen „gebesserten" Thieren reden wollte. Die Zähmung der Bestie wird in den meisten Fällen durch eine Schädigung der Bestie erreicht: auch der moralische Mensch ist kein besserer Mensch, sondern nur ein geschwächter. Aber er ist weniger schädlich ... *vgl. WM² 397* 19: „blonden Bestie"] *vgl. GM* Erste Abhandlung § 11 100 *4–5:* Gesetz des Manu] *N las es in: Louis Jacolliot,* Les législateurs religieux. Manou-Moïse-Mahomet, *Paris 1876, BN. Über diese Lektüre schrieb er am 31. Mai 1888 an Peter Gast:* Eine wesentliche Belehrung verdanke ich diesen letzten Wochen: ich fand das Gesetzbuch des Manu in einer französischen Übersetzung, die in Indien, unter genauer Controle der hochgestelltesten Priester und Gelehrten daselbst, gemacht worden ist. Dies absolut arische Erzeugniß, ein Priestercodex der Moral auf Grundlage der Veden, der Kasten-Vorstellung und uralten Herkommens — nicht pessimistisch, wie sehr auch immer priesterhaft — ergänzt meine Vorstellungen über Religion in der merkwürdigsten Weise. Ich bekenne den Eindruck, daß mir alles Andere, was wir von großen Moral-Gesetzgebungen haben, als Nachahmung und selbst Karikatur davon erscheint: voran der Ägypticismus; aber selbst Plato scheint mir in allen Hauptpunkten einfach blos gut belehrt durch einen Brahmanen. Die Juden erscheinen dabei wie eine Tschandala-Rasse, welche von ihren Herren die Principien lernt, auf die hin eine Priesterschaft Herr wird und ein Volk organisirt ... Auch die Chinesen scheinen unter dem Eindruck dieses klassischen uralten Gesetzbuchs ihren Confucius und Laotse hervorgebracht zu haben. Die mittelalterliche Organisation sieht wie ein wunderliches Tasten aus, alle die Vorstellungen wiederzugewinnen, auf denen die uralte indisch-arische Gesellschaft ruhte — doch mit pessimistischen Werthen, die ihre Herkunft aus dem Boden der Rassen-décadence haben. — Die Juden scheinen auch hier blos „Vermittler", — sie erfinden nichts. 100 *22–101 4:* Das ... beizustehen] *vgl. Jacolliot, a.a.O., 105f.* 101 *10–19:* Die ... Rasse.] *ebda., 102f.* 101 *21–102 5*] *zu „arisch" bei N vgl. seinen Brief an den Antisemiten Theodor Fritsch, Herausgeber der „Antisemitischen Correspondenz", Freund von Bernhard Förster und Elisabeth Förster-Nietzsche, Verfasser eines „Handbuchs der Judenfrage" (²⁹1923) und Mitläufer des Nationalsozialismus:* ... Glauben Sie mir: dieses abscheuliche Mitredenwollen noioser Dilettanten über den Werth von Menschen und Rassen, diese Unterwerfung unter „Autoritäten", welche von jedem besonneneren Geiste mit kalter Verachtung abgelehnt werden (z. B. E. Dühring, R. Wagner, Ebrard, Wahrmund, P. de Lagarde — wer von ihnen ist in Fragen der Moral und Historie der unberechtigtste, ungerechteste?), diese beständigen absurden Fälschungen und Zurechtmachungen der vagen Begriffe „germanisch", „semitisch", „arisch", „christlich", „deutsch" — das Alles könnte mich auf die Dauer ernsthaft erzürnen und aus dem ironischen Wohlwollen herausbringen, mit dem ich bisher den tugendhaften Velleitäten und Pharisäismen der jetzigen Deutschen zugesehen habe. — Und zuletzt, was glauben Sie, das ich empfinde, wenn der Name Zarathustra von Antisemiten in den Mund genommen wird? ...   **101 28:** *das Buch Enoch] N hatte sich im Heft W II 3 aus Renan,* Vie de Jésus, *Paris 1963, 181, notiert:* Le livre d'Hénoch contiens des malédictions plus violentes encore que celles de l'Evangile contre le monde, les riches, les puissants. Vgl. Bd. 13, 11 [405]   **102 17–22]** *vgl. A C 55 am Schluß.*

Was den Deutschen abgeht

103–110] *Zur Entstehung dieses Kapitels vgl. die Anm. zum Vorwort*   **103 4:** heraus nehmen ...] herausnehmen. Unter Franzosen muß man Muth haben, deutsch zu sein. W II 3, 184; W II 7, 154   **23:** *das Volk der Denker] der erste, der vom* „Volk der Denker und Dichter" *gesprochen hat, war — nach: G. Büchmann,* Geflügelte Worte — Karl Musäus im Vorbericht zu seinen Volksmärchen (1782)   **104 2–3:** Deutschland, ... Alles] *der erste Vers vom* „Lied der Deutschen", *gedichtet 1841 von H. Hoffmann von Fallersleben*   **8–9:** Dürfte ... Mittelmäßigkeit!] *ähnlich in Bd. 13, 540:* Sollte ich eingestehn, welche Bücher man jetzt liest? — Dahn? Ebers? Ferdinand Meyer? — Ich habe Universitäts-Professoren diesen bescheidenen Bieder-Meyer auf Unkosten Gottfried Kellers loben hören. Vermaledeiter Instinkt der Mediokrität!   **29:** einmal] *d. h. in DS, die Schrift gegen D. F. Strauss,* Der alte und der neue Glaube, *Berlin 1872, BN*   **105 1–2:** Nicht ... gemacht] *vgl. D. F. Strauss,* Gesammelte Schriften, *hg. E. Zeller, Bd. 12:* Gedichte aus dem Nachlaß   **27–28:** Deutschland ... Flachland] *vgl. EH* warum ich so gute Bücher schreibe *§ 2; NW Vorwort*   **106 12–31:** Die ... Betracht.] Die Cultur und der Staat sind Antagonisten: [heute nimmt der Staat in Anspruch, über die Fragen der Cultur mitzureden selbst zu entscheiden, — als ob nicht der Staat nur ein Mittel, und ein sehr untergeordnetes Mittel der Cultur wäre! Wie viel „deutsche Reiche" würde man nicht gegen Einen Goethe hingeben!] — alle großen Zeiten der Cultur waren politisch Niedergangs-Zeiten. [An sich gibt es gar keine Frage] Heute, wo [der Staat] das Reich in Anspruch nimmt, über die Fragen der Cultur

mitzureden und selbst zu entscheiden, thut es gut, wieder eine kleine Gegenfrage zu machen: wie viele „deutsche Reiche" würde man gegen einen Goethe hinzahlen? In der Geschichte der Cultur ist das „Reich" einstweilen ein Unglück: Europa ist ärmer geworden, seitdem der deutsche Geist endgültig auf „Geist" verzichtet hat. — Man weiß etwas davon im Auslande: möchten sich die Deutschen hierüber nicht betrügen! *W II 6, 139.*
141 **107** *2–3:* Dass ... Ende. —] Daß es keinen deutschen Philosophen gibt, ist ein Ende ersten Ranges. Niemand ist so unbillig, es den Deutschen zuzurechnen, wenn geschwätzige Nullen, wie der Unbewußte, Herr Eduard von Hartmann oder ein gift- und gallsüchtiges Gesindel wie der Berliner Antisemit Herr E. Dühring das Wort Philosoph mißbrauchen — der letztere findet keinen anständigen Menschen unter seinem Anhang, der erstere keinen anständigen „Verstand". *W II 6, 141*   *10–11:* Erzieher ... sind] *vgl. Bd. 8, 5 [25] (1875)*   *14–15:* „höhere Ammen"] *vgl. Bd. 12, 10 [12]*   *19:* Jakob Burckhardt] *vgl. N an Overbeck, 22. Dez. 1888:* Jakob Burckhardt, der zweimal mit außerordentlichen Ehren vorkommt *[in der Götzen-Dämmerung]*, hat das allererste Exemplar bekommen, das Naumann für mich schickte.   *28–29:* pulchrum ... hominum] *vgl. Hor. Sat. I, 9.44 (zitiert auch in WA 6)*   **109** *3–5:* Alle ... Impulse.] *vgl. oben* Moral als Widernatur § 2   *28–29:* die leichten Füsse] *vgl.* Die vier grossen Irrthümer § 2 *und WA 1*

Streifzüge eines Unzeitgemässen

111–153] Auch aus den Aufzeichnungen entstanden, die N — zwischen Herbst 1887 und Sommer 1888 — in Hinblick auf den „Willen zur Macht" verfaßt hatte, und ein weiterer Beweis dafür, daß die Götzen-Dämmerung als ein Produkt der Auflösung des von N aufgegebenen „Willens zur Macht" entstand. Im ersten Dm vom Sommer 1888 — d. h. das Dm, in dem GD und AC noch ein Ganzes ausmachten — waren die jetzigen § 1–18 dieses Kapitels unter der Überschrift Unter Künstlern und Schriftstellern *und § 19–31. 45–51 unter der Überschrift* Aus meiner Aesthetik *gesammelt; § 32–44 wurden von N zwischen dem 4. und dem 13. Oktober während der Korrekturarbeit hinzugefügt; auch sie stammten aus früheren Materialien zum „Willen zur Macht"*   **111** *3–16]* vgl. Bd. 13, 11 *[409]*   *5–6:* Moral-Trompeter von Säckingen] *vgl. das damals berühmte Gedicht von Joseph Viktor von Scheffel,* Der Trompeter von Säkkingen. Ein Sang vom Oberrhein, *Stuttgart 1854*   *10:* lactea ubertas] *vgl. Journal des Goncourt, II, 25, BN:* „Dans son attitude, il y a une gravité, une placidité, quelque chose du demi-endormement d'un ruminant"; *oder auch:* „Mme Sand, un sphinx ruminant une vache Apis"   *14–15:* Les ... Homer] *vgl. z. B. Journal des Goncourt III, 80:* „... je pris la voix la plus douce pour affirmer que j'avais plus de plaisir à lire

Hugo qu'Homère" **111** *18—112 14]* vgl. *Bd. 12, 9 [22], 9 [20]* (*Herbst 1887*) **111** *18-21:* Renan ... greift.] Wie kommt es, daß ein so raffinirter und [biegsamer] angebundener Geist wie Renan jedes Mal, wo er sich seinen Instinkten überläßt, sich vergreift? In einer absurden Weise Theolog und Feminin wird? *W II 3, 9* **112** *2-3:* Aristokratismus des Geistes] heiligen Franziskus des Aristokratismus des Geistes *W II 3, 9.* Über Renans Auffassung des „Aristokratismus des Geistes" vgl. *die Gespräche bei den berühmten „dîners chez Magny" im Journal des Goncourt und — vor allem — seine Dialogues philosophiques, die N in deutscher Übersetzung gelesen hatte: Ernst Renan, Philosophische Dialoge und Fragmente, übers. von Konrad von Zdekauer, Leipzig 1877, BN (vgl. insbesondere 60f., 73, 76f., 83ff., die Seiten weisen Spuren von Ns Lektüre auf). Auch ein anderer Teilnehmer der „dîners", G. Flaubert, teilte die Theorie Renans, nach der eine Oligarchie von Gelehrten Frankreich (und die ganze Welt) zu regieren hatte; das erhellt z.B. aus den Briefen an George Sand, die N auch las* 7-12: Christ ... anzubeten] Katholik und Feminin geblieben ist! Seine Finessen sind alle Weibs-Priester-Finessen — sie machen einem Mann beinahe Schauder. Der Haß Renan's ist nicht aus erster Hand und ⟨er ist⟩ unschuldig und jedenfalls unschädlich: aber er versteht auf eine tödtliche Weise zu verehren *W II 3, 9. 11* **112** *16—113 9]* vgl. *Bd. 13, 11 [9]: aus diesem Fragment erhellt noch eindeutiger, daß N das Journal des Goncourt für dieses Porträt von Sainte-Beuve benutzt hat; vgl. z.B. Journal II, 66:* „La petite touche — c'est le charme et la petitesse de la causerie de Sainte-Beuve. *Point de hautes idées, point de grandes expressions, point de ces images qui détachent en bloc une figure.* Cela est aiguisé, menu, pointu, c'est une pluie de petites phrases qui peignent, à la longue, et par la superposition et l'amoncellement. Une conversation ingénieuse, spirituelle mais mince; une conversation où il y a de la grâce, de l'épigramme, du gentil ronron, de la griffe et de la patte de velours. *Conversation, au fond, qui n'est pas la conversation d'un mâle supérieur"* (*das Gesperrte ist von N in seinem Exemplar unterstrichen, die ganze Stelle ist außerdem angestrichen und mit einem NB versehen*). *Ebda., 90:* „... Dans ces quelques paroles, jaillies du plus secret et du plus sincère de son âme, on sent dans Sainte-Beuve, le célibataire révolutionnaire, et il nous apparaît presque avec la tête d'un conventionnel niveleur, d'un *homme laissant percer contre la société du XIXe siècle des haines à la Rousseau, ce Jean-Jacques auquel il ressemble un peu physiologiquement"* (*auch hier bezeichnet das Gesperrte Ns Unterstreichungen, neben der letzten Unterstreichung findet sich eine der häufigen Randglossen Ns:* e⟨cce⟩ h⟨omo⟩.) *Ebda., 103:* „... Voltaire amène chez Sainte-Beuve un éloge de Rousseau, dont il parle comme un esprit de sa famille, comme un homme de sa Race"" (*das Gesperrte, wie oben;* „Race" *von N zweimal unterstrichen*) **112** *30-31:* gekrümmt

... fühlt] *vgl.* Sprüche und Pfeile *31* **113** *8–9:* Nach ... Baudelaire's] *vgl. dazu Bd. 13, 11 [231], Sainte-Beuve an Baudelaire:* Vous dites vrai, ma poésie se rattache à la votre. J'avais goûté du même fruit amer, plein de cendres, au fond. *(Exzerpt aus Baudelaire, Oeuvres posthumes). Über die Beziehungen Sainte-Beuves zu Baudelaire kannte N außerdem: Les cahiers de Sainte-Beuve, Paris 1876, BN; hier findet sich auch die Bezeichnung „âne de génie", welche Baudelaire — „mon petit ami libertin", sagt Sainte-Beuve, S. 36 — für Victor Hugo geprägt und N übernommen hatte; vgl. Bd. 11, 34 [5]; 38 [6]* **113** *21–***114** *20] vgl. Bd. 12, 10 [163]* **114** *22–***115** *3] vgl. Bd. 13, 11 [24]. N hatte am 10. Februar 1876 die deutsche Übersetzung der Werke von George Sand: Sämtliche Werke, mit einer Einleitung von Arnold Ruge, Leipzig 1844–47, BN, gekauft* **114** *22:* lettres d'un voyageur] *erschienen 1837* **28–29:** Sie ... schrieb] *vgl. T. Gautiers Bericht im Journal des Goncourt II, 146: „Enfin vous savez ce qui lui est arrivé. Quelque chose de monstrueux! Un jour elle finit un roman à une heure du matin ... et elle en recommence un autre, dans la nuit ... La copie est une fonction chez Mme Sand ..."* **31–32:** Schreibe-Kuh] *vgl. oben § 1 und Anm. zu* lactea ubertas **115** *2–3:* Renan verehrt sie] *vgl. Journal des Goncourt II, 112: „... je trouve beaucoup plus vraie Mme Sand que Balzac ... chez elle les passions sont générales ... dans trois cents ans on lira Mme Sand ..." Diese Urteile Renans während eines „dîner chez Magny" hat N in seinem Exemplar unterstrichen, sowie auch 122: Renan: — Mme Sand, la plus grande artiste de ce temps-ci, et le talent le plus vrai!"* **115** *5–***116** *2] vgl. Bd. 12, 9 [64]* **115** *12:* nach der Natur] *deutsche Übersetzung der französischen Formel „d'après nature", die sich z. B. in der Vorrede zum Journal des Goncourt findet, S. VIII der von N gelesenen Ausgabe: „... nous n'étions pas encore maîtres de notre instrument, où nous n'étions que assez imparfaits rédacteur de la note d'après nature" (Sperrung von E. de Goncourt).* **116** *3–***119** *8] § 8–11 waren der Anfang des Kapitels* Zur Physiologie der Kunst, *das N in WA 7:* in einem Capitel meines Hauptwerks, das den Titel führt „Zur Physiologie der Kunst" angekündigt hatte. Im Plan vom Mai 1888 zum „Willen zur Macht" — also in der Zeit, da N am* Fall Wagner *arbeitete — führt tatsächlich Kapitel 3 vom dritten Buche die Überschrift* Zur Physiologie der Kunst. *In derselben Zeit (Mai 1888) fing N mit einer Reinschrift seiner Aufzeichnungen zu diesem Gegenstand an; diese findet sich im Turiner Heft W II 9 unter der Überschrift* Zur Physiologie der Kunst. *Als N auf den Plan des „Willens zur Macht" verzichtete, nahm er die vier Paragraphen aus W II 9 in die Götzen-Dämmerung auf, fast ohne Änderungen. Eine Vs in W II 5 führt den Titel* Zur Genesis der Kunst *und weist einige inhaltliche Varianten auf* **116** *4–***117** *18]* Zur Genesis der Kunst. / Physiologisch geredet, ist die Voraussetzung aller Kunst, [aller künstlerischen Thätigkeit]

alles aesthetischen Thuns und Schauens der Rausch. Alle Kunst geht auf Zustände zurück, wo ein Rausch die Erregbarkeit der ganzen Maschine gesteigert hat: / das kann der Rausch der Geschlechtserregung sein / oder der Rausch der Grausamkeit / oder der Rausch der Narcotica / oder der Rausch des Frühlings /: des Zorns /: der großen Begierde /: der Bravour /: des Wettkampfes / oder der Rausch des Auges: die Vision / in der Lyrik und Musik ist es die Seligkeit / vor Allem auf eine delikate *[?]* Weise in der Tragödie die Grausamkeit / − die extreme Erregung eines Sinnes im Zustande des Rausches / die Miterregungskraft der verwandten Rauschsphären ... / Das Wesentliche des Rausches ist das Gefühl der Kraftsteigerung und Fülle − man giebt aus dieser Fülle an die Dinge ab d. h. man idealisirt sie / Idealisiren ist nicht ein Abstrahiren von niederen und geringeren Zügen, sondern ein ungeheures Heraustreten der Hauptzüge, so daß die anderen dabei verschwinden / man berauscht Alles aus der eignen Fülle: man sieht es voll, man sieht es gedrängt, geschwellt von Kraft d. h. man verwandelt die Dinge in den Zustand, wo sie eine Art Reflex von uns darstellen / Man kann exakt eine antikünstlerische Thätigkeit ausdenken, welche alle Dinge verarmt, verdünnt, verbleicht: wer sind diese Antiartisten, diese Ausgehungerten, welche von den Dingen noch an sich nehmen und sie magerer machen − / Dies sind die spezifischen Pessimisten: ein Pessimist, der Künstler ist, ist ein Widerspruch / Problem: aber es giebt pessimistische Künstler!... *W II 5, 164*   117 19−120 18]
Was bedeutet der Gegensatz „dionysisch" und „apollinisch", beide als Arten des Rausches verstanden? / Letzteres hält vor allem das Auge erregt: so daß es die Kraft der Vision bekommt. / Ersteres erregt das gesammte Affekt-System: so daß es die Kraft des Transfigurirens, Darstellens, Verwandlung, Schauspielerei und Tanzbewegung heraustreibt ... / das Wesentliche ist die Kraft der Metamorphose: so daß der Affekt leicht ausgedrückt, sofort zur Realität fortgeht ... / Musik ist gleichsam nur eine Abstraktion jenes weit volleren Ausdrucks der Affekt-Entladung ... ein residuum des Histrionismus /: man hat eine Anzahl Sinne, vor allem den Muskelsinn still gestellt (relativ wenigstens): so daß der Mensch nicht mehr Alles, was er fühlt, nachahmt und darstellt ... Trotzdem ist Ersteres der eigentliche dionysische Gesammtzustand: die Musik ist eine langsam erreichte Verstärkung auf Kosten anderer dionysischer Künste / der Schauspieler (d. h. der Tänzer der Mimiker) und der Musiker sind grundverwandt und an sich Eins: aber spezialisirt bis zum Mißverständniß von einander / der Lyriker wiederum hat sich im Musiker vereinigt: an sich sind beide Eins. / der Architekt stellt einen großen [Nützlichkeit] Willensakt in seiner überzeugendsten und stolzesten Form dar. Eine Beredsamkeit der Seele in großen Linien ... / Im dionysischen Rausch ist die Geschlechtlichkeit und die Wollust eingerechnet; sie fehlt nicht im apollinischen. Es muß noch eine tempo-Verschiedenheit in beiden Zuständen ge-

ben ... Die extreme Ruhe gewisser Rauschempfindungen (strenger: die Verlangsamung des Zeit- und Raumgefühls) spiegelt sich gern in der Vision der ruhigsten Gebärden und Seelen-Acte. Der klassische Stil stellt wesentlich diese Ruhe, Vereinfachung, Abkürzung, Concentration dar — das höchste Gefühl der Macht ist concentrirt im klassischen Typus. Schwer reagiren: ein großes Bewußtsein: kein Gefühl von Kampf: / Der Naturrausch: — — — *W II 5, 165* **117 20–21:** Was ... dionysisch] *vgl. GT (1872). Kurz vor den oben mitgeteilten Aufzeichnungen finden sich in W II 5 (März / April 1888) zahlreiche Notizen über die Geburt der Tragödie; vgl. Bd. 13, 14 [14–26]* **119 9–120 17]** *vgl. Bd. 13, 11 [45]* **120 16–17:** Ut ... voluptas] *scherzhafte Paraphrase von Ovid. Ex Ponto III 4, 79: „Ut desint vires, tamen est laudanda voluntas"* **121 5–6:** lass ... bleiben] *aus Luthers Lied „Ein' feste Burg ist unser Gott"* **11–23]** *vgl. Bd. 12, 9 [99. 101]* **122 4–6:** ich ... Hartmann] *vgl. Bd. 13, 11 [101]* **122 13–123 6]** *in W II 6, 36 unter den Stichworten* Zur Modernität *und* décadence **123 8–124 3]** *Überschrift in Mp XVII:* Aesthetica. */ Grundeinsicht: was ist schön und hässlich?* **123 30–124 3:** „Oh ... länger?"] *vgl. JGB 295 und Bd. 12, 9 [115]:* Einmischen: kurze Gespräche zwischen Theseus Dionysos und Ariadne. **124 29–31:** in ... tief ...] In diesem Haß besteht die ganze Philosophie der Kunst *W II 7, 134* **126 5:** Plato] *vgl. Symp., 206 b–d* **10–16:** Plato ... habe.] *vgl. z.B. Phaedr., 249c–256e* **127 1–128 11]** *vgl. Bd. 12, 9 [119]* **127 2:** L'art pour l'art] *V. Cousin prägte als erster diese Formel: „Il faut de la religion pour la religion, de la morale pour la morale, de l'art pour l'art" (1818 in seinen Vorlesungen über Philosophie, 1836 in Paris erschienen)* **10:** ein Wurm] *aus* eine Schlange *Dm* **128 12–18]** *vgl. Bd. 13, 11 [2]* **129 1–10]** *vgl. Bd. 13, 11 [59]* **2:** „Dies ... schön!"] *Taminos Worte in Mozarts „Zauberflöte"* **9–10:** „je ... d'esprit?"] *vgl. Galiani an Mme d'Epinay, 18. Sept. 1769* **11–22]** *vgl. Bd. 12, 10 [143]* **26:** Maschine] *aus* Staats-Maschine *Mp XVI 4* **130 12:** entschlafenen wilden Trieben] *vgl. Goethe, Faust I, 1179–1185* **18–26]** *vgl. Bd. 13, 11 [79]; Plutarch, Caesar 17; N an Gast, 13 Febr. 1888* **130 27–146 17]** *§ 32–44 wurden von N während der Korrektur von GD hinzugefügt. § 32–35 wurden von ihm aus einer umfangreicheren Rs herausgenommen, die er Anfang April 1888 im Heft W II 6 begonnen hatte. Diese bestand aus 6 Paragraphen; der sechste ist unvollständig, da die unmittelbar darauffolgende Seite (von N?) herausgerissen ist. Die zwei ersten Paragraphen der Reinschrift wurden später zu § 2 und 3 vom* Antichrist, *die vier übrigen zu den jetzigen § 32–35 der* Streifzüge. *Gleich darauf hatte N — ebenfalls im Heft W II 6 — einen Aphorismus unter dem Titel* Die Rehabilitation des Selbstmordes, des „freiwilligen Todes" *— niedergeschrieben, der zu § 36 der* Streifzüge *wurde. (Ihm folgten noch zwei Aufzeichnungen, die eine über das Verbot der Fortpflanzung für chronisch Kranke, die andere über die Rehabilitation der Prostitution; erstere wurde zu WM² 734, letztere wurde in WM² unterschlagen.) § 37 wurde von N aus fragmentarisch gebliebenen Aufzeichnungen herausgenommen, welche er zunächst im Blick auf das zweite (nach dem Plan vom September 1888) bzw. dritte (nach dem Plan vom Oktober 1888) Buch der* Umwerthung aller Werthe *niedergeschrieben hatte:* Der Immoralist. *Der Titel vom § 32 der „Streifzüge"* Der Immoralist redet *läßt die Annahme zu, daß N eine Zeitlang die Absicht hatte, die jetzigen § 32-37 für den* Immoralist *zu benutzen, und erst während der Korrektur der* Götzen-Dämmerung *(Oktober 1888) darauf verzichtete. § 38-39 stammen aus einer anderen Rs im Heft W II 6, welche aus sechs kleineren Paragraphen bestand und den Titel:* Die Modernität. / Vademecum eines Zukünftigen *führte. § 40-44 wurden von N aus früheren, nicht miteinander zusammenhängenden Aufzeichnungen verfaßt* 130 27 — 134 12] *die erwähnte Rs im Heft W II 6, 142-136, aus der N § 32-35 herausgenommen hat, lautet:* Was ist gut? — Alles, was das Gefühl der Macht, den Willen zur Macht, die Macht selbst im Menschen steigert. / Was ist schlecht? — Alles, was aus der Schwäche stammt. / Was ist Glück? — Das Gefühl davon, daß die Macht wächst, — daß ein Widerstand überwunden wird. / Nicht Zufriedenheit, sondern mehr Macht; nicht Frieden überhaupt, sondern mehr Krieg; nicht Tugend, sondern Tüchtigkeit (Tugend im Renaissance-Stile, virtú, moralinfreie Tugend). / Die Schwachen und Mißrathenen sollen zu Grunde gehn: erster Satz der Gesellschaft. Und man soll ihnen dazu noch helfen. / Was ist schädlicher als irgend ein Laster? — Das Mitleiden der That mit allem Mißrathenen und Schwachen, — das Christenthum ... // Nicht was die Menschheit ablösen soll in der Reihenfolge der Wesen, ist das Problem, welches hiermit von mir gestellt wird; sondern — welchen Typus Mensch man züchten soll, wollen soll, als den höherwerthigeren, lebenswürdigeren, zukunftsgewisseren. / Dieser höherwerthigere Typus ist oft genug schon dagewesen: aber als ein Glücksfall, als eine Ausnahme, — niemals als gewollt. Vielmehr ist er gerade am besten gefürchtet worden, er war beinahe bisher das Furchtbare: und aus der Furcht heraus hat man den umgekehrten Typus gewollt, gezüchtet, erreicht, das Hausthier, das Heerdenthier, das Thier der „gleichen Rechte", das schwache Thier Mensch, — den Christen ... // *[GD* Streifzüge *32]* Einem Philosophen geht Nichts mehr wider den Geschmack als der Mensch, sofern er wünscht ... Sieht er den Menschen nur in seinem Thun, sieht er dieses tapferste, ausdauerndste, listigste Thier im Kampfe mit labyrinthischen Nothlagen, wie bewunderungswürdig erscheint ihm der Mensch! Aber der Philosoph verachtet den wünschenden Menschen, auch den wünschbaren Menschen — und überhaupt alle seine wünschbaren Dinge, alle „Ideale" des Menschen. Wenn ein Philosoph Nihilist sein könnte, so würde er es sein, weil er hinter allen Idealen des Menschen das Nichts findet: oder vielmehr noch nicht einmal das Nichts, — sondern nur das Nichtswürdige, das Absurde, das Kurze, das Armselige, das Süßliche, das Feige, das Müde, alle Art Hefen aus dem ausgetrunkenen Becher seines Lebens... Der Mensch, der als Realität so verehrungswürdig ist: wie kommt es, daß er so wenig Achtung einflößt, wenn er wünscht? Ist es, daß die ungeheure Kopf- und Willens-Anspannung, welche das Thun von ihm erheischt, mit einem um so kopf- und willenlöseren Ausstrecken im Imaginären bezahlen muß? Die Geschichte der menschlichen Wünschbarkeiten ist die partie honteuse in der Geschichte des Menschen; eine lange Vergegenwärtigung seiner Ideale könnte selbst mit einem Ekel am Menschen enden. Aber seine Realität rechtfertigt ihn und wird ihn ewig rechtfertigen: denn der wirkliche Mensch ist unendlich viel mehr werth als ein bisher gewünschter, erträumter, zurechtgezogener und -gelogener Mensch, — als irgend ein idealer Mensch. / Und nur der „ideale Mensch" geht uns Philosophen wider den Geschmack. // *[GD Streifzüge 33]* Der Egoismus ist so viel werth als der physiologisch werth ist, der ihn hat. — Jeder Einzelne ist nicht nur, wie ihn die Moral nimmt, jenes Etwas, das mit der Geburt beginnt: er ist die ganze Linie der Entwicklung bis zu ihm hin. Stellt er das Aufsteigen der Linie Mensch dar, so ist in der That sein Werth außerordentlich groß. Die Sorge um Erhaltung und Begünstigung seines Wachsthums darf extrem sein. (Es ist die Sorge um die in ihm verheißne Zukunft des Menschen, welche dem wohlgerathenen Einzelnen ein so außerordentliches Recht auf Egoismus giebt.) Stellt er die absteigende Entwicklung, den Verfall, die chronische Erkrankung dar (— Krankheiten sind, im Großen gerechnet, bloß Folgeerscheinungen des Verfalls, nicht dessen Ursachen) so kommt ihm wenig Werth zu; und die erste Billigkeit will, daß er so wenig als möglich Platz, Kraft und Sonnenschein den Wohlgerathnen wegnimmt. Ein Thier verkriecht sich in einem solchen Falle in seine Höhle. Die Gesellschaft hat hier die Niederhaltung des Egoismus (der mitunter absurd, krankhaft, aufrührerisch sich äußert —) zur Aufgabe, handele es sich um Einzelne oder um ganze verkommene Volksschichten. Eine Lehre und Religion der „Liebe", der Demuth und Selbstverneinung, des Duldens, Tragens, Helfens, der Gegenseitigkeit in That und Wort kann innerhalb solcher Schichten vom höchsten Werthe sein, selbst mit dem Auge der Herrschenden gemessen: denn sie hält die Gefühle der Rivalität, des Neides, des ressentiment — allzunatürliche Gefühle bei Schlechtweggekommenen! — nieder; sie vergöttlicht ihnen selbst, unter dem Namen der Tugend und der Heiligkeit das Niedrig-sein, das Arm-sein, das Kranksein, das Unten-sein. Es ist nicht nur die Klugheit der herrschenden Kasten, es ist deren eigentliche Weisheit, in jenen Schichten des Volkes den Cultus der Selbstlosigkeit, das Evangelium der Niedrigen, den „Gott am Kreuze" aufrecht zu erhalten: mit diesem Mittel kämpfen sie gegen den perversen

Instinkt der Leidenden, den ihnen unerlaubbaren Egoismus. Ein Kranker, ein Gebilde der décadence hat auf Egoismus kein Recht. / *[GD Streifzüge 34]* Wenn der Socialist, das Mundstück niedergehender Volksschichten, mit einer schönen Entrüstung „Recht", „Gerechtigkeit", „gleiche Rechte" verlangt, so steht er unter dem Drucke seiner ungenügenden Cultur, welche nicht zu begreifen weiß, warum und woran er eigentlich leidet. Andrerseits macht er sich Vergnügen damit: dieser arme Teufel kann nichts Besseres als schreien. Befände er sich physiologisch besser, so würde er keinen Grund haben zu schreien: sicher fände er dann sein Vergnügen anderswo. Das Sich-Beklagen taugt in keinem Falle was: es stammt aus der Schwäche. Ob man sein Schlecht-Befinden Andern oder sich selber zurechnet — ersteres thut der Socialist, letzteres der Christ — macht keinen wesentlichen Unterschied: das Gemeinsame ist, daß Jemand daran durchaus schuld sein soll, wenn der Leidende leidet ... Zuletzt bleibt auch der Christ nicht bei sich selber als Ursache stehen: der Begriff der „Sündhaftigkeit", seinem Schlechtbefinden als causa et ratio untergeschoben genügt ihm nicht, um sein Ressentiment auszulassen. Die „Welt" wird von ihm verurtheilt, verleumdet, verflucht, aus derselben Gesinnung, aus der der Socialist die Gesellschaft, die herrschende Ordnung und Rangdistanz zwischen Mensch und Mensch verflucht. Der Christ nimmt sich selbst nicht aus: das ist besserer Geschmack als der Socialisten-Geschmack, der nicht müde wird, zu schreien „wir allein sind die Guten und Gerechten!" In beiden Fällen aber thut man gut, ein solches Geschrei nicht zu ernst zu nehmen. Man halte sich vielmehr vor, daß die physiologische décadence (und nicht irgend ein Unrecht) hier zum Himmel schreit: die „Sündhaftigkeit" des Christen, die socialistische Unzufriedenheit sind Mißverständnisse Leidender, denen leider nicht zu helfen ist. Oder vielmehr: es wäre zu helfen, — aber diese Art Mensch ist gerade zu feige dazu ... / *[GD Streifzüge 35]* Überall, wo wir die altruistische Werthungsweise im Übergewicht finden, verräth sich damit ein Instinkt des allgemeinen Mißrathenseins. Das Werthurtheil bedeutet auf seine untersten Gründe hin nicht mehr als „ich bin nicht viel werth": so redet die Erschöpfung, die Ohnmacht, der Mangel der starken tonischen bejahenden Gefühle in Muskeln, Nerven, Bewegungscentren. Dies physiologische Werthurtheil übersetzt sich in ein moralisches oder religiöses: im Allgemeinen ist die Vorherrschaft religiöser und moralischer Werthe ein Zeichen niedriger Cultur. Damit geschieht nichts weiter als daß ein physiologisches Werthgefühl sich aus Sphären zu begründen sucht, woher solchen Entartenden der Begriff des Werths überhaupt zugänglich ist. Die Auslegung, mit der der christliche „Sünder" sich zu verstehen glaubt, ist kein Versuch, den Mangel an Macht und Selbstgewißheit berechtigt zu finden: er will lieber sich schuldig fühlen als umsonst sich schlecht fühlen (— die Bestie Mensch, mit ihrem Hunger nach Gründen, frißt gute und schlechte Gründe ohne Unterschied) An sich ist es ein Zeichen von Verfall, Interpretation⟨en⟩ nach Art des Christen überhaupt zu brauchen. — In anderen Fällen, wir sahen es bereits, sucht der Schlechtweggekommene den Grund dafür nicht in seiner Schuld, sondern in der der Gesellschaft: der Socialist, der Anarchist, der Nihilist, indem sie ihr Dasein als etwas interpretiren, an dem Jemand schuldig sein soll, ist damit immer noch der Nächstverwandte des Christen (— ich rede an einer andren Stelle von der innersten Instinkt-Gemeinschaft zwischen Christ, Plebejer, Krankem, Armem, Idiot) Man glaubt das Sich schlecht Befinden und Mißrathen sein (deutlicher: das Übergewicht der depressiven Zustände über die tonischen) besser zu ertragen, wenn man Jemanden — — — *[das nächste Blatt ist herausgerissen]* **134 13—136 5]** *die erwähnte Fassung in W II 6, 134 lautete:* Die Rehabilitation des Selbstmordes, des „freiwilligen Todes" / Der Kranke ist ein Parasit der Gesellschaft. In einem gewissen Zustande ist es unanständig noch länger zu leben, als Kranker ... / Das feige Fortvegetiren in einer absurden Abhängigkeit von Ärzten und Praktiken sollte in der öffentlichen Meinung Verachtung mit sich bringen. Die Ärzte sollten die Vermittler dieser Verachtung sein, — nicht Recepte, sondern jeden Tag eine neue Dosis Ekel an ihrem Kranken ... / Eine neue Verantwortlichkeit schaffen: die des Arztes, für alle Fragen, wo das Gesamtinteresse der Gesellschaft die rücksichtslose Überwachung des Einzelnen verlangt, — zum Beispiel in Hinsicht auf die Ehe. / Auf eine stolze Art sterben, wenn es nicht mehr möglich ist, auf eine stolze Art zu leben. / Der Tod mit Willen, mit Helle und Freudigkeit, unter Zeugen und Freunden: so daß es ein wirkliches Abschiednehmen giebt, insgleichen ein wirkliches Abschätzen des Vollbrachten und Gewollten, kurzum eine summa vitae ⌈— und nicht jener⌉ erbärmliche und schauderhafte Mißbrauch der physiologischen Auflösung zum Urtheilen über den Werth von Mensch und Leben, womit die christliche Kirche sich für alle Zeiten ein schimpfliches Angedenken gesichert hat. / Die richtige, das heißt physiologische Würdigung des Todes: der auch nichts Andres ist als ein Selbstmord (— man geht nie durch etwas Andres zu Grunde als durch sich selbst —), nur unter den verächtlichsten Bedingungen, ein unfreier Tod, ein Tod zur unrechten Zeit, ein Sklaventod. Man sollte, aus Liebe zum Leben, den Tod tapfer, bewußt, aus der Kraft heraus wollen ... / Wir haben es nicht in der Hand, zu verhindern, geboren zu werden: aber wir können diesen Fehler wieder gut machen. Wenn man sich abschafft, thut man die achtungswürdigste Sache, die es giebt, — die Gesellschaft hat mehr Vortheil davon als durch irgend welches Leben in Entsagung, Misère und Selbstverachtung, gleich dem Leben Pascals (Das einzige Mittel gegen den Pessimismus: Abschaffung der Herrn Pessimisten. Dazu kann Jeder seinen Beitrag geben. Ich würde glauben, daß Pascal durch eine Selbstwiderlegung Pascals mehr genützt hätte als durch seine Apologie des Christenthums, den „Pascalisme" ...) / Der Pessimismus ist contagiös: er befällt, wie die Cholera die morbiden Naturen, — dieselben, welche überhaupt ⌜schon⌝ verurtheilt sind ... **136** *7–21:* Gegen ... verbunden!] *vgl. Bd. 13, 19 [7]* **17:** Schweizer Redakteur] *Josef Viktor Widmann, der 1886 Jenseits von Gut und Böse besprach* **139** *5–142 17] die erste Fassung — vor der Umarbeitung für die* Götzen-Dämmerung *— lautete in der erwähnten Rs von W II 6, 34—35. 32–33. 30:* Die Modernität. Vademecum eines Zukünftigen. / *[GD Streifzüge 38]* 1. / Der Werth einer Sache liegt nicht in dem, was wir mit ihr erreichen, sondern in dem, was wir, um sie zu erreichen, Alles fahren lassen, — was sie uns kostet. Ich gebe ein Beispiel. / 2. / Die liberalen Institutionen sind, sobald sie erreicht sind, die ärgsten und gründlichsten Schädiger der Freiheit: — sie unterminiren den Willen zur Macht, sie sind die organisirte Erschlaffung und Gleichmacherei; sie machen feige, müde und genüßlich; mit ihnen beginnt die Herrschaft des Heerdenviehs. So lange dagegen die liberalen Institutionen erkämpft werden, das heißt so lange die Herrschaft der liberalen Instinkte dauert, die jeder große Krieg mit sich bringt, kann in der That die Freiheit mächtig durch sie entwickelt werden, und zwar sowohl auf Seiten ihrer Parteigänger als bei deren Gegnern. Die Freiheit, das will sagen, der Wille zur Selbstverantwortlichkeit, das Festhalten der Distanz, die Gleichgültigkeit gegen Strapatzen, Entbehrungen, Härten, Leben und Tod, die Überherrschaft der männlichen, aggressiven, kriegs- und siegsfrohen Instinkte über die, welche irgend ein absurdes Wohlbefinden nach Art der Krämer, Weiber, Kühe und Christen ins Auge fassen: das sogenannte „Glück". / 3. / Welcher Grad von Widerstand beständig überwunden werden muß, um obenauf zu bleiben, das ist das Maaß der Freiheit, sei es für Einzelne, sei es für Gesellschaften: Freiheit nämlich als positive Macht, als Wille zur Macht angesetzt. Die höchste Form der Souverainetät wüchse demnach, mit großer Wahrscheinlichkeit, in der nächsten Nähe ihres Gegensatzes auf, dort wo die Gefahr der Sklaverei am allerdringlichsten geworden ist. Man prüfe darauf hin die Geschichte: die Zeiten, wo das „Individuum" bis zur Vollkommenheit reift, das heißt frei wird, wo der klassische Typus des souveränen Menschen erreicht ist, sind die härtesten, ungerechtesten, illiberalsten Zeiten der Geschichte gewesen. 4. / Man muß keine Wahl haben: entweder obenauf — oder ⌜unten, wie ein Wurm,⌝ verhöhnt, vernichtet, zertreten. Man muß die Tyrannei gegen sich haben, die Tyrannei jeder Art — die der Umstände, die der Institutionen, die der Rivalen, die der eignen Instinkte: so erst kommt man zu seinem Maximum von „Freiheit", das heißt von Kühnheit, Sicherheit, Pracht und Geistigkeit. Dasselbe gilt von den aristokratischen Gemeinwesen nach Art von Rom und Venedig, diesen größten Treibhäusern zur Züchtung starker Menschen, die es bisher gab: — sie alle wußten die Freiheit nicht anders zu behaupten, als wie etwas, das man beständig wieder zu erobern hat. / *[GD Streifzüge 39]* 5. / Was heute am tiefsten angegriffen ist, das ist der Instinkt und Wille der Tradition.

Alle Institutionen, die diesem Instinkte ihre Herkunft verdanken, gehen dem modernen Geist wider den Geschmack ... Im Grunde denkt und thut man nichts, was nicht irgendwie den Zweck verfolgte, diesen Sinn für Überlieferung mit der Wurzel herauszureißen. Man nimmt die Tradition als Fatalität; man studirt sie, man erkennt sie an (als „Erblichkeit" zum Beispiel), — aber man will sie nicht. Die Ausspannung Eines Willens über lange Zeitfernen hin, die Auswahl von Zuständen und Werthungen, welche es ⌜möglich⌝ machen, daß man über Jahrhunderte hin die Zukunft bestimmen kann, das gerade ist, wenn irgend etwas überhaupt, antimodern. Woraus sich ergiebt, daß unser Zeitalter von den disorganisirten Principien seinen Charakter bekommt. — Es ist ein Zeitalter der décadence. — /
6. / Wenn unsre Institutionen nichts mehr taugen, so liegt es nicht an ihnen, sondern an uns, denen alle Instinkte abhanden gekommen sind, aus denen Institutionen wachsen: der Wille zur Tradition, zur Autorität, zur großen Verantwortlichkeit, zur Solidarität von langen Geschlechter-Ketten. Und weil wir die Instinkte nicht mehr haben, die Institutionen schaffen, so empfindet man auch das, was man an den bestehenden Institutionen hat und haben könnte, nicht mehr als seinen Vortheil: vielmehr als Hemmung, Unsinn, Vergeudung, Tyrannei. Aus der modernen Ehe zum Beispiel ist ersichtlich alle Vernunft herausgetrieben: das giebt aber keinen Einwand gegen die Ehe ab, sondern gegen die Modernität ... Die Vernunft der Ehe — sie lag in der juristischen Alleinverantwortlichkeit des Mannes (— dadurch allein bekam die Ehe Schwergewicht, während sie heute auf allen Beinen hinkt) Die Vernunft der Ehe — sie lag in ihrer principiellen Unlösbarkeit; sie lag in der Verantwortlichkeit der Familien für die Auswahl der Gatten. Man hat mit der wachsenden Indulgenz gegen die Liebesheirath geradezu das Fundament der Ehe, das aus ihr eine Institution macht, eliminirt: — eine solche gründet man nie und nimmermehr auf Idiosynkrasien! Vielmehr auf generelle Triebe, auf Durchschnitts-Bedürfnisse, auf Normal-Instinkte! ... Man gründet die Ehe, nicht, wie gesagt, auf die „Liebe", man gründet ⟨sie⟩ auf den Geschlechtstrieb; man gründet sie auf den Eigenthumstrieb (Weib und Kind als Eigenthum); man gründet sie auf den Herrschaftstrieb, der sich beständig das kleinste Gebilde der Herrschaft, die Familie organisirt; um mit ihr innerhalb des größeren Gebildes, des Staats Einfluß zu üben; auf jenen Herrschaftstrieb, der Kinder und Erben braucht, um sein erreichtes Maaß von Macht, Besitz und Einfluß über den Zufall des Einzellebens hinaus festzuhalten, der zu diesem Zwecke staatliche Garantien und dazu wieder einen garantirten Staat braucht. Die Ehe, als eine Normalform des Willens zur Macht, begreift die Bejahung des Staates bereits in sich. —   142 *18*—143 *10*] *vgl. Bd. 13,* *11 [60]*   143 *12:* „Freiheit ... meine"] *vgl. den Anfangsvers von Max von Schenkendorfs Lied "Freiheit" (1813): "Freiheit, die ich meine"*   145 *4—6:* ihre ... ist] *vgl. EH Warum ich so weise bin § 3,*

269, 1–3   30] *danach folgt in Mp XVI 4 die gestrichene Stelle:* betrüben: dort ist es das demokratische Vorurtheil welches sich den großen Mann nur als Volks-Werkzeug und -Hampelmann zu denken weiß: oder das Vorurtheil Carlyle's [die religiöse Zurechtlegung] das die Christlichkeit Englands vertritt und aus Genie und Heros religiöse Begriffe schafft   146 18–148 14] *vgl. Bd. 12, 10 [50], erste Fassung, der noch drei spätere Fassungen folgen: W II 5, 171; W II 6, 132–130 (nach dem Fragment über die Prostitution); Mp XVI 4. Die Fassung in W II 6 lautet:* Der Verbrecher-Typus: das ist der Typus des starken Menschen unter ungünstigen Bedingungen: so daß alle seine Triebe im Bann des Verdachts, der Furcht, der Unehre habituell mit den niederdrückenden Affekten verwachsen, folglich, physiologisch, entarten. Der Verbrecher ist ein krankhafter Typus des starken Menschen, der das, was er am Besten kann, am Liebsten thäte, heimlich, unter langer Spannung, Vorsicht, Schlauheit thun muß, der ein für alle Mal darauf verzichten muß, sich öffentlich zu Ehren zu bringen; der mehr und mehr das Unvortheilhafte und Gefährliche seiner Instinkte fühlen lernt, bis er endlich den Instinkt als Tyrann übrig behält und die Ehrfurcht vor ihm bei sich selber einbüßt ... Er erntet die Freude nicht mehr ein, die alle Freiheit des Willens und des Handelns bringt ... Er wird fatalistisch ... Die Gesellschaft ist, unsere zahme ängstliche mittelmäßige Gesellschaft, in der [nothwendig] der starke Mensch zum Verbrecher [entartet] entarten muß. Man denke an jene sibirische Zuchthäusler, welche Dostoijewsky schildert: er nimmt sie als die stärksten und tüchtigsten Naturen [?] der russischen Seele. Solchen Naturen fehlt die Zustimmung, die Überzeugung, als nützlich und wohlthätig, als gleich empfunden zu werden; es fehlt die schöne Sichtbarkeit, die offene Recht, das Tageslicht auf die Handlungen. Der Verbrecher hat die Farbe des Unterirdischen auf seine Gedanken und Handlungen: alles an ihm ist bleich. Die öffentliche Billigung und Gutheißung unseres Daseins ist auch ein Sonnenschein. — Ich beobachte, wie fast unwillkürlich jede große Abseitigkeit, jedes lange allzulange Unterhalb, jede sehr ungewöhnliche, schlecht begreifliche, undurchsichtige Existenz-Form den Typus des Verbrechers heraustreibt, beim sogenannten Genie so gut als bei dem Agitator der Tugend ... Alle großen Neuerer sehen, mit dem Auge des Nierenprüfers ausgeforscht, in den Zeiten, wo sie nur erst neuerten, wo sie noch kein Erfolg „bewies" — großen Verbrechern zum Verwechseln ähnlich. Jedes Genie kennt als in eines seiner Verpuppungsformen, eine Art von „katilinarischer Existenz", sei es auch nur im Geistigsten: glückliche Wesen, ohne daß die Nicht-Genies je ein Geruch davon bekommen dürften. Es giebt Vieles, was von Natur verschwiegen bleibt. Eine Entstehungsgeschichte der Ausnahme sollte nie geschrieben werden. —   147 9: Dostoiewsky] *vgl. N an Peter Gast, 13. Febr. 1887:* Kennen Sie Dostoiewsky? Außer Stendhal hat Niemand mir so viel Vergnügen und Überraschung

gemacht: ein Psychologe, mit dem „ich mich verstehe". 148 *16:*
Hier ... frei] *vgl. Goethe, Faust II, 11989* 150 *1*−151 *2] vgl.
Bd. 12, 9 [116]* 150 *26–28:* Den ... machen] *vgl. Za II Von den
Taranteln* 151 *3*−152 *28] vgl. Bd. 12, 9 [179]* 151 *8–9:* trug
... sich] *aus* hat dessen stärkste Triebe entfesselt und zu einander zur Consequenz getrieben: so ist er Herr über dieselben geworden, einen höheren Typus erreichend, dem der Renaissance-Typus am verwandtesten ist. Aber was er für seine Person erreichte, das war freilich nicht für Europa erreicht − es ist nicht unser neunzehntes Jahrhundert. Goethe fand sein ganzes Jahrhundert in sich vor: *Mp XVI 4*
153] *vgl. Bd. 13, 19 [7]* *3–4:* auch ... „Kreuz"] *vgl. WA Epilog*

Was ich den Alten verdanke

154–160] *zur Entstehung dieses Kapitels vgl. die Vorbemerkung zum Kommentar des Ecce homo* 158 *7:* Jakob Burckhardt] *vgl. dazu J. Burckhardt an Verlag Seemann, 29. Nov. 1889 und 8. Dez. 1894 und das Vorwort von Felix Stähelin zu Burckhardts „Griechischer Kulturgeschichte", Stuttgart 1930, XXIII bis XXIX* 160 *28–29:* ich ... Dionysos] *vgl. JGB 295*

Der Hammer redet

161] *vgl. Za III Von alten und neuen Tafeln § 29. In unserer Anm. zum Gesetz wider das Christenthum am Schluß des Antichrist wird die ursprüngliche Bestimmung dieses Textes als Schluß des Antichrist nachgewiesen*

Der Antichrist

Das Dm zum *Antichrist* ist erhalten. Es ist von Ns Hand, mit gelegentlichen Eingriffen von Peter Gast vor allem in die Rechtschreibung und Interpunktion. Spätestens vom 20. Nov. 1888 (Brief an Georg Brandes) an betrachtete N den *Antichrist* nicht mehr als das erste Buch der *Umwerthung aller Werthe,* sondern als die ganze *Umwerthung,* so daß nun der Haupttitel *(Umwerthung aller Werthe)* zum Untertitel wurde, wie er ausdrücklich an Paul Deussen (26. Nov. 1888) schrieb: „Meine Umwerthung aller Werthe, mit dem Haupttitel ‚der Antichrist' ist fertig". Gemäß dieser „Aufwertung" des *Antichrist* zur ganzen *Umwerthung aller Werthe* gibt es am Anfang des Druckmanuskriptes zwei Titelblätter. Dem ersten, früheren Titelblatt: „Der Antichrist. / Versuch einer Kritik des Christenthums. / Erstes Buch / der Umwerthung aller Werthe." folgt das spätere: „Der Antichrist. / [Umwerthung aller Werthe] / Fluch auf das Christenthum." in dem der Untertitel *Umwerthung aller Werthe* von N zuletzt gestrichen wurde. Der letztgültige Titel dieser Schrift muß also heißen: *Der Antichrist. / Fluch auf das Christenthum* (= AC). Karl Schlechta hat als erster in seiner Ausgabe den richtigen Titel gebraucht (vgl. SA II, 1159, III, 1388).

Der Antichrist wurde 1895 zum ersten Mal im Rahmen der von Fritz Koegel angefangenen Großoktavausgabe der Werke Ns veröffentlicht, und zwar im Bd. VIII; der Titel wurde ungenau wiedergegeben, vier Stellen waren im Text unterschlagen. 1899 erschien *Der Antichrist* wiederum im Bd. VIII der neuen Großoktavausgabe, herausgegeben von Arthur Seidl; der Titel blieb ungenau. Bei Koegel hieß er: „Der Antichrist. / Versuch einer Kritik des Christenthums", jetzt: „Der Wille zur Macht. / Versuch einer Umwerthung aller Werthe. / Von / Friedrich Nietzsche. / Vorwort und Erstes Buch: Der Antichrist." 1905, nachdem die erste Fassung des willkürlich aus dem Nachlaß kompilierten Werkes *Der Wille zur Macht* erschienen war, wurde — stets im Bd. VIII der Großoktavausgabe — der Titel folgendermaßen geändert: „Umwerthung aller Werthe. / Vorwort und erstes Buch: der Antichrist." Als Herausgeber der neuen, nunmehr endgültig fixierten Großoktavausgabe zeichnete das Nietzsche-Archiv; Peter Gast, seit 1900 im Archiv tätig, war jedoch maßgebende Autorität in allen Fragen der Edition von Ns Schriften (wenn auch unter der Aufsicht Elisabeth Förster-Nietzsches). 1906 wurde *Der Antichrist* auch im Rahmen der „Taschen-Ausgabe", Bd. 10, veröffentlicht. Hier lautete der Titel: „Umwerthung aller Werthe. / (Fragment.) / Von / Friedrich Nietzsche. / Vorwort und erstes Buch: Der Antichrist." Der Nachbericht zu diesem Band wurde von Elisabeth Förster-Nietzsche verfaßt, er enthielt die bekannten Lügen über die „verlorenen" Manuskripte der „Umwerthung", auf die wir im Kommentar zum *Ecce homo* zurückkommen werden.

Die vier in der Koegelschen Ausgabe (GAK) unterschlagenen Stellen waren:

a) KSA Bd. 6, 200, 14—15; die drei Worte: „das Wort Idiot".

b) KSA Bd. 6, 207, 32—208, 3: „Die Worte zum Schächer am Kreuz enthalten das ganze Evangelium. Das ist wahrlich ein göttlicher Mensch gewesen, ein ‚Kind Gottes' sagt der Schächer. ‚Wenn du dies fühlst — antwortet der Erlöser — so bist du im Paradiese, so bist auch du ein Kind Gottes ...'" Als Grund der Weglassung kann Ns fehlerhaftes Zitat aus den Evangelien angenommen werden; vgl. unten Anm. zum Text.

c) KSA Bd. 6, 211, 6 das Wort: „junger". Dieses Wort wurde weggelassen, um die Anspielung auf Wilhelm II. zu verschleiern.

d) KSA Bd. 6, 253, 16—20: der ganze letzte Absatz.

Die Stelle d) wurde seit der Ausgabe von 1899 in allen folgenden wiederhergestellt. Die Stellen a) und b) wurden in allen vom Nietzsche-Archiv autorisierten Ausgaben unterschlagen. Die Stelle c) — das heißt das Wort „junger" — wurde merkwürdigerweise wiederhergestellt nur in der Taschenausgabe (1906), sonst fehlt dieses Wort wiederum in allen vom Nietzsche-Archiv autorisierten Ausgaben. Auf diese Weglassungen wurde nur im Nachbericht von Arthur Seidl (Großoktavausgabe und Kleinoktavausgabe von 1899) hingewiesen, sonst fehlt in allen übrigen vom Nietzsche-Archiv autorisierten Ausgaben des *Antichrist* jeder Hinweis auf Weglassungen. Josef Hofmiller, „Nietzsche" (Süddeutsche Monatshefte, November 1931), gab als erster die Stellen a), b) und c) bekannt. 1956 veröffentlichte Karl Schlechta in seiner Ausgabe den *Antichrist* mit dem richtigen Titel und mit den bis dahin unterschlagenen Stellen.

Über die Gründe der Veröffentlichung des *Gesetzes wider das Christenthum* in KGW und KSA vgl. die Anmerkung am Schluß.

Die Edition des *Antichrist* stellte zusätzliche Probleme, vor allem in Hinsicht auf Rechtschreibung und Interpunktion: Es galt hierbei, die erwähnten Eingriffe von Peter Gast in Ns Druckmanuskript zu beseitigen. Diese Eingriffe sind nicht immer mit Sicherheit zu erkennen; zu diesem Zweck wurde Overbecks Kopie des *Antichrist* beigezogen, die in der Basler Universitäts-Bibliothek aufbewahrt wird. Franz Overbeck fertigte seine Kopie gleich nach Ns Zusammenbruch, und zwar Februar/März 1889, noch bevor er das *Antichrist*-Druckmanuskript Peter Gast übergeben hatte. Dabei machte er einige Entzifferungsfehler, erwies sich jedoch als ein getreuerer Abschreiber als Peter Gast, da er dessen „Verbesserungsdrang" nicht hatte.

Vorwort *Dieser Text entstand aus Abschnitt 3 des ursprünglichen Vorworts zur* Götzen-Dämmerung, *der seinerseits zuerst zur Vorrede der Umwerthung gehörte:* 3. / — Aber was gehen mich die Deutschen an! Ich schreibe, ich lebe für die Wenigsten. Sie sind überall, — sie sind nirgendswo. Man muß, um Ohren für mich zu haben, zuerst ein guter Europäer sein — und dann noch Einiges dazu!... Die Voraussetzungen, unter denen man meine Schriften — die ernsthafteste Litteratur, die es giebt — versteht und dann mit Nothwendigkeit versteht — ich kenne sie nur zu genau. Eine Instinkt und Leidenschaft gewordne Rechtschaffenheit, welche bei dem erröthet, was heute moralisch heißt. Eine vollkommene Gleichgültigkeit, ja Bosheit dafür, ob die Wahrheit dem, der sie sucht, nützlich oder unangenehm oder Verhängniß wird. Eine Vorliebe der Stärke für Probleme, zu denen Niemand heute den Muth hat; der Muth zum Verbotenen; die Vorherbestimmung zum Labyrinth. Die Gesundheits-Lehre der Tapferen, mit dem Wahlspruch: increscunt animi, virescit volnere virtus. Die Erfahrung aus sieben Einsamkeiten; neue Ohren für neue Musik; neue Augen für das Fernste; ein neues Gewissen für bisher stumm gebliebene Wahr-

heiten. Der Wille zur Ökonomie großen Stils: seine Kraft, seine Begeisterung beisammen behalten ... Die Ehrfurcht vor sich; die Liebe zu sich; die unbedingte Freiheit gegen sich ... Die Heiterkeit des an Krieg und Sieg Gewöhnten, — dessen, der auch den Tod kennt!.../ Wohlan! Das sind meine Leser, meine rechten Leser, meine nothwendigen Leser: was liegt am Rest? — Der Rest ist bloß die Menschheit. — Man muß der Menschheit überlegen sein durch Kraft, durch Höhe der Seele — durch Verachtung.../ Sils-Maria, Oberengadin / am 3. September 1888. *vgl. die Anm. zum* Vorwort *von* GD 167 17: Labyrinth.] Labyrinth. [Eine Gesundheits-Lehre des Kriegs, mit dem Wahlspruch increscunt animi virescit volnere virtus.] *Dm; die Streichung wurde von N wahrscheinlich vorgenommen, als er die endgültige Fassung des Vorworts zur Götzen-Dämmerung schrieb; dort benutzte er den "Wahlspruch" aus dem Aulus Gellius, vgl. S. 62, 17* 169 1—174 17] § 1–7 *waren unter dem Titel* Wir Hyperboreer, *die Vorrede zum "Willen zur Macht" nach dem Plan vom 26. August 1888*
1. 169 3–4: „Weder ... finden"] *vgl. Pind. Pyth.* X, 29–30   14–15: die ... „begreift"] *aus* die noch alle Kinder zu sich kommen heißt Dm   24–25: Formel ... Ziel ...] *vgl.* GD Sprüche 44
2. *Vgl. Bd. 13*, 11 [414]; 15 [120]   170 12: Menschenliebe] *aus* Gesellschaft
3. *Vgl. Bd. 13*, 11 [414]; 15 [120]
4. *Vgl. Bd. 13*, 11 [413]   171 5: bleibt] *aus* ist Dm   6: tief] *aus* bei weitem Dm   11: mit denen] *aus* worin Dm
5. *Vgl. Bd. 13*, 11 [408]
7. *Vgl. Bd. 13*, 11 [361]   172 28–29: Man ... Mitleidens] Das Mitleiden *Mp* XVI 4, *als Titel der Vorstufe*   30: welche die] welche, wie die Bravour oder der Zorn, die *Mp* XVI 4   31–32: Durch das Mitleiden] Dergestalt *Mp* XVI 4   173 1: bringt] zufügt *Mp* XVI 4   1–2: durch ... unter] vermöge des Mitleidens contagiös, nichts ist ansteckender als Mitleiden. Unter *Mp* XVI 4   5–6: (— der ... Nazareners)] *fehlt Mp* XVI 4   16–17: (— in ... Schwäche —)] *fehlt Mp* XVI 4   21–22: auf ... schrieb] als Ziel setzte *Mp* XVI 4   26: Instinkt] Affekt *Mp* XVI 4   29: Hauptwerkzeug] Hauptmittel *Mp* XVI 4   décadence] Degenerescenz *Mp* XVI 4   30: nicht] nichts Dm, *Verbesserung von Peter Gast*   174 4: Aristoteles] *vgl. Poet.* 1449b 27–28; 1453b 1ff.   6: hier und da] von Zeit zu Zeit *Mp* XVI 4   9: sie] *Mp* XVI 4; GA ihn Dm   12: Tolstoi] *vgl. die zahlreichen Exzerpte aus Tolstois „Ma religion" im Heft* W II 3 (Bd. 13)   14: christliche] moderne *Mp* XVI 4   16: das ... Menschenliebe] *Zusatz in* Dm   17: Philosophen,] Philosophen, [wir Philanthropen,]

Dm **174** *18−181 9] § 8−14 standen ursprünglich unter der Überschrift:* Für uns − wider uns.
8. **174** *27−31:* Jene ... blicken ...] Ich rede aus Erfahrung *W II 7, 13*   *30:* Abkunft] Abkunft [und Art] *Dm*   **175** *11−12:* Antwort ... Wahrheit] Reinlichkeit in Dingen des Geistes *W II 7, 12*
9. **176** *3:* nothwendig] *aus* immer *Dm*
10. *14−17:* der ... Vernunft ...] *aus* von ihnen aus wird selbst die Wissenschaft noch beständig vergiftet *Dm*   *17−18:* „Tübinger Stift"] *dort studierten Hegel, Schelling, Hölderlin*   *29:* zwei bösartigsten Irrthümer] *aus* beiden nichtswürdigsten Lehren *Dm* zwei nichtswürdigsten Lügen *W II 7, 15*   *30:* verschmitzt-klugen] *aus* hinterlistigen *Dm*   **177** *2−5:* Kant ... Rechtschaffenheit] Unsere ganze Cultur stinkt nach Theologie ... *W II 7, 15*   *4−5:* gleich ... Rechtschaffenheit] *aus* der größte Hemmschuh der intellektuellen Rechtschaffenheit *Dm*
11. **178** *3−11] vgl. I. Kant, Der Streit der Fakultäten, in Werke, Akademie-Ausgabe VII, 85 ff.*   *10:* die Widernatur] *aus* das Verhängniß *Dm*
12. *Vgl. Bd. 13, 15 [28]*   *20:* „deutscher"] aller *Mp XVI 4*   *23:* versucht] gesucht *Mp XVI 4*   *29:* nicht mehr] nicht *Mp XVI 4*   *32:* steht] ist *Mp XVI 4*   **179** *1:* ausserhalb] jenseits *Mp XVI 4*   *4−6:* Und ... „unwahr"!] Der Gegensatz zur Herkunft der Philosophie ist interessant genug, nämlich die Herkunft der Wissenschaft. Wenn eine Familie lange bei Einer Art von Thätigkeit verbleibt und es in ihr zur Meisterschaft bringt, so kann es vorkommen, daß die ganze einmagazinirte Tüchtigkeit, die Gewöhnung an Consequenz, an Feinheit, an Vorsicht, an Zähigkeit, endlich souverain wird und ins Geistige übergreift. Die formale Vorschulung des Geistes löst sich gleichsam vom bisherigen Zweck dieser Vorschulung ab und wird ein Bedürfniß für sich, ein Hunger nach Problemen, − das Mittel selbst wird Zweck. − Wissenschaftlichkeit ist der Ausdruck altvererbter [Solidität] virtù und Feinheit im Denken und Handeln. Man findet deshalb die Genies der Wissenschaft fast ausschließlich unter den Nachkommen der Handwerker, der Handelsleute, der Ärzte, der Advokaten: der Sohn eines Juden hat keine kleine Wahrscheinlichkeit, ein tüchtiger Gelehrter zu werden. Dagegen werden aus Söhnen von Pfarrern − Philosophen *Mp XVI 4*
13. *Mp XVI 4:* Die werthvollsten Einsichten wurden am spätesten gefunden; aber die werthvollste Einsicht sind die Methoden. Alle Methoden, alle Voraussetzungen unsrer jetzigen Wissenschaftlichkeit, haben Jahrtausende lang die tiefste Verachtung gegen sich gehabt, auf sie hin war man aus dem Verkehr mit honnetten Menschen ausgeschlossen, − man galt als „Feind Gottes", als Verächter der Wahrheit, als „Besessener". Als wissenschaftlicher Charakter war man Tschandala ...

Wir haben das ganze Pathos der Menschheit gegen uns gehabt — ihren Begriff von dem, was Wahrheit sein soll, was der Dienst der Wahrheit sein soll: unsre Objekte, unsre Praktiken, unsre stille vorsichtige, mißtrauische Art — Alles schien ihr vollkommen unwürdig und verächtlich. — Es scheint, als ob da ein Gegensatz erreicht, ein Sprung gemacht worden sei. Aber so redet nur der Augenschein. In Wahrheit hat jene Schulung durch Hyperbeln selbst Schritt für Schritt jenes Pathos milderer Art vorbereitet, das als wissenschaftlicher Charakter heute leibhaft wird und zu Ehren kommt. Die Gewissenhaftigkeit im Kleinen, die rigoröse Selbstcontrole des religiösen Menschen war eine Vorübung und gleichsam Vorform des wissenschaftlichen Charakters: vor allem jene Gesinnung, welche Probleme ernst nimmt, noch abgesehen davon, was persönlich dabei herauskommt. Zuletzt dürfte man erwägen, ob es eigentlich nicht ein ästhetisches Bedürfniß war, was die Menschheit in so langer Blindheit gehalten hat: sie verlangte von der Wahrheit einen pittoresken Effekt, sie verlangte insgleichen vom Erkennenden, daß er stark auf die Phantasie wirke. Unsere Bescheidenheit gieng am längsten ihr wider den Geschmack. — *Frühere Vs (= WM² 469) in W II 6, 66:* Die werthvollsten Einsichten werden am spätesten gefunden: aber die werthvollsten Einsichten sind die Methoden. Alle Methoden, alle Voraussetzungen unsrer jetzigen Wissenschaft haben Jahrtausende lang die tiefste Verachtung gegen sich gehabt: auf sie hin ist man aus dem Verkehr mit honnetten Menschen ausgeschlossen worden, — man galt als „Feind Gottes", als Verächter des höchsten Ideals, als „Besessener". Wir haben das ganze Pathos der Menschheit gegen uns gehabt — ihren *[WM² 469 irrtümlich: unser]* Begriff von dem, was die „Wahrheit" sein soll, was der Dienst der Wahrheit sein soll. — Unsre Objektivität, unsere Methode, unsere stille, vorsichtige, mißtrauische Art war vollkommen verächtlich ... ⌜Im Grunde war es ein aesthetisches [Vorurtheil] *[das gestrichene Wort durch kein anderes ersetzt im Manuskript; WM² 469: Geschmack nach AC 13]*, was die Menschheit am längsten gehindert hat: sie glaubte an den pittoresken Effekt der Wahrheit, sie verlangte vom Erkennenden, daß er stark auf die Phantasie wirke⌝ Das sieht aus, als ob ein Gegensatz, ein Sprung gemacht worden sei: in Wahrheit hat jene Schulung durch die Moral-[Ideal-]Hyperbeln Schritt für Schritt jenes Pathos milderer Art vorbereitet, das [sich jetzt wissenschaftlich bethätigt] als wissenschaftlicher Charakter leibhaft wurde ... Die Gewissenhaftigkeit im Kleinen, die Se⟨l⟩bstcontrole des religiösen Menschen war eine Vorschule zum wissenschaftlichen [Instinkt] Charakter: vor allem die Gesinnung, welche Probleme ernst nimmt, noch abgesehen davon, was persönlich dabei für Einen herauskommt ...

14. 180 *2–5:* umgelernt ... zurückgestellt] den Menschen unter die Thiere zurückgestellt, wir sind bescheidner geworden *Mp XVI 4 (erste Fassung)* 7: eine] die *Mp XVI 4* 17: machina] Mechanismus *Mp XVI 4* 21: ist] wird *Mp XVI 4* 181 *1:* besser] anders *Mp XVI 4* 181 *10 — 185 29] § 15–19 standen ursprünglich unter der Überschrift* Begriff einer Décadence-Religion.

16. *Unter dem Titel* Zur Geschichte des Gottesbegriffs *schrieb N im Frühjahr 1888 eine kleine Abhandlung in 5 Paragraphen, die sich in seinem Heft W II 8 findet. § 1–4 entsprechen den Abschnitten 16–19 im Antichrist, § 5 blieb unbenutzt. Letzterer ist der heutige Aphorismus 1038 vom WM² (aus seinem Zusammenhang herausgerissen). Die ganze Abhandlung in Bd. 13, 17 [4], vgl. Bd. 13, 11 [346]; Za I* Vom neuen Götzen

17. am Schluß *vgl. Bd. 13, 16 [55. 56. 58]*

18. *Vgl. Bd. 13, 17 [4] 3 am Schluß:* So weit haben wir's gebracht! ... Weiß man es noch nicht? das Christenthum ist eine nihilistische Religion — um ihres Gottes willen ...

20. 186 *1 — 191 13] § 20–23 standen ursprünglich unter der Überschrift:* Buddhismus und Christenthum. 186 *6:* décadence-] *aus* Schluß- *Dm* 187 *12–13:* „nicht ... Ende"] *vgl. H. Oldenberg,* Buddha, *Berlin 1897, 337* 21: „Eins ist Noth"] *Luk. 10, 42* 25–26: den ... erhob] *aus* den Egoismus als die Moral verstand *Dm*

21. 188 *16:* Christlich ... Grausamkeit] *vgl. MA 142 (Novalis-Zitat)*

23. 190 *13:* esoterischer Weisheit] *aus* des Orients *Dm* 191 *10:* die ... Hoffnung] *1. Kor. 13, 13*

24. *Ursprünglich unter der Überschrift:* Die Wurzeln des Christenthums. *(in Dm gestrichen)* 21: das ... Juden] *Joh. 4, 22; vgl. auch Bd. 12, 10 [182]* 192 *15] vgl. GM 1. Abhandlung*

25. *Die Quelle Ns für diesen Paragraphen und den folgenden, sowie auch überhaupt für seine Ausführungen über die Geschichte Israels ist: Julius Wellhausen:* Prolegomena zur Geschichte Israels, *Berlin 1883, BN. Ns Exemplar ist mit sehr vielen Randglossen, Unterstreichungen, Anstreichungen usw. versehen; vgl. die Exzerpte in Bd. 13, 11 [377]*

27. *Vgl. Bd. 13, 11 [280]. § 27–47 enthalten Ns Interpretation des Urchristentums als eines zunächst friedlichen Aufstandes gegen die jüdische „Kirche"; als Aufstand steht es jedoch schon im Gegensatz zu seinem Begründer. Die nachgelassenen Fragmente in Bd. 13 zeigen zum ersten Mal die Quellen, welche N für seine Interpretation benutzte; insbesondere, neben dem vielfach von ihm kritisierten Werk von Ernest Renan, die Schriften von Lev Tolstoi und Fjodor Dostoevskij. Die bisher unterlassene Publikation der Fragmente aus Tolstoi hätte die langwierigen Auseinandersetzungen (J. Hofmiller, E. Hirsch, E. Benz,*

zuletzt auch W. Kaufmann) über die Frage, ob N Tolstois „Ma religion" gekannt habe, ganz überflüssig gemacht. Das ehemalige Nietzsche-Archiv schwieg sich darüber aus, obwohl ihm Ns Exzerpte aus Tolstois Schrift sehr wohl bekannt waren; einige dieser Exzerpte wurden sogar als Ns eigene Fragmente im „Willen zur Macht" veröffentlicht. Franz Overbeck gab von Ns Interpretation des Christentums in AC folgendes Urteil: „Sie können sich denken, daß es dem Christentum dabei geht, wie dem Marsyas vom Apollo. Nicht zwar dem Stifter — alle bisherigen Versuche, eine menschliche Figur aus ihm zu machen, erscheinen lächerlich, abstrakt und nur als Illustration zu einer rationalistischen Dogmatik neben der Leistung Nietzsches und die Art, wie dabei aus dem Originellen der Person auch das Menschliche hervorspringt, — aber allem was folgt. Und hier kann ich denn freilich nicht anders als vieles maßlos heftig und von souveräner Ungerechtigkeit finden. Insbesondere scheint mir Nietzsches Auffassung des Christentums sozusagen zu politisch und die Gleichung Christ = Anarchist auf einer historisch sehr bedenklichen Schätzung dessen, was das Christentum der ‚Realität' nach im römischen Reich gewesen ist, zu beruhen. Die ‚buddhistische Friedensbewegung', welche nach Nietzsche ursprünglich Jesus eingeleitet hat, scheint mir doch auch das Christentum nach ihm, mag es das so Eingeleitete auch noch so sehr verzerrt haben, in höherem Maße geblieben zu sein, als Nietzsche annimmt. Bei alledem bleibt dieser ‚Antichrist' ein Denkmal ganz einziger Art, auch Nietzsches eigene bis jetzt verstreut ausgesprochene Meinungen über den Gegenstand wesentlich verdeutlichend" (an Peter Gast, 13. März 1889)
28. 199 7: Strauss] N las 1864 in Bonn dessen „Leben Jesu"
29. 200 1–3: „widerstehe ... Sinne] vgl. Matth. 5, 39; Bd. 13, 11 [246. 247]. Tolstoi schreibt in „Ma religion", 12: „Le passage qui devint pour moi la clef de tout fut celui qui est renfermé dans les 38e et 39e versets de Matth., V. ‚Vous avez appris qu'il a été dit: Oeil pour oeil et dent pour dent: Et moi je vous dis de ne point résister au mal que l'on veut vous faire'."   14–15: das Wort Idiot] vgl. oben zu 23, 7–11   24–25: „Das ... euch"] Luk. 17, 20
31. Vgl. Bd. 13, 11 [378]   201 31–202 2: eine ... scheinen] vgl. Bd. 13, 15 [9], wo die Anspielung auf Dostoevskij deutlich wird   202 28: le ... ironie] vgl. Ernest Renan, Vie de Jésus, Paris 1863, 354; vgl. Bd. 13, 11 [385]
32. Vgl. Bd. 13, 11 [368. 369]   203 18–19: er ... Schwert"] vgl. Matth. 10, 34   27–29: das ... Begriff] vgl. J. Wellhausen, Reste des arabischen Heidentums, Berlin 1887, BN 106; auch dieses Werk wurde von N studiert und exzerpiert: vgl. Bd. 13, 11 [287–293]   204 8–9] vgl. z. B. Joh. 14, 6.   19: reine Thor-

heit] *aus* vollkommen ahnungslose Unwissenheit *Dm, durch diese Verbesserung wollte N auf den „reinen Thor" Parsifal anspielen*
33. *Vgl. Bd. 13, 11 [357]* 205 *11–24] vgl. insbesondere die Bergpredigt, Matth. 5–7*
34. *Vgl. Bd. 13, 11 [354. 355]* 206 *13:* Symbolisten] *aus* Symbolikers *Dm* 17: „des Menschen Sohn"] *vgl. Renan, a.a.O., 243; Bd. 13, 11 [389]* 207 *7–8:* Und ... obendrein?] *das Dogma der „unbefleckten Empfängnis" 8. Dez. 1854 bezog sich nicht (wie N zu glauben scheint) auf Christi, sondern auf Mariä Geburt, d.h., Maria wurde von ihrer Mutter ohne die „Erbsünde" empfangen* 19–20: „tausend Jahren"] *vgl. Offenbarung 20, 4*
35. *Vgl. Bd. 13, 11 [354], 11 [378]* 207 *32–*208 *3:* Die ... Gottes ..."] *vgl. Vorbemerkung zu AC. N bezieht sich auf die Bekehrung eines der beiden mit Jesu gekreuzigten Schächer, welche nur in der Leidensgeschichte nach Lukas (23, 39–43; vgl. dagegen Matth. 27, 44; Mark. 15, 31–32) berichtet wird. Die Worte, die N in den Mund des Schächers legt, sind jedoch die des Hauptmannes nach Christi Tod: vgl. Luk. 23, 47; Matth. 27, 54; Mark. 15, 39. Vielleicht wollte das Nietzsche-Archiv die „Bibelfestigkeit" Ns nicht in Zweifel gezogen sehen, daher die Unterschlagung der Stelle; vgl. J. Hofmiller, a.a.O. 94ff.*
36. *Vgl. Bd. 13, 11 [358]* 208 *16–17:* man ... aufgebaut ...] *vgl. Bd. 13, 11 [257. 276], Tolstoi, Ma religion, 220: „Et j'acquis la conviction que la doctrine de l'Eglise, quoiqu'elle ait pris le nom de ‚chrétienne', ressemble singulièrement à ces ténèbres contre lesquelles luttait Jésus et contre lesquelles il recommande à ses disciples de lutter"*
38. 210 *11–12:* wir ... aus] *aus* ich bin selbst außer Stande, es auch nur auszuhalten *Dm* 210 *11–*211 *1:* wir ... Alten] Jedermann weiß es, Jedermann könnte es wissen, daß es weder einen Gott, noch Sünde, noch Erlöser, noch „freien Willen" noch sittliche Weltordnung giebt; daß der Priester die widerlichste Art von allen Parasiten ist, daß das Christenthum der Wille zum Nichts, der Wille zum Niedergang, der Wille zur Selbst-Schändung der Menschheit ist — daß Jenseits, Unsterblichkeit der Seele, die Seele selbst erbärmliche Lügen geworden sind. Trotzdem bleibt Alles beim Alten: und gerade weil Alles neu, Alles modern geworden ist, erregt das beim-Alten-bleiben Verachtung *W II 8, 147–148* ! 1: des Geistes] *aus* der strengsten, der höchstgesinnten Geister von zwei Jahrhunderten *Dm* 25–26: selbst ... Lebens] — dieser Parasit, dieser [Giftmischer] Vampyr des Lebens von Instinkt — dieser Parasit und Giftpilz des Lebens *W II 8, 151* 26: die eigentliche Giftspinne] *aus* der Blutaussauger *Dm* 33: Systeme von] *aus* seelische *Dm* 211 *3–4]* Anspielung auf Bismarck 6: junger] *vgl. Vorbemerkung zu AC*

39. *28–32:* Heute ... Sein] Der Glaube ist das Grundfalsche des christlichen „Evangeliums" *W II 8, 146* 212 *4:* geistiger] *aus* bewußtgeistiger *Dm* 7*:* negiren] *aus* annulliren *Dm* 30–31*:* welche ... bin] *aus* zu welchen ich auch die Psychologen rechne *W II 8, 145* 31*:* bei ... Naxos] *vgl.* GD Streifzüge *19 und Anm. dazu*
40. *Vgl. Bd. 13, 11 [378]*
41. *Vgl. Bd. 13, 11 [378]* 215 *2:* barbarischsten] *aus* barbarenhaftesten *Dm* 6*:* vom Gott als Mensch] von Gott und Mensch *GA (nach einer Verbesserung von Peter Gast in Dm)* 15–16*:* wenn ... eitel] *1. Kor. 15, 14*
42. *Vgl. Bd. 13, 11 [378. 383]* 216 *1:* Dysangelist] *W II 8, 143; GA* Dysevangelist *Dm* 23–24*:* an ... Aufklärung] *aus* an der Hauptuniversität des antiken Stoicismus *Dm* 217 *3*] Damit kann ein Priester selbst Furcht erregen *W II 8, 143*
43. *17:* Eins ist Noth] *Luk. 10, 42* 17–24*:* Jeder ... Unverschämte] in der Gesamtheit aller Wesen das Heil jedes Einzelnen eine unsterbliche Wichtigkeit hat, — daß kleine Mucker und Lügen-Heilige sich für eine Art Mittelpunkt-Interesse Gottes halten dürfen — diese unverschämteste Wiederherstellung der Eckensteher-Selbstsucht unter dem Anspruch auf „höhere Aufgaben" *W II 8, 141* 22*:* solche] *aus* solche unverschämte Wiederherstellung und *Dm* 23*:* Selbstsucht] *aus* Eckensteher-Selbstsucht *Dm* 23–24*:* ins ... Unverschämte] *aus* unter dem Anspruch auf „höhere Bestimmung" *Dm* 26*:* Personal-Eitelkeit] *danach gestrichen* der Niedrigsten *Dm* 217 *30–218* 7*:* Das ... Erden ...] Mit der Seelen-Atomistik der „gleichen Rechte für Alle" sähte das Christenthum jeder Zeit das Gift der aufrührerischen Hebung, das ressentiment gegen alles Vornehme, Schöne, Zufriedene aus — die Demokratie, die Revolutionen macht, ist bloß eine Praxis mehr jenes christlichen — — — *W II 8, 142* 218 *17–21:* und ... übersetzt!] Der Glaube an das Vorrecht der Meisten, der Revolutionen macht, ist bloß eine Übersetzung christlicher Werthurtheile in die Muskeln ... *W II 8, 141* 21–23*:* Das ... niedrig ...] *aus* Das Christenthum ist der Massenaufstand gegen Alles, was Werth hat, — das Evangelium des „Niedrigen" *Dm*
44. *Vgl. Bd. 12, 10 [72. 73]* Vs *in W II 8, 144 lautet:* 43. / Die Evangelien sind unschätzbar als Zeugniß für die [vollkommene] bereits unaufhaltsame Corruption schon [in] innerhalb der ersten Gemeinde: — was Paulus später mit der prachtvollen [Instinkts-Sicherheit] Cynismus eines Rabbiners zu Ende führte, war trotzdem nur ein Verfalls-Prozeß, der schon mit dem Tode des Erlösers eintrat. [Hier wird ein Wort nicht ungelegen sein, das dem ganzen neuen Testament gilt] Diese Evangelien kann man nicht behutsam genug lesen: diese

Art Bücher hat die größte Schwierigkeit an sich. Was hier zu Worte kommt, ist der Gegensatz aller naiven Verderbniß, die Evangelien sind das Raffinement [der Verderbniß] par excellence in der Verderbniß   *dazu noch W II 6, 13:* 43. / [Für einen Psychologen ⌐vorausgesetzt, daß man kein falscher ist⌐ wird, im neuen Testament zu lesen, zu keiner kleinen Aufgabe. Der Eindruck von soviel [—] Corruption ist zu stark; er hat beinahe heroische Mittel, sich wieder herzustellen (Einige Seiten Petronius zum Beispiel: [— — —]) Dies Buch hat seine Wege für sich ⌐— auch seinen Weg für sich⌐: es ist das Gegenstück einer ⌐jeden⌐ naiven Verderbniß, es ist das Raffinement ⌐par excellence⌐ in der Verderbniß] *dieser von N gestrichene Anfang wurde durch die oben wiedergegebene Fassung in W II 8, 144 ersetzt; Vs geht in W II 6, 13 weiter:* Man ist unter Juden: erster Gesichtspunkt, um nicht völlig hier den Faden zu verlieren. Diese hier beinahe Genie gewordne Selbstverstellung „ins Heilige", diese psychologische Falschmünzerei als Kunst ist nicht das Resultat [einer einzelnen Begabung] [eines einzelnen Geschlechts] irgend welcher Begabung, irgend welcher Ausnahme-Natur: hierzu gehört Rasse — im Christenthum als die Kunst, heilig zu lügen, [gipfelt] kommt nochmals [der jüdische Instinkt] das Judenthum [zu seinem Gipfel.], eine hundertjährige jüdische Vorübung und Technik zur Meisterschaft. Die grundsätzliche [Entscheidung] ⌐Wille nur⌐ [die] Begriffe, [die] Worte, ⌐Gebärde anzuwenden⌐ [Man darf kein Wort glauben: die Worte auf die priesterliche — — —] [das, was im Priester allein brauchen kann,] welche in der Praxis des Priesters nützlich sind, das [Augen-Schließen] Instinkt-Widerstreben vor jeder Möglichkeit, anders als priesterlich [zu reden, sich zu gebärden, andere als priesterliche Psychologie zuzulassen] Werthe und Attitüden zuzulassen ist nicht nur Tradition, es ist Erbschaft: nur als Erbschaft [konnte es mit dieser Vollendung zum Ausdruck kommen] [wird es hier Genie] wirkt es hier wie Natur. Die ⌐ganze⌐ Menschheit hat sich täuschen lassen: kein kleiner Fingerzeig ⌐dafür⌐, wie [groß hier die Kunst ist] gut, wie erstaunlich hier geschauspielert worden ist. — Würde man sie sehen, auch [nur einen Augenblick] nur im Vorübergehen, ⌐alle⌐ diese kleinen Mucker und Heiligen, so wäre es freilich am Ende: man würde ⌐eine⌐ gewisse [Augen-Aufschläge] Art, die Augen aufzuschlagen durchaus nicht [hinunterschlucken werden] aushalten. Zum Glück ist es bloß Litteratur: — die Möglichkeit des Christenthums beruht darauf, daß man seine „heiligen Bücher" nicht an die heilige Carikaturen messen konnte, die in ihnen [von sich „Worte" machen] [die Kunst handhaben,] ihre Kunst übten [„heilig zu lügen"] die Kunst, „heilig zu lügen" ... / Kleine Teufel, an alle bösartigen und engen Gefühle angeschnallt, aber vollkommen sicher über die Aufgabe, wie man die

„Heiligen" auf Erden darzustellen hat; mit jedem Instinkt für gekleideten Stolz an Gebärden, an Farben, an Stirnfalten; Psychologen in der Kunst, alle eitlen und selbstsüchtigen Bedürfnisse unter dem Anschein des Gegentheils zu befriedigen. Sehen wir sie einen Augenblick am Werk: — — —   **219** *32:* richtet nicht!] *Matth. 7, 1*   **220** *10:* als Pflicht] aus Pflicht *GA (nach einer Verbesserung von Peter Gast in Dm)*   *18:* bewussteste] *aus* unsinnigste *Dm*

45. *Vgl. Bd. 12, 10 [179. 200]*   **221** *10:* und] noch *GA (nach Mark. 6, 11 korrigiert)*   *26:* Gut ... Löwe] *nach Shakespeare, A Midsummer Night's Dream*   **222** *10:* Denn so ihr] Wo ihr aber *GA (nach Matth. 6, 15 verbessert)*   *11:* im Himmel] eure Fehler *GA (nach Matth. 6, 15 verbessert)*   *17:* Gleich darauf] Kurz vorher *GA (weil die von N gemeinte Stelle, Matth. 6, 29, vor Matth. 6, 33 steht)*

46. *Vgl. Bd. 11, 25 [338]; 12, 9 [88], 10 [69.183]; Za IV, Bd. 4, 330, 25*   **225** *10:* was ist Wahrheit!] *Joh. 18, 38*

47. *Vgl. Bd. 13, 11 [122]*   **225** *23 —* **226** *5:* der ... urjüdisch] gegen jeden geraden Weg, der zur Erkenntniß führt, gegen jede Zucht des Geistes, gegen jede Rechtschaffenheit und Lauterkeit in Dingen des Geistes einen Vernichtungskrieg auf Leben und Tod führen. Paulus begriff, daß das nöthig that: die Kirche begriff Paulus ... Jener Gott, den Paulus sich erfand, der „die Weisheit der Welt" (unsere Wissenschaft, mit Verlaub gesagt —) zu Schanden macht, ist in Wahrheit bloß ein [„frommer Wunsch"] resoluter Entschluß dazu: wir, Paulus, wollen die Wissenschaft zu Schanden machen — „Gott" ist das Wort für Alles, was Paulus will ... *W II 8, 132*   **225** *32 —* **226** *5:* Jener ... urjüdisch] Ein Gott, der die „Weisheit der Welt zu Schanden" macht, ist, psychologisch zurechtgelegt, ein Gott, der eine entsetzliche Furcht vor der Erkenntniß hat *W II 3, 145; vgl. 1. Kor. 1, 27*

48. *Vgl. Bd. 12, 9 [72]; J. Wellhausen, Prolegomena, 310–336 (in Ns Exemplar viele Randglossen, Unterstreichungen, Anstreichungen usw.)*   **226** *21:* lustwandelt] *Wellhausen, Prolegomena, 321: „Jahve fährt hier nicht vom Himmel hernieder, sondern lustwandelt Abends im Garten, als ob er da zu Hause wäre". Das Wort „lustwandelt" von N unterstrichen*   *32:* Das ... Heva"] *Wellhausen, Prolegomena, 324, Anm.*

49. **228** *21 —* **229** *1:* sind ... begangen] verdirbt ein für alle Mal den Ursachen-Sinn des Menschen. Wenn die natürlichen Folgen einer That nicht mehr „natürlich" sind, sondern Lohn oder Strafe verbergen eine jenseitig waltende Macht, so ist die Voraussetzung zum Erkennen zerstört. Mit dem Begriff „Lohn und Strafe" ist die Wissenschaft abgeschafft *W II 8, 130; vgl. Bd. 13, 16 [84]*   **228** *34 —*

229 *1:* an ... begangen] *aus* in die Welt gebracht, die Erfindung der Sünde *Dm*
50. 229 *7:* Psychologie] Kritik *W II 8, 125*   *11:* Abzeichen von décadence] Zeichen von Kranksein *W II 8, 126*   *13:* erreicht] *aus* heilt *Dm*   *18–19:* die Seligkeit ... geknüpft] als Wirkung des Glaubens *W II 8, 126*   230 *8–17:* aller ... Der] jedes strengen, jedes tief gearteten Geistes ist die umgekehrte: er hat jeden Schritt breit Wahrheit sich abringen müssen, er hat Alles dagegen preisgeben müssen, Ruhe, Sicherheit, Frieden, Vertrauen, — er hat sein Gewissen darin, sich nicht durch „schöne Gefühle" überreden zu lassen ... Die Lust schmeichelt, die Lust betrügt — der *W II 8, 125–126*   *13:* dazu ... Dienst] *aus* ‚den Anblick der Wahrheit auch nur auszuhalten *Dm*
51. *27–28:* die ... Hinterabsicht] der sichere Weg *W II 8, 121*   231 *6:* epileptoide Formen] jedem Irrenarzt bekannt *W II 8, 12*   *7–12:* Ich ... Boden.] *vgl. GM 3. Abhandlung; die Worte „folie circulaire" aus: Ch. Féré, Dégénérescence et criminalité, Paris 1888, BN; vgl. dazu das Exzerpt aus diesem Werk von Féré in Bd. 13, 14 [172] und 14 [180]*   *15:* und ... Verachtung] *aus* und zum Glück *Dm*   232 *13–15:* „Was ... erwählet"] *1. Kor. 1, 27*
52. *27–28:* alles Idiotischen] *aus* aller Idioten *Dm*   233 *16 – 234 14] vgl. Bd. 13, 22 [7.8]*   233 *30:* Pietisten ... Schwabenlande] *wie Jung-Stilling, dessen Autobiographie N gelesen (und gelobt: WS 109) hatte*   234 *9–10:* die ... Zufälle] jeden glücklichen Zufall *W II 8, 119*
53. 235 *9–12:* Auch ... schaffen] *aus* Noch in diesem Jahrhundert haben wir am Beispiel Carlyle's ein Zeugniß, wie jene grobe Crudität der Mißhandlung, Hinrichtung die Sympathie für Sachen erweckt, eine Art Vortheil zu Gunsten — — — *W II 8, 117*   *27–33] vgl. Za II Von den Priestern*
54. *Vgl. Bd. 13, 11 [48]*   236 *21–23:* das ...will] *vgl. GD Streifzüge 12*   237 *16:* Geistes] *danach gestrichen:* Der Überzeugung nächstverwandt ist die Lüge *W II 8, 101*   *16–19:* dieser ... hört] der Fanatiker war bisher der gefährlichste Hemmschuh der Erkenntniß *W II 8, 101*
55. *Vgl. Bd. 13, 14 [159]*   238 *5–7:* Die ... Ausnahmefall] ob man sich belügt oder Andere kommt nicht in Betracht. Genau zugesehen, setzt auch jeder Verkehr mit sich, will sagen jede Bewußtseins-Phänomenalität eine Art Zweiheit, kurz einen Zeugen voraus. Wenn man sich belügt, belügt man Etwas sich an sich ... *W II 8, 104*   *22–24:* Ein ... lügt ...] *aus* es giebt gar nichts Verächtlicheres als Überzeugungen, und müßten Sie es selber sein! ... *Dm*   *24:* sind] *danach gestrichen:* als Antisemiten

Dm   239 *5–7:* die ... lügen] die Frage „wahr" oder „unwahr" giebt es nicht in solchen Dingen, von denen die Priester reden; diese Dinge erlauben gar nicht zu lügen *GA (nach einer Verbesserung von Peter Gast in Dm)*   *15:* ist] *danach gestrichen:* den Brahmanen zum Beispiel *Dm*
56. 240 *18–20:* um ... leiden] *1. Kor. 7, 2.9*   *26–28:* Der ... rein] *vgl. Jacolliot, a. a. O., 225 ff.*
57. 242 *32:* Pulchrum ... hominum] *vgl. Horat. Sat. I, 9, 44*   243 *4:* Die ... vollkommen] *vgl. Za IV Mittags*
58. 245 *17:* aere perennius] *vgl. Horat. Od. III, 30, 1*   247 *5–6:* Das ... Juden] *Joh. 4, 22*   *15–19]* *vgl. Bd. 13, 11 [281] (nach der Lektüre Tolstois geschrieben)*
59. 248 *32:* Augustin] *vgl. N an Overbeck (31. März 1885):* Ich las jetzt, zur Erholung, die Confessionen des h. Augustin, mit großem Bedauern, daß Du nicht bei mir warst. Oh dieser alte Rhetor! Wie falsch und augenverdreherisch! Wie habe ich gelacht! (z. B. über den „Diebstahl" seiner Jugend, im Grunde eine Studenten-Geschichte.) Welche psychologische Falschheit! (z. B. als er vom Tode seines besten Freundes redet, mit dem er Eine Seele gewesen sei „er habe sich entschlossen, weiter zu leben, damit auf diese Weise sein Freund nicht ganz sterbe". So etwas ist ekelhaft verlogen.) Philosophischer Werth gleich Null. Verpöbelter Platonismus, das will sagen, eine Denkweise, welche für die höchste seelische Aristokratie erfunden wurde, zurecht gemacht für Sklaven-Naturen. Übrigens sieht man, bei diesem Buche, dem Christenthum in den Bauch: ich stehe dabei mit der Neugierde eines radikalen Arztes und Physiologen. –   249 *2–3:* klug ... Heiligkeit] klug, giftig klug *W II 8, 94*   *8:* Voraussetzung ...] Voraussetzung – nicht Halb-Castraten und Feiglinge ... [Das, was wir mit jedem Schlage unseres Herzens loben und hoch halten] *W II 8, 93*
60. *Über den Islam las N die Werke von J. Wellhausen; außerdem findet sich in einem Notizbuch aus dieser Zeit das Werk von August Müller: Der Islam in Morgen- und Abendland, 1885–87, verzeichnet; vgl. dazu Bd. 13, 21 [1]*   *13–19:* Die ... Lebens! ...] die wunderbare maurische Cultur, die in Spanien mit Hülfe der Eunuchen-Rasse par excellence, der Germanen, durch die christliche vernichtet wurde, hatte wieder jenen vornehmen Geist, der aus vornehmen Instinkten stammend, die Tschandala-Wuth des Christen, des Priesters auf's Tödlichste reizt *W II 8, 92* Daß die [vollkommene spanische] wunderbare maurische Cultur Spaniens von germanischen Eunuchen niedergetreten werden mußte! – Diese Cultur, die wieder den vornehmsten Instinkten ihre Entstehung verdankte, die wieder Ja sagte zum Leben, zu allen seltenen und raffinirten Kostbarkeiten des Lebens *W II 8,*

91 249 *27* — 250 *1:* Der ... Fragen.] — und daß die Kirche gerade mit germanischem Adel den Krieg gegen die „vornehmen Werthe" auf Erden zu Gunsten der Tschandala-Werthe führte, gehört für einen Deutschen zu den schmerzhaftesten Fragen — — — Die Germanen, diese Dienstboten-Rasse aller schlechten Instinkte der Kirche! *W II 8, 92* 250 *4–11:* An ... Zweite.] Im Grunde wäre es ja eine Sünde wider den Geist, auch nur die Frage aufzuwerfen, was mehr Werth hat, Christenthum oder Islam! Es sind ja Gegensatz-Werthe. Man kann, wenn man vornehme Instinkte im Leibe hat, gar nicht anders wählen als der Hohenstaufe Friedrich der Zweite: Kampf gegen Rom, Frieden, Freundschaft mit dem Islam! ... *W II 8, 91* Wie kann man auch nur die Frage aufwerfen, was man zu wählen hat, wenn es sich um Islam oder Christenthum handelt! Es sind ja Werth-Gegensätze in beiden Religionen ausgedrückt! Entweder ist man Tschandala oder man ist vornehm ... Ein vornehmer Deutscher kann gar nicht anders empfinden als der Hohenstaufe Friedrich der Zweite, Krieg gegen Rom — — — *W II 8, 92*

61. 251 *6–12:* Ich ... abgeschafft!] *vgl. Jacob Burckhardt, Die Kultur der Renaissance in Italien, Leipzig 1869, BN, 91–95, insbesondere diese Stelle „In der Tat kann kein Zweifel darüber walten, daß Cesare, nach Alexanders Tode zum Papst gewählt oder nicht, den Kirchenstaat um jeden Preis zu behaupten gedachte, und daß er dies nach allem, was er verübt hatte, als Papst unmöglich auf die Länge vermocht hätte. Wenn irgendeiner, so hätte er den Kirchenstaat säkularisiert und hätte es tun müssen, um dort weiter zu herrschen. Trügt uns nicht alles, so ist dies der wesentliche Grund der geheimen Sympathie, womit Machiavell den großen Verbrecher behandelt ... Und was würde Cesare getan haben, wenn er im Augenblick, da sein Vater starb, nicht ebenfalls auf den Tod krank gelegen hätte? Welch ein Konklave wäre das geworden, wenn er sich einstweilen, mit all seinen Mitteln ausgerüstet, durch ein mit Gift zweckmäßig reduziertes Kardinalkollegium zum Papst wählen ließ, zumal in einem Augenblick, da keine französische Armee in der Nähe gewesen wäre? Die Phantasie verliert sich, sobald sie die Hypothesen verfolgt, in einen Abgrund."* 22: des Papstes] Petri *W II 8, 115* 25–32: er ... Unwiederbringliches] *vgl. Bd. 13, 22[9]*
62. 253 *19:* Heute] *d. h. den 30. September 1888* *20*] *es folgt die von N gestrichene Anweisung für den Setzer:* Darauf ein leeres Blatt auf dem nur die Worte stehen: Gesetz wider das Christenthum.

Zum „Gesetz wider das Christenthum"

Die Tatsache, daß das Blatt mit dem *Gesetz wider das Christenthum* in der *Ecce-homo*-Kassette lag, als Hans-Joachim Mette die Beschreibung und

Signatur der Manuskripte im ehemaligen Nietzsche-Archiv vornahm, besagt an sich noch gar nichts über die Zugehörigkeit dieses Blattes zu *Ecce homo*. Bei seiner ersten Bestandsaufnahme mußte sich Mette auf eine provisorische Anordnung und Katalogisierung des Materials beschränken. Die wirkliche Arbeit an der Herausgabe von EH war damals (1932) noch lange nicht aktuell. Man bedenke auch, daß das Druckmanuskript dieses Werks bis dahin durch mehrere Hände gegangen war: 1. lag es bis Mitte Januar 1889 beim Drucker C. G. Naumann in Leipzig; 2. wurde es von Peter Gast bis 17. November 1893 aufbewahrt; 3. gelangte es in die Hände von Ns Mutter und Schwester in Naumburg bis 1897, dann lag es in Weimar im Nietzsche-Archiv bis 1908; 4. wurde es in der ersten Hälfte des Jahrs 1908 durch den Leipziger Philosophieprofessor Raoul Richter für die erste Ausgabe des EH benutzt; 5. kam es nach Weimar zurück, nachdem Richter mit seiner Herausgabe fertig geworden war.

Mettes Beschreibung setzt das Blatt mit dem *Gesetz wider das Christenthum* in Beziehung zu einem anderen Blatt, das sich ebenfalls in der *Eccehomo*-Kassette findet und Za III *Von alten und neuen Tafeln* § 30 enthält. Mette schrieb: „Es folgt dann noch im Anschluß an die S. 44 ein Blatt 47: Gegeben am Tage des Heils, am ersten Tage des Jahres Eins (— am 30. September 1888 der falschen Zeitrechnung) usf., sowie ein Blatt mit den Zahlen 48/49, auf dem der Abschnitt Zarathustra III *Von alten und neuen Tafeln* § 30 steht, der zeitweilig als Epilog gedacht war: Nietzsche hat aber jedenfalls die Seiten 45–49 nicht mit in den Druck gegeben, die Seiten 47–49 werden sich in seinem Nachlaß gefunden haben." Die von Mette angegebenen Seitenzahlen stammen von N selbst; demnach würden die Seiten 45 und 46 des Druckmanuskriptes zu EH fehlen.

Erich F. Podach und Pierre Champromis sind der Meinung, daß die Blätter 47 *(Gesetz wider das Christenthum)* und 48/49 (Za III *Von alten und neuen Tafeln* § 30) zusammengehören. Aufgrund der (von N gestrichenen) Anweisung für den Setzer auf dem letzten Blatt des Druckmanuskripts zu AC (s. S. 253, 20) und der — von N stammenden — Seitenzahl 46 dieses selben Blatts veröffentlicht Podach die beiden Blätter 47 und 48/49 (letzteres wurde von N beiderseitig paginiert) als Schluß von AC. Gegen eine ursprüngliche Zugehörigkeit beider Blätter zu AC hat Champromis nichts einzuwenden; er versucht außerdem zu beweisen, daß das *Gesetz wider das Christenthum* identisch mit der „Kriegserklärung" sei, welche im — von N stammenden — „Inhalt" des EH verzeichnet ist. Der „Inhalt" zu EH wurde von N Anfang Dezember verfaßt und dem revidierten Druckmanuskript beigefügt (vgl. unten S. 468). Im „Inhalt" sind als Schluß von EH verzeichnet: „... / Kriegserklärung. / Der Hammer redet" (s. Bd. 6, S. 262). Für Champromis ist „Der Hammer redet" die für Blatt 47/48 vorgesehene Bezeichnung. Außerdem steht am Schluß des *Gesetzes wider das Christenthum* (Blatt 46) folgende Anweisung Ns für den Setzer:

„Darauf ein / leeres Blatt, / auf dem nur die / Worte stehn: / Der Hammer redet / Zarathustra 3, 90". Nach Champromis (S. 254) wären „die Blätter 47 und 48/49 hintereinander folgendes gewesen: 1. Schluß des ‚Antichrist' 2. Schluß des ‚Ecce homo' 3. ein schließlich von Nietzsche aufgegebener Text". Nach Podach hingegen wäre der im „Inhalt" zu EH „Der Hammer redet" bezeichnete Text an den Schluß der *Götzen-Dämmerung* gekommen.

Tatsächlich findet sich am Schluß der GD der Titel „Der Hammer redet" mit dem Hinweis „Zarathustra 3, 90" (s. Bd. 6, S. 165). N bezieht sich auf die Seitenzahl im Erstdruck von Za III, und zwar auf Abschnitt 29 im Kapitel „Von alten und neuen Tafeln", der sich *ganz* auf S. 90 des Erstdrucks von Za III findet und den Abschluß von GD bildet. Von Abschnitt 30 desselben Kapitels (d.h. der Text von Blatt 47/48) sind auf S. 90 des Erstdrucks von Za III lediglich die zwei ersten Absätze zu lesen.

Halten wir folgende Tatsache fest: Der Titel „Der Hammer redet" kommt dreimal — als Schluß von GD, AC und EH — vor, der Hinweis „Zarathustra 3, 90" zweimal: in GD und AC.

Wir werden im folgenden prüfen: 1., ob das *Gesetz wider das Christenthum* identisch mit der im „Inhalt" zu EH verzeichneten „Kriegserklärung" ist; 2., ob Blatt 47/48 dem Druckmanuskript zu AC oder dem zu EH (jeweils unter dem Titel „Der Hammer redet") gehört.

„Gesetz wider das Christenthum" und „Kriegserklärung": In einem Entwurf zu einem nicht überlieferten Brief an Georg Brandes von Anfang Dezember bezeichnet N das *Gesetz* als den Schluß von AC: „Wenn Sie endlich das Gesetz gegen das Christenthum unterzeichnet der ‚Antichrist' lesen, das den Schluß macht, so weiß, so schlottern vielleicht selbst Ihnen, fürchte ich, die Gebeine", schreibt N und zitiert dann einige Sätze aus dem *Gesetz*. Der Brief an Brandes war bestimmt, ihn für eine dänische Übersetzung von AC zu gewinnen: „Ich habe an Sie für die dänische an Herrn Strindberg für die schwedische Ausgabe gedacht." Wenn man bezweifeln kann, daß N diesen Brief an Brandes wirklich abgeschickt habe, so muß man dagegen mit Gewißheit annehmen, daß ein anderer gleichzeitiger Brief mit dem Vorschlag einer schwedischen Übersetzung Strindberg erreicht hat; das läßt sich aus dem ersten Brief schließen, den Strindberg an N schrieb und der ihn am 7. Dezember erreichte. Strindberg meinte zu Ns Vorschlag: „Et vous voulez être traduit en notre langue Groenlandoise: Pourquoi pas en Français, en Anglais?" Es gibt jedoch keinen überlieferten Brief Ns an Strindberg mit einem solchen Vorschlag. Da der Brief an Brandes ziemlich anstößig war und der an Strindberg es nicht weniger gewesen sein wird, so scheint es wahrscheinlich, daß beide Briefe irgendwann später vernichtet worden sind.

Strindbergs Brief kam am 7. Dezember nach Turin, N antwortete am

Tag darauf und griff Strindbergs Anregung zu einer französischen Übersetzung auf, diesmal jedoch nicht des AC, sondern des EH (vgl. die Chronik). In Ns Brief an Strindberg vom 8. Dezember ist ein Satz über EH enthalten, der in allen bisherigen Editionen unterschlagen wurde. Indem N nämlich EH als „antideutsch bis zur Vernichtung" bezeichnet, schreibt er noch: „ich nenne den jungen Kaiser einen scharlachnen Mucker" (dies der unterschlagene Satz). Nun gibt es im heutigen Druckmanuskript des EH keine Stelle mit solchen Worten über den „jungen Kaiser" (Wilhelm II.). Daß das Druckmanuskript zu EH uns nicht in der Form erhalten ist, in der es N bis 2. Januar 1889 vollendet hatte, wird im Kommentar zu EH nachgewiesen. Doch muß schon hier manches vorweggenommen werden, das im Zusammenhang mit der komplizierten Textgeschichte des EH steht.

Unter den Fragmenten aus dem Dezember 1888, die im Text veröffentlicht sind (Bd. 13) und möglicherweise Vorarbeiten zu nicht mehr vorhandenen, mehr oder weniger umfangreichen Reinschriften darstellen, die N im Lauf seiner Arbeit an EH verfaßte — unter diesen Fragmenten gibt es mehrere, die sich auf eine „Kriegserklärung" beziehen lassen: 25 [1], 25 [6], 25 [11], 25 [13.14]. Sie geben uns eine ungefähre Vorstellung des Inhalts der „Kriegserklärung". Unter diesen wiederum verdient 25 [6] unsere besondere Aufmerksamkeit. Das Fragment besteht aus zwei Abschnitten. Abschnitt 1 entspricht (mit Varianten) dem ersten Abschnitt des Kapitels „Warum ich ein Schicksal bin" in seiner endgültigen Fassung; Abschnitt 2 dagegen findet keine Entsprechung im besagten Kapitel noch im übrigen (uns erhaltenen) EH. Zu den Worten „diese gepurperten Idioten" (vgl. den „scharlachnen Mucker" in Ns Brief an Strindberg) findet sich folgender Vermerk Elisabeth Förster-Nietzsches: „ein Ausdruck der in dem Blatt vorkam, das unsere Mutter wegen Majestätsbeleidigung verbrannte". Dieses verbrannte Blatt gehörte also zu EH, und es war die von N in seinem „Inhalt" verzeichnete und nach Leipzig abgeschickte „Kriegserklärung", die sich gegen das Haus Hohenzollern und „ihr Werkzeug, Fürst Bismarck" richtete.

Warum jedoch schrieb Overbeck das *Gesetz wider das Christenthum* nicht ab, als er seine Kopie des AC aufgrund des in Turin verbliebenen Druckmanuskriptes fertigte? Denn das *Gesetz* fehlt tatsächlich in jener auch heute noch in der Basler Universitätsbibliothek aufbewahrten Kopie. Die einzige mögliche Antwort ist von Podach (NWZ 400) angedeutet worden: Das Blatt mit dem *Gesetz* war „früher zugeklebt oder mit einem Blatt überklebt ... In der Tat ist das Blatt Overbeck entgangen". Wir müssen einen weiteren Blick in die sogenannte *Ecce-homo*-Kassette werfen. Hier finden wir nicht nur die Blätter 47 (*Gesetz*) und 48/49 (*Der Hammer redet*), sondern auch Blatt 46 des Druckmanuskripts zu AC. Dieses Blatt enthält den Schluß von Abschnitt 62 auf der von N mit 46 numerierten Vorderseite, seine Rückseite ist unbeschrieben, zeigt aber Spuren von Klebstoff. Blatt 47 seinerseits ist auch auf der — nicht paginierten — Rückseite beschrieben, und zwar mit einer Vorstufe zu Abschnitt 4 und Notizen zu Abschnitt 5 im Kapitel über den „Fall Wagner" von EH. Beide Seiten von Blatt 47 zeigen ebenfalls Spuren von Klebstoff. Nun entsprechen die Spuren auf der Seite mit den Aufzeichnungen zu EH (beschriebene Rückseite von Blatt 47) nach ihrer Form genau den Spuren auf der (unbeschriebenen) Rückseite von Blatt 46. Was bedeuten aber die Spuren von Klebstoff auf der Vorderseite von Blatt 47? Die Antwort findet sich in einem Vermerk von Peter Gast, der sich auf eine Vorstufe des *Gesetzes* (Heft W II 10, 135) bezieht und den Podach als erster (ebda.) zitiert hat. Dieser Vermerk lautet: „Siehe letztes zugeklebtes Blatt des Manuskripts des Antichrist gegen's Licht zu lesen, vgl. auch Z I, S. 26." (Bei W II 10, 135 handelt sich um das Fragment 25 [1], bei Z I, 26 = Z II 1, 26, nach der heutigen Signatur, um eine echte Vorstufe zum *Gesetz*.) Das *Gesetz wider das Christenthum* war also noch zu der Zeit, in der Peter Gast im Nietzsche-Archiv arbeitete (1900–1909), mit einem unbeschriebenen Blatt überklebt und außerdem noch an die Rückseite des letzten Blattes des AC angeklebt. Da Overbeck den Schluß von AC, nicht aber das *Gesetz* abschrieb, so muß er den Schluß des Druckmanuskripts in Turin in dem dargestellten Zustand vorgefunden haben. Das heißt, daß N selbst Blatt 47 angeklebt und überklebt hat. Das Ankleben der Rückseite von Blatt 47 an die Rückseite von Blatt 46 läßt sich sehr einfach erklären durch den Umstand, daß auf der Rückseite von Blatt 47 Vorarbeiten zu EH standen, die N beseitigen mußte, um später keine Konfusion in der Drukkerei entstehen zu lassen. In ähnlicher Weise ging er auch sonst in der Herstellung seiner Druckmanuskripte vor; z. B., als er das Kapitel „Was ich den Alten verdanke" von GD für den Druck fertigte; hier sind die Rückseiten der Blätter aneinander geklebt, weil sie — wie wir feststellen konnten — Vorstufen zu dem späteren EH enthielten, und zwar u. a. das Fragment 24 [10] (Bd. 13). Was aber bezweckte er durch die Überklebung mit einem weißen Blatt? Geheimhaltung des *Gesetzes,* Verzicht auf dessen Veröffentlichung? Eine sichere Antwort darauf ist nicht möglich. Sicher ist, daß das *Gesetz wider das Christenthum* auf keinen Fall mit der „Kriegserklärung" identisch ist und daß sie einen Bestandteil des Druckmanuskripts zu AC bildet.

Es sei schließlich noch bemerkt, daß N in EH „Warum ich so gute Bücher schreibe" (Abschnitt 5) einen Satz aus dem *Gesetz* zitiert: „Und damit ich über meine in diesem Betracht ebenso honnette als strenge Gesinnung keinen Zweifel lasse, will ich noch einen Satz aus meinem Moral-Codex gegen das Laster mittheilen: mit dem Wort Laster bekämpfe ich jede Art Widernatur oder wenn man schöne Worte liebt, Idealismus. Der Satz heisst: ‚die Predigt der Keuschheit ist eine öffentliche Aufreizung zur

Widernatur. Jede Verachtung des geschlechtlichen Lebens, jede Verunreinigung desselben durch den Begriff ‚unrein' ist das Verbrechen selbst am Leben, — ist die eigentliche Sünde wider den heiligen Geist des Lebens.' —" (Bd. 6, 307, 4–13; vgl. *Gesetz* im selben Band, 254, 19–22).

Diesen Schluß des Abschnitts 5 im Kapitel „Warum ich so gute Bücher schreibe" schrieb N bei seiner Revision Anfang Dezember, als er dem Druckmanuskript zu EH die „Kriegserklärung" beifügte. Wie hätte er aber einen Satz aus seinem „Moral-Codex gegen das Laster" in einem Abschnitt der Schrift zitieren können, an deren Schluß eben derselbe „Moral-Codex" stehen sollte (falls nämlich *Gesetz* und „Kriegserklärung" ein und dasselbe wären)? War das nicht vielmehr eine Antizipation aus der — in Ns Augen — welterschütternden „Umwerthung aller Werthe", d.h. aus dem *Antichrist*?

Aus allen diesen Gründen veröffentlichen wir das *Gesetz* am Schluß von AC (mit Podach, gegen Champromis). Der kleinere typographische Satz soll den Leser darauf aufmerksam machen, daß das *Gesetz* von N überklebt wurde und sich daraus kein sicherer Schluß auf seine Intentionen ziehen läßt.

„Der Hammer redet" — *zweimal oder dreimal?* Podach glaubt, daß „Der Hammer redet" am Schluß des von N verfaßten „Inhalts" zu EH in GD geraten sei; das ist, wie Champromis richtig gesehen hat, aus chronologischen Gründen falsch: GD war, als N den „Inhalt" zu EH verfaßte (Anfang Dezember 1888) schon ausgedruckt, und zwar mit *Der Hammer redet* (= Za III „Von alten und neuen Tafeln" § 29) am Schluß.

Champromis meint, daß, wenn man das *Gesetz* am Schluß von AC bringt, man ihm auch das Blatt 48/49 folgen lassen müsse. *Der Hammer redet* als Schluß des EH war aber tatsächlich nicht in Turin (mit dem Druckmanuskript zu AC), sondern in Leipzig (mit dem Druckmanuskript zu EH), als N am 29. Dezember den Dithyrambus „Ruhm und Ewigkeit" an C. G. Naumann schickte, mit dem Hinweis: „Der Abschnitt Kriegserklärung fehlt [*sic! statt* fällt] weg — Ebenso der Hammer redet."

Gegen Champromis gilt unsere Beweisführung, nach der das *Gesetz* nicht mit der „Kriegserklärung" identisch ist und letztere im Druckmanuskript zu EH tatsächlich fehlt. Die letzte uns erhaltene Seite des Druckmanuskripts zu EH ist von N selbst mit der Seitenzahl 44 paginiert worden; die somit fehlenden Seiten 45–47 müssen die (von Ns Verwandten) vernichtete „Kriegserklärung" enthalten haben. Der Abschnitt *Der Hammer redet,* auf den sich der „Inhalt" und der erwähnte Hinweis Ns beziehen, ist das Blatt 48/49 (mit Za III „Von alten und neuen Tafeln" § 30).

Welches war aber der Text, auf den sich N mit seinem Hinweis am Schluß des (nunmehr überklebten) *Gesetzes* bezogen hatte (s. oben S. 450)?

Wir haben schon bemerkt, daß der Hinweis auf S. 90 im Erstdruck von Za III sich vielmehr auf Abschnitt 29 als auf Abschnitt 30 im Kapitel „Von alten und neuen Tafeln" beziehen läßt. Das *Gesetz* wurde, nach Ns eigener Angabe, am 30. September verfaßt; am selben Tag schrieb er das Vorwort zu GD. Es ist chronologisch durchaus vertretbar, daß N im letzten Augenblick Abschnitt 29 aus dem Druckmanuskript zu AC, dem er ursprünglich gehörte, herausgenommen und für den Schluß der GD bestimmt hat. Hinzu kommt, daß das Papier des Blatts mit *Der Hammer redet* im Druckmanuskript zu GD identisch mit dem für das Druckmanuskript (einschließlich *Gesetz*) zu AC ist.

Zusammenfassend: der Titel „Der Hammer redet" bezieht sich zweimal auf § 29 im Kapitel „Von alten und neuen Tafeln" (Za III) und wurde sukzessive Schluß 1. von AC, 2. von GD; er bezieht sich das dritte Mal auf § 30 desselben Kapitels, welcher bis 29. Dezember den Schluß von EH bildete.

Ecce homo

Die Manuskripte: Das Druckmanuskript des *Ecce homo* ist erhalten. Die Mappe, in der es sich befindet, wurde nach der ersten Ausgabe (1908) zusammengestellt. Die Blätter lassen sich folgendermaßen klassifizieren:

a) Von N selbst paginierte (numerierte) Blätter; ein- oder zweiseitig beschrieben, teilweise aus mehreren Stücken zusammengeklebt; die Zählung des Titelblattes, Vorwortes und Inhalts ist mit römischen Zahlen (I–V), der Rest der Blätter ist 1–44 und 48–49 numeriert. Zu Ns eigenhändiger Numerierung ist zu bemerken: Statt 6 ist 6 a–b und statt 12 12 a–b gezählt. Die Seitenzahl 27 kommt zweimal vor: das eine Mal am Kopf der unteren Hälfte von S. 26, anscheinend um das Kapitel über die „Fröhliche Wissenschaft" vom Schluß des Kapitels über „Morgenröthe" zu trennen und es auf eine neue Seite setzen zu lassen, das andere Mal auf der ersten Seite des sich unmittelbar darauf anschließenden Kapitels über „Also sprach Zarathustra". Auf Seite 30 folgt ein Doppelblatt, dessen vier Seiten voll beschrieben sind (alle mit der Seitenzahl 31 versehen, von späterer Hand sind die Buchstaben a–d hinzugefügt). Statt 32 ist wiederum 32 a–b gezählt, statt 35 35 a–b. Nach Seite 44 (Schluß des Kapitels „Warum ich ein Schicksal bin") sollte zu der Zeit, da N seine Paginierung in Turin vornahm (Anfang Dezember – 6. Dezember 1888), eine „Kriegserklärung" kommen, welche ja auch auf dem in der gleichen Zeit angelegten „Inhalt" verzeichnet war. Da das Blatt, das den auf dem „Inhalt" verzeichneten letzten Text des EH enthält („Der Hammer redet", d. h. Za III § 30 des Kapitels „Von alten und neuen Tafeln") mit den Seitenzahlen 48–49 paginiert ist, so wird die „Kriegserklärung" auf den Seiten 45–47 gestanden haben. Die „Kriegserklärung" wurde von Ns Verwandten vernichtet (vgl. oben S. 451).

b) Von N nicht paginierte Blätter, welche jedoch eindeutige Hinweise von N auf ihre Einfügung in den Ecce-homo-Text enthalten; sie wurden später mit Hilfe von Buchstaben paginiert:
6c: Rückseite des von N mit 6b numerierten Blattes; 10 a-h, die erste Seitenzahl ist von Ns Hand, bloß der Buchstabe *a* wurde hinzugefügt; 14 b-c, nach der von N mit 14 numerierten Seite; 16 a-b, die erste Seitenzahl 16 ist von Ns Hand, lediglich der Buchstabe *a* wurde hinzugefügt; 19 a-b, nach der von N mit 19 numerierten Seite; 24a, an den unteren Rand der von N mit 24 numerierten Seite angeklebt; die Blätter 10b, 10e, 14c, 16 a-b, 19 a-b wurden von N selbst ins Druckmanuskript eingefügt, als er seine Paginierung in Turin vornahm; alle übrigen Blätter wurden von ihm nach dem 6. Dezember 1888 aus Turin nach Leipzig in die Druckerei geschickt.

c) 3 Zettel, die — nach Ns Anweisungen darauf — vom Setzer in Leipzig an die betreffenden Seiten angeklebt wurden, und zwar: 1. an S. 13 die Stelle Bd. 6, S. 299, 28-34: „Durch eine kleine Tücke ... Erklärung." (vgl. unten Anm. zu „Warum ich so gute Bücher schreibe" § 1); 2. an S. 14b die Stelle Bd. 6, S. 301, 11-17: „Das war für Deutsche gesagt ... Europas Flachland Deutschland" (vgl. unten Anm. zu „Warum ich so gute Bücher schreibe" § 2); 3. an S. 31b die Stelle Bd. 6, S. 342, 19-32: „Ein Drittes ist die absurde Reizbarkeit ... das hat Wärme in sich." (vgl. unten Anm. zu § 5 des Kapitels über „Also sprach Zarathustra").

d) Blätter, welche nach 1908 in die Ecce-homo-Mappe gerieten, jedoch *nicht* in den Ecce-homo-Text gehören: 1. ein Zettel mit einem von N verworfenen Titelentwurf: „Ecce homo. / Ein Geschenk / an meine Freunde." und mit einem Briefentwurf (auf der Rückseite: Fassung ohne Varianten der kurzen Einleitung „An diesem vollkommenen Tage ..."); 2. eine Vorstufe zu § 2 im Kapitel „Warum ich so gute Bücher schreibe" (vgl. unten die betreffende Anm.), auf der Rückseite: Vorstufen zum Vorwort von *Nietzsche contra Wagner* und zu einer Änderung im Text dieser Schrift, sowie ein Briefentwurf an Giosuè Carducci; 3. ein Zettel von der Hand der Förster-Nietzsche, angeblich zu S. 38 des Ecce-homo-Druckmanuskriptes, der sogenannte „Paraguay-Zettel" (vgl. unten Anm. zu Bd. 6, S. 362, 22, im Kapitel „Der Fall Wagner" § 4); 4. die Blätter 46 und 47 (Ns Numerierung) aus dem *Antichrist*-Druckmanuskript: 46 enthält § 62 von AC (d.h. dessen Schluß), 47 das „Gesetz wider das Christenthum" (auf der Rückseite von 47: eine Vorstufe zu § 4 im Kapitel „Der Fall Wagner", vgl. unten die Anm. zu diesem Abschnitt). Zum „Gesetz" vgl. oben die S. 448ff.; 5. ein Zettel, auf dem die Überschrift „Letzte Erwägung" und auch Hinweise für den Leipziger Setzer stehen, welcher jedoch bei N in Turin verblieb: er benutzte dessen Rückseite für einen Entwurf der Widmung der *Dionysos-Dithyramben* an Catulle Mendès und für das Fragment 25 [20] in Bd. 13.

Das Druckmanuskript zu EH weist folgende größere Streichungen auf:

1. auf S. 6a: vgl. unten Anm. zu Bd. 6, S. 275, 14: „ist. —"
2. auf S. 10a: vgl. unten Anm. zu Bd. 6, S. 285, 4–286, 14: „Im ... Gott"
3. auf S. 11, Schluß der Streichung 2 und frühere Fassung von § 5 im Kapitel „Warum ich so klug bin"; vgl. unten die Anm. dazu
4. auf S. 12b, der erste Satz von § 10 im Kapitel „Warum ich so klug bin": „An dieser Stelle thut eine große Besinnung Noth."
5. auf S. 12b, die Stelle Bd. 6, S. 296, 11–19: „Unsere jetzige Cultur ... das Wort Größe"
6. auf S. 13, die durch den angeklebten Zettel 1 (s. oben c) ersetzte Stelle
7. auf S. 14: frühere Fassung (Anfang Dezember) des § 2 im Kapitel „Warum ich so gute Bücher schreibe", welche N von Turin aus ersetzen ließ
8. auf S. 14b: die durch Zettel 2 (s. oben c) ersetzte Fassung vom Anfang des § 2 (endgültige Fassung) im Kapitel „Warum ich so gute Bücher schreibe"
9. auf S. 14–15: frühere Fassung von § 3 im Kapitel „Warum ich so gute Bücher schreibe", vgl. unten die Anm. dazu
10. durchgestrichene Rückseite von S. 15; vgl. unten Anm. zu Bd. 6, S. 305, 28–307, 13: „Darf ... Lebens" (§ 5 im Kapitel „Warum ich so gute Bücher schreibe")
11. durchgestrichene Rückseite von S. 17: frühere Fassung von § 1 im Kapitel „Warum ich so gute Bücher schreibe", vgl. unten Anm. dazu
12. auf der Rückseite des zusammengeklebten Blattes 20: gestrichene Fragmente einer früheren Fassung des Kapitels über „Die Unzeitgemässen", vgl. Anm. dazu
13. auf S. 22–23: zur Hälfte überklebte, frühere Fassung von § 2 im Kapitel über „Menschliches, Allzumenschliches", vgl. Anm. dazu
14. auf S. 31b: die durch Zettel 3 (s. oben c) ersetzte Stelle im § 5 des Kapitels über „Also sprach Zarathustra"
15. auf der Rückseite von S. 32a: gestrichenes Fragment einer früheren Fassung der Abschnitte 5 und 6 im Kapitel über „Also sprach Zarathustra", vgl. Anm. dazu
16. auf der Rückseite von S. 35a: durchgestrichenes Fragment einer früheren Fassung von § 2 im Kapitel „Der Fall Wagner", vgl. Anm. dazu
17. am unteren Rand von S. 38: die Stelle Bd. 6, S. 364, 6–11: „Soeben ... Schulter. —
18. auf der Rückseite von S. 40: gestrichene frühere Fassung der Abschnitte 1 und 2 im Kapitel über die „Götzen-Dämmerung", vgl. Anm. dazu
19. auf der Rückseite von S. 43: durchgestrichenes Fragment einer früheren Fassung des Vorworts

Diese Streichungen lassen sich alle — mit Ausnahme der Nr. 4, 5 und 17 — auf N zurückführen; sei es auf seine Revision von Anfang Dezember 1888, sei es auf seine späteren Hinweise von Turin aus (in diesem Falle wurden die Streichungen in der Leipziger Druckerei vorgenommen). Die drei Streichungen 4, 5 und 17 dagegen stammen nicht von N, und sie sind auch nicht auf einen Hinweis von ihm, von Turin aus, zurückzuführen.

Zu Streichung 4: Bei einer erneuten Prüfung (im August 1972) mußten sich die Herausgeber überzeugen, daß diese Streichung von Peter Gast stammt. Der Satz: „An dieser Stelle thut eine große Besinnung Noth." ist in der Tat mit einem durchgehenden, sehr feinen, waagerechten Strich gestrichen, während die von N stammenden Streichungen fast immer aus dicht nebeneinanderstehenden, senkrechten Strichen oder aus engen senkrechten Zickzacklinien bestehen (in einigen, sehr seltenen Fällen aus energischen, breiten, waagerechten Strichen). Streichung 4 entspricht in der Tinte und der Art der Durchführung anderen kleineren Streichungen von Peter Gast in Ns Druckmanuskript, die sich ohne Schwierigkeit als solche erkennen ließen. Der gestrichene Satz muß somit in den Text aufgenommen werden, der Anfang von § 10 im Kapitel „Warum ich so klug bin" ist (in KGW VI/3) entsprechend zu ändern: „10. / An dieser Stelle thut eine große Besinnung Noth. Man wird mich fragen usw." (und nicht: „10. / — Man wird mich fragen usw."; auch der Gedankenstrich wurde von Gast eingefügt).

Zu Streichung 5: Die Stelle Bd. 6, S. 296, 11-19: „Unsere jetzige Cultur ... das Wort Größe." findet sich in der Mitte des Blattes und wurde mit grobem Bleistift gestrichen; das entspricht keineswegs den Eigenheiten von Ns Streichungen mitten im fortlaufenden Text. Übrigens ist, wie schon Erich F. Podach mitgeteilt hat, diese Stelle in der Gastschen Abschrift des EH enthalten: „sie war also im Frühjahr 1889 im Manuskript noch nicht gelöscht" (Podach).

Zu Streichung 17: Die gestrichene Stelle findet sich am Schluß von § 4 im Kapitel „Der Fall Wagner"; auch hier verraten die Striche eine fremde Hand. Vgl. außerdem unten die betreffende Anm.

Die im Druckmanuskript zu EH durch die Streichungen 5 und 6 beseitigten Stellen wurden von Raoul Richter (1908, erste Ausgabe) und Otto Weiss (1911, Groß- und Kleinoktavausgabe, Bd. XV) in den Nachberichten als „bloß wahrscheinlich" von N stammende wiedergegeben˚.

˚ Von gleicher Art wie die Streichung 5 ist eine andere kleinere Streichung auf S. 27 des Dm, dort wo N von seiner Komposition *Hymnus auf das Leben* sagt: „Der Text ... ist nicht von mir: er ist die erstaunliche Inspiration einer jungen Russin, mit der ich damals befreundet war, des Fräulein Lou von Salomé". (Vgl. Bd. 6, S. 336, 17-21). Die Worte „mit der ich damals befreundet war, des Fräulein Lou von Salomé" sind wie bei Streichung 5 mit grobem Bleistift gestrichen; sie waren jedoch im Frühjahr 1889 im Manuskript noch nicht gelöscht, da Gast sie in seine Abschrift

Wenn man die Rückseiten der Blätter 1, 2, 4, 5 aus der Gruppe d) mit denen der Blätter aus den Gruppen a) und b) vergleicht, so fällt auf, daß die Vorstufen und die anderen Notizen auf der Rückseite der Blätter aus der Gruppe d) nicht gestrichen sind; man kann also mit Gewißheit behaupten, daß kein Blatt, dessen Rückseite ungestrichene Vorarbeiten u. dgl. enthält, zum endgültigen Dm gehört hat.

Das Druckmanuskript enthält selbstverständlich, wie jedes andere von N, eine große Anzahl mehr oder weniger umfangreicher Streichungen im fortlaufenden Text, die sich als Ns Korrekturen erkennen lassen. Die Eingriffe Peter Gasts lassen sich in der Regel leicht als solche erkennen, sie wurden alle in unserem Text beseitigt; er half einigen von N nicht deutlich genug geschriebenen Worten nach und verbesserte in manchen Fällen Rechtschreibung und Interpunktion, einige Male griff er in Ns Satzbau ein und korrigierte die Zitate aus „Also sprach Zarathustra" usw.

Im Druckmanuskript zu EH sind die Abschnitte innerhalb eines jeden Kapitels von N selbst fortlaufend numeriert; soweit N bei der Revision vom Anfang Dezember neue Abschnitte in den Text einschob, änderte er selber die Numerierung. Wenn er nach jener Revision noch andere neue Abschnitte von Turin aus nach Leipzig schickte, so begleitete er solche Sendungen mit genauen Hinweisen über die sich daraus ergebenden Änderungen in der Numerierung. Dementsprechend lassen sich Streichungen und Änderungen am Kopf der Abschnitte, sei es von Ns Hand, sei es von fremder Hand (Setzer oder Gast), restlos und konsequent erklären. Nur im Kapitel „Warum ich ein Schicksal bin" scheint N bei der Revision vom Anfang Dezember 1888 die Numerierung der Abschnitte nicht selber korrigiert zu haben; nach den Abschnitten 1, 2, 3 (auf S. 39) wurden nämlich von fremder Hand (Gast?) 4 aus 2 (S. 40), 5 aus 3 (S. 41), 6 und 7 aus 4 und 5 (S. 42), 8 aus 6 (S. 43) und 9 aus 7 (S. 44) verbessert. Dafür läßt sich aber, aufgrund der von N stammenden Numerierung der Seiten die Reihenfolge der Abschnitte dieses Kapitels unmißverständlich feststellen.

Trotz allen Streichungen, Einschüben und sonstigen Änderungen läßt sich das Druckmanuskript zu EH mühelos als fortlaufender Text lesen; man kann jedoch nicht von vornherein ausschließen daß: 1. von N selbst mit Hinweis und ohne Seitenzahl — bei der Anfang-Dezember-Revision — eingefügte Blätter nicht mehr vorhanden sind, 2. später — von Turin aus — geschickte Zettel oder Blätter ebenfalls verlorengegangen sind. So finden sich z. B. auf S. 19 Spuren von Leim, die deutlich darauf schließen lassen, daß hier ein größeres Blatt aufgeklebt war, das verloren ist. Es handelt sich um den Schluß von § 3 im Kapitel über die „Geburt der Tragödie".

---

aufnahm. Der Text dieser Streichung wurde, wie Podach bemerkt, „stillschweigend" von Raoul Richter in seine Ecce-homo-Ausgabe aufgenommen und so auch in alle anderen späteren Ausgaben.

Zwei Korrekturbogen des EH sind uns erhalten, welche von Naumann am 15. bzw. 19. Dezember 1888 aus Leipzig nach Turin geschickt wurden. Sie enthalten den Text von dem kurzen Vorspiel „An diesem vollkommnen Tage" an bis zu der Mitte des Abschnittes 3 im Kapitel „Warum ich so klug bin" (vgl. Bd. 6, S. 263, 1–285, 4: „An diesem vollkommnen Tage ..." bis „andre ‚Nächstenliebe' ..."). Die Bogen tragen auf der ersten Seite den Vermerk: „druckfertig / N.". Der erste Bogen ist von N selber datiert: „Turin, den 18. Dez. 1888"; er wurde also an diesem Datum nach Leipzig zurückgeschickt, der zweite kurz vor dem 27. Dezember 1888 (Brief Ns an den Leipziger Drucker C. G. Naumann unter diesem Datum). Diese Korrekturbogen werden in unserem Text berücksichtigt, soweit sie Änderungen von Ns Hand oder solche enthalten, die von Gast stammen und von N akzeptiert wurden. (Peter Gast las bekanntlich die Korrekturen gleichzeitig mit N und schickte sie dann an ihn; N trug in das Gastsche Exemplar der Korrekturen seine eigenen ein und sandte es mit dem Vermerk „druckfertig" in die Druckerei.)

Die Hauptmanuskripte, welche Vorarbeiten zu EH enthalten, sind in annähernd chronologischer Reihenfolge: das Heft W II 9 und das Notizbuch N VII 4 (beide: Oktober/November 1888), die Hefte Z II 1 und W II 10 (beide: zweite Hälfte November – Dezember 1888). Einige wenige Aufzeichnungen zu EH vom Oktober 1888 enthalten die Hefte W II 6 und W II 8.

Umfangreiche Vorarbeiten zu EH finden sich in Mp XVI 5. Diese Mappe besteht aus 33 losen Blättern verschiedenen Formats und Ursprungs. Es handelt sich um längere Fragmente von früheren Fassungen des Druckmanuskriptes, um Vorstufen und Skizzen, die im EH ausgearbeitet vorkommen, aber auch um Notizen und längere Niederschriften, vorwiegend aus dem Dezember 1888, denen kein Text in ausgearbeiteter Form im EH entspricht; letzterer Art sind auch einige wenige Blätter in den Mappen Mp XVII 8 und Mp XVIII 1b sowie Aufzeichnungen in N VII 4, Z II 1 und W II 10.

Peter Gast, Elisabeth Förster-Nietzsche und die Konstitution des Eccehomo-Textes: Nach Ns geistigem Zusammenbruch nahm Peter Gast – damals im engen Einvernehmen mit Franz Overbeck – die Durchsicht der Druckmanuskripte und Korrekturbogen (zu EH und NW) vor, die sich in der Leipziger Druckerei des C. G. Naumann befanden. Im Februar/März 1889 fertigte er eine Abschrift von EH an. Darüber schrieb Peter Gast am 27. Februar 1889 an Overbeck: „Nur wollte ich, daß Sie, verehrter Herr Professor, die Schrift aus meiner Copie kennen lernten, also ohne die Stellen, welche selbst mir den Eindruck zu großer Selbstberauschung oder gar zu weit gehender Verachtung und Ungerechtigkeit machen, – damit Sie also zunächst den Eindruck bekämen, den ich mir nicht genau vergegenwärtigen könnte, da ich mir das Ausgefallene zu leicht mitdenke."

Diese Briefstelle ist von unschätzbarer Bedeutung für die Textgeschichte des EH. Die Abschrift von Peter Gast ist — abgesehen von geringen, inhaltlich unwesentlichen Unterschieden — identisch mit dem von uns oben beschriebenen Druckmanuskript. Dieses also enthält nicht mehr das „Ausgefallene", d. h. die Stellen, welche selbst Gast „den Eindruck zu großer Selbstberauschung" und „zu weit gehender Verachtung und Ungerechtigkeit" machten. Es handelt sich hier nicht um die wenigen, oben beschriebenen Streichungen, sondern vielmehr um Texte, die später vernichtet wurden, und zwar nicht durch Peter Gast, sondern durch die Mutter und die Schwester, nachdem sie im November 1893 in den Besitz des Druckmanuskriptes kamen. Darüber schrieb die Schwester 1904 in der sogenannten „Großen Biographie" (Bd. 2,921): „In jener Zeit beschrieb er auch einige Blätter mit seltsamen Phantasien, in denen sich die Sage des Dionysos-Zagreus mit der Leidensgeschichte der Evangelien und den ihm nächststehenden Persönlichkeiten der Gegenwart vermischten: der von seinen Feinden zerrissene Gott wandelt neu erstanden an den Ufern des Po und sieht nun Alles, was er jemals geliebt hat, seine Ideale, die Ideale der Gegenwart überhaupt, weit unter sich. Seine Freunde und Nächsten sind ihm zu Feinden geworden, die ihn zerrissen haben. Diese Blätter wenden sich gegen Richard Wagner, Schopenhauer, Bismarck, seine nächsten Freunde: Professor Overbeck, Peter Gast, Frau Cosima, meinen Mann, meine Mutter und mich ... Auch in diesen Aufzeichnungen sind noch Stellen von hinreißender Schönheit, aber im Ganzen charakterisiren sie sich als krankhafter Fieberwahn *[bei dieser Beschreibung hat man fast den Eindruck, daß damals — 1904 — diese Blätter noch vorhanden waren!]*. In den ersten Jahren nach meines Bruders Erkrankung, als wir noch die falsche Hoffnung hegten, daß er wieder gesund werden könnte, sind diese Blätter zum größten Theil vernichtet worden. Es würde das liebevolle Herz und den guten Geschmack meines Bruders auf das Tiefste verletzt haben, wenn ihm solche Niederschriften späterhin zu Gesicht gekommen wären."

Durch einen Fund im Peter-Gast-Nachlaß — heute den Nietzsche-Beständen im Goethe- und Schiller-Archiv in Weimar angegliedert — ist eins von diesen vernichteten Blättern in Gasts Abschrift wieder entdeckt worden. Über diesen Fund (im Juli 1969) und die damit zusammenhängenden Fragen ist von M. Montinari im ersten Band der „Nietzsche-Studien" (Berlin 1972) berichtet worden. Die Herausgeber konnten dadurch in Bd. 6 den authentischen Text des Abschnittes 3 im Kapitel „Warum ich so weise bin" des EH wiederherstellen sowie auch andere Berichtigungen, gemäß den von Peter Gast abgeschriebenen Hinweisen Ns, vornehmen.

Das Blatt kam nach Leipzig mit dem Hinweis Ns: „Auf Bogen 1 von Ecce homo an Stelle des bisherigen Abschnittes 3." Nach Naumanns Zeugnis kam es an „einem der beiden letzten Dezembertage 1888", also am 30.

oder 31. Dezember 1888. Es war Teil der umfangreichen Sendung von Zusätzen und Änderungen, die N am 29. Dezember von Turin abgehen ließ. Der erste Bogen des EH (s. oben) war von N am 18. Dezember „druckfertig" nach Leipzig zurückgeschickt worden. Nun wollte N den bisherigen Abschnitt 3 auf diesem Bogen (also im ersten Kapitel, „Warum ich so weise bin") mit einem neuen Text ersetzen lassen, der die überhaupt schärfste Abrechnung Ns mit seiner Mutter und Schwester abgab. C. G. Naumann, von seinem Faktor auf die „stark verletzende Form" dieses Textes aufmerksam gemacht, ließ ihn vorläufig in den schon von N imprimierten Bogen nicht aufnehmen; er beabsichtigte, sich über den Vorfall Auskunft bei N zu holen. Nach seiner späteren, sehr genauen Angabe war „das Manuscript-Blatt (starkes circa 17-23 cm großes Büttenpapier — rechts ein rauher Rand — mit circa 35-38 ganz engen Zeilen Text-Inhalt) kalligraphisch in tadelloser Reinheit geschrieben" und trug „die klaren Schriftzüge" Ns; in seiner Beschreibung des Blattes fügte C. G. Naumann noch hinzu: „... große Buchstaben und sonstige auffällige Merkmale gegen frühere Manuskripte waren vollständig ausgeschlossen."

Gleich darauf kam die Nachricht von Ns geistiger Umnachtung. Das Blatt blieb im Schreibpult Naumanns liegen, bis Peter Gast es Anfang Februar 1892 im Auftrag von Ns Schwester abholte. Er schickte es am 9. Februar 1892 nach Naumburg mit folgenden Begleitworten: „Ich war also erst Montag früh bei Naumann. Telephonisch wurde auch sein Neffe *[Gustav Naumann]* gerufen. Zunächst eignete ich mir, mit Einwilligung Naumann's das beifolgende Blatt zu Ecce homo an. Ich glaube nicht, daß Naumann eine Copie davon hat: es lag noch in dem Kasten und an der Stelle, wo es früher, als er's mir zeigte, gelegen hatte. Seien wir froh, dass wir's haben! Es muss aber nun auch wirklich vernichtet werden! — Wenn es auch klar ist, dass es bereits im vollen Wahnsinn geschrieben wurde, so wird es doch immer wieder Menschen geben, die da sagen: eben desshalb sei es von Bedeutung, denn hier redeten ohne Scheu die Instinkte in voller Wahrhaftigkeit". Wahrscheinlich fertigte bei dieser Gelegenheit Gast seine Abschrift des Blattes an, die wir in seinen Beständen wiederentdeckt haben. Die Überschrift, welche Gast damals an den Kopf seiner Kopie setzte, lautete: „Copie eines Bogens, den Nietzsche, bereits im vollen Wahnsinn, an Naumann während des Drucks von Ecce homo schickte (Ende December von Turin aus)." Nachträglich strich Gast die Worte „bereits im vollen Wahnsinn" aus, die er 1892 aus Rücksicht gegen Ns Verwandte, jedoch wider besseres Wissen um die Textgeschichte des EH, auch im Begleitbrief an Elisabeth Förster-Nietzsche gebraucht hatte. Nach seinem endgültigen Bruch mit der Förster-Nietzsche im Sommer 1909 brauchte Gast seine wahre Meinung darüber nicht mehr zurückzuhalten. Der fünfte Band der „Gesammelten Briefe" war damals erschienen; er enthielt Ns Briefe an Mutter und Schwester und war — wie wir heute durch Karl Schlechta wissen — ein Meisterwerk der Verfälschung. Bei dieser Gelegenheit schrieb Peter Gast an Ernst Holzer (23. Juni 1909): „In Ihrer letzten Karte sagten Sie: die Briefe (V) zeigten Nietzsches enge Beziehung zur Schwester über allen Zweifel erhaben. Jajajajaja! Die enge Beziehung machte aber viel Überwindung nöthig. Wie krampfhaft diese Überwindung bei Nietzsche war, wurde erst sichtbar kurz vor Ausbruch des Wahnsinns: nämlich als Nietzsche das große Ecce-Nachtrags-Folioblatt über Mutter und Schwester an Naumann sandte. Da redete der von seiner Gutspielerei endlich angeekelte Nietzsche frank und frei, und Vernichtenderes ist noch nie über Menschen gesagt worden, wie auf diesem Blatt."

Zwei kaum lesbare Vorstufen von Ns Hand (vgl. Anm. zu § 3 des Kapitels „Warum ich so weise bin"), die vor der Entdeckung jenes Blattes als die zwei letzten nachgelassenen Fragmente der Ausgabe galten, lassen keinen Zweifel über die Authentizität des neuen Textes zu. Gewiß ist darin die extreme psychische Spannung, das unheimlich Euphorische als Vorzeichen der bevorstehenden Katastrophe nicht zu übersehen; in diesem Punkt jedoch unterscheidet sich der neue Text von § 3 im Kapitel „Warum ich so weise bin" nicht von vielen anderen Stellen des EH. Da keine Zweifel über seine Authentizität möglich sind, er sich außerdem lückenlos in den Text einfügen läßt, so erscheint er in KGW und KSA anstelle des bisher bekannten.

Der wiederaufgefundene letztgültige Text von Abschnitt 3 im Kapitel „Warum ich so weise bin" gibt uns eine ungefähre Vorstellung über den Inhalt des „Ausgefallenen" in Gasts Abschrift bzw. jener Blätter, welche „noch Stellen von hinreißender Schönheit" enthielten und trotzdem in Naumburg (oder auch später im Weimarer Nietzsche-Archiv) vernichtet wurden. Einige spärliche Fragmente, die uns besonders in den Mappen, meistens in schwer entzifferbarer Handschrift erhalten sind, und denen keine endgültige Fassung im EH entspricht, lassen den möglichen Inhalt einiger beseitigter Stellen vermuten. Es handelt sich um folgende Fragmente, die in Bd. 13 veröffentlicht sind: 21 [7] gegen die Antisemiten; 21 [8] vermutlich über Paul Rée; 23 [9] noch einmal gegen die Antisemiten; 25 [7] wahrscheinlich der 5. Abschnitt des Kapitels über den „Fall Wagner"; 25 [8] über Stendhal; 25 [9] über zeitgenössische französische Schriftsteller (dazu vielleicht auch das kleine Schema 25 [4]); 25 [11] über „die Offiziere und die jüdischen Banquiers" als Ns „natürliche Verbündete"; 25 [12] über Peter Gast. Sie dürfen jedoch ebensowenig in den Text des EH aufgenommen werden wie die Vorstufen, die N ausgearbeitet hat und die als solche im Apparat wiedergegeben werden. Abgesehen von dem § 3 im Kapitel „Warum ich so weise bin" und anderen kleineren Änderungen, auf die wir im folgenden zu sprechen kommen, muß EH so bleiben, wie es bekannt war.

Das von Peter Gast abgeschriebene Blatt enthält namentlich zwei weitere Änderungen, die sich auf den imprimierten ersten Bogen beziehen. Die erste betrifft den Abschnitt 4 im Kapitel „Warum ich so weise bin" und war durch den neuen Text von § 3 notwendig geworden (vgl. unten die Anm. zu Bd. 6, S. 269, 14). Die zweite betrifft eine Stelle in dem kurzen Prolog („An diesem vollkommnen Tage"), der auf das Vorwort folgt und Ns Selbstdarstellung einleitet. Es ist die Stelle, in der N seine letzten Werke aufzählt. Sie lautete im imprimierten Bogen (S. 1): „Das erste Buch der Umwerthung aller Werthe, die Lieder Zarathustras, die Götzen-Dämmerung, mein Versuch mit dem Hammer zu philosophieren" — jetzt, nach der von Gast abgeschriebenen Anweisung Ns, sollte es heißen: „Die Umwerthung aller Werthe, die Dionysos-Dithyramben und, zur Erholung, die Götzen-Dämmerung." Tatsächlich hat Gast im noch erhaltenen ersten imprimierten Bogen des EH diese Änderung eingetragen mit dem Vermerk: „Änderung gemäß einem Zettel an Naumann". Er hat jedoch *nicht* „Das erste Buch der Umwerthung aller Werthe" in „Die Umwerthung aller Werthe" korrigiert. Letztere Korrektur entsprach zwar der Gleichung „Antichrist = die ganze Umwerthung aller Werthe," die uns durch den Brief Ns an Paul Deussen vom 26. November 1888 bekannt ist, wurde aber zunächst von Gast nicht berücksichtigt, da er damals darüber von N nicht informiert worden war (vgl. unten Anm. zu Bd. 6, S. 356, 9).

Zum Schluß noch eine wichtige Bemerkung: Die ganze spätere niederträchtige Kampagne, die Elisabeth Förster-Nietzsche 1907/08 gegen den einzigen Mann höheren Rangs unter den ihrem Bruder treu gebliebenen Freunden, gegen Franz Overbeck, wegen angeblich verlorengegangener Manuskripte entfesselte, gründete auf der Voraussetzung, daß die „Umwerthung aller Werthe" von N bis zuletzt in 4 Büchern aufgefaßt wurde. Die Schlußfolgerung war: Da N in seinem Brief an Georg Brandes vom 20. Nov. 1888 von einer „fertigen" „Umwerthung aller Werthe" geschrieben hatte, so seien, als N erkrankte, außer dem *Antichrist* auch die drei übrigen „fertigen" Bücher in Turin gewesen; Overbeck hätte es versäumt, sie in Sicherheit zu bringen. Die von N veranlaßten Berichtigungen im Text des *Ecce homo* und Ns Brief vom 26. Nov. 1888 an Paul Deussen beweisen jedoch endgültig: 1. Wenn N von einer fertigen „Umwerthung aller Werthe" sprach, bezog er sich auf den *Antichrist*. 2. Elisabeth Förster-Nietzsche, die den Brief an Deussen kannte und in Händen hatte — im Unterschied zu den anderen Briefen Ns an Deussen veröffentlichte sie ihn *nie* —, sowie Peter Gast, dem im Nietzsche-Archiv die Textgeschichte des *Ecce homo* und des *Antichrist* genau bekannt wurde und der dennoch (bis 1909) die Kampagne als willenloses Werkzeug mitmachte, haben wider besseres Wissen gehandelt, also gelogen.

Die Entstehung des „Ecce homo": Während der Korrektur der *Götzen-Dämmerung* schrieb N eine kleine Selbstdarstellung, die den Kern des EH bilden sollte. Dieser „Ur-Ecce-homo" ist im Turiner Heft W II 9, 130 bis 106 erhalten und in Bd. 6 als Fragment 24 [1] veröffentlicht. Das Fragment ist gegliedert in 11 Abschnitte, deren Inhalt folgenden bekannten Texten der Reihe nach entspricht: EH, Kapitel „Warum ich so klug bin" § 1, „Warum ich so weise bin" § 6, 4, 5; GD das ganze Kapitel „Was ich den Alten verdanke"; EH § 1 und 2 im Kapitel „Warum ich so weise bin". Diese Urfassung weist den ihr entsprechenden endgültigen Texten gegenüber zahlreiche Varianten und später entfallene Stellen auf, sie schloß mit den Worten: „Wohlan ich bin das Gegenstück eines décadent: denn ich beschrieb eben mich." Als N am 15. Oktober 1888 — seinem 44. Geburtstag — den Entschluß faßte, „sich selber sein Leben zu erzählen", nahm er nach einigem Schwanken (vgl. Bd. 13, 24 [2] und 24 [9]) die Abschnitte über sein Verhältnis zu den „Alten" heraus und ließ sie als letztes Kapitel der GD drucken. Die Niederschrift in W II 9 war noch ins Reine abgeschrieben worden, und zwar so, daß N inzwischen auch einiges über sein Verhältnis zur französischen Literatur und zu Goethe hinzugefügt hatte. Diese Reinschrift ist uns als solche nicht erhalten, da N sie für die Sendung des Kapitels „Was ich den Alten verdanke" in GD nach Leipzig benutzt hatte; er schnitt die Paragraphen, die er brauchte, aus der Reinschrift aus und klebte sie aneinander, bzw. überklebte damit verworfene Stellen (eine der letzteren ist das Fragment Bd. 13, 24 [10] über Goethe und A. Stifter).

Am 24. Oktober 1888 schickte die Leipziger Druckerei an N die Korrekturen des neuen GD-Kapitels (mit „Der Hammer redet"). Man kann somit als Datum, an dem N seine Selbstdarstellung begann, seinen Geburtstag — den 15. Oktober — annehmen, so wie er es in seinen Briefen angab. Die GD-Korrektur war Ende Oktober abgeschlossen, die Selbstdarstellung kündigte N am 6. November mit folgenden Worten dem Verleger Naumann in Leipzig an: „... wundern Sie sich jetzt über Nichts bei mir! Zum Beispiel, daß wir, sobald die Götzen-Dämmerung in jedem Sinne erledigt ist, sofort einen neuen Druck beginnen müssen. Ich habe mich vollkommen davon überzeugt, noch eine Schrift nöthig zu haben, eine im höchsten Grade vorbereitende Schrift, um nach Jahresfrist ungefähr mit dem ersten Buche der Umwerthung hervortreten zu können. Es muß eine wirkliche Spannung geschaffen sein — im anderen Falle geht es wie beim Zarathustra. Nun war ich die letzten Wochen auf das Allerglücklichste inspirirt, Dank einem unvergleichlichen Wohlbefinden, das einzig in meinem Leben dasteht, Dank insgleichen einem wunderbaren Herbst und dem delikatesten Entgegenkommen, das ich in Turin gefunden habe. So habe ich eine extrem schwere Aufgabe — nämlich mich selber, meine Bücher, meine Ansichten, bruchstücksweise, so weit es dazu erforderlich war, mein Leben zu erzählen — zwischen dem 15. Oktober und 4. November

Ecce homo · Zur Textgeschichte

gelöst. Ich glaube, das wird gehört werden, vielleicht zu sehr … Und dann wäre Alles in Ordnung."

In die Zeit „zwischen dem 15. Oktober und 4. November" fällt eine abgebrochene Fassung in 24 durchgängig numerierten Paragraphen, die wir *Oktober-Fassung* nennen werden*. Sie läßt sich gut rekonstruieren aufgrund der von N selbst gestrichenen und geänderten Paragraphenzahlen (wenn er später nur die Paragraphenzahl änderte, den Text selbst aber unverändert ließ) im endgültigen Druckmanuskript oder derjenigen Paragraphen, die aus dem Text ausschieden und in Mp XVI 5 mit ihrer Paragraphenzahl noch erhalten sind. Gleich darauf, in einer Phase, die wir *Zwischenstufe* nennen werden, schrieb N ein Vorwort in 7 Abschnitten, die zweite Hälfte des 3. Abschnitts sowie die folgenden Abschnitte 4. 5. 6. 7 waren eine Ausarbeitung der drei letzten Abschnitte der Oktober-Fassung und zwar in dieser Reihenfolge: 24, 22 und 23. Er schrieb außerdem drei kurze, nicht in Paragraphen eingeteilte Kapitel über JGB, WA und GD. Aus der Fusion der Oktober-Fassung mit der Zwischenstufe entstand das Druckmanuskript, welches N kurz vor Mitte November in die Leipziger Druckerei des C. G. Naumann schickte; schon am 15. November nämlich war Naumann imstande, N über den mutmaßlichen Umfang des Werks zu informieren.

Das Druckmanuskript des EH hatte somit seine Grundgestalt angenommen. N jedoch nahm weitere Änderungen und Zusätze vor, und zwar in drei Phasen: 1. zwischen Mitte und Ende November *aus* Turin, 2. zwischen dem 1. und dem 6. Dezember *in* Turin, 3. zwischen dem 6. Dezember 1888 und dem 2. Januar 1889 wiederum *aus* Turin. Man kann die Entwicklung des Ecce-homo-Textes in sechs Phasen, von der Oktober-Fassung an, durch folgende Konkordanz darstellen:

Okt.-Fassung	Zwischenstufe	Mitte November	Ende November	6. Dezember	Ende Dezember
		Vorwort			Vorwort
	1	1°			1
	2	2°			2
20	[3]	3°			3
24	[4]	4°°			4
				Inhalt	Inhalt
1	(−)	An diesem voll-			An diesem voll-
		kommnen Tage°			kommnen Tage°
		Warum ich so			Warum ich so
		weise bin			weise bin

* Der Titel der neuen Schrift stand am 30. Oktober 1888 fest, als N seinem Freund Peter Gast schrieb: „An meinem Geburtstag habe ich wieder Etwas angefangen, das zu gerathen scheint und bereits bedeutend avancirt ist. Es heißt Ecce homo. Oder Wie man wird, was man ist." Die unmittelbare Vorstufe dazu bilden zwei verworfene Titel: „ECCE HOMO / Ein Geschenk an meine Freunde" und „ECCE HOMO / Oder / [Ein Psychologen-Problem]/ warum ich Einiges mehr weiss." Andere, frühere Titelentwürfe finden sich im Heft W II 9, vgl. die Fragmente in Bd. 13, 24 [2.3.4.5.8.9.].

Kommentar zu Band 6

Okt.-Fassung	Zwischenstufe	Mitte November	Ende November	6. Dezember	Ende Dezember
2	(−)	1			1
3	(−)	2			2
4	(−)	3			[3]
5	(−)	4			4*
6	(−)	5			5
7	(−)	6			6
8	(−)	7		7**	7
			8		8
		Warum ich so klug bin			Warum ich so klug bin
9	(−)	1			1
10	(−)	2			2
11	(−)	3		3**	3
					4
12	(−)	4		[4]	5
					6
					7
13	(−)	5			8
14	(−)	6			9
				7	10
		Warum ich so gute Schriften schreibe		Warum ich so gute Bücher schreibe	Warum ich so gute Bücher schreibe
15	(−)	1*			1*
			2		[2]*
		2	3	3**	3
		3	4		4
		4	5	5**	5
				6	6
		GT			GT
16	(−)	1			1
		2			2
		3			3
				4	4
		UB			UB
17	(−)	1*			1
18	(−)	2*			2
19	(−)	3			3
		MA			MA
20	(−)	[1]			1
20	(−)	[2]			2
20	(−)	[3]			3
		4			4
20	(−)	[5]			5
					6
		M			M
21	(−)	[1]			1
		2			2
		FW			FW
		Za			Za
24	(−)	[?]		[1]	1
		[?]		2	2
		[?]		3	3
		[?]		4	4
		Fragment		[5]	5**
		5 u. Fragment		[6]	6
		6		7	7
		7		8	8
	JGB				JGB
		1			1
	Ein Abschnitt	2			2
	GM				GM
	WA				
	GD				GD
	Ein Abschnitt	1**			1
	„ „	2**			2
			3		3*
		WA			WA
	Ein Abschnitt	1*			1

Ecce homo · Zur Textgeschichte

Okt.-Fassung	Zwischenstufe	Mitte November	Ende November	6. Dezember	Ende Dezember
	" "	2**			2
		3			3
		4	[4]	4*	4
		Warum ich ein Schicksal bin			Warum ich ein Schicksal bin
				1	1
				2	2
24	[Vorw. 4]→[1]	1	3		3
		2	4		4
		3	5		5
22	[Vorw. 5]→[2]	4	6		6
22	[Vorw. 6]→[3]	5	7		7
23	[Vorw. 7]→[4]	6	8		8
		5	7	9	9
				Kriegserklärung	fiel weg
				Der Hammer redet	fiel weg
					Ruhm und Ewigkeit (fiel am 2. Januar 1889 weg)

Die Konkordanz, von links nach rechts gelesen, beschreibt die Entwicklung der verschiedenen Textteile. Man kann dadurch feststellen: 1. ob ein Abschnitt bloß eine andere Nummer erhalten hat, 2. ob er einige Textänderungen im Vergleich mit der unmittelbar vorhergehenden Stufe aufweist (in diesem Fall ist die Paragraphennummer mit * versehen), 3. oder ob die Textänderungen umfangreicher und inhaltlichen Charakters sind (Paragraphennummer mit ** versehen), 4. schließlich ob der Abschnitt wesentlich geändert oder gar mit einem ganz anderen Text ersetzt wurde (Paragraphennummer in eckigen Klammern). Das Zeichen (−) bedeutet, daß die Zwischenstufe keine der Oktober-Fassung entsprechenden Texte aufweist (sie wurden direkt in das Druckmanuskript von Mitte November aufgenommen).

Die Konkordanz, von oben nach unten gelesen, zeigt, wann die Abschnitte zum ersten Mal geschrieben wurden, wann sie geändert wurden.

Zwischen Mitte und Ende November (Konkordanz-Spalte: *Ende November*) wurden von N (von Turin aus) hinzugefügt: § 8 im Kapitel „Warum ich so weise bin" und § 3 im Kapitel über die „Götzen-Dämmerung"; § 4 im Kapitel „Der Fall Wagner" wurde mit einem ganz neuen Text ersetzt.

Da N noch andere umfangreiche Änderungen, insbesondere im Kapitel über „Also sprach Zarathustra", vornehmen wollte, so ließ er sich zunächst die zweite, dann aber auch (um keine Konfusion entstehen zu lassen) die erste Hälfte des Druckmanuskriptes von Leipzig nach Turin zurückschicken; er nahm eine gründliche Revision vor, die bis zum 6. Dezember abgeschlossen war. In dieser Phase (Konkordanz-Spalte: *6. Dezember*) fügte N hinzu: den „Inhalt" (nach dem Vorwort), einen Abschnitt 7 (zum Schluß: 10) im Kapitel „Warum ich so klug bin", § 6 im Kapitel „Warum ich so gute Bücher schreibe", § 4 in „Die Geburt der Tragödie", § 1 und 2 in „Warum ich ein Schicksal bin", außerdem noch die „Kriegserklärung" und „Der Hammer redet". Wesentliche Änderungen erfuhr das Kapitel über „Also sprach Zarathustra". Die unmittelbar vorhergehende Stufe dieses Kapitels (Spalte: Mitte November) ist uns nur fragmentarisch erhalten; sie bestand anscheinend aus 7 Abschnitten (das Fragezeichen in eckigen Klammern weist auf diese Tatsache hin). § 1 im Kapitel über „Also sprach Zarathustra" steht — in der Spalte *6. Dezember* — in eckigen Klammern, um auf die totale Umarbeitung im Vergleich mit § 24 der Oktober-Fassung hinzuweisen. Während der Revision von Anfang Dezember wurden mehr oder weniger umgearbeitet: § 7 in „Warum ich so weise bin", § 3 in „Warum ich so klug bin", § 3 und 5 in „Warum ich so gute Bücher schreibe", § 4 im Kapitel „Der Fall Wagner" (namentlich in dem aus Turin gegen Ende November nach Leipzig geschickten Text). Endlich wurde § 4 (zum Schluß: 5) in „Warum ich so klug bin" mit einem ganz neuen Text ersetzt.

Am 6. Dezember 1888 sandte N das revidierte Druckmanuskript nach Leipzig zurück. Nun wollte er nichts mehr ändern. Doch ungefähr ab Mitte Dezember bis 29./30. Dezember schickte er wichtige Änderungen und Zusätze von Turin aus nach Leipzig (Spalte: *Ende Dezember*): im Kapitel „Warum ich so klug bin" kamen als neue Texte hinzu die Abschnitte 4, 6, 7; im Kapitel „Warum ich so gute Bücher schreibe" wurde der Abschnitt 2 durch einen ganz neuen Text ersetzt; im Kapitel über „Menschliches, Allzumenschliches" kam § 6 hinzu; der Schluß von § 5 im Kapitel über „Also sprach Zarathustra" wurde geändert. Eine kleinere Änderung — Spitteler und Widmann betreffend — wurde in § 1 von „Warum ich so gute Bücher schreibe" vorgenommen. Derselben Zeit gehören die von uns wiederentdeckten Änderungen im schon gesetzten Text an: der neue Abschnitt 3 und die damit zusammenhängende Änderung im Abschnitt 4 von „Warum ich so weise bin" sowie der geänderte Satz im kleinen Vorspiel „An diesem vollkommnen Tage". Mit letzterer ist die von uns erschlossene Änderung in § 3 des Kapitels über die „Götzen-Dämmerung" (die „Umwerthung aller Werthe" betreffend) verbunden. Diese Änderungen wurden von N nicht auf einmal verfügt: Noch vor dem 20. Dezember hatte er z. B. den jetzigen Abschnitt 7 im Kapitel „Warum ich so klug bin" nach Leipzig geschickt, während der Abschnitt 6 im selben Kapitel später, jedoch vor dem Abschnitt 4, in die Druckerei kam (vgl. unten die Anm. zu dem Kapitel „Warum ich so klug bin"). Am 29. Dezember, nachdem er also schon einige Nachträge geschickt hatte, kündigte N einen „Rest von Manuskript, lauter extrem wesentliche Sachen, darunter das Gedicht, mit dem Ecce homo schließen soll" seinem Verleger an. Die allerletzte Änderung geschah am 2. Januar 1889, als N die Schlußgedichte „Ruhm und Ewigkeit" (zu EH) und „Von der Armut des Reichsten" (zu NW) für sein letztes Werk, die *Dionysos-Dithyramben*, zurückverlangte. Es läßt sich nicht mit Sicherheit feststellen, welcher Art die Sendung vom 29. Dezember war; daß manches von dieser Sendung − wie auch von früheren, vielleicht auch von späteren − nicht mehr erhalten ist, müssen wir, aufgrund unserer vorangegangenen Ausführungen über das Druckmanuskript und der zitierten Äußerungen von Peter Gast und Elisabeth Förster-Nietzsche, fest voraussetzen.

Die letzten Änderungen vom 29. Dezember 1888 und 2. Januar 1889 am Ende des EH stellten den Schluß dieser Schrift wieder her, so wie er im ersten Druckmanuskript (Spalte: *Mitte November*) war. Diese Änderungen betrafen − am 29. Dezember − die nicht mehr erhaltene „Kriegserklärung" und im Anschluß daran den Abschnitt „Der Hammer redet" (= Za III § 30 des Kapitels „Von alten und neuen Tafeln"; vgl. dazu die Ausführungen S. 453f.). Die „Kriegserklärung" gehörte dem EH seit der Revision vom Anfang September; die sogenannte „große Politik" beschäftigte N von nun an immer mehr, bis er am 29. Dezember 1888, wie aus dem Briefentwurf an Peter Gast erhellt, der deutliche Zeichen des ausbrechenden Wahnsinns enthält, ein „Promemoria" gegen das Haus Hohenzollern verfaßte und dem französischen Schriftsteller J. Bourdeau schickte (dieser antwortete am 4. Januar 1889: „J'ai reçue également votre manuscrit de Turin, qui témoigne de vos sentimens anti-prussiens... Il ne me semble pas de nature à pouvoir être publié.") Die Fragmente 25 [13], 25 [14], 25 [15], 25 [16], 25 [18] in Bd. 13 sowie auch einige Briefe und Briefentwürfe aus dieser Zeit lassen uns den Inhalt des „Promemoria" ahnen. Bei der Ausarbeitung seiner „großpolitischen" Proklamationen kam N noch einmal auf die „Kriegserklärung": Er gedachte, eine „Letzte Erwägung" der „Kriegserklärung" folgen zu lassen, die er schon im Anschluß an die Fragmente 25 [13-14] hingeschrieben hatte. Diese „Letzte Erwägung" schrieb er ins Reine ab, mit dem Hinweis für den Drucker: „Am Schluß, nach der Kriegserklärung" und − am rechten unteren Rand des Zettels − „Hierauf ein leeres Blatt, auf dem nur die Worte stehn: Ruhm und Ewigkeit." Der Zettel mit der „Letzten Erwägung" blieb jedoch in Turin (N benutzte ihn später auf der Rückseite: vgl. oben), dafür schickte N am 29. Dezember „Ruhm und Ewigkeit" mit dem Hinweis „Der Abschnitt Kriegserklärung fehlt *[sic, statt: fällt]* weg − Ebenso der Hammer redet". Vom schriftstellerischen Standpunkt aus läßt sich diese Entfernung der „Kriegserklärung" aus EH durchaus erklären: Nach der Abfassung seines „Promemoria" erschien N die „Kriegserklärung" „überholt". Endlich mit einer Postkarte vom 1. Januar und einem Telegramm vom 2. Januar 1889 verlangte er „Ruhm und Ewigkeit" für DD zurück; so bildete § 9 von

„Warum ich ein Schicksal bin" wieder den Schluß von EH — wie im ersten Druckmanuskript.

Titelblatt

Ns Titelblatt im Druckmanuskript: Ecce homo. / Wie man wird, was man ist. Von / Friedrich Nietzsche / Leipzig, / Verlag von C. G. Naumann / 1889. *Mp XVI 5, 6 (Oktober-Fassung) hat folgenden Zwischentitel:* Wie man wird, was man ist. / Planer au dessus et avoir / des griffes, voilà le lot des grands genies. / Galiani / Begonnen am 15. Oktober, beendet am 4. November 1888, in Turin. *(das Galiani-Zitat: Brief an Madame d'Epinay, 24. Nov. 1770). Ein anderer Hinweis für den Drucker:* Darauf ein Blatt, auf dem nur die Worte stehn: / Wie man wird, was man ist. / Turin, den 15. Oktober 1888 *findet sich am Schluß des Vorworts in der Zwischenstufe*

Vorwort

1. 257 13: kommt, um] kommt — um von meinen Freunden, aus Schonung, zu schweigen, — um *Mp XVI 5 (Zwischenstufe)*
2. 258 13–14: „wahre Welt" ... „scheinbare Welt"] *vgl. GD* Wie die „wahre Welt" endlich zur Fabel wurde   20: wäre. —] *danach in Mp XVI 5 (Zwischenstufe) gestrichen:* Idealist — in meinem Mund das Wort für die gefährlichsten Falschmünzer ... Umwerthung aller Werthe! ...
3. 23–27: Höhe ... fühlt!] Höhe ist: leicht, bewegt, mild — und so rein! so rein! Wie alle Dinge frei im Lichte liegen! — Man denkt mit Erbarmen der Luft da unten, an die Malaria-Luft des „Ideals" ... Wo findet man eine stärkere Formel gegen allen Idealismus als meinen Satz [(in Menschliches, Allzumenschliches, Seite — — —)]: Überzeugungen sind gefährlichere Feinde der Wahrheit als Lügen? — Kennt man meine Definition der Überzeugung, des „Glaubens" überhaupt: eine Instinkt gewordene Unwahrhaftigkeit? ... *Mp XVI 5, 7 (Zwischenstufe) erste gestrichene Fassung*   27: fühlt!] *danach in Mp XVI 5, 7 (Zwischenstufe) gestrichen:* Man fühlt zum Beispiel die Moral unter sich.   31: welche] welche mir *Mp XVI 5, 7 (Zwischenstufe)*   259 6: Irrthum] *danach gestrichen* (—Idealismus—) *Mp XVI 5, 7 (Zwischenstufe)*   11: Nitimur in vetitum] *vgl. Ov. Amores III, 4, 17*
4. *Fassung der Zwischenstufe:* Ich habe der Menschheit das größte Geschenk gemacht, das ihr bisher gemacht worden ist, ich gab ihr meinen Zarathustra. Dies Buch, das höchste, das es giebt — die ganze Thatsache Mensch liegt in ungeheurer Ferne unter ihm — ist auch das

tiefste, ein vollkommen unausschöpflicher Brunnen, in den kein Eimer hinabsteigt, ohne mit Gold und Güte heraufzukommen. — Warum heißt es „Also sprach Zarathustra"? Was bedeutet hier gerade der Name jenes vorzeitlichen Persers? — Aber man weiß ja, worin Zarathustra der Erste war, womit er den Anfang machte: er sah im Kampf des Guten und Bösen das eigentliche Rad im Getriebe der Dinge, er übersetzte die Moral ins Metaphysische, als Kraft, als Ursache, als Zweck an sich. Zarathustra schuf diesen größten Irrthum: folglich muß er auch der Erste sein, der ihn erkennt. Er hat hier nicht nur länger und mehr Erfahrung als irgend sonst ein Denker — er hat die längste Experimental-Widerlegung des Satzes, daß die Welt „sittlich geordnet" sei, in der Hand: was wichtiger ist, er ist wahrhaftiger als sonst ein Denker. Seine Lehre und sie allein hat die Wahrhaftigkeit als oberste Tugend: Wahrheit reden und gut mit Pfeilen schießen ist die persische Tugend. Die Selbst-Überwindung der Moral, aus Wahrhaftigkeit ⌈die Selbstüberwindung des Moralisten in seinen Gegensatz — in mich —⌉ das bedeutet in meinem Munde der Name Zarathustra. vgl. EH Warum ich ein Schicksal bin § 3, 6, 7, 8, sowie die Anm. zu § 1 des Kapitels über Also sprach Zarathustra 16–17: Ich ... ist.] vgl. GD Streifzüge § 51 am Schluß; Bd. 13, 11 [417] 29–31: „Die ... Welt"] vgl. Za II Die stillste Stunde 260 1–7] vgl. Za II Auf den glückseligen Inseln 260 21–261 8] vgl. Za I Von der schenkenden Tugend § 3

An diesem vollkommnen Tage ...

In der Oktober-Fassung § 1, unter dem Datum: Turin, den 15. Oktober 1888; *vgl. als Vs dazu das Fragment Bd. 13, 23 [14]* 263 6–8: Die ... Götzen-Dämmerung] *vgl. oben S. 463*

Warum ich so weise bin

1. 264 5: Vater ... Mutter] *Karl Ludwig Nietzsche, 1813–1849; Franziska Nietzsche geb. Oehler, 1825–1897* 14: Mein ... Jahren] *1849 an einer Krankheit des Gehirns; einige Briefe von Ns Mutter an Freunde beweisen die Unhaltbarkeit der „fable convenue", nach der ein Sturz auf der Treppe die Ursache der Krankheit von Ns Vater gewesen wäre; diese Briefe wurden während der Krankheit geschrieben; sie werden in KGB als Briefe über N erscheinen* 20–24: Damals ... Naumburg] *vgl. Chronik* 265 1: Im Winter darauf] *vgl. Chronik*
2. 267 20–23: Er ... entgegenzugehn] *vgl. GD Was den Deutschen abgeht § 6*

3. *Vgl. oben die Ausführungen über diesen Abschnitt; der bis jetzt bekannte Text dieses Abschnittes lautete:* Diese doppelte Reihe von Erfahrungen, diese Zugänglichkeit zu anscheinend getrennten Welten wiederholt sich in meiner Natur in jeder Hinsicht, — ich bin ein Doppelgänger, ich habe auch das „zweite" Gesicht noch ausser dem ersten. Und vielleicht auch noch das dritte ... Schon meiner Abkunft nach ist mir ein Blick erlaubt jenseits aller bloss lokal, bloss national bedingten Perspektiven, es kostet mich keine Mühe, ein „guter Europäer" zu sein. Andrerseits bin ich vielleicht mehr deutsch, als jetzige Deutsche, blosse Reichsdeutsche es noch zu sein vermöchten, — ich, der letzte antipolitische Deutsche. Und doch waren meine Vorfahren polnische Edelleute: ich habe von daher viel Rassen-Instinkte im Leibe, wer weiss? zuletzt gar noch das liberum veto. Denke ich daran, wie oft ich unterwegs als Pole angeredet werde und von Polen selbst, wie selten man mich für einen Deutschen nimmt, so könnte es scheinen, dass ich nur zu den angesprenkelten Deutschen gehörte. Aber meine Mutter, Franziska Oehler, ist jedenfalls etwas sehr Deutsches; insgleichen meine Grossmutter väterlicher Seits, Erdmuthe Krause. Letztere lebte ihre ganze Jugend mitten im guten alten Weimar, nicht ohne Zusammenhang mit dem Goethe'schen Kreise. Ihr Bruder, der Professor der Theologie Krause in Königsberg, wurde nach Herder's Tode als Generalsuperintendent nach Weimar berufen. Es ist nicht unmöglich, dass ihre Mutter, meine Urgrossmutter, unter dem Namen „Muthgen" im Tagebuch des jungen Goethe vorkommt. Sie verheirathete sich zum zweiten Mal mit dem Superintendenten Nietzsche in Eilenburg; an dem Tage des grossen Kriegsjahrs 1813, wo Napoleon mit seinem Generalstab in Eilenburg einzog, am 10. Oktober, hatte sie ihre Niederkunft. Sie war, als Sächsin, eine grosse Verehrerin Napoleon's; es könnte sein, dass ich's auch noch bin. Mein Vater, 1813 geboren, starb 1849. Er lebte, bevor er das Pfarramt der Gemeinde Röcken unweit Lützen übernahm, einige Jahre auf dem Altenburger Schlosse und unterrichtete die vier Prinzessinnen daselbst. Seine Schülerinnen sind die Königin von Hannover, die Grossfürstin Constantin, die Grossherzogin von Oldenburg und die Prinzess Therese von Sachsen-Altenburg. Er war voll tiefer Pietät gegen den preussischen König Friedrich Wilhelm den Vierten, von dem er auch sein Pfarramt erhielt; die Ereignisse von 1848 betrübten ihn über die Maassen. Ich selber, am Geburtstage des genannten Königs geboren, am 15. Oktober, erhielt, wie billig, die Hohenzollernnamen Friedrich Wilhelm. Einen Vortheil hatte jedenfalls die Wahl dieses Tages: mein Geburtstag war meine ganze Kindheit hindurch ein Festtag. — Ich betrachte es als ein grosses Vorrecht, einen solchen Vater gehabt zu haben: es scheint mir sogar, dass sich damit Alles erklärt, was ich sonst an Vorrechten habe,

— das Leben, das grosse Ja zum Leben nicht eingerechnet. Vor Allem, dass es für mich keiner Absicht dazu bedarf, sondern eines blossen Abwartens, um unfreiwillig in eine Welt hoher und zarter Dinge einzutreten: ich bin dort zu Hause, meine innerste Leidenschaft wird dort erst frei. Dass ich für dies Vorrecht beinahe mit dem Leben zahlte, ist gewiss kein unbilliger Handel. — Um nur etwas von meinem Zarathustra zu verstehn, muss man vielleicht ähnlich bedingt sein, wie ich es bin, — mit Einem Fusse jenseits des Lebens ... *Im Zusammenhang mit dieser Änderung (auf den Korrekturen) nahm N andere zusätzliche Änderungen im noch nicht gesetzten Druckmanuskript vor; sie werden angegeben in den Anm. zu § 4 von* Warum ich so weise bin, *§ 2 von* Warum ich so gute Bücher schreibe *und § 5 im Kapitel über* Also sprach Zarathustra. *Mp XVIII hat zu dem endgültigen Text folgende zwei Vorstufen:* Ich berühre hier die Frage der Rasse. Ich bin ein polnischer Edelm⟨ann⟩ pur sang, dem auch nicht ein Tropfen schlechtes Blut beigemischt ist, am wenigsten deutsches. Wenn ich den tiefsten Gegensatz zu mir suche, die unausrechenbare Gemeinheit der Instinkte, so finde ich immer meine Mutter und Schwester: mit solcher deutschen canaille mich verwandt zu sehen war eine Lästerung auf meine Göttlichkeit. Die Behandlung die ich bis heutigen Tag von Seiten meiner Mutter und Schwester erfahre flößt mir ein ungeheures Grauen ein — ich bekenne, daß der tiefste Einwand gegen meinen Gedanken der ewigen Wiederkunft das was ich einen abgründlichen Gedanken nenne, immer der Gedanke an meine Mutter und Schwester war ... Aber noch als Pole bin ich ein ungeheurer Atavismus: man muß Jahrhunderte zurückgehn, um diese vornehmste Rasse Mensch, die es giebt, in dem Maß instinktrein zu finden, in dem ich sie darstelle. Ich habe gegen Alles was Adel heißt, ein souveraines Gefühl von Distinktion, ich würde den jungen deutschen Kaiser nicht in meinem Wagen als meinen Kutscher ertragen. Es giebt einen einzigen Fall, daß ich meines Gleichen gefunden habe — ich bekenne es mit Dankbarkeit. Frau Cosima Wagner ist bei weitem die vornehmste Natur, die es giebt und, im Verhältniß zu mir, habe ich ihre Ehe mit Wagner immer nur als Ehebruch interpretirt ... der Fall Tristan   Alle herrschenden Begriffe über Verwandtschaftsgrade sind ein physiologischer Widersinn, der nicht übertroffen werden kann. Man ist am wenigsten mit seinen Eltern verwandt; die Geschwister-Ehe, wie sie z. B. bei den aegyptischen K⟨öni⟩gr⟨ei⟩chsfamilien Regel war, ist so wenig widernatürlich, daß im Verhältniß dazu, jede Ehe beinahe Incest ist ... Seinen Eltern ähnlich sein ist das ächteste Zeichen von Gemeinheit: die höheren Naturen haben ihren Ursprung unendlich weiter zurück, auf sie hin hat am längsten gesammelt, gespart werden müssen, — das große Individuum ist das älteste

Individuum, — ein Atavismus. *268 2:* Und ... Rasse] *vgl. die Variante zum § 2 (Anfang) von* Warum ich so gute Bücher schreibe *8–16:* Die ... praestabilita] *vgl. die Variante zum Schluß von § 5 des Kapitels über* Also sprach Zarathustra *16–18:* Aber ... sind.] *vgl. Za III* Der Genesende § 2: „ — ach, der Mensch kehrt ewig wieder! Der kleine Mensch kehrt ewig wieder!" *24:* Kaiser] *Wilhelm II. 26–29:* Frau ... war] *vgl. den Briefentwurf an Cosima Wagner aus derselben Zeit:* Verehrte Frau, im Grunde die einzige Frau, die ich verehrt habe — lassen Sie es sich gefallen, das erste Exemplar dieses Ecce homo entgegenzunehmen. Es wird da im Grunde alle Welt schlecht behandelt, Richard Wagner ausgenommen — und noch Turin. Auch kommt Malwida als Kundry vor ... Der Antichrist *29:* Der Rest ist Schweigen] *Hamlets letzte Worte bei Shakespeare 269 1–3:* Die ... müssen.] *vgl. GD* Streifzüge § 44

4. *14:* darin, jenen Einen Fall abgerechnet, keine] *in den schon gesetzten Bogen hieß es vor der Sendung mit dem neuen Text von § 3:* darin nur selten, im Grunde nur ein Mal; *verbessert nach Ns, von Gast abgeschriebenem Hinweis 270 29:* „Versuchung Zarathustra's"] *unter diesem Titel plante N im Herbst 1888 die Veröffentlichung des — nur im Privatdruck erschienenen — vierten Teils von* Also sprach Zarathustra; *vgl. Bd. 13, 22 [13.15.16]*

6. 273 *8:* „Nicht ... Ende"] *vgl. auch AC 20*

7. 275 *14:* ist. —] *in Dm folgt eine Stelle, die N selbst bei der Umarbeitung von Anfang Dezember gestrichen hat:* Und selbst im Falle Wagner's: wie dürfte ich verleugnen, daß ich aus [meinen Intimitäten] meiner Freundschaft mit Wagner und Frau Wagner die erquicklichsten und erhebendsten Erinnerungen ⌜und nur solche Erinnerungen⌝ zurückbehalten habe, — daß es nie einen Schatten zwischen uns gab? Genau das erlaubt mir erst jene Neutralität [⌜jene Unpersönlichkeit⌝] des Blicks, das Problem Wagner überhaupt als Cultur-Problem zu sehn — und vielleicht zu lösen ... Fünfter und letzter Satz: ich greife nur Dinge an, die ich von Grund aus kenne, — die ich selbst erlebt, die ich bis zu einem gewissen Grade selber gewesen bin. — Das Christenthum meiner Vorfahren ⌜zum Beispiel⌝ zieht in mir seinen Schluß, — eine durch das Christenthum [ins Große gezüchtete] selber groß gezogene, sonnenrein gewordene Strenge [und Lauterkeit in Dingen der Wahrheit] des intellektuellen Gewissens wendet sich gegen das Christenthum: in mir richtet sich, in mir überwindet sich das Christenthum [selbst]. *N nahm diese Streichung vor, indem er gleichzeitig seinen Beziehungen zu Wagner den Abschnitt 5 von* Warum ich so klug bin *widmete 276 16–277 26] vgl. Za II* Vom Gesindel

Warum ich so klug bin

Die Genese dieses Kapitels ist etwas kompliziert, und zwar durch die späteren Nachträge, die N nach dem 6. Dezember von Turin aus nach Leipzig schickte. Am 15. Dezember 1888 hatte er ein Blatt für NW mit der Überschrift „Intermezzo" dem Leipziger Drucker zukommen lassen. Auf der Rückseite des Blattes stand auch der Hinweis: „auf Seite 3 des Ms einzuschieben vor dem Capitel Wagner als Gefahr." Wenige Tage darauf, am 20. Dezember, bat er Naumann, diesen Text in EH einzulegen „wie es ursprünglich bestimmt war ... und zwar in das zweite Hauptcapitel (Warum ich so klug bin) als Abschnitt 5. Danach sind die folgenden Ziffern zu ändern, der Titel ‚Intermezzo' natürlich weg". In den Korrekturbogen von NW, die N mit dem Stempel des Verlages C. G. Naumann und dem Datum „22. Dec. 1888" gleich darauf bekam, wurde jedoch auch das Kapitel „Intermezzo" gesetzt; N — wie Podach mit Recht bemerkt — erhob keinen Einspruch dagegen, vielmehr gab er zu Weihnachten das Imprimatur und ließ durch zwei Postkarten (29. und 30. Dezember 1888) zwei Korrekturen im Text des „Intermezzo" anbringen. Durch den schließlichen Verzicht auf die Publikation von NW (2. Januar 1889) ist jedoch die Frage gelöst, wohin das Kapitel „Intermezzo" gehört: Es gehört in EH. (Wenn aber auch NW gedruckt wird, so muß es in der Form erscheinen, in der es von N zuletzt autorisiert wurde, s. u.). Tatsächlich beabsichtigte N ursprünglich die Einschiebung des „Intermezzo" ins Kapitel „Warum ich so klug bin", wie aus folgendem (am 15. Dezember) gestrichenen Hinweis an den Drucker erhellt, welcher am Kopf des Blattes „Intermezzo" stand: „Einzuschieben in zweites Kapitel: warum ich so klug bin." Etwas später schickte N einen anderen Abschnitt nach Leipzig („Alles erwogen, hätte ich meine Jugend nicht ausgehalten" usw.) mit dem Hinweis: „Im zweiten Capitel: warum ich so klug bin einzuschieben; vor dem Abschnitt über dem ursprünglich Intermezzo stand." Um keine Konfusion entstehen zu lassen, gab er noch diesem Abschnitt die Ziffer 5, und am Schluß des Abschnittes schrieb er: „6. / — Ich sage noch ein Wort für die ausgesuchtesten Ohren: was ich jetzt von der Musik will / Fortsetzung im Manuskript." Endlich — nach den Vorstufen zu urteilen: am 29. Dezember — schickte N den letzten Nachtrag (über Heine) nach Leipzig mit dem Hinweis (am Kopf des Blattes): „Im zweiten Hauptcapitel: Warum ich so klug bin als 4 einzuschieben"; am Schluß des neuen Abschnittes schrieb er noch: „NB. Jetzt kommen die zwei Abschnitte, die von Richard Wagner handeln." Diese waren der Abschnitt, der bei der Revision vom Anfang Dezember mit der Zahl 4 in „Warum ich so klug bin" von N eingefügt worden war und mit den Worten anfing: „Hier, wo ich von den Erholungen meines Lebens rede" usw., und der oben erwähnte, der mit den Worten anfing: „Alles erwogen, hätte ich meine Jugend nicht ausgehalten" usw. Alle Änderungen im Kapitel „Warum ich so klug bin" lassen sich in ihrer Konsequenz mit voller Sicherheit rekonstruieren, wie man aus folgender Konkordanz ersehen kann:

6. Dezember	20. Dezember	Etwas später	Ende Dezember
1	. . . .		1
2	. . . .		2
3	. . . .		3
			4
4	. . . .		5
		5	6
	5	6	7
5	6	7	8
6	7	8	9
7	8	9	10

1. 278 *10–11:* Ich ... lassen] *vgl. GD* Sprüche *10*   279 *9:* von moralinfreier Tugend] *vgl. AC 2*   281 *1–3:* ich ... hat] *vgl. Chronik*   *9–10:* bei ... Wasser] *vgl. 1. Mos. 1*   *27–28:* ich ... einmal] *vgl. GD* Sprüche *34*
2. 283 *21:* Aufschließendes?] *in Dm danach von N selbst gestrichen:* — daß ich, statt in Wagner und Schopenhauer meine Antagonisten zu fühlen, sie mir zu Gemüthe führte, ah! wie sehr zu Gemüthe ...
3. 284 *27–28:* Victor ... Grecs] *Paris 1887, BN*   *28:* Laertiana] *d. h. De Laertii Diogenis fontibus, „Rheinisches Museum" Bde. 23–24 (1868–1869), 632–653, 181–228;* Analecta Laertiana, *„Rheinisches Museum", Bd. 25 (1870), S. 217–231;* Beiträge zur Quellenkunde und Kritik des Laertius Diogenes, *Basel 1870*   285 *3–4:* „Nächstenliebe"] *hier hören die Korrekturbogen auf*   285 *4–286 14:* Im ... Gott] *vor der Korrektur von Anfang Dezember lautete diese Stelle:* Von Franzosen erquickte mich von jeher, vielleicht aus Temperaments-Verwandtschaft, Montaigne: wir haben Beide viel Muthwillen im Geiste, wer weiss? vielleicht auch im Leibe. — Ein guter Jünger des Dionysos muss auch ein guter Satyr sein. — Seit zehn Jahren unterhalte ich mich mit Stendhal, einer meiner angenehmsten Bekanntschaften im Zufall der Bücher: seine psychologische Abenteurer-Neugierde, sein harter Realitäten-Sinn, in dem noch Etwas von der Tatze Napoleon's sich ausprägt (ex ungue Napoleonem), endlich sein unter Franzosen geradezu unschätzbarer ehrlicher Atheismus geben ihm ein Recht auf meine Sympathie. Stendhal hat den besten Atheisten-Witz gemacht: „die einzige Entschuldigung Gottes ist, dass er nicht existirt". — Emerson, mit seinen Essays, ist mir ein guter Freund und Erheiterer auch in schwarzen Zeiten gewesen: er hat so viele Skepsis,

so viele „Möglichkeiten" in sich, dass bei ihm sogar die Tugend geistreich wird ... Ein einziger Fall: ... Schon als Knabe hörte ich ihm gerne zu. Insgleichen gehört der Tristram Shandy zu den frühesten mir schmackhaften Büchern; wie ich Sterne empfand, verräth eine sehr nachdrückliche Stelle in „Menschl. Allzum." (II Aph. 113). Vielleicht, dass ich aus verwandten Gründen Lichtenberg unter deutschen Büchern vorzog, während mir schon mit 13 Jahren der „Idealist" Schiller Pfeile auf die Zunge legte ... Ich möchte den Abbé Galiani nicht vergessen, diesen tiefsten Hanswurst, der je gelebt hat. — Von alten Büchern ist einer meiner stärksten Eindrücke jener übermüthige Provençale Petronius, der die letzte Satura Menippea gedichtet hat. Diese souveraine Freiheit vor der „Moral", vor dem „Ernste", vor dem eignen sublimen Geschmack, dies Raffinement in der Mischung von Vulgär- und „Bildungs"-Latein, diese unbändige gute Laune, die über alle Animalitäten der antiken „Seele" mit Grazie und Bosheit hinwegspringt — ich wüsste kein Buch zu nennen, das einen gleich befreienden Eindruck auf mich machte: es wirkt dionysisch. In Fällen, wo ich nöthig habe, mich rasch von einem widrigen Eindruck zu erholen — ich setze den Fall, dass ich zum Zweck meiner Kritik des Christenthums zu lange die Sumpfluft des Apostels Paulus zu athmen hatte — genügen mir, als heroisches Mittel, ein paar Seiten Petronius: sofort bin ich wieder gesund. 286 11-12] *vgl. GD Die vier grossen Irrthümer § 8 am Schluß*
4. 32] *vgl. Hans von Bülow an N, 24. Juli 1872* 287 6-9: Wenn ... werden] *vgl. die Variante zu § 5 des Kapitels über Also sprach Zarathustra*

5. *Vor der Revision von Anfang Dezember lautete dieser Abschnitt:* Die Musik — um des Himmels Willen! Halten wir sie fest als Erholung und als nichts Andres! ... Um keinen Preis darf sie uns Das sein, wozu sie heute durch den allermächtigsten Missbrauch geworden ist, — ein Aufregungsmittel, ein Peitschenschlag mehr für erschöpfte Nerven, eine blosse Wagnerei! — Nichts ist ungesünder — crede experto! — als der Wagner'sche Missbrauch der Musik, er ist die schlimmste Art „Idealismus" unter allem möglichen idealistischen Hokuspokus. Ich nehme mir wenig Dinge so übel, als ich mir die Instinkt-Widrigkeit übel nehme, in jungen Jahren schon diesem Laster Wagner verfallen zu sein. Wagner und Jugend — aber das ist so viel wie Gift und Jugend ... Erst seit sechs Jahren weiss ich wieder, was Musik ist, Dank einer tiefen Zurückbesinnung auf meinen fast vergessenen Instinkt, Dank vor Allem dem unschätzbaren Glück, einen Nächstverwandten im Instinkte zu finden, meinen Freund Peter Gast, den einzigen Musiker, der heute noch weiss, der noch kann, was Musik ist! — Was ich überhaupt von der Musik will? Dass sie

heiter und tief ist, wie ein Nachmittag im Oktober. Mild, gütig — nicht heiss ... Dass sie in der Sonne liegt, dass Alles süss, sonderbar, fein und geistig an ihr ist ... Dass sie Bosheiten in den Füssen hat ... Jeder Versuch in diesen sechs Jahren, mir Wagner „zu Gemüthe zu führen", missrieth. Ich lief nach jedem ersten Akte, tödtlich gelangweilt, davon. Wie arm, wie sparsam und klug ist dieses „Genie" von der Natur angelegt! welche Geduld muss man haben, bis ihm wieder Etwas einfällt! Wie viele Magen muss er selber gehabt haben, um immer noch einmal wiederzukäuen, was er uns eben schon unerbittlich vorgekäut hat! Ich nenne ihn Magner ...   289 5] *N zitiert aus dem Erstdruck von JGB, vgl. JGB § 256*   12: Baudelaire] *vgl. N an Peter Gast, 26. Febr. 1888*

6. *Vgl. N an Peter Gast:* Sie werden in Ecce homo eine ungeheure Seite über den Tristan finden, überhaupt über mein Verhältniß zu Wagner *(31. Dez. 1888)*   25–26: Von ... gab] *d.h. 1861, als N durch seinen Freund Gustav Krug den Klavierauszug des Tristan kennenlernte*

7. *Vgl. zu diesem Abschnitt die Anm. zum Kapitel* Warum ich so klug bin   290 26: eigentlich] *im Hinweis für den Drucker (vgl. die oben erwähnte Anm.) schrieb N:* jetzt. *Auf den Korrekturen (von NW) ließ er jedoch* eigentlich *stehen, diese Lesart ist somit letztgültig*   291 4: auch Liszt] auch Einiges von Liszt *GA; Podach NWZ: nach dem von Gast herausgegebenen Erstdruck von NW im Jahre 1889; wir geben diese Stelle dagegen nach Ns Anweisung wieder; vgl. N an C. G. Naumann, 30. Dez. 1888:* auf Seite 6 unten ist der Text dergestalt zu erweitern: ich nehme, aus drei Gründen, Wagner's Siegfried-Idyll aus, vielleicht auch Liszt, der die vornehmen Orchester-Accente vor allen Musikern voraus hat; zuletzt noch alles, was jenseits der Alpen gewachsen ist — diesseits ... Ich würde Rossini usw. usw.   9: Pietro Gasti] *aus* Peter Gast *Dm*

8. 292 23–24: Müsste ... Igel werden?] *vgl. DD* Von der Armut des Reichsten *Bd. 6, S. 407, 12:* Zarathustra ist kein Igel   293 4: in der] im *Dm*

9. 21: grösser] grösser sein *GA*   28: kann] kommt *GA*   29: kommen] *Ergänzung nach Podach, NWZ*   295 2–10: Noch ... hätten ...] *vgl. Bd. 13, 16 [44], N an Brandes, 23. Mai 1888*   14: meine ... Arbeit] *d.h.* Zur Geschichte der Theognideischen Spruchsammlung „Rheinisches Museum", Bd. 22 (1867), 161–200

10. 296 12–19: Der ... Grösse] *diese Stelle wurde in Dm von fremder Hand gestrichen, sie findet sich dagegen in der Abschrift von Peter Gast (Beweis, daß die Streichung nicht von N stammt); Raoul Richter (1908) und Otto Weiss (1911) druckten sie im Kommentar ihrer Ausgaben; Schlechta (1956) übersah diese Ergänzung; erst Podach (1961)*

druckte sie in seinem Text ab. Im September 1888 hatte Wilhelm II. Papst Leo XIII. in Rom besucht 297 *16–18:* In ... würde] vgl. Bd. 8, 28 [8]

Warum ich so gute Bücher schreibe

1. *Vgl. Bd. 13, 19 [1. 7] und Anm. dazu. Ursprünglich § 15 der Oktober-Fassung. Auf der Rückseite von Blatt 17 in Dm findet sich die von N durchgestrichene Umarbeitung:* [15.] 1 / ⌜Das Eine bin ich, das Andere sind meine Schriften.⌝ [Ich berühre] Hier werde, bevor ich von [meinen ⌜den einzelnen⌝ Schriften] ihnen rede, so nachlässig, als es sich irgendwie schickt, die Frage nach dem Verstanden- oder Nichtverstanden-werden ⌜dieser Schriften berühren⌝ [: sie]. Sie ist durchaus noch nicht an der Zeit ⌜. Später wird man Institutionen nöthig haben, wo man in meinem Geiste lebt und lehrt; früher schon Professuren zur Interpretation meines Zarathustra. Aber⌝ es wäre ein vollkommener Widerspruch zu mir, wenn [es] ich heute [schon] bereits Ohren und Hände für [mich] meine Wahrheiten [gäbe] erwartete; daß man ⌜heute⌝ nicht hört, daß man ⌜heute⌝ nicht nimmt, ist [⌜für⌝] nicht nur begreiflich, es [ist] scheint mir das [Rechte] Rechte. Nochmals gesagt, Nichts ist weniger an meinem Leben sichtbar als böser Wille; auch von litterarischem „bösen Willen" wüßte ich keinen Fall zu erzählen. ⌜Wohl aber von reiner Thorheit! ...⌝ Es scheint mir eine der seltensten Auszeichnungen, die Jemand sich [erweist] erweisen kann, wenn er ein Buch von mir in die Hand nimmt [; ich]. Ich sagte einmal dem Dr. Heinrich von Stein, der sich ehrlich darüber beklagte, kein Wort aus meinem Zarathustra zu verstehn, [dies] das sei in Ordnung: sechs Sätze daraus verstanden, das heißt erlebt haben hebe auf eine höhere Stufe der [Seelen] Sterblichen hinauf. Wie hätte ich ⌜, mit diesem Gefühle der Distanz, ja⌝ [auch] nur wünschen können, von [diesen] den „Modernen", die ich kenne —, gelesen zu werden! Mein Triumph ist ⌜gerade⌝ der umgekehrte als der Schopenhauers war, — ich sage non legor, non legar ... Nicht daß ich das Vergnügen [verleugnen] unterschätzen möchte, das mir mehrmals die Unschuld im Neinsagen zu meinen Schriften gemacht hat. Noch in diesem Sommer, in einer Zeit, wo ich vielleicht mit meiner etwas schwer, zu schwer wiegenden Litteratur den ganzen Rest von Litteratur aus dem Gleichgewicht zu bringen vermöchte, gab mir ein Professor der Berliner Universität wohlwollend zu verstehn, ich sollte mich doch einer andren Form bedienen: so Etwas lese Niemand. — Zuletzt war es nicht Deutschland, sondern die Schweiz, die die zwei extremen Fälle geliefert hat [: ein]. Ein Aufsatz des Dr. V. Widmann im „Bund" über „Jenseits von Gut und Böse" unter dem Titel „Nietz-

sches gefährliches Buch" und ein Gesammt-Bericht über meine [Litteratur] Bücher überhaupt seitens des Herrn Carl Spitteler ⌐,gleichfalls im „Bund",⌐ sind [das] ein Maximum in meinem Leben — ich sage nicht wovon ...⌐Letzterer behandelte zum Beispiel meinen Zarathustra als höhere Stilübung, mit dem Wunsch, ⌐ich möchte⌐ später einmal auch für Inhalt [zu] sorgen. [...]⌐ [Nicht] Nicht daß es im einen oder im andren Falle [am] an gutem Willen gefehlt hätte; noch weniger an [der] Intelligenz. Herr Spitteler gilt mir sogar als Einer der Willkommensten und Feinsten unter [dem, was] denen, die heute Kritik [übt] üben⌐: sein Werk über das französische Drama — nicht heraus(ge)geben — ist ersten Rangs⌐. Ich versuche um so mehr eine Erklärung. — Zuguterletzt kann Niemand aus den Dingen, die Bücher eingerechnet, ⌐mehr⌐ heraushören, als er bereits weiß. Wofür man vom Erlebnisse her keinen Zugang hat, dafür hat man kein Ohr. Denken wir uns nun einen äußersten Fall, daß ein Buch von lauter Erlebnissen spricht, die gänzlich außerhalb der Möglichkeit einer häufigen oder auch nur [einer] seltneren Erfahrung liegen, — daß es die erste Sprache für eine neue Reihe von Erfahrungen ist. In diesem Falle wird einfach Nichts gehört, mit der akustischen Täuschung, daß wo [n] Nichts gehört wird, auch Nichts da ist ... Das ist zuletzt meine durchschnittliche [⌐Lebens-⌐]Erfahrung [,] und, wenn man will, die Originalität meiner Erfahrung. Wer Etwas von mir verstanden zu haben glaubte, hatte sich Etwas aus mir zurechtgemacht, nach seinem „Bilde" — nicht selten einen Gegensatz von mir, zum Beispiel einen „Idealisten"; wer Nichts verstanden hatte, leugnete, daß ich überhaupt in Betracht komme. — Das Wort „Übermensch" ⌐zur Bezeichnung eines Typus höchster Wohlgerathenheit — ein Wort⌐, das im Munde eines Zarathustra [ein] sehr deutlich[es Wort] wird, ist fast überall in voller Unschuld im Sinne der Werthe verstanden worden, deren Vernichter, deren Todfeind Zarathustra [+ +] Andres gelehrtes Hornvieh hat mich seinetwegen des Darwinismus verdächtigt: selbst der Heroen-Cultus Carlyle's ist darin wiedererkannt worden. [+ + +]   298 8: Einige ... geboren] vgl. GD Sprüche 15; AC Vorwort   299 8–9: non legor, non legar] vgl. Schopenhauer: „Legor et legar", in der Vorrede zu „Über den Willen in der Natur" (2. Ausgabe), mit dem Datum „August 1854" (Werke, Frauenstädt-Ausgabe, Bd. IV, S. XIII, BN)   19: „Bund"] d. h. „Nietzsches gefährliches Buch", erschienen im Berner „Bund" am 16.–17. September 1886; vgl. dazu die Briefe Ns aus jener Zeit. Josef Viktor Widmann war mit Carl Spitteler befreundet, er korrespondierte mit N 1887/88   20–21: Gesammt-Bericht ... Spitteler] im Aufsatz „Friedrich Nietzsche aus seinen Werken" im „Bund" vom 1. Januar 1888 (vgl. dazu die Chronik). Vgl. Carl Spitteler, Meine Bezie-

hungen mit Nietzsche, München 1908 28-33: Durch ... treffen ...] *aus* Nicht, daß es in einem oder im andren Falle an "gutem Willen" gefehlt hätte; noch weniger, an Intelligenz. Herr Spitteler gilt mir sogar als einer der Willkommensten und Feinsten unter denen, die heute Kritik üben; sein Werk über das französische Drama — noch nicht herausgegeben — ist vielleicht ersten Ranges. *Die Änderung wurde von N aus Turin in der zweiten Hälfte Dezember vorgenommen; er schickte die endgültige Fassung nach Leipzig mit diesem — sehr genauen — Hinweis für den Drucker: Im ersten Abschnitt des dritten Hauptcapitels* warum ich so gute Bücher schreibe *ist in der Mitte etwa ein kleines Stück, das mit den Worten beginnt* Nicht, daß es hier an Intelligenz gefehlt hätte, noch weniger an gutem Willen *durch das, was folgt zu ersetzen. Vgl. dazu auch N an Overbeck, 17. Sept. 1887* 300 11-14: Wer ... "Idealisten"] *vgl. dazu (und auch für das folgende) die Stelle aus dem Brief, den N am 20. Okt. 1888 seiner Freundin, der "Idealistin" Malwida von Meysenbug, schrieb:* Ich sende Ihnen seit Jahren meine Schriften zu, damit Sie mir endlich einmal, rechtschaffen und naiv, erklären "ich perhorrescire jedes Wort". Und Sie hätten ein Recht dazu. Denn Sie sind "Idealistin" — und ich behandle den Idealismus als eine Instinkt gewordne Unwahrhaftigkeit, als ein Nicht-sehn-wollen der Realität um jeden Preis: jeder Satz meiner Schriften enthält die Verachtung des Idealismus ... Sie haben sich — Etwas, das ich nie verzeihe — aus meinem Begriff "Übermensch" wieder einen "höheren Schwindel" zurechtgemacht. Etwas aus der Nachbarschaft von Sybillen und Propheten: während jeder ernsthafte Leser meiner Schriften wissen muß, daß ein Typus Mensch, der mir nicht Ekel machen soll, gerade der Gegensatz-Typus zu den Ideal-Götzen von Ehedem ist, einem Typus Cesare Borgia hundert Mal ähnlicher als einem Christus. *Vgl. Chronik*
2. *Der ganze Text dieses Abschnittes wurde von N aus Turin, nach der Revision von Anfang Dezember, nach Leipzig geschickt, mit dem Hinweis:* Im Capitel "warum ich so gute Bücher schreibe" An Stelle des ganzen bisherigen Paragraph 2. *Der frühere Text lautete:* Die Deutschen haben bisher noch Nichts von mir verstanden, geschweige denn mich. — Hat überhaupt Jemand Etwas von mir verstanden, — mich verstanden? — Einer, sonst Keiner: Richard Wagner, ein Grund mehr zu meinem Zweifel, ob er eigentlich ein Deutscher war ... Wer von meinen deutschen "Freunden" (— der Begriff Freund ist in meinem Leben ein Gänsefuß-Begriff) hätte im Entferntesten die Tiefe des Blicks gestreift, mit der Wagner vor sechzehn Jahren an mir zum Propheten wurde? Er stellte mich damals, in einem Brief, der in der Norddeutschen Zeitung erschien, den Deutschen mit diesen unsterblichen Worten vor: "Was wir von Ihnen erwarten, kann nur die Auf-

gabe eines ganzen Lebens sein, und zwar des Lebens eines Mannes, wie er uns auf das Höchste noth thut und als welchen Sie allen denen sich ankündigen, welche aus dem edelsten Quell des deutschen Geistes, dem tiefsinnigen Ernste in Allem, wohin er sich versenkt, Aufschluß und Weisung darüber verlangen, welcher Art die deutsche Bildung sein müsse, wenn sie der wiedererstandenen Nation zu ihren edelsten Zielen verhelfen soll." Wagner hat einfach recht behalten: heute hat er Recht. Ich bin die einzige force majeure, stark genug, die Deutschen zu erlösen und zuletzt nicht nur die Deutschen ... Er vergass vielleicht, daß wenn ich der Cultur die Wege zu zeigen bestimmt bin, ich sie auch einem Richard Wagner zu zeigen hatte? Cultur und Parsifal — das geht nicht ... *Die von N zitierte Wagner-Stelle findet sich in dem „offenen Brief", den Wagner am 12. Juni 1872, bei Gelegenheit des Pamphlets von Wilamowitz-Möllendorff gegen die* Geburt der Tragödie *richtete In Dm findet sich außerdem eine Vorstufe (der endgültigen Fassung dieses Paragraphen), welche N bei sich in Turin behielt, wie die Benutzung der Rückseite für das Vorwort zu* NW *und für einen Briefentwurf beweist. Diese Vorstufe lautet:* Zuletzt redet hier eine Rassenfrage mit. Die Deutschen sind mir nicht verwandt genug — ich drücke mich vorsichtig aus: es steht ihnen gar nicht frei, mich zu lesen... ⌜Wer mich heute in Deutschland liest, hat sich gründlich vorher, gleich mir selber, entdeutscht: man kennt meine Formel „gut deutsch sein heißt sich entdeutschen" oder ist — keine kleine Distinktion unter Deutschen — jüdischer Herkunft. — Die Juden unter bloßen Deutschen immer die höhere Rasse — feiner, geistiger, liebenswürdiger ... L'adorable Heine sagt man in Paris. — ⌝ Mein Stolz ist, daß man mich überall liebt und auszeichnet, außer in Europa's Flachland Deutschland. In Wien, in St. Petersburg, in Stockholm und Kopenhagen, in London, in Paris, in New York — überall habe ich Leser, ausgesuchte Intelligenzen, bewährte, in hohen Stellungen und Pflichten erzogne Charaktere. Ich habe wirkliche Genies unter meinen Lesern. Und, daß ich es gestehe, ich freue mich noch mehr über meine Nicht-Leser, solche, die weder meinen Namen, noch das Wort Philosophie überhaupt kennen: aber wohin ich komme, hier zum Beispiel in Turin, erheitert sich jedes Gesicht ⌜bei meinem Anblick. Meine alte Hökerin ruht nicht eher, als bis sie das Süsseste von ihren Trauben für mich zusammengesucht hat. —⌝ Man nennt die Polen nicht umsonst die Franzosen unter den Slaven. Eine charmante Russin wird sich nicht einen Augenblick darüber vergreifen, wohin ich gehöre. In der Fremdenliste Nizza's wurde ich als Polonais verzeichnet. ⌜Man findet meinen Kopf fast auf jedem Bilde Matejos. — Seltsam!⌝ ich habe noch nie einen Satz deutsch gedacht, ⌜geschweige gefühlt,⌝ — das geht vielleicht selbst über meine Kräfte? ... Mein alter

Lehrer Ritschl behauptete sogar, ich concipirte meine philologischen Abhandlungen ⌜noch⌝ wie ein Pariser romancier: man müsse vorwärts. In Paris selbst ist man erstaunt über toutes mes audaces et finesses ⌜— ein Ausdruck von Monsieur Taine —⌝; und was den für Deutsche so anstößigen Begriff esprit betrifft, so findet man noch in den höchsten Formen meiner Dithyramben jedem Satz fast von diesem „Salze" beigemischt. — Ich kann nicht anders. Gott helfe mir! Amen. — Wir wissen Alle, ⌜Einige sogar aus Erfahrung,⌝ was ein Langohr ist: ich wage zu behaupten, [die kleinsten Ohren zu haben] daß ich die kleinsten Ohren habe — ⌜absurd klein⌝. Dies interessirt [besonders die] gar nicht wenig die Weiblein, — ⌜es scheint mir,⌝ sie glauben sich von mir besser verstanden? ... Ich bin der Antiesel par excellence ⌜und damit ein welthistorisches Unthier, ich bin⌝ auf griechisch, der Antichrist ... A parte, Etwas zum Singen, aber bloß für die durchlauchtigten Ohren des Fürsten Bismarck: / Noch ist Polen nicht verloren, — / Denn es lebt Nie[t]zky noch ... *Champromis hält irrtümlich diese Fassung für die endgültige, weil N sie schon mit dem Hinweis für den Setzer versehen hatte:* Im Capitel „warum ich so gute Bücher schreibe" an Stelle des ganzen bisherigen Paragraph 2. *Gleich darauf jedoch trug er die oben verzeichneten Verbesserungen und Hinzufügungen in den Text ein, indem er ihn neu abschrieb; das Blatt mit der neuen, endgültigen Fassung dieses Abschnitts ist auf der Rückseite unbeschrieben. Die Stelle über Heine* — l'adorable Heine sagt man in Paris — *wurde von N dann für den Abschnitt* Wohin Wagner gehört *in NW benutzt. Die Sendung des neuen Paragraphen nach Leipzig geschah nach dem 16. Dezember (an diesem Tag bekam N den von ihm zitierten Brief Taines)*   301 *11–17:* Dies ... Deutschland] *aus* Zuletzt redet hier eine Rassenfrage mit. Die Deutschen sind mir nicht verwandt genug, ich drücke mich vorsichtig aus: es steht ihnen nicht frei, mich zu verstehen ... Mein Stolz ist, daß man mich überall liebt und auszeichnet, außer in Europa's Flachland Deutschland ... In Wien, in St. Petersburg, in Stockholm und Kopenhagen, in London, in Paris, in New York — überall habe ich Leser, ausgesuchte Intelligenzen, bewährte, in hohen Stellungen und Pflichten erzogne Charaktere. Ich habe wirkliche Genies unter meinen Lesern. *Diese weitere Änderung wurde von N im Zusammenhang mit dem neuen Text von § 3 im Kapitel* Warum ich so weise bin *gemacht, wo er die Rassenfrage ausführlicher und mit ganz anderen Worten (also Ende Dezember 1888) behandelt. Vgl. GD* Was den Deutschen abgeht *§ 3; vgl. auch N an die Mutter, 21. Dez. 1888 und das Vorwort zu* Nietzsche contra Wagner   *22:* alte Hökerinnen] *vgl. N an die Mutter, 21. Dez. 1888*   302 *2:* Taine] *im Brief vom 14. Dez. 1888 (der Brief kam am 16. Dezember in Turin an)*   *12]* in Mp

XVI 5 findet sich ein Streifen abgerissenes Papier, auf dem noch einmal die zwei Verse stehen, mit denen die Vorstufe schließt; ohne Zweifel wurde er vom Blatt abgerissen, das die endgültige Fassung dieses Abschnitts enthält. Da man nicht mit letzter Sicherheit sagen kann, wer den Streifen abgerissen habe (ob N selbst oder — wahrscheinlicher — Peter Gast bzw. Ns Schwester), so darf man dieses Blattfragment nicht in den Text aufnehmen. Das Fragment trug außerdem den Hinweis cursiv *für den Drucker. Sonst ist der Text identisch mit dem der Vorstufe. Das „Polenlied" „Finis Poloniae" wurde von Ernst Ortlepp verfaßt, die Anfangsverse (von N paraphrasiert) waren eine Verdeutschung des „Dombrowski-Marsches". Vgl. über Ortlepp N an Wilhelm Pinder, 4. Juli 1864*

3. *Dieser Abschnitt wurde in der jetzigen Form bei der Revision von Anfang Dezember verfaßt, die frühere Fassung (im ersten Dm: Mitte-November-Fassung) lautete:* Ich kenne einigermaßen meine Vorrechte als Schriftsteller; und in einzelnen Fällen ist es mir auch bezeugt, bis zu welchem Grade das Studium meiner Schriften „den Geschmack verdirbt". Man hält einfach Bücher nicht mehr aus; am wenigstens *[sic!]* philosophische. — Ich komme aus einer andren Tiefe, ich komme insgleichen auch aus einer andren Höhe; man weiß ohne mich nicht, was hoch und tief ist. [Zuletzt] Zum Glück fehlt mir ⌜auch⌝ alles Biedermännische, ich suche meine Ehre darin, in [aller] jeder Kunst der Verführung Meister zu sein, — [ich denke am wenigsten daran,] mein letzter Ehrgeiz wäre, Schwaben und andere Kühe zu mir zu überreden. Das, was ⌜aber⌝ vor Allem die an meine Schriften gewöhnten Leser verwöhnt, das ist meine Tapferkeit: es geht überall gefährlich zu, ⌜man ist nicht umsonst mit der schönen Ariadne befreundet,⌝ für das Labyrinth besteht eine eigne Neugierde, — die Bekanntschaft des Herrn Minotaurus wird durchaus nicht abgelehnt ... Plato, um nicht vom Philosophen der „Hinterthüren", von Kant zu reden, ist gegen mich ein Duckmäuser. — Meine Schriften machen Mühe, — ⌜ — das ist hoffentlich kein Einwand gegen sie? — ⌝ Man muß, um die abgekürzteste Sprache zu verstehn, die je ein Philosoph gesprochen hat, — noch dazu die formelärmste, die lebendste, die am meisten künstlerische — sich der umgekehrten Prozedur bedienen als sonst philosophische Litteratur nöthig macht. Diese muß man condensiren, man verdirbt sich sonst den Magen, — mich muß man verdünnen, flüssig machen, anwässern: man verdirbt sich sonst ebenfalls den Magen. — Das Schweigen ist bei mir ebenso Instinkt als bei den Herrn Philosophen das Schwätzen. Ich bin kurz: meine Leser selber müssen ⌜lang werden,⌝ umfänglich werden, um Alles herauf und zusammen zu holen, was von mir gedacht, und von mir hintergedacht worden ist. — Es giebt andrerseits Voraussetzungen, um hier zu

„verstehn", denen ⌐nur¬ die Seltensten gewachsen sind: man muß ein Problem an die rechte Stelle zu setzen wissen, will sagen in den Zusammenhang mit den zugehörigen Problemen — und dazu muß man die Winkel, die schwierigeren Gegenden ganzer Wissenschaften und vor allem der Philosophie selbst topographisch gegenwärtig haben. — Zuletzt rede ich nur von Erlebtem, nicht bloß von „Gedachtem"; der Gegensatz von Denken und Leben fehlt bei mir. Meine „Theorie" wächst aus meiner „Praxis" — oh aus einer durchaus nicht harmlosen und unbedenklichen Praxis! ... Hören wir, was uns Zarathustra darüber zu verstehn giebt, derselbe, der den Satz aufrecht hält „gute Menschen reden nie die Wahrheit!" — : / — das verwegene Wagen, das lange Mißtrauen, das grausame / Nein, das Schneiden ins Lebendige — wie selten kommt das zusammen! / aber aus solchem Samen wird Wahrheit gezeugt. / Alles, was den Guten böse heißt, muß zusammenkommen, daß eine Wahrheit geboren werde ... *das Zarathustra-Zitat:* Za III Von alten und neuen Tafeln *§ 7*   302 *22:* erlebt ... Lernens] vgl. *P. Gast an N, 25. Okt. 1888: „Welche ‚Aufklärungen‘, welche Ekstasen des Lernens verdanke ich Ihrem weltregierenden Geiste!"*   23–24: denn ... hat] vgl. *N an seinen Verleger, 27. Nov. 1888*   303 *31*–304 *4*] vgl. Za III Vom Gesicht und Räthsel *§ 1*

5. 305 *28*–307 *13:* Darf ... Lebens:" —] *aus* Man gestatte mir die Vermuthung, daß ich die Weiblein kenne: das ist dionysische Mitgift. Aber das Urtheil über das „Ewig-Weibliche" ist der Maaßstab, das Senkblei geradezu, für die Tiefe eines Psychologen. Ich finde, um hierüber „objektiv" zu urtheilen, sogar das Urtheil Nietzsche's über das Weib tiefer, radikaler, unbetheiligter, als sonst ein Psychologen-Urtheil, — er hat zum Beispiel das Wort gewagt: „das Weib hat unter seiner Eitelkeit als Person immer noch seine Verachtung für das Weib überhaupt". Unangenehm vielleicht: aber das Unangenehme ist ja das sigillum veri ... Man muß hier nicht aus dem Winkel urtheilen, wie die Herren Pariser, die das Weib als Krankheit, das heißt ihren Zufall von Paris und neunzehntem Jahrhundert, zur Lösung vom Problem „Weib" überhaupt benützen, — man muß ein Wenig Geschichte des Weibes kennen. Daß z.B. an sich schon das Weib das „schwächere" Geschlecht sein sollte, ist historisch ebensowenig als ethnologisch aufrecht zu erhalten: fast überall finden sich — oder fanden sich — Culturformen, wo die Herrschaft beim Weib ist. Es ist ein Ereigniß, es ist, wenn man will, eine Art Entscheidung, im Schicksal der Menschheit, daß das Weib endgültig unterlag, — daß alle Instinkte der Unterliegenden obenauf in ihm kamen und den Typus Weib schufen ... Zweifeln wir nämlich nicht daran, daß erst seitdem das Weib etwas Bezauberndes, Interessantes, Vielfaches, Listiges ist, — ein Filigran

von unausrechenbarer Psychologie: es hat damit aufgehört langweilig zu sein ... Die Macht ist langweilig — man sehe sich doch das „Reich" an! ... Wäre es überhaupt auf Erden auszuhalten, wenn nicht das Weib ein Genie der Unterhaltung und der Anmuth, wenn es nicht Weib geworden wäre? — Aber dazu muß man schwach sein, ... auch ein Genie der Bosheit! ... ein Wenig Mänade selbst! ... Unterschätzen wir nämlich die Bosheit nicht, meine Herrn Philosophen: — es ist mein erster Einwand gegen den christlichen Himmel, daß die Engel darin nicht boshaft sind ... *Dm* 306 *7–12:* Das ... werden.] Das Weib denkt nie daran, sich dem Mann verwandt oder gar „gleich" zu fühlen: nur das mißglückte Weiblein „emancipirt sich" ... Das Weib ist mißglückt, wenn es keine Kinder hat. Die Tugend zum Beispiel am Weibe, die sogenannte „schöne Seele" [beim Weibe] ist nur ein physiologischer Mangel — ich sage nicht Alles, ich würde sonst medicynisch [reden müssen] werden *Variante in Mp XVI 5, Vs der endgültigen Fassung* 17–18: meine ... Liebe] *vgl. WA 2* 23: immer nur] ihm bloß *Vs* 306 23–307 13: „Emancipation ... Lebens." —] — Damit ich über meine in jedem Betracht honnette Gesinnung keinen Zweifel lasse, will ich noch einen Satz aus meinem Moralcodex gegen das Laster mittheilen ([sein oberster Satz heißt: Todkrieg gegen das Laster! Lasterhaft ist jede Art Widernatur] [dessen Leitmotiv also lautet] mit dem Worte Laster erkläre ich jeder Art Widernatur den Krieg —): Die Predigt der Keuschheit ist lasterhaft als eine öffentliche Aufreizung zur Widernatur. [ein Attentat auf die Sittlichkeit.] Jede Verachtung des geschlechtlichen Lebens, jede Verunreinigung desselben durch den Begriff „unrein" soll als Attentat auf die Sittlichkeit gestraft werden. [ist die eigentliche Sünde wider den heiligen Geist des Lebens. Wagner hätte, nach dem Verbrechen des Parsifal, nicht in Venedig, sondern im Zuchthaus sterben sollen. (— Als Inschrift für das Bayreuther Opernhaus [zu empfehlen] nicht ohne Werth.)] Man kann sich denken, wie ich den Parsifal empfand. Im Sommer 1882, wo ich mit dem Zarathustra schwanger war, welchen ich [– – –] *Vs* 307 9–13: „die ... Lebens."] *N zitiert hier den 4. Satz seines Gesetz wider das Christenthum, welches den Schluß des AC bildete; vgl. oben die Anm. über jenes „Gesetz"*

6. *In diesem Abschnitt zitiert N JGB 295. Am Schluß Ns Hinweis für den Drucker:* Schluß des Capitels „Warum ich so gute Bücher schreibe"

Die Geburt der Tragödie

1. 309 *3–4:* Um ... müssen.] *aus* Gegen die Geburt der Tragödie gerecht zu sein, wird mir heute nicht leicht. Ihr schädlicher Einfluß ist mir

noch zu frisch im Gedächtniß. *Dm* 8–9: gab ... Wagner.] *aus erst giebt es intelligente Anhänger an der Sache Wagner's. Dm* 13–14: *Ich ... Musik"*] *vgl. Heinrich Hart an N, 4. Jan. 1877: „In den beiden letzten Tagen (: resp. Nächten:) habe ich zweimal nacheinander Ihr Werkchen ‚Die Wiedergeburt der Tragödie aus dem Geiste der Musik', — soll ich sagen ‚durchgelesen' oder ‚durchgefiebert', und gefunden, daß wohl noch Keiner so tief in das Wesen der Kunst und künstlerischen Schöpfung jemals eingedrungen ist, wie Sie"*
3. 312 *12–13:* habe ... gebracht] *GD Was ich den Alten verdanke § 5*
4. 314 *6–315 8:* Das ... ist. —] *vgl. WB, Abschnitte 7. 1. 4. 9. 6*

Die Unzeitgemässen

1. 317 *4–5:* oder ... Nietzsche ...] *aus .Aber es kam der Tag, wo Wagner herabstieg, — herunterkam; wo er seine Hände Allem entgegenstreckte, was sich mit ihm versöhnen wollte, [vorausgesetzt, daß man Etwas hineinlesen werde] wo er sich mit dem „Reich", mit der Patronatsherrn-„Bildung" und sogar mit dem lieben Gott versöhnte — wo er zum Abendmahl gieng! ... Wagner hat mich compromittirt. — Dm*
2. 23: *„Grenzboten"*] *B. F., Herr Friedrich Nietzsche und die deutsche Cultur, Nr. 42 (17. Oktober 1873), 104–110* 27–28: Ewald ... abgelaufen] *Quelle nicht erschlossen* 29–31: Bauer ... Treitschke*] *vgl. Bruno Bauer, Zur Orientirung über die Bismarck'sche Ära, Chemnitz: Schmeitzner 1880, Abschnitt 25 „Treitschke und Victor Hugo"; vgl. N an Peter Gast, 20. März 1881 (Chronik)* 318 *4:* Hoffmann] *vgl. Franz Hoffmann, Besprechung von DS in: Allgemeiner litterarischer Anzeiger für das evangelische Deutschland, 12. Bd. (1873), 321–336 (November), 401–408 (Dezember); gedruckt auch in: Philosophische Schriften 5, Erlangen 1878, 410–447. Diese Angaben in: Richard Frank Krummel, Nietzsche und der deutsche Geist, Monographien und Texte zur Nietzsche Forschung 3, Berlin/New York 1974* 11–12: Karl Hillebrand] *Nietzsche gegen Strauß, Augsburger „Allgemeine Zeitung", Nr. 265 f., 22. und 23. September 1873; gedruckt auch in: Zeiten, Völker und Menschen, Bd. 2 „Wälsches und Deutsches", Berlin 1875, 291–310, BN* 319 *4:* Maxime Stendhals] *vgl. die Einleitung von Prosper Mérimée zu Stendhal, Correspondance inédite, Paris 1855, IX, BN*
3. 22–23: Einzelnes ... ausgenommen] *aus so dankbar sich noch [die intelligentesten] einzelne intelligente Verehrer beider Größen ausgesprochen haben, — darunter A. Bilharz, der wissenschaftlichste, [ich möchte sagen] sogar Dm. Alfons Bilharz, Mediziner und Philosoph, korrespondierte mit N im August 1879; vgl. Chronik* 320 *3–5:*

Dies ... angedeutet.] *Bd. 1, 410*   320 22–321 6: Wie ... sein.—] *aus* Was der Philosoph sein soll, was ich damals durchaus nicht war, ich schrieb es mit ungeduldiger Härte gegen mich an die Wand. — Will man eine Probe davon, wie ich mich selber damals empfand, entartet beinahe zum Gelehrten, ein Bücherwurm mehr, der die antiken Metriker mit Akribie und schlechten Augen [um- und umwendete] hindurchkroch, in ein Handwerk [eingesperrt] verbohrt, welches nicht bloß dreiviertel meiner Kraft verbrauchte, welches mir die Zeit selbst nahm, auch nur an Ersatz [der] von Kraft zu denken? Ich gebe [jene abgründliche] jenes herbe Stück Psychologie des Gelehrten, welches Einem in der genannten Schrift plötzlich, wie aus einer unsäglichen Erfahrung heraus, ins Gesicht springt. *Dm; vgl. SE 3, MA 252, EH* Menschliches, Allzumenschliches § 3   320 28: diese Schrift] *vgl. Bd. 1, 426   Von N durchgestrichene Bruchstücke der Oktober-Fassung dieses Kapitels finden sich auf der Rückseite des zusammengeklebten Blattes 20 in Dm:* [19] Schluß des Abschnitts 18 / Die Nachwirkung dieser Schrift ist geradezu unschätzbar in meinem Leben. Ich hatte, ohne sie zu kennen, eine Maxime Stendhals in praxis übersetzt: seinen Eintritt in die Gesellschaft mit einem Duell zu machen. Und ich hatte mir einen Gegner gewählt, der mich als den errathen konnte, der ich bin, — ich hatte den ersten Freigeist der Deutschen herausgefordert und ihn ausgelacht — Eine neue Freigeisterei kam damit zum Ausdruck, nicht mehr bloß eine antitheologische, [für die] etwas Fremdes, für das den Deutschen ⌜,zuletzt nicht nur den Deutschen,⌝ das Ohr, der Begriff und selbst das Wort gefehlt [haben] hat. Heute haben sie das Wort: ich gab es ihnen — Immoralist ... Die Rechtschaffenheit, das intellektuelle Gewissen, das sich gegen die Moral erklärt ... / 19. / Daß die mit den Namen Schopenhauer und Wagner abgezeichneten Unzeitgemäßen sonderlich zum Verständniß oder auch nur zur psychologischen Fragestellung beider Fälle beitrügen, möchte ich nicht behaupten: so dankbar sich mir gerade auch in diesem Sinne einzelne intelligente Verehrer beider Größen ausgesprochen haben, — darunter A. Bilharz, der wissenschaftlichste, sogar [+ + +] / [+ + +] die unbedingte Tapferkeit bläst einen Wind von Freiheit über alles Leiden hin, die Wunde wirkt nicht als Einwand. Was der Philosoph sein soll, was ich damals durchaus nicht war, ich schrieb es mit ungeduldiger Härte gegen mich an die Wand. — Will man eine Probe davon, wie ich mich selber damals empfand, — entartet beinahe zum Gelehrten, ein Bücherwurm mehr, der die antiken Metriker mit Akribie und schlechten Augen [um- und umwendete] herum[durch]kroch, in ein Handwerk [eingespannt] verbohrt, welches nicht bloß drei Viertel meiner Kraft verbrauchte, welches mir die Zeit selbst nahm, auch nur an Ersatz

[der] von Kraft zu denken? Ich gebe [jene abgründliche] jenes herbe Stück Psychologie des Gelehrten, welche Einem in der genannten Schrift plötzlich, wie [von einem unsäglichen Etwas hervorgeschleudert] aus einer unsäglichen Erfahrung heraus, ins Gesicht springt.
darunter, kaum lesbar, folgende Vorstufe der Oktober-Fassung (§ 22, vgl. Variante zu § 6. 7. 8 von Warum ich ein Schicksal bin): Ich [− − −]. Was mich auszeichnet, ist, zum ersten Male die Moral entdeckt zu haben und − folglich, − [ihr eine unerbittliche Kriegserklärung] gegen sie, [ein Wort gewählt zu haben] eines Wortes bedürftig zu sein, das den Sinn einer unerbittlichen Kriegserklärung hat. Moral scheint mir die größte Unsauberkeit, die die Menschheit auf dem Gewissen ⟨hat⟩, die Instinkt gewordene Unwahrhaftigkeit, die Falschmünzerei in psychologicis bis zum Verbrechen ...

Menschliches, Allzumenschliches

Abschnitt 20 der Oktober-Fassung stellt eine einzige Variante für das ganze Kapitel über Menschliches, Allzumenschliches *dar; er lautet:* Menschliches, Allzumenschliches, von den Unzeitgemäßen durch zwei Jahre abgetrennt (1878), ist ein psychologisch curioser Fall. Es nennt sich ein Buch „für freie Geister": es ist wiederum kein Buch für Deutsche. Wer es bloß in der Tagedieb-Manier der Gebildeten oder der Gelehrten durchblättert, [die Bildungsphilister nicht einmal in Betracht gezogen] findet es klug, kühl, unter Umständen geistreich, jedenfalls voll von Realitäten. Fast alle Probleme kommen, wie kurz auch immer, darin vor, die politischen eingerechnet, die antiliberal bis zum Cynismus besprochen werden. Man versteht das Buch erst, wenn man das, was mit jedem Satze abgelehnt wird, in aller Stärke hört: denn fast jeder Satz drückt einen Sieg aus, [einen Sieg über mich ...] Dies Buch ist der Denkstein für eine Katharsis. − Und die kühle, geistige, fast neutrale Attitüde ist auch noch ein Sieg. Es ist der Widerspruch, der nicht mehr widerspricht, der Ja sagen gelernt hat [− das Wohlgefühl nach der Katharsis. −] Die Herkunft dieses Buchs geht in die Zeit der ersten Bayreuther Festspiele zurück; eine heftige Crisis gegen Alles, was mich dort umgab, ist eine seiner Voraussetzungen. Nicht nur daß mir damals das vollkommen Gleichgültige und Illusorische des Wagnerschen „Ideals" handgreiflich deutlich war, ich sah vor Allem, wie selbst den Nächstbetheiligten [die „Sache"] das „Ideal" nicht die Hauptsache war, − daß ganz andre Dinge wichtiger, leidenschaftlicher genommen wurden. Dazu die erbarmungswürdige Gesellschaft der Patronats-Herrn und Patronats-Weiblein, alle sehr verliebt, sehr gelangweilt und unmusikalisch bis zum Katzenjammer. Typisch der alte Kaiser, der mit den Händen applaudirte, und seinem Adjutanten dem Grafen Lehndorf dabei [laut] zurief: „scheußlich! scheußlich!" − Man hatte das ganze müssiggängerische [Volk] Gesindel Europas beieinander, und jeder [beliebige Fürst] Beliebige gieng in Wagners Haus ein und aus, wie als ob es sich in Bayreuth um einen Sport mehr handelte. Und im Grunde war es auch nicht mehr. Man hatte einen Kunst-Vorwand für den Müssiggang zu den alten Vorwänden hinzu entdeckt, eine „große Oper" mit Hindernissen; man fand in der durch ihre geheime Sexualität überredenden Musik Wagners ein Bindemittel für eine Gesellschaft, in der Jedermann seinen plaisirs nachging. Der Rest und, wenn man will, auch die Unschuld der „Sache" waren die Idioten, die Nohl, Pohl, Kohl — letzterer der genius loci in Bayreuth —, die eigentlichen Wagnerianer von Rasse, eine gott- und geistverlassene Bande mit starkem Magen, die Alles herunterfraß, was der Meister „abfallen" ließ. Die Musik Wagners, man weiß es ja, besteht aus Abfällen ... Die Aufführung selbst war wenig werth; ich langweilte mich [tödtlich] aschgrau bei dieser vollkommen „mystisch" gewordnen Musik, die, durch eine absurde Tieferlegung des Orchesters, Einem nur noch als harmonischer (— bisweilen auch unharmonischer) Nebel zum Bewußtsein kam. Was hier „Rückkehr zur Natur" ist, will sagen, die vollkommne Durchsichtigkeit des contrapunktischen Gewebes, die Verwendung jedes einzelnen Instruments in seiner spezifischen Farbe, in der an ihm naturgemäßesten und wohlthuendsten Sprache, der sparsamste Gebrauch der Instrumente überhaupt, die Delikatesse an Stelle dumpfer und unterirdischer Instinkt-Reize, — das lernte ich später an der Orchestration Bizet's begriffen. — Genug, ich reiste mitten drin für Ein Paar Wochen ab, sehr plötzlich, mich bei Wagner nur mit einem Telegramm von etwas fatalistischem Ausdruck entschuldigend. In einem tief in Wäldern verborgenen kleinen Ort des Böhmerwaldes, Klingenbrunn, trug ich meine Melancholie wie eine Krankheit mit mir herum — und schrieb von Zeit zu Zeit, unter dem Gesammt-Titel „die Pflugschar" einen Satz in mein Taschenbuch, lauter harte Psychologica, die sich vielleicht noch in „Menschliches, Allzumenschliches" wiederfinden lassen. Es war nicht ein Bruch bloß mit der Wagnerei, was damals sich bei mir entschied, — ich empfand [eine radikale Nöthigung, den vielen gefährlichen „Idealismus", den ich durch schlechte Gesellschaft in mich eingeschleppt hatte, mit Hülfe einer Realitäts-Kur loszukommen] eine Gesamt-Abirrung meines Instinkts, von der [meine Freundschaft mit Wagner] mein Fehlgriff mit Bayreuth und Wagner bloß ein Zeichen war, ich sah ein, daß es die höchste Zeit sei, mich auf mich zurückzubesinnen. Diese Umstimmung meiner ganzen Natur bis in ihre Gründe, das immer tiefere Gefühl davon, wie viel Zeit bereits verschwendet sei, wie nutzlos, wie willkürlich und verbraucht sich meine zweiunddreißig Jahre, mein Leben, an meinen Aufgaben gemessen, ausnahmen, der Zweifel an mir, der Zweifel an meinem Recht auf meine Aufgabe, der Ausblick in die vollkommne Öde und Vereinsamung — das brachte als Ganzes auch eine Erschütterung meiner Gesundheit zu Wege. Die Ungeduld mit mir überfiel mich. Man ist in dem Maasse gesund, als man mit sich [im Einklang] Geduld hat. — Damals ließ die Widerstandskraft des Instinkts bei mir nach, und, Schritt für Schritt, kam jene vom Vater her vererbte Degenerescenz zum Übergewicht über die gesündere und lebensvollere Mitgift in meiner Natur. Was stark blieb, das war jene rigoröse Selbstzucht gegen allen „höheren Schwindel", „Idealismus", „schönes Gefühl", und andre [Femininismen] Weiblichkeiten. Ein Winter in Sorrent, in dem der größte Theil von „Menschliches, Allzumenschliches" niedergeschrieben wurde, trotz der [nächsten] zeitweiligen Nachbarschaft von Richard Wagner und Familie; als Ergebniß der Beweis, daß ich, wie sehr auch immer physiologisch unterliegend, wenigstens im Geistigen den Willen zur Genesung, zum Leben, zur starken und rücksichtslosen Bejahung der Realität bei mir zum Sieg gebracht hatte. — Das Buch wurde, unter bedeutend verschlechterten Verhältnissen, in Basel zu Ende gebracht. Herr [Heinrich Köselitz] Peter Gast damals daselbst an der Universität studirend und mir sehr zugethan, hat im Grunde das Buch auf dem Gewissen. Ich diktirte mit verbundenem Kopf [aus alten Niederschriften], er schrieb ab, er corrigirte auch, — er war der eigentliche Schriftsteller, während ich bloß der Autor war. Als das Buch endlich fertig mir aus der Druckerei zu Händen kam — zur größten Verwunderung eines Schwerkranken! — sandte ich, unter Anderem, zwei Exemplare nach Bayreuth. Durch ein Wunder von Sinn im Zufall kam gleichzeitig bei mir ein schönes Exemplar des Parsifal-Textes an, mit Wagner's Widmung an mich „seinem theuren Freunde Friedrich Nietzsche Richard Wagner, Kirchenrath." — Diese Kreuzung der zwei Bücher — mir war's, als ob ich einen ominösen Ton dabei hörte: klang es nicht, als ob sich Degen kreuzten? ... Jedenfalls empfanden wir es Beide so: denn wir schwiegen Beide ... Seitdem gab es weder eine unmittelbare, noch eine briefliche Beziehung mehr zwischen Wagner und mir. — Ich denke heute mit tiefer Dankbarkeit an diesen Bruch mit Wagner. Er vollzog sich, ohne daß irgend ein verletzendes Wort gesprochen, irgend eine Aufwallung niedrigerer Affekte mitgespielt hätte — wie eine Necessität, streng, düster, tief: ein Auseinandergehn zweier Schiffe, die sich begegnen, die sich eine kleine Zeit mißverstehen und lieben konnten, — bis ihre Aufgabe sie nach entgegengesetzten Meeren auseinandertrieb. Denn Wagner ist mein Gegensatz. — Und wie athmete ich jetzt auf: wie groß war mein Glück! Alles, was mir das dritte Unzeitgemäßen versprochen war, mit diesem „Buch für freie Geister" wird es bereits erfüllt. Eine Höhe ist hier erreicht, wo wirklich eine Luft der Freiheit weht: eine Luft leicht, bewegt, mild — und so rein! so rein! Wie alle Dinge [nun] im Lichte liegen! — Man denkt mit Erbarmen an die Luft da unten, an die Malaria-Luft des „Ideals" ... Von jetzt ab wehrte ich mich nicht mehr mit Gründen gegen die Lug- und Trugwelt des „Jenseits", der [„Moral"] „Erlösung", der [„Wahrheit"] „Entselbstung": ein Instinkt der

Reinlichkeit, ein Hautgefühl genügte bereits, — ich wusch mir die Hände nach jeder Berührung mit dem Christenthum. — Giebt es eine stärkere Formel gegen allen „Idealismus" als den Satz, in dem die Quintessenz des ganzen Buchs zur Maxime formulirt ist: Überzeugungen sind gefährlichere Feinde der Wahrheit als Lügen? ... [Krieg gegen die Überzeugungen! ...] Kennt man meine Definition der Überzeugung, des Glaubens? Eine Instinkt gewordene Unwahrhaftigkeit ... Philosophie, wie ich sie seitdem verstanden und gelebt habe, ist das freiwillige Aufsuchen aller fremden und fragwürdigen Seiten des Daseins, Alles dessen, was bisher durch die Moralin in den Bann gethan, durch die Idealisten als unter sich abgelehnt wurde. Aus der langen Erfahrung, welche mir eine solche Wanderung im Verbotenen gab, lernte ich die Ursachen, aus denen „idealisirt" und „moralisirt" wurde, sehr anders ansehn als [Moralisten und Idealisten erwünscht sein kann] es erwünscht sein mag — die verborgene Geschichte der Philosophie, die Psychologie ihrer großen Namen kam für mich ans Licht. „Wie viel Wahrheit erträgt, wie viel Wahrheit wagt ein Geist?" — das wurde für mich der eigentliche Werthmesser. Der Irrthum (— „das Ideal" —) ist eine Feigheit ... Jede Errungenschaft der Erkenntniß folgt aus dem Muth, aus der Härte gegen sich, aus der Sauberkeit gegen sich. „Nitimur in vetitum" — in diesem Zeichen siegt die Wahrheit, denn man verbot grundsätzlich bisher nur die Wahrheit ... *Vgl. Vorwort § 3 und die Varianten dazu (aus der Zwischenstufe)*

1. 322 *17-20:* In ... entschuldigt.] *vgl. MA (1878) Titelblatt* ... Dem Andenken Voltaire's geweiht zur Gedächtniss-Feier seines Todestages, den 30. Mai 1778.
2. *Die bei der Anfang-Dezember-Revision ersetzte Fassung dieses Abschnittes, von N auf S. 22-23 Dm durchgestrichen, lautet:* Die Herkunft dieses Buchs geht in die Zeit der ersten Bayreuther Festspiele zurück. Eine heftige Krisis gegen Alles, was mich dort umgab, ist eine seiner Voraussetzungen. Nicht nur daß mir damals das vollkommen Gleichgültige und Illusorische des Wagnerschen „Ideals" handgreiflich deutlich war, ich sah vor Allem, wie selbst den Nächstbetheiligten das „Ideal" nicht die Hauptsache war, — daß ganz andre Dinge wichtiger, leidenschaftlicher genommen wurden. Dazu die erbarmungswürdige Gesellschaft der Patronatsherrn und Patronatsweiblein — ich rede aus der Sache, denn ich war selber [„Patronatsherr"] Patronatsherr —, alle sehr verliebt, sehr gelangweilt und unmusikalisch bis zum Katzenjammer. Typisch der alte Kaiser, der mit den Händen applaudirte und dabei seinem Adjutanten, dem Grafen Lehndorf, zurief „scheußlich! scheußlich!" — Man hatte das ganze müssiggängerische Gesindel ⌈Europas⌉ beieinander, und jeder beliebige Fürst gieng in Wagner's Haus aus und ein, wie als ob es sich um einen Sport mehr handelte. Und im Grunde war es auch nicht mehr. Man hatte einen

Kunst-Vorwand mehr zu den alten Vorwänden hinzuentdeckt, eine große Oper mit Hindernissen; man fand in der durch ihre geheime Sexualität überredenden Musik Wagners ein Bindemittel für eine Gesellschaft, in der Jedermann seinen plaisirs nachgieng. Der Rest und, wenn man will, auch die Unschuld der Sache, ihre „Idealisten" waren die Idioten, die Nohl, Pohl, Kohl — letzterer, wie bekannt, der genius loci in Bayreuth —, die eigentlichen Wagnerianer von Rasse, eine gott- und geistverlassene Bande, die Alles gläubig hinunterfraß, was der Meister „abfallen" ließ. [Die Musik Wagner's, man weiß es ja, besteht aus „Abfällen". —] Und wie viel läßt Wagner „abfallen"!... Die Aufführung selbst war wenig werth; ich langweilte mich aschgrau bei dieser vollkommen mystisch gewordenen Musik, die, durch eine absurde Tieferlegung des Orchesters, Einem bloß noch als harmonischer, bisweilen auch unharmonischer Nebel zum Bewußtsein kam. Was hier „Rückkehr zur Natur" ist, will sagen, die Durchsichtigkeit, Durchhörbarkeit des contrapunktischen Gewebes, die Verwendung jedes einzelnen Instruments in seiner spezifischen [Sprache] Farbe, in der an ihm naturgemäßen und wohlthuendsten Sprache (Wagner treibt Nothzucht mit allen Instrumenten —), der sparsamste Gebrauch der Instrumente überhaupt, die Delikatesse an Stelle dumpfer und unterirdischer Instinkt-Reizung, das lernte ich später an der Instrumentation Bizet's begreifen. — Genug, ich reise mitten drin für ein paar Wochen ab, sehr plötzlich, mich bei Wagner bloß mit einem fatalistischen Telegramm entschuldigend. In einem tief in Wäldern verborgnen kleinen Ort des Böhmerwalds, Klingenbrunn, trug ich meine Melancholie wie eine Krankheit mit mir herum — und schrieb von Zeit zu Zeit, unter dem Gesamttitel „die Pflugschar" einen Satz in mein Taschenbuch, lauter harte Psychologica, die sich vielleicht in „Menschliches, Allzumenschliches" noch wiederfinden lassen.   324 4: Brendel] *Karl Franz Brendel, Mitbegründer des „Allgemeinen Musikvereins"*   7: Ein ... Wort!] *nach dem bekannten Wort Richards III. bei Shakespeare*   8: Nohl ... Kohl] *Karl Friedrich Ludwig Nohl, dessen Wagner-Biographie N noch im Sommer 1888 gelesen hat; Richard Pohl hatte N im „Musikalischen Wochenblatt" wegen WA angegriffen; J. G. Kohl, Verfasser einer Schrift „Über Klangmalerei in der deutschen Sprache" (1873), erschlossen durch C. P. Janz, Friedrich Nietzsche. Biographie, Bd. 2, 361, München 1978*   11: unter ... gefahren] *vgl. Matth. 8, 32*   17: Pariserin] *Louise Ott, geb. Einbrod, stand mit N 1876/77 und 1882 in Briefwechsel*

3. *Vgl. Bd. 12, 9 [42]*
4. *Dieser Paragraph wurde von N in der zweiten Hälfte Dezember nach Leipzig geschickt, mit dem Hinweis für den Setzer: Als Schlußpara-*

graph zum Capitel, das von Menschliches, Allzumenschliches handelt, hinzuzufügen *Vgl. die Variante zu NW* Wir Antipoden

Morgenröthe

1. 329 *4–11:* Mit ... folgt.] In gewissen Fällen ist es nicht die Feigheit, die große Vogelscheuchen der Moral und andre Heilige hervorbringt, sondern eine unterirdische Rache seitens Schlechtweggekommener, welche, vermittelst der Moral, den Glücklichen, den Wohlgerathenen das Gleichgewicht nehmen und die Instinkte verwirren wollen. Ihr Triumph wäre, Herr zu werden mit ihren Werthen und als Parasiten unter dem heiligen Vorwand, die Menschen zu „verbessern", das Leben selbst auszusaugen, blutarm zu machen ... Moral als Vampyrismus. — Ich habe Gründe, bei dieser Vorstellung gerade hier Halt zu machen, da in der Abfolge meiner Schriften mein erster Feldzug gegen die Moral: Morgenröthe. Gedanken über die Moral als Vorurtheil (1881) an die Reihe kommt. Nicht daß dieses Buch den geringsten Pulvergeruch an sich hätte: dies Mal führt der alte Artillerist, der ich bin, weder großes noch kleines Geschütz auf. Man hat mit einiger Feinheit zwischen der Wirkung dieses Buchs zu unterscheiden und den Mitteln, die es anwendet, — aus denen, wie ein psychologischer Schluß, nicht wie ein Kanonenschuß, die Wirkung folgt. *Oktober-Fassung*   330 *15–17:* Die ... schliesst ...] Die Moral wird nicht angegriffen, sie wird bloß nicht mehr gehört ... Jenseits von Gut und Böse! — Die Morgenröthe, die gaya scienza (1882), mein Zarathustra (1883) vor Allem sind lauter ja sagende Thaten, — der Immoralist kommt in jedem Satz zu Wort. Die Verneinung darin ist aber bloß ein Schluß, sie folgt, sie geht nicht voran. *Oktober-Fassung*

Die fröhliche Wissenschaft

333 *11–18]* Motto von Sanctus Januarius *Buch 4 von FW*   *20–21:* der ... sieht?] *vgl. FW 342*   *22:* Die ... Buchs] *vgl. FW 268–275*   *25:* Sicilien] *vgl. die Idyllen aus Messina (Bd. 3)*   334 *3–4:* „an den Mistral"] *entstand im Herbst 1884; vgl. N an Peter Gast 22. Nov. 1884*

Also sprach Zarathustra

1. *§ 24 der Oktober-Fassung entspricht zum Teil diesem Paragraphen; er folgte den Paragraphen 22 und 23, welche N später für das Kapitel*

Warum ich ein Schicksal bin *benutzte (§ 6, 7 und 8). Er lautet:* An diesem Wendepunkt, wo Alles sich entscheidet, wo Alles in Frage gestellt ist, zum unsterblichen Gedächtniß für ein Ereigniß ohne Gleichen habe ich meinen Zarathustra gedichtet als höchstes Buch, das es giebt — die ganze Thatsache „Mensch" liegt in ungeheurer Ferne unter ihm —, das tiefste Buch auch, das es giebt: es ist ein vollkommen unerschöpflicher Brunnen, in den kein Eimer hinabtaucht, ohne mit Gold und [gütiger Weisheit] Güte gefüllt wieder heraufzukommen. Die [erste] Grund-Conception des Zarathustra — das will sagen der Gedanke der ewigen Wiederkunft, diese letzte und äußerste Formel der Bejahung, die erreicht werden kann — gehört in den August des Jahres 1881. Ich gieng am See von Silvaplana durch den Wald; an einem mächtigen pyramidal aufgethürmten Block mache ich Halt. Da kam mir dieser Gedanke. - Rechne ich von jenem Tage bis zur plötzlichen und unter den ungünstigsten Umständen eintretenden Niederkunft im Februar des Jahres 1883, so ergeben sich achtzehn Monate für die eigentliche Schwangerschaft (— welche, wie sich von selbst versteht, mir nicht als solche ins Bewußtsein kam: ich habe nicht im Entferntesten an verwandte Dinge gedacht.) Die Zahl dieser 18 Monate dürfte zuletzt den Gedanken nahe legen, ob ich nicht im Grunde ein Elephantenweibchen bin. — Was bedeutet zunächst hier der Name jenes vorzeitlichen Persers? — Man weiß, worin Zarathustra der Erste war, womit er den Anfang macht: — er sah im Kampf des Guten und Bösen das eigentliche Rad im Getriebe der Dinge, er übersetzte die Moral ins Metaphysische, als Kraft, als Ursache, als Zweck an sich. Zarathustra schuf diesen größten Irrthum: folglich muß er auch der Erste sein, der ihn erkennt. Er hat hier nicht nur länger und mehr Erfahrung als [irgend Jemand] irgend ein Denker — [er hat] die [längste] Experimental-Widerlegung des Satzes, daß die Welt „sittlich" geordnet sei und sittlich in ihren [Zwecken] Absichten sei, kommt in ihm zu ihrem stärksten Schluß: Zarathustra ist vor Allem wahrhaftiger als [irgend Jemand] sonst ein Denker. Seine [Religion] Lehre, und sie allein, war es, welche die Wahrhaftigkeit als oberste Tugend lehrte. Die Selbstüberwindung der Moral, aus Wahrhaftigkeit — das bedeutet in meinem [Falle die Wahl des Namens] Mund der Name Zarathustra. *Vgl. die Variante zu § 4 des Vorworts* 336 *5–6:* Elephantenweibchen] *dasselbe Bild für die Entstehung von MA in Bd. 8, 22 [80]* 8*:* zuletzt ... noch] *FW 342* 9*:* im vorletzten Stück] *FW 341* 27*:* Oboe] *soll heißen:* Klarinette *(Gast)* 29–30*:* Chiavari] Cagliari *lapsus calami in Dm* 337 *10:* der unvergeßliche deutsche] *von Peter Gast in Dm gestrichen*

2. *21–22:* in ... scienza"] *FW 382*

3. 339 *15–18:* Der ... Thatbestand.] vgl. *WB 7*   340 *10–15:* „hier ... lernen"] *Za III* Die Heimkehr
4. *20:* in Rom] *4. Mai–16. Juni 1883*   *30:* zurück] *danach gestrichen:* In Rom erlebte ich's, daß man mir den Parsifal in's Gesicht lobte — ich habe zwei Mal Lachanfälle darnach gehabt. — *Dm*
5. *In Mp XVI 5 findet sich folgende frühere Fassung (vor der Revision von Anfang Dezember):* Das Problem, über die vier Jahre während und nach dem Zarathustra hinwegzukommen, war ungeheuer. Es ist bei weitem die wundenreichste, auch die trostärmste Zeit meines Lebens. Denn man übersehe es nicht: alle großen Dinge, Werke oder Thaten, sind furchtbar, sobald sie vollbracht sind, — sie wenden sich unverzüglich gegen ihren Thäter. Und er ist, eben damit, daß er sie that, schwächer als er jemals war! ... Das Gefühl mit sich herumtragen, Etwas gethan zu haben, was über alles Menschenmögliche hinaus liegt, was man nie wollen durfte, Etwas, worin vielleicht der Knoten im Schicksal der Menschheit [vielleicht] geknüpft ist — und sich schwach fühlen ... Man sieht um sich. Überall Öde, Todtenstille, — keine Ohren ... Im besten Fall eine Art Revolte. — Eine solche Revolte erfuhr ich, in sehr verschiedenen Graden, aber fast von Jedermann, der mir nahe stand. Die Menschen hassen nichts mehr als ein plötzliches Sichtbarwerden von Distanz, wo sie gleiche Rechte zu haben wähnten. Ferner Stehende, durch Zufall mit dem Zarathustra in Berührung [gekommen] gebracht, sprützten auf der Stelle Wuth und Gift gegen mich. Ich schmeichle ihnen, wenn ich's Gift nenne, es war etwas Anderes, es roch schlecht ... Und wie um mich über mein Ja zum Leben auf die Probe zu stellen, überfielen mich damals gerade die Kleinheiten, die Jämmerlichkeiten der Menschen bis zur Seekrankheit am Leben. Denn man erwäge es ernst: die Kleinheit des Menschen bleibt der schlimmste Einwand gegen den Menschen überhaupt, das, wogegen es keine Kur giebt, — mit allem Furchtbaren am Menschen wird man fertig, weil [es] das Furchtbare Größe hat. — Um jene Zeit machte ich meine reichlichste Erfahrung über die sogenannten guten Menschen. Es ist nicht auszurechnen, was sich Alles unter dem Anscheine eines Kampfes gegen das Böse von schlechten, von rachsüchtigen, von gänzlich rücksichtslosen Instinkten versteckt. Selbst schmutzige Antisemiten wie Eugen Dühring nehmen in Anspruch, die Sache des Guten zu vertreten ... Eine zweite Seite — nicht weniger verhängnißvoll. Manche unter diesen „guten Menschen" erwecken [leicht] Zutrauen, es ist ein Argument, wenn man sanfte blaue Augen hat — es ist eine Verführung. Hinterdrein [nämlich] besehen, schuf diese bei den Tugendhaften Instinkt gewordene Unmenschlichkeit, „Idealismus" genannt, dies Nicht-sehen-wollen des Wirklichen um jeden Preis, dies Anfassen von Mensch und Thier mit den Rosen-

fingern der „schönen Seele" Unheil über Unheil. Die „Idealisten" haben fast alle großen malheurs auf dem Gewissen. — Damals war es, mitten drin im Werden des Zarathustra, daß mich plötzlich mit meinem eignen Gedanken zu grauen begann. Wie! die ewige Wiederkunft, die auch ewig das Kleine, Erbärmliche, Tugendhaft-Lügnerische, das alte „Ideal" immer wieder heraufbringt! ... Man erinnert sich der Katastrophe im Einsiedler-Glück Zarathustra's, seiner sieben Tage Krankheit, nachdem er den „abgründlichsten Gedanken" heraufgerufen hat. Weiß man eigentlich, welcher Gedanke das ist? / — Ewig kehrt er wieder, der Mensch, deß du müde bist, der kleine Mensch ... / — Zuletzt, ins Ganze gerechnet und aus einiger Ferne gesehn, waren auch noch diese Erfahrungen vollkommen unschätzbar. Der Schmerz an sich ist für mich kein Einwand; und gesetzt, daß er die Thür zu meinen Erlebnissen, folglich Erkenntnissen auf thut, dünkt er mich beinahe heilig. Es giebt Fälle, wo es eines Ariadne-Fadens bedarf ins Labyrinth hinein ... Für den, der die Aufgabe auf sich hat, den großen Krieg, den Krieg gegen die Tugendhaften (— die Guten und Gerechten heißt sie Zarathustra, auch „letzte Menschen", auch „Anfang vom Ende" —) heraufzubeschwören, sind einige Erfahrungen beinahe um jeden Preis einzukaufen: der Preis könnte sogar die Gefahr sein, sich selbst zu verlieren. Siegt man hier, so siegt man doppelt. Was mich nicht umbrachte, hat mich immer stärker gemacht. Ich bin seitdem unerbittlicher im Kampfe mit der Tugend. — Eines Tages war ich mit Allem fertig, ich hatte vergessen gelernt, — das höchste Zeichen der Genesung, ich vergaß damals selbst meinen Zarathustra. Das „Andere", der Willen zum „Andern", zum Gegensätzlichen sogar, kam obenauf. Eine Fremdheit, ein gänzliches Mich-nichtmehr-verstehn legte sich aus dem tiefsten und heilkräftigsten Instinkt heraus gleich einem Schleier über mich. Man hätte damals mir beweisen können, daß ich der Vater Zarathustra's sei: wer weiß, ob ich's geglaubt hätte? — Jedenfalls wollte ich das Buch nicht sehn, ich besaß es ein paar Jahre nicht. Und in der That, es hatte Gefahr in sich, mich hierin aufzuwecken. In einem besondern Fall, wo ich mitten in der Stille des Oberengadin, ein Paar Druckbogen daraus wiederfand, war das über mich zusammenstürzende Gefühl so stark, daß ich zusammenbrach und ein paar Tage krank lag. — **342** 19–32: — Ein ... sich ...] *Ende Dezember an Naumann geschickt mit dem Hinweis:* Im 5ten Abschnitt vom Capitel Also sprach Zarathustra ist dies an Stelle des Schlusses zu setzen, von den Worten an Was mir am tiefsten unverwandt ist. *Die ersetzte Stelle lautete:* Was mir am tiefsten unverwandt ist, trat damals rücksichtslos gegen mich in Feindschaft. Keine Ehrfurcht mehr vor meiner Einsamkeit. Mitten in den Ekstasen des Zarathustra Hände voll Wuth und Gift ins Gesicht ⌐ — ich schmeichle sogar, wenn ich's Gift nenne, es war etwas Andres, es roch schlecht ...⌝ Ich berühre die unheimlichste Erfahrung meines Lebens, [etwas das] meine einzige schlechte Erfahrung, die unberechenbar zerstörerisch [in demselben gewirkt] in dasselbe eingegriffen hat [: in]. In allen Augenblicken, wo ich am Ungeheuren meines Schicksals litt, sprang auch etwas Äußerstes von Indecenz auf mich los. Diese Erfahrung dauert nunmehr sieben Jahre; als ich mit der Umwerthung der Werthe fertig war, wußte ich, daß sie nicht ausbleiben würde. — Der Psycholog fügt noch hinzu, daß in keinen Zuständen die Wehrlosigkeit, die Unbeschütztheit größer ist. Wenn es überhaupt Mittel giebt, Menschen, die Schicksale sind, umzubringen, der Instinkt giftiger Fliegen erräth diese Mittel. Für den, der Größe hat, giebt es keinen Kampf mit Kleinem: folglich wird das Kleine Herr. — *Auf dem Zettel für Naumann noch folgender Hinweis Ns:* Neuer Abschnitt im Text. *Auf der Rückseite von Blatt 32a in Dm findet sich außerdem folgendes Bruchstück, das N bei der Revision vom Anfang Dezember durchstrich:* [+ + +] than Einen obenauf hielte. Man hat [+ + +] daß man sie vergißt. — Und das geschah. Eines Tags war ich mit Allem fertig. ⌜Ich war gerettet. Eine Fremdheit, ein gänzliches Mich-nicht-mehr-verstehn legte sich aus dem tiefsten heilkräftigsten Instinkt des Lebens heraus wie ein Schleier über mich. Man hätte mir damals beweisen können, daß ich der Vater Zarathustra's sei: wer weiß, ob ichs geglaubt hätte! Jedenfalls wollte ich das Buch nicht mehr sehn ich besaß es ein paar Jahre nicht. Und in der That, es hatte Gefahr für mich, mich hierin aufzuwecken. In einem unvorsichtigen Augenblick, als ich, mitten in der Stille des Oberengadin, Druckbogen daraus wiederfand, war die Gewalt des über mich zusammenstürzenden Gefühls so stark, daß ich in Thränen ausbrach und zwei Tage krank lag. — *Es folgt ein Hinweis für den Setzer, der sich anscheinend an eine Stelle im oberen, von N ausgeschnittenen Rand des Blattes bezieht:* einschieben! / Es ist gar nicht schwer, einen Einsiedler durch [systematische Versorgung mit] eine kluge Dosirung von vergifteten Briefen umzubringen. — *Vgl. dazu die oben mitgeteilte Variante aus Mp XVI 5. Auf derselben Rückseite vom Blatt 32a steht noch eine frühere Fassung von § 6 (mit der Nummer 5), welche jedoch keine Varianten aufweist (vgl. Podach, NWZ, 297). Zu dieser Stelle gibt es außerdem folgende zwei Vs in W II 10. W II 10, 176:* [Das ist bei weitem] Ich berühre hier die absurdeste Erfahrung meines Lebens, die meiner Gesundheit unberechenbare Schaden gethan hat: in allen Augenblicken, bei denen ich an Ungeheurem meines Schicksals leide, springt mir Etwas Äußerstes von Indecenz ins Gesicht. Diese Erfahrung dauert nunmehr sieben Jahre: als ich mit der Um⟨werthung⟩ der W⟨erthe⟩ fertig war, wußte ich, daß sie nicht ausbleiben werde — Der Psycholog denke

noch, daß in keinen Zuständen die Wehrlosigkeit, die Ungeschütztheit großen Lebens größer ist; daß wenn es überhaupt ein Mittel giebt, Menschen des Schicksals umzubringen [die Klugheit] der Instinkt der giftigen Fliegen [eben] [das] dieses Mittel [kennt] verräth. Es giebt keinen Kampf mit dem Kleinen wenn einer Größe hat: .. folglich wird das Kleine Herr ... *W II 10, 177:* Ich berühre hier [die unheimlichste Erfahrung meines] das Unheimlichste in meinem Leben, Etwas das unberechenbare Folgen für meine Gesundheit gehabt hat. In allen Augenblicken, wo ich am Ungeheuren meines Schicksals leide, sprang mir etwas Äußerstes von Indecenz ins Gesicht. Diese Erfahrung dauert nunmehr sieben Jahre; als ich mit der Umwerthung der Werthe fertig war, wußte ich, daß sie nicht ausbleiben würde. *Vgl. N an Meta von Salis:* ... meine Schwester hat mir zu meinem Geburtstage mit äußerstem Hohne erklärt, ich wolle auch anfangen „berühmt" zu werden ... Das werde ich ein schönes Gesindel sein, das an mich glaube ... Dies dauert jetzt sieben Jahre ... *Ns Änderung in diesem Paragraphen erklärt sich im Zusammenhang mit dem neuen Text von § 3 im Kapitel* Warum ich so weise bin   342 *29–32:* In ... sich ...] *vgl. Bd. 13, 19 [7]*
6. 343 *11:* weltregierender Geist] *vgl. Peter Gast an N, 26. Okt. 1888   13:* die ... lösen] *vgl. Joh. 1, 27   16–19:* „ich ... Bergen"] *Za III* Von alten und neuen Tafeln § 19   344 *19–32] Za III* Von alten und neuen Tafeln § 19   345 *8:* „abgründlichsten Gedanken"] *vgl. Za III* Der Genesende   *12–13] vgl. Za III* Vor Sonnenaufgang
7. 345 *27–347 34] Za II* Das Nachtlied
8. 348 *4–5:* wäre Ariadne] wäre [die Erfindung der] Ariadne *Dm   12–22] Za II* Von der Erlösung   348 *29–349 18] Za II* Auf den glückseligen Inseln   349 *23:* werdet hart!] *vgl. Za III* Von alten und neuen Tafeln § 29

Jenseits von Gut und Böse

2. *Am Schluß des Paragraphen gestrichen:* Was sagt doch, unter anderen anmuthigen Zweideutigkeiten, mein großer Lehrer Dionysos selbst am Schlusse dieses harten und allzuernsten Buches? *vgl. JGB 295, dann, wieder gestrichen:* Was sagt doch, hinter einer kleinen Psychologie meines großen Lehrers, Dionysos, die den Schluß des Buchs macht, dieser selbst? Er redet beinahe selber wie jene berühmte Schlange ... *vgl. ebenfalls JGB 295 und 129*

Genealogie der Moral

353 *7–9:* „Denn ... wollen"] *Schluß von GM*

Götzen-Dämmerung

1. **354** *5:* ein ... lacht] wie Alles, was ich schreibe *frühere Fassung*
2. *19–23:* Die ... viele ...] Alle politischen „modernen Ideen", die Reichs-Ideen eingerechnet, die Arbeiterfrage, das Verbrechen, der freiwillige Tod, die Ehe, der ganze litterarische Aberglaube von Vorgestern, die Erziehungs-Voraussetzungen [die falschen und die meinen], die letzten aesthetischen Werthe — Alles drückt [und umwirft] sich in fünf Worten aus. Ein großer Wind bläst zwischen den Bäumen, und überall fallen Früchte nieder — Wahrheiten. *frühere Fassung* **355** *3–6:* Wie ... lief] *vgl. Gast an N, 25. Okt. 1888: „Dort las ich wie trunken Ihre Gedanken. Es ist wirklich, als wäre Ihnen ein zweites Bewußtsein gewachsen, als wäre bisher Alles dunkler Drang gewesen, als hätte sich erst in Ihrem Geiste der ‚Wille' sein Licht zur Verneinung der schiefen Bahn angezündet, auf der er abwärts läuft."* *8–9:* „dunklen ... bewusst] *vgl. Goethe, Faust I, 328–329: „Ein guter Mensch, in seinem dunklen Drange, / Ist sich des rechten Weges wohl bewußt"* *11–12:* erst ... Cultur] *vgl. Gast an N, 25. Okt. 1888: „Erst von Ihnen aus giebt es wieder Hoffnungen, Aufgaben, vorzuschreibende Wege der Kultur ..."* *13–14:* Eben ... Schicksal. — —] Was Wunder, wenn ich selbst bisweilen vor mir Furcht habe und meine Hand mit Mißtrauen ansehe? ... Scheint es nicht, ich habe das Schicksal der Menschheit in der Hand? ... *frühere Fassung. Vgl. dazu Bd. 13, 25 [5] und* Warum ich ein Schicksal bin *§ 8, sowie N an Gast, 30. Okt. 1888: Mit Ihrem Brief haben Sie mir eine große Freude gemacht. Im Grunde habe ich's nicht annähernd von irgend Jemand erlebt, zu hören, wie stark meine Gedanken wirken. Die Neuheit, der Muth der Neuerung ist wirklich ersten Rangs: — was die Folgen betrifft, so sehe ich jetzt mitunter meine Hand mit einigem Mißtrauen an, weil es mir scheint, daß ich das Schicksal der Menschheit „in der Hand" habe.*
3. *21–26:* Das ... schliessend.] *vgl. N an Meta von Salis, 7. Sept. 1888* **356** *9:* Beendigung der Umwerthung] siebenter Tag *Dm. Vgl. Peter Gast an Elisabeth Förster-Nietzsche, 17. November 1893: „Die Abschrift des Ecce homo [die er 1889 angefertigt und jetzt nach Naumburg geschickt hatte] ist wortgetreu. Nur ... habe ich mir erlaubt ... auf S. 104 die drei Worte ‚des ersten Buches' einzuschieben." Da Gast von „einschieben" spricht, so muß man annehmen, daß die*

Worte Beendigung der Umwerthung *von N stammen. Im Dm Ns sieht man auch heute noch die Spuren dreier mit Bleistift hingeschriebener, später mit Gummi wegradierter Worte über den zwei Worten* siebenter Tag, *welche wiederum die Spur einer ausradierten Streichung durch Bleistift zeigen. Der erste Buchstabe des ersten der darüber ersetzten Worte ist noch als ein* „B" *von Gasts Hand erkennbar. Der ganze Hergang läßt sich so rekonstruieren: 1.* Beendigung der Umwerthung *an Stelle von* siebenter Tag *war eine Änderung Ns, die er nachträglich – d. h. nach der Revision vom Anfang Dezember – nach Leipzig geschickt hatte; 2. das Blatt oder der Zettel, auf dem N den Hinweis zu dieser Änderung gab, ist wie so manches andere verloren gegangen, bzw. vernichtet worden; 3. weil die Änderung auf separatem Zettel oder Blatt stand, fiel sie Gast sofort auf, als er sich das Druckmanuskript zu EH nebst den zahlreichen Nachträgen dazu beim Drucker holte, daher der erregte Brief vom 18. Jan. 1889 an Overbeck (,,Wäre dieses Werk fertig – wie ich glaube – Nietzsche ist vor Jubel über die Triumphe der menschlichen Vernunft in ihm, über die Vollendung des Werkes wahnsinnig geworden…") und im Brief vom 25. Jan. (gleichfalls an Overbeck) der Hinweis: „In Ecce homo wird die ‚Umwerthung aller Werthe' als fertig hingestellt" (Gast dachte dabei immer noch an eine „Umwerthung" in vier Büchern); 4. zunächst ersetzte Gast die Worte* siebenter Tag *mit* Beendigung der Umwerthung *(also gemäß einem Hinweis Ns); 5. später jedoch, als er seine Kopie anfertigte, schrieb er das, was ihm damals richtiger schien:* Beendigung des ersten Buchs der Umwerthung; *6. der erste Herausgeber von EH, Raoul Richter, hatte keinen Grund – da ihm nichts davon bekannt war –, die erste Fassung des Druckmanuskriptes zu ändern und ließ* siebenter Tag. *Vgl. die Vorbemerkung zu EH*

Der Fall Wagner

1. 357 13–14: ridendo dicere severum] *Motto von WA* 16–17: dass … aufzufahren] *vgl. Peter Gast an N:* „Der Titel ‚Müßiggang eines Psychologen' klingt mir … zu anspruchslos: Sie haben Ihre Artillerie auf die höchsten Berge gefahren, haben Geschütze wie es noch keine gegeben …" (20. Sept. 1888) 18–19: ich … geliebt] *aus* ich kann warten *Dm* 22: Cagliostro der Musik] *vgl. WA* 5 23: ein Angriff] ein Angriff auf die in jedem Betracht instinktlos und stumpf gewordne deutsche Nation [die nicht mehr bis drei zählen kann] – die [heute] alle Gegensätze mit gutem [Gewissen] Appetit in sich hinunter[frißt]schluckt – Antisemitismus und die Mitleids-Moral, Christenthum [zum Beispiel] und Wissenschaft, den Willen zur Macht, zum „Reich" und das évangile des humbles, [Mo-

zart und Wagner.] Goethe und [Kant] Scheffel Bismarck und Treitschke, Beethoven und Wagner [Antisemitismus und Nächstenliebe]. Unter Deutschen wird man nicht zum Antisemiten, [ach welche Wohlthat ist für mich ein Jude!...] das weiß ich aus Erfahrung. — Und hier soll mich Nichts abhalten, ein paar harte Sachen zu sagen. Wer sagt sie sonst den Deutschen? — Ich verberge es nicht, sie sind mir im Wege, ich [habe] ein Paar Gründe zu viel, meine Aufgabe nicht mit irgend welcher „Reichs"-Aufgabe zu verwechseln. — Ah, diese Deutschen! Was haben sie Alles schon auf dem Gewissen. Heute sind Goethe und Scheffel, Bismarck und Treitschke, Beethoven und Wagner ... *Mp XVI 5; vgl. § 2   358 10:* Trompeter von Säckingen] von J. V. Scheffel; vgl. GD Streifzüge 1

2. *Auf der Rückseite von Blatt 35 findet sich in Dm folgende bruchstückhafte, von N durchgestrichene Fassung:* [+ + +] sie der Ruin der Musik, — sie selber wähnen, damit „dem Ideal zu dienen" ... Aber das ist ihr altes Spiel. Seit vier Jahrhunderten haben sie alle großen Cultur-Malheurs auf dem Gewissen und immer aus dem gleichen Grunde — aus ihrer innerlichsten Feigheit vor der Realität, die auch die Feigheit vor der Wahrheit ist, aus der bei ihnen Instinkt gewordene Unwahrhaftigkeit, aus „Idealismus". — Die Deutschen haben Europa um die Ernte, um den Sinn der letzten großen Zeit, der Renaissance-Zeit gebracht: in einem Augenblick, wo eine höhere Ordnung der Werthe, wo die vornehmen, die zum Leben jasagenden, die Zukunft-verbürgenden Werthe am Sitz der entgegengesetzten, der Niedergangs-Werthe selbst zum Siege gelangt waren und bis in die Instinkte der dort Sitzenden hinein, — hat dies Verhängniß von Mönch, Luther, die Kirche und, was tausend Mal schlimmer ist, das Christenthum wiederhergestellt — das Christenthum, diese Religion gewordene [Weltverleumdung und Menschenschändung] Verneinung des Willens zum Leben! — Und Ende des neunzehnten Jahrhunderts feiert man in Deutschland noch Lutherfeste! — Die Deutschen haben zwei Mal, als eben mit ungeheurer Selbstüberwindung und Tapferkeit eine rechtschaffne, eine unzweideutige, eine vollkommen wissenschaftliche Denkweise erreicht war, Schleichwege zum alten „Ideal", Versöhnungen zwischen Wahrheit und „Ideal", im Grunde Formeln für ein Recht auf Ablehnung der Wissenschaft, ⌜für ein Recht auf Lüge⌝ zu finden gewußt. Leibniz und Kant [sind auf dem Wege der intellektuellen Rechtschaffenheit ⌜Europas⌝ die zwei größten Hemmschuhe, die es bisher gab — sie sind unterirdische Falschmünzer und Verführer] — diese zwei größten Hemmschuhe für intellektuelle Rechtschaffenheit, die es gegeben hat ... ⌜Zuletzt noch⌝ Die Deutschen haben, [⌜in diesem Jahrhundert noch⌝,] ⌜endlich⌝, als [es] [durch ein ungeheures Geschenk [der Natur] des Zufalls] ⌜auf der

Brücke zwischen zwei décadence-Jahrhunderten ⌐ eine force majeure von Genie und Wille [gab] sichtbar wurde, stark genug, aus Europa eine Einheit, eine politische und wirthschaftliche Einheit zu schaffen, mit ihren „Freiheits-Kriegen" Europa um den Sinn ⌐um das Wunder von Sinn⌐ der Existenz Napoleons gebracht, — sie haben damit Alles, was kam, was heute da ist, auf dem Gewissen, diese culturwidrigste Krankheit und Unvernunft [des Nationalismus], die Nationalismus heißt, diese névrose nationale, diese Verewigung der Kleinstaaterei, der kleinen Politik [!] — sie haben Europa ⌐selbst⌐ um seinen Sinn, ⌐um⌐ seine Vernunft gebracht ... 359 5: Vischer] *Friedrich Theodor Vischer*   14–18: Und ... „Idealismus"] *vgl. N an Malwida von Meysenbug, 20. Okt. 1888, zitiert in Anm. zu § 1 von* Warum ich so gute Bücher schreibe

3. 361 20–22: Man ... flach.] *vgl.* GD Sprüche 27   27–28: der deutsche Kaiser] *Wilhelm II., vgl. Bd.* 13, 25 [13]   361 31–362 3: Selbst ... liessen ...] Aber ich will dreißig französische aufzählen. — Der Deutsche weiß selbst nicht einmal, was Tiefe ist: ich habe Gelehrte kennengelernt, die Kant für tief hielten ... In Bayreuth hält man Wagner für tief ... Was tief in Deutschland heißt, ist genau jene Unsauberkeit gegen sich, die ich auf dem Grunde jedes Deutschen wahrnehme. „Unsauberkeit" ist selbst ein vorsichtiger Ausdruck dafür ... eine Höflichkeit ... sie halten die Franzosen für flach — — — *Mp XVI 3*   361 33: am preussischen Hofe] *aus* in Bayreuth *Dm*   34: Herrn von Treitschke] *aus* Wagner *Dm*

4. *Dieser Abschnitt wurde von N bei der Revision von Anfang Dezember neu geschrieben. Die frühere Fassung des Druckmanuskriptes von Mitte November ist erhalten, sowie auch eine Vs dazu. Letztere findet sich auf der Rückseite des Blattes, wo das* Gesetz wider das Christenthum *steht. Sie lautet:* — Und von welcher Seite sind bisher alle großen Hemmungen, alle [Indispositionen meiner ⌐Lebens⌐ Kräfte] Verhängnisse in meinem Leben ausgegangen? Immer ⌐nur⌐ von deutscher Seite. Der Deutsche bekommt mir nicht. ⌐Ich habe Zeichen der délicatesse von Juden erlebt, — noch [nicht] nie von ⌐einem⌐ Deutschen! — ⌐ Die absurde Respektlosigkeit, die [ihm] [ihnen] dem Deutschen eignet ⌐— [außer vor Falschmünzern und dem „Reich"] [außer vor dem „Reich" und, vielleicht vor großen Falschmünzern] —⌐ [sein] [ihr] sein vollkommner Mangel an Takt, an Unterscheidungsgabe für [Höhe] [Höhe] Höhe der Seele, für Distanz mit Einem Wort, [seine] [ihre] seine Zudringlichkeit mit Blick und Wohlwollen, [sein] [ihr] sein Schritt ohne esprit — der Deutsche hat gar keine Füße, er hat bloß Beine —, [seine] [ihre] seine psychologische [Gemeinheit] Gemeinheit, die für keine ⌐Art⌐ nuances Finger hat, Alles das gehört in meinem Leben zum Lähmendsten und Schädigendsten, was

sich mir in den Weg gestellt hat. Man erniedrigt sich durch den Verkehr mit Deutschen: der Deutsche stellt gleich ... Ich klettere bereits an allen Wänden, wenn Jemand mit „treuen" Augen in meine Nähe kommt [. In einer großen Spannung wirkt sogar]; in Zeiten großer Spannung ist schon ein Brief aus Deutschland [auf] für mich [wie] Scirocco [: es gehörte zu meinen Genueser Gewohnheiten, hinterdrein ein warmes Bad zu nehmen.⌐[Von jeder Reise nach D⟨eutschland⟩ brachte ich einen tiefen Ekel] mit zurück, immer irgend wie in meiner Ehre in Stich gelassen.⌐ Fast alle meine Winter in Nizza sind mir verloren gegangen, nicht durch die Nähe von Montecarlo, [sondern] ⌐immer bloß⌐ durch [die ⌐obstruktive⌐ Nähe] Nähe von deutschem Hornvieh [⌐und anderen Antisemiten⌐] [: das verzögert meinen Darm, – jetzt weiß ich, daß man Deutsche mit Rhabarber widerlegt]. Jetzt weiß ich, womit man Deutsche widerlegt – [mit Rhabarber] nicht mit Gründen, mit Rhabarber ...] – in Genua nahm ich sofort ein Bad darauf... Geht es Andern auch so? Aber es scheint mir, daß der Umgang mit Deutschen selbst den Charakter verdirbt? Ich verliere alles Mißtrauen, ich fühle, wie der Pilz der Nächstenliebe in mir wuchert, – es ist vorgekommen, zu meiner tiefsten Beschämung, daß ich gutmüthig geworden bin. Kann man noch tiefer sinken? ... Denn bei mir gehört die Bosheit zum Glück ⌐– ich tauge nichts, wenn ich nicht boshaft bin –,⌐ ich finde keine kleine Rechtfertigung des Daseins darin, ungeheure Dummheiten gegen mich zu provociren. [⌐Huhuhuhuhu! –⌐] Man erräth, wer meine Opfer sind: die „schönen Seelen", die „Idealisten"] ⌐Ah wenn ich erzählen wollte! –⌐ Man erräth zuletzt, wer in Sonderheit meine Opfer sein werden, die aufgeblasenen Gänse ⌐beiderlei Geschlechts⌐, die sogenannten „schönen Seelen", [alle] die Idealisten mit Einem Wort, meine Greuel und Scheuel, vor denen ich nicht einen Groschen Respekt habe, [die einzige Art Mensch] [jene ganze Art Mensch, die sich „Idealist" nennt, –] diese einzige Art Mensch, die die Lüge als Existenzbedingung nöthig hat ⌐und die darauf auch noch eitel ist⌐ ... Ich bin unerbittlich mit [„schönen Seelen"] „Idealisten", sie sind meine Tanzbären, ich „begeistere" sie in einer halben Stunde für zwei Gegensätze, ich winke ihnen, in mir einen „Heiligen", einen „Märtyrer", ein [Moral-Ungeheuer] tugendhaftes Ungeheuer zu entdecken. – Eine andre Bosheit, [eine andre Rechtfertigung des Daseins] ein andres Glück meines Daseins: ich verstehe die Kunst, ⌐zur rechten Zeit⌐ grobe Briefe an sogenannte [„] Freunde ["] zu schreiben, mit abführendem Erfolg: die vollkommne Falschheit [dieser] einer sogenannten Freundschaft – oder „Verwandtschaft" – *[die Worte – oder „Verwandtschaft" – sind von fremder Hand erst ausradiert dann gestrichen worden; sehr wahrscheinlich von Ns Schwester]* kommt ⌐plötzlich⌐ an einer ganz unerwarteten Stelle [plötzlich] heraus. Eben sitze ich wieder im Glück über einen solchen Streich ⌐(alle Jahre giebts drei —)¬: eine sogenannte Freundin schrieb mir, daß sie „trotzdem" vor mir Achtung behalten werde, in Anbetracht der [„] heroischen Art ["], mit der ich meine Leiden ertragen hätte ... Also Nichts, Nichts, Nichts verstanden! Achtzehn Jahre lang Nichts von mir verstanden! ⌐[Meine „Nächsten" sind immer meine Fernsten gewesen! —] Gehört es zu meinem Fluch, daß die „Nächsten" immer meine Fernsten sein müssen?...¬ Und dies in einem Augenblick, ⌐wo eine unsägliche Verantwortlichkeit auf mir liegt,¬ wo kein Wort zart genug, kein Blick [gütig] verehrungsvoll genug [gegen mich] für mich sein kann ... wo meine Furcht [nicht klein] keine kleine ⌐ist¬, [daß ich] ⌐denn ich habe¬ das Schicksal der Menschheit [in der Hand habe] auf meinen Schultern ... / [Zum Mindesten sitze ich oft böse genug da und sehe nur meine Hände ⌐darauf hin¬ an ... ⌐Die Deutschen waren bisher der Schierlings-Becher meines Lebens — ich möchte es auch nicht verschwören,¬ daß sie mich eines Tags noch umbringen ...] *Es folgen auf derselben Seite spätere fragmentarische Notizen unter anderem im Zusammenhang mit § 5 von* Warum ich so gute Bücher schreibe: Auch wird man schwerlich ein an sich undurchsichtiges Problem, einen [freiere] [leichtere Hand] sichereren Griff, eine überzeugendere Klarheit beieinander finden: [es gab vor mir ⌐gar¬ keine Psychologie des Musikers. —] ich erhalte von allen Seiten ⌐für den „Fall Wagner"¬ wahre Huldigungsschreiben [für ein psychologisches Meisterstück, dem Niemand [—] außer mir gewachsen ist] als für einen Exceß psychologischer Sagacität, dem Niemand außer mir gewachsen [sei] ist. / , — ich kenne das Glück des jungen Tigers, [der die List mit der Gewalt verbrüdert.] [dem die Gewalt nur im Bunde mit der List bekannt ist] der die Gewalt nicht von der List zu trennen weiß / Es thut noth, das Kind: der Mann ist immer nur das Mittel. [Ohne Kind ist die Ehe bloß ein Concubinat.] [Das Weib entartet dabei —] ⌐ein Weib ohne Kind [ist ein] wird Zwitter¬ / Ohne Kind [ist eine] [wird jede Ehe nur Concubinat! —] giebt es keine Ehe, — bloß Concubinat! — — / Es thut noth, das Kind: die Liebe ist immer nur Mittel. Ohne Kind wird das Weib Zwitter. — / Es thut noth, das Kind: der Mann ist immer nur Mittel. / Sie lieben mich Alle [:] [— eine] bekannte Geschichte. / Das Weib macht nicht Liebe erlöst, sondern ein Kind. Der Mann ist immer bloß Mittel. / Ein Weib ohne — — Es ist ein Zwitter / Die [— — —]: haben die Töchter der guten Gesellschaft — — — *Die Fassung des Dm von Mitte November findet sich heute in Mp XVI 5:* Und von welcher Seite sind alle großen Hemmungen, alle Verhängnisse in meinem Leben ausgegangen? Immer nur von deutscher Seite. Der fluchwürdige deutsche

Antisemitismus, dies Giftschwür der névrose nationale, hat in jener entscheidenden Zeit, wo nicht mein Schicksal, sondern das Schicksal der Menschheit in Frage war, fast zerstörerisch in mein Dasein eingegriffen; demselben Elemente verdanke ich's, daß mein Zarathustra seinen Eintritt in die Welt als unanständige Litteratur gemacht hat, — er hatte einen Antisemiten zum Verleger. Umsonst, daß ich mich nach einem Zeichen von Takt, von délicatesse gegen mich umsehe: von Juden ja, noch niemals von Deutschen. Es ist eine lange Erfahrung, aus der ich sage, daß ich jede Reise nach Deutschland mit einer tiefen Entmuthigung bezahlte. Die absurde Respektlosigkeit dieser Rasse — außer vor der Macht und [etwelchen] großen [„deutschen"] *[mit Bleistift (N?) gestrichen]* Falschmünzern —, ihre psychologische Gemeinheit, die für keine Art nuances Finger hat, ihr vollkommner Mangel an Unterscheidungsgabe für Höhe der Seele, für Distanz mit einem Wort, ihr Schritt ohne esprit — der Deutsche hat gar keine Füße, er hat bloß Beine —, ihre täppische Zudringlichkeit mit Blick und Wohlwollen, das Alles gehört zum Lähmendsten und Schädigendsten, was sich mir in den Weg gestellt. Man erniedrigt sich durch den Umgang mit Deutschen: der Deutsche stellt gleich ... Die Deutschen sind bei weitem die schlechteste Erfahrung meines Lebens; man hat mich nunmehr sechszehn Jahre in Stich gelassen, nicht nur in meiner Philosophie, sondern in meiner Ehre. Welche Achtung kann ich vor den Deutschen haben, wenn selbst meine Freunde nicht zwischen mir und einem Lügner wie Richard Wagner zu unterscheiden wissen? In einem extremen Falle tanzt man sogar zwischen mir und der antisemitischen canaille auf dem Seile ... Und dies in einem Augenblick, wo eine unsägliche Verantwortlichkeit auf mir liegt, — wo kein Wort zu zart, kein Blick ehrfurchtsvoll genug gegen mich sein kann. Denn ich trage das Schicksal der Menschheit auf der Schulter. — *Darüber spätere Bleistift-Notiz:* Vor einem deutschen Buche wäscht man sich die Hände [— — —]   **362** 9—10: dritte ... 71] *vgl. Bd. 1, 388*   22: verlebt ...] *hier sollte nach Angabe der Förster-Nietzsche der sogenannte Paraguay-Zettel eingeschoben werden. Dieser Zettel ist nur in einer Abschrift von Ns Schwester vorhanden; sein Text lautet: [Hinweis für den Leipziger Setzer:] einzuschieben im Capitel:* „Der Fall Wagner" *Paragraph 4 nach den Worten:* „Rechne ich meinen Verkehr mit einigen Künstlern, vor Allem mit Richard Wagner ab, so habe ich keine gute Stunde mit Deutschen verlebt..." / Soll ich denn meine „deutschen" [⌐so widerspruchsvollen⌐] Erfahrungen verrathen? — Förster: lange Beine, blaue Augen blond (Strohkopf!) „Rassendeutscher", mit Gift und Galle gegen Alles anrennend, was Geist und Zukunft verbürgt: Judenthum, Vivisection usw. — aber meine Schwester verläßt seinetwegen ihre „Nächsten" und stürzt sich in eine Welt voller Gefahren und böser Zufälle. — Köselitz: sächsisch schmeichlerisch, zuweilen Tolpatsch, nicht von der Stelle zu bringen, eine Verkörperung des Gesetzes der Schwere — aber seine Musik ist ersten Ranges und läuft auf leichten Füßen. — Overbeck: vertrocknet, versauert, seinem Weibe unterthan, reicht mir wie Mime den vergifteten Trunk des Zweifels und des Mißtrauens gegen mich selbst — aber er zeigt sich wohlwollend um mich besorgt und nennt sich meinen „nachsichtigen Freund". — Seht sie euch an, — das sind drei deutsche Typen! Canaillen! ... Und gesetzt, daß der tiefste Geist aller Jahrtausende unter Deutschen erschiene — — —

Zum sogenannten „Paraguay-Zettel": Podach gibt in seiner Ausgabe (NWZ 314) den Paraguay-Zettel in kleinerem Druck wieder. Champromis kritisiert dieses Verfahren: „Man kann doch nicht ernsthaft einen Text als angeblich von Nietzsche geschrieben veröffentlichen, von dem außer der Schwester kein Mensch jemals das Original zu Gesicht bekommen hat" (a.a.O., 260). Mit Recht jedoch behauptet Podach (NWZ 199): „Was auf dem Zettel steht, könnte durchaus das Produkt der in bestimmten Phasen des Ecce homo übersteigerten Gereiztheit Nietzsches gegenüber seinen Angehörigen und Freunden sein." Der Paraguay-Zettel ist unverkennbar in Ns Stil geschrieben; die Förster-Nietzsche wäre nie imstande gewesen, solche Sätze zu erfinden. Trotzdem darf der Zettel *nicht* in den EH-Text aufgenommen werden: 1. weil seine Vollständigkeit und Authentizität im einzelnen durch keine Handschrift Ns bewiesen ist; 2. weil mit großer Sicherheit anzunehmen ist, daß N selber auf diese Einfügung verzichtet hat.

Zu 1: Im Unterschied zu § 3 im Kapitel „Warum ich so weise bin" (s. oben) besitzen wir keine Vorstufen zum Paraguay-Zettel, welche uns irgendeinen Beweis seiner Authentizität und Integrität liefern könnten. Angenommen, die Förster-Nietzsche hätte einen authentischen Text vor sich gehabt, so hätte sie, nach ihrer (durch Schlechtas Bericht über die Brief-Edition bekannt gewordenen) Fälschungsmethode, Worte oder Sätze unterschlagen, ändern bzw. einfügen können. Die Beschreibung des ganzen — recht abenteuerlichen — Vorfalls ihrerseits (s.u. Brief an Richter vom 28. Juni 1908) macht diese Hypothese beinahe zur Gewißheit.

Zu 2: An Raoul Richter, den ersten Herausgeber von EH, schrieb Elisabeth Förster-Nietzsche am 22. Juni 1908: „... dem Tode meines Mannes fand ich einen unsäglich traurigen und beleidigenden Brief meines Bruders, der an meinen Mann gerichtet war, und außerdem ungefähr 5 Blätter ... die mir deshalb besonders weh taten, weil sie gegen meinen Mann und Wagners gerichtet waren; einige spezielle Dinge sind mir noch in Erinnerung, die ich Ihnen mittheilen werde. Von diesen Blättern trugen 2 den Vermerk, daß sie in ein Capitel einzuordnen wären, und mein philologisches Gewissen erlaubte mir nicht, daß sie vernichtet würden, obgleich mir der Inhalt des einen Blattes teilweise sehr schmerzlich war ... Diese beiden mit den Einfügungen bezeichneten Blätter brachte ich im Original mit nach Deutschland, und übergab sie meiner Mutter, die als Vormünderin damals allein über die Papiere zu verfügen hatte, und die beiden Blätter existirten meiner Erinnerung nach noch, als ich wieder nach Paraguay zurückging ... Daß wir die Blätter beleidigenden Inhalts, die mein Bruder bei Ausbruch seiner Krankheit geschrieben hatte, vernichten wollten, darüber war ich mit meiner Mutter ganz eines Sinnes ... Dagegen waren die beiden Blätter, die ich aus Paraguay mitgebracht hatte, vollkommen klar und ich nahm deshalb von beiden eine Abschrift ehe ich nach Paraguay ging und zwar das eine auf die andere Hälfte des Briefbogens worauf das Original stand, und malte Alles genau so nach, wie es auf die andere Hälfte mein Bruder selbst geschrieben hatte." Ns Mutter hätte dann später die „Blätter beleidigenden Inhalts" vernichtet, darunter den Paraguay-Zettel; das andere Paraguay-Blatt, das zu NW gehörte (Kapitel „Wir Antipoden"), wäre von der Mutter nicht verbrannt worden (es ist in der Tat erhalten). Es lohnt nicht, in diesem wie in vielen anderen Fällen, die Unglaubwürdigkeit und die Widersprüche in Elisabeth Förster-Nietzsches Bericht einzeln nachzuweisen. Das andere Paraguay-Blatt befindet sich heute in Mp XVI 5; es wurde von N auch auf der Rückseite beschrieben (Vs zu EH „Warum ich so klug bin" § 6 und der schon zitierte Briefentwurf an Cosima Wagner: Ende Dezember 1888). Da diese Niederschriften (auf der Rückseite) von N *nicht* gestrichen wurden, so kann man mit Sicherheit behaupten, daß das ganze Blatt, trotz Hinweis für den Drucker auf der Vorderseite, *nicht* für den Druck bestimmt war (wie in anderen ähnlichen Fällen). Zum Text selber (auf der Vorderseite) bleibt endlich noch zu bemerken, daß N ihn für die Abfassung des zuletzt nach Leipzig geschickten Abschnitts 6 im Kapitel „Menschliches, Allzumenschliches" des EH benutzte. Daraus läßt sich der Schluß ziehen, daß das Blatt von Mp XVI 5 (auf der Vorderseite) nichts weiter als einen von N verworfenen (und anderswo benutzten) Text, also eine Variante zu NW enthält. Falls nun N wirklich das Blatt nach Paraguay geschickt hätte, so wäre das keine Fehladressierung gewesen. Es ist vielmehr anzunehmen, daß er in den ersten Tagen des geistigen Zusammenbruchs — als N „eine Schreiberei" trieb, „die eigentlich nichts zu wünschen übrig" ließ (an J. Burckhardt, 5. oder 6. Januar 1889; weiter heißt es: „Die Post ist fünf Schritt weit, da stecke ich selber die Briefe hinein") — daß er also damals auch den „unsäglich traurigen und beleidigenden Brief" an den antisemitischen Schwager, Bernhard Förster, verfaßt und — gleichsam als Beilage — Stücke seiner Literatur mitgeschickt hat, aber eben solche wie die verworfene Variante zu NW. Wäre dem so, dann wäre auch der Zettel zu EH „Der Fall Wagner" § 4 über Förster, Peter Gast und Overbeck ein von N in Turin zu-

Ecce homo · Warum ich ein Schicksal bin 509

rückgehaltener, verworfener, schließlich nach Paraguay geschickter Text gewesen.

363 *3: entschieden...] danach* Canaillen *von N gestrichen* 22–30: Zehn ... hat] *geschrieben um den 20. November 1888; vgl. N an G. Brandes unter diesem Datum. Variante in Z II 1, 26:* Wer hat denn zuerst Muth, Feinheit des Instinkts, Unterscheidung für das Außerordentliche und Ungewöhnliche gehabt, um die Schicklichkeit zu fühlen, von mir öffentlich zu reden? Jener ausgezeichnete Däne Georg Brandes, der letzten Winter einen Cyklus von Vorlesungen über den „deutschen Philosophen Nietzsche" gehalten hat. Wer von meinen Freunden hat denn dazu den Muth gehabt? ... 364 *6–11:* Soeben ... Schulter. —] *in Dm von fremder Hand gestrichen; wahrscheinlich sollte hier die (nicht mehr vorhandene) Stelle kommen, von der N im Briefentwurf an C. Wagner als einer schon verfaßten spricht:* Auch kommt Malwida als Kundry vor ...; *vgl. N an Peter Gast, 26. Nov. 1888:* Neulich fiel mir ein, Malwida an einer entscheidenden Stelle von „Ecce homo" als Kundry vorzuführen, welche lacht ... *nach der Sage hatte Kundry Christum auf dem Leidensweg ausgelacht (vgl. Richard Wagner, Parsifal, 2. Aufzug) Am Schluß des Abschnitts folgt noch dieser Von N gestrichene Satz:* Auf Wiedersehn, meine Herren Germanen! denn wir werden uns wieder sehn ... Es lebe die Tripel-Allianz ... Im andren Fall — oh ich gäbe gern mein Leben in diesem ⌈andren⌉ Fall! — Ein Wort Wahrheit — und [die] alle Vergangenheit ist gesühnt ... *Ein in Turin bei N gebliebener Text mit der Paragraphenzahl 5 sollte wahrscheinlich den Schluß des Kapitels über den Fall Wagner bilden; er findet sich in Mp XVI 5, 32; dieses Mappenblatt enthält außerdem auf derselben Seite, wo jener Text steht (sowie auch auf der Rückseite), Vorstufen und Notizen aller Art zu EH, die nicht gestrichen sind: Das ist aber der Beweis, daß das Blatt nicht nach Leipzig geschickt wurde, sondern in Turin bei N blieb. Es läßt sich jedoch nicht ausschließen, daß N ihn in Abschrift nach Leipzig geschickt hat. In diesem Fall müßte er später von Peter Gast oder vielmehr von Ns Verwandten vernichtet worden sein. Das Blatt Mp XVI 5, 32 weist übrigens Brandspuren auf. Der Text wird von uns als nachgelassenes Fragment veröffentlicht; vgl. Bd. 13, 25 [7]*

Warum ich ein Schicksal bin

Über die Entstehung dieses Kapitels, insbesondere über den EH-Schluß, vgl. oben unsere einleitenden Ausführungen. Die Fragmente über die Große Politik weisen eine enge Affinität mit diesem Kapitel auf: vgl. Bd. 13, 25 [1. 6. 14. 19]; Vs in Z II 1, 17: Warum ich ein Schicksal bin. /

1. / Zu meinem Verdruß steht es mir nicht frei, das was nun kommt, in einem menschenfreundlichen Ton zu sagen, — ich fürchte selbst, ich werde ernst werden müssen. Der Apfel bleibt sauer. Nicht daß an sich ein Ausgleich für seine Säure fehlte und sogar mehr als ein Ausgleich. Aber das zu begreifen, müßte man schon gelernt haben, um die Ecke zu sehn, wie ich es kann —, um nämlich das gelobte Land mit dem Blick vorwegzunehmen, zu dem zunächst ein krummer Weg führt, ein Weg durch eine „Wiese des Unheils", wie mein Freund Empedokles mir eben soufflirt ... Wagen wir es also, einen Augenblick wenigstens und zum Versuch, ernst zu sein: es bleibt zuletzt bloß eine Sünde wider den guten Geschmack, nicht wider die Tugend ... 2. / Mitunter wundere ich mich darüber, daß man mich nicht fragt. Es giebt zum Beispiel ein Paar Gründe zuviel, mich zu fragen, was eigentlich gerade in meinem Munde, als dem des ersten Immoralisten, der Name Zarathustra zu bedeuten habe: denn das, was die ungeheure Einzigkeit jenes vorzeitlichen Persers in der Geschichte ausmacht, ist — Jedermann weiß es — dazu der strenge Gegensatz. — — —

1. *Vgl. Bd. 13, 25 [6] § 1*   366 8: *von ... Hoffnungen*] *vgl. Gast an N, 25. Okt. 1888: „Erst von Ihnen aus giebt es wieder Hoffnungen ..."*
2. *Vgl. Bd. 13, 25 [6] § 2*   21–26] *vgl. Za II Von der Selbst-Ueberwindung*
3. *Vgl. Anm. zu Vorwort § 4 und Also sprach Zarathustra § 1*
4. 368 32–369 3: *gute Menschen ... die Guten*] *vgl. Za III Von alten und neuen Tafeln § 28*   369 17–26] *vgl. Za III Von alten und neuen Tafeln § 26*
5. 370 9: *fortzuschweben in ferne Zukünfte*] *vgl. Za II Von der Menschen-Klugheit*   14–20] *vgl. Za II Von der Menschen-Klugheit*
6. 7. 8. *Die Paragraphen 22–23 der Oktober-Fassung bilden eine einzige Variante zu diesen drei Paragraphen von* Warum ich ein Schicksal bin. *Wir geben hier ihren vollständigen Text und nicht den Text des ersten Vorwortes (wo sie zunächst § 5. 6. 7 bildeten, zur Zeit der Zwischenstufe), da sie mehr Varianten aufweisen. Wir erinnern daran, daß § 21 der Oktober-Fassung die Varianten zum Kapitel über* Morgenröthe *abgibt (vgl. die Anm. zu diesem Kapitel):* 22. / Dies soll mich nicht hindern, hier diesen Schluß zu ziehn. Ich habe für mich das Wort Immoralist erfunden, ich glaube damit eine Höhe, eine Weite des Blicks, eine bisher vollkommen ungeheure psychologische Abgründlichkeit bewiesen zu haben, daß ich die Moral als unter mir empfand. Wer ist vor mir eingestiegen in die Höhlen, aus denen der giftige Dampf des „Ideals" heraufquillt! Wer hat auch nur zu ahnen gewagt, daß es Höhlen sind? Wer war überhaupt vor mir unter den Philosophen Psycholog und nicht vielmehr dessen Gegenstück, „höherer Schwindler", „Idealist"? ... Es kann ein Fluch sein, es ist jedenfalls ein Schicksal, hier der Erste zu sein — denn man verachtet hier

auch als der Erste ... Der Ekel ist meine Gefahr ... Ich habe für mich das Wort Immoralist erfunden. Es ist mir nicht zur Genüge gegenwärtig, ob irgend Jemand sich Etwas dabei gedacht hat. Dergleichen läuft in die gedankenlosen Ohren meiner Zeitgenossen hinein — es läuft auch wieder heraus. Ich hätte Lust, diese Ohren ein wenig anzunägeln, bis ihnen der Schmerz deutlich macht, was ich will, — gehört werden ... Was mich auszeichnet, ist, zum ersten Male die Moral entdeckt zu haben und, folglich, gegen sie eines Wortes bedürftig zu sein, das den Sinn einer Kriegserklärung hat. Moral scheint mir die größte Unsauberkeit die die Menschheit auf dem Gewissen hat, eine Instinkt gewordene Schlechtigkeit, eine Falschmünzerei in psychologicis bis zum Verbrechen. Moral scheint mir das Verbrechen an sich am Leben ... Die Jahrtausende, die Völker, die Ersten und die Letzten, die Philosophen und die alten Weiber — in diesem Punkte sind sie Alle einander würdig. Der Mensch war bisher das „moralische Wesen", eine Curiosität ohne Gleichen — und, als „moralisches Wesen", absurder, verlogner, eitler, leichtfertiger, sich selber nachtheiliger als auch der größte Verächter der Menschheit es sich träumen lassen könnte. Moral — die bösartigste Form des Willens zur Lüge, die eigentliche Circe der Menschheit: das, was sie verdorben hat. Es ist nicht der Irrthum als Irrthum, was mir bei diesem Anblick Entsetzen macht, nicht der jahrtausendelange Mangel an „gutem Willen", an Zucht, an Anstand, an Sauberkeit im Geistigen: es ist der Mangel an Natur, es ist die schauderhafte Thatsächlichkeit, daß die Widernatur selbst als Moral die höchsten Ehren empfing und als Gesetz über der Menschheit hängen blieb! ... In diesem Maße sich vergreifen, nicht als Einzelner, nicht als Volk oder Rasse, sondern als Menschheit — worauf weist das? — Daß man die untersten Instinkte des Lebens verachten lehrt, daß man in der Voraussetzung des Lebens, in der Geschlechtlichkeit, etwas Unreines empfinden lehrt, daß man in der tiefsten Nothwendigkeit zum Gedeihen des Lebens, in der Selbstsucht — das Wort schon ist verleumderisch — das böse Princip sieht; daß man in dem typischen Abzeichen des Niedergangs, der Instinkts-Widersprüchlichkeit, im „Selbstlosen", im Verlust an Schwergewicht, in der „Entpersönlichung" und „Nächstenliebe" grundsätzlich einen höheren Werth, was sage ich! den Werth an sich sieht! ... Wie? wäre die Menschheit selber in décadence? War sie es immer? ... Was fest steht, ist, daß ihr nur Décadence-Werthe als oberste Werth⟨e⟩ gelehrt worden sind. Die Entselbstungs-Moral ist die Niedergangs-Moral par excellence — sie verräth einen Willen zum Ende, sie verneint im untersten Grunde das Leben ... Hier bliebe eine Möglichkeit offen, daß nicht die Menschheit im Verfall ist, sondern nur eine parasitische Art Mensch, welche sich zu ihren Werth-

Bestimmern emporgelogen hat. Und in der That, das ist meine Einsicht: die Lehrer, die Führer [, die Religions] der Menschheit waren insgesammt décadents — daher die Umwerthung aller Werthe ins Lebensfeindliche, daher die Moral!... Écrasez l'infame!... Definition der Moral. Moral — die Idiosynkrasie von décadents, mit der Hinterabsicht, sich am Leben zu rächen. Ich lege Werth auf diese Definition. — Qui chante son mal l'enchante: hat ein Provençale gesagt. [Dixi.] Id quod feci. — / 23. / Hat man mich verstanden?... Die Entdeckung der Moral ist ein Ereigniß, das nicht seines Gleichen hat, eine wirkliche Katastrophe: man lebt vor ihr oder nach ihr. Der Blitz der Wahrheit traf das, was bisher am Höchsten stand: wer begreift, was da vernichtet wurde, mag zusehn, ob er überhaupt hinterdrein noch Etwas in den Händen hat. Wer die Moral entdeckt, hat den Unwerth aller Werthe überhaupt mitentdeckt, an die man glaubt: er sieht in den verehrtesten, in den heilig gesprochenen Typen des Menschen nichts Ehrwürdiges, — er sieht die verhängnißvollste Art von Mißgeburten darin, verhängnißvoll, weil sie fascinirten... Er sieht in dem Begriff „Gott" alles Schädliche, Verleumderische, Vergiftende, Heimlich-Blutsaugende, die eigentliche Todfeindschaft gegen das Leben in eine entsetzliche Einheit gebracht. Der Begriff „Jenseits" erfunden, um das Diesseits zu entwerthen, um kein Ziel, keine letzte Vernunft in der wirklichen Welt anzuerkennen. Der Begriff „Seele" „Geist", zuletzt gar noch „unsterbliche Seele" erfunden, um den Leib zu Schanden zu machen. Der Begriff „Sünde" erfunden, um zu den Grundinstinkten des Lebens das Vertrauen zu untergraben. Im Werthe des „Selbstlosen" das eigentliche Krankheits-Abzeichen zum Werthzeichen, zur „Pflicht", zur „Tugend", zum Typus der Göttlichkeit selbst gemacht. — Hat man mich verstanden?... Wer hierüber aufklärt, ist eine force majeure, wie das Schicksal, er ist das Schicksal selbst, er bricht [in seiner Hand] die Geschichte der Menschheit in zwei Hälften auseinander — in ein Vorher, in ein Nachher... *Hier folgte in der Oktober-Fassung § 24: vgl. dazu die Anm. zu § 1 des Kapitels über* Also sprach Zarathustra. *Der Schluß von § 7 des ersten Vorwortes weist einige Varianten auf:* 7. / — Hat man mich verstanden? Wer über die Moral aufklärt, ist eine force majeure, ein Schicksal, — er bricht die Geschichte der Menschheit in zwei Stücke. — Dies soll mich nicht hindern, der heiterste Mensch, ein Halkyonier zu sein, ich habe selbst ein Recht darauf: wer erwies je der Menschheit einen größeren Dienst? — Ich bringe ihr die allerfroheste Botschaft... / Friedrich Nietzsche *Es folgte der Hinweis für den Drucker:* Darauf ein Blatt, auf dem nur die Worte stehn: / Wie man wird, was man ist. / Turin, den 15. Oktober 1888   **374** 29: Écrasez l'infame!] *nach Voltaire*

Dionysos-Dithyramben

Im Sommer 1886 ließ N auf der vierten Seite des Deckels von JGB die Liste seiner Schriften „nach den Jahren ihrer Entstehung" durch ein Verzeichnis von Werken ergänzen, die „in Vorbereitung" waren:
Der Wille zur Macht. Versuch einer Umwerthung aller Werthe. In vier Büchern.
Die ewige Wiederkunft. Heilige Tänze und Umzüge.
Lieder des Prinzen Vogelfrei.
Nur der letzte Titel wurde Wirklichkeit, und zwar ein Jahr später als Anhang zur zweiten Ausgabe der *Fröhlichen Wissenschaft.*
Im Sommer 1888, als N auf die Veröffentlichung eines Werks unter dem Titel *Der Wille zur Macht* verzichtete, sammelte er seine bis dahin unbenutzt gebliebenen dichterischen Fragmente, vor allem aus den Zarathustra-Heften, in einem neuen Heft, W II 10, das er dann bis Ende 1888 zur Abfassung seiner letzten Gedichte: „Die Sonne sinkt", „Zwischen Raubvögeln", „Von der Armut des Reichsten", „Ruhm und Ewigkeit", „Das Feuerzeichen" gebrauchte.
Den fünf erwähnten Gedichten fügte N noch „Letzter Wille" (das aus dem Jahre 1883 stammt) hinzu und schrieb sie alle ins Reine ab, indem er große Folioblätter dazu nahm (Mp XVIII 1). Im Heft W II 10 finden sich mehrere Titelentwürfe zu dieser Gedichtsammlung (vgl. Bd. 13, 20 [162–168]; zu 20 [167] vgl. die oben zitierte Vorankündigung auf dem Deckel von JGB).
Mitte November 1888, als die erste Fassung von EH abgeschlossen war, stand auch der Titel der Gedichte „Die Lieder Zarathustra's" fest, den N in seinem Prolog zu EH erwähnte. Aus dieser Zeit stammt auch ein Briefentwurf an einen unbekannten Verleger, dem N sechs Lieder Zarathustras zur Veröffentlichung anbietet. Der Briefentwurf ist von N selbst „Turin, 27. November 1888" datiert. Von nun an, insbesondere von Mitte Dezember 1888 bis Anfang Januar 1889, ist das Schicksal der „Lieder Zarathustra's" eng mit der Entstehungsgeschichte von EH und NW verbunden.
Am 15. Dezember schickte N das Druckmanuskript zu NW nach Leipzig; an Peter Gast (16. Dezember) schrieb er: „... Am Schluß erscheint Etwas, wovon selbst Freund Köselitz keine Ahnung hat: ein Lied (oder wie Sie's nennen wollen ...) Zarathustra's, mit dem Titel Von der Armut des Reichsten — wissen Sie, eine kleine siebente Seligkeit und noch ein Achtel dazu ... Musik ...". Schon am 22. Dezember wollte jedoch N NW nicht mehr drucken lassen; er schrieb an Gast: „Die Schrift N. contra W. wollen wir nicht drucken. Das ‚Ecce' enthält alles Entscheidende auch über diese Beziehung ... Vielleicht nehme ich auch das Lied Zarathustras — es heißt Von der Armut des Reichsten —, noch hinein. Als Zwischenspiel

zwischen 2 Hauptabschnitten..." Drei Tage später, als N sein Imprimatur den ersten 24 Seiten von NW erteilte, schien er doch die vollendete Tatsache einer Veröffentlichung dieser Schrift hinnehmen zu wollen.

Am 29. Dezember ging von Turin ein weiteres Lied Zarathustras, „Ruhm und Ewigkeit", nach Leipzig ab. In dem Briefentwurf an Peter Gast, datiert 30. Dezember 1888, spricht N davon: „Ich habe gestern mein non plus ultra an die Druckerei geschickt, Ruhm und Ewigkeit betitelt, jenseits aller sieben Himmel gedichtet. Es macht den Schluß von Ecce homo. — Man stirbt daran, wenn man's unvorbereitet liest."

Zwischen dem Jahresende 1888 und dem 2. Januar 1889 änderte N noch einmal seine Verfügungen in bezug auf die Bestimmung jener zwei „Lieder Zarathustra's" und verlangte sie von Leipzig zurück. In diesen allerletzten Tagen, da sich die Zeichen von Ns geistigem Zusammenbruch mehren, entstanden die *Dionysos-Dithyramben* als solche. Das Druckmanuskript (D 24) wurde von N während dieser kurzen Zeit angefertigt. Es trägt auf der ersten Seite den Titel *Dionysos-Dithyramben* und enthält auf der letzten ein von N selbst verfaßtes Verzeichnis, in dem *neun* Gedichte angeführt werden, d.h. die oben erwähnten *sechs* Lieder Zarathustras und drei weitere Dithyramben, welche nichts anderes sind als die drei Gedichte aus Za IV, in etwas veränderter Fassung, und zwar: „Das Lied der Schwermuth", jetzt unter dem Titel „Nur Narr! Nur Dichter!"; „Unter Töchtern der Wüste" (dieser Titel blieb unverändert); die „Klage" aus § 1 im Kapitel „Der Zauberer", jetzt unter dem Titel „Klage der Ariadne".

Daß die endgültige Niederschrift von DD zwischen dem 1. und 3. Januar geschah, wird zuerst bewiesen durch eine Art Vorstufe der endgültigen Widmung der DD an den französischen Dichter und Romancier Catulle Mendès: „Acht Inedita und inaudita, dem Dichter der Isoline meinem Freund und Satyr überreicht: mag er mein Geschenk der Menschheit überreichen / Nietzsche Dionysos / Turin, am 1. Januar 1889".

Podach gibt eine Entzifferung dieses Entwurfs, die alle Streichungen Ns wiedergibt, aber — indem er von einer vorgefaßten Meinung über Ns damalige, auch schriftstellerische Unzurechnungsfähigkeit ausgeht — er bringt die absurde Lesart „Iinedita und inauditia"; bei „Iinedita" handelt es sich nur darum, daß N das ursprüngliche „inedita" in „Inedita" verbessert hat (ohne dabei den i-Punkt des Anfangsbuchstabens zu streichen); bei „inauditia" scheint Podach ignoriert zu haben, daß die Verschiebung des i-Punktes in Ns Handschrift etwas ganz Normales ist (man könnte zahllose Beispiele aus früheren Manuskripten des „gesunden" N anführen, in denen eine solche Verschiebung stattgefunden hat); so setzte N in diesem Fall den i-Punkt nach dem Buchstaben t des Worts „inaudita" und, da sein t-Strich etwas nach unten geht, so hat Podach „inauditia" gelesen.

Podach bemerkt jedoch sehr richtig (NWZ 372f.): „Mit einer bestimmten Vorstellung war Catulle Mendès für Nietzsche in Turin nicht verbunden. Er redete ihn als den ‚Dichter der Isoline' an. Einen solchen gab es aber erst seit dem 26. Dezember 1888. Im Renaissance-Theater in Paris fand eine Premiere statt: Isoline, conte des fées, en 10 tableaux, par Catulle Mendès, musique d'André Messager. Nietzsche hat davon zweifellos durch sein Lieblingsblatt erfahren. Im ‚Journal des Débats' stand die Kritik in der Nummer vom 31. Dezember, erschienen am 30. Dezember nachmittags in Paris. Die Zeitung war am nächsten Tag in Turin zu haben." Die Widmung an Mendès aber bildet nur die obere Hälfte eines kleinen Blatts, dessen unterer Teil mit fast unleserlichen Schriftzügen Ns ausgefüllt ist: Es handelt sich um die wichtigste Änderung im Dithyrambus „Unter Töchtern der Wüste", d. h. um die letzte hinzugefügte Strophe, welche nicht in Za IV enthalten ist. Das beweist nicht nur, daß — wie Podach sagt — „damals *[am 1. Januar 1889]* die Dionysos-Dithyramben noch nicht fertig waren", sondern daß N mit seiner Niederschrift erst angefangen hatte, da „Unter Töchtern der Wüste" der *zweite* Dithyrambus ist, und die Dithyramben in Dm aufeinander folgen (das Dm ist nicht aus losen Blättern zusammengesetzt). Die Tatsache nun, daß N von „Acht Inedita und inaudita" spricht, (er war übrigens zuerst „Sieben" und nicht „Sechs" geschrieben, entgegen Podachs Entzifferung der Streichung Ns), stimmt gut mit der Postkarte überein, die N am selben Tag (1. Jan. 1889) nach Leipzig schickte, um „Ruhm und Ewigkeit" von der Druckerei zurückzufordern. Am 2. Januar forderte N nunmehr auch „Von der Armut des Reichsten" zurück, und zwar telegraphisch: „Manuskripte der zwei Schlußgedichte". Jetzt erst waren die Dithyramben *neun* geworden. Tatsächlich kam „Ruhm und Ewigkeit" von der Leipziger Druckerei schnell zurück, und N legte es ins Manuskript der DD, in dem es dann auch Overbeck vorfand. „Von der Armut des Reichsten" wurde dagegen von C. G. Naumann zurückbehalten, da er anscheinend noch hoffte, N zur Veröffentlichung von NW zu überreden, entgegen dessen letztgültiger Verfügung vom 2. Januar, welche lautete: „Die Ereignisse haben die kleine Schrift Nietzsche contra W. vollständig überholt: senden Sie mir umgehend das Gedicht, das den Schluß macht, ebenso wie das letztgesandte Gedicht ‚Ruhm und Ewigkeit'."

Unter Ns Turiner Papieren, nicht jedoch im Manuskript der *Dithyramben,* fand Franz Overbeck ein Blatt mit der endgültigen Widmung an Catulle Mendès. Sie lautete nun: „Indem ich der Menschheit eine unbegrenzte Wohlthat erweisen will, gebe ich ihr meine Dithyramben. / Ich lege sie in die Hände des Dichters der Isoline, des größten und ersten Satyr, der heute lebt — und nicht nur heute … / Dionysos".

Am 3. Januar 1889 mußten die DD druckfertig sein. N kündigte das Ereignis Cosima Wagner auf einem der drei „Wahnsinnszettel" an, die auch heute noch in Bayreuth aufbewahrt werden und durch Curt von Westernhagen in seiner Wagner-Biographie (1956) bekannt gemacht worden sind. Auf dem Umschlag des Dithyrambenzettels steht die Anschrift:

„Madame Cosima feu Wagner / Bayreuth / Allemagne". Der Poststempel ist: „Torino/Ferrovia/3. 1. 89". Der Text lautet: „Man erzählt mir, daß ein gewisser göttlicher Hanswurst dieser Tage mit den Dionysos-Dithyramben fertig geworden ist ..."

Nur Narr! Nur Dichter! *Vgl. Za IV Das Lied der Schwermuth und die Anm. dazu* 377 *1:* Nur Narr! Nur Dichter!] *aus* Aus der siebenten Einsamkeit *Dm*
Unter Töchtern der Wüste. *Vgl. das gleichnamige Kapitel in Za IV und die Anm. dazu* 387 *8–13] vgl. Bd. 11, 28 [4]* 10: blickt] sitzt *Vs* braun] *darauf folgt* und [unersättlich ist] sein *Vs* 12: Wollust] *aus* Wüste *Vs* 13: Wüste, bist] *aus* Wüste und *Vs*
Letzter Wille. *Vgl. Bd. 10, 20 [11]*
Zwischen Raubvögeln. 389 *1:* Zwischen Raubvögeln.] *aus* Am [Abhang] Abgrunde. *Rs* 6: liebst den Abgrund noch] *aus* willst dem Abgrund freund sein *Rs* 19: Wer] Wehe! Wer *Vs* 390 *11:* Gehenkter] Gehängter *Vs* 13: Nimrod] *vgl. 1. Mos. 10, 8–10* 390 *13–391 8]* du Gottesmörder / du Verführer der Reinsten / du Freund des Bösen, / einsam nun! / zwiesam mit dem Wissen! / zwischen hundert Erinnerungen / eingespannt — / an jeder Wunde müd, / von jedem Frost kalt, / [von] in eignen Schlingen gewürgt — / Selbstkenner! Selbsthenker! / Was bandest du dich / ans harte Wissen? / Was locktest du dich / mit der Schlange [der] deiner Erkenntniß? *Vs* 390 *26–30]* zwischen hundert Erinnerungen / [eingesperrt] eingespannt, blutend an jeder Wunde / zitternd vor jedem Hauch *Vs* 391 *7–11]* ein Gefangner, der das härteste Loos zog: / gebückt arbeiten, / in dumpfen dunklen Schachten arbeiten: / ein Gelehrter *Vs* 16–17] wie ein Leichnam / im Leben schon verzehrt / im Leben schon angewurmt *gestrichen in Rs* 26–30] er kauert, er lauert, /er kann schon nicht mehr aufrecht stehn. / er verwuchs mit seinem Grabe, / [ein] dieser verwachsene Geist: / wie könnte er jemals auferstehen? *Vs* 392 *3–5]* Ist dies nicht der Verführer Zarathustra? / Der Einsiedler ohne Gott? / Der Zweisiedler mit dem Teufel? / Der scharlachne Prinz der Finsterniß? *Vs*
Das Feuerzeichen. 393 *8–12]* die Flamme mit weißgrauem Bauche, die / ihren Hals nach immer reineren Höhen biegt, / begehrlich lodernd in kalten Fernen / meine Schlange gerad aufgerichtet vor Ungeduld / : dies Zeichen stellte ich [mir auf hohen Bergen] vor mich auf *Vs* 13–22] *aus* Was floh [ich] Zarathustra vor den Menschen / Was entlief [ich] er allem festen Lande? / Nach neuen Einsamkeiten / warf [ich] er suchend, suchend, die Angel über sein Haupt / kein Meer [selbst war genug] war ihm genug einsam: / die Insel selbst trieb mich

auf den Berg / auf dem Berg noch war ich Flamme / hier lodre [ich] Zarathustra als stille Gluth *Vs*

Die Sonne sinkt. 395 *9–10]* seid mir gelobt, die ihr kommt, / ihr plötzlichen Winde, Tröstlinge *Vs* *12–17]* die Luft geht kühl und rein; / schon schielt mit schiefem / Verführerblick / die Nacht mich an: / schon zweifelt auch das tapfre Herz / und fragt: warum? *Vs* 396 *2–4]* warm athmet der Fels: / die Sonne schlief auf ihm am Tage *Vs* *6:* noch der braune Abgrund] selbst der Abgrund noch *Rs* *9–15]* Schon quillt des Thaus / Thränengeträufel, / Schon [strömt] läuft aus halbgebrochnem Auge / [Sterbender Tag] Über weiße Meere, deiner [letzten] Liebe letzte, / Purpurne zögernde Seligkeit / [Still über weisse Meere hin.] *Vs* *28:* Sturm und Fahrt] Fahrt und Ziel *Vs* 397 *7:* hinaus] aus in's Nichts *Rs*

Klage der Ariadne. *Vgl. Za IV Der Zauberer § 1 und die Anm. dazu* 398 *1:* Klage der Ariadne] *aus* Ungeliebt ... (Lied der Ariadne) *Dm* 401 *11]* *danach gestrichen:* Zur letzten aller Einsamen ... *Dm*

Ruhm und Ewigkeit. 402 *11:* Laurer] Laurer, / eine Höhle *Vs* *15–16]* dem Berge selbst schüttelt [sich] vor Schrecken / [das] Eingeweide ... *Vs* 403 *2:* Zärtlinge] Furchtsame *Vs* 404 *1–3]* *vgl. Bd.* 13, 20*[112] 5–7]* mit erdrosseltem Ehrgeize / unter solchen gelüstet's mich, / der Letzte zu sein *Vs* 405 *1–4]* Schild der Nothwendigkeit! / Ewiger Bildwerke Tafel / An deiner stummen Schönheit / Kühlt sich mein heißes Herz *Vs* *19]* *vgl. Za III Die sieben Siegel* (Oder: das Ja- und Amen-Lied)

Von der Armut des Reichsten. 406 *1:* Von der Armut des Reichsten] Zarathustra melkt die Kühe *Vs* *2–9]* Dies dauert schon zehn Jahre: / kein Tropfen mehr erreicht mich, / kein feuchter [Hauch] Wind, kein Hauch der Liebe / — ein Land ohne Regen / [Ich bitte meine Seele] Nun bitte ich meine Weisheit, / nicht dürr zu werden in dieser Dürre: / ströme über, [befeuchte selbst das Land] sei Quell in dir selber / sei [selber] Regen in gelber [Wüste] Wildniß *Vs* *12–18]* damals sprach ich: „werdet Licht!" / Nun locke ich sie, daß sie kommen: / kommt, ihr Wolken! werdet Nacht, / macht Dunkel um mich / mit eurem Flügel / birg mich, du schönes Nachtgeflügel! *Vs* 407 *5–12]* strecke die Hand nach kleinen Zufällen, / sei lieblich gegen das Unwillkommene: / Gegen sein Schicksal soll man nicht stachlicht sein, / man sei denn ein Igel. *Vs* *17–20]* du bist wie der Kork, / gemacht für das Licht / du gaukelst auf der Oberfläche aller Meere: / man heißt dich einen Glücklichen *Vs* *22–23]* ist's nicht das grause Schicksal / und das liebliche Lachen? *Vs* *23:* das stille Lachen?] *aus* das liebliche Lachen? *aus* das Lachen, das Liebliche? Vs 29–30] *Notiz in Vs:* feucht vor Zärtlichkeit, / ein Thauwind 408 *11–12*] *Notiz in Vs:* auf breiter langsamer Treppe / zu seinem Glück *12*] *danach gestrichen:* steigt ihr Blick 409 *26* — 410 *2*] *Notiz in Vs:* er opfert sich, das macht sein Reichthum: / er giebt, er giebt sich ab: / er schont sich nicht, er liebt sich nicht, — / die große Qual / zwingt ihn, die Qual der übervollen Scheuern

Nietzsche contra Wagner

Der Keim dieser Schrift ist in dem Brief enthalten, den N am 10. Dezember 1888 an Ferdinand Avenarius schrieb (vgl. dazu Chronik). In diesem Brief zitierte N die Stellen, welche seine Gegnerschaft zu Wagner seit 1876 belegen sollten: „Der Gegensatz eines décadent und einer aus der Überfülle der Kraft herausschaffenden, das heißt dionysischen Natur,... ist ja zwischen uns handgreiflich (ein Gegensatz, der vielleicht in fünfzig Stellen meiner Bücher ausgedrückt ist, z. B. in der fröhl. Wissenschaft S. 312 ff. *[= FW 370, dann Abschnitt* Wir Antipoden *in NW])*... Eine kleine Handvoll Stellen: Menschl. Allzumenschl. (— vor mehr als 10 Jahren geschrieben) 2, 62 décadence und Berninismus im Stil Wagner's *[= VM 144]*, 2, 51 seine nervöse Sinnlichkeit *[= VM 116]*, 2, 60 Verwilderung im Rhythmischen *[= VM 134, dann Abschnitt* Wagner als Gefahr 1. *in NW]*, 2, 76 Katholizismus des Gefühls, seine ‚Helden' physiologisch unmöglich *[= VM 171, dann Abschnitt* Eine Musik ohne Zukunft *in NW]*. Wanderer u. Schatten 93 gegen das espressivo um jeden Preis *[= WS 165, dann Abschnitt* Wagner als Gefahr 2. *in NW]*. Morgenröthe 225 die Kunst Wagners, den Laien in der Musik zu täuschen *[= M 255]*. Fröhl. Wissenschaft 309 Wagner Schauspieler durch und durch, auch als Musiker *[= FW 368, dann Abschnitt* Wo ich Einwände mache *in NW]*. 110 Bewunderungswürdig im Raffinement des sinnlichen Schmerzes *[= FW 87, dann Abschnitt* Wo ich bewundere *in NW]*. Jenseits von Gut und Böse 221 Wagner zum kranken Paris gehörig, eigentlich ein französischer Spät-Romantiker, wie Delacroix, wie Berlioz, alle mit einem fond von Unheilbarkeit auf dem Grunde und, folglich, Fanatiker des Ausdrucks."

Am Tage darauf, dem 11. Dezember 1888, schrieb N an Carl Spitteler einen Brief, in dem er ihm die Herausgabe einer „Schrift gleicher Ausstattung und gleichen Umfangs wie der ‚Fall Wagner' ..., die nur aus 8 größeren sehr ausgewählten Stücken meiner Schriften besteht, unter dem Titel: / Nietzsche contra Wagner / Aktenstücke / aus Nietzsches Schriften." vorschlug. Folgende Stellen wurden als Abschnitte einer solchen Schrift in dem Brief an Spitteler aufgezählt:

1. Zwei Antipoden (fröhl. Wissenschaft S. 312–16) *[= FW 370, dann Abschnitt* Wir Antipoden *in NW]*
2. Eine Kunst ohne Zukunft (Menschl. Allzum. Bd. 2, 76–78 *[= VM 171, dann Abschnitt* Eine Musik ohne Zukunft *in NW]*
3. Barocco (Menschl. Allzum. Bd. 2, 62–64) *[= VM 144]*
4. Das espressivo um jeden Preis. (Wanderer u. sein Schatten S. 93 – also Menschl. Allzum. II, letzte Hälfte.) *[= WS 165, dann Abschnitt* Wagner als Gefahr 2. *in NW]*
5. Wagner Schauspieler, nichts mehr (fröhl. Wiss. S. 309–11) *[= FW 368, dann Abschnitt* Wo ich Einwände mache *in NW]*
6. Wagner gehört nach Frankreich (Jenseits von Gut und Böse 220–24) *[= JGB 256, dann nur dessen Schlußverse als Abschnitt* Wagner als Apostel der Keuschheit 1. *in NW]*
7. Wagner als Apostel der Keuschheit. (Genealogie der Moral S. 99–105) *[= GM, Dritte Abhandlung, § 2–3, dann Abschnitte* Wagner als Apostel der Keuschheit 2. 3. *in NW]*
8. Nietzsches Bruch mit Wagner (Menschl. Allzum. Bd. II Vorwort p. VII–VIII) *[= MA II Vorrede, § 3–4, dann Abschnitte* Wie ich von Wagner loskam 1. 2. *in NW]*

Am 12. Dezember entschloß sich N jedoch, die Schrift selber herauszugeben, und machte damit die von Spitteler beabsichtigte Absage zu seinem ursprünglichen Plan überflüssig. Er schrieb jetzt einen neuen Plan nieder (Heft W II 10, 98):

Nietzsche contra Wagner / Aktenstücke / eines Psychologen.
f. W 1. Sternen-Freundschaft *[= FW 279]*
f W. 2. Wo ich bewundere. *[= FW 87, dann mit dem gleichen Titel in NW]*
f W 3. Wo ich Einwände mache. *[= FW 368, dann mit dem gleichen Titel in NW]*
M 4. Wagner als Gefahr
    für die Rhythmik 59 *[= VM 134, dann Abschnitt* Wagner als Gefahr 1. *in NW]*
    im Vortrag W. 93 *[= WS 165, dann Abschnitt* Wagner als Gefahr 2. *in NW]*
M. 5. Eine Musik ohne Zukunft *[= VM 171, dann mit dem gleichen Titel in NW]*
f W. 6. Warum Wagner über sich Thorheiten sagte *[= FW 99]*
f W. 7. [Wir] Zwei Antipoden. *[= FW 370, dann Abschnitt* Wir Antipoden *in NW]*
J. 8. Warum Wagner nach Frankreich gehört. *[vielleicht dachte N schon an den Abschnitt* Wohin Wagner gehört, *d.h. = JGB 254. 256 (ohne des letzteren Schlußverse?)]*
M. 9. Wie ich von Wagner loskam *[= MA II Vorrede, § 3–4, dann die zwei Abschnitte mit dem gleichen Titel in NW]*
f W. 10. Warum sich mein Geschmack wandelte. *[= FW Vorrede, § 3–4, dann Abschnitt* Epilog *in NW]*

Beim Abschreiben seiner „Aktenstücke" nahm N noch folgende Änderungen vor:
a) Er ließ die Abschnitte „1. Sternen-Freundschaft" [= FW 279] und „6. Warum Wagner über sich Thorheiten sagte" [= FW 99] weg;

b) nahm zwischen „8. Warum Wagner nach Frankreich gehört" und „9. Wie ich von Wagner loskam" den Abschnitt „Wagner als Apostel der Keuschheit", den er schon in seinem Brief an Spitteler vorgesehen hatte, indem er aber auch als 1. die Schlußverse von JGB 256 voranstellte;

c) stellte als vorletzten Abschnitt vor „10. Warum sich mein Geschmack wandelte" den Abschnitt „Der Psycholog nimmt das Wort" [= JGB 269–270];

d) er fügte noch ein Schlußgedicht hinzu: „Von der Armuth des Reichsten".

Von den Stellen aus seinen Werken, die N in den Briefen an Avenarius und Spitteler erwähnt hatte, blieben in der endgültigen Fassung von NW VM 144 und 116, M 255 unbenutzt.

Die endgültigen Überschriften der Abschnitte kamen z.T. während der Abschrift zustande, dabei änderte N einige Wendungen in seinen Aphorismen, schob einige Zusätze ein, oft modifizierte er die Rechtschreibung, nahm auch Kürzungen vor. Das auf diese Weise angefertigte Druckmanuskript schickte er nach Leipzig an seinen Verleger Naumann mit folgenden Begleitworten am 15. Dezember 1888: „... hier kommt noch ein schönes Manuskript, etwas Kleines, aber sehr gut gerathenes, auf das ich stolz bin. Nachdem ich im „Fall Wagner" eine kleine Posse geschrieben habe, kommt hier der Ernst zu Wort: denn wir — Wagner und ich — haben im Grunde eine Tragödie miteinander erlebt. — Es scheint mir, nachdem durch den „Fall Wagner" die Frage nach unserm Verhältniß wachgerufen ist, sehr an der Zeit, hier einmal eine außerordentlich merkwürdige Geschichte zu erzählen. — Rechnen Sie nun gefälligst aus, wie viel Seiten es in der gleichen Ausstattung wie „Fall Wagner" ergeben wird? Zwei bis drei Bogen vermuthe ich. — Mein Wunsch wäre, daß wir diese kleine Sache sofort absolviren. Ich gewinne dadurch auch noch Zeit, die Übersetzer-Frage in Bezug auf Ecce homo die bis jetzt wenig Chance hat, neu aufzunehmen..."

Um den 17. Dezember schickte er noch ein Blatt mit der Überschrift „Intermezzo" und dem Hinweis: „Auf Seite 3 des Ms einzuschieben vor dem Capitel Wagner als Gefahr." In dem Brief, den N wahrscheinlich zusammen mit diesem Blatt am 17. Dezember 1888 nach Leipzig abschickte, hieß es auch: „ — Damit der Titel so eng wie möglich an den „Fall Wagner" anschließt, wollen wir schreiben / Nietzsche contra Wagner / Ein Psychologen-Problem". Die Änderung des Titels machte N selbst jedoch rückgängig, als er etwas später den Schluß des Abschnitts „Epilog" [= Schluß von § 4 aus der Vorrede der FW] nach Leipzig schickte. Am Schluß dieses nachträglichen Zusatzes schrieb N: „Als Titel der Schrift festzuhalten: / Nietzsche contra Wagner / Aktenstücke / eines Psychologen."

In unserer Anmerkung zu EH „Warum ich so klug bin" haben wir schon die nochmalige Änderung erwähnt, die N am 20. Dezember hinsichtlich des Blatts „Intermezzo" verfügte. Nach dieser Änderung gehört jener Text als Abschnitt 7 in das oben erwähnte Kapitel von EH. Er muß jedoch auch in NW aufgenommen werden. Es gilt hier, die scheinbar widerspruchsvolle, vom schriftstellerischen Standpunkt jedoch durchaus konsequente Entwicklung von Ns Intentionen, aufgrund seiner Briefe vom 20. Dezember 1888 an, zu verfolgen.

Am selben Tag (20. Dez. 1888) telegraphierte N nach Leipzig: „Ecce vorwärts — Nietzsche." Erklärend dazu schrieb er unter demselben Datum: „Eine neue Erwägung überzeugt mich, daß wir durchaus Ecce homo erst fertig drucken müssen und nachher erst Nietzsche contra Wagner ..." Zwei Tage darauf, am 22. Dezember, schrieb N an Peter Gast: „Die Schrift ‚Nietzsche contra Wagner' wollen wir nicht drucken. Das ‚Ecce' enthält alles Entscheidende auch über diese Beziehung. Die Partie, welche, unter Anderm, auch den maestro Pietro Gasti bedenkt, ist bereits in ‚Ecce' eingetragen. Vielleicht nehme ich auch das Lied Zarathustra's — es heißt ‚Von der Armuth des Reichsten' — noch hinein. Als Zwischenspiel zwischen zwei Hauptabschnitten."

Den Titel „Nietzsche contra Wagner" ließ N jedoch nicht fallen; wiederum am 22. Dezember schlug er Avenarius vor: „... den Aufsatz des Herrn Heinrich Köselitz *[über WA]* separatim als Broschüre von wenig Blättern zu drucken ... Titel: Nietzsche contra Wagner". (Vgl. über dieses Projekt die Chronik). Auch an Naumann schrieb N, um die Drucklegung von NW zu sistieren. Inzwischen jedoch trafen in Turin die — uns erhaltenen — Korrekturbogen (24 Seiten) dieser Schrift ein. Sie waren am 22. Dezember schon fertig, wie der Stempel der Firma Naumann zeigt. NW war nunmehr im Satz so gut wie beendet. Die Ankunft der Korrekturen stimmte N noch einmal um, er revidierte sie und erteilte ihnen das Imprimatur zu Weihnachten. An Naumann schrieb er im Begleitbrief vom 27. Dezember: „... sehr verbunden für den Eifer, mit dem der Druck vorwärts geht. Ich habe sowohl die 2 Bogen Ecce als die 2 Bogen N. contra W. druckfertig zurückgeschickt." Auch Ns Vorstellungen über die Erscheinungsfolge seiner Schriften hatten sich jetzt folgendermaßen verändert: „Alles erwogen, wollen wir im Jahre 1889 die Götzen-Dämmerung und Nietzsche contra Wagner herausgeben: letzteres vielleicht zuerst, da mir von allen Seiten geschrieben wird, daß mein ‚Fall Wagner' eigentlich erst eine wirklich öffentliche Aufmerksamkeit für mich geschaffen hat. Ecce homo, das, sobald es fertig ist, in die Hände der Übersetzer übergehn hat, könnte keinesfalls vor 1890 fertig sein, um in den drei Sprachen zugleich zu erscheinen. Für die Umwerthung aller Werthe habe ich noch keinen Termin. Der Erfolg von Ecce homo muß hier erst vorangegangen sein. — Daß das Werk druckfertig ist *[d.h. Der Antichrist]*, habe ich Ihnen geschrieben".

N war von seiner Entscheidung, NW nicht mehr drucken zu lassen, abgekommen; nicht nur das: Er erteilte sein Imprimatur den Korrekturen dieser Schrift, welche — entgegen seiner Bestimmung vom 20. Dezember — den Abschnitt „Intermezzo" enthielten. Mehr noch, am 28. und 30. Dezember ließ er durch eine Postkarte einige Änderungen in eben diesem Abschnitt vornehmen, den er also — aus welchem Grund auch immer — als zu NW gehörig betrachtete.

Unmittelbar vor der geistigen Umnachtung trat jedoch in Ns Pläne eine neue Wendung. Am 2. Januar 1889 telegraphierte er nach Leipzig: „Manuscript der zwei Schlußgedichte". Erklärend dazu ist folgender, ebenfalls an Naumann gerichteter Zettel: „Die Ereignisse haben die kleine Schrift Nietzsche contra W. vollständig überholt: senden Sie mir umgehend das Gedicht, das den Schluß macht, ebenso wie das letztgesandte Gedicht ‚Ruhm und Ewigkeit'. Vorwärts mit Ecce!"

Das ist die letzte uns erhaltene Kundgebung von Ns „schriftstellerischem" Willen, sie *muß* auch als die letztgültige betrachtet werden. Demnach hatte N, im Zusammenhang mit der Vollendung der *Dionysos-Dithyramben* und anderen „Ereignissen", auf die Veröffentlichung von NW verzichtet. NW nimmt somit unter Ns letzten Schriften einen untergeordneten Platz ein. (Deshalb wird diese Schrift in unserer Ausgabe *nach* den *Dionysos-Dithyramben* veröffentlicht.)

Eine Folge von Ns Verzicht auf die Veröffentlichung von NW ist, daß das „Intermezzo" (selbstverständlich ohne Titel, nach Ns Anweisung) von uns in EH aufgenommen wird, (mit Champromis gegen Podach). Da wir jedoch NW in unserer Ausgabe erscheinen lassen (mit der oben erwähnten Einschränkung, welche die Autorisierung dieser Schrift durch N betrifft), so müssen wir es herausgeben, so wie es von ihm — vor dem Verzicht auf die Veröffentlichung — autorisiert wurde: also mit „Intermezzo" und Schlußgedicht (mit Podach, gegen Champromis). Unsere Edition von NW basiert auf: den von N imprimierten Korrekturen; dem Druckmanuskript; den nachträglichen Änderungen, die in den Postkarten vom 28. und 30. Dezember an Naumann enthalten sind. Einige Vorstufen zu NW finden sich in den Mappen Mp XVI 6 und Mp XVI 5. Im Jahre 1889 erschien NW in wenigen Exemplaren, und zwar mit „Intermezzo" und dem Schlußgedicht; 1895 wurde es in GAK, Band VIII, aufgenommen, ohne „Intermezzo" und Schlußgedicht, so auch in alle folgenden Auflagen der GA (ab 1899, wiederum Bd. VIII); auch die Schlechta-Ausgabe gibt den Text von NW auf diese Weise wieder. Erst Podach (NWZ) griff auf die Edition von 1889 zurück und veröffentlichte in seinen Anmerkungen Varianten und handschriftliches Material dazu.

Vorwort. *Das Vorwort wurde von N zusammen mit den imprimierten Korrekturen nach Leipzig geschickt. Mp XVI 6 enthält eine frühere*

von N verworfene Fassung: Ich halte es für nöthig, dem vollkommnen Mangel an délicatesse, mit dem man in Deutschland meine Schrift Der Fall Wagner aufgenommen hat, einige vorsichtig gewählte Stellen meiner älteren Schriften gegenüber zu stellen. Die Deutschen haben sich noch einmal mehr an mir compromittirt, – ich habe keine Gründe, mein Urtheil über diese in Fragen des Anstands unzurechnungsfähige Rasse zu verändern. Es ist ihnen sogar entgangen, zu wem allein ich redete, zu Musikern, zum Musiker-Gewissen – als Musiker ... / Nietzsche / Turin, am 10. Dezember 1888.   **415** *9–11:* Ich ... Deutschland ...] vgl. *EH* Warum ich so gute Bücher schreibe § 2
Wo ich bewundere. Vgl. *FW 87:* Von der Eitelkeit der Künstler.   **418** *15–17:* Wagner ... setzt. –] Aber er weiss es nicht! Er ist zu eitel dazu, es zu wissen. *FW*
Wo ich Einwände mache. Vgl. *FW 368:* Der Cyniker redet.   *19–20:* Damit ... redet.] *fehlt FW*   *23–24:* Ästhetik ... vrai"] Meine Thatsache *FW*   *27–28:* – nach ... marschiren –] *fehlt FW*   *31:* betrübt sich nicht] *fehlt FW*   **419** *1–2:* dabei ... Und] dabei? Und *FW*   **420** *2–3]* einstmals einem rechtschaffenen Wagnerianer klar, mit einiger Mühe; und ich hatte *FW*   *5:* in Bayreuth. In Bayreuth] im Theater! Im Theater *FW*   *7:* nach Bayreuth] in's Theater *FW*   *10:* Gott und Welt] Gott und Mensch *FW*   *13–18]* arbeitet: da ist man Volk, Publikum, Heerde, Weib, Pharisäer, Stimmvieh, Demokrat, Nächster, Mitmensch, da unterliegt noch das persönlichste Gewissen dem nivellirenden Zauber der „grössten Zahl", da wirkt die Dummheit als Lüsternheit und Contagion, da regiert der „Nachbar", da wird man Nachbar ..." (Ich vergass zu erzählen, was mir mein aufgeklärter Wagnerianer auf die physiologischen Einwände entgegnete: „Sie sind also eigentlich nur nicht gesund genug für unsere Musik?" –) *FW*
Intermezzo. Vgl. *EH* Warum ich so klug bin § 7
Wagner als Gefahr.
1. Vgl. *VM 134:* Wie nach der neueren Musik sich die Seele bewegen soll.   **422** *3:* etwas ganz Anderes] *fehlt VM*   *10–27]* Wagner wollte eine andere Art Bewegung der Seele, welche, wie gesagt, dem Schwimmen und Schweben verwandt ist. Vielleicht ist diess das Wesentlichste aller seiner Neuerungen. Sein berühmtes Kunstmittel, diesem Willen entsprungen und angepasst – die „unendliche Melodie" – bestrebt sich alle mathematischen Zeit- und Kraft-Ebenmässigkeit zu brechen, mitunter selbst zu verhöhnen, und er ist überreich in der Erfindung solcher Wirkungen, welche dem älteren Ohre wie rhythmische Paradoxien und Lästerreden klingen. Er fürchtet die Versteinerung, die Krystallisation, den Uebergang der Musik in das Ar-

chitektonische, — und so stellt er dem zweitactigen Rhythmus einen dreitactigen entgegen, führt nicht selten den Fünf- und Siebentact ein, wiederholt die selbe Phrase sofort, aber mit einer Dehnung, dass sie die doppelte und dreifache Zeitdauer bekommt. Aus einer bequemen Nachahmung solcher Kunst kann eine grosse Gefahr für die Musik entstehen: immer hat neben der Ueberreife des rhythmischen Gefühls die Verwilderung, der Verfall der Rhythmik im Versteck gelauert. Sehr gross wird zumal diese Gefahr, wenn eine solche Musik sich immer enger an eine ganz naturalistische, durch keine höhere Plastik erzogene und beherrschte Schauspielerkunst und Gebärdensprache anlehnt, welche in sich kein Maass hat und dem sich ihr anschmiegenden Elemente, dem allzu weiblichen Wesen der Musik, auch kein Maass mitzutheilen vermag. *VM   Am Schluß des Abschnitts in Dm von N durchgestrichen:* Aber eine solche Widernatur des aesthetischen Geschmacks ist der Beweis für décadence

2. *Vgl. WS 165:* Vom Principe des Vortrags in der Musik.   *29–32: Wie? ... ist?]* Glauben denn wirklich die jetzigen Künstler des musikalischen Vortrags, das höchste Gebot ihrer Kunst sei, jedem Stück so viel Hochrelief zu geben, als nur möglich ist, und es um jeden Preis eine dramatische Sprache reden zu lassen? *WS*   *423 1–13]* ganz eigentlich eine Sünde wider den Geist, den heiteren, sonnigen, zärtlichen, leichtsinnigen Geist Mozart's, dessen Ernst ein gütiger und nicht ein furchtbarer Ernst ist, dessen Bilder nicht aus der Wand herausspringen wollen, um die Anschauenden in Entsetzen und Flucht zu jagen. Oder meint ihr, Mozartische Musik sei gleichbedeutend mit „Musik des steinernen Gastes"? Und nicht nur Mozartische, sondern alle Musik? — Aber ihr entgegnet, die grössere Wirkung spreche zu Gunsten euren Princips — und ihr hättet Recht, wofern nicht die Gegenfrage übrig bliebe, auf wen da gewirkt worden sei, und auf wen ein vornehmer Künstler überhaupt nur wirken wollen dürfe! Niemals auf das Volk! Niemals auf die Unreifen! Niemals auf die Empfindsamen! Niemals auf die Krankhaften! Vor allem aber: niemals auf die Abgestumpften! *WS   Am Schluß des Abschnittes in Dm von N durchgestrichen:* Aber das espressivo um jeden Preis ist der Beweis für décadence ...

Eine Musik ohne Zukunft. *Vgl. VM 171:* Die Musik als Spätling jeder Cultur. *Im Titel dieses Abschnitts Anspielung auf die Formel „Zukunftsmusik", die in bezug auf die Wagnersche Musik gebräuchlich war. Der ganze Abschnitt stellt eine durchgreifende Umarbeitung des ursprünglichen Aphorismus VM 171 dar*

Wir Antipoden. *Vgl. FW 370:* Was ist Romantik? *In Dm lautete zunächst der Titel:* Zwei Antipoden. *Im Vergleich mit FW an entscheidenden Stellen geändert und gekürzt*   *425   3:* Hegel's] Condillac's

FW 8: Musik Wagner's] deutsche Musik *FW* 9: Seele] deutschen Seele *FW* 13–15: was ... mir] ich verkannte damals, sowohl am philosophischen Pessimismus, wie an der deutschen Musik, das was ihren eigentlichen Charakter ausmacht — ihre Romantik. Was ist Romantik? *FW* 15: mit mir ...] *N plante hier einen Einschub, von dem er aber gleich absah; der Einschub findet sich auf einem Blatt von Mp XVI 5 (vgl. auch Podach NWZ, 57):* einzuschieben *im Capitel: Zwei Antipoden, nach den Worten „ — mit mir..."* *[Ns Hinweis für den Setzer]:* Meine Schriften sind reich an solchen ‚Schenkungen'; man sei auf seiner Hut, wenn ich Namen nenne. Ich habe alle entscheidenden Dinge über mich immer so gesagt, daß irgend Jemand, sich getroffen fühlend, vor Vergnügen dabei fast umfiel. Die dritte Unzeitgemäße heißt zum Beispiel „Schopenhauer als Erzieher"; die Anhänger Schopenhauers haben mich aus Dankbarkeit dafür beinahe angebetet. Lisez: Nietzsche als Erzieher und, vielleicht, als Etwas mehr ... Das Buch endet mit diesem Gedanken: wenn ein großer Denker auf die Erde kommt, ist Alles in Gefahr. Es ist, wie wenn in einer [großen] Stadt Feuersbrunst ausgebrochen ist, wo Keiner mehr weiß, was noch sicher ist und wo es endet. Die Liebe zur Wahrheit ist etwas Furchtbares und Gewaltiges, sie ist eine Feuersbrunst: die Menschen, welche berufen sind, Macht zu suchen, sollten wissen, welche Quelle des Heroischen in ihr fließt. — Die vierte Unzeitgemäße heißt: Richard Wagner in Bayreuth. Ah die Herrn Wagnerianer! was sie mir dankbar waren! Zuletzt noch der verehrungswürdige Levi, als ich ihn vor ein paar Jahr wiedersah. Lisez: Nietzsche-Zarathustra und das Fest der Zukunft, der große Mittag. Lauter welthistorische Accente, die erste Psychologie des ersten Dithyrambikers, des Dichters des Zarathustra. — Auf Seite 45 Menschliches, Allzumenschliches *[= MA 37]* heißt es: welches ist doch der Hauptsatz, zu dem einer der kühnsten und kältesten Denker, der Verfasser des Buchs „über den Ursprung der moralischen Empfindungen" (— lisez: Nietzsche, der erste Immoralist —) vermöge seiner ein- und durchschneidenden Analysen des menschlichen Handelns gelangt ist? „der moralische Mensch steht der intelligiblen Welt nicht näher als der physische Mensch: denn es giebt keine intelligible Welt ..." Dieser Satz, hart und schneidig geworden unter dem Hammerschlag der historischen Erkenntniß (— lisez: erstes Buch der Umwerthung der Werthe —) kann vielleicht einmal, in irgend welcher Zukunft (— 1890! —) als die Axt dienen, welche dem „metaphysischen Bedürfnisse" des Menschen an die Wurzel gelegt wird, — ob mehr zum Segen als zum Fluche der Menschheit, wer wüßte das zu sagen? aber jedenfalls als ein Satz der erheblichsten Folgen, fruchtbar und furchtbar zugleich und mit jenem Doppelblick in die Welt se-

hend, welchen alle großen Erkenntnisse haben. — Endlich ich gebe auf den letzten Seiten von „Jenseits von Gut und Böse" ein Stück Psychologie über mich, — ich hüte mich zu sagen, unter welchem Namen und Vorwande ... *[es folgt noch der Hinweis für den Setzer:]* Das, was im Ms. folgt, nach den Worten „mit mir ..." ist als 2 desselben Capitels einzuführen. Demnach erhält der Anfang des Capitels die Ziffer 1. *N schickte dieses Blatt nicht mehr nach Leipzig; sondern er schrieb einen neuen Text, u. a. über MA 37, für einen seiner letzten Zusätze in EH, den § 6 des Kapitels über Menschliches, Allzumenschliches. Das von N verworfene Blatt kam, nach einem Zeugnis der Elisabeth Förster-Nietzsche, nach Paraguay: vgl. oben die Anm. zum Paraguay-Zettel. In der Polemik über Ns angeblich „verlorene Manuskripte der Umwerthung" wurde der Satz aus diesem Blatte:* lisez: erstes Buch der Umwerthung der Werthe *von seiten des ehemaligen Nietzsche-Archivs als Beweis benutzt, daß N noch um die Mitte Dezember* Der Antichrist *als erstes Buch der* Umwerthung aller Werthe *betrachtet habe. Gerade dieser Beweis wendet sich jedoch gegen das Nietzsche-Archiv, denn N modifizierte eben diesen Satz in der endgültigen Fassung, d. h. im § 6 des Kapitels über* Menschliches, Allzumenschliches, *wo es heißt:* lisez: Umwerthung aller Werthe   426 *4:* — das ... wird —] *fehlt FW*   *6:* ist] wäre *FW*   *8—9:* die typischen ... décadents] denn die Logik beruhigt, giebt Vertrauen *FW*   *11:* die Verdummung erlaubt] *fehlt FW*   *13:* Griechen, insgleichen] Pessimisten ebenfalls *FW*   *14—19:* und ... Art] und, gleich jenem, wesentlich Romantiker ist, — und mein Blick schärfte sich immer mehr für jene schwierigste und verfänglichste Form *FW*   *24:* Artisten jeder Art] alle ästhetischen Werthe *FW*
Wohin Wagner gehört. 427 *4—428 3*] *stark umgearbeitete Fassung vom ersten Teil des Aphorismus JGB 254*   428 *4—28*] *stark umgearbeitete Fassung eines Teils von JGB 256*   *5—6:* es ... verhöhnen] von 1870 an war es für Wagner eine Klugheit gegen Frankreich unanständig zu sein ... *Cb¹. N spielt damit u. a. auf das Lustspiel „Eine Kapitulation" an, das Wagner nach dem Fall von Paris verfaßte*   *8—9:* der junge Kaiser] die Strohköpfe der Bayreuther Blätter *Cb¹*   *28:* Aber krank ...] *fehlt JGB*
Wagner als Apostel der Keuschheit.
1. *Vgl. JGB 256 Schlußverse*   429 *5:* Zerfleischen?] Entfleischen *JGB*   *8:* Stürzen, Stocken] Stocken, Stürzen *JGB*   *9:* zuckersüsse] ungewisse *JGB*
2. *Etwas umgearbeitete Fassung eines Teils von GM III 2*
3. *Umgearbeitete Fassung von GM III 3*   430 *12—13:* Denn ... nicht ...] *fehlt GM*   *22—23:* Der ... excellence] So wäre es, wie gesagt,

eines grossen Tragikers gerade würdig gewesen: als welcher, wie jeder Künstler, erst dann auf den letzten Gipfel seiner Grösse kommt, wenn er sich und seine Kunst unter sich zu sehen weiss, wenn er über sich zu lachen weiss. *GM* 431 *13–20:* Ist ... empfindet. —] *Und nicht nur mit den Parsifal-Posaunen von der Bühne herab: — in der trüben, ebenso unfreien als rathlosen Schriftstellerei seiner letzten Jahre giebt es hundert Stellen, in denen sich ein heimlicher Wunsch und Wille, ein verzagter, unsicherer, uneingeständlicher Wille verräth, ganz eigentlich Umkehr, Bekehrung, Verneinung, Christenthum, Mittelalter zu predigen und seinen Jüngern zu sagen „es ist Nichts! Sucht das Heil wo anders!" Sogar das „Blut des Erlösers" wird einmal angerufen ... GM* 17–20: *Die ... empfindet.* —] *hier zitiert N abermals — wie in EH Warum ich so gute Bücher schreibe § 5 — aus seinem Gesetz wider das Christenthum. Dieses versteckte Zitat wurde von N in Dm zu NW nachträglich hinzufügt*
Wie ich von Wagner loskam.
1. *Etwas umgearbeitete Fassung von § 3 der Vorrede zu MA II* 23–27: *Schon ... Antisemitismus ...] fehlt Vorrede MA II* 30: *décadent] Romantiker Vorrede MA II* 432 *18–19: Denn ... Wagner ...] Zusatz in Dm* 19–20: *Ich ... Deutschen...] Zusatz in Cb: vgl. EH Warum ich so klug bin § 6*
2. *Vgl. § 4 der Vorrede zu MA II, kaum geändert* 26: *idealistischen] romantischen Vorrede MA II*
Der Psycholog nimmt das Wort.
1. *Außer einigen Kürzungen, kaum geänderte Fassung des ersten Teils von JGB 269* 433 *19:* näm-] *hier hört der Text von Cb auf*
2. *Umgearbeitete Fortsetzung von JGB 269, mit einigen Änderungen und Kürzungen* 434 *24–25:* ich ... sie —] *fehlt JGB; vgl. jedoch He von JGB*
3. *Kaum geänderte Fassung von JGB 270* 436 *8–10:* sind — ... sein. —] sind; und bisweilen ist die Narrheit selbst die Maske für ein unseliges allzugewisses Wissen. — Woraus sich ergibt, dass es zur feineren Menschlichkeit gehört, Ehrfurcht „vor der Maske" zu haben und nicht an falscher Stelle Psychologie und Neugierde zu treiben. *JGB*
Epilog.
1. *Umarbeitung, mit einigen Änderungen und Kürzungen am Schluß, von § 3 der Vorrede zu FW* 13–19: *Ich ... Natur.* —] *ein Entwurf dazu (mit unbedeutenden Varianten) findet sich in Mp XVI 6* 19–24: *Und ... Philosophie ...] Und was die Krankheit angeht: würden wir nicht fast zu fragen versucht sein, ob sie uns überhaupt entbehrlich ist? Vorrede FW*
2. *Wenig geänderte Fassung von § 4 der Vorrede zu FW* 437 *21–22:*

Am ... Geschmack.] *fehlt Vorrede FW* **29–31:** Moral ... Probe.] *fehlt Vorrede FW. Mit diesem Satz schloß das am 15. Dezember von N nach Leipzig abgeschickte DM ab. Nachträglich jedoch schrieb er die Fortsetzung von § 4 der Vorrede zu FW bis zum Schluß ab, und sandte das neue Blatt an seinen Verleger mit dem Hinweis:* Am Schluss des Buches, vor dem Gedicht, Fortsetzung des Textes. *Am Schluß des Blattes schrieb er noch:* Ein leeres Blatt; bloss mit den Worten: Von der Armuth des Reichsten NB. das Gedicht mit den Spatien des Vorworts zu setzen! Als Titel der Schrift festzuhalten: Nietzsche contra Wagner / Aktenstücke / eines Psychologen. *Die Ausgabe von 1889 bringt diese Fortsetzung ohne den hier lemmatisierten Satz, so auch alle späteren Ausgaben. Podach (NWZ 46) gibt ihn in seinen Anmerkungen wieder. Da jedoch kein Hinweis darüber erhalten ist, daß der Satz vom Text entfernt werden sollte, so ist er im Text wiederhergestellt worden* **439 1:** Tout ... mépriser ...] *Abwandlung des Frau von Staël zugeschriebenen Wortes:* „Tout comprendre — c'est tout pardonner". *Der Satz fehlt in § 4 der Vorrede zu FW*

Von der Armuth des Reichsten. *Vgl. die Anm. zu DD*

Band 7
Nachgelassene Fragmente
Herbst 1869 — Ende 1874

Fragmentnummern ohne Angabe des Bandes beziehen sich auf die Fragmente von Band 7.

1 = P II 1b

1[1] *Entwurf zu GMD*
1[6] **11** *21–22:* Sophocles ... Dämon] *Platon, Rep. 329b–d*
1[7] *Entwurf zu ST* **12** *14–15]* Aristophanes, Ranae 1519 *22:* Apologie] *22a–c* *23–24:* Plato ... ironisirt] *Phaedr. 244a–245b* *25–26]* *Platon, Symp. 223d* *28:* „treibe Musik"] *Platon, Phaedr. 60e (vgl. GT 14)* **13** *16:* Heraclit] *Frg. 92 (Diels-Kranz)*
1[13] *Vgl. GMD, Bd. 1, 531*
1[17] *Vgl. Gottfried Semper, Der Stil in den technischen und tektonischen Künsten, oder praktische Aesthetik. Ein Handbuch für Techniker, Künstler und Kunstfreunde. Erster Band: Die textile Kunst für sich betrachtet und in Beziehung zur Baukunst, Frankfurt/M. 1860, 214–219*
1[18] *Semper, 464ff.*
1[19] *Vgl. Anm. zu 1 [17]*
1[21] *Vgl. Anm. zu 1 [17]*
1[24] *Zu ST*
1[25] *Zu ST*
1[27] *Zu ST*
1[30] *N zitiert nach Ludwig Uhland, Alte hoch- und niederdeutsche Volkslieder mit Abhandlung und Anmerkungen. Zweiter Band: Abhandlung (Dritter Band von: Uhlands Schriften zur Geschichte der Dichtung und Sage), Stuttgart 1866 (abgekürzt: Uhland)* **18** *20–24] Uhland, 75*

1[32] *Vgl. 1 [30] Anm.*
1[33] *Vgl. 1 [30] Anm.*
1[34] *Uhland, 399 und 484, Anm. 81; vgl. GMD, Bd. 1, 521*
1[35] *Uhland, 97–99*
1[36] *Vgl. 1 [30] Anm.*
1[37] 20 1: Gervinus] *Geschichte der deutschen Dichtung, 5 Bände, Leipzig ⁴1853, Bd. 1 wurde von N am 3. Nov. 1869 aus der Basler UB entliehen* 2: Schiller] *„Auch das Schöne muß sterben", Nänie*
1[40] *Vgl. GMD, Bd. 1, 525*
1[41] *Vgl. Georg Gottfried Gervinus, Händel und Shakespeare. Zur Ästhetik der Tonkunst, Leipzig 1868, 80*
1[43] *Entwurf zu ST*
1[44] *Entwurf zu ST*
1[45] *Vgl. GMD, Bd. 1, 529–531*
1[53] *Vs zu 3 [1]* 26 19: Sakades] *Aulet des 7. und frühen 6. Jh.*
1[56] *Vs zu 3 [2]; vgl. GMD, Bd. 1, 527*
1[57] 28 17: Rapp] *Moriz Rapp, Studien über das englische Theater, Tübingen 1862, 185*
1[58] *Vgl. Shakespeare, Troilus und Cressida I, 3; M. Rapp, a. a. O. 188*
1[59] 24–25] *z. B. in den Tragödien Elektra und mehr noch Ion* 26–27] *Euripides starb 406 am Hof des Königs von Makedonien Archelaus; die Aufführung der Bacchen ist nicht historisch gesichert*
1[61] *Quelle nicht erschlossen*
1[62] *Quelle nicht erschlossen*
1[63] *Vgl. 1 [109]*
1[65] *Quelle nicht erschlossen*
1[66] *Quelle nicht erschlossen*
1[67] *Quelle nicht erschlossen*
1[68] *Vgl. GMD, Bd. 1, 517* 32 3–7] *vgl. Gervinus, Händel und Shakespeare, 80*
1[69] 20–21] *vgl. Aristoteles, Poet. 1449a, 10–11*
1[70] *Vgl. ST, Bd. 1, 538*
1[71] *Vgl. 1 [53]*
1[73] *Quelle nicht erschlossen*
1[74] *Quelle nicht erschlossen*
1[75] *Quelle nicht erschlossen*
1[78] *Vgl. Rapp, Gesch. des griech. Schauspiels vom Standpunkt der dram. Kunst, Tübingen 1862, 176: „Das Stück [Euripides Bacchen] ist nur scheinbar tragisch, die Meinung des Dichters ist Parodie, Comödie, Satire."* 35 8–10] *Euripides, Bacch. 202–203*
1[79] 11: Bernhardy] *Gottfried Bernhardy, Grundriß der Griechischen Litteratur 1, Halle 1836, von N am 14. Dez. 1869 aus der Basler UB*

entliehen 13: O. Müller] *Karl Otfried Müller, Griechische Litteraturgeschichte, Breslau 1841, Bd. 2, 162*
1[80] *Quelle nicht erschlossen*
1[81] *Quelle nicht erschlossen*
1[82] *Vgl. J. J. Winckelmann, Geschichte der Kunst des Alterthums I 4, 2*
1[83] *Quelle nicht erschlossen*
1[84] *Vgl. Heinrich von Kleists letzte Briefe vor dem Selbstmord, geschrieben zwischen 12. und 21. Nov. 1811; Lessings Briefe zwischen 5. und 14. Jan. 1778*
1[85] *Vgl. August Wilhelm Schlegel, Vorlesungen über dramatische Kunst und Literatur; Zitatangabe nach: Kritische Schriften und Briefe V, hg. von E. Lohner, 2 Bde., Stuttgart 1966–67 (abgekürzt: Schlegel); hier 1, 94*
1[86] *Schlegel 1, 95*
1[87] *Schlegel 1, 101*
1[88] *Schlegel 1, 102; vgl. Platon, Rep. 605 c–d*
1[89] *Schlegel 1, 103*
1[90] *Schlegel 1, 107f.*
1[91] *Schlegel 1, 109*
1[92] *Vgl. ST, Bd. 1, 540*
1[93] *Schlegel 1, 160*   38 21: Aristophanes] *aus Byzantion, Grammatiker*
1[94] 23: Lessing]
1[95] *Schlegel 2, 43*
1[96] *Schlegel 2, 42*
1[97] *Schlegel 2, 44*
1[98] *Schlegel 2, 45*
1[99] *Schlegel 2, 45*
1[100] *Schlegel 2, 46*
1[101] *Vgl. ST, Bd. 1, 538f.*
1[102] *Vgl. ST Bd. 1, 546*
1[103] *Schlegel 1, 106*
1[104] *Schlegel 2, 31*
1[105] *Schlegel 1, 69f.; vgl. ST, Bd. 1, 548*
1[106] *Entwurf zu ST*
1[107] *Entwurf zu GMD*
1[108] *Zu ST, Bd. 1, 543*
1[109] *Vgl. 1 [63]*
1[110] *Vgl. 2 [7. 8]*
1[112] **44** 12: Fleckeisen] *Herausgeber der Jahrbücher für klassische Philologie*
1[114] *Vgl. Chronik*

2 = P I 14b

2[7] *Vgl. 1 [110]*
2[8] *Vgl. 1 [110]*
2[24] 54 Welcker's Auffassung] *von Friedrich Gottlieb Welcker entlieh N am 10. Nov. 1869 von der Basler UB: Hesiodische Theogonie, Elberfeld 1865, und Kleine Schriften, Bd. 2, Bonn 1845* 20: Hoffmann] *Homerus, am 19. Nov. 1869 entliehen*
2[25] *Vgl. GMD*
2[30] 56 *14:* διαδοχαί] διαδοχαὶ τῶν φιλοσόφων, *Werk des Peripatetikers Sotion aus Alexandrien, über die Nachfolgen der Philosophen, Hauptquelle des Diogenes Laertius*

3 = P I 15a

3[1] *Vs am Schluß:* Der Deutsche, für gewöhnlich in sich, im engsten Kreise lebend, stürzte sich in das Gewühl der zerstreuenden Öffentlichkeit, wenn er die Mysterien besuchte: er wollte also und mußte zerstreut sein. Der öffentliche Grieche – – – *vgl. GMD; 1 [45]; 1 [53]*
3[2] *Vs: 1 [56]; vgl. GMD, Bd. 1, 527*
3[3] *Im Anschluß an die Lektüre von Eduard von Hartmann, Philosophie des Unbewußten (Ausgabe von 1869) entstanden; vgl. N an Rohde, 11. Nov. 1869:* Über Hartmann mit Dir einmündig und einmüthig. Doch lese ich ihn viel, weil er die schönsten Kenntnisse hat und mitunter in das uralte Nornenlied vom fluchwürdigen Dasein kräftig einzustimmen weiß. *Vgl. Chronik*
3[5] *Wie 3 [3]*
3[10] *Wie 3 [3]*
3[11] *Wie 3 [3]*
3[12] *Entwurf zu DW*
3[14] *Entwurf zu DW*
3[15] *Entwurf zu DW*
3[16] *Entwurf zu DW*
3[17] *Wie 3 [3]*
3[18] *Wie 3 [3]*
3[19] *Wie 3 [3]*
3[20] *Wie 3 [3]*
3[22] *Später eingetragen*
3[23] *Wie 3 [3]; vgl. jedoch 3 [29]*
3[25] *Entwurf zu DW*
3[27] *Entwurf zu DW*

3[28] *Entwurf zu DW*
3[29] *Nach Schopenhauer, vgl. z. B. Welt 1, 310; vgl. auch 3 [23]*
3[32] *Entwurf zu DW*
3[33] *Entwurf zu DW*
3[35] *Disposition zu DW*
3[36] *Entwurf zu DW*
3[37] 70 22: Nacht] *danach gestrichen:* in der Sprache verschmilzt sich die Welt des Scheins und des Tons / der Leib enthält ein Symbol des Dinges: / ein Bild *Entwurf zu DW*
3[38] 71 9: Bernays] *Jacob Bernays, Grundzüge der verlorenen Abhandlung des Aristoteles über Wirkung der Tragödie; in: Abhandlungen der hist.-philos. Ges. in Breslau, 1. Bd., Breslau 1858, S. 133–202; N bezieht sich auf S. 133; von der Basler UB am 9. Mai 1870 entliehen* 10: Epicharmus, Lorentz] *August Lorenz, Leben und Schriften des Koers Epicharmos, Berlin 1864, von der Basler UB am 5. Jan. 1870 entliehen* 11: Händel, Gervinus] *G. G. Gervinus, Händel und Gervinus. Zur Ästhetik der Tonkunst, Leipzig 1868; vgl. 1 [41]; 1 [68]; Cosima Wagner an N, 27. Jan. 1870, KGB II/2, 123* 15: Gerth] *Quaestiones de graecae tragoediae dialecto, Leipz. Diss., Leipzig 1868*
3[39] *Vorform von GT; vgl. 3 [73]*
3[40] *Entwurf zu DW*
3[41] *Zu DW*
3[43] *Zu DW*
3[48] 74 4: Goethe] *Maximen und Reflexionen 767*
3[49] 6: Schiller] *Über die ästhetische Erziehung des Menschen in einer Reihe von Briefen, 6. und 26. Brief*
3[51] 17: Goethes] *Dichtung und Wahrheit IV, 20*
3[55] *Wie 3 [3]*
3[56] *Vgl. 3 [39]*
3[58] *Zu DW*
3[62] 77 23–24] *vgl. Goethe, Die Geheimnisse. Ein Fragment (1789): „Doch von ganz neuem Sinn wird er durchdrungen, / Wie sich das Bild ihm hier vor Augen stellt: / Es steht das Kreuz mit Rosen dicht umschlungen."*
3[66] *Vgl. Aristoteles, Poet. 1450 b, 15–19*
3[68] *Vgl. Aristoteles, Rhet. 1403 b, 22–26*
3[71] *Zu 3 [73]*   79 6] *nach Aristoteles, Probl. 953 a, 10–28 ?*
3[72] *Zu 3 [84]*
3[73] *Vorform von GT; vgl. 3 [39]*
3[74.75.76.77] *Zu 3 [73]*
3[82] *Nach G. Curtius, Grundzüge der griechischen Etymologie, Leipzig ³1869, aus der Basler UB am 2. Febr. und 4. Mai 1870, sowie am*

11. Febr. 1871 von N entliehen; dasselbe gilt für 3 [83] **82** 9: Heraclit] *Frg. 15 (Diels-Kranz)* 12: Ζαγρεύς] *Aisch., Fr. 228* ὠμηστής] *vgl. Plut., Themistokles 13*
3[84] *Karl Schlechta und Anni Anders, Friedrich Nietzsche. Von den verborgenen Anfängen seines Philosophierens, Stuttgart/Bad Cannstatt 1962, 80 (abgekürzt: Schlechta-Anders); Vorlesung vom Winter-Semester 1869/70; vgl. PHG*
3[85] *Zu 3 [73]*
3[86] *Zu 3 [73]*
3[88] **84** 12] *im Ms gestrichen*
3[95] *Wie 3 [3]*

4 = N I 1

4[1.2.3.4.5] *Zum ersten Mal veröffentlicht in BAB 3, 420–422*
4[6] *N zitiert nach: Goethe, Sämtliche Werke, 40 Bde., Stuttgart 1855–58, BN; Bd. 4, 149 enthält Str. 6–11 von „Höheres und Höchstes", aus West-Östlicher Divan, Buch des Paradieses*
4[9] *Nach C. P. Janz, Friedrich Nietzsches akademische Lehrtätigkeit in Basel 1869–1879, Nietzsche Studien 3 (1974), 197, las N im Sommer-Semester 1870 Euripides Bacchen im Pädagogium*

5 = U I 3–3 a

5[1] *Vgl. 5 [22]; 5 [42]* **93** 4–5] *Faust II, 7438f.; GT 18*
5[2] *Vgl. Faust II, 6212–6306*
5[3] *Zitat?*
5[4] *Vgl. Goethe, Die Kränze, v. 3–4*
5[5] *Quelle nicht erschlossen*
5[6] *Livius 1, Praef. 9*
5[10] *Zitat aus Gervinus, Geschichte der deutschen Dichtung; vgl. 1 [37]*
5[11] *Vgl. Platon, Rep. 329 b–d*
5[12] *Nicht wörtliches Zitat aus Platon, Rep. 601 b*
5[13] *Vgl. Soph., Oid. K. 7–8*
5[14] **95** 15–19] *Leg. 672 c* **95** 21–**96** 3] *Leg. 653 a–654 a*
5[15] *Vgl. Platon, Leg. 639 d–642 a; 645 d–650 b; 665 a–c; 671 a–674 c*
5[18] **96** 21: Schiller] *im Wallenstein* 24] *Heinrich von Kleist, Prinz Friedrich von Homburg III, 5*
5[22] *Vgl. 5 [1]*
5[24] *Disposition zu 5 [1]*
5[25] *Zu 5 [24]* **98**, 1
5[29] *Zu 5 [1]; vgl. GT 14, Bd. 1, 96*
5[30] *Entstanden im Anschluß an die Lektüre von Max Müller, Essays: 1.*

Beiträge zur vergleichenden Religionswissenschaft; 2. Band. *Beiträge zur vergleichenden Mythologie und Ethologie; beides Leipzig 1869, BN (abgekürzt: Müller); hier 1, 297–328 (über den semitischen Monotheismus)*

5[31] *Wie 5 [30] vgl. insbes. Müller 1, 162–252 (über Buddhismus); dazu auch: Carl Friedrich Koeppen, Die Religion des Buddha und ihre Entstehung, Berlin 1857, am 25. Okt. 1870 von N aus der Basler UB entliehen* 100 23–25] *Koeppen, 574f.; vgl. 13 [3]*

5[32] **101** *15:* Weltprozeß] *nach Hartmanns Philosophie des Unbewußten*

5[34] *Müller 1, 55*

5[36] *Entwurf zu 5 [1]*

5[37] *Müller 1, Vorrede VIII*

5[39] *Goethe, Maximen und Reflexionen 203*

5[40] *Zu Müller 1, Vorrede*

5[41] *Variation auf 5 [1] und 5 [42]*

5[42] *Vgl. 5 [1]*

5[43] *Disposition zu 5 [1. 42]*

5[50] *Müller 1, 57f. 56. 55*

5[51] *Müller 1, 65*

5[53] *Müller 1, 74; vgl. 73*

5[54] *Müller 1, 152. 145* 106 19–20] *zum ersten Male taucht hier — in bedeutsamem Kontext — die Gestalt Zoroasters (= Zarathustra) auf*

5[55] *Müller 1, 158*

5[56] *Müller 1, 211*

5[57] *Müller 1, 211f.*

5[58] *Müller 1, 215*

5[59] *Müller 1, 216*

5[60] *Müller 1, 217*

5[61] *Müller 1, 219*

5[64] *Im Anschluß an die Lektüre Müllers (1, 206)*

5[65] *Müller 2, 98*

5[71] **109** *17:* Essays, I p. 203] *Müller spielt hier auf Schopenhauer an*

5[74] *Goethe, Tasso V 5, v. 3338*

5[75] *Disposition zu 5 [1.42]*

5[97] *Vgl. 5 [103]*

5[103] **121** *8–9:* Himmel auf Erden] *vielleicht Anspielung auf Heine, Deutschland. Ein Wintermärchen, Caput I, 35–36*

5[115] **125** *2:* alle ... sterben] *vgl. 5 [57]*

5[116] *Entwurf zu einer Tragödie „Empedokles"; vgl. 8 [30–37]; 9 [4]; Heinrich Romundt an N, 6. Febr. 1871: „Auf das Drama: Empedocles bin ich sehr gespannt", KGB II/2, 324; vgl. Chronik* **125** 24] *vgl. Plut., de def. orac. 17; GT 11*

5[124] *Vgl. 3 [66] und Anm. dazu*

6 = U I 1

6[1] *Disposition zu 5 [120] und 6 [18]*
6[9] *Zu Disposition 6 [1]*
6[11] *Entwurf zu 5 [120]; 6 [18]* **132** *11]* vgl. 1 [7]; Platon, Phaed. 60e
6[13–15] *Dispositionen zu 5 [120]*
6[17] *Zusammenstellung von Ns philologischen Arbeiten, bis 1870*
6[18] *Ms am Schluß:* 23.24.25.26. [Einleitung über Heiterkeit.] Wissenschaft und Kunst. Homer. Die Sprache. Metrik. 27.28.29.30. Metaphysik der Kunst. *vgl. 5 [120]*

7 = U I 2b

7[4] *Vgl. 7 [122]* **138** *1–2]* vgl. Tac., Germania 18–20
7[5] *Vgl. 10 [1]*
7[8] *Vgl. GT 11 und Anm. zu 5 [116] 125, 4*
7[11] **139** *1:* Catull] *Carmina 90, 3–4*
7[16] *Vgl. 10 [1]*
7[17] *Vgl. 10 [1]*
7[19] **141** *1:* Psalm 1, 6; 9, 6] *„Denn der Herr kennt den Weg der Gerechtigkeit; aber der Gottlosen Weg vergeht." „Du schiltst die Heiden und bringst die Gottlosen um; ihren Namen vertilgst du immer und ewiglich."*
7[20] *Vgl. 10 [1]*
7[22] *20–21:* Der ... geboren] *vgl. 7 [11]*
7[23] *Vgl. 7 [121]*
7[24] *Vgl. 7 [121]*
7[25] *Vgl. 7 [121]*
7[27] **144** *9:* Sieht Helena in jedem Weibe] *Faust I, 2603f.*
7[31] *Vgl. 7 [121]* **146** *1:* Tacitus] *vgl. 7 [4]*
7[38] **148** *4–5]* vgl. 7 [36]
7[43] *Vgl. 7 [122]* **148** *2:* Tacitus] *vgl. 7 [4]*
7[47] *Vgl. I. Kant, Anthropologie in pragmatischer Hinsicht, Akad.-Ausgabe VII, 178, Anm.*
7[50] *Vgl. 1 [34] und die Anm. dazu; vgl. GMD 1, 521; GT 1*
7[51] *Vgl. 7 [122]*
7[52] *Vgl. 7 [47]*
7[53] *Quelle nicht erschlossen*
7[61] *Vgl. 7 [123]* **152** *12–13]* vgl. 3 [82] und Anm. dazu; Plut., Themist. 13

7[74] *Vgl. 7 [103]*
7[75] *Quelle nicht erschlossen*
7[79] *Quelle nicht erschlossen*
7[81] *Vgl. 7 [11. 22]*   156 *23:* Gellert] *Werke (Berend) I, 93*
7[87] *Hes., Erga 181*
7[94] **159** *24:* Schiller] *Vorrede zur Braut von Messina*
7[99] *Zitat nicht erschlossen*
7[101] **162** *3*] *Schiller, An die Freude*
7[103] *Vgl. 7 [74]*
7[104] *Zu E. von Hartmann*
7[106] *15:* Lucretius V] *De rer. nat. 1169–1182; GT 1*
7[109] *Vgl. 5 [120] und 6 [18]*
7[116] **165** *7–8. 9:* Indifferenzpunkten] *Ms* Differenzpunkten *GA*
7[117] *31*] *vgl. Platon, Symp. 203 b–c*
7[119] *Vgl. 7 [160]*   **167** *1–2*] *nach Schopenhauer, Welt 1, 173   10–11*] *Hebbel „Dichterloos", in: Friedrich Hebbel, Sämmtliche Werke, hg. von Richard Maria Werner, Bd. 6, 359, Berlin 1902*
7[121] *Vgl. 7 [23.24.25.31]*
7[122] *Vgl. 7 [31]*   **173** *8–9:* Tacitus] *Germania 18–20; vgl. 7 [4]; 7 [43]*
7[123] *Vgl. 7 [61]*   **177** *16–19: wie ... ist*] *Apollodorus 3, 4, 3; Clem. Alex., Protrept. II 17–18; Procl., Comm. Timaeus 35 a; Olympiodorus, Comm. Phaedrus 67 c*
7[124] *Zu GT*
7[125] *Vgl. PHG*
7[126] *Zu GT*   **184** *1–2:* Schillersche Terminologie] *Über naive und sentimentalische Dichtung*
7[127] *Vgl. GT 6*
7[128] *Zu GT*
7[130] *Disposition zu GT*
7[138] *Vgl. 10 [1]*
7[141] *Vgl. 9 [13]*
7[142] *Disposition zu GT*
7[143] **196** *10–11*] *Aristoteles, Pol. 1342a, 4–11; 1340a, 9–12*
7[150] *Quelle nicht erschlossen*
7[153] *Quelle nicht erschlossen*
7[160] *Vgl. 7 [119]*
7[173] *Nach Schillers Abhandlung Über naive und sentimentalische Dichtung*
7[174] *Entwurf zu GT; vgl. GT 1*
7[179] *Vgl. Hebbels Gedichte und Epigramme: „Verwunderung und Auflösung", „Gewissensfrage", „Dichterloos", „Traum und Poesie", a. a. O. 6, 344. 346. 359*

7[187] *Goethe, Ludwig Tieck's dramaturgische Blätter;* vgl. Bd. 8, 29 [1]
7[198] *Zitate nicht erschlossen*
7[199] *Vgl. 11 [1]*

8 = U I 5a

8[1] *Vgl. 7 [122]*
8[4] **220** *14–15:* „Beethoven"] *von Richard Wagner, 1870*
8[5] *Vgl. GT 4*
8[7] *Vgl. GT 5. 6*
8[15] *Vgl. GT 14*
8[16] *Erzählerischer Versuch Ns?*
8[19] **228** *22:* verbürgt.] verbürgt. [Also nicht nur beschränkend, wie im Falle des Plato und des Europides, nicht nur die Poesie zu neuen Stellungen – – –] *Ms*
8[23] **229** *24:* Goethe, p. 12] *Bd. 30, S. 12 der in 4 [6] ausgegebenen Goethe-Ausgabe: Winckelmann (Antikes)*
8[24] *Vgl. dazu C. P. Janz, Friedrich Nietzsches akademische Lehrtätigkeit in Basel 1869–1879, Nietzsche Studien 3 (1974)*
8[25.26] *Wie 8 [24]*
8[29] *Vgl. GT 19*   **232** *13:* ist.] *danach gestrichen:* Das gewesene Wort wirkt auf uns, indem fortwährend der Ton supplirt wird. *Ms*
8[30–37] *Versuche zum Drama* Empedokles; *vgl. 5 [116]; 9 [4]*
8[46] *Disposition zu GT*
8[50] *Konjekturen zu Cicero, Acad. I, 1; Ep. ad Varronem; Tacitus, Dial. de oratoribus*
8[57] *Dieses Fragment und die Fragmente 8 [58–66.69.70.76.82.84–93. 101–108.113.116] sind Entwürfe, Pläne, Dispositionen, Titel zu BA*
8[59] **244** *9:* Goethe sagt] *Wahlverwandtschaften II, 5*
8[71] *Freie Anspielung auf Platon, Soph. 266 c–d*
8[77] *Aufzählung von Ns Schriften*
8[83] **253** *32–254 1:* Odi ... arceo] *Hor., Od. III 1, 1*
8[88] *Nach Lessing und Schiller*
8[90] **256** *30:* Fiesco] *Schiller, Die Verschwörung des Fiesco zu Genua, „Erinnerung an das Publikum"*
8[91] **257** *11]* vgl. N an Erwin Rohde, 28. Jan. 1872
8[109] *Entwurf zu einem zugunsten der Bayreuther Sache von N geplanten Aufruf an die Deutschen (Juni–Juli 1872); vgl. Chronik*
8[110] *Vortragsreiseplan zugunsten Bayreuths, vgl. Chronik*
8[111.112] *Wie 8 [109]*
8[117] *Vgl. CV*
8[118] *Zu BA*

8[119] *Quelle nicht erschlossen*
8[120] *Entwurf zur Widmung von CV ?*

9 = U I 4a

9[1–3] *Titelentwürfe zu* GT
9[4] *Zu Empedokles; vgl. 5 [116]; 8 [30–37]*
9[5] *Vgl.* GT 19
9[8] *Zu* GT
9[9] *Vgl.* GT 7.8.19
9[13] *Vgl. 7 [141]*
9[14] *Vgl. 7 [141]*
9[32] *Vgl.* GT 17
9[33] *Zu 9 [36]* Musik und Tragödie
9[34] *Wie 9 [33]*
9[36] *Vgl. die Vorbemerkung zum Kommentar von GT und die Chronik über die Verhandlungen mit dem Verleger Engelmann für* Musik und Tragödie
9[37] *Zu* Musik und Tragödie
9[38] *Disposition zu* Musik und Tragödie
9[39] *Zu* Musik und Tragödie
9[40] *Zu* Musik und Tragödie; *vgl.* GT 21
9[41] *Zu* Musik und Tragödie
9[42] *Zu* Musik und Tragödie
9[47] *Zur geplanten Zeitschrift („Bayreuther Blätter") vgl. Chronik*
9[49] *Zu GT; vgl. 9 [54]*
9[54] *Vgl. 9 [49]*
9[55–61] *Zu* Musik und Tragödie *bzw.* GT
9[62] *Zu BA, wie auch die Fragmente 9 [63.64.68–70]*
9[65] *Vgl. 9 [8]*
9[74] *Vgl. Schiller an Goethe, 6. Juli 1802*
9[75] *Vgl. 9 [11]; 9 [77]*
9[76] 302 5: Der Schillersche Spaziergang] *Gedicht von 1800, zunächst (1795) mit dem Titel: Elegie (Die Horen)*
9[77] *Vgl. Schiller an Goethe, 28. Nov. 1797; Goethe an Schiller, 25. Nov. 1797; Schiller an Goethe, 24. Nov. 1797*
9[81] *Schiller an Goethe, 26. Dez. 1797*
9[82] *Schiller an Goethe, 1. Dez. 1797*
9[83] *Schiller an Goethe, 29. Dez. 1797; Goethe an Schiller, 27. Dez. 1797*
9[84] *Schiller an Goethe, 26. Dez. 1797*
9[85] 304 25] *vgl. Goethes Besprechung von Des Knaben Wunderhorn (1806)* 305 9–10] *Einleitung zu „Propyläen". Eine periodische Schrift, herausgegeben von Goethe. Ersten Bandes erstes Stück, Tübin-*

gen 1798: „Der Jüngling, wenn Natur und Kunst ihn anziehen, glaubt mit einem lebhaften Streben bald in das innerste Heiligtum zu dringen; der Mann bemerkt nach langem Umherwandeln, daß er sich noch immer in den Vorhöfen befindet."

9[90] **306** 21: Goethe] *an Schiller, 27. Dez. 1797 (s. 9 [83])*

9[92] *Zu GT* **307** 27: nicht pathologisch] *wie Goethe, vgl. 9 [83]* **308** 6] *vgl. Schiller an Goethe, 29. Dez. 1797 (zitiert auch in Wagners Beethoven: vgl. 9 [106])*

9[93] **309** 3] *auch als Untertitel für* Musik und Tragödie *gedacht vgl. Kommentar zu GT 1*

9[95] *Projekt einer Veröffentlichung von Aufsätzen aus dem Material zu GT (Juni 1871); vgl. Vorbemerkung zum Komm. von GT und Chronik*

9[104] *Vgl. GT 8*

9[106] **313** 26: Wagner] *Beethoven, Leipzig 1870, 26, BN (= Ges. Schr. 9, 104)*

9[109] *Vgl. 9 [123]*

9[110] **315** 30: Frösche] *Aristoph., Ranae 914–917*

9[114] **317** 5: Dante] *Inferno, Canto V, 73–142*

9[121] **318** 25: Goethe] *Anmerkungen über Personen und Gegenstände, deren in dem Dialog Rameau's Neffe erwähnt wird (Musik)*

9[123] **319** 10 Klein B. 6] *Julius Leopold Klein, Gesch. des Drama's, Leipzig 1865–69, Bd. VI 1: Das italienische Drama (1868), 123. 185; von N am 12. April 1871 aus der Basler UB entliehen*

9[124] *Disposition zu GT bzw.* Musik und Tragödie

9[126] **321** 22: Schillers ... Tiecks] *zu Schiller: Vorrede zur Braut von Messina; zu Tieck: nicht erschlossen*

9[131] **322** 17: Aristoteles] *Pol. 1339a, 21–25; 1340a, 5–6*

9[135] **324** 15: nur ... Virgils] *wie Dante in der Divina Commedia*

9[137] *Vgl. GT 19*

9[138] *Vgl. GT 11*

9[139] *Vgl. GT 12*

9[142] *Vgl. GT 19, Bd. 1, 124, 11–18; nach Schiller,* Über naive und sentimentalische Dichtung

9[143] *N zitiert aus Jacob Burckhardt, Die Kultur der Renaissance in Italien, Leipzig ²1869, BN; das erste Zitat auch in HL, Bd. 1, 266, 9–10*

9[145] *Schiller,* Die Macht des Gesanges *(1796); vgl. 9 [76] und Anm. dazu*

9[147] *Vgl. 9 [71]*

10 = Mp XII 1c

10[1] *F. N. Socrates und die griechische Tragoedie, hg. von H. J. Mette, 86–102 Vs zu CV 3* **336** 2: redet.] *Fortsetzung in Vs:*

[Dabei vergessen] wir nicht, daß jener ganze Prozeß nur unsere nothwendige Erscheinungsform [ist], soweit ohne alle metaphysische Realität ist: daß wir aber mit all unseren Beweisen aus dieser Schranke nicht heraus können und sie höchstens als solche zu erkennen befähigt sind. Wenn ich im Vorhergehenden von dem Genius und dem Schein zu reden wagte, als ob mir eine über jene Schranke herausgehende Erkenntniß zu Gebote stünde und als ob ich aus dem reinen großen Weltauge zu blicken vermöchte: so sei nachträglich erklärt, wie ich mit jener Bildersprache nicht glaube, aus dem anthropomorphischen Kreise herausgetreten zu sein. Aber wer hielte das Dasein aus, ohne solche mystische Möglichkeiten? Und noch erwarte ich — — — Wir, die wir genöthigt sind, alles unter der Form des Werdens d.h. als Willen zu verstehen — — — 336 *3–4:* Falls ... ist] § 8. Wenn damit das letzte Ziel des hellenischen Willens richtig bezeichnet ist Vs   337 *1:* Anderes] *aus* weiter *Ms*   *19:* und] *aus* Welt *Ms*   337 *30–338 5:* Erzeugnisse ... sind] *aus* Reste eines künstlerischen Triebs in Sklaven-Seelen. Denn wie könnte die wimmelnde Unzahl von mühselig kämpfenden Wesen leben, wenn nicht ihre Augen verschlossen wären, wenn die Klüfte ihnen nicht unbemerkt blieben, die zwischen Menschen und Menschen klaffen, wenn ihnen nicht der Gattungsbegriff Mensch als das eigentliche Würdevolle erschiene Vs   338 *21:* zwingende] *aus* genügende *Ms*   341 *13–14:* wie ... Lamien] *vgl.* Faust II, 7769–7784   *14–33:* Aus ... haben] Dieselbe Flucht vor der strengen finsterblickenden Wahrheit hat auch den Begriff des Staates mit einem erlognen Glanze umhüllt und das Auge von seiner Entstehung abgelenkt Vs   341 *33–343 16:* Was ... Völkerhaß!] Wiederum sind es die Griechen, die, einfach und schrecklich wie die Natur, durch ihre Thaten das Geheimniß jener Entstehung ausplaudern. — In ihren besten Zeiten, bei aller Gesittung und Fülle der höchsten Menschlichkeit, sind sie doch nie einem Satze untreu geworden, in dem die dunkle Abkunft des Staates sich nackt ausspricht: „dem Sieger gehört der Besiegte mit Weib und Kind, Gut und Blut". Wie entstand der Sklave, der unbewußte Vorarbeiter und Maulwurf der Kultur? Wie der Staat entstand, durch die Gewalt, an die sich die schwächeren Kräfte klumpenartig anschließen; wenn sich aber diese Gewalt-Lawine vorwärts wälzt, so erdrückt sie, was ihr sich nicht assimilirt; oder sie selbst zerbricht an einer noch finsteren Masse. Bei diesem plötzlichen Anschwellen der Macht geht es aber nicht zu wie bei einem Additionsexempel: die ganze Gewalt-Masse ist nicht bloß eine Summe von ehemalig vereinzelten Kräften. Vielmehr strömt von dem schöpferischen Kerne ein magischer Wille aus, vor dem sich die schwächeren Kräfte verwandeln, bis zu einer, bisher nicht vorhandenen, chemischen Affinität. Dieser zauberhafte Wille liegt jetzt auf dem Gesichte des Staates: ihm schwillt jetzt das Herz des Unterworfenen entgegen, das eine verborgene Einheit ahnt, wo der rechnende Verstand nur eine Addition zu erkennen befähigt ist. In zahllosen Formen, als Vaterlands- und Fürstenliebe, Patriotismus, politischer Trieb, offenbart sich jene Ahnung: die doch schwerlich der Entstehung des Staates gelten kann, so schwer auch dieser geboren sein mag. Man sollte doch denken, daß ein Wesen, das in die Entstehung des Staats hineinschaut, fürderhin nur in schaudervoller Entfernung von ihm sein Heil suchen werde. Und wo kann man nicht die Denkmäler jener Entstehung sehen, verwüstete Völker, zertretene Städte, die Saat des verzehrendsten Volkshasses und vor allem: Das Sklaventhum! mag dies nun als geächteter Stand oder als periodische Militär- oder Beamtensklaverei sichtbar werden. Was treibt den Menschen mit so räthselvollem Drange zum Staate? Was will jener Instinkt, der bei den Griechen der alles verschlingende, alles sich opfernde Trieb war? Ist es wirklich nur die dankbare Empfindung, daß der Einzelne jetzt nicht mehr als Einzelnes gegen Alle zu kämpfen habe? Ist es das behagliche Sicherheitsgefühl, jetzt in einer Rettungsanstalt und unter Dach und Fach zu leben? Sind selbst nur alle diese Annahmen berechtigt? Kann man nicht im Staate so gut wie außer dem Staate verhungern? Und beginnt nicht der Kampf des Einzelnen gegen Alle im Staate wieder von Neuem? Und wie möchte überhaupt Dankbarkeit — einer der edelsten, darum seltensten Züge der Menschlichkeit — zu einem so verzehrendem Triebe werden, wie es der politische Trieb, bei sonst keineswegs moralischen Individuen, ist? 343 *25:* hat!] hat. Was will die Natur mit dem Staate? – *Vs* 33: die Menschen] *aus* das Zeitalter *Ms* 348 *31:* Plato sah] eine Anzahl der Hüllen, in die versteckt der politische Wille umherzugehen pflegt, ist für Plato gesunken: und wer möchte je an eine völlige Entschleierung denken dürfen? In Wahrheit sah Plato *Vs* 349 *13–19:* Wie ... war] § 13. Wie Plato dem Staate seiner Zeit ins Herz sah, so begriff er auch die Stellung des Weibes zum Staate: in beiden Fällen zog er seine Idee aus dem bereits Bestehenden, das freilich ihr gegenüber wie alles Wirkliche nur ein Schattenbild war *Vs*

11 = Mp XII 1b

11[1] *F. N. Socrates und die griechische Tragoedie,* hrsg. von *H.J. Mette, 3–8* 353 *5–6:* Aristoteles] *Vgl. Poet. 1452a, 4–11* 30–33] Hebbel „Gewissensfrage"; vgl. 7 [179] 30] Vgl. Goethe, Gedicht „Generalbeichte", v. 34–35 357 *1–2*] Vgl. Goethe, Faust II, 7438–7439

12 = Mp XII 1d

12[1] *F. N. Socrates und die griechische Tragoedie, hrsg. von H.J. Mette, 36–45; 103–104*

13 = Mp XII 1a

13[1] *Vgl. Goethe, Wanderers Sturmlied, 2. Str.*
13[2] *Vgl. GT 21*
13[3] *Vgl. Koeppen, a.a.O., 574f. (s. 5 [44]) Über der 1. Zeile:* Thron und Krone Becher *[?]* Lehre *[?]; über der 2. Zeile:* mit dem *unausgeführte* Verbesserung   373 11] Koeppen, 547 (über die Symbolik der buddhistischen Architektur)

14 = P I 16

14[3] *Urfassung in P I 16, 145:* Ich denke daß, nach dem Gesagten, eine längere Stelle Schopenhauers, eine der tiefsinnigsten die er geschrieben, in die hellste Beleuchtung treten wird: während ich gänzlich unvermögens bin, ihren Inhalt in eine noch deutlichere und schönere Form zu gießen. Hier bin ich an einem Punkte angelangt, wo ich Schopenhauer in seiner ihm eigenthümlichen tiefsinnigen Art selbst reden lassen muß: da ich es nicht über mich gewinne, das mit schwächlichen Ausdrücken zu umschreiben was er selbst − −
− *Vs zu GT 16*
14[4] *Dieses Fragment sowie 14 [5–9] sind Dispositionen und Pläne zu GT*
14[10] *Dieses Fragment sowie 14 [11–26] sind Dispositionen und Pläne zu BA*
14[27–29] *Zu* Die vorplatonischen Philosophen; *vgl. PHG*

15 = U I 6a

15[1] **389** *4:* daß ich nicht] *Ms* preisend dich *GAK*

16 = P II 8b

16[3] **394** *10]* Platon, Rep. 329b–d
16[17] *Vgl. 14 [27–29]*
16[19] **400** *22–24]* Hes., Erga 11–26

16[35] *Vgl. Thuk. 1, 90–93; 135–138; Plut., Themist. 3. 30–32*
16[39] **407** *11:* Grote, 3, p. 536] *N zitiert aus Georg Grote, Geschichte Griechenlands. Aus dem Englischen übers. von N. N. W. Meißner Bd. 1–5; von Eduard Höpfner Bd. 6, Leipzig 1850/56, BN*

17 = N I 2

17[10] *Spätere Eintragung; zum Erscheinen von DS und Overbecks Christlichkeit unserer heutigen Theologie im September 1873; zum ersten Mal gedruckt in E. Förster-Nietzsche, Das Leben Friedrich Nietzsches, Leipzig 1895/1904, II, 128*

18 = Mp XII 2

18[1] *Disposition zu BA, so auch die Fragmente 18 [2–3.5–12]*
18[13] *Geplante Widmung von BA; vgl. Chronik*

19 = P I 20

19[1] *Zu einer Schrift über den „Philosoph" bzw. die griechischen Philosophen vor Platon; die Titel dazu zeigen eine Entwicklung und eine Vielfalt von sich ergänzenden Gesichtspunkten, von denen aus „der Philosoph" betrachtet wird: 19 [13], 19 [36], 19 [85], 19 [98], 19 [131]; aus den parallel laufenden Fragen der Wahrheit und deren Werts, des Kampfes von Kunst und Erkenntnis, des Werts der Lüge und der historischen Entwicklung der griechischen Philosophie heraus entstehen endlich die Schrift über* Die Philosophie im tragischen Zeitalter *(PHG) sowie die Abhandlung* Wahrheit und Lüge im aussermoralischen Sinne *(WL); als Nebentitel: 19 [138], 19 [180]; vgl. auch als zusammenfassende Titel am Schluß: 19 [316] und 19 [318]; die Aufzeichnungen dieses Hefts haben einen betont einheitlichen Charakter*
19[4] *Die geplante Schrift sollte Schopenhauer gewidmet werden; aus den vielen Ansätzen zur Schopenhauerschen Philosophie entwickelt sich später SE*
19[19] **422** *6:* David Strauss] *erste Erwähnung im Nachlaß: Der alte und der neue Glauben war 1872 erschienen und wurde zu einem buchhändlerischen Erfolg; dieses Werk wird im Kommentar SG abgekürzt; vgl. 19 [32]; 19 [201]*
19[57] *Notiz zu Vorlesungen*
19[58] **437** *22:* mein Buch] *GT*

19[64] *Schlechta-Anders, 38*
19[68] *Vgl. 19 [138]*
19[83] *Schlechta-Anders, 38f.*
19[85] *Auf diesen Titel greift N auch später (1875) zurück: vgl. Bd. 8, 6 [4]*
19[88] *Vgl. den Anfang von CV 4*
19[89] *Schlechta-Anders, 39*
19[91] *Schlechta-Anders, 39*
19[100] **452** *18:* Heraclit] *Frg. 92 (Diels-Kranz)*
19[129] *Notiz zu Vorlesungen*
19[130] *Notiz zu Vorlesungen*
19[134] *Schlechta-Anders, 40*
19[138] *Vgl. 19 [68]*
19[179] *Ebda., 43*
19[180] *Vgl. Anm. zu 19 [1]*
19[188] *Vorform von PHG; vgl. 19 [214], 19 [287]; 19 [325]*
19[190] *Mit Seitenkalkulationen von N*
19[192] *Schlechta-Anders, 43*
19[200] *Vgl. CV 4*
19[204] *Schlechta-Anders, 43*
19[209] **483** *11:* Nomina] *über* Abstrakta
19[218] *Schlechta-Anders, 44*
19[219] *Ebda.*
19[220] *Ebda.*
19[221] *Ebda.*
19[223] *Ebda.*
19[229] *Vgl. WL*
19[230] *Vgl. WL*
19[237] *Schlechta-Anders, 44f.*
19[246] *Ebda., 45; entstanden als Vs zu CV 1*
19[247] *Ebda., 45f.*
19[248] *Ebda.*
19[251] *Ebda., 46*
19[253] *Vgl. WL*
19[258] *Vgl. WL*
19[259] *Ungefähr von diesem Fragment an nehmen Ns literarische Projekte einen stark polemischen Charakter an; vgl. 19 [274]*   **500** *23:* Ingo] *Held in Freytags „Ahnen"*
19[227] *Verzeichnis von Kompositionen Ns*
19[309] **513** *8:* Goethe] *zu Eckermann, 3. Mai 1827*
19[312] **515**] *vgl. DS*   *9:* vom Liede] *Goethe zu Eckermann, 3. Mai 1827*
19[330] *Spätere Eintragung, nach Erscheinen von DS*

20 = Mp XII 3

20[1] *Vgl. CV 5*
20[2] *Autobiographische Aufzeichnung: vgl. Bd. 8, 11 [11]; 28 [6.8.9]*

21 = U I 4b

21[1] *Arbeitsprogramm (Veröffentlichungen) für den Herbst 1872 und Winter 1872/73*
21[5] *Entwurf zu PHG; vgl. auch 21 [6.15.16.19.21.22]*
21[7] *Vgl. Anm. zu 21 [1]*

22 = N I 3a

22[1.2] *Vgl. N an Franziska Nietzsche, 1. Okt. 1872; z.T. in BAB III, 483*

23 = Mp XII 4

23[1] *Zu PHG, so auch: 23 [2.3.5.6.7.8.9.11.12.14.16.22.23.24.27.28.29.30. 31.32.33.34.35.36.39.40.41]; Titel: 23 [15.21.25]*
23[26] *Daten aus dem Leben des Empedokles*

24 = U II 7a

24[4] *Vgl. Anm. zu Bd. 1, 317, 18 und PHG 1*
24[7] *Vgl. Goethe an Charlotte von Stein, 15. Juni 1786*
24[8] *Vgl. Goethe an Charlotte von Stein, 3. März 1785*
24[9] *Vgl. Goethe an Charlotte von Stein, 27. März 1784*
24[10] *Vgl. Grillparzer, Epigramme (1856)*
24[14] *Titel zu PHG*

25 = P II 12b

25[1] *Nachtrag zu GT   569 12–13: Vgl. Goethe ... p. 278] N zitiert nach: Goethes Briefwechsel mit Schiller, Stuttgart 1870, BN*

26 = U I 5b

26[1] *Schlechta-Anders, 90   571 10:* Spir] *Afrikan Spir, Denken und Wirklichkeit, Bd. 1, Leipzig 1873, von N aus der Basler UB am 13. März 1873 entliehen   11.12.16.23: p. 347 ... Kopp ... p. 324 ... p. 340* Kopp] *Hermann Kopp, Geschichte der Chemie, Teil II, Braunschweig 1844, am 28. März 1873 von der Basler UB entliehen   572 2.4.6: p. 310 Kopp ... p. 311 ... 367* Kopp] *a. a. O.   7.14.16.18.20:* Überweg III 53 ... Rixner und Siber III ... Überweg, III, 52 ... III 53 ... Überweg, III 81] *Friedrich Überweg, Grundriß der Geschichte der Philosophie von Thales bis auf die Gegenwart, 3 Bde., Berlin 1867, BN; zu Rixner und Siber: vgl. Überweg III 24; die Zitate, hier und sonst, erschlossen durch Schlechta-Anders*

26[2] *Ebda. 97   24–25:* Heraclit] *Frg. 83 (Diels-Kranz)   26:* „Weh-Mensch"] „Wahn-Mensch" *Schlechta-Anders*

26[3] *Ebda.*

26[4] *Ebda.; zitiert nach Überweg III, 23*

26[5] *Ebda.; vgl. Überweg III, 25*

26[6] *Ebda.*

26[7] *Ebda. 98; vgl. Überweg III, 28*

26[8.9] *Zu PHG*

26[11] *Ebda. 148; nach Schlechta-Anders:* „Ansatz und ... Vokabular weitgehend Spir entlehnt ..."

26[12] *Ebda. 141; nach Schlechta-Anders Versuch Ns* „seine eigene erkenntnistheoretische Grundposition und die Anregungen aus der Lektüre von Boscovich, Spir und Zöllner in einer einzigen Theorie zusammenzufassen."

26[14] *Quelle Ns über Bakunin: wahrscheinlich Gespräche mit Richard Wagner*

26[15] *Vgl. Goethe zu Eckermann, 18. Mai 1824:* „Wollte Gott ... wir wären alle nichts weiter als gute Handlanger [in der Betrachtung der Natur, in der Wissenschaft]! Eben weil wir mehr sein wollen und überall einen großen Apparat von Philosophie und Hypothesen mit uns herumführen, verderben wir es." *Über den Stil der Griechen, bzw. den Charakter ihrer Werke, 3. Mai 1827. Über Zeitungen, 2. Januar 1824:* „Es kommt durch das schlechte, größtenteils negative ästhetisierende und kritisierende Zeitungswesen eine Art Halbkultur in die Massen." *Zu Reformen ohne Gott, 4. Januar 1824. N zitiert nach: Eckermann, Gespräche mit Goethe, Leipzig 1868, BN*

26[16] *Erster Ansatz zu DS*

26[17] *584 10:* Goethe ... 3, p. 137] *vgl. Goethe zu Eckermann (über A. W. Schlegels Kritik an Euripides), 28. März 1827*

26[18] *Vgl. DS 1*
26[19] *Disposition zu DS 1*
26[20] *Vgl. 29 [226] und 32 [4] (Liste von unzeitgemäßen Betrachtungen)*
26[22] *Zu 26 [20]*
26[23] *Liste von geplanten (bzw. schon erschienenen oder verfaßten) Schriften*
26[24] *Disposition zu DS* 586 *10:* Pacific Nil] Pacific = *Friedrich* Nil = *Nietzsche*

27 = U II 1

27[1] *Entwurf zu DS; fast das ganze Material dieses Manuskripts ist den Vorarbeiten zu DS gewidmet*
27[2] *Zitat aus SG*
27[8] *Vgl. Bd. 8, 15 [7]*
27[10] *Vgl. Bd. 8, 15 [9]*   510 *7:* Jahn] *Quelle nicht erschlossen*
27[11] *Vgl. Bd. 8, 15 [8]*   *9:* Aristoteles] *Polit. 1335b, 26–1336a, 2*
27[12] *Vgl. Bd. 8, 15 [6]*   *11:* Lichtenberg] *Vermischte Schriften, Göttingen 1867, 1, 77, BN*
27[20] *Disposition zu DS nach 27 [7] und 27 [22]*
27[21] *Vgl. Lichtenberg, Vermischte Schriften, 1, 259.261f.264f.*
27[25] *Vgl. Lichtenberg, Vermischte Schriften, 1, 284.299.306.309.310*
27[27] *Schopenhauer, Parerga 2, 567*
27[29] *Vgl. Bd. 8, 15 [10]*
27[31] *Zitiert bei Schopenhauer, Parerga 2, 533*
27[35] *Vgl. Bd. 8, 15 [11]*
27[37] *Vgl. 27 [77]*
27[38] *Vgl. 27 [29]*
27[39] *Zitate aus D. F. Strauß, Ein Nachwort als Vorwort zu den neuen Auflagen meiner Schrift: Der alte und der neue Glaube, Bonn 1873, 12*
27[42] *Zitat aus SG*
27[44] *Zitate aus SG*
27[45] *Zitate aus SG*
27[51] *Vgl. Bd. 8, 15 [12]; vgl. Diog., Laert. VIII, 63*
27[52] *Entwurf zu DS*
27[53] *Disposition zu DS*
27[57] *Vs zum endgültigen Titel von DS*
27[59] *Disposition zu DS*
27[60] *Disposition zu DS*
27[61] *Disposition zu DS*
27[62] *Disposition zu DS*
27[63] *Disposition zu DS*

27[64] *Plan zu Veröffentlichungen*
27[66] *Vgl. Bd. 8, 15 [13]*
27[67] *607 13:* Heraklit] *Frg. 83 (Diels-Kranz); vgl. 26 [2]*
27[69] Hölderlin, Gesang des Deutschen; *vgl. N an Richard Wagner, 24 Mai 1875*
27[70] *Zitate aus SG*
27[72] *Vgl. Bd. 8, 15 [14]; WS 199*
27[73] *Disposition zu DS; die Zitate aus SG*
27[75] *Endgültiger Titel der ersten Unzeitgemäßen Betrachtung*
27[78] *Verworfenes Vorwort zu DS; vgl. N an Cosima Wagner, April 1873 (Briefentwurf), KGB II/3, 143f.*
27[81] *Erste Ansätze zu HL*

28 = Mp XIII 1

28[1] *Vgl. DS 8*
28[2] *Vgl. Anmerkung zu 19 [1]; das gilt auch für die Fragmente 28 [4–6]*
28[6] *Zu 35 [11]*

29 = U II 2

29[1] *Zum Thema „Wahrheit" vgl. 29 [2.3.4.8.10–21]; Titel und Dispositionen: 29 [23.26]*
29[6] *622 21–25] Zitate und Quelle nicht erschlossen; vgl. 29 [179] und 29 [64]   26–28] vgl. Goethe, Rameau's Neffe. Ein Dialog von Diderot, Werke, Bd. 29, 261, Stuttgart 1856, BN*
29[10] *Vgl. 29 [13]*
29[13] *Später benutzt für SE 7*
29[24] *635 6:* Zöllner] *Johann Carl Friedrich Zöllner, Über die Natur der Kometen. Beiträge zur Geschichte und Theorie der Erkenntniss, Leipzig ²1872, BN; vgl. insbesondere die Vorrede*
29[25] *14:* Schiller] *nicht erschlossen*
29[26] *Vgl. 29 [23]*
29[29] *Übergang von Thema „Wahrheit" zu „Historie"; die meisten Fragmente von da an sind als Vorarbeiten zu HL zu betrachten: 29 [30–42. 45–51]*
29[43] *Zitat nicht erschlossen; vgl. 29 [184]*
29[44] *Quelle nicht erschlossen*
29[51] *Von da an Auseinandersetzung mit Eduard von Hartmann, Philosophie des Unbewußten, Berlin 1872, BN; N zitiert hier aus der Ausgabe von 1869, vgl. Anm. zu 3 [3]; zu Hartmann in diesem Heft vgl. 29 [52–55.59.66.72]; vgl. HL 9*

29[52] *Zitate aus Hartmann nach der Ausgabe von 1869*
29[59] *Zitate aus Hartmann nach der Ausgabe von 1869*
29[60] *Vgl. HL 6* **655** 13: Grillparzer] *F. Grillparzer, Sämmtliche Werke, Stuttgart 1872, Bd. IX, „Über den Nutzen des Studiums der Geschichte", 40* 25–28] *vgl. F. Grillparzer, a. a. O., 45*
29[61] *Vgl. HL 2, Bd. 1, 261*
29[62] *Vgl. HL 6* **654** 4–16: „Was ... hat."] *vgl. Grillparzer, Sämmtliche Werke IX, 129*
29[64] *Vgl. 29 [6]*
29[65] **657** 14: Grillparzer] *Sämmtliche Werke IX, 159* 24: Grillparzer] *a. a. O., 187; vgl. HL 4*
29[66] *Zitate aus Hartmann nach der Ausgabe von 1869*
29[68] **659** 14: Grillparzer] *Sämmtliche Werke IX, 270* 18: Grillparzer] *nicht erschlossen*
29[70] *Vgl. Polybios, Hist. 1, 1, 2; HL 2*
29[72] *Zitate aus Hegels Vorlesungen über die Philosophie der Geschichte, Einleitung*
29[73] *Wie 29 [72]*
29[74] *Wie 29 [72]*
29[75] **663** 5: Schiller] *Was heisst und zu welchem Ende studiert man Universalgeschichte, in Schillers Werke Nationalausgabe, Bd. 17 (hg. von Karl-Heinz Hahn, 1970) 373; vgl. HL 6*
29[77] *Goethe zu Eckermann, 16. Febr. 1826*
29[78] **664** 1: Goethe] *zu Eckermann, 21. Juli 1827; vgl. HL 2* 5: Goethe] *an Zelter, 17. Jan. 1831*
29[79] *Goethe zu Eckermann, 11. Sept. 1828*
29[80] 27: Lichtenberg] *Vermischte Schriften, 1, 282* **665** 4: Lichtenberg] *Vermischte Schriften, 1, 285* 10: Goethe] *Maximen und Reflexionen 770*
29[83] **666** 7: Goethe Natur] *vgl. 9 [85]* 8–10] *vgl. R. Wagner, Die Meistersinger von Nürnberg, 3. Aufzug, 1. Szene*
29[84] 11: Goethe] *Maximen und Reflexionen 694; vgl. HL 7* 19: Goethe] *Schriften zur Literatur. Naturphilosophie. Jubiläums-Ausgabe, 38, 118*
29[86] *Zitate aus Hume, Gespräche über natürliche Religion, Leipzig 1781, X. Teil, BN; vgl. HL 1* **667** 5–7] *vgl. Anm. zu Bd. 1, 255, 10–11*
29[87] *Vgl. HL*
29[88] *Vgl. HL*
29[89] *Vgl. HL*
29[90] *Disposition zu HL*
29[92] *Vgl. HL*
29[93] *Mirabeau-Zitat nicht erschlossen*

Nachgelassene Fragmente Herbst 1869–Ende 1874 · 29 [52]–29 [172]   551

29[94] *Zitat nicht erschlossen*
29[95] *Niebuhr-Zitat nicht erschlossen*
29[96] *Vgl. HL*
29[97] *Disposition zu HL*
29[98] *Frühere Fassung von HL 1*
29[99] *Zu HL*
29[100] *Zu HL*
29[101] *Disposition zu HL*   678 26–27: Niebuhr ... siegte] vgl. Goethe an Zelter, 17. Jan. 1831; 29 [78]
29[102] *Disposition zu HL*
29[105] *Vgl. Niebuhr an Adam Moltke, 9. Dez. 1796*
29[106] *Hölderlin an den Bruder, 4. Juni 1799*
29[107] *Hölderlin an den Bruder, 1. Jan. 1799*
29[110] *Vgl. Goethe an Schiller, 5. Apr. 1797*
29[111] *Vgl. Schiller an Goethe, 21. Apr. 1797*
29[113] *Vgl. HL 3*
29[114] *Vgl. HL 3*
29[115] *Schema zu HL*
29[116] *Zu Schillers Abhandlung, Über naive und sentimentalische Dichtung*
29[117] *Zu HL*
29[123] *Nach Goethe zu Eckermann, 3. Mai 1827*
29[125] *Goethe an Schiller, 2. Jan. 1804; 19. Dez. 1798; vgl. HL*
29[126] *Schiller an Goethe, 23. Juli 1798*
29[127] *Goethe an Schiller, 21. Febr. 1798; 31. Jan. 1798*
29[128] *Schiller an Goethe, 2. Jan. 1798*
29[129] *Schiller an Goethe, 2. Jan. 1798; Goethe an Schiller, 3. Jan. 1798*
29[130] *Vgl. HL 5*   689 14–21] Goethe, Shakespeare und kein Ende! I (1815)
29[131] *Goethe, Shakespeare und kein Ende! III*
29[137] *Geschrieben nach der Rückkehr von Bayreuth, 5. Nov. 1873, vgl. Chronik*
29[141] *Disposition zu HL*
29[142] *Disposition zu HL*   693 24–25: Jean Paul] *Zitat nicht erschlossen*   27: Gibbon] *Zitat nicht erschlossen; vgl. HL 10*
29[147] *Zu HL*
29[151–158] *Dispositionen zu HL*
29[160] *Disposition zu HL*
29[162] *Entwurf zum Schluß von HL (verworfen)*
29[166] 700 16: Görres ... Revolution, p. 206] *erschienen 1821; die von N benutzte Ausgabe nicht erschlossen*   18: Lichtenberg I 206] *Vermischte Schriften, Göttingen 1867, BN*
29[172] *Zu HL*

29[176] *Vgl. Lichtenberg, Vermischte Schriften 2, 191*
29[179] *Vgl. 29 [6]*   *Zitat aus Benjamin Constant nicht erschlossen*
29[180] *Vgl. 29 [9]*   *Luther-Zitat nicht erschlossen*
29[181] *Vgl. 29 [8]*
29[182] 706 *13:* der alte Spanier] nach Schopenhauer; *vgl. 29 [28]*
29[184] *Vgl. 29 [43]*   *Luther-Zitat nicht erschlossen*
29[186] 707 *4–5*] Goethe, Maximen und Reflexionen 770; *vgl. 29 [80]*   *8*] nach Jean Paul; *vgl. 29 [142]*   *9–10*] nach Gibbon; *vgl. 29 [142]*
29[187] *11–13*] *vgl.* Goethe an Zelter, 17. Jan. 1831; *29 [78]*   *14*] Goethe zu Eckermann, 11. Sept. 1828; *vgl. 29 [79]*
29[189] *Niebuhr-Zitat nicht erschlossen*
29[190] *Zitat nicht erschlossen*
29[188] *21:* Goethe, Natur] *vgl. Anm. zu 666, 7*
29[197] *Vgl. 30 [15]; von da an und bis 29 [230] das Thema „Philosoph" wieder im Vordergrund; vgl. Anm. zu 19 [1]*
29[198] *Vgl. 30 [15]*
29[202] Hölderlin, „Sokrates und Alkibiades"; „Der Rhein"
29[213] 715 *6:* Arzt hilf dir selber!] *Luk. 4, 23*
29[226] *Vgl. 26 [20]*

30 = U II 3

30[1] *Titel des Heftes*
30[2] *Erste zusammenhängende Fassung von HL 1*   726 *14–19*] Giacomo Leopardi, Canto notturno di un pastore errante nell'Asia, deutsche Übersetzung von R. Hamerling; *vgl. Anm. zu Bd. 1, 256, 21–26*
30[5] *Vgl. Bd. 8, 6 [4]*
30[9] *Vgl. SE 1*
30[15] *Vgl. 29 [197.198]; 35 [5]*
30[17–21] *Zu 30 [15]*   738 *25:* Wirkungen ... Kleist] *vgl. SE 3*
30[31] *Vgl. SE 2 und Anm. zu Bd. 1, 348, 20–22*

31 = Mp XIII 5

31[2] 747 *10:* Pericles] *Thuk. 2, 38*

32 = U II 5a

32[8] *Vs zu 33 [1]; Aufzeichnungen über Wagner bis 32 [61]; Vorform von WB*

Nachgelassene Fragmente Herbst 1869–Ende 1874 · 29 [176]–34 [37] 553

32[9] *Vs zu 33 [2]*
32[10] 756 17–19] *vgl. WB 8; Goethe, Aus meinem Leben, Fragmentarisches, Spätere Zeit; die Stelle zitiert in 33 [3]*
32[11] *Vs zu 33 [6.7]*
32[13] *Vs zu 33 [8–10]*
32[15] *Vs zu 33 [11–16]*
32[18] *Im Jan. 1874 entworfen; vgl. N an Malwida von Meysenbug, 11. Febr. 1874*
32[49] *Vgl. 32 [10]*
32[77] *Zu SE*
32[82] *Vgl. 34 [9]; Za I Von tausend und Einem Ziele Bd. 4, 75, 5–8*
32[83] *Zu SE*

33 = Mp XIII 4, 1-5

33[1] *Vs: 32 [8]*
33[2] *Vs: 32 [9]*
33[3] *Vs: 32 [10]*
33[4] *Vs: 32 [11]*
33[5] *Vs: 32 [11]*
33[8] *Vs: 32 [13]*
33[9] *Vs: 32 [13]*
33[10] *Vs: 32 [13]*
33[12] *Vs: 32 [15]*
33[16] *Vs: 32 [15]*

34 = U II 6

34[1] *Erster Titel zu SE; das ganze Heft enthält Vorarbeiten zu SE*
34[4] *Vgl. SE*
34[8] *Vgl. SE*
34[9] *Vgl. 32 [82] und Anm. dazu*
34[15] *Vgl. SE*
34[16] *Vgl. SE*
34[21] *Vgl. SE*
34[22] *Vgl. SE*
34[23] *Vgl. SE*
34[24] *Vgl. 35 [14]*
34[29] *Vs zu SE*
34[37] *Vs zu SE*   804 *31:* Hausrath] *Adolf Hausrath; unter seinen Werken: D. F. Strauss und die Theologie seiner Zeit, 1876-78*

34[42] *Vs zu SE*
34[45] *Vgl. Homer, Odyssee 11, 23–50*
34[46] *Quelle nicht erschlossen*

35 = Mp XIII 3

35[4] *Quelle nicht erschlossen*
35[5] *Vgl. 30 [15]; 29 [197.198]*
35[6] *Goethe, Vier Jahreszeiten, Herbst 43*
35[8] **810** *18–24*] *Giacomo Leopardi, Il pensiero dominante, deutsche Übersetzung von R. Hamerling; vgl. Anm. zu Bd. 1, 256, 21–26*
35[9–14] *Aufzeichnungen zu SE*
35[13] **819** *6:* Schopenhauer] *nicht erschlossen*

36 = U II 7b

36[1] *Verzeichnis von geplanten philologischen Arbeiten*
36[3] *Vgl. C. P. Janz, Friedrich Nietzsches akademische Lehrtätigkeit in Basel 1869–1879, Nietzsche-Studien 3 (1974) 192–203*

37 = U II 7c usw.

37[1] **826** *19:* bei abgehellter Luft] *vgl. Za IV Das Lied der Schwermuth Bd. 4, 371, 8. Vielleicht Aufzeichnungen zu Lesen und Schreiben; vgl. 26 [20]; 29 [226]*

38 = Mp XII 5

38[1–7] *Über den Prometheus-Entwurf liegt keine Äußerung Ns vor, auch keine indirekte wie im Falle des Empedokles (vgl. Anm. zu 5 [116])*

Band 8
Nachgelassene Fragmente 1875–1879

Fragmentnummern ohne Angabe des Bandes beziehen sich auf die Fragmente von Band 8.

1 = N I 4

1[1] *Heinrich Romundt, ein Freund Ns aus den Leipziger Jahren, war seit dem Sommer-Semester 1873 Privatdozent der Philosophie in Basel, wohnte ab Sommer 1874 zusammen mit Franz Overbeck und N in der „Baumannshöhle", Schützengraben 45*
1[3] *Plan zu zehn neuen „unzeitgemäßen Betrachtungen"; vgl. N an Hans von Bülow:* Die nächsten 5 Jahre habe ich festgesetzt, um in ihnen die übrigen 10 Unzeitgemässen auszuarbeiten ... *2. Jan. 1875*
1[4] *Plan einer „Gesamtausgabe" der Unzeitgemäßen, mit einigen chronologischen und inhaltlichen Änderungen für die noch zu schreibenden zehn, im Vergleich mit 1[3]   9 12] DS   13] HL   14] SE   15] die nicht vollendete Unzeitgemäße* Wir Philologen   *16]* WB   *17] ein Ansatz dazu ist vielleicht 5[166]*

2 = U II 8a

2[1] *Spätere Eintragung am Anfang des Ms, als Motto*   **11** *2–4] Schrift von Carl von Gersdorff; vgl. Otto Böhtlingk, Indische Sprüche. Sanskrit und Deutsch, 3 Bde., St. Petersburg* ²*1870–1873, BN; Gersdorff, welcher dieses Buch bei seinem Besuch in Basel März 1875 bei sich hatte, schenkte es N Ende des Jahres, vgl. Gersdorff an N, 10. Dez. 1875 und N an Gersdorff, 13. Dez. 1875   5:* häßlich] häßliches *Ms*
2[2] *16:* Mihi scribere] *vgl. VM 167 und Anm. dazu*

2[3] **12** 2: Wolf] *Friedrich August Wolf (1759–1824), von ihm hatte N am 19. Februar 1875 aus der Basler UB entliehen: Kleine Schriften in lateinischer und deutscher Sprache ... hg. durch G. Bernhardy. II. Deutsche Aufsätze, Halle 1869; die zwei Bände sind durchgehend numeriert (II. Band = S. 593–1200), hier abgekürzt: Wolf KS*
2[4] *10–12:* Cicero ... fustibus] vgl. *Wolf KS 1046 Anm.*
2[7] Vgl. *3[4]*
2[8] Vgl. *Fr. Max. Klinger, Betrachtungen und Gedanken über verschiedene Gegenstände der Welt und der Literatur, Nr. 581 (Werke, Bd. XII, 1809)*

3 = Mp XIII 6 b. (U II 8, 239–200)

3[1] Vgl. *MA 607*
3[2] *Schrift von N* Vgl. *J. F. J. Arnoldt, Fr. Aug. Wolf in seinem Verhältnisse zum Schulwesen und zur Paedagogik ... Braunschweig 1861–1862, 2 Bde. (von N aus der Basler UB entliehen am 9. Mai 1871),* 1, 26: Wolf „*wurde am 8. April von dem damaligen Prorector, dem berühmten Mediciner Ernst Gottfr. Baldinger, nicht ohne Widerstreben — denn ‚wer auf dergleichen doctrinas philosophicae facultatis sich legen wolle, sei doch als Theologus einzuschreiben‘ — aber endlich doch als Philologiae studiosus immatriculirt, für seine einstige Stellung in der Wissenschaft ein bedeutungsvolles Ereigniss, das ihm als Archegeten des zünftigen Philologenthums in Deutschland die erste Weihe ertheilte.*"
3[3] Vgl. *7[6]* Anm. Ns: *Anfang p. 11 p. 6 d.h. U II 8, 174. 186, wo sich die Fragmente 5[55] und 5[31] befinden*
3[4] **14** *18] dazu N:* v. nächste Seite *d.h. Mp XIII 6b, 5* **19–21**] *dazu N:* v. nächste Seite v. nächstnächste v. p. 18, p. 15 *d.h. Mp XIII 6b, 5. 6 und U II 8, 160. 166; weitere Anm. Ns dazu:* Human⟨ismus⟩ relig⟨iöser⟩ Ration⟨alismus⟩ Optimismus p. 7 *d.h. U II 8, 184 (5[33])* **15** *1:* aus dem] *U II 8, 206 aus Mp XIII 6b* **2–3**] *dazu N:* v. p. 19 *d.h. U II 8, 158 (5[99]* **4–5**] *dazu N:* v. p. 20, 13 *d.h. U II 8, 156 (5[107]). 170 (5[60])* **9–10**] N; *dazu N:* v. p. 10 p. 17 p. 9 p. 7 6 a *d.h. U II 8, 176. 162. 178. 184. 187 (5[51], 5[88], 5[43], 5[35], 5[32])* **21**] *dazu N:* v. p. 9 *d.h. U II 8, 178 (5[45])* **31**: Race.] *danach gestrichene Abschrift von 2[5] 12, 13–16:* Es ... Sprache
3[5] **16** *2:* Wolf] *KS 844*
3[6] Vgl. *Wolf KS 814:* „*Man nennt sie bald Philologie, bald classische Gelehrsamkeit, bald alte Litteratur, bald Humanitäts-Studien, zuwei-*

len noch mit einem ihnen fremden und ganz modernen Namen, schöne Wissenschaften." Anm. dazu: „Der letztere Name wird, wie es scheint, jetzt von der Nation selbst, die ihn wahrscheinlich in die Mode brachte, weniger gebraucht. Man hört vielmehr Littérature als Belles lettres. Wenn ihn aber manchmal ein Lateinisch schreibender Gelehrter nachgebraucht, vielleicht gar litteras bellas gesagt hat, so war Scherz offenbar die Absicht. Für unsern Kreis von Kenntnissen eignet sich die Benennung durchaus nicht: sie haben ohnehin Seiten, die durch alles andere eher anziehen als durch beauté."

3[7] *10–14:* „gar ... sollte"] vgl. *Wolf KS 817*   *14–15]* N dazu: cf. p. 23 d.h. *U II 8, 150 (5[122])*   *15–17:* „bei ... Lebens"] ebd. *818*   *18–21:* „ähnlich ... empfinden"] ebd. Anm.   *22–26:* „bei ... pflegen"] ebd.

3[8] Vgl. *Wolf KS 1110*   dazu mit Bleistift *U II 8, 213:* Zum Sinistren der Philologie   *27:* so viele] viele *Wolf*

3[9] Vgl. *Wolf KS 735f.*   **17** *4:* als] anders als *Wolf*

3[10] *8:* Wolf erinnert] *KS 1175*   *14:* severioribus] *U II 8* deterioribus *Mp XIII 6b (Hörfehler von Gersdorff)*

3[11] Vgl. *Wolf KS 1065 Anm.*   *17:* Comödienbuch] *Terenz*

3[13] N dazu: cf. p. 5 p. 3 d.h. *U II 8, 188. 192 (5[29], 5[18])*   Vgl. *10[10]; 11[22]; WB 4, 18, 14–17*   spätere Eintragung in *U II 8, 217:* Unklarheit in der Verquickung des Alterthums und des Christenthums

3[15] **19** *4:* Philologen-Poeten] vgl. *5[17]; 5[107]; 5[109]; 14[3];* über die „Poeten-Philologen" der italienischen Renaissance vgl. *J. Burckhardt, Die Cultur der Renaissance in Italien, Leipzig 1869, 114. 119f. 161, BN*   *5:* Schiller)] Schiller) Urtheilen ist am schwierigsten. *U II 8;* vgl. *3[17] 19, 14*

3[16] *9*] danach N: cf. p. 21 jetzt eine reinere Kenntniss der Alten möglich: ob wirkungsloser? cf. p. 10 d.h. *U II 8, 154. 176 (5[109], 5[53])*

3[17] *14*] vgl. Anm. zu *3[15];* danach N: Übergang zur That. Schluss p. 9 d.h. *U II 8, 178 (vielleicht 5[47])*

3[19] **20** *1:* sogenannten] *U II 8, 238;* fehlt *Mp XIII 6b*   der ... dazu] über dem ersichtlichen Nichtberufensein *U II 8, 238*   *9:* noch] *U II 8, 239* um *Mp XIII 6b; GAK; GA*   *13–19:* viele ... anstimmen] N spielt auf folgende Stelle bei Schopenhauer „Über die anscheinende Absichtlichkeit im Schicksal des Einzelnen" an: *„... die Data, welche bloß die Erkenntniß dazu geliefert hätte, ließen sich vielleicht darauf zurückführen, daß der Zufall, welcher uns hundert arge, und wie durchdacht tückische Streiche spielt, dann und wann ein Mal auserlesen günstig ausgeht, oder auch mittelbar sehr gut für uns sorgt. In allen solchen Fällen erkennen wir in ihm die Hand der Vorsehung, und zwar am deutlichsten dann, wann er, unsrer eigenen Einsicht zuwider,* *ja, auf von uns verabscheuten Wegen, uns zu einem beglückenden Ziele hingeführt hat; wo wir alsdann sagen tunc bene navigavi cum naufragium feci [von Schopenhauer ins Lateinische übersetzter Spruch von Zenon dem Stoiker, vgl. Diog. Laert. VII 4]..."* Parerga 1, 216

3[21] *zu U II 8, 238 die Worte:* Pflicht, Staatsdienst. *auf S. 239 eingetragen   U II 8, 236 am Schluß gestrichen:* Dies betrifft alles die Genesis des jetzigen Philologen: skeptisch-melancholische Stellung. Aber wie sind sonst Philologen entstanden? *(= GA X 344, 103)*   21 *8–9:* Dies ... Philologen] *aus* Aber sehen wir von dem Heil des Individuums ab *U II 8, 238*

3[29] 23 *1:* Bergk's Litteraturgeschichte] *Theodor Bergks Griechische Literaturgeschichte, 1. Bd., Berlin 1872, wurde von N aus der Basler UB mehrmals entliehen, zwischen April 1873 und April 1876*

3[30] *Vgl. Wolf KS 1043 Anm.   3:* Bentley] *in einem Brief an T. Hemsterhuys, 1708*

3[31] *6–9:* Horaz ... Philologen.] *vgl. Wolf KS 1051: der Ruhm des Horaz von Bentley wuchs „als des höchsten neuen Musters feiner Wahrnehmungen, vielseitiger Belesenheit und tiefdringendes Scharfsinnes"; vgl.* 5[106]; 19[2]   *12–15:* Mir ... aufwiegt.] *vgl.* 7[5]

3[32] *Vgl. Wolf KS 1077 Anm.*

3[33] *Vgl. Wolf KS 1087*

3[34] 24 *3–6:* Wolf ... Stile.] *vgl. KS 740*   *6–12:* Wolf ... ist"] *vgl. KS 739: „Allerdings fordern die Gesetze geschichtlicher Untersuchungen, so wie die philologische Kritik, die Basis derselben, eine seltene Mischung von Geistes-Kälte und kleinlicher unruhiger Sorge um hundert an sich geringfügige Dinge, mit einem alles beseelenden, das Einzelne verschlingenden Feuer und einer Gabe der Divination, die dem Ungeweihten ein Aergerniss ist. Unserm Winckelmann, man muss es gestehen, fehlte jenes gemeinere Talent, oder es kam vielmehr bei dem Mangel vollständiger Vorbereitung zu seiner Kunstgeschichte nicht recht zur Thätigkeit ..."*

3[35] *Vgl. Wolf KS 833 Anm.*

3[36] *20:* Divination] *vgl. dazu Wolf KS 832*   *23:* Lachmann] *als Beispiele dafür zitiert Ernst Howald, FN und die klassische Philologie, Gotha 1920, Anm. 3: De choricis systematis tragicorum Graecorum, Berlin 1819; De mensura tragoediarum, Berlin 1822*

3[41] *Vgl.* 5[46]

3[44] *Vgl. Wolf KS 1117*

3[45] *Vgl. Wolf KS 833*

3[46] *Vgl. Wolf KS 834f. Anm.*

3[47] *Vgl. Wolf KS 849*   27 *7–8:* benutzen] benutzten *Wolf*

3[48] *10–11]* vgl. *Goethe, Winckelmann (1805)*   *12–14] N zitiert aus*

Fr. Max. Klinger, Betrachtungen und Gedanken über verschiedene Gegenstände der Welt und der Literatur, Nr. 94 (Werke, Bd. XI, 1809)
3[51] **28** *12:* es ... sein] *nach den Worten des Achilles in Od. 11, 489–491* *13:* leblose] *Mp XIII 6b* blutlose *U II 8; GA; da aber in U II 8* blutlose sehr deutlich zu lesen ist, so kann man schwerlich einen Lesefehler Gersdorffs, vielmehr eine Verbesserung Ns beim Diktieren annehmen
3[53] **29** *1–2:* alles ... denken] *vgl. 5[166]; 17[19]; VM 95*
3[57] *Vgl. Wolf KS 1077 Anm.* *17:* er,] er *Ms* *21:* er ... Atheism] *vgl. Wolf KS 1033f. Anm.; 5[110]*
3[58] *Vgl. Wolf KS 820f.*
3[59] **30** *8:* Wolf's Urtheil] *vgl. KS 836* *10:* oder] und *Wolf*
3[60] *18–19:* skeptisch-melancholisch] *vgl. die Streichung U II 8, 236 nach 3[21]*
3[63] *Vgl. 3[69]*
3[69] *Vgl. 3[63]*
3[70] **34** *28–31] vgl. WB 4, 446, 22–28; 5[111]; 6[14]*
3[72] *Vgl. Wolf KS 820 Anm.; 5[82]* **35** *6:* II 93] II 1, 93 *Wolf*
3[73] *Vgl. Wolf KS 827 Anm.*

4 = N I 3b

4[1] **39** *4]* zu Oskar Peschel *vgl. Anmerkung zu 39[8]* *10]* N erwarb die Werke Schopenhauers (Frauenstädt-Ausgabe, 1873–1874) am 25. Juni 1875 *11]* über den Erwerb naturwissenschaftlicher Werke durch N auch in den Jahren 1875–1879 gibt genaue Auskunft: Karl Schlechta und Anni Anders, Friedrich Nietzsche — Von den verborgenen Anfängen seines Philosophierens, Stuttgart/Bad Cannstatt 1962, 162ff.
4[2] *Vgl. N an Carl von Gersdorff, 8. Mai 1875; Ludwig Rütimeyer war Professor der Zoologie und vergleichenden Anatomie in Basel*
4[3] *23]* N besaß seit Mai 1875 eine vollständige Nachschrift des Kollegs Jacob Burckhardts über „Griechische Culturgeschichte", welche sein Schüler Louis Kelterborn angefertigt und ihm gewidmet hatte; diese Abschrift ist in BN vorhanden. Darüber schrieb N an Overbeck, am 30. Mai 1875: Der kleine Kelterborn hat mir ein stattlich gebundenes Buch überreicht, von 448 engen Quartseiten; es ist die griechische Cultur Burckhardts; und zwar hat es Vorzüge vor Baumgartners Bearbeitung, es ist reicher an Stoff und geordneter und eine ausgezeichnete Ergänzung, während Baumgartner einen feineren Blick für Burckhardt selbst und großes imitatorisches Geschick hat. *Die Nachschrift Baumgartners ist in BN nicht vorhanden*

4[4] 40 2–3] *vgl. WB 2   6:* Unruhe ... Ämtern] *vgl. WB 3, 440,*
    8–27   10: Wagner das Theater] *vgl. WB 7, 470, 10–13*
    13] vgl. 12[31] 268, 1–9

5 = U II 8b

5[4] *Vgl. 5[59]*
5[5] 42 *2:* sich] GAK sibi Ms
5[6] *15] vgl. P II 12a, 21:* Mitunter sieht man die weissen Knochen zu sehr bei Aristoteles (so gewiss auch die Magerkeit am Platz ist) *1874*
5[7] *Vgl. MA 261; 6[28]; 6[47] 124, 24–125, 1*
5[17] *Vgl. 3[15]   44 2:* Goethe und Leopardi] *vgl. WB 10, 503, 18; 5[109]; 14[3]*
5[19] *Vgl. 5[27]*
5[20] 45 *12–14:* Dann ... kann.] *vgl. WB 3, 445, 17–22*
5[24] 46 *21–22:* Demopheles] *vgl. Schopenhauer, Parerga 2, 347 ff. „Über Religion. Ein Dialog"*
5[27] *Vgl. 5[19]*
5[31] *Vgl. 7[6]*
5[32] *später hinzugefügt, im Zusammenhang mit der Ausarbeitung von 7[6]; vgl. Vs dazu*
5[33] 50 *1:* Köchly] *H. Köchly (1815–1876), in seiner Schrift über Gottfried Hermann, welche N am 3. April 1875 aus der Basler Universitätsbibliothek entlieh*
5[34] *Vgl. 7[6]*
5[36] *Vgl. 5[146]; VM 220*
5[37] *Vgl. 5[54]*
5[45] *Vgl. 7[6]*
5[46] *Vgl. 3[41]   53 11:* bei Winckelmann] an Winkelmann Ms
5[54] *Vgl. 5[37]*
5[56] *zu Cap. 1 von 5[55]*
5[57] *zu Cap. 3 u. 4 von 5[55]*
5[58] *Vgl. 5[12]   57 17–19]* F. A. von Hellwald, *Kulturhistoriker, Anhänger von D. F. Strauss und E. Haeckel; N bezieht sich auf dessen bekanntestes Werk:* Kulturgeschichte in ihrer natürlichen Entwicklung von den ältesten Zeiten bis zur Gegenwart, *Augsburg 1874 (Haeckel gewidmet), namentlich auf das Schlußwort: „Die Ideale und die Wissenschaft"; im Sommer 1881 ließ sich N dieses Werk von Overbeck schicken: vgl. an Overbeck, 8. Juni 1881*
5[59] *Vgl. 5[4]   23:* Gehege] *[?]* Scheuchen GAK Geschöpfe GA Ge-[sc]hege Ms

5[60] *Dieses und mehrere darauffolgende Fragmente von U II 8 sind wahrscheinlich entstanden bei der Lektüre von Jacob Burckhardts Vorlesungen über griechische Kulturgeschichte, nach der nicht mehr vorhandenen Nachschrift Adolf Baumgartners (vgl. Anmerkung zu 4[3]). Auf Parallelstellen bei J. Burckhardt, Griechische Kulturgeschichte, Bde. V–VIII der „Gesammelten Werke", Basel, Darmstadt und Berlin 1955 ff., wird nach Möglichkeit hingewiesen; die Abkürzung hierzu ist: GK 1–4. Falls sich solche Stellen nicht nachweisen lassen, werden ähnliche aus der gleichzeitigen, noch vorhandenen Nachschrift Louis Kelterborns beigezogen: es ist jedoch möglich, daß manche Fragmente aufgrund von Stellen der Nachschrift Baumgartners entstanden sind, die sich weder in der Ausgabe der Werke Burckhardts noch in der Nachschrift Kelterborns nachweisen lassen* 58 4–5: Nur ... gefälschtes] vgl. Burckhardt: „In betreff der alten Griechen glaubte man seit der großen Erhebung des deutschen Humanismus im vorigen Jahrhundert im klaren zu sein: im Widerschein ihres kriegerischen Heldentums und Bürgertums, ihrer Kunst und Poesie, ihres schönen Landes und Klimas schätzte man sie glücklich, und Schillers Gedicht ‚die Götter Griechenlands' faßte den ganzen vorausgesetzten Zustand in ein Bild zusammen, dessen Zauber noch heute seine Kraft nicht verloren hat ... Eine der allergrößten Fälschungen des geschichtlichen Urteils, welche jemals vorgekommen ...", GK 2, 348; *über diesen Punkt pflegte sich Burckhardt im Kolleg etwas derber auszudrücken, vgl. die entsprechende Stelle in einer späteren (1885) Formulierung des Vorlesungsmanuskripts:* „Die frühere Meinung, die Griechen hätten täglich Luftsprünge machen müssen vor Wonne, im perikleischen Zeitalter zu leben, stammt zum Teil aus Schiller: Die Götter Griechenlands", *zitiert von Felix Stähelin in der Einleitung zu seiner Ausgabe von GK („Jacob Burckhardt-Gesamtausgabe", achter Band, Basel, Berlin und Leipzig 1930, S. XXXII)*

5[61] *Vgl. 12[22]; VM 224*

5[62] *Vgl. 3[51]*

5[65] *Vgl. Burckhardt GK 1, 12. 57.* 20   59 9: als Lernende] vgl. 11[45] 237, 1; WB 3, 441, 34   10: nicht] nicht nicht Ms

5[66] *Vgl. 5[122]   Vgl. Burckhardt GK 1, 28*   18: Dies gegen Wolf] KS 817–819; vgl. 3[7]

5[67] *Vgl. Burckhardt GK 1, 19*

5[68] *Vgl. Burckhardt GK 1, 28*

5[69] *Vgl. Burckhardt GK 1, 45*   23: Sappho's ... Aphrodite] vgl. Poetarum Lesbiorum Fragmenta: Carminum Sapphicorum Fr. 1. 2. 194. 211 (Lobel–Page)

5[70] 60 3] vgl. Burckhardt GK 1, 12: „Darum erscheinen sie mit ihrem Schaffen und Können wesentlich als das geniale Volk auf Erden, mit

*allen Fehlern und Leiden eines solchen." Kelterborns Nachschrift, S. 2:
„... das geniale Volk an sich mit allen Fehlern und Leiden eines solchen ..."* 4] vgl. 5[84] 7–8: Ihre ... Temperament.] *vgl. Burckhardt GK 2, 363: „Die ganze Erscheinung des griechischen Pessimismus erhält nun ihre volle Merkwürdigkeit durch den entschiedenen Optimismus des griechischen Temperaments ..." Kelterborns Nachschrift, S. 83. 84–84a: „Die Religion und die Reflexion waren pessimistisch, das Temperament aber optimistisch; daher die enorme Productivität ... Das Volk war voll von elastischen Federkräften, daher das lebendige, optimistische Temperament, das stets zu neuen Thaten reizt. Die Lebensanschauung aber ist ganz pessimistisch." Letztere Formulierung — „Pessimismus der Weltanschauung und Optimismus des Temperaments" — findet sich auch bei Malwida von Meysenbug, Der Lebensabend einer Idealistin, Berlin und Leipzig 1898, 50 ff., wo diese über die Lektüre der Vorlesungen Burckhardts während der „Lese-Abende" in Sorrent berichtet (vgl. Chronik 1877). In Sorrent wurde möglicherweise die Nachschrift Kelterborns gelesen* 12–13: Die ... anzureden.] *vgl. Burckhardt GK 1, 73* 13–14: Das ... gesteigert.] *vgl. Burckhardt GK 1, 80*

5[71] *Vgl. Burckhardt GK 1, 91 ff.*

5[72] 21–22] *vgl. Burckhardt GK 1, 147* 25–28] *vgl. Schopenhauer, Parerga 2, 365. 681; Nachlaß 352* 25: das] den Lasttr⟨äger⟩ das Ms

5[73] *Vgl. Schopenhauer, Welt 2, 433*

5[74] *Vgl. Schopenhauer, Welt 2, 434. 437*

5[75] *Vgl. Schopenhauer, Welt 2, 438*

5[76] *Vgl. Schopenhauer, ebd.*

5[77] *Vgl. Schopenhauer, Welt 2, 442*

5[79] *Vgl. Schopenhauer, Welt 2, 445* 62 6: Er] Schopenhauer Es Ms

5[80] *Vgl. Schopenhauer, ebd.*

5[81] *Vgl. Schopenhauer, Welt 2, 446*

5[82] *Vgl. Schopenhauer, Welt 2, 447* 20–21: nugari ... Hellenen] *vgl. 3[72]*

5[83] *Vgl. Schopenhauer, Welt 2, 448*

5[84] *Vgl. 5[70]; Burckhardt GK 1, 28 (nach Plat. Tim. 22a); Schopenhauer, Welt 2, 451*

5[87] 63 23: Lichtenberg] *vgl. Vermischte Schriften 1, 186, BN, die Stelle ist von N angestrichen*

5[93] 65 6–7: Daß ... werden.] *vgl. Burckhardt GK 2, 374*

5[97] 25: O.R.G.B.N.] *wahrscheinlich die Anfangsbuchstaben der Namen: Overbeck, Rohde, Gersdorff, Baumgartner, Nietzsche*

5[100] *Vgl. 5[179]* 66 20: αἰὲν ἀριστεύειν] *vgl. Il. 6, 208; 11, 704; zitiert auch bei Burckhardt GK 2, 330. 360*

5[103] *Vgl. Burckhardt GK 2, 29ff.*
5[104] *Vgl. Burckhardt GK 2, 31. 320*
5[105] *Vgl. 16[8]* 67 *13–14: wie ... lebt] vgl. 3[19] 20, 16*
5[106] *Vgl. 3[31]; 19[2]*
5[108] *Vgl. WB 10*
5[109] 69 *12: Goethe ... — Philolog] vgl. 5[17]* *14–15: nie ... Wagner] vgl. 12[1]*
5[110] *19: Bentley ... fidei] vgl. 3[37]; N meint die „Confutation of Atheism" von R. Bentley (1694); vgl. F. A. Wolf KS 1033f.*
5[111] *Vgl. WB 4*
5[114] 70 *15–16: O. Müller ... Welcker] N bezieht sich auf K. O. Müller, Geschichte der griechischen Literatur bis auf das Zeitalter Alexander's, Bd. 1, Stuttgart ³1875 (3. Apr. 1875 aus der Basler UB entliehen) und auf F. G. Welcker, Kleine Schriften, IV: Zur griechischen Litteratur, Bonn 1861 (entliehen am 18. Febr. 1875)*
5[115] *Vgl. Burckhardt GK 2, 326* *22: waren] war Ms* Lust zu *fabuliren] vgl. Goethe, Zahme Xenien, 6. Buch*
5[117] *Vs 18[48]* *Vgl. Burckhardt GK 2, 97*
5[118] *Vgl. MA 154*
5[119] 71 *14] vgl. 12[21]* *16: Xenophon Socrates] vgl. Mem. I 3, 2*
5[120] *Vs 20[7]*
5[121] 72 *10–17: Spricht ... tragoediam.] Vs MA 154; vgl. VM 179; Burckhardt GK 2, 359*
5[122] *Vgl. 5[66]*
5[123] *Vgl. Burckhardt GK 2, 277*
5[125] 73 *11–12: „Bedeutung ... Deutschland"] Titel des ersten Aufsatzes in Otto Jahn, Aus der Alterthumswissenschaft. Populäre Aufsätze, Bonn 1868, BN*
5[126] *Vgl. in der Nachschrift Kelterborns, S. 76a: „Ganz falsch ist zu glauben, die Griechen seien ganz diesseitig gewesen und hätten sich um das Jenseits überhaupt wenig bekümmert."*
5[127] *Vgl. Burckhardt GK 1, 80*
5[128] *Vgl. Burckhardt GK 1, 80; 2, 373; vielleicht ähnlicher Kelterborn, S. 84: „wir werden nie erfahren, wie oft die hochbegabte, leidenschaftliche Selbstsucht sich überwunden hat im Dienst eines Allgemeinen ..."*
5[130] *Vgl. Burckhardt GK 2, 352ff. und das Kapitel über den „griechischen Heroenkultus" 2, 207–252*
5[131] *Vgl. 12[28] 265, 26*
5[139] *Vgl. 5[150]*
5[140] *Vgl. WB 1, 434, 33*
5[141] *Vgl. VM 378*
5[143] *Vgl. 11[4] 191, 5–8; WB 3, 444f.*
5[146] 77 *24] vgl. MA 261* *25–29] vgl. MA 158* 78 *4–6] vgl.*

Kommentar zu Band 8

MA 158   18–20: Der ... halten.] vgl. MA 158   24–28] vgl. 5[118]; MA 262   78 29–79 22] vgl. 5[36]; VM 220

5[147] Vgl. VM 220   79 23–24] vgl. Kelterborns Nachschrift, S. 78: „Sühnungen, καθάρσεις finden wir zum Theil schon bei Homer, später bei allen möglichen Anlässen. Man bedenke doch nur, wie in jener gewaltsamen Zeit fast jedem ein Mord begegnen konnte, (wie heute in Italien), worauf Rache geübt werden musste!" Vgl. aber auch die Ausführungen Ns in § 2 seines Kollegs über Geschichte der griechischen Litteratur (3. Teil, Winter-Semester 1875–76): GA XVIII 141

5[150] Vgl. 5[139]; MA 114

5[152] Zahlen von N nachträglich hinzugefügt

5[157] 84 7–8: lassen ... begraben] vgl. Matth. 8, 22

5[158] Vgl. 19[120]

5[162] Vgl. MA 148   über der ersten Zeile folgender, mit Bleistift hinzugefügter Ansatz einer Verbesserung: als Erleichterer des Lebens wenden sie den Blick von der Gegenwart ab oder lassen sie in einem buntesten [?] Licht – – –

5[163] Vs 18[33]   Vgl. MA 108

5[164] 86 13–14: „Hülfreich- und Gutsein"] vgl. Goethe, „Das Göttliche"

5[165] zum Kolleg Alterthümer des religiösen Cultus der Griechen (Winter-Semester 1875–76)   25–28: Homer ... Ereigniss] vgl. MA 262

5[166] 87 32–88 1: Die ... Vieldeutigkeit] vgl. VM 95   88 6–7: die ... Volk] vgl. 17 [20]   18–31] mit Bleistift angestrichen, vielleicht um es mit 5[162] u. 5[163] zu verbinden   29: Der ... Nothwendigkeit] vgl. 11[1]

5[175] Vgl. 23[82]

5[178] VsMA 234

5[179] Vgl. 5[100]; 5[197]

5[181] Vgl. MA 163

5[184] VsMA 360   später hinzugefügter Titel: 14 Verhalten beim Lob, zur Abschrift in M I 1, 8 (Nr. 14)

5[185] VsMA 234   später hinzugefügter Titel: 19 Werth der Mitte des Wegs, zur Abschrift in M I 1, 15 (Nr. 19)

5[186] Vgl. 9[1] 149, 4–7

5[188] VsMA 235   später hinzugefügter Titel: 18. fatum tristissimum, zur Abschrift in M I 1, 13 (Nr. 18)

5[190] VsMA 619   später hinzugefügter Titel: 15. Vortheil im Verachtet werden, zur Abschrift in M I 1, 8 (Nr. 15)

5[191] Später von N mit einer Schlinge mit 5[194] verbunden, zur Abschrift in M I 1, als zweiter Absatz der VsMA 233

5[192] 95 2: ἀνδραποδισταὶ ἑαυτῶν] vgl. Xen. Mem. I 2, 6

5[193] Vs 18[47]

5[194] *VsMA 233* *später hinzugefügter Titel:* 16. Stimme der Geschichte über die Erzeugung des Genius, *zur Abschrift in M I 1, 9 (Nr. 16)* 9–10] *vgl. Faust I 482. 485*
5[195] *Variante in M I 1, 81–82 (Nr. 145); vgl. GA XI 136, 433:* Die Griechen der Kaiserzeit sind matt und nehmen sich ganz gut als Typen der zukünftigen, müde gewordenen Menschheit aus; sie erscheinen menschenfreundlich, namentlich im Vergleich mit Rom, und haben allein unter den damaligen Menschen eine Abscheu gegen Gladiatorenkämpfe.
5[196] *VsMA 125* *Vgl. 8[6]; 11[18] 204, 1–4*
5[197] *VsMA 474*
5[198] *Vs 18[46]* 96 *14:* sind?] *danach gestr.* Die Sprache hat sich

— — —

5[199] *Vs 18[46]* *Vgl. Burckhardt GK 1, 147*
5[200] *Vgl. MA 474* *Vgl. Burckhardt GK 4, 175f.*

6 = U II 8c

6[4] 98 *15:* Eins ist Noth] *vgl. Luk. 10, 42*
6[6] 99 *4:* alles ist falsch] *vgl. den „Assassinenspruch":* Nichts ist wahr, Alles ist erlaubt *in Za IV Der Schatten und GM III 24; dieser Spruch lautete im Heft W I 1 (Frühjahr 1884):* Alles ist falsch! Alles ist erlaubt!
6[7] 99 *15–*100 *2] VsMA 261; 99,23–100,2 später hinzugefügt* 99 *15–18] vgl. Burckhardt GK 1, 27–28*
6[10] *Vgl. 6[44]*
6[13] 102 *18–20:* der ... Tode] *nach der Erzählung im zyklischen Epos Aithiopis* 21: die ... Mythus] *aus* die Auktorität
6[14] 27: „die ... Glück"] *vgl. Johann Heinrich Merck an ..., Herbst 1777:* „Die garstige Prätension an Glückseligkeit, und zwar an das Maas, wie wirs uns träumen, verdirbt Alles auf dieser Welt", in: Briefe an und von Johann Heinrich Merck ... Darmstadt 1838, 1, 100, *zitiert bei Schopenhauer, Parerga 1, 434f.* 103 *9–10] vgl. WB 4, 446, 22–28; 3[70]; 5[111]*
6[15] 20: die ... Glück] *vgl. Anm. zu 6[14]*
6[23] *Vgl. MA 261*
6[27] *Vgl. MA 261*
6[28] *Vgl. MA 261; 5[7] und die Ausführungen Burckhardts über die griechische Tyrannis, GK 1, 166–201*
6[29] 109 *22–27] vgl. Plut. Sol. 21*
6[31] 110 *19:* dieselbe] *Schopenhauer* dasselbe *Ms* 26: *Parerga I 439*]

mit einer kleinen Auslassung, nach der Frauenstädt-Ausgabe zitiert   27: die ... Glück] vgl. 6[14]; 6[15]

6[32] Vgl. MA 92; Thuk. V 85–111   111 1–5: „was ... wünschen."] vgl. Thuk. V 105; N zitiert hier nach: *Thukydides, Geschichte des Peloponnesischen Kriegs, übersetzt von Dr. Adolf Wahrmund, Fünftes Buch, Stuttgart 1864*, BN

6[33] Vgl. *Luthers Werke, Weimarer Ausgabe, Tischreden 2, Weimar 1913*, 455f. Nr. 2410b. N folgt einer populären Ausgabe der Edition von Johannes Aurifaber (1566); die Tischrede stammt aus dem Januar 1532

6[34] *16: die ... Schicksals] vgl.* Schopenhauer, *Über die anscheinende Absichtlichkeit im Schicksale des Einzelnen, Parerga 1,* 215ff.

6[38] Vgl. 6[49]; 6[50]

6[39] Vgl. WS 55

6[43] *114 1–2: Man ... rasch.] vgl.* MA 261, 320, 19–24

6[44] *8–9: Ihre ... Wesens.] vgl.* 6[10]

6[45] Vgl. WB 2, 435, 10–14

6[47] Vgl. MA 261   *114 24–115 1: Die ... gehabt.] vgl.* 5[7]   *115 10:* Griechen,] Griechen Ms

6[48] *Vs:* Mir fällt auf, wie menschlich schön und nachahmungswürdig alle Zeichen älterer Philosophen sind; gar keine verzerrten und wüsten Gestalten sind darunter. Keine pfäffischen Gesichter, keine fanatischen Wüsten[teufel]-Einsiedler, keine Scholastiker, keine steifen Pedanten, keine theologisirenden Falschmünzer des Gedankens, keine gemeinen Schönfärber der Dinge: obwohl zu allem die Keime da sind und nur ein böser Lufthauch drüber zu kommen braucht, so steht alles Unkraut in Blüthe. *vgl. 116, 28–117, 9   116 1–2: zwei ... Triebe] vgl.* WB 2, 437, 2–3   *12:* Lichtenberg IV 152] N zitiert aus G. Chr. Lichtenberg, *Einige Lebensumstände von Capt. James Cook, größtentheils aus schriftlichen Nachrichten einiger seiner Bekannten gezogen,* a.a.O.

6[49] Vgl. 6[38]

6[50] Vgl. 6[38]

7 = Mp XIII 6a

7[3] Vgl. 2[3]

7[4] *Worte für den* Hymnus auf die Freundschaft? *Die entsprechenden Notenblätter haben keinen Text; die Arbeit an dieser Komposition erstreckte sich vom 24. Apr. 1873 bis zum 29. Dez. 1874; daneben das metrische Schema:* − −|− −|− ∪|∪ ∪ ∪|− / − −|− ∪ ∪|−|− / − |
− −|− ∪|∪ ∪ ∪|− − / − −|− ∪|− ∪|−|− / − −|− ∪ − / − − |
− ∪ − ∪ / − − − ∪|− ∪|− ∪| − ∪ ∪|− − |− |−

7[5] *Vgl. 3[31]*

7[6] *Vs:* Zum Anfang. — Die Philologen haben etwas mit den Theologen gemein: sonst unterscheiden sich alle anderen Diener der Wissenschaft von ihnen: sie wahren instinktiv ihr Lehrerthum und sorgen dafür, daß die eigene Wissenschaft dies nicht gefährdet. So will ein Mediziner erst Arzt sein, dann Gelehrter, so ein Jurist erst Beamter, dann Forscher. Aber der Anspruch der Philologen Lehrer zu sein ist sehr befremdend: warum sie gerade! Es ist dies lange nicht so einleuchtend, wie daß der Mediziner Arzt sein will. Was heißt das, daß der klassische Philolog den Anspruch erhebt, im höheren Sinne Lehrer zu sein, und nicht nur alle wissenschaftlichen Menschen, sondern auch alle Gebildeten zu erziehn? — Jedenfalls muß er dem Alterthume diese Kraft zutrauen. — Steht nun thatsächlich die Bildung unsrer Gebildeten sehr tief, so fiele dies entweder auf das Alterthum zurück oder auf die Interpreten des Alterthums: hier oder dort steckte die Schuld. Entweder erzieht das Alterthum nicht oder die Philologen verstehn das Alterthum nicht — oder beides. — Das erste behaupten die Realschullehrer.

7[7] *Vs:* Unter einem Philologen verstehen wir jetzt einen Menschen, der eine Kenntniß des griechischen und römischen Alterthums hat und mit ihr Jünglinge von 13–20 Jahren erzieht. Natürlich verlangt man, daß er noch etwas anderes weiß, z.B. etwas Mathematik oder seine Muttersprache oder neuere Sprachen, aber dort ist seine Hauptsache. Man schätzt es, wenn er noch eine ganz andere Sprache versteht, man fordert es, daß er z.B. nothdürftig wenigstens seine Muttersprache kennt. Unter einem Professor der Philologie an Universitäten einen Menschen, der Philologen erzieht; — — — Der jetzige Stand von Philologen besteht einmal aus solchen Menschen, welche ihre Kenntniß des griechischen und römischen Alterthums benutzen, um Jünglinge von 13–20 Jahren damit zu unterrichten und aus solchen welche wieder solche Lehrer zu diesem Berufe erziehn. Die Philologen der Universitäten sind somit die Erzieher der Erzieher; über ihnen giebt es keine höhere Auktorität; und ihnen also ist die Verantwortung zuzuschieben, wenn die Erziehung der Jugend schlecht geleitet wird. Staatsbehörden, die sich mit Gegenständen des Unterrichts befassen, thun dies nur mit Nutzen als ehemalige Philologen oder Professoren oder sie sind unwissende, [denen man nicht gehorchen soll] welche sich von Wissenden etwas einflüstern lassen müssen; wie es zumeist der Fall ist — — — Man sondert die begabteren Jünglinge aus, solche vornehmlich, auf deren Erziehung die Eltern reichlich Geld verwenden können, und diese übergiebt man dann den Philologen. So ist unsre höhere Erziehung beschaffen. *erste bearbeitete Fassung zu 7[7] in U II 8, 182–183:* Wer mit der Bildung, welche jetzt im

Schwange geht, nicht einverstanden ist, der wird sich nach den Bildnern umsehen, welche diese Bildung pflanzen und fördern: und unter ihnen wieder die Philologen erblicken; entweder wollen diese eine falsche Bildung oder sie wollen sie zwar nicht, sind aber zu schwach, das was sie wollen durchzusetzen. Entweder also fällt die Schuld ihrer Einsicht und Absicht zu oder ihrer Schwäche, die sie verhindert, ihre Einsichten und Absichten durchzusetzen. Im Ganzen besteht also die gegenwärtige Bildung entweder mit Willen oder wider Willen der Philologen: [und in beiden Fällen sind sie schuldig] aber es fragt sich sehr, ob man sie schuldig nennen kann. Im ersten Falle würden sie sagen, sie wüßten es nicht besser, im zweiten sie könnten es nicht besser. Aber jedenfalls möchte man doch hören, was sie sagen. Da ich nun selber Philologe bin und genug unter ihnen und mit einigem Nachdenken gelebt habe, so will ich sie vertheidigen und einmal in ihrem Namen sprechen.

8 = U I 6 b

8[2] **128** *8:* Mörike] *starb am 4. Juni 1875; wahrscheinlich bezieht sich N auf ein Urteil über Mörike aus diesem Anlaß* 10: Goethe] *vgl. 8[5]*

8[3] *Vgl. K. Schlechta, A. Anders, Nietzsche, über die verborgenen Anfänge seines Philosophierens, Stuttgart 1964, 155f., wo dieses Fragment jedoch irrtümlich dem Notizheft N I 6 zugeschrieben wird* **129** 2] *erworben am 26. Mai 1875* 3] *Eugen Dühring, Cursus der Philosophie als streng wissenschaftlicher Weltanschauung und Lebensgestaltung, Leipzig 1875, BN, von N am 21. April 1875 erworben; Spuren dieser Lektüre im Frühjahr-Sommer 1875 — N las es noch einmal 1885 — finden sich auf den ersten Seiten; S. 2: „Philosophie ist die Entwicklung der höchsten Form des Bewusstseins von Welt und Leben." von N unterstrichen; S. 5: „Bei dieser grossen Aufgabe handelt es sich nicht darum, das natürliche Gemüth oder, mit andern Worten, die Antriebe und Gefühle der menschlichen Natur zu Gunsten einer einseitigen Verstandescultur herabzusetzen, sondern im Gegentheil darum, diese naturwüchsigen Ausstattungen unseres Wesens durch den Verstand völlig freizumachen und in solchen Richtungen wirken zu lassen, wo sie sich mit der geringsten gegenseitigen Störung auszuleben vermögen." Randbemerkung Ns:* als ob nicht erst eine Gemüthsform da sein müsste, um dem Verstande eine solche Aufgabe zu stellen! d.h. wie schwach und lahm müsste das Gemüth (der „Wille") geworden sein, um sich so leiten zu lassen! Und was wäre dann eine solche Welt werth?! *S. 6: „Die Lebensgestaltung, für die sie [die Philosophie] neben* *der blos theoretischen Vertretung der Weltanschauung eintritt, bezieht sich daher weit weniger auf die isolirte Privatmoral individualistischer Art, als vielmehr auf den socialitären und politischen Zusammenhang des allseitigen und insbesondere des geistigen Verkehrs."* Randbemerkung Ns: Aber vom Individuum ist auszugehen! Und wo ist dies Erste! *ebd.: „Es versteht sich von selbst, dass dieses Zusammenwirken schliesslich die Form des Staats selbst annehmen muss; aber die Mittelstufen bis zu diesem Ziele mögen eine Mannichfaltigkeit durchmessen, die mit der lockersten Verbindung, ja mit den Zufälligkeiten der unorganisirten literarischen Mittheilung beginnen kann und sich erst später zu geordneten Vereinigungen und zwar zunächst im Rahmen der gewöhnlichen Formen der Collectivaction steigert."* N: Nie! *ebd.: „Diese höchste Form [des philosophischen Bewusstseins] besagt zunächst, dass in Vergleichung mit ihr keine höhere Instanz anzutreffen sei, von welcher über die Würdigung und Behandlung des Daseins entschieden werden könnte."* N: Ich denke Entwicklung der höheren Formen zur höchsten. S. 9: *„... ähnlich, wie die chemische Constitution der Körper, kann auch die allgemeine Verfassung des Daseins auf Grundelemente und Grundformen zurückgeführt werden."* N: Bedenkliches Gleichniss! *vgl. den Titel von MA 1   4] wohl* Reidt, *in Ms ist aber zweifelsfrei* Reis *zu lesen (nicht* Reidt *wie Schlechta-Anders); N verwechselt hier miteinander die zwei Werke:* P. Reis, Lehrbuch der Physik, Leipzig 1872 *und* F. Reidt, Die Elemente der Mathematik, Berlin 1868, *beides BN und am 22. Juni 1875 erworben*

8[4]   16] *vgl.* 5[161]; 5[165]   20–24] *vgl.* 9[1]   25: zunächst ... Bayreuth"] *hier wird zum ersten Mal die Unzeitgemäße über die Philologen hinter die über Wagner zurückgestellt*   130 3–4] *vgl. die Fragmente der Gruppe 15 (= U II 11)*

8[5] *Vgl. WB 2, 435, 11–13*

8[6] *Vgl. 11[18] 204, 3–4; 14[6]*

8[7] *Vgl. N an Rohde, 8. Dez. 1875; 23[140]*

9 = U III 1

9[1] *Interpunktion mit Hilfe von Dührings Text gelegentlich vervollständigt*   131 1] Eugen Dühring, Der Werth des Lebens. Eine philosophische Betrachtung, Breslau 1865, *BN, im folgenden* WL *abgekürzt*   28: die ... Ignoriren] WL 3   132 1–2: lagert ... nicht] WL 4   23–25: Im ... Erkenntniß.] WL 5   134 9–10: Ob ... Möglichkeiten] WL 9   11–18: die ... einschließe] *ebd.*   18–21: Welt ... vorhanden.] *ebd.* 10   29–30: die ... überwinden] *ebd.*   135 9–21] *vgl. WB 3, 17, 17–25*   11–13:

Nur ... auffordern.] *WL 12*   *19–21:* Das ... zieht.] *ebd.*   *20–21:* zwischen ... Verschiebbaren] des Unabänderlichen und des menschlicher Einwirkung Zugänglichen *Dühring 135 23–136 21:* Kurz ... Daseins!] *vgl. MA 32*   *138 24–25:* er ... an] *WL 18*   *32–34:* die ... Gefühle] *ebd.*   *138 34–139 3:* im ... auszusäen.] *ebd. 19*   *139 4–7:* Der ... anzunehmen.] *ebd.*   *11–19:* Wäre ... entgehen.] *ebd. etwas geändert und gekürzt*   *140 6–7:* die ... abweichen] *WL 20*   *34:* ist] ist nun zum Theil *Dühring*   *140 34–141 1:* Unsere ... opfert.] *ebd.*   *141 16–18:* So ... gegenüber.] *ebd. 22*   *19:* Erhebliches] erhebliches *Ms*   *142 24–27:* die ... verhängen.] *WL 26 etwas geändert*   *27–31:* Alles ... verletzt.] *ebd.*   *142 31–143 1:* Die ... begleitet.] *ebd. 27*   *144 5–9:* Wo ... ist.] *ebd. 34 etwas geändert*   *15:* vorzeitige ... Lebenskräfte] *ebd.*   *17–18:* den ... verkümmern] *ebd. 35*   *146 27:* Mittel des Ausdrucks] *WL 47*   *148 19–22*] *Bemerkung von N   34:* Plato] *Leg. 803c, auch 644d*   *149 1–2:* Das ... ein] *WL 62   4–7*] *vgl. 5[186]*   *150 3–4:* von ... Mensch] *ebd. 69:* „des Menschen durch den Menschen"   *151 20–24:* die ... hinaus?] *WL 78*   *152 33–34:* Ein ... Urtheil] *vgl. Dühring: „... erstere [die Unehre] ist dagegen ein verwerfendes Urtheil, durch welches die Beschaffenheit unseres Verhaltens characterisirt wird." WL 82*   *153 22:* Ehre] Ehe *Ms*   *154 5–7:* Ja ... erhöht] *WL 86*   *28–29:* Gegensatz ... Aphrodite] *vgl. Plat. Symp. 180d–181e*   *156 1:* Faust] *3250*   *157 19:* Aphrodite ... Eros] Eros ... Aphrodite *Ms; vgl. aber Dühring: „... nicht blos als Aphrodite, sondern auch als Eros ..." WL 104*   *158 2–3:* Streben ... Conjunktur] *ebd. 106*   *160 20–21:* Mit ... entzwei] *vgl. Schiller „Die Glocke"; ebd. 120*   *162 33–34:* alles ... geht] *vgl. Goethe, Faust I, 1339–1340*   *163 11:* Riesenschatten ... Schrecken] *WL 132*   *17:* Wirkliche] wirkliche *Ms*   *165 1:* Schopenhauer] *Parerga 2, 333*   *166 2–16:* Daher ... wird.] *vgl. WB 4, 453, 16–17*   *167 27:* an] auf *Ms; vgl. Dühring: „Nun würde es denn doch zu weit von den Charakteren der Erfahrung abschweifen heissen, wenn man auf eine Aenderung der Periodicitäten selbst rechnen wollte." WL 153*   *169 15:* als] an *Ms; vgl. aber WL 159*   *28–30:* eine ... Lebensenergie] *ebd.*   *170 1–3:* das ... könnte] *WL 160*   *172 21:* verwünscht] *ergänzt nach WL 173*   *173 23:* verstärkt] bestärkt *ebd.*   *182 28–29:* Das ... Sinn.] *ebd.*   *33:* aus] auch *Ms*   *174 5–9:* Wäre ... imaginiren?)] *vgl. WB 4, 453, 16*   *175 22:* Wissen ein,] Wissen, ein *Ms*   *177 15:* nicht nur] *vgl. Dühring: „die Traumbilder nicht sowohl die Ursachen als ..." WL 227*   *178 10–12:* Die ... verweben.] *ebd. 232* 179 6–13] *vgl. 5[188]* 27–28] *vgl. MA 292, 241, 4–5*

9[2] *Exzerpt aus Balfour Stewart, Die Erhaltung der Energie, Leipzig 1875, Internationale wissenschaftliche Bibliothek IX., erworben am 20. Jan. 1875; N hat nur die ersten 22 Seiten exzerpiert; BN* 183 7. 16: Molekül] Moleküle *Ms* 185 8. 9: er] *d. h. „ein sich bewegender Körper"; vgl. Stewart: „... Hieraus ergibt sich, dass, ob wir die Energie eines sich bewegenden Körpers an der Dicke der Bretter, welche er durchdringen kann, messen oder an der Höhe, zu welcher er, der Schwerkraft entgegen, aufsteigen kann, das Ergebniss dasselbe bleibt." ebd. 22*

10 = N I 6

10[1] *Vgl. WB 7, 469, 12–14; 11[47] 240, 23–25*
10[3] *Vgl. 22[109]; unter dem Datum 22. Okt. 1875, an diesem Tag schrieb N seinen Brief an P. Rée über dessen „Psychologische Beobachtungen"*
10[4] *Vgl. WB 2; 11[6]*
10[5] *Vgl. 12[14] 251, 30–32*
10[7] *Vgl. 11[18] 204, 23–25; WB 7, 469, 30–31*
10[8] *Vgl. WB 10; 11[32]*
10[9] *Vgl. WB 2, 439, 5–7*
10[10] *Vgl. WB 4, 446, 14–17; 11[22] (Variante U II 9, 43)* 187 7–9: Die ... Gewaltmächten] *unsichere Lesarten*
10[11] *Vgl. 11[35]*
10[12] *Notiz zu WB*
10[13] 15–16] *vgl. WB 4, 453, 6–31*
10[14] *Notiz zu WB*
10[15] *Vgl. WB 5, 455, 29–34*
10[16] *Vgl. VM 498, 70, 31–32*
10[17] *Vgl. 11[37] 228, 31–34*
10[18] *vermutlich zu WB*
10[19] *Stichworte zu WB*
10[20] *Themata zu „unzeitgemäßen Betrachtungen"?* 188 22] *vgl. 4[5]*
10[21] *Motto in einer kleinen wappenähnlichen Zeichnung Ns; vgl. Za III Der Wanderer*

11 = U II 9. Mp XIII 4, 6–8. 47

11[1] *Vgl. 11[20]; WB 4, 451, 14–18*
11[2] *Vgl. WB 8, 475, 8–22*

11[3] 190 7–8: mumisirt] mumisiren *Ms* 18–19: „Ihr ... drum."]
Zitat aus *Th. Carlyle, Geschichte Friedrich's des Großen, bei R. Wagner, Einleitung zum dritten und vierten Bande: „Das tausendjährige Reich der Anarchie; — kürzt es ab, gebt euer Herzblut hin, es abzukürzen, ihr heroischen Weisen ..." a. a. O., 3, 2*

11[4] Vgl. *WB* 10, 504, 17–505, 6; 5 [143]; 14 [4]   191 7–8: Hillebrand meint] vgl. *K. Hillebrand, Schopenhauer und das deutsche Publikum (Besprechung von SE): „Nicht einsehen wollen, daß Hegel eigentlich den Grundgedanken der deutschen Bildung [den der historischen Entwicklung] in ein System gebracht ... heißt ... Deutschlands Beitrag zur europäischen Civilisation als werthlos darstellen." Zeiten, Völker und Menschen 2, 355, Berlin 1875, BN*

11[6] 20–21] *daneben (U II 9, 69), ohne Einfügungszeichen:* sich durch Übermaaß Schaden thun   23: zu] *GA von Ms*   26: modernen] modern *Ms* andern *GA*   192 23: Die Empedokleische.] *vgl. 11[5]*

11[7] 192 29–193 4: Er ... Unwetter.] *Vs WB* 9, 494, 12–23   192 30: zacken] *über* gründe   32: breiten] *über* schnellen

11[8] Vgl. *Vs in Mp XIII* 4 *zu WB* 9; 11[15] 198,29 – 199,5; 14[9]

11[9] Vgl. *WB* 10, 502, 30–503, 26; 14[9]   193 26–27: „barbarischen Avantagen"] *vgl. Goethe, Anmerkungen über Personen und Gegenstände, deren in dem Dialog Rameau's Neffe erwähnt wird. „Geschmack"; MA 221; Cosima Wagner an N, 9. Febr. 1872*

11[10] Vgl. *WB* 8, 484, 21–24; 27[69]; 30[147]   194 3–4; Siegfried ... Erinnerung] *vgl. R. Wagner, Götterdämmerung, 3. Aufzug, a. a. O.* 6, 345ff.

11[11] Vgl. 28[6]; 28[8]; 28[9]   5: Nirmsdorf] *wo der älteste Stiefbruder von Ns Vater, Friedrich August Engelbert Nietzsche (1785–1858), Pfarrer war; darüber schreibt N schon in seiner autobiographischen Jugendschrift (August-September 1858 verfaßt)* Aus meinem Leben: Auch noch des Aufenthaltes in Nirmsdorf erinnere ich mich wo der liebe selige Onkel Pastor war. Wohl weiß ich noch, wie der Mond des Abends auf mein Bett strahlte und wie ich die goldene Aue in Silberglanz vor mir ⟨sah⟩; wie dann Tante Auguste sprach: „Der Mond ist aufgegangen / Die gold'nen Sternlein prangen usw."   5–6: der ... aufgegangen] *Matthias Claudius, Abendlied*   6: Plauen] *N war dort 1853 und 1857*   7: Pobles] *vgl.* 28[8], *demnach: 1851; über den „Verlust der Kindheit" vgl. WS 168*   9: Bei Naumburg] *wahrscheinlich auf der Windlücke; vgl.* 28[6]   10–11: Als ... erklärte] *Großvater David Ernst Oehler (1789–1859), Pfarrer in Pobles, soll, während eines der häufigen Besuche Ns, ihm das Gedicht „Das Landleben" von Ludwig Christoph Heinrich Hölty erklärt haben; die erste und die letzte Strophe dieses Gedichtes beginnen mit den Worten*

„*Wunderseliger Mann, welcher der Stadt entfloh!*"; *vgl. L. Chr. H. Hölty, Werke und Briefe, hg. von U. Berger, Berlin/Weimar 1956, 165*   *11-13:* Bei Bonn ... Kindheit] N *war, auf seiner Reise nach Bonn (Oktober 1864), über Elberfeld nach Oberdreis im Westerwald mit Paul Deussen zu dessen elterlichem Haus gefahren und von dort am 16. Oktober (einen Tag nach seinem 20. Geburtstag) zusammen mit Deussen bis nach Neuwied gelaufen, wo die Wied in den Rhein einmündet; vgl.* N *an die Seinigen Oktober 1864; vgl. auch* N *an Gersdorff, 11. Oktober 1866:* Einige Nachmittage waren so mild und sonnig, daß ich unaufhörlich jener einzigen und unwiederbringlichen Zeit gedenken mußte, wo ich, zum ersten Male vom Schulzwange frei ... den Rhein mit dem freien stolzen Gefühl einer unerschöpflich reichen Zukunft sah ... *So schrieb auch Paul Deussen aus Aachen am 14. Oktober 1877:* „Wenn, wie heute, die Oktobersonne durchs Fenster scheint, so muß ich der alten Zeiten gedenken, wie wir vor 13 Jahren zusammen nach Bonn wanderten".   *12:* Wied (?)] N *erinnerte sich nicht mehr genau des Flußnamens, vgl. 28 [8]*   *13:* Neugasse] *dort wohnte* N *in den ersten Jahren nach der Übersiedlung nach Naumburg; vgl. 28[9]*   *14-15:* Die ... erzählte.] *vielleicht in Zusammenhang damit: 28[13]*   *15-16:* Auf ... Hufe] *am Stadtrand von Naumburg*   *16-17:* „was ... Leyer"] *Volksweise (nach Zoozmann); vgl. 28[6]*   *17:* Ravaillac] *[?]*

11[12] *24-25:* jede ... seinigen;] *vgl. WB 9, 493, 20-22*

11[13] **195** *23-26] vgl. 12[6]*

11[15] *Vgl. WB 9*   **198** *12-13:* Modificiren des Tempo's] *vgl. R. Wagner, Über das Dirigiren, a. a. O. 8, 356-379*   **201** *1-2:* (die ... Leidenschaft)] *später hinzugefügt; vgl. 11[7]; 11[8]*

11[16] *neben 11[15] 199, 12 eingetragen (U II 9, 57)*

11[17] *entsprechend dem letzten Teil von 11[15] 201, 30ff. daneben (U II 9, 53) mit Bleistift eingetragen*   **203** *5] vgl. 11[27] 215, 31-216, 1*

11[18] *6-26] Vs WB 9, 485, 15-486, 4*   **204** *3-4:* Auch ... niemals.] *vgl. 8[6]; 14[6]*   *5:* Schmeichelei] *über* Angst   *23-25:* Bei ... Tod.] *auf der nebenstehenden Seite (U II 9, 49) ohne Einfügungszeichen; vgl. WB 7, 469, 30-31; 10[7]*

11[19] *Vgl. WB 10*   **205** *7:* Meyerbeer] *vgl. WB 8, 46, 1-11*   *12-13:* die ... oben] *vgl. Goethe, Faust I 785ff.*

11[20] *Vs WB 4, 451, 10-453, 5*   **205** *25-206 5] vgl. 11[1]*   **206** *15:* von] *vor* Ms; *vgl. WB 4, 23, 30*   *18-19:* Betteln ... etwas] *vgl. 5[150]*   *33-34:* Ungerechtigkeit] *über* Unsittlichkeit   **207** *5-9:* Das ... vorhanden] *vgl. 9[1] 166, 2-16   daneben (U II 9, 45), bei der endgültigen Abfassung von WB 4, hinzugefügt:* Und wenn die ganze Menschheit mit Gewißheit einmal sterben muß, — wer dürfte daran zweifeln? - so ist ihr als höchste Aufgabe für die kommenden Zeiten das Ziel gestellt, so in's Eine und Gemeinsame zusammenzuwachsen, daß sie als etwas Ganzes ihrem bevorstehenden Untergange mit einer tragischen Gesinnung entgegensteht. So liegt gegenwärtig alle Hoffnung und Gewähr für das Menschliche in der Zukunft darin, daß die tragische Gesinnung nicht ersterbe. Es würde ein Weheschrei sonder Gleichen über die Erde erschallen müssen, wenn die Menschen [gerade] sie einmal völlig verlieren sollten: und wiederum giebt es keine beseligendere Lust, als das zu wissen, was wir wissen: wie der tragische Gedanke wieder hinein in die Welt geboren ist. Denn diese Lust ist eine völlig [un] überpersönliche und allgemeine, ein Jubel der Menschheit über den Sieg des Menschlichen überhaupt. *Vs WB 4, 453, 12–31*

11[21] 208 *1–4] vgl. 11[23] 209, 30–210, 32*   *5–11] vgl. WB 4, 447, 25–29; 11[22]*   *12–13] vgl. WB 4, 452, 4; 11[20]*   *14] vgl. 11[22] 209, 22*   *15] vgl. WB 8, 477, 2–4*

11[22] *Vs WB 4, 446, 4–447, 34*   *nebenstehend (U II 9, 43), folgende Sätze ohne Einfügungszeichen: zu 208, 25–28:* das Christenthum selbst ist ein Stück orientalischen Alterthums und zwar ein mit ausschweifender Gründlichkeit zu Ende gedachtes und gehandeltes. Jetzt bricht mehr die alexandr⟨inisch⟩ hellenische Wendung wieder an's Licht: die Gewaltfaktoren aller Art drängen sich und daneben bietet man sich die Früchte der Cultur als Austausch und Gemeingut. Die Richtung blieb unverändert. *vgl. 10[10], WB 4, 446, 12–17; zu 209, 1–8:* um so die mannichfachsten oft entferntesten Punkte des Wissens, die entlegensten Welttheile der Begabung zusammen zu [rucken] bringen; bedarf es wahrlich eines ewigen Rennens und Jagens und der Siebenmeilenstiefel; das ganze ungeheuer ausgespannte Gefilde kreuz und quer zu durchlaufen und zu beherrschen ist Schnelligkeit und ein geflügelter Fuß von Nöthen. *vgl. WB 4, 447, 12–17; zum Schluß:* So wie die deutsche Philosophie an die griechische des klassischen 6. und 7. Jahrhunderts wieder anknüpft, an Eleaten und [Pyth⟨agoras⟩] Empedokles, so Wagner an Aeschylus – – – *vgl. WB 4, 446, 22–24*   *209 16:* Aristoteles] *aus* Humbold⟨t⟩

11[23] *Vs WB 4, 448, 4–449, 31*

11[24] *5–30] vgl. WB 10, 497, 4–19*   *210 18] später hinzugefügt; vgl. 11[37]; WB 10, 497, 20–21*

11[25] 213 *1–8:* die ... Mährchens] *vgl. WB 8, 477, 2–6*   *15–18:* Man ... Faser.] *vgl. 11[9] 193, 28–30; WB 10, 503, 22–23*

11[26] *20:* „dem Stärksten"] *wie* Alexander   213 *31–214 3:* (Wenn ... Art.)] *daneben (U II 9, 35) ohne Einfügungszeichen hinzugefügt, vgl. WB 4, 450, 27–33*   214 *6–10:* Mit ... treffen.] *vgl. WB 4, 450, 9–10*

11[27] *von N durchgestrichen*   *13–23:* Ein ... Menschen.] *Vs WB 2,*

Nachgelassene Fragmente 1875–1879 · 11[21]–11[32] 575

437, 11–25   23–25: Wagner ... einhüllen] *daneben (U II 9, 35) ohne Einfügungszeichen*   214 27–215 21: aber ... Wagner's] Vs WB 2, 437, 33–439, 17   215 21–216 25: das ... fort!] *vgl. WB 3, 439, 19–441, 7*   215 31–216 1: es ... hätte?] *vgl. WB 9, 496, 6–11*   216 13–14: der ... Brünnhilde] *vgl. R. Wagner, Götterdämmerung, 2. Aufzug: „Bei des Speeres Spitze / sprech' ich den Eid", a. a. O. 6, 321*   17: Leben] *aus* Wesen
11[28] 216 27–217 8: Als ... Wagner,] *vgl. WB 9, 495, 19–496, 5*   217 3–5: man ... Nothwendige] *daneben (U II 9, 31), der spätere Hinweis Ns: das Symphonische geht nicht mit ihm durch: Seite weiter d. h. 11[27] 215, 31–216, 1*   8–14: man ... gab?] *vgl. WB 9, 495, 1–13*   16: Sorgenfreies] *darüber* arbeitsscheues   28–29: stillem ... Leuten] *vgl. WB 5, 459, 30*
11[29] Vs: Wagner hat zuerst aus der Thatsache, daß sowohl Shakespeare als die alten Griechen Meister der dramatischen Kunst ⟨und⟩ Schauspieler war⟨en⟩, den Schluß auf die Entstehung des Dramas aus der schauspielerischen Improvisation gemacht: das Wesen derselben fühlt er als Selbstentäußerung.   218 17–20: Wagner ... fixiren] *vgl. R. Wagner, Über die Bestimmung der Oper: „... Jedenfalls glauben wir der Lösung eines überaus schwierigen Problem's eine wahrhafte Erleichterung zuzuführen, wenn wir das Shakespeare'sche Drama als eine fixirte mimische Improvisation von allerhöchstem dichterischem Werthe bezeichnen ...", a. a. O. 9, 172*   21: „Selbstentäußerung"] *vgl. WB 7, 466, 20–21; R. Wagner, Über Schauspieler und Sänger, a. a. O. 9, 259ff.*   25–27: die herb-freudige ... Meistersinger] *daneben (U II 9, 27), später hinzugefügt ohne Einfügungszeichen; vgl. WB 8, 479–480*   219 26: man ... kriecht!] *vgl. R. Wagner, Das Rheingold, 3. Szene: „Alberich: ... krumm und grau / krieche Kröte! ... (... die Götter gewahren im Gestein eine Kröte auf sich zukriechen)", a. a. O. 5, 322*
11[31] *Vgl. R. Wagner, Das Kunstwerk der Zukunft, a. a. O. 3, 60–62*   220 23–25: Wagner ... Gedanken] *vgl. R. Wagner, Einleitung zum dritten und vierten Bande: „Wo einst die Kunst schwieg, begann die Staatsweisheit und Philosophie: wo jetzt der Staatsweise und Philosoph zu Ende ist, da fängt wieder der Künstler an." (Motto der ersten Ausgabe von: Die Kunst und die Revolution), a. a. O. 3, 3; vgl. 14[7] 275, 11–12   25–26] vgl. WB 5, 458; 11[26]   221 3: „Wir ... Wagner] nachträglich hinzugefügt (U II 9, 25), ohne Einfügungszeichen; vgl. R. Wagner, Eine Mittheilung an meine Freunde, a. a. O. 4, 311; vgl. auch Anm. zu 11[42] 234, 15–16*
11[32] Vs WB 10, 501, 8–502, 24   221 32–222 2: Die ... Beispiel] *vgl. R. Wagner, Vorwort zum „Kunstwerk der Zukunft" erste Ausgabe (1850): „Nicht Eitelkeit, sondern ein unabweisbares Bedürfniss hat*

*mich — für kurze Zeit — zum Schriftsteller gemacht ... ich zog das
Streben vor, nur durch künstlerische Thaten mein Wollen zu bezeugen.
Daran, dass mir diess nie vollständig gelingen durfte, musste ich erkennen, dass nicht der Einzelne, sondern nur die Gemeinsamkeit unwiderleglich sinnliche, wirklich künstlerische Thaten zu vollbringen vermag. Diess erkennen, heisst, sobald dabei im Allgemeinen die Hoffnung nicht aufgegeben wird, soviel als: gegen unsere Kunst- und Lebenszustände von Grund aus sich empören. Seit ich den nothwendigen
Muth zu dieser Empörung gefasst habe, entschloss ich mich auch dazu,
Schriftsteller zu werden."*; vgl. auch „Zukunftsmusik", a.a.O. 7,
152ff.
11[33] Vgl. 12[32]; WB 6, 465, 3–466, 7
11[34] *von N durchgestrichen* Vgl. WB 1, 432–434   224 1–2]
zwischen den Zeilen, später hinzugefügt: Parodie, im Lichte der recht
unmagischen Laterne der Zeitungsschreiber erscheint Wagner — — —
vgl. WB 1, 433, 2–8
11[35] 30–31: Hervorragend ... Mittheilen] vgl. R. Wagner, Eine Mittheilung an meine Freunde: „*... Auch nach dieser Richtung hin leitete
mich aber immer nur ein Trieb, nämlich, das von mir Erschaute so
deutlich und verständlich wie möglich der Anschauung anderer mitzutheilen ...*", a.a.O. 4, 367   224 30–225 29: Hervorragend ...
hören.] Vs WB 10, 498, 16–501, 1   225 15–16: die einzelnen ...
sagte] *hierzu daneben (U II 9, 19) ohne Einfügungszeichen:* das Vormachen der Schusterbuben — er weiß es einem Lehrbuben vorzumachen, wie er sich zu freuen hat, als einem Riesenwurm, wie er zu
brüllen hat. vgl. WB 10, 499, 21–22   29–33: Während ... Vergangenheit.] Vs WB 10, 496, 22–23; vgl. 11[37]   226 6–7: Es ...
nennen:] vgl. R. Wagner, Die Kunst und die Revolution: „*Utopien!
Utopien! höre ich sie rufen die großen Weisen und Überzuckerer unserer modernen Staats- und Kunstbarbarei, die sogenannten praktischen
Menschen ... ,Schönes Ideal, das ... leider ... nicht erreicht werden
soll.' So seufzt der gutmüthige Schwärmer ...*",   a.a.O. 3,
43   11–13: und ... drängen.] *hierzu daneben (U II 9, 19), ohne
Einfügungszeichen:* selbst seine Freunde waren seine Gefahren
(Seite vorher) [11[37]] Darauf Capitel des Rückblicks   15–29]
vgl. WB 8, 482, 14–483, 30   17–19: als ... sei] *ohne Einfügungszeichen daneben (U II 9, 17) geschrieben*   30–32: Aber ... Nehmens.] vgl. WB 1, 431, 17–19   227 16: Furche] Furcht *Ms*
11[37] 227 25–228 7] Vs WB 10, 496, 14–497, 1   228 5–7: und ...
können.] vgl. 12[11]   8–23: Der ... wird.] Vs WB 10, 497,
20–34   31–34: Und ... lachend!] vgl. 10[17]
11[38] Vs WB 3, 444, 5–445, 30   229 7–9: es ... tragen] *aus* sage mir
mit seltener Stimmung quid agitas usw. vgl. Hor. Carm. II 11,

11? 12: seit] *hier am unteren Rand der Seite (U II 9, 14) ohne Einfügungszeichen die Worte:* Wenn die Deutschen handeln, dann verläugnen sie sofort ihre Historie und Philosophie. 230 5–6: Wäre ... Theodicee] *variiert einen Satz L. Feuerbachs (die Philosophie sei eine verkappte Theologie), welchen N bei Wagner vorfand: vgl. R. Wagner, Einleitung zum dritten und vierten Bande, a.a.O., 3, 4* 12–13: und selbst ... hervorgehoben] *hierzu daneben (U II 9, 13), ohne Einfügungszeichen:* es giebt Momente auch in Wagner, wo er in der Philosophie ruht, sich erholt 31: „so ... mir"] *zitiert aus R. Wagner, Siegfried's Tod, 3. Akt, 1. Szene:* „denn das Leben — seht! — so — werf' ich es weit von mir!" *a.a.O. 2, 282; in Götterdämmerung, 3. Aufzug (a.a.O. 6, 340) heißt es:* „Leben und Leib — seht! — so werf' ich sie weit von mir!" 32–33: an ... zerschellt] *vgl. R. Wagner, Siegfried, 3. Aufzug, a.a.O. 6, 228*

11[39] *Vs WB 3, 443, 13–30*

11[40] *Vs WB 9, 486, 26–488, 2*

11[42] 234 7–30: Ein ... will.] *Vs WB 2, 437, 3–28* 15–16: mir ... „unbefriedigt"] *vgl. R. Wagner, Eine Mittheilung an meine Freunde:* „Die eine ... Gabe ,der nie zufried'ne Geist, der stets auf Neues sinnt', bietet uns Allen bei unserer Geburt die jugendliche Norn an, und durch sie allein könnten wir einst Alle ,Genies' werden ...", *a.a.O. 4, 310f.* 235 7–19: Genug ... fordern.] *vgl. WB 9, 490, 21–32*

11[43] *Vs WB 1, 434, 17–435, 2*

11[44] *Vgl. WB 1*

11[45] *von N durchgestrichen* 237 1–238 7: Die ... hat"] *Vs WB 3, 441, 33–443, 7* 237 1: ein ... Volk] *vgl. 5[65]* 238 6–7: „das ... hat"] *wie Siegfried* 7: Er ... Feuer] *wie Siegfried* nur durch] *durch durch Ms* 7–9: Er ... Werk] *Vs WB 3, 445, 30–446, 2*

11[46] *erster Entwurf einer zusammenhängenden Darstellung auf Grund der Fragmente in U II 9* 10–11] *vgl. 11[43]; 11[44]* 12–13] *vgl. 11[28]; 11[18]; 11[32]; 11[29]; 11[27]; 11[6]* 15–16] *vgl. 11[25]; 11[22]; 11[12]; 11[35]* 17–18] *vgl. 11[15] 197, 30–198, 28; 11[4]; 11[3]; 11[1]* 23] *vgl. 11[40]*

11[47] *umfangreicherer Entwurf einer zusammenhängenden Darstellung auf Grund der Fragmente in U II 9; die Zahlen neben den Stichworten wurden von N nach der Rubrizierung (11[60]) hinzugefügt.* 239 1–2: Von ... betrachten?] *vgl. 11[44]* 3] *vgl. 11[34]* 4] *vgl. 11[43]* 5–6: Das ... Musik] *vgl. 11[42]; 11[27]; 11[5]* 7] *vgl. 11[45]; 11[39]* 8] *vgl. 11[6]; 11[37]; 11[19]* 12–13: Die ... Schluß?] *vgl. 11[33]* 16] *vgl. 11[29]* 17–18] *vgl. 11[15]; 11[7]; 11[8]* 19: Der Dichter 23] *vgl. 11[18]* 20: Der ... 2] *vgl. 11[41]* 20–21: Keine ...

erscheint] *vgl. 12[9] 246, 2–4* 22] *vgl. 11[38]* 25] *vgl. 11[32]* 26] *vgl. 11[35]* 27] *vgl. 11[28]* 28] *vgl. 11[40]* **240** 1] *vgl. 11[25]* 2–3] *vgl. 11[22]; 11[39]* 4] *vgl. 11[12]* 5] *vgl. 11[9]* 6] *vgl. 11[33]* 7: Kunst ... 35] *vgl. 11[20]; 11[1]* 8–9] *vgl. 11[23]* 10] *vgl. 11[24]; statt 18 hat N irrtümlich 8 geschrieben* 11] *vgl. 11[26]* 12] *vgl. 11[2]* 13] *vgl. 11[31]* 14: Naturalismus 27] *vgl. 11[13]* 15] *vgl. 11[37]* 16] *vgl. 11[13]* 17] *vgl. 11[4]* 19: Neunte Symphonie] *vgl. 11[15] 197, 30–198, 28* 23–25] *vgl. 10[1]; WB 7, 469, 11–14*

11[48] *späterer Planentwurf, wahrscheinlich nach der Abfassung von WB 1.2 (in U II 10, 150–140) niedergeschrieben* 26] *vgl. 11[57]; WB 7* 27] *vgl. 11[15] 201–202* 28] *vgl. 11[41]* 29] *vgl. 11[18]* 30] *vgl. 11[15]; 11[28]; WB 9* 31] *vgl. 11[25]; 11[22]*

11[49] *die Themen dieser Disposition sind von N nur zum Teil ausgeführt worden* **241** 1–2] *darüber:* Griechen *[?]* 8: Caressiren] *[?]*

11[50] 10: Eckermann p. 251] *N zitiert aus seiner Ausgabe der „Gespräche" (Brockhaus, Leipzig 1868); er bezieht sich auf folgende Worte Goethes (5. Juli 1827):* „... Den Franzosen wird der Verstand im Wege sein, und sie werden nicht bedenken, daß die Phantasie ihre eigenen Gesetze hat, denen der Verstand nicht beikommen kann und soll ..." 13–15] *unklarer Zusammenhang*

11[51] *am Anfang über der Zeile ohne Zusammenhang die Worte:* Andre Töne und freudenvollere *vgl. die Worte zum Rezitativ des Solobaritons im vierten Satz der Neunten Symphonie Beethovens*

11[52] **242** 10] *vgl. 11[15]; 11[28]; WB 9* 11] *vgl. 11[18]; 11[40]* 12] *vgl. 11[32]* 13] *vgl. 11[24]* 14] *vgl. 11[25]* 15] *vgl. 11[29]* 16] *vgl. 11[35]* 17] *vgl. 11[37]* 18] *vgl. 11[26]*

11[53] 19–20] *vgl. 11[37]; 11[24]* 21] abzuschließen *Ms; vgl. 11[25]*

11[54] 25] *vgl. 11[15]; 11[28]* 26] *vgl. 11[18]; 11[40]* 27] *vgl. 11[41]* **243** 1] *vgl. 11[32]* 2] *vgl. 11[38]*

11[55] 3] *vgl. 11[15]; 11[28]* 4] *vgl. 11[18]* 5] *vgl. 11[35]* 6] *vgl. 11[32]* 7] *vgl. 11[37]* 8] *vgl. 11[26]*

11[56] *Vgl. 11[47] 240, 19–20* 10–16] *vgl. WB 11, 508–509*

11[57] *Vgl. WB 7*

11[58] *Anordnung der Fragmente in U II 9 und Plan der weiteren Ausführung, von N wahrscheinlich nach der ersten zusammenhängenden Niederschrift von 5 Kapiteln (= zweite Fassung) in U II 10 (vgl. 12[33]) getroffen* 23: Das Improvisatorische] *vgl. 11[29]* 24–25:

Aber ... Leidenschaft] *vgl. 11[15]* 26] *vgl. 11[15]; 11[28]; 11[41]* 27–28] *vgl. 11[18]; 11[32]; 11[35]; 12[19]* 255, 23–24 244 1–2: der ... beseitigt] *vgl. 11[28]; 12[19]* 256, 1; *12[28]* 2: Die ... Begabung] *vgl. 11[33]* 3: Diadochen] *über* Mißverständnisse *vgl. 11[26]* 3–4: das ... Reaktionäre] *vgl. 11[4]* 4: das ... Naturalistische] *vgl. 11[13]* 5] *vgl. 11[56]; 14[1]; 14[2]; WB 11*

11[59] *Vgl. 11[31]; R. Wagner, Das Kunstwerk der Zukunft, a. a. O.* 3, 60–62

11[60] *Rubrizierung der Fragmente in U II 9, welche N nach der Numerierung derselben vornahm; die Zahlen (1–36) sind von N im Text dem Anfang jedes Fragmentes beigegeben; auf der Rückseite (Mp XIII 4, 7a) die Worte* vulkanisch hoch emporgeschleudert *,die sich auf die nicht mehr vorhandene, nebenstehende Seite des Heftes beziehen, aus dem dieses Blatt herausgerissen wurde.*

12 = U II 10. Mp XIII 4, 13–46

12[1] 246 1: Einfluß der Oresteia] *vgl. 5[109]; R. Wagner über die Oresteia: a. a. O.* 3, 35. 8, 81; *vgl. außerdem Mein Leben, 407:* „Unter solchen Entsagungen und Förderungen gelangte ich dazu, diesen Sommer [1847] unter dem Genuss einer fast vollständigen Zurückgezogenheit und der grossen Annehmlichkeit, die mir meine neue Niederlassung [im Marcolini'schen Palais zu Dresden] gewährte, in einer der Vollendung meines ,Lohengrin' höchst günstigen Stimmung mich zu erhalten. Was dieser Stimmung eine bisher von mir noch nie mit so grosser Intensivität genossene Heiterkeit gab, waren meine, neben der Arbeit an meinem Werke, eifrigst betriebenen ... Studien. Ich hatte zum ersten Male bei gereiftem Gefühle und Verstande mich des Aeschylos bemächtigt. Namentlich die beredten Didaskalien Droysen's halfen mir, das berauschende Bild der athenischen Tragödienaufführungen so deutlich meiner Einbildungskraft vorzuführen, dass ich die ,Oresteia' vorzüglich unter der Form einer solchen Aufführung mit einer bisher unerhört eindringlichen Gewalt auf mich wirken fühlen konnte. Nichts glich der erhabenen Erschütterung, welche der ,Agamemnon' auf mich hervorbrachte: bis zum Schluss der ,Eumeniden' verweilte ich in einem Zustande der Entrücktheit, aus welchem ich eigentlich nie wieder gänzlich zur Versöhnung mit der modernen Litteratur zurückgekehrt bin. Meine Ideen über die Bedeutung des Drama's und namentlich auch des Theater's haben sich entscheidend aus diesen Eindrücken gestaltet." Vordramatischer Theil] *vgl. WB* 2, 435, 23–25 *12[10]* 2–4] *vgl. 11[47]* 239, 20–21

12[2] *Vgl. 12[28]*
12[3] *19:* sich] sie *Ms* jener Wahrheiten 246 *25–247 1:* Feuer jenes Geistes] *aus* Geist 247 *2:* will] *danach gestr.* Ich rede aus Erfahrung, wenn ich es — — — *3–4:* dies ... schmerzlich:] *aus* ich weiß recht wohl, daß es nichts Vermessenes oder Unbeschiedenes hat, dies zu bekennen: denn ich wünschte wahrhaftig mehr als alles, das Sprechen nur so weit gelernt zu haben, um als Künstler — — — *5–6:* weshalb ... Pflicht] *aus* [da ich wünschen möchte, dem Schöpfer des Bayreuther Werkes einzig dadurch Dank zu sagen, daß ich an seinem Werke mit hülfe] [weil es mich daran erinnert, auf welche schwache Art ich ihm danken kann, daß er mich über die Schmachempfindenden hinausgehoben hat] weshalb, das brauche Niemandem zu sagen, wohl aber, das, daß ich mir ein Recht — — — *10–12:* Form ... hervorbringen] *aus* einer [scheinbar] geschlossenen Form zu zeichnen [nachdem ich mich unfähig gefunden habe, dies jetzt zu können] die doch nur eine scheinbar geschlossene sein würde
12[6] *Vgl. 11[13] 195, 23–26*
12[9] 248 *11:* schreiben] *[?]* *21]* *vgl. 11[1]; 11[20]*
12[10] *Vs WB 2, 435–436* 249 *17–18]* *vgl. WS 203* *18:* höchstens] *[?]*
12[11] *Vgl. 11[37]; 12[12]; WB 3, 440*
12[12] 250 *5]* *vgl. 11[45]; WB 3, 441–443* *6–7]* *vgl. 12[11]; 11[37]; WB 3, 440* *8]* *vgl. WB 3, 439, 27–28*
12[13] *Vgl. WB 8, 472f.* *14:* Stufe festhalten] *vielleicht zu WB 10, 496, 22*
12[14] *erste Disposition zu WB 8 (Kapitel 3 der ersten Fassung); Vs zu: 12[15]; 12[16]; 12[17]* *23]* *aus* es ist gleichsam etwas Romantisches, ein Rückwärtsschauen 251 *1–2:* Revolutionär ... Theater!] *vgl. R. Wagner, Eine Mittheilung an meine Freunde: „So war ich von meinem künstlerischen Standpunkt aus, namentlich auch auf dem bezeichneten Wege des Sinnens über die Umgestaltung des Theaters, bis dahin gelangt, daß ich die Nothwendigkeit der hereinbrechenden Revolution von 1848 vollkommen zu erkennen im Stande war ... Ich hebe dieß gerade hervor, so abgeschmackt es auch von Denen aufgefaßt wird, die sich über mich, als ‚Revolutionär zu Gunsten des Theaters‘, lustig machen ...", a. a. O. 4, 378 u. Anm.* *13–15]* *daneben, ohne Zusammenhang:* Gefahr durch die Freunde. Dogmatisiren. *vgl. aber 251, 33* *17–24:* Dann ... verbindet.] *vgl. WB 8, 476, 17–18 und Anm. dazu* *22:* vom dramatischen Gesange] *über* von der Musik *26:* die ... nichtig,] *vgl. WB 8, 478, 24 und Anm. dazu* *28:* er ... hin,] *vgl. WB 8, 480, 18 und Anm. dazu* *28–29:* entsagt ... fern,] *zwischen den Zeilen hinzuge-*

fügt 31: Herberge gebend] *vgl. 10[5]* 31–32: er... haben] *zwischen den Zeilen hinzugefügt* 252 3: Zukunft] Zukunft ist Ms

12[15] Vs WB 8, 476, 17–52, 34; *vgl. die Anmerkungen dazu*

12[16] 253 18–30: Das ... ist.] *vgl. WB 8, 478, 19–481, 17* 22: legt ... Partitur] *vgl. WB 8, 480, 18 und Anm. dazu* 30–32: Es ... Zukunft.] *vgl. WB 10, 498, 11–15* 253 32–254 4: Wenn ... kann] *vgl. WB 11, 509f.*

12[17] *Vgl. WB 8, 475, 12–476, 16*

12[18] *Übergang zu WB 5, hierzu daneben folgende Variante:* Nach dieser Unterbrechung kann ich genauer erklären, warum ich in Wagner einen Vereinfacher der Welt erkenne. Erstens erscheint die Vergangenheit, in der Beleuchtung des Wagnerischen Gedankens, kürzer und zwar weil ein Maßstab gefunden ist, nach dem man das Verwerfliche Mißlungene und Halbgelungene ausscheiden kann: sodann ist es die Betrachtung der Vergangenheit aus einem Sehwinkel: in ihrem Verhältniß zur Kunst. *Mp XIII 4, 31 a; zwei Vs zu dieser Variante: Mp XIII 4, 32 a–33 a*

12[19] *aufgegebener Plan, vielleicht zur Fortsetzung der ersten Fassung* 255 13: Ist ... geworden?] *vgl. 12[28]* 265, 16–21 14: Unschuld] *vgl. R. Wagner, Beethoven:* „Derselbe Trieb, der Beethoven's Vernunfterkenntniß leitete, den guten Menschen sich zu konstruiren, führte ihn in der Herstellung der Melodie dieses guten Menschen. Der Melodie, welche unter der Verwendung der Kunstmusiker ihre Unschuld verloren hatte, wollte er diese reinste Unschuld wiedergeben ... Bald ist es eine schottische, bald eine russische, eine altfranzösische Volksweise, in welcher er [Beethoven] den erträumten Adel der Unschuld erkannte ... Aber es galt den Urtypus der Unschuld, den idealen ‚guten Menschen' seines Glaubens zu finden ...", *a.a.O. 9, 119f.* 15] *vgl. R. Wagner, Beethoven, a.a.O. 9, 113; die ganze Stelle zitiert in 13[1]* 16] *vgl. 12[20]; DS 5* 18: Drama ... Kunstzweig] *vgl. 12[28] 266, 2–3; dazu R. Wagner, a.a.O. 3, 132–133; 6, 371; 9, 371* 22–23] *vgl. R. Wagner, Die Kunst und die Revolution:* „... Zur Zeit ihrer Blüthe war die Kunst bei den Griechen daher konservativ, weil sie dem öffentlichen Bewußtsein als ein gültiger und entsprechender Ausdruck vorhanden war: bei uns ist die echte Kunst revolutionär, weil sie nur im Gegensatze zur gültigen Allgemeinheit existirt." *a.a.O. 3, 35* 27] *vgl. N, Mahnruf an die Deutschen (1873):* ... Schillers wunderbare Ahnung ... daß vielleicht einmal aus der Oper sich das Trauerspiel in einer edleren Gestalt entwickeln werde ... *Bd. 1, 896; vgl. auch R. Wagner, Beethoven:* „... Beide begegneten sich auch in der Ahnung vom Wesen der Musik; nur war diese Ahnung bei Schil-

ler von einer tieferen Ansicht begleitet, als bei Goethe, welcher in ihr, seiner ganzen Tendenz entsprechend, mehr nur das gefällige, plastisch symmetrische Element der Kunstmusik erfaßte ... Tiefer faßte Schiller das hier berührte Problem mit dem Urtheile auf, welchem Goethe ebenfalls zustimmte, und durch welches dahin entschieden ward, daß das Epos der Plastik, das Drama dagegen der Musik sich zuneige ...", a. a. O. 9, 83; vgl. Schiller an Goethe, 29. Dezember 1797   **256 1]** *vgl. 11[58] 244, 1–2; 12[28] 265, 16–17. 266, 8–10*

12[20] *Vgl. 12[19] 255, 16; WB 6, 464, 6–12; DS 5*

12[21] *Vgl. 5[119]; in N I 6, 108, unter dem Datum 27. Okt. 1875 die Notiz: Thukyd. III 82*   **11:** *Buch ... echt] auch heute noch wird dieses Capitel als nicht echt betrachtet (H. W. Gomme)*   **16:** *wo] welche Ms*   **22–23:** *Lage ... zufügt)] aus friedfertigen, niemanden schadenden Geltung*

12[22] *später hinzugefügter Titel:* 17. Werth der Verwundung, *zur Abschrift in M I 1, 10 (Nr. 17); VsMA 224*

12[24] **259 20–261 23]** *nachträglich zu WB 5, 26–31, nach der Disposition 12[28], umgearbeitet: hier in der Urfassung*   **260 6–7]** *zwischen den Zeilen später hinzugefügt:* Wie die antike Welt die Sprache in Rhetorik zuletzt förmlich verbraucht hatte, so ist durch Schreiben und Drucken, durch Litteratur die Sprache erkrankt — die Sprache ein Ding, welches stumpf gemacht werden kann. *Vgl. dazu R. Wagner, a. a. O. 3, 125 ff.; 9, 139 ff.*   **9:** *vernützten] Ms!*   **18:** *individuelle] aus* moderne   **20:** *Bahnen.] daneben, später hinzugefügt:* Man beachte, wie sich ein junger Musiker noch individuell aussprechen kann: was seine Person eben ist, sagt er uns. Ein Dichter ist dagegen ein hundertfach verschleiertes Unding, welches sich selber nicht kennen lernen kann. Zeigt, wie reich und tief die Natur ist — wenn ihr das Wort verläßt und Euch dem Musiker anvertraut   **261 19:** *forderten] daneben, später hinzugefügt:* während er über dem jetzigen Staat eben so unbedingt den Stab bricht, und wie es jetzt schon die meisten Menschen über der Kirche thun. *vgl. WB 5, 458, 19–22*   **21:** *das] doch Ms*   **263 2–4:** *wie ... Mitleid] vgl. das Zitat aus Wagners Beethoven in 13[1]*   **8:** *Als ... Liebe] vgl. R. Wagner, Eine Mittheilung an meine Freunde:* „Ich kann den Geist der Musik nicht anders fassen, als in der Liebe.", *a. a. O. 4, 325; vgl. auch Oper und Drama, a. a. O. 3, 389 ff.*

12[25] *bezieht sich auf 12[24] 260, 20–261, 23*   **25–26]** *Anspielung auf Karl Hillebrand; vgl. 12[28] 265, 24–26*   **29–32]** *vgl. Variante U II 10, 116 zu WB 5, 459, 4*

12[26] *Vgl. WB 7, 468 f.*   **Vs:** Wer die Einwendungen Plato's gegen die [verschiedenen] Kunst nicht mit dem gewohnten Leichtsinn oder gar mit thörichter Überhebung bei Seite stellt, weiß, daß die Existenz einer [großen] mächtigen Kunst auch eine Menge von Gefahren in sich birgt und daß die Sorge um die Nachwirkungen eines mächtigen Künstlers allen denen sehr ernst vorkommen muß, welche das gefährliche Element des Lebens besser kennen. — Man muß sehr bestimmt einsehen, daß auch die größte Kunst niemals den Wettkampf der Lebensziele selbst leiten darf und daß der große Künstler nicht zum unmittelbaren Erzieher taugt.

12[27] 265 5] vgl. WB 4, 450,33–451,9   6] vgl. 12[24]   7] vgl. 11[15]   8–9] vgl. 11[58] 244, 1; 12[26]; 12[19] 256, 1; [28] 265, 16–17, 267, 8–10   9: zu ... leide] vgl. R. Wagner, Censuren (Vorbericht): „Wenn sich daher ‚Tasso' damit tröstet, daß ihm ein Gott gab, zu sagen, was er leide, — womit er eben seine Dichterbegabung bezeichnet, — so erlaube ich mir mich dessen zu erfreuen, daß mir es beschieden war, hierüber auch zu schreiben". a. a. O. 8, 258f. Vgl. Goethe, Tasso, V 5, 3431f. Wagner, wie auch N in diesem Fragment, zitiert nach dem Motto der Marienbader Elegie mit Änderung des „wie" in „was": „Verstrickt in solchen Qualen, halbverschuldet, / Gab ihm ein Gott zu sagen, was er duldet."

12[28] 11: Nach der Unterbrechung] d. h. nach der Einschiebung von WB 3, 443, 8–4, 453, 31, wobei N auf frühere Aufzeichnungen in U II 9 zurückgriff; vgl. aus DmN die Variante zu WB 5, 454, 2–5; auch dieser Plan zu WB 5. 6. 7 wurde aufgegeben   13–15] vgl. 12[18]; 12[24]   16–26] vgl. 12[19] 255, 13–19   24–26: die ... lächerlich] vgl. 12[25] 263, 25–26; seinen „Hoffnungen" hatte K. Hillebrand in: Zwölf Briefe eines ästhetischen Ketzers, Berlin 1874, BN Ausdruck gegeben; Ns Begeisterung beim Erscheinen dieser Schrift Hillebrands wurde von Richard und Cosima Wagner streng mißbilligt, so schrieb Cosima am 20. März 1874: „Hillebrandts Schriftchen habe ich auf Ihre Empfehlung hin gelesen, mich der Richtigkeit der Ansichten desselben erfreut, jedoch vieles Tadelnswerthe darin gefunden ... Auch finde ich dass die ganze Grundlage der Schrift eine verfehlte ist ... Auch erscheinen seine bildenden Hoffnungen recht kleinlich; dieselben sind entschieden durch die Geburt der Tragödie, durch Oper und Drama, Kunst und Politik etc. angeregt, er hat aber nicht die geistige Kraft sich diesen Hoffenden anzuschliessen, und reservirt sich einen kleinen Platz für sich und seine Plastik, welcher recht wie ein Schmollwinkel aussieht."   26: Wagner ... aus] vgl. 5[131]; 12[2]   27–29] vgl. WB 5, 458, 3–459, 4   266 2–3: das ... Litteraturzweig] vgl. 12[19] 255, 18; dazu R. Wagner, a. a. O. 3, 132f.; 6, 371; 9, 371   4–6: Er ... Wo] er ... wo Ms   7] vgl. 12[19] 255, 27 und die Anm. dazu   8–10] vgl. 12[19] 256, 1   12] vgl. 12[29]   15–16] vgl. 11[4]   18–19] vgl. 12[24]

12[30] 267 10] vgl. Goethe zu Eckermann, am 2. 5. 1824: „Ich habe all *mein Wirken und Leisten nur symbolisch angesehen, und es ist mir im Grunde ziemlich gleichgültig gewesen, ob ich Töpfe machte oder Schüsseln."* 14–15] vgl. 12[28] 266, 8–10

12[31] *dieses Fragment schloß unmittelbar an WB 3, 443, 7 an und ist als Zwischenstufe bis zur Einschiebung des Textes von WB 3, 443, 8–8, 472, 19 zu betrachten (vgl. auch die Variante zu WB 3, 443, 8–8, 472, 19 aus U II 10, 134–135)* 268 6–9: indem ... Absichten] vgl. 4[4]

12[32] *21–25:* Darüber ... hat.] vgl. WB 9, 484, 26–31 268 25–269 4: Ein ... hat.] vgl. 11[33] 223, 2–9; WB 6, 465, 3–12

12[33] *Vs:* Ich halte es für möglich, den allgemeinen Eindruck einer großen Begabung auf unsere Empfindung allmählich so zu [–] vertiefen, daß wir von der eigentlichen Sicherheit der großen Künstler-Individualität aus wieder auf den Zustand zurückschließen (mit der Empfindung zurückschließen), in dem er zum Schöpfen gedrängt [wird] – – – in dem er [–] – – – durch Erinnern an eigne Zustände – – – 269 27–270 2: „Die ... ist!"] vgl. WB 6, 464, 17–26 270 21–25: er ... Freien] vgl. WB 7, 469, 24–26

13 = D 10a (DmN)

13[1] *damit schloß das unvollendet gebliebene Dm Ns zu WB* 271 8–272 11: „Nie ... lauschte?"] *Zitat aus R. Wagner, Beethoven, a. a. O. 9, 113 f., mit Änderungen und Auslassungen*

14 = Mp XIII 4, 9–12

14[1] Vgl. WB 11
14[2] Vgl. WB 11 273 24–26] vgl. WB 11, 509, 28–29 und Anm. dazu
14[3] 274 7–11] vgl. WB 10, 502, 30–503, 22 13] vgl. WB 10, 505, 30–34
14[4] Vs WB 10, 504, 17–505, 5 18–19: „das ... abzudämmen."] vgl. die Anm. zu WB 10, 504, 27–30
14[5] 23] vgl. WB 10, 505, 30–34 24] vgl. 11[4]
14[6] 275 1–3] vgl. 8[6]; 11[18] 204, 3–4
14[7] Vs WB 11 11–12: Wagner's ... usw.] vgl. 11[31] 220, 23–25 und Anm. dazu 13] vgl. WB 10, 505, 30–34 13–14] *später mit Bleistift hinzugefügt*

14[8] *endgültiger Plan zu WB*
14[9] 277   9–11] *vgl. WB 9, 493, 13   12–17]   vgl.   11[8]; 11[9]   20–25] vgl. 11[35]   25] vgl. 14[3]*
14[10] *Vgl. WB 11, 508, 29–509, 16*

15 = U II 11

15[5] *bis 15[14]: zum geplanten Nachtrag der Unzeitgemäßen Betrachtungen, vgl. 16[12]: die Seitenzahlen in 15[5] beziehen sich auf D. F. Strauß, Der alte und der neue Glaube, Leipzig 1872, BN*
15[6] *Vgl. G. Chr. Lichtenberg, Vermischte Schriften, 1, 177; Bd. 7, 27 [12]*
15[7] *Vgl. Bd. 7, 27 [8]*   280 22: geistig arm] *vgl. Matth. 5, 3*
15[8] *Vgl. Bd. 7, 27 [11]*   25: Aristoteles] *vgl. Polit. 1335 b 26–1336 a 2*
15[9] *Vgl. 5 [125]; Bd. 7, 27 [10]*
15[10] *Vgl. Bd. 7, 27 [29]*
15[11] *nach 1. Kor. 13, 2; vgl. Bd. 7, 27 [35]*
15[12] *Vgl. Bd. 7, 27 [51]*   281 16: Empedocles] *bei Diog. Laërt. VII 63*
15[13] *Vgl. Bd. 7, 27 [66]*
15[14] *Vgl. 19[63]; WS 199; Bd. 7, 27 [72]*
15[15] *bis 15[26]: vgl. 8[4] 130, 4–5*
15[27] 285 20: unreinen Denkens] *vgl. MA 151; 17[1]; 17[79]*

16 = N II 1

16[3] *Vgl. 17[61]   diese Aufzeichnung steht in Ms unter dem Datum 30. 3. 1876   287 3–7] vgl. MA 200*
16[6] *Vgl. 19[41]*
16[7] *Vs 18[30]   Vgl. MA 555*
16[8] 288 21] *vgl. Il. 6, 138; Od. 4, 805; vgl. 17[85]; 17[74]*
16[9] *von N durchgestrichen*
16[10] *urspr. Fassung nach Nr. 4:* 5. Der Tod der alten Cultur. 6. Der Lehrer. 7. Weib und Kind. 8. Eigenthum und Arbeit. 9. (Das leichte Leben) Mittel, leicht zu l⟨eben⟩. 10. Weg zur Freiheit.
16[13] *VsMA 589   Vgl. 19[9]*
16[14] *VsMA 76*
16[15] 290 10] *vgl. die Fragmente der Gruppe 15 (= U II 11)*
16[16] *Variante in U II 5, 169:* Es giebt verschiedene Stufentreppen zur Freiheit. Hat einer ein störrisches Gemüth, so mag er eine andere

versuchen z.B. mit dem Sinn für Unabhängigkeit. Es giebt eine Treppe für den Liebenden und eine für den Liebelosen.

16[17] *Vgl. MA 392*
16[18] *Vgl. 18[25]; geschrieben während der Bayreuther Tage*
16[19] *auch in U II 5, 173; das Zitat aus R. W. Emerson, Neue Essays (Letters and social aims), Übers. u. Einl. v. Julian Schmidt, Stuttgart o.J. (1876), 171, BN*
16[21] *Vgl. MA 151; 17[1]   Variante in U II 5, 171:* Der Dichter muß ein Ding erst genau gesehen haben und es dann ungenau machen, mit einem Schleier umhüllen. Manche versuchen das Letztere — — —
16[24] *unter dem Datum 28. August, nach den Schriftzügen zu schließen, während der Eisenbahnfahrt von Bayreuth nach Basel niedergeschrieben, vgl. Chronik 1876*
16[25] *VsMA 595*
16[27] *Vgl. 17 [84]*
16[28] *VsMA 272*
16[29] *VsMA 269   Vgl. N an Marie Baumgartner, 13. Mai 1875*
16[30] *VsMA 456*
16[31] *VsMA 388*
16[32] *Vs 19[24]*
16[33] *Vgl. MA 206*
16[34] *Vgl. MA 206*
16[35] *Vs 20[10]*
16[36] *Vs 19[18]*
16[37] *Vgl. 19[13]*
16[38] *VsMA 283*
16[39] *Vgl. 17[48]*
16[40] *VsMA 283*
16[42] *VsMA 286*
16[43] *VsMA 286*
16[44] *VsMA 291*
16[45] *Vgl. 17[50]*
16[47] *Vs 17[42]   Vgl. MA 291*
16[48] *Vgl. MA 284*
16[49] *VsMA 291*
16[50] *Vs 17[39]*
16[51] *Vs 17[41]   daneben die Worte:* deshalb unzeitgemäss!
16[52] *VsMA 291*
16[53] *Vgl. 17[16]*
16[54] *Vgl. MA 159*

17 = U II 5b

17[1] *Vgl. MA 151. 279; 17[16]; 17[18]; 17[32]; 17[79]*
17[2] *VsMA 31*
17[3] *Zu WB?*
17[6] *Vs 18[34]*
17[7] *Vgl. 18[34]* gehört zu den Niederschriften, aus denen MA 549. 117 (= Pfl. 111) und 18[32] (= Pfl. 112) entstanden, wurde aber nicht benutzt
17[8] *Vgl. MA 628*
17[11] *Vgl. MA 289* daneben der Titel Werth der Krankheit für die Erkenntniß zur Abschrift in M I 1, mit dem Hinweis v.p.s. d.h. U II 5, 197, wo sich VsMA 289 (Pfl. 11) befindet
17[13] *VsMA 405*
17[14] *VsMA 335* *Vgl. 18[32]*
17[15] *Vgl. MA 549*
17[16] *Vgl. 17[1]; 16[53]*
17[18] *Vgl. MA 151; 17[1]*
17[19] *VsVM 95* *Vgl. 5[166]*
17[20] *Vgl. 5[166]*
17[22] *Vgl. 22[48]*
17[24] *Vgl. 17[30]*
17[26] 301 8] *vgl. WS 332*
17[29] *VsMA 421*
17[30] *Vgl. 17[24]* Vs: Es ist zu erklären, weshalb die Kindheit und Jugend idealisirt wird. Die Menschen werden meistens unfreier.
17[31] *Vgl. N an Rohde, 18. Juli 1876; 1884–85 bearbeitet*
17[32] *Vgl. 17[1]* Vs: Untreue des Gedächtnisses nöthig für den Künstler.
17[33] 303 8–9: Das ... sein.] fehlt Vs
17[34] *Vgl. MA 619; 5[190]*
17[35] *Vgl. MA 291*
17[39] Vs: *16[50]*
17[40] Vs: in den einzelnen Geschlechtern strebt der Wille danach, abzusterben.
17[41] Vs: *16[51]* *Vgl. MA 284*
17[42] Vs: *16[47]*
17[46] Vs: Die Zeitalter der Thätigen arbeiten für uns; eine Vertiefung und Beruhigung wie noch nie muss über die Menschen kommen, wenn sie dieser Hatz müde werden.
17[47] Vs *18[12]*
17[48] Vs: *16[39]*

17[49] *Vgl. MA 267; 19[75]* Vs: Ziel der Sprachwissenschaft ist eine Universalsprache zu erfinden: sie ist nothwendig sobald der europäische Universalmensch da ist. Wozu dies fürchterliche Sprachenlernen!!
17[50] *Vgl. 16[45]*
17[51] *Vgl. 18[22]*
17[53] *VsMA 285*
17[54] *VsMA 285*
17[55] *VsMA 285*
17[56] *Vs 18[17]*
17[57] *Vs 18[16]*
17[58] 307 8: νεμεσσητικόν] *eigentlich* νεμεσητικόν: „zur Empörung (über das Glück oder Unglück des anderen) geneigt"; vgl. Aristoteles, Eth. Nic. 1108b, 3–4. Vgl. WS 29. 30; 41[10]; M 78
17[61] *Vgl. 16[3]*
17[64] *Vgl. 18[11]*
17[66] *Vgl. MA 637*
17[70] *Vgl. 18[61]; VM 288*
17[71] *Vgl. MA 226*
17[72] *Plan zu* Die Pflugschar
17[74] *Vgl. 16[8]; 17[85]*
17[76] *VsMA 227*
17[77] *Vgl. VM 98; 28[35]*
17[78] *Vgl. 18[61]*
17[79] *Vgl. MA 151; 17[1]*
17[80] *Vgl. 20[1]*
17[82] *Vgl. MA 284*
17[83] *Vgl. MA 284*
17[84] *Vs: 16[27]* *Vgl. 17[25]*
17[85] *Vgl. 16[8]; 17[74]*
17[87] *Vgl. VM 407*
17[89] *Vgl. MA 30*
17[92] *Vgl. MA 284*
17[93] *Vgl. MA 228*
17[94] *Vgl. MA 481*
17[95] *Vgl. MA 453*
17[96] *Vgl. 18[19]*
17[97] *Vgl. 18[7]*
17[98] *Vgl. 18[52]*
17[100] *Vs 18[58]*
17[101] *Vs 18[51]*
17[102] *Vs 18[53]. 18[56]*
17[103] *Vgl. 23[81]; MA 611*

17[104] *Plan zu* „Die Pflugschar" 313 *14–15] dazu die spätere Notiz:* 9 Sentenzen zu Weib und Kind 27 [Über die verschiedenen] Stände und Beschäftigungen (in diesem Heft) + 16
17[105] *Plan zu* „Die Pflugschar" *19] so wurden von N folgende Aufzeichnungen in U II 5 rubriziert: 19[56], VsMA 118, VsMA 75, 19[48], VsMA 115, Vs 20[5], VsMA 595, VsMA 88, VsMA 80, VsMA 589, VsMA 611 20] so rubriziert in U II 5: VsMA 469, 19[55], VsMA 191, 19[51], VsMA 181, VsMA 189, VsMA 209, 19[32], VsMA 454, 19[26], 19[22], 19[21], VsMA 597, 19[19], 19[20], VsMA 573, 19[16], 19[11], 19[8], VsMA 186 21] so rubriziert in U II 5: VsMA 383, 19[53], 19[52], Vs 20[16], 19[42], 19[38], VsMA 456, VsMA 388, VsMA 377, VsMA 407, 19[13], VsMA 598 22] so rubriziert in U II 5: VsMA 318, VsMA 322, VsMA 557, 19[50], VsMA 561, VsMA 338, 19[43], Vs 20[6], VsMA 595, VsMA 505, VsMA 294, 19[12], 19[9], Vs 20[8], 19[7]*

18 = M I 1 (Gast)

18[1] *Vgl. Wernher der Gartenaere, Meier Helmbrecht, die Verse 544–550; dasselbe Zitat in M 202; nach Uhland, s. Anm. zu Bd. 7, 1[30]*
18[6] *VsMA 581*
18[7] 316 *5–6:* zusammen … verdächtig] zusammen: einsam oder zweisam sein ist das Loos *Vs 7–9] von N hinzugefügt 7:* Schutzzöllnern und Freihändlern] Schützzöllen und Freihandel *GAK; GA; vgl. 17[97]*
18[8] *Vgl. 18[42] 15:* überreifer] *Vs* überreicher *Ms*
18[10] *24:* sichereres] *Vs* sicheres *Ms*
18[11] *Vgl. 17[64]*
18[12] *Vs: 17[47]*
18[16] *Vs: 17[57]*
18[17] *Vs: 17[56]*
18[18] *VsMA 83 Vgl. 17[92]*
18[19] *Vgl. MA 475; 17[96]* 319 *4:* los;] los. Aber es ist eine Bewegung, die nicht stille stehen kann. „Rasse" ist es nicht, was da bewegt, sondern Vorteil. Das einzige Racevolk, die Juden, sind gar nicht von dieser staatenbildenden Tendenz an⟨ge⟩griffen — sie haben den Vortheil *Vs*
18[20] *Vs:* Über die verkehrten Meinungen, die man vom Fleiß hat, namentlich unter Gelehrten (trotz allen schönen Worten weiß ich doch: ihr langweiltet euch an euch ohne euren Fleiß zu Tode).
18[21] *Vgl. 23[152] Vs:* das Christenthum und Larochef⟨oucauld⟩ haben Recht die menschlichen Motive zu verurtheilen: die Erkennt-

niss davon ist ganz nothwendig, um von dem heftigen Wollen zu befreien
18[22] *Vgl. 17[51]; WS 203*
18[24] *Vgl. VM 130*
18[25] *Vgl. 16[18]*
18[28] *Vs:* Goethes Wort: das Thier lebt noch in der Muschel.
18[30] *Vs: 16[7]*
18[32] 322 *5:* diesen ... Trost] *Pfl. 111 (VsMA 117), dem dieses Fragment folgt, schließt mit den Worten:* wir Alle sind Einer Art.
18[33] *Vs: 5[163]*   *Vgl. MA 108*
18[34] *Vs: 17[6]*
18[35] *Vs:* Zu „Weib und Kind" Anfang. Auf die Frage: „Woher? Warum gerade so?" antworte ich „von wegen Vater und Mutter"; dabei wollen wir einmal stehen bleiben.
18[37] *Vgl. MA 378*
18[38] *Vgl. MA 393*
18[40] 325 *17–18]* RsMA 382
18[41] *20–21:* Höhe ... hinauf] *aus* Geburt des Genius
18[42] *Vgl. MA 539; 18[8]*
18[43] 326 *14:* Versorgung;] Versorgung, [Geschlechtsbefriedigung]
18[44] *17:* Liebe] Ehe *Vs*   *18–20]* Monogamie ist; denn das Sinnliche giebt ihr allein den Ausschlag *Vs*
18[46] *Vs: 5[198]*
18[47] *Vs: 5[193]*
18[48] *Vs: 5[117]*
18[50] *Vs:* Alles wofür einer sein Leben einsetzt, gilt als entschuldigt — so hoch taxirt man das Leben?
18[51] *VsMA 66*   *Vs: 17[101]*
18[52] *Vgl. 17[98]*
18[53] *Vs: 17[102]*
18[54] 329 *24–28]* wird, dem Reichen, daß er immer reicher wird. Die Luft wird zuletzt zu rein zum Athmen; ein wenig mehr Sünde macht es erträglicher. *Vs*
18[56] *VsMA 568*   *Vs: 17[102]*
18[57] *Vgl. 19[41]*   330 *15–16:* solche ... könne] daß es auf den „Tod" nicht ankomme (Seelenwanderung, „jeder könne sich nur selber ins Nichts erlösen"). Flausen! *Vs*
18[58] *Vgl. 17[100]*
18[60] *Vgl. 31[7]*
18[61] *Vgl. 17[70]; 17[78]*   331 *4–5:* hat, wird] hat und ihn hier in den höheren der Reinheit zu verwandeln weiß, wird *Vs*   *6:* in eine Metaphysik] zu einer Sphäre des reinen Denkens *Vs*
18[62] *Vs am Schluß:* Hinter der Pflugschar geht der Säemann her.

19 = U II 5c

19[1] *bis 19[6] Schrift von Paul Rée mit Verbesserungen Ns*
19[2] *Vgl. 3[31]; 5[106]*
19[5] 333 *6–7 nicht ausgeführte Verbesserung aus:* Unglückliche Naivetät dessen, welcher glaubt, daß er nur die Stellen nicht verstehe, wo der Text verdorben ist!
19[6] *8:* Shakespeare] *aus* Montaigne
19[9] *VsMA 499   Vs:* Freunde von „Mitfreuende", Mitfreude höher als Mitleid.
19[10] *Vgl. MA 226   Vs:* wie im Weinlande ein Weintrinker wird
19[11] *Vgl. MA 598*
19[12] *VsMA 295   334 11–14:* So ... herab] Socrates Wagner *Vs*
19[13] *VsMA 381   Vgl. 16[37]*
19[15] *22–23:* können ... Krankheitsgeschichte] *von N gestrichen, daneben (U II 5, 104) VsMA 306*
19[17] *Vgl. 20[8]; 21[81]*
19[18] *Vs: 16[36]   von N gestrichen und mit VsMA 407 ersetzt   335 10–11:* ist ... strickt] *aus* hat den seltsamen Charakter, daß sie völlig durchschaut werden kann und doch immer wieder in ihrem Netze fängt: sie ist periodisch unheilbar
19[21] *Vgl. MA 439   19–22:* bei ... Unterschied] Nur ist sie dort erzwungen und hier Trieb; dieser Trieb erzwingt dann auch die Überanstrengung der Arbeiter *Vs*
19[22] *VsMA 188   336 2–6:* mittheilen ... Gedanken] mittheilen: „wenn man bedenkt" „nimmt man hinzu" — usw. Die vollen Perioden über einen kleinen Gedanken sind nichts als das Gegacker der Henne über das gelegte Ei *Vs*
19[24] *Vs: 16[32]*
19[25] *Vgl. 22[103]; MA 372*
19[26] *21–22:* bei ... kommt] nicht mehr der erste Soldat seines Landes ist *in Ms nicht ausgeführte Verbesserung   24–25:* soll ... darf] geht man ihm aus dem Wege, wie allen bloss scheinbaren Grössen *Vs*
19[29] *VsMA 187*
19[30] *Vgl. MA 613*
19[31] *Vgl. MA 133*
19[32] *VsMA 192   338 3–4:* seinen ... lassen] *aus* seine Gedanken wie ein Geizhals zu sammeln und in einen Kasten zu legen
19[36] *VsMA 39, 62, 17–21*
19[37] *339 4–6:* Viele ... sein.] *vgl. MA 558*
19[38] *Vs:* Vater und Mutter zugleich.
19[39] *VsMA 39   Vs:* Zwei Arten der üblen Empfindungen.

19[40] 340 *20:* Werde ... bist] *vgl. Pind. Pyth. 2, 72; vgl. EH, Titel*
19[41] *Vgl. 18[57]; 19[39] 340, 11–16* Vs: *die Furcht davor, dem Selbstmord unbedingt das Wort zu reden, ist das treibende Motiv der Schopenhauerschen Ethik.*
19[42] *Vs von N nacheinander gestrichen bis zur Fassung von 19[42]; U II 5, 79–80:* Wenn die Frauen [sagen, daß sie sich seufzend der Nothwendigkeit fügen, so meinen sie oft nur „das was die Leute sagen würden wenn – "] seufzen, daß sie sich dem Schicksal fügen, so meinen sie unter Schicksal die Zunge der Nachbarin. *U II 5, 80:* Die [Ehre] Tugend der Frauen wird [noch mehr] [weniger] nicht so sehr durch die Stimme des Gewissens [⌜Auge Gottes⌝] als die Stimme der Nachbarin bewahrt. – Die Tugend der Frauen wird nicht so sicher durch die Nähe Gottes als durch die Nähe der Nachbarin bewahrt.
19[43] *Vgl. MA 546*
19[44] *Vgl. MA 546*
19[45] *VsMA 583*
19[47] *Vgl. VM 170*
19[49] *VsMA 198*
19[54] *Vgl. MA 596*
19[56] *VsMA 119*
19[58] 343 *15–17:* Wenn ... wurden] *vielleicht nach Schopenhauer, Parerga 2, 573 Anm.*
19[61] *Vgl. VM 181*
19[62] *Vgl. WS 199; 15[14]*
19[63] *VsMA 123*
19[64] *Vgl. MA 482 und die Anm. dazu*
19[65] 345 *4–5] vgl. MA 520*
19[66] *Versuch einer Anordnung des Materials von M I 1 („Die Pflugschar") und U II 5c; zu diesem Zweck hat N neben jedem Stichwort die Zahlen der entsprechenden Fragmente von beiden Heften eingetragen*
19[67] 346 *9] vgl. 5[194]   11:* Rundgang] *[?]*
19[68] *Vgl. Spinoza, Ethica IV, Prop. LXVII*
19[71] 347 *6:* wie der aesthetische] *[?]*
19[75] *Vgl. 17[49]*
19[77] 348 *20–24] erste nicht gestrichene Fassung:* Du sollst die Wahrheit denken, aber sie nur den Freunden sagen. / Du sollst die Welt gewähren lassen.
19[80] *Vgl. 19[77]*
19[82] 349 *16:* nichts] nicht *Ms*
19[88] 352 *1:* sind unsicher] *vgl. 21[2]   8:* Erzählers.] Erzählens. *GA; es folgt, von N durchgestrichen, VsMA 167. 168*
19[89] *Vgl. MA 224*

19[93] *Vgl. 19[113]*
19[94] *Vgl. MA 120*
19[99] 354 9–13] *VsMA 212*   *21–23:* Vielleicht ... Erkenntniß] *vgl. Ph. Mainländer, Philosophie der Erlösung, Berlin 1876, BN*
19[100] *VsMA 110*
19[103] *Vgl. 5[175]; 23[82]*
19[104] *Vgl. MA 436; 19[110]; 23[10]*
19[106] *Vgl. MA 73*
19[107] *Vgl. 23[144]*
19[108] *VsMA 532*
19[110] *Vgl. 19[104]; 23[10]*
19[112] 357 18: Platon] *vgl. Symp. 206b–209e*   *21–22:* deren ... erzeugen] *vgl. Plat. Symp. 210a*
19[113] *Vgl. 19[93]*
19[116] *zur Trennung von den anderen Aufzeichnungen in U II 5, 21 geschrieben; die Seiten 1–20, mit Ausnahme von S. 13, enthalten Früheres (1874)*
19[117] *Vgl. Goethe, Maximen und Reflexionen, 841, 499:* „Wenn ich die Meinung eines andern anhören soll, so muß sie positiv ausgesprochen werden; Problematisches hab' ich in mir selbst genug." *a.a.O. 3, 149*
19[119] *Vgl. MA 35; 22[15]*
19[120] 359 9] *vgl. 17[1]; 17[79]*

20 = Mp XIV 1a (Brenner)

20[1] *Vgl. 17[80]*
20[2] *Vs: 19[39]*   *ursprünglich Fortsetzung von MA 39*
20[6] *VsMA 545*   *Vgl. MA 89*
20[7] *Vs: 5[120]*
20[8] *Vgl. 19[17]*   Vs: Zwei Arten Neid: zwei Knaben vor dem Obsthändler, der eine hat Geld zum Einkaufen; zwei Obsthändler und ein Käufer: der eine hat schönere Früchte.
20[10] *Vs: 16[35]*
20[11] *schließt sich RsMA 224 (nach 189, 1:* spüren lassen. —) *unmittelbar an, war also ursprünglich der Schluß von MA 224*   *Vs: 12[22]*
20[12] *Vs: M I 1, 13 (als Anfang von MA 235); vgl. 5[188]*
20[14] *Vgl. MA 351*
20[15] *Vgl. MA 304*
20[17] *Ns Schrift, gestrichen*
20[18] *von N vermutlich nach dem Diktat an Brenner geschrieben, so auch 20[19–21]*

20[19] 366 24] vgl. 20[21]   367 1] vgl. 28[27]   2: Menschenfreund] [?]
20[21] 7: Operettenmelodie] vgl. 20[19]   8: oder] [?]

21 = N II 3

21[1] Vgl. 22[131]
21[2] vielleicht im Zusammenhang mit VsMA 211
21[3] 368 3: es ist] in auffallend kleinerer Schrift, nach Stil eingeschoben; vielleicht nicht hierzu gehörig   3–4: Filigran] danach ein senkrechter Strich
21[4] 5: Verbrecher] [?]
21[5] 10: Warte] [?]
21[6] Vgl. MA 95; sehr undeutlich geschrieben
21[8] Vgl. MA 162; Thuk. II 35
21[10] 369 10: Natur] [?]
21[11] 12: Menschheit,] Menschheit Ms
21[13] 15: Blinder] aus Taubstummer
21[14] VsVM 319
21[15] Es folgen ohne Zusammenhang die Worte: [Philologie] Abhandl⟨ung⟩
21[16] Vgl. VM 213
21[20] Vgl. MA 330
21[21] In C. A. Bernoulli, Franz Overbeck und Friedrich Nietzsche. Eine Freundschaft, 1, 72, berichtet Overbeck über diesen Traum von der Kröte: „Einmal erzählte er seiner Tischdame: ‚Mir hat kürzlich geträumt, meine Hand, die vor mir auf dem Tische lag, bekam plötzlich eine gläserne, durchsichtige Haut; ich sah deutlich in ihr Gebein, in ihr Gewebe, in ihr Muskelspiel hinein. Mit einem Mal sah ich eine dicke Kröte auf meiner Hand sitzen und verspürte zugleich den unwiderstehlichen Zwang, das Tier zu verschlucken. Ich überwand meinen entsetzlichen Widerwillen und würgte sie herunter.' Die junge Frau lachte. ‚Und darüber lachen Sie?' fragte Nietzsche mit furchtbarem Ernste und hielt seine tiefen Augen halb fragend, halb traurig auf seine Nachbarin gerichtet."   Vgl. 28[42]
21[23] Vs 23[159]   Vgl. 21[66]
21[25] Vgl. MA 340
21[26] Vs 23[106]   371 3: Aristoteles] vgl. Eth. Nic. 1166a 1 sqq.; Eth. Eud. 1240a 23 sqq.; Rhet. 1361b 36–37, 1381a 1 sqq.
21[27] Vgl. 23[109]
21[29] Vs: Im letzten Viertel   8: eine ... Geliebte] ein [?] Freund [?] oder Geliebte Ms einen Freund oder eine Geliebte GAK; GA

21[30] *Vgl. MA 35*   Vs: Mundvoll Annehmlichkeit
21[31] *Vgl. MA 102. 104*
21[32] *Vgl. 18[7]*
21[36] *Vgl. MA 94; 23[109]*
21[38] *Vgl. MA 13*
21[39] *Plan zur pseudonymen Veröffentlichung von MA*   *am Schluß gestrichen:* Geschichte
21[40] *Vgl. MA 566*
21[41] *Vgl. 23[21]*
21[42] 373 4] vgl. Dm-Variante zu MA 251   6: Henker] *über* Desmoulins   6] *[?]*
21[43] Vs 23[25]
21[44] *Vgl. MA 257*
21[46] *Vgl. VM 31*
21[47] *Vgl. MA 500*
21[48] VsMA 141, 233 23–24   *Vgl. VM 208*
21[49] Vs 23[147]
21[51] *darüber drei unlesbare, fast unsichtbar gekritzelte Wörter*
21[52] *mit rotem Stift niedergeschriebenes Verzeichnis von zu behandelnden Themen, vgl. z. B. MA 87; darüber zwei unlesbare, fast unsichtbar gekritzelte Wörter*
21[53] *Vgl. MA 251*   374 13: Wir] *danach ein später hinzugekritzeltes unlesbares Wort*
21[55] VsMA 131
21[56] *Vgl. 23[145]; MA 272*
21[59] Vs 23[64]
21[60] *Vgl. MA 11*
21[61] *Vgl. 23[65]; MA 630; vielleicht auch 21[42]?*
21[63] *Vgl. 23[136]*
21[64] 376 4: je] *[?]*   Jahre] *[?] gestrichen*   *auf derselben Seite (N II 3, 63), wo sich 21[63] und 21[64] befinden, ein undeutlich bis zur Unlesbarkeit gekritzeltes Fragment:* Gesang [– – –] sich ausserdem wegen Krankheit [– – –]
21[66] *Vgl. 21[23]; 23[159]*
21[68] VsMA 274
21[69] *Vgl. 16[2]?*
21[70] *Vgl. MA 28*
21[72] *Vgl. MA 99*
21[73] *Vgl. MA 102*
21[74] *Vgl. MA 27; Blatt am Rand zerrissen*
21[75] VsMA 212
21[76] *Vgl. MA 241*
21[77] *Vgl. VM 90*

21[78] *sehr undeutlich, fast unlesbar gekritzelt; unsichere Lesarten*
21[80] *Vgl. 22[20]*
21[81] *Vgl. 19[17]*
21[84] *wahrscheinlich in Zusammenhang mit den Gedanken zu MA 292, womit N urspr. sein Werk abschließen wollte.*

22 = N II 2

22[3] *Vgl. VM 134; Blatt zerrissen*
22[4] *Vgl. VM 121*
22[5] *Vgl. MA 49; 23[54]*
22[6] *Vgl. MA 594*
22[9] 380 *11:* Noth ... Vater] *vgl. MA 389; das Gleichnis vielleicht nach Platon, Symp. 203 b–d; so auch Schopenhauer, Ethik 136*
22[10] *Vgl. 8[4] 129, 27–130, 2; 21[82] 378, 9. 11; an C. Wagner 19. Dez. 1876*
22[12] *VsMA 472*
22[15] *Vgl. MA 35*
22[16] *Vgl. MA 472*
22[17] *Zeichnung Ns im Ms*
22[20] *Vgl. MA 134. 135; 21[80]*
22[21] *Vgl. MA 473, 308, 12?*
22[24] *Vgl. VM 171   384 2] vgl. Schiller „Die Götter Griechenlands"*
22[25] *Vgl. VM 126; 23[138]; 23[190]*
22[26] *Vgl. MA 27. 148*
22[27] *18:* Weise werden] *vgl. 23[160]; MA 292*
22[28] *VsMA 20*
22[32] *Vs der Variante zu MA 633 in Rs*
22[33] *Vgl. MA 16; 23[125]*
22[34] 385 *13:* Höhle von Salamanca] *Zwischenspiel von Miguel Cervantes, Bd. 2 der in Anm. zu MA 418 zitierten Sammlung „Spanisches Theater"*
22[35] *Satzfragment, zu einem unbekannten Zusammenhang gehörig*
22[36] *VsMA 145*
22[39] *Vgl. MA 152*
22[40] *Vgl. MA 473?*
22[41] *von N durchgestrichen*
22[43] *Vgl. MA 69; Matth. 5, 45*
22[44] *Vgl. MA 292; darüber sehr undeutlich gekritzelt und von N gestrichen:* es ist nothwendig *[?]* etwas zu thun was man nicht nöthig *[?]; dann noch eine ebenfalls sehr undeutlich hingekritzelte Zeile, deren Anfang radiert ist:* [t] ist besser als [– – –]

22[45] Vgl. *MA 628; 23[197]* 386 *12:* die ... Zeit] *vgl. 22[55]* *13:* nun] *[?]* *14–15:* Glockenspiel ... Glockenernst] *vgl. in Za II Vom Lesen und Schreiben das ähnliche Wortspiel:* Trauer-Spiele ... Trauer-Ernste
22[47] *Vgl. MA 599*
22[48] *Vgl. 17[22]* 387 *14–16:* welche ... dass] *unsichere Lesart*
22[49] *Zusammenhang unbekannt, vielleicht zu 22[48]?* *17–18:* sei ... wäre] *aus* falls dieselbe nicht eine absichtliche Irreführung der deutschen Leichtgläubigkeit und als solche sehr verdienstvoll eben das beweisen würde
22[52] 388 *1:* Wir] *aus* „Es will in mir" heisst „es muss" wir
22[53] *Zusammenhang unbekannt*
22[54] *6] vgl. Variante zu MA 27 aus Rs* *7] Zusammenhang unbekannt*
22[55] *Vgl. Variante zu 25[2] aus U II 5, 76; 22[45]*
22[57] *Vgl. 22[58]; 22[113]; 23[3]*
22[58] *Vgl. 22[57]; 22[113]; 23[3]*
22[59] *Vgl. MA 292*
22[60] *Vgl. MA 365*
22[61] *Widmung an Malwida von Meysenbug* 389 *15:* kühle] *aus* kalte *18–19] Variante:* Den andern Theil hab ich für mich behalten / Und für die Freunde — *N II 2, 59*
22[62] *Vgl. MA 13*
22[63] *Vgl. MA 414. 416*
22[64] *Vgl. MA 205*
22[69] *wahrscheinlich auf Siegfried Lipiners Prometheus sich beziehend; vgl. 22[78]* 391 *5:* und zwar] *[?]*
22[72] *Zusammenhang unklar: D. F. Strauss war auch Verfasser von Werken über Ulrich von Hutten und Voltaire; vielleicht zur geplanten Neuausgabe der Unzeitgemäßen? vgl. 22[48]*
22[73] *Vgl. MA 625* *14:* in] *[?]* *15:* und] *[?]*
22[74] *Vgl. MA 11*
22[77] *Vgl. MA 160*
22[78] *bezieht sich auf Siegfried Lipiners Prometheus, vgl. N an Rohde 28. Aug. 1877* 392 *11–12:* trunkenes ... Wohlklang] *unsichere Lesart* *14:* vor] *von Ms*
22[79] *Vgl. 22[95]*
22[81] *Vgl. 24[10]* *Entwurf einer Widmung an Jacob Burckhardt, dieselben Widmungsverse für VM an F. Overbeck in Bernoulli, a.a.O., 1, 276* 393 *7:* Beschämung] *aus* Begierde *8:* Bis ... einst] *aus* Dass ein Baum dir dereinst erblüht] *aus* erblühte *9–10] aus (1)* Scham auch dass ich wagte und nicht dem Grösseren nachgieng *(2)* Ja ich geniesse voraus des Glücks, dass ich

dem Grösseren nachgeh'   11 des ... Pflanzung] *aus* einst, emsiger Hand, am guten Geheg
22[82] *VsMA 171. 172*
22[85] *vielleicht auf Siegfried Lipiners Prometheus sich beziehend, vgl. 22[78]*
22[87] *Vgl. MA 91*
22[89] *Widmung an eine Unbekannte, vielleicht an Louise Ott oder Isabelle von der Pahlen; ein Briefentwurf an Letztere findet sich in N II 2, 92:* Es war auf dem Bahnhof von Turin, dass ich Ihnen etwas versprach in dunklem Ausdruck (denn ich habe eine Scheu von Kindern zu reden, die nicht geboren sind). Kurz: was ich damals meinte war dies Buch. Bitte nehmen Sie es wie mich selbst als gelegentlichen Reisegefährten und seien Sie gewogen − − − Fr. v. d. Pahlen
22[90] *Vgl. MA 477; 23[154]*
22[91] *394 12] über der Zeile ein unleserliches Wort, vielleicht:* Lipiner
22[92] *Widmung an Cosima und Richard Wagner, etwas geändert in Elisabeth Förster-Nietzsche, Große Biographie I 2, 294; Der einsame Nietzsche, 50; außerdem noch in F. Nietzsche, Gedichte und Sprüche, 71   Varianten dazu: N II 2, 95:* Es will, vor andern Erdgeschikken / Zuerst in Meisters Treuaug blicken, / Der Meisterin kluger Gunst begegnen / Bevor der Missgunst Wolken regnen   *N II 2, 95–96:* Doch eh' wir in die Welt es schicken / (1) Soll es in Meisters Treuaug ⟨blicken⟩ (2) Mög' Meisters Treuaug segnend blicken / Mög' Meisterin mit kluger Gunst   *N II 2, 97:* Und seiner Strasse einst gewiss / Und seiner Reise her und hin / Dass nur ihm folge fürderhin / Die kluge Gunst der Meisterin   *N II 2, 98:* Dass nur, zum Schutz vor Schwefeldunst / Ihm folg' der Meisterin kluge Gunst!
22[93] *neu bearbeitet: 1884–1885 vgl. Bd. 11, 323   28:* Wange,] Wange *Ms   29]* [Deckt], die purpurne, [bedeckt] verhüllt? − *Ms   396 4] aus* wie als sei ich schön
22[94] *neu bearbeitet: 1884–1885; vgl. Bd. 11, 325   397 20–21] später hinzugefügt*
22[95] *Vgl. 22[79]   24–25] auf nebenstehender Seite geschrieben, nicht mit Sicherheit dazugehörig*
22[96] *Vgl. MA 292; 21[84]*
22[97] *Vgl. 22[106]*
22[98] *Vgl. MA 234, 196, 15–18*
22[99] *VsMA 550*
22[100] *Vgl. 22[85]*
22[101] *Vgl. 23[114]*
22[103] *Vgl. MA 372; 19[25]   398 13:* Kochkunst] *[?]*
22[105] *Vgl. MA 373*
22[106] *Vgl. 22[97]   399 5:* faul] *[?]*

22[107] *Vgl. MA 37; 23[114]*
22[108] *Zusammenhang unbekannt*
22[109] *Vgl. 10[3]*
22[110] *Vgl. MA 216*
22[113] *Vgl. 22[57]; 22[58]; 23[3]*
22[114] *Zusammenhang unbekannt, vielleicht vgl. MA 224?*
22[117] **401** 2: vom] *[?]*
22[119] *die hier folgenden poetischen Fragmente (22[119]–22[127]; 22[129]; 22[130]; 22[132]) behandeln:* Der Blinde am Wege. Die Seele giebt keinen Schein; *vgl. 23[197]; die Schrift dieser Fragmente ist sehr undeutlich*
22[131] *Vgl. 21[1]*
22[134] **403** 14: wohl] *[?]*   15: im] Im *Ms*   20–21: glitzerte: /er] glitzerte /: er *Ms*
22[135] *Vgl. 23[197]; auch 40[2]?*

23 = Mp XIV 1 b

23[3] *Vgl. 22[57]; 22[58]; 22[113]*
23[5] **404** 18: Aristoteles] *Vgl. Eth. Nic. 1141 a 16–b 3*
23[7] **405** 19: angezogene] anerzogene *GAK; GA*
23[9] 24–25: Warum ... annehmen?] *aus* Einen Erhaltungstrieb nehme ich nicht mehr an.   26: vor;] vor; [es sind chemische Gesetze, nach denen sich die Gesundheit regelt]   **406** 5: ebenso] *GA* so *Ms*   8–11: ist ... sind] *aus* giebt es keine Triebe; eine volle Blase verursacht Druck Schmerz, erinnert an sich, aber einen Urinirtrieb giebt es nicht
23[10] *Vgl. 19[110]*
23[11] *Vgl. MA 127*
23[12] *Vs:* Ausdruck „Wille zum Leben"   **406** 23–**407** 11: Es ... wählen,] *aus* Der Ausdruck „Wille zum Leben" ist zu prüfen. Nimmt man ein einziges Princip an von allen Individuen, so mag der Ausdruck gelten. Aber der einzelne Mensch ohne eine solche metaphysische Hypothese tritt nicht ins Leben durch einen solchen Willen, denn bevor er ist, ist auch sein Wille noch nicht: was sollte dieser denn sein? Im Leben sich äußernd ist es nicht „Wille zum Leben" sondern Wille im Leben zu bleiben: **407** 18: Gefühl.] Gefühl. [Von einer Eigenschaft dieses Gefühls zu wollen, irgendwohin zu streben, ist uns unmittelbar gar nichts bewußt.]   29–33: Diese ... voraus] *aus* Dies muß zu allerletzt ein chemischer Vorgang sein. Aber Wille zum Leben ist dies nicht   **408** 6: unabhängig ... beobachtet] *aus* als

thierische Thatsache betrachtet   9–10: Es ... will] ⌜Es ist nicht wahr daß⌝ Man will nicht das Dasein um jeden Preis *Ms*   *am Schluß die Notiz:* vgl. pag. seq. 2

23[13] *Vgl. 23[114], 444, 12–18; MA 132*   13: Paul de Lagarde] *vgl. Ueber das Verhältnis des deutschen Staates zu Theologie, Kirche und Religion, Göttingen 1873, §§ 9 u. 10*

23[14] 22–29: ja ... wird] *aus* er bringt wie eine große Feuerbrunst seinen eignen Wind mit sich, der ihn steigert und weiter trägt

23[15] *Vgl. VM 179*

23[17] 22–25: Trotzdem ... Pathos.] *von N gestrichen*

23[19] *Vgl. MA 2; VM 5*   410 11: habe] haben *Ms*

23[21] *Vs: 21[41]*   *Vgl. MA 40. 519*   411 11: läse] *GAK* lese *aus* lesen ⟨würde⟩ *Ms*

23[23] 24–25: Verachte ... unbedingt.] *vgl. Goethe, Faust I 1851. 1855*

23[25] *Vs: 21[43]*   *Vgl. 25[1]*   412 17: allen] *GAK* alle *Ms*

23[27] 413 27: eben] aber *GAK; GA*

23[28] *Rs MA 365 im Anschluß daran*   414 12: an] *GA* auf *Ms; GAK*

23[29] *Vgl. MA 60*   16: seinem] ihrem *Ms; GAK*

23[31] *Vs:* Der Grund weshalb man weint ist nicht klar. Jemand sagte bei Hermann und Dorothea und bei Homer − − −

23[32] *Vs:* Ableitung des unegoistischen Triebes aus dem socialen Instinct. Dieser aus Furcht, Zwang, Gewöhnung, vorerst gemildert (versetzt mit Freude).

23[34] *Vgl. MA 141, 135, 18–22*

23[37] *Vgl. MA 271; VM 33*   416 23–26: Die ... scheidet.] *vgl. Schopenhauer, Ethik 182*   416 26–417 1: der ... Handelns] *ebd. 109*   417 1–2: zu ... fähig] *ebd. 114*

23[38] *Vgl. MA 629–637; 23[65]*   12: Winkler] *Paul Winckler; vgl. 23[158]*   18–19: eigentliche ... Gesinnung] *vgl. Schopenhauer, Parerga 2, 215*   *am Schluß spätere Notiz Ns:* Hier anzuknüpfen: Zwei Arten, die eine Überzeugung, die andere Wissen

23[40] *Vgl. VM 18*   418 13–14: seine Verwandten] *die Schriften Lichtenbergs wurden zunächst von seinem Bruder L. Chr. Lichtenberg (1799–1800), später von seinen Söhnen Chr. W. und Georg Christoph (1843–1846) herausgegeben*

23[41] *VsMA 36*   *Vgl. MA 37; 23[75]; 23[161]; 23[152]*   25–26: Verfasser ... Beobachtungen] *Paul Rée*

23[42] *am oberen Rand der Seite:* Die Memorabilien   419 2–3: angezogenen] *vgl. 23[7] 405, 19*   4–5: in ... getrieben] *aus* sozusagen der „Keuschheit der Seele" ein wenig mit Schelmerei widerstrebt

23[43] *Vgl. VM 181*   23: national ... Widersprüche] *vgl. 36[2]*

23[45] *Vgl. VM 320*

23[46] 421 10–11: Schopenhauer ... will] *vgl. „Zur Metaphysik des Schö-*

nen und Aesthetik": „... *das Entsetzen und Grausen* ... *beim Anblick dieser Thiere* ... *scheint* ... *in einer viel tieferen, metaphysischen und geheimnißvollen Beziehung seinen Grund zu haben.*" *Parerga 2, 457; ähnlich auch Nachlaß 350* 11–13: wenn ... werden] *vgl. 24[7]*
23[47] *Vgl. MA 36; 23[41]*
23[48] *Vgl. VM 323*
23[49] *Vs am Anfang:* Gefühl der Empörung bei einer rein naturalistischen Weltbetrachtung: oder des tiefsten Bedürfnisses.
23[50] 422 *8:* Genie's] reich schenkende Genie's *Vs*
23[52] *Vgl. MA 215*
23[59] *Vs:* Erweiterter Begriff der Missgeburt. Der Mensch wird immerfort geboren. Wer sich von der Tradition löst ist eine Missgeburt.
23[61] *Vgl. 23[181]*   *Vs:* Das Glück ergreifender als das Unglück
23[64] *Vs: 21[59]*
23[65] *Vs: 21[61]*   *Vgl. 23[38]*
23[66] *Vgl. 28[21]*
23[67] *am Schluß gestrichen:* am gefährlichsten bei Renegaten
23[68] *Vgl. WS 326*   *Vs:* Nagel krumm Problem schief
23[69] *Vgl. MA 381*
23[72] *Vgl. MA 378*
23[74] *Vgl. WA 9, Anmerkung*
23[77] *am Schluß gestrichen:* (Huren usw.)
23[78] *am Schluß (unterem Rand der Seite) ohne Einfügungszeichen:* nicht mehr wie gewöhnlich in Bezug auf alle Handlungen, sondern selbst in Bezug auf die Empfindungen
23[79] 429 *30–*430 *3:* soll ... auch] *aus* darf man nicht an einen moralischen Ursprung denken. Auch   430 *1–2:* erwähnte Scham] *vgl. 23[6]*   *13–22: bis* ... Haussklaven] *aus* so furchtbar stark, aus dem Thierreich her ist sie vererbt. In den Menschenstaaten ist der Instinkt der Monogamie sodann sanktionirt worden, im Interesse der festorganisirten Familie; wenn thatsächlich das Weib ein Besitzstück, Sklave ursprünglich   *30–33:* ist ... Polygamie] *aus* hat sich verändert. Man soll sich vor feierlichen Hypothesen hüten, wenn einfache genügen. Die zu flache und die zu tiefe Erklärung nützt nichts. – Wo die Naturbasis anders ist, wird übrigens thatsächlich die Monogamie nicht existiren, sondern Polygamie: obschon der Staat sie hält und das rechtmäßige Eheweib und ihre Kinder unter seine Heiligung stellt   *am unteren Rand der Seite ohne Einfügungszeichen:* so daß sie jetzt erst etwas Großes und Ehrwürdiges geworden ist wo ein monogamischer Instinkt entstanden ist. Das Unmögliche [–]
23[82] *Vgl. 5[175]*   432 *24–25:* nämlich ... Menschheit] *vgl. MA 517*   433 *5–6:* freilich] *von fremder Hand (Gast)*
23[83] *Vs:* Nacht alte Stadt Mondschein ein Sänger

23[84] *Vgl. MA 145. 155*
23[85] *Vgl. MA 23*
23[86] **434** *3–4:* des ... Kraft!] *vgl. Goethe, Faust I, 1852*
23[87] *Vgl. MA 96*
23[88] **435** *3–4:* Richtet nicht!] *vgl. Matth. 7, 1*
23[91] **436** *1–6:* Wie ... Nachdruck.] *von N durchgestrichen*
23[92] *VsMA 496   gestrichen und überdeckt mit Vs MA 418*
23[93] *Vgl. VM 271*
23[94] *Vgl. MA 242; VM 179. 180. 181   23–28:* Von ... Kultur] *aus* Eine ganz neue Gattung von Erziehung und Erziehern muß entstehen, dies ist meine neue Aussicht!
23[95] **437** *1–6:* Die ... verloren.] *VsVM 163*
23[96] *Vgl. MA 96*
23[99] *Vgl. MA 131*
23[100] *Vgl. VM 323; 23[145]*
23[101] *Vgl. MA 629*
23[102] *am Schluß gestrichen:* der Kindheit
23[103] *Vs:* Freigeisterei aus Gewissensbissen
23[106] *Vs: 21[26]   **441** 7:* Aristoteles] *vgl. Eth. Nic. 1166a 2–6*
23[110] *Vgl. MA 236   Vs:* Wir haben uns losgemacht von der Vorstellung eines Gottes, eines ewigen Lebens, einer vergeltenden Gerechtigkeit, der Sünde, des Erlösers und der Erlösung-Erleichterung des Lebens — Pflicht? Freier Wille?
23[111] *Vgl. WS 215*
23[112] *Vgl. MA 152   **443** *1:* Erhabne] Erhabne als das Hässliche *Vs*
23[113] *VsMA 140*
23[114] *zum Teil verarbeitet für MA 37. 38; hier die Urfassung. Vgl. 22[107]   **444** 12–18:* Freilich ... abgesehen.] *vgl. MA 132; 23[13]   21–22:* sondern ... werden] *vgl. 22[101]*
23[117] *Vs:* Kritik des Naturgenusses — Nervenerregung auf Bergen ist genussvoll
23[119] **445** *15:* Hoffnung] *aus* Kunst
23[122] *Vs:* Kants weitschweifige und nicht ganz klare Manier, welcher man das Denken beim Schreiben (und nicht vor dem Schreiben) anmerkt. Es fehlt ihm an Zeit. Er stellt seine Gedanken nicht am besten dar.
23[125] *erste Fassung von MA 16   Vs: 22[33]   **447** 6:* strengere Logiker] *N meint A. Spir, Denken und Wirklichkeit, insbesondere die Ausführungen im Bd. I, Buch III, 3. Kapitel „Das Verhältniss der Welt zu dem Unbedingten"; vgl. Anm. zu MA 18, 38, 27–39, 2*
23[126] *Vs:* Philosophiren in Deutschland jetzt ein gefährliches Symptom, Abwendung von Wissenschaft.

23[127] Vgl. *MA 140*
23[130] 449 *24:* Selbstentäusserung] *Anspielung auf Wagner; vgl. 11[29]*
23[132] 450 *14–21:* Selbst ... Kameen.] *VsMA 35* *21–28:* Nur ... Lustempfindungen.] *vgl. 23[168]* *25:* ausarbeiten; —] ausarbeiten; [ebenso ein Kind erziehen] —
23[133] *am Schluß mit Rötel:* Missgebilde *vgl. 23[59]*
23[136] Vgl. *21[63]*
23[138] Vgl. *VM 126; 23[190]; 22[25]* 453 *2:* Wagner] *vgl. „Zum Vortrag der neunten Symphonie Beethovens." a.a.O. 9, besonders 277–282* *15–16:* Ist ... möglich?] *aus* Es giebt keinen historischen Vortrag.
23[140] *Vs:* Macht er sich nicht mit lustig, wenn er erzählt, wie man sich am Hofe des Herzogs über D⟨on⟩ Q⟨uixote⟩ lustig macht? 453 *27–454 2:* Natur ... an,] *aus* Künstler-Natur, verherrlichen selten das Verherrlichenswerthe und das, was dem Künstler gut scheint. Ebenso umgekehrt. 454 *3–4:* ihre ... Idealisten] *mit Rötel gestrichen, darüber:* gegen die Ritterromane *8:* Unvermerkt] *aus* Unbewußt *11–25:* dünken ... wurden.] *aus* dünken. Er gehört in die Decadence der spanischen Cultur, er ist ein nationales Unglück. Er verachtete die Menschen. Man ergötzte sich am Irrsinnigen, am Hofe des Herzogs und man lachte den Ketzer am Scheiterhaufen noch aus. *Vgl. 8[7]*
23[142] 455 *4:* Goethe ... Schiller] *vgl. Goethe zu Eckermann, am 18. Jan. 1825*
23[144] Vgl. *19[107]*
23[145] Vgl. *MA 272; 21[56]; 23[100]*
23[146] Vgl. *MA 176* 456 *4–16:* Man ... ganz] *aus* Bei der Frage, wie Shakspeare seine Helden jedesmal so passend, mit so tiefen Sprüchen und dergleichen reden lassen konnte, ob solche Gespräche Mosaik von gelegent⟨lich⟩ gefundenen Einzelsätzen seien, sagte ich: Nein. Die fortwährende Gewöhnung, jede Bemerkung nur aus dem Munde einer bestimmten Person, ja einer Situation passend zu finden ist eben eine ganz andere als die unsere, die Bemerkung der Wahrheit halber zu machen,
23[147] *Vs: 21[49]*
23[148] Vgl. *MA 141, 136, 34–137, 3*
23[152] Vgl. *18[21]; 23[41]; 23[161]; 23[167]*
23[153] 459 *18:* Aristotelismus] *unsichere Lesart*
23[154] Vgl. *MA 25* *Vs:* Im Handel mehr Moralität als in dem Christenthum war, die Menschenliebe aus Gottesfurcht oder dem kantischen „was du nicht willst" — ökumenische Ziele. 460 *23:* thue ... werde] *vgl. Matth. 7, 12* *24–25:* liebe ... willen] *vgl. 3. Mos. 19, 18*

23[155] 461 *9–11:* Durch ... selbst] *vgl. Epikt. Manuale V; MA 141, 136, 13–14*

23[156] 461 *20–462 5:* Wenn ... hätten.] *von N durch zwei senkrechte Striche vor* Wenn *und nach* hätten *und durch eine waagerechte Linie unter der letzten Zeile vom übrigen Text getrennt, weil gänzlich in MA 630, 356, 32–357, 13 aufgenommen*

23[157] *In der Urfassung schloß sich dieses Fragment RsMA 513 an; nach Abfassung von MA 513 wurde es für sich bearbeitet; die Urfassung lautete:* Der Mensch mag sich noch so weit ausrecken, sich noch so objektiv scheinen, zuletzt trägt er doch nichts davon als seine eigne Biographie. Aber erstaunlich erleichtert wird das Leben durch eine solche Befreiung des Geistes, welche versuchsweise einmal an allen den Vorstellungen rüttelt, welche das Leben so belasten, so unerträglich machen: so daß man seine Freude in dieser Entlastung hat und das einfachste Leben vorzieht, welches uns diese Freude gewährt.

23[158] 462 *28:* Paul Winkler] *vgl. Zwey Tausend Gutte Gedancken zusammen gebracht von Dem Geübten. Görlitz ... 1685. Nr. 1034:* „Der Mensch ist so lange Weise / als er die Weißheit sucht / wenn er aber meinet / er habe sie gefunden / so wird er zum Narren." *Vgl. 23[38]*

23[159] *Vs: 21[23]*   *Vgl. 21[65]*

23[160] *Text mit RsMA 292 überschrieben*

23[161] *Vgl. 23[41]; 23[152]; 23[167]*

23[163] 464 *15:* müsse] müssen *Ms*

23[167] *Vgl. 23[41]; 23[152]; 23[161]*   465 *8:* haben] hat *Ms*

23[168] *Vgl. 23[132]*

23[169] *Vgl. MA 3*

23[173] *Vgl. 23[156]; MA 164*

23[181] *Vgl. 23[61]*

23[184] *Vgl. MA 26*

23[185] *Vgl. VM 225*   470 *1:* Glaube ... Berge] *vgl. 1. Kor. 13, 2*

23[186] *Vs am Schluß:* Gegen Empedocles

23[187] *Vs:* Träume unerlebter Zustände z. B. Schweben   *Vgl. dazu F. M. Klinger, a. a. O. Nr. 700*

23[189] *Vs:* man ist am leichtesten zu Sinnenfreuden hingerissen wenn wir traurig sind — weshalb?   *25–26:* Sancho ... Thier"] *vgl. Cervantes, Don Quixote, II, Kap. 11: dieselbe Stelle zitiert im Brief Cosima Wagners an N vom 19. Okt. 1869*

23[190] *Vgl. 22[25]; 23[138]; MA 172; VM 126*   *Vs am Schluß:* „alle Kraft wirkt erhebend"

23[194] *Vgl. 25[2] 485, 11–17*

23[195] *aus dem Komplex zu MA 35–38 (zuerst als Vorrede gedacht, vgl. die Varianten dazu); am unteren Rand der Seite ohne Einfügungszeichen der auch dazu gehörende Satz:* so muß er sich die Antwort

geben: zum Vortheil des Denkers, welcher für Deutschland wenigstens, die große − − − 472 22: zu] [wen vornehmlich er sich als Leser wünscht und] zu 23: seine] *aus* diese 24–26: unbescheiden ... Empfindungen] *aus* so unbescheiden, denjenigen Denker zu nennen, welchem man die Untersuchungen über den Ursprung der moralischen Empfindungen verdankt 472 28–473 1: auch ... Gedanken] *aus* zu welchem sich auch dieses Buch [als Leitstern] bekennt *am unteren Rand, von den Notizen zu MA 35. 37 und 23[195] umrahmt, das Datum:* Ragaz, Mai und Juni 1877
23[196] Vs: N II 2, 46 (zu 474, 8–11) 473 10] *daneben mit Bleistift:* Beschleunigung der „Zeit" 26: Wesen der Reise] *gestrichen* 474 7: hat] *darunter:* ist? *am unteren Rand gestrichen:* 28 Juli [Juni] Mazzinis Geburts⟨tag⟩ *Giuseppe Mazzini wurde am 22. Juni 1805 geboren; die unrichtige Angabe von Mazzinis Geburtstag fand N in seinem Notizkalender für 1877 (= N II 8)*
23[197] 16–17: das ... entweicht] *unsichere Lesart* 25] *vielleicht Erinnerung an die Schiffsreise von Sorrent nach Genua (8.–10. Mai 1877); vgl. N an Malwida von Meysenbug, 13. Mai 1877; vgl. auch 23[188]* 26] *vgl.* 22[119]–22[127]; 22[129]; 22[130]; 22[132] 27: Ecce homunculus] *vgl.* 22[135] Glockenspiel] *vgl.* 22[45] 28] *vgl. Za II,* Der Wahrsager. *Über eine seiner Begegnungen mit N im Sommer 1877 berichtend, schreibt Reinhart von Seydlitz: „Nietzsche erzählte lachend, er habe im Traum einen endlosen Bergpfad hinauf steigen müssen; ganz oben, unter der Spitze des Berges, habe er an einer Höhle vorbei gehen wollen, als aus der finstern Tiefe ihm eine Stimme zurief: ‚Alpa, Alpa, − wer trägt seine Asche zu Berge?'* −." *Vgl. R. v. Seydlitz,* Wann, warum, was und wie ich schrieb, *Gotha 1900, 36*

24 = Mp XIV 1c

24[1] *die Zahlen 1–43 beziehen sich auf Aphorismen, welche zum Teil in MA oder VM aufgenommen wurden, oder auf Fragmente, jedenfalls auf Texte, die sämtlich in Mp XIV 1b niedergeschrieben waren und deren Inhalt in dieser Rubrizierung stichwortartig wiedergegeben wird; mit diesen Zahlen versah N die entsprechenden Texte in Mp XIV 1b* 1 = MA 157; 2 = MA 161; 3 = MA 3; 4 = MA 155; 5 = 23[74]; 6 = MA 156; 7 = MA 199; 8 = 23[131]; 9 = MA 146; 10 = MA 147; 11 = MA 236; 12 = MA 219; 13 = 23[146]; 14 = MA 162; 15 = MA 170; 16 = MA 201; 17 = MA 160; 18 = MA 150; 19 = 23[138]; 20 = 23[140]; 21 = MA 207; 22 = 23[150]; 23 = MA 250; 24 = MA 159; 25 = MA 215; 26 = 23[84]; 27 = MA 130; 28 = 23[101];

29 = 23 [142]; 30 = MA 260; 31 = 23 [167]; 32 = 23[168]; 33 = MA 212; 34 =MA 176; 35 = MA 164; 36 = MA 149; 37 = VM 171; 38 = VM 165; 39 = MA 165; 40 = MA 223; 41 = 23[81]; 42 = MA 222; 43 = MA 213

24[2] *Gruppierung der in 24[1] numerierten Fragmente nach sechs Kapiteln*
24[3] *Themata zu MA* 478 *3:* Freundschaft] *dieses Stichwort ist von N mit drei senkrechten blauen Strichen gekennzeichnet worden, damit sind folgende Aufzeichnungen in Mp XIV 1 und M I 1 versehen: 23[106], MA 368, MA 296, 20[15], MA 499, MA 378, 18[44]* Weib und Kind] *mit zwei senkrechten blauen Strichen gekennzeichnet, damit sind folgende Aufzeichnungen in Mp XIV 1 und M I 1 versehen: MA 412, MA 455, 23[20], MA 410, MA 387, MA 394, MA 419, MA 141, MA 389, 23[72], 23[79], MA 418, MA 424, MA 409, MA 398, MA 416, MA 402, 23[121], MA 396, MA 259, 23[128], MA 384, MA 385, MA 423, MA 421, MA 411, MA 158, MA 407, MA 598, MA 406, MA 404, MA 413, MA 388, MA 379, MA 392, MA 400, MA 401, MA 393, MA 377, 18[35], 18[41], 18[43], MA 405* Erziehung] *mit vier senkrechten blauen Strichen gekennzeichnet, damit sind folgende Aufzeichnungen in Mp XIV 1 und M I 1 versehen: MA 479, MA 268, 23[29], MA 251, MA 267, 23[43], 23[44], MA 395, MA 72, MA 254, MA 263, MA 242, 23[94], MA 592, 23[136], MA 250, 23[151], MA 203, MA 244, 23[160], 18[2]* 4: Der Schriftsteller] *mit zwei waagerechten blauen Strichen gekennzeichnet, damit sind folgende Aufzeichnungen in Mp XIV 1 und M I 1 versehen: 23[7], MA 201, 23[31], 23[40], VM 113, 23[42], MA 207, 23[91], MA 176, 23[98], MA 178, VM 227, MA 199, 23[132], 23[134], 23[137], 23[139], 23[146], MA 202, 23[162], 23[171], MA 191, MA 181, MA 189, MA 187, MA 186, MA 184, MA 188, MA 192, MA 180, MA 200, MA 206* 5] *mit einem blauen Kreuz gekennzeichnet, damit sind folgende Aufzeichnungen in Mp XIV 1 versehen: MA 351, 23[61], MA 40, MA 590, 23[83], MA 68, MA 542, 23[113], MA 516, MA 60, MA 352, VM 212, MA 277, MA 513, MA 628, 23[188], MA 629*
24[4] *Disposition zu MA*
24[5] *Disposition zu MA*
24[7] *Vgl. 23[46]* 479 *19–21:* Die ... Eltern] Schopenhauer geht so weit, die Eltern nur als die Gelegenheitsursache zu bezeichnen, damit der Wille sich von Neuem in einem Kinde individualisire. In Wahrheit wären die Kinder richtiger als Gelegenheitswirkungen der Eltern zu bezeichnen *Vs*
24[8] *Vgl. MA 498*
24[10] **480** *18–23] vgl. 22[81]*

25 = Mp XIV 1 d (Gast)

25[1] *Vgl. 23[25]*   *482 8–19] vgl. MA 446*
25[2] *Abschrift (mit Verbesserungen Ns) auf Grund einer ersten Fassung Ns*   *485 11–17] vgl. 23[194], die Vs dazu in U II 5, 76. 74. 68; U II 5, 76:* Kommt Freunde und schaut ein neues / Schauspiel heut' / Mich mit der Pfeife der Zeit / [− − −] zu einem wilden Tanz / der Winde Geschwirr mit feuchten Flügelschlägen / Schiff, dein Lauf ist Nothwendigkeit *vgl. auch 22[55]*
25[3] *Überschriften der neun Hauptstücke von MA*   *18] wurde zum 5. Hauptstück, mit dem Titel* Anzeichen höherer und niederer Cultur.   *22] wurde zum 1. Hauptstück*

26 = D 11

26[1] *Variante zu MA 63; in Dm gestrichen, nach MA 599*

27 = N II 5

27[1] *Notiz zum Kolleg über* Hesiods Werke und Tage *(Sommersemester 1878)?*   *487 1] ähnliches im Kolleg über* Die vorplatonischen Philosophen *(Sommersemester 1876)*   *2] vielleicht vgl. Burckhardt GK 3, 120? s. Anm. zu 27[15]*
27[2] *Vgl. VM 321; am 11. Mai 1878 wurde das erste Attentat gegen Kaiser Wilhelm I. begangen*
27[5] *Vgl. 30[135]*
27[6] *Vgl. Burckhardt GK 3, 126f.? s. Anm. zu 27[15]*
27[7] *16:* 8] *[?]*
27[8] *488 2–3:* Gott ... dienen] *vgl. Röm. 8, 28*
27[9] *von N durchgestrichen, aus der Zeit der letzten Bearbeitung von MA*   *4:* Überzeugung] *vgl. MA 629–637*   *5:* Allein ... selbst] *vgl. das 9. Hauptstück von MA*   *5–6:* Anfang ... Weisheit] *vgl. MA 292; dieser Aphorismus wurde aber der Schluß vom 5. Hauptstück*   *6:* Genua] *vgl. MA 628 und Anmerkung dazu*
27[10] *gestrichenes Schema einer Einteilung der Aphorismen in MA*   *12:* Phase] *vgl. dazu N an Mathilde Maier, 8. Aug. 1878; 27[65]; 27[34]*
27[12] *18:* Emerson ... 9] *N bezieht sich auf R. W. Emerson,* Über Goethe und Shakespeare, *deutsch von H. Grimm, Hannover 1857, BN*

27[13] *Vgl. 30[146]*
27[14] *Vgl. VM 149*
27[15] *Notizen aus Vorlesungen J. Burckhardts? Im Sommer-Semester 1878 las Burckhardt über „griechische Kulturgeschichte" und über „Kunst des Alterthums", und N war dabei als Hospitant. Dieser Art scheinen auch andere Fragmente in N II 5, N II 4, N II 7 zu sein; ihr Inhalt ist vorwiegend kunsthistorisch, deshalb wird in den Anmerkungen außer auf die Parallelstellen in Burckhardt GK (vgl. Anm. zu 5[60] auch auf die in: Jacob Burckhardt-Gesamtausgabe, Bd. 13, Berlin und Leipzig 1934, S. 7-166 „Antike Kunst" hg. von Felix Stähelin (Abkürzung dazu: AK) nach Möglichkeit hingewiesen Vgl. VM 222   489 3–4] vgl. Burckhardt GK 3, 6; AK 142   5–6] vgl. GK 3, 44; AK 132–134   8–9] vgl. AK 137   10–11] vgl. GK 3, 23   14] vgl. AK 133   15–16] vgl. GK 3, 5   18] vgl. GK 3, 40f.   19–20] vgl. GK 3, 37f.*
27[16] *Zusammenhang unklar*
27[18] *Vgl. GA XVIII 173 Anm. 9*
27[19] *Vgl. 39[7]*
27[20] *Vgl. 31[8]*
27[26] *Vgl. WB 2, 438, 16–18   Vgl. 28[23]*
27[27] *Vgl. 27[52]*
27[31] *492 15–16] vgl. VM 296; 28[20]; 29[2]; 11[9]*
27[34] *493 3–4: als … entwarf] vgl. SE 4   12–13] DS   14–15] HL   16] SE   17] WB*
27[35] *Vgl. GA XVIII 139 Anm. 1; Burckhardt GK 3, 128*
27[43] *Vgl. 30[9] 524, 1   495 3: 4. Buch] der „Welt als Wille und Vorstellung"*
27[44] *7: mir] nur GAK; GA*
27[45] *Vgl. 30[167]*
27[46] *Vgl. F. M. Klinger (über Wieland) a.a.O. Nr. 125*
27[48] *Vgl. 27[85]   20–21] vgl. Goethe, Harzreise im Winter: „Öffne den umwölkten Blick / Über die tausend Quellen / Neben dem Durstenden / In der Wüste!"*
27[52] *496 17: vide vorher] d.h. 27[13]; vgl. auch 27[27]; 30[146]*
27[57] *Vgl. 30[170]*
27[63] *Vgl. 27[88]*
27[65] *498 6: Böhmerwald] d.h. in Klingenbrunn bei Regen, 5.–12. Aug. 1876   Phase] vgl. Anm. zu 27[10]*
27[69] *Vgl. 30[147]; 11[10]*
27[70] *Vgl. 30[35]*
27[71] *Vgl. Anm. zu 27[15]*
27[73] *Vgl. Anm. zu 27[15]*
27[75] *499 12: καλὸς Σωκράτης] vgl. Plat. Ep. 2, 314c; Athen. 5, 219*

27[76] Vgl. 28[28]
27[78] Vgl. WA Nachschrift. Anmerkung; 30[153]
27[80] Vgl. 27[34]
27[85] Vgl. 27[48]
27[86] Vgl. 30[167]
27[88] Vgl. 27[63]; VM 242
27[94] 502 14–15: es ... hat] Eckermann zu Goethe am 29. Nov. 1826 (über Byron)
27[97] Vgl. 28[10]

28 = N II 6

28[1] Vgl. 30[166] 410, 3; 40[24]   Vs: Louvres-Brand   504 3: Nie ... Schmerz.] vgl. N an Carl von Gersdorff, 21. Juni 1871; 40[8]
28[3] 9: Splügen] dort war N in der ersten Hälfte des Oktober 1872
28[6] Vgl. 11[11]   19: Windlücke] Höhe auf der Straße zwischen Pforta und Bad Kösen   Steine ... Vorzeit] vgl. VM 149   20: Krumme Hufe] am Stadtrand von Naumburg, mit zwei Teichen, auf denen N als Knabe im Winter Schlittschuh gelaufen ist
28[7] 505 4–6: Erste ... Gegensatzes).] vgl. GM Vorrede 3; diese Schrift scheint verlorengegangen zu sein
28[8] Vgl. 11[11]   11: Verlust der Kindheit] vgl. WS 168, 260, 23; EH Warum ich so klug bin 10   12: Lippe (?)] vielmehr Wied, vgl. 11 [11] Anm. zu 194, 12
28[9] Vgl. 11[11]
28[10] Vgl. 27[97] Malwida von Meysenbug schrieb an Olga Monod aus Sorrent im Februar 1877: „... wir kommen eben von einem langen Eselritt (d.h. Rée und Nietzsche zu Pferd) zurück, da es der erste wieder göttliche Morgen war; wir waren oben auf den Bergen über dem Golf von Salerno, wo man beide Golfe zu beiden Seiten des Landes sieht, hinten die kalabrischen Berge noch mit Schnee bedeckt, was vor dem blauen Himmel reizend aussah; der Golf von Salerno noch viel südlicher und blauer als der von Neapel; alles mit Blumen übersät; vor uns die kleinen Sireneninseln, welche reizend daliegen, um uns, als wir oben saßen, eine ganze Bande beinahe afrikanischer Kinder mit brauner Haut, schwarzen Augen, weißen Zähnen, die uns anlachten, Blumen brachten und zuletzt sangen, furchtbar komisch, ein sogenanntes geistliches Lied, von dem der Refrain war: Viva, viva il cuor di Maria, Eviva [sic] Dio che tanto l'amà [sic]. Ist das nicht köstlich heidnisch sinnlich?" Vgl. Briefe von und an Malwida von Meysenbug, hg. von Berta Schleicher, Berlin 1920, 127f.   17: que] irrtümlich für: che
28[11] Vgl. 18[47]; 41[2]; 42[48]; WS 86

28[12] Vgl. WS 246. 320
28[13] Vgl. 11[11] 194, 14–15   506 1: Einsiedel] Pfarrei in der Nähe von Plauen   2: Christus ... Schriftgelehrten] vgl. Luk. 2, 41–52
28[14] Vgl. Rückblick auf meine zwei Leipziger Jahre P I 9, 25 bis 26; das genaue Datum des „Spaziergangs" ist 24. Febr. 1866, vgl. BAB 2, 382 (aus den Tagebüchern von Wilhelm Wisser)
28[15] Vgl. 28[27]
28[17] 13: Mitromania] vgl. 28[34]; Anmerkung zu 28[24]
28[19] VsVM 228; vgl. MA 627, 353, 27–28
28[20] Vgl. VM 296; 29[2]
28[21] Vgl. WS 323
28[23] Vgl. R. Wagner, Siegfried, 3. Aufzug, a. a. O. 6, 239; dasselbe Zitat in N II 5, 4. Noch im Januar 1884, nach einem Bericht von Josef Paneth, sagte N: „Sein Verhältniß zu Wagner liege in den Worten, deren Melodie Wagner bei seinem ersten Zusammentreffen spielte: ‚Weh, verwundet hat mich, der mich erweckt!' ..." vgl. Elisabeth Förster-Nietzsche, Das Leben Friedrich Nietzsche's, II 2, Leipzig 1904, 484 (die brieflichen Berichte Paneths an seine Braut sind allerdings hier lückenhaft veröffentlicht). In P II 9b, einem Heft aus der allerersten Basler Zeit, findet sich auf S. 184 unter dem Titel Richard Wagner 1869 eine kurze Erzählung Ns über seinen ersten Besuch bei Wagner in Tribschen, hier ist u. a. zu lesen: Vor dem Hause stand ich lange still und hörte einen immer wiederholten schmerzlichen Akkord. vgl. Chronik
28[24] 507 10: Grotta di Matrimonio] grotta di matrimonio Ms; in Capri, von N besucht während seines Sorrentiner Aufenthalts; die Grotte hieß eigentlich Mitromania oder Matromania; der Freund Malwida von Meysenbugs, F. Gregorovius, hat darüber geschrieben: „Alles spricht dafür, daß man eine Zelle eines Tempels vor sich habe. Der Name Matromania, den die Grotte führt und das Volk in unbewußter Ironie in Matrimonio verdreht hat, als ob Tiberius in dieser Höhle seine Hochzeiten vollzogen hätte, wird erklärt aus ‚Magnae Matris Antrum' oder aus ‚Magnum Mithrae Antrum'. Man sagt, der Tempel sei dem Mithras geweiht gewesen, nicht sowohl weil der persische Sonnengott in Höhlen verehrt wurde, als weil man in dieser Grotte eines jener Reliefs gefunden hat, welche das Mithrasopfer darstellen ... Sie stellen Mithras in persischer Tracht vor, knieend auf dem Stier, in dessen Hals er das Opfermesser stößt, während Schlange, Skorpion und Hund den Stier verwunden ..." Figuren. Geschichte, Leben und Scenerie aus Italien. Leipzig 1856, 360f., vgl. 28[39]; die Gestalt des römischen Kaisers Tiberius, welche N vielfach interessiert hat (vgl. die Aufzeichnungen zu Demokrit und Thrasyll P I 11, 73 aus dem Jahre 1868; M 460; FW 36; besonders aber in diesem Zusammenhang JGB 55: das Opfer des Kaiser Tiberius in der Mithrasgrotte der Insel Capri, jener

schauerlichste aller römischen Anachronismen), *kommt unmittelbar darauf in 28[25] vor; ein Zusammenhang von alledem mit* Mitromanie *in 28[17] und 28[34] scheint möglich*

28[25] *Vgl. Anm. zu 28[24]*
28[27] *Vgl. 28[15]*
28[28] *Vgl. 27[76]*   508 3: fruchtbar] *[?]*
28[29] *Vgl. VM 394*   4–5: Byron ... Kritik] *vgl. Byron a. a. O. 2, 33: „Ich erinnere mich der Wirkung, die das erste Edinburgher Journal auf mich machte. Ich hörte sechs Wochen vorher davon — las es am Tage seiner Bekanntmachung, — speiste und trank drei Flaschen Wein ... hatte darum nicht weniger Appetit und Schlaf, kam aber dennoch nicht eher zur Ruhe, bis ich meinen Grimm und meine Reime auf denselben Seiten gegen jedes Ding und Jedermann ausgeschüttet hatte ... Ich verwunderte mich über meinen Erfolg ..."; die Kritik (seiner „Stunden der Muße") war im Frühjahr 1808 erschienen, vgl. ebd. 1, 148*
28[30] *Vgl. VM 356*
28[31] 7: δεύτερος πλοῦς] *„zweite Schiffahrt", d. h. Fahrt mit Rudern bei Windstille, als sprichwörtliche Metapher gebraucht: vgl. z. B. Plat. Phaed. 99 d; Phil. 19 c; Polit. 300 c; Ep. VII 337 e; Aristot. Polit. 1284 b 19; Eth. Nic. 1109 a 25; N spielt auf folgende Stelle Schopenhauers an: „... das Leiden überhaupt ⟨ist⟩, wie es vom Schicksal verhängt wird, ein zweiter Weg* (δεύτερος πλοῦς) *um zu jener Verneinung ⟨des Willens⟩ zu gelangen: ja, wir können annehmen, daß die Meisten nur auf diesem dahin kommen ..." Welt 2, 463*
28[32] *Vgl. N an Erwin Rohde, 3. Nov. 1867*
28[33] *Vgl. VM 360 und die Briefe an Cosima Wagner, 19. Dez. 1876, und an Rohde, 28. Aug. 1877*
28[34] *Vgl. 28[17]; Anm. zu 28[24]*
28[35] *Vgl. VM 98*
28[36] *Vgl. MA 617*
28[37] *Vgl. 23[155]*
28[39] 509 6–7] *vgl. Anm. zu 28[24]*
28[40] *Vgl. 28[43]*
28[42] *Vgl. 21[21] und Anm. dazu*
28[43] *Vgl. 28[40]; 30[53]*
28[49] *Vgl. VM 68*
28[50] 510 16] *vielleicht vgl. VM 394*
28[52] 511 3: vereinfacht er] *vgl. WB 4, 447, 34*
28[53] 9–10] *später hinzugefügt, dann zu VM 81 umgearbeitet*
28[57] 21–22: man ... lernen] *vgl. WB 10, 501, 25–28*
28[59] *Vgl. VM 377; 30[37]*
28[60] *Vgl. VM 49*

29 = N II 4

29[1] *Vgl. 29[15]; VM 23; WS 124*   513 *1:* Goethe ... Kleist] *vgl. Goethe, Ludwig Tieck's dramaturgische Blätter: „Seine [Tiecks] Pietät gegen Kleist zeigt sich höchst liebenswürdig. Mir erregte dieser Dichter, bei dem reinsten Vorsatz einer aufrichtigen Theilnahme, immer Schauder und Abscheu, wie ein von Natur schön intentionirter Körper, der von einer unheilbaren Krankheit ergriffen wäre." Werke 35, 427   3:* Er ... heilbar.] *vgl. Goethe an Zelter, 31. Okt. 1831: „Was die Tragödie betrifft, ist es ein kitzlicher Punct. Ich bin nicht zum tragischen Dichter geboren, da meine Natur conciliant ist; daher kann der rein tragische Fall mich nicht interessiren, welcher eigentlich von Haus aus unversöhnlich sein muß, und in dieser übrigen so äußerst platten Welt kommt mir das Unversöhnliche ganz absurd vor ..."*
29[2] *Vgl. VM 296; 28[20]*
29[6] *unsicherer Text; vgl. aber N an Carl Fuchs, Ende Juni 1878:* Mit der metaphysischen Verdrehung ging es mir zuletzt so, daß ich einen Druck um den Hals fühlte, als ob ich ersticken müßte.
29[12] 514 *17:* Kontur] *[?]*
29[15] *Vgl. 29[1]; WS 124*
29[18] *Vgl. Anm. zu 27[15]*   515 *17:* Panta] *[?]*
29[19] *VsVM 407*
29[22] *Vgl. VM 96*
29[24] *Vgl. VM 49*
29[25] 516 *16–17:* Montaigne III 354] *Versuche, dt. Übers. Leipzig, 1753–54, BN. Bei Montaigne lautet die Stelle:* I'ay vins, comme i'ay dict ailleurs, bien simplement et cruement, pour mon regard, ce precepte ancien: «Que nous ne sçaurions faillir à suyvre nature; que le souverain precepte, c'est de se conformer à elle» ...
29[26] *20:* Montaigne III 362] *a.a.O.*
29[27] *Vgl. VM 96   Vgl. J. H. Jung-Stilling, Lebensgeschichte, Stuttgart ³1857, 746f., BN*
29[29] *Zitat?*
29[30] *Vgl. VM 49*
29[32] *Vgl. VM 144*
29[41] *Vgl. MA 372*
29[42] *Vgl. Anm. zu 27[15]; Burckhardt GK 3, 20. 27*
29[43] *Vgl. Anm. zu 27[15]; Burckhardt GK 3, 20*
29[44] *Vgl. Anm. zu 27[15]; Burckhardt GK 3, 24; AK 56. 113*
29[45] *Vgl. 29[49]*
29[49] *Vgl. 29[45]*
29[52] *Anspielung auf das Gedicht Schillers?*

29[53] *Vgl. G. C. Lichtenberg, Vermischte Schriften, Göttingen 1867, 1, 58, BN*
29[55] *VsVM 1*

30 = N II 7

30[1] *Vgl. N an Mathilde Maier, 8. Aug. 1878*
30[3] *522 10–12:* man ... gelangen] *vgl. Goethe, Campagne in Frankreich, November 1792*
30[4] *Vgl. Goethe, Campagne in Frankreich, Zwischenrede*
30[5] *Vgl. Goethe, Campagne in Frankreich, November 1792*
30[7] *523 3:* Montaigne] *N zitiert nach der angegebenen deutschen Übersetzung*
30[8] *Vgl. H. Taine, Geschichte der englischen Literatur, deutsche Ausg. bearbeitet v. L. Katscher und G. Gerth, drei Bde., Leipzig 1878–80, BN; die von N angestrichene Stelle lautet:* „Wenn eine Wahrheit zur Welt kommt, gleicht sie einem Bastard, denn sie setzt ihren Entdecker der Schande aus ..."
30[9] *14] daneben: s. Seite vorher d. h. N II 7, 6:* Nachwirkungen Schopenh⟨auers⟩ aufzählen (Ph⟨ilosophie⟩ des Unbewussten) „alles Begriffene ins Unbegreifliche umzuprägen" *523 27–524 2] vgl. 27[43]*
30[10] *Friedrich Blass, Die attische Beredsamkeit, III Abth. 1. Abschnitt: Demosthenes, Leipzig 1877; dieses Werk wurde von N aus der Basler Universitätsbibliothek 26. August 1878 und 11. April 1879 entliehen 524 12:* sculpta] *vgl. Quintil. XII 9, 16* „ausgemeißelt"] *vgl. F. Blass, a. a. O. 72 13] vgl. F. Blass, a. a. O. 18–19. 79*
30[11] *Zitat aus Lord Brougham, Works VII 129ff., bei F. Blass, a. a. O. 92*
30[12] *Vgl. F. Blass, a. a. O. 100*
30[13] *Vgl. F. Blass, a. a. O. 191. 118f.*
30[14] *Vielleicht nach Blass, a. a. O. 189? Vgl. 30[18]; 30[20]*
30[15] *525 1:* Da ... habe] *Vgl. WB 9, 495, 19–27*
30[16] *Vgl. F. Blass, a. a. O. 64; auch III 2, 238 (1880)*
30[17] *Vgl. F. Blass, a. a. O. 64*
30[18] *Vgl. VM 177; 30[14]; 30[20]*
30[19] *Vgl. 30[150] und Anm. dazu*
30[20] *Vgl. 30[14]; 30[18]*
30[21] *Vgl. Anm. zu 27[15]*
30[31] *Vgl. VM 349*
30[32] *Vgl. Burckhardt GK 3, 190–211*
30[33] *Vgl. VM 285; Goethe, Maximen und Reflexionen, 149*

30[34] 527 *17–18:* wo ... befiehlt] *vgl. Goethe, Maximen und Reflexionen, 829*
30[35] *Vgl. 27[70]*
30[37] *Vgl. VM 377; 28[59]*
30[39] *Vgl. VM 318*
30[42] *Vgl. Il. 18, 478–608*
30[43] *Vgl. VM 329*
30[44] *Vgl. 30[110]*
30[46] 529 *11:* des ... causas] *vgl. Juv. 8, 84: propter vitam vivendi perdere causas*
30[48] *Vgl. 30[53]*
30[50] 530 *2:* Miniatur] *vgl. WA 7:* man hat alles Recht auf seiner Seite, ihn als ... unsern grössten Miniaturisten der Musik ⟨zu proklamiren⟩ ...
30[51] *Vgl. 30[68]*   *7–8:* daß ... lasse] *vgl. GT 5*
30[53] *18] vgl. 28[43]*   *22:* 7] 6 *Ms; vgl. 30[48]*
30[54] 531 *3:* Wirkung] *[?] später GAK*
30[55] *Vgl. Burckhardt GK 3, 68*
30[56] *11–12:* wünsche ... lassen] will mit diesem Buch wieder gut machen *Variante N II 7, 48*   *19–20:* seit ... Oper"] *d.h. seit 1871*
30[58] *26:* Mit] Von *MS*   532 *2:* mehr?] *[?]*
30[63] *Vgl. VM 70*
30[65] *Vgl. Anm. zu 27[15]*
30[68] *Vgl. 30[51]; 30[77]*
30[70] *Vgl. VM 323*
30[74] *Vgl. Anm. zu 27[15]*
30[75] *Vgl. Anm. zu 27[15]; Burckhardt GK 3, 4. 28; AK 134*
30[77] *Vgl. 30[68]*
30[79] *Vgl. Anm. zu 27[15]; Burckhardt AK 138*
30[80] *Vgl. 41[51]*
30[83] *Vgl. Burckhardt GK 3, 224f.?*
30[84] *Vgl. VM 124; Anm. zu 27[15]*
30[86] 537 *4:* Herodot] *V 4; zitiert auch bei Schopenhauer Welt 2, 672*
30[88] *Vgl. Anm. zu 27[15]*
30[89] *Vgl. VM 101*
30[91] 538 *10–11:* „siehe ... gut"] *vgl. 1. Mos. 1, 31*
30[93] *Vgl. VM 149. 170*
30[94] *Vgl. VM 398; die Stelle bei Emerson von N unterstrichen und angestrichen*
30[97] 539 *10:* II p. 598] *N zitiert nach der Ausgabe von J. Frauenstädt, Leipzig 1873–74, BN*
30[98] *18–19:* „Der ... anderer."] *N zitiert aus Emerson, Versuche 211, wo er diese Stelle unterstrichen und angestrichen hat*
30[100] *23:* II 630] *nach der Ausgabe von Frauenstädt*

30[101] Vgl. 30[136]
30[102] Vgl. Anm. zu 27[15]
30[103] Die Stelle bei Emerson von N angestrichen   540 10: Sklave usw.] „Sklave von Thränen, Zerknirschungen und Leidenschaftlichkeit." Emerson
30[104] Zitat aus Emerson a.a.O., 43
30[106] Vgl. Anm. zu 27[15]
30[107] Vgl. VM 144
30[108] Vgl. 30 [142]
30[110] Vgl. 30[44]; WA 3
30[114] Vgl. 30[1]
30[117] Vgl. VM 407; 29[19]; 29[48]
30[122] Vgl. 30[111]
30[124] Vgl. VM 17
30[133] 546 2: ohne] GA um GAK und Ms
30[135] Vgl. 27[5]
30[136] Vgl. 30[101]   17: über] [?]
30[140] Vgl. Burckhardt GK 3, 10–11
30[142] Vgl. 30[108]
30[143] Vgl. VM 351   547 12: Schiller's Satz] der Satz, von N nicht wörtlich zitiert, stammt von Goethe, Maximen und Reflexionen 45
30[146] Vgl. 27[13]
30[147] Vgl. 27[69]
30[148] Vgl. 29[51]
30[149] Vgl. VM 298; 30[167]   548 14: dürftig] [?]
30[150] Vgl. VM 141, 30[19]   20: Doudan] Vgl. Mélanges et lettres, Paris 1878, I 408, BN: „C'est la rage de ce temps-ci et des dernières cinquante années de vouloir penser et sentir au delà de sa force"
30[151] Vgl. VM 172   Vgl. Burckhardt GK 3, 11
30[152] 549 1–2: Milton ... tödtet"] vgl. H. Taine, a.a.O. 1, 662
30[153] Vgl. 27[78]
30[158] Vgl. VM 182
30[159] GAK XI 132, 165   GA XI 405   550 15–18: Byron's ... werden] vgl. Goethe zu Eckermann, am 16. Dez. 1828
30[160] Vgl. Goethe zu Eckermann, am 16. Dez. 1828
30[162] Vs zu VM 317. 310
30[164] 551 21–22: so ... Griechen] [?] auf nebenstehender Seite mit Einfügungszeichen
30[165] Vgl. Burckhardt GK 3, 8. 10. 12f. 28. 57
30[166] 552 3] vgl. 28[1]; 40[8]; 40[24]   4–5] DS   6] HL   8–9] SE   10–11] WB
30[167] Vgl. 30[149]; 27[45]   553 4: lärmende Glocke] vgl. 27[86]
30[169] Vgl. 30[99]

30[170] *18:* Berlioz] *vgl. 27[57]*
30[178] *Vgl. Anm. zu 27[15]; Burckhardt AK 128–132. 147 Anmerkung 336*
30[179] *Vgl. Anm. zu 27[15]*
30[181] *Vgl. Anm. zu 27[15]; Burckhardt AK 128*
30[182] *555 8:* nur Theater-Mitleiden] *[?]*
30[183] *Vgl. VM 250*
30[188] *Vgl. WS 216   556 11–13:* Schopenhauer ... fremd] *vgl. 27[43]; 30[9]*
30[192] *Vgl. 30[68]*

31 = N I 5

31[1] *dieses Fragment und die darauffolgenden bis 31[5] beziehen sich auf die griechische Literatur; 31[1] und 31[4] könnten in engerem Zusammenhang mit dem Seminar über Thukydides vom Wintersemester 1878–79 stehen: vgl. dazu in GA XVIII 326 die Anm. zu § 12 des Vorlesungsmanuskriptes über* Geschichte der griechischen Litteratur: *dieser Paragraph mit allgemeinen Betrachtungen über die griechischen Historiker (auch über Theopomp) wurde von N als Einleitung zu seinem Seminar über Thukydides benutzt. Die anderen Fragmente wie vielleicht auch die ungefähr gleichzeitigen 39[1] und 39[3–6] scheinen auf ein geplantes Werk über die griechische Literatur hinzudeuten*
31[4] *Vgl. M 168*
31[7] *Vgl. VM 320; 18[60]*
31[8] *Vgl. 27[20]*
31[9] *Vgl. N an Marie Baumgartner, 10. Sept. 1878*

32 = N III 2

32[2] *Vgl. VM 350*
32[3] *Vgl. VM 144*
32[4] *Vgl. VM 27*
32[5] *Vgl. VM 136*
32[9] *überdeckt von VsVM 142, schwer lesbar*
32[10] *Vgl. N an Reé, Ende Juli 1878*
32[13] *562 1:* „Überseele"] *mit diesem Wort übersetzt N* „Over-Soul" *von Emerson, Fabricius hatte es mit* „höhere Seele" *übersetzt; N bezieht sich in diesem Fragment auf die ganze S. 101 der* „Versuche", *besonders vielleicht aber auf diese von ihm z. T. angestrichene Stelle:*

"*Die Landschaft, die Figuren, Boston, London, sind so wandelbare Facta wie irgend eine vergangene Institution, oder irgend ein Schimmer von Nebel oder Rauch; und so ist die Gesellschaft, und so ist die Welt. Die Seele sieht beständig vorwärts, indem sie immer eine Welt vor sich schafft und immer Welten hinter sich zurückläßt.*"
32[14] *4:* „Muß ... sein?"] N zitiert sich selbst: *MA 1* am Schluß des Aphorismus
32[15] *6–9:* Emerson ... mag."] vgl. *Emerson, Versuche, 310; die Stelle von N angestrichen   10–12:* die ... Individuum] *die Stelle, von N angestrichen und mit Frage- und Ausrufezeichen versehen, lautet bei Emerson:* „Ich weiß nicht, wenn ein Mensch einmal in dieser Schlinge sogenannter Wissenschaften gefangen ist, wie noch irgend ein Entrinnen aus den Banden physischer Nothwendigkeit für ihn möglich ist. Wenn ein solches Embryo gegeben ist, muß eine solche Geschichte folgen. Auf dieser Plattform lebt man in einem Stall von Sensualismus, und würde bald zum Selbstmord kommen. Aber es ist unmöglich, daß die schaffende Macht sich selbst excludiren sollte. Jede Intelligenz hat eine Thür, die niemals geschlossen ist, durch welche der Schöpfer eingeht."
32[19] *Vgl. WS 176*
32[20] *VsVM 332*
32[23] *Vgl. Emerson a.a.O. 173*

33 = N III 4

33[1] *Vgl. VM 352; 28[6]; 11[11]*
33[3] *565 6:* ein] *[?]* wie *[?]*
33[5] *14–15:* unbestimmte] *[?] GAK; GA*
33[8] *566 3:* ein ... βιωτός] *vgl. Plat. Ap. Socr. 38a:* ὁ δὲ ἀνεξέτατος βίος οὐ βιωτὸς ἀνθρώπῳ *in: Platons Vertheidigungsrede des Sokrates und Kriton, hg. v. Chr. Cron* [6]*1875 BN, hat N dazu glossiert:* Glück des Sokrates. *Vgl. auch 28[11]*
33[12] *23:* Arbeiter] *[?]*

34 = N III 5

34[6] *Vgl. 30[74]*
34[7] *Vgl. VM 222. 117*
34[10] *Vgl. VM 151*
34[12] *Vgl. VM 156*
34[13] *Vgl. 39[1]*

34[16] *Vgl. WS 125*
34[19] *VsVM 123*
34[20] *570 5–6:* Auch ... höflicher.] *VsVM 247*
34[22] *VsVM 400*

35 = N III 5

35[5] *Vgl. VM 220; im dritten Teil seines Kollegs über* Geschichte der griechischen Litteratur *(Wintersemester 1875–76) hatte N zu § 2 auch folgende Anmerkung eingetragen:* Seinen Leidenschaften ein Fest geben. = *35[5] und VM 220, 473, 4–6:* die Griechen ... gaben; *wie GA XVIII 141 Anm. bemerkt, ist die Eintragung von späterer Hand, sie stammt also aus dieser Zeit (Spätsommer 1878), in der sich N mit Fragen der griechischen Literatur beschäftigte (vgl. Anm. zu 31[1])*
35[6] *sich auf Epikur beziehend?*

36 = Mp XIV 2

36[3] *N zitiert aus B.Pascal,* Gedanken Fragmente und Briefe, *übers. v. C. F. Schwartz, Leipzig 1865, 1, 113, BN; daneben schrieb N später:* zu benützen für St. M⟨oritzer⟩ G⟨edanken⟩-G⟨änge⟩; *dazu kam er aber in WS nicht*
36[4] *in der von N zitierten Ausgabe (Leipzig 1839–1840) schreibt Wieland:* „In meiner Kindheit wurde mir zwar von allerlei Pflichten vorgesagt; aber von der Pflicht, ein Deutscher Patriot zu seyn, war damals so wenig die Rede, daß ich mich nicht entsinnen kann, das Wort Deutsch (Deutschheit war noch ein völlig unbekanntes Wort) jemals ehrenhalber gehört zu haben", Über Deutschen Patriotismus *(1795)*
36[5] *573 5–6:* verweilt ... Menschenwelt] *unsichere Lesart*

37 = N III 3

37[3] *574 4:* Fastenfreude] *[?] vielleicht bezieht sich N auf die Fasnacht in Basel*

38 = D 12

38[1] *ursprünglich VM 388; Ansätze einer Korrektur in Cb* *575 5:* Die] Viele *Cb²* *6:* Verdauung.] *danach:* Ihr Honig ist Rache und Stolz *Cb²; vgl. 38[2]*

38[2] *auf separatem Blatt niedergeschrieben, nicht zu Dm gehörig; Umarbeitung von 38[1]* 11: zu ... leiden] *nach Goethe, Tasso V 5, 3432?*

39 = N I 3 c

39[1] *vielleicht wie 39[3–6] Aufzeichnung zu einem Werk über griechische Literatur; vgl. 31[1]*
39[3] *Vgl. WS 140*
39[7] *Vgl. WS 117*
39[8] 577 2] *H. Taine, Die Entstehung des modernen Frankreichs. Autorisierte deutsche Bearb. v. L. Katscher I. Bd. Das vorrevolutionäre Frankreich, Leipzig 1877, BN* 3] *François Lenormant (1837–1883), Die Anfänge der Cultur, Jena 1875* 4] *Alfred von Gutschmid (1831–1887), Neue Beiträge zur Geschichte des alten Orients. Die Assyriologie in Deutschland, Leipzig 1876* 5] *Maximilian Duncker (1811–1886), Geschichte des Alterthums, 7 Bde., Leipzig* ⁵ *1878–1883* 6] *vgl. N an Franziska und Elisabeth Nietzsche, 7. Dez. 1878:* Wollt Ihr noch einen Bücherwunsch hören: „Doehler, Geschichte der römischen Kaiser nach Domitian ..." (es geht mit Hadrian los) Halle, Waisenhaus-Buchhandlung (aus dem Französischen). *Elisabeth N konnte das Buch nicht ausfindig machen, daraufhin schrieb N an sie, 10. Dezember 1878:* ... laß alle Schritte. Ich weiß eben die Titel nicht genau anzugeben. Ich besitze aber schon 4 Hefte der römischen Kaiser von Beulé (übersetzt von Doehler), also von Augustus bis „Titus und seine Dynastie". Nun hat ein andrer Franzose eine Fortsetzung gemacht „Hadrians Zeit usw.", aber ich weiß nicht, wer es übersetzt und wo es erschienen ist. *Der Schwester gelang es doch zuletzt, N das Buch zu schenken: Champagny, Die Antonine ... deutsch bearbeitet v. Eduard Doehler, 2 Bde., Halle 1876–77, BN* 7–8] *Alfred von Reumont (1831–1887), Geschichte Toscanas, Gotha 1875f. und zu Cosimo wahrscheinlich: Lorenzo de' Medici il Magnifico, Leipzig 1874* 9] *Alfred Stern (1846–1936, Geschichtsprofessor in Bern seit 1873), Milton und seine Zeit, 2 Bde., Leipzig 1877* 10] *Pasquale Villari (1827–1917) Historiker in Florenz, mit Malwida von Meysenbug und Karl Hillebrand befreundet, die Übersetzung seines Werks über Machiavelli erschien in Rudolstadt 1877–1882* 11] *Ludwig Geiger (1848–1919), Petrarca, Leipzig 1874* 12] *Wolf Wilhelm Friedrich Baudissin (1847–1926), Studien zur semitischen Religionsgeschichte, Leipzig 1876–1878* 13] *Adolf Friedrich Schack (1815–1894), Spanisches Theater, 2 Bde. 1845* 15] *Edmond Schérer (1815–1889), Etudes*

sur la littérature contemporaine, 10 Bde., Paris 1866–1895, in BN der 8. Bd. (1885) 16] *August Wilhelm Ambros (1816–1876), Geschichte der Musik, 1862–1878* 17] *Oskar Peschel (1826–1875), Völkerkunde, Leipzig 1874*
39[9] *Vgl. WS 248*
39[10] *Vgl. WS 111. 119*

40 = N IV 2

40[1] *Vgl. 40[24]*
40[2] *Vgl. 22[135]?*
40[3] *Vgl. WS 318*
40[4] *Vgl. WS 220*
40[7] *Vgl. 41[50]*
40[8] *Vgl. 28[1]; 30[166]; 40[24]*
40[10] *Vgl. 41[63]* 580 4: sie] *die Wagnerianer*
40[13] *Vgl. WS 154. 168*
40[16] *Vgl. WS 5. 332; 40[23]*
40[17] *Vgl. WS 4*
40[18] *Vgl. WS 282*
40[19] *Vgl. WS 180*
40[20] *Vgl. WS 219* 582 26: man] er *Ms* 26–27: das ... Kloster] *vgl. 16[45]; 17[50]*
40[21] *VsWs 195*
40[22] *VsWS 5. 6*
40[23] *Vgl. WS 5. 6; 40[16]*
40[24] 583 10] *vgl. 28[1]; 30[166]; 40[8]* 11] *im Sommer 1877 dichtete N in Rosenlauibad 22[93] und 22[94]; vgl. auch die anderen poetischen Fragmente im selben Notizbuch (N II 2) und 23[194]* 12] *vgl. 40[1]* 13] *vielleicht der „Kröten-Traum" von 21[21] und 28[42] oder auch der von R. v. Seydlitz mitgeteilte Traum: vgl. Anm. zu 23[197]* 14] *am 15. Okt. 1877; vgl. Chronik*
40[26] *Vgl. WS 229*

41 = N IV 1

41[1] 584 1–2: in ... Weise] *Zusammenhang unbekannt*
41[2] *Vgl. WS 86; 18[47]; 28[11]; 42[48]*
41[4] *Vgl. WS 222*
41[6] *Zusammenhang unklar*

41[7] Vgl. WS 5
41[9] Vgl. WS 275. 292
41[10] d.h., nach der Bedeutung von νεμεσσᾶν, „(gerechten) Unwillen empfinden über die ungeziemende Gleichsetzung"; vergleiche WS 30; 17[58]
41[14] Zitat?
41[22] Vgl. 42[69]; die kursiv gesetzten Buchstaben von N unterstrichen; vgl. N an Hillebrand Mitte April 1878
41[23] 587 5: Carey 512] vgl. H. C. Carey, Lehrbuch der Volkswirthschaft und Sozialwissenschaft, übers. v. K. Adler, Wien 1870, BN
41[25] Vgl. WS 168
41[28] 588 2: diese Wirkung] Zusammenhang unbekannt, vielleicht zu 41[25]?
41[30] Forts. v. VsWS 99   6: Jean Paul] GAK ihn Ms
41[31] VsWS Epilog und WS 16, 551 15–16
41[36] zum Gedankenkreis von WS 215
41[42] Vgl. WS 22
41[45] Vgl. 41[62]
41[46] Vgl. WS 324
41[50] Vgl. 40[7]?
41[52] Vgl. WS 190
41[56] Vgl. WS 190. 22
41[58] Vgl. WS 190
41[62] vielleicht in Zusammenhang mit 41[45]   Vgl. Matth. 25, 29
41[63] Vgl. 40[10]
41[66] Vgl. Goethe, Tasso V 2, 3083–3084: „Verbiete du dem Seidenwurm, zu spinnen; / Wenn er sich schon dem Tode näher spinnt"; WS 9
41[68] 594 3–4: „und ... Scheine"] vgl. Goethe, Epilog zu Schillers „Glocke"
41[71] ergänzt nach der Variante in M I 3, 88–89 zur „Einleitung" von WS
41[73] 15] in BN: Bernhard v. Fontenelle, Gespräche von mehr als einer Welt zwischen einem Frauenzimmer und einem Gelehrten. Übers. u. mit Figuren und Anmerkungen erläutert v. Joh. Chr. Gottsched, Leipzig 1730; Bernard de Fontenelle, Dialogues des morts und Histoire des oracles, beides: Paris 1876   16] Stendhal, Correspondance inédite précédée d'une introduction par Prosper Mérimée, Paris 1855, BN; einige Eintragungen Ns vom Buchbinder des ehemaligen N-Archivs ausradiert   17] von Mérimée hatte N die Lettres à une inconnue gelesen (vgl. Chronik, März 1879); in BN: Dernières nouvelles, Paris ^{7}1874; Lettres à une autre inconnue, Paris ^{2}1875
41[74] Vgl. WS 281?

42 = N IV 3

42[1] 595 *4:* Paradoxie] *vielleicht* Paradoxe *zu ergänzen nach der von N in 41[22] anscheinend getadelten Form*   *6:* zu] zum *Ms*
42[2] *zur Lehre der „nächsten Dinge"? vgl. WS 6*
42[3] *Vgl. WS 12*
42[4] *21–23:* Plato ... Culturwesen)] *vgl. Plat. Prot. 327 c–d*
42[6] *Vgl. WS 61*
42[7] *Vgl. WS 33*   596 *26–27] vgl. WS 28*
42[8] *Vgl. WS 33*
42[9] *Vgl. WS 33*
42[10] *Vgl. WS 30*
42[12] *Vgl. WS 204*
42[15] 598 *16:* sind] GAK ist *Ms*
42[16] *Vgl. Carey a. a. O. 536 ff., wo verschiedene Stellen über das Verhältnis zwischen Geschlechtstrieb und Beschäftigungen des Menschen von N angestrichen sind*
42[17] *Vgl. WS 14; 42[67]*
42[18] *Vgl. WS 214*
42[19] *Vgl. WS 285*
42[20] *Vgl. WS 186*
42[21] *Vgl. WS 33*
42[23] 600 *1:* wenig] *unsichere Lesart*
42[25] *Vgl. WS 9; 47[1]*
42[26] *Vgl. WS 33*
42[27] *Vgl. WS 9*
42[37] *Vgl. WS 284*
42[38] *Vs WS 284*   602 *17] vgl. 42[56]*
42[40] *zur Lehre der „nächsten Dinge"?*
42[42] *Vgl. Matth. 6, 34: „Es ist genug, daß ein jeglicher Tag seine eigene Plage habe."*
42[45] *Vgl. WS 109*
42[46] *Vgl. Hom. Il. 20, 58*
42[47] *Vgl. Eurip. Hippol. 607?*
42[48] *Vgl. WS 86; 28[11]; 18[47]; 41[2]*
42[50] *Vs WS 284*
42[54] *Vgl. WS 23*   605 *3:* Motive?] Motive! *Ms*
42[56] *Vgl. 42[38]; 42[61]*
42[57] *über Paulus vgl. M 68*
42[58] *Vgl. WS 23. 28*
42[59] *Vgl. WS 23. 28*
42[60] *Vgl. WS 23. 28*

Nachgelassene Fragmente 1875–1879 · 42 [1]–45 [5]   623

42[61] *Vgl. 42[38]; 42[56]*
42[62] *Vgl. WS 28*
42[63] *Vgl. WS 23. 28*
42[64] *Vgl. Aristot. Fragmenta (V. Rose) 565*
42[65] *Vs WS 23   Vgl. 44[3]   608 19: Das ... Faktum] vgl. WS 11*
42[66] *Vgl. WS 23*
42[67] *Vgl. 42[17]*
42[68] *27–28:* bin ... worden] *vgl. N an Franziska und Elisabeth Nietzsche: ich bin diese Woche Wocheninspektor (13. März 1864); vgl. auch an dieselben, 26. Mai 1864*
42[69] *Vgl. 41[22]*

43 = M I 2

43[1] *Vgl. 41[73]*
43[2] *Vgl. WS 295   Vs:* Milchgrünes Seelicht mit dem Gaumen nicht mit dem Auge.
43[3] *urspr. Anfang von WS 295*
43[4] *Vgl. WS 22; die Rs dazu auf nebenstehender Seite*
43[5] *vielleicht in Zusammenhang mit WS 23. 28; später mit Bleistift hinzugefügt*

44 = N IV 4

44[1] *611 2:* giebst] giebt *Ms*
44[2] *Vgl. WS 155   4–5:* wie ... sentimentalischen] *nach Schiller*
44[3] *Vgl. 42[65]   7:* Verkehrtheit] *unsichere Lesart*
44[7] *Vgl. WS 60*
44[12] *612 18] vgl. die Variante zu MA 107   19] vgl. WS 109*
44[13] *sehr undeutlich geschrieben, unsichere Lesarten*
44[14] *nicht ausgeführte Notiz, vielleicht zu WS 103 oder WS 125*
44[16] *unsichere Lesarten*

45 = M I 3

45[1] *614 1–2:* unser gemäßigtes] das gemäßigte *Vs*
45[5] *Vgl. Giacomo Leopardi, „Der Sonnabend auf dem Dorfe", in: Giacomo Leopardi. Deutsch von Paul Heyse, Berlin 1878, 1, 165f. BN   Vs: N IV 4, 6:* am Samstag Nachmittag durch ein Dorf

gehen, [das] wo der Sonntag schon auf den Gesichtern vorwegglänzt und das Gefühl, den ganzen Ruhetag unangebrochen vor sich zu haben, in einem fleißigen Putzen und Reinigen   N IV 4, 7: wo, trotz allem fleißigen Säubern und Ordnen mehr Ruhe auf den Gesichtern liegt als am Sonntage selbst: das stille Glück darüber, den ganzen Ruhetag noch unangebrochen vor sich zu haben

46 = D 13

46[1] *Vgl. N an Schmeitzner: Zwei lateinische Aphorismen bitte ich auch durchzustreichen. (27. Oktober 1879)*
46[2] **616** *2–3:* est ... cogitat] *aus* est, sanitatem cogitare: medicorum autem aegritudinem. Qui sani sunt nihil cogitant *Rs*
46[3] *in Dm durch WS 308 ersetzt* **Rs:** Manchen Naturen ist nur ein Augenblick Sommerzeit beschieden: sie hatten einen späten Frühling und sollen einen langen Herbst haben. **Vs:** Bei Naturen, die einen späten Frühling und einen langen Herbst haben, ist der Sommer ein Augenblick – etwas unsäglich Rührendes.

47 = N IV 5

47[1] *Vgl. WS 9. 10; 42[25]*
47[7] *ungeordneter Entwurf zu einem nicht ausgeführten Gespräch „über das Lesen"* **618** *15–16:* Giebt es denn] *aus* Ist   *22]* aus dein Buch liesest. Aber was liest du denn?   **619** *7–9] nicht eindeutige Verbesserung Ns aus:* Die Moral ist man soll nicht für seine Leser schreiben. Die zweite Moral: [was nützt es] man soll gutlesen lernen, man soll gutlesen lehren. *nachdem N den unvollständigen Satz:* Sie meinen man soll nicht schreiben. Womöglich für sich *eingeschoben hatte, strich er die Worte* Die zweite *und mit einer Schleife deutete er auf Vertauschung der beiden Sätze*   *9:* für sich] *vgl. VM 167*
47[9] *Vgl. 41[3]*
47[10] *VsWS 289*
47[12] *Wahrscheinlich zu WS 37*
47[14] *Vgl. Schiller, Wallensteins Tod, V 5*
47[15] *Diese Stichworte, deren Zusammenhang nicht klar ist, wurden von N auf der ersten Seite des inneren Deckels von N IV 5 niedergeschrieben*   **620** *21:* Schwangerschaft] *vielleicht zu WS 17, 11*   **621** *2:* halbasiatische Barbaren] *dasselbe Stichwort N IV 5, 11*   *4:* Retorte] *dasselbe Stichwort N IV 5, 11*

Band 9
Nachgelassene Fragmente 1880–1882

Fragmentnummern ohne Angabe des Bandes beziehen sich auf die Fragmente von Band 9.

1 = N V 1

1[4] **9** *10–15:* Wie ... bleiben?] *vgl. 3[171]*
1[11] *bezieht sich auf Herbert Spencer, Die Thatsachen der Ethik, Übers. von B. Vetter, Stuttgart 1879, BN   vgl. 1[17]; 1[105]*
1[12] *Vgl. M 397*
1[13] *Vgl. 1[58]; 1[109]*
1[17] *Vgl. 1[11]; 1[105]*
1[23] *nicht ausgeführt*
1[24] *Vgl. 2[35]; 2[39]; 4[128]*
1[30] *Anspielung auf Richard Wagner*
1[54] *Vgl. 3[85]*
1[57] *Vgl. 3[17]*
1[58] *Vgl. 1[13]; 1[109]*
1[61] *Vgl. 1[80]; 1[43]*
1[75] *Vgl. 3[38]*
1[79] *Vgl. 3[63]*
1[80] *Vgl. 1[61]*
1[83] *Vgl. 3[121]*
1[84] *Vgl. 1[103]*
1[90] *Vgl. 3[123]*
1[97] **27** *19:* Diplomat] *über* Lügner
1[100] *Vgl. 1[16]; 1[96]*
1[103] *Vgl. 1[84]*
1[105] **28** *18:* Spencer p. 52] *a.a.O.; vgl. 1[11]*
1[106] *19:* Spencer] *a.a.O.* 53
1[109] *Vgl. 1[13]; 1[58]*
1[110] *Vgl. 3[85]*

2 = N V 2

2[5] Vgl. 2[54]
2[6] Vgl. 2[52]; 3[14]
2[12] 36 6–7: St. Mill (Comte)] vgl. *John Stuart Mill, Auguste Comte und der Positivismus, Bd. IX von Gesammelte Werke in 12 Bänden, hg. von Th. Gomperz, Leipzig 1869/80,* BN
2[13] Vgl. 3[131]
2[19] Vgl. M 141
2[35] Vgl. 1[24]; 2[39]; 3[16]; 4[128]
2[36] Vgl. 3[153]
2[39] Vgl. 1[24]; 2[35]; 3[16]; 4[128]
2[52] Vgl. 2[6]; 3[14]
2[59] Vgl. 3[8]
2[60] 43 10–11: wollen ... gelten] *aus* sind anmaßend, weil sie lange gedrückt waren (Sekretäre vornehmer Herren)
2[64] Vgl. M 159
2[73] Vgl. 3[17]

3 = M II 1

Titel 47 1: L'Ombra] *heißt auf italienisch: Schatten; in Venedig jedoch: ein Glas Wein*
3[1] 12–17: diese ... machen] die genannten Schriften schwerlich zu Ende gelesen haben würde, wenn mich nicht die Bekanntschaft mit dem Verfasser soweit geführt hätte. Sie haben ebenfalls jenen Kultus der verkehrten Welt, welcher nicht minder ein Abzeichen des Fanatismus ist und den ich so beschreiben möchte. Der Fanat⟨iker⟩ lebt für gewöhnlich in einem ganz anderen Glauben und mit ganz anderen Bestrebungen, oft den achtbarsten: aber dann kommen Entzücken und Schrecken athmende Minuten, wo er – – – Vs; vgl. 10[E94]
3[6] 49 2–4: eine ... Eigenschaften] künstlerisch günstiger Vs
3[8] Vgl. 2[59]; M 291   15–17: Anmaaßung ... verwechselt] das Heucheln der Verstellungslosigkeit sehr interessant Vs
3[9] Vgl. M 550
3[10] 50 7: die Menschen] *aus* wir
3[12] Vgl. M 312
3[14] Vgl. 2[6]; 2[52]
3[16] Vgl. 1[24]; 2[35]; 2[39]; 4[128]
3[17] Vgl. 1[57]; 2[73]

3[18] *Vgl. M 145*   51 *25*–52 *2:* ,oder ... haben] .Wir bleiben immer in uns. (Wie bei der Pollu⟨tion⟩) *Vs*
3[19] *Vs am Schluß:* wir sind auf dem Ozean
3[20] 52 *21:* Satz] Witz *Vs*
3[24] *Vgl. M 104*
3[29] 54 *23*–*25:* nämlich ... Erkenntniß] (wie die Kunst-Enthusiasten z.B.) *Vs*
3[30] *Vgl. M 133*
3[35] 56 *2:* Mode] Mode des Hofes *Vs*
3[38] *Vgl. 1[75]; 3[70]*
3[41] 58 *8*–*11:* Man ... haben] Fast immer verderben sich die Menschen in der Umgebung eines Genies ihren Charakter und bekommen fanatisirte Sklavenseelen *Vs*
3[50] *Vgl. M 141*
3[51] 61 *19*–*20:* bringt ... sich] erregt die Nerven- und Muskelbeschwichtigung, welche die Vernünftigkeit im Gegensatz zum Affekte mit sich bringt *Vs*
3[53] *Vs am Schluß:* Erschiene jetzt ein Heiliger alten Schlages, so würde er aller Welt sehr gleichgültig oder spaaßhaft erscheinen, und zumal den neidischen Verehrern der Heiligkeit.
3[54] 62 *16:* freie ... haben] zur Einsicht in das Wesen zu kommen *Vs*
3[55] *19*–*21:* verhehlen ... sein] bezwingen, viel Wohlwollen bezeigen — unsern bequemen Menschen wäre diese Lebensart zu streng: es sind die Frauen und Kinder eines tüchtigen Militärs und — harte Landedelleute *Vs*
3[66] *Vgl. JGB 149*
3[67] *Vgl. M 210*
3[68] 65 *13*–*14:* dauerhaft ... wird] auf die Dauer gegründet sein, daß nur mittelmäßige Geister noth thun, ihn zu bedienen *Vs*
3[69] *Vgl. JGB 219*
3[71] *Vgl. M 11*   *Vs am Schluß:* (z.B. ehre Vater und Mutter auf daß dir wohlgeht und du lange lebest auf Erden — letzteres als göttliche Consequenz)
3[73] 66 *14*–*15:* geworden, vielleicht] geworden. — Durch welche Annahme könnte man ihn mehr loben als hier geschehen? — Vielleicht *Vs*   *15*–*16:* vielleicht ... geweint] *vgl. Za IV Vom höheren Menschen* 16
3[77] *Vgl. M 42*   67 *8:* Pessimismus ... geben!] Unzufriedenheit mit dem Dasein. Christenthum und Pessimismus. *Vs*
3[80] *Vgl. M 5*
3[82] *Vs:* Der Geist, den die M⟨enschen⟩ zur Bekämpfung der Übel verwenden, fehlt ihnen zur Erfindung der Freude. Bis jetzt brachte es die Menschheit zu Trostmitteln aller Art — endlich geht die Wissen-

schaft den Ungeheuern selber zu Leibe — und nun müssen wir auch gegen die Trostmittel uns wehren, die eine Macht für sich geworden sind: Bedürfnisse habend und Befriedigung fordernd.

3[85] *Vgl. 1[54]*   Vs: Liebe zum Eigenthum ist [—] Liebe zu dem von uns Erzeugten. Der arterhaltende Trieb von allen Vererbungen am sichersten vererbt — welches ist der Ausgangspunkt? Die Täuschung, vermöge ⟨deren⟩ einige Fische bei ihren Eiern Wache halten — sie halten es für Nahrung, welche sie aufbewahren und schützen. Endlich als es sich verändert, steht ihnen die Nahrung oft nicht an — aber die Gewohnheit ist angepflanzt, bei den nächsten Eiern wiederholen sie die Wache. (S⟨iehe⟩ vorher). *Der Verweis bezieht sich auf 1[54]*

3[90] *Vs am Schluß.* Das zeugt über die alte Geschichte der Menschheit.

3[92] 71 *19–21:* werden ... giebt.] werden. Aber wie kommt es, daß man die Urheber eines Kriegs heilig spricht? Vs

3[94] 72 *6:* Aufschrift] Maske Vs

3[98] *Vgl. M 174*   73 *20:* verbreitet, ein] verbreitet, ein ruhiges Wölkchen über einer stillen ungeheuren Steppe, ein Vs

3[100] 74 *10:* Menschen entsprechen] Menschen und zwar in Hinsicht auf die Gesamtheit entsprechen Vs

3[103] *Vs am Schluß:* Ihre Ethik hat Christus noch einmal durchgesiebt.

3[111] *Vs am Schluß:* Unter Süditalienern denkt man leichtsinnig über ein Menschenleben.

3[112] *Vs:* Indem man dem Schmerz ausweicht, weicht man den Gefahren aus: so geht viel Freude und Anregung aus dem mod⟨ernen⟩ Leben, welches die früheren M⟨enschen⟩ hatten. *[Ersatz:]* Grobe Remeduren sind Revolutionen und Kriege.

3[119] *Am Schluß gestrichen:* Oder vielmehr, so wird es vielleicht einmal sein.

3[121] *Vgl. 1[83]*

3[124] 87 *10:* Ideen von] Ideen, das Prachtstück seiner Erfindungen, von Vs   *24:* würden] würden: er würde vielleicht daran erstickt sein Vs

3[125] *25–26:* Sobald ... Erde] *nach Shakespeare, Hamlet I, 5*   88 *5:* vieler Geschlechter] eines Menschen Vs

3[128] *Vgl. 1[90]*   89 *4:* hineinverlegt. Sie] hineinverlegt. Die Juden haben sich nicht für Fürsten, sondern für ihren Gott geschlagen, mit wildem Heroismus. Sie Vs

3[131] *Vgl. 2[13]*   90 *16:* des Christenthums] der Juden und Christen (deshalb ist das neue Europa düsterer als Griechenland) Vs   *29:* Verantwortlichkeit] Verantwortlichkeit (entstanden in Hinsicht auf ein zukünftiges Gericht) Vs

3[134] *Vgl. M 231; GM I 4*

3[140] *Vs:* Unsere Denkfreigeisterei [−] als ein übertriebenes einseitiges Handeln anzusehen, kein Gleichgewicht. Ebenso das künstlerische Schaffen, es wirft die Künstler aus ihrem Centrum. Sich verhehlen − Gefahr der Einsamen. Sich verleugnen − sich vergessen − alles Fehler!

3[141] 94 2: Anhänger als] Anhänger [diktiren ihm durch ihre Masse das Gesetz seines ferneren Verhaltens und ohne daß er es merkt] als *Vs*

3[143] *Vs am Schluß:* Sind wir traurig, so wollen wir den allgemeinen Schmerz der Welt nicht missen (Christenpessimismus).

3[146] *Vgl. JGB 41*

3[148] 95 11: Die] Der Unterleib projicirt auf das Gehirn, und das Gehirnbild wieder auf den Unterleib. Die *Vs*

3[149] *Vs:* [Wille zum Leben] Der Selbsterhaltungstrieb ist ein Stück Mythologie. Es giebt keine unmittelbare instinktive Furcht vor dem Tode. Erst abgeleitet. Man flieht vor dem Schmerz, dem Unbekannten usw. Man will sich noch oft freuen, deshalb will man leben. Wille zum Leben nichts Unmittelbares.

3[153] *Vgl. 2[36]*

3[161] 99 30–31: dem ... verbieten] *nach Goethe, Tasso V, 2*

3[164] 100 28: fühlt. Diese] fühlt: in dieser Demuth liegt das Unterscheidende der jüdischen Moralität (dies verstand Christus besser als die Pharisäer seiner Zeit). Diese *Vs*   101 2: Leben, die] Leben: und die Juden, welche diesen Idealismus (und die Typen zur Verdeutlichung desselben) geschaffen haben, sind gewiß nicht die Idealisten des Lebens. Die *Vs*

3[165] *Vs:* Was haben wollüstige Philosophen über das Glück phantasirt, das nach dem Aufhören des Geschlechtstriebes eintreten soll!

3[169] *Vgl. M 388*

3[171] *Vgl. 1[4]*

4 = N V 3

4[6] *Vgl. M 150*

4[7] *Vgl. M 424*

4]8] *Vgl. Byron, Vermischte Schriften, Briefwechsel und Lebensgeschichte, hg. von E. Ortlepp, Stuttgart o.J., III, 248, BN*

4[11] *Vgl. M 107*

4[12] *Vgl. M 107*

4[13] *Vgl. M 33*

4[21] *Vgl. 9[1]*

4[23] *Vgl. 4[146]*

4[24] *Vgl. M 235*

4[36] Vgl. K. Semper, Die natürlichen Existenzbedingungen der Thiere, Leipzig 1880, erster Theil, 97–98, BN
4[40] Vgl. M 197
4[43] Vgl. M 42
4[44] Vgl. M 550. 474
4[46] Vgl. M 440
4[48] Vgl. Za IV Der Zauberer 1
4[49] Vgl. M 226
4[52] 112 1: die ... Höflichkeit] vgl. J. J. Baumann, Handbuch der Moral nebst Abriß der Rechtsphilosophie, Leipzig 1879, 177f., BN 6–7: Die ... Eltern] ebda., 161f.
4[53] 9: die Neuplatoniker] nach J. J. Baumann, a.a.O., 155
4[54] Vgl. M 427
4[56] Vgl. M 88
4[57] Vgl. M 90   113 3: Baumann 243] a.a.O., vgl. 4[52]
4[58] Vgl. M 41
4[59] Vgl. M 88
4[68] Vgl. M 207
4[72] Vgl. 10[A 3]; FW 14
4[80] Vgl. 4[90]
4[81] 120 11–12: amour ... physique] vgl. Stendhal, De l'amour, Livre premier, I
4[84] Vgl. M 211
4[86] Vgl. M 197   121 23: St. Mill über Coleridge] vgl. John Stuart Mill, Gesammelte Werke, hg. von Th. Gomperz, X, 195, BN
4[88] Ansatz zu einer Vorrede   Vgl. 4[303]
4[90] Vgl. 4[80]
4[95] Vgl. M 122   123 10.12: Semper] a.a.O., zweiter Teil, 222f., 229–232
4[97] Vgl. K. Semper, a.a.O., erster Teil, 35
4[103] Vgl. M 304
4[108] Vgl. M 20
4[109] Vgl. M 20
4[128] Vgl. 1[24]; 2[35]; 2[39]
4[130] Vgl. J. J. Baumann, a.a.O., 98
4[131] Vgl. J. J. Baumann, a.a.O., 99
4[132] Vgl. J. J. Baumann, a.a.O., 99ff.
4[133] Vgl. M 209
4[134] Vgl. M 125
4[139] 136 16–18: „Das ... Ansichten] N bezieht sich auf folgende Stelle aus Stendhal, Lord Byron en Italie, in: Racine et Shakespeare, Paris 1864, 267f., BN: „Monsignor de Brême rappela l'anecdote si connue de M. le géneral de Castries, qui, choqué de la considération avec laquelle

on écoutait d'Alembert, s'écrie: „*Cela veut raisonner, et cela n'a pas mille écous de rente!*"'

4[143] *Vgl. M 33*
4[144] *Vgl. M 35*
4[146] *Vgl. 4[23]*
4[150] *Vgl. M 483*
4[151] *Vgl. M 59*
4[155] *Vgl. M 114*
4[157] *Vgl.* Hermann Lüdemann, *Die Anthropologie des Apostels Paulus und ihre Stellung innerhalb seiner Heilslehre. Nach den vier Hauptbriefen dargestellt,* Kiel 1872 (abgekürzt: Lüdemann); *als Lesefrüchte aus diesem Werk sind außerdem zu betrachten: 4[158–164], 4[167], 4[170–172]; zu dieser Lektüre vgl.* Chronik *sowie* Jörg Salaquarda, Dionysos gegen den Gekreuzigten. Nietzsches Verständnis des Apostels Paulus, *in:* Zeitschrift für Religions- und Geistesgeschichte XXVI (1974) 97–124, *insbes. 101 f. Vgl. außerdem:* Nietzsche, Wege der Forschung, *Bd. 521, Darmstadt 1980, 321 f., wo der Herausgeber J. Salaquarda die bisher ungedruckte Qualifikationsarbeit von Michael Jacob zitiert* (Gott am Kreuz. Studien, Thesen und Texte zur Relation von metaphysischer Gottesrede und Leben Jesu bei Fr. Nietzsche, *Berlin, DDR, 1978) und Jacobs vollständige Konkordanz wiedergibt, die im folgenden zur Ergänzung der Zitatnachweise benutzt worden ist.*
4[158] *Lüdemann, 26–27, 33, 35 Anm. 1*
4[159] *Lüdemann, 35 Anm. 4*
4[160] *Lüdemann, 37 und 36 Ende der Anm. 2*
4[161] *Vgl. M 72; Lüdemann, 37 f. und Anm. 1*
4[162] *Vgl. Gal. 5,17; Röm. 7,17–18; Lüdemann, 52, 69, 87*
4[163] *Lüdemann 92 f.*
4[164] *Lüdemann 106–148; die hier erwähnten paulinischen Begriffe hauptsächlich im Römerbrief; vgl. M 68*
4[165] *Vgl. M 87*
4[166] *Vgl. M 66*
4[167] *Vgl. M 68; Lüdemann, 147*
4[170] *Vgl. M 68*
4[171] *Vgl. M 68; Lüdemann, 215, 214*
4[172] *Lüdemann, 217*
4[181] **146** 13: Dulce ... locus] Horat. Carmina IV, 12,28
4[186] *Vgl. M 96; Zitat aus* J. Wackernagel, Über den Ursprung des Brahmanismus, *Basel 1877, 28 f., BN*
4[197] *Vgl. M 188*
4[201] *Vgl.* Alfred Espinas, Die thierischen Gesellschaften, *übers. von W. Schloesser, Braunschweig 1879, 150 ff., BN*
4[208] *Vgl. M 405*

4[209] *Vgl. M 6*
4[210] *Vgl. M 147*
4[217] *Lüdemann 13; vgl. Apostelgeschichte 2,4*
4[218] *Lüdemann 17–19; vgl. 4[293]*
4[219] *Lüdemann, 8, 9, 110, 168f., 172, 183, 192, 190f., 191; vgl. M 68   154 18–21] vgl. 1. Kor. 15,35–55.2,3–6   155 20–21:* Käme ... gestorben] *Gal. 2,21   26–30:* Ich ... Sünde] *Gal. 2,20.16–17*
4[220] *Im Anschluß an die Lektüre von Lüdemanns Werk entstanden; vgl. M 68*
4[227] **157** *24:* Wiese des Unheils] *vgl. Anm. zu M 77*
4[228] *Nicht wörtliches Bibel-Zitat*
4[231] *Im Anschluß an die Lektüre von Lüdemanns Werk entstanden; vgl. M 68*
4[235] *Vgl. M 84*
4[237] *Vgl. M 188*
4[240] *Vgl. M 366*
4[243] *Vgl. M 176*
4[244] *Vgl. M 189*
4[245] *Vgl. M 189*
4[246] *Vgl. FW 236; vgl. 12[112]*
4[247] *Vgl. M 189*
4[248] *Vgl. M 188*
4[249] *Vgl. M 188*
4[252] *Im Anschluß an die Lektüre von Lüdemanns Werk entstanden; vgl. M 68*
4[253] *Im Anschluß an die Lektüre von Lüdemanns Werk entstanden*
4[254] *Im Anschluß an die Lektüre von Lüdemanns Werk entstanden; vgl. M 68*
4[255] *Im Anschluß an die Lektüre von Lüdemanns Werk entstanden; vgl. M 68*
4[258] *Im Anschluß an die Lektüre von Lüdemanns Werk entstanden; vgl. M 68*
4[261] *Vgl. M 88*
4[279] **169** *9:* wie ... sagte] *vgl. WB 4*
4[280] *Vgl. M 26*
4[281] *Vgl. M 309*
4[282] *In Ms am Schluß nach einer längeren Verbindungslinie das gestrichene Wort:* Ja
4[286] *Vgl. M 496.542*
4[288] *Vgl. M 130*
4[293] *Vgl. 4[218]*
4[295] *Vgl. 4[316.317]; 6[3]*

4[299] *Vgl. M 360*
4[301] *Vgl. M 360.199*
4[304] *Vgl. John Stuart Mill, a. a. O., XII (von Sigmund Freud übers.), BN*
4[305] *176 26:* Lippen] Liebe *Ms*
4[307] *Vgl. FW 99   177 5–6:* sei ... nach] *vgl. Goethes Leitsprüche zur zweiten Auflage (1775) des „Werther"*
4[309] *Vgl. 5[5]*
4[316] *Vgl. 4[295]; 4[317]; 6[3]*
4[317] *Vgl. 4[295]; 4[316]; 6[3]*
4[318] *Vgl. M 52*

5 = Mp XV 1a

5[5] *Vgl. 4[309]   Ms unten:* ja, gut! gut!
5[7] *Vgl. M 543*
5[21] *Vgl. M 205*
5[23] *Vgl. N an Heinrich Köselitz (= Peter Gast), 2. Aug. 1880*
5[25] *186 12:* richtige Empfindung] *vgl. WB 5   22:* Masse] *[?]*
5[28] *Vgl. M 73*
5[36] *189 3:* etwa] etwas *Ms*
5[37] *Vgl. M 192*
5[38] *Am Schluß Fortsetzungszeichen; Fortsetzung nicht vorhanden*
5[41] *Vgl. M 449*
5[43] *Vgl. M 124; 5[47]; 6[119]*
5[47] *Vgl. M 124; 5[43]; 6[119]*

6 = N V 4

6[2] *Vgl. M 109.   194 6:* Lord Byron] *Vermischte Schriften ... II, 31*
6[3] *Vgl. 4[295]; 4[316]; 4[317]*
6[9] *Vgl. Mme de Rémusat, Mémoires 1802–1808, publ. par Paul de Rémusat, 3 Bde., Paris 1880, II, 246, BN (Abkürzung: Rémusat)*
6[10] *Vgl. M 46   196 9–10] nach Montaigne, vgl. Anm. zu M 46*
6[11] *Vgl. M 308*
6[12] *Rémusat I, 267*
6[13] *Rémusat I, 267f.*
6[14] *Rémusat I, 268*
6[15] *Rémusat II, 247*
6[16] *Rémusat II, 245. 242f.*
6[17] *Rémusat I, 271*
6[19] *Rémusat II, 241*

6[21] *Rémusat I, 273*
6[22] *Rémusat I, 274*
6[24] *Rémusat I, 392*
6[25] *Rémusat I, 393*
6[26] *Rémusat I, 384f.*
6[27] *Rémusat I, 385*
6[28] *Rémusat I, 385f.*
6[29] *Rémusat I, 387*
6[30] *Rémusat I, 389*
6[31] 201 *13:* moderne] müde *GAK; GA*
6[33] *Rémusat I, 395; vgl. M 251; 7[67]; 7[284]*
6[34] *Rémusat I, 402f.*   202 *14:* wenigsten] wenigstens *Ms*
6[35] *Rémusat I, 407*
6[36] *Rémusat I, 408.407*
6[37] *Rémusat I, 409; vgl. Montaigne, Essais, III, VII*
6[38] *Rémusat I, 409f.*
6[40] 204 *8:* den Mann] *Richard Wagner*   *13:* Völker] *aus Deutschen   Ms am Schluß:* Besser zu wenden! NB. Ich werde jeden Künstler lieben, welcher − − − und welcher jetzt nicht − − −
6[41] *Rémusat I, 321*
6[42] *Rémusat I, 333f.*
6[43] *Rémusat I, 334*
6[44] *Rémusat I, 334*
6[45] *Rémusat I, 336*
6[46] *Rémusat I, 335*
6[51] *Rémusat II, 271*
6[52] *Rémusat II, 273*
6[54] *Vgl. FW 14*
6[55] *Vgl. 6[141]; 6[145]*
6[56] 207 *11:* Die ... Samens] *vgl. dazu J. J. Baumann, a. a. O., 270.273f.*
6[66] *Vgl. M 77*
6[68] *Im Anschluß an die Lektüre der Memoiren von Madame de Rémusat entstanden*
6[69] *Rémusat II, 400*
6[72] *Vgl. FW 22; das Zitat aus Emile Augier nicht erschlossen*
6[73] *Rémusat II, 323*
6[79] *Nach Emerson?*
6[84] *Rémusat I, 140.141 (über Joséphine Beauharnais)*
6[85] *Rémusat I, 41*
6[86] *Rémusat I, 153*
6[87] *Rémusat I, 154 (über Hortensie Beauharnais)*
6[89] *Zitiert aus Ximénès Doudan, Mélanges et lettres, 2 Bde., Paris 1878, II, 350f., BN*

6[90] *Rémusat I, 142.144*
6[91] *Rémusat I, 151f. (über Eugène Beauharnais)*
6[92] *Rémusat I, 157 (über Hortense Beauharnais)*
6[93] *Übersetzung aus X. Doudan, Mélanges ... II, 566:* „*Les volontés sont si faibles, qu'on dirait que c'est le hasard qui les pousse. Non consilia a casu differo.*"
6[94] *Rémusat I, 120, Anm. 1*
6[95] *Rémusat I, 124*
6[96] *Rémusat I, 124f.*
6[97] *Rémusat I, 125*
6[98] *Rémusat I, 125*
6[99] *Rémusat I, 125*
6[100] *Rémusat I, 126*
6[101] *Rémusat I, 128*
6[102] *Rémusat I, 136*
6[103] *Rémusat I, 139; bei La Fontaines* „*Adonis*" *heißt es:* „*Ni la grâce plus belle encor que la beauté*"
6[112] *Vgl. FW 152*
6[116] *Vgl. M 207; FW 5; 4[57]*
6[117] *Vgl. M 339*
6[119] *Vgl. M 124; 5[43]; 5[47]*
6[123] 227 1-2: mit ... Diener] *vgl. 6[16]*
6[128] *Vgl. Goethe, Faust I, 465; M 545*
6[136] 231 4: Vacherot] Etienne Vacherot, französischer Philosoph, Schüler von V. Cousin 7: wahren Natur] *vgl. 6[150]*
6[141] *Vgl. 6[55]; 6[145]*
6[145] *Vgl. 6[55]; 6[141]*
6[150] *Vgl. 6[136]*
6[151] *Vgl. M 122*
6[154] *Vgl. FW 26*
6[160] *Vgl. E. Littré, La science au point de vue philosophique, Paris 1876, BN*
6[161] *Vgl. E. Littré, a.a.O.*
6[163] *Vgl. M 132. 174*
6[164] *Vgl. FW 14*
6[175] *Vgl. FW 3.55*
6[177] *Rémusat I, 113*
6[178] *Vgl. FW 55*
6[179] *Vgl. M 67*
6[188] *Nicht erschlossenes Zitat. Rémusat?*
6[190] *Rémusat II, 274*
6[192] *Vgl. 6[220]*
6[194] *Vgl. Goethe, Italienische Reise, Sizilien 1787, Alcamo 19. April*

6[197] *Vgl. Goethe, Italienische Reise, Sizilien 1787, Palermo 9. April*
6[200] *Vgl. 6[221]*
6[201] *Vgl.* M 267
6[202] 250 4–8: Viele ... thun!] *vgl. FW 186*
6[204] *Vgl.* M 38
6[205] *Vgl.* M 364. 473
6[207] *Vgl. 7[236]*
6[213] *Rémusat II, 274*
6[217] *Vgl. J. Burckhardt, Der Cicerone, Leipzig 1869, 396, BN*
6[220] *Vgl. 6[192]*
6[221] *Vgl. 6[200]*
6[222] *Vgl. J. Burckhardt, Der Cicerone, 399*
6[227] *Vgl.* M 335
6[237] *Vgl. 11[283]*
6[240] *Vgl.* M 84
6[260] *Vgl.* M 270
6[271] *Vgl. 9[6]*
6[281] *Vgl.* M 45
6[283] *Vgl. Tac. Hist. V, 5,9*
6[284] *Vgl. Tac. Hist. V, 5*
6[285] *Vgl. Tac. Hist. V, 4, 5, 13*
6[288] *Zitat?*
6[290] *Vgl. FW 205*
6[291] *Vgl. 6[438]*
6[299] *Vgl. Tac. Ann. XV, 144*
6[301] *Vgl.* M 367   276 2: Pique-bonheur] *vgl. Stendhal, De l'amour, XXXVIII*
6[311] *Vgl. Tac. Hist. V, 4,5*
6[315] *Vgl.* M 447
6[322] *Vgl. FW 235*
6[325] *Vgl. Stendhal, Rome, Naples et Florence, Paris 1854, 255, BN*
6[326] *Stendhal, Rome, Naples et Florence, 255*
6[327] *Stendhal?*
6[328] *Vgl. Stendhal, Rome, Naples et Florence, 387f.*
6[329] *Vgl. Stendhal, Correspondance inédite, précédée d'une introduction par P. Mérimée, Paris 1855, 77, BN:* „... son livre [Considérations sur les principaux événements de la Révolution française von Mme. de Staël]; mais combien ce style tendu et visant à l'effet est au-dessous de sa charmante et entraînante conversation!"
6[335] *Vgl. Stendhal, Rome, Naples et Florence, 387:* „Je remarque que, dans tout ce que font les Allemands, ils sont beaucoup plus influencés par un vain désir de faire effet que par aucun transport d'imagination ou par la conscience d'une âme extraordinaire."

6[337] *Vgl. M 193; nach Stendhal?*
6[338] *am Schluß gestrichen:* Die Leidenschaft ist gar zu selten. *Nach Stendhal?*
6[343] *284 23-24:* Gegenstand ...Übung] *N bezieht sich auf die Theorie von J. J. Baumann über „die Natur des Willens und die Gesetze der Willensbildung", vgl. a. a. O., insbes. 1ff. 17f. 59*
6[355] *Vgl. M 130*
6[364] *Vgl. Giacomo Leopardi, Canti, „L'infinito"; M 575*
6[367] *291 23:* er] *Richard Wagner*
6[371] *292 25-26:* und ... glaube] aus ja gegen deren Glaubenssätze und Projekte ich so oft angekämpft habe, auch ihrerseits eine Gelegenheit zur kleinen Rache haben. Auch hoffe
6[374] *Vgl. M 129*
6[375] *Vgl. 9[9.10]*
6[376] *Vgl. M 514*
6[379] *Vgl. M 467   295 4:* ist!] *danach gestrichen:* Kann ich trotz aller Stille und Einsamkeit es mir verhehlen, daß was ich denke, vielen Menschen wehe thun muß?
6[383] *Vgl. M 168*
6[390] *Vgl. M 366; 4[240]*
6[395] *Vgl. FW 277*
6[408] *Vielleicht im Anschluß an 6[379]*
6[410] *Vgl. M 118; 6[418]; 6[419]*
6[411] *Vgl. M 536*
6[414] *Vgl. FW 225*
6[418] *Vgl. 6[410]*
6[419] *Vgl. 6[410]*
6[425] *Vgl. K. Semper, a. a. O., erster Theil, 93*
6[426] *Ebda. 93 f.*
6[427] *Zitat nicht erschlossen*
6[428] *Vgl. M 197*
6[429] *Vgl. M 121.243; 6[431.433.435.441]*
6[430] *Vgl. M 444*
6[431] *Vgl. M 121.243; 6[429.433.435.441]*
6[432] *Vgl. M 438*
6[433] *Vgl. M 121.243; 6[429.431.435.441]*
6[435] *Vgl. M 121.243; 6[429.431.433.441]*
6[436] *Vgl. M 549*
6[437] *Von N durchgestrichen*
6[438] *Vgl. FW 1; 6[291]*
6[439] *Von N durchgestrichen*
6[441] *Vgl. M 121.243; 6[429.431.433.435]   311 16-25] von N durchgestrichen*

6[446] *Vgl. FW 14*

6[450] *Vgl. M 468*

6[451] *Vgl. Emerson, Versuche 149, auf derselben Seite notierte sich N:* Dies ist die Sache und nicht nur das Gleichniß. Mein Verdacht, daß wir eine Sprache für chemische Thatsachen haben. *Diese Glosse bezieht sich auf folgende Stelle bei Emerson: „Ich befinde mich endlich einem so wahren und mir gleichgesinnten Menschen gegenüber, daß ich ... mich so einfach in solcher Ungetheiltheit zu ihm stellen kann, wie ein chemisches Atom sich zum andern stellt." (gesperrt: Unterstreichung Ns)*

6[454] *Vgl. FW 14*

7 = N V 6

7[1] *Vgl. M 169; FW 122*

7[6] *Vgl. Stendhal, Histoire de la peinture en Italie, Paris 1868, 179, BN (abgekürzt: Stendhal, Peinture)*

7[13] *Vgl. M 242*

7[15] *Vgl. M 553, von N durchgestrichen*

7[16] *Stendhal, Peinture 208*

7[20] *Anspielung auf Richard Wagner*   321 26: Ernst!] *aus* Ernst, zu schimpfen, wo man dumm ist!

7[29] 324 1: Pascal's ... Jesus] *vgl. B. Pascal, Gedanken, Fragmente und Briefe II, 244–247; in der ebenfalls schon zitierten franz. Ausgabe: II, 340–343*

7[30] *Vgl. 7[96]; 7[211]*

7[32] *Vgl. M 172*

7[36] *Vgl. M 238*

7[37] *Vgl. 15[60]*

7[41] *Vgl. Stendhal, Peinture 255. 258*

7[42] *Vgl. M 357*

7[45] *Vgl. 7[102. 126. 181]*

7[54] *Vgl. 7[62]; 7[65]*

7[55] *Vgl. M 38*

7[62] *Vgl. 7[54]; 7[65]*

7[63] *Vgl. M 189*

7[65] *Vgl. 7[54]; 7[62]*

7[72] 332 1: M⟨uster⟩] *nach 7[69] ergänzt; GA:* Menschen

7[74] *Zitat nicht erschlossen*

7[78] *Vgl. FW 46; 11[72]*

7[79] *Vgl. 7[37]*

7[81] *Vgl. FW 77*

7[86] *Stendhal, Peinture 118*
7[87] *Stendhal, Racine et Shakespeare. Etudes sur le romantisme, Paris 1854, (De la moralité de Molière), BN (abgekürzt: Stendhal, Racine)*
7[89] *Stendhal, Peinture 119f.*
7[92] *Stendhal, Peinture 278f.*
7[96] *Vgl. 7[30]; 7[211]; M 131*
7[97] *Vgl. M 206*
7[100] *In GA weggelassen; vgl. jedoch Elisabeth Förster-Nietzsche, Nietzsches Bibliothek, in: Arthur Berthold, Bücher und Wege zu Büchern, Berlin 1900, 452*
7[102] *Vgl. 7[45]*   338 26–28: schweres ... mir!"] *aus* Ich, zu dem ich spreche „was liegt an mir!" und das wieder zu mir spricht „ich bin alles außer mir"
7[107] *Vgl. 7[196]*
7[108] *Vgl. M 175*
7[111] *Vgl. 7[118]*
7[112] *Stendhal, Peinture 184*
7[113] *Später zugefügt, vielleicht zu 7[112]*
7[114] *Stendhal, Peinture 183*
7[118] 342 16: zu Seite vorher] *d.h. zu 7[111]*
7[119] *Vgl. Stendhal, Racine: „Eteindre le courage civil fut évidemment la grande affaire de Richelieu et de Louis XIV."*
7[120] *Stendhal, Racine ebda.: „L'on a horreur d'un péril qui peut être ridicule. L'homme le plus intrépide n'ose se livrer à la chaleur du sang qu'autant qu'il est sûr de marcher dans une route approuvée. Mais aussi quand la chaleur du sang, l'opposé de la vanité (passion dominante), produit ses effets, on voit les incroyables et sublimes folies des attaques de redoute, et ce qui est la terreur des soldats étrangers sous le nom de furia francese."*
7[126] *Vgl. 7[45]*
7[129] *Vgl. M 64*
7[130] 345 3: korkyräischen Seele] *vgl. Thuk. III, 70–85; WS 31*
7[131] *Vgl. Bd. 8, 31 [4]*
7[134] *Stendhal, Peinture 184*
7[135] *Vgl. 9[13]*
7[139] *Vgl. M 327*
7[140] *Stendhal, Peinture 205, Anm. 2; vgl. M 161; 7[214]*
7[142] *Stendhal, Peinture 205f.*
7[143] *Stendhal, Peinture 207*
7[144] *1. Mos. 8, 21 bei B. Pascal, Gedanken, Fragmente und Briefe I, 42*
7[145] *Stendhal, Peinture 185*
7[148] *Stendhal, Peinture?*
7[149] *Stendhal, Peinture 270*

7[150] *Vgl. M 170*

7[151] *Stendhal, Racine 268 („Lord Byron en Italie")*

7[152] *Stendhal, Racine 274 („Lord Byron en Italie")*

7[153] *Stendhal, Racine 297 („Walter Scott et la princesse de Clèves")*

7[156] *Vgl. M 110*

7[160] *Nach Stendhal*

7[161] *Hinweis auf Stendhal nicht erschlossen*

7[164] 350 21: Besseres] Bestes *Ms*

7[181] *Vgl. 7[45]*

7[184] 355 9: Die „bösen Lüste"] „böse Lust" *ist die deutsche Übersetzung für „concupiscence" bei C. F. Schwartz in: B. Pascal, Gedanken, Fragmente und Briefe I, 219. 241; II, 119. 127. 246; einige dieser Stellen sind von N angestrichen* Die ... Todes] *a.a.O., I, 40* 11: Zum ... verurtheilt] *a.a.O., II, 22*

7[188] *Mit zittriger Hand, wahrscheinlich im Gehen niedergeschrieben*

7[195] 357 10: Beethoven] *aus R. Wagner*

7[196] *Vgl. 7[107]*

7[198] *Im Anschluß an die Lektüre von Stendhal, Racine, entstanden*

7[205] *Vgl. 7[59]*

7[208] *Vgl. B. Pascal, Gedanken, Fragmente und Briefe I, 369; diese Stelle im französischen Text, a.a.O., I, 407: „... Je promets même de lui sacrifier toutes les vengeances ..."*

7[211] *Vgl. M 560; 7[30]; 7[96]*

7[214] *Vgl. M 161; 7[140]*

7[216] *Vgl. M 207*

7[217] *Vgl. 7[230]*

7[224] *Vgl. 1[54]; 3[85]*

7[228] 365 2: Port Royal] *vgl. Anm. zu 7[260]*

7[230] *Nach Stendhal; vgl. 7[217] FW 29*

7[232] *Zitat nicht erschlossen, Stendhal?*

7[233] *Im Anschluß an die Lektüre von Pascals „Gedanken"*

7[234] *Wie 7[233]*

7[236] *Vgl. 6[207]*

7[238] *Stendhal, Peinture 280*

7[239] *Vgl. M 38*

7[240] *N denkt wahrscheinlich an Stellen wie Aesch., Choëph. 596–601*

7[254] *N bezieht sich auf B. Pascal, Gedanken, Fragmente und Briefe I, 111–125*

7[258] *Vgl. M 347*

7[260] *Vgl. B.Pascal, Les Provinciales, Paris 1853, Seizième lettre. Wahrscheinlich jedoch hat N das Zitat von Sainte-Beuve, Port-Royal, Paris 1840–48, III, 84, wo auch die Parallele Pascal-Demosthenes steht: vgl. 7[261]; 7[278]*

Nachgelassene Fragmente 1880–1882 · 7 [150]–8 [29]

7[261] *Vgl. Sainte-Beuve, Port Royal III, 83ff.*
7[262] *372 8: Pascal] N denkt an Stellen wie die folgende, von ihm angestrichene bei B. Pascal, Gedanken, Fragmente und Briefe II, 270: „Sub te erit appetitus tuus. Die Neigungen also beherrscht sind Tugenden ... Man muß sich ihrer als Sclaven bedienen ..."*
7[267] *Im Anschluß an die Lektüre von Stendhal, Racine, entstanden*
7[268] *Wie 7[267]; vgl. M 192*
7[269] *Vgl. Aristot., Rhet., 1372a 4–6; Zitat nicht wörtlich*
7[270] *Quelle nicht erschlossen*
7[271] *Zitat aus Pascal nicht erschlossen*
7[272] *Wie 7[271]*
7[273] *Zusammenhang nicht erschlossen*
7[276] *Zitat nicht erschlossen   375 1:* Blicks] über Geistes
7[278] *Vgl. Sainte-Beuve, a.a.O., III, 83ff.*
7[282] *Vgl. B. Pascal, Gedanken, Fragmente und Briefe, II, 29f.*
7[284] *376 24–25:* Napoleon ... fand] *vgl. Rémusat I, 395; 6[33]; 7[67]; M 251*
7[285] *Vgl. M 134*
7[292] *Vgl. Goethe, Tasso V, 5: „Und wenn der Mensch in seiner Qual verstummt, / Gab mir ein Gott zu sagen, wie ich leide."*
7[296] *Nach Stendhal?*
7[297] *Zitat aus Stendhal, nicht erschlossen*
7[298] *Nach Stendhal?*
7[299] *Nach Stendhal?*
7[301] *Nach Stendhal? Vgl. 7[306]*
7[302] *Vgl. M 429*
7[305] *Vgl. 9[12]*
7[306] *Vgl. 7[301. 308]*
7[308] *Vgl. 7[306]*
7[313] *Vgl. M 207*

8 = N V 5

8[5] *Vgl. den Untertitel von M:* Gedanken über die moralischen Vorurtheile
8[14] *Im Anschluß an die Lektüre von Stendhal, Racine, entstanden*
8[16] *Vgl. M 174. 175*
8[21] *Vgl. M 157*
8[22] *Nach Byrons „Manfred" I, 1; vgl. M 437*
8[23] *Vgl. N an Peter Gast, Overbeck, die Seinigen, 8. Jan. 1881*
8[27] *Vgl. FW 140*
8[29] *Vgl. 7[238]; 8[50]*

8[31] *Hinweis auf Pascal nicht erschlossen*
8[32] *Vgl. M 172*
8[34] *Vgl. FW 283*
8[39] *Vgl. Thuk. III, 82*
8[40] 391 *14:* Cristallisation] *nach Stendhal, De l'amour I, VI–XII*
8[42] *19:* immer] rein *GA* Ich bin rein *GAK*
8[45] *Vgl. M 207*
8[47] *Vgl. M 174*
8[48] *Vgl. 9[6]; FW 267*
8[50] *Vgl. 8[29]*
8[51] *Im Anschluß an die Lektüre von Stendhal, Racine, entstanden*
8[54] *Vgl. 8[65]*
8[57] *Vgl. 14[20]*
8[58] *Vgl. M 86*
8[59] *Vgl. M 102*
8[65] *Vgl. 8[54]*
8[69] *Vgl. FW 71; 12[111]*
8[74] *Zitiert bei Stendhal*
8[79] *Vgl. FW 180*
8[81] 399 *16:* Stendhal] *Racine*
8[84] *Vgl. FW 1*
8[91] *Vgl. FW 96*
8[92] *Vgl. FW 328*
8[97] *Vgl. FW 137; M 38*
8[99] *Vgl. M 113*
8[101] *Vgl. M 38*
8[103] *Vgl. M 174*
8[104] *Rémusat I, 115*
8[105] *Rémusat I, 116f.*
8[106] *Rémusat I, 112; vgl. FW 362*
8[107] *Rémusat I, 108*
8[108] *Rémusat I, 108*
8[109] *Rémusat I, 108*
8[111] *Rémusat II, 280*
8[112] *Rémusat II, 299f.*
8[113] *Rémusat II, 303*
8[114] *Rémusat II, 303*
8[115] *Rémusat II, 167*
8[116] *Rémusat I, 114f.; vgl. FW 23*
8[117] *Rémusat II, 280*
8[118] *Rémusat II, 277f.*
8[119] *Rémusat II, 278*

9 = M II 2

9[1] *Vgl. 8[56]; 7[268]*
9[2] *Vgl. M 343*
9[3] *Vgl. M 482*
9[6] *Vgl. 8[48]; 6[271]; FW 267*
9[7] *Vgl. M 190*
9[9] *Vgl. 9[10]; 6[375]*
9[10] *Vgl. 9[9]; 6[375]   am Schluß gestrichen:* Die Sache deiner Ehre vor deinem eignen Schiedsgericht.
9[11] *Urspr. Fortsetzung von M 132*
9[12] *Vgl. 7[305]*
9[13] *Vgl. 7[135]; urspr. Fortsetzung von M 207*
9[14] *Vs:* Armut Keuschheit Gehorsam (letzterer als Negation des Willens zur Macht) — Entweltlichung scheinbar. Thatsächlich führt es auf eine andere Stufe der Cultur, der arme Sklave ohne Weib, der sich durch geistige Hoffnungen und Berauschungen schadlos hält: die Nervenkraft — — —
9[15] *Urspr. Fortsetzung von M 44*
9[17] *Motto von M; vgl. N an Peter Gast, 9. Febr. 1881*

10 = Mp XV 1b

10[A3] *Vgl. FW 14; 4[72]*
10[A5] *Vgl. FW 306*
10[A6] *Vgl. R. Wagner in „Bayreuther Blätter" 1880*
10[A13] *Rémusat III, 224. 225*
10[A14] *Rémusat III, 225*
10[A15] *Rémusat III, 170*
10[A16] *Rémusat III, 170*
10[B17] *Vgl. M 26*
10[B19] *Vgl. M 471*
10[B20] *Vgl. M 460*
10[B23] *Vgl. FW 83*
10[B25] **417** 18] *über der Zeile, zwischen* auch *und* haben *ein unleserlich hingekritzeltes Wort*
10[B30] *Vgl. M 167*
10[B32] *Vgl. M 167*
10[B36] Nr. 4 *einer Reihe von* Addenda *(zum Nachtrag der M)*

10[B37] *Vgl. M 130*
10[B41] 421 *14:* Bücher] *[?]*
10[B43] *Vgl. M 87*
10[B44] *Vgl. John Lubbock, Die Entstehung der Zivilisation und der Urzustand des Menschengeschlechtes, erläutert durch das innere und äußere Leben der Wilden. Übers. von A. Passow, nebst einleitendem Vorwort von Rudolf Virchow, Jena 1875, 189, BN*
10[B45] *Ebda. 312*
10[B51] *Vgl. JGB 9*
10[D59] *Vgl. M 132*
10[D60] *Vgl. M 132*
10[D68] *Wahrscheinlich zitiert aus Pascal*
10[D70] 428 *9:* Escobar] *Antonio Escobar y Mendoza, Jesuit; gegen ihn polemisierte Pascal*
10[D74] *Vgl. M 207*   429 *5:* seine] *ihre Ms*
10[D80] *Vgl. Moritz von Engelhardt, Das Christenthum Justins des Märtyrers, Erlangen 1878, 312. 322; vgl. N an Overbeck, 22. Juni 1880 und Overbeck an N, 10. Juli 1880; s. Chronik*
10[D81] *Ebda. 439f.*
10[D82] 431 *16:* denke sich] *denke sie Ms*
10[D86] *Vgl. Engelhardt, a.a.O., 440*
10[D88] *Vgl. M 197. 180*
10[E93] 435 *12:* Bildern] *über im Scheine*
10[E94] 436 *4:* sie] *er Ms   am unteren Rand der Seite:* nicht als Individuum, sondern als Einheit hinter den Vielen

11 = M III 1

11[8] *Vgl. FW 162*
11[13] *Vgl. JGB 192*
11[14] 446 *29:* Ich —] *Ichgefühl GA*
11[19] 449 *25:* dem] *ergänzt nach GAK und GA*
11[24] 451 *18:* Mayer] *vgl. J. R. Mayer, Mechanik der Wärme, Stuttgart 1874; vgl. N an Peter Gast, 10. und 16. April 1881; 20. März 1882   21:* Proctor] *R. A., Unser Standpunkt im Weltall, Heilbronn 1877, 29, BN*
11[25] *Vgl. 11[24]*
11[37] 455 *14:* Spencer p. 302] *Die Thatsachen der Ethik; vgl. Anm. zu 1[11]*
11[41] 456 *24:* auf's] *GAK; GA auf Ms*
11[48] 459 *11:* Rohde] *unsichere Lesart*

Nachgelassene Fragmente 1880–1882 · 10 [B37]–11 [148]   645

11[49] *Vgl. Za I* Vom Krieg und Kriegsvolke; *Za IV* Das Eselsfest *1*
11[53] *Vgl. FW 59   460 7–8] späterer Zusatz*
11[61] *Vgl. FW 21*
11[65] *466 13:* Persönlichkeiten] *unsichere Lesart*
11[69[*467 25:* Lucrez] *de rer. nat. IV, 1058–1120*
11[72] *Vgl. FW 46; 7[78]*
11[75] *470 8:* das] *ergänzt nach GAK und GA   17:* auf] *GAK; GA in Ms*
11[76] *471 3:* Verirrung] *unsichere Lesart*
11[77] *Vgl. 11[85]*
11[85] *473 4:* Lecky] *N bezieht sich auf W. E. H. Lecky, Geschichte des Ursprungs und Einflusses der Aufklärung in Europa, aus dem Engl. von H. Jolowicz, Leipzig 1873, BN   14:* Die ... Thiere] *vgl. 11[77]*
11[94] *475 14–15]* Seneca, Epist., XXXI; *vgl. 11[95]*
11[95] *16:* Seneca] *vgl. 11[94], N zitiert aus Lecky, a. a. O., 178, Anm. 3*
11[108] *Vgl. FW 109. 349*
11[122] *Vgl. FW 1*
11[124] *486 7:* Plato] *Symp. 207c–212a*
11[128] *Dieses Fragment und die Fragmente 11[130. 131. 132. 134. 182. 241. 243. 256. 284] sind entstanden im Zusammenhang mit Ns Lektüre von Wilhelm Roux, Der Kampf der Theile im Organismus. Ein Beitrag zur Vervollständigung der mechanischen Zweckmäßigkeitslehre, Leipzig 1881, BN. Wir verdanken diesen wichtigen Hinweis Wolfgang Müller-Lauter, Der Organismus als innerer Kampf. Der Einfluß von Wilhelm Roux auf Friedrich Nietzsche, Nietzsche Studien 7 (1978), 189–223. Darüber hinaus hat uns Müller-Lauter die Ergebnisse seiner Forschung zur Verfügung gestellt; vgl. auch die Anm. zu den Fragmenten der Gruppe 7 in Bd. 10   487 19:* „Ärger"] *W. Müller-Lauter, a. a. O., 196, Anm. 30: „Wenn die KGW im Nietzsche-Fragment ‚Ärger‘, ‚Liebe‘, ‚Haß‘ schreibt, so vermute ich einen Lesefehler; das Wort ‚Ärger‘ ergibt im Kontext keinen Sinn. Im Rückgriff auf den Roux-Text legt sich die Lesart ‚Kräfte‘ nahe." In Ns Ms (M III 1, 69) ist jedoch* Ärger *einwandfrei zu lesen*
11[130] *Vgl. Anm. zu 11[128]*
11[131] *Vgl. Anm. zu 11[128]; W. Müller-Lauter, a. a. O., 193, weist nach, daß der Anfang dieses Fragments aus Michael Foster, Lehrbuch der Physiologie, Heidelberg 1881, 524, BN, gezogen ist*
11[132] *Vgl. Anm. zu 11[128]; W. Roux, a. a. O., 65. 71*
11[134] *Vgl. Anm. zu 11[128]*
11[137] *493 1:* Mendelsohn] *sic*
11[141] *Vgl. EH* Also sprach Zarathustra *1*
11[148] *498 29:* es] *ergänzt nach GAK und GA*

11[157] *Vgl. FW 109*
11[161] *Vgl. Za I Von den Hinterweltlern*
11[163] 505 *6:* der ruhe] der Ruhe *Ms*
11[170] *Vgl. FW 89; von N durchgestrichen*
11[176] *Vgl. FW 42*
11[178] 508 *12:* unzählige] Unzählige *Ms*
11[180] 509 *5:* um] *nach GA ergänzt*
11[182] *Vgl. Anm. zu 11[128]*
11[185] *Vgl. 12[213]*
11[189] 515 *20:* Amöben-] Amöeben *Ms*
11[193] *Die Quelle der Spinoza-Zitate ist: Kuno Fischer, Geschichte der neuern Philosophie I, 2, Descartes' Schule. Geulinx, Malebranche. Baruch Spinoza. Zweite völlig umgearbeitete Auflage, Heidelberg 1865. Dieses Werk ließ sich N im Juli 1881 von Overbeck nach Sils-Maria schicken (abgekürzt: Fischer)* 517 *1–3:* wir ... sein] *Fischer,* 489   *5–6:* ex ... conservare] *Fischer, 488 Anm.*   *6–8:* „von ... erhalten"] *Fischer,* 488   *8–9:* „Das ... Tugend] *Fischer,* 489   *10–13:* „Die ... lebt"] *Fischer,* 486   *14–15:* „Gut ... hindert."] *Fischer,* 487   *16–27:* Unsere ... innen.] *Fischer,* 486   *30–32:* „Die ... will."] *Fischer,* 483   518 *1–4:* „Jeder ... Tugend."] *Fischer,* 484   *5–8:* Es ... Endlose.] *Fischer,* 480   *9–10:* Der ... Anderes.] *Fischer,* 479
11[194] *17–22:* Die ... Port-Royal)] *Fischer, 32f.*   *23–26:* impossibile ... nescio?] *Fischer, 15 Anm.*   *26–27:* Mein ... velis.] *Fischer,* 18   *28:* Virtus ... rationis.] *Fischer, 24 Anm.*   *28–31:* Amor ... sui] *Fischer, 26f. Anm.*   519 *1–10:* „Betrachte ... Körpers.] *Fischer, 56f.*   *11:* Spinoza ... ignorantiae.] *Fischer, 235 ff.*
11[195] *Vgl. FW 342; Za I Zarathustra's Vorrede 1*
11[197] 520 *19–20:* Burckhardt ... Pitti] *vgl. Jacob Burckhardt, Der Cicerone, 2. Auflage, Leipzig 1869, 175, BN: „Man fragt sich, wer denn der weltverachtende Gewaltmensch sei, der mit solchen Mitteln versehen, allem bloss Hübschen und Gefälligen so aus dem Wege gehen mochte? — Die einzige grosse Abwechselung, nämlich die Beschränkung des obersten Stockwerkes auf die Mitte, wirkt allein schon colossal und giebt das Gefühl, als hätten beim Verteilen dieser Massen übermenschliche Wesen die Rechnung geführt."*
11[201] *Vgl. FW 109*
11[202] 523 *12:* sie] *GAK; GA* ihn *Ms*   ihr] *GAK; GA* ihm *Ms*
11[206] *Vgl. FW 341*
11[213] *Vgl. FW 109*
11[216] 526 *5:* letztere) *GA* letzteres *Ms*
11[224] *Vgl. Za IV Vom höheren Menschen 8*
11[226] *Vgl. 11[185]*

11[236] 531 *11]* Otto Liebmann, *Zur Analysis der Wirklichkeit, Straßburg 1880*, BN
11[237] 532 *1:* unzählige] unzähliche *Ms*
11[241] *Vgl. Anm. zu 11[128]*
11[243] *Vgl. Anm. zu 11[128]*
11[249] 536 *20–21:* um ... hinauszublicken] *von N durchgestrichen*
11[256] *Vgl. 13[14]; vgl. Anm. zu 11[128]*
11[258] *Vgl. 13[20]*
11[260] *Vgl. Bd. 12, 4[5]*
11[263] 542 *2:* an] *nach GA ergänzt*
11[267] *Quelle nicht erschlossen*
11[271] *Zitat nicht erschlossen*
11[274] *Vgl. FW 134*
11[277] 548 *10:* des Campfers] der Canpher *Ms*
11[280] *Vgl. FW 43*
11[283] *Vgl. 6[237]*
11[284] *Vgl. Anm. zu 11[128]*   550 *12:* sie] *GAK; GA* es *Ms*
11[285] *Vgl. 12[29]*
11[292] 553 *23. 30:* ⟨als⟩ ... ⟨zu⟩] *Ergänzungen nach GAK und GA*
11[298] *Vgl. FW 144*
11[299] 556 *16–17:* David Strauß] *vgl. DS*
11[304] *Vgl. 13[3]*
11[306] *Vgl. 12[230]*
11[308] 559 *17:* Vogt] *J. G. Vogt, Die Kraft. Eine real-monistische Weltanschauung. Bd. I: Die Kontraktionsenergie, die letztursächliche einheitliche mechanische Wirkungsform des Weltsubstrates, Leipzig 1878*, BN
11[312] 561 *18:* Vogt] *a. a. O.*
11[315] 563 *5:* sehen] *GA* sein *Ms*   *11–12:* vertausendfacht ... vertausendfachte] *GA* vertausendfach ... vertausendfache *Ms*
11[317] *Vgl. 13[1]*
11[320] 566 *6:* sonst] *GAK; GA* sondern *Ms*
11[326] *Vgl. FW 80*
11[332] 571 *5–6:* (so ... geurtheilt)] *später mit Bleistift darüber geschrieben*
11[335] *Vgl. FW 110*
11[336] *Vgl. FWS 23*
11[337] *Formen der provenzalischen Dichtung der Troubadours; Quelle nicht erschlossen; über die „fröhliche Wissenschaft" (gaya ciencia, gay sabèr) schrieb u. a. J. G. Herder, Briefe zur Beförderung der Humanität, Siebente Sammlung 1796, 81.–90. Brief*
11[343] *Von N durchgestrichen*

12 = N V 7

12[1] Vgl. *14[4]*
12[4] Vgl. *FW 79*
12[6] *Blatt am rechten Rand zerrissen*
12[7] Vgl. *FW 143*
12[8] Vgl. *14[6]*
12[14] Vgl. *14[1]*
12[17] Vgl. *13[11]*
12[18] Vgl. *14[19]*
12[20] Vgl. *FW 14; Bd. 13, 11[89]*
12[23] Vgl. *14[10]*
12[24] Vgl. *14[2. 9]*
12[26] Vgl. *12[34. 38]; 14[8]*
12[27] Vgl. *11[244]*
12[29] Vgl. *11[285]*
12[30] Vgl. *Bd. 13, 11[88]*
12[34] Vgl. *12[26. 38]; 14[8]; Bd. 13, 11[87]*
12[36] 582 27: vieles] *nach GA ergänzt*
12[37] Vgl. *FW 87; 11[260]; Bd. 12, 4[5]*
12[38] Vgl. *12[26. 34]; 14[8]*
12[41] Vgl. *FW 2. 301; Bd. 13, 11[112]*
12[42] Vgl. *Za IV* Mittags *und* Das Abendmahl
12[44] Vgl. *FW 331; 14[12]*
12[52] 585 18: Pascal] Paskal *Ms*
12[54] Vgl. *Bd. 13, 11[86]; mögliche Quelle dazu (nach einer Mitteilung von J. Salaquarda): Ch. Linné, Lappländische Reise von 1732, Leipzig 1980, 57f.; Eintragung zum 6. und 8. Juni: ,,Die Ansiedler in der Lappmark säen viel Rüben, welche oft recht gut wachsen, und die Lappländer, die die Rüben sehr gern mögen, geben oft einen Käse für eine Rübe, quae stultitia! ... Die Frauenzimmer hier geben ihren Kindern aus dem Saughorn zu trinken, und ich wunderte mich über die Bäuerinnen, die sich nicht die Mühe machten, ihre Kinder zu säugen. Niemand kochte die Milch ab, es wäre ihnen zu beschwerlich gewesen, weshalb es auch nicht verwunderlich ist, daß die Kinder Würmer kriegen."*
12[55] Vgl. *Bd. 13, 20[145]*
12[63] Vgl. *FW 127*
12[66] Vgl. *14[125]; FW 125*
12[67] Vgl. *FW 12; 13[4]*
12[69] Vgl. *FW 77*

12[70] *Vgl. Byron, Manfred II, 1*
12[71] *Vgl. Bd. 13, 11[85]*
12[74] *Vgl. FW 127*
12[76] *Vgl. FW 337; 15[18]; 15[70]*
12[77] *Vgl. FW 125; 14[26]*
12[79] *Vgl. 15[17]*
12[80] *Vgl. FW 261*
12[81] *Vgl. FW 5*
12[85] *Vgl. FW 27*
12[86] *Vgl. 15[2]*
12[90] *Vgl. FW 293*
12[95] *Vgl. Bd. 10, 1[45. 109]*
12[96] *Vgl. 12[97]; 15[26]*
12[97] *Vgl. 12[96]; 15[26]*
12[98] *Vgl. FW 33*
12[106] *Vgl. FW 288*
12[107] *Vgl. 15[40]*
12[108] *Vgl. FW 32*   *Variante dazu in M III 4:* Dieser Mensch ist zu mittelmäßig als daß ich wünschte, er ergreife die Sache der Tugend. Seine Mittelmäßigkeit wird jede Sache um ihr Ansehen bringen, die er ergreift.
12[110] *Vgl. FW 71; 8[69]*
12[112] *Vgl. FW 236; GD Sprüche und Pfeile 1; Bd. 13, 11[107]*
12[113] *Vgl. 12[101]*
12[114] *Vgl. FW 278*
12[116] *Vgl. 15[43]*
12[117] *Vgl. FW 278*
12[118] *Vgl. 15[55]*
12[119] *Vgl. FW 106 (Variante)*
12[122] *Vgl. 21[3] Nr. 3; Bd. 13, 11[91]*
12[123] *Vgl. Bd. 13, 11[91]*
12[125] *Vgl. Bd. 10, 1[79]; Bd. 13, 11[91]*
12[129] *Vgl. FW 302; 15[54]; 16[21]*
12[130] *Vgl. FWS 26*
12[131] *Vgl. FW 32*
12[132] *Vgl. FW 1*
12[134] *Vgl. 14[13]; Bd. 13, 11[93]*
12[136] **599** 20: Ziegen] *unsichere Lesart*
12[140] *Vgl. FW 325. 48*
12[142] *Vgl. 12[177. 181]*
12[144] *Vgl. 11[215]*
12[145] *Vgl. Bd. 13, 11[94]*
12[151] **602** 5: ein Amerikaner] *Ralph Waldo Emerson*   7: Drei] *un-*

sichere Lesart Vergeltung] *N bezieht sich wahrscheinlich auf das gleichnamige Kapitel in Emersons Essays, S. 70–96 der von ihm benutzten Übersetzung (vgl. die Fragmente der Gruppe 13 in diesem Band)*

12[153] *Vielleicht im Zusammenhang mit FW 16*

12[154] *Vgl. FW 256; 15[56]*

12[156] *Vgl. 14[24]*

12[157] *Vgl. FW 125*

12[158] 603 *10:* in ihrem] *GA* aus ihrem *Ms*

12[161] *Vgl. FW 311; Cosima Wagner an N, 22. Aug. 1872*

12[168] *Vgl. FW 80   Variante des Schlusses in N V 7:* eine Möglichkeit, welche Jedermann ins Auge zu fassen hat, der über den sublimen Zusammenhang von Musik und Moral nachdenkt.

12[170] *Vgl. FW 101*

12[171] *Quelle nicht erschlossen*

12[172] *Quelle nicht erschlossen*

12[174] *Vgl. FW 14*

12[175] *Quelle nicht erschlossen*

12[176] *Vgl. Saadi, Golestan, Vorrede 6; Ns Quelle nicht erschlossen*

12[177] *Vgl. 12[81. 142]*

12[178] *Vgl. FW 287; FWS 44; 16[5]   606 16:* langathmig] *danach gestrichen:* dieses Wesen lauert hinter meinem Geiste, welcher nur die letzten Zipfel von ihr heraus zieht und sich über ihre Phantasterei und scheinbares Flickwerk nicht genug verwundern kann

12[179] *Vgl. Schiller, Die Freundschaft (Anthologie auf das Jahr 1782), 59–60: „Aus dem Kelch des ganzen Seelenreichs / Schäumt ihm — die Unendlichkeit."*

12[181] *Vgl. 12[142. 177]   607 4:* Bau] *danach gestrichen:* mit ihnen ist der Norden Europas übersäet   *7:* Himmels] *danach gestrichen:* du hättest sterben können, ohne das zu sehen

12[184] *Vgl. FW Scherz, List und Rache 60   607 17:* Grillparzer] *Sämtliche Werke, hg. von H. Laube und J. Weilen, Bd. IX, Stuttgart 1872, 229; über Grillparzer, den N ausdrücklich in DS und HL zitiert, vgl. auch N an Erwin Rohde, 7. Dez. 1872*

12[185] 607 *20:* Spencer] *Die Thatsachen der Ethik; vgl. 1[11]*

12[187] *Zitat, nicht erschlossen*

12[189] *Vgl. WA 9*

12[193] *Vgl. FW 125:* Irren wir nicht wie durch ein unendliches Nichts

12[198] *Vielleicht Anklang an Friedrich Schlegel: „Ein Fragment muß gleich einem kleinen Kunstwerke von der umgebenden Welt ganz abgesondert und in sich selbst vollendet sein wie ein Igel"; vgl. F. Schlegel, Athenäums-Fragmente, in: Kritische Schriften, hg. von Wolfdietrich Rasch, München 1970, 47*

12[200] *Vielleicht im Zusammenhang mit Leckys Ausführungen über das Theater, a. a. O., II, 252–258*
12[201] *Vs (N V 7, 26):* Die Wissenschaft sich nicht du⟨rch⟩ die Wissenschaftlichen verleiden lassen so wenig als die Kunst durch die Künstler — meine Gefahr
12[202] *Vgl. FWS 38; FW 25; 15[4]*
12[204] *N V 7, 35 folgende von N gestrichene Fassung:* Jeder kauft so billig als er kann d. h. Jeder bestiehlt seinen Nächsten, so lange es ihm dieser nicht verbieten kann
12[205] *Vgl. das Gedicht* Im Gebirge *Bd. 10, 1[105]* 612 8–9: in ... mir] *aus* eine purpurne Nacht um mich, ich bin in ihr untergegangen, ich ertrinke — alles ist ein brausendes stürzendes ⟨Meer⟩ um mich, durch mich, in mir — ja das Meer ist auch in mir, ja ich selber bin zu dieser purpurnen Nacht geworden 13: Herz?] *danach gestrichen:* Welcher Schauder und Schwindel trübt das strahlende Auge?
12[206] *15–16:* mit ... auswich] *aus* auswich doch nicht ohne seinen Sprung in ein Entrechat zu verwandeln
12[207] *Fragmentarische Fassung N V 7, 83:* feige und doch nicht im Stande eine Bosheit zurückzuhalten wenn sie Geist hatte — — — sagte in einem solchen Falle Rousseau, der nicht der Mann war, einen Witz zurückzuhalten und selbst nicht si fractus illabatur orbis — — — Compliment — — —
12[210] *Vgl. FWS 24; 16[20]*
12[213] *Vgl. 11[185]*
12[217] *Vgl. 14[20]*
12[221] 615 21: Köselitz] *Heinrich Köselitz (Peter Gast)*
12[223] *Vgl. FW 342*
12[225] *Vgl. FW 276*
12[228] *Vgl. 21[3] Nr. 1*
12[229] *Vgl. FW 23; 11[134]*
12[230] *Vgl. 11[306]*
12[231] 617 2–3: am ... Genua] *Ende März 1882*

13 = Emerson-Exemplar

Ralph Waldo Emerson, Versuche (Essays), *aus dem Englischen von G. Fabricius, Hannover 1858, BN. N hat die Fragmente dieser Gruppe in sein Exemplar eingetragen, nicht immer jedoch als Glossen zu Emerson.*
13[1] *Auf der Rückseite des Deckels* vgl. 11[317]
13[2] *Auf der Rückseite des Deckels* vgl. FW 154
13[3] *Auf der Rückseite des Deckels* vgl. 11[304]

13[4] *Auf dem Titelblatt* vgl. *FW 12. 318; 12[67]*
13[5] *Auf der Rückseite des Titelblatts* vgl. *11[65]*
13[6] *Auf der Rückseite des Titelblatts*
13[7] *Am Rand von S. 1* Vgl. *FW 249*
13[8] *S. 3 unten*
13[9] *Am Rand von S. 25;* vgl. *17[18]; 13[22];* bezieht sich auf folgende Stelle: „Ebensosehr paßt die alte Fabel der Sphynx auf uns, von der erzählt wird, daß sie am Wege saß und jedem Vorübergehenden Räthsel aufgab. Wenn der Mann nicht antworten konnte, verschlang sie ihn lebendig. Konnte er das Räthsel aber rathen, so sollte die Sphynx getödtet werden." (gesperrt: von N unterstrichen)
13[10] *S. 105 unten*
13[11] *S. 108 unten* vgl. *12[17]*
13[12] *S. 119 unten*
13[13] *S. 203 unten;* bezieht sich wahrscheinlich auf folgende Stelle: „Eine Art und Weise göttlichen Lehrens ist die Fleischwerdung des Geistes in einer Form — in Formen wie die meinige. Ich lebe in der Gesellschaft; mit Persönlichkeiten, welche mit meinem eignen Denken übereinstimmen, oder äußerlich eine gewisse Gehorsamkeit ausdrücken gegen den hohen Instinct, dem ich lebe. Ich sehe, wie sie von ihm geleitet werden. Ich bin einer allgemeinen Natur vergewissert; und so ziehen mich diese anderen Seelen, diese getrennten Selbst, an, wie nichts anderes es kann."
13[14] *S. 205 oben*
13[15] *Am Rand von S. 281;* bezieht sich auf folgende Stelle: „Die Dinge lassen es zu, daß man sich ihrer als Symbole bedient, weil die Natur ein Symbol ist, im Ganzen wie im Einzelnen. Jede Linie, die wir im Sande zeichnen können, hat Ausdruck; und kein Mensch existirt, der nicht ihren Geist oder ihr Genie besäße. Jede Form ist eine Wirkung des Charakters ..." (gesperrt: von N unterstrichen)
13[16] *S. 344 unten*
13[17] *S. 346 unten*
13[18] *S. 348 unten*
13[19] *Auf der letzten freien Seite* vgl. *16[9]*
13[20] *Ebda.* vgl. *11[258]*
13[21] *Ebda.*
13[22] *Ebda.* vgl. *13[9]; 17[8]*

14 = M III 5

14[1] Vgl. *12[14]*
14[2] *Urspr. Fortsetzung von Vs zu FW 337* vgl. *12[24]*

14[3] *Vs:* Es ist eine ganz neue Lage — und sie hat ihre Erhabenheit, für heroische Menschen! Aber noch hat sie Niemand so empfunden!
14[4] *Vgl. 12[1]*
14[5] *Vgl. 16[21]* 624 7–10: es ... sonst] sonst ekelt mich zu segeln und zu Schiff zu gehen *Vs*
14[6] *Vgl. 12[8]*
14[8] *Vgl. FW 301; 12[26]* *Vs:* Diese Welt, die uns etwas angeht, haben wir geschaffen! — Entsagen wir hier!
14[9] *Vgl. 12[24]*
14[10] *Vgl. 12[23]*
14[11] *Vgl. FW 7*
14[12] *Vgl. FW 331; 12[44]*
14[13] *Vgl. 12[34]* *Vs:* Wir reißen die Dinge an uns, nehmen uns heraus, was uns dienlich ist und überlassen das Übrige den Anderen und der Natur — also die Excremente. Unsere fortwährende Wohlthätigkeit!
14[14] *Vgl. FW 108* *Vs:* In allen Dingen der Natur und unserer Verehrung steckt noch der Gott, den wir todt gesagt haben.
14[15] *Vs:* Jeden Augenblick jetzt kann das herrliche Menschenbild aufwachsen — die Zeit ist da. Aber wir verhindern es künstlich — wir fürchten den großen und schönen Menschen wie die Chinesen.
14[17] *Vgl. 12[18]*
14[18] *Vs:* Hauptsatz: wir haben das Gewöhnliche Unentbehrliche entwürdigt: Essen selbst ist uns gemein, weil es nöthig ist. — Sodann das „Thierische" gilt uns als gemein, wir wollen mehr sein. — Freiheit des Willens, ja Willkür macht unser Gefühl des Adels aus, deshalb hassen wir alles Fatum und meinen da gemein zu werden.
14[19] *Vgl. 10[A14]; FW 30*
14[20] *Vgl. M 362; 8[52]; 8[57]* *Vs:* der Stolze haßt es zu zittern: und nimmt Rache an dem, der ihn zittern macht. Daher grausam: er hat die größte Lust den zu sehen, vor dem er nicht mehr zittert, ob er gleich ihm das Schmählichste und Schmerzhafteste anthut. — Der Stolze, sobald er die Möglichkeit sieht Rache zu nehmen, haßt das, was ihm drückend ist. — Es giebt außerordentlich viel Genuß in der Welt durch die Grausamkeit: alle Verkannten, Zurückgesetzten, Gelangweilten, die stolz sind, sind grausam. Alle Schwachen wollen Mitleiden. Dieser Wille ist eine Sublimirung der Grausamkeit: unsere Empfindung von anderen getheilt: daher halbes Unglück, socios habuisse malorum. Idealisirt und **folglich** gut und schön genannt: die Grausamkeit der Dichter, die ihre Erlebnisse uns zwingen mitzuleiden. 629 18: socios habuisse malorum] *vgl. Spinoza, Eth. IV prop. 57 Schol.:* „unde illud proverbium natum: solamen miseris socios habuisse malorum".

14[24] *Vgl. FW 14; 12[156]*   631 *9–10:* ließ ... hatte] *aus* fürchtete
     sich vor sich selber dabei
14[25] *Vgl. FW 125; 12[66]*   *Vs:* Wohin ist Gott? Haben wir denn das
     Meer ausgetrunken
14[26] *Vgl. FW 125; 12[77]*

15 = M III 4 a

15[1] *Vgl. JGB 24*
15[2] *Vgl. 12[86]*
15[3] *Vs:* Es ist zum Verzweifeln! Also die Ungerechtigkeit ist großen Menschen nöthig! Sonst setzen sie ihr Vorhaben nicht durch, wenn sie es nicht wichtiger nehmen.   634 *31:* ist.] *danach gestrichen:* Und sollten wir darüber auch „kleine Männer werden: meine Freunde, ich wünsche ⌜es ist viel⌝, daß wir Männer werden.
15[4] *Vgl. FWS 38*
15[5] *Vgl. DD* Die Sonne sinkt   *Vs:* Der warme Athem der Felsen, auf denen tagsüber die Sonne gelegen hat.   635 *12:* hatte] *GA* hat *Ms*
15[6] *Vs:* so wie es den Geschmack des Maté verbessert, wenn man ihn trinkt, ohne ihn zu sehen.
15[8] *Vgl. FW 1*
15[16] *Vgl. FW 302*   *von N gestrichen M III 4, 193 der Zusatz:* Höchste bisher erreichte Cultur gestand sich, wie es scheint, zuletzt ein, daß die Leidenschaft der Erkenntniß – – –
15[17] *Vgl. 12[79]*
15[18] *Vgl. 12[76]; FW 337*   *Vs:* Wichtig! Der neue Trieb fängt an! Äußert sich unklar, schwach, schädigend, ergreift die schlechten Naturen, wirkt als Krankheit usw. – so daß er verkannt wird und falsch beschrieben wird, als ob der Baum schon ausgewachsen sei und Blüthen und Früchte trage! Wir können nur errathen, nicht beschreiben!
15[20] 643 *13–16:* schön ... dir.] gut und schön wie du kannst! Lieb' es – so erhebst du dich über das Fatum darin. Sonst bist du der Sklave! *Vs*
15[21] *Vs:* Erst der Pole Boscovich hat das Vorurtheil des Stoffes vernichtet – die beiden großen Gegner des Augenscheins!   *18:* beides Polen] *Boscovich war nicht Pole, sondern Dalmatiner*
15[22] *Vs:* Chamfort, vor dessen Charakter und Geist ein Mirabeau sich huldigend verbeugte, und ohne dessen Nähe ihm das Leben wenig bedeutete: „er ist von meinem Schlag, nach Geist und Herz" sagt Mirabeau.
15[24] 644 *6:* Geschäft] Geschäft (z. B. Wissenschaft) *Vs*
15[25] *15:* hatte] hatte gegen Insektenstiche *Vs*

15[26] *Vgl. 12[96. 97]*
15[27] *Vs:* Der beste Mensch ist zugleich der böseste.
15[28] *Vgl. FWS 27; 16[15]*
15[32] 646 3: „aller ... Wüste] *vgl. Goethe, Harzreise im Winter*
15[33] *Vs:* Wir hören ihre feinsten Fehler
15[34] *Vs:* Die Moral ist die Gegnerin der Wissenschaft — „diese Dinge gehen uns nichts an": schon Sokrates urtheilte so.
15[37] *Vgl. FW 95*
15[38] *Vs:* Meine Aufgabe ist vielleicht: deniaiser les savants — sie wissen nicht, was sie thun und würden sich's nicht vergeben, wenn sie es wüßten. *Nach Stendhal?*
15[39] *Vgl. das Gedicht* Desperat *19[9]; 10[B40]* *Vs:* Ich kann nicht neben einem Menschen leben, der immer und immer wieder ausspeit — wohl aber neben einem Verbrecher. So viel stärker ist der Geschmack. Ehemals war der Mensch des Gedankens ebenso ekelhaft.
15[40] *Vgl. 12[107]*
15[42] *Vs:* Das Leben eines Zolleinnehmers, eines Cassirers und aller derer, welche lange warten müssen, ohne sich inzwischen besser beschäftigen zu können (Höfling auch) erscheint mir fürchterlich.
15[43] *Vgl. 12[116]*
15[44] *Vgl. FW 26* *Vs:* Daß es ein ewiges heiliges Gesetz gäbe „du sollst nicht lügen, du sollst nicht tödten" — in einer Welt, deren Gutes eben im Lügen und Tödten besteht — ist zum Lachen.
15[47] *Vs:* Ich würde keinen Todtschlag aushalten.
15[49] *Vgl. FW 26*
15[50] *Vgl. FWS 24*
15[51] *Vgl. Za III* Von alten und neuen Tafeln *11*
15[52] *Vgl. FWS 45*
15[54] *Vgl. 12[129]*
15[56] *Vgl. FW 45. 256; 12[154]*
15[57] *Vgl. 12[118]; JGB 192*
15[59] *Vgl. FW 306* *Vs:* eine härtere Haut und gleichsam eine Nesselsucht sich zu geben — Stoicismus. Bei Frauen. — Mitten im Sturm „es liegt nichts daran" „es liegt nichts an mir" — wir müssen die Kunstgriffe der verschiedenen Schulen der Moral zur Hand haben.
15[60] *Vgl. 7[37]* *Vs:* Von dem Traume und dem Fliegen — da ich schlecht sehe und meine Phantasie Vieles für möglich hält und an Vieles gewöhnt ist
15[62] *Vgl. FW 339*
15[63] *Vs:* Dies kleine Leben ist als Nachklang vom großen (vererbt)
— — —
15[65] *Vgl. FW 31* *Vs:* Kaufleute, was sonst —
15[66] *Vgl. FW 135* *Vs:* Jüdisch — Kluft Gott Mensch — sittlich

15[67] *Vgl. N an Peter Gast, 28. Nov. 1881*
15[68] *Vs:* tragischer Witz und Widersinn
15[69] *Vs:* Gegen die Engländer: bevor das utile die Sprache der Klugheit und Vernunft redete, hatte es die Sprache des Affektes, der Verrücktheit, des Schreckens.
15[70] *Vgl. 12[76]; Za III Von alten und neuen Tafeln 11*
15[71] *Vgl. FW 167; Chamfort, Pensées − Maximes − Anecdotes − Dialogues (Stahl), 32: „Le secret du caractère de Chamfort est tout entier dans ces mots qu'il répétait souvent, dit Roederer: ‚Tout homme qui, à quarante ans, n'est pas misanthrope, n'a jamais aimé les hommes'."*
15[72] *Quelle nicht erschlossen*

16 = M III 6a

16[1] *Vgl. Chronik und Vorbemerkung zum Kommentar von FW*
16[2] *Vgl. FWS 4*
16[3] *Vgl. FWS 41*
16[5] *Vgl. FWS 44; 12[178]*
16[6] *Vgl. FWS 5*
16[8] **660** 9−10: Wenn ... uns"] *vgl. Diog. Laërt. X, 123−124*
16[9] *Vgl. 13[19]*
16[10] *Vgl. FWS 26*
16[11] *In Cb zu FW als Nr. 268; dann ersetzt*
16[12] *Vgl. FWS 29*
16[13] *Vgl. FWS 32*
16[14] *Vgl. FWS 43*
16[15] *Vgl. FWS 27*
16[16] *Urspr. Fassung von FW 127*
16[17] *Vs:* Bei diesem bin ich in große Achtung gekommen: er hält es nöthig, mich zu verleumden. − Die Art, wie er mich öffentlich mißversteht, beweist mir, daß er mich nur gar zu gut verstanden hat.
16[18] *Vgl. FW 210*   *Vs:* Ganz [?] der Vater. Wer den Fleiß seines Vaters übertreibt, wird krank.
16[20] *Vgl. FWS 24; 12[210]; 15[50]*
16[21] *Vgl. FW 302; 12[129]; 14[5]*
16[23] *In Cb zu FW als Nr. 335; später ersetzt*

17 = M III 7

Exzerpte aus Emersons Versuchen: vgl. Gruppe 13. Diese Exzerpte wurden zum ersten Mal veröffentlicht durch Eduard Baumgarten, Das Vorbild

Emersons im Werk und Leben Nietzsches, Heidelberg 1957. Die Seitenangaben in den Anmerkungen beziehen sich auf Ns Emerson-Exemplar.
17[1] Vgl. FW 54
17[2] S. 5
17[3] S. 5
17[4] S. 5
17[5] S. 6f.
17[6] S. 10
17[7] S. 12
17[8] S. 12
17[9] S. 13
17[10] S. 14
17[11] S. 15
17[12] S. 15
17[13] S. 13
17[14] S. 18
17[15] S. 20
17[16] S. 23
17[17] S. 24
17[18] S. 25   *vgl. 13[9. 22]*
17[19] S. 29
17[20] S. 32
17[21] S. 33
17[22] S. 33
17[23] S. 34
17[24] S. 35
17[25] S. 36
17[26] S. 37
17[27] S. 39
17[28] S. 41
17[29] S. 43
17[30] S. 44
17[31] S. 44
17[32] S. 45
17[33] S. 47
17[34] S. 50
17[35] S. 53
17[36] S. 55
17[37] S. 54
17[38] S. 57
17[39] S. 57

18 = Mp XVIII 3

Titel *Vgl. 20[1]*
18[1] *Vgl. FW 198*
18[3] *Vgl. N an Peter Gast, 4. März 1882*
18[5] *Vgl. FW Motto der ersten Ausgabe*
18[6] *Vgl. FW 259*
18[7] *Vgl. FW 258*

19 = M III 6b

19[8] *Die dritte Strophe ist Rs zu FWS 6*
19[9] *Vgl. 15[39]; 10[B40]*
19[10] 677 *18:* Nausikaa-Lieder] *aus* Mädchen-Lied
19[11] *Disposition zu FW*
19[12] *Disposition zu FW*
19[14] *Vgl. FW 4. Buch*

20 = M III 3

20[1] *Vgl. Titel von 18*

21 = M III 2a

21[2] 681 *26—27:* und ... gewendet] *vgl. N an Peter Gast, Marienbad, 20. Aug. 1881*   682 *11:* der Pole Copernikus] *vgl. 15[21]*
21[3] *Rubrizierung der Aufzeichnungen in M III 1; N paginierte dieses Heft, die von ihm in die Rubrik eingetragenen Seitenzahlen beziehen sich auf jene Paginierung; im folgenden werden Ns Angaben entschlüsselt*
683 *11–12]* 11[96. 97. 276. 274. 186]   *13]* 11[70]; FW 131; vgl. 11[125]   *14–16]* 11[183]   *16:* Nr. 11 Note] *bezieht sich auf die Zeilen 25–26 dieser Seite*   *18]* 11[262]   *21–22]* 11[119. 127]   *23]* 11[338]   *24]* 11[338. 147. 240. 158. 159. 160. 161. 187]   *28]* 11[20]   684 *1:* Ehe 66] 11[179]   *8]* 11[141]   *11–12]* 11[253]   *13]* 11[145]   *14]* FW 250   *15]* 11[284]; FW 119   *17]* FW 112   *18–19]* 11[114]

*20–21] 11[99. 109]   22] 11[101. 279]   23] 11[87]
24] 11[112. 113]   25] 11[266]   26] 11[243. 122. 124]
27–28] 11[263. 135. 136]   29] 11[128. 134. 241]   31]
11[130]   32] 11[131]   33] FW 113   685 1] 11[258]
    4] 11[246]   5] FW 109; 11[157. 205]   6] 11[144]
    7] 11[146]   9] 11[171. 162]   10] 11[226. 185]
11–12] 11[163. 172. 187]   13] 11[180]   14] FW 99   16]
11[182. 189]   17] 11[201]   18] 11[199]   19–20]
11[198]   686 4] 11[204. 199. 211. 225]; FW 109; 11[60]
21[5] Vgl. FW 308
21[6] Vgl. FWS 28*

Band 10 und 11
Nachgelassene Fragmente 1882–1885

Fragmentnummern ohne Angabe des Bandes beziehen sich auf die Fragmente in Band 10 und 11.

1[1−100] = N V 9a

1[1] 9 *1−2:* Madonna del Sasso. (Locarno)] *Wallfahrtskirche über der Stadt Locarno*
1[5] *Vgl. 5[1] 60*
1[6] *Vgl. 1[10]; 3[1] 2; Za I Vom freien Tode*
1[7] *Paraphrase von „Fortiter in re, suaviter in modo", Spruch des Jesuitengenerals Claudio Aquaviva, Industriae ad curandos animae morbos, Venedig 1606 (nach Büchmann)*
1[8] *Vgl. FW 262; 3[1] 224*
1[9] *Vgl. 3[1] 34*
1[10] *Vgl. Anm. zu 1[6]*
1[11] *Vgl. 3[1] 264*
1[13] *Vgl. FWS 7; Bd. 9, 4[313]; S. 178*
1[14] *Vgl. Bd. 8, 17[105]; S. 314; Bd. 9, 409*
1[15] *Vgl. 1[101]; 3[1] Motto; 3[4]; FWP* Nach neuen Meeren   Vs: (1) Freundin nimm dies Buch und traue / (2) Lies dies Buch oh Freund und traue / Keinem Genueser mehr! / Fernstes lockt ihn allzusehr! // Einsam war ich, zweisam bin ich, / Hinter uns liegt Genua, / Und mit golden Fäden spinne ich / (1) Mir ein Glück – Halleluja! / (2) Zukunft und Amerika.
1[17] *Verse aus Lou von Salomés Gebet an das Leben; sie gab N dieses Gedicht beim Abschied von Tautenburg, vgl. Friedrich Nietzsche – Paul Rée – Lou von Salomé. Die Dokumente ihrer Begegnung. Auf der Grundlage der einstigen Zusammenarbeit mit Karl Schlechta und Erhart Thierbach hg. von Ernst Pfeiffer, Frankfurt/M 1970, 450 (abgekürzt: Pfeiffer)*
1[19] *Später eingetragenes Verzeichnis von z. T. schon behandelten oder noch zu behandelnden Gegenständen*

1[24] *Vgl. Za I* Vom Wege des Schaffenden; *3[1] 222*
1[25] *Vgl. 3[1] 223; 5[1]59*
1[26] *Vgl. 3[1] 282*
1[29] *Vgl. 3[1] 26*
1[31] *Von Peter Gast „2. Oktober 1882" im Notizbuch datiert; tatsächlich Anfang August 1882 zu datieren, wie aus Paul Rées Brief vom 6. August 1882 an Lou von Salomé (in Tautenburg) zu schließen ist; vgl. Pfeiffer, 177*
1[32] *Vgl. 1[65]*
1[37] *Vgl. 1[60]*
1[45] *Vgl. 1[109]*
1[46] *Quelle nicht erschlossen*
1[47] *Vgl. 3[1] 20; JGB 86*
1[49] *Vgl. 3[1] 47; 12[1] 115.27*
1[50] *Vgl. 1[111]*
1[52] *Vgl. 3[1] 15; Za I* Vorrede 4
1[55] *Vgl. 5[1] 43*
1[57] *Vgl. 3[1] 48*
1[58] *Vgl. 3[1] 14; Za I* Vom Freunde
1[59] *Vgl. 3[1] 13*
1[60] *Vgl. 1[37]*
1[62] *Vgl. 5[1] 68*
1[63] *Vgl. 3[1] 12*
1[64] *Vgl. 5[1] 67; 3[1] 11; 4[29]*
1[65] *Vgl. 1[32]; 3[1] 10*
1[66] *Vgl. 3[1] 9; Za I* Vorrede 2
1[67] 27 10—11] *vgl. 1[70]; 3[1] 222*
1[69] *Vgl. 1[32]* 19—20] *Vgl. 5[1] 66*
1[70] *Vgl. 1[24.67]; 3[1] 122; 5[1] 66; 1[43.108]; 3[1] 50.49.8; 1[72.73]; JGB 129.133*
1[72] *Vgl. 1[70]; 5[1] 65*
1[73] *Vgl. 1[70]; 3[1] 8; 5[1] 64*
1[75] *Vgl. 3[1] 7*
1[76] *Vgl. 3[1] 7*
1[78] *Vgl. 5[1] 53*
1[79] *Vgl. 1[34.80]; 3[1] 51.60*
1[83] *Vgl. 4[39]; Bd. 9, 11[195]*
1[84] *Vgl. 1[108] 1*
1[85] *Vgl. 12[1] 193*
1[86] *Vgl. 1[108] 2; 5[1] 63*
1[87] *Vgl. 1[108] 4; 5[1] 62; JGB 114*
1[88] *Vgl. 1[108] 5—6; 5[1] 61*
1[90] *Vgl. 3[1] 6; Za I* Von der Nächstenliebe

1[91] *Vgl. 5[1] 19*
1[92] *Vgl. 3[1] 4; 12[1] 120; JGB 275*
1[93] *Vgl. 3[1] 3; 12[1] 121; JGB 130*
1[97] *Vgl. 3[1] 51; 12[1] 72; JGB 140*
1[100] *Vgl. Francesco Petrarca, Rime sparse, 248, v. 8.*

1[101−107] = N VI 1a

1[101] *Vgl. 1[15]; 3[1] Motto; 3[4]*   *Vs in N V 9:*
 Kaltes Herz, die Hand am Steuer
  stumm.
   Dort[hin das] will
Genua — das sank, das schwand!
   [ist] [das schwand, ist]
   Genua — vergaß ichs schon?
Herz, bleib kalt! Hand, [Gloria] steht mir am
 Halt das Steuer Hand! Wer steht mir da am Steuer?
Vor mir Meer und Ruhm [— und Tod]!
  — und Land! Gloria — und
   Gloria! Du stehst am Steuer
Dorthin — will ich! Freundin, traue
   [Gloria]
Keinem Genueser mehr!

Immer starrt er in das Blaue   Dorthin — oder in den Tod!
Fernstes lockt ihn allzusehr!
Fremdestes ist heut mir theuer
Fern[s] zurück liegt Genua
(N V 9, 20)

Nach den oben wiedergegebenen Ansätzen und Versuchen scheint folgende Zwischenstufe als Ergebnis möglich: Dorthin — will ich! Freundin, traue / Keinem Genueser mehr! / Immer starrt er in das Blaue / Fernstes lockt ihn allzusehr! // Fremdestes ist heut mir theuer / Fern zurück liegt Genua / Gloria! Du stehst am Steuer / Dorthin — oder in den Tod! *N V 9, 18−17:* Offen ist das Meer: ins Blaue / Treibt mein Genueser Schiff /Dorthin will, und ich traue / Mir fortan und meinem Griff. // Alles wird mir neu und neuer, / Hinter mir liegt Genua: / Und du selber stehst am Steuer, / Lieblichste Victoria! *N V 9, 19:* An L. / Dorthin will ich, und ich traue / Mir fortan und meinem Griff! / Offen ist das Meer: in's Blaue / Treibt mein Genueser Schiff. // Alles wird mir neu und neuer / Hinter mir liegt Genua / *(1)* Und Du selb[er]st stehst am Steuer, / *(2)* Muth! — Stehst Du doch selbst am

Steuer / Lieblichste Victoria! *auf derselben Seite folgende Variante zur zweiten Strophe:* Fremdestes ist mir nun theuer / Hinter mir liegt Genau / Muth! Sie selber steht am Steuer. *diese Variante wurde verworfen, sie bewirkte jedoch die oben dargestellte Änderung der dritten Zeile in der zweiten Strophe*

1[102] *Vgl. 3[2]*

1[103] *Vs:* An das Ideal. / Wen liebt ich so wie dich, geliebter Schatten! / Ich zog dich an mich, in mich und seitdem / *(1)* Bin ich mehr Schatten als ichs war / Du mehr Leib als je und Jeder [sieht] [staunt] sagt: / *(2)* Ward ich beinahe zum Schatten [stets] nur und du / [Beinahe zum] Ward'st Leib: nicht zwei mehr [nur] wandeln wir fortan / [Zwei wurde Eins, ein Schatten und ein Leib / Nur das mein eignes Auge widerspricht / Giebts] Und doch − daß ich dir

1[104] *Vgl. 1[21]*

1[105] 35 *15:* fasse] halte Vs   *16:* Was... fassen] *aus* Was mich mein Glück noch halten Vs

1[106] *Vs:* Heil dir, Freundschaft! / Erste Bürgin / Meiner letzten Hoffnung! / Trotz und Trost / Verzweifelnd müder Seelen! / Fernen Siegs / Gewähr und Vorspiel! / Zweimal will ich leben, / Zweimal schauen in deiner Augen, / Morgen[roth]glanz und Mittagsruh[e]! / [Oh] Freundschaft! *(N V 9, 14)* Heil Dir, Freundschaft! / Erste Bürgin / Meiner höchsten Hoffnung! / Trotz und Trost / [Nach] In sternenlosen Nächten, / Als umsonst mir Kampf und Leben [schien] [galt] schien / Zweimal will ich leben, / Zweimal schaun in deiner Augen, / Morgenglanz, oh Göttin Freundschaft! / Freundschaft! *(N V 9, 13)*

1[107] *Dazu folgende Vs:* Greifst du mit kalten Blicken zu / So schließt es schnell die Augen zu. / Wie magst du dann / Mit seinem kleinen Leichnamschatten / Magst Wort an Wort zusammenbinden // Ich bin [dem deutschen] lebend'gem Worte gut / Das springt heran so wohlgemuth, / [Das hat sein lieblich Ungeschick / Sein herzlich Aug] / Das grüßt mit artigem Ge[schick]nick / Ist lieblich selbst im Ungeschick / [Und will, daß du es] / [Es hat] Hat Blut in sich, [und heftig Wesen] / kann [heftig] herzhaft schnauben *(N V 9, 180)* [Und] Kriecht ⌜dann⌝ zum Ohre selbst dem Tauben / Doch bleibt es stets ein [W] zartes Wesen, / [Schnell] / Bald krank und aber bald genesen /(2) Mußt ⌜du es leicht und⌝ zierlich es [mit Händen] fassen / *(1)* [Und] ⌜Willst⌝ ihm sein kleines Leben lassen: / Nicht plump betasten und bedrücken, / Es stirbt oft schon an [kalten] bösen Blicken. / [Da mögt ihr denn, ihr Ungestalter, / Mit seinem kleinen Leichnamschatten] / [Und liegt dann] / [Und] Da liegt denn da so [ungestalt] ungestalt, / So seelenlos, so arm und kalt / Sein kleiner Leichnam [ganz] arg verwandelt, / Durch Tod und Sterben mißgehandelt / [Du] [Wie häßlich ist ein todtes Wort] / Du siehst es liegen und läufst fort: / Wie häßlich ist ein todtes Wort! *(N V 9, 179)* Und Pfui den häßlichen Gewerben, / An [denen Wörter-Thierchen sterben] / [das Wortgethier] / Woran die lieben [W] Thiere sterben! / Den Büchermachern und Tagelöhnern / [Das Wort, ein wunderlich Gethier / Geflügelt, klein] // Ein todtes Wort − ein häßlich Ding / Ein klapperdürres Kling-Kling-Kling; / Und Fluch den häßlichen Gewerben / [An] [Woran die lieben Thierchen] / An denen Wort und Wörtchen sterben! / [Den Büchermachern und Tagelöhnern] // ⌐Das¬ Die kämpfen sich ohn jeglich Ruhm / Die kleinen Männer jene Schweine / Und nennens „Stil" und brüsten sich // Und ringelt sich und flattert jetzt, / Und was es thut − das Wort ergetzt, *(N V 9, 178)*

1[108−111] = Tautenburger Aufzeichnungen für Lou von Salomé

Vgl. Friedrich Nietzsche − Paul Rée − Lou von Salomé. Die Dokumente ihrer Begegnung. Auf der Grundlage der einstigen Zusammenarbeit mit Karl Schlechta und Erhart Thierbach herausgegeben von Ernst Pfeiffer, Frankfurt am Main 1970 (abgekürzt: Pfeiffer).

1[108] *Pfeiffer, 211*   vgl. 1[84.86.87.88]; 5[1] 63.62.61
1[109] *Pfeiffer, 212*   vgl. 1[45]
1[110] *Pfeiffer, 214*
1[111] *Pfeiffer, 215*   vgl. 1[50]; 3[1] 17; JGB 139

2 = N V 9a

2[1] „*Bei Gelegenheit einer Prophezeiung Buddha's über Metteyya, den nächsten Buddha, welcher in ferner Zukunft auf Erden erscheinen wird, heißt es: ,Er wird der Führer einer Jüngerschaar von Hunderttausenden sein, wie ich jetzt der Führer einer Jüngerschaar von Hunderten bin' (Cakkavattisuttanta).*" Hermann Oldenberg, *Buddha. Sein Leben, seine Lehre, seine Gemeinde,* Berlin 1897, 162, Anm. 1 (in BN die Ausgabe von 1881)
2[3] *Anscheinend aus einem Katalog notiert*
2[8] *Von N durchgestrichen; vgl. 3[1] 27*
2[9] *Vgl. 3[1] 307; JGB 103*   41 23−25] ⌐Und¬ Kündet mir doch ihr

Thiere: Steht [nicht] schon die Sonne im Mittag? Ringelt sich [nicht] schon [⌜in ihrem Lichte⌝] die Schlange welche [heißt] Ewigkeit ⌜heißt?⌝ [, in ihrem Lichte? Also kam ⌜schon⌝ die Stunde Zarathustras.] Blind wird Zarathustra.

2[10] *Vgl. 5[1] 109; 12[1] 185*
2[13] *Vgl. 3[1] 209*
2[14] *Vgl. 3[1] 210*
2[16] *Vgl. 3[1] 199; Za I Von alten und jungen Weiblein*
2[17] *Vgl. 3[1] 200*
2[18] *Vgl. 3[1] 198; Za I Vom Freunde*
2[19] *Vgl. 3[1] 197*
2[20] *Vgl. 3[1] 196; Za I Vom Krieg und Kriegsvolke*
2[21] *Vgl. 3[1] 195*
2[22] *Vgl. 3[1] 192; Za I Von der Keuschheit   erste gestrichene Fassung:* Die Sinnlichkeit meldet sich wie ein Hund, welcher einen Bissen Fleisch haben will, auch beim geistigsten Verhalten der 2 Geschlechter zu einander.   *ähnliche Gedanken in Lou von Salomés Aufzeichnungen aus dieser Zeit: vgl. Pfeiffer, 208.239*
2[23] *Vgl. 5[1] 110*
2[25] *Vgl. 3[1] 190*
2[26] *Vgl. 3[1] 191.194; JGB 160*
2[27] *Vgl. 3[1] 193; JGB 161*
2[28] *Vgl. 3[1] 189; Za I Vorrede 4   nach Hebr. 12, 6; vgl. auch Sprüche 13, 24; Apok. 3, 19*
2[29] *Vgl. 3[1] 221*
2[30] *Vgl. 3[1] 188*
2[31] *Vgl. 3[1] 180*
2[32] *Vgl. 3[1] 187*
2[33] *Vgl. 3[1] 178; Za I Vom Biss der Natter*
2[34] *Vgl. 3[1] 179*
2[35] *Vgl. 3[1] 177*
2[36] *Vgl. 5[29]*
2[38] *Vgl. 3[1] 212; Za I Vom Biss der Natter*
2[39] *Bezieht sich auf folgende Aphorismen: MA 237 Renaissance und Reformation M 88 Luther der grosse Wohlthäter FW 149 Misslingen der Reformationen*
2[41] *Vgl. 3[1] 66; 12[1] 114; 31[52]; 32[9]; Za IV Das Eselsfest*
2[42] *Vgl. 3[1] 73; 5[1] 57   50 1:* letzten Erkenntniß] *aus* Wahrheit   *2:* Der Zaun der Erkenntniß] *aus* Die Wahrheit
2[43] *Von N durchgestrichen; vgl. 3[1] 65*
2[44] *Vgl. 3[1] 61; JGB 92*
2[45] *Vgl. 3[1] 52*
2[46] *Vgl. 1[108] S. 37, 23−26; 3[1] 53*

2[47] *Vgl. 3[1] S. 61, 3 – 8; 3[1] 72; JGB 79*
2[49] *Vgl. 3[1] 54*
2[50] *Vgl. 3[1] 55*

3 = Z I 1

3[1] *Titel und Motti* 53 *5 – 12] vgl. 1[15]; 1[101]; 3[4]. 3[4] ist eine frühere Fassung; Motto wie Titel später eingetragen* 15 – 16] *aus* „Desayuno" / „die Ernüchterung" 17 – 21] *Quelle nicht erschlossen*
3[1] 1 *Vgl. Za I Vom Biss der Natter*
3[1] 2 *Vgl. 1[6]; 1[10]; Za I Vom freien Tode*
3[1] 3 *Vgl. 1[93]; 12[1] 121; JGB 130*
3[1] 4 *Vgl. 1[92]; 12[1] 120; JGB 275*
3[1] 5 *Vgl. Za III Der Wanderer*
3[1] 6 *Vgl. 1[90]; Za I Von der Nächstenliebe*
3[1] 7 *Vgl. 1[75.76]*
3[1] 8 *Vgl. 1[73]*
3[1] 9 *Vgl. 1[66]; 5[1] 245; Za I Vorrede 2*
3[1] 10 *Vgl. 1[32.65]*
3[1] 11 *Vgl. 1[64]; 3[1] 445; 4[29]; 5[1] 67; JGB 91*
3[1] 12 *Vgl. 1[63]*
3[1] 13 *Vgl. 1[59]; 12[1] 147*
3[1] 14 *Vgl. 1[58]; Za I Vom Freunde*
3[1] 15 *Vgl. 1[52]; Za I Vorrede 4*
3[1] 16 *Vgl. JGB 148 1[52]*
3[1] 17 *Vgl. 1[50]; 1[111]; JGB 139*
3[1] 18 *Vgl. 4[43]*
3[1] 19 *Vgl. JGB 143*
3[1] 20 *Vgl. 1[47]; JGB 86* *erste Fassung:* Der Mann hat im Hintergrunde aller seiner Empfindungen für ein Weib immer noch die Verachtung für das weibliche Geschlecht.
3[1] 21 *Vgl. 4[37]; Za I Von den Fliegen des Marktes*
3[1] 23 *Vgl. 1[50.111]; JGB 85*
3[1] 24 *Vgl. JGB 138*
3[1] 25 *Vgl. JGB 132*
3[1] 26 *Vgl. 1[29]*
3[1] 27 *Vgl. 2[8]*
3[1] 28 *Vgl. Za I Von alten und jungen Weiblein*
3[1] 30 *Vgl. Za I Vorrede 9*
3[1] 31 *Vgl. JGB 135*
3[1] 32 *Vgl. Za I Vom Lesen und Schreiben*

3[1] 33 *Vgl. 12[1] 65; Za I* Von den Lehrstühlen der Tugend
3[1] 34 *Vgl. 1[9]*
3[1] 36 *Vgl. N an Heinrich von Stein, Anfang Dez. 1882*
3[1] 37 *Vgl. Za I* Vom Wege des Schaffenden
3[1] 38 *Vgl. 12[1] 118; Za III* Der Wanderer
3[1] 39 *Vgl. 12[1] 119; Za II* Von den Gelehrten; Von den Taranteln
3[1] − 58 *3−4]* erste Fassung: Etwas wird häufig nur deshalb für absurd gehalten, weil die herkömmlichen Erklärungen absurd sind: woraus sich ein perfides Kunststück ergiebt.
3[1] 41 *Vgl. JGB 90*
3[1] 42 *Vgl. Za I* Vom Lesen und Schreiben
3[1] 43 *Vgl. Za I* Vom Lesen und Schreiben
3[1] 44 *Vgl. 12[1] 117; JGB 82*
3[1] 45 *Vgl. JGB 80*
3[1] 46 *Vgl. Za I* Von der Nächstenliebe
3[1] 47 *Vgl. 1[49]; 12[1] 115.27; JGB 97*
3[1] 48 *Vgl. 1[57]; JGB 136*
3[1] 49 *Vgl. 1[70]; JGB 133*
3[1] 50 *Vgl. 1[70]; JGB 129*
3[1] 51 *Vgl. 1[97]; 12[1] 72; JGB 140*
3[1] − 59 *15 − 21*] vgl. 3[1] 60; 1[34.79.80]; 4[44]; 5[1] 46; 12[1] 200
3[1] 52 *Vgl. 2[45]*
3[1] 53 *Vgl. 1[108]; 2[46]; 5[17]; Za I* Von Kind und Ehe
3[1] 54 *Vgl. 2[49]; N an Elisabeth N, Anfang Sept. 1882*
3[1] 55 *Vgl. 2[50]*
3[1] 58 *Vgl. Za I* Von den Fliegen des Marktes
3[1] 59 *Vgl. JGB 89*
3[1] 60 *Vgl. Anm. zu 3[1] −, 59, 15−21*
3[1] 61 *Vgl. 2[44]; JGB 92*
3[1] − 60 *18−19]* Vs: Wenn man nicht die Menschen wider sich gehabt hat, wird man [sie sich niemals unterwerfen] niemals ihr Herr werden können.
3[1] 62 *Vgl. 22[3]; Bd. 13, 20[31]*
3[1] 63 *Vgl. Vauvenargues: „Les grandes pensées viennent du cœur", zitiert bei Schopenhauer, Parerga 2, 9; vgl. 22[3]; Bd. 13, 20[29]*
3[1] 64 *Vgl. Za I* Vom Wege des Schaffenden
3[1] − 61 *3−8]* Vgl. 2[47]; 3[1] 72; JGB 79
3[1] 65 *Vgl. 2[43]; 4[44]; 22[3]; Za IV* Vom höheren Menschen *19*
3[1] 66 *Vgl. 2[41]; 12[1] 114; 31[52]; 32[9]; Za IV* Das Eselsfest
3[1] 68 *Vgl. 4[42]; JGB 164*
3[1] 70 *Vgl. 22[3]*
3[1] 71 *Vgl. 22[3]; JGB 165*
3[1] 72 *Vgl. 2[47]; 3[1], S. 61, 3−8; 22[3]; JGB 79*

3[1] 73 *Vgl. 2[42]; 5[1] 57*
3[1] 74 *Vgl. 22[3]; 31[38]; 32[9]; Za IV* Vom höheren Menschen *7*
3[1] 76 *Vgl. JGB 149*
3[1] 77 *Vgl. 12[1] 112; Za I* Vom Biss der Natter   *von N durchgestrichen; erste Fassung:* Hinter allem Richtenden steht der Henker.
3[1] 78 *Erste Fassung:* Wenn man über gut und böse erhaben ist, empfindet man alle Tragödien als unfreiwillige Komödien und ist weit davon entfernt, den tragischen Naturen den ersten Rang einzuräumen.
3[1] 79 *Vgl. JGB 6; N an Lou von Salomé, 16. Sept. 1882*
3[1] 82 *Vgl. 22[3]; JGB 180*
3[1] 83 *Vgl. Za I* Vom Freunde
3[1] 84 *Vgl. Za I* Von den Fliegen des Marktes
3[1] 85 *Vgl. 3[1] 149; Za I* Von den Fliegen des Marktes   *erste Fassung:* Die Feigheit vor dem Nachbarn ist der Grundzug der sehr Liebenswürdigen.
3[1] 86 *Vgl. 12[1] 113; JGB 179*
3[1] 91 *Vgl. Za I* Vom Freunde
3[1] 92 *Vgl. Za II* Von den Mitleidigen
3[1] 93 *Vgl. Za I* Vom Baum am Berge
3[1] 94 *Vgl. 12[1] 192; JGB 150*
3[1] 96 *Vgl. Za I* Vom bleichen Verbrecher   *64 20−21:* Zubehör ... einzigen] *aus* die Verkörperung einer
3[1] 97 *Vgl. Za I* Vom Wege des Schaffenden
3[1] 98 *Erste Fassung:* A. „Das was du da lehrst, ist noch nicht deine Philosophie!" B. Warum nicht? A. „Wäre es die deine, ⌜mein Freund,⌝ würdest du *(1)* nach nichts mehr verlangen als zu tanzen — jeden Tag einmal mindestens. *(2)* anders gehen: man müßte dich einmal min⟨destens⟩ am Tage tanzen sehen! Tanzen ist der Beweis [seit] der Wahrheit für mich, der Beweis der Kraft."   *spätere Fassung:* Der Schritt verräth, ob man schon auf seiner Bahn schreitet. *vgl. Za IV* Vom höheren Menschen *17*
3[1] 104 *Vgl. JGB 176*
3[1] 105 *Vgl. 22[3]; JGB 175*
3[1] 107 *Za I* Von alten und jungen Weiblein
3[1] 108 *Vgl. Za I* Vom Freunde
3[1] 109 *Vgl. JGB 174*
3[1] 110 *Vgl. Za I* Vom Freunde
3[1] 111 *Vgl. Za I* Vom bleichen Verbrecher
3[1] 116 *Vgl. Za I* Vom Biss der Natter
3[1] 118 *Vgl. JGB 65a*
3[1] 122 *Vgl. 5[17]; 12[1] 111; Za I* Von den Fliegen des Marktes
3[1] 124 *Vgl. 5[1] 209; 12[15]; 13[15]*
3[1] 125 *Vs:* Man glaubt an Dinge, welche nicht existiren zb. Selbstlosig-

3[1] 128 *Vgl. Za I* Von alten und jungen Weiblein
3[1] 129 *Vgl. Za I* Vom Freunde
3[1] 130 *Vgl.* 4[104]; 5[1] 166; *Za I* Vorrede 4
3[1] 132 *Vgl.* 31[52]; 32[8]; *JGB* 65
3[1] 133 *Vgl. JGB* 64
3[1] — 69 11—12] *vgl. Za I* Vom Freunde
3[1] 134 *Vgl. JGB* 152
3[1] 137 *Vgl. Za I* Vom Lesen und Schreiben
3[1] 138 *Vgl. Za II* Von den Mitleidigen
3[1] 139 *Vgl.* 12[1] 109; 31[53]; 32[9]; *JGB* 178
3[1] — 70 3—4 *vgl.* 12[1] 110; *Za II* Von den Mitleidigen
3[1] 140 *Vgl. JGB* 155
3[1] 141 *Vgl.* 12[1] 108; *JGB* 170
3[1] 142 *erste Fassung:* mit etwas gutem Willen zum Leben — leidet man wenig am „Willen zum Leben".
3[1] 143 *Vgl.* 5[25]; *JGB* 154
3[1] 146 *Vgl.* 5[1] 167; *JGB* 151
3[1] 149 *Vgl.* 3[1] 85; *Za I* Von den Fliegen des Marktes
3[1] 150 *Vgl. JGB* 63
3[1] 151 *Vgl. Za I* Vom Freunde
3[1] 154 *Vgl. Za I* Von der schenkenden Tugend *3*
3[1] 156 *Vgl. Za I* Vorrede 9
3[1] 158 *Vgl. Za I* Vom Lesen und Schreiben
3[1] 159 *Vgl. JGB* 156
3[1] 160 *Erste Fassung:* Nichts ist erbärmlicher anzusehen, als wenn die Guten sich bemühen zu beweisen, daß die großen M⟨enschen⟩ nach dem Ebenbilde ihres Gottes geschaffen seien.
3[1] 162 *Vgl. Za I* Vom Lesen und Schreiben
3[1] 163 *Vgl. Za I* Vom Lesen und Schreiben
3[1] 164 *Vgl.* 5[33]
3[1] 167 *Vgl.* 12[1] 187
3[1] 168 *Vgl. Za I* Vom Lesen und Schreiben   73 *16:* und ... stinken] *aus* und die Moral ist aus der Welt geschafft, nämlich todt geredet
3[1] 169 *Vgl. Za I* Von der Keuschheit
3[1] 170 *Vgl.* 12[1] 106; 13[8]; *Za II* Von den Taranteln
3[1] 171 *Vgl. Za I* Vom Lesen und Schreiben
3[1] 172 *Vgl. Za I* Vom Lesen und Schreiben
3[1] 173 *Vgl. Za I* Vom Lesen und Schreiben
3[1] 174 *Vgl. JGB* 157
3[1] 175 *Vgl. Za I* Vom Wege des Schaffenden   *erste Fassung:* Jede Empfindung, die uns nicht tödtet, wird von uns getödtet

3[1] 176 Vgl. JGB 158
3[1] 177 Vgl. 2[35]
3[1] 178 Vgl. Za I Vom Biss der Natter
3[1] 179 Vgl. 2[34]; Za I Vom Biss der Natter
3[1] 180 Vgl. 2[31]
3[1] 182 Vgl. 4[229]; Za I Vom bleichen Verbrecher
3[1] 183 Vgl. Za I Vom bleichen Verbrecher
3[1] 185 Vgl. JGB 159
3[1] 186 Vgl. Za I Vom Biss der Natter
3[1] 187 Vgl. 2[32]; Za I Von der Nächstenliebe
3[1] 188 Vgl. 2[30]
3[1] 189 Vgl. 2[28]; 5[17]; Za I Vorrede 4   nach Hebr. 12, 6; vgl. auch Sprüche 13, 24; Apok. 3, 19
3[1] 190 Vgl. 2[25]
3[1] 191 Vgl. 2[26]; 3[1] 194; JGB 160
3[1] 192 Vgl. 2[22]; Za I Von der Keuschheit
3[1] 193 Vgl. 2[27]; JGB 161
3[1] 194 Vgl. Anm. zu 3[1] 191
3[1] 195 Vgl. 2[21]
3[1] 196 Vgl. 2[20]; Za I Vom Krieg und Kriegsvolke
3[1] 197 Vgl. 2[19]
3[1] 198 Vgl. 2[18]; Za I Vom Freunde
3[1] 199 Vgl. 2[16]; Za I Von alten und jungen Weiblein
3[1] 200 Vgl. 2[17]
3[1] 202 Vgl. 12[1] 104; JGB 162
3[1] 204 Vgl. Za I Vom Freunde
3[1] 205 Vgl. JGB 100
3[1] 206 Vgl. 12[1] 105; Za II Von den Mitleidigen
3[1] 207 Vgl. Za I Von der Nächstenliebe
3[1] 209 Vgl. 2[13]
3[1] 210 Vgl. 2[14]
3[1] 211 Vgl. 4[96]; 5[17]; Za I Vom Biss der Natter
3[1] 212 Vgl. 2[38]; Za I Vom Biss der Natter
3[1] 214 Vgl. JGB 67
3[1] 216 Vgl. 31[53]; 32 [9]; Za IV Vom höheren Menschen 9
3[1] 218 Vgl. Za I Von der Keuschheit
3[1] − 79 8−11] vgl. 1[20]
3[1] 221 Vgl. 2[29]
3[1] 222 Vgl. 1[24]; Za I Vom Wege des Schaffenden
3[1] 223 Vgl. 1[25]; 5[1] 59
3[1] 224 Vgl. 1[8]
3[1] 225 Vgl. 1[38]; 25[171]
3[1] 226 Vgl. 1[40]; JGB 66

3[1] 229 Vgl. *31[53]; 32[9]; JGB 69*
3[1] 233 Vgl. *31[53]; 32[9]; Za IV Vom höheren Menschen*
3[1] 234 Vgl. *12[1] 151; Za II Der Wahrsager*
3[1] 235 Vgl. *Za I Vom Krieg und Kriegsvolke*
3[1] 240 Vgl. *JGB 68*
3[1] 241 Vgl. *31[53]; 32[9]; Za IV Vom höheren Menschen*
3[1] 242 Vgl. *31[53]; 32[9]*
3[1] 243 Vgl. *12[1] 101; 13[16]; 16[7]; 23[5]; 31[35]; 31[36]; 32[10]; JGB 99*
3[1] 244 Vgl. *JGB 102*
3[1] 246 Vgl. *GM II 7*
3[1] 249 Vgl. *12[1] 100; JGB 101*
3[1] 250 Vgl. *12[1] 410.1–2*
3[1] 251 Vgl. *12[1] 102*
3[1] 252 Vgl. *JGB 72*
3[1] 253 Vgl. *M 556*
3[1] 256 Vgl. *JGB 71*
3[1] 258 Vgl. *JGB 70*
3[1] − 84 10−13] vgl. *4[70]*
3[1] 260 Vgl. *12[1] 163*
3[1] 264 Vgl. *12[1] 97; JGB 73*
3[1] 267 Vgl. *Za I Vom Wege des Schaffenden*
3[1] 270 Vgl. *12[1] 98; JGB 73a*
3[1] 272 Vgl. *4[104]; Za I Vom Biss der Natter; JGB 181*
3[1] 273 Vgl. *12[1] 99; 13[8]; 16[7]; 31[36]; 32[9]; Za IV Vom höheren Menschen*
3[1] 275 Vgl. *JGB 75*
3[1] 276 Vgl. *JGB 77*
3[1] 279 Vgl. *Za I Vom Biss der Natter*
3[1] 281 Vgl. *JGB 78*
3[1] 282 Vgl. *1[26]*
3[1] 287 Vgl. *4[200]; 4[42]; 12[1] 96; 13[19]; Za IV Ausser Dienst; Za II Von den Mitleidigen*
3[1] 290 Vgl. *JGB 76*
3[1] 297 Vgl. *Za I Vom Lesen und Schreiben*
3[1] 298 Vgl. *Za I Vom Lesen und Schreiben*
3[1] 299 Vgl. *JGB 95*
3[1] 300 Vgl. *12[1] 146; 13[14]; Za III Von der Seligkeit wider Willen*
3[1] 301 Vgl. *Za I Vom Baum am Berge*
3[1] 302 Vgl. *Za I Von der Nächstenliebe*
3[1] 303 Vgl. *Za I Von alten und jungen Weiblein*
3[1] 305 Vgl. *Za I Vom Lesen und Schreiben*
3[1] 307 Vgl. *2[9]; JGB 103*
3[1] 309 Vgl. *Za I Vorrede 4*

3[1] 313 *Vgl. JGB 94*
3[1] — 91 3] *vgl. JGB 236*
3[1] 317 *Vgl. 4[42]*
3[1] 318 *Vgl. JGB 173*
3[1] 324 *Vgl. JGB 172*
3[1] 327 *Vgl. JGB 96*
3[1] 328 *Vgl. 12[1] 148; 13[14]; 16[7]; Za IV* Vom höheren Menschen *11*
3[1] 329 *Vgl. Za I* Von der Nächstenliebe
3[1] 330 *Vgl. Za I* Vom bleichen Verbrecher
3[1] 335 *Vgl. JGB 98*
3[1] 336 *Vgl. 12[1] 93*
3[1] 338 *Vgl. 12[1] 95*
3[1] 339 *Vgl. JGB 182*
3[1] 340 *Vgl. 5[35]*
3[1] 341 *Vgl. 5[35]; 12[1] 53; 13[12]; Za II* Von den Mitleidigen
3[1] 342 *Vgl. 12[1] 94; 5[35]*
3[1] 345 *Vgl. 5[35]*
3[1] 346 *Vgl. 5[35]; Za I* Von den Freuden- und Leidenschaften
3[1] 347 *Vgl. 5[35]; 5[33]; 12[1] 142; JGB 183*
3[1] 348 *Vgl. 5[33]*
3[1] 349 *Vgl. 12[1] 90; 13[16]; 16[7]; JGB 169*
3[1] 350 *Vgl. 5[33]*
3[1] 351 *Vgl. 5[35]*
3[1] — 96 2—4] *vgl. 1[50]; 12[1] 92*
3[1] — 8] *vgl. Za I* Vom Freunde
3[1] 354 *Vgl. Za I* Vom freien Tode
3[1] 355 *Vgl. JGB 104*
3[1] 356 *Vgl. 12[1] 91; Za II* Von den Tugendhaften
3[1] 357 *Vgl. M 275*
3[1] 360 *Vgl. JGB 97*
3[1] 361 *Vgl. JGB 185*
Die Nummer 363 von N in Ms übersprungen
3[1] 364 *Vgl. Za I* Vom Krieg und Kriegsvolke
3[1] 367 *Vgl. Za I* Von alten und jungen Weiblein
3[1] 368 *Vgl. 4[95.110]; 5[1] 29; Za I* Von der Keuschheit
3[1] 369 *Vgl. JGB 106*
3[1] 370 *Vgl. JGB 107*
3[1] 374 *Vgl. JGB 108*
3[1] 375 *Vgl. JGB 109; Za I* Vom bleichen Verbrecher
3[1] 378 *Vgl. JGB 105*
3[1] 379 *Vgl. Za I* Vom Wege des Schaffenden
3[1] 381 *Vgl. Za I* Vom bleichen Verbrecher
3[1] — 100 4] *vgl. JGB 113*

3[1] 389 *Vgl. 12[1] 136; Za II* Von den Mitleidigen
3[1] 392 *Vgl. 12[1] 179*
3[1] 393 *Vgl. 12[1] 109; JGB 88*
3[1] 394 *Vgl. JGB 112*
3[1] 395 *Vgl. 5[1] 127; JGB 184.111*
3[1] 402 *Vgl. 12[1] 180; Za II* Von den Mitleidigen
3[1] 403 *Vgl. Za I* Vorrede 3
3[1] 404 *Vgl. 12[1] 87*
3[1] 410 *Vgl. JGB 171*
3[1] 411 *Vgl. 12[1] 181*
3[1] 413 *Vgl. Za I* Von der Keuschheit
3[1] 414 *Vgl. 12[1] 144; Za III* Von der verkleinernden Tugend
3[1] 415 *Vgl. 12[1] 149*
3[1] 416 *Vgl. JGB 123*
3[1] 417 *Vgl. JGB 168*
3[1] 418 *Vgl. JGB 167*
3[1] 421 *Vgl. JGB 122*
3[1] 422 *Vgl. 12[1] 88; 22[3]; JGB 166*
3[1] 423 *Vgl. JGB 120*
3[1] 424 *Vgl. Za I* Vom Krieg und Kriegsvolke
3[1] 428 *Vgl. JGB 125*
3[1] 429 *Vgl. 22[3]; JGB 93*
3[1] 430 *Vgl. Za I* Von der schenkenden Tugend 3
3[1] 431 *Vgl. Za I* Vom Baum am Berge
3[1] 433 *Vgl. JGB 126*
3[1] 434 *Vgl. Za I* Von der Nächstenliebe
3[1] 435 *Vgl. Za I* Vom Krieg und Kriegsvolke
3[1] 436 *Vgl. Za I* Vom Krieg und Kriegsvolke
3[1] − 106 3−4] *Vgl. 22[3]*
3[1] 437 *Vgl. Za I* Vom Lesen und Schreiben
3[1] 438 *Vgl. Za I* Vom Krieg und Kriegsvolke
3[1] 440 *Vgl. Za I* Von alten und jungen Weiblein
3[1] 441 *Vgl. Za I* Von alten und jungen Weiblein
3[1] 443 *Vgl. Za I* Von alten und jungen Weiblein
3[1] 444 *Vgl. 12[1] 86; Za II* Von den Gelehrten
3[1] − 107 4−5] *vgl. Za III* Von der verkleinernden Tugend
3[1] 445 *Vgl. JGB 121*
3[1] − 107 9−10] *vgl. 3[1] 11; JGB 91*
3[2] *Vgl. Za I* Vom Baum am Berge
3[3] *Vgl. FWP* Sils Maria
3[4] *Vgl. 1[101]; 1[15]; 3[1]; Motto; FWP* Nach neuen Meeren

4[1−48] = N V 9c

4[4] *Vgl. 5[1] 92.93.94.72.95.96*
4[5] *Vgl. 5[1] 97.98*
4[6] *Vgl. 5[1] 99.106.103.104*
4[8] *Vgl. 5[1] 105*
4[9] *Vgl. 4[13]*
4[13] *Vgl. 5[1] 113*
4[14] *Vgl. 5[1] 100*
4[15] *Vgl. 5[1] 101.117.116*
4[16] *113 6−7] wie Sokrates, vgl. Plat., Phaed., 60a*
4[17] *Vgl. 17[6], Za I* Von den Priestern
4[18] *Vgl. 5[1] 118; Za I* Von alten und jungen Weiblein
4[20] *Vgl. 4[22.204]; 4[213]; 5[32]; Za I* Vorrede 5; Von tausend und einem Ziele; *5[1] 126*
4[22] *Vgl. 4[20.204]*
4[26] *Vgl. JGB 135; 5[1] 56; JGB 116*
4[27] *Vgl. 5[1] 120*
4[28] *Vgl. 5[1] 119*
4[29] *Vgl. 5[1] 67*
4[31] *Vgl. JGB 132*
4[32] *Vgl. 5[1] 175; Za II* Von den Priestern
4[34] *Vgl. 5[1] 91.90.89; Za I* Vom Freunde; Vom Krieg und Kriegsvolke
4[36] *Vgl. Za I* Von den Fliegen des Marktes
4[37] *Vgl. 3[1] 21; Za I* Von den Fliegen des Marktes; *5[1] 87.86.88; JGB 119*
4[38] *Vgl. 5[1] 69.70.71.72. (nach) 73.75.78.76.74.73.77; 5[1] 95; 3[1] 128; Za I* Vom Krieg und Kriegsvolke; Von alten und jungen Weiblein
4[39] *Vgl. 1[83]; Bd. 9, 11[195]*
4[40] *Vgl. 5[1] 85.84.83.82.81.80.79*
4[41] *Vgl. 5[1] 122.121*
4[43] *Vgl. JGB 143; 5[1] 48.47*
4[44] *Vgl. 3[1] 65; 5[1] 45.46*
4[46] *Vgl. 3[1] 109*

4[49−203] = N VI 1b

4[49] *Vgl. 4[139]; 4[75]; Za I* Vorrede 3
4[51] *Vgl. 4[169]*
4[53] *Vgl. 12[1] 124*

4[54] *Vgl. 12[1] 127.126*
4[56] *Vgl. 12[1] 125.128; Za II* Von grossen Ereignissen
4[57] *Vgl. 12[1] 130.131*
4[58] *Vgl. 12[1] 139*
4[59] *Vgl. 12[1] 132; 5[1] 36.37*
4[62] *Vgl. 5[1] 39.40.38*
4[64] *Vgl. 12[1] 134*
4[65] *Vgl. 12[1] 78.150*
4[67] *Vgl. Za I* Vom Krieg und Kriegsvolke; *4[80]; 13[10]*
4[70] *Vgl. 3[1] 84.10–13; Za I* Vom Lesen und Schreiben
4[71] *Vgl. 5[33]; 5[1] 27.13.14.28*
4[72] *Vgl. 5[1] 22.23.24.25.26*
4[73] *Vgl. 5[1] 33.35.34.21*
4[74] *Vgl. 5[1] 32.31.30*
4[75] *Vgl. 5[1] 125*
4[76] *Vgl. 5[1] 130.129.128.160*
4[77] *Vgl. 5[1] 123.117.134.136.135.137*
4[78] *Vgl. 5[1] 133.138.140.143.139*
4[79] *Vgl. 5[1] 145*
4[82] *Vgl. 5[1] 132.142*
4[83] *Vgl. 4[75]*
4[84] *Vgl. 5[1] 144.143*
4[85] *Vgl. 5[1] 160*
4[86] *Vgl. 5[1] 141*
4[87] *Vgl. 5[1] 131*
4[88] *Vgl. 5[1] 147.150.148.159*
4[89] *Vgl. 5[1] 149*
4[90] *Vgl. 5[1] 158.157*
4[91] *Vgl. 5[1] 155.156*
4[92] *Vgl. 5[1] 161.162*
4[93] *Vgl. 5[1] 151.152*
4[94] *Vgl. 5[1] 160.164*
4[96] *Vgl. 5[1] 162*
4[100] *Vgl. Za I* Von alten und jungen Weiblein; Von der schenkenden Tugend
4[104] *Vgl. 5[1] 104.166.151; JGB 181*
4[110] *Vgl. 5[1] 165.29*
4[112] *Vgl. 4[116]; 5[1] 162.5; Za I* Von der schenkenden Tugend
4[113] *Vgl. 5[1] 177*
4[114] *Vgl. 5[1] 176*
4[115] *Vgl. 5[1] 175*
4[116] *Vgl. 4[112]; 5[1] 174*
4[117] *Vgl. 5[1] 172.173.188*

4[118] *Vgl. 9[57]; 15[8]; 15[60]*
4[120] *Vgl. 5[1] 171*
4[128] *Vgl. 5[1] 171*
4[129] *Vgl. 5[1] 170.169.168*
4[135] *Vgl. 5[1] 183*
4[136] *Vgl. 5[1] 184.185*
4[138] *Vgl. 5[1] 178*
4[142] *Vgl. 5[1] 181.182*
4[143] *Vgl. 5[1] 180*
4[144] *Vgl. 5[1] 179*
4[148] *Vgl. 5[1] 220.191.216*
4[152] *Vgl. 5[1] 222*
4[155] *Vgl. 5[1] 246*
4[160] *Vgl. 5[1] 247.248*
4[164] *Vgl. 5[1] 267*
4[168] *Vgl. 5[1] 249*
4[171] *Vgl. 5[1] 250.251*
4[172] *Vgl. 5[1] 252*
4[174] *Vgl. 5[1] 266*
4[175] *Vgl. 5[1] 253*
4[176] *Vgl. 5[1] 254*
4[181] *Vgl. 5[1] 255*
4[182] *Vgl. 5[1] 256*
4[183] *Vgl. 5[1] 257*
4[184] *Vgl. 5[1] 219*
4[186] *Vgl. 5[1] 258*
4[188] *Vgl. 5[1] 273*
4[191] *Vgl. 5[1] 265*
4[193] *Vgl. 5[1] 260*
4[196] *Vgl. 5[1] 261*
4[198] *Vgl. 5[1]263.264*
4[202] *Vgl. 5[1]265*

$$4[204-280] = \text{N V 8}$$

4[208] *Vgl. 5[8]*
4[209] *Vgl. 5[10]*
4[210] *Vgl. 5[9.7]*
4[211] *Vgl. 5[4.5]*
4[212] *Vgl. 5[3]*
4[213] *Vgl. 5[32]*

4[214] *Vgl.* *5[13.17]*
4[215] *Vgl.* *5[12]*
4[224] *Vgl.* *5[17]*
4[225] *Vgl.* *12[1]147*
4[228] *Vgl.* *5[7.17]*
4[229] *Vgl.* *5[13.16.17.20.32]*
4[230] *Vgl.* *5[14]*
4[234] *Vgl.* *5[1]260*
4[238] *Vgl. Za I* Vom Biss der Natter
4[237] *Vgl. Za I* Von den drei Verwandlungen
4[240] *Vgl. Za I* Von den Verächtern des Leibes
4[242] *Vgl. Za I* Von den drei Verwandlungen
4[245] *Vgl. Za I* Vom freien Tode
4[249] *Vgl.* *5[1]175*
4[253] *Vgl. Za I* Von den Lehrstühlen der Tugend
4[257] *Vgl.* *5[32]*
4[260] *Vgl. Za I* Von der schenkenden Tugend
4[266] *Vgl.* *5[16.20]*
4[271] *Vgl.* *5[32]*
4[275] *Vgl.* *4[279]; Za I* Von den Hinterweltlern
4[280] *Disposition zu Za I*

5 = Z I 2a. Mp XV 3a

5[1] *Sammlung von Sprüchen aus den früheren Manuskripten (insbesondere N V 9, N VI 1, N V 8); von N numeriert*
5[1]1 *Vgl. Za II* Von der Selbst-Ueberwindung
5[1]5 *Vgl.* *12[1]153*
5[1]7 *Vgl.* *4[142]*
5[1]12 *Vgl.* *12[1]55*
5[1]13 *Vgl.* *4[71]*
5[1]14 *Vgl.* *4[71]; 12[1]189*
5[1]15 *Vgl. Za I* Vom Lesen und Schreiben
5[1]19 *Vgl.* *1[91]*
5[1]20 *Vgl.* *12[1]141*
5[1]21 *Vgl.* *4[73]; Za I* Vom Lesen und Schreiben
5[1]22 *Vgl.* *4[72]; Za I* Vom Lesen und Schreiben
5[1]23 *Vgl.* *4[72]; Za I* Vorrede 8
5[1]24 *Vgl.* *4[72]; 12[1]56; JGB 18*
5[1]25 *Vgl.* *4[72]*
5[1]26 *Vgl.* *4[72]*
5[1]27 *Vgl.* *4[71]*

5[1]28 *Vgl. 4[71]; Za I* Vom freien Tode
5[1]29 *Vgl. 3[1]368; 4[95]; 4[110]; Za I* Von der Keuschheit
5[1]30 *Vgl. 4[74]*
5[1]31 *Vgl. 4[74]*
5[1]32 *Vgl. 4[74]*
5[1]33 *Vgl. 4[73]*
5[1]34 *Vgl. 1[85]; 4[73]; 12[1]193; 16[49]*
5[1]35 *Vgl. 4[73]*
5[1]36 *Vgl. 4[59]*
5[1]37 *Vgl. 4[59]; Za I* von alten und jungen Weiblein
5[1]43 *Vgl. 1[55]*
5[1]45 *Vgl. 4[44]; Za I* Vom Wege des Schaffenden
5[1]46 *Vgl. 4[44]; 12[1]200*
5[1]47 *Vgl. 4[43]*
5[1]49 *Vgl. Za I* Vom Freunde
5[1]53 *Vgl. 1[43.78]*
5[1]54 *Vgl. 4 [169]*
5[1]55 *Vgl. 12[1]182*
5[1]56 *Vgl. 4[26]; JGB 116*
5[1]57 *Vgl. 3[1]73*
5[1]58 *Vgl. JGB 117*
5[1]59 *Vgl. 1[25]; 3[1]223*
5[1]60 *Vgl. 1[5]; 12[1]184*
5[1]61 *Vgl. 1[67.70.88]*
5[1]62 *Vgl. 1[87]; 1[108]4; 12[1]194; JGB 114*
5[1]63 *Vgl. 1[86]; 1[108]2*
5[1]64 *Vgl. 1[73]*
5[1]65 *Vgl. 1[72]*
5[1]66 *Vgl. 1[70]*
5[1]67 *Vgl. 4[29]*
5[1]68 *Vgl. 1[62]*
5[1]69 *Vgl. 4[38]*   195 6: Was ... werde?] *vgl. Matth. 19, 16*
5[1]70 *Vgl. 5[1]95; 4[38]; vgl. N an Heinrich von Stein, Anfang Dez. 1882*
5[1]71 *Vgl. Za I* Vom Krieg und Kriegsvolke
5[1]72 *Vgl. 4[38]*
5[1]73 *Vgl. 4[38]*
5[1]− 21–22] *vgl. Za I* Von alten und jungen Weiblein; *3[1]128; 4[38]*
5[1]74 *Vgl. 4[38]*
5[1]75 *Vgl. 4[38]*
5[1]76 *Vgl. 4[38]*
5[1]77 *Vgl. 4[38]*
5[1]78 *Vgl. 4[38]*
5[1]79 *Vgl. 4[40]*

5[1]80 *Vgl. Za I* Vom Krieg und Kriegsvolke
5[1]81 *Vgl. 4[40]*
5[1]82 *Vgl. 4[40]*
5[1]83 *Vgl. 4[40]; 12[1]195; Za IV* Vom höheren Menschen *11*
5[1]84 *Vgl. 4[40]*
5[1]85 *Vgl. 4[40]*
5[1]86 *Vgl. 4[37]; JGB 119*
5[1]87 *Vgl. 4[37]*
5[1]88 *Vgl. 4[37]*
5[1]89 *Vgl. 4[34]; Za I* Vom Krieg und Kriegsvolke
5[1]90 *Vgl. 4[34]*
5[1]91 *Vgl. 4[34]; Za I* Vom Freunde
5[1]92 *Vgl. 4[4]*
5[1]93 *Vgl. 4[4]; 5[1]116*
5[1]94 *Vgl. 4[4]; Za I* Vom Krieg und Kriegsvolke
5[1]95 *Vgl. Anm. zu 5[1]70*
5[1]96 *Vgl. 4[4]; Za I* Vom Krieg und Kriegsvolke
5[1]97 *Vgl. 4[5]*
5[1]98 *Vgl. 4[5]*
5[1]99 *Vgl. 4[6]*
5[1]100 *Vgl. 4[14]; Za I* Vom Krieg und Kriegsvolke
5[1]101 *Vgl. 4[15]*
5[1]102 *Vgl. 4[6]; Za I* Von den Freuden- und Leidenschaften
5[1]103 *Vgl. 4[6]*
5[1]104 *Vgl. 4[6]; 4[104]*
5[1]105 *Vgl. 4[8]*
5[1]106 *Vgl. 4[6]*
5[1]109 *Vgl. 2[10]; 12[1]185; Za II* Von den Mitleidigen
5[1]110 *Vgl. 2[23]*
5[1]111 *Vgl. Za II* Von den Priestern
5[1]112 *Vgl. 12[1]96; JGB 118*
5[1]113 *Vgl. 4[13]*
5[1]116 *Vgl. 4[15]; Za I* Von den Freuden- und Leidenschaften
5[1]117 *Vgl. 4[15.77]; Za I* Von alten und jungen Weiblein
5[1]118 *Vgl. 4[18]; Za I* Von alten und jungen Weiblein
5[1]119 *Vgl. 4[28]*
5[1]121 *Vgl. 4[41]*
5[1]122 *Vgl. 4[41]*
5[1]123 *Vgl. 4[77]; 12[1]197*
5[1]125 *Vgl. 4[49.75]; Za I* Vorrede *3*
5[1]127 *Vgl. 3[1]95; JGB 184*
5[1]128 *Vgl. 4[76]*
5[1]129 *Vgl. 4[76] Za I* Von den Predigern des Todes

5[1]130 *Vgl. 4[76]*
5[1]131 *Vgl. 4[87]; 12[1]198;* Za II Die stillste Stunde
5[1]132 *Vgl. 4[82]; 5[1]142*
5[1]133 *Vgl. 4[78]*
5[1]134 *Vgl. 4[77]*
5[1]135 *Vgl. 4[77]*
5[1]136 *Vgl. 4[77]*
5[1]137 *Vgl. 4[5.77]*
5[1]138 *Vgl. 4[78]*
5[1]139 *Vgl. 4[78];* Za I Von den Fliegen des Marktes
5[1]140 *Vgl. 4[78];* Za I Vorrede 3
5[1]141 *Vgl. 4[86];* Za I Von den Freuden- und Leidenschaften; Vom Baum am Berge
5[1]142 *Vgl. 4[82]; 5[132]*
5[1]142 *Vgl. 4[78.84]*
5[1]144 *Vgl. 4[84]*
5[1]145 *Vgl. 4[79]*
5[1]146 *Vgl.* Za I Von alten und jungen Weiblein
5[1]147 *Vgl. 4[88]*
5[1]148 *Vgl. 4[88]*
5[1]149 *Vgl. 4[89]*
5[1]151 *Vgl. 4[93];* Za I Vom Biss der Natter
5[1]152 *Vgl. 4[93]*
5[1]153 *Vgl. 4[92]*
5[1]154 *Vgl. 4[92]; 5[33];* Za I Vom Biss der Natter
5[1]155 *Vgl. 4[91]*
5[1]156 *Vgl. 4[91]; 5[33]*
5[1]157 *Vgl. 4[90]*
5[1]158 *Vgl. 4[90]; 4[186]*
5[1]159 *Vgl. 4[88]*
5[1]160 *Vgl. 4[76]*
5[1]161 *Vgl. 4[92]*
5[1]162 *Vgl.* Za I Von den drei Verwandlungen; *4[92.96.112]*
5[1]164 *Vgl. 4[94]*
5[1]165 *Vgl. 4[110]*
5[1]166 *Vgl. 3[1]130; 4[104];* Za I Vorrede 4
5[1]167 *Vgl. 3[1]146; JGB 151*
5[1]168 *Vgl. 4[129];* Za I Vorrede 3
5[1]169 *Vgl. 4[129]*
5[1]170 *Vgl. 4[129];* Za I Von den Predigern des Todes
5[1]171 *Vgl. 4[120.128];* Za I Von den Fliegen des Marktes
5[1]172 *Vgl. 4[117];* Za I Vorrede 2
5[1]173 *Vgl. 4[117];* Za I Vom bleichen Verbrecher

5[1]174 *Vgl. 4[116]; Za I* Vorrede 3
5[1]175 *Vgl. 4[17.32.115.249]; Za II* Von den Priestern
5[1]176 *Vgl. 4[114]; 5[17]*
5[1]178 *Vgl. Za I* Von den drei Verwandlungen
5[1]179 *Vgl. 4[144]*
5[1]180 *Vgl. 4[143]*
5[1]182 *Vgl. 4[142]*
5[1]185 *Vgl. Za I* Vom bleichen Verbrecher
5[1]187 *Vgl. Za I* Vom bleichen Verbrecher
5[1]191 *Vgl. 4[148]; 12[20]*
5[1]195 *Vgl. 12[21]*
5[1]196 *Vgl. Za I* Von den Predigern des Todes
5[1]197 *Vgl. 5[19.30]; Za I* Vorrede 3
5[1]198 *Vgl. 12[18]*
5[1]199 *Vgl. Za I* Von den Predigern des Todes
5[1] — 210 4] *vgl. Za I* Vom bleichen Verbrecher
5[1]207 *Vgl. 12[16]; Za I* Vom bleichen Verbrecher
5[1]209 *Vgl. 3[1]124; 12[15]; 13[15]*
5[1]212 *Vgl. 12[13]*
5[1]213 *Vgl. 12[14]*
5[1]214 *Vgl. 12[13.14]*
5[1]216 *Vgl. 4[148]; 5[1]221*
5[1]219 *Vgl. 4[184]; Za I* Von den Predigern des Todes
5[1]220 *Vgl. 4[148]*
5[1]221 *Vgl. 4[148]; 5[1]216*
5[1]222 *Vgl. 4[152]*
5[1]223 *Vgl. 5[27]*
5[1]226 *Vgl. Za II* Auf den glückseligen Inseln
5[1]228 *Vgl. Emerson, Versuche, 361, zitiert in der Vorbemerkung des Kommentars von Za (s. S. 279); vgl. auch Za I* Vorrede 2
5[1]229 *Vgl. 12[11]*
5[1]230 *Vgl. 1[72]; 5[1]65; Za I* Von den Predigern des Todes
5[1]232 *Vgl. Za I* Von den Predigern des Todes
5[1]234 *Vgl. 12[9]*
5[1]234 **214** 25−29] *vgl. Za I* Von den Predigern des Todes
5[1]238 *Vgl. 5[17]; Za I* Vorrede 4
5[1]239 *Vgl. 12[8]*
5[1]244 *Vgl. 5[26]; 12[8]*
5[1]245 *Vgl. 1[66]; 3[1]9; Za I* Vorrede 2
5[1]246 *Vgl. 4[155]*
5[1]247 *Vgl. 4[160]; 12[6]; 13[17]; Za I* Auf den glückseligen Inseln
5[1]248 *Vgl. 4[160]*
5[1]249 *Vgl. 4[168]; 5[23]; 12[7]*

5[1]250 *Vgl. 4[171]*
5[1]251 *Vgl. 4[171]; Za I* Vorrede *3*
5[1]252 *Vgl. 4[172]; 5[24]*
5[1]253 *Vgl. 4[175]; 5[17]; Za I* Vorrede *4*
5[1]254 *Vgl. 4[176]; 5[22]; 12[5]; 13[7]; 16[7]; 31[6]; 32[9]; Za IV* Der Blutegel
5[1]255 *Vgl. 4[181]; Za I* Vorrede *3*
5[1]256 *Vgl. 4[182]*
5[1]257 *Vgl. 4[183]; 12[4]*
5[1]258 *Vgl. 4[186]; Za I* Vorrede *2*
5[1]258 217 22−23] *vgl. 4[186]*
5[1]260 *Vgl. 4[193.234]; Za I* Von den Fliegen des Marktes
5[1]261 *Vgl. 4[196]*
5[1]262 *Vgl. 12[2]*
5[1]263 *Vgl. 4[199]*
5[1]264 *Vgl. 4[199]; 12[1]199*
5[1]265 *Vgl. 4[202]; 4[191]; 5[32]*
5[1]266 *Vgl. 4[174]; Za I* Von der Nächstenliebe
5[1]267 *Vgl. 4[164]; Za I* Von der Keuschheit
5[1]273 *Vgl. 4[188]*
5[2] *Vgl. 4[165]; Za I* Vorrede *3*
5[3] *Vgl. 4[212]; 13[10]; Za II* Das Tanzlied
5[4] *Vgl. 4[211]*
5[5] *Vgl. 4[211]*
5[7] *Vgl. 4[210.228]; 5[17]; Za I* Vorrede *4*
5[9] *Vgl. 4[210]; 13[1]; Za II* Von grossen Ereignissen
5[10] *Vgl. 4[209]*
5[11] *Vgl. 12[1]138; 13[8]; JGB 81*
5[12] *Vgl. 4[215]*
5[13] *Vgl. 4[214]; 4[229]; 5[17]; 10[44]*
5[14] *Vgl. 4[230]*
5[15] *Vgl. 5[13]*
5[16] *Vgl. 4[229]; 5[20]*
5[17] *Vgl. 4[229.210.228.96.224.214.175.114]; Za I* Vorrede *4;* Vom Biss der Natter; Von den Fliegen des Marktes; Von Kind und Ehe
5[18] *Vgl. 4[223]*
5[19] *Vgl. 5[1]197; 5[30]; Za I* Von der schenkenden Tugend; Vorrede *3*
5[20] *Wie 5[16]*
5[21] *Vgl. 13[8]*
5[22] *Vgl. Anm. zu 5[1]254*
5[23] *Vgl. 4[168]; 5[1]249; 12[7]*
5[24] *Vgl. 5[1]252; 4[172]*
5[25] *Vgl. 3[1]143; JGB 154*

5[26] *Vgl. 12[8]; 5[1]244*
5[27] *Vgl. 5[1]223*
5[28] *Vgl. Za I Vorrede 7*
5[29] *Vgl. 2[36]*
5[30] *Vgl. 5[1]197; 5[19]; Za I Vorrede 3*
5[32] *Disposition zu Za I*
5[33] *Vgl. 3[1]164.350.347; 4[91.72.92]; 5[1]156.154; 12[1]142; JGB 183; Za I Vom Biss der Natter*
5[34] *Vgl. 4[137]*
5[35] *Vgl. 3[1]340.341.342.345.351.346.347*

6 = M III 3 b

6[1] *Vgl. 6[2.3.4]; die Datierung erfolgt aufgrund eines Briefentwurfs Ns an Lou von Salomé (M III 3, 18—19); vgl. Pfeiffer, 263f.*

7 = M III 4 b

7[1] *Entwurf zu* Moral für Moralisten; *vgl. N an Overbeck im Sommer 1883:* Inzwischen ist die Skizze zu einer „Moral für Moralisten" fertig geworden. *7[201]; 24[27]; 25[2]; 34[213]*
7[7] *Kritischer Rückblick auf GT* 237 24—238 1: Unschuld des Werdens] *auch unter diesem Titel gibt es Pläne aus dieser Zeit; vgl. 8[26]; 14[1]* 239 1—4] *GT 15* 25] *GT 17 (Anfang)* 26—29] *GT 18* 240 4] *GT 20* 5—7] *GT 21* 8—9] *GT 23* 10] *GT 23 (Schluß)* 11] *GT 24 (Schluß)*
7[8] *13:* Lecky] *Geschichte des Ursprungs und Einflusses der Aufklärung in Europa, Deutsch von H. Jolowicz, 2 Bde, Leipzig/Heidelberg 1873, BN*
7[10] 241 *12:* Hartmann] *Phänomenologie des sittlichen Bewusstseins. Prolegomena zu jeder künftigen Ethik, Berlin 1879, BN*
7[17] 243 *7:* Rée] *zur Auseinandersetzung mit Paul Rée vgl. 7[24.48.137]; 15[47]; 16[15]; 16[18]; 17[49]; 25[259]; 26[202.218]; 35[34]; 38[18]; GM Vorrede 4—7; EH* Menschliches, Allzumenschliches *6*
7[22] *Vgl. JGB 260*
7[23] 249 *19:* Tertullian] *vgl. GM I 15*
7[24] *Vgl. Anm. zu 7[17]*
7[25] *Im Anschluß an die Lektüre von Hartmanns „Phänomenologie" entstanden, vgl. Anm. zu 7[10]*

7[33] *Vielleicht im Zusammenhang mit der Lektüre von Wilhelm Roux' „Kampf der Theile im Organismus"; vgl. Anmerkung zu Band 9, 11[128]*
7[35] *Quelle nicht erschlossen*
7[37] *254 12−13: so ... einst] Rückblick auf die Zeit 1869−75*
7[38] *255 5−6: Fingerzeige ... Philosophie] vgl. Bd. 9, 11[195]*
7[43] *Zitat nicht erschlossen*
7[48] *Vgl. Anm. zu 7[17]*
7[49] *258 8: Lecky] vgl. Anm. zu 7[8]*
7[56] *Vgl. Za IV Gespräch mit den Königen*
7[47] *Vgl. 7[60]*
7[77] *269 24] Ns Exemplar nicht mehr vorhanden in BN*
7[78] *Vgl. Eugen Dühring, Kursus der Philosophie als streng wissenschaftlicher Weltanschauung und Lebensgestaltung, Leipzig 1875, BN*
7[86] *Roux-Lesefrucht; vgl. Anm. zu Bd. 9, 11[128] (abgekürzt: Roux)   272 3−5] Roux, 73−81 (Zusammenfassung)   6−7] Roux, 87: „Ausser durch den Kampf der Theile um den Raum im Stoffwechsel, oder um die Nahrung bei Mangel an derselben mit oder ohne Reizwirkung können neu auftretende Eigenschaften auf directem Wege, nämlich im directen Kampfe mit den alten siegen und sich ausbreiten, indem letztere entweder direct zerstört oder von den neuen verbraucht, assimilirt werden (die Assimilation ist ja selber der allgemeinste progressive Process)"   8−9] Roux, 91   10−14] Roux, 76−78   16−17] Roux, 75: „Ist dauernder Nahrungsmangel vorhanden, so wird zwar der Kampf um den Raum stattfinden können, aber es werden nur solche Verbindungen übrig bleiben, welche cet. par. am wenigsten Material zum Wiederersatz gebrauchen, während die anderen Processe einfach ausgehungert werden, also durch Selbstelimination verschwinden"   18−22] Roux, 78f.*
7[88] *Wahrscheinlich im Anschluß an Roux, 77*
7[89] *Vgl. Roux, 39−46*
7[90] *Vgl. Roux, 63: „Es scheint mir ferner eine berechtigte Auffassung zu sein, welche Darwin in einem trefflichen Beispiele ausspricht, ohne indessen das Princip zu entwickeln, indem er erwähnt, dass mit dem zunehmenden Alter die Handschrift des Menschen manchmal mehr Aehnlichkeit mit der des Vaters erlange. Dem liegt der Gedanke zu Grunde, dass vererbte erworbene Eigenthümlichkeiten der Vorfahren, statt nach der Jugend zurückzurücken, durch die ändernden Einflüsse der Aussenwelt auf die bildsame, anpassungsfähige Jugend unterdrückt werden können und erst im reiferen Alter, wenn einmal diese Wechselwirkung mit der Aussenwelt eine geringere geworden ist, mehr und mehr hervortreten. Ich glaube dem entsprechend beobachtet zu*

haben, dass beim Manne die Familiencharaktere, besonders die geistigen, manchmal erst im späteren Alter mehr und mehr sich ausbilden und zum Vorschein kommen, nachdem sie in der Jugend durch Erziehung ausserhalb der Familie unterdrückt worden waren."

7[92] 273 22—24] *Roux, 107.110*

7[95] 274 9—18] *Roux, 76*   19—25] *Roux, 79, stellenweise wörtlich abgeschrieben*   275 5—6] *Roux, 81: „indem die leichter erregbare Substanz relativ mehr Reiz aufnahm"*

7[98] 22—25] *Roux, 81*   26] *Roux, 83*   275 26—276 2] *Roux, 84*

7[134] 286 4: Mainländer] *Ph. Mainländer, Philosophie der Erlösung, Berlin 1879, zweite Auflage, 64—65*

7[137] *Vgl. Anm. zu 7[17]*

7[138] *Zitat aus Ernst Heinrich Weber, Untersuchungen über den Erregungsprozess im Muskel- und Nervensystem, Leipzig 1870*

7[139] 288 17: nach Weber] *a. a. O.*

7[144] 290 15: Emerson] *Versuche, 392f.*

7[153] 292 26: Teichmüller] *Die wirkliche und die scheinbare Welt, 1882*

7[159] 294 22: Emerson] *Versuche, 410*

7[160] *Lesefrucht aus Leopold Schmidt, Die Ethik der alten Griechen, 2 Bde, Berlin 1882, BN*

7[161] *Wie 7[160]*

7[163] *Wie 7[160]*

7[164] *Wie 7[160]*

7[165] *Wie 7[160]*

7[168] *Wie 7[160]*

7[176] *Vgl. Anm. zu 7[10]*

7[178] 300 9: Roux] *vgl. Anm. zu Bd. 9, 11[128]*

7[180] 301 4: Schmidt] *vgl. Anm. zu 7[160]*

7[183] *Wie 7[160]*

7[184] *Wie 7[160]*

7[185] *Wie 7[160]*

7[187] *Wie 7[160]*

7[188] *Wie 7[160]*

7[189] *Wie 7[160]*

7[190] 302 12—20] *Roux, 96f.*   302 21—303 2] *Roux, 98*   303 3—5] *Roux, 102*

7[191] *Roux, 110*

7[194] *Roux, 110 (abgewandeltes Zitat)*

7[199] 305 1: Schneider] *Georg Heinrich Schneider, Der thierische Wille. Systematische Darstellung und Erklärung der thierischen Triebe und deren Entstehung, Entwickelung und Verbreitung im Thierreiche als Grundlage zu einer vergleichenden Willenslehre, Leipzig o. J. (1882),*

BN; in der von N angegebenen Stelle gibt Schneider eine Definition der rudimentären Organe als nicht mehr zweckmäßig; sie hatten „ehemals einen Zweck": dies gilt — nach N in diesem Fragment und an anderen Stellen — für die „Bösen"

7[201] *Vgl. Anm. zu 7[1]*

7[206] **306** *17:* Hartmann] *a. a. O., 3 (vgl. Anm. zu 7[10])*

7[208] *Vgl. Hartmann, a. a. O., 5f.*

7[213] **308** *14:* Hartmann] *a. a. O.*

7[214] *Hartmann, 26*

7[215] *Hartmann, 28*

7[218] *Hartmann, 35*

7[219] *Hartmann, 36*

7[221] *Hartmann, a. a. O.*

7[222] *Hartmann, 27*

7[223] **310** *22:* Teichmüller] *vgl. 7[153]*

7[224] *Zur Kritik von Hartmanns „Phänomenologie des sittlichen Bewusstseins"*

7[233] *Zitat nicht erschlossen*

7[234] *Zitat nicht erschlossen*

7[235] *Zitat nicht erschlossen*

7[236] *Quelle nicht erschlossen*

7[237] *Vgl. Anm. zu 7[199]*

7[238] *Zum Begriff „Jesuitismus" vgl. Hartmann, 567ff.*

7[239] **315** *19—***316** *13] Zusammenfassung von Schneider, Der thierische Wille, 65—75*

7[244] **318** *13:* Espinas] *Alfred Espinas, Die tierischen Gesellschaften, Braunschweig 1879, BN*

7[245] *A. Espinas, a. a. O.*

7[247] *22:* Post I, 201] *Albert Hermann Post, Bausteine für eine allgemeine Rechtswissenschaft auf vergleichend-ethnologischer Basis, 2 Bde., Oldenburg 1880/81, BN*

7[248] **319** *10:* Baumann] *J. J. Baumann, Handbuch der Moral nebst Abriß der Rechtsphilosophie, Leipzig 1879, BN*

7[251] *22:* Hartmann] *a. a. O.*

7[254] *Vgl. Anm. zu 7[248]*

7[262] *Vgl. Anm. zu 7[248]*

7[263] *Im Anschluß an Baumann*

7[264] *Vgl. Anm. zu 7[248]*

7[268] **323** *3:* Unschuld des Werdens] *vgl. 8[26]; 14[1]*

7[269] *27:* Emerson] *Versuche*

7[270] *Zu Hartmann, a. a. O.*

7[272] *Wie 7[270]*

8 = Mp XVII 1 a

8[1] *Quelle nicht erschlossen*
8[3] *Vgl. Bd. 9, 7[37] und Anm. dazu*
8[4] *Vgl. GM III 17*
8[5] *Vgl. GM II 3*
8[6] *Quelle nicht erschlossen*
8[8] *Quelle nicht erschlossen*
8[9] *Quelle nicht erschlossen*
8[15] *Vgl. 24[1]; Bd. 12, 5[96.98]*
8[23] 344 6: die Guten] *Stichwort aus dem Sommer 1888*
8[26] *Vgl. 7[268]*

9 = N VI 2

9[1] *Sammlung von Sprüchen und Wendungen zu Za II; zu großem Teil in 13[1] übernommen*
9[3] *Vgl. Za II Der Wahrsager*
9[4] *Vgl. 13[1]*
9[5] *Disposition zu Za II*
9[6] *Wie 9[1]*
9[7] *Vgl. 13[1]; Za II Von den Tugendhaften*
9[10] *Vgl. 13[1]; Za II Das Kind mit dem Spiegel*
9[11] *Vgl. 13[1]*
9[13] *Vgl. Za II Von den Tugendhaften*
9[14] *Vgl. 13[1]; Za II Die stillste Stunde*
9[15] *Vgl. 13[1]*
9[17] *Vgl. 13[1]*
9[18] *Vgl. 13[1]*
9[19] *Vgl. 13[1]*
9[20] *Vgl. 13[1]*
9[21] *Vgl. 13[1]*
9[23] *Vgl. 13[1]*
9[24] *Vgl. 13[1]*
9[26] *Vgl. 13[1]*
9[29] *Stichworte zu früheren Fragmenten*
9[30] *Vgl. 13[1]*
9[31] *Vgl. 13[1.21]*
9[32] *Vgl. 13[1.16.20]*
9[34] *Vgl. 13[3]*

9[35] *Vgl. 13[2]*
9[42] 358 23] *vgl. 12[42]*
9[43] 359 13] *vgl. 12[42]*
9[45] *Vgl. 13[1.20]*
9[46] 361 1−2] *vgl. 13[1]*
9[47] 17−19] *vgl. 12[42]*
9[48] *Vgl. 12[42]*
9[49] *Vgl. 12[42]; 13[1]*
9[52] *Vgl. 13[1]*; Za II Die stillste Stunde
9[53] *Vgl.* Za II Das Nachtlied
9[56] *Disposition zu Za II*

10 = N VI 3

10[1] *Vgl. 13[3]*
10[2] *Vgl. 13[3]*
10[3] *Stichworte zu Za II (aus früheren Fragmenten)*
10[4] *Vgl. 13[3]*
10[5] *Vgl. 13[3]*
10[6] *Wie 10[3]*
10[7] *Vgl. 13[3]*
10[8] *Vgl.* Za II Der Wahrsager
10[9] *Vgl. 13[3]*
10[10] *Vgl.* Za II Der Wahrsager
10[11] *Wie 10[3]; vgl. 13[3]*
10[12] *Vgl. 12[42]; 13[3]*
10[14] *Vgl. 13[3]; 16[7]*
10[15] *Vgl.* Za II Der Wahrsager
10[16] *Vgl. 13[3]*
10[17] *Vgl. 13[18]*
10[18] *Vgl. 13[1]*
10[19] *Vgl. 13[3]*
10[20] *Vgl. 13[3]*
10[21] *Vgl. 13[18]; 12[43]*
10[22] *Vgl. 13[9]*
10[23] *Vgl. 13[3]*
10[24] *Vgl.* Za II Auf den glückseligen Inseln
10[28] *Vgl.* Za II Von grossen Ereignissen
10[30] *Vgl.* Za II Von den berühmten Weisen
10[31] *Disposition zu Za II; vgl. 13[3]*
10[32] *Vgl. 13[3]*

10[33] *Vgl. 13[3]*
10[34] *Vgl. 13[3]*
10[35] *Vgl.* Za II Das Grablied; Die stillste Stunde
10[36] *Vgl. 13[13]*
10[37] *Vgl. 13[1]*
10[38] *Vgl. 13[1]*
10[40] *Disposition zu Za II*
10[41] *Disposition zu Za II*
10[42] *Vgl. 13[24]*
10[45] *Disposition zu einem Zarathustra-Drama (nach Abfassung von Za II); dazu gehören auch 10[46.47]*

11 = N VI 4

11[2] *Disposition zu Za II*
11[3] *379 9—10] vgl. 12[44];* Za II Von der Menschen-Klugheit
11[4] *Vgl.* Za II Das Kind mit dem Spiegel
11[10] *Zu einem dritten Teil von Za (gleich nach oder während der Abfassung von Za II)*
11[11] *Vgl. JGB 83*
11[13] *Disposition zu Za II*
11[15] *Vgl. 13[14]*
11[16] *Vgl. 13[13]*
11[17] *Disposition zu Za II*
11[18] *Disposition zu Za II*

12 = Z I 3

12[1] *Zum ersten Mal veröffentlicht als Jahresgabe (1975/76) für die „Autoren und Freunde des Hauses Walter de Gruyter" Sammlung von Sprüchen aus MA, VM, WS, M, FW, sowie aus früheren Heften der Zeit 1882/83; mit Zusätzen und Änderungen; benutzt für Za II, III, IV, JGB*
12[2] *Vgl. 5[1]262*
12[4] *Vgl. 5[1]257*
12[5] *Vgl.* Za IV Der Blutegel
12[6] *Vgl.* Za II Auf den glückseligen Inseln
12[7] *Vgl. 4[168]; 5[1]249; 5[23]*
12[8] *Vgl. 5[1]239.244*
12[9] *Vgl. 5[1]234;* Za II Von den Erhabenen

12[11] *Vgl. 5[1]229*
12[12] *Vgl. 13[11]*
12[13] *Vgl. 5[1]214; 12[14]*
12[14] *Vgl. 5[1]213.214; 13[1]*
12[15] *Vgl. 5[1]209; 13[15]*
12[16] *Vgl. 5[1]207*
12[18] *Vgl. 5[1]198*
12[20] *Vgl. 5[1]191*
12[21] *Vgl. 5[1]195*
12[22] *Vgl. 5[1]183*
12[32] *Quelle nicht erschlossen*
12[42] *Stichworte zu Za II*
12[43] *Sammlung von Fragmenten, zum größten Teil für Za II Von den Taranteln benutzt; vgl. auch 13[1]*
12[47] *Disposition zu Za II*

13 = Z I 4

13[1] *Sammlung von Sprüchen und Wendungen vor allem aus dem Notizbuch 9 (N VI 2), z. T. auch 10 (N VI 3); vermehrt durch Zusätze; benutzt für Za II und die Entwürfe 13[6 – 9.11.12.14 – 19]*
13[2] *Vgl. 10[45.46.47]*
13[3] *Sammlung von Sprüchen und Wendungen, nur z. T. aus früheren Heften (insbesondere Notizbuch 10 = N VI 3); wenig benutzt für Za II*
13[4] *Nicht für Za benutzt*
13[6] *Verworfenes Kapitel, zusammengestellt zum großen Teil aus früheren Fragmenten*
13[7] *Wie 13[6]*
13[8] *Wie 13[6]*
13[9] *Wie 13[6]*
13[10] *Sammlung, vor allem für Za II Von der Selbstüberwindung benutzt*
13[11] *Wie 13[6]*
13[12] *Wie 13[6]*
13[13] *Wie 13[6]*
13[14] *Wie 13[6]*
13[15] *Wie 13[6]*
13[16] *Wie 13[6]*
13[17] *Wie 13[6]*
13[18] *Wie 13[6]*
13[19] *Wie 13[6]*
13[20] *Disposition zu Za II*

13[21] *Entwurf zu Za*
13[22] *Plan einer Fortsetzung von Za, kurz vor Abfassung von Za II*
13[23] *Entwurf zu Za*
13[24] *Stichworte zu Za*
13[25] *Stichworte zu Za*
13[27] *Disposition zu Za II*
13[28] *Disposition zu Za II*
13[29] *Disposition zu Za II*
13[30] *Disposition zu Za II*
13[31] *Disposition zu Za II*
13[32] *Disposition zu Za II*
13[33] *Disposition zu Za II*
13[34] *Disposition zu Za II*
13[35] *Disposition zu Za II*
13[36] *Disposition zu Za II*

14 = M III 2 b

14[1] *Vgl. 7[268]*

15 = N VI 5

Die Aufzeichnungen dieses Notizbuchs stellen einen von N aufgegebenen Versuch dar, sein Zarathustra-Werk nach Abschluß von Za II mit einem dritten und einem vierten Teil fortzusetzen; sie wurden später bei Abfassung von Za III kaum berücksichtigt.

15[8] *Liste von zu lesenden Büchern oder Autoren*
15[27] **486** *10:* Emerson p. 237] *N bezieht sich auf folgende Stelle der Versuche: „Das Eine, was wir mit unersättlichem Verlangen erstreben, ist, daß wir uns selbst vergessen, über uns selbst erstaunt sind, unser ewiges Gedächtniß los werden, und etwas thun ohne recht zu wissen wie oder warum; kurz, daß wir einen neuen Kreis ziehen. Nichts Großes wäre jemals ohne Enthusiasmus vollbracht worden. Der Weg des Lebens ist wundervoll. Er ist es durch ein völliges Dahingeben. Die großen Momente in der Geschichte wie die Werke, die im Genie oder in der Religion ihren Ursprung gefunden haben, sind die Leichtigkeit in der Ausführung durch die Kraft des Gedankens. ‚Ein Mann', sagte Oliver Cromwell, ‚erhebt sich niemals höher, als wenn er nicht weiß, wohin sein Weg ihn noch führen kann.' Träume und Trunkenheit, der Gebrauch des Opiums wie des Alkohols*

sind die äußere Gestalt und das Ebenbild von diesem Orakel sprechenden Genius, und daher die gefährliche Anziehungskraft, die sie für den Menschen haben. Aus demselben Grunde rufen diese die wilden Leidenschaften zu Hülfe, wie im Spiel und im Kriege, um doch in irgend einer Weise dieses Feuer, welches aus dem Innern stammt, und diesen **Seelenadel nachzuäffen.**" *Das Gesperrte wurde von N unterstrichen, die ganze Seite ist mehrmals angestrichen; zu Cromwells Wort vgl. SE 1*

15[47] *Vgl. Anm. zu 7[17]*
15[60] *Vgl. 15[8]*

16 = Z II 1 a

16[3] *Entwurf zu einem Zarathustra-Drama (nach Abfassung von Za II)*
16[4] *Sammlung von Sprüchen und Wendungen, durchweg aus früheren Heften; insbesondere 9, 10, 13*
16[5] *Spätere Eintragung von Anfang 1888*
16[7] *Wie 16[4]*
16[8] *Entwurf zu dem Plan vor Abfassung von Za III; in Zusammenhang damit die Pläne und Entwürfe 21[1−6]*
16[9] *Wie 16[8]*
16[11] *501 25−27: „sie ... Leben"] vgl. GT 7   502 10] nach J. Burckhardts Definition der Griechen, vgl. Bd. 8, 5[70] und Anm. dazu   11−13] vgl. VM 26*
16[12] *Vgl. 22[1]*
16[13] *Vgl. 22[1]*
16[15] *Vgl. Anm. zu 7[17]   503 27] MA 96.97   504 6: Rée] Ns Zitate aus Paul Rée, Der Ursprung der moralischen Empfindungen, Chemnitz 1877, BN*
16[18] *Vgl. Anm. zu 7[17]*
16[30] *Wie 16[8]*
16[35] *Vgl. 22[1]*
16[36] *Vgl. 22[1]*
16[37] *Wie 16[8]; dasselbe gilt für die nächstfolgenden Fragmente ohne Ausnahme bis zum Schluß: 16[38−90]   512 6] N bezieht sich auf folgende Stelle in Emersons Versuchen: „Den weisen Mann zu erziehen, dazu existirt der Staat; und mit dem Erscheinen des Weisen ist das Ende des Staates da. Das Auftreten des Charakters macht den Staat unnöthig. Der weise Mann ist der Staat. Er braucht kein Kriegsheer, keine Festung, keine Flotte, − er liebt dazu die Menschen zu sehr; keine Geschenke, oder Feste, oder einen Palast, um sich Freunde zu erwerben: keine Überlegenheit, keinen günstigen Um-*

stand. Er braucht keine Bibliothek, denn er hört nie auf zu denken; keine Kirche, denn er ist ein Prophet; kein Gesetzbuch, denn er hat den Gesetzgeber; kein Geld, denn er ist der Werth desselben; keinen Weg, denn wo er ist, da ist er zu Hause; keine Erfahrung, denn das Leben des Schöpfers durchströmt ihn und spricht ihm aus den Augen. Er hat keine persönlichen Freunde, denn der, welcher den Zauber besitzt, daß er sich das Gebet und die Liebe aller Menschen erwerben kann, braucht nicht einige Wenige zu leiten und zu erziehen, daß sie mit ihm ein auserwähltes und poetisches Leben führen. Die Beziehung, in der er zu den Menschen steht, ist eine engelgleiche; sein Gedenken ist Myrrhen für sie; seine Gegenwart Weihrauch und Blumen." Das Gesperrte wurde von N unterstrichen, die ganze Stelle mehrfach angestrichen.

17 = N VI 6

17[1] *Vgl. 22[1]*
17[2] *Entwurf noch vor Abfassung von Za III*
17[3] *Vgl. 22[1]*
17[4] *Wie 17[2]*
17[5] *Vgl. 22[1]*
17[6] *Vgl. 22[5]*
17[7] *Vgl. 22[1]*
17[9] *Disposition vor Abfassung von Za III*
17[10] *Vgl. 22[1]*
17[11] *Vgl. 22[2]*
17[12] *Vgl. 22[1]*
17[13] *Vgl. 22[3]*
17[14] 541 1—24] *vgl. Za III Der Wanderer*
17[15] *Vgl. Za III Der Wanderer*
17[16] *Vgl. 22[3.5]*
17[17] *Vgl. 22[5]*
17[18] *Zu einem vierten Teil von Za vor Abfassung von Za III*
17[20] *Vgl. 22[3.5]*
17[21] *Vgl. 22[3]*
17[22] *Wie 17[9]*
17[23] *Vgl. 22[3]*
17[24] *Vgl. 22[5]*
17[25] *Vgl. 22[5]*
17[26] *Titel zu den Plänen vor Abfassung von Za III gehörig*
17[27] *Wie 17[2]*
17[28] *Wie 17[2]*

17[29] *Wie 17[2]*
17[30] *Vgl. 22[1]*
17[31] *Neuer Gesamtplan vor Abfassung von Za III; vgl. auch die Pläne in Gruppe 21*
17[32] *Vgl. 22[1]*
17[33] *Wie 17[9]*
17[34] *Vgl. 22[1]*
17[35] *Vgl. 22[1]*
17[36] *Wie 17[26]*
17[38] *Vgl. 22[1]*
17[39] *Wie 17[9]*
17[40] *Wie 17[9]*
17[41] *Wie 17[18]; vgl. Za III* Von der verkleinernden Tugend
17[43] *Anscheinend aus einem Bücherkatalog*
17[44] *Wie 17[2]*
17[45] *Wie 17[2]; vgl. 22[1]*
17[46] *Vgl. 22[1]*
17[48] *Vgl. 22[1]*
17[49] *Vgl. Anm. zu 7[17]*
17[51] *Wie 17[2]; vgl. 22[1]*
17[52] *Wie 17[2] und 17[18]*
17[53] *Wie 17[18]*
17[54] *Wie 17[18]; vgl. 22[1]*
17[55] *Wie 17[9]; vgl. 22[1]*
17[56] *Vgl. 22[1]*   556 7−8] *vgl. 17[18]*
17[58] *Vgl. 22[1]*
17[59] *Vgl. 22[1]*
17[60] *Vgl. 22[1]*
17[61] *Vgl. 22[1]*
17[62] *Wie 17[9]*
17[63] *Vgl. 22[1]*
17[64] *Vgl. 22[1]*
17[65] *Vgl. 22[1]*
17[66] *Vgl. 22[1]*
17[67] *Vgl. 22[1]*
17[69] *Zu einem dritten und vierten Teil vor Abfassung von Za III*
17[70] *Vgl. 22[1]*
17[71] *Vgl. 22[1]*
17[72] *Vgl. 22[1]*
17[73] *Auguste Blanqui vertrat in diesem Buch eine Auffassung, die dem Gedanken der ewigen Wiederkehr des Gleichen nahekam; vgl. H. Lichtenberger, Die Philosophie Fr. Nietzsches, Leipzig 1899, 204–209*
17[74] *Vgl. 22[1]*

17[77] *Wie 17[2]*
17[80] *Vgl. 22[1]*
17[82] *Vgl. 22[1]*
17[85] *Vgl. 22[1]*

18 = N VI 7

18[1] *Vgl. 22[3]*
18[2] *Wie 17[18]*
18[19] *Vgl. 22[2]*
18[30] *Vgl. 18[34]*
18[31] *Disposition zu Za III*
18[34] *Vgl. Za III* Die Heimkehr
18[35] *Vgl. Za III* Von den Abtrünnigen
18[45] *Vgl. Za III* Vom Gesicht und Räthsel
18[46] *Vgl. 22[5]*
18[48] *Vgl. 22[8]; 23[10]*
18[55] *Vgl. 9[48]; 11[9]*
18[59] *Vgl. Za III* Das andere Tanzlied

19 = N VI 8

19[2] *Vgl. Za III* Die Heimkehr
19[3] *Vgl. Za III* Von den Abtrünnigen
19[5] *Vgl. Za III* Von alten und neuen Tafeln
19[7] *Vgl. Za IV* Das Zeichen
19[8] *Disposition zu Za III*
19[9] *Vgl. Za III* Der Genesende
19[12] *Vgl. Za III* Von alten und neuen Tafeln 29
19[14] *Vgl. 16[49]; 21[3]*

20 = Z II 2

20[1] *Vgl. Za III* Der Wanderer; *22[1]*
20[2] *Vgl. 20[3]*
20[3] *Vor Abfassung von Za III; vgl. 21[1−6]*
20[4] **590** *10:* Teichmüller p. 55] *vgl. Anm. zu 7[153]*
20[8] *Vgl. Anm. zu 20[3]; 21[1−6]*

20[9] *Vgl. 21[1-6]*
20[10] *Vgl. 21[1-6]*
20[11] *Vgl. DD* Letzter Wille
20[12] *Vgl. 22[3.5]*
20[13] *Vgl. Za III* Von den Abtrünnigen
20[15] *Vgl. Za III* Vom Geist der Schwere
20[16] *Disposition zu Za*

21 = Mp XV 3 b

21[1] *Vgl. 20[3]*
21[2] *Vgl. 20[10]*
21[6] *Vgl. 20[3]*

22 = Z II 3 a

22[1] *Reinschrift aus früheren Heften (13. 15. 16. 17. 18) zur Sammlung von Sprüchen und Wendungen, die zum Teil in Za III übernommen wurden*
22[2] *Kurz vor der endgültigen Konzeption von Za III*
22[3] *Wie 22[1]*
22[4] *Wie 22[2]*
22[5] *Wie 22[1]*
22[8] *Disposition zu Za III*

23 = Z II 4

23[1] *In Za nicht benutzt*
23[3] *Nicht ausgeführtes Kapitel von Za III*
23[4] *Vgl. Za III Das andere Tanzlied*
23[5] *Zusammenstellung zu einem nicht ausgeführten Kapitel von Za III*
23[7] *Nicht ausgeführt*
23[8] *Nicht ausgeführt*
23[9] *Dispositionen zu Za III*
23[10] *Dispositionen zu Za III*

24 = Mp XVII 1 b

24[1] *zu den* Griechen als Menschenkenner; *vgl. 8[15]; Bd. 12, 5 [96. 98]*
24[4] *Vgl. 25[1. 6. 227. 323]; 26[259. 465]; 27[58. 80. 82]; 34[191]*

24[6] 646 *18:* Bourget p 25] *bezieht sich auf Paul Bourget, Essais de psychologie contemporaine, Paris 1883; vgl. WA 7 und Anm. dazu*
24[9] 647 *22] Stichwort später eingetragen (August 1888) nach dem Plan Bd. 13, 18[17]*
24[13] *Zitat nicht erschlossen*
24[27] *Vgl. Anm. zu 7[1]*
24[36] *Die Zitate aus J. G. Vogt, Die Kraft. Eine real-monistische Weltanschauung, Leipzig 1878, BN*

25 = W I 1

25[1] *Vgl. 25[2. 6. 227. 323]; 26[243. 259. 293. 298. 325. 465]; 27[58. 80. 82]*
25[2] *Vgl. N an Peter Gast, 22. März 1884 (s. Chronik)*
25[3] *Vgl. Za IV Gespräch mit den Königen; 29[1]; 31[44. 61]*
25[4] *Vgl. Za IV Das Lied der Schwermuth; 31[31]; 28[14]*
25[5] *Vgl. Za IV Der Schatten; 29[1]; 31[44]; 32[8]*
25[6] *Vgl. die Hinweise zu 25[1]*
25[7] 11 *15–16] Vgl. JGB 142; Zitat nicht erschlossen*
25[9] *Nur zur Hälfte veröffentlicht in WM² 57*
25[11] *Vgl. N an Peter Gast, 22. März 1884*
25[14] *Vgl. Za IV Vom höheren Menschen 9; 29[1], 32[8]*
25[16] *Vgl. 29[1]; 31[48]; 32[8]*
25[18] *Vgl. Za IV Der Schatten; 29[1]; 31[44]; 32[8]*
25[25] *Zitat nicht erschlossen*
25[26] *N las in dieser Zeit: Honoré de Balzac, Correspondance 1819–1850, in Œuvres complètes XXIV, Paris 1876; hier zitiert N Balzac an Madame Hanska, 20. Jan. 1838 (S. 276f.)*
25[27] *Balzac an Madame Hanska, Okt. 1836, Correspondance, 241*
25[28] *Balzac an Laure Surville, Aug. 1832, Correspondance, 127f.*
25[29] *Balzac an R. Colomb, 30. Jan. 1846, Correspondance, 491f.*
19 *14:* madame Honesta] *Gestalt aus „Belphégor", Erzählung von La Fontaine*
25[30] *Balzac an Madame Hanska, 4. März 1844, Correspondance, 400*
25[31] *Balzac an Stendhal, 6. April 1839, 329f.*
25[32] *Balzac an Astolphe de Custine, 10. Febr. 1839; an Madame Hanska, 18. Juni 1838; Correspondance, 321f. 303*
25[34] *Balzac an Zulma Carraud, 1. Juni 1832; an Laure Surville, 1821; Correspondance, 109 und 35*
25[41] 22 *2:* de Custine ... voyages] *Astolphe de Custine, Mémoires et voyages, ou lettres écrites à diverses époques, pedant des courses en*

Suisse, en Calabre, en Angleterre, et en Ecosse, Paris 1830 (2 Bde., abgekürzt: Custine); hier zitiert N aus Bd. 1

25[42] *Custine 1, 156*
25[43] *Custine 1, 169f.*
25[44] *Custine 1, 181*
25[45] *Custine 1, 187*
25[46] *Custine 1, 223*
25[47] *Custine 1, 225*
25[48] *Custine 1, 248*
25[49] *Custine 1, 273*
25[50] *Custine 1, 332f.*
25[51] *Custine 2, 163*   23 *16–18:* Der ... gemacht!] *von N*
25[52] *Custine 2, 256f. 260f.*
25[53] *Custine 2, 276*
25[54] *Custine 2, 292*
25[55] *Custine 2, 380*
25[57] *Custine 2, 291*
25[58] *Custine 2, 272*
25[59] *Custine 2, 251f.*
25[60] *Custine 2, 252*
25[61] *Custine 2, 418*
25[62] *Custine 2, 442f.*
25[63] *Custine 2, 448f.*
25[64] *Custine 2, 464*
25[65] *Custine 2, 464*
25[66] *Custine 2, 466*
25[67] *Custine 2, 467*
25[68] *Custine 2, 467*
25[69] *Custine 2, 474*
25[72] *Zitat nicht erschlossen*
25[75] *Zitat nicht erschlossen*
25[76] *Zitat nicht erschlossen*
25[77] *Zitat nicht erschlossen*
25[78] *Zitat nicht erschlossen*
25[79] *Zitat nicht erschlossen*
25[80] *Zitat nicht erschlossen*
25[81] *Zitat nicht erschlossen*
25[82] *Zitat nicht erschlossen*
25[83] *Zitat nicht erschlossen*
25[86] *Schopenhauer, Welt 2, 495. 497*
25[90] *Zitat nicht erschlossen*
25[91] *Zitat nicht erschlossen; N benutzt diesen Gedanken in Za IV* Die Begrüssung *Bd. 4, 347, 24–25*

25[92] *Zitat nicht erschlossen; ähnliche Bilder in Za IV* Das Lied der Schwermuth
25[98] *Zitat nicht erschlossen*
25[101] 36 *29–34] vgl. Za IV* Der hässlichste Mensch
25[108] *Zitat nicht erschlossen*
25[109] *Zitat nicht erschlossen*
25[110] *Zitat nicht erschlossen*
25[112] 42 *21–22:* Goncourt's ... Mauperin] *Roman (1864)*
25[115] *Vgl. EH* Der Fall Wagner 2
25[117] 44 *24–25* J. Burckhardt ... Pitti] *vgl. Der Cicerone. Eine Anleitung zum Genuß der Kunstwerke Italiens. 2. Aufl. bearbeitet von A. v. Zahn, Leipzig 1869, 175, BN; vgl. Bd. 9, 11[197] und Anm. dazu* 27–28: Flaubert (Briefe)] *vgl. Gustave Flaubert, Lettres à George Sand. Précédées d'une étude par Guy de Maupassant, Paris 1884, BN*
25[123] *Vgl. JGB 224*
25[126] 47 *3:* Taine] *in: Nouveaux essais de critique et d'histoire, Paris ⁷1901, 60f.*
25[133] *Vgl. H. Taine, Essais de critique et d'histoire, Paris ⁸1900, 42; Taine bezieht sich auf Guizot, dessen „Histoire de la révolution d'Angleterre" er bespricht*
25[137] 50 *10:* Im Theages Plato's] *125e–126a*
25[138] *Zitat nicht erschlossen*
25[139] *Zitat nicht erschlossen*
25[141] *Zitat aus dem Roman „Manette Salomon" (1867) der Gebrüder Goncourt; Angaben in den Anmerkungen nach der Ausgabe von 1889: Kap. XXXV, S. 137f.*
25[142] *Manette Salomon, Kap. XXXV, 138*
25[143] *Manette Salomon, Kap. XXXVI und LXV, 140f. und 218f.*
25[144] *Manette Salomon, Kap. III, 13–16*
25[145] *Manette Salomon, Kap. LXXXIII, 266f.*
25[148] 53 *9–11:* Eine ... Jahren.] *Zitat aus Ernest Renan, Histoire des origines du Christianisme, I, La vie de Jésus, Paris 1863, 47: N benutzt eine andere Ausgabe; vgl. Za IV* Das Honig-Opfer *Bd. 4, 298, 14–16*
25[149] *Renan, 51–53*
25[150] *Zitiert bei Renan, 179; vgl. Za IV* Vom höheren Menschen 16
25[151] *Zitiert durch Renan, 180, der als Quelle Clem. Alex. Strom. I, 28, angibt; vgl. 31[50]; 32[10]*
25[152] *Vgl. 25[177]*
25[154] *Vgl. Stendhal, Rome, Naples et Florence, Paris 1854, BN, 30: „La beauté n'est jamais, ce me semble, qu'une promesse de bonheur"; vgl. GM III 6*
25[156] *Vgl. Za IV* Vom höheren Menschen 16

25[161] *Zitat?*
25[164] *57 20:* Gewalt-Mensch] *vgl. 25[117] und Anm. dazu*
25[169] *Julien Sorel in „Le Rouge et le Noir"; vgl. N an Peter Gast, 19. Dez. 1886*
25[177] *Vgl. 25[152]*
25[178] *61 12–13:* Dann ... Stowe] *Anspielung auf Harriet Beecher Stowe, Uncle Tom's Cabin (1852)*
25[181] *63 4:* Aegide] *unsichere Lesart*
25[183] *16:* Stello] *Roman (1835) von Alfred de Vigny*
25[184] *Vgl. JGB 256; WA 7*
25[187] *Vgl. E. Las Cases, Mémorial de Sainte-Hélène, Paris 1823 (abgekürzt: Mémorial), III, 102f.*
25[188] *Mémorial IV, 160*
25[189] *Mémorial IV, 165*
25[190] *Mémorial III, 240*
25[191] *Mémorial III, 104*
25[193] *65 22–23:* Heinrich ... Heilbronn)] *Ns Quelle nicht erschlossen; vgl. jedoch Goethes Werke (Gedenkausgabe) 22, 876: „Als Goethe das Kleistsche Käthchen von Heilbronn ... gelesen hatte, sagte er: Ein wunderbares Gemisch von Sinn und Unsinn! Die verfluchte Unnatur! und warf es in das lodernde Feuer des Ofens mit den Worten: Das führe ich nicht auf, wenn es auch halb Weimar verlangt" (E. W. Weber, zeitlich unbestimmt)*
25[194] *Quelle nicht erschlossen*
25[196] *66 16:* „umgekehrte Krüppel"] *vgl. Za II Von der Erlösung Bd. 4, 178, 9–10*
25[198] *19:* alle ... begangen] *vgl. Za IV Der Schatten; 32[8]*
25[204] *Zitat nicht erschlossen*
25[205] *Zitat nicht erschlossen*
25[206] *Zitat nicht erschlossen*
25[212] *Zitat nicht erschlossen*
25[217] *Vgl. 25[259]*
25[220] *Vgl. N an Malwida von Meysenbug, Anfang Mai 1884 (über Elisabeth N)*
25[227] *Vgl. die Hinweise in der Anm. zu 25[1]*
25[237] *Zu einem neuen Zarathustra-Werk (nach Za III, den N als Schluß seines Werks betrachtete); vgl. 25[246. 247. 260. 306. 415. 523]; 26[222]; 27[71]; zum Titel des neuen Werks vgl. 25[323]*
25[238] *74 15:* Philosophie der Zukunft"] *als Titel bzw. Untertitel (oft als* Vorspiel einer Philosophie der Zukunft *wie JGB) in 25[490. 500]; 26[426]; 34[1]; 35[84]; 36[1]; 36[6]; 40[45]; 40[48]; 41[1]*
25[246] *Vgl. die Hinweise in der Anm. zu 25[237]; vgl. Za IV Gespräch mit den Königen*

25[247] Vgl. die Hinweise in der Anm. zu 25[237]; einige Themata in Za IV übernommen 77 1: „wo ... Mitleidigen"] vgl. Za II Von den Mitleidigen Bd. 4, 115, 24–25; vgl. auch das Motto zu Za IV
25[248] Vgl. 25[251]
25[249] Vgl. die Hinweise in der Anm. zu 25[237]
25[251] Vgl. 25[248]
25[252] Vgl. 31[61]; Za IV Vom höheren Menschen 5
25[257] Vgl. JGB Vorrede
25[259] Vgl. 25[217]; einige Themata in GM ausgeführt 79 24: Rée] vgl. Anm. 7[17]
25[260] Vgl. die Hinweise in der Anm. zu 25[237]
25[262] Vgl. Za IV Ausser Dienst
25[265] Vgl. die Hinweise in der Anm. zu 25[252]
25[268] Vgl. 25[271. 272]; Za IV Gespräch mit den Königen
25[271] Vgl. 25[268]
25[272] Vgl. 25[268]; 26[457]
25[276] Bezieht sich auf BA, WB, SE
25[282] 84 4 Lipiner] vgl. Chronik 1877
25[284] Quelle nicht erschlossen
25[285] Bezieht sich auf die Auseinandersetzungen mit der Familie in dieser Zeit (Frühjahr 1884); vgl. Chronik
25[286] Vgl. GD Streifzüge eines Unzeitgemässen 51; EH Vorwort 4 sowie Ns Briefe, die aus dem Frühjahr 1884 stammen (nach Abfassung von Za III)
25[290] Vgl. 25[305. 322. 331]
25[296] Vgl. 26[293. 298]; 27[79. 80]; 29[40]
25[303] Vgl. JGB 11; N an Peter Gast, 7. März 1887
25[304] Quelle nicht erschlossen; vgl. Za IV Der Schatten; GM III 24; 32[8]
25[305] Vgl. die Anm. zu 25[237]
25[306] Vgl. die Anm. zu 25[237]
25[318] 94 5: Lange p 822] Friedrich Albert Lange, Geschichte des Materialismus, Iserlohn ⁴1882 (hg. von H. Cohen), in BN: 1887 (2. Tausend der 4. Auflage); vgl. darüber J. Salaquarda, Nietzsche und Lange, Nietzsche-Studien 7 (1978), insbes. S. 239–240 (Anm. 20)
25[322] Vgl. Anm. zu 25[237]
25[323] Vgl. Anm. zu 25[1] und 25[237]
25[331] Vgl. Anm. zu 25[237]
25[338] Vgl. Za IV Der hässlichste Mensch Bd. 4, 330, 18–25 und die Anm. dazu
25[340] 101 5: Assassinenthum] vgl. GM III 24
25[352] Vgl. Anm. zu 25[237]
25[376] Vgl. 25[401]

25[392] 115 *17]* „Alles ist Geist" „Alles denkt" *Emendation in GA 18]* „Alles ist Zahl" „Alles rechnet" *Emendation in GA*
25[401] *Vgl. 25[376]*
25[415] *Vgl. Anm. zu 25[237]*
25[417] *Zitat nicht erschlossen*
25[418] *Zitat nicht erschlossen*
25[419] *Verzeichnis von z.T. in den vorhergehenden Fragmenten behandelten Themen*
25[422] *Vgl. JGB 233*
25[424] *Vgl. Anm. zu 25[318]*
25[441] **130** *23:* p. 261] *der Frauenstädt-Ausgabe, 1873–74, BN*
25[442] **131** *3:* l.c. 265] *vgl. Anm. zu 25[441]*
25[453] *Vgl. 25[237], 25[323], 26[220. 221] und die Anm. dazu*
25[454] **134** *8: Der ... muß] vgl. Za I Vorrede 3*
25[456] *Vgl. 25[237] und Anm. dazu*
25[458] *Wie 25[456]*
25[472] *Vgl. GM I 5*
25[473] *Vgl. Goethe, Maximen und Reflexionen, 328*
25[475] *Vgl. Goethe, Maximen und Reflexionen, 332*
25[474] *Vielleicht Kommentar zu Goethe, Maximen und Reflexionen, 313: „... Das Zeitalter war's, das den Sokrates durch Gift hinrichtete ... die Zeitalter sind sich immer gleich geblieben"?*
25[476] *Vgl. Goethe, Maximen und Reflexionen, 340; JGB 244*
25[477] *Vgl. Goethe, Maximen und Reflexionen, 316*
25[478] *Vgl. Goethe, Maximen und Reflexionen, 316*
25[479] *Zitiert bei Goethe, Maximen und Reflexionen, 228*
25[480] *Vgl. Goethe, Maximen und Reflexionen, 186*
25[481] *Vgl. Goethe, Sprüche in Prosa, 210*
25[482] *Vgl. Goethe, Sprüche in Prosa, 158*
25[490] *Vgl. 25[451. 500. 504]; dazu auch 25[489]*
25[493] *Vgl. 25[237] und Anm. dazu*
25[497] **144** *14: er] Richard Wagner*
25[500] *Vgl. 25[490] und die Anm. dazu; vgl. auch Anm. zu 25[238]* **145** *12: Amor fati] vgl. FW 276; EH Warum ich so klug bin 10; EH Der Fall Wagner 4; NW Epilog 1*
25[504] *Vgl. 25[490]*
25[505] **146** *29] vgl. 25[304] und Anm. dazu*
25[511] *Vgl. Bd. 12, 7[12]*
25[515] **148** *8: auf ... kann] vgl. FWP Nach neuen Meeren*
25[518] *Quelle nicht erschlossen*
25[519] *Quelle nicht erschlossen*
25[520] *Vielleicht gegen E. v. Hartmann gerichtet; vgl. 25[517]*
25[523] *Vgl. 25[237] und Anm. dazu*

25[525] Vgl. 26[390]; 38[19]; GM Vorrede 3; Bd. 8, 28[7]
25[526] Vgl. 34[247]

26 = W I 2

26[2] Vgl. 34[29]
26[4] Vgl. Paul de Lagarde, Deutsche Schriften, Göttingen 1878–81
26[6] Vgl. 28[53] und Luk. 1, 37
26[7] 152 6: „er ... Ungerechte"] Matth. 5, 45
26[8] Vgl. 25[303]; 26[445]; 26[412]
26[11] Vgl. 25[217. 259]
26[22] Bezieht sich auf WB
26[25] Vgl. 25[304. 505]
26[31] Vgl. 26[377]; 35[49]; 41[2]
26[47] Vgl. 25[490. 500]
26[48] Zu 26[47]
26[67] 166 8: Heraclit] vgl. Fr. 114. 28. 94. 80. 1. 2. 23 (Diels-Kranz)
26[75] Zu 26[47. 48]
26[78] Zitat nach der Frauenstädt-Ausgabe, 1873–74, BN
26[84] Alle Zitate — auch das aus Kant — nach der oben zitierten Frauenstädt-Ausgabe
26[85] Wie 26[84]   172 23: Kotzebue's] vgl. 26[96]
26[96] Vgl. 26[85]
26[99] Vgl. Za IV Vom höheren Menschen 5
26[122] Zitat nicht erschlossen
26[123] 183 5: Aristotelisch] vgl. z.B. Eth. Nic. 1177a, 1–5
26[128] Vgl. 26[131]
26[129] Zitat? vgl. jedoch 28[27] 310, 19
26[131] Vgl. 26[128]
26[139] Seit 1883 häufiger Titel bis zur Veröffentlichung von JGB; vgl. 26[241. 297. 325]
26[140] Zu 26[139]
26[153] Vgl. 26[47. 48. 160]
26[155] Vgl. 25[6]
26[159] Vgl. Schopenhauer Welt 2, 264?
26[173] 191 2–3: wo ... Freunde?] vgl. JGB Nachgesang
25[179] 197 4: Manfred] von Byron; vgl. EH Warum ich so klug bin 4
26[193] Vgl. Paul Deussen, Das System des Vedânta, Leipzig 1883, 239, BN (Abkürzung: Vedânta)
26[194] Vedânta, 303
26[198] Vedânta, 434f.
26[199] Vedânta, 444

26[201] *Vedânta, 448*
26[202] **202** *19:* Rée] *vgl. Anm. zu 7[17]*
26[218] **206** *23:* Rée] *vgl. Anm. zu 7[17]*
26[219] *Vgl. 25[237] und Anm. dazu*
26[220] *Vgl. 25[237] und Anm. dazu* **207** *8:* Buddha] *bezieht sich auf Hermann Oldenberg, Buddha. Sein Leben, seine Lehre, seine Gemeinde, Berlin 1881, BN; so auch die Seitenzahlen*
26[221] *Wie 26[220]*
26[222] *Vgl. 25[237] und die Anm. dazu*
26[223] *Wie 26[222]*
26[225] *Vgl. GM III 24*
26[233] **210** *15:* Dühring] *bezieht sich auf Dührings Selbstbiographie: Sache, Leben und Feinde, Karlsruhe/Leipzig 1882, BN*
26[235] *Vgl. FWP*
26[237] *Vgl. N an Heinrich von Stein, 18. Sept. 1884 (s. Chronik)*
26[239] *Vgl. 26[241]*
26[241] *Zu 26[239]*
26[242] **212** *6:* Galiani] *Lettres à Madame d'Epinay, vgl. Anm. zu Bd. 12, 9[107]*
26[243] *Vgl. 25[1] und Anm. dazu*
26[244] *Zu 26[243]*
26[245] *Vgl. JGB 266; das Goethe-Zitat nicht erschlossen*
26[253] *Vgl. Goethe, Faust II, 11989, dasselbe Zitat in JGB 286 und GD* Streifzüge eines Unzeitgemässen 46
26[255] *Bezieht sich auf Johann Janssen, Geschichte des deutschen Volkes seit dem Ausgang des Mittelalters, Freiburg 1878–88; vgl. N an Peter Gast, 5. Okt. 1879; an Overbeck, Okt. 1882; GM III 19; zu D. F. Strauß vgl. DS*
26[256] *Vgl. 25[1] und die Anm. dazu*
26[258] *Zum Werk, dessen Titel zwischen 25[1] und 26[259] schwankt*
26[259] *Vgl. 25[1] und die Anm. dazu; Ein Versuch der Umwerthung aller Werthe wird später zum Untertitel des geplanten* Willens zur Macht; *vgl. S. 390*
26[269] *Vgl. 25[237] und Anm. dazu*
26[270] *Vgl. 26[318]; das Thema des „höheren Menschen" wird in dieser Zeit bis zur Abfassung von Za IV vielfach behandelt*
26[273] *Die Fragmente 26[273. 274. 275. 276. 277] stehen untereinander in engem Zusammenhang und behandeln das Thema des „Willens zur Macht"; sie wurden alle nicht in die Kompilation von Elisabeth Förster-Nietzsche und Peter Gast aufgenommen*
26[283] *Vgl. 26[284]; 25[1] und Anm. dazu*
26[284] *Zu 26[283]*
26[289] *Vgl. Anm. zu 25[237]; die hier aufgezählten Gestalten z. T. in Za IV*

26[291] Vgl. Montaigne, Essais, Buch 1, Kap. XXIII
26[292] Vgl. 26[297. 298]
26[293] Vgl. 25[296] und Anm. dazu
26[295] Vgl. 26[296]; 26[302]
26[296] Vgl. 26[295]
26[297] Vgl. 26[139] und Anm. dazu; 26[292]
26[298] Vgl. 26[293. 296]; 25[1] und Anm. dazu
26[299] Vgl. 38[22]; Bd. 12, 2[2]
26[302] 231 15: Boscovich] vgl. JGB 12; 26[410. 432]; vgl. Bd. 9, 15[21]
26[306] Vgl. 26[51], 35[46]
26[314] Quelle nicht erschlossen (Stendhal?); vgl. 34[8]
26[315] 234 2–3: Reise in Frankreich] Stendhal, Mémoires d'un touriste, Paris 1877, BN
26[318] Vgl. Za IV; vgl. 26[270] und Anm. dazu
26[320] Vgl. 34[155]; 35[9]; zum „guten Europäertum" gehört auch der „Schatten" in Za IV
26[324] Vgl. Za IV Gespräch mit den Königen
26[325] Vgl. 26[139] und Anm. dazu; vgl. auch 25[1] und Anm. dazu
26[337] Vgl. JGB 147; Quelle nicht erschlossen
26[338] Quelle nicht erschlossen
26[350] 242 14: Pericles] vgl. Thuk. II, 41; zitiert auch in GM I 11; vgl. MA 474; Bd. 8, 3[41] und 5[200]
26[366] Vgl. 25[237] und Anm. dazu; Za IV Die Begrüssung
26[367] Vgl. 25[237] und Anm. dazu; N bezieht sich auf das „Singen" eines Memnonkolosses im Totentempel zu Theben in Ägypten; vgl. Tac., Ann. 2, 61
26[372] Vgl. Bd. 1, 875–897
26[375] Ns Auseinandersetzung mit Kant spiegelt sich in vielen Fragmenten aus dieser Zeit wieder; vgl. u. a. 26[412. 461]; 34[37. 79, 82. 116. 185]; 38[7]. Vgl. JGB 11
26[376] 250 4: Gedanken] der ewigen Wiederkunft des Gleichen
26[377] Vgl. 26[31] und Anm. dazu
26[381] Vgl. Bd. 12, 4[2]; 10[159]; Bd. 13, 11[33]
26[382] 251 18: Man ... Dühring] bezieht sich sehr wahrscheinlich auf ein Gespräch Ns mit Heinrich von Stein, der ihn in Sils-Maria am 26.–28. August 1884 besuchte (s. Chronik)
26[383] Notizen zu einem Gespräch, vgl. Anm. zu 26[382]
26[390] Vgl. 25[525]; 38[19]; Bd. 8, 28[7]; GM Vorrede 3
26[394] 254 17: Wissen Sie] vgl. Anm. zu 26[383]   29: Stendhal] vgl. 26[396]   28–29: Man ... wohnen] vgl. Za III Die Heimkehr
26[395] 255 2: Gut ... entdeutschen] vgl. VM 323
26[396] Vgl. 26[394]; 35[34]; Stendhal, Mémoires d'un touriste, Paris 1877, BN

26[397] *Vgl. Stendhal, Mémoires d'un touriste*
26[399] *Vgl. 43[3]*
26[401] *Vgl. Bd. 12, 10[78]*
26[402] *Vgl. 25[272], 26[457]*
26[403] *Vgl. 38[6]*
26[404] *Vgl. 38[5]*
26[405] *Vgl. Bd. 13, 23[1]*
26[406] *Vgl. 26[408]*
26[407] *Vgl. 34[201. 207]*
26[408] *Vgl. 26[406]*
26[410] 261 5: Boscovich] *vgl. Anm. zu 26[302]*
26[412] *Vgl. Anm. zu 26[375]* 261 26–27: niaiserie allemande] *vgl. 26[420]* 262 1–2: Fichte ... Kirchenvätern] *vgl. 25[303]; 26[8]; 26[445]; JGB 11*
26[415] *Zitat nicht erschlossen*
26[416] 21: Teichmüller] *von Gustav Teichmüller las N: Die wirkliche und die scheinbare Welt, 1882*
26[418] *Vgl. Prosper Mérimée, Lettres à une inconnue, Paris 1874, II, 137 (abgekürzt: Mérimée)*
26[419] *Mérimée II, 21*
26[420] *Mérimée I, 332; vgl. 26[412] und Variante zu JGB 244*
26[421] *Mérimée I, 317*
26[422] *Mérimée I, 167*
26[423] *Mérimée I, 79*
26[426] *Vgl. 25[238]*
26[427] *Vgl. Bd. 12, 10[69]*
26[428] *Zitat?*
26[432] *Vgl. 26[302]; JGB 12*
26[433] *Vgl. Anm. zu 26[383]*
26[434] *Vgl. MA 472*
26[435] *Vgl. X. Doudan, Pensées et fragments, Paris 1881, 33, BN*
26[436] *Doudan, nicht erschlossen*
26[437] *Doudan, nicht erschlossen*
26[438] *Doudan, nicht erschlossen*
26[439] *Doudan, nicht erschlossen*
26[440] *Vgl. das Motto zu FW, 5. Buch; Quelle nicht erschlossen*
26[441] *Doudan, nicht erschlossen*
26[443] *Doudan, Mélanges et lettres, Paris 1878, II, 586, BN*
26[444] *Doudan, Mélanges II, 487*
26[445] *Vgl. 26[8]*
26[446] *Doudan, Mélanges II, 458f.; vgl. 38[5]*
26[447] *Doudan, Mélanges II, 417*
26[454] *Vgl. 34[45]; 38[6]; Quelle nicht erschlossen*

26[455] *Zitat nicht erschlossen*
26[457] *Vgl. 25[272]; 26[402]*
26[458] *Quelle nicht erschlossen*
26[461] *Vgl. Anm. zu 26[375]*
26[464] *Vgl. Anm. zu 26[375]*
26[465] *Vgl. 25[1] und die Anm. dazu*
26[466] *Vgl. JGB 8 und die Anm. dazu*
26[467] *Vgl. 26[139] und die Anm. dazu*
26[468] *Vgl. JGB Abschnitt 9*

27 = Z II 5

27[23] *Vgl. 25[237] und Anm. dazu*
27[58] *Vgl. 25[1] und Anm. dazu*
27[67] *Zu 27[58]*
27[71] *Vgl. 25[237] und Anm. dazu*
27[75] *Vgl. 26[233] und Anm. dazu*
27[79] *Vgl. 25[296] und Anm. dazu*   295 4–5: Taine ... 42] H. Taine, *Geschichte der englischen Literatur*, 3 Bde., Leipzig 1878–80, BN
27[80] *Vgl. 25[1] und Anm. dazu*
27[82] *Wie 27[80]*

28 = Gedichte und Gedichtfragmente. Z II 5 b. Z II 7 a. Z II 6 a

Während der Abfassung des zweiten und dritten Teils von *Also sprach Zarathustra* (Sommer 1883–Anfang 1884) lassen sich in Ns Heften zahlreiche poetische Wendungen, Bilder, Gleichnisse feststellen, welche N ohne weiteren Bezug aufs Papier brachte. Diese wurden nur zum Teil für den zweiten und dritten Zarathustra gebraucht, die meisten (unbenutzten) aber in neue Hefte abgeschrieben. Im Herbst 1884 versucht sich N an mehreren poetischen Entwürfen, sei es unter Benützung des schon vorhandenen Materials, sei es mit der Niederschrift einiger neuer Gedichte. Er erwog den Plan einer Veröffentlichung von Gedichten, für die er einen Verleger zu finden gedachte. Alle diese Versuche wurden gleich darauf durch die Abfassung des vierten Teils von *Also sprach Zarathustra* aufgehoben. Die Hefte, in denen sich dieser Versuch niederschlug, sind: Z II 5, Z II 6, Z II 7. In diesen finden wir: Titel für die geplante Gedichtsammlung, Verzeichnisse von Gedichten, Pläne verschiedener Art, mehrere Fassungen von

Gedichten, Gedichtfragmente, Epigramme. Zu besserer Übersicht dieses vielfältigen Materials geben wir zunächst ein Verzeichnis der Gedichte, welche N in dieser Periode abfaßte (oder aufgrund schon vorhandener Texte bearbeitete) und die er — nach dem Verzicht auf eine selbständige Veröffentlichung einer Gedichtsammlung — in seine Publikationen der Jahre 1885–1887 aufnahm (Numerierung durch den Hrsg.):

(1) Die „Klage" des Zauberers im Kapitel *Der Zauberer,* Za IV § 1
(2) Das Lied der Schwermuth in dem gleichnamigen Kapitel von Za IV § 3
(3) Unter Töchtern der Wüste im gleichnamigen Kapitel von Za IV § 2
(4) Schlußverse von JGB 228
(5) Schlußverse von JGB 256
(6) Aus hohen Bergen, Nachgedicht von JGB
(7) Unter Freunden, Nachspiel von MA I
(8) An Goethe, FWP
(9) Dichters Berufung, FWP
(10) Im Süden FWP
(11) Die fromme Beppa, FWP
(12) Der geheimnissvolle Nachen, FWP
(13) Liebeserklärung, FWP
(14) Lied eines theokritischen Ziegenhirten, FWP
(15) „Diesen ungewissen Seelen", FWP
(16) Narr in Verzweiflung, FWP
(17) Rimus remedium, FWP
(18) „Mein Glück!", FWP
(19) Nach neuen Meeren, FWP
(20) Sils-Maria, FWP
(21) An den Mistral, FWP

Eine andere Gruppe von Gedichten und Epigrammen, denen N eine endgültige Fassung gegeben hatte, ließ er unveröffentlicht:

(22) Allen Schaffenden geweiht, = 28[1]
(23) „Jeder Buckel ...", = 28[2]
(24) Baum im Herbste, = 28[6]
(25) Arthur Schopenhauer, = 28[11]
(26) Das Honig-Opfer (vgl. jedoch Za IV), = 28[36]
(27) An Hafis, = 28[42]
(28) „So sprach ein Weib ...", = 28[43]
(29) „Wer hier nicht lachen kann ...", = 28[44]
(30) Beim Anblick eines Schlafrocks, = 28[47]
(31) An Richard Wagner, = 28[48]
(32) An Spinoza, = 28[49]

(33) Für falsche Freunde, = 28[50]
(34) Römischer Stoßseufzer, = 28[51]
(35) Der „ächte Deutsche", = 28[52]
(36) Das neue Testament, = 28[53]
(37) Räthsel, = 28[54]
(38) Der Einsiedler spricht, = 28[55]
(39) Entschluß, = 28[56]
(40) Der Wanderer, = 28[58]
(41) Im deutschen November, = 28[59]
(42) Am Gletscher, = 28[60]
(43) Yorick als Zigeuner, = 28[62]
(44) Der Freigeist, = 28[64]
(45) „Dich lieb' ich Gräbergrotte ...", = 28[65]
(46) „Freund Yorick, Muth! ...", = 28[66]
(47) „Dem Fleißigen neid' ich ...", = 28[34]
(48) „Nun wird mir alles noch zu Theil ...", = 28[10]

Im Herbst 1884 entstanden: (1)−(6), (8), (15), (17), (18), (21)−(39), (44)−(48). Bearbeitungen von früheren Texten sind: (7) aus dem Frühjahr 1882; (9)−(14) aus IM (ebenfalls Frühjahr 1882); (16) aus dem Frühjahr 1882; (19) aus dem Herbst 1882; (20) aus dem Winter 1882/83 (vgl. das Gedicht „Portofino", Bd. 10, 3[3]); (40) aus dem Mai 1876; (41) aus dem Sommer 1877; (42) aus dem Sommer 1877; (43) aus dem Frühjahr 1882.

Während dieser Zeit entwarf N mehrere Titel und Pläne, die sich alle erklären lassen, wenn man sie im Zusammenhang mit den zahlreichen, schon vorhandenen bzw. sich in Bearbeitung befindenden dichterischen Versuchen betrachtet, dagegen ohne jegliche Bedeutung bleiben müssen, wenn man sie nacheinander und ohne Bezug darauf veröffentlicht (wie es Erich F. Podach, Ein Blick in Notizbücher Nietzsches, Heidelberg 1963, getan hat).

In Z II 5, dem chronologisch ersten von N zu seinen Gedichtentwürfen und -ausarbeitungen gebrauchten Heft, finden sich folgende Titel und Pläne: „Prinz Vogelfrei / Ein Narren-Evangelium / Zwischenspiel / zwischen zwei Ernsten / Von / Friedrich Nietzsche" − „Tanz- und Spottlieder. Mistral. *(21)* Psalm. *(3)* / Begegnungen mit Gespenstern. / Aus sieben Einsamkeiten. Venedig. *(18)* / Narrenpfeile."

Es gibt, ebenfalls in Z II 5, einige Titel, denen umfangreichere Verzeichnisse von Gedichttiteln folgen: „Der neue Yorick. / Wie Yorick zum Dichter wurde. *(9)* / Yorick in Venedig. *(18)* / Der kranke Dichter. *(17)* / An den Mistral. *(21)* / November im Norden. *(41)* / Der Wanderer. *(40)* / Die fromme Juanita. *(11)* / Das nächtliche Geheimniß. *(12)* / Der Ziegenhirt. *(14)* / Yorick als Zigeuner. *(43)* / Angiolina. *(vgl. IM)* / Yorick unter Gletschern. *(42)* / In Staglieno. vgl. IM bzw. (43)* / Prinz Vogelfrei. *(10)* /

Unter Töchtern der Wüste. *(3)* / Bei abgehellter Luft. *(2)* / Der Albatroß. *(13)* / Yorick als Columbus. *(19)*"

Unter einem weiteren Titel von Z II 5 finden wir Fragmente verzeichnet, die N fallen ließ oder in veränderter Fassung benutzte: „Medusen-Hymnen. / Adlers Haß. *(= 28[14])* / An die Bösen. *(vgl. 28[20]: Die Bösen liebend)* / An die Verzweifelnden. *(vgl. 28[22]: Die Weltmüden)* / Hinweg von mir!* (Zeit) *(vgl. 28[23]: Jenseits der Zeit)* / Lob der Armut. *(= 28[25])* / Die Qual der Gebärerin. *(= 28[27])* / Sonnen-Bosheit. *(= 28[3])*".

Das Fragment „Die Qual der Gebärerin" ist eine der Vorstufen zur „Klage" des Zauberers in Za IV. Es befindet sich auf S. 69 des Heftes Z II 5, wo es mit der Nummer 6 eingetragen ist (tatsächlich ist „Die Qual der Gebärerin" die sechste der Medusen-Hymnen); vgl. 28[27].

Gleich nach Z II 5 benutzte N für seine poetischen Entwürfe das Heft Z II 7. Hier finden wir folgenden Titel (Z II 7, 91): „Spiegel der Wahrsagung / von Friedrich Nietzsche". Auf derselben Seite steht das Verzeichnis: „Gegen den Wein *(27)* / Das Honig-Opfer *(26)* / Fleiß und Genie *(47)* Musik des Südens *(48)* / An Schopenhauer *(25)* / Mitternacht-Abreise / Fest der Melancholie *(vielleicht das Gedicht „An die Melancholie" aus dem Juli 1871, in Gimmelwald verfaßt; vgl. Bd. 7, 15[1])*".

Weitere Titel mit Gedichtverzeichnissen finden sich am Schluß von Z II 7:

„Mädchen-Lieder / 1. Unter Singvögeln. Sizilianisch *(10)* / 2. Angiolina / Angiolina nennt man mich usw. *(vgl. 1M)* / 3. Auf dem campo Santo. *(45)* / 4. Die fromme Beppa. *(11)* / 5. Der Albatroß. *(13)* / 6. Der Ziegenhirt. *(14)* / 7. Das nächtliche Geheimniß. *(12)* / Nach neuen Meeren. *(19)* / Und noch einmal! *(18)* / Rimus remedium. *(17)* / Narr in Verzweiflung. *(16)* / Diesen ungewissen Seelen. *(15)* / An Goethe. *(8)* / Mistral. *(21)* / 15 Lieder"

„Zehn Lieder eines Einsiedlers / An den Mistral.* *(21)* / Einsiedlers Sehnsucht.* *(6)* / Narr in Verzweiflung. *(16)* / Unter Freunden. Nachspiel. *(7)* / Der Wanderer. *(40)* / Der Herbst. *(41)* / Sils-Maria. *(20)* / Yorick unter Gletschern.* *(42)* / Der neue Columbus.* *(19)* / Venedig.* *(18)* / Unter Töchtern der Wüste.* *(3)* Womit Dichter sich trösten.* *(17)* / Vogel-Urtheil. *(9)* / „Nur Narr! Nur Dichter!"* *(2)* / Der schwerste Gedanke.* *(1)* / Vereinsamt „die Krähen schreien"* *(44)* / An die Jünger Darwins. *(49)* / Beim Anblick eines Schlafrocks. *(30)* / An R. Wagner. *(32)* / Gewisse Lobredner. *(15)* / Parsifal-Musik. *(5)* / Über der Hausthür. *(vgl. das Motto der FW, 2. Ausgabe)* / An Hafis. *(27)*" (Das Verzeichnis wurde *vor* dem Titel abgefaßt, die mit Stern versehenen Titel bilden die geplante Sammlung „Zehn Lieder eines Einsiedlers".)

„Ohne Heimat / 1. Herbst *(41)* / 2. die Krähen *(44)* / 3. Nicht mehr zurück? *(vgl. 28[61])* / 4. Es geht ein Wanderer *(40)* / 5. Genua. *(19)* /

6. Zarathustra. *(20)* / Yorick unter Gletschern. *(42)* Der fahrende Poet. *vielleicht (43)* / An gewisse Lobredner. *(15)*"
Lieder eines Einsiedlers. / 1. Einsiedlers-Sehnsucht. *(6)* / 2. Am Abend. *(2)* / 3. Der Wanderer und sein Schatten. *(= 28[61])* / 4. In Venedig. *(18)* / 5. Der schwerste Gedanke. *(1)* / 6. Der kranke Dichter. *(17)* / 7. Unter Töchtern der Wüste. *(3)* / 8. An den Mistral. *(21)*"

Auf denselben Seiten befinden sich zwei Titel, die dem oben S. 710 genannten ähnlich sind: „Prinz Vogelfrei. / Zwischenspiele zwischen zwei Ernsten. / Von / Friedrich Nietzsche." — „Zur fröhlichen Wissenschaft: / Fünftes Buch / Prinz Vogelfrei / Zwischenspiel zwischen zwei Ernsten". Letzterer Titel wird in abgekürzter Form am Anfang des dritten Heftes, Z II 6, dessen sich N für seine Gedichte in jener Zeit bediente, wiederholt: „Fünftes Buch / Prinz Vogelfrei".

Z II 6 weist noch folgende Titel auf: „Nur Narr! Nur Dichter! / Lieder eines Bescheidenen" — „Hohe Lieder" — „Aus sieben Einsamkeiten / Spruch- und Liederbuch / von / Friedrich Nietzsche" — „Idyllische Bosheiten." — „Lieder und Sprüche / von / Haus Vogelfrei" — „Lieder / eines Unbescheidenen".

Ein Entwurf von Z II 6 ist als Variante der Titel auf S. 710 zu betrachten: „Narrenbuch / Zwischenspiele / zwischen zwei Ernsten. / Lieder des Ziegenhirten *(14)* / 1 — — — / 2 Oh Mädchen pia *(45)*".

Außerdem befinden sich in Z II 6 folgende Titel mit Verzeichnissen von Gedichten:

„Aus / sieben Einsamkeiten. / Von / Friedrich Nietzsche. / der Wanderer *(40)* / der Narr *(2)* / der Kranke *(17)* / der Nachtwandler (ohne Führer-Freunde) *(?)* / das Gespenst (Genius) *(?)* / der Wahrsager *(?)* / der Schreckende *(?)*"

„Der neue Yorick. / Lieder / eines empfindsamen Reisenden. / Von / Friedrich Nietzsche. / rund wie ein Narr *(?)* / der Kranke *(17)* / der Schaffende *(vgl. 28[27])* / der Wanderer (ohne Heimat) *(40) bzw. (44)?* / der (Verschiedene) Verachtende *(?)* / Einsamkeit des Glücks *vielleicht (18)?* / Ohne Freunde *vielleicht (6)?* / der Wahrsager *(?)* /"

„I. Der neue Yorick. Lieder eines empfindsamen Reisenden. / II. Narrenpfeile. (mit Motto: — — —) / III. Prinz Vogelfrei. Oder: der gute Europäer. / Unter Töchtern der Wüste *(3)* / Der neue Dichter *(?)* / Der Wanderer und sein Schatten *(28[61])* / Morgenröthe *(?)* / Mädchen-Lieder *(vgl. S. 711)* / Lieder des Ziegenhirten *(14)* / Geflügeltes. Albatroß *(13)*. Vogelfrei *(10)*"

Die meisten Titel dieses Verzeichnisses beziehen sich nicht auf einzelne Gedichte, sondern auf Gedichtsammlungen, wie man aus folgenden Verzeichnissen entnehmen kann, die ebenfalls im Heft Z II 6 sind.

„Inhalt / ⟨1. Der neue Yorick.⟩ / Wie Yorick zum Dichter wurde. *(9)* / Yorick in Venedig. *(18)* / Der kranke Dichter. *(17)* / An den Mistral. *(21)* /

Deutscher November. *(41)* / Der Wanderer. *(40)* / Die fromme Juanita. *(11)* / Das nächtliche Geheimniß. *(12)* / Yorick unter Gletschern. *(42)* / Unter Töchtern der Wüste. *(3)*"

„2. Narrenpfeile. / Yorick als Columbus. **Zuletzt** *(19)* / Staglieno. *(45)* / An gewisse Lobredner. *(15)* / Angiolina *(vgl. IM)* / Unter Feigenblättern. *(?)* / Ziegenhirt. *(14)* / Yorick als Zigeuner. *(43)* Sils-Maria. *(20)* An Goethe. *(8)* An Spinoza. *(32)* / An Richard Wagner. *(31)* Der Albatroß. *(13)*"

„3. Unter Freunden / Epilog. *(7)*"

„Der Dichter. / Wie Yorick zum Dichter ⟨wurde.⟩ *(9)* / Der kranke Dichter. *(17)* / Trinkspruch. *(27)* / Dort der Galgen. *(43)* / Venedig. *(18)* / Sonnenlied. *(2)*"

„Der Wanderer und sein Schatten. / 1 Es geht ein Wanderer — *(40)* / 2 Dies ist der Herbst — *(41)* / 3 Die Krähen schrein — *(44)* / 4 Wer wärmt mich — *(1)* / 5 Nicht mehr zurück? — *(28[61])* / 6 Um Mittag, wenn zuerst — *(42)* / 7 Oh Lebens-Mitte — *(6)*"

„Der neue Dichter. / 1 Als ich jüngst — *(9)* / 2 Der kranke Dichter — *(17)* / 3 Dort der Galgen — *(43)* / 4 Die Schenke, die ich mir — *(27)* / 5 Die Tauben von San Marco — *(18)* / 6 Sonnen-Bosheit *(2)* / 7 Sils-Maria *(20)*"

„Morgenröthe. / Dorthin — will ich *(19)*"

(Die Sammlung „Der neue Dichter" besteht aus denselben Gedichten wie die „Der Dichter", und zwar in derselben Reihenfolge, allerdings mit Hinzufügung des Gedichtes „Sils-Maria".)

Ebenfalls im Heft Z II 6 findet sich folgendes kurzes Verzeichnis, ohne Gesamttitel: „An Goethe. *(8)* / An Spinoza. *(32)* / An R. Wagner. *(31)* / An Schopenhauer. *(25)*"

Eine Reihe von Titeln zu der noch geplanten Sammlung von Gedichten findet sich im Notizheft N VI 9, das N zwischen Herbst 1884 und Winter 1884/85 benutzte und das Vorstufen zum vierten Teil von *Also sprach Zarathustra* enthält: „Narrenbuch. / Zwischenspiele / zwischen zwei Ernsten. / Von / Friedrich Nietzsche." — „Aus der siebenten Einsamkeit / Lieder Zarathustra's" — „Lieder der Höhe. / Allen Zukünftigen gewidmet / von / Zarathustra" — „Der neue Yorick. / Lieder / eines empfindsamen Reisenden." — „Dionysos / oder: die heiligen Orgien." — „Dionysos. / Lieder eines Wahrsagers. / Von / Friedrich Nietzsche." — „Lieder der Höhe. / Allen Zukünftigen geweiht. / Von / Friedrich Nietzsche." — „Lieder der Höhe. / Allen Zukünftigen geweiht / und zugesungen. / Von / einem Wahrsager."

Gleichsam den Übergang zur Komposition des vierten Zarathustra bildet das Fragment 29[8] am Schluß (Notizbuch N VI 9): „4. Zarathustra. Dies sind die Lieder Zarathustra's, welche er sich selber zusang, daß er seine letzte Einsamkeit ertrüge: — — —". Die Herausgeber der GA benutzten dieses Fragment als „Epigraph" der DD; dies ist unzulässig, weil 1. dieser Text aus dem Jahre 1884 (und nicht 1888, dem Jahre der DD) stammt; 2. er für Za IV bestimmt war; vgl. Kommentar zu Za IV am Anfang. Endlich gibt es, aus dem Jahre 1884, ein langes thematisches Verzeichnis, das in zwei Fassungen existiert, die eine in Z II 5, die andere in Z II 7 (vgl. 28[32. 33]). Es ist unmöglich festzustellen, ob zu den im Verzeichnis angegebenen Titeln auch wirklich von N verfaßte Gedichte existiert haben. Wäre dem so, so müßte man auf Manuskriptverlust schließen, was jedoch für diese Schaffenszeit als nicht zutreffend erscheint. Wahrscheinlicher ist, daß N auf die Ausführung der im Verzeichnis angegebenen Themata verzichtet hat.

Wir haben schon gesagt, daß N auf eine selbständige Veröffentlichung seiner Gedichte verzichtete; zu einem beträchtlichen Teil benutzte er das im Herbst 1884 angesammelte Material in den späteren Veröffentlichungen: Za IV (1885), JGB (1886), MA I (1886), FWP (1887). Daß er jedoch den Gedanken einer rein poetischen Publikation erwog, wird durch einen Briefentwurf an Julius Rodenberg, den Redakteur der „Deutschen Rundschau", bezeugt. Dieser findet sich in Z II 7, 92: „ − Zuletzt weiß ich nicht einmal, ob Ihre ‚Rundschau' jemals schon Gedichte veröffentlicht hat. Der gegenwärtige Fall aber − daß [ich selber] Friedrich Nietzsche selber einer Zeitschrift das Anerbieten mache, Etwas von mir zu drucken − geht so sehr wider alle meine Regel, daß auch Sie hier einmal eine Ausnahme machen können − eine Ausnahme wie ich unbedingt voraussetze, zu Gunsten und Vortheil Ihrer Zeitschrift [von der mir meine Freunde sagen, daß es jetzt die erste deutsche Zeitschrift] Geben Sie mir, hochgeehrter Herr [wenn Sie mir ein Vergnügen machen wollen], ein gefälliges Ja! zur Anwort auf diese Zeilen, zugleich mit Ihrem Vorschlage in Betreff des Honorars. Meine Adresse ist zunächst: − − −" Ob N tatsächlich einen solchen Brief an Rodenberg abgeschickt hat, ist bis heute nicht bekannt.

28[1] *Vgl. FWP* An Goethe 297 4–5] *vgl. die Schlußverse von Goethes Faust*
28[2] *Vgl. N an Resa von Schirnhofer, Ende Nov. 1884*
28[3] *Vs zu Za IV Das Lied der Schwermuth*
28[4] *Vgl. DD* Unter Töchtern der Wüste *Bd. 6, 387, 8–11*
28[7] *Anspielung auf Richard Wagner, vgl. JGB 256; 28[48]*
28[9] *Vgl. Za IV Der Zauberer 1*
28[10] *Nur teilweise veröffentlicht in GA VIII, 371. 454; vielleicht Peter Gast gewidmet?*
28[12] *Vgl. 28[9]; 28[34]; 28[27]* 303 22–23] *vgl. 28[3]*
28[14] *Vgl. Za IV Das Lied der Schwermuth*
28[15] *Vgl. 28[25]*
28[18] *Vgl. Bd. 13, 20[140]*
28[20] *Vgl. Za IV Das Lied der Schwermuth und* Vom höheren Menschen *5*

28[21] *Vgl. Za IV* Das Lied der Schwermuth
28[22] *Sammlung von früheren Sprüchen zum Thema* Die Weltmüden; *vgl. auch Za IV* Der Schatten
28[23] *Sammlung von früheren Sprüchen und Wendungen; früherer Titel:* Die Zeit; *vgl. auch Za IV* Der Zauberer 1; Der Schatten. Vom höheren Menschen 9
28[25] *Vgl. 28[15]*
28[26] *Erste Ansätze zu JGB* Nachgesang
28[27] *Am Schluß folgt:* 7. Bei abgehellter Luft; *vgl. den Plan S. 711*
28[28] *Ansätze zu JGB* Nachgesang
28[29] *Vgl. Za IV* Vom höheren Menschen 17
28[30] *Zu* Zarathustras Höhle
28[31] *Vgl. JGB* Nachgesang
28[32] *Zu diesem Verzeichnis vgl. S. 714*   312   7] *vgl. 28[10]?*   11] *vgl. JGB 228*   13] *vgl. Za IV* Das Honig-Opfer   20] *vgl. Plan S. 711*   29] *vgl. Plan S. 711*   30: Calina] Wind der Provence   33] *vgl. 28[7]; 28[48]*
28[33] *Vgl. 28[32] und die Anm. dazu*
28[34] *Vgl. Bd. 13, 20[94]*
28[36] *Vgl. Za IV* Das Honig-Opfer *Bd. 4, 296, 8−11*
28[38] *Vgl. Za IV* Der Zauberer 1
28[40] *Vgl. Za IV* Der Zauberer 1
28[42] *Frühere Titel:* Vanitas Vanitatum *(Z II 5);* Narren-Trinkspruch *aus* Narren-Nüchternheit *aus* Ein Trinkspruch *(Z II 6)*
28[45] *Vgl. JGB 228; frühere Titel:* „Majestas Genii" *und* Anti-Darwin
28[46] *Vgl. JGB* Nachgesang
28[48] *Vgl. JGB 256; 28[7]*
28[52] *Frühere Titel:* Der Barde spricht *und* Yorick unter Deutschen
28[58] *Gedichtet im Juli 1876 zu Erwin Rohdes Verlobung; vgl. N an Rohde, 18. Juli 1876; Bd. 8, 17[31]*
28[59] *Entstanden in Rosenlauibad, Sommer 1877; vgl. Bd. 8, 22[93]*
28[60] *Entstanden in Rosenlauibad, Sommer 1877; vgl. Bd. 8, 22[94]*
28[61] *Vgl. Bd. 10, 1[105]*
28[62] *Dazu gehört auch 28[67]; früherer Titel* Unter Feinden *aus* An meine Feinde
28[63] *Vgl. FWP; Bd. 10, 1[15] 1[101]; 3[1] Motto; 3[4]; entstanden im Sommer 1882*
28[64] *Frühere Titel:* An die Einsiedler. Aus der Winter-Wüste. Im deutschen Spätherbst. Mitleid hin und her.
28[65] *GA VIII, 352 gibt diesem Gedicht zu unrecht den Titel* Pia, caritatevole, amorosissima; *vgl. dazu IM*
28[66] *Die Nummer 2 am Anfang erlaubt die Konjektur, daß es sich dabei um eine Fortsetzung jenes Gedichts handelt, das später zur* „Klage"

des Zauberers in Za IV Der Zauberer wurde 331 16] *Umkehrung von Hebräer 12, 6*
28[67] *Vgl. 28[62]*

29 = N VI 9

29[1] *Sammlung von Sprüchen und Gleichnissen; vgl. 31[44. 45. 48. 49. 50], 32[8. 9. 10]; benutzt für Za IV, Kapitel:* Der Schatten, Das Lied der Schwermuth, Vom höheren Menschen, Die Begrüssung, Der Blutegel, Das Honigopfer   333 5–6] *vgl. 28[53]*   3–4] *vgl. 28[23]*   9] *vgl. 25[4]*   10] *vgl. 25[3]*   15–16] *vgl. Bd. 13, 20[158]*   17–18] *vgl. Bd. 12, 20[159]; vgl. 28[22]*   19–20] *vgl. 28[22]*   21–22] *vgl. 28[23]*   334 1–2] *vgl. 28[22]*   16–17] *vgl. 28[16]*   20–21] *vgl. 28[15], 28[25]*   22] *vgl. 28[18]; Bd. 13, 20[140]*   25] *vgl. 28[9]*   28–29] *vgl. 28[22]*   335 5–6] *vgl. Bd. 13, 20[89]*   18–19] *vgl. 28[9], 28[20]*   22–23] *vgl. 28[22]*   336 1–3] *vgl. 28[34]; Bd. 13, 20[94]*   4–5] *vgl. 28[39]*   8] *vgl. 28[19]*   11] *vgl. Bd. 13, 20[90]*   12] *vgl. Bd. 13, 20[91]*
29[2] 16] *Hermann Paul, Grundprinzipien der Sprachgeschichte, 1880*
29[4] 337 8: Stein] *Heinrich von Stein hatte N vom 26.–28. August 1884 in Sils-Maria besucht*
29[5] *Vgl. 26[270]*
29[8] 338 22] *N bezieht sich hier auf den Gedanken der ewigen Wiederkehr des Gleichen*   25–26: wer ... sich] *vgl. Za IV* Vom höheren Menschen *Bd. 4, 359, 27–29*   339 8–10] *zu Unrecht als Epigraph zu DD von GA VIII benutzt, vgl. S. 713*
29[9] *Vgl. 31[50], zum Zarathustra-Plan vor der Abfassung von Za IV gehörig*
29[10] *Zum Zarathustra-Plan vor Abfassung von Za IV gehörig*
29[11] *Vgl. 31[50], benutzt in Za IV:* Der Nothschrei, Die Begrüssung, Vom höheren Menschen, Mittags, Das Honigopfer
29[12] *Plan zu einem Zarathustra-Werk, vgl. 29[13. 14]*
29[13] *Zu Plan 29[12]*   340 3: dem Esel gebe ich Flügel] *vgl. Za IV* Vom höheren Menschen *Bd. 4, 367, 14*   4–5: Entwölktes Schweigen] *vgl. Za IV* Das Honig-Opfer *Bd. 4, 299, 2*
29[14] *Vielleicht zu Nr. 4 von 29[12]; dieser Entwurf enthält schon einige Gestalten des endgültigen Za IV*
29[15] *Zu einem Zarathustra-Plan (vgl. 29[12]) vor Abfassung von Za IV gehörig*
29[16] *Später im* Gespräch mit den Königen *von Za IV benutzt*

29[19] *Vgl. Anm. zu 29[15]*
29[21] *Vgl. Anm. zu 29[15]*
29[22] *Vgl. 29[14] und Anm. dazu*
29[23] *Vgl. 29[14] und Anm. dazu*
29[24] *Vgl. 29[14] und Anm. dazu*
29[26] *Vgl. 29[14] und Anm. dazu*
29[27] *Vgl. 29[14] und Anm. dazu*
29[30] *Vgl. 29[14] und Anm. dazu; vgl. auch 29[23]*
29[31] *Vgl. 29[14] und Anm. dazu; vgl. auch 31[4], 31[10]*
29[32] *Vgl. 29 [14] und Anm. dazu; vgl. 29[23], 29[30]*
29[33] *Entwurf zu einer Fortsetzung des vierten Teils vor Abfassung von Za IV*
29[38] *Vgl. 31[44]; 32[8]; Bd. 13, 20 [139]*
29[39] *Vgl. 29[14] und Anm. dazu*
29[40] *Vgl. 27[79], 26[293]*
29[41] 346 15: die Macht ist böse] *vgl. WB 11, Bd. 1, 509, 26 und Anm. dazu*
29[43] *Vgl. Za IV Vom höheren Menschen Bd. 4, 359, 27–29*
29[44] *Vgl. 29[43], 31[41], 31[61]*
29[45] *Vgl. Za IV, Die Begrüssung Bd. 4, 351, 6–8*
29[46] *Zu Za IV Der Zauberer*
29[47] *Vgl. 31 [30]*
29[48] *Vgl. Za IV Das Zeichen Bd. 4, 405, 12–14*
29[49] *Vgl. 29[46] und Anm. dazu*
29[51] *Vgl. Za IV Ausser Dienst, Das Eselsfest, Der freiwillige Bettler, Der Blutegel*
29[53] *Vgl. Bd. 13, 20[102]*
29[55] *Vgl. Bd. 13, 20[157]*
29[56] *Vgl. 31[36]. Zum Kapitel* Vom höheren Menschen *in Za IV* 349 7] *vgl. Bd. 13, 20[138]*
29[57] *Vgl. Za IV Der Schatten, Bd. 4, 340, 33–341, 2*
29[58] *Vgl. 29[51], Notiz zu einem Gespräch mit den „höheren Menschen"*
29[59] 350 9–10] *vgl. Bd. 13, 20[155]*
29[60] *Vgl. Za IV Der Nothschrei, Bd. 4, 301, 21–29; Das Zeichen, Bd. 4, 408, 3–14; 32[14]*
29[61] *Vgl. Za IV Das Nachtwandler-Lied*
29[62] *Vgl. 29[1], 31[45]; vgl. auch Za IV Vom höheren Menschen, Bd. 4, 357, 7–12*
29[63] *Entwurf vor Abfassung von Za IV*
29[64] *Vgl. Za IV Das Honig-Opfer, Gespräch mit den Königen; vgl. 31[35]* 351 12–13] *vgl. Bd. 13, 20[99]*
29[66] *Zum 1. Teil dieses Planes vgl. 31[30], dazu auch 29[47]*
29[67] 352 12] *Ph. Letourneau, Physiologie des passions, Paris 1868,*

BN   14] *Henri Frédérique Amiel, schweizerischer Schriftsteller; die „Fragments d'un Journal intime" in 2 Bden wurden 1883–84 veröffentlicht; vgl. Bd. 12, 10 [121]*   15] *M. Guyau, Esquisse d'une morale sans obligation ni sanction, Paris 1885, BN; vgl. 35[34]*   16] *J. Wellhausen, Skizzen und Vorarbeiten, Bd. I. Abriß der Geschichte Israels und Judas. — Lieder der Hudailiten, Berlin 1884, BN, erworben am 28. Oktober 1884*   17–18] *Adolf Schöll, Goethe in Hauptzügen seines Lebens und Wirkens, 1882; Gesammelte Aufsätze zur klassischen Litteratur alter und neuer Zeit, Berlin 1884, BN*

30 = Z II 5, 83. Z II 7b. Z II 6b

30[1] 353 3: „der große Realist"] *Otto von Bismarck*
30[2] *Zu Plan 29[12] gehörig? Vgl. auch 31[30]*
30[3] *Vgl. Za IV Der Schatten Bd. 4, 340, 37–341, 2*
30[4] *Endgültige Aufzählung der Gestalten in Za IV*   18] *d.h. der Schatten*
30[7] *Vgl. Za IV Das Abendmahl, Die Begrüssung*   355 2] *vielleicht das Kapitel* Unter Töchtern der Wüste   3] *in Za IV gibt es kein solches Lied, vgl. 31[63]*
30[8] *Vgl. Za IV Der Zauberer*
30[9] *Vgl. Za IV Mittags*   17–18] *vgl. Bd. 13, 20[33]*   19–22] *vgl. 31[39], JGB 90*   23] *vgl. DD Die Sonne sinkt; vgl. auch 31[38]*   24–25] *vgl. 31[36]*   28] *vgl. 31[51]*
30[10] *Vgl. JGB 11*
30[11] *Vgl. 34[194], 34[213]*
30[12] *Notiz zum Kapitel* Vom höheren Menschen *in Za IV*
30[13] *Vgl. die Aufzeichnungen zu GT: 34[4], 34[17]*   357 27–31] *N bezieht sich auf den „Offenen Brief" Wagners, in der „Norddeutsche Allgemeine Zeitung" vom 23. Juni 1872*

31 = Z II 8

31[2] *Entwurf zu Za IV*
31[3] *Vgl. 29[66] (zu einer weiteren Fortsetzung des Zarathustra); vgl. 31 [19. 27]*
31[4] *Vgl. 31[10], 31[30], 29[31]*
31[5] *Zum Zauberer (= Dichter) in Za IV*
31[6] *Kommt in Za IV nicht vor*
31[7] *Kommt in Za IV nicht vor*

31[8] *Entwurf zum „Wahrsager" im Kapitel* Der Nothschrei *von Za IV, vor der endgültigen Fassung, vgl. 31[9]*
31[9] *Vgl. 31[8], 29[14]*
31[10] *Entwurf zu Za IV; Aufzählung der Gestalten* 362 *13–15] vgl.* Der Schatten 16–18] *kommt in Za IV nicht vor* 19–21] *vgl.* Der Blutegel 22–23] *wird in Za IV mit dem „Zauberer" zusammenfallen* 363 *1–2] vgl.* Der freiwillige Bettler *5–7] wird in Za IV mit dem „Zauberer" zusammenfallen* 8] *kommt in Za IV nicht vor* 11–13] *kommen in Za IV nicht vor* 16] *d.h. die Verkündung des Gedankens der ewigen Wiederkehr des Gleichen, vgl. 31[4], 29[31]*
31[11] *Nicht endgültiger Entwurf zu Za IV* 364 *3] vgl. 31[4]*
31[12] *zum Schluß von Za IV* 16: *nun ... liebst:] vgl. Za IV Der* Schatten *Bd. 4, 340, 22*
31[13] *Vgl. Za IV Vom höheren Menschen Bd. 4, 364, 3–5*
31[14] *Zu Za IV Das Zeichen; vgl.* Die Begrüssung, *Bd. 4, 351, 19–20; vgl. auch 31[21. 22]*
31[15] *Zum Entwurf 31[11]*
31[16] *Zum Entwurf 31[11]*
31[17] *Zum Schluß von Za IV nach Entwurf 31[11]*
31[19] *Vgl. 31[3], 31[27]*
31[20] *Vgl. Za IV Das Zeichen, 31[21]*
31[22] *Vgl. 31[16]*
31[23] *Zum „lachenden Löwen", vgl. 31[14. 21. 22]*
31[24] *Vgl. 31[33. 36]*
31[25] *Zum Kapitel* Der Schatten *in Za IV*
31[26] *Zum Kapitel* Vom höheren Menschen *in Za IV*
31[27] *Vgl. 31[3. 19]*
31[30] *Vgl. 29[66]*
31[31] *Prosa-Fassung des* Liedes der Schwermuth *in Za IV*
31[32] *Prosa-Fassung der Klage des Zauberers, vgl. Za IV Der Zauberer 1*
31[33] *Sammlung von Sprüchen und Gleichnissen; vgl. 29[11], 31[24]; benutzt für Za IV* Vom höheren Menschen, Gespräch mit den Königen, Der freiwillige Bettler, Der Zauberer, Die Erweckung, Mittags
31[34] *Sammlung von Sprüchen und Gleichnissen; benutzt in Za IV* Der Nothschrei, Vom höheren Menschen, Die Begrüssung, Das Honig-Opfer 371 *24–26] vgl. 32[9]; Bd. 13, 20[135]* 30–32] *vgl. 31[62]* 372 *11–12] vgl. 32[10]; Bd. 13, 20[98]*
31[35] *Sammlung von Sprüchen und Gleichnissen; vgl. 29[64]; benutzt in Za IV* Gespräch mit den Königen, Vom höheren Menschen, Das Honig-Opfer 17] *vgl. JGB 132; 29[56]* 18–19] *vgl. 32[7]* 20–22] *vgl. 32[10]; Bd. 13, 20[2]* 373 *1–3] vgl. 29[64]; Bd. 13, 20[99]* 9] *vgl. 31[36]; JGB 99*

31[36] *Sammlung von Sprüchen und Gleichnissen; vgl. 29[56], 31[24], 31[33], 31[35]* 18–19] *vgl. 30[9]; Za IV* Mittags 23] *vgl. 32[9]* 24] *vgl. JGB* 99 25–27] *vgl. Bd. 13, 20[108]* 30–31] *vgl. Za IV* Vom höheren Menschen *Bd. 4, 359, 9–11* 374 1–2] *vgl. Za IV* Der häßlichste Mensch *Bd. 4, 332, 9–11* 3–4] *vgl. Za IV* Gespräch mit den Königen *Bd. 4, 306, 15–16*
31[37] *Sammlung von Sprüchen und Gleichnissen; benutzt in Za IV* Vom höheren Menschen 11] *vgl. DD* Zwischen Raubvögeln 12] *vgl. Bd. 13, 20[11]; DD* Von der Armut des Reichsten 13] *vgl. Bd. 13, 20[138]* 18–19] *vgl. Za IV* Der freiwillige Bettler *Bd. 4, 336, 7–8* 25] *vgl. 31[38]; Bd. 13, 20[15]*
31[38] *Sammlung von Sprüchen und Gleichnissen; benutzt in Za IV* Der Schatten, Vom höheren Menschen; *vgl. 32[8]* 29–30] *vgl. 31[37]; Bd. 13, 20[15]* 31] *vgl. 30[9], DD* Die Sonne sinkt 375 7–8] *vgl. Bd. 13, 20[20]* 14] *vgl. Za IV* Der freiwillige Bettler; *32[10]* 15–16] *vgl. 32[10]; Bd. 13, 20[26]* 17–18] *vgl. JGB 129; 31[46]*
31[39] *Sammlung von Sprüchen und Gleichnissen; benutzt in Za IV* Der Zauberer, Der Schatten, Mittags 23–24] *vgl. 32[8]; Bd. 13, 20[31]* 31–32] *vgl. 30[9]; 32[9]; Bd. 13, 20[33]* 376 5–7] *vgl. JGB 90; 30[9]* 10–11] *vgl. 31[61]* 12–13] *vgl. DD* Ruhm und Ewigkeit 14–16] *vgl. Bd. 13, 20[104]* 17] *vgl. DD* Zwischen Raubvögeln; *Bd. 13, 20[33]*
31[40] *Sammlung von Sprüchen und Gleichnissen; benutzt in Za IV* Der Schatten, Der freiwillige Bettler, Das Abendmahl 377 7–10] *vgl. Bd. 13, 20[35]* 11–12] *vgl. 31[61], DD* Ruhm und Ewigkeit
31[41] *Sammlung von Sprüchen und Gleichnissen; benutzt in Za IV* Der Schatten 13–14] *vgl. 31[61]* 23] *vgl. Bd. 13, 20[37]* 24–26] *vgl. 32[9]; Bd. 13, 20[95]* 29–30] *vgl. 31[61]; Bd. 13, 20[38]* 378 1–2] *vgl. 32[8]* 3–5] *vgl. 31[61]; 32[8]* 6–8] *vgl. 32[9]; Bd. 13, 20[137]*
31[42] *Sammlung von Sprüchen und Gleichnissen, benutzt in Za IV* Vom höheren Menschen 13: Emerson] *vgl. R. W. Emerson, Versuche, übers. von Fabricius, Hannover 1858, BN* 18] *vgl. 31[61]; 32[8]; 32[10]; Bd. 13, 20[101]* 19–20] *vgl. 32[10], Bd. 13, 20[42]; Umschreibung des „geflügelten Wortes" aus der Reformationszeit: „Sobald das Geld im Kasten klingt, / Die Seele aus dem Fegefeuer springt" (Hans Sachs über Tetzel)* 22] *vgl. 32[8]* 28–30] *vgl. 31[61]; 32[10]; DD* Ruhm und Ewigkeit
31[43] *Sammlung von Sprüchen und Gleichnissen, benutzt in Za IV* Vom höheren Menschen, Der häßlichste Mensch, Das Honig-Opfer 379 1–2] *vgl. 29[59]; Bd. 13, 20[153]* 5–6] *vgl. Za III*

Von alten und neuen Tafeln *Bd. 4, 250, 3–4* **7**] *vgl. Bd. 13, 20[45]* **16–17**] *vgl. 31[61]; 32[8]* **23–24**] *vgl. Za IV Mittags*

31[44] *Sammlung von Sprüchen und Gleichnissen, benutzt in Za IV Der Schatten, Vom höheren Menschen; vgl. 29[1] und die Anm. dazu* **380 1–2**] *vgl. 32[10]* **3**] *vgl. Bd. 13, 20[78]* **8–9**] *vgl. 31[61]* **10–11**] *vgl. 29[38]; 32[8]; Bd. 13, 20[139]*

31[45] *Sammlung von Sprüchen und Gleichnissen, benutzt in Za IV Der Schatten; vgl. 29[1]* **381 16–17**] *vgl. 31[47]*

31[46] *Vgl. JGB 129; 31[38]*

31[47] *Zum Kapitel Der Zauberer in Za IV; vgl. 31[45]*

31[48] *Sammlung von Sprüchen und Gleichnissen, benutzt in Za IV Der Schatten, Die Begrüssung; vgl. 29[1] und die Anm. dazu*

31[49] *Sammlung von Sprüchen und Gleichnissen, benutzt in Za IV Der Blutegel, Der Schatten; vgl. 29[1] und die Anm. dazu*

31[50] *Sammlung von Sprüchen und Gleichnissen, benutzt in Za IV Vom höheren Menschen, Der Schatten, Mittags; vgl. 29[1] und die Anm. dazu* **384 3–5**] *vgl. 29[9]*

31[51] *Sammlung von Sprüchen und Gleichnissen, benutzt in Za IV Vom höheren Menschen, Der Schatten* **25–27**] *vgl. 32[8], Za IV Vom höheren Menschen Bd. 4, 359, 24–26* **385 1–2**] *vgl. 32[9], Bd. 13, 20[92]* **7–8**] *vgl. Za IV Das Lied der Schwermuth Bd. 4, 372, 14–17* **9–10**] *vgl. 30[9]* **11**] *vgl. Za IV Das Honig-Opfer Bd. 4, 298, 15* **14–15**] *vgl. 32[9]; Bd. 13, 20[93]*

31[52] *Sammlung von Sprüchen und Gleichnissen, benutzt in Za IV Vom höheren Menschen, Das Eselsfest* **18–19**] *vgl. JGB 65* **20–21**] *vgl. JGB 174* **386 6–7**] *vgl. JGB 63* **8–9**] *vgl. GD Was den Deutschen abgeht Bd. 6, 103, 3–4; 32[9]*

31[53] *Sammlung von Sprüchen und Gleichnissen, benutzt in Za IV Vom höheren Menschen* **27–29**] *vgl. JGB 68* **387 1–2**] *vgl. JGB 69*

31[54] *Sammlung von Sprüchen und Gleichnissen, benutzt in Za IV Vom höheren Menschen, Die Begrüssung, Das Honig-Opfer; vgl. 31[55]; 31[62]* **6–8**] *vgl. JGB 101*

31[55] *Zum Kapitel Die Begrüssung in Za IV; vgl. 31[54]; 31[62]*

31[56] *Zum Kapitel Gespräch mit den Königen in Za IV*

31[57] *Zum ursprünglich geplanten Schluß von Za IV*

31[58] *Vgl. Za IV Die Begrüssung Bd. 4, 349, 7–12*

31[59] *Vgl. 31[61], 31[64]*

31[60] *Vgl. 31[61]; Bd. 13, 20[97]*

31[61] *Zum Kapitel Gespräch mit den Königen; benutzt auch für die Kapitel Vom höheren Menschen, Der freiwillige Bettler in Za*

IV 389 12–13] vgl. 31[41]; Bd. 13, 20[38] 14–16] vgl. 31[40]; Bd. 13, 20[36]; DD Ruhm und Ewigkeit 17] vgl. 31[59]; 31[64] 18–19] vgl. 31[60] 20–21] vgl. 31[39] 390 4–7] vgl. 31[34] 8–11] vgl. 31[41]; 31[35]; 32[8] 15–16] vgl. 31[41] 17–20] vgl. 31[42]; 32[10]; DD Ruhm und Ewigkeit 21] vgl. 31[42]; 32[8]; 32[10]; Bd. 13, 20[101] 22–24] vgl. 31[43]; 32[8] 25–26] vgl. 31[44]; 29[1] 27–28] vgl. 31[44]

31[62] *Variante des Kapitels* Die Begrüssung *in Za IV; vgl.* 31[54. 55]

31[63] *Vgl.* 30[7]; 31[65]

31[64] *Variante zum Schluß von Za IV, zum größten Teil später für das Kapitel* Vom höheren Menschen *benutzt; vgl. auch* 31[59. 61]; 33[2]

31[65] *Vgl.* 30[7]; 31[63]

31[67] *Zu ergänzen mit dem Motto der zweiten Ausgabe von FW:* Ich wohne in meinem eignen Haus, / Hab Niemandem nie nichts nachgemacht / Und — lachte noch jeden Meister aus, / Der nicht sich selber ausgelacht.

31[68] *Zu Za IV* Gespräch mit den Königen*; vgl. Bd. 4, 306, 21–26*

31[69] *Zu Za IV* Die Begrüssung

31[70] *Aufzählung der Gestalten in Za IV, vgl.* 29[24]; 29[39]; 30[4]; 31[10]

32 = Z II 9

32[2] *Zu Za IV* Die Begrüssung

32[3] *Vgl.* 30[7]; 31[63]; 31[65]

32[4] *Zu Za IV* Der häßlichste Mensch, *benutzt auch im Kapitel* Vom höheren Menschen

32[5] 400 13–15] vgl. Za IV Gespräch mit den Königen Bd. 4, 305, 13–15 16–18] vgl. Za IV Der freiwillige Bettler Bd. 4, 336, 7–10

32[6] *Zu Za IV* Der Zauberer 23–26] vgl. Za IV Der Zauberer Bd. 4, 319, 14–16

32[7] *Entwurf zum Schluß von Za IV; vgl. auch* 31[35]

32[8] *Sammlung von Sprüchen und Gleichnissen zum Kapitel* Der Schatten *in Za IV, benutzt auch im Kapitel* Vom höheren Menschen*; vgl. die Sammlungen* 31[48. 49. 50. 51], 29[1] *und die Anm. dazu* **401** 18] vgl. 29[56]; 31[37]; Bd. 13, 20[138] 25–27] vgl. 31[39]; Bd. 13, 20[31] 402 7–8] vgl. 31[41]; 31[61] 9] vgl. 31[42]; 31[61]; 32[10]; Bd. 13, 20[101] 10–11] vgl. 31[42] 12–13] vgl. 31[43]; 31[61] 14–15] vgl. 28[23]; 29[1]; 31[44] 24–25] vgl. 29[38]; 31[44]; Bd. 13, 20[139] 403 25–26] vgl. JGB 65 27–29] vgl. JGB 101

32[9] *Nur zu kleinem Teil für das Kapitel* Der Blutegel *in Za IV benutzt, vgl. die Kapitel* Vom höheren Menschen, Das Eselsfest *und die Fragmente 31[53]; 31[51]; 31[50]; 31[48]; 31[43]; 31[41]; 30[9]; 31[39]; 31[36]; 31[34]; 29[1] und die Anm. dazu; vgl. außerdem JGB 101. 170. 69. 68. 63. sowie die Fragmente Bd. 13, 20[92. 93]*

32[10] *Sammlung von Sprüchen und Gleichnissen zu Za IV* Der freiwillige Bettler; *benutzt auch im Kapitel* Der Blutegel; *vgl. außerdem die Fragmente 31[34]; 31[35]; 31[36]; 31[38]; 31[40]; 31[42]; 31[44]; 31[45]; 31[50]; 29[1]; 29[64]; sowie auch Bd. 13, 20[98]; 20[100]; 20[42] und JGB 99. 174*   407 26-31] *vgl. 31[61]; 31[42]; Bd. 13, 20[101]*

32[11] *Zu Za IV* Vom höheren Menschen   408 28-29] *vgl. 31[40]; Bd. 13, 20[35]*

32[12] *Vgl. 29[53]; Bd. 13, 20[102]*

32[13] *Vgl. Za IV* Das Nachtwandler-Lied, Vom höheren Menschen

32[14] *Vgl. Za IV* Das Zeichen; *vgl. 29[60]*

32[15] *Variante zum Kapitel* Das Zeichen *in Za IV*

32[16] *Entwurf zu Za IV*

32[17] *Zur späteren Umarbeitung (Sommer 1885) von MA*

32[18] *Vgl. Anm. zu 32[17]*

32[19] *Vgl. Anm. zu 32[17]*

32[20] *Vgl. Anm. zu 32[17]*

32[21] *Notiz zu Za IV Schluß*

32[22] *Plan zu WM, entstanden Anfang 1888; vgl. 34[19]; Bd. 13, 13[5]*

33 = Z II 10

33[1] *Variante zum Kapitel* Die Begrüssung *in Za IV*

33[2] *Variante zum Schluß von Za IV; vgl. 32[14]*

34 = N VII 1

34[1] *Vgl. 34[213]; 35[84]; 36[6]*

34[3] *Vgl. 41[2] 1; 41[9]*

34[4] *Zu GT*

34[9] *Vgl. 34[1]*

34[18] *WM^2 133 bringt im Text folgende Ergänzung zu Galianis Zitat:* La prévoyance est la cause des guerres actuelles de l'Europe. Si l'on voulait se donner la peine de rien prévoir, tout le monde serait tranquille, et je ne crois pas qu'on serait plus malheureux parce qu'on ne ferait pas la guerre *Die Ergänzung stammt von Peter Gast*

34[19] *Vgl. 32[12]; Bd. 13, 13[5]*

34[23] *Anspielung auf G. Flaubert*

34[27] *Vgl. 26[467]*

34[33] *Vgl. 34[201]; 34[207]*

34[38] 431 *25–26:* „sie ... thun"] *vgl. Luk. 23, 34*

34[44] 433 *30:* Saint Ogan p. 248] *vgl. Lefebvre Saint-Ogan, Essai sur l'influence française, Paris 1885, BN; Goethes Urteil in „Dichtung und Wahrheit" III, 11* 434 *1:* Galiani] *vgl. L. Saint-Ogan, a.a.O., 194*

34[45] *Vgl. 38[6]; Baudelaires Urteil über V. Hugo bei Saint-Beuve, Les Cahiers suivis de quelques pages de littérature antique, Paris 1876, 36, BN*

34[62] *Vgl. JGB 11; 38[7]*

34[67] *Vgl. JGB 208*

34[68] *Vgl. 37[14]*

34[70] 442 *4:* mit Kants ... zu reden] *vgl. Kritik der reinen Vernunft, Ak.-Ausgabe III, 105, 496*

34[78] *Vgl. 34[145]*

34[79] *Vgl. JGB 11; 38[7]*

34[82] *Vgl. JGB 11; 38[7]*

34[86] *Vgl. JGB 268*

34[94] 451 *15:* Bindung] *WM² 955 irrtümlich:* Bildung

34[95] *Vgl. Bd. 13, 15[34]*

34[97] 453 *8–10] vgl. JGB 209*

34[99] *N zitiert aus F. A. Lange, Geschichte des Materialismus und Kritik seiner Bedeutung; vgl. Anm. zu 25[318]*

34[102] *Vgl. JGB 28 und 247*

34[103] *Vgl. 35[80], 36[55], zu diesem Plan: 34[104. 105. 106]; 34[114. 115. 138. 145. 154. 157. 221. 227. 228]*

34[104] *Zu 34[103]*

34[105] *Zu 34[103]*

34[106] *Zu 34[103]; vgl. 34[102], 34[97]*

34[111] *Zu 34[103], vgl. 36[45]*

34[114] *Zu 34[103], im Manuskript anschließend an Vs zu JGB 244*

34[115] *Zu 34[103]*

34[126] *Vgl. Heinrich von Kleist an Wilhelmine und Ulrike, 22.–23. März 1801, von N zitiert in SE 2*

34[129] *Vgl. 34[188]*

34[144] *Neuer Zarathustra-Plan, vgl. 35[71–75]*

34[145] *Vgl. 34[78]; 35[39–41]; 35[71–75]; 34[191]*

34[146] *Vgl. JGB 44* 469 *2:* die Pflanze „Mensch"] *nach Vittorio*

Nachgelassene Fragmente 1882–1885 · 34 [19]–35 [18]   725

Alfieris Satz: „La pianta uomo nasce più robusta qui che altrove", zitiert bei Stendhal, Rome, Naples et Florence, Paris 1854, 383, BN; das Zitat ist von N angestrichen
34[147] *Vgl. JGB 45*
34[154] *Vgl. Bd. 13, 11[296], 18[3]*
34[155] *Vgl. 34 [159. 160]*
34[156] *Zu 34[155]*
34[157] *Vgl. JGB 209*
34[159] *Vgl. 34[155]*
34[165] *Vgl. 35[78]; 42[1]*
34[176] 479 3: die Pflanze Mensch] *vgl. Anm. zu 34[146]*
34[181] *Vgl. JGB 295; Bd. 12, 4[4]*
34[182] *Vgl. 34[181]; 34[213]*
34[183] *Zur „Philosophie des Dionysos", vgl. 34[181]*
34[185] *Vgl. JGB 11; 34 [79]*
34[188] *Vgl. 34[129]*
34[191] *Vgl. 34[188]; 34[129]*
34[192] *Zu 34[191]*
34[199] *Zu 34[145]*
34[201] *Vgl. 34[33]; 34[191]; 34[207]*
34[202] *Zu 34[201]; vgl. 35[72]*
34[205] *Vgl. 35[49]*   491 8: kleine Schrift über Richard Wagner] *WB*
34[206] *Vgl. 34[212]; 34[209]*
34[207] *Vgl. 34[33]; 34[201]*
34[209] *Vgl. 34[206]; 34[212]*
34[212] 493 12] *vgl. 34[206]; 34[209]*
34[213] *Vgl. 34[1]; 34[182]; 35[84]; 36[1]; 36[6]; 34[194]; 30[11]; 34[202]; 34[201]*
34[221] *Vgl. JGB 209; 35[43]*
34[232] *Vgl. 34[181], JGB 295*
34[239] *Vgl. JGB 228*
34[248] *Vgl. 34[182]*
34[254] *Fragment über Richard Wagner*
34[256] *Gedanken zu GT, den Unzeitgemäßen Betrachtungen, MA, Za*
34[258] *Vgl. 34[256]*

35 = W I 3 a

35[2] *Vgl. JGB 224*
35[14] *Vgl. 35[8.9]*
35[18] *Numeriert nach Band 12, 5[50]*

35[24] *Vgl. JGB 205*
35[26] *Vgl. 34[182], 24[248]*
35[33] *Numeriert nach Band 12, 5[50]*
35[34] *524   19–20] E. v. Hartmann, Phänomenologie des sittlichen Bewußtseins, Prolegomena zu jeder zukünftigen Ethik, Berlin 1879, BN   32] nach Peter Gast zu ergänzen: Über den Ursprung der moralischen Empfindungen, Chemnitz 1877, BN   525   1: Rée] vgl. Anm. zu 7[17]   14] zu ergänzen: Guyau, Esquisse d'une morale sans obligation ni sanction, Paris 1885, BN   34] das Buch von Rolph in Ns nachgelassener Bibliothek*
35[35] *Vgl. JGB Vorrede, 38[3]*
35[38] *Vgl. 38[5]*
35[39] *Vgl. 34[145]; 34[191]*
35[40] *Vgl. 34[145]*
35[41] *Vgl. 34[145]*
35[42] *Vgl. Thukydides II, 41, 4*
35[43] *Vgl. 34[221]*
35[48] *Zu Richard Wagner, vgl. 41[2]*
35[49] *Vgl. 34[205], 41[2]*
35[56] *N zitiert aus A. Spir, Denken und Wirklichkeit, 2 Bde., Leipzig 1877, BN*
35[61] *Vgl. Anm. zu 35[56]*
35[68] *Von N selbst im Ms gestrichen*
35[71] *Vgl. 35[73]*
35[72] *Vgl. 34[202]*
35[73] *Vgl. 35[71]; 39[3]; 34[144. 145]*
35[74] *Vgl. 34[144. 145]; 39[3]*
35[75] *Vgl. 34[144. 145]; 39[3]*
35[76] *Numeriert nach Band 12, 5[50]; verfaßt am 22. Juli 1885, vgl. N an Peter Gast, 23. Juli 1885*
35[77] *Vgl. 35[78]*
35[78] *Zu 35[77]; vgl. 34[165]; 42[1]*
35[80] *Vgl. 34[103], 36[55]*
35[84] *Vgl. 34[1], 34[213], 36[1]   547   20] vgl. FWP   28] vgl. Schlußgedicht von MA I*

36 = W I 4

36[1] *Vgl. 34[1]; 36[6]; 34[213]; 35[84]*
36[6] *Vgl. 34[1]; 34[213]; 35[84]; 36[1]*
36[8] *Rubriziert im Blick auf die Umarbeitung von MA (Sommer 1885)*
36[9] *Vgl. Anm. zu 36[8]*

36[10] *Im Sommer 1883 plante N ein Werk unter dem Titel* Die Unschuld des Werdens
36[12] *Vgl. Anm. zu 36[8]*
36[13] *Vgl. Anm. zu 36[8]*
36[14] *Zu Wagner, vgl. 41[2]*
36[33] *Vgl. 36[38–53]; 36[55]*
36[37] *Zur Umarbeitung von MA*
36[45] *Vgl. 34[111]*
36[55] *Vgl. 34[103]; 35[80]; 36[38–53]; 40[70]*

37 = W I 6a

37[1] *Zur Umarbeitung von MA*
37[2] *Vgl. 26[467]*
37[10] 585 *4:* Goethe] *Maximen und Reflexionen 340; vgl. JGB 244*
37[14] *Vgl. 34[68]*
37[15] *Vgl. 41[2]*
37[16] 593 *8:* zwei Seelen in einer Brust] *vgl. Goethe, Faust I, 1112*

38 = Mp XVI 1a. Mp XVI 2a. Mp XV 2b

38[3] *Vgl. 35[35]*
38[5] *Vgl. 35[38]*
38[6] *Vgl. 34[45] und Anm. dazu*
38[7] *Vgl. JGB 11; 34[185]; 34[79]; 34[62]; 34[82]*
38[12] *Vgl. JGB 36*   611 *14–20] aus* ein Ring guten Willens ist, auf eigner alter Bahn sich immer um sich und nur um sich zu drehen: diese meine Welt, — wer ist hell genug dazu, sie zu schauen, ohne sich Blindheit zu wünschen? Stark genug, diesem Spiegel seine Seele entgegen zu halten? Seinen eignen Spiegel dem Dionysos-Spiegel? Seine eigne Lösung dem Dionysos-Räthsel? Und wer das vermöchte, müßte er dann nicht noch mehr thun? Dem „Ring der Ringe" sich selber anverloben? Mit dem Gelöbniß der eignen Wiederkunft? Mit dem Ringe der ewigen Selbst-Segnung, Selbst-Bejahung? Mit dem Willen zum Wieder-und-noch-ein-Mal-Wollen? Zum Zurück-Wollen aller Dinge, die je gewesen sind? Zum Hinaus-Wollen zu Allem, was je sein muß? Wißt ihr nun, was mir die Welt ist? Und was ich will, wenn ich diese Welt — will? — —
38[15] 615 *13:* Holländers] *E. W. van Eeden an N, 28. Febr. 1885*
38[18] 616 *10:* Rée] *vgl. Anm. zu 7[17]*
38[19] *Vgl. GM Vorrede 3, Bd. 8, 28[7]*

39 = N VII 2a. Z I 2b

39[1] *Erster WM-Plan, vgl. 40[2], dazu gehören die Fragmente 39[12–15]*
39[2] *Sammlung von Wendungen und Gleichnissen*
39[3] *Vgl. 34[144. 145]; 35[71–75]; 39[10]; 39[22]*
39[6] *Zu Heinrich von Stein vgl. Chronik*
39[10] *Vgl. 39[3] und Anm. dazu*
39[12] *Zu 39[1]*
39[13] *Zu 39[1]*
39[14] *Zu 39[1]*
39[15] *Zu 39[1]*
39[20] *Zu Siegfried Lipiner vgl. Chronik*
39[22] *Vgl. 39[10]*

40 = W I 7a

40[2] *Vgl. 39[1], dazu gehören die Fragmente 40[3. 50. 61]; 43 [1. 2.]; 44[1]*
40[3] *Zu 40[2]*
40[12] 633 3: Teichmüller] *vgl. Gustav Teichmüller, Die wirkliche und die scheinbare Welt, 1882*   9: Spir] *vgl. Anm. zu 35[56]*
40[24] *Zu Teichmüller vgl. Anm. zu 40[12]; zu Spir vgl. Anm. zu 35[56]*
40[30] *Zu Teichmüller vgl. Anm. zu 40[12]*
40[41] *Zu Spir vgl. Anm. zu 35[56]*
40[45] *Vgl. 40[48]*
40[48] *Vgl. 40[45]*
40[50] *Zu 40[2]*
40[59] *Zur Umarbeitung von MA im Sommer 1885; vgl. Bd. 12, 4[9]*   660 11] *vgl. MA I Schlußgedicht*
40[61] *Zu 40[2]*
40[63] *Zur Umarbeitung von MA im Sommer 1885*
40[64] *Vgl. 41[2]*
40[65] *Vgl. 41[9]*
40[66] *Zur Umarbeitung von MA im Sommer 1885*
40[67] *Zur Umarbeitung von MA im Sommer 1885*
40[68] *Zur Umarbeitung von MA im Sommer 1885*
40[70] *Vgl. 34[103]; 35[80]; 36[38–53]; 36[55]; 41[16]*

41 = W I 5

41[2] *Vgl. 40[64]; 37[15]; 36[14]; 35[48]; 35[49]; JGB 31*
41[8] *Vgl. 41 [15], N bezieht sich auf DS*

41[9] *Zur Umarbeitung von MA im Sommer 1885; vgl. 40[65]*
41[10] *Variante zu 41[9]; vgl. 40[65]*
41[12] *Zur Umarbeitung von MA im Sommer 1885*
41[13] *Vgl. JGB 251*
41[15] *Vgl. 41[8] und Anm. dazu*
41[16] *Vgl. 40[70]*

42 = Mp XVII 2a

42[1] *Vgl. 34[165]; 35[78]*
42[3] *Zur Umarbeitung von MA im Sommer 1885*
42[4] *Zur Umarbeitung von MA im Sommer 1885*
42[5] *Zur Umarbeitung von MA im Sommer 1885*
42[6] *Zur Umarbeitung von MA im Sommer 1885*
42[7] *Zur Umarbeitung von MA im Sommer 1885*

43 = Z I 2c

43[1] *Zu 40[2]*
43[2] *Zu 40[2]*

44 = Mp XVII 2b

44[1] *Zu 40[2]*
44[9] *Februar 1886 entstanden*

45 = W I 6b

45[2] *Vgl. FWP; 45[4]*
45[3] *Vgl. Bd. 12, 3[3]*
45[4] *Vgl. FWP; 45[2]*

Band 12 und 13
Nachgelassene Fragmente
Herbst 1885–Januar 1889

Fragmentnummern ohne Angabe des Bandes beziehen sich auf die Fragmente von Band 12 und 13.

1 = N VII 2b

1[1] *Vgl. N an Overbeck, Okt. 1885 (aus Leipzig) und Dez. 1885 (aus Nizza)*
1[2] *Zum Tanzlied* An den Mistral
1[3] *Der Spiegel als Titel taucht immer wieder in Ns Manuskripten vom Jahr 1885 auf; vgl. hier: 1[109. 121], 3[11]*
1[7] *Vgl. 1[10], JGB 257, GM I, 2. III, 14*
1[9] *Zur geplanten Umarbeitung von MA, vgl. die Chronik*
1[10] *Vgl. 1[7]*
1[15] **14** 9: Verleger] *Ernst Schmeitzner*
1[17] *18–19: „intellektuelle Anschauung"] Begriff der nachkantischen Philosophie, insbesondere bei Schelling, gegen den schon Schopenhauer stark polemisierte*
1[18] **15** 2: pia fraus] *vgl. Ovid. Met. IX, 711*
1[25] *Seinem Brief an N vom 26. Aug. 1881 hatte Peter Gast ein von Gersdorff übersetztes Gespräch beigelegt, das zwischen Sir Samuel White Baker und dem Latuka-Häuptling Comorro (eines Stammes des Nilquellengebiets) spielte; das Gespräch steht in Bakers Buch: The Albert Nyanza, great basin of the Nile, and explorations of the Nile sources, London 1866*
1[26] *Nach J. Wellhausen?*
1[35] *Dieser erste Titel des „Willens zur Macht" findet sich schon in den Heften W I 7a und N VII 2a, die aus dem Sommer 1885 stammen. Weitere Titel zu WM in diesem Band: 1[131], 2[73. 74. 100], 3[4], 5[75], 7[64]*

1[42] 20 2: tout comprendre c'est tout pardonner] *dieser von N oft zitierte Spruch ist ungewissen Ursprungs; nach Büchmann geht er auf den Satz „tout comprendre rend très indulgent" zurück, der sich im Buch der Frau von Staël „Corinne, ou l'Italie" (Buch 18, Kap. 5) findet (erschienen 1807)*

1[45] *Der Untertitel* Vorspiel zu einer Philosophie der Zukunft *kehrt oft wieder in Ns Aufzeichnungen, zuletzt Untertitel von JGB, vgl. auch 1[94]*

1[65] *Vermutlich zu WM, Plan 1[35]*

1[70] *N las im Frühjahr 1885 Augustins „Confessiones"; darüber schrieb er an Overbeck:* Übrigens sieht man, bei diesem Buche, dem Christenthum in den Bauch: ich stehe dabei mit der Neugierde eines radikalen Arztes und Physiologen. *(31. März 1885)*

1[82] *Vgl. 1[95. 121], 2[26. 27. 38. 42. 47. 53. 54. 70. 73], 3[9]*

1[84] *Vgl. Untertitel in 1[82]*

1[94] *Der Haupttitel* Die neue Aufklärung *stammt aus dem Jahre 1884. Zum Untertitel vgl. 1[45]*

1[95] *Vgl. 1[82] und die Anm. dazu*

1[96] *Eine* Moral für Moralisten *plante N im Sommer 1883. Vgl. 1[144] sowie Anm. zu Bd. 10, 7[1]*

1[109] *Vgl. 1[3] und die Anm. dazu*

1[110] *Vgl. 1[4] am Schluß*

1[114] 37 23–24: „Alles begreifen"] *vgl. 1[42]*

1[115] *Zu WM, Plan 1[35]*

1[120] *Zu WM, Plan 1[35]*

1[121] *Der Haupttitel* Gai Saber *ist bei N 1884–1885 sehr häufig; zu den Kapitelüberschriften dieses Planes vgl. 1[35], 1[82], 1[3]. Zum Untertitel vgl. 1[45]. Vgl. auch 2[73]*

1[126] *Vgl. 1[151]. Zu WM, Plan 1[35]. Vgl. auch 1[129]*

1[129] *Vgl. 1[126]*

1[131] *Vgl. 1[35] und die Anm. dazu*

1[138] *Wahrscheinlich als Überschrift gedacht*

1[143] *Vgl. N an Overbeck:* ... wenn ich nach Mittag, fast Tag für Tag, auf meinem abgeschiedenen Felsen am Meere sitze oder liege, wie die Eidechse in der Sonne ruhe und mit den Gedanken auf Abenteuer des Geistes ausgehe ... *(8. Jan. 1881, aus Genua). Vgl. 1[229]*

1[144] *Vgl. 1[96], 1[223]*

1[145] *Vgl. Bd. 9, 6[457. 459. 461] und hier 1[223]*

1[151] *Vgl. 1[126]*

1[153] *Vgl. 7[67]*

1[154] *Vgl. Bd. 11, 35[76], JGB Titel des* Neunten Hauptstücks. *Vgl. 1[232. 237], 2[16]*

1[162] *Gedichtfragment?*

Nachgelassene Fragmente Herbst 1885–Januar 1889 · 1 [42–229]   733

1[163] *Gedichtüberschriften? Vgl. u.a. Bd. 13, 11[52] und die Pläne zu Gedichtsammlungen aus dem Herbst 1884; vgl. 1[129]*
1[165] *Vgl. Bd. 11, 35[79]*
1[167] *Vgl. 1[102]*
1[172] 48 17: Raffael ohne Hände] *vgl. JGB 274; dieses „geflügelte Wort" stammt aus Lessings „Emilia Galotti" I, 4: „Oder meinen Sie, Prinz, daß Raphael nicht das größte malerische Genie gewesen wäre, wenn er unglücklicherweise ohne Hände wäre geboren worden?"* 49 1: So wenig Staat als möglich] *Zitat aus M 179* 4: das Glück ... finden] *vgl. N an Malwida von Meysenbug (über Lou von Salomé): Ich fand eigentlich noch niemals einen solchen naturwüchsigen, im Kleinsten lebendigen, durch das Bewußtsein nicht gebrochenen Egoism vor, einen solchen thierhaften Egoism: und deshalb sprach ich von „Naivität" (Anfang 1883)* 10: die neue Melusine] *vgl. Goethe, Wilhelm Meisters Wanderjahre, III. Buch, VI. Kapitel* 17: „vergieb ihnen"] *vgl. Luk. 23, 34* 18: „tout comprendre"] *vgl. Anm. zu 1[42]*
1[174] *Vgl. 1[204], 2[12]*
1[178] *Vgl. 1[153]*
1[185] *Vgl. 2[11]*
1[186] *Plan zur Anordnung der seit Sommer 1885 entstandenen Fragmente, vgl. auch 1[187. 188. 189]*
1[187] *Vgl. 1[186]*
1[188] *Vgl. 1[186]*
1[189] *Vgl. 1[186]*
1[196] *Gegen Paul de Lagarde gerichtet*
1[198] *Vgl. N an Elisabeth und Bernhard Förster: Da trank denn Euer Thier drei ganz große Gläser eines süßen Landweins und war beinahe a bitzeli betrunken; wenigstens sagte ich nachher zu den Wellen, wenn sie gar zu heftig heranschnoben, wie man zu den Hühnern sagt „Butsch! Butsch! Butsch! (kurz nach Weihnachten 1885)*
1[204] *Vgl. 1[174], 2[12]*
1[206] *Vgl. 18[9]*
1[211] *Wahrscheinlich auf die im Winter 1885/86 entstandene Rs zu JGB bezogen.*
1[219] *Zu Sainte-Beuve, vgl. Bd. 13, 11[9], GD Streifzüge 3*
1[220] *Quelle nicht erschlossen*
1[223] *Vgl. 1[144. 145]*
1[226] *Wahrscheinlich auf Eugen Dührings Autobiographie bezogen: Sache, Leben und Feinde, Karlsruhe und Leipzig 1882, BN; vgl. N an Peter Gast, 24. Nov. 1887*
1[229] *Zu einer Gedichtsammlung? Vgl. 1[163] und die Anm. dazu* 61 7] *vgl. 1[143]*

1[230] *Titel zu 1[229]? Vgl. 2[4]*
1[231] *Titel zu 1[229]?*
1[232] *Vgl. 1[154. 237], 2[16]*
1[237] *Vgl. 1[154. 232], 2[16]*
1[238] *Vgl. MA I* Vorrede § 7
1[240] *Vgl. 1[172]*
1[245] *Von Ernst Windisch, einem Freund Ns, herausgegeben*

2 = W I 8

2[3] *Vgl. 2[10]*
2[4] *Vgl. 1[230]*
2[8] *Vgl. 3[6]*
2[9] *Auf MA (als Vorrede dazu) bezogen*
2[10] *Vgl. 2[3]*
2[11] *Vgl. 1[185]*
2[12] *Vgl. 1[174], 1[204]*
2[13] *Vgl. JGB 242. 257*
2[16] *Vgl. 1[154]; 1[232]; 1[237]*   74 21] *vgl. 2[166], 2[31], 2[33]*
2[19] *Vgl. Bd. 11, 25[3]*
2[20] *Vgl. Bd. 11, 25[4]*
2[23] 76 17: „le génie est un neurose"] *vgl. Journal des Goncourt, Paris 1887, II, 279, BN (dieselbe Wendung findet sich in: Idées et sensations, Paris 1877, BN)*
2[24] *Vgl. MA 40*
2[25] *Vgl. 4[4]*
2[26] *Vgl. 1[82] und Anm. dazu*
2[27] *Vgl. 1[82] und Anm. dazu*
2[30] *Vgl. 2[31]; als Kapitelüberschrift in 2[66], 2[40], 3[9]. Vgl. 3[10]*
2[31] *Vgl. 2[30] und Anm. dazu*
2[32] *Vgl. 2[40] (als Kapitelüberschrift)*
2[38] *Vgl. 1[82] und Anm. dazu*
2[41] *Vgl. 2[43. 44. 46], 2[51] (Kapitelüberschrift)*
2[42] *Vgl. 1[82] und Anm. dazu*
2[43] *Vgl. 2[41. 44. 46], 2[51] (Kapitelüberschrift)*
2[46] *Vgl. 2[41. 43. 44], 2[51] (Kapitelüberschrift)*
2[47] *Vgl. 1[82] und Anm. dazu*
2[50] *Plan zu JGB. Das Motto wurde von N später für das 5. Buch der FW benutzt*
2[51] *Vgl. Untertitel von 2[47] und 2[65]*   86 14] *vgl. 2[41. 43. 44. 46]*   15] *vgl. 1[154] und Anm. dazu*
2[52] *Vgl. 2[51]*

Nachgelassene Fragmente Herbst 1885–Januar 1889 · 1 [230]–2 [113] 735

2[53] *Vgl. 1[82] und Anm. dazu*
2[54] *Vgl. 1[82] und Anm. dazu*
2[59] 88 12: Fortsetzung] *unsichere Leseart*
2[64] *Vgl. N an H. von Stein, 18. Sept. 1884 (und H. von Stein an N, 1. Dez. 1884)*
2[65] *Vgl. 24[2] (Titelversuch zu EH)*
2[66] *In GA (WM² und XIV) zerstückelt. Plan einer Fortsetzung von JGB?*   91 28–29] *vgl. N an Peter Gast:* Mir ist zu Muthe, als hätte ich irgend etwas „bei den Hörnern" gepackt: ganz gewiß ist es kein „Stier" *(21. April 1886, nach Beendigung der Arbeit an JGB)*
2[70] *Vgl. 1[82] und Anm. dazu. Zur Fortsetzung von JGB?*
2[71] *Plan zu einem Zarathustra-Werk, vgl. 2[72. 73. 75. 129]*
2[72] *Vgl. 2[71] und Anm. dazu*
2[73] 94 10] *vgl. 5[96]*   17–18] *vgl. 1[35] und Anm. dazu*   95 4] *vgl. 2[71] und Anm. dazu*   6–7] *vgl. 1[82] und Anm. dazu*   11–12] *vgl. 1[121] und Anm. dazu; hier jedoch als Titel einer Gedichtsammlung gedacht*   19–20] *vgl. 2[122] und 2[125], 3[12] (als Kapitelüberschrift)*
2[74] *Vgl. 1[35] und Anm. dazu*
2[75] *Vgl. 2[71] und Anm. dazu*
2[76] *Zu Plan 2[74]. Die Zahl (28) bezieht sich auf die Rubrik 5[50]; dieser Text in GA zerstückelt*
2[77] *Zu Plan 2[74]. In GA zerstückelt*   97 23: simplex veritas] *Anspielung auf das Motto Schopenhauers:* „simplex sigillum veri"
2[78] *Themata zu WM. In GA zerstückelt*
2[80] *Zu WM*
2[81] *Die Zahl (15) bezieht sich auf die Rubrik 5[50]*
2[82] *Plan einer Fortsetzung von JGB, vgl. 2[138] und 6[2]*
2[83] *Die Zahl (7) bezieht sich auf die Rubrik 5[50]*
2[84] *(30) bezieht sich auf die Rubrik 5[50]*
2[85] *(32) bezieht sich auf die Rubrik 5[50]*
2[86] *(30) bezieht sich auf die Rubrik 5[50]*
2[87] *(32) bezieht sich auf die Rubrik 5[50]*
2[88] *(33) bezieht sich auf die Rubrik 5[50]*
2[90] *(31) bezieht sich auf die Rubrik 5[50]*
2[91] *(30) bezieht sich auf die Rubrik 5[50]*
2[93] *(34) bezieht sich auf die Rubrik 5[50]*
2[98] *(35) bezieht sich auf die Rubrik 5[50]*
2[100] *Entwurf zu WM mit neuem und (bis 1888) endgültigem Untertitel. Dieses wichtige Fragment in GA zerstückelt*
2[110] *Gedanken zur neuen Vorrede*, Versuch einer Selbstkritik, *von GT; vgl. 2[113]*
2[113] *Vgl. 2[110] und Anm. dazu*

2[114] *Vgl. 2[110] und Anm. dazu*
2[121] *Vgl. 2[125] (als Kapitelüberschrift); die Zahl* (38) *bezieht sich auf die Rubrik 5[50]*
2[122] *Vgl. 2[73. 125], 3[12]; die Zahl* (37) *bezieht sich auf die Rubrik 5[50]*
2[124] *Gesamtplan zu den neuen Vorreden der früheren Schriften. Vgl. 6[3]*
2[125] *Vgl. 2[73. 122], 3[12], 2[121]*
2[126] *Plan zum 2. Buch in 2[100]. Die Zahlen* (37) *und* (36) *beziehen sich auf die Rubrik 5[50]. Auch dieser Text in GA zerstückelt*
2[127] *Entwurf zu Buch I in 2[100]. Die Zahl* (2) *bezieht sich auf die Rubrik 5[50]*
2[128] *Vgl. die Vierteilung in 2[100]*
2[129] *Angezeigt auf dem Umschlag von JGB; Entwurf; vgl. auch 2[71] und 2[75]*
2[131] *Entwurf zu den 4 Büchern in 2[100]*
2[132] *Die Zahl* (36) *bezieht sich auf die Rubrik 5 [50]*
2[134] (39) *bezieht sich auf die Rubrik 5[50]*
2[135] *Gegen das Motto Schopenhauers „simplex sigillum veri", vgl. 2[77]*
2[137] *Vgl. 6[6]*
2[138] *Vgl. 2[82], 6[2]*   135 8] *vgl. 2[137]*
2[140] *Die Zahl* (30) *bezieht sich auf die Rubrik 5[50]*
2[142] (30) *bezieht sich auf die Rubrik 5[50]*
2[144] (40) *bezieht sich auf die Rubrik 5[50]*
2[147] (30) *bezieht sich auf die Rubrik 5[50]*
2[154] (36) *bezieht sich auf die Rubrik 5[50]*
2[155] *Vgl. 2[162]*
2[161] *Die Zahl* (41) *bezieht sich auf die Rubrik 5[50]. Zur* Morgenröthe?, *vgl. 2[165]*
2[162] *Vgl. 2[155]*
2[164] *Zu M; 1, vgl. 2[165]*
2[165] *Vgl. 2[161], 2[164]. Die Zahl* (41) *bezieht sich auf die Rubrik 5[50]*
2[166] *Verworfener Ansatz zur Vorrede der FW, die Zahl* (42) *bezieht sich auf die Rubrik 5[50]. Vgl. 2[16], 2[31], 2[33]*
2[169] *Die Zahl* (34) *bezieht sich auf die Rubrik 5[50]*
2[170] (44) *bezieht sich auf die Rubrik 5[50]*
2[171] (43) *bezieht sich auf die Rubrik 5[50]*
2[173] 153 *18:* Doudan pensées] *vgl. Ximénès Doudan, Pensées et fragments suivis des révolutions du goût, Paris 1881, BN*   20: Scherer VIII] *Edmond Scherer, Etudes sur la littérature contemporaine, VIII, Paris 1885, BN*
2[175] *Die Zahl* (45) *bezieht sich auf die Rubrik 5[50]*
2[177] (46) *bezieht sich auf die Rubrik 5[50]*
2[179] *Zu WM? Jedenfalls nicht zu JGB (wie GA behauptet)*
2[180] *Zu M?; vgl. auch 2[183], 2[161], 2[165], 2[164]*

2[181] *Die Zahl (42) bezieht sich auf die Rubrik 5[50]*
2[182] *(10) bezieht sich auf die Rubrik 5[50]*
2[183] *Vgl. 2[181] und Anm. dazu*
2[184] *Die Zahl (47) bezieht sich auf die Rubrik 5[50]*
2[185] *Vgl. 1[168]. Die Zahl (47) bezieht sich auf die Rubrik 5[50]*
2[187] *Lucr. de rerum nat. I, 9*
2[190] *Die Zahl (47) bezieht sich auf die Rubrik 5[50]*
2[193] *(7) bezieht sich auf die Rubrik 5[50]*
2[194] *Vgl. 7[7]. Die Zahl (23) bezieht sich auf die Rubrik 5[50]*
2[195] *Die Zahl (41) bezieht sich auf die Rubrik 5[50]*
2[203] *Vgl. Vorrede zu M § 3*
2[204] *Plan zur Fortsetzung (5. Buch) der* Fröhlichen Wissenschaft **167** 13] *vgl. 2[166], 2[33]*
2[206] *Die Zahl (48) bezieht sich auf die Rubrik 5[50]*
2[207] *Vgl. FW 377*

3 = WI 7b. WI 3b. Mp XVI 2b. Mp XVI 1b

3[1] *Vgl. 3[2], 3[12] (Kapitelüberschrift)*
3[4] *Vgl. 1[35] und Anm. dazu*
3[6] *Vgl. 2[8]*
3[8] *Vgl. das gleichnamige Gedicht in FW (Bd. 3, 649)*
3[9] *Vgl. 1[82] und Anm. dazu*
3[10] *Vgl. 3[9] (Kapitelüberschrift), 2[30. 31], 2[40] (Kapitelüberschrift)*
3[11] *Zum Spiegel vgl. 1[3] und Anm. dazu*
3[12] **173,** 12] *vgl. 3[1]* 17] *vgl. 2[73] und Anm. dazu*
3[18] *Vgl. JGB 27*

4 = D 18. Mp XV 2c. Mp XVII 3a. Mp XVI 1b

4[4] *Vgl. 2[25]*
4[7] **181** 7–8: der Weisheit letzter Schluß] *vgl. Goethe, Faust II, 11574* 9–10] *vgl. Luk. 2, 14*
4[9] *Vgl. Bd. 11, 40[59]*

5 = N VII 3

5[5] *Vgl. Paul Rée, Der Ursprung der moralischen Empfindungen, Chemnitz 1877, BN. N zitierte das Werk seines Freundes in MA 37. Vgl. GM* Vorrede § 4–7

5[20] *Ansätze zu einem Gedicht?* 193 3–4] vgl. *DD Das Feuerzeichen*
5[27] *Vgl. die Vorreden in W I 8 (Gruppe 2)*
5[36] *Vgl. 6[8]*
5[38] *Dieses Fragment wurde als Brief an Elisabeth Förster-Nietzsche umgefälscht*
5[40] *Vgl. 5[74]*
5[41] *Dieses Fragment wurde als Brief an Elisabeth Förster-Nietzsche umgefälscht*
5[43] *Vgl. N an Franz Overbeck, 23. Febr. 1887*
5[45] *Vgl. 7[67] und Anm. dazu*
5[46] *Vgl. AC 1* 201 4: Pindar] *Pyth. X, 29–30*
5[48] *Vgl. 5[7]; Bd. 13, 11[40]*
5[50] *Rubrizierung der Fragmente, die — nach Abfassung des JGB, der Vorreden von 1886–87, des 5. Buches der FW — noch unbenutzt geblieben waren*
5[52] *Vgl. 7[67] und Anm. dazu*
5[71] *Dieses wichtige Fragment ist zerstückelt in WM² (und zwar in dieser Reihenfolge 4, 5, 114, 55). WM¹ publizierte es, wenngleich ohne Datum, vollständig*
5[73] *Vgl. 2[82], 2[138], 6[2]*
5[74] *Vgl. 5[40]*
5[75] *Vgl. 1[35] und Anm. dazu*
5[77] *So wurde später ein Kapitel von GD benannt*
5[78] *Variante von 5[77]*
5[85] *Wahrscheinlich in bezug auf WM*
5[88] *Wahrscheinlich entstanden bei der Lektüre des Werkes von J. Wellhausen, vgl. Bd. 13, 11[377]*
5[96] *Vgl. 2[73]*
5[98] *Vielleicht zu 5[96]*
5[101] *Anspielung auf Eugen Dühring, vgl. GM III, 26*
5[104] *Italienisch — vielleicht in Nizza gehört?*

6 = Mp XIV 1, S. 416–420. Mp XVII 3a. Mp XV 2d.
P II 12b, S. 37

6[1] *Vgl. 3[3]*
6[2] *Vgl. 5[73] und Anm. dazu*
6[3] *Vgl. 2 [124]* 232 1–4] *Motto der 2. Ausgabe von FW*
6[4] *Vorrede zu einer geplanten Fortsetzung von JGB, später für die Vorrede zu MA II benutzt* 234 28–31] *Motto der 2. Ausgabe von FW*

Nachgelassene Fragmente Herbst 1885–Januar 1889 · 5 [20]–7 [10]   739

6[5] 235 9–11] *Jules Barbey d'Aurevilly, Les œuvres et les hommes, Bd. 8: Sensations d'histoire, Paris 1886 [Slatkine Reprints, Genève 1968]. Darüber schrieb N an Overbeck:* ... Am gleichen Tage las ich einen unzufriednen Franzosen, einen Unabhängigen (denn zu seinem Katholicismus gehört jetzt mehr Unabhängigkeit als zur Freidenkerei) ... Lies ihn, auf meine Verantwortung ... (Als romancier ist er mir unerträglich) ... *(4. Mai 1887, aus Zürich)*
6[6] *Vgl. 2[137]*
6[8] *Vgl. 5[36]*

7 = Mp XVII 3b

7[2] 252 *5] die Zahl* (19) *bezieht sich auf die Rubrik 5[50]*
7[4] *Bei den Zitaten aus Spinoza, Leibniz, Hume, Kant handelt es sich sehr wahrscheinlich um Lektüre in der Bibliothek von Chur (Mitte Mai – Anfang Juni 1887 war N dort)*   266 *33* – 267 *2] vgl. I. Kant, Der Streit der Fakultäten, Zweiter Abschnitt: Der Streit der philosophischen Fakultät mit der juristischen, Akademie-Ausgabe, Berlin 1968, VII, 91*   267 *3–12] Zusammenfassung aus I. Kant, Kritik der Urtheilskraft, § 47 (Ak.-Ausg. V, 308–310, das Zitat: V, 309)*   *14–15] vgl. I. Kant, ebda., § 53, Ak.-Ausg. V, 330*   *15–16] ebda., § 51, V, 324*   *17] ebda., § 51, V, 323*   *18–26] vgl. I. Kant, Der Streit ..., Zweiter Abschnitt, § 5–7; das Zitat: § 7, VII, 88*   267 *27* – 268 *6] ebda., § 3, VII, 81*   268 *9–10] abgewandeltes Zitat aus I. Kant, Die Religion innerhalb der Grenzen der bloßen Vernunft, Viertes Stück, Zweiter Teil, § 4 Vom Leitfaden des Gewissens in Glaubenssachen, VI, 186*   *11–21] Zusammenfassung aus I. Kant, ebda., Erstes Stück, Allgemeine Anmerkung und Einleitung zum Zweiten Stück, VI, 44–60*   269 *7–18] I. Kant, Kritik der praktischen Vernunft, Zweiter Theil, Beschluß, V, 161. 162*   *19–30] Zusammenfassung aus I. Kant, ebda., Erster Theil, Erstes Buch, Kritische Beleuchtung der Analytik der reinen praktischen Vernunft, V, 89–106 (insbesondere 102)*   270 *1–5] ebda., V, 97*
7[6] 273 *3] die Zahl* (9) *bezieht sich auf die Rubrik 5[50]*   274 *31]* (21) *bezieht sich auf die Rubrik 5[50]*   275 *7]* (18) *bezieht sich auf die Rubrik 5[50]*   278 *9–10: Was ... schaffen?] vgl. Joh. 2, 4*   283 *4–5] vgl. Luk. 10, 42. 12, 31*   *8] die Zahl* (8) *bezieht sich auf die Rubrik 5[50]*   *13: Urtheil Dostojiewsky's] zu Ns Dostoevskij-Lektüre vgl. die Chronik. Vgl. auch GD Streifzüge 45*
7[7] 285 *11–16] vgl. WA 1*   288 *7] vgl. 2[194] (so zu ergänzen)*
7[10] 298 *1–2: tout ... pardonner] vgl. Anm. zu 1[42]*   *9:* l'art pour

l'art] *N denkt insbesondere an die französischen décadents (wie Gautier, Baudelaire usw.)*
7[16] 300 24: MA 2 182] *vgl. WS 350*
7[26] *Vgl. 5[50] Nr. 17*
7[33] *Die sogenannte Theorie des „milieu" stammte von H. Taine*
7[37] *Vgl. Lucilius, Sat. 1340 (Marx) [ex Varrone, De lingua latina 5, 63]; der griechische Vers stammt aus Menanders monostichoi (?); beide Verse wurden zuerst von Scaliger miteinander verglichen*
7[43] *Plan zu WM*
7[45] *Plan zu WM*
7[46] *Vgl. 7[66]*
7[61] *Zu WM*
7[64] *Die Lücke ist mit Sicherheit zu ergänzen:* ⟨Der Wille zur Macht Versuch einer Umwerthung⟩ aller Werthe. *nach 2[100]. Dieser Plan wurde im ehemaligen Nietzsche-Archiv den beiden Kompilationen WM¹ und WM² angeblich zugrunde gelegt*
7[66] *Vgl. 7[46]*
7[67] *Vgl. 1[153]. Theodor Fritsch, antisemitischer Schriftsteller und Herausgeber der „Antisemitischen Korrespondenz", Verfasser eines „Handbuch der Judenfrage" (1887, ²⁹1923), Reichstagsabgeordneter im Jahre 1924 für eine nationalsozialistische Gruppierung. Stand mit Bernhard Förster in Beziehungen. N schrieb ihm zwei ablehnende Briefe, in denen er seinen Anti-Antisemitismus sehr stark zum Ausdruck brachte (23. und 29. März). Daraufhin attackierte ihn Fritsch öffentlich*

9 = W II 1

9[4] *Von N durchgestrichen, vgl. 11[21]*
9[10] *Plan zu einer Fortsetzung von GM*
9[13] *Der Titel* Werthe *ist ein späterer Zusatz*
9[16] 345 10] Matth. 7, 1   346 2: liebet eure Feinde] *Matth. 5, 44*
9[20] *Vgl. GD Das Problem des Sokrates; 9[29]*
9[22] *In WM² willkürlich geteilt: 150. 381*
9[24] *Von N durchgestrichen, vgl. GD Streifzüge 4*
9[27] *In WM² willkürlich geteilt: 880. 946*
9[29] *Vgl. 9[20]*
9[32] *Abgebrochen, vgl. 9[65]*
9[35] *In WM² willkürlich geteilt: 23. 2. 22. 13*
9[42] 355 15: Zweiheit] Freiheit *WM² 1005 irrtümlich*
9[43] *In WM² willkürlich geteilt: 20. 1069; Aph. 1069 wird von Otto Weiss*

als „zweifelhaft" bezeichnet, nur weil die Kompilatoren Gast und Förster-Nietzsche ihn nicht in WM² aufgenommen hatten (die Kompilation umfaßte 1067 Fragmente); WM¹ 3 gibt einen genaueren Text

9[44] Zum Titel vgl. 9[10]; auch dieser Text wird in WM² willkürlich geteilt: 901. 27

9[45] Vgl. GD Streifzüge 33

9[51] Vgl. John Stuart Mill, Auguste Comte und der Positivismus, in: Gesammelte Werke, hg. von Th. Gomperz, IX, Leipzig 1869, BN

9[52] Vgl. GD Sprüche 2; 9[123]

9[54] Vgl. 20[154]

9[55] Überarbeitet im Sommer 1888   362 22: J. St. Mill] a.a.O.

9[56] Vgl. 20[130] und 20[90]

9[59] Nach der Rubrizierung in 12[1] handelt es sich hier um gute Ausdrücke; vgl. 20[92. 93. 140. 138. 139. 95. 137]; N hat sie aus seinen früheren Zarathustra-Heften gesammelt (vgl. Bd. 10, 1883/84)

9[62] (47) ergänzt nach 12[1]

9[64] Vgl. GD Streifzüge 7

9[65] Zu einem verfälschten, an sich selbst gerichteten Brief von Elisabeth Förster-Nietzsche benutzt, vgl. in GBr V, N an Elisabeth Förster-Nietzsche, 3. Mai 1888

9[68] Exzerpte aus: Henri Joly, Psychologie des grands hommes, Paris 1883, BN, Seiten: 79. 66–67. 64. 245–246

9[69] H. Joly, a.a.O., 240 (Flourens über Buffon)

9[70] H. Joly, a.a.O., 260; später (Sommer 1888) ergänzt

9[72] Vgl. AC 48; überarbeitet im Sommer 1888

9[76] Vgl. GD Sprüche 15

9[80] 376 28] Shakespeare, Richard III. I, 1   377 1–2] Goethe, Faust I, 6687–6688 (ungenaues Zitat)   3] Goethe, Faust I, 3536 (ungenaues Zitat)

9[81] 5: Offenbach] unsichere Lesart

9[82] 7–8 irdischen] indischen WM² irrtümlich

9[84] 378 16: Schopenhauer II 440 ss.] N zitiert hier Parerga nach der Frauenstädt-Ausgabe

9[88] Vgl. AC 46   381 25–32] in WM² willkürlich weggelassen; vgl. Joh. 18, 37–38; 19, 22

9[90] Zur Fortsetzung von GM

9[91] In WM² willkürlich geteilt: 552. 533

9[92] Vgl. Otto Liebmann, Gedanken und Tatsachen, Straßburg 1882, BN

9[97] Überarbeitet im Sommer 1888

9[99] Vgl. 9[101]; GD Streifzüge 15

9[100] (69) ergänzt nach 12[1]

9[101] Vgl. 9[99]; GD Streifzüge 15

9[103] Von N durchgestrichen; vgl. N an Reinhart von Seydlitz, Mai 1888

742   Kommentar zu Band 12 und 13

9[107] *In WM² willkürlich zerstückelt: 37. 35. 26   398 3–4:* warum sind die Thränen?] *nach einem bekannten Lied von Chr. A. Overbeck, komponiert durch J. P. A. Schulz   5–6:* un ... ennuyeux] *Voltaire-Zitat aus Galiani, Lettres à Madame d'Epinay, Voltaire, Diderot, Grimm etc., hg. von Eugène Asse, 2 Bde., Paris 1882, BN*

9[110] *Vgl. 9[64]; GD Streifzüge 7*

9[116] *Vgl. GD Streifzüge 48*

9[119] *Im Sommer 1888 zu GD Streifzüge 24 überarbeitet; hier nach der Fassung vom Herbst 1887*

9[120] *Vgl. GD Streifzüge 48*

9[121] **406** *31:* Kronprinzen] *der spätere Kaiser Friedrich III. war an Kehlkopfkrebs erkrankt*

9[123] *Vgl. GD Sprüche 2; 9[52]*

9[126] *In WM² willkürlich zerteilt: 82. 10*

9[127] *Plan zu WM; vgl. 9[164]*

9[134] *Zitat aus Paul Albert, La littérature française au XIX siècle, Paris 1876, 17f., BN*

9[136] **413** *2:* Heraklit] *vgl. Fr. 46 (Diels-Kranz)*

9[137] *10:* Entstehung] Entladung *WM² irrtümlich*

9[139] *Von N durchgestrichen*

9[140] **415** *19:* p. 123] *nicht erschlossener Verweis, in WM² 727 unterschlagen*

9[151] *Vgl. Emanuel Herrmann, Cultur und Natur, Berlin 1887, 81–87, BN*

9[158] **429** *1–2:* abnormen Bedürfnisse] *Elisabeth Förster-Nietzsche fügt „zur Gelehrsamkeit" hinzu! (WM² 894)*

9[160] *Überarbeitet im Sommer 1888*

9[163] *Auch dieses Fragment ist nicht in die „kanonische Kompilation" WM² aufgenommen worden; Otto Weiss, indem er es in den Anhang (GA XVI 408, 1073) verweist, behauptet: „Der Aphorismus 1073, in der alten Ausgabe [WM¹] unter No 181 enthalten, sollte unter die Pläne aufgenommen werden, war dort aber nicht unterzubringen [wieso!?]. Er trägt kein Einordnungszeichen von N.'s Hand und war wohl immer als Plan gedacht." Der „Aphorismus" ist ganz im Gegenteil zu Weiss' Aussage 114 numeriert und durch die Rubrizierung in 12[1] zum zweiten Buch des Plans 12[2] bestimmt*

9[170] *Überarbeitet im Sommer 1888*

9[172] *In GA irrtümlich „Frühjahr 1887" datiert*

9[176] **439** *26:* Goethe] *an Knebel, 11. Nov. 1784*

9[178] *Überarbeitet im Sommer 1888   443 8–9:* Goethe über Spinoza] *vgl. 9[176]*

9[179] *Überarbeitet im Sommer 1888; vgl. GD Streifzüge 49. 50*

9[187] *Sommer 1888 eingefügt*

9[188] *Notizen zu einer Vorrede, zum Teil im Sommer 1888 überarbeitet* 450 17: schwer] schon *GA; vgl. dazu Peter Gast an Ernst Holzer, 26. Jan. 1910: „... zu dem Capitel ‚Der Wahrheitssinn der Frau Förster' muß ich Ihnen eines der Beispiele erzählen, die mir gerade vorschweben und mich lächeln machen. Lächeln — denn was sollte man als einstiger Archivmensch nicht alles mitvertreten, das man als anständiger Mensch eben nie vertreten kann. Als wir 1904 an dem II. Bd. der Biographie druckten, kam auch der Brief N.'s hinein, in welchem unser damals 29jähriger Kaiser für missfällige Äusserungen über Antisemiten und Kreuzzeitung belobt wird. Nun ist Ihnen bekannt, wie heftig Frau Förster danach brennt, den Kaiser für Nietzsche zu interessieren und ihn womöglich zu einer anerkennenden Äusserung über N.'s Tendenz zu bringen. Was thut sie zu diesem Zweck? (Bitte nehmen Sie Bd. II der Biogr. zur Hand.) Sie schiebt einen Satz ein, der in dem betreffenden Brief N.'s von Ende (nicht Anfang) Oktober 1888 gar nicht steht: — sie schreibt auf S. 890, Z. 9. v. u. den Satz hin ‚Der Wille zur Macht als Princip wäre ihm (dem Kaiser) schon verständlich!' Sie erinnern sich, woher dieser Satz stammt: aus der Vorwort-Skizze zum* Willen zur Macht, *welche in Bd. XIV, S. 420 abgedruckt ist. Die Niederschrift dieser Skizze (auf dem inneren Wachstuch-Umschlag des Heftes W IX [= W II 1] stehend) gehört zu den schwierigsten Aufgaben der Nietzsche-Entzifferung. Vor mir hatten sich schon die Horneffers daran versucht; ihr Entzifferungstext wies aber mehr Lacunen als Worte auf. Nur gerade diesen Satz hatten sie vollständig hingeschrieben. Solche Vorarbeit wird dem, der sich als Zweiter darüberher macht, oft mehr zum Hemm-, als zum Förderniss. Genug: mir, als dem Zu-Ende-Entzifferer des Stücks, entging damals, dass die Horneffer'sche Entzifferung ‚Der Wille zur Macht als Princip wäre ihnen (den Deutschen) schon verständlich' im Zusammenhang der Vorwort-Skizze keinesfalls richtig sein kann. Und wie ich im April vorigen Jahres das Heft W IX wieder in die Hand bekomme, bestätigt sich mein Verdacht, dass es ja fraglos ‚schwer verständlich' statt ‚schon verständlich' heissen müsse! — Ist der Witz nun nicht sehr gut, dass wenn Frau Förster exact sein wollte, sie jetzt drucken lassen müsste ‚der Wille zur Macht als Princip wäre ihm (dem Kaiser) schwer verständlich'?!" Der ganze angebliche Brief Ns an die Schwester von Ende Oktober 1888 ist allerdings eine grobe Fälschung*

10 = W II 2

10[1] *Zu einer Gedichtsammlung? Vgl. WA 2*
10[7] *Überarbeitet im Sommer 1888*

10[9] *Überarbeitet im Sommer 1888; erste Fassung:* Jedes Ideal ist eine Schule von Liebe und Haß, aber auch der Verehrung und Verachtung. Haß und Verachtung sind hier entweder das primum mobile (wie bei allen Ressentiments-Idealen) reaktiven Ideals oder ein Reflex aus dem eignen Gefühl von Liebe und Verehrung zu sich und seiner Art „aktiver Idealismus". Im ersten Falle ist viel Tartüfferie möglich zb. Haß auf die Sünde (statt auf den Sünder ...)

10[10] *Überarbeitet im Sommer 1888* 459 9–20] *Erste Fassung:* Hier ist wesentlich, daß die peinlichen Gefühle, mit denen jene Leistungen verbunden sind (die Überwindung von Widerständen, welche im Wesen jeder Leistung liegt), durch die Censur nicht nur als nothwendig, sondern als werthvoll (folglich in einem höheren Sinn lustvoll) eingeübt werden müssen: Problem: „wie macht man etwas Unangenehme zu einem Gute? Als Beweis für unsere Kraft, Macht, Überlegenheit denken. Als Beweis für unseren Gehorsam im Dienste eines Gesetzes. Als Beweis für unseren Gemeinsinn, Nächstensinn, Familiensinn, für unsere „Vermenschlichung", „Altruismus", „Heroismus"

10[11] *Vgl.* GD Streifzüge 29

10[12] *Vgl.* 15[27]; GD Was den Deutschen abgeht 5

10[13] *Vgl. Emanuel Herrmann, Cultur und Natur, Berlin 1887, 83, BN*

10[14] *Vgl.* 11[54]

10[15] *Vgl. E. Herrmann, a.a.O., 74–75. 85*

10[16] *Ebda., 86*

10[18] *Überarbeitet im Sommer 1888*

10[20] *Überarbeitet im Sommer 1888*

10[21] *Überarbeitet im Sommer 1888; erste Fassung:* Die Furcht vor dem Zufall, dem Ungewissen, dem Plötzlichen / − man concipirt sie als Mächte, mit denen es eine Art Vertrag giebt, auf die man in voraus einwirken kann. / − man behauptet die blosse Scheinbarkeit ihrer Bosheit und Schädlichkeit: man legt die Folgen des Zufalls, des Ungewissen, des Plötzlichen aus als wohlgemeint, sei es zur Aufrechterhaltung der Gerechtigkeit, sei es als Weg zur Besserung, zur Frömmigkeit, zum Glück ... / − man concipirt das Schlimme als „verdient": man rechtfertigt das Schlimme / − man kämpft gegen dasselbe, oder man unterwirft sich ihm: die moralisch-religiöse Interpretation ist auch noch eine Form der Unterwerfung. / − der Glaube an die guten Seiten eines Bösen, ein Hauptberuhigungsmittel / In dem Maaße, in dem der M⟨ensch⟩ die Furcht vor dem Zufalle, dem Ungewissen dem Plötzlichen verliert (d.h. je mehr er beweisen gelernt hat, je mehr er prävenirt und an Nothwendigkeit glauben kann), um so entbehrlicher wird ihm jede Form der Unterwerfung, jede moralisch-religiöse „Rechtfertigung des Übels". Es kann ein Zustand gedacht werden, wo die ungeheure Sicherheit und Monotonie der Regel so sehr ins Bewußtsein tritt, daß die Lust am Zufall, am Ungewissen, am Plötzlichen als Kitzel herausbricht: Symptom hoher Civilisation, zugleich der Stärke. / Der Mensch braucht nicht mehr eine „Rechtfertigung des Übels", er perhorreszirt gerade die Rechtfertigung und genießt das Übel pur, cru, als sinnloses Übel. Hat er früher einen Gott nöthig gehabt, so entzückt ihn jetzt eine Welt-Ordnung, in der der Zufall und das Furchtbare, Zweideutige und Verführerische essentiell ist. In einem solchen Zustand braucht das Gute eine „Rechtfertigung", d. h. es muß einen bösen und gefährlichen Grundgedanken haben oder eine große Dummheit in sich schließen: dann gefällt es noch. Die Animalität erregt dann nicht Grausen; ein geistreicher und glücklicher Übermuth wie bei Petronius. Der Mensch ist stark genug dazu, um sich eines Glaubens an Gott schämen zu dürfen. Er bevorzugt an den Gründen für die Aufrechterhaltung der Rechtschaffenheit die Gründe, welche in ihr eine Schlauheit, Gewinnsucht, Machtsucht setzen. Der Pessimismus der Stärke endet mit einer Theodicee, d. h. mit einem absoluten Ja-sagen zu der Welt, um der Gründe willen, auf die hin man zu ihr nein gesagt hat: und dergestalt zur Conception dieser Welt als eines erreichten höchsten Ideals ...

10[22] *Überarbeitet im Sommer 1888*
10[31] *Überarbeitet im Sommer 1888*   471 *18–19:* Einschränkung] Entschuldigung *WM² 877 irrtümlich*
10[32] *In Verbindung zu 11[54]*
10[33] *Von N durchgestrichen*
10[34] *Vgl. DD* Von der Armut des Reichsten
10[35] *Von N durchgestrichen; vgl. WA 3*
10[36] *Vgl. WA 2*
10[40] *Überarbeitet im Sommer 1888*   475 *18–19:* ein ... pudeurs] *vgl. GD* Sprüche 16   *21–22:* vers ... reden] *vgl. 9[68]*
10[41] *Zitate nicht erschlossen*
10[50] *Überarbeitet im Sommer 1888; vgl. GD* Streifzüge 45   479 *24–25:* (erste ... kastriren)] *Zusatz vom Sommer 1888*   480 *18:* sollen] *danach gestrichen:* vorausgesetzt, daß man nicht die Männlichkeit nach dem feigen und weiblichen Maaß anderer (Wünschbarkeit) Ideologen abmißt
10[51] *Am Schluß gestrichen:* unter Umständen selbst mit erectio und ejaculatio
10[54] 484 *12–18] weggelassen in WM² 88*   *18:* Hofprediger] *Anspielung auf den antisemitischen Hofprediger Adolf Stöcker*
10[55] *Vgl. GD* Streifzüge 46
10[56] *Vgl. GD* Was den Deutschen abgeht 2
10[59] 492 *32:* aufreißen ...] *danach gestrichen:* Die niedrige, behäbige,

erbärmliche Gesinnung ist die Entartung der Heerde; der böse, zügellose, raubthierische Instinkt ist die Entartung der solitären Wesen.

10[66] *Zu Brandes' Briefen vom 11. Januar und 7. März 1888*
10[69] *Vgl. AC 46*   496 *10–12] von WM² 250 weggelassen*
10[72] *Vgl. AC 44*
10[74] 498 *25:* Feuer-Herd] *aus* Herd der Wollust
10[77] *Vgl. 10[66]*
10[81] 502 *26:* Hofprediger] *Anspielung auf Adolf Stöcker*
10[82] *Überarbeitet im Sommer 1888*   504 *16–19] vgl. 10[66]*
10[84] *Überarbeitet im Sommer 1888*
10[86] 506 *12–15] weggelassen in WM² 205*
10[87] *25–26:* was ... stärker] *vgl. GD Sprüche 8*
10[88] 507 *27:* aber ... Ehe"] *Zusatz vom Sommer 1888*
10[92] *Überarbeitet im Sommer 1888; vgl. 10[181]*
10[93] *Vgl. 10[69]*
10[94] *Überarbeitet im Sommer 1888; von N durchgestrichen*   510 *8–22] erste Fassung:* Wir Immoralisten sind heute die einzige Macht, die Lüge nicht nöthig hat, um zum Siege zu kommen. Eine starke Verführung kämpft für uns, die stärkste vielleicht, die es giebt — die Verführung der Wahrheit ... Der Wahrheit? Wer hat das Wort mir in den Mund gelegt? Aber ich nehme es wieder heraus; ich verschmähe es: nein, wir haben auch diese schöne Bundesgenossin nicht nöthig, die Wahrheit, wir würden auch ohne sie zur Macht und zum Siege kommen. Der unbesiegbare Zauber, der uns erlaubt, ohne die Lüge sowohl wie ohne die Wahrheit, auf Sieg zu rechnen, das ist der Zauber des Extrems, des Äußersten: wir Immoralisten — sind wir heute die Äußersten?
10[96] *Überarbeitet im Sommer 1888*   511 *5–17] erste Fassung:* Der Asketismus im Christenthum ist etwas Lokalisirtes: es wächst dort heraus, wo es auch Asketen gegeben hat noch ehe es Chr⟨istenthum⟩ gab, — ebenso wie auch nach ihm. Das hypochondrische Christenthum, die Gewissens-Thierquälerei ist insgleichen nur dem Boden zugehörig, auf dem es gesäet ist; eine Religion, die sich unter den verschiedensten Stufen von Cultur und Barbarei, von Gesundheit und Krankheit ausbreitet, zeigt überall ein neues Gesicht.
10[97] *In WM² 321 willkürlich geordnet*
10[98] 512 *21–25] Zitat aus Schopenhauer, Welt 2, 451; vgl. Bd. 8, 5[83]*
10[99] *Schopenhauer, Welt 1, § 36; Welt 2, Kap. 31*
10[100] *Weggelassen in WM¹ und WM²*
10[101] *Schopenhauer, Parerga 2, 323*
10[103] *Überarbeitet im Sommer 1888*
10[104] *Überarbeitet im Sommer 1888*   513 *25:* den Mittelmäßigen] vielen Menschen *WM² 746 irrtümlich*

Nachgelassene Fragmente Herbst 1885–Januar 1889 · 10 [66–135]

10[105] *Überarbeitet im Sommer 1888* 514 *13–14:* wir ... Musiker"]
erste Fassung: wir sind wieder lyrisch, absurd, gemischt, sinnlich und mystisch, kurz musikalisch ... bis zum Sensualismus des Asketen ...

10[107] *Von N durchgestrichen, vgl. GD Sprüche 36*

10[109] *Überarbeitet im Sommer 1888* 517 *28–32:* Es ... machen]
vgl. GD Sprüche 36

10[111] *Überarbeitet im Sommer 1888*

10[112] *Überarbeitet im Sommer 1888*

10[113] *Überarbeitet im Sommer 1888; am Schluß gestrichen:* (um deutsch zu reden und dazu noch christlich!)

10[116] *Willkürlich geordnet in WM² 837*

10[117] *Überarbeitet im Sommer 1888*

10[118] *Überarbeitet im Sommer 1888*

10[119] *Überarbeitet im Sommer 1888*

10[121] *Überarbeitet im Sommer 1888*

10[124] *Überarbeitet im Sommer 1888* 528 *20 –* 529 *5:* Ist ... gesellen.] *von N mit Bleistift durchgestrichen*

10[125] *Überarbeitet im Sommer 1888* 529 *12–13:* Hasses ... „Pascalisme"] *Anspielung auf das von N oft zitierte Wort Pascals:* „le moi est toujours haïssable"

10[126] *Veröffentlicht in GA XVI 411, 1079, also nicht in die „kanonischen" WM² aufgenommen, WM¹ 344 bringt dagegen dieses Fragment, das N numeriert und rubriziert hat*

10[127] *Überarbeitet im Sommer 1888*

10[128] *Überarbeitet im Sommer 1988* 531 *4–7:* Pascal ... p. 162] *zitiert nach B. Pascal, Gedanken, Fragmente und Briefe, Leipzig 1865, BN*

10[130] *Vgl. Julius Wellhausen, Skizzen und Vorarbeiten, Berlin 1887, III., 114, BN*

10[131] *Wellhausen, Skizzen, 113f. 111*

10[132] *Zusammenhang ungewiß, vgl. jedoch 9[164]*

10[133] *Überarbeitet im Sommer 1888*

10[135] *Überarbeitet im Sommer 1888; WM² 211 gibt auf allerdings ungenaue Weise die erste Fassung wieder; diese lautet im Ms:* Eine christliche Denkweise hat Sinn in der engsten abgezogensten und unpolitischsten Gesellschaft, – im Conventikel. Ein christlicher Staat, eine christliche Politik ist eine Schamlosigkeit, eine Lüge, etwa wie eine christliche Heerführung, welche zuletzt den „Gott der Heerscharen" als Generalstabchef behandelt. Auch das Papstthum ist niemals im Stande gewesen, christliche Politik zu machen ... und wenn Reformatoren Politik treiben, wie Luther, so weiß man, daß sie eben solche Anhänger Macchiavells sind wie irgendwelche Immoralisten oder Tyrannen.

10[136] *Überarbeitet im Sommer 1888*
10[137] *Überarbeitet im Sommer 1888*
10[143] *Vgl. GD Streifzüge 28*
10[144] *Überarbeitet im Sommer 1888*
10[145] *Vgl. GD Sprüche 29. 37. 38. 40*
10[146] *Vgl. 9[188]; GD Sprüche 26*
10[148] *Überarbeitet im Sommer 1888*
10[149] *Vgl. 10[145]*
10[150] 539 *23–28:* Dies ... begreifen] *aus* (— zu dieser gewagten Hypothese schuf sich Schopenhauer den Weg, indem er den Intellekt seiner Bestimmung untreu werden ließ ... — und in der That scheint sich Schopenhauer ein einfaches Nichts als letzten Wunsch zu setzen. — Es könnte zum Nichts einen positiven Ausdruck geben ...) *24–25:* Naiv! ... miraculum!] *zu Unrecht weggelassen in WM² 411*
10[151] *Überarbeitet im Sommer 1888*
10[152] *Überarbeitet im Sommer 1888*
10[154] *Überarbeitet im Sommer 1888*
10[155] *Von N umgearbeitet und dann durchgestrichen (Herbst 1887)*
10[156] *Vgl. GD Streifzüge 39*
10[157] *Überarbeitet im Sommer 1888; WM² 204 vermischt die zwei Fassungen* 547 *13:* Castratist] *aus* Idealist 548 *1–4:* Der ... darf] *aus* Die mildeste Form dieser Gegnerschaft ist sicherlich die der ersten Buddhisten: vielleicht ist auf nichts mehr Arbeit verwendet worden als die feindseligen Gefühle zu entmuthigen und schwach zu machen *GA (WM² 204)* *4–9:* Der ... Heilige] *aus* Kampf gegen das ressentiment: fast die Hauptaufgabe des Buddhisten. Sich loslösen, aber ohne Rancune: das setzt allerdings eine erstaunlich gebändigte und friedliche Art See voraus, so daß die Wellen auf ihr sich nicht mehr „brechen" — Heilige ... eine halkyonische Stille des Meeres
10[159] 550 *5–6:* Stendhals Wort über ihn] *vgl. Stendhal, Vie de Napoléon, Vorrede, XV:* „Une croyance presque instinctive chez moi, c'est que tout homme puissant ment, quand il parle, et à plus forte raison, quand il écrit"; *vgl. auch 11[33]*
10[160] *Vgl. 20[152]*
10[161] *Vgl. 20[151]*
10[162] *Vgl. 20[153]*
10[163] *Vgl. GD Streifzüge 5* 551 *17–21:* Das ... Beurtheilung] *aus* Der christliche Gott ist ein Gott, der befiehlt; die christliche Moral ist ein Befehl: wäre das Gut und Böse den Menschen erkennbar ohne Gott, so bedürfte es keines Gottes
10[164] *Überarbeitet im Sommer 1888*

10[165] *Überarbeitet im Sommer 1888; auf sehr ungenaue und willkürliche Weise gedruckt in WM² 916*
10[166] *Vgl. GD Die vier grossen Irrthümer 6*
10[167] *Überarbeitet im Sommer 1888*
10[168] *Überarbeitet im Sommer 1888*
10[169] *Überarbeitet im Sommer 1888*
10[170] *Überarbeitet im Sommer 1888*
10[174] *Überarbeitet im Sommer 1888* 559 20: ist] *danach gestrichen:* und andererseits begehrteste gewesen ist: woran hängt das Letztere?
10[176] *Überarbeitet im Sommer 1888*
10[178] *Überarbeitet im Sommer 1888*
10[179] *Vgl. AC 45*
10[181] *Überarbeitet im Sommer 1888*
10[183] *Weggelassen in WM¹ und WM²*
10[184] *Mit Weglassungen veröffentlicht in WM² 172*
10[188] *Überarbeitet im Sommer 1888*
10[189] *Überarbeitet im Sommer 1888*
10[190] *Überarbeitet im Sommer 1888*
10[191] *Überarbeitet im Sommer 1888*
10[192] *Willkürlich zerstückelt in WM²: 3. 6. 11* 571 28] *weggelassen in WM²*
10[199] *Überarbeitet im Sommer 1888* 575 8–14] *vgl. Joh. 3, 20–21, 19*
10[200] *Überarbeitet im Sommer 1888; Zitate auch aus Matth. 6, 18, 33; Luk. 6, 23; 3, 13–14; Mark. 8, 35*
10[201] *Überarbeitet im Sommer 1888* 580 7–8: und ... konnten] *weggelassen in WM² 202*
10[202] *Überarbeitet im Sommer 1888*
10[203] *Überarbeitet im Sommer 1888; vgl. 10[164]*
10[204] *Überarbeitet im Sommer 1888*
10[205] *Überarbeitet im Sommer 1888*
10[206] *Überarbeitet im Sommer 1888*

11 = W II 3

11[1] *Vgl. GD Streifzüge 41. 37; von N durchgestrichen*
11[2] *Vgl. GD Streifzüge 25; von N durchgestrichen*
11[6] *Vgl. 20[73]*
11[9] *Überarbeitet im Sommer 1888; vgl. 11[296] und die Anm. dazu*
11[13] *Galiani an Madame d'Epinay, 24. Nov. 1770, in: F. Galiani, Lettres..., Paris 1882, BN*

11[15] *Vgl. Louis Desprez, L'évolution naturaliste, Paris 1884, 264, BN*
11[16] *Vgl. 11[59]; GD* Streifzüge *27   13 18–19:* je ... d'esprit] *Galiani an Madame d'Epinay, 18. Sept. 1769, a. a. O.*
11[19] *Dieses Vergil-Zitat bei Galiani an Madame d'Epinay, 24. Dez. 1772*
11[20] *Ergänzt nach W II 1, 136*
11[22] *Vgl. GD* Streifzüge *13*
11[23] *Vgl. GD* Streifzüge *13 und Anm. dazu*
11[24] *Vgl. GD* Streifzüge *6 und Anm. dazu*
11[25] *15 14–16:* Niemand ... entgegen] *vgl. N an Overbeck, 12. Nov. 1887*
11[26] *Weggelassen in GA (also auch in WM¹ und WM² trotz Ns Numerierung)   16 5] vgl. Journal des Goncourt, II, 17. Mai 1863*
11[28] *Vgl. WA 3*
11[32] *19 3:* perfection de la médiocrité] *Journal des Goncourt II, 11. März 1862*
11[33] *Vgl. Anm. zu 10[159]*
11[34] *Exzerpte aus Louis Desprez, L'évolution naturaliste, 56 und 46*
11[39] *Vgl. 20[69]*
11[40] *Vgl. 20[68]*
11[41] *Vgl. 20[67]*
11[42] *Vgl. 20[70]*
11[43] *Vgl. 10[45. 50. 109]; AC 2*
11[45] *Vgl. GD* Streifzüge *12. 13*
11[46] *Zu einer Fortsetzung von GM?*
11[48] *Vgl. AC 54*
11[49] *Überarbeitet im Sommer 1888; vgl. WA 1*
11[53] *Vgl. 20[72]*
11[54] *Überarbeitet im Sommer 1888   25 32–26 1:* Macchiavellismus ... âpreté] *Galiani an Madame d' Epinay, 5. Sept. 1772*
11[55] *Von N durchgestrichen   27 10–13:* Man ... ist] *aus* Was ich am Christenthum bekämpfe? Immer nur Eins: sein Ideal vom Menschen, seine Forderungen an den Menschen, sein Nein und sein Ja in Hinsicht auf den Menschen *WM² 252 vermischt die beiden Fassungen*
11[59] *Vgl. 11[16]; GD* Streifzüge *27;* Sprüche *20*
11[60] *Vgl. GD* Streifzüge *40*
11[61] *N bezieht sich auf Stellen von Hartmanns Philosophie des Unbewussten, wie folgende:* „Wir begannen ... mit der Frage, ob das Sein oder das Nichtsein der bestehenden Welt den Vorzug verdiene, und haben diese Frage ... dahin beantworten müssen, dass alles weltliche Dasein mehr Unlust, als Lust mit sich bringe, folglich das Nichtsein der Welt ihrem Sein vorzuziehen wäre", *S. 735 der Ausgabe von 1872 (Berlin)   vgl. 11[71]*
11[62] *Nicht erschlossenes Zitat*

11[63] *Nicht erschlossenes Zitat*
11[64] *Nicht erschlossenes Zitat*
11[65] *Nicht erschlossenes Zitat*
11[66] *Nicht erschlossenes Zitat*
11[67] *Nicht erschlossenes Zitat; vgl. N an Peter Gast, 13. Febr. 1888*
11[68] *Nicht erschlossenes Zitat*
11[69] *Nicht erschlossenes Zitat*
11[70] *Nicht erschlossenes Zitat*
11[71] *Vgl. 11[61]*
11[72] *Überarbeitet im Sommer 1888; Auseinandersetzung mit dem „philosophischen Pessimismus" Eduard von Hartmanns*
11[75] *Gegen E. von Hartmann, Philosophie des Unbewussten, Abschnitt B, Kapitel III, Das Unbewusste im Gefühl, insbes. seine Ausführungen über das Verhältnis der Lust zum Willen*
11[76] *Vgl. Anm. zu 11[75]*
11[77] *Vgl. Anm. zu 11[75]*
11[78] *Vgl. GD Streifzüge 17*
11[79] *Überarbeitet im Sommer 1888; vgl. GD Streifzüge 31*
11[83] *(339) ergänzt nach 12[1]*
11[85] *Die Fragmente 11[85–93] gehen auf den Herbst 1881 zurück, sie wurden von N aus dem Notizbuch N V 7 abgeschrieben, vgl. Bd. 9, 12[71. 54. 34. 26. 30. 20. 120. 122. 125. 123. 127. 134]*
11[89] *Vgl. WA 2*
11[95] *Vgl. 9[18], weggelassen in WM¹ und WM² (trotz Ns Numerierung)*
11[99] *Überarbeitet im Sommer 1888*
11[101] *Überarbeitet im Sommer 1888; vgl. GD Streifzüge 16; 11[61. 71. 72. 75. 76. 77]*
11[102] *Vgl. GD Streifzüge 10*
11[103] *50 21: nil admirari] Hor. Epist. I, 6, 1*
11[104] *Vgl. GD Sprüche 12*
11[106] *Überarbeitet im Sommer 1888*
11[107] *Vgl. GD Sprüche 1 und Anm. dazu*
11[110] *Vgl. 11[43]*
11[117] *Vgl. GD Was den Deutschen abgeht 7*
11[118] *Der Titel erst im Sommer 1888 eingefügt*
11[119] *Vgl. 11[411]*
11[120] *Überarbeitet im Sommer 1888*
11[122] *Im Sommer 1888 überarbeitet zu AC 47; hier die erste Fassung*
11[127] *Überarbeitet im Sommer 1888*
11[131] *Vgl. 20[137]*
11[135] *Vgl. 11[143]*
11[136] *Vgl. 11[143]*

11[137] 63 6: Fouillée] *Alfred Fouillée, La science sociale contemporaine, Paris 1880, BN*
11[143] *Vgl. 11[135. 136]*
11[144] *Nicht erschlossenes Zitat*
11[146] *Überarbeitet im Sommer 1888*
11[147] 69 15: Fouillée p 217] *a. a. O., vgl. 11[137]*
11[148] *Überarbeitet im Sommer 1888*
11[150] *Überarbeitet im Sommer 1888*
11[160] *Charles Baudelaire, Oeuvres posthumes et Correspondances inédites, précédées d'une étude biographique par E. Crépet, Paris 1887 (abgekürzt: Baudelaire), 109. Zu dieser Lektüre vgl. N an Peter Gast, 26. Febr. 1888. Vgl. Karl Pestalozzi, Nietzsches Baudelaire-Rezeption, Nietzsche-Studien 7 (1978), 158–178*
11[162] *Baudelaire, 113*
11[163] *Baudelaire, 62*
11[164] *Baudelaire, 60 (Hor. Epist. II, 2, 102)*
11[165] *Baudelaire, 65*
11[166] *Baudelaire, 64*
11[167] *Baudelaire, 64f.*
11[168] *Baudelaire, 107*
11[169] *Baudelaire, 99*
11[170] *Baudelaire, 105*
11[171] *Baudelaire, 71*
11[172] *Baudelaire, 71f. 106*
11[173] *Baudelaire, 72*
11[174] *Baudelaire, 73f.*
11[175] *Baudelaire, 75*
11[176] *Baudelaire, 75*
11[177] *Baudelaire, 75*
11[178] *Baudelaire, 76*
11[179] *Baudelaire, 76*
11[180] *Baudelaire, 76f.*
11[181] *Baudelaire, 77*
11[182] *Baudelaire, 78*
11[183] *Baudelaire, 80*
11[184] *Baudelaire, 80*
11[185] *Baudelaire, 80*
11[186] *Baudelaire, 81*   80 5: Poetische Harmonie] *bei Baudelaire „harmonie politique" (éd. Pichois, Paris 1961)*
11[187] *Baudelaire, 182*
11[188] *Baudelaire, 84*
11[189] *Baudelaire, 85*
11[190] *Baudelaire, 87*

11[191] *Baudelaire, 93*
11[192] *Baudelaire, 94*
11[193] *Baudelaire, 97*
11[194] *Baudelaire, 98*
11[195] *Baudelaire, 114*
11[196] *Baudelaire, 120*
11[197] *Baudelaire, 99*
11[198] *Baudelaire, 99f.*
11[199] *Baudelaire, 101f.*
11[200] *Baudelaire, 102*
11[201] *Baudelaire, 102*
11[202] *Baudelaire, 103*
11[203] *Baudelaire, 103*
11[204] *Baudelaire, 104*
11[205] *Baudelaire?*
11[206] *Baudelaire, 106*
11[207] *Baudelaire, 106*
11[208] *Baudelaire, 107*
11[209] *Baudelaire, 108*
11[210] *Baudelaire, 109*
11[211] *Baudelaire, 111f.*
11[212] *Baudelaire, 112*
11[213] *Baudelaire, 113*
11[214] *Baudelaire, 114*
11[215] *Baudelaire, 115*
11[216] *Baudelaire, 116*
11[217] *Baudelaire, 117*
11[218] *Baudelaire, 117f.*
11[219] *Baudelaire, 122*
11[220] *Baudelaire, 122*
11[221] *Baudelaire, 122*
11[222] *Baudelaire, 123*
11[223] *Baudelaire, 119*
11[224] *Baudelaire, 120*
11[225] *Baudelaire?; nach Horaz, Od. III, 3, 8: impavidum ferient ruinae*
11[230] *Zitiert bei Baudelaire, 233 in dem Begleitbrief zum Gedicht 11[232] an Sainte-Beuve*
11[231] *Baudelaire, 231*
11[232] *Baudelaire, 236*   **91** *1:* Volupté] *Roman von Sainte-Beuve (1834)*
11[233] *Baudelaire, 87*
11[234] *Baudelaire, 88*
11[235] **92** *31–32:* Und ... Hofprediger-Canaille!] *weggelassen in* **WM**[1]

393 und WM² 748; Anspielung auf den Antisemiten Adolf Stöcker; vgl. 10[54], 10[81] und 11[245]

11[236] *Im Anschluß an die Lektüre von: Ma religion par le comte Léon Tolstoi, Paris 1885 (abgekürzt: Tolstoi), entstanden. Diese Lektüre wurde vom Nietzsche-Archiv wissentlich verschwiegen; die „Aphorismen" WM¹ 393 und WM² 748 wurden deshalb ohne diesen notwendigen Hinweis veröffentlicht*

11[239] *Vgl. Anm. zu 11[236]; in WM¹ 105 und WM² 207 ohne Quellenangabe veröffentlicht*

11[240] *WM¹ 106 gibt die richtige Anordnung wieder, nicht aber die „kanonische Ausgabe" in WM² 179; vgl. außerdem Anm. zu 11[236]*

11[241] *nach Tolstoi; vgl. 11[259. 270]*

11[242] *Vgl.: Tolstoi, 45*

11[243] *Vgl. Tolstoi, passim, z.B. 44; WM¹ 147 und WM² 191 ohne Quellenangabe*

11[244] *Vgl. Anm. zu 11[236] (WM¹ 147 und WM² 191 ohne Quellenangabe)*

11[245] *95 25:* Sprache des Hofpredigers-Tartüffes] Sprache, die Hofprediger-Tartüfferie GA *(WM¹ 147 und WM² 191) irrtümlich; vgl. 10[54], 10[81], 11[235]*

11[246] *Vgl. Tolstoi, 12; AC 29*

11[247] *Vgl. Tolstoi, 42*

11[248] *Vgl. Tolstoi, 42f.*

11[249] *Vgl. Tolstoi, 46f.; in GA XIII, 324, 791 ohne Quellenangabe veröffentlicht*

11[250] *Vgl. Tolstoi, 47*

11[252] *Vgl. Tolstoi, 49; WM² 718 unvollständig und ohne Quellenangabe*

11[253] *Vgl. Tolstoi, 51*

11[254] *Vgl. Tolstoi, 58*

11[255] *Vgl. Tolstoi, 149. 155*

11[256] *Vgl. Tolstoi, 153, als N-Text in WM² 194 veröffentlicht*

11[257] *Vgl. Tolstoi, 220, als N-Text in WM² 168 veröffentlicht*

11[258] *Vgl. Anm. zu 11[236]; WM² 723 ohne Quellenangabe*

11[259] *Vgl. 11[270] und Anm. zu 11[236]; WM² 759 ohne Quellenangabe*

11[260] *Vgl. Tolstoi, 175; in WM² 193 als N-Text veröffentlicht*

11[261] *Vgl. Anm. zu 11[236]; WM² 193 ohne Quellenangabe*

11[262] *Vgl. Tolstoi, 117; in WM¹ 141 und WM² 224 als N-Text veröffentlicht*

11[263] *Vgl. Tolstoi, 118–121; in WM¹ 141 und WM² 224 als N-Text veröffentlicht*

11[264] *Vgl. Tolstoi, 122f.*

11[265] *Vgl. Tolstoi, 123f.*

11[266] *Vgl. Tolstoi, 125*

11[267] Vgl. Tolstoi, 117; in WM¹ 141 und WM² 224 ohne Quellenangabe veröffentlicht
11[268] Vgl. Tolstoi, 110
11[269] Vgl. Tolstoi, 111f.
11[270] Vgl. Tolstoi, 169–171
11[271] Vgl. Tolstoi, 172
11[272] Vgl. 11[301]; 11[360]
11[273] Vgl. Tolstoi, 243f.
11[274] Vgl. Tolstoi, 244
11[275] Vgl. Anm. zu 11[236]; WM¹ 131 und WM² 169 ohne Quellenangabe
11[276] Vgl. Anm. zu 11[236]
11[277] Wie in 11[274] zitiert N ausdrücklich Tolstoi; diese Exzerpte wurden deshalb vom Nietzsche-Archiv unterschlagen; vgl. Anm. zu 11[236]
11[278] Vgl. Anm. zu 11[236]; WM² 335 ohne Quellenangabe
11[279] Nach Tolstoi; WM¹ 103 und WM² 166 ohne Quellenangabe
11[280] Vgl. Anm. zu 11[236]; AC 27
11[281] Ähnliche Äußerungen über Paulus in Tolstoi, 220–222
11[282] Nach Tolstoi, vgl. 11[281]
11[284] Quelle nicht erschlossen; vielleicht nach J. Wellhausen, zitiert in der folgenden Anmerkung
11[287] Vgl. J. Wellhausen, Skizzen und Vorarbeiten. III: Reste arabischen Heidenthumes, Berlin 1887, 218, BN: „Es wäre wol der Mühe wert gewesen, ausdrücklich hervorzuheben, dass in dem Begriff der göttlichen Macht und Herrschaft — besonders Allahs — bei den Arabern ebenso wie bei den alten Hebräern die Fähigkeit zu nützen und zu schaden immer vereint, und nichts von Dualismus zu verspüren ist. Die Nichtigkeit eines Gottes ebenso gut wie die eines Mannes wird immer so ausgedrückt, dass er weder im stande sei zu nützen noch zu schaden": das Gesperrte hebt Ns Unterstreichung hervor. Diese Quelle verschwiegen im sogenannten Aph. 352 des „kanonischen" WM², der das Ganze als N-Text hinstellt
11[288] Wellhausen, Skizzen III, 216
11[289] Wellhausen, Skizzen III, 217
11[290] Wellhausen, Skizzen III, 215f.
11[291] Wellhausen, Skizzen III, 215
11[292] Wellhausen, Skizzen III, 119f., 122   113 17: Fleisch] Speise Wellhausen, 122
11[293] Wellhausen, Skizzen III, 120–122
11[294] 114 21–30] im Anschluß an die Lektüre von Wellhausens Skizzen III entstanden; diese Quelle wird sowohl in WM¹ 130 als auch in WM² 195 verschwiegen

11[295] *Im Anschluß an die Lektüre Tolstois und Wellhausens entstanden; beide Quellen verschwiegen in WM¹ 128 und WM² 170. 196*

11[296] *Notizen aus: Journal des Goncourt, Bd. 1, 1851–1861, Paris 1887, vgl. (nach der Reihenfolge der Absätze) die Seiten: 394–395. 394. 393. 392 (vgl. GD Sprüche 6). 388. 387 (vgl. GD Sprüche 14). 386. 382. 382. 378. 377. 373. 374. 369. 358. 21. 21. 60. 63. 61–62. 97. 99–100. 104. 126. 128. 133. 135. 137f. 147. 150. 158. 164. 187. 195. 197. 228. 234. 234. 279f. 283. 291. 295. 307. 314. 319. 324. 346. Der sechste Absatz (117, 19–20) nicht identifiziert*

11[301] **127** *29:* die ... Feigenbaums] *vgl. 11[272]; 11[360]*

11[302] **128** *16:* le siècle de l'irrespect] *Journal des Goncourt I, 63*

11[304] *Vgl. Benjamin Constant, Quelques réflections sur le théatre allemand, Paris/Genève 1809, XLIX*

11[305] *Constant, Quelques réflections, XLIV*

11[306] *Constant, Quelques réflections, XXXIV–XXXVI. XXXVIII*

11[307] *Constant?*

11[308] *B. Constant, Adolphe, Réponse à l'Éditeur, in: Oeuvres, hg. von A. Roulin, Paris 1964, 83*

11[309] *Ebda.*

11[311] *Constant, Quelques réflections, XXXVIII–XL*

11[312] *Im Anschluß an die Lektüre von Constant entstanden*

11[314] *Vgl. WA 5*

11[315] **173** *11:* „Thekla"] *vgl. 11[304]*   *19:* ténébreux 1830] *vgl. Journal des Goncourt I, 319*

11[321] **134** *16:* Paul Bourget] *Essais de psychologie contemporaine, Paris 1883, 25; vgl. Bd. 10, 24[6], 646, 18; WA 7 und Anm. dazu*

11[323] *Vgl. WA*

11[331] *Exzerpte aus Théodor Dostoïewsky, Les Possédés (Bési). Traduit du russe par Victor Derély, Paris 1886 (abgekürzt: Possédés), II, 405–409, Stawrogins Brief an Daria Pavlovna (F. Dostoevskij, Die Dämonen)*

11[332] *Ebda., II, 407*   **142** *27:* Goethe] *vgl. Wilhelm Meisters Lehrjahre VI, Bekenntnisse einer schönen Seele*   **143** *1:* er] *Stawrogin*

11[333] *Nach Dostoevskijs „Dämonen"*

11[334] *Possédés II, 334–337*

11[335] *Im Anschluß an die Lektüre Dostoevskijs*

11[336] *Possédés II, 338f.*

11[337] *Possédés II, 303f.*

11[338] *Nach Dostoevskij*

11[339] *Nach Dostoevskij*

11[340] *Possédés II, 141f.*

11[341] *Possédés II, 89–98*

11[342] *Zusammenhang nicht erschlossen*

11[343] *Zitat nicht erschlossen*

11[344] *Possédés I, 219f.*
11[345] *Possédés I, 273*
11[346] *Possédés I, 274f.; vgl. AC 16*
11[347] *Possédés I, 276*
11[348] *Possédés I, 276*
11[349] *Possédés I, 279*
11[350] *Possédés I, 290*
11[351] *Possédés I, 290*
11[352] *Nicht erschlossen*
11[354] *Vgl. AC 34. 35*
11[355] *Vgl. AC 34*
11[356] *Nach Tolstois „Ma religion"*
11[357] *Vgl. AC 33*
11[358] *Vgl. AC 36*
11[360] *Nach Tolstois „Ma religion"* **158** *12–14] Matth. 5, 6. 19   17–18: falsche ... Wölfe] Matth. 7, 15* **159** *1] vgl. 11[272]; 11[301]   2–3: Ein ... Seinen] Matth. 13, 57*
11[361] *Vgl. AC 7*
11[364] *Nach Tolstois „Ma religion"; vgl. 11[269]; 11[273]*
11[365] *Nach Tolstois „Ma religion" und Dostoevskijs „Dämonen"; vgl. 11[337]*
11[368] *Vgl. AC 32*
11[369] *Vgl. AC 32*
11[377] *Vgl. Julius Wellhausen, Prolegomena zur Geschichte Israels. Zweite Ausgabe der Geschichte Israels, Berlin 1883, I, 437–451, BN*
11[378] *Vgl. AC 31. 35. 40–42*
11[379] *Nach Dostoevskijs „Dämonen"*
11[380] *Nach Dostoevskij*
11[382] *Hier und im Folgenden Zitate aus: Ernest Renan, Vie de Jésus (Histoire des origines du christianisme. Livre premier), Paris 1883 (N zitiert jedoch nach einer anderen Ausgabe), XXI–XXII. (Abgekürzt: Renan)*
11[383] *Vgl. AC 42*
11[384] **182** *9: Judain] nach Paul de Lagarde; vgl. Anm. zu AC 2*
11[385] *Renan, 354*
11[386] *Renan, 333–334*
11[387] *Renan, 334. 326*
11[388] *Renan, 244*
11[389] *Renan, 243*
11[390] *Renan?, nicht erschlossen*
11[391] *Renan?, nicht erschlossen*
11[395] *Renan?, nicht erschlossen*
11[396] *Renan?, nicht erschlossen*

11[397] *Renan, 444*
11[398] *Renan, 445*
11[399] *Renan, 445f.*
11[400] *Renan, 448f. 456*
11[401] *Renan, 452*
11[402] *Renan, 451f.; vgl. WA 3*
11[403] *Renan, 453*
11[404] *Renan, 457f.*
11[405] *Renan, 180–182; vgl. JGB 195*
11[408] *Vgl. AC 5*
11[409] *Vgl. GD Streifzüge 1*
11[410] *Vgl. GD Sprüche 26; 9[188]*
11[411] *Vgl. 11[119]* 189 13–14] *vgl. DD Ruhm und Ewigkeit 3*
11[413] *Vgl. AC 3–4*
11[414] *Vgl. AC 2–3*
11[415] *Vgl. 14[14. 15. 17. 18. 19. 20. 21. 22. 23. 24. 25. 26. 36]* 193 2: dieses Buches] *d. h.* Die Geburt der Tragödie
11[416] *Im Spätsommer 1888 eingefügt*
11[417] *Im Spätsommer 1888 eingefügt*

12 = W II 4

12[1] *Rubrizierung der numerierten Fragmente in den Heften W II 1 (= 9), W II 2 (= 10) und W II 3 (= 11); die römischen Zahlen beziehen sich auf den Plan von 12[2]; vgl. oben S. 392*

13 = Z II 3b

13[3] *Vgl. 13[4], wo die hier angegebenen Themata in vier Abteilungen von je 3 Kapiteln geordnet sind*
13[4] *Vgl. 13[3]. Der Plan bezieht sich auf WM. Umwerthung aller Werthe. Die Einteilung in 4 Bücher (hier mit A-B-C-D bezeichnet) findet sich in fast allen Plänen zu WM*
13[5] *Vgl. 9[172], sowie Bd. 11, 32[22] (Anfang 1888)*

14 = W II 5

14[1] 217 3–7: Über ... erhasche.] *aus* Und wie viele neue Ideale sind im Grunde noch möglich! — Hier ein kleines Ideal, das ich alle fünf

Wochen einmal auf einem wilden und einsamen Spaziergang erhasche, im azurnen Augenblick eines frevelhaften Glücks. *WM[1] und WM[2] geben diese von N verworfene Fassung wieder*

14[2] 218 *1–2]* vgl. *Schopenhauer, Parerga 1, 358, BN*

14[5] Vgl. *15[110]*   219 *8:* nach Pascal] vgl. *B. Pascal, Pensées (ed. Brunschvicg), n. 109? Vgl. auch 15[89]*

14[14] *Mit diesem Fragment fängt eine Reihe von Betrachtungen Ns über GT an, welche in die fragmentarisch überlieferte Rs 17[3] kulminiert*

14[19] 227 *1:* p. 116] vgl. *Bd. 1, 131, 19*

14[20] *10:* S. 142] vgl. *Bd. 1, 154, 19–20*

14[21] 228 *1–5]* vgl. *Bd. 1, 24, 14–15*

14[22] *25:* p. X der Vorrede] vgl. *Bd. 1, 16, 30–31 (N bezieht sich auf die Vorrede vom Jahre 1886)*

14[24] 229 *10:* die Lust ... der Schmerz] vgl. *Za III Das andere Tanzlied*

14[27] 230 *25:* wenn ... sucht] *diese Kritik übt N mehrmals in JGB und den gleichzeitigen Fragmenten an der Kantschen Erkenntnistheorie*

14[29] Vgl. *GD* Streifzüge 33

14[30] Vgl. *11[156]*

14[34] Vgl. *WA 9 (Anmerkung); Bd. 8, 23[74] (Winter 1876/77)*

14[35] Vgl. *GD* Was ich den Alten verdanke 4   235 *16:* Lobeck] *N zitiert aus Christian August Lobeck, Aglaophamus, sive Theologiae mysticae Graecorum causis (1829), ihm schon seit 1868 bekannt*

14[38] Vgl. *AC 29*

14[41] Vgl. *GD* Streifzüge 2

14[42] Vgl. *11[88]*

14[43] Vgl. *11[85]*

14[45] 240 *11:* Hofprediger] *Anspielung auf Adolf Stöcker, Führer der christlich-sozialen Partei und Hofprediger in Berlin*   *13:* „Geist" ... „schwebe"] vgl. *1. Mos. 1, 2*

14[46] Vgl. *GD* Was ich den Alten verdanke 4

14[48] Vgl. *10[147]*

14[50] *Entwurf zu WA*

14[51] *Erster Titel zu WA*

14[52] *Notizen zu WA*   243 *14:* Kaisermarsch] *1871 nach der Gründung des deutschen Reichs von Wagner komponiert*   *22:* Erlösung dem Erlöser!] vgl. *WA Nachschrift (Bd. 6, 41 f.) sowie N an Peter Gast, 11. Aug. 1888*

14[56] 244 *22:* Talma] vgl. *11[62]*

14[57] Vgl. *AC 41–42*   245 *7:* „Der Beweis der Kraft"] vgl. *1. Kor. 2, 4*   *8:* „an seinen Früchten"] vgl. *Matth. 7, 16*

14[58] Vgl. *14[132]*

14[60] Vgl. *AC 51*

14[61] 247 28: schon früher einmal] vgl. VM 171
14[62] 248 25] vgl. das George Sand zugeschriebene Wort: „chacun a les défauts de ses vertus"
14[63] Vgl. 15[6] § 7, 15[15], 15[99]   249 21: Kleist] Anspielung auf dessen Drama „Penthesilea"; vgl. auch 16[48]
14[64] 25: Herzen] durch Malwida von Meysenbug lernte N die „Memoiren" von Alexander Herzen kennen; vgl. N an Malwida von Meysenbug, 2. Aug. 1872 (s. Chronik)
14[65] 250 24: Claude Bernard] französischer Physiologe
14[70] Vgl. AC 1
14[76] Vgl. 14[57] und Anm. dazu
14[79] 258 5: mezzo termine] N verdankt sehr wahrscheinlich diesen Ausdruck seiner Lektüre Stendhals
14[84] 264 8–9: Ernst im „Spiele"] vgl. MA 618
14[85] Die Gestalt des griechischen Skeptikers Pyrrho wird für N aktuell im Zusammenhang mit seiner Lektüre von: Victor Brochard, Les sceptiques grecs, Paris 1887, BN. N zitiert dieses Werk in EH Warum ich so klug bin § 3. Pyrrhos Name kehrt in zahlreichen Fragmenten wieder: 14[100], 14[149], 14[162], 14[191]. Vgl. über die Skeptiker AC 12 und den erwähnten Paragraphen von EH
14[89] Dieses Fragment wurde aufgrund eines Druckfehlers in GA XVI (hg. Otto Weiss) bisher 1885–1886 (Zeit von JGB) datiert
14[90] Vgl. GD Streifzüge 9; AC ; AC 31
14[91] Vgl. AC 20–23
14[92] Vgl. GD Das Problem des Sokrates
14[96] Vgl. AC 51
14[99] Vgl. 14[85]
14[100] Vgl. 14[85], zu Pyrrho vgl. V. Brochard, a.a.O., 51–76
14[103] Vgl. GD Wie die „wahre Welt" endlich zur Fabel wurde
14[106] Vgl. L. Jacolliot, Les législateurs religieux. Manou-Moïse-Mahomet, Paris 1876, 75–81, BN   285 6: Gotha] Ns Schreibfehler für Kotha, zu erklären durch seine sächsische Aussprache (G für K)
14[108] Vgl. 11[54]
14[110] Vgl. 15[120]
14[112] Vgl. 10[200], AC 45
14[113] Vgl. GD Die vier großen Irrthümer   290 4: man ... wird, was man ist] nach dem von N vielzitierten Wort Pindars (Pyth. II, 72)
14[116] 293 3–8] vgl. Bd. 8, 31[4] (Sommer 1878)
14[117] Vgl. 14[120]   295 8] vgl. Goethe, Faust I, 140–141 20–23] vgl. die Variante zu 23[2]
14[119] Vgl. GD Streifzüge 19–20   297 15–16: Ch. Féré] in: Dégénérescence et criminalité, Paris 1888, BN (vgl. auch 14[172], 14[181], 15[37], 15[40], 17[9])

Nachgelassene Fragmente Herbst 1885–Januar 1889 · 14 [61–162]   761

14[120] *Vgl. 14[117], 17[5]*   300 9: l'art pour l'art] *vgl. GD Streifzüge 24*

14[123] 305 3: les humbles] *nach Renans Wort:* „l'évangile des humbles"; *vgl. GD Streifzüge 2; vgl. auch 11[405] und GD Die* „Verbesserer" *der Menschheit 4*

14[130] 312 18–19] *nicht wörtliches Bibelzitat, vgl. 1. Joh. 3, 1*

14[134] 318 4–8] *vgl. GD Die* „Vernunft" *in der Philosophie 3*   319 10: Circe der Philosophen] *ab 1886 von N häufig für die Moral gebrauchte Wendung*

14[138] 323 7: moralinfrei] *vgl. 11[43], 11[414], 15[120], sowie AC 2. Vgl. Charles Andler, Nietzsche. Sa vie, sa pensée, Paris* ²*1958, I, 486:* „... *Il ne suffit pas d'éliminer les dogmes erronés pour avoir une religion ›pure de judaïne‹, comme dit Lagarde [*„*Ein judainfreies Judentum als Religion*"*, Deutsche Schriften, 58], créant un néologisme sur le modèle de la chimie des alcaloïdes. L'effort de Nietzsche sera plus tard d'éliminer à son tour de notre pensée les alcaloïdes orientaux. Son analyse les trouvera non seulement au cours des dogmes réligieux, mais jusque dans les préceptes de toute notre vie morale. C'est une pensée ›pure de moraline‹ (*moralinfrei*) qu'il lui faudra donc créer, une fois le christianisme aboli; et c'est à Paul de Lagarde qu'il devra l'ironique métaphore*"

14[147] *Vgl. Bd. 8, 5[100. 127] (Frühjahr-Sommer 1875), durch Burckhardts Vorlesungen über* „Griechische Kulturgeschichte" *beeinflußt*   331 30: Grote] *von G. Grote besaß N die deutsche Übersetzung der* „Geschichte Griechenlands" *(Leipzig, 1850–1856, 6 Bde., BN)*

14[148] 332 3] *vgl. Parmenides fr. 2, v. 7; fr. 8, v. 35–36 (Diels-Kranz)*

14[149] *Vgl. V. Brochard, Les sceptiques grecs, 79, BN*

14[150] *Ebda., 64, 73, 109, 413*

14[151] 19: „der alte Mensch"] *neutestamentarischer Ausdruck, vgl. z. B. Ephes. 4, 22*

14[153] *Vgl. 14[103]*

14[155] 338 22: Mitchells-Kur] *vgl. GM Erste Abhandlung § 6; Silas Weir Mitchell, amerikanischer Arzt und Schriftsteller*   339 29–31: Die Verbrecher ... Naturen] *vgl. GD Streifzüge 45*

14[157] 342 8: „Seelen in Einer Brust"] *vgl. Goethe, Faust I, 1112*

14[159] *Vgl. AC 54–55*   343 17: M. AM] *MA 483 (zitiert auch in AC 55)*   344 20–21: Beweis der Kraft] *vgl. 1. Kor. 2, 4*

14[160] *Vgl. AC 53*

14[162] *Vgl. V. Brochard, a. a. O., 70. N spielt hier auf seine Beziehung zur Schwester an. Dieses Fragment wurde in beide Ausgaben von WM nicht aufgenommen*   347 7–8: die Schwester! ... fürchterlich!] *vgl. Goethe, Faust II, 6217:* „Die Mütter! Mütter! — 's klingt so wunderlich!"

14[163] *18–19:* „ärgert ... aus"] *Matth. 5, 29–30*   *19–20:* „Unschuld vom Lande"] *geprägt nach der Wendung „Einfalt vom Lande"*
14[165] 349 *30:* wie der Dichter sagt] *d.h. Goethe in seiner Ballade „Der Fischer"*
14[166] *Vgl. N an Reinhart von Seydlitz, Turin, 13. Mai 1888*
14[168] *Vgl. 14[103]*   353 *11–16] N steht hier unter dem Einfluß seiner Lektüre von Dostoevskijs „Dämonen" (in der franz. Übersetzung von Derély), vgl. insbesondere die Ausführungen des Panslawisten Schatoff, in 11[346] exzerpiert*
14[172] *Vgl. AC 51*   358 *9: Féré p 123] a.a.O., vgl. 14[119]*
14[174] 360 *25–32] vgl. 9[151]*
14[175] 362 *13–17] vgl. L. Jacolliot, a.a.O., 464*
14[176] *Vgl. L. Jacolliot, a.a.O., 446*
14[177] *Vgl. L. Jacolliot, a.a.O., 445*
14[178] *Vgl. L. Jacolliot, a.a.O., 446, 448, 450*
14[181] 365 *14–15:* folie circulaire] *nach Ch. Féré, a.a.O., 123, vgl. 14[172]*
14[184] *Vgl. Anm. zu 14[103]*
14[185] 373 *1–2:* Kreuch ... Wegen] *1. Mos. 7, 14*
14[188] *Vgl. dazu die Fragmente zur ewigen Wiederkunft des Gleichen, insbesondere die Gruppe 11 in Bd. 9, aus dem Sommer 1881*   375 *12:* unendlichen] endlichen *irrtümlich (und sinnentstellend) GA (WM¹ 384, WM² 1066)*   *15–16:* mein Herr Dühring!] *vgl. dazu N an Peter Gast, 23. Juli 1885*
14[190] *Nach L. Jacolliot, a.a.O., 114–120*
14[196] 381 *22] danach folgt in WM² 716 folgende Ergänzung von Peter Gast: „Alle uns angrenzenden Reiche, ebenso deren Verbündete, müssen wir als uns feindlich denken. Aus demselben Grunde hinwiederum müssen deren Nachbarn als uns freundlich gesinnt gelten", nach L. Jacolliot, a.a.O., 275*   *29] auch hier folgt − in WM² 716 − das von Gast ergänzte Zitat: „Aus eigner Kraft würde die Tugend sich schwerlich behaupten können. Im Grunde ist es nur die Furcht vor Strafe, was die Menschen in Schranken hält und Jeden im ruhigen Besitz des Seinen läßt", nach L. Jacolliot, a.a.O., 252*
14[198] 382 *13:* Bei ... unmöglich"] *Luk. 1, 37*   *14–17:* bei ... könnte?] *vgl. L. Jacolliot, a.a.O., 455*   *18–20] ebda., 456*
14[200] *N zitiert aus L. Jacolliot, a.a.O.*
14[202] *Zitate aus L. Jacolliot, a.a.O., 117, 128*   385 *18:* Das Lob der Jungfrau: p. 225] *von L. Jacolliot, a.a.O.; vgl. auch AC 56, wo N die ganze Stelle zitiert*
14[206] 387 *26:* régime Genua] *N spielt auf seine Lebensweise in Genua an, besonders während der Aufenthalte im Winter 1880/81 und 1881/82*

14[207] *Vgl. 15[44], 18[3]*
14[212] *Zitate aus L. Jacolliot, a. a. O., 315 f., 334*
14[213] *Vgl. AC 57*
14[214] *Zitat aus L. Jacolliot, a. a. O., 312. Zu George Eliot vgl. GD Streifzüge 5 und 10[63]*
14[216] 393 1–3] *vgl. L. Jacolliot, a. a. O., 402*   4–5: Eins ist Noth] *Luk. 10, 42*
14[222] *Vgl. 15[34–35]*
14[227] *Vgl. 17[8]*

15 = W II 6 a

15[2] *Vgl. AC 3, 15[120] § 2*
15[3] *Vgl. 23[1], 10[100]*
15[4] *Im Manuskript folgende gestrichene, frühere Fassung:* Die Prostitution läßt sich nicht abschaffen — mehr noch, man muß deren Abschaffung nicht einmal wünschen. Folglich — ich hoffe, man versteht dies Folglich? — sollte man sie ennobliren (— das heißt zunächst legalisiren und zu bedingten Ehren bringen) — Aber man denkt und thut das Gegentheil: und, was immer verachtet wird, das wird verächtlich, — Prostitution ist in der ganzen Welt etwas Unschuldiges und Naives: wie sie es auch fast zu allen Zeiten war. Erst bei uns unter dem Druck der christlichen Lügen-Cultur Europa's drang die Infamie bis in den Charakter der Dirne: sie verachtet sich selbst, wozu an sich kein Grund da ist. — Und warum, anbei gefragt, muß die widerlichste Species der fille canaille, die überhaupt in Europa gedeiht, gerade in Deutschland und auf Berliner Boden gedeihen? Was hat die Hauptstadt des neuen deutschen Reichs für einen Vorzug, um gerade die Dirne zu encanailliren? ... Ist es, daß die Verlogenheit der christlichen europäischen Cultur gerade in Berlin auf ihren Höhepunkt kommt? ... Die Ehe selbst hat die längste Zeit das schlechte Gewissen auf ihrer Seite gehabt: sollte man es glauben? Ja, man soll es glauben ...   *vgl. 11[91]*
15[6] *Erste zusammenhängende Vs zu WA*   403 25–26: Ohren ... verstehen!] *vgl. Matth. 11, 15*   404 5: Baudelaire] *zu Wagner/Baudelaire vgl. N an Peter Gast, 26. Febr. 1888*   6: „Faustine"] *N bezieht sich auf den Roman „La Faustine", der 1882 erschien und der das Werk nur des Edmond de Goncourt und nicht auch seines Bruders Jules war; zu den Goncourt vgl. z. B. 11[296]*   406 11–32] *vgl. 16[37]*   407 16–31] *vgl. 14[63]*   20–21: „Frei-

geisterei ... reden] *nach Schillers "Freigeisterei der Leidenschaft" (1786)* **408** *1–16] vgl. NW Wohin Wagner gehört*

15[9] *Vgl. AC 31* **409** *16] nach einem Urteil der Gebrüder Goncourt, vgl. 14[38], AC 29*

15[10] *Vgl. GD Was ich den Alten verdanke 5, AC 7* **410** *2: Aristoteles] vgl. Poët., 1449b 27–28; 1453b 1ff.* *5: Schopenhauer] an mehreren Stellen seiner Werke*

15[11] *Untertitel von WA war: Turiner Brief vom Mai 1888; der Brief sollte zunächst — wahrscheinlich — an den einzigen Musiker, der mir Musik nach meinem Herzen macht gerichtet werden, d.h. an Peter Gast*

15[12] **411** *19: Thekla] Schillersche Gestalt aus dem "Wallenstein", vgl. dazu 11[304–312], wo N sich die Einwände Constants gegen die Leidenschaftlichkeit Theklas zu eigen macht*

15[13] *Entwurf zu einer Vorrede für WM*

15[14] *Vgl. 11[34] und die Exzerpte aus dem "Journal" der Goncourt in 11[296], zur Brief-Form vgl. Anm. zu 15[11]*

15[15] *Vgl. WA 9, sowie 14[63], 15[99]*

15[17] *Dieses Fragment wurde in WM¹ 165 aufgenommen, Elisabeth Förster-Nietzsche ließ es aus WM² ausschließen unter dem unwahren Vorwand, es wäre eine Stelle aus einem Brief Ns an Spitteler. Vgl. GA XVI, 408. 1072, wo Otto Weiss das Fragment als "zweifelhaft" erscheinen ließ. Vgl. dagegen unsere Anmerkung zu 15[11], in der auf die Brief-Form der Vorstufen zu WA und dieser Schrift selbst aufmerksam gemacht wird*

15[21] **419** *8: pis aller der Hurerei] vgl. 1. Kor. 7, 2: "Doch um der Hurerei willen habe ein jeglicher seine eigene Frau, und eine jegliche habe ihren eigenen Mann"*

15[23] **420** *17: ruere in servitium] vgl. Tac. Annales 1, 7*

15[24] *Vgl. AC 57*

15[26] *Vgl. WA Zweite Nachschrift*

15[27] *Vgl. 10[12]*

15[28] *Vgl. AC 12*

15[30] *Vgl. 14[30], 11[156]* **426** *18–19: mit ... beginnt] vgl. 9[72], AC 48*

15[34] *Vgl. 14[222]*

15[35] *Vgl. 14[222]*

15[37] **429** *20: Féré p. 89] a.a.O., vgl. 14[119. 172. 181]*

15[38] *Vgl. 25[15]*

15[39] *Vgl. 24[1] § 11, EH Warum ich so weise bin 2*

15[40] **432** *25–30] vgl. Féré, a.a.O., 95*

15[44] *Vgl. 18[3], 14[207]* **438** *14–15: Schlechtweggekommenen] folgt, von N gestrichen: — wir haben aus der Dienstboten-Kaste, den*

Sudra, unseren Mittelstand gemacht, unser „Volk", das, was die politische Entscheidung in den Händen hat,
15[45] *Vgl. 14[216]*
15[46] *Vgl. 14[57]*
15[55] *Vgl. GD Die „Verbesserer" der Menschheit 2*
15[69] *Vgl. 15[12]*
15[71] *Vgl. 9[147], 10[14], 11[54], 14[57], 15[46]* 453 1–2] *vgl. Viktor Hehn, Gedanken über Goethe, Berlin 1888, 60 ff., 96, BN; WA 3; vgl. Anm. zu 16[36]*
15[75] *Vgl. V. Hehn, a.a.O., 100 ff., vgl. Anm. zu 16[36]*
15[76] *Weiterer Entwurf zu einer Vorrede für WM* 454 16: „zu fürchten verlernt hat"] *vgl. das bekannte Grimmsche Märchen „Von Einem, der auszog das Fürchten zu lernen"*
15[80] 456 16–17: Welche ... Deutschen!] *vgl. 21[6], 24[1], § 3, Der Fall Wagner 4*
15[82] *Vgl. AC 52*
15[84] *Kommentar zu dem berühmten Gedicht Heines „Ich weiß nicht was soll es bedeuten" (Lied der Lorelei), das in Deutschland zu einem Volkslied wurde (H. Heine, Buch der Lieder, Die Heimkehr, II)*
15[86] *Vgl. Journal des Goncourt, Paris 1888, III, 105, BN* 457 22] *vgl. 16[36], nach V. Hehn, Gedanken über Goethe, 120, vgl. Anm. zu 16[36]*
15[88] *Vgl. WA 5*
15[89] 458 19: der Gedanke Pascals] *vgl. 14[5], 15[110]*
15[90] *Vgl. GD Die vier grossen Irrthümer*
15[91] 460 21–26] *vgl. AC 52, 18[14], 22[7], 23[11]*
15[94] 462 20] *d.h. W II 5, Fr. 14[160]*
15[95] *Vgl. Vauvenargues, Réflexions et maximes, n. 127*
15[96] 463 9–11: Die ... segreto"] *d.h. „Der Löwe von Venedig" des Peter Gast; vgl. N an Hans von Bülow, 10. Aug. und 9. Okt. 1888*
15[97] *Vgl. GD Streifzüge 43*
15[99] *Vgl. WA 5; GA XIV 167, 319 gibt dieses Fragment in auffallend verfälschter Art wieder. Vgl. 14[63], 15[15]*
15[104] *Vgl. AC 46, 24[1] § 7*
15[106] *Vgl. GD Streifzüge 44*
15[107] *Vgl. GD Streifzüge 44*
15[110] *Vgl. 14[5]* 470 13–14: Pascal's Urtheil] *vgl. 14[5], 15[89]*
15[111] *Vgl. WA 1*
15[113] *Vgl. 11[297]*
15[115] *Vgl. den Titel des neunten Kapitels von JGB und Bd. 11, 35[76]*
15[117] 476 32: fünf schlimmen] *von N gestrichen und ersetzt durch* sechs *(Ansatz einer nicht ausgeführten Verbesserung)* 33] *folgt, von N gestrichen:* sich in lauter Lagen begeben, wo man keine Scheintugen-

den haben darf, wo man vielmehr, wie der Seiltänzer auf seinem Seile entweder stürzt oder steht — oder davon kommt *(vgl. GD Streifzüge 38)*

15[118] *Sammlung von Sprüchen, die zum großen Teil in das Kapitel* Sprüche der GD *aufgenommen wurden (Nr. 1–8, 10–19, 26–27, 33, 42–43). Vgl. außerdem AC 1; DD* Ruhm und Ewigkeit *3; 11[411], 18[12]; 11[91], 11[93]; GD* Streifzüge *48; 9[75], 18[11] (sowie 24[1] § 11); 11[376]*

15[120] *Vgl. AC 1 u. 2, sowie 11[414]*   **481** 6: moralinfreie] *vgl. Anm. zu 14[138]*   16–17: an ... glaube] *vgl. 14[110]*   20–21] *vgl. 15[2]*

16 = W II 7a

16[4] *Vgl. 9[138]*
16[5] *Vgl. 9[138]*
16[6] *Vgl. 9[139]*
16[7] *Vgl. 9[139]*
16[8] *Vgl. 9[139]*
16[9] *Vgl. 9[137]*
16[10] *Vgl. 9[142]*
16[11] *Vgl. Goethe,* Wilhelm Meisters Lehrjahre, Bekenntnisse einer schönen Seele; *vgl. 11[332]*
16[15] *Vgl. AC 58*
16[16] *Vgl. 11[35]*
16[18] *Vgl. GD* Was den Deutschen abgeht *1*
16[19] *Vgl. GD* Sprüche *6*
16[23] *Übertragen aus dem Heft W II 3, 170*
16[24] *Vgl. GD* Sprüche *33*
16[27] *Vgl. 9[103] und den Brief an Reinhart von Seydlitz, 12. Febr. 1888*
16[28] *Vs dazu (W II 3, 158):* Der Abend blickt anders auf die Dinge als der kühle und muthige Vormittag. Man kann es den Denkern ansehn, je nach den Farben, die sie wählen, ob sie Vormittags-Denker oder Zwischenlichts-Falter sind. Und zuletzt giebt es noch seltene, Ausgelesene, in denen beständig der große Pan schläft: da fällt alles Licht senkrecht ...
16[31] *Vgl. 22[7], 23[11], AC 12*
16[32] **492** 17–18: Wie ... Geist?] *vgl. EH* Vorwort *3*   31–32: amor fati] *vgl. FW 276, EH* Der Fall Wagner *4, NW* Epilog *1*
16[33] *Vgl. 15[6]*   **494** 1–2: Credo ... est] *nach Tertullians Wort:* „Credo quia absurdum est"
16[36] *Quelle: Viktor Hehn,* Gedanken über Goethe, *Berlin 1888, BN. Die*

Seite über Goethes Schicksal *in WA 3 (Bd. 6, 18)* nimmt die Betrachtungen Hehns auf, insbesondere aus den S. 100–118 („Goethe und das Publikum")
16[37] *Vgl. WA 8, 15[6] § 5*
16[39] *497 25:* Buckle] *vgl. N an Gast, 20. Mai 1887*
16[40] *Die ersten 5 Paragraphen dieser kleinen Abhandlung entsprechen den Abschnitten 19 u. 20 der Streifzüge in GD   500 22] hierauf sollte offensichtlich eine Abhandlung über die Kunst in GT folgen, aufgrund der Fragmente 14[17–26. 33–36. 46], 11[415], 17[3]*
16[42] *Vgl. 9[65]*
16[43] *Vgl. N an Georg Brandes, 23. Mai 1888; in den Brief wurden die Gedanken dieser Vorrede (offensichtlich zu WM) aufgenommen. N arbeitete die Notizen zur Vorrede in einen Brief um, und zwar auf derselben Seite des Manuskriptes W II 7*
16[44] *Vgl. an G. Brandes, 23. Mai 1888; hier gilt dasselbe wie für [43]   501 23–24:* die Sorge ... für Morgen] *vgl. Matth. 6, 34   26] vgl. Schopenhauer, Parerga 1, 216 (Frauenstädt), vgl. Diog. Laert. VII, 4; der Spruch von Zeno, dem Stoiker, wird von Schopenhauer in der eigenen lateinischen Übersetzung zitiert; vgl. auch Bd. 8, 3[19] (März 1875)*
16[45] *Vgl. WA 5*
16[46] *Zu WA?*
16[47] *Vgl. WA 3*
16[48] *Vgl. 14[63], 15[99]*
16[50] *Unsichere Lesart*
16[51] *Nach diesem Plan wurde W II 5 z. T. rubriziert*
16[57] *Unsichere Lesart; vielleicht im Zusammenhang mit 14[63], 15[15], 15[99], 16[48]*
16[58] *Vgl. AC 18*
16[60] *Vgl. L. Jacolliot, a. a. O.; N zitiert aus den Seiten 85, 84, 87, 95–97, 104 (nach der Reihenfolge der Absätze im Fragment)*
16[62] *Vgl. Goethe, West-östlicher Divan, Buch des Unmuts, „Als wenn das auf Namen ruht"*
16[63] *Anzeige über die Vorträge Brandes' in Kopenhagen, von N selbst verfaßt*
16[67] *Vgl. N an Peter Gast, 20. Juni 1888*
16[69] *Vgl. WA 9*
16[74] *Entwurf zu WA*
16[76] *Vgl. 16[79]*
16[77] *Entwurf zu WA*
16[79] *Vgl. 16[76]*
16[80] *Anzeige für WA, die N an Naumann schickte*
16[81] *Vgl. GD Streifzüge 51; 9[190], 18[5]*

17 = Mp XVII 4. Mp XVI 4a. W II 8a. W II 9a

17[1] *Entwurf zu WM, die Zahlen in Klammern entsprechen der Rubrizierung in W II 4; deshalb 72=9[107–108], 42=9[53], 59=9[84], 108=9[156], 109=9[157–158], 98=9[145]*
17[3] *Fragmentarische Rs von 14[17–26. 33–35. 46], vgl. auch 11[415] und Anm. zu 16[40]*
17[4] *Vgl. AC 16–19, 11[346]*   *526 14:* Goethe] *Faust II, 11989, dasselbe Zitat: GD Streifzüge 46*   *16–17:* ich ... verstünde] *vgl. Za I Vom Lesen und Schreiben*
17[5] *Vgl. 14[117. 120], zum Schluß vgl. GD Sprüche 25*   *527 9:* die Mütter! ... Faust] *d.h. Faust II, 6217, dasselbe Zitat in 14[162]*
17[6] *Diese Themata werden später in GD behandelt*
17[8] *Vgl. 14[227]*
17[9] *Vgl. GD Streifzüge 19–20. In WA 7 hatte N eine Physiologie der Kunst als Kapitel seines Hauptwerkes (WM) noch versprochen*   *530 5:* Genie = Neurose] *vgl. WA 5 und Anm. zu 2[23]*   *7:* induction psycho-motrice] *nach Ch. Féré, a.a.O., vgl. 14[119]*

18 = Mp XVII 5. Mp XVI 4b

Die Fragmente 18[9–12], zusammen mit Vs zu GD, auf zwei Folioblättern, welche heute in der Bibliotheca Bodmeriana zu Genf aufbewahrt werden und 1932/33 im Besitz von G. H. Siemsen (Hamburg) waren; vgl. BAW I, S. C.

18[1] *531 10–12] vgl. DD Von der Armut des Reichsten*
18[3] *Vgl. 14[207], 15[44]*   *533 2:* Goncourt] *Journal I, 295; vgl. 11[216]*
18[4] *Vgl. 9[188], GD Sprüche 26*
18[5] *Vgl. GD Streifzüge 51, 9[190], 16[81]*   *22:* Perlen ... werfen?] *nach Matth. 7, 6*
18[6] *Vgl. 11[3]*
18[7] *Vgl. 11[1], GD Sprüche 41*
18[9] *535 7–8:* böse ... Lieder] *nach G. Seumes Gedicht „Die Gesänge" (1804), vgl. GD Sprüche 22*
18[11] *Vgl. 15[118]*
18[12] *Vgl. DD Ruhm und Ewigkeit 3, 15[118]*
18[13] *Rubriziert nach 18[17]*   *20* simplex sigillum veri] *vgl. GD Sprüche 4*
18[14] *Rubriziert nach 18[17]*   *536 6–7] vgl. AC 52, 22[7], 23[11]*
18[16] *Rubriziert nach 18[17]*

18[17] *Letzter Plan zu* WM, *von N am 26. August 1888 verfaßt. Nach den Kapitelüberschriften dieses Planes rubrizierte N frühere Fragmente, die zum großen Teil 1886–87 geschrieben wurden: vgl. in Bd. 12 die Fragmente der Gruppen 7 und 8*

19 = Mp XVII 6. Mp XVI 4c. W II 9b. W II 6b

19[1] *Vgl. 19[7]: diese Vorrede, die N Anfang September 1888 unmittelbar vor dem Verzicht auf die Veröffentlichung eines Werkes unter dem Titel* Der Wille zur Macht *schrieb, wurde gleich darauf als Vorrede zu* GD, *später jedoch für das Kapitel* Was den Deutschen abgeht *umgearbeitet;* § 5 *lieferte einige Gedanken zum Abschnitt* Warum ich so gute Bücher schreibe *in EH*   540 *5:* „Volk der Denker"] *vgl. Georg Büchmann, Geflügelte Worte, Berlin 1972 (32. Aufl.), 172* „Die Bezeichnung des deutschen Volkes als Das Volk der Denker und Dichter hat sich allmählich entwickelt. Wir finden sie zum ersten Male bei Karl Musäus (1735–87) im Vorbericht zu seinen ,Volksmärchen' (1782). Dort heißt es: ,Was wäre das enthusiastische Volk unserer Denker, Dichter, Schweber, Seher ohne die glücklichen Einflüsse der Phantasie?' ..."   24–25: *das Vorspiel ... hat] d.h. noch WM (diese Stelle wird nach der ursprünglichen Fassung wiedergegeben, sie ist in Ms schon verbessert, nachdem N seine literarischen Pläne hinsichtlich WM geändert hatte)*   541 *1:* Perlen ... werfen] *vgl. Matth. 7, 6*   20–21: Süden in der Musik] *vgl. JGB 254*

19[2] *Erster Titel der neuen Konzeption der* Umwertung aller Werthe

19[3] *Vgl. S. 397*

19[6] *Ursprünglicher Titel von GD, vgl. 22[6]*

19[7] *Vgl. 19[1] und die Anm. dazu*

19[8] *Sämtliche Pläne der* Umwerthung *sind in 4 Büchern, sie unterscheiden sich nur in der Reihenfolge bzw. den Titeln der Bücher*

19[9] *Entwurf zum dritten (bzw. zweiten) Buch der* Umwerthung

19[10] *Aus den Vs zum Kapitel* Was den Deutschen abgeht *in GD*

19[11] *Aus den Vs zum Kapitel* Was den Deutschen abgeht *in GD*

20 = W II 10a

Diese poetischen Fragmente sind zum Teil als Vorstufe zu DD zu verstehen; vgl. die Vorbemerkung zu DD. Im Sommer 1888 sammelte N die noch unbenutzt gebliebenen poetischen Fragmente aus der Zarathustra-Zeit (1882–1884; vgl. Bde. 10–11) in diesem Heft, das außerdem die

unmittelbaren Vorstufen zu den neu verfaßten Dithyramben enthält; vgl.
oben S. 513.

20[2] *Vgl.* Die Sonne sinkt *Bd. 6, 394, 20–24*
20[9] *Vgl.* Zwischen Raubvögeln *Bd. 6, 392, 2*
20[11] *Vgl.* Von der Armut des Reichsten *Bd. 6, 407, 17–18*
20[18] *Vgl.* Von der Armut des Reichsten *Bd. 6, 408, 3–4*
20[21] *Vgl.* Ruhm und Ewigkeit *Bd. 6, 400, 12. 401, 3*
20[26] *Vgl.* Ruhm und Ewigkeit *Bd. 6, 404, 6–7*
20[29] *Nach einem Gedanken von Vauvenargues*
20[30] *Vgl.* Ruhm und Ewigkeit 2
20[33] *Vgl.* Zwischen Raubvögeln *Bd. 6, 391, 15–17*
20[37] *Vgl. Vs zu* Zwischen Raubvögeln *Bd. 6, 392, 3–5*
20[34] *Vgl.* Von der Armut des Reichsten *Bd. 6, 407, 5–12*
20[42] *Nach dem geflügelten Wort aus der Reformationszeit (Hans Sachs) gegen den Ablaßkrämer Johann Tetzel: „Sobald das Geld im Kasten klingt / Die Seele aus dem Fegefeuer springt"*
20[47] 557 17] *Vgl.* Klage der Ariadne *Bd. 6, 401, 24*
20[48] *Vgl. JGB Vorrede; JGB 220; FW Im Süden Bd. 3, 641f.*
20[50] *Vgl.* Die Sonne sinkt *Bd. 6, 397, 5*
20[53] *Vgl. Za I* Vom Lesen und Schreiben
20[60] *Vgl.* Die Sonne sinkt *Bd. 6, 397, 5–7*
20[66] *Vgl. GD* Sprüche *43*
20[67] *Vgl. 11[41]*
20[68] *Vgl. 11[40]*
20[69] *Vgl. 11[39]*
20[70] *Vgl. 11[42]*
20[71] *Nach Pindar. Pyth. X, 29–30; vgl. AC 1*
20[72] *Vgl. 11[53]*
20[73] *Vgl. 11[6]*
20[86] *Vgl. 9[115], Bd. 12, 66, 1–2*
20[90] *Vgl. 9[56]*
20[92] *Vgl. 9[59]*
20[93] *Vgl. 9[59]*
20[94] *Vgl. Bd. 11, 28[34]*
20[95] *Vgl. 9[59]*
20[107] *Vgl.* Das Feuerzeichen *Bd. 6, 393, 22. 394, 2–3*
20[112] *Vgl.* Ruhm und Ewigkeit *Bd. 6, 404, 1–3*
20[130] *Vgl. 9[56]*
20[137] *Vgl. 9[59]; 11[131]*
20[138] *Vgl. 9[59]*
20[139] *Vgl. 9[59]*
20[140] *Vgl. 9[59]*
20[151] *Vgl. 10[161]*

20[152] *Vgl. 10[160]*
20[153] *Vgl. 10[162]*
20[154] *Vgl. 9[54]*
20[163] *Über diesen Titel und die hier folgenden vgl. Vorbemerkung zu DD*

21 = N VII 4

21[1] 579 *1:* Teich⟨müller⟩)] *wahrscheinlich: Gustav Teichmüller, Die wirkliche und die scheinbare Welt, 1882   2:* Sceptiques grecs] *das Buch von Victor Brochard (vgl. 14[85])   3:* Spir] *wahrscheinlich: Afrikan Spir, Denken und Wirklichkeit, Leipzig 1877   4:* August Müller, der Islam] *wahrscheinlich: A. Müller, Der Islam in Morgen- und Abendland, 1885–87*
21[2] *Vgl. 21[5], 21[4]*
21[3] *Entwurf zu AC 51*
21[4] *Vgl. 21[1], 21[5]*
21[6] *Vgl. 24[1] § 3, EH Der Fall Wagner 4*
21[7] *Vgl. 22[11]; keine der Fassungen dieses Fragments ist gestrichen*
21[8] *Wahrscheinlich später Zusatz zu EH   582 4–14] N bezieht sich mit großer Wahrscheinlichkeit auf Paul Rée, von dem er seit der sogenannten Lou-Affäre getrennt war. N nahm an, daß die Geldsendung im Sommer 1888 Paul Rée zu verdanken wäre (s. Chronik)*

22 = W II 8b

22[2] *Entwurf zu AC, die Zahlen sind aus der Rubrik von W II 4 (12[1]) entnommen: 52=9[72],   18=9[23],   10=9[15],   66=9[93],   243=10[128],   11=9[16],   197=10[72],   63=9[88],   184=10[55],   17=9[22]*
22[3] *Entwurf zum zweiten (hier:* Der Freigeist*) und zum dritten Buch (hier:* Der Immoralist*) der* Umwerthung
22[4] *Vgl. AC 42–51*
22[5] *Vgl. AC 53*
22[6] *Zum Titel der GD; vgl. S. 410*
22[7] *Vgl. AC 52, 23[11]. Unsichere Lesarten*
22[8] *Vgl. AC 52. Unsichere Lesarten*
22[9] *Vgl. AC 61, EH Der Fall Wagner 2*
22[10] *Vs zum Schluß von AC (mit einem* Gesetz wider das Christenthum*)*

22[11] *Vgl. 21[7]*
22[12] *Vgl. AC 58–60, 25[1]*
22[13] *Zur Veröffentlichung von Za IV (nur als Privatdruck erschienen) vgl. N an Peter Gast, 9. Dez. 1888*
22[14] *Ns Veröffentlichungsplan im Oktober 1888*   590 *1:* Zarathustras Lieder] *später DD*
22[15] *Vgl. 22[13]*
22[16] *Die übrigen Veröffentlichungen Ns außer denen von 22[14]*
22[17] *Notizen zu* Der Immoralist? *Diese Frage gilt auch für 22[18–23]*
22[23] *Vgl. 23[1], 23[10]*
22[24] *Entwurf zur* Umwerthung, *mit Notizen zum 3. Buch (hier:* der freie Geist*)*
22[25] *Notizen zum zweiten (bzw. dritten) Buch der* Umwerthung
22[26] *Entstanden während der ersten Arbeit an EH*
22[27] *Entstanden während der ersten Arbeit an EH*
22[28] *Entstanden während der ersten Arbeit an EH*   596 22–24] *Anspielung auf seine Beziehungen zu Schwester und Mutter, vgl. EH* Warum ich so weise bin *3 (und die ganze Geschichte dieses neuen Abschnittes)*
22[29] *Entstanden während der ersten Arbeit an EH*   597 *12–13] vgl. DD* Von der Armut des Reichsten

23 = Mp XVI 4d. Mp XVII 7. W II 7b. Z II 1b. W II 6c

23[1] *Ursprünglich in Dm zu GD, später von N selbst zurückgezogen, vgl. 10[100], 15[3], 23[10], 22[23]*
23[2] *Ursprünglich in Dm zu GD, später von N selbst zurückgezogen. Zu diesem Aphorismus gibt es mehrere Vs, hier folgt die bedeutendste:* Zur Vernunft des Lebens. — Auch eine relative Keuschheit kann zur großen Vernunft des Lebens gehören. Ein Künstler ist seiner Art nach vielleicht ein sinnlicher Mensch: nämlich leicht erregt, zugänglich in jedem Sinne, dem Reize, der Suggestion des Reizes aus der Ferne schon nachgebend. Dies hindert nicht, daß er, Dank seiner Aufgabe und Arbeit, im Durchschnitt ein mäßiger, oft sogar ein keuscher Mensch ist. Der dominirende Instinkt will es so von ihm; es steht ihm nicht frei, sich auf diese oder jene Weise auszugeben. Hier zu unterliegen, ist verrätherisch; es genügt beinahe zur Kritik des Künstlers — es kennzeichnet ihn als décadent. Wagner, mit seiner unangenehmen Sinnlichkeit, durch die er die Musik schwül und giftig gemacht hat — die Tristan-Musik ist voll der ungesündesten Sinnlichkeit — wußte nur zu gut, was es für ihn gerade auf sich gehabt hätte,

keusch zu sein ... Sein schaffender Instinkt war damit als zu schwach bewiesen, – er befahl nicht, er unterlag ... Am Schluß verfluchte Wagner die Sinnlichkeit: so ist's logisch. Sehr unverdächtige Stimmen, wie die Stendhal's, Gautier's, Flaubert's, Mérimée's sind schon in meinem Sinne laut geworden: sie rathen dem Künstler nicht nur großes Maaß in eroticis an, sie setzen es selbst voraus. Ich lasse Renan's Urtheil, wie billig, außer Acht, der zuletzt ein Priester ist: und Priestern fehlt die Unschuld in solchen Fragen –

23[3] *Vorrede zu* Der Immoralist   602 *26:* Faust] *Goethe,* Faust II, *6217, dasselbe Zitat in 17[5], 14[162]*

23[4] *Mit den Fragmenten 23[4–7] versucht N, das Programm seiner Umwerthung weiterzuführen, bis er gleich darauf seine Selbstbiographie (EH) in Angriff nimmt*   606 *11] vgl. Luk. 2, 14 (dasselbe Zitat, in ganz anderem Zusammenhang, WS 350)*

23[9] *Vielleicht gegen Bernhard Förster, den antisemitischen Schwager, gerichtet: dieser hatte zu wiederholten Malen versucht, sich von N für sein Kolonialunternehmen in Paraguay Geld geben zu lassen. Unsichere Lesarten*

23[10] *Vgl. 23[1], 22[23]*

23[11] *Vgl. AC 52, 22[7]*

23[12] *Vgl. 23[3]*

23[13] *Entwurf zur Umwerthung, wahrscheinlich nach der Beendigung von AC entstanden*

23[14] *Vgl. den Anfang von EH*

24 = W II 9c. D 21

24[1] *Vgl. S. 464*   617 *14:* der Geist ... Wasser] *vgl. 1. Mos. 1, 2*   618 *21:* Beweis der Kraft] *vgl. 1. Kor. 2, 4*   619 *14–15:* Die Deutschen ... begegnen] *vgl. 15[80], 21[6]*

24[10] *Aus einer überklebten Seite des Dm zu GD entziffert*

25 = W II 10b. W II 9d. Mp XVI 5. Mp XVII 8. D 25. W II 8c

25[1] *Wahrscheinlich Vs zur Kriegserklärung ;vgl. S. 451f.*

25[2] *Vgl. 21[6]*

25[3] *Vs zu einem nicht überlieferten Zusatz zu EH; vgl. S. 450ff., 469*

25[4] *Notiz zu einem beabsichtigten (nicht ausgeführten?) Zusatz zu EH (vgl. 25[3]). Eugène Fromentin, französischer Maler und Schriftsteller;*

Eugène-Melchior de Vogüé, Schriftsteller, Mitglied der Académie Française seit 1888

25[5] *Vgl. die Anm. zu EH* Warum ich ein Schicksal bin, *Peter Gast an N, 25. Okt. 1888*

25[6] *Fassung des Kapitels* Warum ich ein Schicksal bin, *die N zugunsten seiner Kriegserklärung beiseite schob. Tatsächlich steht auf diesem Blatt der Vemerk von Ns Schwester: „ein Ausdruck der in dem Blatt vorkam, das unsere Mutter wegen Majestätsbeleidigung verbrannte"; vgl. S. 451*

25[7] *Vgl. S. 509*

25[8] *Vgl. S. 462*

25[9] *Vgl. S. 462*

25[10] *Vgl. S. 462*   642 9: gestern] *am 15. Dezember 1888, vgl. N an Gast, 16. Dez. 1888*

25[11] *Vgl. S. 451, 462; sowie Ns letzten Brief an Brandes, zitiert in der Chronik. Vgl. N an P. Gast, 9. Dez. 1888:* Wissen Sie bereits, daß ich für meine internationale Bewegung das ganze jüdische Großkapital nöthig habe? ...

25[12] *Unsichere Lesarten*

25[13] *Zum Kreis der* Proklamation an die europäischen Höfe *zu einer* Vernichtung des Hauses Hohenzollern; *vgl. Ns Briefentwurf an Gast vom 30. Dez. 1888 (Chronik)*

25[14] *Vgl. 25[13] und Anm. dazu. Vgl. 25[19], 25[20]*

25[15] *Vgl. 25[13] und Anm. dazu. Vgl. 15[38]*

25[16] *Vgl. 25[13] und Anm. dazu*

25[17] *Wahrscheinlich: nicht überlieferter Zusatz zu EH*

25[18] *Vgl. 25[13] und Anm. dazu*   646 11: Prof. Geffcken] *Friedrich Heinrich Geffcken, Freund des verstorbenen „liberalen" Kaisers, Friedrich III., hatte dessen Tagebücher in der „Deutschen Rundschau" (Herbst 1888) veröffentlicht; diese enthielten Attacken gegen Bismarck, der seinerseits Geffcken verhaften und gegen ihn prozessieren ließ. Dieser Skandal bezeichnete das Ende der Bismarckschen Führung in Deutschland*

25[19] *Aus dem Gedankenkreis der Kriegserklärung, vgl. 25[14]*

25[20] *Dieses Fragment steht auf demselben Blatt, wo sich die Vs zu der letzten Strophe des Dithyrambus* Unter Töchtern der Wüste, *sowie die Widmung der DD an Catulle Mendès befinden, es ist also Anfang Januar 1889 zu datieren; vgl. S. 515*

25[21] *Geschrieben auf der vorletzten Deckelseite von W II 8; die Schrift ist sehr unbeholfen und unterscheidet sich bemerkenswert auch von der Schrift der sogenannten „Wahnsinnszettel", die nach dem 3. Januar entstanden. Den ersten Tagen der geistigen Umnachtung gehörend?*

Ergänzungen zum Kommentar

Zu Band 1, S. 29, Z. 10: Babylon . . . Sakäen] *Ns Quelle ist möglicherweise J. J. Bachofen, Die Sage von Tanaquil, erschienen 1870; vgl. Ges. Werke, hg. von E. Kienzle, Bd. 6, 194, Basel 1961:* „Die Sakäen sind vorzugsweise ein Freiheitsfest der Sklaven und aller dienenden Stände. So verlangt es das Wesen der grossen Mutter, an deren Namen sie sich knüpfen. Denn das Gesetz des sich selbst überlassenen Naturlebens, das in den aphroditischen Gottheiten Asiens sich verkörpert, verwirft alle Fesseln, mit welchen menschliche Satzung, die invidae leges das Dasein belasten."

Zu Band 1, S. 811, Z. 26: Trostworte Hamann's] *vgl. J. G. Hamann, Sokratische Denkwürdigkeiten (Einleitung), in: J. G. Hamann, Sämtl. Werke, hg. von Josef Nadler, Bd. 2, 64f., Wien 1950*

Zu Band 5, S. 70 (JGB 48), Z. 4–10: *das Zitat aus Renan in: Paul Bourget, Essais de psychologie contemporaine, Paris 1883, 78f.; vgl. Bd. 11, 43 [2]*

Zu Band 9, S. 107, 4 [25], Z. 6–7: Adam Bede] *Roman von G. Eliot; N las ihn im Herbst 1879; vgl. Franziska Nietzsche an N, 19. März 1880, KGB III/2, S. 56. (Demnach ist das Stichwort Bede, James Adam im Namenregister zu tilgen.)*

Zu Band 11, S. 701 (Fragment 43 [2]), Z. 18–19: Renan, citirt bei Bourget] *vgl. Anm. zu JGB 48*

Zu Band 12, S. 412, 9 [133]: *Zitat aus Paul Albert, La littérature française au XIXème siècle, Paris 1876, 11, BN*

Zu Band 13, S. 250, 14 [65], Z. 24: Claude Bernard] *Leçons sur la chaleur animale, Paris 1876*

Zu Band 13, S. 338, 14 [155], Z. 22: Mitchells-Kur] *die Schrift von Silas Weir Mitchell, Die Behandlung gewisser Formen von Neurasthenie und Hysterie, war kurz zuvor (Berlin 1887) in deutscher Übersetzung erschienen*

Zu Band 13, S. 499, 16 [40], Z. 13: mit dem Dynamometer messen] *vgl. dazu Charles S. Féré, Sensation et mouvement, Paris 1887, 47–50*

Zu Band 15, S. 297 (Namenregister), Stichwort Edda, Olof-Haraldsson Saga: nicht aus der Edda; welchen Text dieser Sage N benutzt hat, bzw. aus welchem Werk er zitiert, ließ sich noch nicht erschließen.

Inhaltsverzeichnis

Vorwort 7
Editorische Grundsätze der Kritischen Studienausgabe 18
Übersicht der Ausgaben, Erstdrucke und Manuskripte 21
  1. Ausgaben der Werke und Briefe Nietzsches (Siglen) 21
  2. Die Erstdrucke von Nietzsches Werken 22
    a) Von Nietzsche selbst herausgegebene Werke 22
    b) Von Nietzsche für den Druck fertig hinterlassene Schriften 24
  3. Nietzsches Manuskripte (1869–1889) 24
    a) Druckmanuskripte 24
    b) Die Manuskripte der Basler nachgelassenen Schriften .. 26
    c) Die Manuskripte der Vorstufen und Reinschriften zum Werk sowie auch der nachgelassenen Fragmente ... 26
Kommentar zur Kritischen Studienausgabe 37
Abkürzungen und Zeichen, Allgemeine Hinweise zum Kommentar 39

Kommentar zu Band 1
  Die Geburt der Tragödie 41
  Unzeitgemäße Betrachtungen I 59
  Unzeitgemäße Betrachtungen II 64
  Unzeitgemäße Betrachtungen III 74
  Unzeitgemäße Betrachtungen IV 81
  Basler nachgelassene Schriften 99
    Das griechische Musikdrama 99
    Socrates und die Tragödie 100
    Die dionysische Weltanschauung 101
    Die Geburt des tragischen Gedankens 102
    Sokrates und die griechische Tragoedie 102
    Ueber die Zukunft unserer Bildungsanstalten 102

Fünf Vorreden zu fünf ungeschriebenen Büchern 106
Ein Neujahrswort an den Herausgeber der Wochenschrift „Im neuen Reich" 108
Die Philosophie im tragischen Zeitalter der Griechen ... 108
Ueber Wahrheit und Lüge im aussermoralischen Sinne .. 113
Mahnruf an die Deutschen 114

Kommentar zu Band 2
Menschliches, Allzumenschliches I 115
Menschliches, Allzumenschliches II 156
  Vermischte Meinungen und Sprüche 164
  Der Wanderer und sein Schatten 183

Kommentar zu Band 3
Morgenröthe 203
Idyllen aus Messina 229
Die fröhliche Wissenschaft 230
  „Scherz, List und Rache" 234
  Erstes Buch (1–56) 238
  Zweites Buch (57–107) 245
  Drittes Buch (108–275) 253
  Viertes Buch. Sanctus Januarius (276–342) 262
  Fünftes Buch. Wir Furchtlosen (343–383) 272
  Anhang: Lieder des Prinzen Vogelfrei 276

Kommentar zu Band 4
Also sprach Zarathustra 279
  [Erster Teil] 282
  Zweiter Theil 295
  Dritter Theil 308
  Vierter und letzter Theil 326

Kommentar zu Band 5
Jenseits von Gut und Böse 345
Zur Genealogie der Moral 377

Kommentar zu Band 6
Nietzsches Nachlaß 1885–1888 und der sogenannte „Wille zur Macht" 383
Der Fall Wagner 400
Götzen-Dämmerung 410
Der Antichrist 434

    Ecce homo 454
    Dionysos-Dithyramben 513
    Nietzsche contra Wagner 518

Kommentar zu Band 7
    Nachgelassene Fragmente Herbst 1869–Ende 1874 529

Kommentar zu Band 8
    Nachgelassene Fragmente 1875–1879 555

Kommentar zu Band 9
    Nachgelassene Fragmente 1880–1882 625

Kommentar zu Band 10 und 11
    Nachgelassene Fragmente 1882–1885 661

Kommentar zu Band 12 und 13
    Nachgelassene Fragmente Herbst 1885–Januar 1889 731

Ergänzungen zum Kommentar 775

Friedrich Nietzsche: Werke
Kritische Gesamtausgabe
Begründet von Giorgio Colli und Mazzino Montinari
Weitergeführt von Volker Gerhardt, Norbert Miller,
Wolfgang Müller-Lauter und Karl Pestalozzi
[Ca. 40 Bde in 9 Abteilungen]

Neunte Abteilung
Der handschriftliche Nachlaß ab Frühjahr 1885 in
differenzierter Transkription

Herausgegeben von Marie-Luise Haase und
Michael Kohlenbach in Verbindung mit der Berlin-Brandenburgischen Akademie der Wissenschaften

■ **Bd 1:**
Bd. 1. Notizheft N VII 1.
Bd. 2. Notizheft N VII 2.
Bd. 3. Notizheft N VII 3. Notizheft N VII 4
ISBN 3-11-016178-8

■ **Bd 4:** Arbeitshefte W I 3 – W I 4 – W I 5 – W I 6 – W I 7
ISBN 3-11-016179-6

■ **Bd 5:** Notizheft W I 8
ISBN 3-11-018048-0

W DE G de Gruyter
Berlin · New York

Friedrich Nietzsche im dtv

Einzelausgaben aus der ›Kritischen Studienausgabe‹,
herausgegeben von
Giorgio Colli und Mazzino Montinari

**Die Geburt der Tragödie
Unzeitgemäße Betrachtungen I–IV**
Nachgelassene Schriften
1870–1873
ISBN 3-423-30151-1

Menschliches, Allzumenschliches I und II
ISBN 3-423-30152-X

**Morgenröte
Idyllen aus Messina
Die fröhliche Wissenschaft**
ISBN 3-423-30153-8

**Also sprach Zarathustra
I–IV**
ISBN 3-423-30154-6

**Jenseits von Gut und Böse
Zur Genealogie der Moral**
ISBN 3-423-30155-4

**Der Fall Wagner
Götzen-Dämmerung
Der Antichrist
Ecce homo
Dionysos-Dithyramben
Nietzsche contra Wagner**
ISBN 3-423-30156-2

Bitte besuchen Sie uns im Internet: www.dtv.de

Friedrich Nietzsche im dtv

**Frühe Schriften
1854–1869**

BAW 1-5
5 Bände in Kassette
Nachdruck der Ausgabe
Friedrich Nietzsche: Werke und Briefe
Historisch-kritische Gesamtausgabe. Werke
(nach 5 Bänden abgebrochen)
ISBN 3-423-59022-X

BAW 1: Jugendschriften 1854–1861
Herausgegeben von Hans Joachim Mette
BAW 2: Jugendschriften 1861–1864
Herausgegeben von Hans Joachim Mette
BAW 3: Schriften der Studenten- und Militärzeit
1864–1868
Herausgegeben von Hans Joachim Mette
und Karl Schlechta
BAW 4: Schriften der Studenten- und Militärzeit
1866–1868
Schriften der letzten Leipziger Zeit 1868
Herausgegeben von Hans Joachim Mette
und Karl Schlechta
BAW 5: Schriften der letzten Leipziger und
ersten Basler Zeit 1868–1869
Herausgegeben von Carl Koch und
Karl Schlechta

Bitte besuchen Sie uns im Internet: www.dtv.de

Friedrich Nietzsche im dtv

Sämtliche Briefe
Kritische Studienausgabe
in 8 Bänden
Herausgegeben von Giorgio Colli
und Mazzino Montinari
dtv/de Gruyter
ISBN 3-423-59063-7

Kindheits-, Schul- und Universitätszeit

Band 1 (KGB I/1 bis S. 297)
Juni 1850 – September 1864

Band 2 (KGB I/2)
September 1864 – April 1869

Basler Zeit

Band 3 (KGB II/1)
April 1869 – Mai 1872

Band 4 (KGB II/3)
Mai 1872 – Dezember 1874

Band 5 (KGB II/5)
Januar 1875 – Dezember 1879

Die Wanderjahre

Band 6 (KGB III/1)
Januar 1880 – Dezember 1884

Band 7 (KGB III/3)
Januar 1885 – Dezember 1886

Band 8 (KGB III/5)
Januar 1887 – Januar 1889
Nachträge · Gesamtregister

Bitte besuchen Sie uns im Internet: www.dtv.de